MAGBOOK

भारतीय इतिहास

UPSC, राज्य PCS एवं अन्य प्रतियोगी परीक्षाओं के लिए अत्यन्त उपयोगी

मनोहर पाण्डेय

सहयोगकर्ता

डॉ. राजेश राजन

योगेश चन्द्र पाण्डेय

MAGBOOK

अरिहन्त पब्लिकेशन्स (इण्डिया) लिमिटेड

卐 **रजि. कार्यालय**

'रामछाया' 4577/15, अग्रवाल रोड, दरिया गंज, नई दिल्ली- 110002
फोन: 011-47630600, 43518550

卐 **मुख्य कार्यालय**

कालिन्दी, टी०पी० नगर, मेरठ (यूपी)– 250002, **फोन:** 0121-7156203, 7156204

卐 **शाखा कार्यालय**

आगरा, अहमदाबाद, बरेली, बंगलुरु, चेन्नई, दिल्ली, गुवाहाटी, हैदराबाद, जयपुर, झाँसी, कोलकाता, लखनऊ, नागपुर तथा पुणे

卐 **मूल्य** : ₹ 325.00

Published by Arihant Publications (India) Ltd.

卐 **PO No. :** TXT-59-T070341-4-26

'अरिहन्त' की पुस्तकों के बारे में अधिक जानकारी के लिए हमारी वेबसाइट **www.arihantbooks.com** पर लॉग इन करें या **info@arihantbooks.com** पर संपर्क करें।

Follow us on   

MAGBOOK

संशोधित संस्करण का प्राक्कथन

वर्तमान समय में सभी प्रतियोगी परीक्षाओं में सिविल सेवा परीक्षा का स्थान सबसे सर्वश्रेष्ठ एवं प्रतिष्ठित है। इस परीक्षा का उद्देश्य अभ्यर्थी के विश्लेषणात्मक, तार्किक, विषय आधारित एप्रोच, विषयवार समसामयिक मुद्दों पर समझ आदि की जाँच करना है।

भारत का इतिहास एवं भारतीय राष्ट्रीय आन्दोलन की यह पुस्तक उपरोक्त सभी उद्देश्यों को पूर्ण करती है, साथ ही अभ्यर्थी की विषय पर बेहतर समझ एवं मजबूत पकड़ का दावा भी करती है। यह पुस्तक प्रीलिम्स परीक्षा में इतिहास विषय के लिए ब्रह्मास्त्र की तरह कार्य करती है,क्योंकि इसमें सिलेबस का सम्पूर्ण कवरेज तथा प्रैक्टिस हेतु प्रश्न (प्रारम्भिक एवं मुख्य दोनों परीक्षा हेतु) समाहित है।

इस पुस्तक के सम्पूर्ण अवलोकन के पश्चात् अभ्यर्थी निश्चय ही हड़प्पा सभ्यता, वैदिक संस्कृति, बौद्ध धर्म, जैन धर्म, मौर्य काल, गुप्त काल, संगमकला, दिल्ली सल्तनत, मुगल सल्तनत, भक्ति एवं सूफी आन्दोलन, मराठा साम्राज्य, 1857 का विद्रोह, सामाजिक एवं धार्मिक आन्दोलन, राष्ट्रीय स्वतन्त्रता आन्दोलन, स्वतन्त्रता के पश्चात् भारत, कला एवं संस्कृति आदि प्रकरणों को सरलता से समझ सकेंगे।

पुस्तक के अन्तर्गत अवधारणाओं को सरल और आसान तरीके से इस प्रकार प्रस्तुत या समझाने का प्रयास किया गया है कि अभ्यर्थी वस्तुनिष्ठ एवं विषयनिष्ठ सभी प्रकार के प्रश्न हल करने में सक्षम हों।

संशोधित संस्करण की प्रमुख विशेषताएँ

- सम्पूर्ण सिलेबस, NCERT फैक्ट्स एवं अपडेटेड फैक्ट्स का संकलन।
- प्रीलिम्स फैक्ट्स का अतिरिक्त कवरेज, जिसमें IAS एवं PCS परीक्षाओं में पूछे गए महत्त्वपूर्ण तथ्य दिए गए है।
- चैप्टर के अन्त में सेल्फ चैक का कवरेज, जिसके अन्तर्गत प्रश्नों को प्रैक्टिस हेतु संकलित किया गया है।
- पुस्तक के अन्त में IAS मुख्य परीक्षा (2024-2015) के प्रश्नों का टॉपिकवाइज संकलन है, जिसकी प्रैक्टिस के माध्यम से अभ्यर्थी मुख्य परीक्षा हेतु अपनी समझ और तैयारी का स्तर जाँच सकते हैं।

इस पुस्तक को पूरा करने में विशेषज्ञों की एक टीम ने उत्साह के साथ कार्य किया है। इस पुस्तक के संकलन में विशेषज्ञों के साथ-साथ प्रोजेक्ट मैनेजमेण्ट टीम का भी विशेष योगदान रहा, जिसमें मोना यादव (प्रोजेक्ट मैनेजर), मानसी गुप्ता (प्रोजेक्ट कॉर्डिनेटर), पूनम सैनी, पूजा, शिल्पी (प्रूफ रीडर्स), अनिल कुमार (डीटीपी ऑपरेटर) और बिलाल एवं अंकित प्रजापति (कवर एवं इनर डिजाइनर) प्रमुख हैं।

आशा है कि सिविल सेवा तथा अन्य प्रतियोगी परीक्षाओं के अभ्यर्थी इस पुस्तक का अध्ययन कर अपने लक्ष्य को निश्चित ही प्राप्त कर अपने सपने को साकार करेंगे। आपके उपयोगी सुझाव सदैव हमें बेहतर संस्करण बनाने में सहायक सिद्ध हुए हैं। इसलिए आप हमें अपने सुझाव अवश्य भेजें, जिनके आधार पर हम पुस्तक के आगामी संस्करण को और भी बेहतर बना सकें।

लेखकगण

विषय-सूची

आधुनिक इतिहास एवं भारतीय राष्ट्रीय आन्दोलन

"

'History' शब्द का सर्वप्रथम प्रयोग ग्रीक विद्वान 'हेरोडोटस' ने किया था, इसलिए इन्हें 'इतिहास का जनक' कहा जाता है। इतिहास में अतीत की घटनाओं का कालक्रमानुसार अध्ययन, इतिहास के स्रोतों के माध्यम से किया जाता है।

अध्याय एक

प्राचीन भारतीय इतिहास के स्रोत

भारतीय इतिहास के स्रोत

भारतीय इतिहास को जानने के स्रोतों को तीन शीर्षकों के अन्तर्गत रखा जा सकता है; जैसे-पुरातात्विक स्रोत, साहित्यिक स्रोत एवं विदेशी यात्रियों का विवरण। इनका संक्षिप्त विवरण इस प्रकार है

पुरातात्विक स्रोत

- पुरातत्व वह विज्ञान है, जो भू-गर्भिक साक्ष्यों के द्वारा प्राचीन काल के लोगों के भौतिक जीवन के सन्दर्भ में ज्ञान प्रदान करता है।
- पुरातात्विक स्रोत (Archaeological Sources) को प्राचीन भारत को जानने का सर्वाधिक प्रभावी साधन माना जाता है। पुरातात्विक स्रोत का अध्ययन करने वाला व्यक्ति पुरातत्वविद् कहलाता है। अधिकांश पुरातात्विक साक्ष्य प्राचीन टीलों (Mounds) की खुदाई से प्राप्त होते हैं।
- टीलों (भूमि का उभरा भाग) के नीचे विभिन्न सांस्कृतिक बस्तियों के अवशेष मिलते हैं।

> पुरातत्व (Archaeology) प्राय: उत्खनन से प्राप्त भौतिक अवशेषों के विश्लेषण के माध्यम से पिछली पुरानी संस्कृतियों का वैज्ञानिक अध्ययन है। अनिवार्य रूप से भौतिक अवशेष प्रारम्भिक लोगों की हड्डियों, कंकाल के साथ-साथ उनके द्वारा निर्मित उपकरण; जैसे-मिट्टी के बर्तन, आभूषण, पत्थर की दीवारें व स्मारक हैं।

पुरातात्विक स्रोतों का वर्णन निम्नलिखित है

पुरातत्व के अन्तर्गत तीन प्रकार के साक्ष्य आते हैं

(i) अभिलेख (ii) मुद्रा/सिक्के (iii) स्मारक

अभिलेख

- पत्थरों, स्तम्भों, धातु के पहियों या मृद्भाण्डों, ताम्रपत्रों, गुफाओं की दीवारों तथा प्रतिमाओं पर उत्कीर्ण विवरण को अभिलेख (Inscription) कहते हैं।
- अभिलेखों के अध्ययन को पुरालेखशास्त्र (Epigraphy) और इनकी तथा दूसरे पुराने दस्तावेजों की प्राचीन तिथि के अध्ययन को पुरालिपिशास्त्र (Paleography) कहा जाता है।
- अभिलेख मुहरों, स्तूपों, प्रस्तर स्तम्भों, चट्टानों, ताम्रपत्रों, मूर्तियों, मन्दिरों की दीवारों और ईंटों से प्राप्त होते हैं। सबसे पुराने अभिलेख हड़प्पा सभ्यता की मुहरों पर मिलते हैं, जो लगभग 2500 ई. पू. के हैं, किन्तु इन्हें अभी तक पढ़ा नहीं जा सका है।
- भारत के सबसे प्राचीन अभिलेख, जिन्हें पढ़ा जा चुका है, ईसा पूर्व तीसरी सदी के अशोक के शिलालेख हैं।
- सर्वप्रथम 1837 ई. में जेम्स प्रिन्सेप को ब्राह्मी लिपि में लिखित अशोक के अभिलेखों को पढ़ने में सफलता मिली। अशोक के नामों का स्पष्ट उल्लेख मास्की, गुर्जरा, निट्टूर एवं उदेगोलम अभिलेख में किया गया है।
- डी. आर. भण्डारकर नामक इतिहासकार के द्वारा केवल मौर्यकालीन अभिलेखों के माध्यम से ही मौर्य शासक अशोक का इतिहास लिखा गया है।
- मौर्य, मौर्योत्तर तथा गुप्तकाल के अधिकतम अभिलेखों को कार्पस इस्क्रिप्शओनम इण्डिकारम् ग्रन्थमाला में संकलित किया गया है। इस पुस्तक में खरोष्ठी के कई शिलालेखों को संकलित किया गया है। यह प्राचीन भारत के राजनीतिक इतिहास पर महत्त्वपूर्ण जानकारी प्रस्तुत करती है।

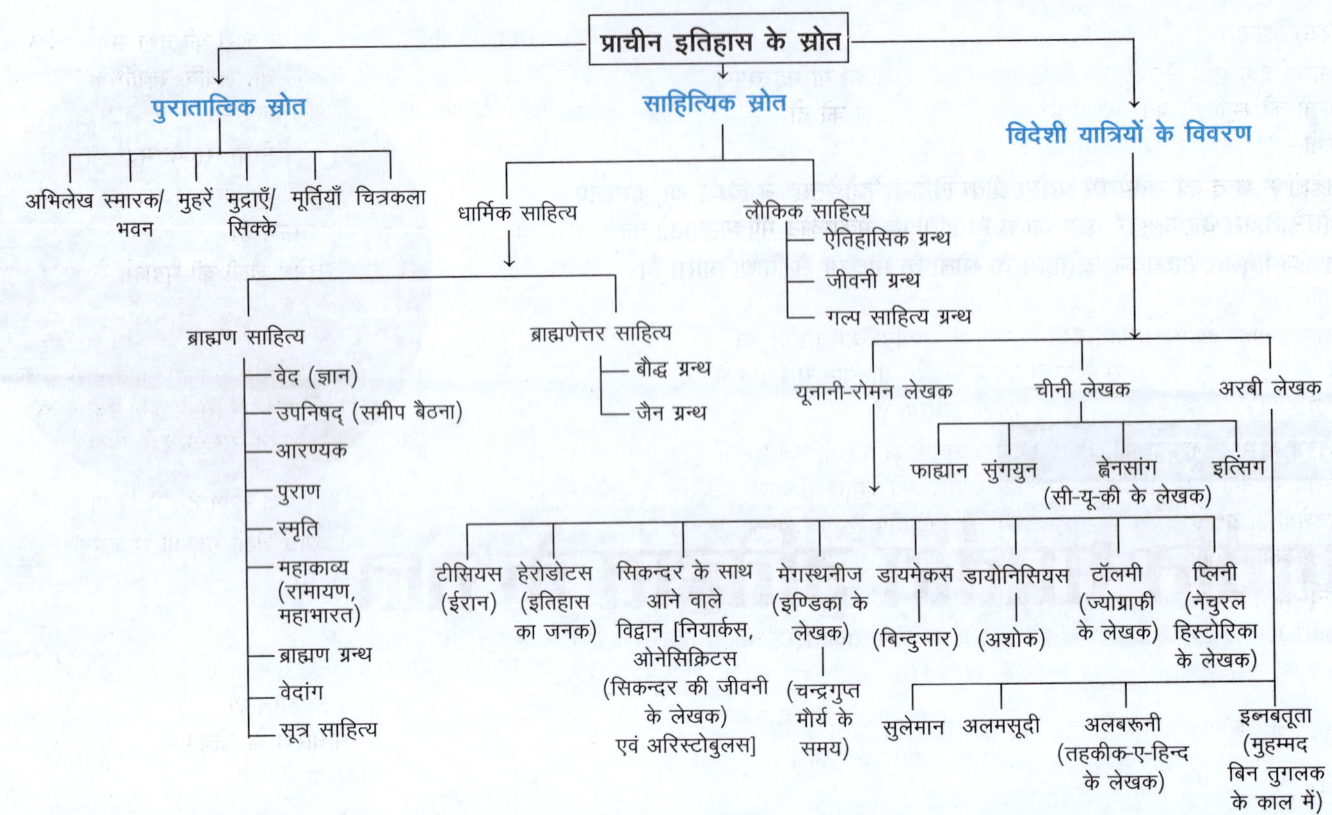

- भारत से बाहर अभिलेखों में मध्य एशिया के बोगजकोई (1400 ई. पू.) अभिलेख में इन्द्र, मित्र, वरुण और नासत्य (अश्विनी कुमार) नामक वैदिक देवताओं के नाम मिलते हैं।

अभिलेखों में संस्कृत भाषा का प्रयोग ईसा की दूसरी सदी से मिलता है। शक शासक रुद्रदामन का जूनागढ़ अभिलेख (150 ई.) संस्कृत में लिखा पहला अभिलेख है। उल्लेखनीय है कि आरम्भिक अभिलेख प्राकृत भाषा में हैं।

- मध्य प्रदेश के एरण से प्राप्त वराह प्रतिमा पर हूणराज तोरमाण का लेख अंकित है।
- पूर्व मध्यकाल के बहुसंख्यक भूमि अनुदान पत्र मिलते हैं। यहाँ से सामन्ती प्रशासन के साक्ष्य मिलते हैं।

प्राचीन भारत के प्रमुख अभिलेख/स्तम्भ लेख

अभिलेख/स्तम्भ लेख/प्रशस्ति	शासक	विशेष तथ्य
हाथी गुम्फा अभिलेख	कलिंग नरेश खारवेल	खारवेल के शासन सम्बन्धी घटनाओं का विवरण
जूनागढ़/गिरनार अभिलेख	रुद्रदामन	रुद्रदामन के व्यक्तित्व, कार्य व विजयों का उल्लेख
नासिक अभिलेख	गौतमी बलश्री	गौतमी पुत्र शातकर्णी की उपलब्धियों का विवरण
प्रयाग प्रशस्ति/स्तम्भ लेख	समुद्रगुप्त	समुद्रगुप्त की विजय एवं नीतियों का विस्तृत विवरण

अभिलेख/स्तम्भ लेख/प्रशस्ति	शासक	विशेष तथ्य
भितरी स्तम्भ लेख	स्कन्दगुप्त	स्कन्दगुप्त के जीवन की महत्त्वपूर्ण घटनाओं का विवरण
एरण स्तम्भ लेख	बुद्धगुप्त	भगवान विष्णु का सर्वप्रथम अभिलेखीय साक्ष्य
एहोल अभिलेख	पुलकेशिन द्वितीय	पुलकेशिन द्वितीय और हर्षवर्धन के बीच हुए युद्ध का विवरण
मन्दसौर अभिलेख	मालवा नरेश यशोधर्मन	यशोधर्मन की सैनिक उपलब्धियों का वर्णन
देवपाड़ा अभिलेख	विजय सेन	बंगाल के सेनवंशीय शासक का उल्लेख
ग्वालियर प्रशस्ति	प्रतिहार शासक मिहिरभोज	मिहिरभोज शासक का विवरण
गरुड़ स्तम्भ लेख बेसनगर (विदिशा)	हेलियोडोरस	द्वितीय शताब्दी ई. पू. के मध्य भारत में भागवत धर्म विकसित होने का प्रमाण

अभिलेखों में प्रयुक्त लिपियाँ

- ब्राह्मी लिपि यह लिपि बाएँ से दाएँ लिखी जाती थी। अशोक के अधिकांश शिलालेख इसी लिपि में हैं।
- खरोष्ठी लिपि यह लिपि दाएँ से बाएँ लिखी जाती थी। अशोक के दो शिलालेख (शहबाजगढ़ी और मानसेहरा) इसी लिपि में प्राप्त हुए हैं।
- ग्रीक एवं अरमाइक लिपि के अभिलेख अफगानिस्तान से, खरोष्ठी लिपि के अभिलेख पाकिस्तान के शहबाजगढ़ी से तथा मनसेहरा से और ब्राह्मी लिपि के शेष अभिलेख भारत से मिले हैं।

स्मारक/भवन

- स्मारक एक ऐसी संरचना है, जो विशेषत: किसी व्यक्ति या महत्त्वपूर्ण घटना की स्मृति में बनाई जाती है। स्मारकों तथा भवनों को दो भागों—देशी तथा विदेशी में विभाजित कर देखा जा सकता है।
- विदेशों से प्राप्त स्मारक में दक्षिण-पूर्व एशिया से अनेक स्मारक मिलते हैं, जिसमें जावा का बोरोबुदुर स्तूप तथा कम्बोडिया के अंकोरवाट मन्दिर का उल्लेख किया जा सकता है। बोरोबुदुर स्तूप को महायान स्तूप भी कहा जाता है।
- हड़प्पा, मोहनजोदड़ो इत्यादि देशी स्मारक हैं, जबकि कम्बोडिया का अंकोरवाट मन्दिर, जावा से प्राप्त बोरोबुदुर स्तूप (महायान सम्प्रदाय के बौद्ध स्तूप), बाली से प्राप्त मूर्तियाँ विदेशी स्मारक हैं।
- हड़प्पा व मोहनजोदड़ो की खुदाई से प्राप्त भवनों से 5,500 वर्ष पुरानी सैन्धव सभ्यता का पता चलता है। अतरंजीखेड़ा की खुदाई से प्राप्त अवशेषों से यह ज्ञात होता है कि भारतीय उपमहाद्वीप में लोहे के प्रयोग की शुरुआत 1000 ई. पू. के आस-पास हुई थी।
- हिन्दू कला एवं सभ्यता के विकास की पुष्टि देवगढ़ के दशावतार मन्दिर, (झाँसी), भीतरगाँव का मन्दिर (कानपुर) अजन्ता के गुफा चित्र तथा सुल्तानगंज से प्राप्त बुद्ध की ताम्रमूर्ति से होती है।

उत्तर भारत के मन्दिरों के निर्माण में **नागर शैली**, मध्य भारत के मन्दिरों के निर्माण में **बेसर शैली** तथा दक्षिण भारत के मन्दिरों के निर्माण में **द्रविड़ शैली** का प्रयोग किया गया है।

- दक्षिण भारत में तंजौर का राजराजेश्वर मन्दिर द्रविड़ शैली और उत्तर भारत में कन्दरिया महादेव (खजुराहो) का मन्दिर नागर शैली के सर्वोत्तम उदाहरण हैं।

मुहरें

- मुहरों से प्राचीन भारत के व्यापारिक, आर्थिक व धार्मिक जीवन के बारे में जानकारी मिलती है।
- इसकी सहायता से मोहनजोदड़ो, हड़प्पा व बसाढ़ (वैशाली, बिहार) आदि से प्राप्त मिट्टी की मुहरों पर बनी धार्मिक आकृतियों से उनकी धार्मिक स्थिति का आकलन किया जाता है।

मुद्राएँ/सिक्के

- सिक्कों के अध्ययन को मुद्राशास्त्र (Numismatics) कहा जाता है। प्राचीन राजाओं द्वारा ढलवाए गए सिक्कों (Coins) से पर्याप्त ऐतिहासिक जानकारी प्राप्त होती है।
- 206 ई. पू. से 300 ई. तक के इतिहास की जानकारी मिलती है।
- आरम्भिक भारतीय सिक्कों पर प्रतीक चिह्न मिलते थे, किन्तु बाद के सिक्कों पर राजाओं एवं देवताओं के नाम तथा तिथियों का अंकन मिलता है।
- आहत सिक्कों पर पेड़, मछली, हाथी, साँड, अर्द्धचन्द्र की आकृतियाँ बनी होती थीं। बाद के सिक्कों पर तिथियाँ, राजाओं एवं देवी-देवताओं के नाम अंकित होने लगे थे। सर्वाधिक सिक्कों का निर्माण मौर्योत्तर काल में हुआ था, जो सोने, चाँदी, ताँबे, सीसे एवं काँसे के बने होते थे।
- सर्वप्रथम सिक्कों पर लेख एवं तिथियाँ उत्कीर्ण करवाने की शुरुआत यवन शासकों ने की थी।
- सर्वप्रथम स्वर्ण मुद्राएँ हिन्द-यूनानियों ने जारी की तथा सर्वाधिक स्वर्ण मुद्राएँ गुप्त शासकों द्वारा जारी की गई थी, जबकि सर्वाधिक शुद्ध स्वर्ण सिक्के/मुद्राएँ कुषाण शासकों ने जारी किए थे।
- सातवाहन शासकों ने सबसे अधिक सीसे के सिक्के/मुद्रा जारी किए थे।
- समुद्रगुप्तकालीन सिक्कों में समुद्रगुप्त को वीणा बजाते हुए दर्शाया गया है, जो उसके संगीत प्रेमी होने का प्रमाण है।
- समुद्रगुप्त और कुमारगुप्त की अश्वमेध शैली की मुद्राओं से अश्वमेध यज्ञ की सूचना मिलती है।

प्राचीनतम सिक्के सोने, चाँदी, ताँबे, काँसे, सीसे से निर्मित होते थे। इन सिक्कों पर केवल चिह्न उत्कीर्ण हैं, कोई लेख नहीं है। ये सिक्के ईसा पूर्व पाँचवीं सदी के हैं। इन सिक्कों को **पंचमार्क्ड** या **आहत सिक्के** कहा जाता है।

- सिक्कों का प्रयोग क्रय-विक्रय, दान तथा वेतन देने में किया जाता था।
- चन्द्रगुप्त द्वितीय विक्रमादित्य की व्याघ्र शैली मुद्राओं से उसकी पश्चिम भारत विजय की जानकारी मिलती है।

मूर्तियाँ

- मूर्तियों के निर्माण की शुरुआत सिन्धु सभ्यता से शुरू हुई। यह सांस्कृतिक तथा कला सम्बन्धी ऐतिहासिक स्रोत हैं, जिनसे जनसाधारण के जीवन व धार्मिक प्रवृत्तियों का विवरण मिलता है।
- गान्धार कला एवं मथुरा कला मूर्तिकला की प्रमुख शैलियाँ थीं। मथुरा कला को पूर्णत: स्वदेशी, जबकि गान्धार कला पर विदेशी प्रभाव है। सारनाथ, भरहुत, बोधगया एवं अमरावती मूर्तिकला के अन्य प्रमुख केन्द्र थे।
- कलात्मक प्रगति की जानकारी मृद्भाण्डों से मिलती है। हड़प्पा काल के लाल मृद्भाण्ड, उत्तरवैदिक काल की पहचान चित्रित धूसर मृद्भाण्ड से की जाती है।

चित्रकला

- चित्रकला से काल विशेष के जीवन की उन्नति तथा भावुकता का पता चलता है। प्राक्-ऐतिहासिक गुफाओं विशेषकर भीमबेटका (मध्य प्रदेश) से पूर्व ऐतिहासिक काल की सांस्कृतिक विविधता पर प्रकाश पड़ता है।
- अजन्ता तथा बाघ के उन्नत गुफा चित्रों से गुप्तकाल की उन्नत सांस्कृतिक दशा का पता चलता है।
- गुप्तकाल की सुन्दर कलात्मक कृति में मरणासन्न राजकुमारी एवं माता तथा शिशु के चित्र को शामिल किया जाता है।
- अजन्ता का बोधिसत्व पद्मपाणि चित्र सर्वाधिक प्रसिद्ध है।

साहित्यिक स्रोत

- साहित्यिक स्रोत के अन्तर्गत धार्मिक एवं लौकिक साहित्य तथा विदेशी यात्रियों का विवरण शामिल है।
- धार्मिक साहित्य के अन्तर्गत ब्राह्मण साहित्य तथा ब्राह्मणेत्तर साहित्य को शामिल किया जाता है, जबकि धर्मेत्तर साहित्य के अन्तर्गत ऐतिहासिक ग्रन्थ, जीवन ग्रन्थ व अर्द्ध-ऐतिहासिक ग्रन्थ आते हैं। इनका संक्षिप्त विवरण इस प्रकार है

धार्मिक साहित्य

- इसमें मुख्य रूप से ब्राह्मण साहित्य व ब्राह्मणेत्तर साहित्य आते हैं।
- ब्राह्मण साहित्य के अन्तर्गत वेद, उपनिषद्, पुराण, स्मृति, ब्राह्मण ग्रन्थ, आरण्यक इत्यादि तथा ब्राह्मणेत्तर साहित्य में बौद्ध एवं जैन साहित्य को शामिल किया जाता है।

ब्राह्मण साहित्य

- ब्राह्मण साहित्य के अन्तर्गत वेद, उपवेद, ब्राह्मण ग्रन्थ, आरण्यक, उपनिषद, वेदांग, सूत्र साहित्य, स्मृतियाँ, महाकाव्य एवं पुराण को सम्मिलित किया जाता है।
- वेद भारत के सबसे प्राचीन धर्म ग्रन्थ हैं। वेदों से प्राचीन आर्यों की सामाजिक, आर्थिक, राजनीतिक व धार्मिक स्थिति के बारे में जानकारी प्राप्त होती है।
- वेदों की संख्या चार है-ऋग्वेद, यजुर्वेद, सामवेद और अथर्ववेद। चारों वेदों को सम्मिलित रूप से संहिता कहा जाता है। ये वेद 1500-600 ई. पू. में संकलित किए गए थे। इन वेदों का विवरण निम्न प्रकार है
  - ऋग्वेद (1500-1000 ई. पू.) यह सबसे प्राचीन वेद है तथा इसमें 10 मण्डल, 1028 सूक्त एवं 10,580 ऋचाएँ हैं। ऋग्वेद के व्याख्याता को होतृ कहते हैं।
  - ऋग्वेद के तीसरे मण्डल में सूर्य देवता सावित्री को समर्पित गायत्री मन्त्र है, जबकि 9वें मण्डल में सोम देवता एवं 10वें मण्डल में चातुर्वर्ण्य (ब्राह्मण, क्षत्रिय, वैश्य तथा शूद्र) का उल्लेख है। ऐसा माना जाता है कि सबसे पुरानी ऋचाएँ 2 से 9 तक के मण्डलों में पाई जाती है।

ऋग्वेद विश्व मानव विरासत में शामिल

ऋग्वेद को **संयुक्त राष्ट्र शैक्षिक, वैज्ञानिक और सांस्कृतिक संगठन** (UNESCO) द्वारा विश्व मानव विरासत के प्रलेख (साहित्य) में शामिल किया गया है। भण्डारकर ओरिएण्टल अनुसन्धान संस्थान, पुणे के प्रयासों से ऋग्वेद पाण्डुलिपियों को यूनेस्को के **मेमोरी ऑफ द वर्ल्ड रजिस्टर, 2007** में शामिल करने हेतु नामित किया गया था।

ऋग्वेद

  - यजुर्वेद यह एकमात्र ऐसा वेद है, जो गद्य एवं पद्य दोनों में है। इसमें सस्वर पाठ के लिए मन्त्रों तथा बलि के समय अनुपालन के लिए नियमों व विधि-विधानों का संकलन मिलता है, इसलिए इसे कर्मकाण्डीय वेद भी कहा जाता है। यजुर्वेद के पुरोहित को अध्वर्यु कहा जाता है।
  - सामवेद साम का शाब्दिक अर्थ-गान होता है। सामवेद में यज्ञों के अवसर पर गाए जाने वाले मन्त्रों का संग्रह मिलता है। इसमें मुख्य रूप से सूर्य स्तुति के मन्त्र होते हैं। 7 स्वरों की उत्पत्ति इसी वेद से हुई है।
  - अथर्ववेद इस वेद की रचना चारों वेदों में सबसे बाद में की गई थी। इसमें धर्म, औषधि प्रयोग, रोग निवारण, तन्त्र-मन्त्र, जादू-टोना जैसी अनेक विधियों/विषयों का वर्णन है।

स्मृतियाँ

- स्मृतियों को धर्मशास्त्र भी कहा जाता है। इनकी रचना सूत्रों के पश्चात् की गई। इसमें मनुष्य के सम्पूर्ण जीवनकाल से सम्बन्धित क्रियाकलापों की जानकारी प्राप्त होती है।
- मनु स्मृति और याज्ञवल्क्य स्मृति सबसे प्राचीन स्मृतियाँ हैं। ब्रिटिश शासनकाल के दौरान बंगाल के गवर्नर-जनरल वॉरेन हेस्टिंग्स के प्रयासों से मनुस्मृति का अंग्रेजी में अनुवाद द जेण्टू कोड नाम से किया गया।

महाकाव्य

- भारतीय साहित्य में वैदिक साहित्य के पश्चात् महाकाव्यों का समय आता है। इसमें मुख्यत: रामायण एवं महाभारत को शामिल किया गया।
- रामायण की रचना महर्षि वाल्मीकि ने संस्कृत भाषा में पहली और दूसरी शताब्दी के दौरान की थी। इसे चतुर्विंशति सहस्री संहिता भी कहा गया है। इसमें हिन्दुओं तथा यवनों और शकों के संघर्ष का वर्णन मिलता है।
- इसमें मुख्यत: 6,000 श्लोक थे, जो कालान्तर में 12,000 और पुन: 24,000 हो गए। ये सात काण्डों में विभाजित हैं।
- महाभारत विश्व का सबसे बड़ा महाकाव्य है। इसकी रचना ईसा पूर्व चौथी शताब्दी में महर्षि वेदव्यास ने की थी।
- महाभारत में मूलत: 8,800 श्लोक थे, जिसे जय संहिता कहा जाता है। श्लोकों की संख्या 24,000 होने पर यह भारत कहलाया। गुप्तकाल में श्लोकों की संख्या एक लाख से अधिक हो गई, जिसके पश्चात् इसे शतसहस्री संहिता या महाभारत कहा जाने लगा।
- महाभारत 18 पर्वों (आदि, सभा, वन इत्यादि) में विभाजित है। इससे तत्कालीन भारत की सामाजिक, राजनीतिक व धार्मिक स्थिति का पता चलता है।

पुराण

- प्राचीन आख्यानों से युक्त ग्रन्थ को पुराण कहते हैं। इसके रचयिता लोमहर्ष अथवा इनके पुत्र उग्रश्रवा माने जाते हैं।
- पुराणों की कुल संख्या 18 है, जिनमें विष्णु, मत्स्य, वायु, ब्रह्माण्ड तथा भागवत पुराण सर्वाधिक ऐतिहासिक तथा महत्त्वपूर्ण हैं।
- पुराणों में सर्वाधिक प्राचीन एवं प्रामाणिक मत्स्यपुराण है। इससे सातवाहन वंश की जानकारी मिलती है। विष्णु पुराण से मौर्य तथा वायु पुराण से गुप्त वंश के विषय में जानकारी प्राप्त होती है।
- छठी शताब्दी ईसा पूर्व के प्राचीन इतिहास का एकमात्र स्रोत पुराण है।

ब्राह्मणेत्तर साहित्य

बौद्ध साहित्य

- बौद्ध साहित्य प्राचीन भारत के इतिहास को जानने का एक प्रमुख स्रोत है। प्राचीनतम बौद्ध ग्रन्थ पालि भाषा में लिखे गए, जिसमें सर्वप्रमुख त्रिपिटक है।
- बुद्ध के महापरिनिर्वाण के पश्चात् उनकी शिक्षाओं को संकलित करके तीन भागों में विभाजित किया गया, जिनको त्रिपिटक कहते हैं।
- सुत्तपिटक सबसे बड़ा और सर्वोच्च पिटक है, जिसमें बुद्ध के धार्मिक सिद्धान्तों को संवाद के रूप में संकलित किया गया है।
- विनयपिटक में संघ की स्थापना एवं नियम, जबकि अभिधम्मपिटक में बौद्ध धर्म के दार्शनिक सिद्धान्तों का विवेचन है।
- जातक कथाएँ बुद्ध के पूर्व जन्मों का कथानक वृत्तान्त है। जातक सुत्तपिटक के पाँच निकायों में अन्तिम निकाय खुद्दक निकाय का एक भाग है।

- मिलिन्दपन्हो (नागसेन द्वारा रचित ग्रन्थ) में हिन्द-यवन शासक मिनाण्डर के वार्तालाप के बारे में जानकारी प्राप्त होती है।
- बौद्ध धर्म के महायान सम्प्रदाय के ग्रन्थ ललितविस्तार तथा दिव्यावदान आदि हैं। ललितविस्तार में बुद्ध का वर्णन देवता के रूप में किया गया है। जबकि दिव्यावदान के अन्तर्गत अशोक के उत्तराधिकारियों तथा पुष्यमित्र शुंग आदि शासकों का विवरण मिलता है।
- कथावस्तु बौद्ध धर्म के हीनयान सम्प्रदाय का प्रमुख ग्रन्थ है। इसमें बुद्ध का जीवन चरित्र वर्णित है।

जैन साहित्य

- जैन साहित्य को आगम (सिद्धान्त) कहा जाता है। जैन ग्रन्थों की रचना प्राकृत (अर्द्ध-मागधी) भाषा में हुई थी। इनका (जैन ग्रन्थों का) अन्तिम रूप से संकलन छठी शताब्दी ईसा पूर्व में गुजरात के वल्लभी में किया गया था।
- जैन ग्रन्थों में परिशिष्टपर्वन, भद्रबाहुचरित, आचारांग सूत्र, भगवतीसूत्र, कल्पसूत्र, कालिकापुराण, आदिपुराण आदि प्रमुख रूप से शामिल हैं।
- कल्पसूत्र की रचना भद्रबाहु ने की थी। जैन धर्म का प्रारम्भिक इतिहास कल्पसूत्र से ही ज्ञात होता है। भद्रबाहु ने जैन भाष्य ग्रन्थ निर्युक्ति की भी रचना की थी।
- परिशिष्टपर्वन तथा भद्रबाहुचरित से चन्द्रगुप्त मौर्य के जीवन की प्रारम्भिक और उत्तरकालीन घटनाओं की जानकारी मिलती है।
- भगवतीसूत्र में महावीर स्वामी के जीवन और उपदेशों का वर्णन मिलता है।

लौकिक साहित्य / धर्मेत्तर साहित्य

- लौकिक या धर्मेत्तर साहित्य के अन्तर्गत ऐतिहासिक एवं अर्द्ध-ऐतिहासिक ग्रन्थों तथा जीवनियों का विशेष रूप से उल्लेख किया गया है।
- ऐतिहासिक ग्रन्थों में अर्थशास्त्र, राजतरंगिणी का विशेष रूप से उल्लेख किया गया। इनमें कौटिल्य द्वारा रचित अर्थशास्त्र से मौर्य शासन के आदर्श और पद्धति के बारे में जानकारी मिलती है।

प्राचीन काल के ग्रन्थ, रचनाकार तथा रचनाकाल

ग्रन्थ	रचनाकार	रचनाकाल
अष्टाध्यायी	पाणिनि	छठी शताब्दी ई. पू.
रामायण	वाल्मीकि	पाँचवीं शताब्दी ई. पू.
महाभारत	वेदव्यास	चौथी शताब्दी ई. पू.
अर्थशास्त्र	चाणक्य	मौर्य काल
इण्डिका	मेगस्थनीज	मौर्य काल
पंचतन्त्र	विष्णु शर्मा	मौर्योत्तर काल
महाभाष्य	पतंजलि	मौर्योत्तर काल
बुद्ध चरित्र	अश्वघोष	कुषाण काल
महाविभाषाशास्त्र	वसुमित्र	कुषाण काल
कामसूत्र	वात्स्यायन	गुप्त काल
कुमारसम्भवम्	कालिदास	गुप्त काल
अभिज्ञानशाकुन्तलम्	कालिदास	गुप्त काल
विक्रमोर्वशीयम्	कालिदास	गुप्त काल
मेघदूतम्	कालिदास	गुप्त काल
रघुवंशम्	कालिदास	गुप्त काल
मालविकाग्निमित्रम्	कालिदास	गुप्त काल
नाट्यशास्त्र	भरतमुनि	गुप्त काल
मुद्राराक्षस	विशाखदत्त	पाँचवीं शताब्दी ई.
मृच्छकटिकम्	शूद्रक	गुप्त काल
वृहत्संहिता	वराहमिहिर	गुप्त काल
दशकुमारचरितम्	दण्डी	सातवीं शताब्दी ई.
हर्षचरित	बाणभट्ट	सातवीं शताब्दी ई.
कादम्बरी	बाणभट्ट	सातवीं शताब्दी ई.
वासवदत्ता	सुबन्धु	सातवीं शताब्दी ई.
नागानन्द	हर्षवर्द्धन	सातवीं शताब्दी ई.
रत्नावली	हर्षवर्द्धन	सातवीं शताब्दी ई.
प्रियदर्शिका	हर्षवर्द्धन	सातवीं शताब्दी ई.
काव्यमीमांसा	राजशेखर	दसवीं शताब्दी ई.
गीत गोविन्द	जयदेव	बारहवीं शताब्दी ई.
पृथ्वीराज रासो	चन्दबरदाई	बारहवीं शताब्दी ई.
राजतरंगिणी	कल्हण	बारहवीं शताब्दी ई.

विदेशी यात्रियों के विवरण

- विदेशी यात्रियों के वृत्तान्त भी साहित्यिक साक्ष्य हैं। विदेशी लेखकों के विवरणों/वर्णनों से भारत की तत्कालीन राजनीतिक और सामाजिक दशा पर अधिक प्रकाश पड़ता है। इनका संक्षिप्त विवरण इस प्रकार है

यूनान एवं रोम के लेखक

- यूनान और रोम के लेखकों में हेरोडोटस और टीसियस के नाम प्रमुख हैं।
- हेरोडोटस को इतिहास का पिता कहा जाता है, जिसने 5वीं शताब्दी ई. पू. में हिस्टोरिका नामक पुस्तक की रचना की थी। इस पुस्तक में भारत और फारस के सम्बन्धों का वर्णन किया गया है।
- टीसियस एक ईरानी राजवैद्य था। इसके वर्णन में अधिकतर काल्पनिक कहानियाँ हैं।
- सिकन्दर के पश्चात् भारत आने वाले लेखकों में तीन राजदूत मेगस्थनीज, डायमेकस और डायोनिसियस के नाम उल्लेखनीय हैं।
- मेगस्थनीज चन्द्रगुप्त मौर्य के दरबार में आया था, इसने अपनी रचना इण्डिका में मौर्यकालीन प्रशासन, समाज तथा संस्कृति का विस्तार से वर्णन किया। यह सेल्युकस निकेटर का राजदूत था। डायमेकस, बिन्दुसार के दरबार में आया था, जो सीरियन नरेश एण्टियोकस का राजदूत था।
- डायोनिसियस भी बिन्दुसार के दरबार में आने वाला मिस्र नरेश टॉलमी फिलाडेल्फस का राजदूत था।
- रोमन विद्वान प्लिनी ने प्रथम शताब्दी में लैटिन भाषा में नेचुरल हिस्टोरिका नामक पुस्तक की रचना की। इस पुस्तक का छठा अध्याय भारत से सम्बन्धित है, जिसमें भारतीय पशुओं, पेड़-पौधों व खनिज के अतिरिक्त इसमें भारत और इटली के बीच व्यापार के विषय में भी विवरण मिलता है।

- अज्ञात लेखक (ग्रीक नाविक) की पुस्तक पेरिप्लस ऑफ एरिथ्रियन सी में रोमन साम्राज्य को भारत से निर्यात की जाने वाली वस्तुओं की सूची प्राप्त होती है। यह रचना 80-110 ई. के मध्य लिखी गई, जिसमें लाल सागर, फारस की खाड़ी तथा हिन्द महासागर में होने वाले व्यापार का वर्णन मिलता है।
- टॉलमी की पुस्तक ज्योग्राफी दूसरी शताब्दी ई. (लगभग 150 ई.) के भारत के भूगोल से सम्बन्धित है। इसमें भारत की अधिकांश नदियों का उल्लेख उनके पर्वतीय स्रोतों के साथ हुआ है।
- कॉसमॉस इण्डिकाप्लेस्टस यूरोपीय यात्री 535 ई. में भारत आया था। इसने अपनी पुस्तक क्रिश्चियन-टोपोग्राफी में भारत और श्रीलंका के सम्बन्धों का विशेष रूप से उल्लेख किया।

चीनी यात्रियों के वृत्तान्त/विवरण

प्राचीन भारतीय इतिहास के स्रोतों में चीनी यात्रियों फाह्यान, सुंगयुन, ह्वेनसांग और इत्सिंग के वर्णन को महत्त्वपूर्ण माना गया है। ये चारों यात्री बौद्ध भिक्षु थे। इनका संक्षिप्त विवरण इस प्रकार है

- फाह्यान (399-414 ई.) यह पाँचवीं सदी के प्रारम्भ में चन्द्रगुप्त द्वितीय (विक्रमादित्य) के शासनकाल के दौरान भारत आया था, यद्यपि इसने अपने यात्रा विवरण में चन्द्रगुप्त विक्रमादित्य का कोई उल्लेख नहीं किया। यह 15 वर्षों तक भारत में रहा था। इसने अपनी पुस्तक फो-क्यो-की में मध्य देश का उल्लेख किया है।

फो-क्यो-की में तत्कालीन भारत की सामाजिक, राजनीतिक, सांस्कृतिक तथा बौद्ध धर्म की स्थिति का विवरण मिलता है। इसने कुछ बौद्ध नगरों; जैसे-लुम्बिनी, बोधगया, श्रावस्ती, कपिलवस्तु, पाटलिपुत्र, सारनाथ आदि की यात्रा की थी।

- सुंगयुन (512-513 ई.) यह छठी सदी में भारत आया। यह भारत में 3 वर्ष तक रहा तथा इसने 170 ग्रन्थों का संकलन किया। उल्लेखनीय है कि सुंगयुन के साथ ही चीन की साम्राज्ञी ने हिवशंग नामक बौद्ध विद्वान् को बौद्ध ग्रन्थों के संकलन हेतु भारत भेजा था।
- ह्वेनसांग (629-30-645 ई.) यह 16 वर्ष तक भारत में रहा। यह हर्षवर्द्धन के शासनकाल में भारत आया था। यह नालन्दा विश्वविद्यालय में अध्ययन करने, बौद्ध ग्रन्थों को एकत्र करने तथा महात्मा बुद्ध से सम्बन्धित पवित्र स्थानों के दर्शन करने हेतु भारत आया था। इसके यात्रा वृत्तान्त सी-यू-की नामक पुस्तक में तत्कालीन भारत की सामाजिक-धार्मिक स्थिति का विवरण मिलता है। ह्वेनसांग को तीर्थयात्रियों का राजकुमार उपनाम से भी जाना जाता है।
- इत्सिंग (671-693 ई.) यह 7वीं शताब्दी के अन्त में भारत आया था। इसने बंगाल के ताम्रलिप्ति (वर्तमान तामलुक) में तीन वर्ष तक संस्कृत की शिक्षा प्राप्त की। इसने अपने विवरण में नालन्दा व विक्रमशिला विश्वविद्यालयों की शिक्षा प्रणाली, भारतीय चिकित्सा प्रणाली, समाज आदि का उल्लेख किया है। यह भारत से लौटते समय अपने साथ बौद्ध त्रिपिटकों की 400 प्रतियाँ ले गया था। इसने बोधगया, नालन्दा, वैशाली, कन्नौज, श्रावस्ती तथा कपिलवस्तु आदि स्थानों का भी भ्रमण किया।
- चाऊ-जू-कुआ (1225-1254 ई.) इसकी प्रसिद्ध रचना चू-फान ची है। इसने 13वीं सदी के चीनी-अरबी व्यापार का वर्णन किया है।

अरब यात्रियों के वृत्तान्त/विवरण

अरब यात्रियों/लेखकों में सुलेमान, अलमसूदी, अलबरूनी व इब्नबतूता प्रमुख हैं। इनका संक्षिप्त विवरण इस प्रकार है

- सुलेमान (851 ई.) यह 9वीं सदी के मध्य भारत आया था। इसने पाल एवं प्रतिहार राजाओं के विषय में महत्त्वपूर्ण विवरण प्रस्तुत किया है।
- अलमसूदी यह 10वीं सदी (941-943 ई.) में भारत आया था। इसने राष्ट्रकूट राजाओं के सन्दर्भ में विशेष विवरण प्रस्तुत किया है।
- अलबरूनी (1018-19 ई.) यह 11वीं शताब्दी में महमूद गजनवी के साथ कन्नौज अभियान के समय भारत आया। इसके द्वारा अरबी भाषा में रचित पुस्तक किताब-उल-हिन्द अथवा तहकीक-ए-हिन्द (भारत की खोज) भारतीय इतिहासकारों के लिए अध्ययन का प्रमुख स्रोत है। इस पुस्तक का सर्वप्रथम अनुवाद जर्मन भाषा में एडवर्ड सी. सखाउ (एडवर्ड साची) द्वारा किया गया। इसके पश्चात् इसका अंग्रेजी अनुवाद साची ने 1888 ई. में किया।
- इब्नबतूता यह 1333 ई. में सुल्तान मुहम्मद तुगलक के काल में भारत आया। इसके द्वारा अरबी भाषा में रचित पुस्तक यात्रा विवरण रेहला के नाम से प्रसिद्ध है। मुहम्मद-बिन-तुगलक ने इब्नबतूता को दिल्ली में काजी के पद पर नियुक्त किया तथा चीन में उसे अपने राजदूत के रूप में भेजा था।

“

भारत में सभ्यता एवं संस्कृति का प्रारम्भ प्रायः प्रागैतिहासिक काल से माना जाता है। जिस काल के विषय में कोई लिखित विवरण प्राप्त नहीं होता, उसे प्रागैतिहासिक काल कहा जाता है।

अध्याय दो

पाषाण काल एवं प्रागैतिहासिक काल

इतिहास का वर्गीकरण

प्राचीन भारतीय इतिहास को स्रोतों की विविधता के आधार पर तीन वर्गों में विभाजित किया जाता है

(i) प्रागैतिहासिक काल (मानव उत्पत्ति से 3000 ई. पू. तक) इस काल की जानकारी का एकमात्र स्रोत, उस समय के मानवों द्वारा प्रयोग की गई वस्तुएँ (पुरातात्विक साक्ष्य) हैं। इस काल में मानव लेखन कला से अपरिचित था, इसलिए इस काल को प्रागैतिहासिक (Pre-history) काल कहते हैं।

(ii) आद्य ऐतिहासिक काल (3000 ई. पू. से 600 ई. पू.) मानव लिपि से तो परिचित थे, परन्तु वह लिपि पढ़ी नहीं जा सकी है। हड़प्पा सभ्यता व वैदिक सभ्यता का सम्बन्ध भारत के आद्य ऐतिहासिक काल से है।

(iii) ऐतिहासिक काल (600 ई. पू. से आगे) मानव लिपि से परिचित थे और लिपि पढ़ी भी गई है।

इतिहास और तिथियाँ

- अंग्रेजी में **बीसी** (ई. पू.) का तात्पर्य 'बिफोर क्राइस्ट' होता है। **एडी** (ई.) 'एनो डौमिनी' नामक दो लैटिन शब्दों से बना है, जिसका तात्पर्य ईसा मसीह के जन्म के वर्ष से है। तिथियों का निर्धारण ग्रेगोरियन कैलेण्डर के आधार पर किया जाता है।
- कभी-कभी एडी के स्थान पर सीई तथा बीसी के स्थान पर बीसीई का प्रयोग होता है। **सीई** अक्षरों का प्रयोग कॉमन एरा तथा **बीसीई** का प्रयोग 'बिफोर कॉमन एरा' के लिए होता है। कभी-कभी अंग्रेजी के 'बीपी' अक्षरों का प्रयोग होता है, जिसका तात्पर्य 'बिफोर प्रेजेण्ट' (वर्तमान से पहले) होता है।

प्रागैतिहासिक काल का विभाजन

पाषाण काल/प्रस्तर युग

- पुरापाषाण संस्कृति का उद्भव प्लीस्टोसीन (अभिनूतन) युग में हुआ था। इस युग में धरती हिम से आच्छादित थी।
- भारतीय पाषाण युग को मानव द्वारा उपयोग किए जाने वाले पत्थर के औजारों के स्वरूप और जलवायु में होने वाले परिवर्तनों के आधार पर तीन अवस्थाओं में विभाजित किया जाता है–पुरापाषाण काल, मध्यपाषाण काल और नवपाषाण काल। भारत में पाषाणकालीन बस्तियों के अन्वेषण की शुरुआत 1863 ई. में जियोलॉजिकल सर्वे से सम्बद्ध अधिकारी रॉबर्ट ब्रूस फूट ने की। उन्हें चेन्नई (मद्रास) के समीप पल्लवरम से एक पाषाण उपकरण प्राप्त हुआ। अन्ततः सर मार्टीमर व्हीलर के प्रयासों से भारत के समग्र प्रागैतिहासिक सांस्कृतिक अनुक्रम का ज्ञान हुआ।
- ए. कनिंघम को प्रागैतिहासिक पुरातत्व का जनक कहा जाता है। भारतीय पुरातत्व सर्वेक्षण, संस्कृति मन्त्रालय के अधीन एक विभाग है।

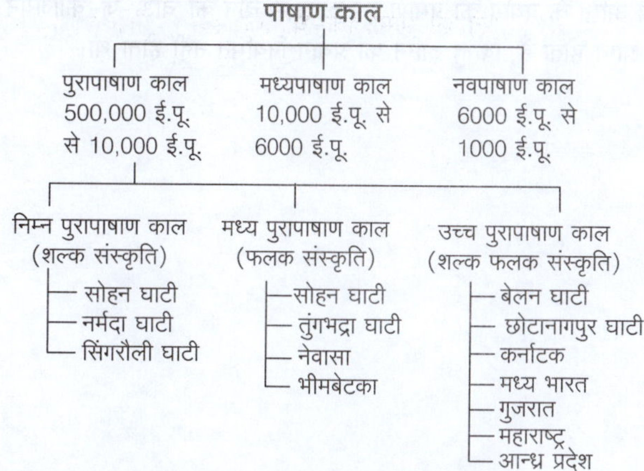

नोट *दिए गए प्रमुख कालों की अवधि NCERT आधारित है।*

पुरापाषाण काल *(5,00,000 ई.पू. से 10,000 ई. पू.)*

तकनीकी विकास तथा जलवायु में होने वाले परिवर्तनों के आधार पर पुरापाषाण काल को निम्न, मध्य एवं उच्च पुरापाषाण काल में विभाजित किया गया है, जिनका वर्णन निम्न है

निम्न पुरापाषाण काल (500,000-50,000 ई. पू.)

- पुरापाषाण काल का सबसे लम्बा समय निम्न पुरापाषाण काल के रूप में जाना जाता है। इस काल के लोग शिकारी एवं खाद्य संग्राहक की श्रेणी में आते हैं। इस समय मनुष्य पत्थरों (क्वाट्र्जाइट) से निर्मित हथियारों (हस्तकुठार, विदारणी, खण्डक) का उपयोग करता था। अधिकांश पुरापाषाण युग हिम युग में गुजरा था।
- इस काल के उपकरणों के आधार पर इसे दो संस्कृतियों में बाँटा जा सकता है—चॉपर-चॉपिंग या पेबुल संस्कृति तथा हैण्डएक्स संस्कृति (हस्त कुठार)।
- चॉपर-चॉपिंग एक ओर धार (फलक) वाले पत्थर के उपकरण को चॉपर (गण्डासा) तथा दोनों ओर धार वाले पत्थर के उपकरण को चॉपिंग (खण्डक) कहा जाता है।
- पेबुल ऐसे पत्थर के उपकरण को कहा जाता है, जो जल के बहाव से घिसकर चिकने और सपाट हो जाते थे।
- हैण्ड एक्स संस्कृति के उपकरण पहले मद्रास (चेन्नई) के समीप बदमदुराई तथा अतिरमपक्कम से प्राप्त हुए थे। इस संस्कृति को मद्रास संस्कृति भी कहा जाता है। इस संस्कृति में क्लीवर, स्क्रेपर एवं क्रोड भी मिलते हैं। निम्न पुरापाषाण स्थल भारतीय महाद्वीप के लगभग सभी क्षेत्रों में प्राप्त होते हैं, जिनमें असम की घाटी, सोहन घाटी, नर्मदा घाटी एवं बेलन घाटी प्रमुख हैं।

> इस काल के उपकरण सर्वप्रथम सोहन नदी घाटी (सिन्धु की सहायक) से प्राप्त हुए, इसलिए इसे सोहन संस्कृति भी कहा जाता है। वर्तमान में यह क्षेत्र पंजाब में है।

- भारत का एकमात्र मानव जीवाश्म एक मानव खोपड़ी के रूप में मध्य नर्मदा घाटी के होशंगाबाद (हथनौरा) से मिला।
- सर्वप्रथम अग्नि के प्रयोग का प्रमाण इस काल में चीन की चाऊ-जू-कोजियन गुफा से प्राप्त होता है, किन्तु अग्नि का प्रयोग नियमित नहीं होता था।

मध्य पुरापाषाण काल (50,000 से 40,000 ई. पू.)

- मध्य पुरापाषाण काल में शल्क उपकरणों की प्रधानता बढ़ गई तथा कच्चे माल के रूप में क्वाट्र्जाइट के स्थान पर चर्ट, जैस्पर तथा फ्लिण्ट प्रमुख हो गए।
- इस काल में फलकों की सहायता से बेधनी, छेदनी एवं खुरचनी जैसे उपकरण बनाए गए।
- फलकों की अधिकता के कारण मध्य पुरापाषाण काल को फलक संस्कृति भी कहा जाता है। एच. डी. सांकलिया ने नेवासा, (गोदावरी नदी के तट पर) को प्रारूप स्थल घोषित किया है तथा अन्य क्षेत्रों; जैसे-झारखण्ड के सिंहभूम, मध्य प्रदेश की भीमबेटका की गुफा एवं सोन घाटी, उत्तर प्रदेश की बेलन घाटी (इलाहाबाद) एवं चकिया (वाराणसी), हिमाचल प्रदेश की व्यास, वानगंगा एवं सिरसा घाटियाँ, गुजरात के सौराष्ट्र क्षेत्र इत्यादि स्थलों से मध्य पुरापाषाण काल के उपकरण प्राप्त हुए हैं।

उच्च पुरापाषाण काल (40,000 से 10,000 ई. पू.)

- उच्च पुरापाषाण काल आधुनिक मानव अर्थात् होमोसेपियन्स के अस्तित्व का युग था। इस काल में मानव उपकरणों के निर्माण में हड्डी, हाथी दाँत एवं सींगों का प्रयोग करने लगा था।
- उच्च पुरापाषाण काल के उपकरणों में तक्षणी एवं खुरचनी के अतिरिक्त अस्थि के उपकरण महत्त्वपूर्ण थे।
- मानव रहने के लिए शैलाश्रयों का प्रयोग करने लगा। इस काल में गुफाओं की दीवार पर नक्काशी और चित्रकारी दोनों रूपों में कला का विकास हुआ।
- इन विशेष उपकरणों में तक्षणी या गिरमिट (ब्यूरिन) का विशेष महत्त्व है। ब्यूरिन या तक्षणी ब्लेड से निर्मित होता था, जोकि स्क्रू ड्राइवर पेंच के समान होते थे।
- इस काल का मुख्य उपकरण ब्लेड था। ब्लेड शल्क से निर्मित औजार होते थे, जिनकी लम्बाई उनकी चौड़ाई से दोगुनी होती थी।
- इस काल के उपकरण सोन घाटी, भीमबेटका, जोगदहा, रामपुर (मध्य प्रदेश), पैसरा (बिहार), सिंहभूम (झारखण्ड), रेनिगुण्टा, कुर्नूल गुफाएँ (आन्ध्र प्रदेश), शोरापुर दोआब (कर्नाटक), पटणे, भदणे तथा इनामगाँव (महाराष्ट्र), बूढ़ा पुष्कर (राजस्थान) आदि से प्राप्त हुए हैं।

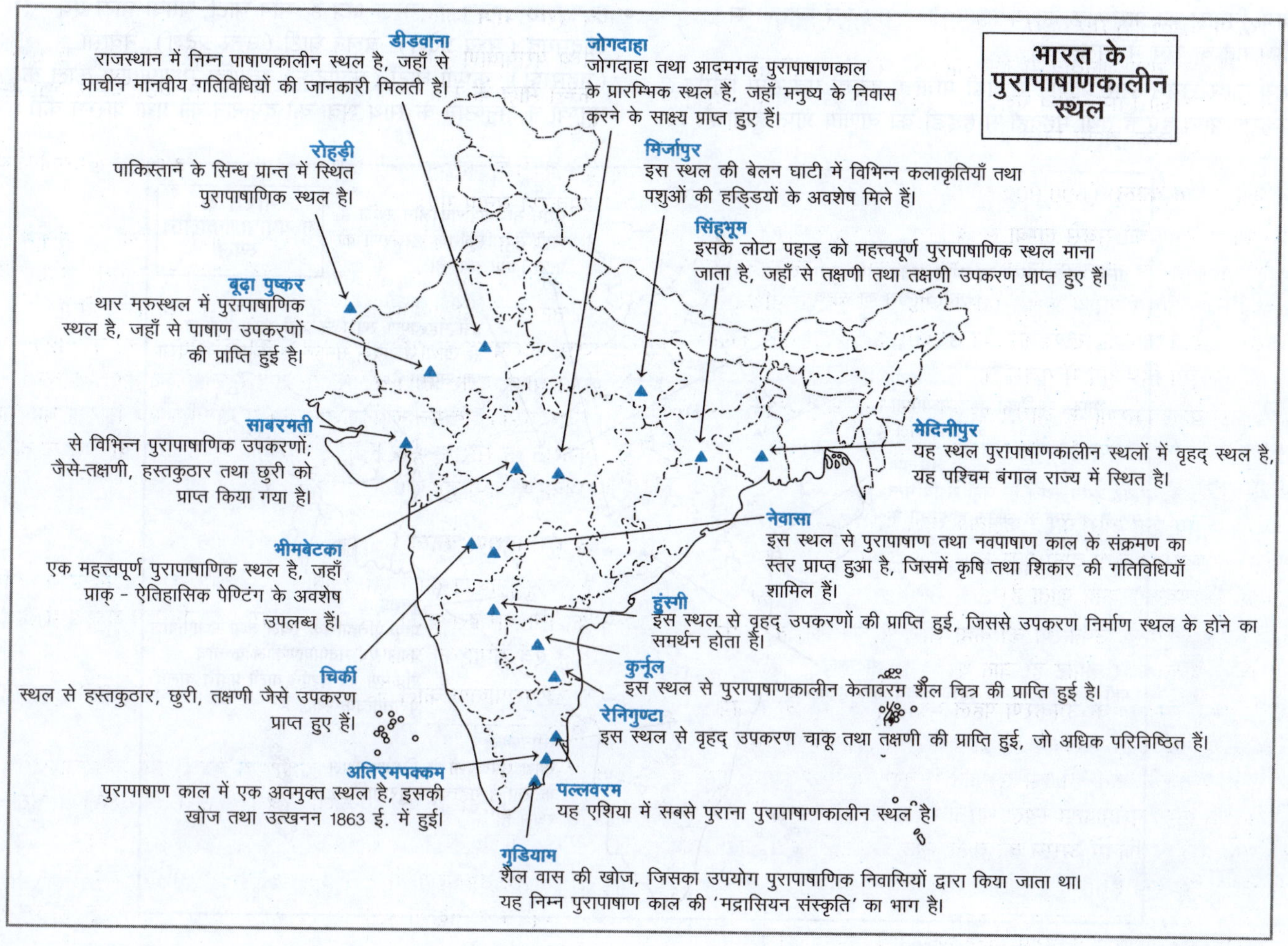

मध्यपाषाण काल (10,000 से 6000 ई. पू.)

- भारत में अभी तक प्राचीन जीवाश्म प्राप्त नहीं हुए थे, परन्तु गुजरात स्थित काम्बे की खाड़ी में 9500 वर्ष प्राचीन सभ्यता की खोज करने का दावा राष्ट्रीय महासागर प्रौद्योगिकी विभाग द्वारा किया गया है। ये साक्ष्य सिन्धु सभ्यता के पहले की सभ्यता का संकेत देते हैं।
- हिम युग का समय 2.4 अरब वर्ष से 11500 वर्ष तक माना जाता है। इस समय अधिकांश क्षेत्र की भूमि मोटी बर्फ की चादरों से ढकी थी। हिम युग के अन्त के पश्चात् मध्यपाषाण काल प्रारम्भ हुआ।
- भारत में मध्यपाषाण काल की जानकारी सर्वप्रथम 1867 ई. में सी. एल. कार्लाइल ने दी जब उन्होंने लघु पाषाणोपकरण के साक्ष्य प्राप्त किए। इन उपकरणों के माध्यम से ज्ञात होता है कि मनुष्य इस समय अपेक्षाकृत विस्तृत सभ्यता में रहता था।
- इस काल के औजार छोटे पत्थरों से बने हुए हैं, जिन्हें माइक्रोलिथिक या सूक्ष्म पाषाण कहा गया है।
- मध्यपाषाण काल मुख्यतः आखेटक तथा पशुपालक से सम्बन्धित काल था।
- भारत में मानव अस्थिपंजर सर्वप्रथम मध्यपाषाण काल से ही प्राप्त होने लगे थे। इस काल में मानव अस्थिपंजर का पहला अवशेष (शवाधान का साक्ष्य) उत्तर प्रदेश के प्रतापगढ़ जिले के सराय नाहर राय तथा महदहा नामक स्थान से प्राप्त हुआ है।
- मध्यपाषाण युगीन औजार बनाने की तकनीक को फ्लूटिंग कहा जाता है।
- इस काल के कुछ सूक्ष्म औजारों का आकार ज्यामितीय है, जिसमें ब्लेड, क्रोड, त्रिकोण, नव चन्द्राकार तथा समलम्ब औजार प्रमुख हैं।
- सर्वप्रथम तीर-कमान का विकास मध्यपाषाण काल में हुआ। इस काल में लोग छोटे जानवरों का शिकार करने लगे थे।
- मछली पकड़ने का साक्ष्य जलीलपुर (वर्तमान पाकिस्तान) से प्राप्त हुआ है।
- मध्यपाषाण काल के लोग शिकार, मछली पकड़ने तथा खाद्य-संग्रहण पर निर्भर रहते थे।
- इस काल में बागौर (राजस्थान) तथा आदमगढ़, भीमबेटका (मध्य प्रदेश) से पशुपालन का प्राचीनतम साक्ष्य प्राप्त होता है। इसी काल में मानव ने सर्वप्रथम कुत्ते को पालतू पशु बनाया था।
- राजस्थान के भीलवाड़ा जिले में कोठारी नदी के तट पर स्थित बागौर भारत का सबसे बड़ा मध्यपाषाणिक स्थल है।
- राजस्थान में स्थित साम्भर झील निक्षेप के कई मध्यपाषाणिक स्थल प्राप्त हुए हैं, जिनमें नरवा, गोविन्दगढ़ तथा लेखवा प्रमुख हैं। यहाँ से विश्व के सबसे पुराने वृक्षारोपण का साक्ष्य मिला है।

- स्थायी निवास का प्रारम्भिक साक्ष्य सराय नाहर राय एवं महदहा से स्तम्भ गर्त के रूप में मिलता है।
- सराय नाहर राय (उत्तर प्रदेश) से बड़ी मात्रा में हड्डी एवं सींग निर्मित उपकरण प्राप्त हुए हैं तथा महदहा से हड्डी का वाणाग्र प्राप्त हुआ है।
- मध्यपाषाण काल के प्रमुख क्षेत्र हैं–सोन घाटी, बेतवा घाटी एवं आदमगढ़ (मध्य प्रदेश), बेलन घाटी (उत्तर प्रदेश), नेवासा (महाराष्ट्र), कृष्णा घाटी (कर्नाटक) इत्यादि। मध्यपाषाण काल के मनुष्यों ने अनुष्ठान के साथ शवों को दफनाने की प्रथा प्रारम्भ की।

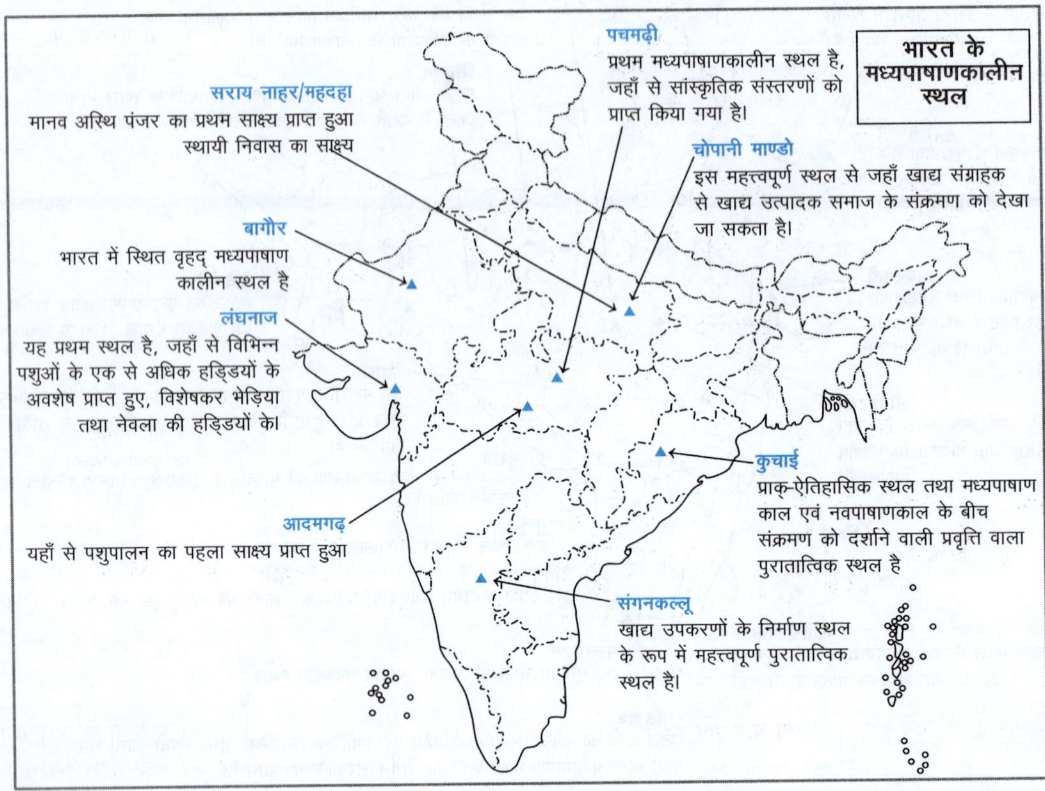

नवपाषाण काल (6000-1000 ई. पू.)

- भारतीय उपमहाद्वीप में प्राचीनतम नवपाषाणिक बस्ती का साक्ष्य मेहरगढ़ (बलूचिस्तान, पाकिस्तान) से प्राप्त होता है। नवपाषाण या नियोलिथिक शब्द का प्रयोग सबसे पहले सर जॉन लुबाक ने 1865 ई. में किया था।
- भारत में नवपाषाण काल से सम्बन्धित पुरातात्विक खोज करने का श्रेय डॉ. प्राइमरोज को दिया गया है, उन्होंने 1842 ई. में कर्नाटक के लिंगसुगुर स्थल से उपकरण खोजे थे।
- इस काल के प्रथम प्रस्तर उपकरण सर्वप्रथम 1860 ई. में लॉ मसुरिये ने टोन्स नदी घाटी (उत्तर प्रदेश) से प्राप्त किए।
- पुरातत्वविद् मिल्स बुरकिट के अनुसार, पशुओं को पालतू बनाना, कृषि व्यवहार का प्रथम प्रयोग, घिसे तथा पॉलिशदार पत्थर के औजार एवं मृद्भाण्डों का निर्माण नवपाषाण काल की प्रमुख विशेषता है।
- पाकिस्तान के बलूचिस्तान में अवस्थित मेहरगढ़ तथा भारत के कश्मीर में स्थित बुर्जहोम एवं गुफकराल महत्त्वपूर्ण नवपाषाणकालीन स्थल हैं। यद्यपि मेहरगढ़ प्राचीनतम नवपाषाणकालीन स्थल है।
- गुफकराल का शाब्दिक अर्थ–कुम्हार की गुहा (गुफा) से है। बुर्जहोम में गर्त निवास के साक्ष्य मिलते हैं, जहाँ कब्रों में पालतू कुत्ते भी मालिकों के शवों के साथ दफनाए जाते थे। यहाँ से युग्मित शवाधान के प्रमाण मिले हैं।

भीमबेटका की गुफाएँ

- भीमबेटका से चित्रकारी के प्राचीनतम साक्ष्य प्राप्त हुए हैं, जो मध्यपाषाण काल से सम्बन्धित हैं। भीमबेटका का चट्टानी शरणस्थल भोपाल से 45 किमी पश्चिम में स्थित है। यूनेस्को ने भीमबेटका शैल चित्रों को विश्व विरासत सूची में सम्मिलित किया है। भारतीय पुरातत्ववेत्ता **वी. एस. वाकणकर** ने पहली बार भीमबेटका की गुफा को देखा और उसके शैल चित्रों के प्रागैतिहासिक महत्त्व को खोजा था।
- इन गुफाओं में जीवन के विविध रंगों को पेण्टिंग के रूप में उकेरा गया, जिनमें हाथी, साम्भर, हिरण आदि के चित्र हैं। इस काल के लोगों ने गहरे लाल, हरे, उजले तथा पीले रंगों का प्रयोग किया।

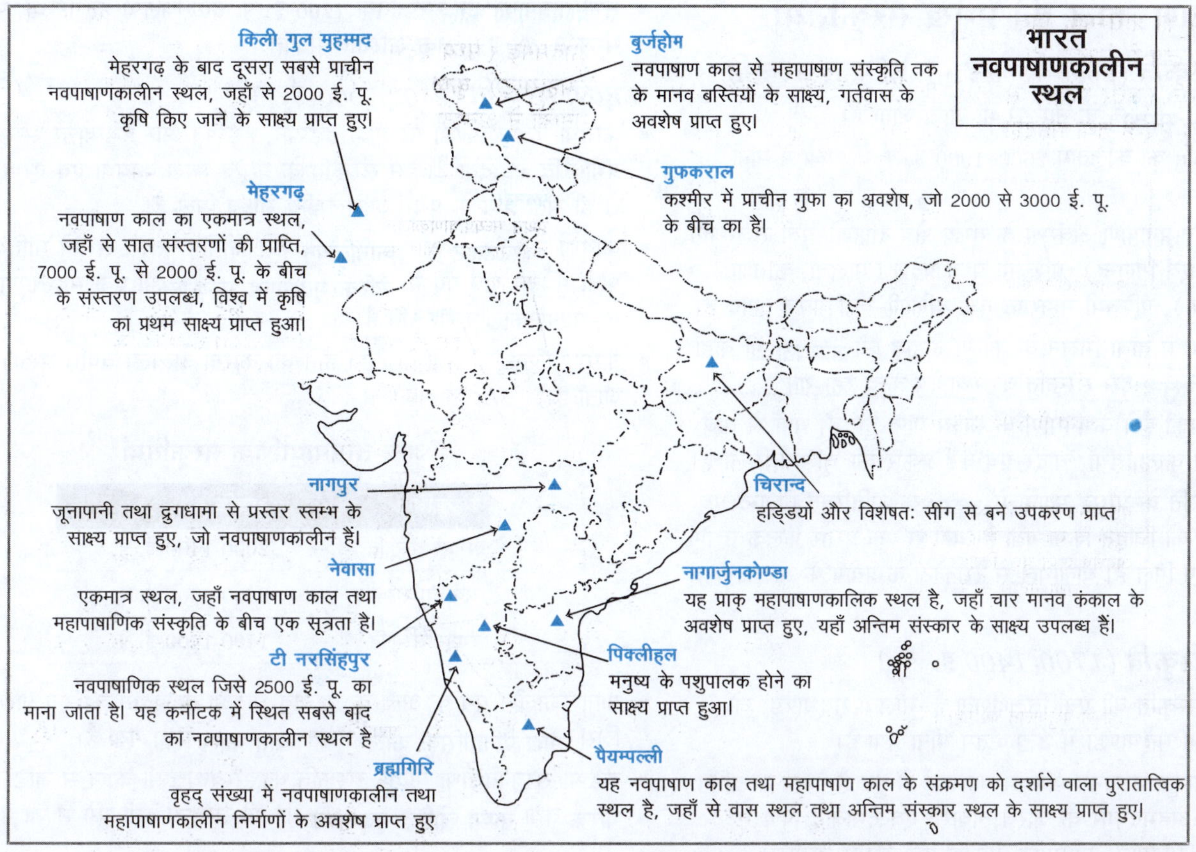

- चिरान्द (बिहार) से हड्डियों के बने हुए उपकरण पाए गए हैं, जो मुख्य रूप से हिरण के सींगों के बने हुए हैं।
- मृद्‌भाण्ड निर्माण का प्रारम्भ नवपाषाण काल से हुआ। मृद्‌भाण्ड का प्राचीनतम साक्ष्य चौपानीमाण्डो से प्राप्त हुआ है।
- कर्नाटक में संगनकल्लू (मैसूर) तथा पिक्लीहल से राख के टीले के साक्ष्य प्राप्त हुए हैं। मेहरगढ़ (बेलन घाटी) से गौशाला के साक्ष्य प्राप्त हुए हैं। दक्षिण भारत में प्रयुक्त होने वाली पहली फसल रागी थी।
- कोल्डिहवा (उत्तर प्रदेश) से वन्य एवं कृषिजन्य दोनों प्रकार के चावल के साक्ष्य मिलते हैं। यह धान की खेती का प्राचीनतम साक्ष्य है।
- निम्न पुरापाषाण काल में क्रोड उपकरणों की प्रधानता थी; जैसे-कुल्हाड़ी बसुली, छेनी, खुरपी, कुदाल, हथौड़े इत्यादि।
- मेहरगढ़ से सीमित मात्रा में ताँबे के प्रयोग का प्रमाण मिलता है। सर्वप्रथम कुम्हार के चाक पर तैयार मिट्टी के बर्तन मेहरगढ़ से मिलते हैं।
- मेहरगढ़ से कृषि, पशुपालन, स्थायी समाज एवं स्थायी बस्तियों के साक्ष्य प्राप्त हुए हैं। मेहरगढ़ से एक ऐसी प्राचीन बस्ती मिली है, जिसे 7000 ई. पू. की प्राचीनतम स्थायी बस्ती बताया जाता है। यहाँ से गेहूँ, जौ, कपास के साक्ष्य मिले हैं। मेहरगढ़ से पहले कपास के उत्पादन का प्रमाण विश्व में कहीं नहीं मिलता। बर्तन बनाने की कला सर्वप्रथम इसी युग में दिखाई पड़ती है।
- मेहरगढ़ में कच्ची ईंटों के आयताकार मकानों के प्रमाण मिलते हैं। इस पुरास्थल से पाषाण संस्कृति से लेकर हड़प्पा सभ्यता तक के सांस्कृतिक अवशेष प्राप्त हुए हैं।
- कृषि व पहिये का आविष्कार नवपाषाण काल में ही हुआ था।

ताम्रपाषाण काल (3000 से 500 ई. पू.)

- मानव ने सर्वप्रथम ताँबे की धातु का प्रयोग किया, जिस काल में लोगों ने पत्थर के साथ-साथ ताँबे के हथियारों का प्रयोग करना प्रारम्भ कर दिया, उसे ताम्रपाषाण युग कहा गया।

ऐसा माना जाता है कि सबसे पहले ताँबे का प्रयोग लगभग 5000 ई. पू. में हुआ था। **अतिरमपक्कम** (मद्रास) से प्राप्त ताँबे की कुल्हाड़ी से यह प्रमाणित होता है। सर्वप्रथम ब्रिटिश भूवैज्ञानिक एवं पुरातत्ववेत्ता **रॉबर्ट ब्रूस फुट** के द्वारा 1863 ई. में मद्रास के निकट पल्लवरम से हाथ की कुल्हाड़ी (हैण्ड एक्स) की प्राप्ति की गई थी।

- ताम्रपाषाण काल के लोग मुख्यतः ग्रामीण समुदाय के थे। इस युग के लोग सामान्यतः पकी ईंटों का प्रयोग नहीं करते थे।
- इस युग में मातृदेवी की पूजा की जाती थी। इनामगाँव से मातृदेवी की मूर्तियाँ अधिक संख्या में मिली हैं। कहीं-कहीं कच्ची मिट्टी द्वारा बनी मातृदेवी की मूर्ति की भी पूजा होती थी।

ताम्रपाषाण काल की प्रमुख संस्कृतियाँ

अहाड़ संस्कृति (2600-1900 ई. पू.)/अहार संस्कृति

- इसे बनास संस्कृति के नाम से भी जाना जाता है।
- इस संस्कृति का कालक्रम 2600–1900 ई. पू. के मध्य में माना गया है।
- भारत में ताम्रपाषाण अवस्था के मुख्य क्षेत्र दक्षिणी–पूर्वी राजस्थान (अहाड़ एवं गिलुन्द), पश्चिमी मध्य प्रदेश (मालवा, कायथा और एरण), पश्चिमी महाराष्ट्र तथा दक्षिणी–पूर्वी भारत आदि हैं।
- बड़ी मात्रा में ताँबा मिलने के कारण अहाड़ को ताँबवती भी कहा गया है। गिलुन्द इस संस्कृति का स्थानीय केन्द्र रहा था।
- यहाँ से पकी ईंटों के निर्माण के साक्ष्य प्राप्त हुए हैं। यहाँ से ताँबे से निर्मित कुल्हाड़ियाँ, चादरें एवं कई प्रकार की चूड़ियाँ मिली हैं।
- इस संस्कृति के प्रमुख स्थानों में अहाड़ के अतिरिक्त गिलुन्द एवं बालाथल को चिह्नित किया गया है। यहाँ से एक प्रस्तर फलक उद्योग के अवशेष मिले हैं। बालाथल से टेराकोटा के प्रयोग के साक्ष्य भी मिले हैं।

मालवा संस्कृति (1700-1400 ई. पू.)

- मालवा संस्कृति की एक विलक्षणता है–मालवा मृद्‌भाण्ड, जो ताम्रपाषाण मृद्‌भाण्डों में उत्कृष्टतम माना गया है।
- सबसे विस्तृत उत्खनन पश्चिम महाराष्ट्र में हुए हैं, जहाँ उत्खनित स्थल हैं–अहमदनगर के जोरवे, नेवासा एवं दैमाबाद, पुणे में चन्दौली, सोनगाँव, इनामगाँव, प्रकाश एवं नासिक इत्यादि। नेवासा से पटसन का पहला साक्ष्य मिला है। ताम्रपाषाण मूल के लोग मातृदेवी की पूजा करते थे। इनामगाँव से मातृदेवी की प्रतिमा मिली है।
- मालवा संस्कृति के प्रमुख स्थलों में कायथा, एरण एवं नवदाटोली आदि हैं। नवदाटोली से सर्वाधिक कृषि फसलों के साक्ष्य मिले हैं। ताम्रपाषाणिक स्थलों में सबसे बड़ा उत्खनित ग्रामीण स्थल एच. डी. सांकलिया द्वारा उत्खनित नवदाटोली ही है। नवदाटोली, मध्य प्रदेश में नर्मदा नदी के तट पर स्थित है।

जोरवे संस्कृति (1400-700 ई. पू.)

- जोरवे संस्कृति ग्रामीण थी, उसके पश्चात् भी इसकी कई बस्तियाँ; जैसे–दैमाबाद एवं इनामगाँव में नगरीकरण की प्रक्रिया प्रारम्भ हो गई थी।
- जोरवे स्थलों में सबसे बड़ा दैमाबाद है, जो प्रवरा नदी के तट पर स्थित है। दैमाबाद से भारी मात्रा में काँसे की वस्तुएँ प्राप्त हुई हैं, जोकि हड़प्पा संस्कृति के प्रभाव को दर्शाती हैं। यहीं से ताँबे का रथ चलाता हुआ मनुष्य, साँड, गैण्डे तथा हाथी की आकृतियाँ प्राप्त हुई हैं। स्वर्ण आभूषणों के साक्ष्य जोरवे संस्कृति की महत्त्वपूर्ण विशेषता है।
- इनामगाँव एक बड़ी बस्ती है, जो किलाबन्द है तथा खाई से घिरी हुई है। यहाँ से कच्ची मिट्टी के मकानों तथा गोलाकार गड्ढे वाले मकानों के साक्ष्य भी प्राप्त हुए हैं।
- सभी ताम्रपाषाणिक संस्कृतियाँ 1200 ई. पू. तक विलुप्त हो गई थीं, परन्तु जोरवे संस्कृति 700 ई.पू. तक अस्तित्व में थी।

कायथा संस्कृति (2100-2000 ई. पू.)

- कायथा के मृद्‌भाण्डो पर प्राक् हड़प्पन, हड़प्पन और हड़प्पोत्तर संस्कृति का प्रभाव दिखाई देता है। इस संस्कृति के प्रमुख स्थल कायथा एवं एरण हैं। एरण से ही सती प्रथा के प्रथम अभिलेखीय साक्ष्य मिले हैं।
- कायथा से स्टेटाइट और कॉर्नीलियन जैसे कीमती पत्थरों से बने मोतियों के हार पात्रों में जमे पाए गए हैं। गैरिक मृद्‌भाण्ड संस्कृति भी एक महत्त्वपूर्ण ताम्रपाषाणकालीन संस्कृति है।
- ताम्रपाषाणिक बस्तियों के लुप्त होने का कारण अत्यल्प वर्षा (सूखा) माना जाता है।

अन्य ताम्रपाषाणिक संस्कृतियाँ

संस्कृति		अवधि
प्रभास संस्कृति	–	2000-1400 ई. पू.
सवाल्दा संस्कृति	–	2300-2000 ई. पू.
रंगपुर संस्कृति	–	1700-1400 ई. पू.

- पाषाणकालीन युग के अन्त के पश्चात् धातुओं के प्रयोग का युग प्रारम्भ हुआ, जिसे आद्य ऐतिहासिक काल अथवा धातु काल कहा गया है।
- हड़प्पा संस्कृति तथा वैदिक संस्कृति का सम्बन्ध इसी काल से जोड़ा जाता है। गैरिक तथा कृष्ण लोहित मृद्‌भाण्ड का भी सम्बन्ध इसी युग से जोड़ा जाता है।

महापाषाण काल

- नवपाषाण काल के बाद दक्षिण भारत में जिस संस्कृति का आविर्भाव हुआ, उसे महापाषाण काल कहा जाता है।
- महापाषाण शब्द अंग्रेजी के मेगालिथ (Megalith) शब्द का हिन्दी रूपान्तर है। मेगालिथ शब्द दो शब्दों मेगा व लिथ से मिलकर बना है।
- मेगा शब्द यूनानी भाषा के मेगास तथा लिथ शब्द यूनानी भाषा के लिबोस से मिलकर बना है।
- मेगालिथ से तात्पर्य बड़े-बड़े प्रस्तर खण्डों से बनी कब्रों (स्मारकों) से है।
- पत्थर की कब्रों को महापाषाण (Megalithic) कहा जाता था। इन कब्रों में मानवों को दफनाया जाता था। महापाषाण काल से सम्बद्ध लोग साधारणतः पहाड़ों के ढलान पर रहते थे।
- दक्कन, दक्षिण भारत, उत्तरी-पूर्वी भारत तथा कश्मीर में यह प्रथा प्रचलित थी। जहाँ से कब्रों में लोहे के औजार, घोड़े के कंकाल तथा पत्थर एवं सोने के गहने भी प्राप्त हुए हैं।
- यहाँ आंशिक शवाधान की पद्धति भी प्रचलित थी, जिसके अन्तर्गत शवों को जंगली जानवरों के खाने के लिए छोड़ दिया जाता था। ब्रह्मगिरि, आदिचन्नलूर, मास्की, चिंगलपत्तु, नागार्जुनकोण्डा आदि इसके प्रमुख शवाधान केन्द्र हैं।
- महापाषाणकालीन लोग धान के अतिरिक्त रागी की खेती भी करते थे। इतिहासकारों ने महापाषाण काल का निर्धारण 1000 ई. पू. से लेकर प्रथम शताब्दी ई. पू. के बीच किया है।

"

हड़प्पा सभ्यता को 'काँस्ययुगीन सभ्यता' भी कहा जाता है। सभ्यताओं के विकास में काँसे के (ताँबे तथा टिन की मिश्र धातु) महत्त्व के कारण सभ्यताओं के काल को काँस्य युग कहा जाता है तथा इन सभ्यताओं को काँस्ययुगीन सभ्यताएँ कहते हैं।

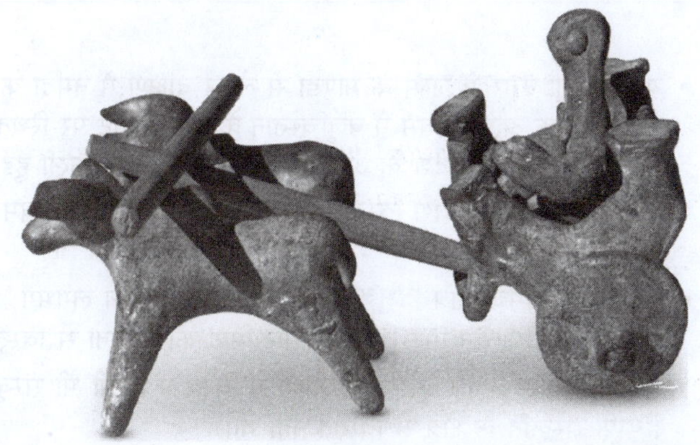

अध्याय तीन

हड़प्पा सभ्यता

सभ्यता का नामकरण एवं काल निर्धारण

- सिन्धु घाटी सभ्यता अत्यन्त विशाल भू-भाग में विस्तृत थी। आरम्भ में हड़प्पा और मोहनजोदड़ो के उत्खनन से इस सभ्यता के प्रमाण मिले थे। चूँकि ये क्षेत्र सिन्धु और उसकी सहायक नदियों के क्षेत्र में आते हैं, अत: विद्वानों ने इसे सिन्धु घाटी सभ्यता नाम दिया।
- हाल ही में NCERT ने अपनी पाठ्यपुस्तक में सिन्धु घाटी सभ्यता को सिन्धु सरस्वती सभ्यता के रूप में परिभाषित किया है।
- बाद में लोथल, कालीबंगा, रोपड़, रंगपुर तथा बनावली आदि क्षेत्रों से भी इस सभ्यता के प्रमाण मिले, जो सिन्धु एवं उसकी सहायक नदियों के क्षेत्र से बाहर थे। अत: हड़प्पा इस सभ्यता का केन्द्र होने के कारण विद्वानों ने इसे हड़प्पा सभ्यता नाम दिया।
- सर्वप्रथम चार्ल्स मैसन ने 1826 ई. में हड़प्पा सभ्यता की जानकारी दी। वर्ष 1921 में भारतीय पुरातत्व सर्वेक्षण विभाग के अध्यक्ष जॉन मार्शल के निर्देशन में दयाराम साहनी के द्वारा उत्खनन से इस स्थल का ज्ञान हुआ। सर्वप्रथम हड़प्पा की खोज के कारण इसका नाम हड़प्पा सभ्यता पड़ा।
- सिन्धु सभ्यता के कालक्रम निर्धारण के सम्बन्ध में पुरातत्ववेत्ता एक मत नहीं हैं। कार्बन-14 (C-14) डेटिंग पद्धति के आधार पर इसका काल 2350 ई. पू. से 1750 ई. पू. माना गया है।

> **कार्बन-14 डेटिंग**
>
> कार्बन-14 (C-14), जिसे रेडियोकार्बन डेटिंग भी कहा जाता है, आयु निर्धारण की विधि है, जो रेडियो कार्बन (C-14) के क्षय पर निर्भर करती है। यह विधि व्यापक रूप से भू-वैज्ञानिकों, पुरातत्वविदों और जाँचकर्ताओं द्वारा उपयोग की जाती है।

- इसके अतिरिक्त जॉन मार्शल ने वर्ष 1931 में इस सभ्यता की तिथि लगभग 3250 ई. पू. से लेकर 2750 ई. पू. निर्धारित की, जबकि एनसीईआरटी के अनुसार इसकी तिथि 2500 ई. पू. से 1800 ई. पू. है।
- सिन्धु घाटी सभ्यता के काल को निर्धारित करने का महत्त्वपूर्ण स्रोत कंकाल और जानवरों की हड्डियाँ हैं।
- सर्वाधिक कंकाल मोहनजोदड़ो से प्राप्त हुए हैं। कंकालों के परीक्षण से यह निर्धारित हुआ है कि सिन्धु सभ्यता में चार प्रजातियाँ निवास करती थीं-भूमध्यसागरीय, ऑस्ट्रेलॉयड, अल्पाइन तथा मंगोलॉयड। इनमें से सर्वाधिक लोग भूमध्यसागरीय प्रजाति के थे।
- इसके अतिरिक्त विभिन्न विद्वानों ने इसका काल निर्धारण किया है; जैसे-मार्टिमर व्हीलर (2500-1500 ई. पू.), एम. एस. वत्स (3500-2500 ई. पू.), सर जॉन मार्शल (3250-2750 ई. पू.), डी. पी. अग्रवाल (2300-1700 ई. पू.), डेल्स (2900-1900 ई. पू.), मैके (2800-2500 ई. पू.), फेयरसर्विस (2000-1500 ई. पू.) आदि।

हड़प्पा सभ्यता का भौगोलिक विस्तार

- प्राचीन सभ्यताओं में क्षेत्रफल की दृष्टि से कांस्ययुगीन, आद्य ऐतिहासिककालीन सिन्धु घाटी सभ्यता का विस्तार सबसे अधिक था। यह सभ्यता भारतीय उपमहाद्वीप में प्रथम नगरीय क्रान्ति की अवस्था को दर्शाती है।
- चूँकि परिपक्व हड़प्पा सभ्यता का केन्द्रस्थल पंजाब और सिन्ध में मुख्यत: सिन्धु घाटी में पड़ता था। अतएव इसका विस्तार यहीं से दक्षिण और पूरब दिशा की ओर हुआ।
- हड़प्पा सभ्यता के अन्तर्गत पंजाब, सिन्ध और बलूचिस्तान के भाग के साथ-साथ गुजरात, राजस्थान, हरियाणा व पश्चिमी उत्तर प्रदेश के सीमान्त भाग भी थे। एन. सी. ई. आर. टी. के अनुसार हड़प्पा संस्कृति के लगभग 1500 स्थल ज्ञात किए गए हैं। विभिन्न उत्खनन और अनुसन्धान द्वारा लगभग 2800 स्थल ज्ञात किए गए हैं।

- यह सभ्यता उत्तर में जम्मू के माण्डा से लेकर दक्षिण में नर्मदा के मुहाने पर स्थित दैमाबाद तक और पश्चिम में बलूचिस्तान के मकरान तट पर स्थित सुत्कागेण्डोर से लेकर पूर्व में उत्तर प्रदेश के आलमगीरपुर (मेरठ) तक फैली हुई थी।
- सभ्यता का उत्तर-दक्षिण विस्तार 1100 किमी है एवं पूर्व-पश्चिम विस्तार 1600 किमी है।
- हड़प्पा का समूचा क्षेत्र त्रिभुजाकार है, जिसका क्षेत्रफल लगभग, 12,99,600 वर्ग किमी है, जो प्राचीन मिस्र और मेसोपोटामिया की सभ्यता से विस्तृत है।
- ईसा-पूर्व तीसरी और दूसरी सहस्राब्दि में विश्व में किसी भी संस्कृति का क्षेत्र हड़प्पा संस्कृति के क्षेत्र से विस्तृत नहीं था।

भौगोलिक विस्तार

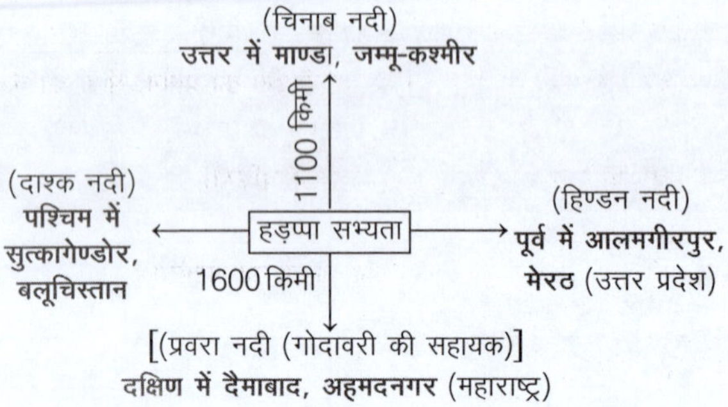

(चिनाब नदी)
उत्तर में माण्डा, जम्मू-कश्मीर
1100 किमी
(दाश्क नदी)
पश्चिम में सुत्कागेण्डोर, बलूचिस्तान
हड़प्पा सभ्यता
1600 किमी
(हिण्डन नदी)
पूर्व में आलमगीरपुर, मेरठ (उत्तर प्रदेश)
[(प्रवरा नदी (गोदावरी की सहायक)]
दक्षिण में दैमाबाद, अहमदनगर (महाराष्ट्र)

- माण्डा (जम्मू के अखनूर जिले में) का उत्खनन जगपति जोशी द्वारा वर्ष 1966-67 में करवाया गया था। यहाँ से तीन सांस्कृतिक स्तर-प्राक् सैन्धव, विकसित सैन्धव एवं उत्तर सैन्धव मिलते हैं।
- हड़प्पा एवं मोहनजोदड़ो दोनों स्थल वर्तमान पाकिस्तान में हैं एवं इन दोनों स्थलों के मध्य की दूरी 483 किमी है।

हड़प्पा / सिन्धु घाटी सभ्यता के प्रमुख स्थल

- इन स्थानों में कुछ स्थल हड़प्पा सभ्यता की प्रारम्भिक अवस्था के हैं, कुछ परिपक्व अवस्था के और कुछ उत्तर अवस्था के हैं।
- परिपक्व अवस्था वाले स्थलों की संख्या सीमित है और उनमें केवल सात को ही (सर्वाधिक महत्त्व के दो-हड़प्पा व मोहनजोदड़ो) नगर की संज्ञा दी जा सकती है।
- इन नगरों में हड़प्पा, मोहनजोदड़ो, लोथल, चन्हूदड़ो, धौलावीरा, बनावली और कालीबंगा शामिल हैं।
- पिग्गट ने हड़प्पा और मोहनजोदड़ो को विस्तृत साम्राज्य की जुड़वाँ राजधानी कहा है।

सिन्धु सभ्यता के प्रमुख स्थल

स्थल	स्थिति	खोजकर्ता	विशेष तथ्य
हड़प्पा	रावी नदी मोण्टगोमरी, पाकिस्तान	दयाराम साहनी, 1921	श्रमिक निवास, धोती पहने मूर्ति, शवाधान, सीध से छः अन्नागार, कब्रिस्तान R-37, स्वास्तिक, मंजूषा, बर्तन पर मछुआरे का चित्र, स्त्री के गर्भ से निकलता हुआ पौधा (उर्वरता की देवी) आदि।
मोहनजोदड़ो (मृतकों का टीला)	सिन्धु नदी, लरकाना, पाकिस्तान	राखालदास बनर्जी, 1922	मृतकों का टीला, स्नानागार, अन्नागार, काँसे की नग्न नर्तकी, मातृदेवी की मूर्ति, कुम्हार के छः भट्टे, दाढ़ी वाला साधु, हाथी का कपाल खण्ड सूती कपड़ा, शतरंज की गोटियाँ, पशुपति के अंकन की मुहर, सबसे बड़ी ईंट।
सुत्कागेण्डोर	दाश्क नदी, बलूचिस्तान, पाकिस्तान	ऑरेल स्टीन, 1927 एवं जॉर्ज एफ. डेल्स, 1962	नदी की तटीय व्यापारिक चौकी, ताँबे की कुल्हाड़ी, बेबीलोन से व्यापार का साक्ष्य।
आमरी	सिन्धु नदी, सिन्ध, पाकिस्तान	एन. जी. मजूमदार, 1929 एवं जॉर्ज एफ. डेल्स, 1963	ऐसा पहला स्थल, जहाँ पूर्व हड़प्पा सभ्यता के चिह्न और परिवर्ती परिवर्तन के चरणों की पहचान हुई तथा बारहसिंगा का नमूना।
चन्हूदड़ो	सिन्धु नदी, सिन्ध, पाकिस्तान	एन. जी. मजूमदार, 1931 उत्खननकर्ता अर्नेस्ट मैके, 1935	मुहर उत्पाद केन्द्र, औद्योगिक शहर, मिट्टी की बनी बैलगाड़ी का प्रतिरूप, मनके का कारखाना, वक्राकार ईंटें, पूर्वोत्तर हड़प्पाकालीन संस्कृति (झूकर-झांगर) के अवशेष।
कालीबंगा	घग्घर नदी, राजस्थान	अमलानन्द घोष, 1952 उत्खननकर्ता बी.बी. लाल एवं वी. के. थापर	हल द्वारा जुते खेत, बेलनाकार मुहर, पक्की मिट्टी का हल, सबसे पहले ज्ञात भूकम्प का साक्ष्य, अग्निकुण्ड, ऊँट की हड्डियाँ, कच्ची एवं अलंकृत ईंट, सिलबट्टा।
कोटदीजी	सिन्धु नदी, सिन्ध, पाकिस्तान	फजल अहमद, 1953-56 एवं घुरिये	पत्थर की नींव वाले घर, पत्ती के आकार का वाणाग्र, गर्तावास, गहनों का जखीरा, चाक पर निर्मित मृद्भाण्ड।
देसलपुर	ध्रुद नदी, कच्छ, गुजरात	ए. घोष/एस. आर. राव, 1963	टेराकोटा मुहर, ताँबा मुहर, सेलखड़ी मुहर और भूरे रंग के मिट्टी के बर्तन।
रोपड़	सतलुज नदी, पंजाब	यज्ञदत्त शर्मा, 1953-54	वर्ष 1947 के बाद भारत में हड़प्पाकालीन उत्खनन स्थल, ताँबे की कुल्हाड़ी, शंख की चूड़ियाँ, कुत्ते को मालिक के साथ दफनाने का साक्ष्य।
रंगपुर	मादर नदी तट, गुजरात	रंगनाथ राव, 1953-54	धान की भूसी, घोड़े की मृणमूर्ति, कच्ची ईंटों का दुर्ग, पत्थर के फलक, ज्वार, बाजरा।
सुरकोटदा	सरस्वती नदी, कच्छ, गुजरात	जे. पी. जोशी, 1964	घोड़े की हड्डियाँ, बर्तन में शवाधान, तराजू का पलड़ा, चिनाई वाले भवन।
लोथल	भोगवा नदी, अहमदाबाद, गुजरात	रंगनाथ राव, 1955 एवं 1962	सुमेरियन मूल सोने के मनके, गोदीवाड़ा (बन्दरगाह), युग्म शवाधान, धान की खेती, दिशा मापक यन्त्र, घोड़े की मृण्मूर्ति हैं।
आलमगीरपुर	हिण्डन नदी, उत्तर प्रदेश	यज्ञदत्त शर्मा, 1958	रोटी बेलने की चौकी, कटोरे के टुकड़े, मिट्टी के बर्तन, गंगा-यमुना दोआब का पहला उत्खनित स्थल।

स्थल	स्थिति	खोजकर्ता	विशेष तथ्य
धौलावीरा	लूनी नदी, कच्छ, गुजरात	बी. बी. लाल, 1959, आर. एस. बिष्ट, 1990-91	खेल का मैदान, पत्थर की बनी नेवले की मूर्ति, उन्नत जल संचयन और प्रबन्धन प्रणाली, बाँधों की शृंखला। साइनबोर्ड लिखावट एक काठ की तख्ती पर खुदाई करके उसमें सफेद चूना (जिप्सम) भरकर तैयार की गई है, जिसमें दस संकेताक्षर हैं।
राखीगढ़ी	घग्घर नदी, हरियाणा	सूरजभान, 1969	प्राक् हड़प्पा एवं परिपक्व हड़प्पा के साक्ष्य, भारत में स्थित इस सभ्यता का सबसे बड़ा स्थल, अन्नागार तथा रक्षा प्राचीर के साक्ष्य, ताम्र उपकरण, हड़प्पा लिपि युक्त मुद्रा।
मिताथल	हरियाणा	सूरजभान, 1964	ताँबे की कुल्हाड़ी, संस्कृति के तीनों स्तर।
बनावली	सरस्वती नदी, हिसार, हरियाणा	आर. एस. बिष्ट, 1973	हड़प्पा तथा उत्तर-नगरीय, सुव्यवस्थित अपवहन तन्त्र का अभाव, स्वर्णपट्ट, मिट्टी के मनके, ताँबे की बनी मछली पकड़ने की बंसी, मिट्टी से बने हल का प्रतिरूप, वास्तविक हल के कुछ टूटे टुकड़े, दीवार के बाहर गहरी और चौड़ी खाई, चक्के के प्रतिरूप (मिट्टी के), सोना परखने की कसौटी, सर्वाधिक मात्रा में जौ।
बालाकोट	अरब सागर, बलूचिस्तान, पाकिस्तान	आर. एस. बिष्ट, 1974/77	पूर्व हड़प्पा के अवशेष, भवन निर्माण के लिए कच्ची ईंटों का प्रयोग, सीपों की कार्यशाला।
भगवानपुरा	सरस्वती नदी, कुरुक्षेत्र, हरियाणा	जी. पी. जोशी, 1975-76	सफेद, काली एवं आसमानी रंग की चूड़ियाँ, ताँबे की चूड़ियाँ।
अल्लाहदीनो	सिन्धु नदी, पश्चिमी पंजाब, पाकिस्तान	डब्ल्यू. ए. फेयरसर्विस, 1982	वितरण केन्द्र, पत्थर की विशाल दीवार की नींव, गहनों का जखीरा।
कुणाल	सरस्वती नदी, हिसार, हरियाणा	एस. आर. राव, 1994	चाँदी के दो मुकुट, सील।

नगरीय योजना

- हड़प्पा सभ्यता क्षेत्रों में उत्खनन के बाद प्राप्त स्थलों में नगरीकरण के अवशेष मिले हैं। इन भवनों के निर्माण में एकरूपता के दर्शन होते हैं।
- इस सभ्यता के नगरीय स्थलों में जल- निकास प्रणाली अत्यधिक नियोजित व्यवस्था थी। नालियों की प्रणाली भूमिगत थी तथा इसे ईंटों द्वारा ढका जाता था।

हड़प्पा सभ्यता

- घरों की नालियाँ गलियों से जुड़ी होती थीं। बड़ी नालियों को मुख्य नालियों से जोड़ा जाता था।
- भवनों का निर्माण पक्की ईंटों से हुआ था। ईंटों का निर्माण एक निश्चित अनुपात में हुआ था। अधिकांश ईंटों में लम्बाई, चौड़ाई तथा मोटाई का अनुपात 4 : 2 : 1 था।
- सभी भवनों में स्नानागार बनाए जाते थे तथा इसमें पानी के निकास के लिए पाइपों का निर्माण किया गया था।
- मोहनजोदड़ो से एक विशाल स्नानागार का साक्ष्य मिला है, जिसके मध्य स्थित स्नानकुण्ड 11.88 मी लम्बा, 7.01 मी चौड़ा तथा 2.43 मी गहरा है। इसका उपयोग सम्भवत: आनुष्ठानिक क्रिया-कलापों के लिए किया जाता था।
- हड़प्पा सभ्यता में नालियों का निर्माण भवनों तथा सड़कों के साथ किया जाता थी।
- सड़कें तथा नालियाँ ग्रिड पद्धति (जाल नुमा) में बनाई गई थीं और ये नालियाँ एक-दूसरे को समकोण पर काटती थीं।
- हड़प्पा सभ्यता स्थल से प्राप्त नगरीय अवशेष प्राय: दो भागों में विभाजित हैं—ऊपरी तथा निम्न भाग। ऊपरी भाग दुर्गीकृत है, जिसमें राजकीय इमारतें, खाद्य भण्डार गृह (अन्नागार) इत्यादि निर्मित हैं, जबकि निम्न भाग में छोटे भवनों के साक्ष्य मिले हैं।
- सभी भवन समान क्षेत्रफल में निर्मित हैं। ये सड़कों के किनारे एक आधार पर निर्मित हैं तथा भवनों के दरवाजे गलियों की ओर खुलते हैं।
- भवनों की खिड़कियाँ मुख्य सड़क की ओर न खुलकर पीछे गली में खुलती थीं। लोथल इसका अपवाद है। मुख्य सड़क की चौड़ाई 10 मी होती थी। इसे राजपथ कहा जाता था।
- गुजरात में स्थित धौलावीरा हड़प्पा सभ्यता का एक वृहद् स्थल है। यह नगरीय स्थल अन्य स्थलों की भाँति दो भागों में नहीं, बल्कि तीन भागों में विभक्त है।
- धौलावीरा के दो भाग दुर्गीकृत हैं। यहाँ पत्थरों से निर्मित एक प्रवेश-द्वार तथा पॉलिशदार श्वेत पाषाण खण्ड भी मिला है।
- लोथल एवं सुरकोटदा के दुर्ग और नगर एक ही रक्षा प्राचीर से घिरे हैं।

सामाजिक जीवन

- हड़प्पा सभ्यता स्थल के निवासियों का जीवन सुविधा सम्पन्न था। परिवार, सामाजिक संरचना की प्रमुख इकाई थी।
- उत्खनन से प्राप्त नारी मृण्मूर्तियों से यह स्पष्ट हुआ है कि परिवार का स्वरूप मातृसत्तात्मक था।
- समाज को व्यवसाय के आधार पर विद्वान् (पुरोहित), योद्धा, व्यापारी तथा श्रमिक (शिल्पकार) के रूप में चार वर्गों में विभाजित किया गया है।
- लोग शाकाहारी तथा मांसाहारी दोनों थे। गेहूँ, जौ, तिल, दालें मुख्य खाद्यान्न थे। उत्तर अवस्था में चावल के प्रमाण भी मिलने लगे थे।
- स्त्री तथा पुरुषों में बहुमूल्य धातुओं से बने आभूषणों के प्रति आकर्षण देखने को मिलता है।
- सोने, चाँदी, हाथी दाँत, ताम्र तथा सीपियों से निर्मित आभूषण प्रचलित थे। मनकों के हार सामान्य रूप से प्रचलित थे।

- मनका निर्माण की कार्यशाला (फैक्ट्री) चन्हूदड़ो में अवस्थित थी। यहाँ से सौन्दर्य प्रसाधन के अवशेष भी प्राप्त हुए हैं।
- मछली पकड़ना तथा शिकार करना हड़प्पा सभ्यता के निवासियों का दैनिक क्रिया-कलाप था। शतरंज जैसा खेल यहाँ प्रचलित था। यहाँ के निवासी आमोद-प्रमोद प्रेमी थे।
- हड़प्पा सभ्यता स्थलों में आग में पकी मिट्टी की लघु मृण्मूतियाँ प्राप्त हुई हैं, जिन्हें 'टेराकोटा' कहा जाता है।
- इनका प्रयोग संभवत: खिलौने के रूप में किया गया था।
- मिट्टी के बर्तनों के अतिरिक्त सोने, चाँदी ताम्र तथा काँस्य के बर्तनों का उपयोग भी हड़पाई लोगों द्वारा किया जाता था।

धार्मिक जीवन

- धार्मिक रूढ़ियों एवं कर्मकाण्डों को महत्त्व दिया जाता था। मूर्तियों एवं ताबीजों के अतिरिक्त मुहरों पर अंकित चित्रों से पशु पूजा, वृक्ष पूजा इत्यादि की प्रवृत्ति सामने आती है।
- सिन्धु घाटी के लोग मातृशक्ति में विश्वास करते थे। मातृदेवी तथा पशुपति शिव की मूर्तियों व आकृतियों से इनकी आराधना की प्रवृत्ति स्पष्ट होती है।
- कूबड़वाला बैल तथा एक शृंगयुक्त पशु (यूनी कार्न) पवित्र पशु थे। हड़प्पा से पकी मिट्टी की स्त्री की मूर्तियाँ भारी संख्या में मिली हैं। एक मूर्ति में स्त्री के गर्भ से निकलता एक पौधा दिखाया गया है।
- यहाँ लिंग पूजा प्रचलित थी। लोग अन्धविश्वास तथा जादू-टोना में विश्वास करते थे। वृक्ष पूजा की पद्धति हड़प्पा सभ्यता स्थलों मे प्रचलित थी।
- अग्नि कुण्ड का साक्ष्य लोथल तथा कालीबंगा से प्राप्त हुआ है। स्वास्तिक, चक्र तथा क्रॉस हड़प्पा सभ्यता की देन है।
- मृतकों के अन्तिम संस्कार की तीन विधियाँ प्रचलित थीं। ये विधियाँ हैं-पूर्ण समाधीकरण, आंशिक समाधीकरण तथा दाह-संस्कार।

पशुपति मुद्रा

मोहनजोदड़ो से प्राप्त एक मुहर पर **पशुपति शिव की मूर्ति** उत्कीर्ण है, जिसके दाईं ओर चीता तथा हाथी व बाईं ओर गैण्डा और भैंसा उत्कीर्ण हैं। आसन के नीचे दो हिरण बैठे हुए हैं। सिर पर त्रिशूल जैसा आभूषण है। इससे पशुपति शिव की पूजा के प्रचलन का पता चलता है।

हड़प्पा सभ्यता की खोज

पुरातत्त्वविदों ने उत्खनन के द्वारा प्राप्त साक्ष्यों के माध्यम से एक आकर्षक इतिहास को जोड़ा तथा **हड़प्पा सभ्यता** के रूप में इसे विशिष्ट पहचान दी। इस सभ्यता के विनष्ट होने के कई शताब्दियों के बाद भी इसकी प्रवृत्तियों की सातत्यता बनी रही। **भारतीय पुरातात्त्विक सर्वेक्षण** (ASI) के प्रथम महानिदेशक अजेक्जेण्डर कनिंघम के निर्देशन में हुए उत्खनन से इस सभ्यता का सम्पूर्ण चित्र उपस्थित हुआ।

- पूर्ण समाधीकरण की प्रविधि ही अधिक प्रचलित थी। हड़प्पा तथा मोहनजोदड़ो से समाधीकरण के साक्ष्य मिले हैं।
- सिन्धी भाषा में मोहनजोदड़ो का शाब्दिक अर्थ मृतकों का टीला है। पंजाबी भाषा में कालीबंगा का शाब्दिक अर्थ काले रंग की चूड़ियाँ होता है।

आर्थिक जीवन

- हड़प्पा सभ्यता के निवासियों का आर्थिक जीवन कृषि, पशुपालन तथा व्यापार पर निर्भर था। हड़प्पा सभ्यता में उगाई जाने वाली नौ फसलों की अब तक पहचान हुई है। गेहूँ, जौ के अतिरिक्त कपास, तरबूज तथा मटर भी उगाए जाते थे।
- कपास को यूनानी लोग सिण्डॉन कहते हैं, क्योंकि इसकी उपज की पहली जानकारी सिन्धु सभ्यता से प्राप्त हुई है।
- खुदाई में प्राप्त कताई-बुनाई के उपकरणों (तकली, सुई आदि) से पता चलता है कि कपड़ा बुनना एक प्रमुख उद्योग था।
- सिन्धु सभ्यता में कोई फावड़ा या फाल नहीं मिला है, परन्तु कालीबंगा मे हड़प्पा-पूर्व अवस्था की हल रेखा के साक्ष्य प्राप्त हुए है। यहाँ लकड़ी के हलों से जुताई (खेती) होती थी।
- व्यवस्थित सिंचाई का प्रमाण नहीं मिला है, किन्तु जल-संग्रह के लिए बाँधों के निर्माण का साक्ष्य धौलावीरा से प्राप्त हुआ है।
- हड़प्पा सभ्यता स्थलों में फसलों तथा फलों (केला, नारियल, खजूर, तरबूज, नींबू) का उत्पादन किया जाता था। बैल, गाय, भैंस, कुत्ते, सुअर, भेड़, बकरी, हिरण, खरगोश इत्यादि पशुओं को पालतू बनाया जाता था।
- सुरकोटड़ा से अश्व-अस्थियों के प्रमाण प्राप्त हुए हैं। लोथल तथा रंगपुर से अश्व की मृण्मूर्तियों के साक्ष्य भी मिले हैं, जिससे यह निष्कर्ष निकाला जाता है कि हड़प्पा सभ्यता के निवासी अश्व (घोड़ों) से परिचित थे। हाथी तथा गैण्डों से भी हड़प्पाई लोगों का परिचय था।
- धातुकर्म की जानकारी हड़प्पा सभ्यता के लोगों को थी। ताँबा तथा टिन मिश्रण से काँस्य निर्माण की प्रविधि उन्हें ज्ञात थी। बंद ढलाई तथा लुप्त मोम प्रक्रिया द्वारा धातुओं से वस्तुएँ बनाई जाती थीं।
- मुहरों पर चित्रित जहाजों के डिजाइन हैं। लोथल से गोदीबाड़ा का साक्ष्य तथा फारस की मुहरें बाह्य व्यापार का संकेत देती हैं।
- लोथल से पश्चिमी एशिया के साथ व्यापारिक सम्बन्धों के साक्ष्य भी मिलते हैं।
- कालीबंगा से मेसोपोटामिया की बेलनाकार मुहरें भी प्राप्त हुई हैं। अधिकांश मुहरें सेलखड़ी की बनी थीं।
- हड़प्पा सभ्यता के लोग आन्तरिक तथा बाह्य व्यापार में संलग्न थे। आन्तरिक व्यापार बैलगाड़ी के माध्यम से संचालित होता था।

- हड़प्पा सभ्यता स्थलों में व्यापार के लिए किसी प्रकार के सिक्कों का साक्ष्य प्राप्त नहीं हुआ है। व्यापार के लिए वस्तु विनिमय प्रणाली अपनपाई जाती थी।
- मेसोपोटामिया के साक्ष्यों में हड़प्पा स्थलों के लिए मेलूहा शब्द प्रयुक्त हुआ है। इन स्थलों का बाह्य व्यापार फारस की खाड़ी, मेसोपोटामिया, अफगानिस्तान तथा तुर्कमेनिस्तान से भी होता था।
- हड़प्पा स्थलों में आयात की जाने वाली वस्तुओं में सोना, ताँबा, टिन, चाँदी, लाजवर्द मणि, सीसा, सेलखड़ी इत्यादि प्रमुख हैं।

- निर्यात की जाने वाली वस्तुओं में गेहूँ, जौ, मटर, तिलहन जैसे कृषि उत्पादों के साथ हाथी दाँत निर्मित वस्तुएँ, मनके इत्यादि शमिल थे।
- माप तथा तौल की प्रणाली प्रचलित थी। माप के लिए दशमल प्रणाली का प्रयोग होता था। लोथल से हाथी दाँत का पैमाना प्राप्त हुआ है।
- तौल के लिए द्विआधारी प्रणाली के साक्ष्य विभिन्न स्थलों से प्राप्त हुए हैं। तौल की इकाई 16 के अनुपात में थी। धातु से बने तराजू के पलड़े भी मिले हैं। बाट सामान्य रूप से चर्ट नामक पत्थर के बनाए जाते थे, जो घनाकार आकृति के थे।

आयातित वस्तुएँ

वस्तुएँ	स्थल/क्षेत्र	वस्तुएँ	स्थल/क्षेत्र
सोना	कर्नाटक, अफगानिस्तान	गोमेद	सौराष्ट्र (गुजरात)
चाँदी	ईरान, अफगानिस्तान	लाजवर्द मणि	बदख्शां (अफगानिस्तान)
ताँबा	खेतड़ी (राजस्थान), बलूचिस्तान	टिन	मध्य एशिया, अफगानिस्तान
सीसा	राजस्थान, ईरान, अफगानिस्तान	सेलखड़ी	बलूचिस्तान, राजस्थान, गुजरात

लिपि तथा लेखन कला

- सैन्धवकालीन मुहरों से लिपि तथा धर्म की जानकारी मिलती है। सिन्धु लिपि (हड़प्पा सभ्यता में प्रचलित लिपि) चित्राक्षर लिपि थी, जिसमें चित्रों के माध्यम से सम्प्रेषण होता था।
- इस लिपि को पढ़ने में अभी तक सफलता नहीं मिली है। हड़प्पा सभ्यता स्थलों से प्राप्त अधिकांश अभिलेख संक्षिप्त हैं। सबसे लम्बे अभिलेख में 26 चिह्न हैं। हड़प्पा की लिपि में 375 से 400 के बीच चिह्न हैं।
- इनका अंकन सेलखड़ी की आयताकार मुहरों, ताम्र की गुटिकाओं, मर्तबान के अँवठ, ताम्र तथा मिट्टी की लघुपट्टिकाओं इत्यादि पर किया गया है।
- लिखावट प्रायः दाईं से बाईं ओर है। इसे बोस्ट्रोफेडन लिपि भी कहा जाता है।
- लिपि में सबसे ज्यादा प्रयोग U आकार का तथा सबसे ज्यादा प्रचलित चिह्न मछली का है।
- हड़प्पा लिपि का सबसे पुराना नमूना 1853 ई. में मिला था और वर्ष 1923 तक यह लिपि प्रकाश में आ गई।

सिन्धु सभ्यता के पतन के कारण

- 1800 ई.पू. के आस-पास हड़प्पा सभ्यता बिखर गई। विद्वानों ने इसके पतन के कई कारण बताए हैं

पतन के सन्दर्भ में विद्वानों के मत

विद्वान्	मत (कारण)
गार्डन चाइल्ड एवं व्हीलर	बाह्य एवं आर्यों के आक्रमण
जॉन मार्शल, मैके एवं एस. आर. राव	बाढ़
ओरल स्टाइन, ए. एन. घोष	जलवायु परिवर्तन
एम. आर. साहनी	भू-गर्भिक परिवर्तन, जल प्लावन
जॉन मार्शल	प्रशासनिक शिथिलता, भूकम्प
के. यू. आर. कनेडी	प्राकृतिक आपदा (महामारी, बीमारी आदि)
शक्स एवं डेल्स, डी. डी. कौशाम्बी	सामूहिक हत्या, आग लगाकर
लैम्बिक	नदियों का मार्ग परिवर्तन
फेयरसर्विस	पारिस्थितिकी असन्तुलन
मार्टीमर व्हीलर	आकस्मिक अन्त
एम.आर. साहनी	जल प्लावन

सिन्धु सभ्यता की देन

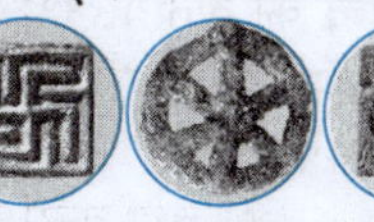

सिन्धु सभ्यता में प्रचलित अनेक चीजें ऐतिहासिक काल में भी निरन्तर जारी रहीं एवं कुछ का प्रचलन वर्तमान में भी है। इसके कुछ प्रमुख उदाहरण हैं; जैसे-दशमलव पद्धति पर आधारित माप-तौल प्रणाली, नगर नियोजन तथा नालियों की व्यवस्था, बहुदेववाद का प्रचलन, मातृदेवी की पूजा, शिव पूजा, वृक्ष पूजा, पशु पूजा, लिंग एवं योनि पूजा, योग का प्रचलन, जल का धार्मिक महत्त्व, स्वास्तिक, चक्र, प्रतीक, ताबीज, तन्त्र-मन्त्र का प्रयोग, आभूषणों का प्रयोग, बहुफसली कृषि व्यवस्था, अग्नि पूजा या यज्ञ, मुहरों का उपयोग, इक्कागाड़ी एवं बैलगाड़ी, आन्तरिक एवं बाह्य व्यापार आदि।

भारत में आर्यों के द्वारा सप्त सैन्धव क्षेत्र में जिस संस्कृति का विकास हुआ, उसे वैदिक संस्कृति के नाम से जाना जाता है। वैदिक संस्कृति के लोगों के आर्थिक, सामाजिक एवं राजनीतिक जीवन तथा इनकी सैद्धान्तिक आस्थाओं को जानने के लिए इसे दो कालों-पूर्व वैदिक अर्थात् ऋग्वैदिक काल एवं उत्तर वैदिक काल में बाँटा जाता है।

अध्याय चार

वैदिक संस्कृति

आर्यों का आगमन

- आर्य शब्द का तात्पर्य श्रेष्ठ, उत्तम, अभिजात, उत्कृष्ट अथवा कुलीन से है। सर्वप्रथम जर्मन संस्कृतविद् मैक्स मूलर ने 1853 ई. में आर्य शब्द का प्रयोग किया।
- भारत में आर्यों का आगमन 1500 ई. पू. से पहले हुआ था। भारतीय सभ्यता व संस्कृति का संस्थापक आर्यों को माना गया है।
- ऋग्वैदिक काल के अध्ययन के लिए साहित्यिक एवं पुरातात्विक साक्ष्यों का सहारा लिया जाता है।
- आर्य, जिस भाषा का प्रयोग करते थे, उसे इण्डो-यूरोपियन परिवार की भाषा माना गया। इण्डो-यूरोपियन भाषा का सबसे प्राचीन नमूना 1600 ई. पू. के आस-पास उत्कीर्ण इराक के कस्साइट अभिलेख तथा सीरिया के मितन्नी अभिलेखों (1400 ई. पू.) से मिलता है।
- आर्यों के मूल निवास पर विद्वानों में मतभेद हैं, किन्तु आल्पस पर्वत का पूर्वी क्षेत्र, जिसे यूरेशिया कहा जाता है, सम्भवत: आर्यों का मूल निवास है।
- भारत में आर्यों ने जिस क्षेत्र में निवास किया, उसे सप्त सैन्धव प्रदेश कहा जाता है। यह क्षेत्र पूर्वी अफगानिस्तान, पाकिस्तान तथा भारत में पंजाब एवं हरियाणा तक विस्तृत था।
- भारत में आर्यों की जानकारी ऋग्वेद से मिलती है, जो हिन्द-यूरोपीय भाषाओं का सबसे प्राचीन ग्रन्थ है।
- ऋग्वेद में आर्य शब्द का उल्लेख 36 बार हुआ है, परन्तु सामान्यत: इससे सांस्कृतिक समुदाय का बोध होता है।
- आर्य लोग एक ही प्रजाति से सम्बन्धित नहीं थे, परन्तु इनकी प्रारम्भिक संस्कृति लगभग समान थी। वे सभी हिन्द-यूरोपीय परिवार की भाषा बोलते थे।
- 1400 ई. पू. के बोगजकोई (एशिया माइनर) के अभिलेख में ऋग्वैदिक काल के देवताओं (इन्द्र, वरुण, मित्र तथा नासत्य) का उल्लेख मिलता है। इससे अनुमानित होता है कि वैदिक आर्य ईरान से होकर भारत में आए होंगे। इन देवी-देवताओं का उल्लेख ऋग्वेद में भी किया गया है।
- ऋग्वैदिक आर्यों का भारत में सफलता का कारण सम्भवत: काँस्य निर्मित कुशल अस्त्र-शस्त्र तथा घोड़े एवं रथ हैं, परन्तु इसके पुरातात्विक साक्ष्य बहुत अल्प मात्रा में मिले हैं।

आर्यों के मूल स्थान सम्बन्धी विभिन्न मत

विद्वान	मूल स्थान
प्रो. मैक्स मूलर	मध्य एशिया (बैक्ट्रिया)
बाल गंगाधर तिलक	उत्तरी ध्रुव
डॉ. अविनाशचन्द्र दास	सप्तसैन्धव प्रदेश
डॉ. सम्पूर्णानन्द	आल्पस पर्वत के पूर्व में यूरेशिया के समीप
दयानन्द सरस्वती	तिब्बत
बैण्डेनिस्टन, नेहरिंग एवं प्रो. गार्डन चाइल्ड	दक्षिणी रूस
गंगानाथ झा	ब्रह्मर्षि देश
गाइल्स महोदय	हंगरी तथा डेन्यूब नदी की घाटी
विद्वान	मूल स्थान
प्रो पेनका व हर्ट	जर्मनी के मैदानी भाग
रोड्स	बैक्ट्रिया
विलियम जोन्स	यूरोप
डी. एस. त्रिवेदी	देविका (मुल्तान)
एल. डी. कल्ल	कश्मीर हिमालय देश
मेयर, कीथ ओकलडन बर्ग	पामीर का पठार

वैदिक संस्कृति/काल

वैदिक संस्कृति/काल को सुविधा की दृष्टि से दो भागों में बाँटा गया है
(i) ऋग्वैदिक काल (1500-1000 ई. पू.)
(ii) उत्तर वैदिक काल (1000-600 ई. पू.)

ऋग्वैदिक काल (1500-1000 ई. पू.)

- ऋग्वैदिक संस्कृति ग्रामीण, पशुपालन आधारित राजतन्त्रीय संस्कृति थी। ऋग्वैदिक आर्य घुमक्कड़ जीवन व्यतीत करते थे।
- इस काल की जानकारी का एकमात्र स्रोत ऋग्वेद है। ऋग्वेद के अनेक तथ्यों की ईरानी भाषा के प्राचीनतम ग्रन्थ जेंद अवेस्ता से समानता है। ऋग्वैदिक काल में आर्यों का जीवन कबीलाई प्रकार का था, जहाँ उनका जीवन अस्थायी प्रकार का होता था एवं युद्धों की प्रधानता थी।
- उनका मुख्य व्यवसाय पशुचारण था तथा कृषि का स्थान गौण था। आर्यों का समाज पुरुष प्रधान समाज था। उनके जीवन में घोड़े का सबसे अधिक महत्त्व था।
- पालतू घोड़े का उपयोग पहली बार ईसा पूर्व छठी सहस्राब्दि में काला सागर और यूराल पर्वत के क्षेत्र में किया गया। यूराल पर्वत से घोड़े की 60000 अस्थियाँ प्राप्त हुईं।

भौगोलिक विस्तार

- ऋग्वेद में उल्लिखित सात नदियों (सिन्धु, सरस्वती, सतलुज, व्यास, रावी, झेलम एवं चिनाब) के आधार पर आर्यों के निवास क्षेत्र को सप्त सैन्धव प्रदेश कहा गया है।
- सतलज नदी से लेकर यमुना नदी तक के क्षेत्र ब्रह्मवर्त के नाम से जाने गए। मनुस्मृति के अनुसार, सरस्वती एवं दृषद्वती नदियों के मध्य के क्षेत्र को ब्रह्मवर्त कहा गया है।
- वैदिक सभ्यता, भारत की एक प्राचीन सभ्यता है, जिसमें वेदों की रचना हुई। वैदिक शब्द वेद से बना है, जिसका अर्थ होता है-ज्ञान।
- गंगा एवं यमुना के दोआब तथा इसके सीमावर्ती प्रदेश, जो आर्यों के आधिपत्य में थे, वे ब्रह्मर्षि देश के नाम से जाने गए। बाद के वर्षों में आर्यों का आधिपत्य (विस्तार) सम्पूर्ण उत्तर भारतीय क्षेत्रों में हो गया, जो आर्यावर्त के नाम से जाना गया।
- ऋग्वेद में पाकिस्तान व अफगानिस्तान की नदियों (कुम्भा, क्रमु, गोमती एवं सुवास्तु) का उल्लेख मिलता है, जिससे पता चलता है कि अफगानिस्तान आर्य संस्कृति का ही अंग था।
- इस प्रकार आरम्भिक आर्यों का निवास पूर्वी अफगानिस्तान, पाकिस्तान और भारत के पंजाब, हरियाणा तथा पश्चिमी उत्तर प्रदेश आदि में था।
- ऋग्वेद में हिमालय पर्वत एवं इसकी एक चोटी मुजवंत का भी उल्लेख है। ऋग्वैदिक पुरातात्विक साक्ष्य मुख्यत: तीन प्रकार के हैं-काले एवं लाल मृद्भाण्ड (Black and Red Ware), ताम्र पुंज (Copper Hoards) तथा गेरुवर्णी मृद्भाण्ड (Ochre Coloured Pottery)।
- भारत में आर्य सर्वप्रथम पंजाब और अफगानिस्तान क्षेत्र में बसे थे।
- वैदिक ग्रन्थों में 31 नदियों का उल्लेख मिलता है, जिनमें से ऋग्वेद ग्रन्थ में 25 नदियों का उल्लेख प्राप्त होता है, किन्तु ऋग्वेद के नदी सूक्त में 21 नदियों का उल्लेख है, जिसमें सिन्धु नदी का सर्वाधिक उल्लेख है। यह आर्यों की सबसे प्रमुख नदी थी।
- ऋग्वैदिक आर्यों की सबसे पवित्र नदी सरस्वती थी, जिसे मातेतमा, देवीतमा एवं नदीतमा कहा गया है। नदी सूक्त में विपाशा (व्यास) नदी का उल्लेख नहीं है।
- ऋग्वेद में चार समुद्रों का उल्लेख है। सम्भवत: समुद्र किसी जलराशि का वाचक था। ऋग्वेद में गंगा नदी का एक बार, जबकि यमुना नदी का तीन बार उल्लेख हुआ है। मरुस्थल के लिए धन्व शब्द का उपयोग किया गया है।

ऋग्वैदिक काल की नदियाँ

प्राचीन नाम	आधुनिक नाम
वितस्ता	झेलम
आस्किनी	चिनाब
पुरुष्णी	रावी
शतुद्रि	सतलुज
विपाशा	व्यास
सरस्वती (सर्वश्रेष्ठ नदी)	घग्घर
क्रुम	कुर्रम
कुम्भा	काबुल
गोमल	गोमती
सदानीरा	गण्डक
सुवस्तु	स्वात
दृषद्वती	घग्घर

दशराज्ञ युद्ध

- सुदास और दस जनों के बीच जो युद्ध हुआ, वह **दशराज्ञ युद्ध** के नाम से विदित है। इस युद्ध का मूल कारण भरत वंश के राजा **सुदास** के द्वारा अपने पुरोहित विश्वामित्र को उनके पद से हटाकर उनके स्थान पर **वशिष्ठ को नियुक्त कर** देना था।
- यह युद्ध परुष्णी नदी के तट पर लड़ा गया था, इसकी पहचान रावी नदी से की जाती थी। इस युद्ध में **सुदास विजयी** हुआ। इस युद्ध का उल्लेख ऋग्वेद के **7वें मण्डल** में मिलता है।

सामाजिक स्थिति

- ऋग्वैदिक समाज के संगठन का आधार गोत्र या जन्ममूलक था, जो प्रत्येक व्यक्ति की पहचान का आधार था। लोगों की सबसे अधिक आस्था अपने-अपने कबीले के प्रति रहती थी। समाज की सबसे छोटी व आधारभूत इकाई परिवार या कुल था। परिवार का मुखिया पिता होता था, उसे कुलप कहा जाता था। समाज पितृसत्तात्मक था। समाज में वीर पुत्रों की प्राप्ति हेतु कामना की जाती थी।
- संयुक्त परिवार की प्रथा प्रचलित थी। नाना, दादा, नाती, पोते आदि सभी के लिए एक ही शब्द नप्तृ का प्रयोग होता था।
- ऋग्वेद के दसवें मण्डल में वर्णित पुरुष सूक्त में चार वर्णों की उत्पत्ति का वर्णन मिलता है। इसमें कहा गया है कि ब्राह्मण परम-पुरुष के मुख से, क्षत्रिय उसकी भुजाओं से, वैश्य उसकी जाँघों से एवं शूद्र उसके पैरों से उत्पन्न हुआ है।

- इस काल में व्यवसाय के आधार पर ही समाज का विभेद प्रारम्भ हुआ। युद्ध में प्राप्त सम्पत्ति के असमान वितरण के कारण समाज में असमानता आई। धीरे-धीरे कबायली समाज तीन वर्गों में बँट गया- योद्धा, पुरोहित और सामान्य लोग (प्रजा)।

वर्ण

- ऋग्वेद में **वर्ण** शब्द रंग के अर्थ में तथा कहीं-कहीं व्यवसाय चयन के अर्थ में प्रयुक्त हुआ है। ऐसा प्रतीत होता है कि आर्य भाषा-भाषी गौर वर्ण के थे और मूलवासी लोग काले रंग के थे।
- प्रारम्भ में हमें तीन वर्णों का उल्लेख मिलता है-**ब्रह्म, क्षत्र, विश**। शूद्र शब्द का उल्लेख सर्वप्रथम ऋग्वेद के दसवें मण्डल के पुरुष सूक्त में मिलता है। ऋग्वेद में दास प्रथा का उल्लेख भी मिलता है।

- इस काल में सामान्यतः गुरुकुल पद्धति थी, जहाँ मौखिक शिक्षा दी जाती थी। शिक्षा की चर्चा ऋग्वेद के सातवें मण्डल में है।
- ऋग्वैदिक काल में दास प्रथा प्रचलित थी। पुरोहितों को दक्षिणा में दास दिए जाने का उल्लेख है, जिसका प्रयोग घरेलू कार्यों के लिए होता था।
- दास प्रत्यक्षतः खेती के कार्य में या अन्य उत्पादक कार्यों में नहीं लगाए जाते थे।
- ऋग्वेद में वैद्य को भिषज कहा गया है। भिषज के रूप में अश्विन देवता को जाना जाता है।
- आर्यों के द्वारा शाकाहारी एवं मांसाहारी दोनों प्रकार के भोजन प्रयुक्त किए जाते थे। साथ ही, सोम एवं सुरा का भी प्रचलन ऋग्वैदिक काल में देखने को मिलता है।
- तपेदिक (यक्ष्मा) का वर्णन भी कई स्थलों पर किया गया है।
- मृतकों को प्रायः अग्नि द्वारा जलाया जाता था, लेकिन कभी-कभी दफनाया भी जाता था।
- विवाह एक पवित्र संस्कार माना जाता था।
- समाज में दो प्रकार के विवाह प्रचलित थे
  (i) अनुलोम विवाहः उच्च वर्ण का पुरुष और निम्न वर्ण की स्त्री।
  (ii) प्रतिलोम विवाहः उच्च वर्ण की स्त्री और निम्न वर्ण का पुरुष।
- ऋग्वैदिक काल में तीन प्रकार के वस्त्र प्रचलित थे- नीवी (अधोवस्त्र) शरीर के निचले हिस्से में पहना जाने वाला वस्त्र, वासस (उत्तरीय) शरीर के ऊपर ढका जाने वाला वस्त्र एवं अधिवासस या द्रापि (यह ऊपर से धारण की जाने वाली चादर या ओढ़नी थी) इत्यादि।
- आर्यों के वस्त्र का निर्माण मूलतः सूत, ऊन एवं चर्म (जानवरों की खाल) से किया जाता था।

स्त्रियों की दशा

- ऋग्वैदिक समाज में स्त्रियों की दशा बहुत अच्छी थी। वह सभा तथा विदथ में हिस्सा ले सकती थीं। कन्याओं का उपनयन संस्कार होता था।
- स्त्रियों में पुनर्विवाह (विधवा विवाह) नियोग प्रथा (महिला संतान प्राप्ति के लिए अपने देवर के साथ साहचर्य स्थापित करती थीं।) एवं बहुपति विवाह का प्रचलन था।
- स्त्रियाँ यज्ञ कार्यों में सहभागी होती थीं, परन्तु बाल-विवाह, सती-प्रथा तथा पर्दा प्रथा जैसी प्रथाएँ प्रचलित नहीं थी। लोपामुद्रा, घोषा, सिक्ता, विश्ववारा, अपाला आदि विदुषी स्त्रियों ने ऋग्वेद की बहुत-सी ऋचाओं की रचना की है।
- विवाह में दहेज प्रथा का प्रचलन नहीं था, किन्तु उपहार दिए जाते थे। इन उपहारों को वहतु कहा जाता था। आजीवन अविवाहित रहने वाली कन्याओं को अमाजू कहा जाता था। ऋग्वेद में ''पत्नी ही गृह है'', (जायदस्तम) कहकर उसके महत्त्व की व्याख्या की गई है।
- नर्तकियों द्वारा एक विशेष परिधान पेशस के उपयोग का वर्णन मिलता है।
- इस काल में कान में कर्णशोभन एवं शीश पर कुम्ब नामक आभूषण पहने जाते थे। इसके अतिरिक्त भुजबन्द खादि, रूक्म, केयूर, नुपूर, कंकण आदि आभूषण भी पहने जाते थे।

ऋग्वैदिक काल के प्रमुख शब्द

अघन्या (जिसका वध न हो)	गाय
गोप्ता	राजा
गोप्त	धनी व्यक्ति
गोहन्ता/गोहन	अतिथि
गविष्ट, गेसु, गम्य	युद्ध
दुहिता	पुत्री
उर्वरा	उपजाऊ भूमि
खिल्य	पशुचारण योग्य भूमि
धन्व	मरुस्थल
सीता	हल से बनी सिरा (नालियाँ)
किवाश	हलवाहा
लांगल	हल के लिए
कुल्या	बड़ी नहर
करीषु	गोबर की खाद
स्थिवि	अनाज कोठार
तन्तुवाय	जुलाहा
तक्षण	बढ़ई
वाप्तृ	नाई
गव्यूति	दूरी
गोधूलि	समय
बृक	बैल
अवट	कूप (कुआँ)
पर्जन्य	बादल
भिषज	वैद्य
कुसीद	ऋण लेने व बलि देने की प्रथा
उर्दर	अनाज मापने वाला पात्र

राजनीतिक स्थिति

- ऋग्वैदिक प्रशासन मुख्यतः एक कबीलाई व्यवस्था वाला शासन था, जिसमें सैनिक भावना प्रमुख थी। कबीले के राजा को गोप्ता कहा जाता था। ऋग्वैदिक काल में राजा का पद आनुवंशिक हो चुका था।
- सबसे छोटी इकाई कुल (परिवार) थी, जिसका प्रधान कुलप होता था। ग्राम, विश और जन ये उच्चतर इकाई थीं। ग्राम सम्भवतः कई परिवारों के समूह को कहते थे। ग्रामणी ग्राम का प्रधान होता था।
- विश कई ग्रामों का समूह था। इसका प्रधान विशपति कहलाता था। अनेक विशों का समूह जन होता था। जन के अधिपति को जनपति या राजा कहा जाता था। ऋग्वेद में जन शब्द का उल्लेख 275 बार मिलता है, जबकि जनपद शब्द का उल्लेख एक बार भी नहीं मिलता है।

प्रशासनिक इकाई

कुल (कुलप) ग्राम (ग्रामणी) विश (विशपति) जन (जनपति) राष्ट्र (राजन)

- जनों के प्रधान को राजन कहा जाता था। राजा के चुनाव में समिति का महत्त्वपूर्ण योगदान था। राजा को जनस्यगोपा, पुरभेत्ता, विशपति, गणपति, गोपति कहा जाता था। राजा की सहायता हेतु पुरोहित, सेनानी एवं ग्रामीण नामक प्रमुख अधिकारी थे। इनमें सबसे प्रमुख पुरोहित था।

ऋग्वेद में सभा (8 बार), समिति (9 बार), विदथ (122 बार) तथा गण जैसी संस्थाओं का उल्लेख मिलता है। ऋग्वेद की सबसे प्राचीन संस्था **विदथ** थी।

- सभा मुख्य रूप से वृद्ध जनों एवं कुलीन व्यक्तियों की संस्था थी। इसके सदस्यों को सुजान कहा जाता था। समिति कबीलों की आम सभा थी, जिसके प्रमुख को ईशान कहा जाता था। यह राजा की नियुक्ति, पदच्युति करने के साथ उस पर नियन्त्रण भी रखती थी। सभा एवं समिति के द्वारा राजा को सलाह प्रदान की जाती थी। विदथ में लूटी गई वस्तुओं का बँटवारा होता था।
- राजा भूमि का स्वामी नहीं था, भू-स्वामित्व जनता के पास था। बलि प्रजा द्वारा राजा को स्वेच्छा से दिया जाने वाला उपहार था। राजा इसके बदले उनकी सुरक्षा की जिम्मेदारी लेता था। राजा नियमित या स्थायी सेना नहीं रखता था। व्रात, गण, ग्राम और सर्ध नाम से कबायली टोलियाँ लड़ाई लड़ती थीं। इन्हें स्वजनों की सेना (मिलिशिया) कहा जाता था।
- ऋग्वेद में राजा को गोप्ता जनस्य (कबीले का संरक्षक) एवं पुराभेत्ता (नगरों पर विजय प्राप्त करने वाला) के नाम से सम्बोधित किया गया है।
- इस युग में राजतन्त्रात्मक एवं गणतन्त्रात्मक, दोनों ही प्रकार के शासन की व्यवस्था प्रचलित थी। राजा का प्रमुख कार्य कबीले की सुरक्षा सुनिश्चित करना होता था।
- सबसे महत्त्वपूर्ण अधिकारी पुरोहित होता था। पुरोहित के पश्चात् सेनानी का स्थान आता था। चरागाह का प्रधान वाज्रपति था तथा लड़ाकू दलों के प्रधान को ग्रामीण कहा जाता था।

आर्थिक स्थिति

- ऋग्वैदिक आर्यों का प्रारम्भिक जीवन अस्थायी था। इनकी संस्कृति मूलत: ग्रामीण थी। कबायली संरचना के अनुकूल पशुपालन मुख्य पेशा तथा कृषि गौण पेशा था। पशुओं में गाय सर्वाधिक महत्त्वपूर्ण थी, जिसका ऋग्वेद में 176 बार उल्लेख मिलता है। गाय का प्रयोग विनिमय के माध्यम के रूप में भी किया जाता था।
- आर्यों की अधिकांश लड़ाइयाँ गायों को लेकर हुईं। ऋग्वेद में युद्ध का पर्याय गविष्टि (गायों का अन्वेषण) है। गवेषण, गोषु, गेसू, गव्य आदि सभी शब्द युद्ध के लिए प्रयुक्त होते थे।
- गाय का दूध पुत्रियों के द्वारा दूहे (निकाले) जाने के कारण उसे दुहिता कहा जाता था।
- धनी व्यक्ति को गोमत तथा राजा को गोपति कहा जाता था। समय की माप के लिए गोधूलि तथा दूरी की माप के लिए गव्यूति शब्द का प्रयोग किया गया है। गाय को अघन्या (न मारे जाने योग्य) माना गया था।
- गाय की हत्या या उसे घायल करने पर वेदों में मृत्युदण्ड तथा देश से निर्वासित करने का भी उल्लेख था। पणि नामक व्यापारी पशुओं की चोरी करने के लिए कुख्यात थे। ऋग्वेद में घोड़ा, बैल, भैंस, भैंसा, भेड़, बकरी, ऊँट का उल्लेख है, परन्तु बाघ और हाथी का उल्लेख नहीं है।

ऋग्वैदिक काल में कृषि

ऋग्वेद के चतुर्थ मण्डल में कृषि का वर्णन मिलता है तथा एक ही अनाज **जौ** (यव) का उल्लेख है। आर्यों को बुआई, कटाई एवं दावनी का ज्ञान था। ऋग्वैदिक आर्यों को **पाँच ऋतुओं का ज्ञान** था। रचि (सम्पत्ति) की गणना मुख्यत: मवेशियों से ही होती थी।

- गाय के अतिरिक्त घोड़ा, हाथी, ऊँट, बैल, भेड़, बकरी, कुत्ते आदि प्रमुख पशु थे। ऋग्वेद काल में लोग गाय को चराने, कृषि करने तथा रहने के लिए भूमि पर अधिकार रखते थे, परन्तु भूमि उनकी निजी सम्पत्ति नहीं थी।
- ऋग्वेद में बढ़ई, रथकार, बुनकर, चर्मकार, कुम्हार आदि शिल्पियों के उल्लेख मिलते हैं। बढ़ई के लिए तक्षण, धातुकर्मी के लिए कर्मार तथा सोने के लिए हिरण्य शब्द मिलता है। ऋग्वेद में कपास का उल्लेख नहीं मिलता है। इस काल में ऋण देकर ब्याज लेने वाले को बेकनाट (सूदखोर) कहा जाता था।

ऋग्वेद में **अयस** का प्रयोग मिलता है, इसकी पहचान ताँबे अथवा काँसे के रूप में की गई। इस काल में लोग लोहे से परिचित नहीं हुए थे।

- सम्भवत: ऋग्वैदिक आर्यों को अंकों की जानकारी थी, क्योंकि यहाँ अष्टवर्णी नाम प्रयोग किया गया।

धार्मिक स्थिति

- आर्यों का धार्मिक जीवन बहुत पवित्र और सरल था। आर्य बहुदेववादी होते हुए भी एकेश्वरवाद में विश्वास करते थे। इस समय प्राकृतिक शक्तियों का मानवीकरण कर उनकी पूजा की गई। इसमें यज्ञ का महत्त्वपूर्ण स्थान था। वे मुख्य रूप से प्रकृति की पूजा करते थे।
- प्रकृति के प्रतिनिधि के रूप में आर्यों के देवताओं की तीन श्रेणियाँ थीं

देवताओं की श्रेणी	देवता
आकाश के देवता	सूर्य (सबसे प्रमुख देवता), वरुण (जल का देवता, दण्ड विधाता), द्यौस (सृजन, स्वर्ग का देवता, सबसे प्राचीन मित्र), पूषन (पशुओं व शूद्रों के देवता), विष्णु (विश्व के पालनकर्ता व संरक्षक), सविता (अमरत्व का देवता), अदिति, ऊषा (प्रगति व उत्थान की देवी), अश्विन (रोगों को दूर करने वाला देवता), मित्र (प्रकाश का देवता) आदि।
अन्तरिक्ष के देवता	इन्द्र (पुरन्दर), मारुत (तूफान का देवता), रुद्र (पशुओं का देवता), पर्जन्य (वर्षा का देवता)।
पृथ्वी के देवता	अग्नि (यज्ञ, गृह के सर्वश्रेष्ठ देवता), सोम (वनस्पति का देवता), पृथ्वी (सृजन की देवी), बृहस्पति (यज्ञ के देवता), सरस्वती (विद्या की देवी)।

- ऋग्वेद में इन्द्र का वर्णन सर्वाधिक प्रतापी एवं लोकप्रिय देवता के रूप में किया जाता है। इन्द्र को आर्यों का युद्ध नेता तथा वर्षा, आँधी, तूफान का देवता माना जाता है।
- इस काल में अग्नि देवताओं तथा मनुष्यों के बीच मध्यस्थ था। इसके माध्यम से देवताओं को आहुतियाँ दी जाती थीं।

- तीसरा प्रमुख देवता वरुण था, इन्हें 30 सूक्त समर्पित हैं, जो जलनिधि का प्रतिनिधित्व करता है। वरुण को ऋतस्य गोपा कहा गया है।
- रुद्र अनैतिक आचरण से सम्बद्ध देवता है। ऋग्वेद में इन्हें त्र्यम्बक कहा गया है। इन्हें चिकित्सा का संरक्षक भी माना गया है। हॉलर नामक इतिहासकार ने इनकी तुलना यूनानी देवता अपोलो के साथ की है।
- द्यौस को ऋग्वैदिककालीन देवों में सबसे प्राचीन माना जाता है।
- देवताओं की उपासना की मुख्य रीति स्तुति पाठ करना तथा यज्ञ बलि अर्पित करना था। इसके अन्तर्गत स्तुति पाठ पर अधिक बल दिया जाता था।
- ऋग्वैदिक काल से मूर्तिपूजा के साक्ष्य प्राप्त नहीं हुए हैं। ऋग्वैदिक कालीन लोग देवताओं की उपासना करते थे। उपासना का दृष्टिकोण भौतिकवादी था। इसमें पुनर्जन्म की अवधारणा नहीं थी तथा यज्ञ की तुलना में प्रार्थना ही अधिक प्रचलित थी।
- इस काल में देवता गोत्र अथवा कबीलों के अनुसार अलग-अलग होते थे।
- यज्ञ आहूति के समय पर यज्ञ के मंत्र नहीं पढ़े जाते थे। बलि में शाक, जौं इत्यादि वस्तुएँ दी जाती थीं।
- ऋत् की व्याख्या सृष्टि की नियमितता, भौतिक एवं नैतिक व्यवस्था तथा अन्तरिक्षीय व्यवस्था के रूप में की गई।

ऋग्वैदिक देवियाँ

देवी	कार्य
सूर्या	सूर्य की पुत्री
इला	आराधना की देवी
सावित्री	सूर्य को प्रेरणा प्रदान करने वाली
पृथ्वी	जगत की माता
ऊषा	अरुणोदय की देवी
सिन्धु	नदी देवी
अदिति	देवों की महान देवी
पुरापाधि	उर्वरता की देवी
अरण्यानी	वन देवी
रात्रि	रात की देवी
दिशान	वनस्पति की देवी
आप:	जल की देवी

उत्तरवैदिक काल (1000-600 ई.पू.)

- उत्तरवैदिक काल का युग आर्य संस्कृति के विकास और प्रसार, उत्कर्ष व विभिन्नीकरण का युग था। इसमें धर्म, दर्शन, नीति, आचार-विचार, मत-विश्वास आदि में एक निश्चित स्पष्टता आई।
- उत्तरवैदिक काल का इतिहास मुख्य रूप से ऋग्वैदिक काल के पश्चात् रचित वैदिक ग्रन्थों पर आधारित है। ऋग्वैदिक काल के पश्चात् सामवेद, यजुर्वेद व अथर्ववेद (वैदिक संहिताओं) की रचना की गई। इन सभी उत्तरकालीन वैदिक ग्रन्थों की रचना लगभग 1000-500 ई. पू. में उत्तरी गंगा के तट पर की गई।
- इस प्रकार उत्तरवैदिक काल के अध्ययन के महत्त्वपूर्ण साहित्यिक स्रोत सामवेद, यजुर्वेद, अथर्ववेद, ब्राह्मण, आरण्यक एवं उपनिषद् हैं। इसके अतिरिक्त चित्रित धूसर मृद्भाण्ड भी (पी. जी. डब्ल्यू. पेण्टेड ग्रे वेअर) इस काल के अध्ययन का एक महत्त्वपूर्ण साक्ष्य है।
- लोहे के प्रयोग की शुरुआत उत्तरवैदिक काल से ही मानी जाती है, इसके पर्याप्त साक्ष्य भी मिले हैं। यजुर्वेद में लोहे के लिए श्याम अयस एवं कृष्ण अयस शब्द का प्रयोग हुआ है।
- उत्तरवैदिक काल में आर्यों के जीवन में स्थायित्व (लोगों ने मिट्टी के, कच्ची ईंटों के घरों में रहना प्रारम्भ कर दिया था।) आया। कृषि का महत्त्व व्यापक रूप से बढ़ा तथा ये विन्ध्याचल के उत्तर के सम्पूर्ण क्षेत्र में पहुँचने में सफल हुए।

भौगोलिक विस्तार

- उत्तरवैदिक काल के लोगों का मुख्य केन्द्र मध्य देश था, जिसका प्रसार सरस्वती नदी (पंजाब) से लेकर गंगा के दोआब तक था।
- उत्तरवैदिक काल में आर्यों के प्रसार का वर्णन शतपथ ब्राह्मण में विदेह माधव की कथा में मिलता है। शतपथ ब्राह्मण में रेवा (नर्मदा नदी) एवं सदानीरा (गण्डक) का उल्लेख है। इसमें त्रिककुद, क्रौंच, मैनाक आदि पर्वतों का उल्लेख है, जो पूर्वी हिमालय के अन्तर्गत आते हैं।
- कुरु-पांचाल शासकों ने साम्राज्य विस्तार के बाद हस्तिनापुर (मेरठ) को अपनी राजधानी बनाया।
- उत्तरवैदिक काल के अन्त में 600 ई. पू. के लगभग वैदिक लोग दोआब से पूरब की ओर पूर्वी उत्तर प्रदेश के कोसल और उत्तरी बिहार के विदेह तक विस्तृत हो गए। इन वैदिक लोगों का पूर्वी उत्तर प्रदेश और उत्तरी बिहार में ऐसे लोगों से सम्पर्क हुआ, जो ताँबे के औजारों और काले व लाल मृद्भाण्डों का प्रयोग करते थे।

राजनीतिक स्थिति

- उत्तरवैदिक काल में पहली बार क्षेत्रीय राज्यों का उदय हुआ। पुरु एवं भरत कबीला मिलकर कुरु तथा तुर्वस एवं क्रीवी मिलकर पांचाल कहलाए। प्रारम्भिक कुरुओं की राजधानी आसन्दीवत् थी, जिसके अन्तर्गत कुरुक्षेत्र (सरस्वती एवं दृषद्वती के बीच की भूमि) सम्मिलित था। बाद में हस्तिनापुर उसकी राजधानी हो गई।
- पांचालों की राजधानी काम्पिल्य थी। पांचालों के प्रसिद्ध शासक प्रवाहण जैवालि विद्वानों के संरक्षक थे।
- शतपथ ब्राह्मण में पांचाल को वैदिक सभ्यता का सर्वश्रेष्ठ प्रतिनिधि (दार्शनिक राजाओं और तत्त्वज्ञानी ब्राह्मणों के कारण) कहा गया है।
- उत्तरवैदिक काल में पांचाल सर्वाधिक विकसित राज्य था। पांचाल राज्य आधुनिक बरेली, बदायूँ और फर्रूखाबाद जिलों में विस्तृत था।
- उत्तरवैदिक काल में छोटे-छोटे जन मिलकर जनपद में परिवर्तित हो गए। इसी समय राष्ट्र शब्द का प्रयोग भी पहली बार हुआ। राजा की दैवीय उत्पत्ति का सिद्धान्त सर्वप्रथम ऐतरेय ब्राह्मण में मिलता है।
- राजा का राज्याभिषेक राजसूय यज्ञ (राजकीय संस्कार) के द्वारा सम्पन्न होता था, जिसका विस्तृत वर्णन सर्वप्रथम शतपथ ब्राह्मण में मिलता है। राजसूय यज्ञ कराने वाले पुरोहित को 24000 गाय दान में दी जाती थीं। शुरुआत में यह यज्ञ एक वर्ष तक चलता था। बाद में इसे सामान्य अभिषेक तक सीमित कर दिया गया था।

- राजा की सहायता के लिए उच्च कोटि के अधिकारी थे, जिन्हें रत्निन कहा गया है। शतपथ ब्राह्मण में 12 रत्निनों का उल्लेख है

(i) पुरोहित धार्मिक कार्य करना
(ii) सेनानी सेनापति
(iii) सूत राजा का सारथी
(iv) ग्रामीण ग्राम का प्रधान
(v) भागदुध कर संग्रहकर्ता
(vi) संग्रहीता कोषाध्यक्ष
(vii) अक्षवाप पासे के खेल में राजा का सहयोगी
(viii) रथकार रथ निर्माण करने वाला
(ix) गोविकर्त्तन जंगल विभाग का प्रधान
(x) महिषी मुख्य रानी
(xi) पालागल विदूषक, दूत, मित्र
(xii) युवराज राजकुमार

- सबसे प्राचीन संस्था विदथ उत्तरवैदिक काल में समाप्त हो गई। राजा पर सभा और समिति का नियन्त्रण समाप्त हो गया। सभा में स्त्रियों का प्रवेश वर्जित हो गया। कुलीनों एवं ब्राह्मणों का प्राबल्य हो गया।
- उत्तरवैदिक काल में राजतन्त्र ही शासन का आधार था और कहीं-कहीं गणतन्त्र के उदाहरण भी मिलते हैं। इसमें स्थायी सेना नहीं होती थी।
- सूत एवं ग्रामीण को कर्तृ (राजा बनाने वाला) कहा गया था। राजा न्याय का सर्वोच्च अधिकारी होता था। ब्राह्मण को मृत्युदण्ड नहीं दिया जाता था।
- उत्तरवैदिक काल में राजा अपनी प्रजा से नियमित कर वसूलने लगा, जिसे बलि, शुल्क या भाग कहा जाता था। इसकी मात्रा 1/16 भाग थी।

सामाजिक स्थिति

- उत्तरवैदिक काल में सामाजिक व्यवस्था का आधार वर्णाश्रम व्यवस्था थी, इस काल में वर्ण व्यवस्था का आधार कर्म पर आधारित न होकर जन्म पर आधारित हो गया था। यद्यपि वर्ण व्यवस्था में कठोरता आने लगी थी। समाज में चार वर्ण— ब्राह्मण, क्षत्रिय, वैश्य और शूद्र थे।
- ब्राह्मण के लिए ऐहि (आइए), क्षत्रिय के लिए आगच्छ (आओ), वैश्य के लिए आद्रव (जल्दी आओ) तथा शूद्र के लिए आधव (दौड़कर आओ) शब्द प्रयुक्त होते थे।
- युद्ध एवं कृषि दोनों क्षेत्रों में लोहे के प्रयोग से मूलभूत सामाजिक परिवर्तन आने लगे थे। एक शस्त्रधारी एवं शक्तिशाली नए क्षत्रिय वर्ग का उदय हुआ।
- ब्राह्मण, क्षत्रिय तथा वैश्य इन तीनों को द्विज कहा जाता था। ये उपनयन संस्कार के अधिकारी थे। चौथा वर्ण (शूद्र) उपनयन संस्कार का अधिकारी नहीं था और यहीं से शूद्रों को अपात्र या आधारहीन मानने की प्रक्रिया शुरू हो गई।
- यज्ञ का अनुष्ठान बढ़ जाने के कारण ब्राह्मणों की शक्ति में अपार वृद्धि हुई। ब्राह्मण लोग अपने यजमानों के लिए तथा अपने धार्मिक अनुष्ठान के लिए यज्ञ करते थे। इन्हें अदायी (दान लेने वाला) और सोमपाई (भ्रमण करने वाला) कहा गया है।
- ये युद्ध में देवाराधना करते थे, फलस्वरूप अभयदान प्राप्त करते थे।
- ऐतरेय ब्राह्मण में चारों वर्णों के कर्त्तव्यों का वर्णन मिलता है। इस काल में केवल वैश्य ही कर चुकाते थे। ब्राह्मण एवं क्षत्रिय दोनों वैश्यों से वसूले जाने वाले राजस्व पर जीते थे। शूद्र का कार्य अन्य वर्गों की सेवा करना था। समाज में रथकार का स्थान ऊँचा था, जिसका उपनयन संस्कार किया जाता था।
- परिवार में पिता के अधिकारों में वृद्धि हुई। पिता अपने पुत्र को उत्तराधिकार से वंचित कर सकता था। राजपरिवार में ज्येष्ठाधिकार का प्रचलन प्रबल हो गया। संयुक्त परिवार की संकल्पना प्रबल हो गई, तीन या चार पीढ़ियाँ एक साथ रहने लगीं।
- अतरंजीखेड़ा और अहिछत्र से मिले सामूहिक चूल्हों की कतार से विशाल परिवार एवं सामूहिक भोज का पता चलता है।
- ऋग्वैदिक काल की अपेक्षा उत्तरवैदिक काल में स्त्रियों की दशा में गिरावट आई। इनका उपनयन संस्कार भी बन्द कर दिया गया। पैतृक सम्पत्ति में भी इनका अधिकार समाप्त कर दिया गया ऐतरेय ब्राह्मण में पुत्री को सभी दु:खों का स्रोत तथा पुत्र को परिवार का रक्षक बताया गया है।
- ऐतरेय ब्राह्मण में पुत्री को कृपण कहा गया है।

शतपथ ब्राह्मण में कुछ विदुषी स्त्रियों का वर्णन किया गया है, जो निम्न हैं गार्गी, गन्धर्व, मैत्रेयी, वेदवती, गृहीता, काश्कृत्सनी इत्यादि।

- उत्तरवैदिक काल में गोत्र प्रथा स्थापित हुई। गोत्र शब्द का मूल अर्थ है- गोष्ठ या वह स्थान जहाँ सम्पूर्ण कुल का गोधन पाला जाता था। कालान्तर में इसका अर्थ एक ही मूल पुरुष से उत्पन्न लोगों का समुदाय हो गया।
- उत्तरवैदिक काल में आश्रम व्यवस्था स्थापित हुई, जिसमें केवल तीन आश्रमों (ब्रह्मचर्य, गृहस्थ तथा वानप्रस्थ) की जानकारी मिलती थी तथा चौथे आश्रम (संन्यास) की अभी स्पष्ट स्थापना नहीं हुई थी।
- सर्वप्रथम जाबालोपनिषद् में चारों आश्रमों का विवरण मिलता है।
- उत्तरवैदिक काल के आर्यों को चावल, नमक, मछली, हाथी तथा बाघ आदि का ज्ञान हो गया था, जिसका उन्हें ऋग्वैदिक काल में ज्ञान नहीं था।

आश्रम व्यवस्था

आश्रम व्यवस्था उत्तर वैदिक काल में स्थापित हुई। छान्दोग्य उपनिषद् में 3 आश्रमों का वर्णन है। जाबालोपनिषद् में चार आश्रम बताए गए हैं। वैदिकोत्तर काल के ग्रन्थों में चार आश्रम निम्न प्रकार हैं

आश्रम	आयु	कार्य	पुरुषार्थ
ब्रह्मचर्य	0-25	ज्ञान प्राप्ति	धर्म
गृहस्थ	25-50	सांसारिक जीवन	अर्थ व काम
वानप्रस्थ	50-75	ईश्वर ध्यान	मोक्ष
संन्यास	75-100	मोक्ष हेतु तपस्या	मोक्ष

- सभी आश्रम व्यवस्था में से गृहस्थ आश्रम को श्रेष्ठ माना गया है तथा यह सभी वर्णों में सामान्यत: प्रचलित था। इस आश्रम में गृहस्थ पाँच महायज्ञों तथा तीन ऋणों से मुक्ति पाता है।
- गृहस्थ आश्रम के पंच महायज्ञों का अनुष्ठान करना पड़ता था, जोकि निम्न हैं

(i) ब्रह्म यज्ञ या ऋषियज्ञ पठन-पाठन या प्राचीन ऋषि के प्रति कृतज्ञता।
(ii) देवयज्ञ हवन द्वारा देवताओं की पूजा-अर्चना।
(iii) पितृयज्ञ पितरों का तर्पण (जल और भोजन द्वारा)।
(iv) नृयज्ञ या मनुष्य यज्ञ अतिथि सत्कार द्वारा।
(v) भूतयज्ञ समस्त जीवों के प्रति कृतज्ञता ज्ञापन के रूप में चींटियों, पक्षियों, स्वानों आदि को भोजन देना

- गृहस्थ आश्रम में तीन ऋण सम्मिलित थे
  - **देव ऋण** यज्ञों तथा अनुष्ठानों द्वारा देवी-देवताओं की कृपा के प्रति आभार जताकर इस ऋण से मुक्ति मिलती थी।
  - **ऋषि ऋण** विधिपूर्वक वेदों के अध्ययन से इस ऋण से मुक्ति मिलती थी।
  - **पितृ ऋण** सन्तान को उत्पन्न कर इस ऋण से मुक्ति मिलती थी।

विवाह के प्रकार

विवाह का नाम	विवरण
ब्रह्म	यह प्रशंसनीय विवाह है, इसके अन्तर्गत कन्या के वयस्क होने पर उसके माता-पिता द्वारा योग्य वर को खोजकर विवाह किया जाता था।
दैव	यह प्रशंसनीय विवाह है, इसके अन्तर्गत यज्ञ करने वाले पुरोहित के साथ कन्या का विवाह कर दिया जाता था।
आर्ष	यह प्रशंसनीय विवाह है, इसके अन्तर्गत कन्या के पिता द्वारा यज्ञ कार्य हेतु एक अथवा दो गाय के बदले में अपनी कन्या का विवाह किया जाता था।
प्रजापत्य	यह प्रशंसनीय विवाह है, इसके अन्तर्गत वर स्वयं कन्या के पिता से कन्या माँगकर विवाह करता था।
आसुर	यह निन्दनीय विवाह है, इसके अन्तर्गत कन्या के पिता द्वारा धन के बदले में कन्या का विक्रय किया जाता था।
गन्धर्व	यह निन्दनीय विवाह है, इसके अन्तर्गत कन्या तथा पुरुष प्रेम अथवा कामुकता के वशीभूत होकर विवाह कर लेते थे।
पैशाच	यह निन्दनीय विवाह है, इसके अन्तर्गत सोई हुई अथवा विक्षिप्त कन्या के साथ सहवास कर विवाह किया जाता था।
राक्षस	यह निन्दनीय विवाह है, इसके अन्तर्गत बलपूर्वक कन्या को छीनकर या अपहरण कर, उससे विवाह किया जाता था।

नोट *स्मृतियों के अनुसार, ब्रह्म विवाह, दैव विवाह, ऋषि विवाह तथा प्रजापत्य विवाह आदि ब्राह्मणों के लिए मान्य थे। गन्धर्व विवाह क्षत्रियों में तथा असुर विवाह केवल वैश्यों एवं शूद्रों में प्रचलित था।*

सोलह संस्कार

सोलह संस्कार एवं उनसे सम्बन्धित तथ्यों का विवरण निम्नलिखित है

- **गर्भाधान संस्कार** सन्तान उत्पन्न करने के लिए।
- **पुंसवन संस्कार** स्त्री के गर्भधारण के तीसरे, महीने में।
- **सीमन्तोन्नयन संस्कार** गर्भ की रक्षा के लिए संस्कार।
- **जातकर्म संस्कार** बच्चे के जन्म के बाद पिता द्वारा शिशु को मधु और घी चटाने का संस्कार।
- **नामकरण संस्कार** शिशु का नामकरण संस्कार।
- **निष्क्रमण संस्कार** जन्म के बाद पहली बार शिशु को घर से बाहर निकालना।
- **अन्नप्राशन संस्कार** जन्म के छठे माह में अन्न खिलाने से सम्बन्धित।
- **चूड़ाकर्म संस्कार** तीसरे से आठवें वर्ष के मध्य (मुण्डन)।
- **कर्णवेध संस्कार** रोगों से मुक्ति के लिए कान छेदने का संस्कार।
- **विद्यारम्भ संस्कार** पाँचवें वर्ष में बच्चों को अक्षर ज्ञान।
- **उपनयन संस्कार** शिक्षा ग्रहण से पूर्व किया गया संस्कार।
- **वेदारम्भ संस्कार** वेद अध्ययन से पूर्व किया गया संस्कार।
- **केशान्त संस्कार** 16 वर्ष के बाद पहली बार केशों को उतारना।
- **समावर्तन संस्कार** विद्या अध्ययन समाप्त कर घर लौटने पर किया जाने वाला संस्कार।
- **विवाह संस्कार** वर-वधू के परिणय-सूत्र में बँधने का संस्कार।
- **अन्त्येष्टि संस्कार** मृत्यु के पश्चात् होने वाला संस्कार।

आर्थिक स्थिति

- उत्तरवैदिक काल में पशुपालन के स्थान पर कृषि आर्यों का मुख्य पेशा हो गया। लोहे के उपकरणों के प्रयोग से कृषि क्षेत्र में क्रान्ति आ गई।
- वैदिक ऋचाओं में लोग अब भी पशुधन की वृद्धि की कामना करते थे, क्योंकि पशु चल सम्पत्ति के मुख्य आधार थे। मुख्यतौर पर गाय, भेड़, बकरियाँ एवं घोड़े पाले जाते थे।
- लगभग 1000 ई. पू. में कर्नाटक के धारवाड़ जिले में लोहे के साक्ष्य मिले हैं। कब्र में मृतकों के साथ अत्यधिक मात्रा में औजार मिले हैं। इसी काल में पूर्वी पंजाब, पश्चिमी उत्तर प्रदेश, राजस्थान और मध्य प्रदेश में भी लोहे के प्रयोग होने के प्रमाण मिले हैं। शतपथ ब्राह्मण में कृषि की चार क्रियाओं-जुताई, बुआई, कटाई और मड़ाई का उल्लेख हुआ है।
- इस ग्रन्थ में विदेह माधव की कथा का भी वर्णन मिलता है। इससे इस बात का संकेत मिलता है कि समस्त आर्य लोग गंगा घाटी में कृषिक व्यवसाय करने लगे थे और पशुपालन इनका गौण पेशा हो गया।
- अतरंजीखेड़ा में सर्वप्रथम कृषि से सम्बन्धित लौह उपकरण प्राप्त हुए हैं। लोहे के बने उपकरणों के प्रयोग होने से कृषि का विस्तार होने के अतिरिक्त फसलों की संख्या में भी वृद्धि हुई तथा धान प्रमुख फसल बन गई। कृषि अधिशेष ने जनसंख्या वृद्धि में योगदान दिया।
- अथर्ववेद में सिंचाई के साधन के रूप में वर्णाकूप एवं नहर (कुल्या) का उल्लेख मिलता है। इसमें हल की नाली को सीता कहा जाता था। अथर्ववेद के विवरण के अनुसार, सर्वप्रथम पृथ्वीवेन ने हल और कृषि को जन्म दिया। हलों का फाल लकड़ी से निर्मित होता था। वैदिक ग्रन्थों में 6, 8, 12 और 24 बैलों द्वारा हल खींचे जाने का उल्लेख है।
- कृष्ण का भाई हलधर कहलाता था, क्योंकि हल उसका अस्त्र (हथियार) था।
- इस काल की मुख्य फसल धान और गेहूँ हो गई। यजुर्वेद में ब्रीहि (धान), यव (जौ), माण (उड़द) मुद्ग (मूँग), गोधूम (गेहूँ), मसूर आदि अनाजों का वर्णन मिलता है। चावल के अवशेष हस्तिनापुर से मिले हैं, जोकि आठवीं सदी ई. पू. के हैं। अथर्ववेद में सर्वप्रथम नहरों का उल्लेख हुआ है।
- उत्तरवैदिक काल के लोग कई प्रकार के तिलहन का भी उत्पादन करते थे। इस काल में हाथी को पालतू बनाए जाने के साक्ष्य भी प्राप्त हुए, इसके लिए हस्ति या वारण शब्द का प्रयोग किया गया था।
- चर्मकार, कुम्हार तथा बढ़ईगिरि के शिल्प में भी काफी प्रगति दिखाई देती है। उत्तरवैदिक ग्रन्थों में कपास का उल्लेख नहीं हुआ है, बल्कि ऊनी (ऊन) शब्द का प्रयोग कई बार हुआ है। बुनाई का काम प्राय: स्त्रियाँ करती थीं। कढ़ाई करने वाली स्त्रियों को पेशस्करी कहा जाता था।
- वृहदारण्यक उपनिषद् में श्रेष्ठिन शब्द तथा ऐतरेय ब्राह्मण में श्रेष्ठय शब्द से व्यापारियों की श्रेणी का अनुमान लगाया जाता है। तैत्तिरीय संहिता में ऋण के लिए कुसीद शब्द मिलता है।
- शतपथ ब्राह्मण में महाजनी प्रथा का पहली बार वर्णन हुआ है तथा सूदखोर को कुसीदिन कहा गया है।

- मृद्भाण्ड उत्तरवैदिक काल के लोग चार प्रकार के मृद्भाण्डों से परिचित थे–काला व लाल मृद्भाण्ड, काले पॉलिशदार मृद्भाण्ड, चित्रित धूसर मृद्भाण्ड और लाल मृद्भाण्ड। चित्रित धूसर मृद्भाण्ड सर्वोपरि वैशिष्ट्य सूचक हैं। इन मृद्भाण्ड वाले स्तरों में काँच की निधियाँ और चूड़ियाँ मिली हैं। उत्तरवैदिक ग्रन्थों में स्वर्णकारों या आभूषण निर्माताओं का वर्णन है।
- निष्क, शतमान, पाद, कृष्णल आदि माप की विभिन्न इकाइयाँ थीं। निष्क जो ऋग्वैदिक काल में स्वर्ण आभूषण था, जो अब एक मुद्रा माना जाने लगा। द्रोण अनाज मापने के लिए प्रयुक्त किए जाते थे।
- एक निष्क चार सुवर्णों के बराबर, एक सुवर्ण 320 रत्ती के बराबर, एक शतमान 100 रत्ती के बराबर होती थी। बाट की मूलभूत इकाइयाँ रत्तिका, गुंजा तथा दृष्ठान होती थीं।
- उत्तरवैदिक आर्यों को समुद्र का ज्ञान हो गया था। इस काल के साहित्य में पश्चिमी और पूर्वी दोनों प्रकार के समुद्रों का वर्णन है। वैदिक ग्रन्थों में समुद्र यात्रा की भी चर्चा है, जिनसे वाणिज्य एवं व्यापार का संकेत मिलता है तथा व्यापार पण द्वारा सम्पन्न होता था। सिक्कों का अभी नियमित प्रचलन नहीं हुआ था। सामान्य लेन-देन में वस्तु विनिमय का प्रयोग होता था।
- इस काल के लोग स्वर्ण एवं लोहे के अतिरिक्त टिन, ताँबे, चाँदी और सीसे से भी परिचित हो चुके थे।
- उत्तरवैदिक काल में धातु शिल्प उद्योग बन चुका था और धातु गलाने का उद्योग बड़े पैमाने पर होता था। ताँबे को गलाकर सम्भवतः विभिन्न प्रकार के उपकरण एवं वस्तुएँ बनाई जाती थीं।
- पश्चिमी उत्तर प्रदेश एवं बिहार से 1500 ई.पू. के अत्यधिक मात्रा में ताँबे के औजार मिले हैं। वैदिक काल में ताँबे की आपूर्ति के लिए राजस्थान के खेतड़ी की खानों का उपयोग किया जाता था।
- तैत्तिरीय आरण्यक में पहली बार नगर की चर्चा हुई है। हस्तिनापुर और कौशाम्बी प्रारम्भिक नगर थे, जिन्हें आद्य नगरीय स्थल कहा जा सकता है।

धार्मिक स्थिति

- उत्तरवैदिक कालीन धर्म का स्वरूप बहुदेववादी तथा उद्देश्य भौतिक सुखों की प्राप्ति था। प्रजापति, विष्णु तथा रुद्र महत्त्वपूर्ण देवता के रूप में स्थापित हो गए। इन्द्र, अग्नि एवं वरुण महत्त्वहीन हो गए।
- सृजन के देवता प्रजापति को सर्वोच्च स्थान मिला। इस काल के दो अन्य प्रमुख देवता रुद्र एवं विष्णु माने जाते हैं। रुद्र पशुओं के देवता तथा विष्णु लोगों के पालक देवता माने जाते थे। वरुण मात्र जल के देवता माने जाने लगे। वर्ण व्यवस्था के जटिल होते रूप के कारण पूषन अब शूद्रों के देवता हो गए। उपासना की पद्धति में विशेष रूप से परिवर्तन दिखाई देता है। यज्ञ का महत्त्व बढ़ गया, उसमें जटिल कर्मकाण्डों का समावेश हो गया था।
- ऋग्वैदिक काल में 7 पुरोहितों की जगह उत्तरवैदिक काल में 14 पुरोहितों का उल्लेख मिलता है। इस काल के प्रत्येक वेद के अपने पुरोहित थे। ऋग्वेद का पुरोहित होता, सामवेद का उद्गाता, यजुर्वेद का अध्वर्यु एवं अथर्ववेद का ब्रह्मा कहलाता था। ऋत्विज मुख्य पुरोहित के रूप में सभी यज्ञों का पर्यवेक्षण करता था।
- इसमें कर्मकाण्डों के पीछे छिपे रहस्य को जानने का प्रयत्न किया जाने लगा था तथा यज्ञ में मन्त्रोच्चारण तथा पशुबलि पर विशेष बल दिया जाने लगा। अतिथि को गोहन्ता कहा जाता था, क्योंकि अतिथि का स्थान गाय से अधिक था। यजमान (यज्ञ करने वाला) धार्मिक ज्ञान-विज्ञान पर एकाधिकार समझते थे।
- जीवन को सोलह संस्कारों से बाँध दिया गया। इन संस्कारों का विधान सूत्र साहित्य विशेषतया गृहसूत्रों में मिलता है। इनका विस्तृत विवेचन सूत्रकालीन सभ्यता के शीर्षक में किया गया है।
- उत्तरवैदिक काल में दर्शन उत्तरवैदिक काल में बहुदेववाद, वासुदेव सम्प्रदाय एवं षड्दर्शनों (सांख्य, योग, न्याय, वैशेषिक, मीमांसा व वेदान्त) का बीजारोपण हुआ। वेदान्त को उत्तर मीमांसा तथा मीमांसा को पूर्व मीमांसा भी कहा जाता है।

प्रमुख दर्शन व उसके प्रतिपादक

दर्शन	प्रतिपादक	दर्शन	प्रतिपादक
सांख्य	कपिल	पूर्व मीमांसा	जैमिनी
योग	पतंजलि (योगसूत्र)	उत्तर मीमांसा	बादरायण
न्याय	गौतम	वैशेषिक	कणाद या उलूक
चार्वाक	चार्वाक		

- मृत्यु की चर्चा सर्वप्रथम शतपथ ब्राह्मण तथा मोक्ष की चर्चा सर्वप्रथम उपनिषद् में मिलती है। पुनर्जन्म की अवधारणा वृहदारण्यक उपनिषद् में मिलती है।
- निष्काम कर्म के सिद्धान्त का प्रतिपादन सर्वप्रथम ईशोपनिषद् में किया गया है। ब्राह्मणों ने यज्ञ के माध्यम से अपनी स्थिति सुदृढ़ कर ली।
- व्यापक स्तर पर किए जाने वाले यज्ञों का आयोजन सामूहिक रूप से होता था। वाजपेय, अश्वमेध तथा पुरुषमेध महत्त्वपूर्ण यज्ञ थे, जिनसे राजा की शक्ति में बढ़ोतरी हुई। इस समय के दो महाकाव्य हैं— महाभारत (जयसंहिता), रामायण।

प्रमुख यज्ञों का विवरण

- राजसूय यज्ञ यह यज्ञ राजा के राज्याभिषेक हेतु होता था। इस आनुष्ठानिक यज्ञ से प्रजा को यह विश्वास हो जाता था कि उसके सम्राट को दिव्य शक्ति मिल गई है। इसमें सोम ग्रहण किया जाता था। इस यज्ञ के दौरान राजा रत्निनों के घर जाता था। इस यज्ञ का वर्णन शतपथ ब्राह्मण में मिलता है। इसमें सात प्रकार के जल का प्रयोग राजा के राज्याभिषेक में होता था।
- अश्वमेध यज्ञ अश्वमेध यज्ञ का शाब्दिक अर्थ है-घोड़े की बलि देना। इस यज्ञ में राजा द्वारा छोड़ा गया घोड़ा जिन-जिन क्षेत्रों से बिना किसी प्रतिरोध के गुजरता था, उन सभी क्षेत्रों पर राजा का राज्य स्थापित हो जाता था अर्थात् यह शक्ति का द्योतक था। एक वर्ष पश्चात् घोड़े को राजधानी लाया जाता था और उसकी बलि दी जाती थी। यह यज्ञ तीन दिनों तक चलता था। यह राजकीय यज्ञों में सर्वाधिक प्रसिद्ध और महत्त्वपूर्ण यज्ञ था। शतपथ ब्राह्मण में भारत के दो राजाओं भरत दोषयन्ति और शतानिक सत्राजित द्वारा अश्वमेध यज्ञ करने का उल्लेख है। यह यज्ञ क्षेत्र विस्तार से जुड़ा हुआ था। महाभारत के अश्वमेध पर्व में युधिष्ठिर द्वारा अश्वमेध यज्ञ का उल्लेख है।
- वाजपेय यज्ञ इस यज्ञ में राजा रथों की दौड़ का आयोजन करता था, जिसमें राजा को सहयोगियों द्वारा विजयी बनाया जाता था। वाजपेय यज्ञ करने से राजा सम्राट बनता था।
- अग्निष्टोम यज्ञ इस यज्ञ में सोम रस ग्रहण किया जाता था तथा अग्नि को पशुबलि दी जाती थी। इस यज्ञ से पूर्व याज्ञिक तथा उसकी पत्नी एक वर्ष तक सात्विक जीवन व्यतीत करते थे। यह यज्ञ एक दिन चलता था।

- **सोत्रामणिक यज्ञ** इस यज्ञ में पशु एवं सुरा की आहुति दी जाती थी।
- **पुरुषमेध यज्ञ** इस यज्ञ में राजनैतिक वर्चस्व हेतु स्वस्थ एवं विद्वान पुरुष की बलि दी जाती थी।

वैदिक साहित्य

वैदिक साहित्य में चार वेदों-ब्राह्मण, आरण्यक, उपनिषद् एवं वेदांग को शामिल किया जाता है, जिनका विवरण इस प्रकार है

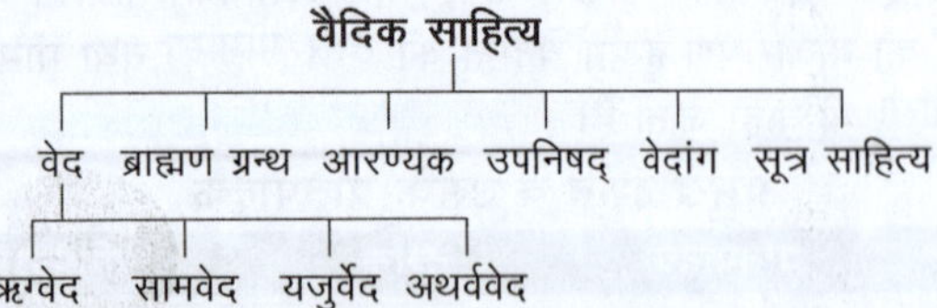

वेद

- वेद शब्द **विद्** धातु से बना है, जिसका अर्थ है-**जानना** अर्थात् **ज्ञान**। वेदों के संकलनकर्ता **कृष्णद्वैपायन** थे। इन्हें वेदों के पृथक्करण-व्यास के कारण **वेदव्यास** भी कहा जाता है। चारों वेदों को सम्मिलित रूप से **संहिता** कहा जाता है।
- वेदों की रचना देवताओं द्वारा किए जाने के कारण इसे **अपौरुषेय** कहा जाता है। इनमें ऋग्वेद, यजुर्वेद एवं सामवेद को सम्मिलित रूप से **वेदत्रयी** कहा जाता है, जो इस प्रकार हैं

ऋग्वेद

- ऋग्वेद की रचना की तिथि के सन्दर्भ में विद्वानों के मत भिन्न-भिन्न हैं

तिलक	—	6000 ई. पू.
जैकोबी	—	3000 ई. पू.
मैक्स मूलर	—	1200-1000 ई. पू.
मान्य तिथि	—	1500-1000 ई.पू.

- इसमें **10** मण्डल, **1,028** सूक्त और 11 **बालाखिल्य सूक्त** शामिल हैं। सूक्त का अर्थ है-अच्छी प्रकार से बोला गया। ऋग्वेद की भाषा वैदिक संस्कृत (प्राक् संस्कृत) थी। ऋग्वेद का दूसरे से सातवाँ मण्डल सर्वाधिक प्राचीन है। दसवाँ मण्डल सबसे नवीन है। ऋग्वेद का पाठ करने वाला **होता** या **होतृ** कहलाता था।
- ऋग्वेद का तीसरा मण्डल सूर्य देवता को समर्पित गायत्री मन्त्र के लिए प्रसिद्ध है, जिसकी रचना **विश्वामित्र** ने की थी।
- यूनेस्को द्वारा ऋग्वेद को विश्व मानव धरोहर में सम्मिलित किया गया है।
- पहला तथा दसवाँ मण्डल सबसे बाद में जोड़ा गया है।
- ऋग्वेद के दूसरे से आठवें मण्डल के रचयिता क्रमश: गृत्समद, विश्वामित्र, वामदेव, अत्रि, भारद्वाज, वशिष्ठ, कण्व तथा अंगिरा हैं।
- आयुर्वेद को ऋग्वेद का उपवेद कहा जाता है। ऋग्वेद के ब्राह्मण ऐतरेय एवं कौषितकी हैं तथा सर्वाधिक पवित्र नदी (सरस्वती) नदीतमा है।
- ऋग्वेद की पाँच शाखाएँ हैं-शाकल, वाष्कल, आश्वलायन, शंखायन तथा मण्डूकायन।
- नौवाँ मण्डल सोम को समर्पित है। ऋग्वेद के दसवें मण्डल में जिसे पुरुषसूक्त भी कहा जाता है, सर्वप्रथम **शूद्रों** का उल्लेख मिलता है। **ऋग्वेद और ईरानी ग्रन्थ जेन्द अवेस्ता** में समानता पाई जाती है।
- **असतो मा सद्गमय** वाक्य ऋग्वेद से लिया गया है।

ऋग्वेद के प्रमुख शब्द

शब्द	ऋग्वेद में उच्चारण संख्या	शब्द	ऋग्वेद में उच्चारण संख्या
इन्द्र	250	सभा	8
अग्नि	200	समिति	9
वरुण	30	विदथ	122
जन	275	सोम	144
विश	17	गण	46
आर्य	33	विष्णु	100
अश्व	215	ब्राह्मण	15
वर्ण	23	राष्ट्र	10
ब्रज गोशाला	45	वैश्य	1
कृषि	33	शूद्र	1
गौ (गाय)	176	रुद्र	3
पृथ्वी	1	यमुना	3
राजा	1	सेना	20
गंगा	1	ग्राम	13
बृहस्पति	11	क्षत्रिय	9

सामवेद

- इसके अन्तर्गत कुल **1,875 ऋचाओं** में से 75 सूक्तों को छोड़कर शेष ऋग्वेद से लिए गए हैं। यह भारतीय संगीतशास्त्र पर प्राचीनतम पुस्तक है। पुराणों में इसकी सहस्र शाखाओं का उल्लेख किया गया है। सामवेद का गायन करने वाला **उद्गाता** या **उद्गातृ** कहलाता था।
- इसकी तीन शाखाएँ हैं- **कौथुम जैमिनीय** एवं राणायनीय। सामवेद का प्रथम द्रष्टा वेदव्यास के शिष्य **जैमिनी** को माना जाता है।
- इसे भारतीय संगीत का जनक माना जाता है, क्योंकि संगीत के सात स्वरों सा, रे, ग, म, प, ध, नि की उत्पत्ति इसी से हुई है। **छान्दोग्य** तथा **जैमिनीय** इसके **प्रमुख उपनिषद्** तथा **पंचविश** इसका ब्राह्मण ग्रन्थ है।

यजुर्वेद

- यजु से तात्पर्य यज्ञ से है। इस ग्रन्थ में गद्य एवं पद्य में लिखित यज्ञ एवं बलि की विधियों पर बल दिया गया है। इसमें 40 मण्डल तथा 2,000 मन्त्र हैं।
- यजुर्वेद का पाठ करने वाले को **अध्वर्यु** कहा जाता था। इसके दो भाग-कृष्ण यजुर्वेद व शुक्ल यजुर्वेद हैं। शुक्ल यजुर्वेद से **वाजसनेयी संहिता** सम्बद्ध है। कृष्ण यजुर्वेद **गद्य** में तथा शुक्ल यजुर्वेद **पद्य** में रचित है।
- कृष्ण यजुर्वेद की 4 शाखाएँ—**काठक, कपिष्ठल, मैत्रेयणी** तथा **तैत्तिरीय** संहिता हैं।
- कठोपनिषद्, इशोपनिषद्, श्वेताश्वरोपनिषद् और मैत्रायणी उपनिषद् आदि यजुर्वेद के मुख्य उपनिषद् हैं। इसके अन्तिम अध्याय ईशावास्य उपनिषद् का सम्बन्ध आध्यात्मिक चिन्तन से है।
- यजुर्वेद का उपवेद **धनुर्वेद** है। यजुर्वेद में सर्वप्रथम **राजसूय** एवं **वाजपेय** यज्ञ का वर्णन है।

अथर्ववेद

- इसकी रचना अथर्वा ऋषि ने की थी। इसमें 20 अध्याय, 731 सूक्त एवं 6000 मन्त्र हैं। इसमें तन्त्र-मन्त्र संकलित हैं। इसमें तत्कालीन भारतीय औषधि एवं विज्ञान सम्बन्धी जानकारी मिलती है।
- इसमें रोग तथा उसके निवारण के साधन के रूप में जादू-टोनों आदि की जानकारी दी गई है। इसकी दो शाखाएँ हैं— शौनक एवं पिप्पलाद।
- मृत्युलोक के देवता परीक्षित (कुरु राजा) का उल्लेख अथर्ववेद में है। अथर्ववेद में याज्ञिक अनुष्ठानों का वर्णन नहीं है।
- इसमें सभा और समिति को प्रजापति की दो पुत्रियाँ कहा गया है। अथर्ववेद के उपनिषदों में मुण्डकोपनिषद्, प्रश्नोपनिषद् तथा माण्डूक्योपनिषद् हैं। भारत का राष्ट्रीय आदर्श वाक्य सत्यमेव जयते मुण्डकोपनिषद् से लिया गया है। सत्यमेव जयते को 26 जनवरी, 1950 को आदर्श वाक्य के रूप में अपनाया गया है।
- काशी का प्राचीनतम उल्लेख अथर्ववेद में मिला है। इसका उपवेद शिल्पवेद है। अथर्ववेद एवं सामवेद का कोई आरण्यक नहीं है।

ब्राह्मण ग्रन्थ

- वेदों की विशिष्ट व्याख्या के लिए ब्राह्मण ग्रन्थों की रचना की गई। ये गद्य रूप में लिखे गए हैं।
- सभी ब्राह्मण ग्रन्थों का सम्बन्ध किसी-न-किसी वेद से जुड़ा है। इन ग्रन्थों में वेदों के सूक्तों की व्याख्या तथा धार्मिक अनुष्ठानों का विशद् वर्णन मिलता है।
- ब्राह्मण ग्रन्थों का रचयिता याज्ञवल्क्य मुनि को माना जाता है।

आरण्यक

- आरण्यक शब्द अरण्य (Forest) से बना है, जिसका अर्थ है-वन। यह ब्राह्मण ग्रन्थों का परिशिष्ट है।
- वनों में रचे जाने के कारण इन ग्रन्थों को आरण्यक कहा गया है।
- इस ग्रन्थ में रहस्यवादी सिद्धान्तों का विवरण मिलता है। इसमें जन्म, मृत्यु, पुनर्जन्म इत्यादि का विशद् विवरण दिया गया है।
- वर्तमान में 7 आरण्यक- ऐतरेय, तैत्तिरीय, मध्यान्दिन, शंखायन, मैत्रायणी, वृहदारण्यक तथा तलवकार हैं।

उपनिषद्

- उपनिषदों को भारतीय दर्शन का स्रोत माना जाता है। इनका संकलन 600 ई. पू. के लगभग हुआ, इनमें कर्मकाण्ड की निन्दा कर यथार्थ को महत्त्व दिया।
- उपनिषद् का अर्थ उस विद्या से है, जो गुरु के समीप बैठकर सीखी जाती है। इसमें ब्रह्म (परमात्मा) और आत्मा के सम्बन्ध में दार्शनिक चिन्तन दिया गया है।
- उपनिषदों में ब्रह्म को ही एकमात्र परमसत्ता (Supreme Entity) के रूप में स्वीकार किया गया है।
- उपनिषद् भारतीय दर्शन के प्रस्थान बिन्दु हैं। उपनिषदों को वेदान्त भी कहा जाता है, क्योंकि इनमें वेदों का सर्वोच्च और अन्तिम उद्देश्य बताया गया है।
- ये वेदों से सम्बद्ध हैं तथा इनकी संख्या 108 है। छान्दोग्य उपनिषद् में तत्त्वमसि का, वृहदारण्यकोपनिषद् में अश्वमेध यज्ञ का, कठोपनिषद् में यम एवं नचिकेता संवाद का, ईशोपनिषद् में याज्ञवल्क्य एवं श्वेतकेतु संवाद का तथा मुण्डकोपनिषद् में शिक्षा के विषयों में वेदांगों का वर्णन है।

वेदांग

वेदांग ज्ञान में सहायक शास्त्र हैं। वेदांगों की संख्या निम्न 6 है

(i) शिक्षा (ध्वनिशास्त्र) इसका सम्बन्ध उच्चारण की विधि से है तथा इसका उद्देश्य वैदिक मन्त्रों के विशुद्ध उच्चारण से है।

(ii) कल्प इसका सम्बन्ध यज्ञों के नियम से है।

(iii) व्याकरण इसे वेदों का मुख कहते हैं तथा इसका सम्बन्ध शब्दों के यथार्थ ज्ञान से है।

(iv) ज्योतिष इसमें वैदिक यज्ञों तथा अनुष्ठानों का समय बताया जाता है।

(v) छन्द इसे वेदों का आवरण कहा जाता है। इसका उद्देश्य वैदिक मन्त्रों के समुचित पाठ की सुरक्षा से है।

(vi) निरुक्त इसका तात्पर्य वेदों में दिए गए शब्दों के अर्थ से है। इसे वेद की आत्मा कहा गया है।

वेदों के ब्राह्मण, आरण्यक तथा उपनिषद्

वेद	सूक्त	ब्राह्मण	आरण्यक	उपनिषद्	अध्येता	उपवेद
ऋग्वेद	1028 मन्त्र	ऐतरेय कौषितिकी	ऐतरेय, कौषितिकी	ऐतरेय, कौषितिकी	होतृ	आयुर्वेद
सामवेद	1810 मन्त्र	पंचविश, छान्दोग्य, षड्विश, जैमिनीय	छान्दोग्य, जैमिनीय	छान्दोग्य, केन	उद्गाता	गन्धर्ववेद
यजुर्वेद	-	तैत्तिरीय, शतपथ	वृहदारण्यक, तैत्तिरीय	श्वेताश्वतर, वृहदारण्यक, ईश, मैत्रायणी, कठ, तैत्तिरीय	अध्वर्यु	धनुर्वेद
अथर्ववेद	6000 मन्त्र	गोपथ	—	मुण्डक, प्रश्न, माण्डुक्य	ब्रह्मा	शिल्पवेद

सूत्र साहित्य

- छठी शताब्दी ई. पू. से तीसरी शताब्दी ई. पू. का काल सूत्रकाल कहलाता है। इस समय सूत्र साहित्य की रचना हुई। सूत्र साहित्यों में समाज तथा व्यवस्था के लिए महत्त्वपूर्ण विधियों एवं आचार-विचारों पर चर्चा की गई है।
- सूत्रकाल तक आते-आते वर्ण जातियों में परिवर्तित हो गए। जातियों का आधार कर्म न होकर जन्म हो गया। प्रथम तीन वर्णों-ब्राह्मण, क्षत्रिय और वैश्य को द्विज कहा गया तथा इन्हें शूद्रों से पृथक् माना जाने लगा।

सूत्र साहित्य का विवरण

कल्प सूत्र	विधि एवं नियमों का प्रतिपादन।
श्रौत सूत्र	यज्ञ से सम्बन्धित विस्तृत विधि-विधानों की व्याख्या।
शुल्व सूत्र	इसमें यज्ञ स्थल तथा अग्निवेदी के निर्माण, माप से सम्बन्धित नियम तथा भारतीय ज्यामिति के प्रारम्भिक रूप की प्रतीति है।
धर्म सूत्र	सामाजिक-धार्मिक कानून तथा आचार संहिता।
गृह सूत्र	मनुष्य के लौकिक एवं पारलौकिक कर्त्तव्य।

“

छठी सदी ई. पू. न केवल भारत अपितु समस्त विश्व के लिए एक धार्मिक क्रान्ति का काल था। इस दौरान भारत में वैदिक धर्म की प्रतिक्रियास्वरूप बौद्ध और जैन सम्प्रदायों का उदय हुआ, जिनसे भारत में सामाजिक-धार्मिक सुधार आन्दोलन का सूत्रपात किया।

अध्याय पाँच

जैन एवं बौद्ध धर्म

(छठी सदी ई.पू. के धार्मिक आन्दोलन)

जैन धर्म

- जैन शब्द संस्कृत के जिन शब्द से बना है, जिसका अर्थ विजेता होता है अर्थात् जिन्होंने अपने मन, वाणी एवं काया को जीत लिया हो। जैन साधुओं को निर्ग्रन्थ (बन्धनरहित) कहा गया है।
- जैन धर्म में देवताओं के अस्तित्व को स्वीकार किया गया है, पर इनका स्थान जिन से नीचे रखा गया है।
- जैन धर्म अनीश्वरवादी है। उनके अनुसार सृष्टि का निर्माण सार्वभौमिक विधान से हुआ है, इसलिए जैन धर्म प्रलय की अवधारणा में विश्वास नहीं करता है।
- जैन आचार्यों व संस्थापकों को तीर्थंकर कहा गया है। जैन परम्परा और अनुश्रुतियों के अनुसार जैन धर्म में 24 तीर्थंकर हुए।
- जैन धर्म के प्रथम तीर्थंकर ऋषभदेव या आदिनाथ थे, जिनका जन्म अयोध्या में हुआ था। इन्होंने कैलाश पर्वत पर शरीर का त्याग किया था।

ऋषभदेव (प्रथम तीर्थंकर) और **अरिष्टनेमि** (22वें तीर्थंकर) का उल्लेख ऋग्वेद में मिलता है। अरिष्टनेमि को ऋग्वेद में वासुदेव कृष्ण का भाई बताया गया है।

- 23वें तीर्थंकर पार्श्व नाथ काशी (वाराणसी) के राजा अश्वसेन (इक्ष्वाकु वंशीय) के पुत्र थे। इनका काल महावीर स्वामी से 250 ई.पू. माना जाता है।
- इन्होंने अपने अनुयायियों के लिए चतुर्याम शिक्षा या चार आचरण (महाव्रत) का प्रतिपादन किया और उनको इसका पालन करने को कहा।
- ये चार आचरण हैं-सत्य (सदा सत्य बोलना), अहिंसा (प्राणियों के प्रति हिंसा न करना), अस्तेय (चोरी न करना) तथा अपरिग्रह (सम्पत्ति न रखना)।
- पार्श्वनाथ ने अपने धर्म में स्त्रियों को भी प्रवेश दिया था, इसकी पुष्टि जैन ग्रन्थ में स्त्री संघ की अध्यक्षा पुष्पचूला के उल्लेख से होती है।
- पार्श्वनाथ को झारखण्ड के गिरिडीह जिले में सम्मेद शिखर (आधुनिक पारसनाथ) पर 83 दिनों तक कठोर तपस्या करने के पश्चात् 84वें दिन ज्ञान प्राप्त हुआ था।
- जैन धर्म के 24वें व अन्तिम तीर्थंकर महावीर स्वामी थे।

जैन धर्म के तीर्थंकर एवं उनके प्रतीक

क्र.सं.	तीर्थंकर	प्रतीक	क्र.सं.	तीर्थंकर	प्रतीक
1.	ऋषभदेव	वृषभ	13.	विमलनाथ	वाराह
2.	अजितनाथ	गज	14.	अनन्तनाथ	श्येन
3.	सम्भवनाथ	अश्व	15.	धर्मनाथ	वज्र
4.	अभिनन्दन नाथ	कपि	16.	शान्तिनाथ	मृग
5.	सुमतिनाथ	क्रौंच	17.	कुन्थुनाथ	अज
6.	पद्मप्रभु	पद्म	18.	अरनाथ	मीन
7.	सुपार्श्वनाथ	स्वास्तिक	19.	मल्लिनाथ	कलश

क्र.सं.	तीर्थंकर	प्रतीक	क्र.सं.	तीर्थंकर	प्रतीक
8.	चन्द्रप्रभु	चन्द्र	20.	मुनिसुव्रत	कूर्म
9.	सुविधिनाथ	मकर	21.	नेमिनाथ	नीलोत्पल
10.	शीतलनाथ	श्रीवत्स	22.	अरिष्टनेमि	शंख
11.	श्रेयान्सनाथ	गैण्डा	23.	पार्श्वनाथ	सर्पफण
12.	पूज्यनाथ	महिष	24.	महावीर	सिंह

महावीर स्वामी

- जैन धर्म का वास्तविक संस्थापक महावीर स्वामी को माना जाता है, जिनका वास्तविक नाम **वर्धमान** था। इन्होंने 30 वर्ष की अवस्था में अपने अग्रज नन्दिवर्द्धन से आज्ञा लेकर गृहत्याग दिया।
- बारह (12) वर्ष की कठोर तपस्या के बाद **जृम्भिक ग्राम** में **ऋजुपालिका नदी** के किनारे **शाल वृक्ष** के नीचे उन्हें कैवल्य की प्राप्ति हुई।
- ज्ञान प्राप्ति के पश्चात् महावीर **केवलिन** कहलाए। सभी इन्द्रियों पर विजय प्राप्त करने के कारण उन्हें जिन (विजेता) कहा गया।
- तपस्या के रूप में अद्भुत पराक्रम दिखाने के कारण वे **महावीर** कहलाए। उन्हें अर्हत (योग्य) तथा निर्ग्रन्थ (बन्धनरहित) के नाम से भी जाना गया। बौद्ध साहित्य में महावीर को **निगण्ठनाथ पुत्र** कहा गया है।
- ज्ञान प्राप्ति के पश्चात् महावीर ने अपना प्रथम उपदेश राजगृह के निकट वितुलांचल पहाड़ी पर **मेघकुमार** को दिया।
- **जामालि** (दामाद) इनका प्रथम शिष्य बना। चम्पा नरेश दधिवाहन की पुत्री **चन्दना** इनकी प्रथम भिक्षुणी हुईं।
- महावीर ने एक संघ की स्थापना की, जिसमें उनके 11 अनुयायी शामिल थे, जिन्हें **गणधर** कहा गया। संघ में स्त्री एवं पुरुष दोनों को स्थान मिला।

महावीर स्वामी (जीवन परिचय)

जन्म	540 ई. पू. कुण्डग्राम (वैशाली) बिहार
पिता	सिद्धार्थ (वज्जि संघ के ज्ञातृक क्षत्रिय कुल के प्रधान)
माता	त्रिशला (लिच्छवि शासक चेटक की बहन)
बचपन का नाम	वर्धमान
पत्नी	यशोदा (कुण्डिन्य गोत्र के राजा सुप्पबुद्ध की कन्या)
पुत्री	प्रियदर्शना (अणोज्जा)
दामाद	जामालि, प्रथम शिष्य, प्रथम विरोधी, (शिष्य बनने के पश्चात्)
शिष्य	मक्खलि पुत्र गोशाल (आजीवक सम्प्रदाय के संस्थापक)
गृहत्याग	30 वर्ष की आयु में अपने अग्रज नन्दिवर्द्धन से आज्ञा लेकर
ज्ञान प्राप्ति (कैवल्य)	12 वर्ष की तपस्या करने के पश्चात् 42 वर्ष की आयु में (जृम्भिक ग्राम में ऋजुपालिका नदी के तट पर शाल वृक्ष के नीचे)
प्रमुख उपाधि	केवलिन, जिन, निर्ग्रन्थ, अर्हत
प्रथम उपदेश	राजगृह के निकट विपुलांचल पहाड़ी पर वाराकर नदी के तट पर
निर्वाण (मृत्यु)	527 ई.पू. में 72 वर्ष की आयु में राजगीर के समीप पावापुरी में

जैन धर्म की मुख्य शिक्षाएँ

- महावीर ने अपने उपदेश लोक भाषा प्राकृत में दिए। देश के अलग-अलग भागों में प्राकृत के अनेक रूप प्रचलित थे। मगध में बोली जाने वाली प्राकृत **मागधी** कहलाती थी। प्राकृत में ही जैन साहित्य की रचना की गई।
- जैन धर्म में संसार को दु:ख मूलक माना गया है। मनुष्य जरा वृद्धावस्था तथा मृत्यु से ग्रस्त है।
- सांसारिक जीवन की तृष्णाएँ व्यक्ति को घेरे रहती हैं। संसार त्याग तथा संन्यास मार्ग ही व्यक्ति को सच्चे मार्ग पर ले जा सकता है।
- जैन दर्शन के अनुसार, सृष्टि की रचना एवं पालन-पोषण सार्वभौमिक विधान से हुआ है। सृष्टिकर्ता के रूप में ईश्वर के अस्तित्व को स्वीकार नहीं किया गया है।
- संसार के सभी प्राणी अपने-अपने संचित कर्मों के अनुसार, फल भोगते हैं। कर्मफल ही जन्म तथा मृत्यु का कारण है।
- कर्मफल से छुटकारा पाकर ही व्यक्ति निर्वाण की ओर अग्रसर होता है। इसके लिए पूर्वजन्म के संचित कर्मों को समाप्त करना तथा वर्तमान जीवन में कर्मफल से विमुख रहना आवश्यक है।
- जैन धर्म में **युद्ध** और **कृषि** दोनों वर्जित हैं, क्योंकि दोनों में जीवों की हिंसा होती है। जैन धर्म में अहिंसा को सर्वाधिक महत्त्व दिया गया है।
- इसके परिणामस्वरूप जैन धर्मावलम्बियों में व्यापार और वाणिज्य करने वालों की संख्या अधिक हो गई है।

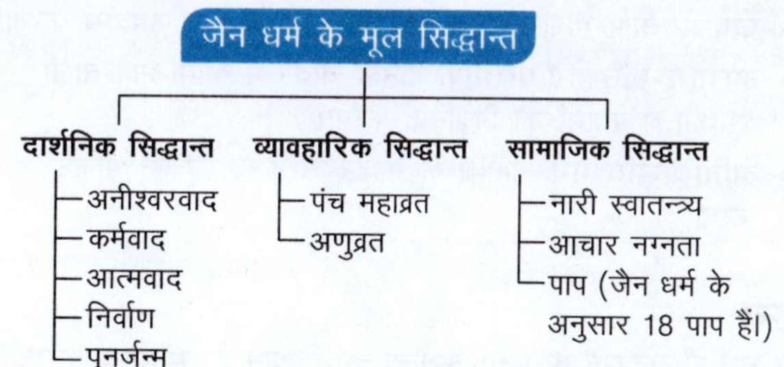

त्रिरत्न

- कर्मफल से मुक्ति के लिए त्रिरत्न का अनुशीलन आवश्यक है। इनमें आचरण पर सर्वाधिक बल दिया गया है। जैन धर्म के त्रिरत्न हैं
  - **सम्यक् दर्शन** वास्तविक ज्ञान
  - **सम्यक् ज्ञान** सत्य में विश्वास
  - **सम्यक् आचरण** सांसारिक विषयों से उत्पन्न सुख-दु:ख के प्रति समभाव।
- जैन दर्शन के अनुसार, सम्यक् ज्ञान पाँच प्रकार के होते हैं-मति (इन्द्रिय जनित ज्ञान), श्रुति (श्रवण ज्ञान), अवधि (दिव्य ज्ञान), मन:पर्याय (दूसरे के मन की जान लेना) एवं कैवल्य ज्ञान (सर्वोच्च ज्ञान)। जैन मतानुसार ज्ञान के तीन स्रोत हैं-**प्रत्यक्ष, अनुमान** एवं **तीर्थंकरों के वचन।**
- जैन मत के अनुसार, संसार शाश्वत है। इसका अस्तित्व असंख्य चक्रों में विभाजित है। प्रत्येक चक्र में दो अवधियाँ होती हैं-**उत्सर्पिणी** (विकास की अवधि) तथा **अवसर्पिणी** (ह्रास की अवधि)। प्रत्येक अवधि समस्त उद्देश्यों में अपनी पूर्ववर्ती अवधि के समान होती है, जिसमें 24 तीर्थंकर एवं 12 चक्रवर्ती शासक सहित 63 श्लाका पुरुष (महान पुरुष) होते हैं, जो नियमित मध्यान्तरों पर चक्र में निवास करते हैं।

महाव्रत एवं अणुव्रत

- सम्यक् आचरण के पालन के सन्दर्भ में पाँच महाव्रतों का पालन आवश्यक है। पाँच महाव्रतों में से प्रथम चार-सत्य (सदा सत्य बोलना), अहिंसा (प्राणी मात्र के प्रति हिंसा न करना), अस्तेय (चोरी न करना) तथा अपरिग्रह (संग्रह न करना) का प्रतिपादन पार्श्वनाथ ने किया था, जबकि पाँचवाँ महाव्रत ब्रह्मचर्य (इन्द्रियों को वश में करना) महावीर द्वारा जोड़ा गया था।
- गृहस्थ जीवन व्यतीत करने वाले जैनियों के लिए भी इन्हीं व्रतों की व्यवस्था है, लेकिन इनकी कठोरता में पर्याप्त कमी की गई है, इसलिए इन्हें अणुव्रत कहा गया है। उपरोक्त महाव्रत/अणुव्रतों के अतिरिक्त तीन गुणव्रत भी बताए गए हैं, जो निम्नलिखित हैं

(i) दिग्व्रत दिशाओं में भ्रमण की मर्यादा बाँधना

(ii) अनर्थ दण्डवत् प्रयोजन हीन, पाप उत्पादक वस्तुओं का परित्याग करना।

(iii) भोगोपभोग परिमाण अर्थात् भोग्य पदार्थों का परिमाण-निर्धारण।

जैन धर्म के सात शील व्रत

- **दिग्व्रत** अपनी क्रियाओं को विशेष परिस्थितियों में नियन्त्रित रखना।
- **देशव्रत** अपने कार्य को कुछ विशिष्ट क्षेत्रों/प्रदेशों तक सीमित रखना।
- **सामयिक** चिन्तन हेतु कुछ समय निर्धारित करना।
- **अनर्थदण्ड व्रत** बिना कारण अपराध नहीं करना।
- **प्रोषघोपवास** मानसिक एवं कायिक शुद्धि के लिए उपवास करना।
- **उपभोग-प्रतिभोग परिमाण** दैनिक जीवन में काम आने वाली वस्तुओं व पदार्थों को नियन्त्रित करना।
- **अतिथि संविभाग** अतिथि के भोजन करने के पश्चात् भोजन करना।

कैवल्य

- जैन धर्म में सदस्यों के लिए कैवल्य का विधान है, सामान्य गृहस्थों के लिए नहीं। जब जीव के कर्म समाप्त हो जाते हैं, तब वह कैवल्य (मोक्ष) प्राप्त कर लेता है। सामान्य गृहस्थों को संन्यासी या भिक्षु जीवन में प्रवेश करने से पूर्व ग्यारह कोटियों से गुजरना पड़ता है।
- जैन धर्म में पुनर्जन्म, कर्मवाद, मोक्ष एवं आत्मा की सत्ता को स्वीकार किया गया है। यह वेद की अपौरुषेयता तथा ईश्वर के अस्तित्व को अस्वीकार करता है। यह वर्णव्यवस्था की निन्दा नहीं करता है।

जैन धर्म के दर्शन

महावीर ने अपना उपदेश प्राकृत (अर्द्ध मागधी) भाषा में दिया। इस धर्म के मुख्य सिद्धान्त को अनेकान्तवाद, स्याद्वाद, सप्तभंगी का सिद्धान्त, सप्रतिध सिद्धान्त अथवा नयवाद के नाम से जाना जाता है। स्याद्वाद ज्ञान की सापेक्षता का सिद्धान्त है।

स्याद्वाद/अनेकान्तवाद/सप्तभंगीनय

- स्याद्वाद ज्ञान सम्बन्धी जैन सिद्धान्त है। इसे जैन धर्म की आधारशिला भी कहा जाता है। स्याद्वाद एक दृष्टि है। जब तक यह दृष्टि विचार क्षेत्र में रहती है अनेकान्त है, वहीं जब यह भाषाबद्ध होकर वाणी से निःसृत होता है, तब वह स्याद्वाद हो जाता है।
- ये कथन के सात प्रकार हैं, जिसे स्यात शब्द से सन्दर्भित करना अनिवार्य है; यथा-स्यात अस्ति (शायद है), स्यात नास्ति (शायद नहीं है) आदि। स्याद्वाद का अर्थ है-सम्भवतः ऐसा है।
- सामान्यतः सत्य के केवल एक स्वरूप को देखकर सम्पूर्ण सत्य की धारणा बना लेते हैं, जबकि सत्य के अनेक स्वरूप होते हैं, इसलिए इसे अनेकान्तवाद भी कहते हैं। स्याद्वाद को वास्तविकता की बहुलता का सिद्धान्त एवं ज्ञान की सापेक्षता का सिद्धान्त भी कहते हैं।
- जैनियों के अनेकान्तवाद सिद्धान्त की तार्किक परिणति उनके सिद्धान्त स्याद्वाद में होती है।

जैन संघ एवं सम्प्रदाय

- महावीर की मृत्यु के पश्चात् केवल एक गणधर सुधर्मन जीवित बचा, जो जैन संघ का प्रथम अध्यक्ष था। सुधर्मन की मृत्यु के बाद जम्बूस्वामी 44 वर्षों तक जैन संघ का अध्यक्ष रहा, जो अन्तिम केवलिन था।
- लगभग 300 ई. पू. के आस-पास मगध में 12 वर्षों का भीषण अकाल पड़ा, जिसके कारण भद्रबाहु शिष्यों के साथ दक्षिण चले गए। बचे हुए साधु स्थूलभद्र के नेतृत्व में वहीं बने रहे। स्थूलभद्र के अनुयायी श्वेताम्बर (सफेद वस्त्र धारण करने वाले) तथा भद्रबाहु के अनुयायी दिगम्बर (नग्न रहने वाले) कहलाए।
- दिगम्बर साधु झुल्लक, ऐल्लक तथा निर्ग्रन्थ कहलाते थे तथा श्वेताम्बर यति, साधु और आचार्य कहलाते थे।

जैन धर्म का प्रचार

- महावीर स्वामी के समय में जैन धर्म का सर्वाधिक प्रसार हुआ। (लगभग 1400 अनुयायी) महावीर के समकालीन बिम्बिसार, चण्डप्रद्योत, अजातशत्रु, उदायिन, दधिवाहन, महापद्मनन्द एवं चेटक जैन धर्मानुयायी थे। मौर्य शासक चन्द्रगुप्त मौर्य एवं सम्प्रति जैन धर्मानुयायी थे। सम्प्रति ने जैन आचार्य सुघस्ति से दीक्षा ली थी।

- जैन धर्म ने स्वयं को ब्राह्मणवादी धर्म से बहुत स्पष्ट रूप से अलग नहीं किया, यह धीरे-धीरे पश्चिम और दक्षिण भारत में फैल गया, जहाँ ब्राह्मणवादी व्यवस्था कमजोर थी।
- चन्द्रगुप्त मौर्य के समय में पाटलिपुत्र में प्रथम जैन संगीति का आयोजन हुआ। कलिंग नरेश खारवेल के हाथी गुम्फा अभिलेख में जैन धर्म का प्राचीनतम अभिलेखीय साक्ष्य मिलता है। खारवेल ने जैन साधुओं के लिए एक गुफा का निर्माण करवाया।
- पूर्व मध्यकाल में राष्ट्रकूट, गंग, गुजरात के चालुक्य एवं चन्देल शासकों ने जैन धर्म को प्रश्रय दिया। राष्ट्रकूट शासक अमोघवर्ष, जैन धर्म का अनुयायी था। इसने रत्न मालिका नामक ग्रन्थ की रचना की थी।
- गंग वंश के राजा राजमल चतुर्थ का मन्त्री एवं सेनापति चामुण्ड राय ने 974 ई. में श्रवणबेलगोला के पास बाहुबली की मूर्ति का निर्माण करवाया, जो गोमतेश्वर की मूर्ति कहलाती है। यहाँ पर प्रत्येक 12 वर्ष में महामस्तकाभिषेक किया जाता है।

प्रमुख जैन मन्दिर

दिलवाड़ा का जैन मन्दिर, पारसनाथ का जैन मन्दिर, ऋषभनाथ मन्दिर, दिगम्बर जैन मन्दिर, पार्श्वनाथ का मन्दिर, मेगुती जैन मन्दिर, जलमन्दिर, शोभानाथ मन्दिर, श्री नाकोड़ा पार्श्वनाथ मन्दिर, रणकपुर जैन मन्दिर, कुमारग्राम प्राचीन मन्दिर, जैन श्वेताम्बर-त्रिलोकपुर तीर्थ इत्यादि।

- चौहान शासक पृथ्वीराज ने जैन विद्वान् अर्णोराज धर्मघोष सूरी को आश्रय दिया। मध्यकाल में मुहम्मद-बिन-तुगलक ने जिनसेन सूरि तथा मुगल बादशाह अकबर ने हरि विजय सूरि नामक विद्वान् को आश्रय दिया।
- जैन धर्म के प्रचार हेतु पावापुरी में जैन संघ स्थापित किया गया।

जैन संगीतियाँ

सम्मेलन वर्ष	स्थान	अध्यक्ष	मुख्य बिन्दु
प्रथम (322-298 ई. पू.)	पाटलिपुत्र (बिहार)	स्थूलभद्र	12 अंगों का संकलन, इस सभा में धर्म का दो सम्प्रदायों-श्वेताम्बर एवं दिगम्बर में विभाजन हो गया
द्वितीय (513 या 526 ई.)	वल्लभी (गुजरात)	देवार्धि क्षमाश्रवण	कुल 11 अंगों को लिपिबद्ध किया गया।

जैन साहित्य

- जैन साहित्य प्राकृत एवं संस्कृत भाषा में मिलता है। जैन साहित्य को आगम (सिद्धान्त) कहा जाता है। इसके अन्तर्गत 12 अंग, 12 उपांग, 10 प्रकीर्ण, 6 छेदसूत्र, 4 मूलसूत्र, 1 नन्दी सूत्र तथा 1 अनुयोग सूत्र आता है। दूसरे जैन सम्मेलन में 11 अंगों को लिपिबद्ध किया गया तथा 12वें अंग दृष्टिवाद को नष्ट मान लिया गया।
- जैन ग्रन्थ आचारांग सूत्र में जैन भिक्षुओं के आचार नियम, भगवती सूत्र में महावीर के जीवन, न्यायधम्मकहासत्तु में महावीर की शिक्षाओं का संग्रह तथा उवासगदसाओं में उपासकों के जीवन सम्बन्धी नियम दिए गए हैं।
- भगवती सूत्र में 16 महाजनपदों का भी वर्णन मिलता है। यह महावीर के जीवन पर भी प्रकाश डालती है।
- कुवलयमाया में हूण शासक तोरमाण तथा भद्रबाहु चरित से चन्द्रगुप्त मौर्य के राज्यकाल की घटनाओं पर प्रकाश डाला गया है।
- भद्रबाहु लिखित कल्पसूत्र (संस्कृत भाषा), हरिभद्र सूरी कृत अनेकान्त विजय, हेमचन्द्र सूरी कृत परिशिष्टपर्वन एवं धर्मबिन्दु तथा सर्वनन्दी कृत लोकविभंग, कमलमार्तण्ड कृत प्रभाचन्द्र प्रमुख जैन साहित्य हैं। संस्कृत में भद्रबाहु द्वारा लिखित कल्पसूत्र में तीर्थंकरों का जीवन चरित है। जैनों ने पहली बार अपभ्रंश भाषा में ग्रन्थ लिखे तथा पहला व्याकरण निर्मित किया।

सल्लेखना/सन्थारा

- जैन धर्म में अहिंसा एवं काया क्लेश पर अत्यधिक बल दिया गया है। काया क्लेश के अन्तर्गत उपवास द्वारा आत्महत्या का विधान है। इस पद्धति को **सल्लेखना, सन्थारा** एवं **निषिद्धि** कहा जाता है।
- सन्थारा के अन्तर्गत जब कोई व्यक्ति स्वयं को मृत्यु के निकट अनुभव करता है, तो वह एकान्तवास में चला जाता है तथा मौन व्रत धारण कर अन्न-जल का त्याग कर देता है। इसके पश्चात् वह किसी भी दिन अपने शरीर का त्याग कर देता है।
- उल्लेखनीय है कि अगस्त, 2015 में राजस्थान उच्च न्यायालय द्वारा सन्थारा प्रथा पर **भारतीय दण्ड संहिता की धारा 306** तथा **309** के तहत् (आत्महत्या की श्रेणी में रखते हुए) रोक लगी थी, किन्तु बाद में सर्वोच्च न्यायालय द्वारा राजस्थान उच्च न्यायालय के फैसले पर रोक लगा दी गई।

जैन धर्म के पतन के कारण

जैन धर्म का क्रमिक रूप से पतन हुआ, इसके पतन के लिए किसी एक कारण को उत्तरदायी नहीं माना जा सकता। जैन धर्म के पतन के कारण निम्न हैं

- अहिंसा पर अत्यधिक बल तथा धर्म को क्लिष्ट स्वरूप प्रदान करना।
- जाति व्यवस्था के दर्शन को बनाए रखना तथा ब्राह्मण धर्म से स्वयं को पृथक् नहीं कर पाना। आत्मपीड़न कठोर व्रत एवं तपस्या पर बल देना।
- उचित राज्याश्रय का अभाव एवं ब्राह्मण धर्म का पुनरुत्थान।
- जैन धर्म अपने समकालीन बौद्ध धर्म से प्रतिस्पर्द्धा नहीं कर पाया। बौद्ध धर्म के प्रसार ने जैन धर्म के पतन का मार्ग प्रशस्त कर दिया।

बौद्ध धर्म

- बौद्ध धर्म के संस्थापक महात्मा बुद्ध थे। बुद्ध का अर्थ प्रकाशमान अथवा जाग्रत होता है। गौतम बुद्ध महावीर के समकालीन थे।
- बुद्ध का जन्म 563 ई. पू. में शाक्यों की राजधानी कपिलवस्तु के समीप लुम्बिनी (नेपाल की तराई में) में हुआ था।
- गौतम बुद्ध के पिता शुद्धोधन कपिलवस्तु के निर्वाचित शासक और गणतान्त्रिक शाक्यों के प्रधान थे तथा इनकी माता महामाया कोलिय गणराज्य (कोशल राजवंश) की कन्या थी।

- गौतम बुद्ध के जन्म के सातवें दिन इनकी माता की मृत्यु हो जाने के पश्चात् इनका पालन-पोषण इनकी मौसी प्रजापति गौतमी ने किया। इनका विवाह 16 वर्ष की आयु में यशोधरा से हुआ।
- गौतम बुद्ध के जन्म पर कालदेव तथा कौण्डिन्य नामक ब्राह्मण ने भविष्यवाणी की थी कि यह बालक चक्रवर्ती राजा या संन्यासी होगा।
- गौतम बुद्ध के जीवन सम्बन्धी चार दृश्य अत्यन्त प्रसिद्ध हैं, जिन्हें देखकर उनके मन में वैराग्य की भावना उत्पन्न हुई, जो निम्न हैं
  - ◆ वृद्ध व्यक्ति ◆ बीमार व्यक्ति
  - ◆ मृत व्यक्ति ◆ प्रसन्न मुद्रा में संन्यासी

गौतम बुद्ध (जीवन परिचय)

जन्म	563 ई. पू.
जन्म स्थल	लुम्बिनी, कपिलवस्तु, (आधुनिक रुम्मिनदेई) नेपाल
बचपन का नाम	सिद्धार्थ (गोत्रीय अभिधान-गौतम)
पिता	शुद्धोधन (शाक्यगण के प्रधान)
माता	महामाया (कोलिय गणराज्य की कन्या)
पालन-पोषण/विमाता	प्रजापति गौतमी (मौसी)
पत्नी	यशोधरा (बिम्बा, गोपा, भद्रकच्छा)-शाक्य कुल
पुत्र	राहुल
गृहत्याग की घटना	महाभिनिष्क्रमण (29 वर्ष की अवस्था में)
घोड़े का नाम	कन्थक
सारथी का नाम	छन्न (चाण)
प्रथम गुरु	आलार कलाम
ज्ञान प्राप्ति	35 वर्ष की अवस्था में वैशाख पूर्णिमा को निरंजना नदी के तट पर स्थित उरुवेला में पीपल वृक्ष के नीचे (बोधगया, बिहार)
प्रिय शिष्य	आनन्द, उपालि
धर्मप्रचार स्थल	शाक्य, काशी, मगध, अंग, मल्ल वज्जि, कौशल
प्रथम उपदेश	सारनाथ (ऋषि पत्तनम)
सर्वाधिक उपदेश	श्रावस्ती
मृत्यु की घटना	महापरिनिर्वाण
मृत्यु	483 ई. पू. में 80 वर्ष की अवस्था में मल्लों की राजधानी कुशीनगर (कुशीनारा) में

गौतम बुद्ध के जीवन से सम्बन्धित घटनाएँ

- 29 वर्ष की अवस्था में उन्होंने गृहत्याग दिया, जिसे बौद्ध ग्रन्थों में महाभिनिष्क्रमण कहा गया है।
- बुद्ध सर्वप्रथम अनुपिय नामक आम्र उद्यान में कुछ दिन रुके। वैशाली के समीप उनकी भेंट सांख्य दर्शन के आचार्य आलार कलाम तथा राजगृह के समीप रुद्रक रामपुत्र से हुई, ये दोनों बुद्ध के प्रारम्भिक गुरु थे।
- छ: वर्ष तक कठोर परिश्रम एवं घोर तपस्या के बाद 35 वर्ष की आयु में वैशाख पूर्णिमा की रात पीपल वृक्ष के नीचे निरंजना (फल्गु) नदी के तट पर सिद्धार्थ को ज्ञान प्राप्त हुआ, इसी दिन से वे तथागत (भगवान बुद्ध) कहलाए।
- तथागत पालि भाषा का शब्द है, जिसका अर्थ है—यथाचारी या तथाचारी। इसका अभिप्राय है कि जिस प्रकार की वाणी बोली जाती है, ठीक उसी प्रकार के कर्म का आचरण (अमल) करना। भगवान बुद्ध मनुष्यों की क्षमता के बाहर कभी नहीं बोलते थे तथा जो कुछ भी बोलते थे, उसे स्वयं अपने आचरण से प्रमाणित भी करते थे। इसलिए भगवान बुद्ध को तथागत नाम से सम्बोधित किया जाता है।
- ज्ञान प्राप्ति के पश्चात् बुद्ध गौतम बुद्ध के रूप में प्रसिद्ध हुए। इस घटना को निर्वाण कहा गया है।
- उरुवेला से बुद्ध सारनाथ (ऋषि पत्तनम एवं मृगदाव) आए। यहाँ उन्होंने पाँच ब्राह्मण संन्यासियों को अपना प्रथम उपदेश दिया, जिसे बौद्ध ग्रन्थों में धर्मचक्र प्रवर्तन के नाम से जाना जाता है। बौद्ध संघ में प्रवेश सर्वप्रथम यहाँ से प्रारम्भ हुआ।
- भगवान बुद्ध के द्वारा सर्वप्रथम तपस्सु एवं भल्लिक नामक दो शूद्रों को बौद्ध धर्म का अनुयायी बनाया गया। इनके धर्म प्रचार में अमीर-गरीब, ऊँच-नीच का भेद नहीं रहता था।
- बुद्ध के राजगृह पहुँचने पर बिम्बिसार ने इनका स्वागत किया और वेणुवन विहार दान में दिया। राजगृह में ही सारिपुत्र, महामोद्गलयान उपालि, अभय आदि इनके शिष्य बने।
- श्रावस्ती का एक व्यापारी सुदात्त (अनाथ पिण्डक) बुद्ध का शिष्य बना और उसने जेतवन नामक विहार दान में दिया। ज्ञान प्राप्ति के 8वें वर्ष वैशाली के लिच्छवियों ने बुद्ध को वैशाली आमन्त्रित किया तथा कूटाग्रशाला नामक विहार दान में दिया।
- अपने शिष्य आनन्द के कहने पर बुद्ध ने वैशाली में महिलाओं को संघ में प्रवेश की अनुमति दी। प्रजापति गौतमी पहली भिक्षुणी थी। गौतमी की पुत्री नन्दा, बुद्ध की पत्नी यशोधरा, वैशाली की नगरवधू आम्रपाली तथा बिम्बिसार की पत्नी क्षेमा भी बुद्ध की शिष्या बन गईं।
- कौशाम्बी का शासक उदायिन, बौद्ध भिक्षु पिण्डोला भारद्वाज के प्रभाव से बौद्ध बन गया तथा घोषिताराम विहार भिक्षु संघ को प्रदान किया। ज्ञान प्राप्ति के 20वें वर्ष बुद्ध श्रावस्ती पहुँचे तथा वहाँ उन्होंने अँगुलिमाल नामक डाकू को अपना शिष्य बनाया।
- बुद्ध ने अपने जीवन के सर्वाधिक उपदेश कोशल देश की राजधानी श्रावस्ती में दिए। उन्होंने अन्तिम उपदेश कुशीनगर (कुशीनारा) में सुभद्द को दिया था।
- अपने शिष्य चुन्द के यहाँ सुकरमाद्दव भोज्य सामग्री खाने से बुद्ध अतिसार रोग से पीड़ित हो गए। अत: 80 वर्ष की अवस्था में इनकी मृत्यु हो गई। इसे बौद्ध परम्परा में महापरिनिर्वाण के नाम से जाना जाता है।
- वैशाख पूर्णिमा बौद्ध धर्म में तीन दृष्टियों से पवित्र मानी जाती है—बुद्ध का जन्म, सम्बोधि प्राप्ति एवं महापरिनिर्वाण।
- बुद्ध की मृत्यु के बाद उनके अस्थि अवशेष के आठ भाग किए गए तथा प्रत्येक पर स्तूप बनवाए गए।

बुद्ध के जीवन से सम्बन्धित घटनाएँ	स्थान
जन्म	लुम्बिनी
ज्ञान प्राप्ति	बोधगया
प्रथम उपदेश	सारनाथ
मृत्यु	कुशीनगर

- महापरिनिर्वाण सूत्र में बुद्ध के अस्थि अवशेषों के निम्नलिखित दावेदार मिलते हैं

(i) मगध नरेश अजातशत्रु
(ii) कपिलवस्तु के शाक्य
(iii) वैशाली के लिच्छवि
(iv) वेठद्वीप के ब्राह्मण
(v) अलकप्प के बुलि
(vi) पावा के मल्ल
(vii) पिप्लीवन के मौर्य
(viii) रामग्राम के कोलीय

बुद्ध के जीवन से सम्बन्धित प्रतीक

घटना	प्रतीक चिह्न
गर्भ	हाथी
जन्म	कमल
यौवन	साँड
गृहत्याग	घोड़ा
ज्ञान	पीपल (बोधि) वृक्ष
प्रथम प्रवचन (धर्मचक्र प्रवर्तन)	चक्र
समृद्धि	शेर
निर्वाण	पदचिह्न
मृत्यु (महापरिनिर्वाण)	स्तूप

बौद्ध धर्म की मुख्य शिक्षा

- बुद्ध ने आम जनता की भाषा पालि में उपदेश दिए, जो बौद्ध धर्म के प्रचार में सहायक सिद्ध हुआ।
- उनके अनुसार सृष्टि दु:खमय, क्षणिक एवं आत्मविहीन है। वे कर्म एवं पुनर्जन्म में विश्वास करते हैं तथा ईश्वर एवं अपौरुषेय वेद की सत्ता को अस्वीकार करते हैं। कर्म से तात्पर्य कायिक, वाचिक व मानसिक चेष्टाओं से है।
- बौद्ध धर्म की मुख्य शिक्षा जन्म आधारित वर्ण व्यवस्था को भी अस्वीकार करता है।
- बौद्ध दर्शन के अनुसार, मानव शरीर भौतिक तथा मानसिक तत्त्वों के पाँच स्कन्धों से निर्मित है-रूप, संज्ञा, वेदना, विज्ञान एवं संस्कार। चार आर्य सत्य बौद्ध धर्म के मूल सिद्धान्त हैं। ये हैं-दु:ख, दु:ख समुदाय, दु:ख निरोध, दु:ख निरोधगामिनी प्रतिपदा।

अष्टांगिक मार्ग

गौतम बुद्ध ने चतुर्थ आर्य सत्य में **दु:ख को निरोध गामिनी प्रतिपदा** कहा है। इसे मध्यमा प्रतिपदा या मध्यम मार्ग भी कहते हैं। उनके इस मध्यमा प्रतिपदा में आठ सोपान हैं, इसलिए इसे **अष्टांगिक मार्ग** भी कहते हैं। इसके आठ सोपान हैं

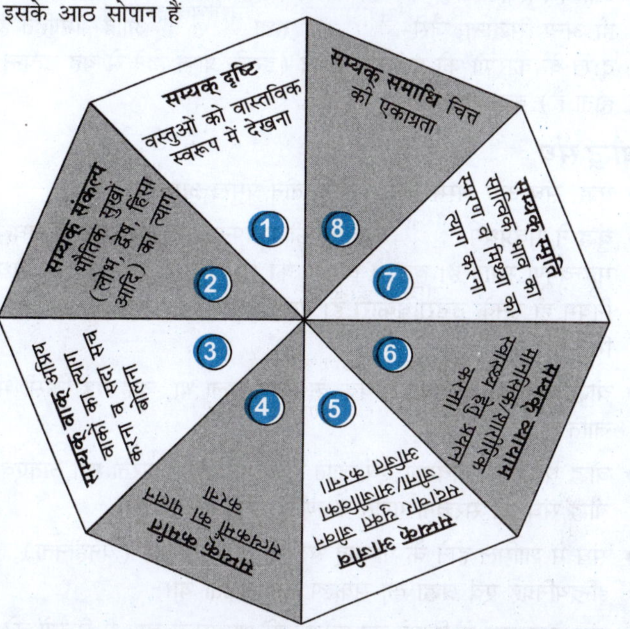

अष्टांगिक मार्ग धर्मचक्रप्रवर्तन सुत्त की विषय-वस्तु का अंग है। अष्टांगिक मार्ग को भिक्षुओं का कल्याण मित्र कहा गया है। अष्टांगिक मार्ग का पालन करने से तृष्णा समाप्त हो जाती है और व्यक्ति४ को निर्वाण की प्राप्ति होती

त्रिरत्न

बौद्ध धर्म के त्रिरत्न हैं—बुद्ध, संघ और धम्म।

दस शील

- बौद्ध धर्म में निर्वाण प्राप्ति के लिए सदाचार तथा नैतिक जीवन पर अत्यधिक बल दिया गया है। दस शीलों का अनुशीलन नैतिक जीवन का आधार है।
- इन दस शीलों को शिक्षापद भी कहा गया है, ये निम्न हैं

(i) अहिंसा
(ii) सत्य
(iii) अस्तेय (चोरी न करना)
(iv) अपरिग्रह (धन का संचय न करना)
(v) ब्रह्मचर्य
(vi) असमय भोजन न करना
(vii) व्यभिचार न करना
(viii) मद्य सेवन न करना
(ix) आरामदायक शय्या (सुखप्रद बिस्तर) का त्याग
(x) आभूषणों का त्याग

नोट *बौद्ध धर्म में पंचशील सिद्धान्त छान्दोग्य उपनिषद् से लिया गया है।*

प्रतीत्यसमुत्पाद

- प्रतीत्यसमुत्पाद बुद्ध के उपदेशों का सार एवं उनकी सम्पूर्ण शिक्षाओं का आधार स्तम्भ है। प्रतीत्यसमुत्पाद का शाब्दिक अर्थ है-प्रतीत्य (किसी वस्तु के होने पर) तथा समुत्पाद (किसी अन्य वस्तु की उत्पत्ति)। प्रतीत्यसमुत्पाद के 12 क्रम हैं, जिन्हें द्वादश निदान कहा जाता है, जो सम्बन्धित हैं

- जाति, जरामरण भविष्य काल से
- अविद्या संस्कार भूतकाल से
- नाम रूप, स्पर्श, विज्ञान, तृष्णा, वेदना, षडायतन, भव,
- उपादान वर्तमान काल से

- प्रतीत्यसमुत्पाद बौद्ध धर्म का कारण-कार्य सिद्धान्त है। प्रतीत्यसमुत्पाद में ही अन्य सिद्धान्त; जैसे- क्षणभंगवाद तथा नैरात्मवाद आदि समाहित हैं। दु:ख के कारणों को प्रतीत्यसमुत्पाद (इसके प्राप्त होने से यह उत्पन्न होता है) कहा गया है।

बौद्ध संघ

- बुद्ध, संघ और धम्म बौद्ध धर्म के तीन प्रमुख अंग हैं।
- बुद्ध ने सर्वप्रथम सारनाथ में संघ की स्थापना की, बौद्ध धर्म में संघ का महत्त्वपूर्ण स्थान है। बुद्ध ने घोषणा की थी कि धर्म और संघ के निर्धारित नियम ही उनके उत्तराधिकारी हैं। यह विवरण महापरिनिर्वाण सुत्त में मिलता है।
- बौद्ध संघ का दरवाजा प्रत्येक के लिए खुला था, चाहे वह किसी भी जाति का क्यों न हो।
- बौद्ध धर्म वर्ण व्यवस्था एवं जाति प्रथा का विरोध करता था। अतएव बौद्ध संघ की संरचना गणतन्त्र प्रणाली पर आधारित थी।
- संघ में शामिल होने के पश्चात् सदस्यों को अपरिग्रह (धनहीनता), इन्द्रियनिग्रह एवं श्रद्धा का संकल्प लेना पड़ता था।
- संघ में प्रारम्भ में स्त्रियों का प्रवेश नहीं था, परन्तु बाद में स्त्रियों को भी संघ में प्रवेश का अधिकार प्राप्त हो गया था। इसमें प्रवेश के लिए 15 वर्ष या उससे अधिक उम्र अनिवार्य थी।
- बौद्ध संघ में चोर, हत्यारों, ऋणी व्यक्तियों, राजा के सेवक, दास तथा रोगी व्यक्तियों का प्रवेश वर्जित था।
- बौद्ध संघ में प्रवेश को उपसम्पदा कहा जाता था। गृहस्थ जीवन का त्याग प्रवज्या कहलाता था। संघ की सदस्यता लेने वालों को सर्वप्रथम श्रमण का दर्जा प्रदान किया जाता था तथा 10 वर्षों के पश्चात् उसकी योग्यता स्वीकृत हो जाती थी, तब उसे भिक्षु का दर्जा मिलता था। श्रमण का 20 वर्ष की आयु का होना आवश्यक था।
- संघ की सभा में प्रस्ताव (नत्ति) का पाठ होता था। प्रस्ताव पाठ को अनुसावन अथवा कम्मवाचा कहा जाता था। सभा की वैध कार्यवाही के लिए कोरम की संख्या न्यूनतम 20 होती थी।
- प्रत्येक 15वें दिन अमावस्या/पूर्णिमा को सायंम उपोसध नामक सभा होती थी। इसमें पातिमोक्ख का पाठ होता था।
- इस सभा में प्रत्येक सदस्य स्वयं द्वारा किए गए नियमों के उल्लंघन को स्वीकारता था तथा गम्भीर अपराध पर वयस्कों तथा वृद्धों की समिति विचार करती थी तथा प्रायश्चित करने या संघ से निष्कासन की आज्ञा देती थी।
- संघ में प्रस्ताव पर मत होता था, जो गुप्त (गुल्हक) तथा प्रत्यक्ष (वितरक) के रूप में होता था। किसी पवित्र अवसर पर भिक्षुओं के एकत्र होकर चर्चा करने को उपोसथ कहा जाता था।
- वर्षा ऋतु के दौरान मठों में प्रवास के समय भिक्षुओं द्वारा अपराध स्वीकारोक्ति समारोह पवरन कहलाता था।

- बौद्धों के लिए महीने के चार दिन अमावस्या, पूर्णिमा और दो चतुर्थी दिवस उपवास के दिन होते थे। बौद्धों का सबसे पवित्र एवं महत्त्वपूर्ण दिन या त्योहार वैशाख की पूर्णिमा है, जिसे बुद्ध पूर्णिमा के नाम से जाना जाता है। इस दिन का अत्यधिक महत्त्व इसलिए है, क्योंकि इसी दिन बुद्ध का जन्म, ज्ञान की प्राप्ति एवं महापरिनिर्वाण की प्राप्ति हुई।
- बौद्ध धर्म के अनुयायी दो वर्गों में विभाजित थे-भिक्षु एवं भिक्षुणी तथा उपासक एवं उपासिकाएँ। गृहस्थ जीवन में रहकर ही बौद्ध धर्म के मानने वाले लोगों को उपासक कहा जाता था।

स्तूप (बुद्ध से सम्बन्धित)

- **शारीरिक स्तूप** ये प्रधान स्तूप होते थे, जिनमें बुद्ध के शरीर धातु, केश और दन्त आदि को रखा जाता था।
- **पारिभोगिक स्तूप** इसमें महात्मा बुद्ध के द्वारा उपयोग की गई वस्तुएँ; जैसे-भिक्षापात्र, चीवर, संघाटी, पादुका आदि को रखा जाता था।
- **उद्देशिका स्तूप** ये ऐसे स्तूप होते थे, जिनका सम्बन्ध बुद्ध के जीवन से जुड़ी घटनाओं की स्मृति से जुड़े स्थानों से था।
- **पूजार्थक स्तूप** ये ऐसे स्तूप होते थे, जिनका निर्माण बुद्ध की श्रद्धा के वशीभूत धनवान व्यक्तियों द्वारा तीर्थ स्थानों पर होता था।

चैत्य तथा विहार

- चैत्य का शाब्दिक अर्थ चिता सम्बन्धी होता है। चैत्य एक बौद्ध मन्दिर होता है, जिसमें स्तूप भी समाहित होते हैं। पूजा के उद्देश्य से बनाए गए स्तूप को चैत्य कहा जाता है।
- विहार बौद्ध चैत्यों या स्तूपों के पास भिक्षुओं के रहने के लिए बनाए गए आवास को कहा जाता था।

बौद्ध धर्म का प्रसार/संगीतियाँ

बुद्ध की मृत्यु के पश्चात् बौद्ध धर्म के विचारों का प्रचार-प्रसार करने के लिए चार बौद्ध संगीतियों का आयोजन किया गया।

बौद्ध संगीतियाँ

संगीति	स्थान	समय	शासनकाल	अध्यक्ष	कार्य
प्रथम	सप्तपर्णीगुफा (राज गृह)	483 ई.पू.	अजातशत्रु	महाकश्यप	बुद्ध के उपदेशों को सुत्तपिटक तथा विनयपिटक में अलग-अलग संकलित किया गया।
द्वितीय	वैशाली	383 ई.पू.	कालाशोक	सबाकामी (सार्वकामनी)	भिक्षुओं में मतभेद के कारण स्थविर एवं महासंघिक में विभाजन
तृतीय	पाटलिपुत्र	250 ई.पू.	अशोक	मोग्गालिपुत्त तिस्स	अभिधम्मपिटक का संकलन
चतुर्थ	कुण्डलवन (कश्मीर)	प्रथम शताब्दी ई.पू.	कनिष्क	वसुमित्र/ अश्वघोष	बौद्ध संघ का हीनयान एवं महायान सम्प्रदायों में विभाजन

बौद्ध सम्प्रदाय

महात्मा बुद्ध के महापरिनिर्वाण के पश्चात् बौद्ध धर्म अनेक सम्प्रदायों में विभक्त हो गया। इसमें प्रमुख हैं— हीनयान तथा महायान।

हीनयान

- हीनयान के प्रमुख सम्प्रदाय हैं— वैभाषिक तथा सौत्रान्तिक। वैभाषिक सम्प्रदाय की उत्पत्ति मुख्य रूप से कश्मीर में हुई। विभाषाशास्त्र पर आधारित होने के कारण इसे वैभाषिक नाम दिया गया है।
- सौत्रान्तिक मत का मुख्य आधार सूत्र (सुत्त) पिटक है। अत: इसे सौत्रान्तिक कहा जाता है। यह चित्त तथा बाह्य जगत दोनों की सत्ता में विश्वास करता है। सौत्रान्तिक सम्प्रदाय के प्रवर्तक कुमारलात थे।
- स्थविरवादी, सर्वास्तिवादी तथा समित्या हीनयान के अन्य प्रमुख उपसम्प्रदाय हैं। स्थविरवादी परम्परागत धर्म था। सर्वास्तिवादी के अनुसार, दृश्य जगत के धर्म पूर्णत: क्षणिक हैं।

महायान

- महायान बौद्ध सम्प्रदाय के दो मुख्य भाग हैं-शून्यवाद या माध्यमिका एवं विज्ञानवाद या योगाचार।
- शून्यवाद मत के प्रवर्तक नागार्जुन थे, जिनकी प्रसिद्ध कृति माध्यमिक कारिका है, इसे सापेक्षवाद भी कहा जाता है। इनके अनुसार, प्रत्येक वस्तु किसी-न-किसी कारण से उत्पन्न हुई है, अत: वह शून्य है।
- शून्यवाद का अर्थ विनाशवाद नहीं है। यहाँ शून्यता के दो प्रकार अस्तित्व शून्यता एवं विचार शून्यता को माना गया है।
- विज्ञानवाद (योगाचार) मत का विकास ईसा की तीसरी सदी में मैत्रेयनाथ द्वारा किया गया।
- यह मत चित्त अथवा विज्ञान की ही एकमात्र सत्ता स्वीकार करता है। इसमें योगाभ्यास एवं आचरण पर विशेष बल दिया गया है। असंग द्वारा लिखित सूत्रालंकार इस धर्म से सम्बन्धित प्राचीनतम ग्रन्थ है।

बोधिसत्व

महायान का आदर्श बोधिसत्व है। बोधिसत्व करुणामय माने गए हैं, जो समस्त प्राणियों के प्रबोध के मार्ग पर चलने में सहायता करने के लिए स्वयं की निर्वाण प्राप्ति विलम्बित करते हैं। ये मानव अथवा पशु किसी रूप में भी हो सकते हैं। प्रमुख बोधिसत्व **अवलोकितेश्वर, पद्मपाणि, मंजूनाथ, बज्रपाणि, क्षितिगृह, अमिताभ** व **मैत्रेय** (भावी) हैं। कन्हेरी शैलकृत गुफा में ग्यारह सिरों के बोधिसत्व का अंकन किया गया है।

हीनयान एवं महायान में अन्तर

हीनयान	महायान
बुद्ध एक महापुरुष	बुद्ध एक देवता
व्यक्तिवादी धर्म, सभी को अपने प्रयत्नों से मोक्ष प्राप्त करना चाहिए।	परसेवा तथा परोपकार पर बल देना तथा समस्त मानव जाति का कल्याण करना।
मूर्तिपूजा एवं भक्ति में विश्वास नहीं।	मूर्तिपूजा का विधान, मोक्ष के लिए बुद्ध की कृपा।
साधन पद्धति अत्यन्त कठोर, भिक्षु जीवन का हिमायती	सिद्धान्त सरल एवं सुलभ, भिक्षुओं तथा उपासकों का भी महत्त्व।
आदर्श **अर्हत** पद को प्राप्त करना।	आदर्श **बोधिसत्व** है।
साहित्य पालि भाषा में।	साहित्य संस्कृत भाषा में।

वज्रयान सम्प्रदाय

- पूर्व मध्यकाल में बौद्ध धर्म की महत्त्वपूर्ण विशेषता थी-बौद्ध धर्म में तन्त्र-मन्त्र का बढ़ता प्रभाव। इसके प्रभाव से वज्रयान नामक पन्थ का उद्‌भव हुआ।
- इस सम्प्रदाय के अनुयायी बुद्ध को आलौकिक शक्तियों से युक्त मानते थे। इस सम्प्रदाय के सिद्धान्त मंजुश्रीमूलकल्प नामक ग्रन्थ में मिलते हैं।

बौद्ध साहित्य

- महात्मा बुद्ध के परिनिर्वाण के उपरान्त आयोजित विभिन्न बौद्ध संगीतियों में संकलित किए गए त्रिपिटक सम्भवत: सर्वाधिक प्राचीन धर्मग्रन्थ हैं; ये हैं-सुत्तपिटक, विनयपिटक एवं अभिधम्मपिटक।
- सुत्तपिटक सुत्त का शाब्दिक अर्थ है-धर्मोपदेश। इसकी रचना आनन्द ने की थी। यह पिटक पाँच निकायों में विभाजित है
  - दीघनिकाय गद्य एवं पद्य दोनों में रचित इस निकाय में अन्य धर्मों के सिद्धान्तों का खण्डन तथा बौद्ध धर्म के सिद्धान्तों का समर्थन किया गया है। इसमें महात्मा बुद्ध के जीवन के अन्तिम उपदेशों, मृत्यु तथा अन्त्येष्टि का वर्णन किया गया है। महापरिनिब्बानसुत्त इसका सर्वाधिक महत्त्वपूर्ण सुत्त है।
  - मज्झिम निकाय इसमें महात्मा बुद्ध को कहीं साधारण मनुष्य, तो कहीं आलौकिक शक्ति वाले दैव रूप में वर्णित किया गया है।
  - संयुक्त निकाय गद्य एवं पद्य दोनों शैलियों के प्रयोग वाला यह निकाय अनेक संयुक्तों का संकलन मात्र है।
  - अंगुत्तर निकाय इसमें महात्मा बुद्ध द्वारा भिक्षुओं को उपदेश में कही जाने वाली बातों का वर्णन है। इसमें छठी शताब्दी ई.पू. के सोलह महाजनपदों का उल्लेख मिलता है।
  - खुद्दक निकाय भाषा, विषय-शैली की दृष्टि से सभी निकायों से अलग, लघु ग्रन्थों के संकलन वाला यह निकाय स्वयं में स्वतन्त्र एवं पूर्ण है।
- विनयपिटक इसमें बौद्ध मठों में रहने वाले भिक्षु-भिक्षुणियों के अनुशासन सम्बन्धी नियम (संघ की स्थापना एवं संघ के नियम) दिए गए हैं। बौद्ध संघ की कार्य-प्रणाली की व्यवस्था भी इसी ग्रन्थ में उल्लिखित है। यह सुत्तविभंग, खन्दक तथा परिवार में विभक्त है। विनयपिटक की रचना उपालि ने की थी।
- अभिधम्मपिटक इसमें महात्मा बुद्ध के उपदेशों एवं सिद्धान्तों तथा बौद्ध मतों की दार्शनिक व्याख्या की गई है। इस मान्यता के अनुसार इस पिटक का संकलन अशोक के समय में सम्पन्न तृतीय बौद्ध संगीति में मोग्गलिपुत्त तिस्स ने किया। इसके सात अन्य ग्रन्थ-धम्मसंगणि, विभंग, धातुकथा, पुग्गलपन्नत्ति, कथावस्तु, यमक और पत्थान हैं, जिन्हें सत्तप्रकरण कहा जाता है।

अन्य बौद्ध ग्रन्थ

- मिलिन्दपन्हो इससे ईसा की प्रथम दो शताब्दियों के भारतीय जनजीवन के विषय में जानकारी मिलती है। इसमें यूनानी शासक मिनाण्डर एवं बौद्ध भिक्षु नागसेन के बीच बौद्ध मत पर वार्तालाप का वर्णन है।
- दीपवंश लगभग चतुर्थ शताब्दी ई. में रचित सिंहल द्वीप के इतिहास पर प्रकाश डालने वाला यह पहला ग्रन्थ है।

- महावंश भदन्त महानाम द्वारा सम्भवत: 5वीं एवं छठी शताब्दी ई. में रचित इस ग्रन्थ में मगध के राजाओं की क्रमबद्ध सूची मिलती है।
- महावस्तु यह विनयपिटक से सम्बन्धित ग्रन्थ है।
- जातक कथाएँ पालि भाषा में रचित, इस ग्रन्थ में बुद्ध के पूर्व जन्मों की कथाएँ हैं।

बौद्ध ग्रन्थ

- अश्वघोष ने बुद्धचरित्र, सौन्दरानन्द, सारिपुत्र प्रकरण, सूत्रालंकार, वज्रसूची आदि ग्रन्थों की रचना की है।
- सौन्दरानन्द में बुद्ध के चचेरे भाई सौन्दरानन्द के संन्यास लेने तथा बौद्ध धर्म में दीक्षित होने का विवरण है।
- सारिपुत्र प्रकरण में बौद्ध के शिष्य सारिपुत्र के बौद्ध धर्म में दीक्षित होने का नाटकीय विवरण है।
- वसुबन्धु की अभिधर्मकोष, असंग का महायान सूत्रालंकार, आर्यदेव की चतुःशतिका, दिङ्नाग का प्रमाण समुच्चय, शान्तिदेव का शिक्षा समुच्चय अन्य बौद्ध ग्रन्थ हैं।

बौद्ध मुद्राएँ

- अभय मुद्रा महात्मा बुद्ध की यह मुद्रा शान्ति, सुरक्षा, दयालुता एवं भयमुक्तता का प्रतीक है।
- भूमि स्पर्श मुद्रा बुद्ध की यह मुद्रा भाव-भंगिमा बोधगया में उनके ज्ञान प्राप्ति (प्रबोधन) की संकेतक है।
- धर्मचक्र मुद्रा बुद्ध की यह मुद्रा उनके जीवन काल के उन महत्त्वपूर्ण क्षणों के ऊपर केन्द्रित है, जब वे प्रबोधन के पश्चात् सारनाथ के कुरंग उपवन में पहली बार धर्मोपदेश दे रहे थे।
- ध्यान मुद्रा बुद्ध की यह मुद्रा बुद्ध द्वारा संघ के अच्छे नियमों एवं विधानों के लिए समाधिपूर्ण एवं संकेन्द्रण की भाव-भंगिमा को प्रदर्शित करती है।
- वरद मुद्रा बुद्ध की यह मुद्रा अभिलाषा, सच्चाई, दया एवं परोपकार जैसे कार्यों की ओर संकेत करती है।
- बज्र मुद्रा यह मुद्रा ज्ञान की भाव-भंगिमा का संकेतक है।
- वितर्क मुद्रा यह मुद्रा बुद्ध की शिक्षा के विचार-विमर्श एवं उसके प्रसारण की संकेतक है।
- ज्ञान मुद्रा यह मुद्रा बुद्ध के अँगूठे के स्पर्श से चक्र के निर्माण और हथेली से सीने को स्पर्श द्वारा प्रदर्शित करती है।
- करना मुद्रा बुद्ध की यह मुद्रा आसुरी शक्तियों के निष्कासन और बाधाओं को समाप्त करने (जैसे बीमारी और कमजोरी या नकारात्मक विचारों) की ओर संकेत करती है।

प्राचीन बौद्ध विश्वविद्यालय

विश्वविद्यालय	संस्थापक	अवस्थित
नालन्दा	कुमारगुप्त प्रथम	बिहार
विक्रमशिला	धर्मपाल	बिहार
सोमापुरी	धर्मपाल	बंगाल
ओदन्तपुरी	गोपाल	बिहार
वल्लभी	भट्टारक	गुजरात

अन्य सम्प्रदाय

सम्प्रदाय	संस्थापक	मुख्य विचार
भौतिकवादी	अजित-केस-कम्बलिन	अच्छे या बुरे कर्मों का कोई फल नहीं होता, अधिकतम सुख प्राप्त करना चाहिए।
अक्रियावादी	पूरण कश्यप	न तो कर्म होता है और न पुनर्जन्म
आजीवक	मक्खलि गोशाल	आत्मा को अनेकानेक पुनर्जन्मों के पूर्व निर्धारित अटल चक्र से गुजरना ही पड़ता है।
नियतिवादी	पकुध कच्चायन	सब कुछ पूर्व से ही निश्चित है।
अनिश्चयवादी	संजय वेलिट्ठपुत्र	न तो यह कहा जा सकता है कि स्वर्ग या नरक है या फिर नहीं है।

छठी शताब्दी ई. पू. के आस-पास आर्थिक क्षेत्र में तेजी से बदलाव हुए, जिसके कारण राजनीतिक, सामाजिक एवं धार्मिक क्षेत्रों में भी परिवर्तन आए। इन परिवर्तनों ने राजनीतिक क्षेत्र में साम्राज्य की स्थापना को सुनिश्चित किया।

अध्याय छः

महाजनपद का उदय

महाजनपद

- छठी शताब्दी ई. पू. के आस-पास धार्मिक क्रान्ति के विस्तार के साथ-साथ समाज में सामाजिक, धार्मिक और राजनीतिक परिवर्तन भी हुए। कृषि में नवीन तकनीक तथा लोहे के प्रयोग के कारण अधिशेष उत्पादन होने लगा।
- लोहे के हथियारों के प्रयोग से क्षत्रिय वर्ग की शक्ति में वृद्धि हुई। अब शासक कृषि के अतिरिक्त उपज का प्रयोग अपने सैनिक और प्रशासनिक प्रयोजनों के लिए करने लगे। इसके अतिरिक्त कृषि अधिशेष का लाभ शहरों/नगरों को भी मिलने लगा, जो ईसा पूर्व पाँचवीं-छठी सदी से उदित हुए थे।
- किसानों को कृषि से लाभ होने के कारण भूमि से उनका जुड़ाव हो गया और वे धीरे-धीरे पड़ोस के क्षेत्रों में अपना विस्तार करने लगे। इससे लोगों में प्रादेशिक भावना प्रबल हुई। इन सभी के कारण उत्तर वैदिक काल के जनपद महाजनपदों में परिवर्तित हो गए।
- महाजनपदों की कुल संख्या सोलह थी, जिसका उल्लेख बौद्ध ग्रन्थ अंगुत्तर निकाय, महावस्तु एवं जैन ग्रन्थ भगवतीसूत्र में मिलता है। इसमें मगध, कोसल, वत्स और अवन्ति सर्वाधिक शक्तिशाली थे।
- छठी शताब्दी ईसा पूर्व से तीसरी शताब्दी ईसा पूर्व के काल को द्वितीय शहरीकरण (16 महाजनपदों) का युग कहा जाता है।
- अंगुत्तर निकाय में सोलह महाजनपदों में दो प्रकार के राज्यों का उल्लेख है

  (i) राजतन्त्र इसके अन्तर्गत एकमात्र शासक राजा होता था तथा शासन से सम्बन्धी सभी निर्णय वह स्वयं लेता था। वह कृषकों से वसूले गए राजस्व का अधिकारी होता था तथा उसके पास एक नियमित सेना होती थी।

  (ii) गणतन्त्र इसके अन्तर्गत शासन एक राजा के द्वारा न होकर गण/संघ के द्वारा होता था, जैसे 16 महाजनपदों में दो (वज्जि संघ तथा मल्ल) गणतन्त्रात्मक थे। इसमें वज्जि संघ आठ जनों का संघ था, जिसमें प्रत्येक जन के प्रमुख को राजा कहा जाता था। विश्व का प्रथम गणतन्त्र वैशाली के लिच्छवि गणराज्य को माना जाता है। यह वज्जि संघ की राजधानी थी, जिसका गठन 500 ई. पू. में हुआ था।
- इस व्यवस्था में कुलीनों की समिति के अन्तर्गत कार्य किया जाता था। गणतन्त्र शासन में प्रत्येक राजा अपने सेनापति के अधीन सेना का प्रबन्ध करने के लिए स्वतन्त्र था।

छठी शताब्दी ई. पू. के इन महाजनपदों का विवरण निम्न प्रकार है

महाजनपद एवं उनकी राजधानी

महाजनपद	राजधानी
मगध	गिरिव्रज/राजगृह (दक्षिण बिहार)
अवन्ति	उत्तर का उज्जयिनी, दक्षिण का महिष्मती
वज्जि	वैशाली (उत्तरी बिहार)
कोसल	श्रावस्ती (फैजाबाद)
काशी	वाराणसी
अंग	चम्पा, प्राचीन नाम मालिनी (मुंगेर एवं भागलपुर)
मल्ल	प्रथम भाग का कुशीनगर, दूसरे भाग का पावा (आधुनिक देवरिया जिला, उत्तर प्रदेश)
चेदि	सोत्थिवती, सुक्तिमति (आधुनिक बुन्देलखण्ड)
वत्स	कौशाम्बी (इलाहाबाद, बाँदा)
कुरु	हस्तिनापुर, इन्द्रप्रस्थ (मेरठ दक्षिण-पूर्व हरियाणा)
मत्स्य	विराट नगर (भरतपुर, अलवर, राजस्थान)
पांचाल	उत्तरी का अहिच्छत्र, दक्षिणी का काम्पिल्य (रामनगर, बरेली, फर्रूखाबाद)
शूरसेन	मथुरा (आधुनिक ब्रजमण्डल)
गान्धार	तक्षशिला (पेशावर व रावलपिण्डी, पाकिस्तान)
कम्बोज	राजपुर/हाटक (कश्मीर)
अश्मक	पोतन/पोटली

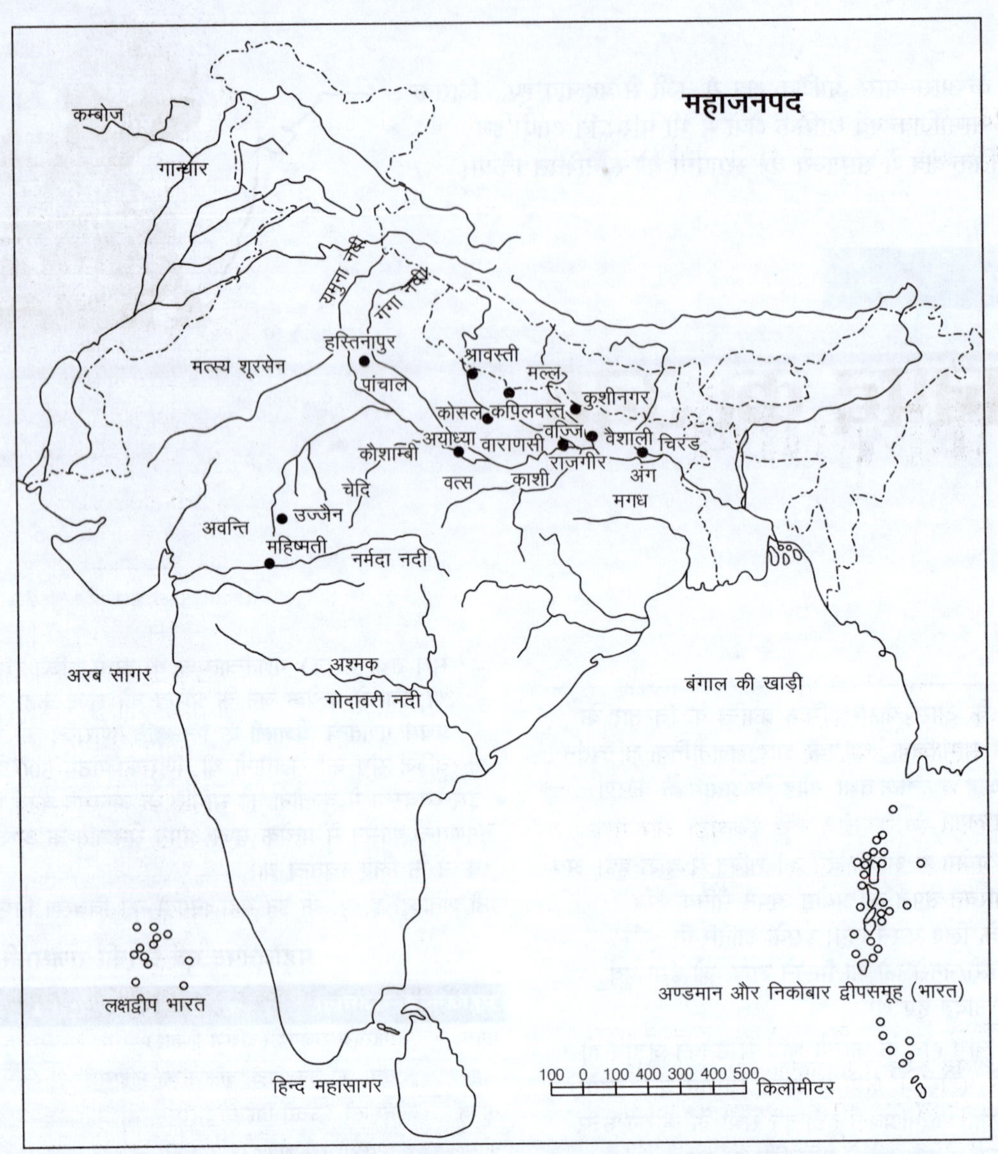

नेपाल के तराई में स्थित बुद्धकालीन प्रमुख गणराज्य

प्रमुख गणराज्य	विवरण
कपिलवस्तु के शाक्य	• आधुनिक पहचान तिलौराकोट (नेपाल), कुछ विद्वानों के मतानुसार यह पिपरहवा (बस्ती-उत्तर प्रदेश) है। • बुद्ध का जन्म इसी गणराज्य में हुआ था।
अलकप्प के बुलि	• बिहार के शाहाबाद, आरा एवं मुजफ्फरपुर में स्थित • राजधानी-वेठ (बेतिया, बिहार)
सुमसुमार पर्वत के भग्ग	• वर्तमान चुनार (मिर्जापुर, उत्तर प्रदेश) • यहाँ बोधि (वत्सराज उदयन का पुत्र) निवास करता था।
केसपुत्त ने कलाम	• विस्तार-कुण्डवार से पालिया तक • अलार कलाम का जन्म इसी गणराज्य में
रामग्राम के कोलिय	• शाक्य गणराज्य के पूर्व में स्थित • वर्तमान रामगढ़ताल (गोरखपुर, उत्तर प्रदेश) के रूप में पहचान
कुशीनारा के मल्ल	• वर्तमान कसिया (देवरिया, उत्तर प्रदेश) के रूप में पहचान

प्रमुख गणराज्य	विवरण
पावा के मल्ल	• वर्तमान पडरौना (देवरिया, उत्तर प्रदेश) में स्थित • बुद्ध ने यहाँ बने उत्भटक (संसद भवन) का उद्घाटन किया था। • आनन्द व अनिरुद्ध नामक बौद्ध शिष्यों का जन्म यहीं हुआ था।
पिप्पलिवन के मोरिय	• वर्तमान कुसुम्ही के निकट राजधानी ग्राम (गोरखपुर, उत्तर प्रदेश) • चन्द्रगुप्त मौर्य का जन्म यहीं हुआ था
वैशाली के लिच्छवि	• बुद्ध काल में सर्वाधिक शक्तिशाली गणराज्य • यहाँ का शासक चेटक जैन धर्म का अनुयायी था। • चेटक ने अपनी पुत्री चेल्लना का विवाह बिम्बिसार (मगध नरेश) से किया था।
मिथिला के विदेह	• आधुनिक भागलपुर व दरभंगा का भू-भाग • शासक-राजा जनक

> मगध राज्य उत्तर भारत के विस्तृत तटवर्ती मैदानों के ऊपरी और निचले भागों में फैला था। छठी शताब्दी ई. पू. में मगध व्यापार-वाणिज्य का प्रमुख केन्द्र बन गया था।

अध्याय सात

मगध का उत्कर्ष

सोलह महाजनपदों में मगध, वत्स, कोसल एवं अवन्ति अत्यधिक शक्तिशाली थे। इनमें मगध और अवन्ति अधिक महत्त्वपूर्ण सिद्ध हुए। इनमें मगध ने धीरे-धीरे अन्य तीनों महाजनपदों को पराजित कर अपने साम्राज्य में मिला लिया। महाजनपदों में मगध सर्वाधिक महत्त्वपूर्ण और शक्तिशाली साम्राज्य था, क्योंकि पूर्वोत्तर भारत के छोटे-छोटे रजवाड़ों और गणराज्यों का विलय धीरे-धीरे मगध साम्राज्य में हो गया था, किन्तु पश्चिमोत्तर भारत की स्थिति इससे भिन्न थी।

मगध साम्राज्य के प्रमुख राजवंश

- मगध का सर्वप्रथम उल्लेख अथर्ववेद में मिलता है। महाभारत तथा पुराणों के अनुसार मगध पर शासन करने वाला पहला वंश वृहद्रथ वंश था।
- इस वंश का संस्थापक वृहद्रथ था। जरासंध, वृहद्रथ का पुत्र था, जो एक पराक्रमी शासक था। उसने युद्ध में अनेक राजाओं को पराजित किया था। इसकी राजधानी गिरिव्रज (राजगृह) थी।

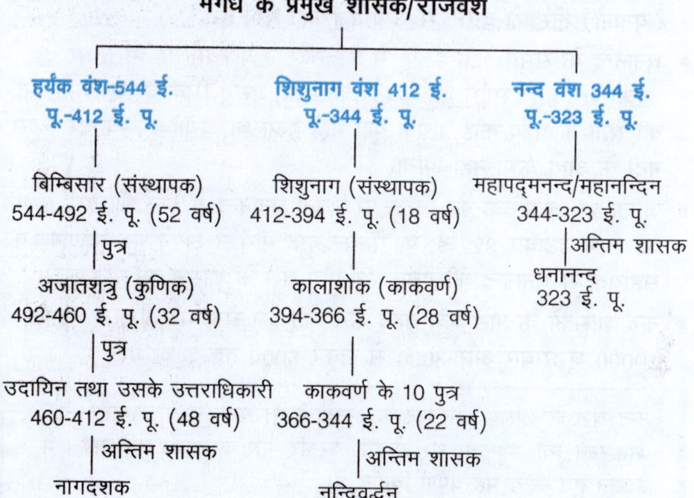

- बौद्ध ग्रन्थों के अनुसार, मगध का पहला वंश हर्यंक वंश था, जिसकी स्थापना बिम्बिसार ने की थी।

हर्यंक वंश (544-412 ई.पू.)

वृहद्रथ वंश के पश्चात् मगध में हर्यंक वंश, जिसे पितृहन्ता वंश भी कहा जाता है, की स्थापना हुई। इसके प्रमुख शासकों का वर्णन निम्न प्रकार है

बिम्बिसार (544-492 ई.पू.)

- हर्यंक वंश का प्रथम शक्तिशाली व साम्राज्यवादी शासक बिम्बिसार बुद्ध का समकालिक था। उसे श्रेणिक (जैन साहित्य में) नाम से भी जाना जाता है। उसने गिरिव्रज को मगध साम्राज्य की राजधानी बनाया तथा विजय एवं विस्तार की नीति अपनाते हुए अंग देश पर अधिकार कर लिया और उसका शासन अपने पुत्र अजातशत्रु को सौंप दिया। उस समय अंग का शासक ब्रह्मदत्त था।
- बिम्बिसार ने वैवाहिक सम्बन्धों से अपनी स्थिति को मजबूत किया।
- बिम्बिसार की प्रथम पत्नी कोसलराज की पुत्री और प्रसेनजित की बहन थी। इसी विवाह में उसे दहेजस्वरूप काशी प्रान्त प्राप्त हुआ, जिससे उसे एक लाख की आय होती थी।
- बिम्बिसार की दूसरी पत्नी वैशाली की लिच्छवि राजकुमारी चेलना (छलना) थी, जिसने अजातशत्रु को जन्म दिया था।
- बिम्बिसार की तीसरी पत्नी क्षेमा पंजाब के मद्र कुल (गान्धार महाजनपद की इकाई) के प्रधान की पुत्री थी।
- मगध की शत्रुता अवन्ति से थी, जिसकी राजधानी उज्जयिनी थी। इसके राजा चण्डप्रद्योत महासेन का युद्ध बिम्बिसार से हुआ था, परन्तु कुछ समय पश्चात् शत्रुता मित्रता में परिवर्तित हो गई। चण्डप्रद्योत जब पीलिया रोग से ग्रस्त था, तब बिम्बिसार ने अवन्ति राज के अनुरोध पर अपने राजवैद्य जीवक (वह राजगृह का राजकीय चिकित्सक था, इसे गणिका सलावती के पुत्र के रूप में जाना जाता है।) को उज्जैन भेजा था।
- मगध की पहली राजधानी राजगीर में थी, उस समय इसे गिरिव्रज कहते थे। यह स्थल पाँच पहाड़ियों से घिरा था।

अजातशत्रु (492-460 ई. पू.)

- अजातशत्रु ने अपने पिता की हत्या करके सिंहासन प्राप्त किया था, इसलिए इसे **पितृहन्ता** कहा गया। अजातशत्रु को **कुणिक** के नाम से भी जाना जाता है। अजातशत्रु बुद्ध एवं महावीर दोनों का समकालिक था।
- इसके शासनकाल के आठवें वर्ष बुद्ध को महापरिनिर्वाण प्राप्त हुआ था, इसके शासन में जैन और बौद्ध दोनों मतों को आश्रय प्राप्त था।
- पालि साहित्य में इसे उपोसथ (बौद्ध स्वीकारोक्ति) के रूप में व्याख्यायित किया गया है। अजातशत्रु की माता वैशाली लिच्छवि कुल की राजकुमारी थी, फिर भी उसने वैशाली पर आक्रमण किया।
- अजातशत्रु की **विस्तारवादी आक्रामक नीति** का काशी और कोसल ने मिलकर सामना किया। मगध और कोसल के बीच काफी समय तक संघर्ष जारी रहा। अन्त में अजातशत्रु की विजय हुई।
- कोसल नरेश (प्रसेनजित) को अजातशत्रु के साथ अपनी पुत्री **वाजिरा** का विवाह करने और अपने दामाद को काशी सौंपकर सन्धि के लिए विवश होना पड़ा।
- अवन्ति के राजा मगध पर आक्रमण करने की धमकी दे रहे थे, इसी समस्या का सामना करने के लिए अजातशत्रु ने राजगीर की किलेबन्दी करवाई थी। इसका उल्लेख ह्वेनसांग द्वारा भी किया गया है।
- अजातशत्रु ने अपने कूटनीतिज्ञ मन्त्री **वस्सकार** की सहायता से लिच्छवियों के संघ को भंग किया था। लिच्छवियों के साथ युद्ध में अजातशत्रु ने **रथमूसल** तथा **महाशिलाकण्टक** नामक हथियारों का प्रयोग किया था। अजातशत्रु की हत्या उसके पुत्र उदायिन ने की थी। अजातशत्रु जैन मतानुयायी था।
- अजातशत्रु के समय में ही **राजगृह की सप्तपर्णिगुफा** में प्रथम बौद्ध संगीति का आयोजन हुआ था।

उदायिन (460-412 ई.पू.)

- उदायिन अजातशत्रु के बाद मगध के सिंहासन पर बैठा था।
- पुराणों एवं जैन ग्रन्थों के अनुसार, उदायिन ने गंगा तथा सोन नदियों के संगम पर **पाटलिपुत्र** (कुसुमपुरा) नामक नगर की स्थापना की तथा उसे अपनी राजधानी बनाया। उदायिन जैन धर्मावलम्बी था।
- उदायिन ने पटना में गंगा और सोन के संगम पर एक किला बनवाया। इसका कारण यह था कि पटना, मगध साम्राज्य के केन्द्र में था।
- उदायिन के काल में मगध का साम्राज्य उत्तर में हिमालय से लेकर दक्षिण में छोटानागपुर की पहाड़ियों तक विस्तृत था।
- उदायिन के पश्चात् उसके तीन पुत्रों **अनिरुद्ध**, **मुण्डक** तथा **नागदशक** ने क्रमश: शासन किया। **नागदशक** इस वंश का अन्तिम शासक था। कथाकोश एवं पुराणों में नागदशक का नाम **'दर्शक'** मिलता है।
- नागदशक को उसके अमात्य शिशुनाग ने पदच्युत किया तथा स्वयं मगध के सिंहासन पर बैठा।

शिशुनाग वंश (412-345 ई.पू.)

बौद्ध साहित्य के अनुसार, राजा नागदशक को नागरिकों द्वारा निष्कासित कर शिशुनाग का चयन किया गया। शिशुनाग के नाम पर ही इस वंश का नाम शिशुनाग वंश पड़ा। इस वंश के प्रमुख शासक निम्न हैं

शिशुनाग (412-394 ई.पू.)

- शिशुनाग ने **साम्राज्यवादी नीति** का अनुसरण करते हुए **अवन्ति** तथा **वत्स** राज्य पर अधिकार कर उसे मगध साम्राज्य में मिला लिया।
- शिशुनाग ने वज्जियों के ऊपर कठोर नियन्त्रण रखने के लिए कुछ समय के लिए वैशाली को राजधानी बनाया। अवन्ति (जिसकी राजधानी उज्जयिनी थी) की शक्ति को समाप्त करना शिशुनांग वंश की सबसे बड़ी उपलब्धि मानी जाती है।
- उसने अवन्ति को मगध साम्राज्य का हिस्सा बनाया, जो मौर्य साम्राज्य के अन्त तक बना रहा। उसके समय में मगध साम्राज्य में बंगाल से लेकर मालवा तक का क्षेत्र शामिल था।

कालाशोक (394-366 ई.पू.)

- कालाशोक शिशुनाग का उत्तराधिकारी था। पुराण तथा दिव्यावदान में इसका नाम **काकवर्ण** मिलता है। इसके शासनकाल में वैशाली में **द्वितीय बौद्ध संगीति** का आयोजन हुआ, जिसकी अध्यक्षता सबाकामी ने की थी।
- कालाशोक ने वैशाली से अपनी राजधानी का स्थानान्तरण पाटलिपुत्र में किया, जिसे शिशुनाग द्वारा मगध महाजनपद की राजधानी बनाया गया था।
- कालाशोक की मृत्यु के पश्चात् उसके उत्तराधिकारियों ने 344 ई. पू. तक शासन किया। इस वंश का अन्तिम शासक **महानन्दिन** था।

नन्द वंश (345-321 ई.पू.)

शिशुनाग वंश के अन्तिम शासक **महानन्दिन** की हत्या कर महापदमनन्द ने नन्द वंश की स्थापना की। नन्द वंश में कुल (9) शासक हुए, इसलिए इसे **नवनन्द** भी कहा जाता है। इसके प्रमुख शासक निम्न हैं

महापद्मनन्द (345-323 ई.पू.)

- पुराणों में महापद्मनन्द को **सर्वक्षत्रान्तक** (क्षत्रियों का नाश करने वाला) तथा **भार्गव** (परशुराम का अवतार) कहा गया है। इस विशाल साम्राज्य को स्थापित कर उसने **एकराट** एवं **एकछत्र** की उपाधि धारण की।
- खारवेल के **हाथीगुम्फा अभिलेख** में उसकी कलिंग विजय का उल्लेख है। इसी अभिलेख में महापद्मनन्द के द्वारा कलिंग से एक जैन प्रतिमा उठाने का भी प्रमाण मिलता है। पुराणों के अनुसार, महापद्मनन्द के आठ पुत्र थे। धनानन्द भी महापद्मनन्द का पुत्र था।
- महापदमनन्द एक प्रतापी एवं महान शासक था, व्याकरणाचार्य पाणिनि इसके मित्र थे।

धनानन्द (323-321 ई.पू.)

- महापद्मनन्द के आठ पुत्रों में धनानन्द सिकन्दर का समकालीन था। ग्रीक (यूनानी) लेखकों द्वारा इसे **अग्रमीज** कहा गया है।
- धनानन्द के समय 326 ई. पू. में सिकन्दर ने पश्चिमोत्तर भारत पर आक्रमण (हाइडेस्पीस का युद्ध) किया था, परन्तु सिकन्दर एवं धनानन्द की सेना के मध्य कोई प्रत्यक्ष युद्ध नहीं हुआ था, क्योंकि सिकन्दर व्यास नदी के आगे कभी नहीं आया।
- जनता पर अत्यधिक कर लगाने से जनता धनानन्द से रुष्ट थी, इसी स्थिति का लाभ उठाकर 322 ई. पू. में चन्द्रगुप्त मौर्य ने अपने गुरु **चाणक्य** की सहायता से धनानन्द की हत्या कर मौर्य वंश के शासन की नींव रखी।
- नन्द शासकों के पास एक वृहद् सेना थी। इस सेना में 200000 पदाति, 20000 घुड़सवार और 3000 से लेकर 6000 तक हाथी थे।

> नन्द वंश के शासक जैन मत के अनुयायी थे। धनानन्द के अमात्य **शकटाल** तथा **स्थूलभद्र** थे। उपवर्ष, वररुचि एवं कात्यायन नन्द काल में उत्पन्न हुए अन्य महत्त्वपूर्ण विद्वान थे।

"

भारत पर प्रथम आक्रमण ईरान के हखमनी वंश के राजाओं ने किया। प्रथम विदेशी आक्रमण करने का असफल प्रयास 550 ई. पू. में सम्राट सायरस द्वारा किया गया।

अध्याय आठ

विदेशी आक्रमण (ईरानी तथा यूनानी)

ईरानी आक्रमण (हखमनी शासक)

भारत पर प्रथम विदेशी आक्रमण ईरान के हखमनी वंश के राजाओं ने किया था। इसके प्रमुख शासक निम्न हैं

साइरस द्वितीय (558-529 ई.पू.)

- ईरान में हखमनी वंश की स्थापना हखमनिश ने की थी, इसी के कारण उसके उत्तराधिकारियों द्वारा स्थापित राज्य हखमनी साम्राज्य कहलाया। यद्यपि इस वंश का वास्तविक संस्थापक साइरस द्वितीय था।
- वह एक महत्त्वाकांक्षी शासक था। अतएव वह बहुत कम समय में पश्चिम एशिया का सबसे शक्तिशाली शासक बन गया। साइरस ने भारत पर आक्रमण का असफल प्रयास किया।
- साइरस ने सिन्ध के पश्चिम में भारत के सीमावर्ती क्षेत्र विजयी किए। केम्बिसीज-II साइरस का उत्तराधिकारी था, जिसका भारत में ईरानी अभियान का कोई वर्णन नहीं मिलता है।

नोट *हेरोडोट्स (इतिहास का जनक) के अनुसार, साइरस ने पूर्वी देशों पर विजय प्राप्त की थी, जिसमें गान्धार भी शामिल था।*

- प्रसिद्ध भूगोलवेत्ता प्लिनी के अनुसार, उसने अफगानिस्तान (कपिशा) को नष्ट कर दिया था, जबकि स्ट्रेबो के अनुसार, साइरस को आक्रमण का विचार छोड़कर केवल सात व्यक्तियों के साथ काबुल घाटी से बचकर भागना पड़ा था।

दारा प्रथम (डेरियस प्रथम) (522-486 ई.पू.)

- भारत पर आक्रमण करने में प्रथम सफलता दारा प्रथम को प्राप्त हुई। यह साइरस का उत्तराधिकारी था उसने 516 ई. पू. में पश्चिमोत्तर भारत में प्रवेश किया और पंजाब तथा सिन्धु नदी के पश्चिम के क्षेत्र और सिन्ध को जीतकर अपने साम्राज्य में मिला लिया। उल्लेखनीय है कि दारा के सेनापति स्काईलैक्स ने सिन्धु से भारतीय समुद्र में प्रवेश कर अरब और मकरान तटों का पता लगाया था।
- सिन्ध क्षेत्र फारस (ईरान) का बीसवाँ प्रान्त या क्षत्रपी बन गया। फारस साम्राज्य में कुल 23 प्रान्त थे। भारतीय प्रान्तों में सिन्धु, पश्चिमोत्तर सीमा प्रान्त तथा पंजाब का सिन्धु नदी का पश्चिम वाला भाग शामिल था।
- उसके तीन अभिलेखों बेहिस्तून, पर्सिपोलिस एवं नक्श-ए-रुस्तम से यह ज्ञात होता है कि उसने सर्वप्रथम सिन्धु नदी के तटवर्ती भारतीय भू-भागों को अधिकृत किया।
- इतिहास के पितामह हेरोडोट्स के अनुसार, ईरानी शासक को भारतीय साम्राज्य से 360 टैलेण्ट (मुद्रा तथा भार का प्राचीन माप) सोना राजस्व प्राप्त होता था।

क्षयार्ष/ज़रक्सीज (486-465 ई.पू.)

क्षयार्ष दारा का पुत्र तथा उत्तराधिकारी था। हेरोडोट्स के विवरण के अनुसार, उसने भारतीयों को अपनी सेना में यूनानियों के विरुद्ध लड़ाई में शामिल किया था। ज़रक्सीज ने इस प्रदेश पर अपना अधिकार बनाए रखा।

दारा तृतीय (360-330 ई.पू.)

दारा तृतीय हखमनी वंश का अन्तिम शासक था। सिकन्दर द्वारा 331 ई. पू. में अरबेला या गौगामेला के युद्ध में दारा तृतीय को पराजित कर देने के पश्चात् भारत से ईरानी आधिपत्य समाप्त हो गया।

ईरानी आक्रमण के प्रभाव/परिणाम

- समुद्री मार्ग की खोज होने से विदेशी व्यापार को बढ़ावा मिला। ईरानी लिपिकार (कातिब) भारत में लेखन का एक विशेष रूप लेकर आए थे, जो भविष्य में खरोष्ठी नाम से प्रसिद्ध हुआ। खरोष्ठी लिपि अरबी की भाँति दाईं से बाईं ओर लिखी जाती थी।
- ईसा पूर्व तीसरी सदी में पश्चिमोत्तर भारत में अशोक के कुछ अभिलेख इसी लिपि में लिखे गए। पश्चिमोत्तर सीमा प्रान्त में ईरानी चाँदी के सिक्के (सिग्लोई या शैकल्स) एवं सोने के सिक्के (डेरिक) भी मिलते हैं, जिनसे ईरान के साथ व्यापार होने का संकेत मिलता है।

- अशोककालीन स्मारक, विशेषकर घण्टे के आकार के गुम्बद ईरानी प्रतिरूप पर आधारित थे। ईरानी शब्द दिपी के लिए अशोककालीन लेखकों ने लिपि शब्द का प्रयोग किया है। अशोक के राज्यादेशों की प्रस्तावना में प्रयुक्त शब्दों में भी ईरानी प्रस्तावना का प्रभाव देखा जा सकता है।

यूनानी आक्रमण

सिकन्दर

- ईरानी आक्रमण के पश्चात् भारत को यूनानी आक्रमण अर्थात् मकदूनियाई शासक सिकन्दर के आक्रमण का सामना करना पड़ा।
- सिकन्दर अपने पिता (फिलिप-II) की मृत्यु के पश्चात् 336 ई. पू. में गद्दी पर बैठा। सिकन्दर के गुरु अरस्तू थे।
- 326 ई. पू. में सिकन्दर ने हिन्दुकुश पर्वत को पार कर भारत पर आक्रमण किया। सिकन्दर ने सर्वप्रथम अस्पोसिओई (अश्व जाति), निशा एवं अश्मक राज्य को जीता।
- सिकन्दर खैबर दर्रे से होकर भारत आया था तथा उसका पहला आक्रमण तक्षशिला के राजा आम्भी के विरुद्ध था, जिसमें तक्षशिला के शासक आम्भी ने समर्पण कर दिया। इसके अतिरिक्त अभिसार के शासक ने भी आत्मसमर्पण कर दिया।
- हेरोडोटस ने हिस्टोरिका ग्रन्थ की रचना की, जो इतिहास से सम्बन्धित है। इसने और अन्य यूनानी लेखकों ने भारत का वर्णन अपार सम्पत्ति वाले देश के रूप में किया था। इस वर्णन को पढ़कर सिकन्दर भारत पर आक्रमण (धन प्राप्ति) करने के लिए प्रेरित हुआ।
- झेलम नदी के किनारे पहुँचने पर सिकन्दर का पहला और सबसे शक्तिशाली प्रतिरोध पोरस ने किया। पोरस का राज्य झेलम और चिनाब नदी के मध्य पड़ता था। झेलम नदी के तट पर उसका सामना पोरस के साथ हुआ, जिसे वितस्ता या हाइडेस्पीज के युद्ध के नाम से जाना जाता है, जिसमें पोरस की पराजय हुई, परन्तु सिकन्दर ने उसकी बहादुरी से प्रभावित होकर उसे उसका राज्य वापस दे दिया एवं उसे अपना सहयोगी बना लिया।
- सिकन्दर की सहायता करने वाले भारतीय शासक शशिगुप्त, आम्भी और संजय थे। सिकन्दर की सेना ने व्यास नदी से आगे बढ़ने से इनकार कर दिया था। यूनानी इतिहासकार एरियन ने लिखा है, "युद्ध कला में भारतवासी अन्य तत्कालीन जनों से अत्यन्त श्रेष्ठ थे।"
- मगध पर नन्द वंश का शासन था। उसकी सेना सिकन्दर की सेना से बड़ी थी। इससे डरकर सिकन्दर की सेना ने आगे बढ़ने से मना कर दिया।
- सिकन्दर ने अपने सैनिकों के सम्बन्ध में कहा कि "मैं उन दिलों में उत्साह भरना चाहता हूँ, जो निष्ठाहीन और कायरतापूर्ण डर से दबे हुए हैं।"
- सिकन्दर के आक्रमण के दौरान अश्मक एक सीमान्त गणराज्य था, इसकी राजधानी मस्सग थी। यूनानी विद्वानों के अनुसार, यहाँ सिकन्दर के विरुद्ध हुए युद्ध में अधिक संख्या में पुरुष सैनिकों के मारे जाने के पश्चात् स्त्रियों ने शस्त्र उठा लिए थे।
- सिकन्दर ने अपने साम्राज्य को 6 भागों में विभाजित किया, इसमें तीन भाग सिन्धु के पश्चिम की ओर थे, जो यूनानी थे तथा तीन सिन्धु के पूर्व की ओर, जो भारतीय थे।
- सिकन्दर ने विजित प्रदेशों को अपने सेनापति फिलिप को सौंपकर स्थलमार्ग से 325 ई. पू. में भारत से वापसी की।
- भारत में लगभग 19 महीने रहने के पश्चात् वहाँ से लौटते हुए बेबीलोन में सिकन्दर की मृत्यु (323 ई. पू.) हो गई। लौटते समय उसने सिबोई, अग्रसेनी, मालव, क्षुद्रक, अम्बष्ठ, कठ और मूसिकनोई राज्य को जीता था।
- सिकन्दर ने भारत से वापस जाते समय अपने भू-भाग को तीन हिस्सों में बाँट दिया और तीन यूनानी गवर्नरों के हाथों में सौंप दिया।
- सिकन्दर के साथ भारत आने वाले लेखकों में नियार्कस, ऑनेसिक्रिट्स व अरिस्टोबुलस प्रमुख हैं, जिनका विवरण प्रामाणिक है।

भारत में सिकन्दर की सफलता के कारण

- इतिहासकार हेमचन्द राय चौधरी ने 28 स्वतन्त्र शक्तियों (राज्यों) का उल्लेख किया है, जो यह स्पष्ट करता है कि भारत में इस समय केन्द्रीय सत्ता का अभाव था।
- सिकन्दर की सफलता का एक अन्य महत्त्वपूर्ण कारण था कि सिकन्दर की सेना अधिक शक्तिशाली थी। उसकी सेना में घोड़ों की बहुलता थी, जिस कारण सैन्य गतिविधियों में तीव्रता आई।
- सिकन्दर को कुछ देशद्रोही शासकों का सहयोग मिला, जैसा कि आम्भी ने पोरस के विरुद्ध सिकन्दर का साथ दिया था।

यूनानी आक्रमण के परिणाम

- सिकन्दर के अभियान से चार भिन्न-भिन्न स्थल मार्गों और जलमार्गों के द्वार खुले, इससे यूनानी व्यापारियों और शिल्पियों के लिए मार्ग प्रशस्त हुए तथा व्यापार की तत्कालीन सुविधाएँ बढ़ीं।
- सिकन्दर ने अपनी विजय के उपलक्ष्य में निकैया शहर (विजयनगर) की स्थापना की, जबकि अपने प्रिय घोड़े की स्मृति में बऊकेफला (झेलम) शहर स्थापित किया।
- सिकन्दर ने अपने मित्र नियार्कस के नेतृत्व में एक दल को सिन्धु नदी के मुहाने से फरात नदी के मुहाने तक समुद्र तट का पता लगाने और बन्दरगाहों को ढूँढने के लिए भेजा था। इस अभियान के कारण भारत तथा मध्य एशिया के बीच प्रसिद्ध जलमार्ग का पता लगा। सिकन्दर के इतिहासकारों ने भौगोलिक विवरण को तिथि सहित लिखा है, जिससे इतिहास को समझने में आसानी होती है।
- ये इतिहासकार भारतीय सामाजिक आर्थिक स्थिति; जैसे- सती प्रथा, गरीबी, गाय-बैल एवं पुत्रियों की खरीद-फरोख्त आदि के बारे में महत्त्वपूर्ण जानकारी देते हैं।
- यूनानी आक्रमण का सबसे महत्त्वपूर्ण पहलू यह था कि यूनानियों ने भारत के सन्दर्भ में अपने विचारों को लिपिबद्ध किया, जो भारतीय इतिहास (घटनाओं के तिथिक्रम) की जानकारी के लिए मूल्यवान प्रमाणित हुआ।
- यूनानियों से क्षत्रप प्रणाली और मुद्रा निर्माण की कला भारतीयों ने सीखी। उलूक शैली के सिक्के इसका परिणाम थे।

सिकन्दर के पूर्व के यूनानी लेखक

हिकेटिअस मिथेटस (5-6 शताब्दी ई.पू.)	भूगोल (ज्योग्राफी) का जनक
हेरोडोट्स (484-433 ई. पू.)	हिस्टोरिका

"मौर्य साम्राज्य के अन्तर्गत भारत में प्रथम बार राजनीतिक प्रणाली में एकरूपता आई और एक अखिल भारतीय साम्राज्य की स्थापना हुई, जिसके महान शासकों ने सभी क्षेत्रों में उल्लेखनीय कार्य किए।

अध्याय नौ

मौर्य साम्राज्य

मौर्य वंश की जानकारी के स्रोत

मौर्य साम्राज्य के इतिहास को जानने के अनेक स्रोत हैं, जिनमें साहित्य, विदेशी विवरण तथा पुरातात्विक सामग्री प्रमुख रूप से शामिल हैं।

मौर्य वंश (322 ई.पू. 185 ई.पू.)

साहित्यिक साक्ष्य	विदेशी विवरण	पुरातात्विक साक्ष्य
• बौद्ध एवं जैन ग्रन्थ	• मेगस्थनीज	• अशोक के अभिलेख
• अर्थशास्त्र	• नियार्कस	• रुद्रदामन का जूनागढ़ अभिलेख
• मुद्राराक्षस	• स्ट्रैबो	• पॉलिश वाले मृद्‌भाण्ड
• पुराण आदि	• कर्टियस	• स्तूप एवं गुफा (भवन)
		• पंच मार्क्ड सिक्के (मुद्रा)

मौर्य साम्राज्य

मौर्य साम्राज्य के रूप में पहली बार चन्द्रगुप्त मौर्य की विजय ने भारत में एक अखिल भारतीय साम्राज्य का निर्माण किया। मौर्य राजवंश में चन्द्रगुप्त, बिन्दुसार एवं अशोक जैसे महान शासक हुए, जिनके प्रयासों से राज्य का सर्वांगीण विकास हुआ।

मौर्य साम्राज्य के प्रमुख शासक

चन्द्रगुप्त मौर्य *(321-298 ई.पू.)*

- चन्द्रगुप्त मौर्य ने अपने गुरु चाणक्य की सहायता से नन्द वंश के अन्तिम शासक धनानन्द को पराजित कर मौर्य वंश की स्थापना की।
- ब्राह्मण साहित्य में चन्द्रगुप्त मौर्य को शूद्र (ब्राह्मण परम्परा के अनुसार चन्द्रगुप्त की माता मूरा/मूर, जिसका संस्कृत में अर्थ होता है–मौर्य, शूद्र जाति की थी, जो नन्दों के निवास में रहती थी।), बौद्ध एवं जैन ग्रन्थ में मौर्य, क्षत्रिय तथा मुद्राराक्षस में निम्न कुल (वृषल) का माना है। चाणक्य की माता के नाम पर वंश का नाम मौर्य वंश पड़ा।
- चन्द्रगुप्त मौर्य तथा सेल्युकस के मध्य युद्ध हुआ, इस युद्ध में चन्द्रगुप्त मौर्य की विजय हुई। चन्द्रगुप्त मौर्य तथा सेल्युकस के बीच सन्धि का उल्लेख प्लूटार्क ने तथा इनके बीच वैवाहिक सम्बन्ध का उल्लेख एप्पियानस ने किया।
- सेल्युकस ने चन्द्रगुप्त मौर्य से अपनी बेटी हेलेना का विवाह किया तथा उसे निम्न प्रदेश उपहारस्वरूप दिए
  - ◆ एरिया (हेरात) ◆ अराकोशिया (कन्धार)
  - ◆ जेड्रोशिया (मकरान तट) ◆ पेरिपेनिसडाई (काबुल)
- चन्द्रगुप्त मौर्य ने सेल्युकस को 500 हाथी उपहार में दिए तथा पूर्वी अफगानिस्तान, बलूचिस्तान और सिन्धु का क्षेत्र प्राप्त किया। सेल्युकस का राजदूत मेगस्थनीज, चन्द्रगुप्त मौर्य के दरबार में आया था।
- यूनानी लेखकों ने पाटलिपुत्र को पालिब्रोथा के नाम से सम्बोधित किया तथा स्ट्रैबो के अनुसार चन्द्रगुप्त मौर्य का एक उपनाम पालिब्रोथम (पाटलिपुत्रक) था। पाटलिपुत्र मगध साम्राज्य की राजधानी थी।
- बंगाल पर चन्द्रगुप्त की विजय महास्थान अभिलेख से ज्ञात होती है, जबकि चन्द्रगुप्त मौर्य की दक्षिण भारत की विजय के विषय में जानकारी तमिल ग्रन्थ अहनानूर एवं पुरनानूर तथा अशोक के अभिलेखों से मिलती है।
- यूनानी लेखक जस्टिन के अनुसार, चन्द्रगुप्त ने अपनी 6 लाख की फौज से मौर्यों का शासन दक्षिण में तमिलनाडु तथा पूर्वोत्तर भारत के कुछ भागों को छोड़कर सम्पूर्ण भारतीय उपमहाद्वीप में विस्तारित किया था।

- रुद्रदामन के जूनागढ़ अभिलेख में चन्द्रगुप्त का नाम अंकित है। इससे ज्ञात होता है कि उसने सौराष्ट्र तथा अन्य पश्चिमी क्षेत्रों को विजित किया होगा। यहाँ पर उसके गवर्नर पुष्यगुप्त ने सुदर्शन झील का निर्माण करवाया था।
- यूनानी लेखक प्लूटार्क के अनुसार, चन्द्रगुप्त ने 6 लाख की सेना लेकर सम्पूर्ण भारत को रौंद डाला।
- परिशिष्टपर्वन (एक जैन ग्रन्थ के अनुसार) चन्द्रगुप्त मौर्य ने अपने जीवन के अन्तिम समय में राजसिंहासन को छोड़कर जैन मुनि भद्रबाहु से जैन धर्म की दीक्षा ली और श्रवणबेलगोला (मैसूर) जाकर 298 ई. पू. में सल्लेखना पद्धति (उपवास) द्वारा अपने शरीर का त्याग कर दिया।

बिन्दुसार (298-273 ई.पू.)

- चन्द्रगुप्त मौर्य के पश्चात् उसका पुत्र बिन्दुसार गद्दी पर बैठा। जैन ग्रन्थों के अनुसार, बिन्दुसार की माता का नाम दुर्धरा था एवं बिन्दुसार का जन्म सीजेरियन तकनीक (सर्जरी) से हुआ था।

बिन्दुसार का विभिन्न ग्रन्थों एवं लेखकों के अनुसार नाम

लेखक एवं ग्रन्थ	नाम
यूनानी ग्रन्थ	अमित्रकेट्स
संस्कृत (शत्रुओं की हत्या करने वाला)	अमित्रघात
संस्कृत (शत्रुओं का नाश करने वाला)	अमित्रखण्ड
जैन ग्रन्थ	सिंह सेन
राजवली कक्षा	सीम सेन
वायु पुराण	मद्रसार
फा टमेन चुलीन (चीन साहित्य)	बिन्दुपाल

- बौद्ध ग्रन्थ दिव्यावदान के अनुसार, बिन्दुसार के समय में तक्षशिला में अमात्यों के दो विद्रोह हुए, जिनका दमन करने के लिए बिन्दुसार ने पहले सुसीम तथा बाद में अशोक को भेजा। अशोक इस समय उज्जयिनी का प्रशासक था।
- एथीनियस नामक एक अन्य यूनानी लेखक ने बिन्दुसार तथा सीरिया के शासक एण्टियोकस प्रथम के बीच मैत्रीपूर्ण पत्र-व्यवहार का विवरण दिया है, जिसमें भारतीय शासक ने तीन वस्तुओं की माँग की थी—मदिरा, मीठी अंजीर तथा दार्शनिक। सीरियाई सम्राट ने प्रथम दो (मदिरा तथा मीठी अंजीर) वस्तुएँ भिजवा दीं, परन्तु तीसरी वस्तु अर्थात् दार्शनिक के सम्बन्ध में यह कहा कि यूनानी कानून के अनुसार, दार्शनिकों का विक्रय नहीं किया जा सकता।
- सीरिया के शासक एण्टियोकस ने डायमेकस को तथा मिस्र के शासक टॉलेमी द्वितीय फिलाडेल्फस ने डायनोसियस नामक राजदूत को मौर्य (बिन्दुसार) दरबार में भेजा था।
- बिन्दुसार आजीवक सम्प्रदाय का अनुयायी था तथा उसकी सभा में आजीवक सम्प्रदाय का एक ज्योतिषी पिंगलवास निवास करता था।
- बिन्दुसार ने 500 सदस्यों की एक मन्त्रिपरिषद् गठित की थी, जिसका प्रमुख खल्लटक को नियुक्त किया गया था। बिन्दुसार के समय में भी चाणक्य को ही प्रधानमन्त्री के रूप में नियुक्त किया गया था।

अशोक (273-232 ई.पू.)

- अशोक 273 ई.पू. में गद्दी पर बैठा, किन्तु उत्तराधिकार युद्ध के कारण 4 वर्ष पश्चात् उसका विधिवत् राज्याभिषेक 269 ई. पू. में हुआ।
- महावंश के अनुसार, अशोक ने अपने 99 भाइयों की हत्या कर अपने मन्त्री राधागुप्त की सहायता से अपने बड़े एवं सौतेले भाई सुसीम (सुमन) को हटाकर गद्दी प्राप्त की।

विभिन्न स्रोतों में अशोक की उपाधियाँ

स्रोत	उपाधि
मास्की लघु शिलालेख	अशोक
गुर्जरा लघु शिलालेख	अशोक
रुद्रदामन का जूनागढ़ अभिलेख	अशोक मौर्य
बराबर गुहालेख	पियादस्सी राजा
भाब्रू बैराट लघु शिलालेख	पियादस्सी राजा मगध
कन्धार वृहत शिलालेख	पियादस्सी राजा
पुराण	अशोकवर्द्धन
नेट्टूर लघु शिलालेख	राजा अशोक
उदेगोलम लघु शिलालेख	राजा अशोक
दीपवंश	करमोली

- कल्हण कृत राजतरंगिणी से ज्ञात होता है कि अशोक का आधिपत्य कश्मीर पर भी था।
- उत्तरी कर्नाटक में स्थित कंगनहल्ली मूर्तिशिल्प शिलालेख में अशोक के प्रस्तर रूपचित्र में राण्यो अशोक (राजा अशोक) उल्लिखित है।
- सिंहली अनुश्रुतियों, दीपवंश तथा महावंश में देवानामप्रिय उपाधि अशोक के लिए प्रयुक्त की गई है। वर्ष 1915 में मास्की (कर्नाटक) से प्राप्त लेख में अशोक नाम भी पढ़ लिया गया।
- विदिशा के एक व्यापारी की बेटी देवी एवं अशोक की प्रेम कहानी का वर्णन दीपवंश एवं महावंश ग्रन्थों में मिलता है।
- बौद्ध ग्रन्थों में अशोक की माता का नाम धम्मा, पासादिका तथा सुभद्रांगी मिलता है। बौद्ध ग्रन्थों से अशोक की पत्नी असन्धिमित्रा, महादेवी, पद्मावती, तिष्यरक्षिता तथा प्रयाग स्तम्भ लेख से कारुवाकी इत्यादि नामों का पता चलता है।
- बौद्ध ग्रन्थों में अशोक की दो पुत्रियों- संघमित्रा तथा चारुमती एवं दो पुत्रों- कुणाल एवं महेन्द्र के नाम का उल्लेख मिलता है। पुत्र जालौक का उल्लेख राजतरंगिणी में तथा तीवर का उल्लेख प्रयाग स्तम्भ लेख में मिलता है।

कलिंग युद्ध

- अशोक के राज्याभिषेक के 8 वर्षों के पश्चात् अर्थात् 261 ई. पू. में **कलिंग का युद्ध** (राजगद्दी पर बैठने के बाद एकलौता युद्ध) लड़ा गया। इस युद्ध में 1 लाख लोग मारे गए तथा 1.50 लाख लोग बन्दी बनाए गए। इसका उल्लेख उसके तेरहवें शिलालेख में मिलता है।
- हाथीगुम्फा अभिलेख से ज्ञात होता है कि कलिंग विजय के समय वहाँ का शासक सम्भवत: **नन्दराज** था। कलिंग तटवर्ती उड़ीसा का प्राचीन नाम था।
- कलिंग युद्ध में हुए (बलपूर्वक विजय) व्यापक नरसंहार से अशोक का हृदय द्रवित हो गया। उसने **भेरी घोष** (युद्ध द्वारा विजय) के स्थान पर **धम्म घोष** की नीति अपनाई अर्थात् उसने दूसरे राज्यों पर भौतिक विजय की नीति त्याग दी और सांस्कृतिक विजय पाने की नीति को अपनाया।

राजनीतिक जीवन

- सम्राट अशोक का अन्तिम युद्ध कलिंग का युद्ध था, जिसमें उसने विजय प्राप्त की थी।
- मौर्य शासक अशोक के तेरहवें शिलालेख से यह ज्ञात होता है कि अशोक के पाँच यवन राजाओं के साथ मैत्रीपूर्ण सम्बन्ध थे।

अशोक कालीन विदेशी राजा एवं उनके भारतीय नाम

विदेशी राजा	भारतीय नाम
ऐण्टियोकस (सीरिया के राजा)	अन्तियोक
टॉलमी फिलाडेल्फस (मिस्र के राजा)	तुरमय
एण्टिगोनस (मकदूनिया के राजा)	अन्तिकिन
मगस (साइरीन शासक)	मग
अलेक्जेण्डर (एपिरस का राजा)	अलिक सुन्दर

- अशोक के द्वितीय शिलालेख से स्पष्ट होता है कि भारत में अशोक का अधिकार चोल, पाण्ड्य, सत्तियपुत्त, केरलपुत्त एवं ताम्रपर्णी (श्रीलंका) को छोड़कर सर्वत्र था, क्योंकि इन राज्यों को प्रत्यन्त या सीमावर्ती राज्य कहा गया है।
- अशोक ने खस एवं नेपाल को विजित किया। राजतरंगिणी के अनुसार, उसने कश्मीर में श्रीनगर तथा नेपाल में देवपत्तन नामक नगर बसाया।

धार्मिक जीवन

- अशोक पहले ब्राह्मण धर्म का अनुयायी था। राजतरंगिणी के अनुसार, वह शैव धर्म का उपासक था।
- उसके अभिलेखों में सर्वत्र उसे देवानामप्रिय, देवानांपिय, पियादस्सी कहा गया है, जिसका अर्थ है-देवताओं का प्रिय या देखने में सुन्दर। इससे उसकी हिन्दू धर्म में आस्था के संकेत मिलते हैं।
- सिंहली अनुश्रुतियों (दीपवंश एवं महावंश) के अनुसार, अशोक ने अपने शासन के चौथे वर्ष में बड़े भाई सुमन के पुत्र निग्रोध के व्यक्तित्व से प्रभावित होकर बौद्ध धर्म अपना लिया। तत्पश्चात् मोग्गलिपुत्त तिस्स के प्रभाव से वह पूर्णरूपेण बौद्ध हो गया।
- दिव्यावदान के अनुसार बालपण्डित (समुद्र) नामक भिक्षु के प्रभाव के कारण अशोक ने बौद्ध धर्म अपनाया एवं अशोक को बौद्ध धर्म में दीक्षित उपगुप्त नामक बौद्ध भिक्षु ने किया था।
- अशोक ने राज्याभिषेक के 10वें वर्ष बोधगया, 12वें वर्ष निगालि सागर तथा 20वें वर्ष लुम्बिनी की यात्रा की। निगालि सागर में उसने कनकमुनि के स्तूप का संवर्द्धन किया।
- रुम्मिनदेई अभिलेख के अनुसार, लुम्बिनी को धर्मकर मुक्त घोषित किया तथा भूमिकर 1/6 से घटाकर 1/8 भाग कर दिया गया।
- लघु शिलालेख में अशोक स्पष्टत: बुद्ध, धम्म तथा संघ का अभिवादन करता है। सारनाथ, साँची तथा कौशाम्बी के लघु स्तम्भों से भी अशोक के बौद्ध होने का प्रमाण मिलता है।
- अशोक धार्मिक रूप से सहिष्णु था। उसने बराबर की पहाड़ियों में आजीवकों के निवास हेतु चार गुफाओं का निर्माण करवाया, जिनके नाम थे- कर्ण चौपड़, सुदामा गुफा, लोमस ऋषि तथा विश्व झोपड़ी गुफा।
- तृतीय बौद्ध संगीति का आयोजन अशोक के शासनकाल में हुआ था। इसकी अध्यक्षता मोग्गलिपुत्त तिस्स ने की थी।
- बौद्ध धर्म ग्रहण करने के उपरान्त अशोक ने आखेट और विहार यात्राएँ रोक दीं तथा उनके स्थान पर धर्म यात्राएँ प्रारम्भ कीं। वह महात्मा बुद्ध के चरण-चिह्नों से पवित्र हुए स्थानों में गया तथा उनकी पूजा की। सर्वप्रथम उसने बोधगया की यात्रा की थी। उसकी यात्राओं का क्रम इस प्रकार है-गया, कुशीनगर, लुम्बिनी, कपिलवस्तु, सारनाथ तथा श्रावस्ती इत्यादि।

अशोक का धम्म

- धम्म शब्द संस्कृत भाषा के धर्म का प्राकृत रूपान्तर है। अशोक के धम्म की परिभाषा राहुलोवादसुत्त से ली गई है। स्वनियन्त्रण अशोक की धम्म नीति का मुख्य सिद्धान्त था।
- अशोक ने कर्मकाण्डों, प्रचलित रस्मों अथवा अनुष्ठानों की निन्दा की तथा अनेक प्रकार के पशु पक्षियों की हिंसा पर रोक लगा दी एवं राजधानी में प्राणी हत्या को पूर्णरूपेण निषिद्ध कर दिया।
- अशोक के धम्म से तात्पर्य उस आचार संहिता (नैतिक आचरण) से है, जिसे उसने अपनी प्रजा के उत्थान के लिए प्रस्तुत किया था।
- अपने दूसरे तथा सातवें स्तम्भ लेखों में अशोक ने धम्म की व्याख्या इस प्रकार की है—धम्म है साधुता, बहुत-से कल्याणकारी अच्छे कार्य करना, पाप रहित होना, मृदुता, दूसरों के प्रति व्यवहार में मधुरता, दया, दान, शुचिता इत्यादि।
- इसके अतिरिक्त जीव हिंसा न करना, माता-पिता तथा बड़ों की आज्ञा मानना, गुरुजनों के प्रति आदर, मित्र, परिचितों, सम्बन्धियों, ब्राह्मणों तथा श्रमणों के प्रति दानशीलता तथा उचित व्यवहार भी धम्म के अन्तर्गत आते हैं। दासों तथा नौकरों के प्रति उचित व्यवहार भी धम्म के अन्तर्गत आते हैं।
- चण्डता, निष्ठुरता, क्रोध, मान और ईर्ष्या धम्म की प्रगति में बाधक हैं।
- गान्धार के द्विभाषी शिलालेख के अनुसार इस क्षेत्र के शिकारी एवं मछली पकड़ने वालों ने धम्म के प्रभाव में आकर अपना व्यवसाय त्याग कर कृषि कार्य प्रारम्भ किया।
- भाब्रू लघु शिलालेख में अशोक के धम्म का उल्लेख मिलता है, जिसमें वह त्रिरत्न-बुद्ध, धम्म और संघ में विश्वास करता है। अपने 12वें शिलालेख में उसने धम्म की सारवृद्धि पर बल दिया है।
- साँची एवं सारनाथ लघु स्तम्भ लेख में संघ में फूट डालने के विरुद्ध जारी आदेश कौशाम्बी और पाटलिपुत्र के महामात्रों को दिया गया है।
- विहार यात्रा के रूप में प्रचलित यात्रा को अशोक ने अपने 8वें शिलालेख में धर्मयात्रा के रूप में परिवर्तित कर किया।

धम्म-महामात्र अशोक द्वारा नियुक्त एक अधिकारी था, जो जगह-जगह जाकर समकालीन समस्याओं (सामाजिक व धार्मिक) का समाधान करता था और धम्म की शिक्षा देता था।

- अपने तीसरे शिलालेख में धम्म के प्रचार के लिए नियुक्त रज्जुकों, प्रादेशिकों एवं युक्तों को यह आज्ञा दी गई है कि वे प्रत्येक पाँचवे वर्ष राज्यों का भ्रमण करें एवं जनता को धर्मोपदेश दें। अभिलेखों में इसे अनुसन्धान कहा गया है।

- धम्म की स्थापना, धम्म के विकास एवं धम्म की देख-रेख के लिए **धम्म-महामात्र** की नियुक्ति की गई।
- अशोक ने धम्म के विचारों को प्रसारित करने के लिए सीरिया, मिस्र, ग्रीस तथा श्रीलंका आदि देशों में दूत भी भेजे।

अशोक द्वारा भेजे गए धर्म प्रचारक

धर्म प्रचारक	स्थान/देश	धर्म प्रचारक	स्थान/देश
मज्झान्तिक	कश्मीर तथा गान्धार	महाधर्मरक्षित	महाराष्ट्र
महारक्षित	यवन देश	धर्मरक्षित	अपरान्तक
मज्झिम	हिमालयवर्ती देश	महेन्द्र तथा संघमित्रा	श्रीलंका
महादेव	महिषमण्डल (मैसूर)	सोना तथा उत्तरा	स्वर्ण भूमि

अशोक के अभिलेख

- अशोक के अभिलेख राज्यादेश के रूप में जारी किए गए हैं। वह पहला शासक था, जिसने अभिलेखों के द्वारा जनता को सम्बोधित किया।
- अशोक के अभिलेख ब्राह्मी, खरोष्ठी, यूनानी एवं अरमाइक लिपि में हैं। सभी अभिलेखों की भाषा प्राकृत है। शाहबाजगढ़ी एवं मानसेहरा अभिलेखों में खरोष्ठी लिपि तथा तक्षशिला एवं लघमान अभिलेखों में अरमाइक लिपि का प्रयोग किया गया है।
- **शर-ए-कुना** (कन्धार) अभिलेख में अरमाइक एवं यूनानी भाषा का प्रयोग किया गया है।
- अरमाइक लिपि में लिखा एक अन्य अभिलेख काबुल नदी के बाएँ किनारे पर जलालाबाद के ऊपर स्थित लघुमान नामक स्थान से प्राप्त हुआ है।
- अशोक के अभिलेखों की खोज सर्वप्रथम 1750 ई. में **पाद्रेटी फेन्थैलर** नामक पादरी ने की थी। उसने दिल्ली-मेरठ अभिलेख खोजा था। **जेम्स प्रिन्सेप** ने **1837** ई. में सर्वप्रथम ब्राह्मी लिपि को पढ़ने में सफलता प्राप्त की थी।
- 7वें शिलालेख में वर्णित है कि सभी पन्थों में आत्मनियन्त्रण और मन की पवित्रता होनी चाहिए।
- फाह्यान, संकिसा एवं पाटलिपुत्र में तथा ह्वेनसांग, राजगृह एवं श्रावस्ती में अशोक के अभिलेखों की चर्चा करते हैं। अशोक के अभिलेखों का विभाजन निम्नलिखित वर्गों में किया जा सकता है
  - **शिलालेख** इन्हें वृहद् शिलालेख एवं लघु शिलालेख दो वर्गों में बाँटा जाता है।
  - **स्तम्भलेख** इन्हें दीर्घ स्तम्भलेख एवं लघु स्तम्भलेख में विभाजित किया जाता है।
  - **गुहालेख** ये गुफाओं में उत्कीर्ण लेख हैं।
- अशोक के लघु शिलालेख, स्तम्भ लेख (दीर्घ एवं लघु) एवं गुहालेखों की लिपियाँ केवल ब्राह्मी हैं।
- अशोक के दीर्घ स्तम्भलेखों की संख्या 7 है, जो 6 विभिन्न स्थानों पर पाए गए हैं; जैसे—दिल्ली-टोपरा स्तम्भलेख, मेरठ-दिल्ली स्तम्भलेख, इलाहाबाद स्तम्भलेख, लौरिया-नन्दनगढ़ स्तम्भलेख, लौरिया अरेराज स्तम्भलेख, रामपुरवा स्तम्भलेख आदि। स्तम्भलेखों में मुख्य रूप से धम्म तथा प्रशासनिक बातों का उल्लेख है।
- मौर्यकालीन गुहालेख बराबर की पहाड़ी, नागार्जुनी पहाड़ियों, रामगुहा तथा सीतामढ़ी गुहा से मिलते हैं। बराबर पहाड़ियों की गुफाएँ बिहार के गया जिले में मिली हैं।
- बराबर पहाड़ियों को अशोक के अभिलेखों में **खल्वितक पर्वत** कहा गया है।
- अशोककालीन पश्चिमी शक्तियों (यवन, गान्धार, कम्बोज, भोज, आन्ध्र पितनिक) का वर्णन 13वें शिलालेख में है।
- कौशाम्बी (प्रयागराज) स्तम्भलेख को **रानी का अभिलेख** भी कहा जाता है। अशोक के सभी अभिलेखों का विषय प्रशासनिक था।
- **रुम्मिनदेई अभिलेख** अशोक का सबसे छोटा अभिलेख माना जाता है। इसे **आर्थिक अभिलेख** भी कहा जाता है। निग्लीवा या निगालिसागर लघु स्तम्भलेख में कनकमुनि के स्तूप संवर्द्धन की चर्चा मिलती है।

अशोक का प्रथम वृहद् शिलालेख

- "सभी मनुष्य मेरी सन्तान (प्रजा) हैं, जिस प्रकार मैं अपनी सन्तान के लिए इहलौकिक एवं परलौकिक कल्याण की कामना करता हूँ, उसी प्रकार अपनी प्रजा के लिए भी।"
- "जैसे एक माँ अपनी सन्तान को एक कुशल धाय को सौंपकर निश्चिन्त हो जाती है, उसी प्रकार मैंने भी रज्जुकों की नियुक्ति की है।"

अशोक के दीर्घ शिलालेख

दीर्घ शिलालेख	स्थान	दीर्घ शिलालेख	स्थान
शाहबाजगढ़ी	पेशावर (पाकिस्तान)	एर्रगुड़ी	कुर्नूल (आन्ध्र प्रदेश)
मानसेहरा	हजारा (पाकिस्तान)	धौली	पुरी (ओडिशा)
कालसी	देहरादून (उत्तराखण्ड)	जौगढ़	गंजाम (ओडिशा)
गिरनार	जूनागढ़ (गुजरात)	सोपारा	थाणे (महाराष्ट्र)

अशोक के लघु शिलालेख

लघु शिलालेख	स्थान	लघु शिलालेख	स्थान
मास्की	रायचूर (कर्नाटक)	राजुल मण्डगिरि	कुर्नूल (आन्ध्र प्रदेश)
गुर्जरा	दतिया (मध्य प्रदेश)	गोविमठ	मैसूर (कर्नाटक)
ब्रह्मगिरि	मैसूर (कर्नाटक)	सिद्धपुर	कर्नाटक
भाब्रू	जयपुर (राजस्थान)	एर्रगुड़ी	कुर्नूल (आन्ध्र प्रदेश)
अहरौरा	मिर्जापुर (उत्तर प्रदेश)	सारोमारो	मध्य प्रदेश
जटिंग रामेश्वर	कर्नाटक	नेट्टूर	मैसूर
सासाराम	बिहार	उद्गोलम	बेल्लारी (कर्नाटक)
रूपनाथ	जबलपुर (मध्य प्रदेश)	पनगुड़रिया	मध्य प्रदेश
पालकि गुण्डु	कर्नाटक	सन्नाती	कर्नाटक

अशोक के दीर्घ स्तम्भलेख

दीर्घ स्तम्भलेख	स्थान	दीर्घ स्तम्भलेख	स्थान
प्रयागराज (इलाहाबाद)	उत्तर प्रदेश	लौरिया-नन्दनगढ़	बिहार
टोपरा-दिल्ली	हरियाणा	लौरिया-अरेराज	बिहार
मेरठ-दिल्ली	उत्तर प्रदेश	रामपुरवा	बिहार

अशोक के लघु स्तम्भलेख

लघु स्तम्भलेख	स्थान	लघु स्तम्भलेख	स्थान
इलाहाबाद-कौशाम्बी	उत्तर प्रदेश	रुम्मिनदेई	नेपाल की तराई
साँची	मध्य प्रदेश	निगालिसागर	नेपाल की तराई
सारनाथ	उत्तर प्रदेश		

अशोक के चौदह शिलालेख

शिलालेख	सम्बन्धित तथ्य/विषय
पहला	पशुबलि की निन्दा
दूसरा	मनुष्यों एवं पशुओं दोनों की चिकित्सा व्यवस्था का उल्लेख। चोल, पाण्ड्य, सत्तियपुत्त एवं केरलपुत्त की चर्चा।
तीसरा	राजकीय अधिकारियों (युक्त, रज्जुक और प्रादेशिक) को प्रत्येक पाँचवें वर्ष दौरा करने का आदेश।
चौथा	भेरीघोष के स्थान पर धम्मघोष की घोषणा।
पाँचवाँ	धम्म महामात्रों की नियुक्ति के विषय में जानकारी, मौर्यकालीन समाज एवं वर्ण-व्यवस्था का उल्लेख।
छठा	धम्म महामात्र किसी भी समय राजा के पास सूचना ला सकता है तथा प्रतिवेदक की चर्चा।
सातवाँ	सभी सम्प्रदायों के लिए सहिष्णुता की बात।
आठवाँ	सम्राट की धर्मयात्राओं का उल्लेख, बोधिवृक्ष के भ्रमण का उल्लेख।
नौवाँ	विभिन्न प्रकार के धम्म समारोहों की चर्चा, सच्ची भेंट व शिष्टाचार का उल्लेख।
दसवाँ	ख्याति एवं गौरव की निन्दा तथा धम्म नीति की श्रेष्ठता पर बल।
ग्यारहवाँ	धम्म नीति की व्याख्या।
बारहवाँ	सर्वधर्म समभाव एवं स्त्री महामात्र की चर्चा।
तेरहवाँ	कलिंग युद्ध का वर्णन, पड़ोसी राज्यों का वर्णन, अपराध करने वाली आटविक जातियों का उल्लेख।
चौदहवाँ	यह लेख कहीं संक्षेप में, कहीं मध्यम रूप में और कहीं विस्तृत रूप में है। अशोक द्वारा जनता को धार्मिक जीवन जीने के लिए प्रेरित करना।

अशोक के अभिलेखों के खोजकर्ता

अशोक के शिलालेख	ई./वर्ष	खोजकर्ता
दिल्ली-मेरठ स्तम्भ लेख	1750	पाद्रेटी फेन्थैलर
दिल्ली-टोपरा	1785	कैप्टन पोलियर
बराबर व नागार्जुनी गुफा	1785	हैरिंग्टन
गिरनार शिलालेख	1822	लेफ्टिनेण्ट कर्नल टाड
इलाहाबाद स्तम्भ लेख	1834	टी. एस. बर्ट
शहबाजगढ़ी	1836	एक फ्रांसीसी अधिकारी
धोली अभिलेख	1837	किट्टो
भाब्रू शिलालेख	1840	कैप्टन बर्ट
जौगढ़ अभिलेख	1850	सर वाल्टर इलियट
कालसी शिलालेख	1860	जॉन फॉरेस्ट
रामपुरवा, चम्पारण बिहार	1872	कार्लाइल
मानसेहरा	1889	कैप्टन ले
निगालि सागर	1895	फिहरर
रुम्मिनदेई	1896	फिहरर
सारनाथ	1905	ऑरैल स्टाइन
मास्की अभिलेख	1915	बीडेन

अशोक के उत्तराधिकारी

- अशोक की मृत्यु लगभग 232 ईसा पूर्व में हुई। अशोक के शासन के पश्चात् अगले 50 वर्ष तक उसके उत्तराधिकारियों का कमजोर शासन चलता रहा। अशोक के पश्चात् कुणाल मौर्य सम्राट बना। उसे दिव्यावदान में धर्मविवर्धन कहा गया है।
- राजतरंगिणी के अनुसार, मगध में कुणाल के शासन के समय कश्मीर का शासक जालौक था। अशोक के अन्य उत्तराधिकारियों के रूप में सम्प्रति दशरथ, शालिशुक एवं बृहद्रथ का नाम मिलता है।
- अन्तिम मौर्य शासक बृहद्रथ था, बाणभट्ट ने उसे प्रज्ञा दुर्बल कहा है।
- हर्षचरित के अनुसार, बृहद्रथ की हत्या उसी के सेनापति पुष्यमित्र शुंग ने 185-184 ई. पू. में उस समय की थी, जब वह सेना का निरीक्षण कर रहा था।

पुराणों के अनुसार, अशोक के उत्तराधिकारी

- कुणाल
- बन्धुपालित (कुणाल का पुत्र)
- इन्द्रपालित (बन्धुपालित का पुत्र)
- दशोन (इन्द्रपालित का पुत्र)
- दशरथ (दशोन का पुत्र)
- सम्प्रति (दशरथ का पुत्र)
- शालिशूक
- देवधर्मन्
- शतधनुष (देवधर्मन् का पुत्र)
- बृहद्रथ (अन्तिम शासक)

मौर्यकालीन प्रशासनिक व्यवस्था

- मौर्य प्रशासन की जानकारी कौटिल्य के अर्थशास्त्र मेगस्थनीज की इण्डिका, रुद्रदामन का जूनागढ़ अभिलेख आदि से मिलती है।
- मौर्यकालीन प्रशासनिक व्यवस्था लोक कल्याणकारी राज्य की अवधारणा पर आधारित थी। यद्यपि शासन का स्वरूप केन्द्रीकृत था, तथापि वह निरंकुश नहीं था।
- कौटिल्य ने राज्य की सप्तांग विचारधारा को प्रतिपादित किया। राज्य के सात अंग हैं-राजा (सिर), अमात्य (आँख), जनपद (जंघा), दुर्ग (बाँह), कोष (मुख), दण्ड (मस्तिष्क) एवं मित्र (कान)।
- मौर्य प्रशासन केन्द्रीकृत शासन प्रणाली थी, जिसमें शासन का केन्द्र-बिन्दु राजा होता था। कौटिल्य ने राजा को धर्मप्रवर्तक अर्थात् सामाजिक व्यवस्था का संचालक कहा है।
- अर्थशास्त्र एवं अशोक के शिलालेख में मन्त्रिपरिषद् का उल्लेख मिलता है।

- मन्त्रिपरिषद् के सदस्यों का चुनाव उनके चरित्र की भली-भाँति जाँच के बाद किया जाता था, जिसे उपधा परीक्षण कहा जाता था।
- कौटिल्य ने राजा को धर्म प्रवर्तक अर्थात् सामाजिक व्यवस्था का संचालक कहा तथा राजा को सलाह दी कि वर्णाश्रम व्यवस्था लुप्त होने लगे, तो राजा को धर्म की स्थापना करनी चाहिए।
- अर्थशास्त्र में सबसे उच्च अधिकारी को तीर्थ कहा गया है। इसमें कुल 18 तीर्थों की चर्चा मिलती है, जिसके लिए अधिकतर स्थानों पर महामात्र शब्द भी मिलता है। इसके अतिरिक्त 26 अध्यक्षों की चर्चा भी मिलती है।

अर्थशास्त्र में वर्णित प्रमुख तीर्थ

तीर्थ	सम्बन्धित विभाग
पुरोहित	प्रधानमन्त्री, प्रमुख धर्माधिकारी
प्रशास्ता	राजकीय कागजात सुरक्षित रखना
सेनापति	युद्ध विभाग का मन्त्री
युवराज	राजा का उत्तराधिकारी
समाहर्ता	राजस्व विभाग का प्रधान (वित्त मन्त्री)
सन्निधाता	राजकीय कोषाध्यक्ष
प्रदेष्टा	फौजदारी न्यायालय का न्यायाधीश (कमिश्नर)
नायक	सेना का संचालक अथवा नगर रक्षा का अध्यक्ष
कर्मान्तिक	उद्योगों एवं कारखानों का अध्यक्ष
दण्डपाल	सेना की सामग्री एकत्र करने वाला अधिकारी
व्यावहारिक	दीवानी न्यायालय का प्रमुख न्यायाधीश
नागरिक	नगर का प्रमुख अधिकारी या नगर कोतवाल
दुर्गपाल	राजकीय दुर्ग रक्षकों का अध्यक्ष
अन्तपाल	सीमावर्ती दुर्गों का रक्षक
आटविक	वन विभाग का प्रधान
दौवारिक	राजमहलों की देख-रेख करने वाला प्रधान
आन्तर्वेशिक	अन्तःपुर का अध्यक्ष
मन्त्रिपरिषदाध्यक्ष	मन्त्रिपरिषद् का अध्यक्ष

अर्थशास्त्र में वर्णित प्रमुख अध्यक्ष

अध्यक्ष	सम्बन्धित विभाग
पण्याध्यक्ष	वाणिज्य का अध्यक्ष
पौतवाध्यक्ष	माप-तौल का अध्यक्ष
सुराध्यक्ष	शराब एवं मदिरा का अध्यक्ष
सूनाध्यक्ष	बूचड़खाने का अध्यक्ष
अकाराध्यक्ष	खानों का अध्यक्ष
सीताध्यक्ष	कृषि विभागों का अध्यक्ष
कुप्याध्यक्ष	वन तथा उसकी सम्पदा का अध्यक्ष
सूत्राध्यक्ष	कताई-बुनाई विभाग का अध्यक्ष
लोहाध्यक्ष	धातु विभाग का अध्यक्ष
लक्षणाध्यक्ष	टकसाल का अध्यक्ष (मुद्रा विभाग)
मुद्राध्यक्ष	पासपोर्ट विभाग का अध्यक्ष
नवाध्यक्ष	जहाजरानी विभाग का अध्यक्ष
विवीताध्यक्ष	चरागाह का अध्यक्ष
संस्थाध्यक्ष	बाजार का अध्यक्ष
लवणाध्यक्ष	नमक विभाग का अध्यक्ष
शुल्काध्यक्ष	चुँगी एवं शुल्क विभाग का अध्यक्ष
देवताध्यक्ष	धार्मिक संस्थान का अध्यक्ष

अन्य प्रमुख अधिकारी

अधिकारी	कार्य
महामात्य	प्रमुख अमात्य नगरों का अधिकारी
अमात्य	योग्य अधिकारियों का समूह
अग्रामात्य	प्रधानमन्त्री का पद
स्त्री महामात्र	महिलाओं के नैतिक आचरण को देखने वाला
अन्तः महामात्र	सीमावर्ती क्षेत्रों में धर्म प्रचार करने वाला
धम्म महामात्र	समाज में समन्वय की स्थिति बनाए रखना
एस्टिनोमोई	नगर का अधिकारी
रूपदर्शक	सिक्कों की जाँच करने वाला प्रधान अधिकारी
सौवर्णिक	टकसाल का प्रमुख अधिकारी
रज्जुक	सामाजिक न्याय व राजस्व का अधिकारी
युक्तक	जिले में राजस्व की वसूली करने वाला
महामात्यापसर्प	गुप्तचर विभाग का प्रधान

प्रान्तीय व नगरीय प्रशासन

मौर्य प्रान्त अनेक प्रान्तों में विभक्त था। प्रारम्भ में चन्द्रगुप्त मौर्य ने प्रशासन की सुविधा की दृष्टि से सम्पूर्ण साम्राज्य को चार प्रान्तों में विभाजित किया था, जबकि अशोक के काल में प्रान्तों की संख्या बढ़कर पाँच (पाँचवाँ प्रान्त कलिंग था) हो गई, जिनके नाम निम्न प्रकार हैं

प्रान्तीय और नगरीय प्रशासन

प्रान्त	राजधानी	प्रान्त	राजधानी
उत्तरापथ	तक्षशिला	प्राची (प्राच्य)	पाटलिपुत्र
अवन्ति	उज्जयिनी	दक्षिणापथ	सुवर्णगिरी
कलिंग	तोसली		

- अशोक के अभिलेख के अनुसार, प्रान्तों का शासन राजवंशीय कुमार या आर्यपुत्र नामक पदाधिकारियों द्वारा होता था। कुमार या आर्यपुत्र राजवंश की ही किसी सन्तान को बनाया जाता था।

- अशोक सिंहासनारूढ़ होने से पूर्व उत्तरापथ एवं अवन्ति का कुमार रह चुका था।
- कुमारामात्य की सहायता हेतु प्रत्येक प्रान्त में महामात्र नामक अधिकारी होते थे। केन्द्रीय प्रशासन की भाँति प्रान्त में भी मन्त्रिपरिषद् होती थी।
- मौर्यकाल में प्रान्तों को चक्र कहा जाता था, प्रान्त को मण्डलों में विभाजित किया गया था।
- मण्डल का प्रमुख अधिकारी प्रदेष्टा या प्रादेशिक होता था। मण्डल जिलों में विभाजित थे, जिन्हें विषय या अहार कहा जाता था। अहार का प्रमुख अधिकारी विषयपति या स्थानिक कहलाता था।
- ग्राम समूहों के अन्तर्गत विभिन्न कोटियाँ थीं-स्थानीय (800 ग्राम), द्रोणमुख (400 ग्राम), खर्वाटिक (200 ग्राम), संग्रहण (10 ग्राम) आदि। ग्राम, प्रशासन की सबसे छोटी इकाई थी, इसका प्रधान ग्रामणी होता था।
- गोप का कार्य गाँवों में भूमि एवं मकान का पंजीकरण, हदबन्दी, कर की छूट व जनगणना करना भी होता था।
- मेगस्थनीज के अनुसार, पाटलिपुत्र नगर का प्रशासन तीस सदस्यों का एक मण्डल करता था, जो 6 समितियों में विभक्त था। प्रत्येक समिति में 5 सदस्य होते थे, इन समिति के कार्यों का विवरण निम्न प्रकार है
    - पहली समिति का कार्य उद्योग शिल्पों का निरीक्षण।
    - दूसरी समिति का कार्य विदेशियों की देख-रेख।
    - तीसरी समिति का कार्य जन्म-मरण का लेखा-जोखा रखना।
    - चौथी समिति का कार्य व्यापार/वाणिज्य।
    - पाँचवीं समिति का कार्य निर्मित वस्तुओं के विक्रय का निरीक्षण करना।
    - छठी समिति का कार्य बिक्री कर वसूल करना था।
- यूनानी स्रोतों से तीन प्रकार के अधिकारियों के विषय में जानकारी मिलती है-एस्ट्रोनोमोई (नगर का प्रमुख), एग्रोनोमोई (जिले का अधिकारी) मार्ग निर्माण अधिकारी एवं सैनिक अधिकारी।

न्याय प्रशासन

- मौर्यकालीन न्याय प्रशासन में राजा/सम्राट प्रमुख होता था। अर्थशास्त्र में धर्मस्थीय एवं कण्टकशोधन न्यायालय की चर्चा मिलती है।
- धर्मस्थीय न्यायालय में स्त्रीधन व विवाह आदि सम्बन्धी मामलों को तथा कण्टकशोधन न्यायालय में हत्या, मारपीट आदि सम्बन्धी मामलों का निपटारा किया जाता था।

कौटिल्य के अनुसार, विधि के चार स्रोत थे-धर्म, व्यवहार, चरित्र एवं राजाज्ञा।

- सबसे निचले स्तर पर ग्राम न्यायालय था, जहाँ ग्रामीण एवं ग्राम वृद्ध निर्णय करते थे। मौर्यकाल में सबसे छोटा न्यायालय ग्राम न्यायालय था। इसके ऊपर मुख्यत: संग्रहण, द्रोणमुख, स्थानीय तथा जनपद न्यायालय थे। सबसे उच्च न्यायालय राजा का न्यायालय होता था।

सैन्य प्रशासन

- यूनानी लेखक प्लिनी के अनुसार, चन्द्रगुप्त की सेना में 6,00,000 पैदल सिपाही, 30,000 घुड़सवार और 9,000 हाथी थे। एक अन्य स्रोत में वर्णित है कि मौर्यों के पास 8,000 अश्वचालित रथ और नौसेना भी थी।
- मौर्य सेना, नन्द सेना से लगभग तीन गुनी थी। राज्यक्षेत्र और आय स्रोतों में बहुत अधिक वृद्धि होने के कारण ही ऐसा सम्भव हो पाया।
- इस सन्दर्भ में जस्टिन ने चन्द्रगुप्त की सेना को डाकुओं का गिरोह कहा है।
- कौटिल्य ने सेना को तीन भागों में विभाजित किया है
    (i) पुस्तैनी सेना
    (ii) किराये की सेना
    (iii) नगरपालिका से सम्बन्धित सेना।
- सैन्य विभाग का सबसे बड़ा अधिकारी सेनापति तथा युद्ध में सेना का नेतृत्व करने वाला अधिकारी नायक होता था।
- मेगस्थनीज के अनुसार, सैनिक प्रशासन के लिए 30 अधिकारियों की एक परिषद् थी, जो पाँच-पाँच सदस्यों की छ: समितियों में विभक्त थी। ऐसा ज्ञात होता है कि पैदल, घुड़सवार, हाथी, रथ, नाव और सवारी सेना के संचालन का उत्तरदायित्व 6 समितियों पर होता था।

प्रमुख समितियाँ

समिति	कार्य
प्रथम समिति	जल सेना की व्यवस्था
द्वितीय समिति	यातायात एवं रसद की व्यवस्था
तृतीय समिति	पैदल सैनिकों की देख-रेख
चतुर्थ समिति	अश्वारोही सेना की देख-रेख
पंचम समिति	गजसेना की देख-रेख
छठी समिति	रथ सेना की देख-रेख

गुप्तचर व्यवस्था

- मौर्यकालीन प्रशासन तथा न्याय व्यवस्था को सुचारू रूप से संचालित करने के लिए राज्य में पुलिस और गुप्तचर व्यवस्था की स्थापना की गई।
- गुप्तचरों को गुप्त पुरुष (गूढ़पुरुष) तथा इसके प्रधान अधिकारी को महामात्यापसर्प कहा गया। अर्थशास्त्र में दो प्रकार के गुप्तचरों का विवरण है-संस्था तथा संचरा।
- संस्था संगठित होकर कार्य करती थी, जबकि संचरा घुमक्कड़ थे। पुरुष गुप्तचर को सान्ती, तिष्णा एवं सरद कहा जाता था, जबकि स्त्री गुप्तचर को वृषाली, भिक्षुकी एवं परिव्राजक कहा जाता था। गुप्तचरों के अतिरिक्त पुलिस की भी नियुक्ति की जाती थी, इन्हें रक्षिण कहा जाता था।

मौर्यकालीन प्रशासन, सामाजिक, धार्मिक एवं आर्थिक स्थिति

प्रशासन

- **कौटिल्य की सप्तांग विचारधारा** राजा, अमात्य, जनपद, दुर्ग, कोष, दण्ड, मित्र
- **एग्रोनोमोई** सड़क निर्माण अधिकारी
- साम्राज्य चार प्रान्तों में विभाजित उत्तरापथ, दक्षिणापथ, मध्य प्रान्त, प्राच्य
- 18 तीर्थ (शीर्षस्थ अधिकारी) एवं 27 अध्यक्ष (विभागाध्यक्ष)
- नगर प्रशासन (इण्डिका में चर्चा)
- सैन्य विभाग का प्रधान **सेनापति**
- राजस्व विभाग का प्रधान **समाहर्त्ता**
- धर्मस्थीय तथा कण्टकशोधन न्यायालय
- गुप्तचर व्यवस्था

समाज

- मेगस्थनीज के अनुसार समाज में **सात वर्ग** दार्शनिक, किसान, अहीर, कारीगर या शिल्पी, सैनिक, निरीक्षक तथा सभासद
- कौटिल्य (अर्थशास्त्र में) चार वर्ण
- स्त्रियों को विवाह मोक्ष (तलाक) की अनुमति
- सती प्रथा का प्रमाण नहीं
- कौटिल्य द्वारा 9 प्रकार के दासों की चर्चा
- मेगस्थनीज के अनुसार दास-प्रथा नहीं

धार्मिक स्थिति

- **वैदिक धर्म** प्रधान धर्म तथा यज्ञों में पशु बलि
- मेगस्थनीज द्वारा ब्राह्मणों का उल्लेख दार्शनिक
- अशोक के सातवें शिलालेख में ब्राह्मणों एवं श्रमणों की चर्चा
- अनीश्वरवादी सम्प्रदायों को भी सम्मान

आर्थिक स्थिति

- कृषि-शिल्प व्यापार उन्नत स्थिति में
- सिंचाई के साधनों का उल्लेख
- सीता भूमि की चर्चा
- व्यापारिक मार्गों की चर्चा
- आन्तरिक तथा बाह्य व्यापार
- व्यापारिक उन्नति के कारण नगरों तथा बन्दरगाहों की स्थापना
- वस्त्र तथा शिल्प निर्माण
- आहत सिक्कों का प्रयोग
- टकसाल के अधिकारी **लक्षणाध्यक्ष** की चर्चा
- पशुपालन का उल्लेख
- घोड़े तथा हाथियों का पालन

मौर्य साम्राज्य के पतन के कारण

- **ब्राह्मणों की प्रतिक्रिया** अशोक की नीतियों ने ब्राह्मणों को नाराज कर दिया। अशोक ने कर्मकाण्डीय अनुष्ठानों की खिल्ली उड़ाई तथा बौद्ध धर्म अपनाने के बाद यह विरोधी रुख अपना लिया। परिणामस्वरूप ब्राह्मणों की आय में कमी आई, इसलिए मौर्य साम्राज्य के पतन में ब्राह्मणों ने महत्त्वपूर्ण भूमिका निभाई।
- **वित्तीय संकट** सेना और प्रशासनिक अधिकारियों पर अत्यधिक खर्च से मौर्य साम्राज्य के सामने वित्तीय संकट खड़ा हो गया। अशोक के काल में दिया गया दान भी वित्तीय संकट का एक कारण है।
- **दमनकारी शासन** अशोक के शासनकाल में प्रान्तों में हुए अत्याचार का पता कलिंग अभिलेख से चलता है। इससे साम्राज्य की स्थिति कमजोर हो गई थी। इससे निपटने के लिए अशोक ने महामात्रों को आदेश दिया था बिना किसी कारण के किसी भी नागरिक को यातना न दें।
- **बाह्य आक्रमण** मौर्य साम्राज्य पर बाहरी शक्तियों (यूनानी, शक) द्वारा आक्रमण किया गया, जिससे मौर्य साम्राज्य कमजोर हो गया।
- मौर्य साम्राज्य जैसे विस्तृत साम्राज्य के पतन के लिए किसी एक कारण का होना पर्याप्त नहीं है। स्पष्ट साक्ष्यों के अभाव में विद्वानों ने अलग-अलग कारण प्रस्तुत किए हैं।

पतन सम्बन्धी मत

इतिहासकार	पतन के कारण
हरप्रसाद शास्त्री	धार्मिक नीति (ब्राह्मण विरोधी नीति)
हेमचन्द्र राय चौधरी	अहिंसक एवं शान्तिप्रिय नीति
डी. डी. कौशाम्बी	आर्थिक कारण (संकटग्रस्त अर्थव्यवस्था)
डी. एन. झा	कमजोर उत्तराधिकारी
रोमिला थापर	(i) अत्यधिक केन्द्रीकृत शासन व्यवस्था (ii) अधिकारी तन्त्र का अप्रशिक्षित होना।

लगभग 200 ई.पू. से जो काल प्रारम्भ होता है, उसमें मौर्य साम्राज्य जैसा कोई बड़ा साम्राज्य दृष्टिगोचर नहीं होता है। मौर्यों के पश्चात् यहाँ कुछ स्थानीय एवं मध्य एशियाई राजवंशों ने शासन किया।

अध्याय दस

मौर्योत्तर काल

मौर्य साम्राज्य के पतन के पश्चात् कुछ समय के लिए भारत की राजनीतिक एकता भंग हो गई। पूर्वी भारत, मध्य भारत, दक्कन में मौर्यों का स्थान कई स्थानीय राजवंशों; जैसे-शुंग, कण्व और सातवाहनों ने लिया, जबकि उत्तर-पश्चिम भारत पर अनेक विदेशी आक्रान्ताओं, जिनमें इण्डो-ग्रीक, शक, पार्थियाई, कुषाण आदि शामिल थे, ने अपने राज्यों की स्थापना की। इस काल में वाणिज्य एवं व्यापार तथा कला एवं स्थापत्य के क्षेत्र में व्यापक प्रगति हुई।

मौर्योत्तरकालीन इतिहास के स्रोत

इस काल के इतिहास के बारे में पर्याप्त जानकारी निम्नलिखित स्रोतों से प्राप्त होती है

साहित्यिक स्रोत

- **बौद्ध ग्रन्थ** इसमें दिव्यावदान, ललितविस्तार एवं आर्य मंजूश्री मूलकल्प आदि प्रमुख हैं। दिव्यावदान में पुष्यमित्र शुंग द्वारा अशोक के 84 हजार स्तूपों के तोड़े जाने का उल्लेख है।
- **महाभाष्य,** पतंजलि द्वारा रचित, पुस्तक से पुष्यमित्र शुंग के शासनकाल की प्रमुख घटनाओं का पता चलता है। इसमें यवनों के साकेत तथा माध्यमिका आक्रमण का उल्लेख मिलता है। **गार्गी संहिता** ज्योतिषशास्त्र से सम्बन्धित इस पुस्तक में यवन आक्रमण का उल्लेख मिलता है।
- **मालविकाग्निमित्रम्** कालिदास द्वारा रचित इस पुस्तक का सम्बन्ध शुंगकालीन घटना क्रम से है। इसमें वसुमित्र द्वारा यवनों की पराजय का उल्लेख है तथा अग्निमित्र एवं मालविका के प्रेम-सम्बन्ध का वर्णन है।
- **हर्षचरित** बाणभट्ट द्वारा रचित इस ग्रन्थ में मौर्य शासक बृहद्रथ की उसके सेनापति पुष्यमित्र शुंग द्वारा हत्या का वर्णन मिलता है।
- **नेचुरल हिस्ट्री** 77 ई.पू. में प्लिनी ने लैटिन भाषा में इस पुस्तक को लिखा था। इसमें भूमध्यसागरीय देशों से भारतीय व्यापार का उल्लेख किया गया है।

अभिलेख

- **अयोध्या का लेख** यह लेख पुष्यमित्र के राज्यपाल धनदेव से सम्बन्धित है, जिसमें **पुष्यमित्र शुंग** द्वारा किए गए **दो अश्वमेध यज्ञों** का वर्णन है।
- **बेसनगर का लेख** यह लेख यवन राजदूत हेलियोडोरस से सम्बन्धित है। इस लेख से मध्य भारत में वैष्णव धर्म की स्थिति का पता चलता है।
- नानाघाट अभिलेख यह अभिलेख सातवाहन शासक शातकर्णी प्रथम की पत्नी **नागनिका** से सम्बन्धित है। यह भूमिदान का पहला अभिलेखीय प्रमाण है।
- **जूनागढ़ अभिलेख** यह अभिलेख 150 ई. में रुद्रदामन से सम्बन्धित है। यह **संस्कृत भाषा** का पहला अभिलेख है।
- यह **चम्पू शैली** में लिखा गया है। इस शैली में गद्य तथा पद्य का मिश्रण पाया जाता है।

सिक्के

इस काल में सिक्कों पर तिथिक्रम अंकित किया जाने लगा था। शुंग काल की कुछ मुद्राएँ अहिच्छत्र, अयोध्या, कौशाम्बी व मथुरा से प्राप्त हुई हैं, इनसे उस समय की ऐतिहासिक जानकारी मिलती है।

मौर्योत्तर काल के प्रमुख राजवंश

मौर्योत्तर काल के प्रमुख राजवंश

देशी राजवंश	विदेशी राजवंश
शुंग वंश	हिन्द-यवन (इण्डो-ग्रीक)
कण्व वंश	शक
सातवाहन वंश	पार्थियन
चेदि वंश/महामेघवाहन वंश	कुषाण वंश

- मौर्यों के पतन के पश्चात् शुंग वंश सत्तारूढ़ हो गया। कुछ वर्षों की शान्ति के बाद उत्तर भारत पर हिन्द-यवन, शक, पार्थियाई तथा कुषाणों ने आक्रमण कर अपनी राजसत्ता स्थापित की। इस समय भारतीय चेतना में विदेशी तत्त्वों का प्रवेश तीव्रगति से हुआ।

मौर्योत्तर काल के प्रमुख स्थानीय शासक

मौर्योत्तर काल के प्रमुख स्थानीय शासकों का विवरण निम्न प्रकार है

शुंग वंश (185-75 ई.पू.)

- पुराणों के अनुसार शुंग वंश की स्थापना पुष्यमित्र शुंग ने 185 ई.पू. में की थी।
- शुंग ब्राह्मण थे तथा उज्जैन (मध्य प्रदेश) के निवासी थे। शुंगवंशियों ने पाटलिपुत्र और मध्य भारत में शासन किया।
- संस्कृत भाषा का पुनरुत्थान शुंग काल में हुआ और इसके पुनरुत्थान का विशेष श्रेय महर्षि पतंजलि को जाता है।

पुष्यमित्र शुंग

- पुष्यमित्र शुंग मौर्य वंश के अन्तिम शासक बृहद्रथ का सेनापति था। इसने बृहद्रथ की हत्या करके शुंग वंश की स्थापना की थी। शुंग वंश की स्थापना के पश्चात् वह सेनानी के नाम से शासन करता था, क्योंकि पुराण व हर्षचरित आदि में पुष्यमित्र के लिए सेनानी अर्थात् सेनापति की उपाधि का उल्लेख मिलता है। पुष्यमित्र शुंग ने मगध साम्राज्य की अधीनता को त्याग चुके राज्यों को अपने अधीन कर लिया।
- महर्षि पाणिनि ने पुष्यमित्र शुंग की राजधानी विदिशा तथा पुष्यमित्र का गोत्र भारद्वाज बताया है।
- बाणभट्ट के हर्षचरित में पुष्यमित्र को अनार्य कहा गया है। दिव्यावदान से यह ज्ञात होता है कि पुष्यमित्र पुष्यधर्म का पुत्र था।
- पुष्यमित्र शुंग कट्टर ब्राह्मणवादी था। धनदेव के अयोध्या अभिलेख के अनुसार उसने दो अश्वमेध यज्ञों का अनुष्ठान किया। सुप्रसिद्ध संस्कृत व्याकरण के ज्ञाता पतंजलि उसके अश्वमेध यज्ञ के पुरोहित थे।
- पुष्यमित्र शुंग सम्भवतः बौद्ध विरोधी था, क्योंकि बौद्ध ग्रन्थों में उसको बौद्धों का उत्पीड़क व बौद्ध विहारों को नष्ट करने वाला बताया गया है, परन्तु भरहुत स्तूप बनाने का श्रेय पुष्यमित्र शुंग को ही दिया जाता है। साँची स्तूप में काष्ठ वेदिका के स्थान पर उसने पाषाण वेदिका का निर्माण करवाया।
- पुराणों के अनुसार, पुष्यमित्र ने 36 वर्षों तक शासन किया था। पुष्यमित्र के शासनकाल में अनेक विदेशी आक्रमणकारियों के द्वारा भारत पर आक्रमण किए गए।

पुष्यमित्र शुंग के शासनकाल के प्रमुख युद्ध

- **विदर्भ** (बरार) विदर्भ के शासक यज्ञसेन को शुंगों का स्वाभाविक शत्रु कहा गया है। मौर्य शासन के दौरान उसे विदर्भ का शासक नियुक्त किया गया था, किन्तु मगध साम्राज्य के कमजोर हो जाने के पश्चात् उसने स्वयं को विदर्भ का स्वतन्त्र शासक घोषित कर दिया। विदिशा के प्रान्तपति और पुष्यमित्र शुंग के पुत्र अग्निमित्र ने यज्ञसेन को पराजित कर मगध के अधीन कर दिया। कालिदास के प्रथम एवं प्रसिद्ध नाटक **मालविकाग्निमित्रम्** के अन्तर्गत अग्निमित्र और यज्ञसेन की चचेरी बहन मालविका की प्रेमकथा तथा विदर्भ विजय के विवरण का उल्लेख मिलता है।
- **खारवेल युद्ध** हाथीगुम्फा अभिलेख से यह ज्ञात होता है कि कलिंग नरेश खारवेल ने मौर्य वंश के अन्तिम दिनों में मगध पर आक्रमण कर पुष्यमित्र शुंग को पराजित किया था।
- **यवन आक्रमण** पुष्यमित्र शुंग के काल में यवन आक्रमण हुए थे। इसका उल्लेख गार्गी संहिता, मालविकाग्निमित्रम् और महाभाष्य में किया गया है। यवन शासक **डेमेट्रियस** (दिमित्र) पुष्यमित्र शुंग का समकालीन था।
- **गार्गी संहिता के युगपुराण** इस अध्याय में यह उल्लेख किया गया है कि यवन साकेत, पांचाल और मथुरा को विजित करने के पश्चात् पाटलिपुत्र तक पहुँच गए थे।

पुष्यमित्र शुंग के उत्तराधिकारी

- पुष्यमित्र शुंग के पश्चात् उसका पुत्र अग्निमित्र शासक बना, जिसने आठ वर्षों तक शासन किया। अग्निमित्र ने विदिशा को अपनी राजधानी बनाया था। पुष्यमित्र के समय ही अग्निमित्र, विदिशा का गोप्ता (उपराजा) था।
- अग्निमित्र की सभा में भगवती कौशिकी नामक बौद्ध धर्मावलम्बी स्त्री रहती थी।
- अग्निमित्र के पश्चात् क्रमशः वसुज्येष्ठ, वसुमित्र, आन्ध्रक, पुलिन्दक, घोष वज्रमित्र, भागभद्र व देवभूति शुंग वंश के उत्तराधिकारी हुए।
- सुज्येष्ठ के सिक्के पर उसका नाम ज्येष्ठमित्र लिखा था।
- भागभद्र, भागवत धर्म (वैष्णव धर्म) का अनुयायी था। शुंग वंश के 9वें शासक भागभद्र के शासनकाल के 14वें वर्ष में तक्षशिला के यवन शासक एण्टियालकीड्स के राजदूत हेलियोडोरस ने विदिशा में वासुदेव के सम्मान में गरुड़ स्तम्भ स्थापित किया, जिस पर दम्भ (आत्मनिग्रह), छाया (त्याग) और अप्रमाद (सतर्कता) शब्द लिखे हुए थे। तत्पश्चात् उसने भगवान विष्णु की पूजा की। देवभूति, शुंग वंश का अन्तिम शासक था। इसकी हत्या उसके मन्त्री वसुदेव ने की थी।

कण्व वंश (75-30 ई.पू.)

- शुंग वंश के अन्तिम शासक देवभूति की हत्या कर उसके मन्त्री वसुदेव ने 75 ई.पू. में कण्व वंश की स्थापना की। यह भी ब्राह्मण वंश था। इसमें केवल चार शासक वसुदेव, भूमिमित्र, नारायण तथा सुशर्मन हुए।
- इस वंश के शासकों ने भी शुंगों द्वारा प्रारम्भ की गई वैदिक एवं संस्कृत संरक्षण की परम्परा को जारी रखा। इसके सम्बन्ध में हर्षचरित से जानकारी प्राप्त होती है।
- अन्तिम शासक सुशर्मन की हत्या 30 ई.पू. में सिमुक ने कर दी और एक नवीन ब्राह्मण वंश आन्ध्र-सातवाहन की नींव रखी।

सातवाहन वंश (30 ई.पू.-250 ई.)

- सातवाहन वंश की स्थापना सिमुक (60 ई.पू.-37 ई.पू.) ने की थी। सातवाहन वंश को पुराणों में आन्ध्र भृत्य तथा अभिलेखों में सातवाहन कहा गया है।

- यह वंश किसी-न-किसी रूप में लगभग चार शताब्दियों तक बना रहा, जो प्राचीन भारत में किसी एक वंश का सर्वाधिक कार्यकाल है। पुराणों के अनुसार, सातवाहनों ने 300 वर्ष तक शासन किया। इस वंश की राजधानी प्रतिष्ठान थी।
- सातवाहनों का शासन महाराष्ट्र, आन्ध्र और कर्नाटक तक विस्तृत था। आरम्भिक सातवाहन शासक आन्ध्र में नहीं, बल्कि उत्तरी महाराष्ट्र में थे, जहाँ उनके प्राचीनतम सिक्के और अधिकांश आरम्भिक अभिलेख मिले हैं।
- सातवाहनों के सबसे बड़े प्रतिद्वन्द्वी शक थे, जिन्होंने अपनी सत्ता दक्कन और पश्चिमी भारत में स्थापित की थी।
- सातवाहनों से सम्बन्धित इतिहास की जानकारी अभिलेख, सिक्के व स्मारकों अर्थात् तीनों से मिलती है।
- सातवाहन पूर्व बस्तियों का अस्तित्व दक्कन के अनेक स्थलों पर काले व लाल मृद्भाण्ड और गेरुआ लेपित चित्रित मृद्भाण्डों के पाए जाने से प्रमाणित होता है।

सातवाहन इतिहास के प्रमुख स्रोत

- गौतमी बलश्री का नासिक गुहालेख
- गौतमीपुत्र शातकर्णी के नासिक से मिले दो गुहालेख
- रानी नागनिका का नानाघाट अभिलेख, पुणे (महाराष्ट्र)
- यज्ञश्री शातकर्णी का नासिक गुहालेख
- वशिष्ठीपुत्र पुलुमावी का नासिक गुहालेख
- वशिष्ठीपुत्र पुलुमावी का कार्ले गुहालेख

प्रमुख सातवाहन शासक

सातवाहन वंश के प्रमुख शासकों का संक्षिप्त वर्णन निम्न प्रकार है

शातकर्णी प्रथम

- शातकर्णी प्रथम इस वंश का पहला महत्त्वपूर्ण शासक था, जिसकी उपलब्धियों की जानकारी (इसकी रानी) नागनिका के नानाघाट अभिलेख से मिलती है। इस अभिलेख से ज्ञात होता है कि इसने पहली शताब्दी ई. पू. में ब्राह्मणों एवं बौद्धों को भूमि अनुदान में दी। भूमिदान का यह पहला अभिलेखीय साक्ष्य है।
- शातकर्णी प्रथम ने दो अश्वमेध तथा एक राजसूय यज्ञ का अनुष्ठान किया था। पुराणों में इसे कृष्ण का पुत्र कहा गया है।
- शातकर्णी प्रथम ने दक्षिणापथपति व अप्रतिहत चक्र जैसी उपाधियाँ धारण की थीं। उसने मानव शैली की गोल मुद्राएँ तथा अपनी पत्नी के नाम पर रजत मुद्राएँ उत्कीर्ण करवाई थीं।
- शातकर्णी प्रथम के सिक्कों पर श्रीसात (शातकर्णी का सूचक) उल्लेख है। जुन्नार से प्राप्त रजत सिक्कों पर शातकर्णी एवं नागनिका के नाम के साथ अश्व की आकृति उत्कीर्ण मिलती है।

हाल

- सातवाहन वंश में हाल महानतम शासक था। वह एक बड़ा कवि तथा कवियों एवं विद्वानों का आश्रयदाता था।
- हाल ने गाथासप्तशती नामक एक मुक्तक काव्य की रचना की थी। यह प्राकृत भाषा में है।
- उसकी राजसभा में बृहत्कथा के रचयिता गुणाढ्य तथा कातन्त्र नामक संस्कृत व्याकरण के लेखक सर्ववर्मन निवास करते थे।

गौतमीपुत्र शातकर्णी

- सातवाहन वंश का महानतम शासक गौतमीपुत्र शातकर्णी था, जिसकी सैन्य विजयों की जानकारी इसकी माता बलश्री के नासिक अभिलेख से प्राप्त होती है। इस अभिलेख में उसे एकमात्र ब्राह्मण एवं अद्वितीय ब्राह्मण कहा गया है। इस अभिलेख के अनुसार उसके घोड़ों ने तीनों समुद्रों का पानी पिया था।
- नासिक (जोगलथम्बी) से चाँदी के 8 हजार सिक्के प्राप्त हुए हैं, जिनमें एक ओर नहपान तथा दूसरी ओर गौतमीपुत्र शातकर्णी का नाम है।
- उसने राजाराज, वेणकटक स्वामी, विन्ध्यनरेश की उपाधियाँ धारण कीं। गौतमीपुत्र शातकर्णी ने वेणकटक नामक नगर की स्थापना की थी। उसने शक शासक नहपान को पराजित किया था। नहपान क्षहरात वंश से सम्बन्धित था।

वशिष्ठीपुत्र पुलुमावी

- गौतमीपुत्र शातकर्णी का उत्तराधिकारी वशिष्ठीपुत्र पुलुमावी था। वशिष्ठीपुत्र पुलुमावी को आन्ध्र पर विजय करने के पश्चात् उसे प्रथम आन्ध्र सम्राट कहा गया। पुराणों में उसे पुलोमा कहा गया है।
- पुलुमावी को दक्षिणापथेश्वर एवं प्रथम आन्ध्र सम्राट भी कहा गया है। उसके अभिलेख नासिक, कार्ले और अमरावती में मिले हैं।
- कन्हेरी लेख में उल्लिखित साक्ष्यों के अनुसार पुलुमावी का विवाह रुद्रदामन की पुत्री से हुआ था।
- जूनागढ़ अभिलेख (गिरनार अभिलेख) में रुद्रदामन ने पुलुमावी को दो बार पराजित करने का दावा किया है।
- पुलुमावी के पश्चात् शिवश्री शातकर्णी (154-165 ई.) एवं शिवस्कन्द शातकर्णी (165-174 ई.) शासक हुए।

यज्ञश्री शातकर्णी

- यज्ञश्री शातकर्णी सातवाहन वंश का अन्तिम महान शासक था, जिसके सिक्के पर नाव का चित्र अंकित था।
- यज्ञश्री शातकर्णी ने उत्तर कोंकण और मालवा को शक शासकों से वापस ले लिया था।
- यज्ञश्री शातकर्णी व्यापार और जलयात्रा का प्रेमी था। इसके सिक्के न केवल आन्ध्र प्रदेश, अपितु महाराष्ट्र, मध्य प्रदेश और गुजरात में भी पाए गए हैं। इन सिक्कों पर जहाज का चित्र है, जो जलयात्रा और समुद्री व्यापार के प्रति उसके प्रेम का परिचायक है। सातवाहन साम्राज्य के अवशेष पर वाकाटक एवं इक्ष्वाकु वंश की स्थापना हुई।

चेदि वंश

- कलिंग के चेदि वंश से सम्बन्धित जानकारी का स्रोत इस वंश के महान शासक खारवेल का हाथीगुम्फा अभिलेख (प्रथम शताब्दी ई.पू.) में मिलता है।
- इस अभिलेख से अप्रत्यक्ष रूप से पता चलता है कि चेदि वंश का संस्थापक महामेघवाहन नामक व्यक्ति था, इसलिए इसे महामेघवाहन वंश के नाम से भी जानते हैं।

- खारवेल चेदि वंश का महानतम शासक था, जो मगध के शासक बृहस्पतिमित्र के विरुद्ध अभियान कर जैन तीर्थंकर ऋषभदेव की मूर्ति मगध से लाने में सफल हुआ, जिसको तीन शताब्दी पूर्व मगध के शासक महापद्मनन्द द्वारा कलिंग से ले जाया गया था।
- जैन लोगों को ग्राम दान में दिए जाने का प्रथम उल्लेख हाथीगुम्फा अभिलेख से प्राप्त होता है। इस अभिलेख में दक्षिण के तीन राज्यों चोल, चेर एवं पाण्ड्यों का उसके द्वारा पराजित किए जाने का उल्लेख है।
- अभिलेखों में खारवेल को राजर्षि कहा गया है। हाथीगुम्फा अभिलेख पहला प्रशस्ति अभिलेख है। महाराज की उपाधि का प्राचीनतम उल्लेख इसी अभिलेख से प्राप्त होता है।
- खारवेल ने अनेक गुफा विहारों का निर्माण करवाया था। ये गुफा जैन भिक्षुओं के लिए बनवाई गई थीं। इनमें उदयगिरि में 19 तथा खण्डगिरि में 16 गुफाएँ स्थित हैं।
- खारवेल जैन धर्मावलम्बी था, यद्यपि वह सभी धर्मों तथा सम्प्रदायों का सम्मान करता था।

मौर्योत्तरकालीन विदेशी राजवंश/शासक

मौर्योत्तर काल की सबसे महत्त्वपूर्ण परिघटना उत्तर-पश्चिम की ओर से भारत में अनेक जातियों का आगमन तथा भारतीय समाज में उनके समावेश की प्रवृत्ति थी। इनका विवरण निम्न प्रकार है

हिन्द-यवन (इण्डो-ग्रीक)

- उत्तर-पश्चिम से पश्चिमी विदेशियों के आक्रमण मौर्योत्तर काल की सबसे महत्त्वपूर्ण राजनीतिक घटना थी। पहला आक्रमण हिन्द-यूनानी या इण्डो-ग्रीक या बैक्ट्रियाई यूनानी द्वारा किया गया था।
- सर्वप्रथम यूनानी आक्रमणकारियों ने हिन्दूकुश पर्वत पार किया। ये उत्तरी अफगानिस्तान में अमुदरिया (ऑक्सस) के दक्षिण में बैक्ट्रिया पर शासन करते थे।
- इण्डो-ग्रीक का इतिहास जानने का मुख्य स्रोत सिक्के हैं।

प्रमुख हिन्द-यवन शासक

प्रमुख हिन्द-यवन शासक निम्नलिखित हैं

डेमेट्रियस प्रथम

- भारतीय सीमा में सर्वप्रथम प्रवेश करने का श्रेय डेमेट्रियस प्रथम को जाता है। उसने 183 ई.पू. के लगभग पंजाब के कुछ भागों को जीतकर साकल (आधुनिक स्यालकोट) को अपनी राजधानी बनाया।
- डेमेट्रियस ने भारतीयों की राजा उपाधि धारण की और यूनानी तथा खरोष्ठी दोनों लिपियों वाले सिक्के चलाए। डेमेट्रियस के उपरान्त यूक्रेटाइड्स ने भारत के कुछ राज्यों को जीतकर तक्षशिला को अपनी राजधानी बनाया।
- उल्लेखनीय है कि 125 ई.पू. के लगभग बैक्ट्रिया से यवन-शासन समाप्त हो गया तथा वहाँ शकों का शासन स्थापित हो गया। बैक्ट्रिया में यवनों का अन्तिम शासक हेलियोक्लीज था।

मिनाण्डर

- मिनाण्डर सबसे प्रसिद्ध यवन शासक था। यह सम्भवत: डेमेट्रियस कुल से सम्बन्धित था। मिनाण्डर बौद्ध साहित्य में मिलिन्द के नाम से प्रसिद्ध है। प्रसिद्ध बौद्ध ग्रन्थ मिलिन्दपन्हो में बौद्ध भिक्षु नागसेन एवं मिनाण्डर की वृहद् वार्ता संकलित है।
- हिन्द-यवन शासकों के चाँदी के सिक्के द्रम्म कहे जाते थे। मिनाण्डर के सिक्कों पर धर्मचक्र का अंकन मिलता है। वह प्रथम इण्डो-ग्रीक शासक था, जिसने स्वर्ण सिक्के चलवाए।
- इस वंश के सबसे प्रतापी शासक एण्टियालकीड्स ने हेलियोडोरस को भागभद्र के दरबार में भेजा था। हेलियोडोरस ने विदिशा में गरुड़ स्तम्भ की स्थापना की थी।

यूनानियों की देन

- राजत्व का दैवीय सिद्धान्त।
- साँचों से सिक्का-निर्माण की विधि।
- मुद्राओं पर राजा का नाम, चित्र, तिथि अंकित करने का प्रचलन।
- काल गणना, सम्वत् का प्रयोग, सप्ताह के 7 दिन, 12 राशियाँ, कैलेण्डर वर्ष।
- भारत में ज्योतिष का विकास यूनानी सम्बन्धों के कारण सम्भव हुआ।
- नाटक में प्रयुक्त होने वाला **पर्दा** यूनानियों की देन है, इसे **यवनिका** कहा गया।
- उत्तर-पश्चिम भारत में **हेलेनिस्टिक कला** (गान्धार शैली) का विकास।

शक

- शक मूलत: सीरिया के उत्तर में निवास करने वाली जाति थी। शकों ने बोलन दर्रे से भारत में प्रवेश किया था। भारतीय स्रोतों में शकों को सीथियन नाम दिया गया है।

शक पाँच शाखाओं में विभक्त थे, जोकि निम्न हैं

- अफगानिस्तान
- पंजाब (राजधानी-तक्षशिला)
- मथुरा
- पश्चिमी भारत
- ऊपरी दक्कन

- शकों ने क्षत्रप (राजा) प्रणाली ईरान से ग्रहण की, भारत में क्षत्रप प्रणाली का प्रचलन शकों ने किया।
- भारत में शकों की दो शाखाएँ थीं-उत्तरी क्षत्रप (तक्षशिला एवं मथुरा) एवं पश्चिमी क्षत्रप (नासिक व उज्जैन)।
- तक्षशिला के शक शासकों में मोगा/माउस प्रमुख था। इसे प्रथम शक शासक माना जाता है। इसके अनेक सिक्के प्राप्त हुए हैं।
- महाराष्ट्र के पश्चिमी शक शासकों में क्षहरात वंश (नासिक) का नहपान सबसे प्रसिद्ध था। सातवाहन शासक गौतमीपुत्र शातकर्णी से यह पराजित हुआ था। नहपान ने अपने सिक्कों में स्वयं को 'राजा' लिखा है। इसके सिक्के अजमेर से नासिक तक मिलते हैं।

रुद्रदामन प्रथम

- भारत में शकों का सर्वाधिक प्रसिद्ध राजा रुद्रदामन (130-150 ई.) था। यह पश्चिमी क्षत्रपों के कादर्मक वंश (उज्जैन) से सम्बन्धित था। रुद्रदामन ने अपने समकालीन शातकर्णी द्वितीय (वशिष्ठीपुत्र पुलुमावी) को दो बार हराया।
- रुद्रदामन की राजधानी आधुनिक सियालकोट (शाकल) थी। इसने गंगा-यमुना दोआब पर भी आक्रमण किया था।

- इसका शासन न केवल सिन्ध में, बल्कि कोंकण, नर्मदा घाटी, मालवा, काठियावाड़ और गुजरात के बड़े भागों में भी था।
- रुद्रदामन ने **सुदर्शन झील** की मरम्मत करवाई। इस झील का निर्माण मौर्यकाल में हुआ था। इसके समय में सौराष्ट्र प्रान्त का शासक **सुविशाख** था।
- रुद्रदामन संस्कृत भाषा का संरक्षक था। उसने ही सबसे पहले विशुद्ध संस्कृत भाषा में लम्बा अभिलेख (जूनागढ़ अभिलेख) (150 ई.) जारी किया, जो इसके विषय में जानकारी का प्रमुख स्रोत है। इस वंश का अन्तिम शासक **रुद्रसिंह तृतीय** था।
- **जूनागढ़ अभिलेख** गुजरात के गिरनार पर्वत से प्राप्त हुआ। यह अब तक संस्कृत अभिलेखों में सबसे प्राचीन है। इस अभिलेख में ब्राह्मी लिपि का प्रयोग किया गया है।
- मालवा के एक शासक **विक्रमादित्य** ने 57 ई.पू. में शकों को पराजित किया था एवं इसके उपलक्ष्य में व्याघ्र शैली के चाँदी के सिक्के चलवाए। इसी विक्रमादित्य के नाम पर एक नवीन **सम्वत्, विक्रम सम्वत्** या **मालवा सम्वत्** की नींव पड़ी।
- विक्रम सम्वत् 57 ई.पू. में शकों पर उसकी विजय से आरम्भ हुआ, तब से विक्रमादित्य शासक की सामान्य उपाधि हो गई तथा ऊँची प्रतिष्ठा और सत्ता का प्रतीक बन गई।
- भारतीय इतिहास में विक्रमादित्य की उपाधि धारण करने वाले शासकों की कुल संख्या 14 थी। गुप्त सम्राट चन्द्रगुप्त द्वितीय सबसे विख्यात विक्रमादित्य हुए।
- शकों की पश्चिम में स्थापित शाखा ने लगभग चार सदियों तक शासन किया। वे गुजरात में चल रहे समुद्री व्यापार से लाभान्वित हुए और उन्होंने भारी संख्या में चाँदी के सिक्के चलाए।

पार्थियाई/पहलव

- **पार्थियाई** मध्य एशिया के ईरान से आए थे। पश्चिमोत्तर भारत में शकों के आधिपत्य के बाद पार्थियाई लोगों का आधिपत्य प्रारम्भ हुआ, जिन्हें भारतीय स्रोतों में **पहलव** कहा गया है।
- भारत में पार्थियन साम्राज्य का वास्तविक संस्थापक **मिथ्रेडेट्स प्रथम** (171-130 ई.पू.) था।
- **माउस** भारत का प्रथम पार्थियन शासक था, खरोष्ठी लिपि में इसका उल्लेख **मोय** नाम से मिलता है।
- पहलव वंश का सर्वाधिक शक्तिशाली शासक **गोण्डोफर्नीज** (20-41 ई.) था। खरोष्ठी लिपि में उत्कीर्ण तख्त-ए-बही अभिलेख में इसे **गुदुव्हर** कहा गया है। फारसी में उसका नाम बिन्दफर्ण है, जिसका अर्थ यश विजयी है।
- गोण्डोफर्नीज के शासनकाल में **सेण्ट थॉमस** ईसाई धर्म का प्रचार करने के लिए भारत आया था। इसकी मृत्यु तमिलनाडु में हुई थी।
- गोण्डोफर्नीज ने **देवव्रत** की उपाधि ली थी। पार्थियन राजाओं के सिक्कों पर धार्मिय (धार्मिक) उपाधि मिलती है। उन्होंने बौद्ध धर्म ग्रहण कर लिया था। इस साम्राज्य का अन्त **कुषाणों** द्वारा हुआ।

कुषाण वंश

- पार्थियाई लोगों के शासन का अन्त करके कुषाण सत्ता में आए। इन्हें **यूची** या **तोचेरियन** (तोखारी) भी कहा जाता है। इनका मूल निवास स्थान चीन की सीमा पर स्थित चीनी तुर्किस्तान था।
- कालान्तर में यूची कबीला पाँच भागों में बँट गया था। इन्हीं में से एक कबीले ने भारत के कुछ भागों पर शासन किया। उनका साम्राज्य अमूदरिया से गंगा तक तथा मध्य एशिया के खुरासान से उत्तर प्रदेश के वाराणसी तक विस्तृत था।
- भारत में सबसे अधिक (व्यापक रूप में) **सोने के सिक्के** चलाने का श्रेय कुषाणों को है। ये विदेशी शासकों के रूप में सर्वाधिक प्रसिद्ध थे।
- सर्वाधिक ताम्र सिक्के चलाने का श्रेय कुषाणों को जाता है।
- मथुरा से प्राप्त सिक्कों, अभिलेखों, संरचनाओं तथा मूर्तियों के कारण मथुरा को **कुषाणों की द्वितीय राजधानी** माना जाता है।
- ईरान का कुछ भाग, अफगानिस्तान, पूर्व सोवियत गणराज्य में सम्मिलित एशिया का बड़ा भाग कुषाणों के अधीन था।
- **पेशावर** अथवा **पुरुषपुर** कुषाणों की आरम्भिक राजधानी थी।

अन्य प्रमुख शासक

कुजुल कडफिसेस

- भारत के पश्चिमोत्तर प्रान्त पर आक्रमण करके कुषाण वंश की स्थापना **कुजुल कडफिसेस** ने की थी। इसने केवल ताँबे के सिक्के चलाए।
- उसने रोमन सिक्कों की नकल करके ताँबे के सिक्के ढलवाए तथा **महाराजाधिराज** की उपाधि धारण की।

विम कडफिसेस

- कुजुल कडफिसेस की मृत्यु के बाद **विम कडफिसेस** कुषाण शासक बना।
- चीनी ग्रन्थ हाऊ-हान-शू से ज्ञात होता है कि विम कडफिसेस ने तिएन-चू की पर विजय प्राप्त की तथा वहाँ का शासन अपने सेनापति के हाथों में सौंप दिया था।
- विम कडफिसेस ने तक्षशिला और पंजाब पर अधिकार कर लिया था। इसे भारत में कुषाण शक्ति का वास्तविक संस्थापक माना जाता है। भारत में **सर्वप्रथम स्वर्ण सिक्के** चलाने का श्रेय **विम कडफिसेस** को ही दिया जाता है। इसने ताँबे के सिक्के भी चलाए।
- उसके सिक्कों पर एक ओर यूनानी लिपि तथा दूसरी ओर खरोष्ठी लिपि उत्कीर्ण है।
- वह शैव मत का अनुयायी था। उसके कुछ सिक्कों पर शिव, नन्दी तथा त्रिशूल की आकृतियाँ मिलती हैं। उसने **महेश्वर की उपाधि** धारण की।
- विम कडफिसेस ने अपने शासनकाल के दौरान विभिन्न उपाधियाँ; जैसे-राजाधिराज, महेश्वर तथा सर्वलोकेश्वर इत्यादि धारण की थी।

कनिष्क

- कनिष्क सर्वाधिक विख्यात कुषाण शासक था, जिसने **78 ई.** में एक सम्वत् चलाया, जो **शक सम्वत्** कहलाता है। इसे वर्तमान में भारत सरकार द्वारा भी प्रयोग में लाया जाता है। वर्तमान में शक सम्वत् चैत्र माह (21 या 22 मार्च) से प्रारम्भ होता है।
- कनिष्क की प्रथम राजधानी **पेशावर** (पुरुषपुर) एवं दूसरी राजधानी मथुरा थी। कनिष्क ने कश्मीर को जीतकर वहाँ **कनिष्कपुर** तथा तक्षशिला में **सिरकप** नामक नगर बसाया तथा बौद्ध धर्म के प्रसार और महत्त्व दर्शाने के लिए उसने एक 400 मी ऊँची 13 मंजिली मीनार बनवाई थी। पुरुषपुर के निकट उसने **सन्धाराम विहार** निर्मित करवाया। उसने काशगर, यारकन्द तथा खोतान पर

भी विजय प्राप्त की। उसने चीन से रोम को जाने वाले सिल्क मार्ग पर भी नियन्त्रण किया था।

- कनिष्क ने रोमन सम्राट की तरह केसर या सीजर की उपाधि धारण की और शकों की तरह क्षत्रप शासन व्यवस्था लागू की।
- कनिष्क ने पाटलिपुत्र पर आक्रमण कर वहाँ से प्रसिद्ध विद्वान अश्वघोष, बुद्ध का भिक्षापात्र और एक अनोखा कुक्कुट प्राप्त किया था।
- बोगरा (महास्थान) में पाई गई सोने की मुद्रा पर कनिष्क की एक खड़ी मूर्ति अंकित है। मथुरा में कनिष्क की एक प्रतिमा मिली है, जिसमें उन्हें घुटने तक चोगा एवं पैरों में भारी जूते पहने हुए दिखाया गया है। इसके द्वारा जारी ताँबे के सिक्के पर बुद्ध का दृश्य अंकित है।
- कनिष्क, कला एवं संस्कृति साहित्य का महान संरक्षक था। इसके समय में मूर्तिकला की गान्धार एवं मथुरा शैली का विकास हुआ।
- उसके दरबार में पार्श्व, वसुमित्र, अश्वघोष, नागार्जुन जैसे विद्वान तथा चरक जैसे चिकित्सक रहते थे। कनिष्क ने पेशावर में एक मठ और विशाल स्तूप का निर्माण करवाया था।
- कनिष्क का चीन के शासक पान चाओ से युद्ध हुआ था, जिसमें कनिष्क की पराजय हुई थी। कनिष्क को द्वितीय अशोक भी कहा जाता है।
- कनिष्क के समय कश्मीर के कुण्डलवन में चतुर्थ बौद्ध संगीति का आयोजन हुआ, जिसमें बौद्ध धर्म हीनयान एवं महायान में विभाजित हो गया। इस बौद्ध संगीति के अध्यक्ष वसुमित्र तथा उपाध्यक्ष अश्वघोष थे।

हुविष्क

- कनिष्क का उत्तराधिकारी उसका पुत्र वासिष्क हुआ, तत्पश्चात् हुविष्क शासक बना। हुविष्क ने कश्मीर में हुविष्कपुर नामक नगर की स्थापना करवाई, जिसका उल्लेख राजतरंगिणी में है। उसके सिक्कों पर शिव, स्कन्द तथा विष्णु की आकृतियाँ उत्कीर्ण हैं।
- कुषाण वंश का अन्तिम महान शासक वासुदेव था।
- कुषाण शासकों ने महाराजाधिराज (भारतीय उपाधि), देवपुत्र (चीनी उपाधि), केसर (रोमन उपाधि) जैसी उपाधियाँ धारण कीं। उन्होंने मन्दिर बनवाने की प्रथा (देवकुल) भी प्रारम्भ की।
- कुषाणों ने सर्वाधिक शुद्ध स्वर्ण सिक्के (124 ग्रेन) जारी किए। उन्हें सर्वाधिक ताम्र सिक्के चलाने का श्रेय भी प्राप्त है। हुविष्क को सम्भवत: रुद्रदामन ने पराजित किया तथा मालवा शकों के अधीन हो गया।

मौर्योत्तरकालीन आर्थिक स्थिति

- मौर्योत्तर काल आर्थिक दृष्टि से प्राचीन भारतीय इतिहास का स्वर्ण काल माना जा सकता है। शिल्प एवं वाणिज्य व्यापार की अभूतपूर्व उन्नति, अत्यधिक मात्रा में सिक्कों का प्रचलन, बन्दरगाहों एवं नगर मार्गो का विकास, भूमिदान की अक्षयनीवी प्रणाली की शुरुआत की थी। भू-राजस्व का स्थाई दान इस काल की प्रमुख विशेषताएँ हैं।
- इस काल में व्यापार एवं वाणिज्य की उन्नति के प्रमुख कारण थे
  - नगरीय एवं ग्रामीण क्षेत्रों में नए वर्गों का उदय।
  - रोम एवं चीन के साथ व्यापारिक सम्बन्धों का विकास एवं रेशम मार्ग की खोज।
  - हिप्पालस (45 ई.) द्वारा पश्चिमी एशिया से भारत आने के लिए मानसूनी समुद्री मार्ग की खोज।
  - रोम के साथ व्यापारिक सम्बन्धों के फलस्वरूप दक्षिण-पूर्व एशिया के साथ जुड़ाव।
- कुषाणों ने चीन से ईरान तथा पश्चिम एशिया तक जाने वाले रेशम मार्ग पर नियन्त्रण रखा था। यह मार्ग उनके साम्राज्य से गुजरता था। रेशम मार्ग आय का बहुत बड़ा स्रोत था। ईसा की पहली सदी से व्यापार मुख्यत: समुद्री मार्ग से ही होने लगा, इससे पूर्व अधिकतर व्यापार स्थल मार्ग से होता था।

शिल्प एवं उद्योग

- मौर्योत्तर काल में शिल्पियों का विशेषीकरण हुआ। दीघनिकाय में 24 प्रकार, महावस्तु में 36 प्रकार तथा मिलिन्दपन्हो में 75 प्रकार के व्यवसायों की चर्चा है। जातक ग्रन्थों में 18 श्रेणियों का उल्लेख मिलता है। शिल्पी नगर एवं गाँव दोनों जगह बसते थे। इस काल का प्रमुख उद्योग वस्त्र उद्योग था।
- पतंजलि के अनुसार मथुरा में 'शाटक' नामक एक विशेष वस्त्र का उत्पादन होता था। उरैयूर एवं अरिकमेडु से ईंटों के बने रंगाई के हौज प्राप्त हुए हैं। मगध वृक्षों के रेशों से बने वस्त्र के लिए प्रसिद्ध था। बंग और पुण्ड्र क्षेत्र के मलमल को गंगई कहा जाता था।
- इस काल में लौह-इस्पात की तकनीक में भारी वृद्धि हुई। आन्ध्र क्षेत्र में करीमनगर तथा नालगोण्डा जिला लौह-इस्पात का सबसे प्रसिद्ध केन्द्र था। भारतीय लौह-इस्पात का निर्यात पार्थियाई और अबीसीनियाई बन्दरगाहों से होता था।
- पेरिप्लस ऑफ एरिथियन सी के अनुसार भारत में निर्मित लौह-इस्पात की वस्तुओं को अरियाका (काठियावाड़) से पूर्वी अफ्रीका भेजा जाता था। भारत ने सीसा ढालने की जानकारी ईसा की प्रथम सदी के आरम्भ में प्राप्त की। नालगोण्डा एवं कोण्डापुर से मूर्तियाँ और उनके निर्माण के साँचे सबसे अधिक संख्या में मिले हैं। इस काल में हाथी दाँत के निर्माण का उद्योग भी अधिक विस्तृत था। भारतीय दन्त शिल्प की वस्तुएँ अफगानिस्तान एवं रोम से मिली हैं।
- इस काल में लोहा मगध से, नमक पंजाब से, हीरा कश्मीर, कोसल, विदर्भ और कलिंग से, ताँबा राजस्थान से तथा मसाले दक्षिण भारत से प्राप्त किए जाते थे। कुषाण लोग सोना मध्य एशिया के अल्ताई पहाड़ों से प्राप्त करते थे। इस काल में अधिकांश शिल्पी शूद्र जाति के थे।
- व्यापारिक प्रगति के कारण शिल्पकारों ने शिल्प श्रेणियों को संगठित किया। श्रेणियों के पास अपना सैन्य बल होता था। अन्य वर्णों की प्रतिस्पर्द्धा से बचने के लिए वैश्यों ने नए संघटनों को जन्म दिया, जो श्रेणी, निगम, पुग और सार्थ कहलाते थे। श्रेणियाँ महाजन का भी कार्य करती थीं। ब्याज की सामान्य प्रचलित दर $1\frac{1}{4}$ मासिक थी।

व्यापार

- इस काल में भारत और रोम के बीच व्यापार विकसित अवस्था में था। व्यापार सन्तुलन भारत के पक्ष में था और रोम से मुख्यत: स्वर्ण मुद्राएँ प्राप्त होती थीं। रोमवासी मुख्यत: मसाले का आयात करते थे। काली मिर्च रोम में इतनी प्रसिद्ध थी कि इसे यवनप्रिय कहा जाता था।
- इसके अतिरिक्त लोहे की वस्तुएँ विशेषकर बर्तन, मलमल, मोती, कीमती पत्थर, हाथी दाँत और पाकशाला की वस्तुएँ रोम भेजी जाती थीं। कुछ ऐसी भी वस्तुएँ थीं, जो चीन और मध्य एशिया से मँगाकर रोम भेजी जाती थीं। भारत चीन से कच्चे रेशम, रेशम के धागे और रेशमी वस्त्र मँगाता था।

- भड़ौच (भृगुकच्छ) बन्दरगाह से इन वस्तुओं का निर्यात पश्चिमी देशों को किया जाता था। पेरिप्लस और टॉलमी के विवरण से ज्ञात होता है कि भारत से रोम को तोता, शेर और चीता का निर्यात किया जाता था, बदले में रोमन लोग भारत को शराब, शराब के दो हत्थे कलश और मिट्टी के बर्तनों का निर्यात करते थे।
- रोमन वस्तुएँ पश्चिम बंगाल के तामलुक, पॉण्डिचेरी के निकट अरिकमेडु और दक्षिण भारत के कई स्थानों से खुदाई में मिली हैं। अरिकमेडु को पेरिप्लस में 'पेडूक' कहा गया है।
- बेग्राम (काबुल के पास) से इटली, मिस्र और सीरिया में निर्मित वस्तुएँ प्राप्त हुई हैं। तक्षशिला में यूनानी रोमन काँस्य मूर्तियों के नमूने मिले हैं। भड़ौच के बन्दरगाह से निवास के लिए सुन्दर लड़कियाँ लाई जाती थीं तथा अरब और मिस्र से घोड़े लाए जाते थे।
- व्यापारियों की भी अपनी श्रेणियाँ होती थीं। व्यापारिक कारवा के प्रधान को सार्थवाह कहा जाता था। क्रेता और विक्रेता के मध्य सौदेबाजी पणितव्य कहलाती थी। प्रस्थ, आढ़क, द्रोण और खारी बढ़ते हुए क्रम में इस काल के बाट थे।
- मौर्योत्तरकालीन प्रमुख बन्दरगाह सोपारा (पश्चिमी तट), भड़ौच (गुजरात), देवल (सिन्ध), पोलूरा (उड़ीसा तट), चौल, नौरा, टिंडिस, मुजरिस (केरल तट), कोरकई, पुहार/कावेरीपट्टनम, नागपट्टनम (तमिल तट), मसूलीपट्टनम कौण्डेक, साइला एवं निट्रिंग (आन्ध्र तट) थे।

सिक्के

- इस काल में विभिन्न प्रकार के सिक्के प्रचलित थे। सोने के सिक्के निष्क, दीनार, सुवर्ण एवं पल, चाँदी के सिक्के शतमान, ताँबे के सिक्के काकणी कहलाते थे। कर्षापण सोना, चाँदी, ताँबा, राँगा, सीसा आदि सभी धातुओं का होता था।
- हिन्द-यवन शासकों ने सर्वप्रथम सोने के सिक्के चलाए, जिन पर द्विभाषिक लेख होते थे। एक ओर यूनानी भाषा एवं लिपि में तथा दूसरी और प्राकृत भाषा और खरोष्ठी लिपि में। उन्होंने सोने, चाँदी एवं ताँबे के सिक्के चलाए। सोने का सिक्का वजन में 133 ग्रेन का होता था।
- कुषाणों ने सर्वाधिक शुद्ध सोने के सिक्के, जो 124 ग्रेन का होता था जारी किए। कनिष्क के सिक्कों पर बौद्ध, ब्राह्मण एवं ईरानी देवताओं के चित्र मिलते हैं। सातवाहन शासकों ने सर्वप्रथम सीसे के सिक्के जारी किए। इनके सिक्कों पर मछली, जहाज और शंख के चित्र मिलते हैं। वाशिष्ठीपुत्र पुलुमावी के सिक्कों पर दो मस्तूल वाले जहाज व यज्ञ और शातकर्णी के सिक्कों पर नाव का चित्रण अंकित है। यौधेय के सिक्कों

सामाजिक स्थिति

- मौर्योत्तर काल में भी परम्परागत चारों वर्ण—ब्राह्मण, क्षत्रिय, वैश्य और शूद्र मौजूद थे, किन्तु शिल्प और वाणिज्य में उन्नति का लाभ शूद्रों को मिला। 200 से 300 ई. पू. के मध्य समाज और धर्म के क्षेत्र में कुछ ऐसे महत्त्वपूर्ण परिवर्तन आए, जिन्होंने परवर्ती हिन्दू समाज का आधार निर्मित कर दिया।
- इस काल में समाज को प्रभावित करने वाले दो महत्त्वपूर्ण कारक थे—भारतीय समाज में बड़ी संख्या में जनजातीय तत्त्वों तथा विदेशी तत्त्वों का आत्मसातीकरण। इस काल में एक प्रकार का सामाजिक द्वन्द्व भी उत्पन्न हुआ, जिसकी अभिव्यक्ति समकालीन पुराणों में कलियुग की अवधारणा के रूप में हुई। इसका अर्थ है—निचले वर्ग के लोगों का उच्च वर्ग के लोगों के विरुद्ध विद्रोह।
- यूनानी, शक, पार्थियन और कुषाण सभी भारत में अपनी-अपनी पहचान अन्ततः खो बैठे तथा धीरे-धीरे पूर्णरूपेण भारतीय बन गए।
- चूँकि इनमें अधिकांश विजेता के रूप में आए थे, इसलिए वे भारतीय समाज में योद्धाओं के वर्ग में अर्थात् क्षत्रिय वर्ण में समाविष्ट हुए। इस काल के विदेशी शासकों को मलेच्छ एवं निम्न क्षत्रिय वर्ग के रूप में मान्यता मिली। प्राचीन भारतीय समाज में विदेशियों का सर्वाधिक आत्मसातीकरण मौर्योत्तर काल में हुआ।
- इस काल की सामाजिक व्यवस्था का अन्य प्रमुख लक्षण सामाजिक तनाव में वृद्धि तथा वर्ण संकरों की संख्या में विस्तार था। 'मनुस्मृति' जो इस काल की रचना है, में वर्णाश्रम धर्म के नियमों का उल्लेख मिलता है।
- मनु ने शूद्रों के लिए दो कर्त्तव्य-शिल्प एवं तीनों वर्णों की सेवा निर्धारित की थी। वर्ण की शुद्धता को बनाए रखने के लिए मनु ने महिलाओं को पुरुषों के अधीन कर दिया, साथ ही विधवा विवाह पर पाबन्दी लगा दी गई और बाल विवाह को प्रोत्साहन दिया गया।
- मनु यद्यपि कट्टर ब्राह्मणवादी थे, किन्तु उनकी स्मृति में लगभग 60 वर्ण संकरों का उल्लेख मिलता है। 'मनुसंहिता' ने ही परवर्ती काल की कठोर सामाजिक व्यवस्था की आधारशिला निर्मित कर दी।

धार्मिक स्थिति

- भक्ति का विकास इस काल के धर्म की प्रमुख विशेषता है। भक्ति के साथ अवतारवाद की परिकल्पना जुड़ गई। पुनः अवतारवाद के साथ मूर्तिपूजा की संकल्पना जुड़ गई।
- भक्ति की अवधारणा ने लगभग सभी समकालीन पन्थों को प्रभावित किया। बौद्ध धर्म के अन्तर्गत महायान शाखा तथा ब्राह्मण पन्थों के अन्तर्गत वैष्णव और शैव भक्ति विकसित हुई।
- कई विदेशी शासक विष्णु के उपासक बन गए। आर्य देवताओं के समानान्तर गैर-आर्य देवता भी स्थापित हो गए; जैसे—गणेश, कुमार कार्तिकेय, मातृदेवी, वृक्ष पूजा, पशु पूजा, सर्प पूजा आदि। ये सभी हिन्दू धर्म के अन्तर्गत देवताओं के रूप में स्वीकृत हो गए। मथुरा के समीप मोरा से प्राप्त प्रथम सदी ईसवी के एक लेख में संकर्षण, वासुदेव, प्रद्युम्न, साम्ब व अनिरुद्ध की पूजा का वर्णन मिलता है।

कला एवं संस्कृति

- इस काल में विदेशी राजा भारतीय कला और साहित्य के उत्साही संरक्षक थे। कुषाण शासकों ने विभिन्न शैलियों और देशों में प्रशिक्षित राजमिस्त्रियों और अन्य कारीगरों को एकत्रित किया, जिससे कला की कई नई शैलियाँ विकसित हुईं; जैसे-गान्धार शैली (हरित स्तरित चट्टान का प्रयोग) और मथुरा शैली।
- भारतीय शिल्पकारों का विशेषकर भारत के पश्चिमोत्तर सीमा प्रान्त में मध्य एशियाई, यूनानी और रोमन शिल्पकारों के साथ सम्पर्क हुआ। इससे नई शैली गान्धार कला का विकास हुआ, जिसमें बुद्ध की प्रतिमाएँ यूनान

और रोम की मिश्रित शैली में बनाई गईं। पूर्वी रोमन शासक जस्टिनियन का योगदान विधि क्षेत्र में था।

- गान्धार कला का प्रभाव मथुरा में भी पहुँचा, हालाँकि वह मूलत: देशी कला का केन्द्र था। मथुरा में बुद्ध की विलक्षण प्रतिमाएँ बनीं, परन्तु इस जगह की ख्याति कनिष्क की सिरविहीन खड़ी मूर्ति को लेकर है। इसके निचले भाग में 'कनिष्क' का नाम खुदा हुआ है। यहाँ महावीर की भी कई प्रस्तर मूर्तियाँ बनाई गईं। कला की मथुरा शैली ईसा की प्रथम सदी में विकसित हुई। इसकी लाल बलुआ पत्थर की कृतियाँ मथुरा के बाहर भी पाई जाती हैं। सम्प्रति मथुरा संग्रहालय में कुषाणकालीन मूर्तियों का भारत में सबसे अधिक संग्रह है।
- आन्ध्र प्रदेश में नागार्जुनकोण्डा और अमरावती बौद्ध कला के महान् केन्द्र थे, जहाँ बुद्ध के जीवन की कथाएँ अनगिनत पट्टों पर चित्रित की गई हैं। इसमें मुख्य रूप से सफेद पत्थर का प्रयोग किया गया है।
- बौद्ध धर्म से सम्बन्धित सबसे पुराने पट्टचित्र गया, साँची और भरहुत में पाए जाते हैं, जो ईसवी पूर्व दूसरी सदी के हैं।
- साँची की पहाड़ी रायसेन (मध्य प्रदेश) पर तीन स्तूपों का निर्माण हुआ– एक विशाल तथा दो छोटे स्तूप। एक महास्तूप में भगवान बुद्ध के, द्वितीय स्तूप में अशोककालीन धर्म-प्रचारकों के तथा तृतीय स्तूप में बुद्ध के दो प्रमुख शिष्यों–सारिपुत्र तथा महामोदग्लायन के धातु-अवशेष सुरक्षित हैं।
- शुंग काल में उसे पाषाण पट्टिकाओं से जड़ा गया तथा वेदिका भी पत्थर की ही बनाई गई, जिससे इसका आकार पहले से दुगुना हो गया। साँची के स्तूप से एक मूर्ति भी प्राप्त हुई है, जहाँ वृक्ष एवं खाली आसन को दिखाया गया है, जो प्रतीक के रूप में है। सातवाहन युग में वेदिका की चारों दिशाओं में चार तोरण लगा दिए गए।
- मूर्तिपूजा का प्रारम्भ कुषाण काल से माना जाता है। पुरुषपुर (पेशावर) स्थित कनिष्क चैत्य का निर्माण अगिलस ने किया था।

विज्ञान एवं प्रौद्योगिकी

- मौर्योत्तर काल में यूनानियों के सम्पर्क से खगोल और ज्योतिषशास्त्र के क्षेत्र में काफी प्रगति हुई। संस्कृत ग्रन्थों में ग्रह-नक्षत्रों के संचार सम्बन्धी अधिक मात्रा में यूनानी शब्द मिलते हैं।
- भारतीय ज्योतिषी यूनानी चिन्तकों से प्रभावित हुए। गार्गी संहिता में वर्णन है कि यवन बर्बर हैं, किन्तु ज्योतिष के कारण उन्हें देवताओं के समान पूजा जाना चाहिए। शक-कुषाण काल में भवन-निर्माण में उल्लेखनीय प्रगति हुई। इनमें पकी ईंटों का प्रयोग फर्श बनाने में तथा टाइल्स (खपड़ों) का प्रयोग फर्श और छत दोनों बनाने में किया गया।
- कुषाणों ने लाल रंग के मृद्भाण्डों का प्रयोग अधिक मात्रा में किया तथा फुहारों और टोटियों वाले पात्रों की भी शुरुआत की। शकों और कुषाणों ने पगड़ी, ट्यूनिक (कुरती), पजामा और भारी लम्बे कोट के प्रचलन को बढ़ावा दिया। मध्य एशिया वालों ने यहाँ टोपी, शिरस्त्राण और बूट के प्रचलन को बढ़ावा दिया, जिनका उपयोग योद्धा लोग करते थे। चमड़े के जूते बनाने का प्रचलन भारत में सम्भवत: ईसी काल में प्रारम्भ हुआ।
- शकों और कुषाणों ने बड़े पैमाने पर उत्तम अश्वारोही सेना और अश्वारोहण की परम्परा चलाई। इस काल में सिक्के ढालने की तकनीक में उल्लेखनीय प्रगति हुई। चिकित्साशास्त्र, वनस्पतिशास्त्र एवं रसायनशास्त्र का विवेचन चरक एवं सुश्रुत ने किया है।

भारत के सुदूर दक्षिण में तीन ओर से समुद्र से घिरा दक्षिणतम भू-भाग प्राचीनकाल में तमिलकम या तमिलहम नाम से विख्यात था। इस भू-भाग का इतिहास संगम युग से प्रारम्भ होता है। यह भू-भाग अपनी विशिष्ट भौगोलिक अवस्थिति के कारण व्यापार-वाणिज्य एवं विशिष्ट संस्कृति का केन्द्र रहा है।

अध्याय ग्यारह

संगम काल (दक्षिण भारत)

संगम काल

- संगम संस्कृत भाषा का शब्द है, जिसका अर्थ है-मिलन अथवा समागम। संगम से तात्पर्य तमिल कवियों के संघ/परिषद्/गोष्ठी से है, जिसे राजकीय संरक्षण प्राप्त होता था।
- यह कृष्णा एवं तुंगभद्रा नदियों के तमिलकम प्रदेश में तमिल कवियों एवं विद्वानों का मिलन था। तीसरी शताब्दी ईसा पूर्व से तीसरी शताब्दी ईस्वी के बीच का समय संगम काल था। संगम साहित्य का काल रामशरण शर्मा के अनुसार 300 ई. से 600 ई. के मध्य था, जबकि नीलकण्ठ शास्त्री ने इसका काल 500 ई. से 300 ई. माना है।
- श्रीनिवास आयंगर ने संगम काल की तिथि 500 ई. पू. से 500 ई. मानी है।
- संगम किसी सामन्त या राजा के आश्रय में आयोजित होता था। ईसा की 8वीं सदी में रचित संगम की तमिल टीकाओं में कहा गया है कि तीन संगम 9,990 वर्ष तक चलते रहे। उनमें 8,598 कवि शामिल हुए और 197 पाण्ड्य राजा उनके सम्पोषक थे।
- संगम के अन्तर्गत तमिल कवि व विद्वान एक स्थान पर एकत्रित होते थे तथा संगम के समक्ष अपनी-अपनी रचनाएँ प्रस्तुत करते थे।
- तीनों संगमों का आयोजन पाण्ड्य शासकों के संरक्षण में हुआ, जिनका संक्षिप्त विवरण निम्नलिखित है

प्रथम संगम

- प्रथम संगम का आयोजन मदुरै में अगस्त्य ऋषि की अध्यक्षता में हुआ था।
- इस संगम में कुल सदस्यों की संख्या 549 थी, जिसमें 4499 लेखकों ने अपनी रचनाएँ प्रस्तुत कीं तथा उन्हें प्रकाशित करवाने की अनुमति प्राप्त की।
- यह संगम 89 पाण्ड्य राजाओं के संरक्षण में हुआ, जो 4400 वर्षों तक चला। वर्तमान में प्रथम संगम का कोई भी ग्रन्थ उपलब्ध नहीं है।

द्वितीय संगम

- द्वितीय संगम का आयोजन भी कपाटपुरम (अलवै) में अगस्त्य ऋषि की अध्यक्षता में हुआ। इस संगम में कुल सदस्यों की संख्या 49 थी।
- द्वितीय संगम 59 पाण्ड्य राजाओं के संरक्षण में हुआ, जिसमें 3,700 रचनाकारों ने अपनी रचनाओं को प्रकाशित करवाने की अनुमति प्राप्त की।
- इस संगम का एकमात्र तमिल व्याकरण ग्रन्थ तोलकाप्पियम है, जिसकी रचना अगस्त्य ऋषि के शिष्य तोलकाप्पियर ने की थी।

तृतीय संगम

- तृतीय संगम नक्कीरर की अध्यक्षता में मदुरै में आयोजित हुआ। यह संगम 1850 वर्षों तक चलता रहा, जिसमें 449 रचनाकारों ने अपनी रचना को प्रकाशित करवाने की अनुमति प्राप्त की। यह संगम 49 पाण्ड्य राजाओं के संरक्षण में हुआ तथा इसमें कुल सदस्यों की संख्या भी 49 थी।
- इस संगम में 49 रचनाएँ संकलित की गईं, जो वर्तमान में भी उपलब्ध हैं। इस संगम की प्रमुख रचनाओं में अहनानूरु, पुरुनानक, कुरूंथोकै, एनकुरुनूरु, परिपादल, परित्रप्पत्तु आदि शामिल हैं।
- आधुनिक समय में उपलब्ध तमिल ग्रन्थ का संकलन तृतीय संगम में ही किया गया था। संगम में प्रस्तुत किसी भी रचना का प्रकाशन तभी होता था, जब उसे संगम से प्रकाशित करवाने की अनुमति प्राप्त हो जाती थी।

विभिन्न संगम

संगम	अध्यक्ष	संरक्षक एवं संख्या	स्थल	सदस्यों की संख्या
प्रथम	अगस्त्य ऋषि	पाण्ड्य (89)	मदुरै	549
द्वितीय	अगस्त्य ऋषि	पाण्ड्य (59)	कपाटपुरम	49
तृतीय	नक्कीरर	पाण्ड्य (49)	मदुरै	49

आरम्भिक राज्य

संगम साहित्य से प्राप्त जानकारी के अनुसार, चोलों का राज्य उत्तर-पूर्व में, चेर का राज्य दक्षिण-पश्चिम में और पाण्ड्यों का राज्य दक्षिण-पूर्व में अवस्थित था। इनका विवरण निम्न प्रकार है

तीन आरम्भिक राज्य

- **चेर** → प्राचीन राज्य के उपनाम से प्रसिद्ध चेर राज्य का प्रथम उल्लेख ऐतरेय ब्राह्मण में मिलता है।
- **चोल** → सर्वाधिक राज्य के उपनाम से प्रसिद्ध चोल राज्य का प्रथम उल्लेख अष्टाध्यायी में मिलता है।
- **पाण्ड्य** → दक्षिणी राज्य के उपनाम से प्रसिद्ध पाण्ड्य राज्य का प्रथम उल्लेख इण्डिका में मिलता है।

चोल राज्य

- चोल राज्य पूर्वी तमिलनाडु में पेन्नार तथा वेल्लार नदियों के मध्य पाण्ड्य राज्य के पूर्वोत्तर में स्थित था। चोल राज्य मध्यकाल के आरम्भ में चोलमण्डलम् (कोरोमण्डल) कहलाता था। इसका प्रतीक चिह्न (राजकीय चिह्न) बाघ था। इसकी प्रारम्भिक राजधानी उत्तरी मनलूर थी। चोलों की अन्य राजधानियाँ उरैयूर, तंजावुर एवं पुहार इत्यादि थीं।
- उरैयूर राजनीतिक सत्ता केन्द्र तथा पुहार (कावेरीपट्टनम) एक बन्दरगाह था।
- उरैयूर जो सूती कपड़ों के व्यापार के लिए प्रसिद्ध था। यहाँ का सूती कपड़ा साँप की केंचुल जैसा पतला होता था।

चोल राज्य के प्रमुख शासक

चोल राज्य के प्रमुख शासक निम्न हैं

इलन जेत चेन्नी

इलन जेत चेन्नी चोल राजवंश का प्रथम शासक था, उसने अपनी राजधानी उरैयूर में स्थापित की।

एलारा

ईसा पूर्व दूसरी सदी के मध्य में चोल राजा एलारा ने श्रीलंका पर विजय प्राप्त की थी। एलारा ने श्रीलंका पर लगभग 50 वर्षों तक शासन किया।

करिकाल

- चोलों का अधिक सुनिश्चित इतिहास ईसा की दूसरी सदी में उसके प्रख्यात राजा करिकाल से शुरू होता है। करिकाल प्रारम्भिक चोल राजाओं में सर्वाधिक महत्त्वपूर्ण शासक था। इसका काल लगभग 190 ई. माना जाता है। करिकाल का अर्थ था-जले हुए पैरों वाला व्यक्ति।
- उसने कृषि तथा उद्योग की उन्नति हेतु जंगल को भूमि में परिवर्तित करवाया तथा सिंचाई हेतु तालाब बनवाए। उसने पुहार (कावेरीपट्टनम) की स्थापना की और कावेरी नदी के किनारे 160 किमी लम्बा बाँध बनवाया। इसका निर्माण श्रीलंका से बन्दी बनाकर लाए गए 12000 गुलामों से कराया गया था। ब्राह्मण मतानुयायी होने के कारण करिकाल ने इस धर्म को राजकीय संरक्षण प्रदान किया।
- तंजौर के निकट वेण्णि के युद्ध से उसे अत्यधिक प्रसिद्धि प्राप्त हुई। इस युद्ध में उसने चेर तथा पाण्ड्य राज्य के ग्यारह राजाओं के समूह पर विजय प्राप्त की।

> - पेरुनानुन्नु पादे के अनुसार, करिकाल सात स्वरों (संगीत) का ज्ञाता तथा वैदिक धर्म का अनुयायी था।
> - **पेरुनरकिल्लि** अत्यन्त पराक्रमी चोल शासक था, इसने राजसूय यज्ञ का सम्पादन किया था।

- ईसा की चौथी सदी से नौवीं सदी तक के दक्षिण भारतीय इतिहास में चोलों की भूमिका नगण्य रही, किन्तु कालान्तर में 9वीं शताब्दी के मध्य में विजयालय के नेतृत्व में चोल सत्ता का पुनरुत्थान हुआ।

चेर राज्य

- चेर शब्द की उत्पत्ति तमिल शब्द चेरल/चरल से हुई है।
- संगमकालीन राज्यों में चेर सबसे प्राचीन राज्य था। अशोक के वृहद् शिलालेखों में चेरों का उल्लेख केरलपुत्त के रूप में हुआ है।
- केरलपुत्त के नाम से चर्चित चेर राज्य आधुनिक कोंकण, मालाबार के तटीय क्षेत्र, उत्तरी त्रावणकोर एवं कोच्चि तक विस्तृत था। यह राज्य पाण्ड्य राज्य के उत्तर और पश्चिम में था। चेर राजवंश का प्रतीक चिह्न (राजकीय चिह्न) धनुष था।
- ईसा की आरम्भिक सदियों में चेर क्षेत्र का महत्त्व चोलों और पाण्ड्यों के लगभग बराबर था। चेर राजाओं को पर्वतीय देश का स्वामी अथवा चेरलतन कहा जाता है।

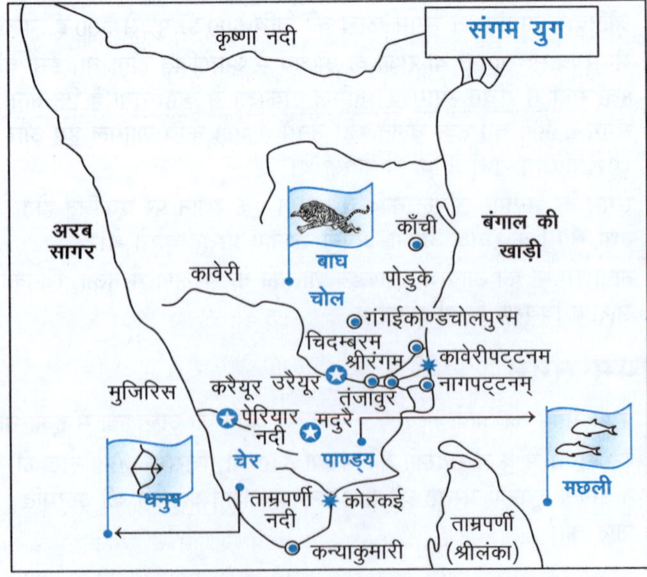

चेर राज्य के प्रमुख शासक

उदियन जेरल

उदियन जेरल (130 ई.) चेर वंश का प्रथम शासक था। कहा जाता है कि उसने महाभारत के युद्ध में भाग लेने वाले वीरों को भोजन करवाया था। इसलिए इसे महाभोजन उदियनजेरल की उपाधि प्रदान की गई थी।

नेदुनजेरल आदन

- नेदुनजेरल आदन (लगभग 155 ई.) ने मरन्दै को अपनी राजधानी बनाया। इसकी उपाधि अधिराज की थी।
- इसने हिमालय तक अपने साम्राज्य का विस्तार करके उस पर चेर राजचिह्न (धनुष) अंकित कर इमयवरम्बन की उपाधि ग्रहण की, जिसका अर्थ है-हिमालय तक सीमा वाला।
- नेदुनजेरल आदन एवं इलनजेत चेन्नी (चोल शासक) की संघर्ष के दौरान मृत्यु हो गई थी, तत्पश्चात् इनकी रानियाँ सती हो गईं।
- आदन ने यवन व्यापारियों को बन्दी बनाया था तथा उनसे धन भी लूटा। इसके अतिरिक्त उसने मालाबार तट पर अपने शत्रुओं को नौसैनिक युद्ध में हराया था। इसने व्यापार में बाधा उत्पन्न करने वाली कदम्बु जनजाति का दमन किया।

कुट्टवन

कुट्टवन, नेदुनजेरल आदन का छोटा भाई था। उसे हाथियों का स्वामी कहा जाता है। उसने कोन्गु का युद्ध जीतने के पश्चात् अधिराज की उपाधि धारण की थी।

शेनगुट्टुवन

- शेनगुट्टुवन (लगभग 180 ई.) को लाल चेर या भला चेर भी कहा जाता था, उसने उत्तर दिशा में चढ़ाई की और गंगा को पार किया।
- उसका यशोगान परणर कवि ने किया है। वह कौमार्य की देवी उपासना से सम्बन्धित पत्तिनी सम्प्रदाय का संस्थापक था। उसके शासनकाल में पत्तिनी पूजा या कण्णगी पूजा प्रारम्भ हुई थी।
- शिलप्पादिकारम् में उल्लिखित है कि पत्तिनी पूजा में चोल तथा पाण्ड्य शासकों के साथ श्रीलंका के शासक भी शामिल हुए।
- इसने 9 चोल शासकों को पराजित करके तथा कदम्बों का विनाश करके कदलपिरक्कोत्तिय (समुद्र को पीछे हटाने वाला) की उपाधि धारण की।

पेरुन्जेरल इरंपोरई

- पेरुन्जेरल इरंपोरई (190 ई.) चोल शासक करिकाल का समकालीन था। उसने दक्षिण में गन्ने की खेती प्रारम्भ की थी।
- चेर वंश का अन्तिम शासक शेय (लगभग 210 ई.) था, जिसे पाण्ड्य शासक नेडुंजेलियन ने पराजित किया था।

पाण्ड्य राज्य

- पाण्ड्य से तात्पर्य प्राचीन प्रदेश से है। पाण्ड्य राज्य प्रायद्वीपों के सुदूर दक्षिण और दक्षिणी-पूर्वी भाग में था। इसमें आधुनिक तमिलनाडु के तिन्नवेल्ली, रामनद तथा मदुरा जिले शामिल थे। पाण्ड्यों की राजधानी मदुरै थी। इसका प्रतीक चिह्न कार्प (एक प्रकार की मछली) था।
- मेगस्थनीज ने पाण्ड्य राज्य का उल्लेख माबर नाम से किया है। यह राज्य मोतियों के लिए प्रसिद्ध था। यहाँ स्त्रियों का शासन था। संगम साहित्य से ज्ञात होता है कि पाण्ड्य राज्य धनवान और समृद्ध था। पाण्ड्य राजाओं को रोमन साम्राज्य के साथ व्यापार में लाभ होता था।
- ईसा की आरम्भिक सदियों में तमिल-परिषदों में संकलित साहित्य में जो संगम साहित्य नाम से विख्यात है, इसमें पाण्ड्य राजाओं का उल्लेख है, किन्तु उनमें कोई क्रमबद्धता नहीं है।

पाण्ड्य राज्य के प्रमुख शासक

नेडियोन

- नेडियोन का अर्थ है-लम्बा आदमी। संगमकालीन साहित्य के अनुसार यह पाण्ड्य राजवंश का प्रथम शासक था।
- नेडियोन ने पहरुली नामक नदी को अस्तित्व प्रदान किया था तथा समुद्र की पूजा भी प्रारम्भ करवाई थी।

पल्शालइमुदुडुमी

वेलविकुड़ी दानपात्र के अनुसार, यह पाण्ड्य वंश का प्रथम ऐतिहासिक राजा था। पलशालै का अर्थ है—अनेक यज्ञशालाएँ बनवाने वाला। इसने अनेक यज्ञ भी किए।

नेडुंजेलियन

- नेडुंजेलियन पाण्ड्य शासकों में सबसे विख्यात था। उसकी प्रसिद्धि तलैयालंगानम के युद्ध (लगभग 290 ई.) में विजय के परिणामस्वरूप हुई।
- उसने इस युद्ध में चोल, चेर तथा पाँच राजाओं को पराजित किया और चेर शासक शेय (हाथी की आँख वाला) को बन्दी बना लिया था।
- इस युद्ध में विजय के पश्चात् तलैयालंगानम की उपाधि धारण की।
- उसने रोमन सम्राट ऑगस्टस के दरबार में अपना दूत भेजा था।
- नक्कीरर तथा माम्मुडि मरुदन जैसे प्रसिद्ध कवियों ने नेडुंजेलियन पर काव्य रचना की, जो पत्तुपात्र में संकलित है। मुदरैकांचि नामक रचना में नेडुंजेलियन को कुशल शासक बताया गया है।
- पाण्ड्य राज्य की राजधानी मदुरै नेडुंजेलियन के समय में व्यापारिक और सांस्कृतिक क्रिया-कलापों का केन्द्र थी तथा उसने वैदिक धर्म को बढ़ावा दिया तथा अनेक यज्ञ किए।
- उसने दो पड़ोसी राज्यों तथा पाँच सामन्तों के समूह पर विजय प्राप्त की। शिलप्पादिकारम् की रचना इसी के शासनकाल में हुई।
- इसी के शासनकाल में शिलप्पादिकारम् के नायक कोवलन को चोरी के आरोप में फाँसी दे दी गई।
- संगम काल का अन्तिम पाण्ड्य शासक नल्लिवकोडन था, जिसका उल्लेख नत्तनार की कविता में मिलता है।

चेर, चोल, पाण्ड्य में तुलना

क्र.	तुलना	चेर	चोल	पाण्ड्य
1.	क्षेत्र	केरल/कावेरी नदी	आन्ध्र प्रदेश/पेन्नार व वेल्लार नदी	तमिलनाडु/कावेरी व ताम्रपर्णी नदी
2.	अवस्थिति	कोचीन व मालाबार क्षेत्र	तंजावुर व तिरुचिरापल्ली	तिन्नवेल्ली, रामनाघपुरम और मदुरै
3.	शाब्दिक अर्थ	पर्वतीय देश	नया देश	प्राचीन देश

क्र.	तुलना	चेर	चोल	पाण्ड्य
4.	प्रशासनिक राजधानी	वांजि/करैयूर	उरैयूर	मदुरै
5.	समुद्री राजधानी	मुजिरिस	पुहार/कावेरीपट्टनम	कोरकई
6.	प्रथम शासक	उदियन जेरल	इलन जेत चेन्नी	नेडियोन
7.	प्रथम उल्लेख	ऐतरेय ब्राह्मण	अष्टाध्यायी	इण्डिका
8.	उपनाम	सबसे प्राचीन राज्य	सर्वाधिक शक्तिशाली राज्य	दक्षिणी राज्य

संगमकालीन शासन व्यवस्था

- संगमकालीन प्रशासन राजतन्त्रात्मक एवं वंशानुगत था। समस्त अधिकार राजा में निहित थे, जो प्रजा को सन्तान के रूप में मानता था।
- संगमकालीन साहित्य में कोन, को, मन्नन तथा मन्नारि शब्द राजा के लिए प्रयुक्त होते थे।
- राज्य का सर्वोच्च न्यायालय राजा की सभा (मनरम) होती थी। साथ ही राजधानी में एक राजसभा स्थापित की गई थी, जो नालवै के नाम से जानी जाती थी।
- संगमकालीन शासकों द्वारा ब्राह्मणों को (ब्राह्मण मतानुयायी होने के कारण) प्रशासन में सर्वोच्च अधिकार एवं सुविधाएँ दी गई थीं।
- राज्य को मण्डलों में, मण्डलम को नाडु में तथा नाडु को उर में विभाजित किया गया था। प्रत्येक इकाई का अपना एक अधिकारी होता था। राजा को उसके कार्यों में सहायता देने के लिए पंचावरम (पाँच लोगों की परिषद्) थी, जिसमें मन्त्री (अमैच्चार), पुरोहित (पुरोहितार), सेनापति (सेनापतियार), दूत (दूतार), गुप्तचर (ओर्रार) प्रमुख अधिकारी थे। इस काल में दण्ड विधान अत्यन्त कठोर थे।
- नगरीय व ग्रामीण प्रशासन में मन्नरम प्रमुख थे। प्रशासन की सबसे छोटी इकाई ग्राम थी और छोटे ग्रामों की सभा को अवै कहा जाता था। यह स्थानीय व्यापार व रोजगार तथा विवादों से सम्बन्धित होती थी।

मण्डलम्-राज्य (सम्पूर्ण)	नाडु-प्रान्त
उर (पेरुर)-नगर/बड़े ग्राम	सिरुर-छोटे ग्राम
मुडूर-पुराना ग्राम	अवै-छोटे ग्रामों की सभा
पट्टिनम्-तटीय शहर	पोडियाल-सार्वजनिक स्थल
सालै-प्रमुख सड़क	तेरु-नगर की प्रमुख गली

संगमकालीन सैनिक व्यवस्था

- संगमकालीन शासकों के पास पेशेवर सैनिक होते थे। सेना प्रमुख को एनाडि की उपाधि दी जाती थी।
- सेना में पैदल, हाथी, घोड़े एवं रथ होते थे। सेना की अग्र टुकड़ी तुसी तथा पिछली टुकड़ी कुलै कहलाती थी।
- पाण्ड्य राज्य में समुद्र के रास्ते घोड़े बाहर से मँगवाए जाते थे।
- युद्ध में मारे गए सैनिकों की पाषाण मूर्तियाँ स्मारक स्वरूप बनाई जाती थीं, जिन पर उनके नाम और सफलताएँ अंकित की जाती थीं।
- पाण्ड्य एवं चोल शासन में नागरिक और सैनिक पदों पर धनी किसान (वेल्लार) होते थे। इनके अतिरिक्त राजनिवास की सुरक्षा हेतु सशस्त्र महिलाओं को तैनात किया जाता था। चोलों के पास कुशल नौसेना थी।

प्रमुख नगर एवं उनकी प्रसिद्धि के कारण

प्रमुख नगर	प्रसिद्धि
मदुरै	पाण्ड्य राज्य की राजधानी
उरैयूर	चोलों की राजधानी व सूती कपड़ों का बड़ा केन्द्र
पुहार	चोलों की समुद्रतटीय राजधानी व प्रसिद्ध बन्दरगाह
कोरकई	पाण्ड्यों की तटीय राजधानी
वांजि या करैयूर	चेरों की राजधानी
मुशिरी/मुजिरिस	चेरकालीन प्रसिद्ध बन्दरगाह

राजस्व (कर) प्रणाली

- राजस्व का सबसे प्रमुख स्रोत भूमिकर था। इसे कुदमै या इरय कहा जाता था।
- मा और वेलि भूमि माप की इकाइयाँ थीं।

कर	सम्बन्धित विषय
वरियम	क्षेत्र की उपज की दृष्टि से लिया जाने वाला कर (वरिया वसूलने वाला अधिकारी)।
कराई	भू-राजस्व/लगान (उपज का 1/6 भाग), राज्य की आय का मुख्य स्रोत।
इराई	सामन्तों द्वारा दिया जाने वाला कर/युद्ध में लूटे हुए माल में राज्य का हिस्सा।
इराबु/ईरादू	जबरन लिया जाने वाला उपहार।
उल्गू/शुंगम	सीमा शुल्क व मार्ग कर, राज्य की आय का दूसरा सर्वप्रमुख स्रोत।
कुडमै/पादुबादु	राजा को दिया जाने वाला शुल्क।

- पथकर और सीमा शुल्क को उल्गू या शुंगम कहा जाता था।
- राजा को दिया जाने वाला शुल्क कुडमै या पादु या पादुबाडु के नाम से जाना जाता था। बलपूर्वक प्राप्त किए जाने वाले उपहार को ईरादू कहा जाता था।
- कर अदा करने वाला क्षेत्र बारियमवारि, कर वसूलने वाला अधिकारी वारियार कहलाता था। भू-राजस्व कृषि उत्पादन का 1/6 भाग होता था।
- भूमिकर नकद अथवा अनाज दो रूपों में लिया जाता था। कर देने हेतु अनाज को अम्बानम् में तौला जाता था। यह एक बड़ी तौल थी तथा नालि, उलाकू तथा अलाक छोटी तौल थी।

संगमकालीन सामाजिक स्थिति

- तमिल समाज सामान्यत: चार वर्णों में विभक्त था। ये वर्ण थे-अरसर (शासक), शुड्डुम (ब्राह्मण), वेनिगर (वणिक) तथा वेलाल या वेल्लार (किसान)।
- संगम साहित्य में क्षत्रिय एवं वैश्य नियमित रूप से दिखाई नहीं देते हैं, परन्तु योद्धाओं का वर्ग समाज का महत्त्वपूर्ण अंग था।
- यह वर्ण व्यवस्था आर्य युगीन वर्ण व्यवस्था से भिन्न थी।
- कवियों एवं भाटों को इस काल में स्वर्ण के अतिरिक्त नकद, भूमि, रथ, घोड़े एवं हाथी दिए जाते थे।

- इस काल में तीव्र सामाजिक विषमता का बोध होता है। धनी लोग ईंट और सुरखी के मकानों में तथा गरीब लोग झुग्गी-झोंपड़ियों में रहते थे।
- तोलकाप्पियम के अनुसार, संगम काल में विवाह को एक संस्कार के रूप में मान्यता दी गई। इसमें आठ प्रकार के विवाहों की चर्चा है।
- स्त्री-पुरुष के सहज प्रणय को पंचतिणै, एकपक्षीय प्रेम को कैक्किणै तथा औचित्यहीन प्रेम को पेरुन्दिणै कहा जाता था।
- इस काल में विधवा विवाह, पुनर्विवाह एवं अन्तर्जातीय विवाह प्रचलित था। माता-पिता की जानकारी के बिना किया गया विवाह कलाबू और परिवार वालों द्वारा किया गया विवाह कार्पू कहलाता था।
- सती प्रथा का प्रचलन था। स्त्रियों की स्थिति उच्च थी। तमिल साहित्य में नच्चेलियर तथा औवैयर जैसी कवयित्रियों की चर्चा मिलती है। नर्तक, नर्तकियों के दल घूम-घूमकर लोगों का मनोरंजन करते थे, इन्हें पाणर और विडैलियर कहा जाता था।
- संगम साहित्य में मृतक संस्कार की अग्निदाह तथा समाधिकरण की विधियों का वर्णन है।
- तमिल ब्राह्मण मदिरा और मांस का सेवन करते थे। चोल एवं पाण्ड्य राज्य में सैनिक और असैनिक दोनों प्रकार के अधिकारियों के पदों पर वेल्लार या धनी किसानों की नियुक्ति की जाती थी। समाज में अस्पृश्यता मौजूद थी, किन्तु दास प्रथा का वर्णन नहीं मिलता है।

सामाजिक व्यवस्था के प्रमुख अंग

वेल्लार (धनी किसान)	उणवार (साधारण हलवाहा)
कडैसियर (भूमिहीन मजदूर)	अरसर (शासक वर्ग)
पुलैयन (रस्सी बनाने वाली जाति)	मलवर (डाका डालने वाला)
एनियर (शिकारियों की जाति)	परत्तियर (गणिका)
वेलीर (मजदूर कृषक वर्ग)	वेनिगर (वणिक या व्यापारी वर्ग)
कणिगैचर (नर्तकी)	अण्डनर (ब्राह्मण)

संगमकालीन धार्मिक स्थिति

- संगम काल में मुख्यत: तीन मत (ब्राह्मण, बौद्ध एवं जैन) प्रचलित थे। यद्यपि दक्षिण भारत में वैदिक यज्ञ का प्रारम्भ हो चुका था।
- धर्म का सम्बन्ध कर्मकाण्डों और कतिपय आध्यात्मिक अवधारणाओं से था। कर्मकाण्डों का सम्बन्ध जीवात्मवादी तथा मानवरूपी देवपूजा के विविध रूपों से था।
- पुनर्जन्म, वीर पूजा, पितृ पूजा, सती पूजा का सम्पूर्ण दर्शन मृत्यु से सम्बन्धित था। जीवात्मवाद तमिल संगम धर्म का एक प्रमुख अंग था और इसमें प्रस्तर, जल, नक्षत्र और ग्रहों की पूजा शामिल थी।
- अगस्त्य और कौण्डिन्य ऋषि का दक्षिण भारत से पर्याप्त सम्बन्ध रहा है। वहाँ अनेक मन्दिर अगस्तेश्वर नाम से प्रसिद्ध हैं, जहाँ शिव की मूर्तियाँ स्थापित हैं।
- दक्षिण भारत में मुरुगन (पहाड़ी क्षेत्र के खेत) की उपासना सबसे प्राचीन है। मुरुगन दक्षिण भारत के प्रमुख देवता थे। इनका एक अन्य नाम सुब्रह्मण्यम भी था।
- पुहार में इन्द्र (मरुद्रम) के सम्मान में उत्सव मनाया जाता था तथा कोरनाबाई विजय की देवी थी।
- बहेलिए जाति के लोग कोरेलै की उपासना करते थे तथा पशुचारक कृष्ण की पूजा करते थे, जबकि मछुआरे एवं तटवर्ती लोग वरुण की पूजा करते थे।
- मरियम्मा (परशुराम की माता) चेचक से सम्बन्धित शीतला माता थी। येलम्मा सीमा की देवी थी। मणिमेखलै में कापालिक शैव संन्यासियों की चर्चा मिलती है। संगम युग में अनन्तशायी विष्णु, कृष्ण, बलराम, शिव, अर्द्धनारीश्वर आदि देवताओं की पूजा भी लोकप्रिय थी।
- कुदुरैकरडावुल (वन देवी) की तुलना प्राय: दुर्गा देवी के साथ की जाती है, जिसकी उपासना भी एक अन्य अवशिष्ट धार्मिक परम्परा थी।

विभिन्न प्रदेशों से जुड़े देवता

क्षेत्र	देवता	निवासी	आगम (प्रेम)	पुरम (युद्ध)
कुरुन्जि (पर्वत)	मुरुगन	कुरुवर (शिकारी)	विवाह पूर्व प्रेम	पशुओं की लूट
पालै (निर्जन स्थल)	कोरनाबाई	मरवर (योद्धा)	प्रेमियों का लम्बा विरह	अग्नि दहन, विध्वंस
मुल्लै (जंगल)	मेयन (विष्णु)	कुरुम्बर (गड़रिए)	संक्षिप्त विरह काल	छापामार युद्ध प्रणाली
मरुदम (जुते क्षेत्र)	इन्द्र	उलवर (कृषक)	विवाहेतर प्रेम	घेराबन्दी युद्ध
नेयथल (समुद्रतट)	वरुण	पटदावर (मछुआरे)	पत्नियों का अलग होना	स्थाई पारम्परिक युद्ध

संगमकालीन आर्थिक स्थिति

- संगमकालीन अर्थव्यवस्था सुचालित तथा पूर्णतया आत्म-निर्भर थी। सामान्य लोग अधिकांशत: कृषक अथवा पशुपालक, शिकारी और मछुआरे थे। समृद्ध तथा शक्तिशाली वर्ग में तीन प्रकार के लोग थे-वेतर, वेलिर और वेल्लार।
- सगम साहित्य में व्यापारी वर्ग को वेनिगर कहा गया है। अधिकांश व्यापार वस्तु विनिमय द्वारा होता था। बाजार को अवनम के नाम से जाना जाता था, यह लेन-देन का एक केन्द्र होता था।
- संगम साहित्य के अनुसार, दक्षिण भारत की भूमि (प्रायद्वीप का सिरा और उससे लगे क्षेत्र) बहुत ही उपजाऊ थी। खेतों में धान, रागी और ईख, कुल्थी व जौ की उपज होती थी।
- इन सभी के अतिरिक्त तमिल प्रदेश में अनाज, फल, गोल मिर्च व हल्दी की भी उपज होती थी। इस काल में कृषि के अतिरिक्त मछली उत्पादन, जहाजों का निर्माण और कताई-बुनाई के उद्योग महत्त्वपूर्ण थे।
- संगम काल में स्थानीय और बाह्य दोनों प्रकार का व्यापार होता था। इस काल में आयात की जाने वाली वस्तुओं में मुख्यत: सिक्के (सोना-चाँदी), पुखराज, महीन कपड़े, छपे वस्त्र, सुरमा, शीशा, टिन, ताँबा एवं शराब आदि थे।
- पेरिप्लस ऑफ इरिथ्रीयन सी के अनुसार, तोण्डी, मुशिरी, नेलसिण्डा, नौरा इत्यादि पश्चिमी तट के प्रमुख बन्दरगाह थे। चोल राज्य में पुहार (कावेरीपट्टनम), पाण्ड्य राज्य में शालियूर तथा चेर राज्य में कोरकई प्रमुख बन्दरगाह थे। कोरोमण्डल समुद्रतट पर अरिकामेडु प्रसिद्ध बन्दरगाह था।

- निर्यात की जाने वाली वस्तुओं में मुख्यतः काली मिर्च, मोती, हाथी दाँत, रेशमी वस्त्र, नीलमणि, हीरे, मसाले, सूती वस्त्र आदि थे। ये वस्तुएँ पश्चिमी विश्व में मूल्यवान समझी जाती थीं।
- रोम के साथ व्यापार तमिलों के लिए इतना अधिक लाभप्रद था कि पाण्ड्य नरेश ने रोमन सम्राट ऑगस्टस का सहयोग प्राप्त करने के लिए उनके पास दो दूत भेजे थे। ऑगस्टस के सिक्के पुहार, मुजिरिस और अरिकामेडु से मिले हैं।
- ऑगस्टस तथा टिवेरियस की मुहर वाले सिक्के और नीरो के सोने एवं चाँदी के सिक्के तमिल प्रदेश के अनेक स्थलों से प्राप्त हुए हैं।
- राजस्व का मुख्य स्रोत भू-राजस्व था, जिसकी दर उत्पादन का 1/6 भाग थी। तिरुक्काम्युलियर नामक स्थान चोल, चेर, पाण्ड्य राज्य के संगम स्थल के रूप में था।
- संगम काल में पूर्वी तट की तुलना में पश्चिमी तट पर बन्दरगाहों की संख्या अधिक थी; जैसे—तोडी, मुशिरी, नेलसिण्डा, नौरा आदि बन्दरगाह पश्चिमी तट पर ही अवस्थित थे।
- प्राचीन बौद्ध ग्रन्थों में उत्तर भारत और सुदूर दक्षिण के बीच व्यापार का उल्लेख है। इसके लिए इसमें दक्षिणापथ मार्ग का वर्णन किया गया है। यह गंगा घाटी से गोदावरी घाटी तक जाता था।
- संगम काल में व्यापारिक कारवे (स्थल मार्ग) का नेतृत्व करने वाले सार्थवाह को मासतुवान और समुद्री सार्थवाह को मानामिकन कहा जाता था।

संगम साहित्य

- संगम में एकत्र तमिल कवियों द्वारा रचित प्राचीनतम तमिल साहित्य को संगम साहित्य कहा जाता है।
- साहित्य में जिस युग की जानकारी प्राप्त होती है, उसे संगम काल/युग कहा जाता है।

> **नोट** *संगम साहित्य धार्मिक साहित्य नहीं है, परन्तु इसमें हिन्दू देवी-देवताओं का उदाहरण दिया गया है।*

- संगमकालीन रचनाओं को दो वर्गों में वर्गीकृत किया गया है—अगम (प्रेम सम्बन्धी) तथा पुरम (राजाओं की प्रशंसा)। इन्हें मुख्यतः दो समूहों में बाँटा जा सकता है—आख्यानात्मक और उपदेशात्मक।
- आख्यानात्मक ग्रन्थ मेलकणक्कु अर्थात् मुख्य अठारह ग्रन्थ, जिसमें आठ पद्य संकलन और दस ग्राम्य गीत हैं। इन ग्रन्थों को वीरगाथा काव्य भी कहा जाता है।
- उपदेशात्मक ग्रन्थ कीलकणक्कु अर्थात् अठारह लघु ग्रन्थ कहलाते हैं।
- तोलकाप्पियम द्वितीय संगम का उपलब्ध एकमात्र प्राचीनतम ग्रन्थ है। इसके लेखक तोलकाप्पियर हैं। यह एक व्याकरण ग्रन्थ है। एतुत्तौके अथवा अष्ट संग्रह तीसरे संगम के आठ ग्रन्थों का संग्रह है।
- पत्तुप्पातु अथवा दशगीत तृतीय संगम का दूसरा ग्रन्थ है। इसमें चेर राजाओं की कहानी का विवरण है।
- पदिनेकिल्लकणक्कु तृतीय संगम का तीसरा ग्रन्थ है। यह अठारह लघु कविताओं का संग्रह है। इसके अन्तर्गत तिरुवल्लुवर की तिरुक्कुरल या कुरल सर्वश्रेष्ठ रचना है। इसे तमिल साहित्य का बाइबिल कहा गया है। तिरुक्कुरल को तमिल साहित्य का आधार ग्रन्थ भी माना जाता है, इसकी गणना साहित्यिक त्रिवर्ग (धर्म, अर्थ, काम) के अन्तर्गत की जाती है।

कुछ प्रमुख संगमकालीन साहित्य

रचनाकार	रचना	रचनाकार	रचना
तिरुवल्लुवर	तिरुक्कुरल/कुरल	इलंगोआदिगल	शिलप्पादिकारम्
तोलकाप्पियर	तोलकाप्पियम	तिरुतक्कदेवर	जीवक चिन्तामणि
रुद्रसर्मन	अहनानूरु	सीतलैसत्तनार	मणिमेखलै

संगम काल के महाकाव्य

संगम काल के प्रमुख पाँच महाकाव्य—शिलप्पादिकारम्, मणिमेखलै, जीवक चिन्तामणि, वलयपति और कुण्डलकेशि हैं, किन्तु इनमें से केवल पहले के तीन महाकाव्य ही उपलब्ध हैं, जिनका संक्षिप्त विवरण निम्नलिखित है

शिलप्पादिकारम्

- यह तमिल भाषा का पहला काव्य ग्रन्थ है तथा इसे तमिल साहित्य का रत्न माना जाता है। तमिल साहित्य में इसे एक राष्ट्रीय काव्य के रूप में मान्यता प्राप्त है। इस महाकाव्य की रचना चेर शासक शेनगुट्टुवन के भाई इलंगोआदिगल (जैन धर्मावलम्बी) ने की थी।
- इसके प्रमुख पात्र कोवलन, इसकी पत्नी कन्नगी और कावेरीपट्टनम की गणिका माधवी थी।
- शिलप्पादिकारम् प्रेमकथा आधारित महाकाव्य है, जिसमें कोवलन अपनी पत्नी कन्नगी की उपेक्षा कर माधवी (वेश्या/गणिका) से प्रेम करता है। इसमें कन्नगी पूजा का भी उल्लेख मिलता है।

मणिमेखलै

- इसकी रचना एक बौद्ध अनाज व्यापारी सीतलैसत्तनार (सत्तनार) ने की थी।
- इसकी नायिका कोवलन एवं माधवी से उत्पन्न पुत्री मणिमेखलै है। मणिमेखलै की कहानी वहीं से प्रारम्भ होती है, जहाँ से शिलप्पादिकारम् की समाप्ति होती है। इसमें बौद्ध धर्म के महायान सम्प्रदाय का वर्णन किया गया है। इस तमिल साहित्य का ओडिसी कहा जाता है।

जीवक चिन्तामणि

- इसकी रचना जैन भिक्षु तिरुतक्कदेवर ने की थी। इस महाकाव्य का नायक जीवक है, जिसका इसमें वर्णन किया गया है।
- इसमें जीवक आठ विवाह करता है तथा गृहस्थ जीवन के पश्चात् जैन धर्म अपनाकर संन्यासी बन जाता है।
- आठ विवाहों का वर्णन होने के कारण जीवक चिन्तामणि धर्मग्रन्थ (मणमूल) भी कहलाता है।

"

गुप्त साम्राज्य का उद्भव उत्तर भारत में कुषाण साम्राज्य के पतन के पश्चात् हुआ। गुप्तों ने कुषाणों और सातवाहनों के एक विस्तृत भू-भाग पर अपना साम्राज्य स्थापित किया।

अध्याय बारह

गुप्तकाल (गुप्त वंश)

गुप्तकालीन इतिहास के स्रोत

गुप्तकालीन इतिहास की जानकारी के प्रमुख स्रोत साहित्यिक एवं पुरातात्विक स्रोत और विदेशी यात्रियों का विवरण है। इनका संक्षिप्त विवरण निम्न है

साहित्यिक स्रोत

- इसमें कालिदास द्वारा रचित रचनाएँ मालविकाग्निमित्रम्, कुमारसम्भवम्, ऋतुसंहार, अभिज्ञानशाकुन्तलम, मेघदूत, वात्स्यायन की रचना कामसूत्र, शूद्रक की मृच्छकटिकम् आदि गुप्तकालीन इतिहास पर प्रकाश डालती हैं।
- विशाखदत्त के नाटक देवीचन्द्रगुप्त में गुप्त शासक रामगुप्त तथा चन्द्रगुप्त द्वितीय के बारे में उल्लेख मिलता है।

पुरातात्विक स्रोत

- पुरातात्विक स्रोतों के अन्तर्गत अभिलेख, सिक्के एवं स्मारक शामिल हैं, जिनसे गुप्तकाल के बारे में जानकारी मिलती है।
- समुद्रगुप्त के प्रयाग प्रशस्ति अभिलेख से समुद्रगुप्त द्वारा विजित क्षेत्रों के बारे में पर्याप्त जानकारी मिलती है।
- स्कन्दगुप्त के जूनागढ़ अभिलेख में इसके द्वारा सुदर्शन झील के पुनर्निर्माण किए जाने का उल्लेख है और भितरी अभिलेख से हूण आक्रमण होने की जानकारी प्राप्त होती है।
- गुप्तकाल में निर्मित मन्दिरों, मूर्तियों व चैत्यगृह आदि से समकालीन कला एवं स्थापत्य का पता चलता है। गुप्तकालीन अजन्ता एवं बाघ की गुफाओं के चित्र उल्लेखनीय हैं।
- इसके अतिरिक्त देवगढ़ का दशावतार मन्दिर (झाँसी, उत्तर प्रदेश), भीतरगाँव का मन्दिर (कानपुर, उत्तर प्रदेश), नचना कुठार का पार्वती मन्दिर (पन्ना, मध्य प्रदेश) व तिगवा का विष्णु मन्दिर (जबलपुर, मध्य प्रदेश) आदि विशेष रूप से महत्त्वपूर्ण हैं।
- गुप्त शासकों द्वारा जारी किए गए सोने, चाँदी व ताँबे के सिक्के प्राप्त हुए हैं। इस काल में स्वर्ण सिक्कों को दीनार, चाँदी के सिक्कों को रूपक अथवा रूप्यक तथा ताँबे के सिक्कों को माषक कहा जाता था। गुप्तकालीन सोने के सिक्के का सबसे बड़ा ढेर राजस्थान के बयाना से प्राप्त हुआ है।

विदेशी यात्रियों का विवरण

- इसके अन्तर्गत चीनी यात्री फाह्यान और ह्वेनसांग का विवरण प्रमुख है। फाह्यान चन्द्रगुप्त द्वितीय के शासनकाल में भारत आया था। उसने मध्य देश का उल्लेख किया है, जबकि ह्वेनसांग के विवरण में कुमारगुप्त द्वारा नालन्दा महाविहार की स्थापना करवाने का उल्लेख मिलता है।
- इसके अतिरिक्त ह्वेनसांग ने बुद्धगुप्त, नरसिंहगुप्त, बालादित्य आदि का उल्लेख किया है।

गुप्त वंश के प्रमुख शासक

गुप्त वंश के प्रमुख शासक निम्न हैं

श्रीगुप्त (240-280 ई.)

- गुप्त वंशावली की चर्चा कुमारगुप्त के बिलसड स्तम्भ लेख से मिलती है।
- इन लेखों में गुप्त वंश का प्रथम शासक श्रीगुप्त को बताया गया है। अतः स्पष्ट होता है कि गुप्त वंश की स्थापना श्रीगुप्त ने की थी।

- प्रभावती गुप्ता के पूना ताम्रपत्र अभिलेख में गुप्तों के आदिपुरुष श्रीगुप्त तथा इनके पुत्र घटोत्कच गुप्त का उल्लेख किया गया है और इनका गोत्र धारण बताया गया है।
- इत्सिंग के यात्रा विवरण के अनुसार, श्रीगुप्त ने मगध में चीनी यात्रियों के लिए मन्दिर का निर्माण करवाया और उसे 24 गाँव दान में दिए थे।
- गुप्त वंश के संस्थापक श्रीगुप्त ने महाराज की उपाधि धारण की थी।

घटोत्कच (280-319 ई.)

- श्रीगुप्त के पश्चात् उसका पुत्र घटोत्कच गुप्त वंश का शासक बना। यद्यपि अपवाद स्वरूप स्कन्दगुप्त के सुपिया लेख (रीवा, मध्य प्रदेश) में घटोत्कच को गुप्त वंशावली में प्रथम शासक बताया गया है। इससे यह ज्ञात होता है कि गुप्तों का राजनैतिक इतिहास घटोत्कच से आरम्भ हुआ।
- प्रभावती गुप्ता के पूना एवं रिद्धपुर ताम्रपत्र लेख में घटोत्कच को गुप्त वंश का प्रथम शासक बताया गया है।
- उल्लेखनीय है कि श्रीगुप्त एवं घटोत्कच दोनों ने ही महाराज की उपाधि धारण की थी।

चन्द्रगुप्त प्रथम (319-335 ई.)

- घटोत्कच के पश्चात् चन्द्रगुप्त प्रथम गुप्तवंश का शासक बना। यह गुप्त वंश का वास्तविक संस्थापक था।
- चन्द्रगुप्त प्रथम ने महाराजाधिराज की उपाधि धारण की थी। इसके राज्यारोहण की तिथि (319 ई.) थी तथा इसे गुप्त सम्वत् का आरम्भ माना गया है (शक सम्वत् का आरम्भ 78 ई.)।
- चन्द्रगुप्त प्रथम ने लिच्छवि राजकुमारी कुमारदेवी से विवाह किया और वैशाली राज्य को प्राप्त किया। क्षत्रिय कुल में विवाह करने से चन्द्रगुप्त प्रथम की प्रतिष्ठा में बढ़ोतरी हुई। इसकी पुष्टि निम्न तथ्यों से होती है
  - पहला, स्वर्ण सिक्कों में चन्द्रगुप्त कुमारदेवी प्रकार, लिच्छवि प्रकार, राजा-रानी प्रकार व विवाह प्रकार इत्यादि हैं।
  - दूसरा, समुद्रगुप्त के प्रयाग अभिलेख में उसे लिच्छवि दौहित्र कहा गया है।
- गुप्तवंश में सर्वप्रथम चन्द्रगुप्त प्रथम ने रजत (चाँदी) मुद्राओं को जारी किया था।
- चन्द्रगुप्त प्रथम ने साकेत (अयोध्या), प्रयाग (प्रयागराज) और मगध पर शासन किया था।
- चन्द्रगुप्त प्रथम ने अपने स्वर्ण सिक्कों पर कुमारदेवी का नाम उत्कीर्ण करवाया और इसके पृष्ठ भाग पर लिच्छवय: (लिच्छवि) खुदवाया।

समुद्रगुप्त (335-375 ई.)

- चन्द्रगुप्त प्रथम के पश्चात् उसका पुत्र समुद्रगुप्त शासक बना। वह लिच्छवी राजकुमारी कुमारदेवी से उत्पन्न हुआ था। वह स्वयं को लिच्छवी दौहित्र कहने पर गर्व का अनुभव करता था।
- समुद्रगुप्त का शासन काल राजनीतिक एवं सांस्कृतिक दोनों ही दृष्टियों से गुप्त साम्राज्य के उत्कर्ष का काल माना जाता है।
- हरिषेण रचित प्रयाग प्रशस्ति से समुद्रगुप्त की विजयों की विस्तृत जानकारी मिलती है।
- समुद्रगुप्त ने दिग्विजय की योजना बनाई थी। प्रयाग-प्रशस्ति के अनुसार इस योजना का उद्देश्य धरणि-बन्ध (भूमण्डल को बाँधना) था। समुद्रगुप्त ने सैन्य विजय के बाद एक अश्वमेघ यज्ञ भी किया था और अश्वमेघकर्ता की उपाधि धारण की।
- समुद्रगुप्त एक उच्च कोटि का कवि भी था। उसने 'कविराज' नाम से कई कविताएँ भी लिखीं। एक सिक्के पर उसे वीणा बजाते दिखाया गया है।
- श्रीलंका के शासक मेघवर्मन ने बोधगया में एक बौद्ध विहार के निर्माण की अनुमति पाने के लिए, अपना राजदूत समुद्रगुप्त के पास भेजा था।
- समुद्रगुप्त ने उत्तर भारत (आर्यावर्त) के नौ शासकों को पराजित किया। उत्तर भारत के उत्तर भारत के शासकों में अच्युत, नागसेन तथा गणपतिनाग प्रमुख थे।
- दक्षिण भारत के पराजित शासकों में व्याध्र राज (महाकांतर), महेन्द्र गिरि (पिष्टपुर) विष्णुगोप (कांची) प्रमुख थे।
- विन्सेण्ट स्मिथ ने समुद्रगुप्त को भारत का नेपोलियन कहा है। काव्यालंकार सूत्र में समुद्रगुप्त का नाम 'चन्द्र प्रकाश' मिलता है। समुद्रगुप्त ने महान् बौद्ध भिक्षु वसुबन्धु को संरक्षण दिया था।
- इलाहाबाद के स्तम्भ लेख में समुद्रगुप्त की धर्म प्रचार बन्धु उपाधि का उल्लेख मिलता है।

रामगुप्त

- समुद्रगुप्त के पश्चात् रामगुप्त शासक बना, किन्तु यह एक कमजोर शासक था।
- विशाखदत्त की रचना देवीचन्द्रगुप्त के अनुसार, रामगुप्त ने शक आक्रमणकारियों के सम्मुख समर्पण कर दिया था।
- शकों के समक्ष रामगुप्त के समर्पण और चन्द्रगुप्त के सत्ता अधिग्रहण की घटना की चर्चा हर्षचरित (बाणभट्ट), काव्यमीमांसा (राजशेखर) तथा राष्ट्रकूट शासक गोविन्द चतुर्थ के सांगली ताम्रलेख में भी मिलती है।

चन्द्रगुप्त द्वितीय (375-415 ई.)

- गुप्तवंशावली में समुद्रगुप्त के पश्चात् चन्द्रगुप्त द्वितीय का नाम उल्लिखित है, परन्तु दोनों शासकों के बीच रामगुप्त नामक एक दुर्बल शासक के अस्तित्व का भी पता चलता है।
- चन्द्रगुप्त द्वितीय ने मेहरौली (दिल्ली) में लौह स्तम्भ खुदवाकर अपना विजयोत्सव मनाया था, इस स्तम्भ पर चन्द्र नामक शासक की विजय का वर्णन है, जिसकी पहचान चन्द्रगुप्त द्वितीय से की गई है। चन्द्रगुप्त द्वितीय की विजयों का उल्लेख इसके उदयगिरि अभिलेख में मिलता है। उज्जयिनी को इसने द्वितीय राजधानी बनाया था।
- इसके शासनकाल में प्राप्त मथुरा स्तम्भलेख पर सर्वप्रथम तिथि अंकित होने का प्रमाण मिला है।
- चन्द्रगुप्त द्वितीय ने नाग राजकुमारी कुबेरनागा से विवाह करके नागवंश के साथ वैवाहिक सम्बन्ध स्थापित किए तथा बाद में अपनी पुत्री प्रभावती का विवाह वाकाटक नरेश रुद्रसेन द्वितीय (ब्राह्मण जाति) से तथा अपने पुत्र कुमारगुप्त प्रथम का विवाह कदम्ब शासक काकुत्सवर्मन की पुत्री से किया था।
- वैवाहिक सम्बन्धों के पश्चात् चन्द्रगुप्त द्वितीय ने वाकाटक राज्य पर अप्रत्यक्ष रूप से अपना प्रभाव स्थापित कर पश्चिमी मालवा तथा गुजरात पर प्रभुत्व स्थापित कर लिया और वहाँ के 400 वर्ष पुराने शक-क्षत्रपों के शासन का

अन्त किया।। इस विजय से चन्द्रगुप्त द्वितीय को पश्चिमी समुद्र तट प्राप्त हो गया, जोकि व्यापार व वाणिज्य के लिए विख्यात था। इससे मालवा एवं उसका मुख्य नगर उज्जैन समृद्ध हुआ।

- चन्द्रगुप्त द्वितीय ने विक्रमादित्य की उपाधि शक विजय के उपलक्ष्य में धारण की थी।
- चन्द्रगुप्त द्वितीय ने विक्रमादित्य, श्री विक्रम सूर्य विक्रमांक एवं परमभागवत की उपाधियाँ धारण की थीं। इसके अन्य नाम देवगुप्त, देवराज तथा देवश्री थे। शकों (रुद्रसिंह तृतीय) पर विजयोपरान्त इसे शकारि कहा गया।
- इसने शकों पर विजय प्राप्त करने के पश्चात् मालवा क्षेत्र में व्याघ्र शैली के चाँदी के सिक्के जारी किए। सर्वप्रथम इसने चाँदी के सिक्के चलवाए। इसके सिक्कों पर देवश्री लिखा हुआ था। इन मुद्राओं की तौल लगभग 33 ग्रेन होती थी।
- इसके समय में प्रसिद्ध चीनी यात्री फाह्यान (399-414 ई.) भारत आया था। इसके समय में पाटलिपुत्र एवं उज्जयिनी शिक्षा के प्रमुख केन्द्र थे।
- चन्द्रगुप्त द्वितीय का काल ब्राह्मण धर्म के चरमोत्कर्ष का काल था।

चन्द्रगुप्त द्वितीय के नवरत्न / विद्वान

लेखक	नाटक
कालिदास	नाटक व काव्य से सम्बन्धी
अमरसिंह	शब्दकोष रचना सम्बन्धी (अमरकोश)
शंकु	वास्तुकला सम्बन्धी (शिल्पशास्त्र)
धन्वन्तरि	चिकित्सा से सम्बन्धी (आयुर्वेद)
क्षपणक	ज्योतिष विद्या से सम्बन्धी (ज्योतिशास्त्र)
बेतालभट्ट	जादू से सम्बन्धी (मन्त्रशास्त्र)
वररुचि	व्याकरण से सम्बन्धी (व्याकरण)
घटकर्पर	काव्य से सम्बन्धी
वराहमिहिर	खगोल विज्ञान से सम्बन्धी (वृहतसंहिता)

- फाह्यान ने पवित्र बौद्ध स्थानों की यात्रा की। संकिसा तथा श्रावस्ती में उसने अनेक स्मारक तथा भिक्षु देखे। उसने पाटलिपुत्र में अशोक का राजमहल देखा तथा यह इससे इतना प्रभावित हुआ कि उसे देवताओं द्वारा निर्मित बताया।

कुमारगुप्त प्रथम (415-455 ई.)

- कुमारगुप्त प्रथम के समय के सर्वाधिक गुप्तकालीन अभिलेख (18) प्राप्त हुए हैं। कुमारगुप्त के बिलसड अभिलेख से ही कुमारगुप्त प्रथम तक गुप्तों की वंशावली प्राप्त होती है।
- इसके सुव्यवस्थित शासन का वर्णन इसके मन्दसौर अभिलेख से मिलता है, जिसकी रचना वत्सभट्टी ने की थी। करमदण्डा अभिलेख से भी इसके शासनकाल की जानकारी मिलती है।
- कुमारगुप्त प्रथम के अन्तिम दिनों में पुष्यमित्र नामक जातियों ने आक्रमण किया, इसका उल्लेख स्कन्दगुप्त के भितरी स्तम्भलेख में मिलता है। कुमारगुप्त ने उन्हें पराजित करने के लिए अपने पुत्र स्कन्दगुप्त को भेजा, जो पुष्यमित्रों को पराजित करने में सफल रहा।
- कुमारगुप्त प्रथम ने नालन्दा विश्वविद्यालय की स्थापना करवाई थी। इसे ऑक्सफोर्ड ऑफ महायान भी कहा जाता है। विश्वविद्यालय में समय की माप के लिए जलघड़ी का प्रयोग किया जाता था।
- इसने महेन्द्रादित्य, श्रीमहेन्द्र और महेन्द्र अश्वमेध आदि उपाधियाँ धारण कीं। इसके स्वर्ण सिक्कों पर इसे गुप्तकुलामल चन्द्र एवं गुप्तकुल व्योमशशि कहा गया है।
- इसके समय में गुप्तकालीन मुद्राओं का सबसे बड़ा ढेर बयाना (राजस्थान) से प्राप्त हुआ है, जिसमें 623 मुद्राएँ मिली हैं। इसमें मयूर शैली की मुद्राएँ (गरुड़ के स्थान पर) सर्वाधिक महत्त्वपूर्ण थीं। इस शैली की कुछ मुद्राएँ मध्य प्रदेश से भी प्राप्त हुई हैं।
- इसने अश्वमेध यज्ञ किया तथा अश्वमेध प्रकार की मुद्राएँ चलवाईं।
- एकमात्र गुप्त शासक कुमारगुप्त के सिक्कों के मुख भाग पर मयूर को खिलाते हुए राजा की आकृति और पृष्ठ भाग पर कार्तिकेय का अंकन मिलता है।

स्कन्दगुप्त (455-487 ई.)

- यह कुमारगुप्त प्रथम का उत्तराधिकारी था। स्कन्दगुप्त के समय मध्य एशिया के हूणों ने आक्रमण किया। भितरी स्तम्भलेख के अनुसार, प्रथम हूण आक्रमण इसी के समय हुआ, जबकि जूनागढ़ अभिलेख के अनुसार, इसने हूणों के आक्रमण को विफल कर दिया था।
- हिन्दूकुश पार करके गान्धार पर आक्रमण करने वाले श्वेत हूणों को पूर्वी हूण भी कहा जाता है। इन्होंने गुप्त साम्राज्य के कुछ भाग पर भी अधिकार कर लिया था।
- जूनागढ़ अभिलेख में हूणों को म्लेच्छ कहा गया है। स्कन्दगुप्त को कहौम स्तम्भ लेख में शक्रादित्य, आर्यमंजुश्री मूलकल्प में देवराय तथा जूनागढ़ अभिलेख में श्री परिक्षिप्तवक्षा कहा गया है।
- जूनागढ़ अभिलेख का निर्माण पश्चिमी क्षत्रिय राजा रुद्रदामन प्रथम द्वारा कराया गया। इसे रुद्रदामन का गिरनार अभिलेख भी कहा जाता है। यह गुजरात की गिरनार पहाड़ी पर स्थित है।
- जूनागढ़ अभिलेख के अनुसार, स्कन्दगुप्त ने सुदर्शन झील के पुनरुद्धार का कार्य सौराष्ट्र के गवर्नर पर्णदत्त के पुत्र चक्रपालित को सौंपा था। इसने झील के किनारे एक विष्णु मन्दिर का निर्माण भी करवाया था।
- स्कन्दगुप्त एक आदर्श प्रशासक होने के साथ एक कुशल सैन्य संचालक था तथा उसने सौराष्ट्र प्रान्त में पर्णदत्त को अपना राज्यपाल नियुक्त किया था।
- पुष्यगुप्त वैश्य (चन्द्रगुप्त मौर्य के समय), तुसास्प (अशोक के समय) एवं सुविशाख (रुद्रदामन के समय) भी सुदर्शन झील से सम्बन्धित हैं।
- ह्वेनसांग ने नालन्दा संघाराम को बनवाने वाले शासकों में शक्रादित्य के नाम का उल्लेख किया है, जिससे स्कन्दगुप्त द्वारा नालन्दा संघाराम को सहायता देने का प्रमाण मिलता है।
- स्कन्दगुप्त ने 466 ई. में चीनी सांग सम्राट के दरबार में राजदूत भेजे थे। स्कन्दगुप्त एक कुशल सैन्य संचालक तथा प्रशासक था। स्कन्दगुप्त ने वृषभ शैली के सिक्के जारी किए थे।

हूण शासक

- चीनी यात्री **सुंगयुन**, जिसने 515 से 520 ई. के बीच भारत की यात्रा की थी, इसने खुशनवाज को हूणों का प्रथम राजा माना। हूणों का महत्त्वपूर्ण शासक **तोरमाण** था। इसका भारत के मध्यवर्ती भाग तक अधिकार था।
- तोरमाण के अधीन गुप्तों की सत्ता को बहुत आघात पहुँचा। तोरमाण का पुत्र **मिहिरकुल** था। मन्दसौर अभिलेख के अनुसार लगभग 552 ई. में मिहिरकुल को यशोवर्मन ने पराजित किया था।
- मिहिरकुल को बौद्ध धर्म का विरोधी तथा मूर्तिभंजक कहा गया है।
- ह्वेनसांग के अनुसार, पराजित होने के बाद इसने कश्मीर में आश्रय प्राप्त किया तथा बाद में कश्मीर के राजा की हत्या कर, वहाँ का स्वतन्त्र शासक बन गया।
- बौद्ध साहित्य में हूण शासकों को बुद्ध का विरोधी बताया गया है। सम्भवत: मिहिरकुल की पराजय के साथ भारत में हूणों की प्रभुता समाप्त हो गई।

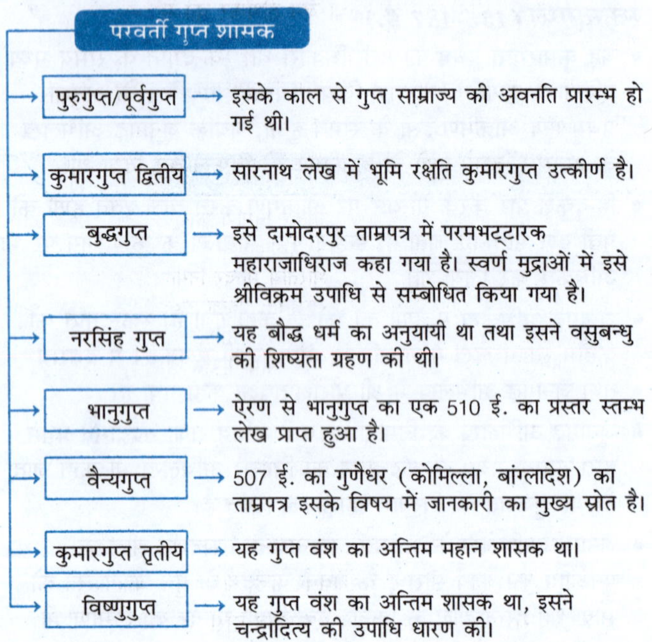

- गुप्तों के पतन के साथ नए वंशों का उदय हुआ। इनमें **वल्लभी के मैत्रक, कन्नौज के मौखरि** तथा **थानेश्वर के वर्द्धन वंश** आदि प्रमुख थे।

राजत्व का सिद्धान्त

- मौर्यों के विपरीत गुप्त राजाओं ने महाराजाधिराज, परमभट्टारक, परमेश्वर, परमदेवता जैसी उपाधियाँ धारण कीं।
- राजा की दैवी उत्पत्ति का सिद्धान्त, जो **मनुस्मृति** में प्राप्त है, गुप्त युग तक लोकप्रिय हो चुका था। राजा को रक्षा और पालन करने वाले भगवान विष्णु के रूप में देखा जाने लगा तथा राजसत्ता की देवी लक्ष्मी विष्णु की पत्नी के रूप में सिक्कों की पीठ पर सदैव अंकित होती रहीं। चन्द्रगुप्त विक्रमादित्य ने अपनी तुलना इन्द्र, वरुण, यम और कुबेर से की है।
- राजपद वंशागत था, परन्तु राजसत्ता ज्येष्ठाधिकार की अटल प्रथा के अभाव में सीमित थी। राजा को धर्म के अनुसार, वर्णाश्रम धर्म का रक्षक बताया गया था।
- गुप्त शासक साम्राज्यवादी थे, लेकिन केन्द्रीय शासन का जो नियन्त्रण मौर्य युग में देखने को मिलता है, वह इस युग में नहीं मिलता, क्योंकि गुप्त युग में ही विकेन्द्रीकरण की प्रवृत्ति बढ़ने लगी थी।

गुप्तकालीन प्रशासनिक व्यवस्था

प्रशासन

- राजाओं ने 'परमेश्वर,' 'महाराजाधिराज', 'परमभट्टारक' आदि उपाधियाँ धारण कीं।
- 'कुमारामात्य' गुप्त प्रशासन के प्रमुख अधिकारी होते थे। गुप्तकाल से ही विकेन्द्रीकरण की प्रवृत्ति बढ़ने लगी थी।
- गरुड़ गुप्त वंश का राजकीय चिह्न था। प्रयाग प्रशस्ति से पता चलता है कि गुप्तों की राजाज्ञाएँ गरुड़ मुद्रा में अंकित हुआ करती थीं।
- गुप्त साम्राज्य में ग्राम समूह की छोटी इकाई को पेठ कहते थे, जिसका उल्लेख संक्षोभ के खोह अभिलेख में मिलता है।
- गुप्तों के कार्यकलाप का मुख्य प्रांगण मध्यदेश (उ.प्र. तथा बिहार) की उर्वरा भूमि थी। गुप्तों की आरम्भिक मुद्राएँ उत्तर प्रदेश में ही मिली हैं।
- केन्द्र में मुख्य विभाग सैन्य था। सन्धि- विग्राहिक सेना का मुख्याधिकारी होता था।
- गुप्तवंशी राजाओं ने बड़ी संख्या में सोने के सिक्के जारी किए। जिन्हें दीनार के नाम से जाना जाता था।
- चन्द्रगुप्त I के सिक्कों पर चन्द्रगुप्त व कुमार देवी का चित्र व नाम अंकित पाया गया है।
- राजकार्य में सम्राट की सहायता करने वाले मन्त्री और अमात्य होते थे। कामन्दक नीतिसार में मन्त्रियों और अमात्यों के बीच के अन्तर को स्पष्ट किया गया है।
- गुप्तों की शासन व्यवस्था पूर्णतया मौलिक नहीं थी, उसमें मौर्यों, सातवाहनों, शकों तथा कुषाणों के प्रशासन की विधियों का समावेश था।
- पुलिस विभाग के पदाधिकारियों में उपरिक, दशापराधिक, चौराद्धरणिक, दण्डपाशिक, अंगरक्षक आदि प्रमुख थे।
- पुलिस विभाग के साधारण कर्मचारियों को चाट एवं भाट कहा जाता था। दण्डपाशिक पुलिस विभाग का प्रधान होता था।
- 'अमरकोश' के अनुसार, 'उर्वरा' उपजाऊ भूमि तथा शाइवला घास की भूमि को कहा जाता है।

अर्थव्यवस्था

- गुप्तकाल में सिंचाई हेतु रहट या घटी यन्त्र का प्रयोग होता था।
- गुप्तकालीन स्वर्ण मुद्रा दीनार तथा चाँदी के सिक्के रूप्यका कहलाते थे। सामान्य लोग खरीद बिक्री हेतु कौड़ी का प्रयोग करते थे।
- गुप्तकालीन अर्थव्यवस्था का मुख्य आधार कृषि था। वस्त्र उद्योग इस काल का प्रमुख उद्योग था।

- गुप्तकाल में सर्वाधिक व्यापार दक्षिण पूर्व एशिया से होता था।
- ताम्रलिप्ति, घण्टशाला, पलूरा, भड़ौच, कैम्बे आदि प्रमुख बन्दरगाह थे।

भूमि के प्रकार

क्षेत्र	कृषि करने योग्य भूमि
वास्तु	वास करने योग्य भूमि
खिल	ऐसी भूमि जो जोतने योग्य नहीं होती थी।
अप्रहत	ऐसी भूमि जो जंगली होती थी।
चरागाह	पशुओं के चारा योग्य भूमि

समाज

- स्त्रियों की दशा पहले से निम्न हो गई थी। इसी काल में सती-प्रथा की प्रथम घटना का उल्लेख मिलता है।
- जातियाँ उपजातियों में विभक्त हो गई थीं।
- शूद्रों की दशा में कुछ सुधार हुआ, किन्तु छुआछूत की कुप्रथा ने जड़ें जमानी शुरू कर दी थीं।
- याज्ञवल्क्य ने सर्वप्रथम स्त्रियों के सम्पत्ति सम्बन्धी अधिकारों की वकालत की थी।
- सर्वाधिक भूमि अनुदान गुप्तकाल में दिया गया। नारद तथा पराशर स्मृतियों में विधवा विवाह का समर्थन मिलता है। नारद स्मृति में 15 प्रकार के दासो का उल्लेख है।
- गुप्तकाल में बटाई पर खेती करने वाले किसान को त्रयधसीरिन या सीरिन कहते थे।
- गंगा और यमुना के मूर्ति रूप गुप्तकाल की ही देन है।
- वेश्यावृति करने वाली महिला गणिका कहलाती थीं।

धर्म

- बौद्ध धर्म विभिन्न सम्प्रदायों में विभाजित था। राजकीय संरक्षण नहीं मिलने के कारण प्रचार-प्रसार कमजोर पड़ रहा था।
- इस समय मन्दिरों का निर्माण आरम्भ हो गया था। चन्द्रगुप्त द्वितीय तथा समुद्रगुप्त के सिक्कों पर विष्णु के वाहन गरुड़ की प्रतिमा अंकित है।

- स्कन्दगुप्त का जूनागढ़ अभिलेख तथा बुद्धगुप्त का एरण स्तम्भलेख विष्णु की स्तुति से आरम्भ होता है।
- वर्तमान में प्रचलित हिन्दू धर्म के स्वरूप का निर्माण इसी युग में हुआ। भगवद्गीता की रचना इसी युग में हुई। गुप्त शासक प्राय: वैष्णव थे।
- स्कन्दगुप्त के बैल की आकृति वाले सिक्के उसकी शैव धर्म में आस्था के प्रमाण हैं।
- कुमारगुप्त प्रथम के सिक्कों पर मयूर पर आरूढ़ कार्तिकेय (स्कन्द) की प्रतिमा अंकित है।
- गुप्तकाल में अनेक प्रसिद्ध बौद्ध आचार्यों; जैसे—आर्यदेव, असंग, वसुबन्धु, मैत्रेयनाथ दिङ्नाग आदि का आविर्भाव हुआ। योगाचार दर्शन का गुप्तकाल में अत्यधिक विकास हुआ।

गुप्तकालीन प्रसिद्ध मन्दिर

मन्दिर	स्थान
विष्णु मन्दिर	तिगवा (जबलपुर, मध्य प्रदेश)
शिव मन्दिर	भूमरा (नागौद, मध्य प्रदेश)
पार्वती मन्दिर	नचना कुठार (मध्य प्रदेश)
दशावतार मन्दिर	देवगढ़ (ललितपुर, उत्तर प्रदेश)
शिव मन्दिर	खोह (नागौद, मध्य प्रदेश)
भितरगाँव मन्दिर (ईंट से निर्मित)	भितरगाँव (कानपुर, उत्तर प्रदेश)

कला

- गुप्त युग में विभिन्न कलाओं— मूर्तिकला, चित्रकला, वास्तुकला, संगीत तथा नाट्य कला के क्षेत्र में अत्यधिक उन्नति हुई थी।
- अत्यधिक देवताओं की मूर्तियों का निर्माण हुआ। मूर्तियों में विष्णु, शिव, पार्वती, ब्रह्मा के अतिरिक्त बुद्ध तथा जैन तीर्थंकर की मूर्तियों का निर्माण भी हुआ।
- गुप्तकाल को कला, साहित्य व संस्कृति के अधिक विकास के कारण स्वर्ण काल कहा जाता है।

मूर्तिकला	मन्दिर निर्माण
सारनाथ की बुद्धमूर्ति, मथुरा की वर्धमान महावीर की मूर्ति, विदिशा की वराह अवतार की मूर्ति, झाँसी की शेषशायी विष्णु की मूर्ति, काशी की गोवर्धनधारी कृष्ण की मूर्ति आदि इस युग की मूर्तिकला के प्रमुख उदाहरण हैं।	मन्दिर निर्माण कला का जन्म गुप्तकाल में ही हुआ। देवगढ़ का दशावतार मन्दिर भारतीय मन्दिर निर्माण में शिखर का सम्भवत: पहला उदाहरण है। प्राचीन भारत में मन्दिर निर्माण कला क्षेत्र में विकास की चरम सीमा गुप्तकाल में ही प्राप्त होती है।

साहित्य

- संस्कृत गुप्त राजाओं की शासकीय भाषा थी।
- गुप्तकाल में साहित्य एवं शिक्षा के क्षेत्र में अत्यधिक उन्नति हुई। काशी, मथुरा, नासिक, पद्मावती, उज्जयिनी, अजन्ता, वल्लभी, पाटलिपुत्र तथा काँची आदि गुप्तकाल के प्रमुख शैक्षिक केन्द्र थे।
- विष्णु शर्मा द्वारा पंचतन्त्र और नारायण पण्डित द्वारा हितोपदेश की रचना की गई। नारद तथा बृहस्पति पुराण के साथ रामायण तथा महाभारत से धर्मशास्त्र इसी काल में रचे गए।
- भारवि ने किरातार्जुनीय, अमरसिंह ने अमरकोष, कामन्दक ने नीतिसार तथा चन्द्रगोमिन ने चन्द्र व्याकरण इसी समय लिखा।
- हरिषेण, वीरसेन, कालिदास तथा विशाखदत्त आदि इस युग के प्रसिद्ध विद्वान् थे। बौद्ध विद्वानों में असंग, वसुबन्धु, दिङ्नाग तथा धर्मपाल, जैन विद्वानों में उपेशवती, सिद्धसेन तथा भद्रबाहु II इसी समय हुए थे।

कालिदास की रचनाएँ

महाकाव्य	नाटक
मेघदूतम्	विक्रमोर्वशीयम्
ऋतुसंहार (गीतकाव्य)	मालविकाग्निमित्रम्
रघुवंशम्	अभिज्ञानशाकुन्तलम्
कुमारसम्भवम्	

गुप्तकाल के रचनाकार

रचनाकार	रचना
विशाखदत्त	मुद्राराक्षस, देवीचन्द्रगुप्तम्
शूद्रक	मृच्छकटिकम
दण्डी	दशकुमारचरित्
आर्यभट्ट	सूर्य सिद्धान्त
वराहमिहिर	वृहतसंहिता, लघुजातक, पंचसिद्धान्तिका
कामन्दक	नीतिशास्त्र
विष्णु शर्मा	पंचतन्त्र

विज्ञान

- गुप्तकाल में गणित, पदार्थ विज्ञान, धातु विज्ञान, रसायन विज्ञान, ज्योतिष विज्ञान तथा चिकित्सा विज्ञान की बहुत उन्नति हुई। दशमलव तथा शून्य का अन्वेषण गुप्तकाल में ही हुआ।
- आर्यभट्ट इस युग के प्रख्यात गणितज्ञ एवं खगोलशास्त्री थे। इन्होंने आर्यभट्टीयम् नामक ग्रन्थ की रचना की, जिसमें अंकगणित, बीजगणित तथा रेखागणित की विवेचना की गई है। आर्यभट्ट ने सूर्यसिद्धान्त नामक ग्रन्थ में यह सिद्ध किया कि पृथ्वी सूर्य का चक्कर लगाती है।
- वराहमिहिर ने वृहतसंहिता एवं पंचसिद्धान्तिका नाम के खगोलशास्त्र ग्रन्थों की रचना की। ब्रह्मगुप्त का 'ब्रह्म सिद्धान्त' भी खगोलशास्त्र का एक प्रसिद्ध ग्रन्थ है। भास्कराचार्य ने महाभाष्कर्य तथा लघुभाष्कर्य लिखा।
- धनवन्तरि तथा सुश्रुत इस युग के प्रख्यात वैद्य थे। 'नवनीतकम्' इस युग की प्रसिद्ध चिकित्सा पुस्तक है। हस्तायुर्वेद पशु चिकित्सा सम्बन्धी रचना है। प्रसिद्ध आयुर्वेदाचार्य धनवन्तरि ने रसचिकित्सा नामक पुस्तक की रचना की तथा सिद्ध किया कि सोना, चाँदी, लोहा, ताँबा आदि धातुओं में रोग निवारण की शक्ति विद्यमान है।
- आर्यभट्ट प्रथम, वराहमिहिर, भास्कर प्रथम एवं ब्रह्मगुप्त प्रमुख गणितज्ञ थे।

गुप्त साम्राज्य का पतन

- चन्द्रगुप्त द्वितीय के उत्तराधिकारियों को ईसा की पाँचवीं सदी के अन्तराल में मध्य एशिया के हूणों के आक्रमण का सामना करना पड़ा।
- स्कन्दगुप्त के काल में हूणों ने भारत पर आक्रमण किया था। हूण घुड़सवारी में दक्ष थे तथा धातु के बने रकाबों का प्रयोग करते थे।
- 485 ई. में हूणों ने पूर्वी मालवा और मध्य भारत के बड़े भागों को अपने अधिकार क्षेत्र में कर लिया, इससे गुप्त साम्राज्य छोटा हो गया। मालवा के औलिकर सामन्त वंश के यशोवर्मन ने हूणों को पराजित किया था।
- उसने उत्तर भारत में अपना प्रभुत्व स्थापित करने के उपलक्ष्य में 532 ई. में विजयस्तम्भ का निर्माण करवाया। भू-स्वामी सामन्तों ने स्थानीय स्तर पर वर्चस्व स्थापित कर गुप्त साम्राज्य को अत्यधिक दुर्बल बना दिया। मौखरि वंश के लोगों ने गुप्तकाल के पश्चात् बिहार और उत्तर प्रदेश में सत्ता स्थापित की तथा कन्नौज को राजधानी बनाया।
- विदेशी व्यापार में ह्रास से गुप्त साम्राज्य की स्थिति दुर्बल हो गई, जिसके कारण रेशम बुनकरों की एक श्रेणी 473 ई. में गुजरात से मालवा चली गई तथा वहाँ अन्य पेशा अपना लिया। छठी शताब्दी के मध्य तक गुप्त साम्राज्य पतन की ओर अग्रसर हो चुका था।
- विष्णुगुप्त (540 से 540 ई.) गुप्त वंश का अन्तिम शासक था।

गुप्तकाल के समकालीन अन्य राजवंश

राजवंश	संस्थापक	स्थापना वर्ष
वाकाटक राजवंश	विन्ध्यशक्ति सर्वसेन	255 ई. 330 ई.
नाग राजवंश	भवनाग	305 ई.
हूण राजवंश	तोरमाण	500 ई.
त्रैकूटक राजवंश	इन्दुदत्त	415 ई.
माथुर राजवंश	अच्युत शंकरवर्मन	325 ई. 350 ई.
विष्णु कुण्डिन राजवंश	विक्रमेन्द्र प्रथम	475 ई.
शालंकायन राजवंश	देववर्मन	300 ई.

“

गुप्त साम्राज्य के पतन के पश्चात् उत्तर भारत में कई नए राजवंशों का उदय हुआ। गुप्तोत्तर काल में सामन्तवाद का उद्‌भव हुआ, जिसने राजनीतिक, आर्थिक, सामाजिक, धार्मिक तथा कला एवं संस्कृति के क्षेत्र में व्यापक परिवर्तन किए।

अध्याय तेरह

गुप्तोत्तर काल

गुप्तोत्तर काल में नवीन वंशों का उद्‌भव

- भारतीय इतिहास में गुप्त साम्राज्य के पतन के पश्चात् सामन्तवाद नामक नई प्रवृत्ति का उद्‌भव हुआ, जिसने विकेन्द्रीकरण एवं क्षेत्रीयता की भावना को बढ़ावा दिया। यद्यपि इस दौरान कुछ प्रमुख राजवंशों ने शासन किया, लेकिन सम्पूर्ण भारत को एकसूत्र में बाँधा नहीं जा सका।
- इसी काल में कन्नौज को लेकर पाल, प्रतिहारों एवं राष्ट्रकूटों के मध्य त्रिपक्षीय संघर्ष हुआ। राजनीतिक व्यवस्था की यह प्रवृत्ति तुर्क शासन की स्थापना तक जारी रही।
- गुप्त साम्राज्य के पतन के साथ-साथ अनेक नए वंशों का उदय हुआ, जिनमें वल्लभी के मैत्रक, पंजाब के हूण, मालवा और मगध के उत्तरगुप्त, कन्नौज के मौखरि तथा थानेश्वर के पुष्यभूति वंश प्रमुख थे।

मौखरि वंश

- मौखरि वंश की स्थापना हरिवर्मा (510 ई.) द्वारा की गई। मौखरि मुख्यतः बिहार से सम्बद्ध थे, ये गुप्तों के सामन्त थे। इनकी जानकारी के मुख्य स्रोत हर्षचरित, हरहालेख (बाराबंकी, उत्तर प्रदेश) तथा ताम्रमुद्रा लेख मौखरि वंश की मुद्राएँ (भिटौरा, फैजाबाद) हैं।
- गुप्तोत्तर काल में उत्तर भारत की राजनीति में महत्त्वपूर्ण भूमिका निभाने वाली शक्तियों में मौखरियों का प्रमुख स्थान था।
- उनकी शक्ति का केन्द्र कन्नौज या कान्यकुब्ज था। पतंजलि के महाभाष्य में मौखरि का उल्लेख एक गोत्र के रूप में हुआ है। बराबर और नागार्जुनी गुफाओं से प्राप्त अभिलेखों में मौखरियों के तीन आरम्भिक शासकों यज्ञवर्मा, शार्दूलवर्मा तथा अनन्तवर्मा का उल्लेख है।
- ये आरम्भिक शासक गुप्तों के अधीनस्थ शासक या सामन्त प्रतीत होते हैं। नालन्दा अभिलेख में 7 राजाओं की सूची दी गई है, जिनमें से प्रथम तीन राजाओं हरिवर्मा, आदित्यवर्मा और ईश्वरवर्मा को महाराज की उपाधि से विभूषित किया गया है। यद्यपि बाद के तीन राजाओं ईशानवर्मन, सर्ववर्मन, अवन्तिवर्मन को महाराजाधिराज की उपाधि से विभूषित किया गया है। अवन्तिवर्मा का पुत्र ग्रहवर्मा था।
- थानेश्वर के पुष्यभूति वंश के प्रभाकरवर्द्धन की पुत्री राजश्री (हर्षवर्द्धन की बहन) का विवाह मौखरि शासक ग्रहवर्मा (600-605 ई.) से हुआ था।

वल्लभी के मैत्रक वंश

- गुप्त शासक बुद्धगुप्त के शासनकाल में मैत्रक सरदार भट्टारक ने अपनी स्वतन्त्र सत्ता स्थापित कर ली, जो गुप्तों का अधीनस्थ प्रशासक या सामन्त था। इसने गुप्त वंश की कमजोरी का लाभ उठाकर स्वयं को गुजरात और सौराष्ट्र का शासक घोषित कर दिया।
- उसने अपनी राजधानी वल्लभी में स्थापित की। भट्टारक के पश्चात् ध्रुवसेन प्रथम एवं ध्रुवसेन द्वितीय शासक हुए। ध्रुवसेन द्वितीय हर्ष का समकालीन तथा उसका दामाद था।

गौड़ वंश

- गुप्तोत्तर काल में पूर्व में बंगाल में गौड़ राज्य का उदय हुआ। यहाँ का शासक शशांक हर्षवर्द्धन का समकालीन था तथा उसने हर्षवर्द्धन के भाई राज्यवर्द्धन की हत्या कर दी थी।

- गौड़ का एक स्वतन्त्र राजनीतिक इकाई के रूप में सर्वप्रथम उल्लेख हरहा अभिलेख में मिलता है। शशांक ने गौड़ की राजधानी कर्णसुवर्ण में स्थापित की।
- शशांक के कुछ स्वर्ण सिक्के मिले हैं, जिन पर गजलक्ष्मी का चित्र अंकित है। ह्वेनसांग, बाणभट्ट तथा बौद्ध ग्रन्थ आर्यमंजूश्रीमूलकल्प इसका उल्लेख करते हैं।
- 619-20 ई. में शशांक की मृत्यु के बाद हर्ष ने गौड़ को जीत लिया। शशांक शैव मतावलम्बी था। ह्वेनसांग के अनुसार, इसने बोधगया के विहार और बोधिवृक्ष को नष्ट कर दिया था।
- पाल वंश के कई शिलालेखों तथा अन्य दस्तावेजों से यह ज्ञात होता है कि गौड़ विशुद्ध रूप से सूर्यवंशी (क्षत्रिय) थे, किन्तु बौद्ध धर्म को प्रश्रय देने के कारण ब्राह्मणवादियों ने इन्हें शूद्र बताने का प्रयास किया।

थानेश्वर के पुष्यभूति (वर्द्धन वंश)

- गुप्त साम्राज्य के पतन के पश्चात् छठी शताब्दी के उत्तरार्द्ध तथा सातवीं शताब्दी के पूर्वार्द्ध में हरियाणा के अम्बाला जिले के थानेश्वर नामक स्थान पर पुष्यभूति वंश की स्थापना हुई। पुष्यभूति वंश की स्थापना पुष्यभूति ने की थी, जो कालान्तर में वर्द्धन वंश के नाम से विख्यात हुआ। इस वंश को वैश्य जाति से सम्बन्धित माना जाता है।
- यह वंश हूणों के साथ हुए अपने संघर्ष के कारण प्रसिद्ध हुआ। पुष्यभूति गुप्तों के सामन्त थे, किन्तु हूणों के आक्रमण के बाद उन्होंने स्वयं को स्वतन्त्र घोषित कर दिया।
- इस वंश में नरवर्द्धन, राजवर्द्धन, आदित्यवर्द्धन एवं प्रभाकरवर्द्धन शासक हुए। प्रभाकरवर्द्धन के दो पुत्र-राज्यवर्द्धन एवं हर्षवर्द्धन तथा पुत्री राज्यश्री थी।
- हर्षचरित में प्रभाकरवर्द्धन को हूण हरिण केसरी (हूणरूपी हिरण के लिए सिंह समान) कहा गया है।
- प्रभाकरवर्द्धन के समय में वर्द्धन वंश की शक्ति और प्रतिष्ठा में वृद्धि हुई। अपनी स्थिति को सुदृढ़ करने के लिए इसने मौखरि वंश के शासक ग्रहवर्मा के साथ अपनी पुत्री राज्यश्री का विवाह किया। प्रभाकरवर्द्धन के पश्चात् राज्यवर्द्धन शासक बना।
- इसके समय कन्नौज में मौखरि शासक ग्रहवर्मा की हत्या मालवराज देवगुप्त ने की थी। अपनी बहन राज्यश्री को बचाने के प्रयास में राज्यवर्द्धन की मालवराज देवगुप्त एवं गौड़ शासक शशांक द्वारा मिलकर हत्या कर दी गई और राज्यश्री को कन्नौज में गिरफ्तार कर लिया गया।
- राज्यवर्द्धन के पश्चात् हर्षवर्द्धन वर्द्धन वंश का शासक बना। हर्षवर्द्धन के मधुबन, बाँसखेड़ा, सोनीपत तथा नालन्दा से प्राप्त अभिलेख पुष्यभूति/वर्द्धन वंश की जानकारी के महत्त्वपूर्ण स्रोत हैं।

हर्षवर्द्धन (606-647 ई.)

- हर्षवर्द्धन का जन्म थानेश्वर में हुआ था। वह 606 ई. में (16 वर्ष की अवस्था में) अपने भाई राज्यवर्द्धन की मृत्यु के पश्चात् शासक बना था।
- हर्षवर्द्धन, वर्द्धन वंश का सर्वाधिक शक्तिशाली शासक था तथा उसने अपने पराक्रम से उत्तर भारत के विस्तृत भू-भाग को अपने साम्राज्य के अधीन सुदृढ़ एवं संगठित किया।

- शासक बनते ही हर्षवर्द्धन ने आचार्य दिवाकर मित्र की सहायता से राज्यश्री को खोज निकाला तथा उसे सती होने से बचाया और उसे वापस कन्नौज ले आया। कन्नौज के मन्त्रियों एवं राज्यश्री की सहमति से हर्षवर्द्धन कन्नौज का भी शासक बन गया। ह्वेनसांग ने हर्षवर्द्धन को शिलादित्य के नाम से सम्बोधित किया था।
- इसके पश्चात् उसने थानेश्वर के स्थान पर कन्नौज को अपनी राजधानी बनाया।
- हर्षवर्द्धन का साम्राज्य सामन्ती संगठन पर आधारित था, जो हर्षवर्द्धन की उपाधियों परमभट्टारक, महाराजाधिराज, सकलोत्तरापथेश्वर, चक्रवर्ती, सार्वभौम परमेश्वर, परम माहेश्वर आदि से स्पष्ट हो जाता है।
- नालन्दा एवं सोनीपत से हर्ष की ताँबे की मुद्राएँ प्राप्त हुई हैं। नालन्दा की मुद्रा पर हर्ष का नाम श्रीहर्ष लिखा है एवं सोनीपत की मुद्रा पर शिव व नन्दी का चित्रण है। हर्ष को अन्तिम हिन्दू हृदय सम्राट कहा गया है।

हर्षवर्द्धन का राज्य विस्तार

- ह्वेनसांग के अनुसार, उत्तर भारत में पाँच राज्य-पंजाब, कन्नौज, गौड़ या बंगाल, उड़ीसा और मिथिला हर्षवर्द्धन के अधीन थे। इसके विवरण से ज्ञात होता है कि उस समय वैशाली एवं पाटलिपुत्र पतन की अवस्था में पहुँच चुके थे।
- हर्षवर्द्धन ने गौड़ शासक शशांक को पराजित किया था। कामरूप के शासक भास्करवर्मन और मगध के शासक माधवगुप्त से इसने मैत्री सम्बन्ध स्थापित किया।
- नर्मदा नदी के तट पर हर्षवर्द्धन और चालुक्य शासक पुलकेशिन द्वितीय के मध्य युद्ध (632 ई.) हुआ था। ह्वेनसांग के विवरण और ऐहोल अभिलेख से ज्ञात होता है कि इस युद्ध में सम्भवतः हर्षवर्द्धन की हार हुई थी।
- हर्षवर्द्धन ने कश्मीर पर आक्रमण कर वहाँ से बुद्ध का दाँत लाकर कन्नौज के निकट संघाराम में स्थापित किया।
- हर्षवर्द्धन ने नर्मदा नदी के दक्षिण में सैनिक अभियान करके कुन्तल, चोल और काँची पर विजय प्राप्त की थी। चालुक्य वंश के शासक पुलकेशिन द्वितीय ने हर्ष के दक्षिण अभियान को नर्मदा के तट पर रोक दिया था।
- बाणभट्ट एवं ह्वेनसांग दोनों ने कश्मीर और नेपाल पर हर्षवर्द्धन के आधिपत्य को स्वीकार किया है। हर्षवर्द्धन के साम्राज्य में उत्तर प्रदेश, बिहार, बंगाल, असम और उड़ीसा के अतिरिक्त कश्मीर, पंजाब, पश्चिमोत्तर के राज्य एवं नेपाल शामिल थे।
- ह्वेनसांग मालवा, वल्लभी, गुर्जर तथा सिन्ध पर भी हर्ष के आधिपत्य की पुष्टि करता है। चीन के साथ भी हर्षवर्द्धन ने मैत्रीपूर्ण सम्बन्ध स्थापित किए।
- हर्षवर्द्धन ने लगभग 647 ई. तक शासन किया। हर्षवर्द्धन की मृत्यु के पश्चात् उत्तराधिकारी के न होने पर अर्जुन नामक किसी स्थानीय शासक ने कन्नौज पर अधिकार कर लिया।

> - ह्वेनसांग के अनुसार, हर्षवर्द्धन एक मन्त्रिपरिषद् की सहायता से प्रशासन चलाता था। इसमें सामन्तों, विभागीय प्रधानों और राजा के सलाहकारों को स्थान दिया गया था। नागानन्द में प्रधान अमात्य तथा रत्नावली में प्रधानमन्त्री और अन्य मन्त्रियों का उल्लेख है।
> - प्रशासनिक सुविधा की दृष्टि से राज्य भुक्ति, विषय एवं ग्राम में विभाजित था। शासन की सबसे छोटी इकाई ग्राम थी।

ह्वेनसांग की यात्रा का विवरण

- चीनी यात्री ह्वेनसांग नालन्दा महाविहार में पढ़ने के लिए और भारत से बौद्ध ग्रन्थों को ले जाने के लिए 621 ई. में स्थलमार्ग से भारत आया। ह्वेनसांग के भारत आगमन के समय चीन का शासक **ताई शुंग** था। भारत से वह 645 ई. में चीन लौट गया।
- इस अवधि में उसने हर्ष के दरबार में कई वर्ष व्यतीत किए और भारत के प्रमुख नगरों, बौद्ध केन्द्रों, स्तूपों और महाविहारों का भ्रमण किया। भारत को वह **यिन तु** कहकर पुकारता था। चीन लौटकर उसने पाश्चात्य संसार के लेख **सी-यू-की** नामक पुस्तक में भारत के सन्दर्भ में विस्तृत विवरण दिया है। ह्वेनसांग को **यात्रियों का राजकुमार** तथा **वर्तमान शाक्यमुनि** कहा गया। ह्वेनसांग की जीवनी उसके सहयोगी **ह्वी ली** ने लिखी है।
- थानेश्वर में उसने **जयगुप्त** नामक बौद्ध विद्वान से शिक्षा प्राप्त की। 637 ई. में ह्वेनसांग नालन्दा पहुँचा, उस समय नालन्दा विश्वविद्यालय के आचार्य शीलभद्र थे।
- वल्लभी के शासक ध्रुवसेन को वह हर्षवर्द्धन का दामाद तथा सिन्ध के राजा को शूद्र बताता था। उसने कन्नौज की धर्मसभा तथा प्रयाग की छठी **महामोक्ष परिषद्** में भाग लिया। ह्वेनसांग के अनुसार, हर्षवर्द्धन समस्त भारत का स्वामी था, जो प्रजा के हित में शासन करता था।
- शिक्षा का विश्वविख्यात केन्द्र **नालन्दा महाविहार** था, जहाँ चीन, जापान, तिब्बत, श्रीलंका इत्यादि स्थानों से विद्वान् अध्ययन के लिए आते थे। नालन्दा विश्वविद्यालय का भरण-पोषण 100 गाँवों के राजस्व से होता था। वल्लभी शिक्षा का दूसरा विख्यात केन्द्र था।

तीन साम्राज्यों का काल (8वीं से 10वीं सदी)

तीन साम्राज्यों का काल

पाल	प्रतिहार	राष्ट्रकूट
गोपाल (750-770 ई.)	नागभट्ट प्रथम (730-756 ई.)	दन्तिदुर्ग (735-756 ई.)
धर्मपाल (770-810 ई.)	वत्सराज (775-800 ई.)	कृष्ण प्रथम (756-773 ई.)
देवपाल (810-850 ई.)	नागभट्ट द्वितीय (800-833 ई.)	ध्रुव (780-793 ई.)
विग्रहपाल (850-854 ई.)	मिहिरभोज प्रथम (836-885 ई.)	गोविन्द तृतीय (793-814 ई.)
नारायणपाल (854-988 ई.)	महेन्द्रपाल प्रथम (885-910 ई.)	अमोघवर्ष (814-878 ई.)
महिपाल प्रथम (988-1038 ई.)	महिपाल प्रथम (912-944 ई.)	कृष्ण द्वितीय (878-914 ई.)
रामपाल (1077-1130 ई.)		इन्द्र तृतीय (915-927 ई.)
मदनपाल (1144-1162 ई.)		कृष्ण तृतीय (939-967 ई.)
		कर्क द्वितीय (972-973 ई.)

बंगाल का पाल वंश

- ह्वेनसांग ने जिस समय बंगाल की यात्रा की थी, उस समय बंगाल में चार स्वतन्त्र राज्य थे—पुण्ड्रवर्द्धन, कर्णसुवर्ण, समतट और ताम्रलिप्ति।
- शशांक की मृत्यु एवं हर्षवर्द्धन के पश्चात् बंगाल की राजनीतिक स्थिति बिगड़ गई। वहाँ मत्स्य न्याय (अराजकता का काल) की स्थिति व्याप्त हो गई।
- बंगाल की राजनीतिक अव्यवस्था का अन्त करने के लिए सभी सरदारों एवं सामन्तों ने गोपाल को अपना राजा चुना। गोपाल के राजपद पर निर्वाचन की पुष्टि तारानाथ के विवरण तथा धर्मपाल के खलीमपुर ताम्रपत्र अभिलेख से होती है।
- पाल वंश का शासन बंगाल की खाड़ी से लेकर दिल्ली तक और जालन्धर से लेकर विन्ध्य पर्वत तक, बिहार और कन्नौज तक विस्तृत था।

बंगाल के पाल वंश के प्रमुख शासक

बंगाल के पाल वंश के प्रमुख शासक निम्न हैं

गोपाल (750-770 ई.)

- पाल साम्राज्य की स्थापना 750 ई. में गोपाल ने की थी।
- देवपाल के मुंगेर ताम्रपत्र अभिलेख में इसे समुद्रपर्यन्त पृथ्वी का विजेता बताया गया है।
- गोपाल बौद्ध धर्म का अनुयायी था। उसने बिहारशरीफ के निकट ओदन्तपुरी विहार की स्थापना की साथ ही नालन्दा में भी एक विहार बनवाया।

धर्मपाल (770-810 ई.)

- गोपाल के पश्चात् उसका पुत्र धर्मपाल पाल वंश का राजा बना। वह आरम्भिक पाल शासकों में सबसे योग्य एवं शक्तिशाली था। उसने बंगाल को उत्तरी भारत के प्रमुख राज्यों की श्रेणी में स्थापित कर दिया।
- धर्मपाल की महत्त्वपूर्ण सफलता थी– कन्नौज के शासक इन्द्रायुध को परास्त कर चक्रायुध को अपने संरक्षण में कन्नौज की गद्दी पर बैठाना।

11वीं शताब्दी में गुजराती कवि सोड्ढल ने धर्मपाल को **उत्तरापथ स्वामी** की उपाधि से सम्बोधित किया था। धर्मपाल एक उत्साही बौद्ध था। उसके लेखों में उसे **परम सौगात** कहा गया है।

- धर्मपाल ने विक्रमशील, परमेश्वर तथा निर्वाण नारायण की उपाधि धारण की।
- उसने विक्रमशिला (भागलपुर) तथा सोमपुरी (वर्तमान बांग्लादेश) में प्रसिद्ध विहारों की स्थापना की। उसकी राजसभा में प्रसिद्ध बौद्ध लेखक हरिभद्र सूरि निवास करते थे।
- उसने नालन्दा विश्वविद्यालय को (व्यय की पूर्ति हेतु) 200 गाँव उदारतापूर्वक दान में दिए थे।
- धर्मपाल, राष्ट्रकूट शासक ध्रुव से पराजित हुआ था।

देवपाल (810-850 ई.)

- धर्मपाल के पश्चात् देवपाल पाल वंश का शासक बना। देवपाल धर्मपाल का पुत्र था।
- अरब यात्री सुलेमान ने देवपाल को प्रतिहार राष्ट्रकूट शासकों से अधिक शक्तिशाली माना है। उसने पाल राज्य को रुहमा या धर्म (धर्मपाल का संक्षिप्त रूप) कहा है।
- देवपाल ने मुंगेर में अपनी राजधानी स्थापित की थी।
- मुंगेर अभिलेख देवपाल से सम्बन्धित है।

- देवपाल ने सुवर्णद्वीप के शैलेन्द्रवंशी शासक बालपुत्तदेव को नालन्दा में विहार बनवाने की अनुमति दी तथा बौद्ध विहार के अनुरक्षण के लिए पाँच गाँव अनुदान में प्रदान किए।
- तारानाथ ने देवपाल को बौद्ध धर्म का पुनरुद्धारक तथा पुनर्स्थापक कहा है।
- देवपाल बौद्ध धर्म का संरक्षक था। लोकेश्वर शतक के रचयिता वज्रदत्त को उसने संरक्षण दिया।
- देवपाल के पश्चात् पाल साम्राज्य में उत्तराधिकार का संघर्ष विग्रहपाल एवं शूरपाल के मध्य हुआ था। इसमें विजयी विग्रहपाल ने अपने पुत्र नारायणपाल को सिंहासन सौंपकर संन्यास ग्रहण कर लिया।

नारायणपाल (854-988 ई.)

- नारायणपाल ने राज्य को पुन: संगठित किया, परन्तु उसे गुर्जर-प्रतिहारों और राष्ट्रकूटों से पराजित होना पड़ा।
- इसके बाद के शासक राज्यपाल, गोपाल द्वितीय और विग्रहपाल द्वितीय के समय पालों की स्थिति कमजोर रही।

महीपाल प्रथम (988-1038 ई.)

- महीपाल प्रथम को पाल वंश का दूसरा संस्थापक माना जाता है।
- उसके शासनकाल में राजेन्द्र चोल ने बंगाल पर आक्रमण किया तथा पाल शासक को पराजित किया। उसने बौद्ध भिक्षु अतिशा के नेतृत्व में तिब्बत में एक धर्म प्रचारक मण्डल भेजा था।
- महिपाल प्रथम के बाद क्रमश: नयपाल (1038–1055 ई.), विग्रहपाल (1055-1070 ई.), महिपाल द्वितीय (1070-1075 ई.) तथा सुरपाल द्वितीय (1075-1077 ई.) ने शासन किया।

रामपाल (1077-1130 ई.)

- पाल वंश का अन्तिम शासक रामपाल को माना जाता है। उसके शासनकाल में कैवर्तो का विद्रोह हुआ था, जिसका उल्लेख संध्याकर नन्दी के रामचरित में मिलता है।
- रामपाल के बाद कुमारपाल, गोपाल तृतीय तथा मदनपाल ने लगभग 30 वर्ष तक शासन किया। पाल राजाओं द्वारा बड़ी संख्या में हाथी रखे जाते थे।

बंगाल का सेन वंश

पाल राजवंश के पतनोपरान्त बंगाल का शासन-सूत्र सेन राजवंश के अधीन हो गया, जिसकी स्थापना सामन्तसेन ने राढ़ नामक स्थान पर की थी। इनका वर्णन निम्न प्रकार है

विजयसेन (1095-1158 ई.)

- सेन वंश का प्रथम महान शासक विजयसेन था। कवि धोयी द्वारा रचित देवपाड़ा प्रशस्ति लेख में विजयसेन की यशस्वी विजयों का उल्लेख करते हुए कहा गया है कि उसने नव्य नान्य एवं वीर (नेपाल एवं मिथिला) को पराजित किया।
- विजयसेन ने विजयपुरी और विक्रमपुर नामक दो राजधानियों की स्थापना की। उसकी उपलब्धियों से प्रभावित होकर श्रीहर्ष नामक कवि ने उसकी प्रशंसा में विजयप्रशस्ति काव्य की रचना की।
- विजयसेन शैवमतानुयायी था, जो अरिराजवृषभशंकर की उपाधि से स्पष्ट होता है। विजयसेन ने परमेश्वर, महाराजाधिराज तथा परमभट्टारक की उपाधियाँ भी धारण की थीं।

बल्लालसेन (1158-1178 ई.)

- विजयसेन की मृत्यु के बाद बल्लालसेन बंगाल का शासक बना। इसे बंगाल में जाति प्रथा तथा कुलीन प्रथा को संगठित करने का श्रेय प्राप्त है। वह कुलीनवाद के नाम से प्रसिद्ध एक सामाजिक आन्दोलन का प्रचलनकर्ता भी था।
- बल्लालचरित में बल्लालसेन को बंग, राढ़, वारेन्द्र और मिथिला का अधिपति कहा गया है। बल्लालसेन शैवमतानुयायी था।
- उसने दानसागर ग्रन्थ की रचना की थी तथा एक अन्य ग्रन्थ अद्‌भुत सागर की रचना को प्रारम्भ किया था, किन्तु उसे पूर्ण नहीं कर सका।
- बल्लालसेन ने गौड़ेश्वर, परममहेश्वर, नि:शंकशंकर, परमभट्टारक, महाराजाधिराज जैसी उपाधियाँ धारण कीं।

लक्ष्मणसेन (1179-1205 ई.)

- बल्लालसेन का उत्तराधिकारी उसका पुत्र लक्ष्मणसेन था। उसने बंगाल की प्राचीन राजधानी गौड़ के निकट ही एक अन्य राजधानी लखनौती (लक्ष्मणवती) की स्थापना की।
- उसे पुरी, काशी और प्रयाग में विजय स्तम्भों की स्थापना का भी श्रेय दिया जाता है। उसने कन्नौज, बनारस, इलाहाबाद तक सैनिक अभियान किए तथा कलिंग एवं कामरूप पर भी आक्रमण किया।
- लक्ष्मणसेन ने गहड़वाल शासक जयचन्द को पराजित किया था। अभिलेखों में उसे परमभागवत की उपाधि प्रदान की गई है। उसके शासन के उत्तरार्द्ध में बंगाल के सामन्तों ने विद्रोह किया तथा स्वतन्त्र सत्ता की स्थापना की।
- 1202 ई. में बख्तियार खिलजी ने लखनौती पर आक्रमण कर उस पर अधिकार कर लिया। इस घटना का वर्णन मिनहाज-उस-सिराज की पुस्तक तबकात-ए-नासिरी में किया गया है। लक्ष्मणसेन पूर्वी बंगाल भाग गया तथा वहाँ पर 1205 ई. तक शासन करता रहा।
- उसने लक्ष्मण सम्वत् भी प्रचलित किया और वैष्णव धर्म को संरक्षण प्रदान किया तथा परमवैष्णव की उपाधि धारण की।
- उसने अपने अभिलेखों को नारायण (विष्णु) की स्तुति से आरम्भ करवाया। उसने अपने पिता द्वारा प्रारम्भ किए गए अद्‌भुत सागर नामक ग्रन्थ की रचना को पूर्ण किया।
- लक्ष्मणसेन की राजसभा में गीतगोविन्द के लेखक जयदेव, पवनदूत के लेखक धोयी तथा ब्राह्मण सर्वस्व के रचयिता हलायुध निवास करते थे। हलायुध उसका प्रधान न्यायाधीश तथा मुख्यमन्त्री था।

गुर्जर-प्रतिहार वंश

- इस वंश की उत्पत्ति गुजरात व दक्षिण-पश्चिम राजस्थान में हुई थी। प्रतिहारों के अभिलेखों में उन्हें श्रीराम के अनुज लक्ष्मण का वंशज बताया गया है। पुलकेशिन द्वितीय के ऐहोल अभिलेख में सर्वप्रथम गुर्जर जाति का उल्लेख हुआ है।
- गुर्जर-प्रतिहारों का राज्य उत्तर भारत के क्षेत्रों में विस्तृत था, जिसमें गंगा-यमुना दोआब, हरियाणा तथा पंजाब के क्षेत्र और पश्चिमी राजस्थान के क्षेत्र शामिल थे। गुर्जर-प्रतिहार वंश की स्थापना हरिश्चन्द्र नामक राजा ने की थी, किन्तु इस वंश का वास्तविक राजा नागभट्ट प्रथम था।

गुर्जर–प्रतिहार वंश के प्रमुख शासक

गुर्जर–प्रतिहार वंश के प्रमुख शासक निम्न हैं

नागभट्ट प्रथम (730-756 ई.)

- नागभट्ट प्रथम का उल्लेख **पुलकेशिन द्वितीय** के ऐहोल अभिलेख तथा बाणभट्ट के हर्षचरित में मिलता है।
- **मिहिरभोज** की ग्वालियर-प्रशस्ति के अनुसार, नागभट्ट ने अरबों को परास्त किया। मिहिरभोज के ग्वालियर अभिलेख का लेखक बालादित्य था।
- ग्वालियर प्रशस्ति में उसे **मलेच्छों** (अरबों) **का नाशक** बताया गया है।

वत्सराज (775-800 ई.)

- इसे प्रतिहार साम्राज्य का वास्तविक संस्थापक माना जाता है। इसने त्रिपक्षीय संघर्ष में सर्वप्रथम भाग लिया और पाल शासक धर्मपाल को पराजित किया, किन्तु वह राष्ट्रकूट शासक ध्रुव से पराजित हुआ।

नागभट्ट द्वितीय (800-833 ई.)

- वत्सराज की मृत्यु के बाद उसका पुत्र **नागभट्ट द्वितीय** गद्दी पर बैठा। उसने **कन्नौज** पर अधिकार करके उसे प्रतिहार साम्राज्य की राजधानी बनाया।
- नागभट्ट द्वितीय को बकुला/बुचकला अभिलेख में **परमभट्टारक महाराजाधिराज परमेश्वर** कहा गया है।

> **शून्य** का प्रथम अभिलेखीय प्रमाण मिहिरभोज (भोज प्रतिहार) के **ग्वालियर अभिलेख** से मिलता है। इस लिखित प्रमाण की पुष्टि वर्ष 1903 में भारतीय पुरातत्व सर्वेक्षण विभाग ने की थी।

मिहिरभोज प्रथम (836-885 ई.)

- मिहिरभोज के काल की घटनाओं की जानकारी लेखों के अतिरिक्त **कल्हण** तथा अरब यात्री **सुलेमान** के विवरणों से मिलती है।
- वह वैष्णव धर्म का संरक्षक था। इसकी उपलब्धियों की चर्चा ग्वालियर प्रशस्ति अभिलेख में है।
- इसने कन्नौज को अपनी राजधानी बनाया था।
- उसके सिक्कों और अभिलेखों में उसे **आदिवाराह** एवं **प्रभास** की उपाधि से विभूषित किया गया है।
- मिहिरभोज ने चाँदी के **द्रम्म सिक्के** चलवाए। पाल नरेश देवपाल तथा राष्ट्रकूट नरेश ध्रुव ने इसे पराजित किया था।

महेन्द्रपाल प्रथम (885-910 ई.)

- मिहिरभोज के पश्चात् उसके पुत्र महेन्द्रपाल प्रथम ने शासन किया। उसने राष्ट्रकूट शासक इन्द्र तृतीय को पराजित किया, किन्तु वह कश्मीरी शासक से युद्ध में पराजित हो गया।
- उसकी राजसभा में प्रसिद्ध विद्वान् **राजशेखर** निवास करते थे, जिसने अनेक रचनाएँ कीं, जिनमें **कर्पूरमंजरी, काव्यमीमांसा, बालरामायण, विद्धशालभंजिका, हरविलास** आदि प्रमुख हैं।
- राजशेखर ने अपने संरक्षक महेन्द्रपाल को **रघुकुलतिलक** तथा **रघुग्रामिणी** कहा है।
- राजशेखर ने नर्मदा नदी को आर्यावर्त तथा दक्षिणापथ की सीमा माना है।

महिपाल प्रथम (912-944 ई.)

- महिपाल प्रथम इस वंश का अन्तिम प्रभावशाली राजा था। इसके शासनकाल में बगदाद निवासी **अल मसूदी** (915-916 ई.) गुजरात आया था।
- अल मसूदी, गुर्जर-प्रतिहार को **अल गुर्जर** और राजा को **बौरा** कहकर पुकारता था, जो सम्भवत: आदि-वराह का विशुद्ध उच्चारण है।
- राजशेखर को महेन्द्रपाल प्रथम तथा महिपाल दोनों का संरक्षण प्राप्त था।
- 963 ई. में राष्ट्रकूट शासक कृष्ण तृतीय ने प्रतिहार राजा को पराजित किया।
- 1018 ई. में **महमूद गजनवी** ने कमजोर गुर्जर शासक राज्यपाल को पराजित किया। राज्यपाल का पुत्र त्रिलोचनपाल भी 1019 ई. में महमूद गजनवी से पराजित हुआ।

अन्य शासक

- महीपाल के पश्चात् महेन्द्रपाल द्वितीय, देवपाल, विनायक पाल द्वितीय तथा महीपाल द्वितीय शासक हुए।
- इस वंश का अन्तिम शासक **यशपाल** (1036 ई.) था। प्रतिहार शासकों के पास भारत में सर्वोच्च अश्वारोही सैनिक थे।
- प्रतिहारों के सामन्त गुजरात के चालुक्य (सोलंकी), जेजाकभुक्ति (बुन्देलखण्ड) के चन्देल, ग्वालियर के कच्छपघात, मध्य भारत के कल्चुरि, मालवा के परमार, दक्षिण भारत के गुहिल तथा शाकम्भरी के चौहान आदि कालान्तर में स्वतन्त्र हो गए।
- गहड़वालों ने कन्नौज पर अधिकार कर गुर्जर प्रतिहार वंश का अन्त कर दिया।
- प्रतिहारों की अश्वसेना तत्कालीन भारत के अन्य राजाओं की अश्व सेना से श्रेष्ठ थी। सुलेमान ने मिहिरभोज की अश्वसेना की प्रशंसा की।

राष्ट्रकूट वंश

- राष्ट्रकूटों के अभिलेखों में उनका मूल निवास स्थान लातूर माना गया है।
- राष्ट्रकूटों का उत्थान बादामी के चालुक्य राज्य के अवशेषों पर हुआ अर्थात् वे चालुक्यों के सामन्त थे और इसका अन्त भी चालुक्यों की एक शाखा कल्याणी के चालुक्यों द्वारा हुआ।
- दक्कन में राष्ट्रकूटों का शासन पाल और प्रतिहार वंशों के समकालीन था।

राष्ट्रकूट वंश के प्रमुख शासक

राष्ट्रकूट वंश के शासकों का वर्णन निम्न है

दन्तिवर्मन या दन्तिदुर्ग (735-756 ई.)

- यह राष्ट्रकूट साम्राज्य का संस्थापक था, जिसने 8वीं शताब्दी के मध्य (752 ई.) चालुक्य शासक कीर्तिवर्मन II को पराजित करके स्वतन्त्र राज्य की स्थापना की।
- अरबों का आक्रमण सफल न होने के कारण चालुक्य शासक विक्रमादित्य ने इसे पृथ्वीवल्लभ और खण्ड्वालोक की उपाधि दी। इसने अपनी राजधानी मान्यखेत बनाई। दन्तिदुर्ग ने उज्जयिनी में हिरण्यगर्भ (महादान) यज्ञ किया, जिसमें प्रतिहार राजा ने द्वारपाल का कार्य किया था।

- दन्तिदुर्ग ने एलोरा में दशावतार मन्दिर (गुफा संख्या 15) का निर्माण करवाया था।

कृष्ण प्रथम (756-773 ई.)

- इसने बादामी के चालुक्यों के अस्तित्व को पूर्ण रूप से नष्ट कर दिया।
- इसने एलोरा के प्रसिद्ध कैलाश मन्दिर (गुहा मन्दिर गुफा संख्या 16) का निर्माण करवाया।

ध्रुव (धारावर्ष, 780-793 ई.)

इसने त्रिसत्तात्मक संघर्ष में दृढ़तापूर्वक हस्तक्षेप किया तथा प्रतिहार नरेश वत्सराज एवं पाल शासक धर्मपाल को पराजित किया।

गोविन्द तृतीय (793-814 ई.)

- इसने चालुक्य शासक को पराजित कर वीरनारायण की उपाधि ग्रहण की। गोविन्द तृतीय ने पल्लव, पाण्ड्य, केरल तथा गंग राजाओं द्वारा बनाए गए संघ को ध्वस्त कर दिया।
- इसने पाल शासक धर्मपाल तथा प्रतिहार शासक नागभट्ट द्वितीय को पराजित किया। इसने प्रतिहार शासक से मालवा छीनकर परमार वंश के अपने एक अधिकारी उपेन्द्र को सुपुर्द कर दिया।

अमोघवर्ष (814-878 ई.)

- यह राष्ट्रकूटों का महान शासक था। अमोघवर्ष विद्या और कला का उदार संरक्षक था। इसने कविराज मार्ग तथा प्रश्नोत्तरमालिका की रचना कन्नड़ भाषा में की। राष्ट्रकूटों की मातृभाषा कन्नड़ थी।
- इसकी राजसभा में आदि पुराण के लेखक जिनसेन तथा गणितसार संग्रह के लेखक महावीराचार्य एवं स्वयंभू निवास करते थे।
- अमोघवर्ष ने तुलापुरुष दान सम्पन्न किया था। अमोघवर्ष जैन धर्म का अनुयायी था। अमोघवर्ष के काल में अरब यात्री सुलेमान भारत आया था।

अन्य प्रमुख शासक

राष्ट्रकूट वंश के अन्य प्रमुख शासकों का वर्णन निम्न है

इन्द्र तृतीय (915-927 ई.)

इन्द्र तृतीय के समय भारत भ्रमण पर आए हुए अरब यात्री अलमसूदी के अनुसार, राष्ट्रकूट राजा बलहारा या बल्लभराज (इन्द्र तृतीय) भारत का सर्वश्रेष्ठ राजा था।

कृष्ण तृतीय (939-967 ई.)

- इसने अपने राज्यारोहण के समय अकाल वर्ष की उपाधि धारण की। काँची और तंजौर को जीतने के बाद उसने काँचीयुम-तंजुयुमकोण्ड (काँची-तंजौर का विजेता) की भी उपाधि ग्रहण की थी। इसने चोल शासक परान्तक प्रथम को 949 ई. में पराजित किया तथा चोल साम्राज्य के उत्तरी भाग पर अधिकार कर लिया।
- कृष्ण तृतीय ने रामेश्वरम में कृष्णेश्वर तथा गण्डमार्तण्डादित्य के मन्दिर बनवाए। इसकी राज्यसभा में कन्नड़ भाषा का कवि पोन्न निवास करता था, जिसने शान्तिपुराण की रचना की।
- कन्नड़ साहित्य के त्रिरत्न पम्पा, पोला तथा रन्ना थे। पम्पा तथा पोला को कृष्ण तृतीय का संरक्षण प्राप्त था।

कर्क द्वितीय (972-73 ई.)

- राष्ट्रकूट के अन्तिम शासक।
- चालुक्य राजा तैलप द्वितीय ने इसे पराजित कर राष्ट्रकूट राज्य पर अधिकार कर लिया तथा कल्याणी के चालुक्य राज्य की स्थापना की।

कन्नौज के लिए त्रिपक्षीय संघर्ष

कन्नौज पर स्वामित्व के लिए संघर्ष का आरम्भ पाल शासक धर्मपाल ने किया। अपने उद्देश्य की पूर्ति के लिए उसने कन्नौज पर आक्रमण कर इन्द्रायुध को पराजित किया तथा चक्रायुध को अधीनस्थ शासक के रूप में प्रतिष्ठित किया।

त्रिपक्षीय संघर्ष में शामिल शासक

चरण	पाल शासक	प्रतिहार शासक	राष्ट्रकूट शासक	निष्कर्ष
प्रथम	धर्मपाल	वत्सराज	ध्रुव	राष्ट्रकूटों को सफलता
द्वितीय	धर्मपाल	नागभट्ट द्वितीय	–	गुर्जर-प्रतिहारों को सफलता
तृतीय	धर्मपाल	नागभट्ट द्वितीय	गोविन्द तृतीय	राष्ट्रकूटों को सफलता
चतुर्थ	देवपाल, नारायणपाल	रामभद्र, मिहिरभोज	अमोघवर्ष, कृष्ण द्वितीय	प्रतिहारों को सफलता
पंचम	–	महेन्द्रपाल, महिपाल	इन्द्र तृतीय	पहले राष्ट्रकूटों को सफलता, बाद में प्रतिहार अन्तिम रूप से सफलता

राजपूत वंश

- गुप्तोत्तर काल के दौरान महत्त्वपूर्ण परिवर्तन सामन्तवाद का उद्भव था, जिसने भारतीय इतिहास को प्राचीन से मध्यकाल में रूपान्तरित किया। इस युग के इतिहास को राजपूतयुगीन इतिहास भी कहा जाता है।
- राजपूतों की उत्पत्ति इस काल की महत्त्वपूर्ण विशेषता है। इन राजपूतों की उत्पत्ति के विषय में भिन्न-भिन्न मत प्रचलित हैं। कुछ विद्वान् इसे भारत में रहने वाली एक जाति मानते हैं, तो कुछ अन्य इसे विदेशियों की सन्तान मानते हैं। यद्यपि कुछ विद्वान् राजपूतों को आबू पर्वत पर वशिष्ठ के अग्निकुण्ड से उत्पन्न हुआ मानते हैं।
- यह सिद्धान्त चन्दबरदाई के पृथ्वीराज रासो पर आधारित है तथा प्रतिहार, चालुक्य, चौहान और परमार राजपूतों का जन्म इसी से माना जाता है।

प्रमुख राजपूत राजवंश

राज्य	राजवंश
अजमेर	चौहान
कन्नौज	गहड़वाल
गुजरात	चालुक्य (सोलंकी)
मालवा	परमार
जेजाकभुक्ति (बुन्देलखण्ड)	चन्देल
त्रिपुरी	कल्चुरि
दिल्ली	तोमर

शाकम्भरी का चौहान वंश

- चौहान वंश की अनेक शाखाओं में से 7वीं शताब्दी में वासुदेव द्वारा स्थापित शाकम्भरी (साम्भर एवं अजमेर के निकट) के चौहान राज्य का इतिहास में विशेष स्थान है।
- इस वंश के इतिहास तथा वंशावली की जानकारी विग्रहराज द्वितीय के हर्ष प्रस्तर अभिलेख तथा सोमेश्वरकालीन बिजौलिया प्रस्तर लेख से मिलती है।

> चौहान प्रतिहार शासकों के सामन्त थे। 10वीं शताब्दी के प्रारम्भ में वाक्पतिराज प्रथम ने प्रतिहारों से स्वयं को स्वतन्त्र करा लिया। उसके पुत्र सिंहराज ने अपने राज्य का विस्तार करके **महाराजाधिराज** की उपाधि धारण की।

चौहान वंश के प्रमुख शासक

चौहान वंश के प्रमुख शासक निम्न हैं

अजयराज

- अजयराज (12वीं शताब्दी) एक महान निर्माता था। उसने अजमेर नगर की स्थापना की।
- अजयराज का उत्तराधिकारी अर्णोराज (1130-1150 ई.) एक महत्त्वपूर्ण शासक था। उसने अजमेर के निकट सुल्तान महमूद की सेना को पराजित किया।

विग्रहराज चतुर्थ अथवा बीसलदेव (1153-1163 ई.)

- इसकी सबसे बड़ी सफलता तोमरों की स्वाधीनता समाप्त करके उन्हें अपना सामन्त बनाना था। उसने हरिकेल नामक एक संस्कृत नाटक की रचना की।
- इस नाटक के कुछ अंश अढ़ाई दिन का झोपड़ा नामक मस्जिद की दीवारों पर उत्कीर्ण किए गए हैं।
- बीसलदेव ने सरस्वती का प्रसिद्ध मन्दिर बनवाया। उसके दरबार में कथा सरित्सागर के रचयिता सोमदेव निवास करते थे, जिनके द्वारा बीसलदेव की प्रतिष्ठा में ललितविग्रहराज नामक ग्रन्थ की रचना की गई।
- विग्रहराज चतुर्थ का काल चौहानों का स्वर्ण काल कहलाता है। इसके समय चौहान साम्राज्य का सर्वाधिक विस्तार हुआ।

पृथ्वीराज तृतीय (1178-1192 ई.)

- सोमेश्वर का पुत्र पृथ्वीराज तृतीय चौहान वंश का एक महान शासक था। कथाओं में उसे रायपिथौरा कहा गया है। उसके अधिकार में दिल्ली से लेकर अजमेर तक का भू-भाग शामिल था। उसने बुन्देलखण्ड के चन्देल शासक परमार्दिदेव को 1182 ई. में एक रात्रि अभियान में पराजित किया।
- इसमें परमार्दिदेव के आल्हा-ऊदल नामक लोकप्रसिद्ध सेनानायकों ने भयंकर युद्ध किया। 1186 ई. में पृथ्वीराज तृतीय ने गुजरात के चालुक्य शासक भीम द्वितीय पर आक्रमण किया।
- 1191 ई. में मुहम्मद गोरी तथा पृथ्वीराज तृतीय के मध्य तराइन का प्रथम युद्ध हुआ, जिसमें मुहम्मद गोरी पराजित हुआ। अगले ही वर्ष 1192 ई. में मुहम्मद गोरी व पृथ्वीराज चौहान के मध्य तराइन का द्वितीय युद्ध हुआ, जिसमें पृथ्वीराज पराजित हुआ तथा उसे बन्दी बनाकर कुछ समय बाद उसकी हत्या कर दी गई।
- पृथ्वीराज की मृत्यु के बाद गोरी ने उसके पुत्र गोविन्द को अजमेर का शासक बनाया।
- पृथ्वीराज तृतीय के राजकवि चन्दबरदाई ने पृथ्वीराजरासो नामक अपभ्रंश महाकाव्य और जयानक ने पृथ्वीराज विजय नामक संस्कृत काव्य की रचना की। अन्य रचनाओं में जयचन्द का हम्मीर महाकाव्य प्रसिद्ध है।
- तराइन का द्वितीय युद्ध भारतीय इतिहास की एक निर्णायक घटना थी इसके बाद भारत में तुर्की राज्य की स्थापना हुई और राजपूत युग समाप्त हो गया।

कन्नौज का गहड़वाल वंश

- गुर्जर-प्रतिहारों के बाद चन्द्रदेव (1080-1100 ई.) ने कन्नौज में गहड़वाल वंश की स्थापना की। गहड़वाल प्रतिहारों के सामन्त थे। उनका मूल निवास स्थान विन्ध्याचल का पर्वतीय वन प्रान्त माना जाता है।
- चन्द्रदेव ने महाराजाधिराज की उपाधि धारण की। चन्द्रावती अभिलेख से उसके कार्यों पर प्रकाश पड़ता है। गहड़वाल शासकों को काशी नरेश के रूप में भी जाना जाता था।

गहड़वाल वंश के प्रमुख शासक

गहड़वाल वंश के प्रमुख शासक निम्न हैं

गोविन्दचन्द्र (1114-55 ई.)

- गहड़वाल वंश का सर्वाधिक शक्तिशाली शासक गोविन्दचन्द्र था। उसने कन्नौज के प्राचीन गौरव को पुनः स्थापित किया। वह स्वयं बड़ा विद्वान था। उसे उसके लेखों में विविध विद्याविचार वाचस्पति कहा गया है।
- उसका शान्ति एवं युद्ध मन्त्री लक्ष्मीधर भी शास्त्रों एवं विधि का प्रकाण्ड विद्वान था, जिसने कृत्यकल्पतरु कल्पद्रुम नामक ग्रन्थ की रचना की, जो कानून की पुस्तक है।
- गोविन्दचन्द्र की रानी कुमारदेवी (यह बौद्ध थी) के सारनाथ अभिलेख में गोविन्दचन्द्र को बनारस की तुर्कों से रक्षा करने के लिए हरि का अवतार कहा गया है।

जयचन्द (1170-1194 ई.)

- गहड़वाल वंश का अन्तिम महत्त्वपूर्ण शासक जयचन्द था। उसने सम्भवतः मुहम्मद गौरी को दिल्ली एवं अजमेर पर आक्रमण का निमन्त्रण दिया था।
- 1194 ई. में चन्दावर के युद्ध में वह मुहम्मद गौरी के द्वारा पराजित हुआ और मारा गया।
- जयचन्द ने संस्कृत के प्रख्यात कवि श्रीहर्ष को संरक्षण प्रदान किया, जिसने नैषधचरितम् एवं खण्डनखाद्य की रचना की।
- इल्तुतमिश ने कन्नौज पर आधिपत्य कर इस वंश को समाप्त कर दिया।

गुजरात (अन्हिलवाड़) का चालुक्य वंश

- चालुक्य अथवा सोलंकी अग्निकुल से उत्पन्न राजपूतों में से एक थे। प्राचीन ग्रन्थ कुमारपालचरित एवं वर्णरत्नाकार आदि में परम्परागत रूप से जिन 36 राजपूत कुलों की सूची मिलती है, उनमें चालुक्य अथवा सोलंकी का भी उल्लेख है।
- इस वंश का संस्थापक मूलराज प्रथम (942-996 ई.) था। उसने गुजरात के एक बड़े भाग को जीतकर अन्हिलवाड़ को अपनी राजधानी बनाया। इस वंश के शासक जैन धर्म के पोषक एवं संरक्षक थे।

चालुक्य वंश के प्रमुख शासक

चालुक्य वंश के प्रमुख शासक निम्न हैं

भीम प्रथम (1022-1064 ई.)

- चालुक्य वंश का सबसे शक्तिशाली शासक भीम प्रथम था। उसके शासनकाल में गुजरात पर महमूद गजनवी का आक्रमण (1025 ई.) हुआ। उसने **सोमनाथ के मन्दिर** को लूटा तथा उसे विनष्ट किया।
- भीम प्रथम ने सोमनाथ मन्दिर का, जो पहले लकड़ी और फिर ईंटों द्वारा निर्मित था, के स्थान पर पत्थर द्वारा निर्माण करवाया।
- भीम प्रथम के सेनानायक विमल शाह ने माउण्ट आबू पर प्रसिद्ध जैन मन्दिर (दिलवाड़ा मन्दिर) का निर्माण करवाया।
- एक मान्यता के अनुसार, सोमनाथ मन्दिर का पुनर्निर्माण **कुमारपाल** ने करवाया था।

जयसिंह सिद्धराज (1094-1143 ई.)

- जयसिंह अल्पायु में शासक बना था। उसने **सिद्धराज** एवं **अवन्तिनाथ** की उपाधि धारण की थी। यह पराक्रमी तथा वीर होने के साथ-साथ विद्वानों का आश्रयदाता भी था। प्रसिद्ध जैन आचार्य हेमचन्द उसके दरबार में थे।
- जयसिंह ने सिद्धपुर में **रुद्रमहाकाल का मन्दिर** बनवाया, जहाँ उसने हाथियों पर आरूढ़ अपने सात पूर्वजों की मूर्तियों को प्रतिष्ठापित किया।
- आबू पर्वत पर उसने एक मण्डप का निर्माण करवाया। जयसिंह सिद्धराज शैव मतानुयायी था।
- जयसिंह सिद्धराज ने सोमनाथ मन्दिर के यात्रियों पर लगने वाले **तीर्थयात्रा कर** को भी समाप्त कर दिया था।

कुमारपाल (1143-1172 ई.)

- कुमारपाल एक महत्त्वाकांक्षी शासक था। प्रसिद्ध जैन आचार्य हेमचन्द ने कुमारपाल को जैन धर्म में दीक्षित किया था।
- इसके पश्चात् **परम अर्हत** की उपाधि धारण की और सम्पूर्ण साम्राज्य में अहिंसा (अभक्ष नियम तथा पशु वध निषेध) के सिद्धान्तों को क्रियान्वित किया।
- जयचन्द्र सूरि की रचना **कुमारपालचरित** में कुमारपाल की विजयों का यशोगान किया गया है।
- कुमारपाल के द्वारा **सोमनाथ मन्दिर** का अन्तिम रूप से पुनर्निर्माण करवाया गया था। कुमारपाल एक धर्मसहिष्णु राजा था, उसने हेमचन्द्र के साथ सोमनाथ मन्दिर में जाकर भगवान शिव की पूजा की थी।

अजयपाल (1172-1176 ई.)

- कुमारपाल के पश्चात् अजयपाल उसका उत्तराधिकारी बना।
- इसके शासनकाल में शैव एवं जैन धर्मावलम्बियों के मध्य गृह युद्ध आरम्भ हो गया, जिसके परिणामस्वरूप अनेक जैन भिक्षुओं की हत्या कर दी गई और अनेक जैन मन्दिरों को नष्ट कर दिया गया।
- **मूलराज द्वितीय** (1176-1178 ई.) तथा **भीम द्वितीय** (1178-1195 ई.) इस वंश के अन्य प्रमुख शासक थे। सम्भवत: भीम द्वितीय (कहीं-कहीं मूलराज द्वितीय उल्लिखित) ने 1178 ई. में मुहम्मद गोरी को गुजरात आक्रमण के समय पराजित किया था।
- 1195 ई. में कुतुबुद्दीन ऐबक ने अन्हिलवाड़ पर अधिकार कर लिया। उसने 1195 ई. में कुतुबुद्दीन ऐबक को भी पराजित किया, किन्तु 1197 ई. में भीम द्वितीय तुर्कों से पराजित हो गया। भीम द्वितीय के एक मन्त्री लवण प्रसाद ने गुजरात में **बघेल वंश** की स्थापना की।

मालवा का परमार वंश

- इस वंश का संस्थापक **उपेन्द्र** अथवा **कृष्णराज** था तथा प्रथम स्वतन्त्र एवं शक्तिशाली शासक सीयक अथवा श्रीहर्ष था।
- परमारों की प्रारम्भिक राजधानी **उज्जैन** थी, जो बाद में धार हो गई।

वाक्पतिमुंज (973-995 ई.)

- मालवा में परमारों की शक्ति का उत्कर्ष वाक्पतिमुंज के समय में प्रारम्भ हुआ।
- मुंज ने चालुक्य शासक तैलप द्वितीय को कई बार पराजित किया, परन्तु अन्त में इसी संघर्ष में वह मारा गया। मुंज, कला एवं साहित्य का महान संरक्षक था।
- उसने धार में **मुंज सागर झील** का निर्माण कराया। मुंज ने श्रीवल्लभ, पृथ्वी वल्लभ, अमोघवर्ष आदि उपाधियाँ धारण की थीं। उसके दरबार में पद्मगुप्त, धनंजय, धनिक तथा हलायुध आदि विद्वान् थे। कौथेम दान-पत्र से पता चलता है कि वाक्तपतिमुंज ने हूणों को पराजित किया था।

राजाभोज (1000-1055 ई.)

- राजाभोज इस वंश का सबसे महान शासक था। उदयपुर प्रशस्ति के अनुसार, उसने तुरुष्कों (तुर्कों) को पराजित किया तथा **धार** को अपनी राजधानी बनाया। भोज ने **नवसाहसांक** अर्थात् **नवविक्रमादित्य** की उपाधि धारण की थी।
- उसने 1008 ई. में **महमूद गजनवी** के विरुद्ध शाही शासक आनन्दपाल को सैनिक सहायता दी थी।
- भोज अपनी विद्वता के कारण **कविराज** उपाधि से प्रख्यात था। उसने चिकित्साशास्त्र पर **आयुर्वेद सर्वस्व** एवं स्थापत्यकला पर **समरांगणसूत्रधार** नामक पुस्तक लिखी।
- भोज के दरबारी कवियों में भास्करभट्ट, दामोदर मिश्र, धनपाल आदि प्रमुख थे।
- भोज ने **धार** नगरी का विस्तार किया और वहाँ **भोजशाला** के रूप में प्रख्यात एक महाविद्यालय की स्थापना करके उसमें वाग्देवी की प्रतिमा की प्राण-प्रतिष्ठा की। इस भोजशाला की दीवारों के प्रस्तर खण्डों पर आज भी संस्कृत श्लोक अभिलिखित हैं। उसने अपने नाम पर भोजपुर नगर बसाया तथा एक बहुत बड़े **भोजसर** नामक तालाब को निर्मित करवाया।
- भोज ने सरस्वतीकण्ठाभरण, सिद्धान्त संग्रह, योगसूत्रवृत्ति, नाममालिका तथा विद्याविनोद नामक ग्रन्थों की रचना की।
- भोज की रानी **लीलावती** एक विदुषी महिला थी।

जेजाकभुक्ति का चन्देल वंश

- बुन्देलखण्ड या जेजाकभुक्ति क्षेत्र में चन्देल वंश का उदय हुआ, जिसकी राजधानी **खजुराहो** थी।

- इस वंश की स्थापना 9वीं शताब्दी में नन्नुक ने की थी। चन्देल प्रतिहारों के सामन्त थे तथा वे राजपूतों के 36 कुलों में से एक थे। नन्नुक के पुत्र जयसिंह अथवा जेजा के नाम पर यह प्रदेश जेजाकभुक्ति कहलाया।

चन्देल वंश के प्रमुख शासक

चन्देल वंश के प्रमुख शासक निम्न हैं

यशोवर्मन (925-950 ई.)

- यशोवर्मन ने साम्राज्यवादी नीति का अनुसरण करके मालवा, चेदि और महाकौशल पर आक्रमण करके अपने राज्य का विस्तार किया। यशोवर्मन ने प्रतिहारों से कालिंजर छीन लिया।
- उसने खजुराहो के प्रसिद्ध **विष्णु मन्दिर** (चतुर्भुज मन्दिर) का निर्माण करवाया।

धंग देव (950-1002 ई.)

- यह यशोवर्मन का पुत्र था। धंग को प्रतिहारों से पूर्ण स्वतन्त्रता का वास्तविक श्रेय दिया जाता है। उसने **कालिंजर** को अपनी राजधानी बनाया।
- ग्वालियर विजय धंग की एक महत्त्वपूर्ण सफलता थी। उसने भटिण्डा के शाही शासक जयपाल को सुबुक्तगीन के विरुद्ध सैनिक सहायता भेजी। उसने खजुराहो में जिननाथ, विश्वनाथ, वैद्यनाथ आदि भव्य मन्दिरों का निर्माण करवाया। **धंग देव** ने प्रयाग के संगम में डूबकर (जल समाधि) शरीर का त्याग किया था।

गण्ड (1002-1019 ई.)

- धंग के बाद उसका पुत्र गण्ड राजा हुआ।
- उसने 1008 ई. में **महमूद गजनवी** का सामना करने के लिए जयपाल के पुत्र आनन्दपाल द्वारा बनाए हुए संघ में भाग लिया।

विद्याधर (1019-1029 ई.)

- चन्देल शासकों में सर्वाधिक शक्तिशाली था। यह गण्डदेव का पुत्र था। मुसलमान लेखक उसके नाम का उल्लेख चन्द्र तथा विदा नाम से करते हैं।
- विद्याधर ने 1019 ई. में गुर्जर-प्रतिहार शासक राज्यपाल की हत्या कर दी, क्योंकि वह महमूद गजनवी से युद्ध करने के स्थान पर भाग खड़ा हुआ था। विद्याधर ने परमार भोज तथा कल्चुरि शासक गांगेयदेव को भी पराजित किया था।
- चन्देल शासक **कीर्तिवर्मन** (1060-1100 ई.) ने चेदि वंश के कर्ण को परास्त किया। चन्देल वंश का अन्तिम शक्तिशाली शासक परमार्दिदेव अथवा परमल था।
- 1182 ई. में पृथ्वीराज ने इसे पराजित कर महोबा पर तथा 1203 ई. में कुतुबुद्दीन ऐबक ने कालिंजर पर अधिकार कर लिया और अन्ततः 1205 ई. में चन्देल राज्य दिल्ली में मिल गया।
- चन्देल कला का केन्द्र **खजुराहो** था। यहाँ 900-1050 ई. के बीच अनेक मन्दिरों का निर्माण हुआ है, इनमें से कन्दरिया महादेव मन्दिर (विद्याधर द्वारा निर्मित), (देवी जगदम्बी) मन्दिर, विष्णु का चतुर्भुज मन्दिर, पार्श्वनाथ मन्दिर प्रसिद्ध हैं।

उड़ीसा का पूर्वी गंग वंश

- गंग वंश का सर्वाधिक प्रतापी शासक **अनन्तवर्मा चोड़गंग** (976-1048 ई.) था। उसने पुरी के प्रसिद्ध जगन्नाथ मन्दिर का निर्माण करवाया। इसके अतिरिक्त इस वंश के शासकों द्वारा निर्मित **कोणार्क का सूर्य मन्दिर** भी विश्व प्रसिद्ध है।
- इसका निर्माण गंग शासक नरसिंहदेव प्रथम ने करवाया था। यह मन्दिर सूर्य भगवान को समर्पित है। मन्दिर को विशाल रथ के आकार में बनाया गया है। वर्ष 1984 में इस मन्दिर को यूनेस्को द्वारा विश्व धरोहर स्थल की सूची में शामिल किया गया।
- पूर्वी गंग वंश की राजधानी **कलिंग नगर** थी। इस वंश के शासक धर्म एवं कला के महान संरक्षक थे।
- पूर्वी गंग वंश के शासकों ने उत्तर भारत के मुसलमानों और दक्षिण के बहमनी सुल्तानों के आक्रमण से उड़ीसा व जाजनगर की रक्षा का अन्तिम समय तक प्रयत्न किया। 14वीं शताब्दी में उड़ीसा पर मुसलमानों ने आधिपत्य स्थापित कर लिया।

कल्चुरि वंश

- कल्चुरि राज्य की स्थापना **कोकल्ल प्रथम** ने की थी। कोकल्ल प्रथम ने **त्रिपुरी** (यह वर्तमान में जबलपुर का तेवर गाँव है।) को अपनी राजधानी बनाया था। कल्चुरि सम्भवतः चन्द्रवंशी क्षत्रिय थे। **गांगेयदेव** (1019-1040 ई.) इस वंश का सबसे प्रतापी राजा था, जिसने विक्रमादित्य की उपाधि धारण की।
- **लक्ष्मीकर्ण** (1042-1072 ई.) इस वंश का अन्तिम शक्तिशाली राजा था। उसने त्रिकलिंगाधिपति की उपाधि धारण की।
- कल्चुरि वंश को **चेदि** या **हैहय वंश** के नाम से भी जाना जाता है।
- भेड़ाघाट (जबलपुर) का प्रसिद्ध **चौसठ योगिनी मन्दिर** का निर्माण युवराज प्रथम ने करवाया था। इसे **गोलकीमठ** भी कहते हैं।
- इसके पश्चात् कल्चुरियों की शक्ति कम हो गई तथा 1211 ई. के आस-पास चन्देलों ने इस राज्य पर अधिकार कर लिया। कल्चुरि शासक **त्रैकूटक संवत्** का प्रयोग करते थे, जोकि 248-249 ई. में प्रचलित हुआ था।

कश्मीर के राजवंश

- कश्मीर के हिन्दू राज्य के इतिहास के बारे में जानकारी **कल्हण** की **राजतरंगिणी** (संस्कृत में लिखित प्रथम ऐतिहासिक रचना) से मिलती है। द्वितीय राजतरंगिणी के लेखक जोनराज हैं।
- कश्मीर पर शासन करने वाले शासकों में कार्कोट वंश, उत्पल वंश व लोहार वंश शामिल हैं। इनका विवरण निम्न है

कार्कोट वंश

- कश्मीर में कार्कोट राजवंश की स्थापना 7वीं शताब्दी में **दुर्लभवर्द्धन** ने की थी।
- चीनी यात्री **ह्वेनसांग** ने उसके शासनकाल में कश्मीर की राजधानी प्रवरपुर में दो वर्ष तक प्रवास किया था।
- दुर्लभवर्द्धन के पश्चात् उसका पुत्र **दुर्लभक** (632-682 ई.) उत्तराधिकारी बना। उसने प्रतापपुर नामक शहर बसाया तथा प्रतापादित्य की उपाधि धारण की।
- दुर्लभक के पश्चात् क्रमशः **चन्द्रापीड़** (वज्रादित्य) और तारापीड़ (उदयादित्य) शासक बने। इनमें चन्द्रापीड़ एक न्यायप्रिय राजा था, तो वहीं तारापीड़ का कल्हण द्वारा एक क्रूर और निर्दयी शासक के रूप में वर्णन किया गया है।

- तारापीड़ के पश्चात् ललितादित्य मुक्तापीड़ (724-760 ई.) शासक बना। वह इस वंश का सबसे शक्तिशाली शासक था।
- ललितादित्य ने कन्नौज शासक यशोवर्मन के साथ सन्धि कर तिब्बतियों को पराजित किया, तत्पश्चात् उसने यशोवर्मन को भी पराजित कर कन्नौज पर अधिकार कर लिया।
- उसने कश्मीर में मार्तण्ड (सूर्य) मन्दिर और परिहास केशव (विष्णु) मन्दिर का निर्माण करवाया था।
- कार्कोट वंश का अन्तिम शासक जयापीड़ विनयादित्य (770-810 ई.) था। वह विद्वानों का बहुत ही आदर करता था। उसके दरबार में उद्यभट्ट, दामोदर गुप्त आदि विद्वान् लेखक रहते थे।

राजतरंगिणी

- कल्हण द्वारा रचित राजतरंगिणी का संस्कृत साहित्य में ऐतिहासिक घटनाओं के क्रमबद्ध इतिहास लिखने का प्रथम प्रयास है।
- राजतरंगिणी में कुल **आठ तरंग** और लगभग **8000 श्लोक** हैं। इसकी प्रथम तीन तरंगों में कश्मीर के प्राचीन इतिहास, जबकि चौथी से छठी तरंगों में **कार्कोट वंश** तथा **उत्पल वंश** का वर्णन किया गया है और सातवीं एवं आठवीं तरंगों में **लोहार वंश** का उल्लेख किया गया है।

उत्पल वंश

- कश्मीर में कार्कोट वंश के पतन के पश्चात् उत्पल वंश की स्थापना हुई। उत्पल वंश की स्थापना अवन्तिवर्मन (855-883 ई.) ने की थी।
- अवन्तिवर्मन के अभियन्ता सूय्य ने कृषि की उन्नति हेतु नहरों का निर्माण करवाया था। अवन्तिवर्मन ने कई नगरों की भी स्थापना की थी, जिसमें अवन्तिपुर नगर विशेष रूप से प्रसिद्ध है। अवन्तिवर्मन के पश्चात् शंकरवर्मन तथा क्षेमेन्द्रगुप्त शासक बना।
- 980 ई. में उत्पल वंश की रानी दिद्दा बनी। दिद्दा का विवाह क्षेमेन्द्रगुप्त से हुआ था। रानी की मृत्यु (1003 ई.) होने के पश्चात् कश्मीर में लोहार वंश की स्थापना हुई।

लोहार वंश

- लोहार वंश की स्थापना संग्राम राज (1003-1028 ई.) ने की थी।
- संग्राम राज के पश्चात् अनन्त एवं उसकी पत्नी सूर्यमती ने संयुक्त रूप से शासन किया।
- लोहार वंश के शासकों में हर्ष (1089-1101 ई.) का नाम विशेष रूप से उल्लेखनीय है, क्योंकि हर्ष कवि, विद्वान तथा अनेक भाषाओं व विद्याओं का ज्ञाता था। उसने कल्हण को आश्रय प्रदान किया था।
- हर्ष का व्यक्तित्व गुणों व दोषों का सम्मिश्रण था। उसे कश्मीर का नीरो भी कहा जाता है।
- हर्ष को राजतरंगिणी में तुरुष्क और मूर्तिभंजक कहा गया है।
- इस वंश का अन्तिम शासक जयसिंह (1128-1155 ई.) था। उल्लेखनीय है कि कल्हण की राजतरंगिणी का विवरण जयसिंह के शासन तक मिलता है। जयसिंह ने अपने शासन के दौरान यवनों को पराजित किया था।
- 1339 ई. में कश्मीर तुर्कों के अधीन हो गया। उनमें जैन-उल-अबिदीन सर्वाधिक लोकप्रिय शासक हुआ।
- जैन-उल-अबिदीन को कश्मीर का अकबर भी कहा जाता है।

गुप्तोत्तरकालीन प्रशासनिक, आर्थिक, धार्मिक एवं सांस्कृतिक स्थिति

प्रशासन
- साम्राज्य का प्रान्तों में विभाजन (राजनीतिक विकेन्द्रीकरण)
- **सेना** चतुरंगिणी (पैदल, घुड़सवार, रथ, हाथी)
- नौसेना की चर्चा (मधुबन अभिलेख)
- सिंहनाद (सेना का प्रधान)
- **महाबलाधिकृत** सेना का सर्वोच्च अधिकारी
- **दण्ड** कठोर
- मन्त्रिपरिषद् की व्यवस्था
- प्रान्त (भुक्ति/देश)
- **विषय** जिले के समान

अर्थव्यवस्था
- **कृषि** अर्थव्यवस्था का आधार
- मन्दिरों, अधिकारियों को भूमिदान
- सामन्तवाद का उदय
- धर्मदाय (मूल्यनीति)
- अक्षय नीति, भू-राजस्व- भाग
- सिंचाई की व्यवस्था (रहट का उल्लेख)
- आन्तरिक तथा बाह्य व्यापार
- **प्रमुख कर** भाग, भोग, हिरण्य

कला संस्कृति
- खजुराहो के मन्दिरों का निर्माण
- दिलवाड़ा का जैन मन्दिर

धार्मिक प्रवृत्तियाँ
- ह्वेनसांग (बौद्ध धर्म बेहतर स्थिति में)
- हर्षचरित में शिव आराधना की चर्चा
- शक्ति की पूजा
- देवी-देवताओं की पूजा
- दुर्गा की उपासना (मार्कण्डेय पुराण)
- सूर्य मन्दिरों का उल्लेख (ह्वेनसांग द्वारा)
- बुद्ध को विष्णु का अवतार माना गया

- खजुराहो के मन्दिरों का निर्माण
- दिलवाड़ा का जैन मन्दिर

> लगभग 300 ई. से 750 ई. तक विन्ध्य से दक्षिण के प्रदेशों (प्रायद्वीप) में द्वितीय ऐतिहासिक चरण (लगभग 200 से 300 ई. पू. तक) वाली प्रक्रियाएँ चलती रहीं, किन्तु कुछ ऐसे लक्षण भी दिखाई देते हैं, जिनका प्रथम ऐतिहासिक चरण में विशेष महत्त्व नहीं था।

अध्याय चौदह

दक्षिण भारत के राजवंश

दक्षिण भारत के साम्राज्यों का उदय

उत्तर भारत से गुप्त साम्राज्य के पतन के साथ ऐतिहासिक दृष्टि से विन्ध्य से दक्षिण (प्रायद्वीप) क्षेत्र में कई नए राज्यों; जैसे—आभीर, कदम्ब, वाकाटक, गंग, चालुक्य, पल्लव, राष्ट्रकूट आदि राज्यों का उदय हुआ। 9वीं शताब्दी में चोल राज्य का पुनरुत्थान हुआ। इसकी जानकारी हमें अनुदान पत्रों से मिलती है।

आभीर वंश

- आभीर वंश की स्थापना ईश्वरसेन द्वारा की गई। इसने 248-49 ई. के लगभग कल्चुरि चेदि सम्वत् की स्थापना की थी।
- आभीरों ने स्वयं को यदुवंशी क्षत्रिय घोषित किया। समुद्रगुप्त के प्रयाग प्रशस्ति में आभीरों की चर्चा सीमावर्ती शासकों के रूप में की गई थी।
- ईश्वरसेन के उत्तराधिकारियों ने 200-300 वर्षों तक शासन किया। आभीर वशिष्ठिपुत्र वसुसेन इस वंश का अन्तिम शासक था। इसकी मृत्यु के बाद आभीरों ने अपनी स्वतन्त्रता खो दी। कदम्ब तथा इक्ष्वाकु वंश ने इनके क्षेत्र पर अधिकार कर लिया।

कदम्ब वंश

- कदम्ब वंश का संस्थापक मयूरशर्मन था, जिसे 18 अश्वमेध यज्ञ करने का श्रेय दिया जाता है। इसका क्षेत्र उत्तरी कर्नाटक और कोंकण था।
- पुलकेशिन द्वितीय ने कदम्ब को पराजित करके अपने अधीन कर लिया था। कदम्बों की राजधानी वैजयन्ती या बनवासी थी। इन शासकों की वंशावली हमें तालगुण्ड स्तम्भलेख से ज्ञात होती है।

गंग वंश

- चौथी सदी के आस-पास गंग वंश की स्थापना कर्नाटक में हुई थी, जिन्हें **पश्चिमी गंग** या मैसूर गंग कहा जाता है। इनकी प्रारम्भिक राजधानी कोलार थी, जो स्वर्ण खान के लिए प्रसिद्ध है, बाद में इसकी राजधानी तलकाड़ हो गई।
- इस वंश के शासक **दुर्विनीत** ने छठी सदी में पल्लवों से अपने राज्य को स्वतन्त्र कर लिया। इसके उत्तराधिकारी श्रीहर्ष ने **महाराजाधिराज** की उपाधि धारण की। पुलकेशिन द्वितीय ने इस राज्य को अपने अधीन कर लिया।

वाकाटक वंश

- मौर्योत्तर काल में दक्कन पर सातवाहनों का शासन था। सातवाहनों के पतन के बाद आन्ध्र क्षेत्र में इक्ष्वाकु आए। ये क्षेत्रीय/स्थानीय ही थे, किन्तु अधिक प्रतिष्ठा प्राप्त करने के लिए उन्होंने इक्ष्वाकुओं की वंश परम्परा से स्वयं को जोड़ लिया।
- उत्तरी महाराष्ट्र और बरार (विदर्भ) में सातवाहनों के स्थान पर एक स्थानीय शक्ति वाकाटकों ने प्रभुत्व स्थापित किया।
- वाकाटक ब्राह्मण धर्म के महान पक्षकर थे, उन्होंने अनेक वैदिक यज्ञ किए। उनके द्वारा जारी किए गए ताम्रपत्रों से पता चलता है कि वाकाटकों ने अत्यधिक मात्रा में ब्राह्मणों को भूमि अनुदान दिए थे।

वाकाटक वंश के प्रमुख शासक

विन्ध्यशक्ति (255-275 ई.)

- वाकाटक राजवंश की स्थापना लगभग 255 ई. के आस-पास विन्ध्यशक्ति नामक व्यक्ति ने की थी, जिसका मूल निवास स्थान बरार (विदर्भ) था। इसकी राजधानी नन्दिवर्धन (नागपुर) में थी।
- वाकाटक राजवंश के शासकों की राजनैतिक उपलब्धियों का उल्लेख अजन्ता गुहालेख में मिलता है।

प्रवरसेन प्रथम (275-325 ई.)

- विन्ध्यशक्ति के पश्चात् उसका पुत्र प्रवरसेन प्रथम इस वंश का शासक बना। इसने महाराजाधिराज की उपाधि ग्रहण की थी।
- पुराणों में इसे **प्रवीर** कहा गया है। पुराणों के अनुसार, प्रवरसेन प्रथम ने एक वाजपेय यज्ञ तथा चार अश्वमेध यज्ञ करवाए थे।
- प्रवरसेन के पश्चात् रुद्रसेन प्रथम (335-360 ई.) शासक बना। वह समुद्रगुप्त का समकालीन था। उसके पश्चात् पृथ्वीसेन प्रथम (360-385 ई.) शासक हुआ।
- पृथ्वी सेन ने विन्ध्यसेन (विन्ध्यशक्ति) को कुन्तल राज्य विजय करने में सहयोग किया था।

रुद्रसेन द्वितीय (385-390 ई.)

- रुद्रसेन द्वितीय का विवाह चन्द्रगुप्त द्वितीय की पुत्री प्रभावती गुप्ता से हुआ था। इस वैवाहिक सम्बन्ध से दोनों राजवंशों को लाभ हुआ।
- रुद्रसेन ने अपनी पत्नी के प्रभाव में आकर वैष्णव धर्म अपना लिया, पहले वह बौद्ध धर्म का अनुयायी था।
- प्रभावती गुप्ता ने रुद्रसेन की मृत्यु के पश्चात् लगभग 13 वर्षों तक अपने अल्पवयस्क पुत्रों दिवाकर सेन और दामोदर सेन की संरक्षिका के रूप में शासन किया।

प्रवरसेन द्वितीय (395-440 ई.)

- प्रवरसेन द्वितीय (आरम्भिक नाम दामोदर सेन) वाकाटक वंश का (मुख्य वाकाटक) अन्तिम शक्तिशाली शासक था। उसने प्रवरपुर को अपनी नई राजधानी बनाया। बालाघाट अभिलेख में उसे **परमभागवत** कहा गया है।
- प्रवरसेन द्वितीय ने **सेतुबन्ध** नामक काव्यकृति की रचना की, जिसमें राम की लंका विजय का वर्णन है। उसने कदम्बों से वैवाहिक सम्बन्ध स्थापित किए।
- कुछ विद्वानों के अनुसार, प्रवरसेन द्वितीय के राजदरबार में चन्द्रगुप्त द्वितीय के राजकवि कालिदास ने निवास किया था। संस्कृत की विदर्भ शैली का पूर्ण विकास वाकाटक राजाओं के दरबार में ही हुआ।

चालुक्य वंश

वाकाटकों के पश्चात् चालुक्यों का प्रभाव बढ़ा। इन्होंने लगभग 200 वर्षों तक शासन किया। ये स्वयं को ब्रह्मा, मनु या चन्द्र का वंशज कहते थे।

बादामी का चालुक्य वंश

- चालुक्यों ने छठी सदी के आरम्भ में पश्चिमी दक्कन में अपना राज्य स्थापित किया एवं उस काल की दक्षिण की सबसे महत्त्वपूर्ण शक्ति के रूप में उभरे।
- इनकी राजधानी **वातापी** (आधुनिक बादामी) थी, जो कर्नाटक के बीजापुर जिले में स्थित है।
- चालुक्यों का उदय स्थल बादामी होने के कारण इन्हें बादामी के चालुक्य कहते हैं। इन्हें **आरम्भिक पश्चिमी चालुक्य** भी कहा जाता है। चालुक्यों का राज्य कृष्णा और तुंगभद्रा नदियों के मध्य था।
- इस वंश का संस्थापक पुलकेशिन प्रथम (543-566 ई.) को माना जाता है।
- इसकी उपाधि सत्याश्रय व रणविक्रम थी। इसे पृथ्वी वल्लभ भी कहा जाता है।

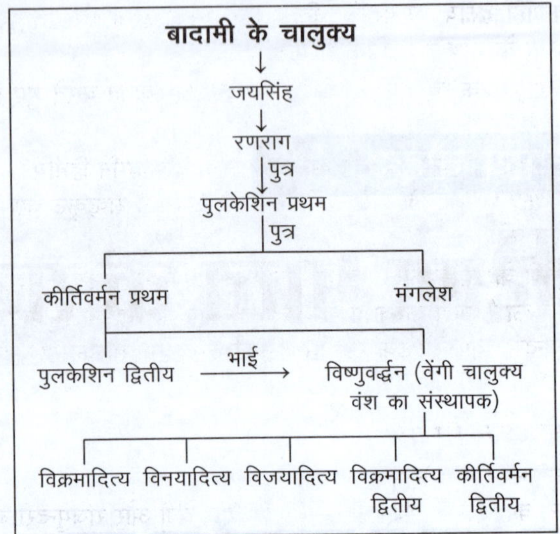

कीर्तिवर्मन प्रथम (566-597 ई.)

- पुलकेशिन प्रथम की मृत्यु के पश्चात् उसका पुत्र कीर्तिवर्मन प्रथम शासक बना। उसने पुरुरणपराक्रम, सत्याश्रय आदि उपाधियाँ धारण कीं।
- महाकूट स्तम्भ लेख में उसे **बहुसुवर्ण अग्निष्टोम यज्ञ** करने वाला कहा गया। यह वातापी (बादामी) का प्रथम निर्माता था।

मंगलेश (597-610 ई.)

- कीर्तिवर्मन के पश्चात् पुलकेशिन द्वितीय के अल्पवयस्क होने के कारण उसके छोटे भाई मंगलेश को संरक्षक के रूप में चालुक्य शासन की बागडोर मिली।
- महाकूट स्तम्भ तथा नूनेर दानपत्र के अनुसार इसने बुद्धराज (कल्चुरि शासक) पर आक्रमण किया तथा रेवती द्वीप (गोवा) पर अधिकार कर लिया था।

पुलकेशिन द्वितीय (610-642 ई.)

- यह कीर्तिवर्मन प्रथम का पुत्र एवं चालुक्य वंश का महान शासक था। इसने सत्याश्रय श्री पृथ्वी वल्लभ महाराज एवं दक्षिणापथेश्वर की उपाधि धारण की।
- इसने पश्चिमी गंग, कदम्ब एवं हर्षवर्द्धन को पराजित किया तथा **परमेश्वर** की उपाधि ग्रहण की। इसकी जानकारी **रविकीर्ति** लिखित ऐहोल अभिलेख से मिलती है।
- पुलकेशिन के ऐहोल अभिलेख में संस्कृत कवि एवं नाटककार कालिदास का उल्लेख है।

- पुलकेशिन द्वितीय ने वेंगी को जीतकर अपने भाई विष्णुवर्द्धन को वहाँ का शासक नियुक्त किया। इसके साथ ही वेंगी में चालुक्य शाखा की नींव रखी। चीनी यात्री ह्वेनसांग ने 641 ई. में पुलकेशिन द्वितीय की राजसभा में प्रवेश किया तथा राज्य का भ्रमण किया।
- विक्रमादित्य प्रथम ने गुजरात में लाट क्षेत्र को जीतकर अपने भाई जयसिंह वर्मन को वहाँ का शासक नियुक्त किया, इसके साथ ही गुजरात में चालुक्य की लाट शाखा का विकास हुआ।
- पल्लव शासक नरसिंहवर्मन प्रथम ने श्रीलंका के शासक के साथ मिलकर पुलकेशिन द्वितीय को पराजित किया एवं उसकी हत्या कर दी। पुलकेशिन के ईरान के साथ राजनयिक सम्बन्ध थे।
- अजन्ता के एक चित्र में उसे ईरानी राजदूत का स्वागत करते हुए दिखाया गया है।
- बादामी का चालुक्य वंश का अन्तिम शासक कीर्तिवर्मन द्वितीय (747-757 ई.) था, जिसको पराजित कर दन्तिदुर्ग ने राष्ट्रकूट वंश की स्थापना की।
- चालुक्यों के शासनकाल में पहाड़ों एवं चट्टानों को काटकर भव्य मन्दिरों का निर्माण करवाया गया। चालुक्यों ने बेसर शैली में ऐहोल में 70 मन्दिर तथा पट्टडकल में 10 मन्दिर बनवाए। इसी कारण ऐहोल को मन्दिरों का शहर कहा जाता है।

वेंगी का चालुक्य वंश

- पुलकेशिन द्वितीय के भाई विष्णुवर्द्धन प्रथम (642 ई.) ने इस राजवंश की स्थापना की। इसकी राजधानी क्रमश: पिष्टपुर, वेंगी और राजमुन्दरी बनी।
- विजयादित्य प्रथम (746-764 ई.) ने राष्ट्रकूटों से इस वंश की रक्षा की, परन्तु विष्णुवर्द्धन चतुर्थ (764-799 ई.) को राष्ट्रकूट शासक कृष्ण प्रथम तथा ध्रुव ने पराजित किया। विजयादित्य द्वितीय (799-847 ई.) इस वंश का अन्तिम महान शासक था।

कल्याणी का चालुक्य वंश

- 10वीं सदी के अन्तिम चरण में इस राजवंश की स्थापना तैलप द्वितीय (993-997 ई.) ने की, जो आरम्भ में राष्ट्रकूटों का सामन्त था। तैलप द्वितीय का परमार शासक मुंज से दीर्घकालीन संघर्ष हुआ, जिसका उल्लेख मेरुतुंग कृत प्रबन्ध चिन्तामणि में किया गया है। तैलप द्वितीय ने मुंज के राज्य पर 6 बार आक्रमण किया, परन्तु प्रत्येक बार पराजित हुआ।
- सत्याश्रय (997-1008 ई.) इसने चोल शासक राजराज प्रथम को पराजित किया तथा कन्नड़ कवि रन्न को संरक्षण दिया। इसके गुरु विमलचन्द्र जैन थे, जो एक विद्वान थे।
- **सोमेश्वर प्रथम** (1042-1068 ई.) इसने 1042 ई. में सत्ता सम्भाली। चोल नरेश राजराज प्रथम ने सोमेश्वर को परास्त कर **विजयेन्द्र** की उपाधि धारण की। सोमेश्वर प्रथम ने परमार नरेश भोज को हराकर धार पर कब्जा कर लिया। सोमेश्वर ने चालुक्य राजधानी मान्यखेत से स्थानान्तरित कर कल्याणी में बनाई।
- सोमेश्वर प्रथम कोप्पम तथा कुडलसंगम् के युद्ध में चोलों से बुरी तरह पराजित हुआ। चोलों से निरन्तर पराजय के चलते उसने तुंगभद्रा नदी में डूबकर आत्महत्या कर ली।
- **विक्रमादित्य षष्ठ** (1076-1126 ई.) यह इस शाखा का अन्तिम महान शासक था। इसके शासनकाल में चोल-चालुक्य संघर्ष कुछ समय के लिए स्थगित रहा। इसने चालुक्य विक्रम सम्वत् (1076 ई.) आरम्भ किया। राजकवि विल्हण उसका दरबारी था, जिसने विक्रमांकदेवचरित की रचना की थी। उसकी राज्यसभा में मिताक्षरा के लेखक विज्ञानेश्वर भी निवास करते थे। विक्रमादित्य षष्ठ कुशल योद्धा के साथ-साथ कला प्रेमी भी था। इसने विक्रमपुर नाम से एक नया नगर बसाया तथा विष्णु मन्दिर एवं झील का निर्माण करवाया।
- सोमेश्वर तृतीय (1126-1138 ई.) इसने भूलोकमल्ल नामक नववर्ष शुरू किया एवं त्रिभुवनमल्ल विरुद धारण किया। इसने शिल्पशास्त्र पर **मानसोल्लास** ग्रन्थ लिखा। यह स्वयं एक बड़ा विद्वान था तथा इसे विजयों की अपेक्षा शान्ति के कार्यों में अधिक रुचि थी।
- सोमेश्वर चतुर्थ (1184-1200 ई.) यह इस वंश का अन्तिम शासक था। इसे यादव राजा भिल्लन से पराजित होकर गोवा भागना पड़ा। कल्याणी पर यादवों का अधिकार हो गया तथा चालुक्यों का राजवंश समाप्त हो गया।

नोट *चालुक्यों का पारिवारिक चिह्न वाराह था।*

पल्लव वंश

इक्ष्वाकुओं को अपदस्थ कर पल्लवों ने सत्ता सम्भाली। पल्लवों का अधिकार दक्षिणी आन्ध्र एवं उत्तरी तमिलनाडु दोनों पर था। उन्होंने काँची (आधुनिक कांजीवरम) को अपनी राजधानी बनाया। **पल्लव** का अर्थ होता है—लता।

पल्लव वंश के प्रमुख शासक

सिंह विष्णु (575-600 ई.)

- पल्लव वंश का संस्थापक सिंह विष्णु को माना जाता है। उसने चेर, चोल, पाण्ड्य, मालवा, मलय, कलभ्र तथा सिंहल के राजाओं पर विजय प्राप्त की तथा अपनी शक्ति का विस्तार किया।
- वह वैष्णव धर्म का अनुयायी था। उसकी राजसभा में महाकवि भारवि निवास करते थे। उसके समय में मामल्लपुरम में आदिवराह गुहा मन्दिरों का निर्माण हुआ।

महेन्द्रवर्मन प्रथम (600-630 ई.)

- यह सिंह विष्णु का पुत्र तथा उत्तराधिकारी था। इसने मत्तविलास, भगवदज्जुकीयम्, विचित्रचित्त, गुणभर आदि उपाधियाँ ग्रहण की थीं।
- इसने मत्तविलास प्रहसन नामक हास्य ग्रन्थ की रचना की। पुलकेशिन द्वितीय ने इसके राज्य पर आक्रमण किया था।
- इसने शैव सन्त अप्पर के प्रभाव से जैन धर्म का त्याग कर शैव मत ग्रहण कर लिया।

नरसिंहवर्मन प्रथम (630-668 ई.)

- इसने बादामी के चालुक्यों (पुलकेशिन द्वितीय) पर अधिकार करने के बाद अपना विजय स्तम्भ स्थापित किया था। इस विजय के बाद इसने **वातापीकोण्ड** की उपाधि धारण की थी।
- नरसिंहवर्मन प्रथम ने मामल्लपुरम (महाबलीपुरम) नामक एक नए नगर की स्थापना की।
- इसके शासनकाल में महाबलीपुरम के कुछ एकाश्मक रथों का भी निर्माण हुआ था, जिनमें से धर्मराज मन्दिर अभी तक विद्यमान है। इसने द्रविड़ शैली के जिस रूप का आरम्भ किया था, उसे मामल्ल शैली कहा जाता है।
- ये मन्दिर **शिलाकृत स्थापत्य** के अद्वितीय उदाहरण हैं। इसके शासनकाल (641 ई.) में चीनी यात्री ह्वेनसांग काँची गया था।

नरसिंहवर्मन द्वितीय (700-725 ई.)

- नरसिंहवर्मन, परमेश्वर वर्मन का उत्तराधिकारी था। इसके शासनकाल में कला एवं साहित्य ने महत्त्वपूर्ण प्रगति की।
- इसने राजसिंह शैली में काँची के कैलाशनाथ मन्दिर तथा महाबलिपुरम के शोर मन्दिर एवं ऐरावतेश्वर मन्दिर का निर्माण करवाया। संस्कृत के प्रख्यात लेखक दण्डिन इसकी राजसभा में रहते थे।
- इसने अपना एक दूत मण्डल (720 ई.) चीन भेजा था तथा चीनी बौद्ध यात्रियों के लिए नागपट्टनम में एक विहार निर्मित करवाया था। इसने राजसिंह, आगमप्रिय व शंकर भक्त की उपाधियाँ धारण कीं। इसने काँची में संस्कृत महाविद्यालय घटिका की स्थापना की।

नन्दिवर्मन द्वितीय (731-796 ई.)

- परमेश्वरवर्मन द्वितीय की आकस्मिक मृत्यु के बाद काँची के लोगों ने नन्दिवर्मन द्वितीय को राजा चुना। नन्दिवर्मन द्वितीय वैष्णव मतानुयायी था। इसने कला और साहित्य को पर्याप्त प्रोत्साहन दिया।
- इसने काँची के मुक्तेश्वर मन्दिर तथा वैकुण्ठ पेरुमल मन्दिर का निर्माण करवाया था। प्रसिद्ध वैष्णव सन्त तिरुमंगाई अलवार इसका समकालीन था।

नन्दिवर्मन तृतीय (846-869 ई.)

- यह शैव मतानुयायी था। इसकी राजसभा में तमिल भाषा का प्रसिद्ध कवि सन्त पेरुन्देवनार निवास करता था, जिसने भारतवेणवा नामक ग्रन्थ की रचना की थी। अपराजित पल्लव वंश का अन्तिम महत्त्वपूर्ण शासक था।
- पल्लवों ने अधिकांश ब्राह्मणों को कर मुक्त अनुदान दिया। आरम्भिक पल्लवों के 16 भूमि अनुदान पत्र प्राप्त हुए हैं।

पल्लवकालीन कला एवं स्थापत्य

- पल्लवकालीन कला का सर्वोत्तम रूप मन्दिर स्थापत्य में देखा जा सकता है, जो द्रविड़ शैली में है। यहाँ चट्टानों को काटकर मन्दिरों का निर्माण करवाया गया।
- मामल्ल शैली में निर्मित सभी स्मारक महाबलीपुरम में हैं, इसमें रथ एवं मण्डप दोनों का निर्माण हुआ है।
- यहाँ दस मण्डप बनाए गए हैं, जिनमें पंच पाण्डव, रामानुज, महिष-मर्दिनी एवं आदिवाराह मण्डप प्रमुख हैं।
- इस काल में वास्तुकला की कई शैलियाँ प्रचलित हुईं। रथ शैली के मन्दिरों का निर्माण रथ के आकार में हुआ था। इनका निर्माण काष्ठकला से प्रभावित था। ये शिलाखण्डीय मन्दिर हैं, जो एक पत्थर (एकाश्म) को काटकर बनाए गए हैं।
- ये सप्त पैगोड़ा के नाम से लोकप्रिय हैं, किन्तु वास्तव में, ये संख्या में आठ हैं। ये रथ हैं— धर्मराज, भीम, अर्जुन, नकुल, सहदेव, द्रौपदी, गणेश पिण्डारि एवं वालायानकुट्टीय। ये सभी शैव मन्दिर हैं एवं इसमें सबसे छोटा रथ द्रोपदी रथ है।
- पट्टडक्कल में सातवीं-आठवीं सदी में बने दस मन्दिर हैं। इनमें सबसे अधिक प्रसिद्ध हैं-पापनाथ मन्दिर (लगभग 680 ई.) और विरुपाक्ष मन्दिर (लगभग 740 ई.)।

मन्दिर निर्माण शैलियाँ

शैली	विशेषता	उदाहरण
महेन्द्रवर्मन शैली	स्तम्भ एवं मण्डप का प्रयोग, सादगी, स्तम्भयुक्त कक्ष	दालवनुर, त्रिचनापल्ली, पल्लवरम से प्राप्त मन्दिर।
मामल्ल शैली या नरसिंहवर्मन शैली	मण्डप एवं रथ का प्रयोग	सप्त पैगोड़ा, वराह मन्दिर, महिष मन्दिर।
राजसिंह शैली	स्वतन्त्र रूप से मन्दिर निर्माण, शिखर एवं गोपुरम का निर्माण	महाबलीपुरम का तटीय मन्दिर, काँचीपुरम का कैलाश मन्दिर, वैकुण्ठ पेरुमल मन्दिर।
नन्दिवर्मन शैली	छोटा-छोटा आकार, कोई नवीनता नहीं	मुक्तेश्वर मन्दिर, मातंगेश्वर मन्दिर, परशुरामेश्वर मन्दिर।

चोल राजवंश

- 8वीं शताब्दी के उत्तरार्द्ध से पुन: चोलों की राजनीतिक सत्ता का उत्थान हुआ। चोल राज्य पेन्ना एवं कावेरी नदियों के बीच पूर्वी समुद्र तट पर स्थित था।
- चोलों का आरम्भिक इतिहास संगम युग से प्रारम्भ होता है।
- 9वीं शताब्दी के मध्य विजयालय के नेतृत्व मे चोल साम्राज्य का उदय हुआ। ये पल्लवों के सामन्त थे। अशोक के अभिलेखों तथा मेगस्थनीज की इण्डिका से चोलों की राजधानी ज्ञात होती है।
- इन्होंने 9वीं से 12वीं शताब्दी तक तमिलनाडु, आन्ध्र प्रदेश तथा कर्नाटक पर शासन किया।

चोल वंश के प्रमुख शासक

विजयालय (850-875 ई.)

- चोल साम्राज्य की स्थापना विजयालय ने की थी, जो आरम्भ में पल्लवों का सामन्त था। इसने पाण्ड्य शासकों से तंजौर को छीनकर उरैयूर के स्थान पर तंजौर को अपनी राजधानी बनाया। विजयालय ने नरकेसरी की उपाधि धारण की। इसे चोल साम्राज्य का द्वितीय संस्थापक माना जाता है।
- इसके उत्तराधिकारी आदित्य प्रथम (875-907 ई.) ने पल्लव शासक अपराजितवर्मन को परास्त कर पल्लव सत्ता को समाप्त कर दिया तथा चोलों को पूर्ण रूप से स्वतन्त्र घोषित किया। इसने कोदण्डरामन की उपाधि ग्रहण की थी।

परान्तक प्रथम (907-955 ई.)

- चोल शासक परान्तक प्रथम ने 915 ई. में वेल्लूर के युद्ध में पाण्ड्य तथा श्रीलंका की संयुक्त सेनाओं को पराजित किया और मदुरैकोण्ड की उपाधि धारण की।
- 949 ई. में राष्ट्रकूट शासक कृष्ण तृतीय ने पश्चिमी गंगों की सहायता से तक्कोलम के युद्ध में परान्तक प्रथम को पराजित किया। उत्तर मेरूर अभिलेख परान्तक प्रथम का है।
- इसमें स्थानीय प्रशासन का वर्णन है। इसके दरबार में वैंकट माधव रहता था। यह ऋग्वेद का टीकाकार था।
- इसने हेमगर्भ एवं तुलाभार नामक यज्ञों का सम्पादन किया।

राजराज प्रथम (985-1014 ई.)

- राजराज प्रथम अपने पिता के जीवनकाल में ही युवराज नियुक्त हुआ। इसका वास्तविक नाम अरिमोलिवर्मन था। इसने अपने पितामह परान्तक प्रथम की लौह व रक्त नीति का अनुसरण किया।
- इसने त्रिवेन्द्रम के चेरों की नौसेना को नष्ट कर दिया और मदुरै पर अधिकार कर लिया।
- राजराज प्रथम ने अपना दूतमण्डल चीन भेजा था। तंजौर अभिलेख में राजराज प्रथम के युद्ध अभियानों का क्रमिक विवरण मिलता है।
- इसने सर्वप्रथम चेरों की सेना को कंडालूर में परास्त किया। तत्पश्चात् चालुक्य, पाण्ड्य तथा दक्षिण मैसूर के गंग राजाओं को पराजित किया।
- इसने श्रीलंका के शासक महेन्द्र पंचम को पराजित कर राजधानी अनुराधापुर को नष्ट कर दिया तथा नई राजधानी पोल्लनरूवा को बनाया, जिसका नया नाम जन्नाथमंगलम् रखा। श्रीलंका के जीते गए क्षेत्र का नाम मुम्माडिचोलपुरम् रखा।
- यह शैव धर्मानुयायी था, इसने शिवपाद शेखर की उपाधि ली। अरमोलिवर्मन, मुम्माडिचोल, काण्डलूर शालैकलमस्त, जगन्नाथ इसकी प्रमुख उपाधियाँ थीं।
- इसने शैलेन्द्र शासक विजयतुंगवर्मन को नागपट्टनम में चूड़ामणि बौद्ध विहार बनाने की आज्ञा दी और आनडमंगलम् नामक ग्राम दान में दिया। इसने अभिलेखों का निर्माण ऐतिहासिक प्रशस्ति के साथ करवाने की प्रथा शुरू की और इसने 1000 ई. में भूमि माप की प्रथा चलाई।
- बृहदेश्वर मन्दिर का प्रारम्भ में नाम राजराजेश्वर मन्दिर था। यह एक शैव मन्दिर है, जिसका निर्माण चोल शासक राजराज प्रथम ने 1010 ई. में करवाया था। यह मन्दिर पूर्णत: ग्रेनाइट से बना है। इसे वर्ष 1987 में यूनेस्को द्वारा विश्व धरोहर स्थलों की सूची में शामिल किया गया।

राजेन्द्र प्रथम (1014-1044 ई.)

- राजेन्द्र प्रथम की उपलब्धियों की जानकारी तिरुवालंगाडु एवं करन्दई अभिलेख से प्राप्त होती है। 1017 ई. में इसने सम्पूर्ण श्रीलंका (सिंहल) को विजय किया तथा वहाँ के राजा और रानी के मुकुट व राजचिह्न को अपने अधिकार में कर लिया। श्रीलंका की विजय के उपरान्त राजेन्द्र ने पाण्ड्यों तथा चेरों पर भी आक्रमण किया।
- 1022 ई. में इसने उत्तर भारत का अभियान किया। इसने बंगाल के पाल शासक महिपाल को पराजित किया। इस अभियान का नेतृत्व अरैय्यन राजराजन ने किया था, इस गंगा घाटी के अभियान की सफलता पर राजेन्द्र प्रथम ने गंगैकोण्डचोलपुरम (गंगा का चोल विजेता) की उपाधि धारण की तथा इसके उपलक्ष्य में इसने गंगैकोण्डचोलपुरम नामक नई राजधानी की स्थापना की। इसकी अन्य उपाधियाँ–वीर राजेन्द्र, मुडिगोण्ड चोल आदि थीं।
- नवीन राजधानी के निकट इसने एक तालाब चोलगंगम का निर्माण करवाया।
- राजेन्द्र प्रथम को पण्डित चोल के नाम से भी जाना जाता है। इसने गंगैकोण्डचोलपुरम में एक भव्य मन्दिर का निर्माण करवाया था। इसने 1015 ई. एवं 1033 ई. में चीन में दूतमण्डल भेजा था।
- राजेन्द्र की सर्वाधिक महत्त्वपूर्ण विजय 1035 ई. में कदारम (आधुनिक केद्दह) के श्रीविजय साम्राज्य के विरुद्ध थी। श्रीविजय साम्राज्य मलाया प्रायद्वीप, सुमात्रा, जावा और निकटवर्ती द्वीपों तक विस्तृत था। यहाँ के शैलेन्द्रवंशी शासक ने विजयतुंगवर्मन को पराजित किया।
- इस विजय से चोलों का पूर्वी जगत से व्यापार आसान हो गया। शैलेन्द्र ने नागपट्टनम में बौद्ध विहार बनवाया तथा इसके अनुरोध पर राजेन्द्र प्रथम ने विहार के व्यय हेतु एक गाँव दान में दिया। राजेन्द्र प्रथम के सबसे महत्त्वपूर्ण अभियान कलिंग व बंगाल विजय हैं।
- इसके समय में नौसेना में सर्वाधिक विकास हुआ। वी.ए. स्मिथ ने इसे दक्षिण का नेपोलियन कहा है।

राजाधिराज प्रथम (1044-1052 ई.)

- पश्चिमी चालुक्य शासक सोमेश्वर को परास्त किया और विजय राजेन्द्र तथा वीराभिषेक की उपाधि ली। इस विजय के उपलक्ष्य में इसने अश्वमेध यज्ञ किया, जो प्राचीन भारत में अन्तिम उदाहरण है।
- पश्चिमी चालुक्य शासक सोमेश्वर प्रथम के साथ 1055 ई. में दूसरी बार कोप्पम की लड़ाई हुई, जिसमें राजाधिराज मारा गया, वहीं युद्धभूमि में राजेन्द्र द्वितीय का राज्याभिषेक हुआ।

राजेन्द्र द्वितीय (1052-1064 ई.)

- राजाधिराज की मृत्यु के पश्चात् राजेन्द्र द्वितीय शासक बना।
- इसने राजकेसरी की उपाधि धारण की।

कुलोत्तुंग प्रथम (1070-1122 ई.)

- इसके काल से चोल–चालुक्य वंश का शासन आरम्भ होता है। इसके काल में सिंहली नरेश विजयबाहु ने श्रीलंका को स्वतन्त्र करा लिया, जिससे कुलोत्तुंग ने अपनी पुत्री का विवाह कर दिया।
- इसने 1077 ई. में 72 व्यापारियों का दूतमण्डल चीन भेजा। वैष्णव सन्त रामानुज इसके समकालीन थे, जिन्हें इसने राज्य से निकाल दिया था। करों को हटाने के कारण कुलोत्तुंग प्रथम को शुंगम तर्वित कहा जाता था।
- अपने शासन के अन्तिम वर्षों में कुलोत्तुंग प्रथम ने कलिंग के विरुद्ध दो बार अभियान किया। इसके कलिंग अभियान का उल्लेख कलिंग तुप्परणी नामक महाकाव्य में मिलता है। इसके लेखक जयन्गोन्दार हैं।

विक्रम चोल (1122-1135 ई.)

- इसने चिदम्बरम के नटराज मन्दिर का पुनरुद्धार कराया था। इसकी उपाधि त्यागसमुद्र थी।
- कुलोत्तुंग द्वितीय (1135-50 ई.) ने चिदम्बरम मन्दिर में स्थित गोविन्दराज की मूर्ति को समुद्र में गिरा दिया था।

राजेन्द्र तृतीय (1250-1279 ई.)

यह चोल वंश का अन्तिम शासक था। 1279 ई. में मारवर्मन कुलशेखर पाण्ड्य ने चोल राज्य को जीत लिया, जिसके साथ चोल वंश समाप्त हो गया।

चोलकालीन कला एवं संस्कृति

- चोलों के अन्तर्गत मन्दिर बनाने की द्रविड़ शैली, जिसका प्रारम्भ पाण्ड्य तथा पल्लवों ने 7वीं एवं 9वीं शताब्दी के मध्य किया था, शीर्ष पर पहुँच गई।
- गर्भगृह के ऊपर एक के बाद एक कई मंजिलों का निर्माण इस शैली की मुख्य विशेषता थी। ये मन्दिर 5 से 7 मंजिल तक होते थे तथा ये एक विशेष शैली में बने होते थे, जिसे विमान शैली कहा जाता था।
- द्रविड़ शैली के मन्दिरों का आरम्भिक उदाहरण काँचीपुरम का कैलाशनाथ मन्दिर है। मन्दिर स्थापत्य का एक अन्य उदाहरण गंगैकोण्डचोलपुरम का मन्दिर है।

- चोल मन्दिर निर्माण कला की मुख्य विशेषताएँ थीं-वर्गाकार या ऊँचे विमान, मण्डप, गोपुरम, कलापूर्ण स्तम्भों से युक्त वृहत्सदन आदि।
- तंजौर से प्राप्त नटराज शिव की काँस्य मूर्ति के अतिरिक्त पार्वती, स्कन्द, कार्तिकेय एवं गणेश की भी मूर्तियाँ प्राप्त हुई हैं। नटराज की प्रसिद्ध प्रतिमा कुम्भकोणम के नागेश्वर मन्दिर में है। वृहदेश्वर मन्दिर की दीवारों पर अजन्ता की चित्रकला का प्रभाव दिखाई देता है।
- चोल काल में मन्दिर और ग्राम महासभाएँ शिक्षा की व्यवस्था करती थीं। विद्यार्थियों को नि:शुल्क शिक्षा दी जाती थी और शिक्षा का माध्यम स्थानीय भाषा तमिल न होकर संस्कृत थी।
- इस काल में संस्कृत और तमिल भाषा साहित्य की अधिक प्रगति हुई। राजराज प्रथम ने राजराजेश्वर नाटकम् तथा राजराजा विजयम् ग्रन्थ लिखा।
- चोलों का युग तमिल संस्कृति का स्वर्ण काल था।
- कुलोत्तुंग प्रथम के राजकवि जयगोन्दार ने कलिंगन्तुपर्णी तथा दरबारी शेक्कीलार ने पेरीयपुराणम् की रचना की। कुलोत्तुंग तृतीय के संरक्षण में कम्बन ने तमिल रामायण की रचना की।

दक्षिण भारत के अन्य राजवंश

दक्षिण भारत के अन्य राजवंश निम्नलिखित हैं

देवगिरि का यादव वंश

- कल्याणी के चालुक्य शासक सोमेश्वर चतुर्थ को उसके यादव सामन्त भिल्लम (1187-1191 ई.) ने पराजित कर अपनी स्वतन्त्रता की घोषणा की।
- भिल्लम ने देवगिरि नामक नगर की स्थापना की और उसे अपनी राजधानी बनाया। यादव वंश का अन्तिम स्वतन्त्र शासक रामचन्द्र था, जिस पर 1309 ई. में अलाउद्दीन खिलजी ने आक्रमण किया।
- रामचन्द्र ने मलिक काफूर (अलाउद्दीन खिलजी के सेनापति) के सम्मुख आत्मसमर्पण किया।

द्वारसमुद्र का होयसल वंश

- होयसल यादवों की एक शाखा थी, जो अपने को चन्द्रवंशी मानते थे। उनका राज्य चालुक्य तथा चोल साम्राज्य के बीच एक मध्यस्थ राज्य था।
- विष्णुवर्द्धन, वेल्लाल द्वितीय एवं वेल्लाल तृतीय इस वंश के प्रमुख शासक थे। होयसलों की राजधानी द्वारसमुद्र (आधुनिक हलेबिड) थी। होयसलों का काल मन्दिर निर्माण शैली के लिए विख्यात है। ये मन्दिर आज भी द्वारसमुद्र, हलेबिड, बेलूर तथा श्रवणबेलगोला में मिलते हैं।
- होयसल काल में मन्दिरों का निर्माण भवन के समान ऊँचे ठोस चबूतरे पर किया जाता था। चबूतरों एवं दीवारों पर अश्वारोहियो, हंसों, हाथियों, राक्षसों एवं पौराणिक कथाओं से सम्बन्धी अनेक मूर्तियाँ बनाई जाती थीं।

वारंगल का काकतीय वंश

- चोल करिकाल के वंशज काकतीय का पहला ज्ञात शासक बेन प्रथम था। चोल द्वितीय, रुद्रदेव, महादेव तथा गणपति अन्य प्रमुख शासक थे। गणपति ने अपनी राजधानी अमरकोण्ड से वारंगल स्थानान्तरित की।
- गणपति के बाद रुद्रम्मादेवी काकतीय राज्य की शासिका बनीं। उल्लेखनीय है कि अभिलेखों में रुद्रम्मादेवी को महाराजा तथा उसके नाम का रूपान्तर रुद्रदेव कहकर सम्बोधित किया गया है।
- इसके पश्चात् प्रतापरुद्रदेव शासक हुआ, जिसने मलिक काफूर के आक्रमण (1310-1311 ई.) के समय उसे कोहिनूर, हाथी, घोड़े एवं बहुमूल्य उपहार दिए। 1323 ई. में प्रतापरुद्रदेव, मुहम्मद तुगलक से पराजित हुआ और बन्दी बना लिया गया।

"गुप्तोत्तर काल में उत्तरी भारत में सशक्त एवं केन्द्रीय सत्ता का अभाव था। साथ ही छोटे-छोटे राज्य आपस में ही संघर्षरत् थे, जिसके कारण अनेक विदेशी आक्रमणकारी भारत की ओर आकर्षित हुए। अरब आक्रमणकारियों का उद्देश्य व्यापार एवं वाणिज्य में वृद्धि के साथ-साथ धार्मिक तथा राजनीतिक विस्तार भी रहा था।

अध्याय पन्द्रह

भारत में अरब-तुर्क आक्रमण

अरबों द्वारा सिन्ध पर विजय

- हर्षवर्द्धन की मृत्यु के पश्चात् उत्तर भारत में छोटे-छोटे एवं दुर्बल राज्यों का उदय हुआ। ये राज्य अपनी प्रतिद्वन्द्विता में इतने उलझे हुए थे कि **विदेशी आक्रमण** का आकलन ही नहीं कर पाए और इसी राजनीतिक दुर्बलता का लाभ अरबों और तुर्कों ने उठाया। सिन्ध पर आक्रमण करने से पूर्व अरबों ने 636 ई. में मुम्बई के समीप थाणे पर आक्रमण किया और उसके बाद पश्चिमी तट पर लगातार आक्रमण करते रहे, परन्तु उन्हें सफलता प्राप्त नहीं हुई।
- भारतीय क्षेत्रों पर प्रथम अरब आक्रमण 712 ई. में **मुहम्मद बिन कासिम** के नेतृत्व में सिन्ध पर हुआ। इस समय सिन्ध का शासक **दाहिर** था।
- अरबों के आक्रमण के विषय में पर्याप्त सूचना 9वीं शताब्दी के बिलादुरी द्वारा लिखित पुस्तक **फुतूल-अल-बलदान** एवं **इब्न याह्या अल बालाधुरी** (अज्ञात लेखक) से मिलती है।

चचनामा

सिन्ध पर अरब विजय के ऐतिहासिक स्रोतों में चचनामा पर लिखा गया फ़ारसी पाठ अत्यधिक महत्त्वपूर्ण है। मूल अरबी भाषा से **चचनामा** का फारसी में अनुवाद मुहम्मद अली बिन अबू बकर कूफी ने 1226 ई.में किया। चचनामा में 680-718 ई. तक सिन्ध के इतिहास का विवरण है। व्युत्पत्ति की दृष्टि से, चचनामा शब्द का अर्थ है—चच की कहानी। चच सिन्ध के हिन्दू ब्राह्मण शासक थे। इसका आंशिक अंग्रेजी अनुवाद इलियट और डाउसन द्वारा किया गया था। यह सिन्ध पर अरब आक्रमण का वर्णन करता है।

मुहम्मद बिन कासिम के अभियान

मुहम्मद बिन कासिम ने खलीफा के आदेश पर सिन्ध में प्रथम आक्रमण किया। उसके विभिन्न सैन्य अभियानों का वर्णन निम्न प्रकार है

- **देवल अभियान** मुहम्मद बिन कासिम का प्रथम आक्रमण देवल पर हुआ। 712 ई. में मुहम्मद बिन कासिम देवल के बन्दरगाह पर पहुँचा। देवल के शासक दाहिर ने राजपूत शासकों के साथ किले की रक्षा का प्रयास किया, किन्तु वे असफल रहे।
- **निरुन अभियान** देवल से मुहम्मद बिन कासिम निरुन की ओर बढ़ा। यह नगर उस समय बौद्ध-भिक्षुओं और श्रमणों के अधीन था, परन्तु बौद्धों ने बिना युद्ध किए ही कासिम की अधीनता स्वीकार कर ली थी।
- **सेहबन अभियान** निरुन से अरबों ने सेहबन की ओर प्रस्थान किया। वहाँ दाहिर का चचेरा भाई **माझरा** शासन करता था। उसने बिना युद्ध के ही कासिम की अधीनता स्वीकार कर ली थी।
- **रावर अभियान** मुहम्मद बिन कासिम ने सेहबन विजय के पश्चात् सिन्ध नदी को पार कर दाहिर पर आक्रमण किया। इस आक्रमण के पश्चात् दाहिर ने रावर में आश्रय लिया, परन्तु 20 जून, 712 में दाहिर और मुहम्मद बिन कासिम के मध्य हुए युद्ध में दाहिर की मृत्यु हो गई।
- **ब्राह्मणाबाद** रावर से मुहम्मद बिन कासिम ने ब्राह्मणाबाद की ओर प्रस्थान किया। उसकी रक्षा दाहिर का बेटा जयसिंह कर रहा था। इस स्थान पर भयानक युद्ध हुआ, जिसमें लगभग 20 हजार सैनिकों की मृत्यु हुई। युद्ध के पश्चात् दाहिर की दूसरी विधवा रानी लाडदेवी की दो कन्याओं (सूर्यदेवी, परमलदेवी) को कैद कर लिया गया।

- आरोर अभियान मुहम्मद बिन कासिम के आरोर पर आक्रमण के पश्चात् दाहिर के पुत्र ने कुछ समय तक साहसपूर्वक राजधानी की रक्षा की, किन्तु अन्त में वह पराजित हो गया। इस प्रकार मुहम्मद बिन कासिम को सिन्ध पर पूर्ण विजय प्राप्त हुई।
- मुल्तान अभियान 713 ई. में मुहम्मद बिन कासिम ने मुल्तान की ओर कूच किया। एक विश्वासघाती व्यक्ति ने मुहम्मद बिन कासिम को उस नदी के विषय में बताया, जिससे मुल्तान के लोग अपने पानी की आपूर्ति सुनिश्चित करते थे। इस नदी के पानी को बन्द करने से मुहम्मद बिन कासिम मुल्तान पर विजय प्राप्त करने में सफल हुआ। मुल्तान से अत्यधिक सोने की प्राप्ति होने के कारण इसे स्वर्णनगरी भी कहा जाने लगा।
- मुल्तान विजय के पश्चात् मुहम्मद बिन कासिम ने भारत को जीतने की योजना बनाई। उसने कन्नौज को विजय करने के लिए अबु हकीम के अधीन 1,000 अश्वारोही सेना भेजी, यद्यपि इसके पूर्ण होने के बाद ही कासिम की हत्या कर दी गई।

तुर्क आक्रमण

8वीं सदी में भारत पर अरबों के आक्रमण के पश्चात् भारत में बहुत-सी क्षेत्रीय शक्तियों का उदय हुआ, परन्तु इन शक्तियों के मध्य समन्वय न होने के कारण वह भारत में तुर्क आक्रमण को विफल न कर सकी। अरबों के विपरीत तुर्कों को भारत में मुस्लिम शासन की स्थापना का श्रेय प्रमुखता से दिया जाता है।

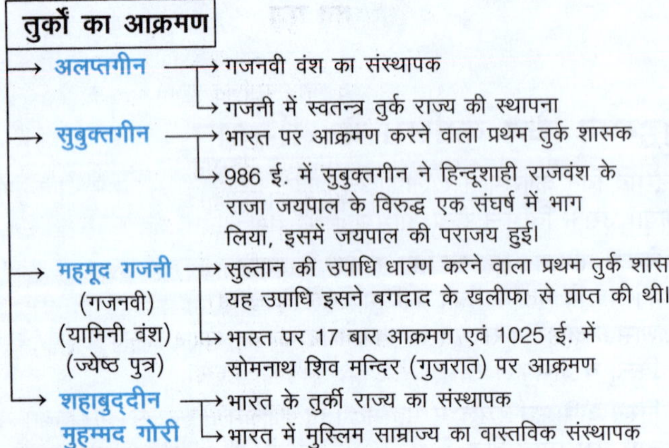

अलप्तगीन

- 932 ई. में अलप्तगीन नामक तुर्क सरदार ने गजनी साम्राज्य की स्थापना की तथा गजनी को अपनी राजधानी बनाया। यह बुखारा के सामन्ती शासक अब्दुल मलिक (964-961 ई.) का दास था। वह असाधारण योग्यता और साहस का स्वामी था, जिस कारण उसे 956 ई. में खुरासान का राज्यपाल बनाया गया।
- 961 ई. में अब्दुल मलिक की मृत्यु के पश्चात् उसके भाई और चाचा के मध्य सिंहासन के लिए युद्ध हुआ, जिसमें अलप्तगीन ने उसके चाचा की सहायता की, किन्तु इस युद्ध में अब्दुल मलिक के भाई मंसूर की विजय हुई।
- इसकी मृत्यु के पश्चात् इस्हाक और बलक्तगीन क्रमशः गजनवी वंश के शासक बने।
- बलक्तगीन के पश्चात् पीराई तथा उसके पश्चात् सुबुक्तगीन गजनी की गद्दी पर बैठा।

सुबुक्तगीन

- सुबुक्तगीन, अलप्तगीन का एक दास था। अलप्तगीन उसकी योग्यता से इतना प्रभावित था कि उसने उसे अमीर-उल-उमरा की उपाधि से विभूषित किया। अलप्तगीन ने अपनी पुत्री का विवाह भी सुबुक्तगीन से ही किया।
- यह वह पहला तुर्की शासक था, जिसने हिन्दूशाही शासक जयपाल को पराजित किया था। 997 ई. में इसकी मृत्यु होने के पश्चात् उसका पुत्र महमूद गद्दी पर बैठा। भारत पर आक्रमण करने वाला प्रथम तुर्क (मुस्लिम) शासक सुबुक्तगीन को ही माना जाता है।

महमूद गजनवी (998-1030 ई.)

- महमूद गजनवी 998 ई. में (मात्र 27 वर्ष की आयु में) राजगद्दी पर आसीन हुआ। यह अपने पिता के शासनकाल में ही का शासक था।
- इसने 1000-1027 ई. के बीच भारत पर 17 बार आक्रमण किया, जिसका प्रमुख उद्देश्य भारतीय धन-सम्पदा को लूटना था।
- महमूद को मूर्तियों को तोड़ने के कारण मूर्तिभंजक (बुतशिकन) कहा जाता है।
- महमूद गजनवी द्वारा जारी की गई रजत मुद्रा पर एक ओर अरबी तथा दूसरी ओर संस्कृत मुद्रा के लेख अंकित किए गए थे।
- महमूद के दरबार में अलबरूनी, फिरदौसी, उत्बी एवं फर्रुखी आदि विद्वान थे। इसी के दरबार में फिरदौसी ने शाहनामा की रचना की।

महमूद गजनवी के प्रमुख आक्रमण

आक्रमण का क्रम	वर्ष	विवरण
पहला आक्रमण	1000 ई.	सीमावर्ती भारतीय नगरों पर आक्रमण किया।
दूसरा आक्रमण	1001 ई.	महमूद गजनवी ने हिन्दूशाही वंश के शासक जयपाल को पेशावर के समीप पराजित कर पेशावर और वैहिन्द पर अधिकार कर लिया। जयपाल अपने सम्बन्धियों सहित बन्दी बना लिया गया। हालाँकि जयपाल ने महमूद गजनवी को 25 हाथी और 2,50,000 दीनार देकर मुक्ति पाई, लेकिन अपनी निरन्तर पराजय से अपमानित महसूस करते हुए जयपाल ने आत्मदाह कर लिया।
सातवाँ आक्रमण	1009 ई.	महमूद गजनवी ने नगरकोट (कांगड़ा, हिमाचल प्रदेश) पर भी आक्रमण कर लूटमार की।
नौवाँ आक्रमण	1014 ई.	महमूद गजनवी ने हरियाणा के थानेश्वर पर आक्रमण कर **चक्रस्वामी मन्दिर** को लूटा।
बारहवाँ आक्रमण	1018 ई.	महमूद गजनवी ने **मन्दिरों की नगरी** नाम से प्रसिद्ध **मथुरा** पर आक्रमण कर लूटमार की।
तेरहवाँ आक्रमण	1018 ई.	महमूद गजनवी ने मथुरा-वृन्दावन के मन्दिरों और कन्नौज पर आक्रमण कर लूटमार की। कन्नौज का शासक राज्यपाल बिना युद्ध किए ही भाग गया।
चौदहवाँ आक्रमण	1020 ई.	महमूद गजनवी ने कालिंजर के चन्देल वंश के शासक विद्याधर पर आक्रमण किया। यद्यपि चन्देलों की सैन्य शक्ति से महमूद गजनवी भयभीत हुआ था, किन्तु विद्याधर रात्रि में पलायन कर गया। अतः महमूद गजनवी कालिंजर में कुछ लूटमार कर वापस लौट गया।

आक्रमण का क्रम	वर्ष	विवरण
पन्द्रहवाँ आक्रमण	1021 ई.	महमूद गजनवी ने चन्देल वंश के शासक **विद्याधर** के दुर्ग कालिंजर पर आक्रमण किया, किन्तु वह विद्याधर को पराजित नहीं कर सका। अन्ततः विद्याधर ने महमूद गजनवी से सन्धि कर ली, जिसके अनुसार महमूद गजनवी को 15 दुर्ग और अत्यधिक धन-सम्पत्ति प्राप्त हुई। इस प्रकार भारत का एकमात्र राजपूत शासक विद्याधर था, जो महमूद गजनवी से पराजित नहीं हुआ था।
सोलहवाँ आक्रमण	1025 ई.	**1025 ई.** में ही महमूद गजनवी ने गुजरात के काठियावाड़ में स्थित सोमनाथ के मन्दिर पर आक्रमण कर उसे नष्ट कर दिया। सोमनाथ के शिवलिंग के टूटे हुए टुकड़ों को गजनी की जामा मस्जिद की सीढ़ियों में लगा दिया गया। धन की दृष्टि से यह सर्वाधिक सफल अभियान था। उस समय वहाँ चालुक्य या सोलंकी वंश के **भीमदेव प्रथम** का शासन था। इसी वर्ष महमूद गजनवी ने गुजरात की राजधानी **अन्हिलवाड़ा** पर भी आक्रमण किया, भीमदेव प्रथम बिना युद्ध किए भाग गया। भीमदेव प्रथम ने ही 1026 ई. से 1042 ई. के बीच सोमनाथ मन्दिर का पुनर्निर्माण करवाया था।
सत्रहवाँ आक्रमण	1027 ई.	महमूद गजनवी ने भारत में अन्तिम आक्रमण सिन्ध के जाटों के विरुद्ध किया। जब महमूद गजनवी सोमनाथ को लूटकर गजनी वापस जा रहा था, तब सिन्ध के जाटों ने उसे परेशान किया था। जाटों को दण्डित करने के लिए महमूद गजनवी ने उनके राज्य पर आक्रमण कर लूटमार की।

मुइज़ुद्दीन मुहम्मद गोरी

- मुइज़ुद्दीन मुहम्मद बिन साम को भारत में मुस्लिम वंश का वास्तविक संस्थापक माना जाता है, जिसे शहाबुद्दीन मुहम्मद गोरी अथवा गौर वंश का मुहम्मद भी कहा जाता है।
- यद्यपि महमूद गजनवी ने भारत पर कई आक्रमण किए, किन्तु वह भारत में मुस्लिम साम्राज्य के निर्माण में असफल रहा। वस्तुतः मुहम्मद गोरी को भारत में मुस्लिम साम्राज्य को स्थापित करने का श्रेय दिया जाता है।
- गोरी वंश का उदय 12वीं शताब्दी में हुआ। महमूद गजनवी के अधीन गौर एक पहाड़ी राज्य था। मुहम्मद गोरी 1173 ई. में यहाँ का शासक चुना गया।
- मुहम्मद गोरी ने 1175 से 1205 ई. के मध्य भारत में साम्राज्य स्थापित करने के लिए विभिन्न आक्रमण किए।

मुहम्मद गोरी के दास

- ताजुद्दीन यल्दौज (गजनी)
- कुतुबुद्दीन ऐबक (लाहौर, दिल्ली) दिल्ली सल्तनत की स्थापना
- नासिरुद्दीन कुबाचा (उच्छ, मुल्तान)
- बख्तियारुद्दीन खिलजी (बंगाल)

भारत पर मुहम्मद गोरी के आक्रमण

- भारत पर मुहम्मद गोरी का प्रथम आक्रमण 1175 ई. में मुल्तान पर हुआ। उस समय मुल्तान में करमाथी जाति के शासक (मुस्लिम) थे।
- 1178 ई. में गोरी ने पाटन (गुजरात) पर आक्रमण किया, किन्तु गुजरात के शासक भीम द्वितीय ने उसे आबू पर्वत की तलहटी में अन्हिलवाड़ा के युद्ध में पराजित किया। भारत में यह मुहम्मद गोरी की पहली पराजय थी।
- 1179 ई. में उसने पेशावर पर आक्रमण कर उस पर अपना अधिकार स्थापित किया। 2 वर्ष पश्चात् अर्थात् 1182 ई. में उसने लाहौर (पंजाब) पर आक्रमण किया, जिसमें खुसरव मलिक ने गोरी को बहुमूल्य भेंट देकर अपनी रक्षा की। मुहम्मद गोरी ने 1185 ई. में सियालकोट को विजित किया। मुहम्मद गोरी ने 1186 ई. में पुनः लाहौर के शासक खुसरव मलिक को बन्दी बनाकर लाहौर को भी जीत लिया।
- मुहम्मद गोरी द्वारा 1191 ई. में भटिण्डा के दुर्ग पर आक्रमण किया गया। उस समय भटिण्डा का शासन पृथ्वीराज चौहान के संरक्षण में था, जिससे पृथ्वीराज चौहान को अत्यन्त पीड़ा पहुँची, जो तराइन के युद्ध के प्रमुख कारणों में से एक कारण बना।

तराइन का युद्ध

- 1191 ई. में भटिण्डा के निकट तराइन का प्रथम युद्ध गोरी और पृथ्वीराज चौहान के मध्य हुआ, जिसमें मुहम्मद गोरी पराजित हुआ। मुहम्मद गोरी की भारत में यह दूसरी पराजय थी।
- तराइन के प्रथम युद्ध में पराजित होने के बाद मुहम्मद गोरी गजनी लौट गया, लेकिन 1192 ई. में वह पुनः तराइन आ पहुँचा। 1192 ई. में तराइन का द्वितीय युद्ध प्रारम्भ हुआ। एक बड़ी सेना के साथ पृथ्वीराज चौहान ने गोरी का सामना किया, किन्तु वह गोरी से पराजित हो गया। तराइन के युद्धों का विवरण मिन्हाज-उस-सिराज में मिलता है।
- गोरी ने द्वितीय तराइन युद्ध के पश्चात् दिल्ली को अपनी राजधानी बनाकर हांसी, समाना, मेरठ तथा अलीगढ़ पर अधिकार किया।
- 1194 ई. में मुहम्मद गोरी ने कन्नौज के शासक जयचन्द पर आक्रमण किया तथा चन्दावर के युद्ध में उसे पराजित किया। जयचन्द की पराजय के उपरान्त उसकी हत्या कर दी गई।
- 1205 ई. में मुहम्मद गोरी का अन्तिम मुकाबला खोखरों से हुआ। मुहम्मद गोरी जब वापस गजनी जा रहा था, तो मार्ग में दमयक नामक स्थान पर 15 मार्च, 1206 को उसकी हत्या कर दी गई। 1206 ई. में मुहम्मद गोरी की मृत्यु के पश्चात् उसके गुलाम ऐबक ने भारत में नए वंश की नींव रखी, जिसे गुलाम वंश (ममलूक वंश) कहा गया।
- मुहम्मद गोरी के दूसरे गुलाम यल्दौज को गजनी का उत्तराधिकारी नियुक्त किया गया था।

"

1206-1526 ईस्वी तक की अवधि के दौरान दिल्ली की शासन-व्यवस्था में एक इस्लामी साम्राज्य स्थापित किया गया, जिसे दिल्ली सल्तनत के नाम से जाना गया।

अध्याय सोलह

दिल्ली सल्तनत

दिल्ली सल्तनत की स्थापना

पंजाब और मुल्तान की विजय के पश्चात् तुर्कों ने गंगा के मैदान पर अपना विस्तार किया। साथ ही साथ बंगाल एवं बिहार के महत्त्वपूर्ण भाग भी जीत लिए। इसके साथ ही दिल्ली में तुर्क साम्राज्य, जिसे दिल्ली सल्तनत भी कहा जाता है, का मार्ग प्रशस्त हुआ। इस साम्राज्य में अनेक वंशों ने शासन किया। इनमें पहला वंश **गुलाम** या **ममलूक वंश** था।

गुलाम वंश (1206-1290 ई.)

- गुलाम वंश को **ममलूक** एवं **इल्बारी वंश** के नाम से भी जाना जाता है। तुर्क शासकों को, जिन्होंने भारत पर शासन किया, उन्हें फारसी इतिहासकार द्वारा मुइज्जी, कुतबी, शम्सी और बलबनी वंशों में विभाजित किया गया।
- आधुनिक इतिहासकारों ने इन्हें पठान, गुलाम वंश, आरम्भिक तुर्क, ममलूक वंश और इल्बारी वंश आदि के नाम से सम्बोधित किया है।

कुतुबुद्दीन ऐबक (1206-1210 ई.)

- कुतुबुद्दीन ऐबक को भारत में तुर्की राज्य का संस्थापक माना जाता है। ऐबक एक तुर्की शब्द है, जिसका अर्थ होता है-चन्द्रमा का देवता।
- कुतुबुद्दीन ऐबक ने अपनी पुत्री का विवाह इल्तुतमिश से और अपनी बहन का विवाह नासिरुद्दीन कुबाचा के साथ किया तथा स्वयं ने एल्दौज की पुत्री के साथ विवाह किया। कुतुबुद्दीन ऐबक मुहम्मद गोरी का दास था।
- मुहम्मद गोरी ने उसे अमीर-ए-आखूर (शाही अस्तबल का प्रधान) नियुक्त किया। **अमीर-ए-आखूर** दिल्ली सल्तनत के शाही अश्वशाला से सम्बन्धित पद था। इसी अधिकार से उसने गोरी के साथ अभियानों में भाग लिया।
- तराइन के युद्ध के पश्चात् मुहम्मद गोरी द्वारा ऐबक को भारत में विजित प्रदेशों का प्रभारी नियुक्त किया गया। मुहम्मद गोरी की मृत्यु के पश्चात् उसका राज्याभिषेक 25 जून, 1206 को लाहौर में हुआ।
- उसने लाहौर को अपनी राजधानी बनाया और गोरी के द्वारा जीते गए क्षेत्रों पर नियन्त्रण स्थापित करने के लिए दिल्ली के समीप इन्द्रप्रस्थ को अपना मुख्यालय बनाया।

दिल्ली सल्तनत

गुलाम वंश (ममलूक वंश)	खिलजी वंश	तुगलक वंश	सैयद वंश	लोदी वंश
कुतुबुद्दीन ऐबक (1206-1210 ई.)	जलालुद्दीन खिलजी (1290-1296 ई.)	ग्यासुद्दीन तुगलक शाह प्रथम (1320-1325 ई.)	खिज्र खाँ (1414-1421 ई.)	बहलोल लोदी (1451-1489 ई.)
इल्तुतमिश (1210-1236 ई.)	अलाउद्दीन खिलजी (1296-1316 ई.)	मुहम्मद बिन तुगलक (1325-1351 ई.)	मुबारकशाह (1421-1434 ई.)	सिकन्दर लोदी (1489-1517 ई.)
रजिया सुल्तान (1236-1240ई.)	शाहबुद्दीन उमर (1316 ई.) (35 दिन)	फिरोजशाह तुगलक (1351-1388 ई.)	मुहम्मदशाह (1434-1445 ई.)	इब्राहिम लोदी (1517-1526 ई.)
नासिरुद्दीन महमूद (1246-1265 ई.)	कुतुबुद्दीन मुबारक शाह खिलजी (1316-1320 ई.)	नासिरुद्दीन मुहम्मद (1394-1412 ई.)	अलाउद्दीन आलमशाह (1445-1476 ई.)	
ग्यासुद्दीन बलबन (1265-1286 ई.)	नासिरुद्दीन खुसरो शाह (15 अप्रैल से 7 सितम्बर, 1320			
कैकुबाद (1287-1290 ई.)				
शमसुद्दीन क्यूमर्स (मार्च, 1290 से जून, 1290)				

- गोरी की मृत्यु के बाद ऐबक ने शासन अपने हाथ में ले लिया। ऐबक ने मलिक और सिपहसालार की उपाधियों के साथ शासन प्रारम्भ किया, उसने सुल्तान की पदवी धारण नहीं की।
- 1208 ई. में ऐबक दासत्व से मुक्त हुआ। दासत्व से मुक्ति-पत्र मुहम्मद गोरी के भतीजे ग्यासुद्दीन महमूद ने प्रदान किया था।
- ऐबक को उसकी उदारता के कारण लाखबख्श व पीलबख्श अर्थात् लाखों का दानी कहा जाता है।
- हसन निजामी और फख्र मुदव्विर उसके दरबार के प्रमुख विद्वान थे।
- 1210 ई. में चौगान (आधुनिक पोलो) खेलते समय घोड़े से अचानक गिर जाने के कारण कुतुबुद्दीन ऐबक की मृत्यु हो गई।

कुतुबुद्दीन ऐबक द्वारा किए गए निर्माण कार्य

- ऐबक ने दिल्ली के महरौली में कुव्वत-उल-इस्लाम मस्जिद का निर्माण करवाया। पहले यह एक जैन मन्दिर था, जिसे बाद में विष्णु मन्दिर में परिवर्तित कर दिया गया था।
- उसने अजमेर में अढ़ाई दिन का झोपड़ा (पूर्व में यह विग्रहराज बीसलदेव चतुर्थ द्वारा निर्मित एक संस्कृत महाविद्यालय था) नामक मस्जिद का निर्माण करवाया।
- दिल्ली में किला-ए-राय पिथौरा के निकट एक नगर की स्थापना की, जो दिल्ली में प्राचीनतम 7 नगरों में माना जाता है।
- 1199 ई. में सूफी सन्त ख्वाजा कुतुबुद्दीन बख्तियारुद्दीन काकी के सम्मान में इसने कुतुबमीनार का निर्माण शुरू करवाया था, जिसे इल्तुतमिश ने पूर्ण करवाया।

आरामशाह (1210 ई.)

- कुतुबुद्दीन ऐबक की मृत्यु होने पर लाहौर के अमीरों ने उसके अयोग्य पुत्र आरामशाह को सुल्तान घोषित किया। वह आठ माह तक सुल्तान रहा।
- आरामशाह की हत्या करके इल्तुतमिश 1210 ई. में दिल्ली की गद्दी पर बैठा।

इल्तुतमिश (1210-1236 ई.)

- इल्तुतमिश एक इल्बरी तुर्क था। ऐबक की मृत्यु के समय इल्तुतमिश बदायूँ का सूबेदार था। इल्तुतमिश पहला ऐसा सुल्तान था, जिसने सुल्तान पद की स्वीकृति खलीफा से प्राप्त की।
- इल्तुतमिश शम्सी वंश का शासक था, जिसके कारण नए वंश का नाम शम्सी वंश पड़ा। ऐबक के विपरीत इसने अपनी राजधानी लाहौर को न बनाकर दिल्ली को बनाया था। इल्तुतमिश को दिल्ली सल्तनत का वास्तविक संस्थापक माना जाता है।
- राज्यारोहण के समय इल्तुतमिश के सम्मुख (राजपूत राजाओं का स्वतन्त्र होना, मंगोल आक्रमण, कुबाचा की विस्तार नीति) अनेक समस्याएँ थीं, जिनका उसने सामना किया और उचित अवसरों पर उन्हें हल किया।
- ऐबक ने 1197 ई. में इल्तुतमिश को दिल्ली में एक लाख जीतल में खरीदा था। इसे गुलामों का गुलाम भी कहा जाता है।

इल्तुतमिश द्वारा सत्ता का सुदृढ़ीकरण

एल्दौज से युद्ध

- इल्तुतमिश के शासक बनने के साथ ही मुहम्मद गोरी के के दास एल्दौज ने भारत पर अपनी सम्प्रभुता का दावा पेश किया। इल्तुतमिश ने कूटनीति से कार्य लिया और उसने एल्दौज की नाममात्र की प्रभुसत्ता स्वीकार कर ली।
- 1215 ई. में ख्वारिज्म के शाह से पराजित होकर एल्दौज लाहौर आया और पंजाब पर अधिकार कर कुबाचा को वहाँ से भगा दिया। इल्तुतमिश ने तराइन के ऐतिहासिक मैदान में एल्दौज को पराजित कर बन्दी बना लिया।

कुबाचा से युद्ध

- 1216-17 ई. में इल्तुतमिश ने गोरी के एक अन्य दास कुबाचा पर आक्रमण किया, परन्तु उसकी शक्ति को पूर्णतः समाप्त नहीं कर पाया। अतः 1228 ई. में उसने कुबाचा पर पुनः आक्रमण किया, जिसमें कुबाचा पराजित हुआ।
- पराजय से लज्जित होकर कुबाचा ने सिन्धु नदी में डूबकर आत्महत्या कर ली। तत्पश्चात् इल्तुतमिश ने मुल्तान और उच्छ को दिल्ली सल्तनत में मिला लिया।

बंगाल विद्रोह

- ऐबक की मृत्यु के पश्चात् अलीमर्दान खाँ ने बंगाल में अपनी स्वतन्त्रता की घोषणा कर दी। 1221 ई. में खिलजी सरदार हिसामुद्दीन इवाज ने उसकी हत्या कर दी और ग्यासुद्दीन की उपाधि धारण की। इल्तुतमिश बंगाल की ओर बढ़ा, परन्तु इवाज ने उसकी अधीनता स्वीकार कर ली।
- इल्तुतमिश ने मलिक जानी को बिहार का सूबेदार नियुक्त किया, लेकिन इवाज ने मलिक जानी को बाहर निकाल दिया। इल्तुतमिश के पुत्र महमूद ने 1226 ई. में इवाज को पराजित किया, लेकिन 1230-31 ई. में ही अन्तिम रूप से बंगाल को जीता लिया गया। इसके पश्चात् इल्तुतमिश ने इस विद्रोह को स्वयं समाप्त कर दिया।

दिल्ली के अमीर विद्रोह का दमन

इल्तुतमिश को दिल्ली के अमीरों (दिल्ली सल्तनत में अमीर, सरदार होते थे, जिनकी उच्च सामाजिक प्रतिष्ठा होती थी।) द्वारा मान्यता प्राप्त नहीं हुई थी, जिसका प्रमुख कारण अमीरों द्वारा इल्तुतमिश को पसन्द न करना था। अतः इल्तुतमिश ने अमीरों का दमन कर सैनिक जागीरदारों को अपने नियन्त्रण में ले लिया।

चालीस गुलाम सरदारों के गुट का संगठन

इल्तुतमिश ने चालीस गुलाम सरदारों के एक गुट का गठन किया और इस संगठन का नाम **तुर्कान-ए-चहलगानी** रखा गया। इस संगठन के सभी (40) सदस्यों को राज्य में प्रतिष्ठित पद प्रदान किए गए।

रजिया सुल्तान (1236-1240 ई.)

- रजिया नवम्बर, 1236 में शासिका बनी। उसका विरोध प्रसिद्ध तुर्क अमीरों ने किया, जिनमें निजाम-उल-मुल्क जुनैदी, मलिक अलाउद्दीन जानी, मलिक सैफुद्दीन कूची, कबीर खाँ अयाज और मलिक ईजुद्दीन सलारी प्रमुख थे।

सुल्तान की शक्ति एवं सम्मान में वृद्धि करने के लिए रजिया ने पर्दा प्रथा का त्याग किया तथा वह पुरुषों के समान **कुबा** (कोट) और **कुलाह** (टोपी) पहनकर दरबार में बैठती थी तथा शासन का कार्य भी वह स्वयं सम्भालती थी।

- एतगीन को रजिया ने बदायूँ का इक्तादार और उसके पश्चात् अमीर-ए-हाजिब (सल्तनत काल में यह राजदबार से सम्बन्धित पद था।) का महत्त्वपूर्ण पद दिया तथा अल्तूनिया को सरहिन्द (भटिण्डा) का इक्तादार नियुक्त किया। एक अबीसीनियाई हब्शी अफसर जलालुद्दीन याकूत, जिसके प्रति वह विशेष अनुराग रखती थी, को अमीर-ए-आखूर (अश्वशाला का प्रधान) नियुक्त किया।
- गैर-तुर्कों को सामन्त बनाने के रजिया के प्रयासों से तुर्क अमीर उसके विरुद्ध हो गए और उसे बन्दी बनाकर मुइजुद्दीन बहरामशाह को दिल्ली की गद्दी पर बैठा दिया।
- रजिया की शादी अल्तूनिया के साथ हुई। शादी के बाद रजिया ने पुनः गद्दी प्राप्त करने का प्रयास किया, किन्तु वह असफल रही।
- 13 अक्टूबर, 1240 को कैथल के समीप षड्यन्त्रकारी डाकुओं के द्वारा उसकी हत्या कर दी गई।

- **मिन्हाज** के अनुसार, "भाग्य ने उसे पुरुष नहीं बनाया, वरन् उसके समस्त गुण उसके लिए लाभप्रद हो सकते थे। रजिया में वे सभी प्रशंसनीय गुण थे, जो एक सुल्तान में होने चाहिए।"
- **एल्फिन्स्टन** के अनुसार, "यदि रजिया स्त्री न होती, तो उसका नाम भारत के महान शासकों में लिया जाता।"

- रजिया की मृत्यु के बाद मुइजुद्दीन बहरामशाह को शासक बनाया गया, परन्तु अमीरों के षड्यन्त्र के कारण 2 वर्ष के पश्चात् 1242 ई. में उसकी हत्या कर दी गई। इसी के समय सर्वप्रथम नायब-ए-मुमालिकत का पद सृजित किया गया।

बलबन

- बलबन इल्तुतमिश का दास था। वह इल्बरी तुर्क था। यद्यपि बचपन में ही मंगोलों ने उसे दास के रूप में बेच दिया था। बलबन का मूल नाम बहाउद्दीन था। उसने 1265 ई. में दिल्ली सल्तनत के शासन की बागडोर अपने अधीन कर ली।
- बलबन ने सिजदा (घुटनों के बल बैठकर सुल्तान के सामने शीश झुकाना) और पैबोस (पेट के बल लेटकर सुल्तान के चरणों को चूमना) की प्रथा को अपने दरबार में शुरू करवाया, जो मूलतः ईरानी प्रथा थी, जिसे गैर-इस्लामी समझा जाता था। इसके अतिरिक्त उसने ईरानी त्योहार नौरोज प्रथा भी आरम्भ की।
- 1279 ई. में बंगाल के सूबेदार तुगरिल खाँ ने विद्रोह किया। तुगरिल ने मुगीसुद्दीन की उपाधि ग्रहण की और अपने नाम के सिक्के चलाए तथा खुतबा पढ़वाया। बाद में बलबन ने विद्रोह को समाप्त किया तथा विद्रोहियों को मृत्युदण्ड दिया।
- उत्तरी-पश्चिमी सीमाओं पर मंगोलों के आक्रमण से बचने के लिए तबरहिन्द, सुनाम और समाना में उसने एक दुर्ग श्रृंखला का निर्माण करवाया तथा अपने ज्येष्ठ पुत्र शाहजादा मुहम्मद को वहाँ का शासन सौंपा, किन्तु मंगोलों (तैमूर) के एक प्रबल आक्रमण का सामना करते हुए शाहजादा मुहम्मद मारा गया।

प्रशासनिक सुधार

- बलबन ने दीवान-ए-विजारत (वित्त विभाग) को सैन्य विभाग से पृथक् कर दीवान-ए-अर्ज (सैन्य विभाग) की स्थापना की। विभाग के प्रमुख को अर्ज-ए-मुमालिक कहा जाता था।
- बलबन ने इमाद-उल-मुल्क को अपना पहला अर्ज-ए-मुमालिक बनाया। इस विभाग पर सेना की भर्ती, प्रशिक्षण, वेतन एवं रख-रखाव आदि का उत्तरदायित्व होता था।
- बलबन से पहले तुर्की सैनिकों को वेतन के बदले, जो भूमि प्राप्त होती थी, वही सैनिकों के उत्तराधिकारियों को भी प्राप्त होती थी, परन्तु बलबन ने इस व्यवस्था में ऐसा परिवर्तन किया कि उस भूमि पर सैनिकों का केवल जीवित रहने तक ही अधिकार रहता था। सैनिकों की मृत्यु के पश्चात् वह जमीन पुनः राज्य के अधीन हो जाती थी।
- बलबन ने सैनिकों के वेतन में वृद्धि तथा सैनिक कार्य न करने वाले को पेंशन देकर सेवा मुक्त किया। गुप्तचरों के प्रमुख अधिकारी को बरीद-ए-मुमालिक तथा गुप्तचरों को बरीद कहा जाता था।

राजत्व का सिद्धान्त

- राजपद के विषय में बलबन का विचार भी दैवीय सिद्धान्त के समान था। उसने जिल्ले इलाही अर्थात ईश्वर की छाया की उपाधि धारण की।
- बलबन के अनुसार, "सुल्तान पृथ्वी पर ईश्वर का प्रतिनिधि है और उसका स्थान केवल पैगम्बर के पश्चात् है। बलबन ने स्वयं को फिरदौसी के शाहनामा में वर्णित अफरासियाब वंश से सम्बद्ध बताया।"
- बलबन का प्रसिद्ध कथन था "जब भी मैं किसी निम्न कुल के व्यक्ति को देखता हूँ, तो अत्यधिक कुछ होकर मेरा हाथ स्वयं तलवार पर चला जाता है।"
- बलबन के राजत्व सिद्धान्त की दो मुख्य विशेषताएँ थीं
  - सुल्तान का पद ईश्वर के द्वारा प्रदान किया गया है।
  - सुल्तान का निरंकुश होना आवश्यक है।
- शाहजादा मुहम्मद की मृत्यु का बलबन के स्वास्थ्य पर नकारात्मक प्रभाव पड़ा, जिस कारण 1286 ई. में बलबन की मृत्यु हो गई।

नोट *बलबन ने गढ़मुक्तेश्वर की मस्जिद की दीवारों पर उत्कीर्ण लेखों में स्वयं को खलीफा का सहायक कहा है।*

बलबन की रक्त और लौह की नीति

- गुलाम वंश के लगभग 84 वर्ष के शासन में से बलबन का शासन लगभग 40 वर्ष तक चला अर्थात् 20 वर्ष वह 'नायब' या प्रधानमन्त्री के रूप में तथा 20 वर्ष दिल्ली के सुल्तान के रूप में रहा।
- अन्य 10 गुलाम शासकों ने 44 वर्षों तक शासन किया, जो कि एक सुल्तान अर्थात् बलबन के शासन से मात्र 4 वर्ष अधिक था। बलबन द्वारा यह गौरव प्राप्त करना उसकी रक्त और लौह की नीति के सफल क्रियान्वयन के कारण सम्भव हो सका।
- रक्त एवं लौह की नीति बलवन द्वारा आन्तरिक विद्रोह को दबाने और मंगोलों के विदेशी आक्रमणकारियों द्वारा पेश की गई चुनौतियों का सामना करने के लिए अपनाई गई। कठोर और हिंसक नीति को रक्त एवं लौह की नीति के रूप में जाना जाता है।

- बंगाल के विद्रोही तुगरिल खान को मारने के बाद, सुल्तान ने उसके सभी मित्रों और विद्रोहियों को मारने का आदेश दिया। लेन-पूल ने स्थिति का वर्णन इस प्रकार किया है, ''यहाँ तक कि एक भिखारी को भी नहीं बख्शा गया।'' तुगरिल के हजारों साथियों की हत्या कर उनके शवों को मीलों तक शूलियों में लटका दिया गया।
- बरनी के अनुसार, ''लखनौती को दी गई ऐसी सजा दिल्ली में कभी नहीं सुनी गई थी और न ही पूरे हिन्दुस्तान में किसी को ऐसी बात याद है।''
- तुर्कान-ए-चहलगानी के कई सदस्यों को गुप्त रूप से जहर देकर मार दिया गया। बलबन ने तुर्कान-ए-चहलगानी प्रथा को समाप्त कर दिया।

बलबन के उत्तराधिकारी

- बलबन की मृत्यु के पश्चात् उसका पौत्र कैकुबाद (1287-90 ई.) दिल्ली सल्तनत का उत्तराधिकारी हुआ। कोतवाल मलिक फखरुद्दीन ने कैकुबाद को सुल्तान बनाने में प्रमुख भूमिका निभाई।
- जब वह सुल्तान बना, उस समय उसकी आयु मात्र 17 वर्ष थी। उसके दादा बलबन ने उसके जीवन पर कठोर प्रतिबन्ध लगा रखा था। इसके परिणामस्वरूप जब वह सुल्तान बन गया, तो उसने अपनी पुरानी क्षति की पूर्ति के लिए मदिरा व स्त्रियों का अधिक-से-अधिक आनन्द लेना शुरू कर दिया।
- कैकुबाद के शासनकाल में मंगोलों ने चढ़ाई (आक्रमण) कर दी। गजनी का तमर खाँ उनका सरदार था।

खिलजी वंश (1290-1320 ई.)

- खिलजी वंश की स्थापना जलालुद्दीन फिरोज खिलजी ने 1290 ई. में की थी। सत्ता स्थापित करने के बाद उसने जलालुद्दीन की पदवी धारण की। इस वंश के कुल 5 शासकों (जलालुद्दीन फिरोज खिलजी, अलाउद्दीन खिलजी, शिहाबुद्दीन उमर, कुतुबुद्दीन मुबारकशाह व नासिरुद्दीन खुसरोशाह) ने 1290 से 1320 ई. तक अर्थात् 30 वर्षों तक शासन किया।
- खिलजियों के हाथ में सत्ता आने से सत्ता में कुलीन तन्त्र का अन्त हो गया तथा सत्ता कुलीन तुर्कों के हाथों से निकलकर निम्न वर्गीय तुर्कों, अफगानों व हिन्दुस्तानी मुस्लिमों के हाथ में आ गई। इसी कारण खिलजी वंश की स्थापना खिलजी क्रान्ति के नाम से भी प्रसिद्ध है।

जलालुद्दीन फिरोज खिलजी (1290-1296 ई.)

- जलालुद्दीन का राजनीतिक उत्कर्ष कैकुबाद (1286-90 ई.) के समय में प्रारम्भ हुआ।
- कैकुबाद के समय से ही जलालुद्दीन ने अपनी योग्यता से एक सैनिक के स्तर से उठते हुए सर-ए-जहाँदार (शाही अंगरक्षक) के पद को प्राप्त किया। बाद में उसे समाना का गवर्नर बना दिया गया।
- मंगोल आक्रमण का सफलतापूर्वक सामना करने के बाद कैकुबाद ने उसे दिल्ली बुलाकर शाइस्ता खाँ की उपाधि दी तथा आरिज-ए-मुमालिक (सेना मन्त्री) का पद भी दिया।
- कैकुबाद द्वारा बनवाए गए किलोखरी (कूलागढ़ी) के महल में जलालुद्दीन ने 13 जून, 1290 को अपना राज्याभिषेक करवाया। इसने किलोखरी को अपनी राजधानी बनाया। राज्याभिषेक के समय इसकी आयु 70 वर्ष थी।
- जलालुद्दीन के समय 1292 ई. में अब्दुल्ला के नेतृत्व में मंगोलों ने पंजाब पर आक्रमण कर दिया तथा सुनाम तक पहुँच गए। जलालुद्दीन ने कार्यवाही करते हुए उसे सिन्धु नदी के तट पर परास्त किया। इस पराजय के पश्चात् चंगेज खाँ के एक वंशज उलुग खाँ ने अपने 4000 समर्थकों के साथ इस्लाम स्वीकार कर भारत में ही रहने का निश्चय किया। इनको नवीन मुसलमान कहा गया।
- मध्यकाल में उदार नीति को अपनाने वाला पहला शासक जलालुद्दीन फिरोज खिलजी था। अहस्तक्षेप की नीति भी इसके द्वारा ही अपनाई गई थी।
- 1296 ई. में अलाउद्दीन ने सुल्तान की अनुमति के बिना दक्षिण भारत में स्थित देवगिरि पर आक्रमण किया। इस युद्ध में वहाँ का शासक रामचन्द्र देव पराजित हुआ।
- 19 जुलाई, 1296 को जलालुद्दीन अपने भतीजे अलाउद्दीन से मिलने और बधाई देने (देवगिरि आक्रमण के पश्चात्) कड़ा गया। वहाँ उसके भतीजे अलाउद्दीन खिलजी (अली गुर्शास्प) द्वारा छलपूर्वक सुल्तान का वध कर दिया गया।

अलाउद्दीन खिलजी (1296-1316 ई.)

- अली गुर्शास्प, जिसने बाद में राज्यारोहण के साथ अलाउद्दीन की उपाधि धारण की, वह जलालुद्दीन के भाई शिहाबुद्दीन का पुत्र था। शिहाबुद्दीन की मृत्यु के पश्चात् इसका पालन-पोषण जलालुद्दीन ने किया था।
- जलालुद्दीन ने राज्यारोहण के बाद उसे अमीर-ए-तुजुक के पद पर नियुक्त किया था। मलिक छज्जू के विद्रोह में उसने अपनी योग्यता तथा सैनिक प्रतिभा का परिचय दिया।
- इससे प्रभावित होकर सुल्तान जलालुद्दीन ने उसे कड़ा-मानिकपुर का सूबेदार नियुक्त किया था। अलाउद्दीन खिलजी ने अपने चाचा जलालुद्दीन की कड़ा मानिकपुर में हत्या करके 19 जुलाई, 1296 में स्वयं को सुल्तान घोषित किया तथा सिकन्दर-ए-सानी या सिकन्दर द्वितीय की उपाधि धारण की थी। अलाउद्दीन का राज्याभिषेक दिल्ली में बलबन द्वारा निर्मित लाल महल में किया गया
- अलाउद्दीन खिलजी ने गुजरात अभियान के दौरान मालिक काफूर को उसके मूल स्वामी से 1000 दीनार में खरीदा, जिस कारण उसे हजार दीनारी कहा गया।

अलाउद्दीन खिलजी के सैन्य अभियान (उत्तर भारत)

गुजरात (1298-99 ई.)
- **शासक** राय कर्ण
- **आक्रमण का कारण** गुजरात की दौलत तथा समुद्री तट से उसकी सेना के लिए अरबी घोड़ों की आपूर्ति
- **आक्रमण के नेतृत्वकर्ता** उलुग खान और नुसरत खान
- **परिणाम** राय कर्ण पुत्री देवल देवी के साथ जान बचाकर भाग गया, उसकी पत्नी कमला देवी का अपहरण किया गया, राय कर्ण ने देवगिरि के शासक रामचन्द्र के यहाँ शरण ली।
- **विशेष** सोमनाथ की लूट, मलिक काफूर (हजार दीनारी) गुलाम मिला।

चित्तौड़ (1303 ई.)
- **शासक** राणा रतन सिंह
- **आक्रमण का कारण** पद्मावत के अनुसार राजा रतन सिंह की सुन्दर रानी की कहानी, हालाँकि वास्तविक कारण राणा द्वारा गुजरात अभियान के दौरान खिलजी को मार्ग न देना, अजमेर-मालवा मार्ग पर चित्तौड़ का अधिकार
- **आक्रमण के नेतृत्वकर्ता** अलाउद्दीन ने सात माह की घेराबन्दी की और दुर्ग जीत लिया।
- **परिणाम** चित्तौड़ को जीतकर उसका नाम खिज्राबाद रख दिया गया।

मालवा (1305 ई.)
- **शासक** महलकदेव
- **आक्रमण का कारण** महलकदेव द्वारा अधीनता स्वीकार न करना
- **आक्रमण के नेतृत्वकर्ता** आईन-उल-मुल्क मुल्तानी
- परिणाम महलकदेव को वीरगति मिली और मालवा पर खिलजी का अधिकार

मारवाड़ (1308 ई.)
- **शासक** शीतल देव
- **परिणाम** शीतल देव वीरगति को प्राप्त हुआ, कमालुद्दीन गुर्ग को शासक बना दिया गया।

जालौर (1311 ई.)
- **शासक** कन्हण देव
- **परिणाम** कन्हण देव वीरगति को प्राप्त हुआ, शासन कमालुद्दीन गुर्ग को सौंप दिया गया।

रणथम्भौर (1300-01 ई.)
- **शासक** हम्मीरदेव
- **आक्रमण का कारण** हम्मीरदेव द्वारा दो विद्रोही मंगोल सैनिकों को शरण देना और उन्हें सौंपने से इनकार करना।
- **आक्रमण के नेतृत्वकर्ता** उलुगखान और नुसरत खान
- **परिणाम** नुसरत खान मारा गया, अलाउद्दीन ने स्वयं कमान सम्भाली और हम्मीरदेव के प्रधानमन्त्री रणमल के विश्वासघात के कारण हम्मीरदेव वीरगति को प्राप्त हुआ। हम्मीरदेव की रानियों ने जौहर कर लिया, इसका वर्णन अमीर खुसरो ने किया है।

अलाउद्दीन के सैन्य अभियान (दक्षिण भारत)

- अलाउद्दीन के दक्षिण भारत में सैन्य अभियानों की जानकारी जियाउद्दीन बरनी की तारीख-ए-फिरोजशाही, अमीर खुसरो की खजायन-उल-फुतूह और अब्दुल मलिक इसामी की फुतूह-उस-सलातीन पुस्तक में मिलती है।

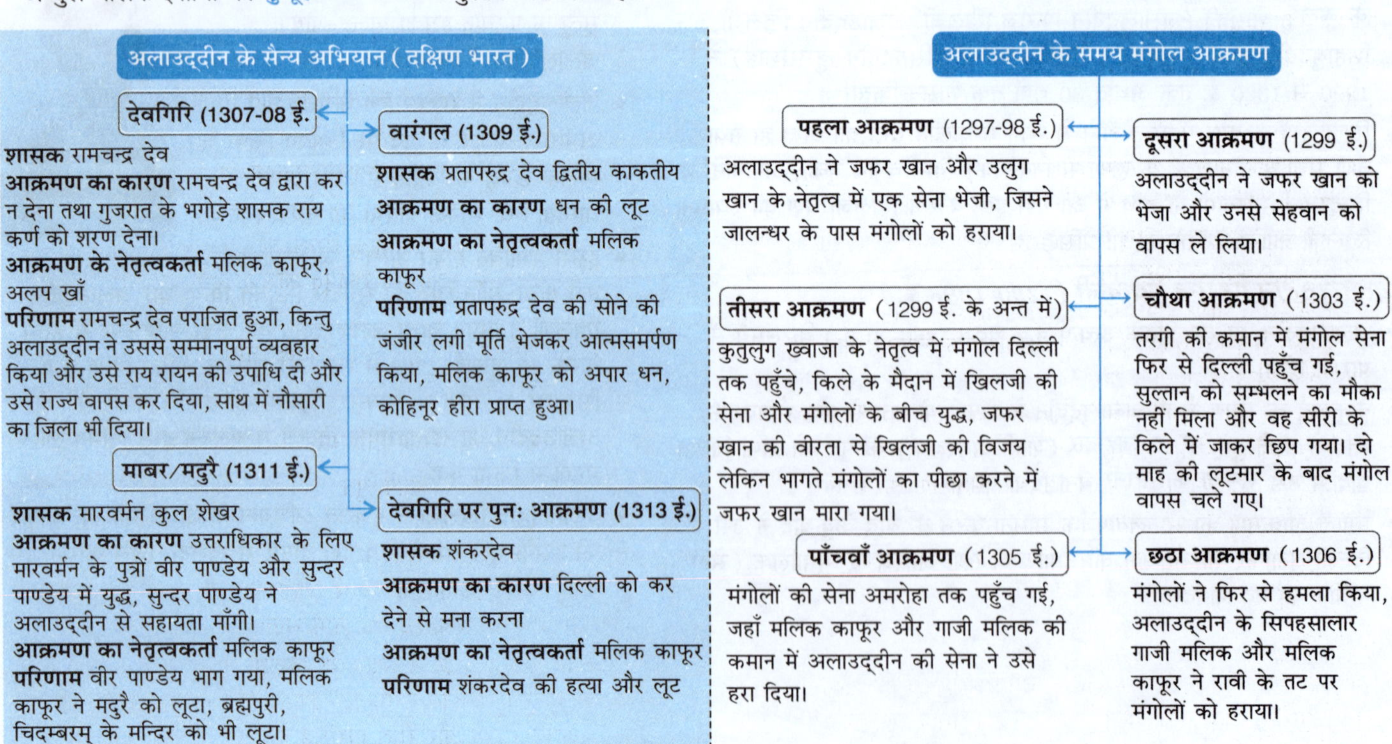

अलाउद्दीन खिलजी के सुधार

अलाउद्दीन ने मध्यकाल में एक प्रशासक के रूप में उत्कृष्ट कार्य किए। डॉ. के. एस. लाल (किशोरी शरण लाल) के अनुसार, ''अलाउद्दीन एक प्रशासकीय प्रयोगकर्ता था, उसने नवीन विचारों को जन्म दिया और नवीन भूमि पर उन्हें रोपा।''

शासन में केन्द्रीकरण पर बल

- अलाउद्दीन की सबसे महत्त्वपूर्ण विशेषता यह थी कि उसने राजनीति को धर्म से कभी प्रभावित नहीं होने दिया। उसने खलीफा की सत्ता को मान्यता दी, लेकिन प्रशासन में उनके हस्तक्षेप को स्वीकार नहीं किया। उसने यामीन-उल-खिलाफत नासिरी-अमीर उल मुमनिन (खलीफा का नायब) की उपाधि ग्रहण की। वह निरंकुश राजतन्त्र में विश्वास करता था।
- अलाउद्दीन ने निरंकुशतापूर्वक सारी शक्ति अपने हाथों में केन्द्रित की। उसकी मन्त्रिपरिषद् उसकी आज्ञा के बिना कार्य नहीं कर सकती थी। उसने अमीर का दमन कर सामान्य लोगों को भी उच्च पद पर नियुक्त किया था।

न्याय व्यवस्था

अलाउद्दीन के समय न्याय व्यवस्था काफी बेहतर थी। उस समय सुल्तान के हाथों में सर्वोच्च न्यायिक शक्ति थी, जिसके पश्चात् क्रमश: सद्र-ए-जहाँ (काजी-उल-कुजात) तथा नायब काजी को नियुक्त किया जाता था। अलाउद्दीन के समय अर्थदण्ड तथा शारीरिक दण्ड दिए जाते थे, जो अधिकतर सुल्तान की सूझ-बूझ पर निर्भर करते थे।

सैन्य सुधार

- अलाउद्दीन ने गुप्तचर पद्धति को पूर्णतया संगठित किया। इस विभाग का मुख्य अधिकारी बरीद-ए-मुमालिक था। उसके अन्तर्गत अनेक बरीद (सन्देशवाहक या हरकारे) थे। बरीद के अतिरिक्त अलाउद्दीन ने अनेक सूचनादाता नियुक्त किए, जो मुनहियन या मुन्ही कहलाते थे।
- अलाउद्दीन ने सेना का केन्द्रीकरण किया। उसने स्थायी सेना के गठन हेतु सीधी भर्ती की। सेना भर्ती के लिए एक सेना मन्त्री आरिज-ए-मुमालिक नियुक्त था। सैनिक भर्ती का आधार योग्यता होती थी, न कि वंश अथवा जाति। सैनिकों का हुलिया रखा जाता था, ताकि किसी प्रकार की प्रतिनियुक्ति न हो सके। सैनिकों के हुलिया रखने का कार्य दीवान-ए-आरिज का होता था। सैनिकों को नकद वेतन देना प्रारम्भ किया। उसने सैनिकों के वेतन को 234 टंका प्रतिवर्ष निर्धारित किया।
- एक अतिरिक्त घोड़ा रखने पर 78 टंका वार्षिक अधिक मिलता था। किलों या दुर्गों में अनुभवी तथा विवेकशील सेनानायक नियुक्त किए जाते थे, जिन्हें कोतवाल कहा जाता था।
- सेना की इकाइयों का विभाजन हजार, सौ और दस पर आधारित था, जो खानों, मलिकों, सिपहसालारों इत्यादि के अन्तर्गत थे। दस हजार की सैनिक टुकड़ियों को तुमन कहा जाता था। निरीक्षण करके नियुक्त किए गए सैनिकों को सरकारी भाषा में मुरत्तब कहा जाता था।
- अलाउद्दीन ने सेना में एक अस्पा (एक घोड़े का रखना), द्वि अस्पा (दो घोड़े का रखना) व्यवस्था लागू की थी।

आर्थिक सुधार

- अलाउद्दीन ने आर्थिक सुधार के अन्तर्गत सर्वप्रथम मिल्क (राज्य द्वारा प्रदत्त सम्पत्ति, नाम तथा पेंशन) एवं वक्फ (धर्मार्थ के रूप में मिली भूमि) को खालसा भूमि में परिवर्तित किया, जिससे राज्य की आय में सुधार हुआ। इसके अतिरिक्त उसने पूर्व में प्रचलित जागीर प्रथा को समाप्त किया।
- मुगल सम्राट के सीधे स्वामित्व वाली भूमि को खालसा भूमि कहा जाता था। इन भूमि से वसूला जाने वाला राजस्व सम्राट के निजी खजाने मे भेजा जाता था।
- उसने अमीर वर्ग की शक्तियों में कटौती कर साम्राज्य पर अपना अधिकार अधिक मजबूत किया।
- अलाउद्दीन ने भूमि कर के रूप में मुसलमानों से 1/4 भाग तथा हिन्दुओं से 1/2 भाग (50%) प्राप्त किया। उसने गैर-मुसलमानों पर जजिया, खराज, घरी कर (गृहकर) तथा चरी कर (दुधारू पशुओं पर कर) लगाए।
- उसने धार्मिक कर के रूप में मुस्लिमों से जकात कर लिया। खुम्स (लूट के माल) में भी राज्य की हिस्सेदारी को 4/5वें भाग के रूप में निर्धारित किया। उसने भूमि कर वसूल करने वाले मुकद्दम, खूत, चौधरी आदि के विशेषाधिकार में कटौती कर, उनसे भी कर प्राप्त किया।

तुगलक वंश (1320-1414 ई.)

- तुगलक वंश की स्थापना ग्यासुद्दीन तुगलक ने की थी। इस वंश में कुल आठ शासक हुए। इन आठ शासकों ने 1320 से 1414 ई. तक अर्थात् 94 वर्षों तक शासन किया।
- दिल्ली सल्तनत के काल में तुगलक वंश के शासकों ने सबसे अधिक समय तक शासन किया। दिल्ली पर शासन करने वाले तुर्क राजवंशों में अन्तिम तुगलक वंश था।

ग्यासुद्दीन तुगलक (1320-1325 ई.)

- ग्यासुद्दीन का मूल नाम गाजी तुगलक अथवा गाजी बेग तुगलक था।
- अलाउद्दीन ने उसकी योग्यता से प्रभावित होकर उसे दीपालपुर का राज्यपाल नियुक्त किया था। ग्यासुद्दीन को मलिक-उल-गाजी की उपाधि मंगोलों को पराजित करने के पश्चात् मिली थी।
- ग्यासुद्दीन 3 सितम्बर, 1320 को दिल्ली की गद्दी पर बैठा। गाजी की उपाधि धारण करने वाला वह प्रथम सुल्तान था।
- ग्यासुद्दीन तुगलक, जब गद्दी पर बैठा, उसके सामने प्रान्तों का विद्रोह सबसे प्रमुख समस्या थी, क्योंकि सिन्ध और बंगाल पर शासन नाममात्र का था। गुजरात के क्षेत्रों तथा राजपूत शासकों द्वारा लगातार विद्रोह किया जा रहा था।
- ग्यासुद्दीन तुगलक ने तुगलकाबाद नामक नगर बसाया था। उसके मकबरे में तुगलक शैली की वास्तुकला को स्पष्ट देखा जा सकता है।

ग्यासुद्दीन तुगलक के सैन्य अभियान

- ग्यासुद्दीन तुगलक ने अपने पुत्र जौना खाँ को 1321 ई. में तेलंगाना (वारंगल) के शासक प्रताप रुद्रदेव के विरुद्ध भेजा, जिसमें वह असफल रहा। इसके पश्चात् ग्यासुद्दीन ने 1322-23 ई. में पुन: जौना खाँ को तेलंगाना के विरुद्ध भेजा, इस बार जौना खाँ की जीत हुई। तेलंगाना पर अधिकार होने के पश्चात् इसका नाम सुल्तानपुर रखा गया।
- ग्यासुद्दीन ने 1324 ई. में बंगाल के विरुद्ध अभियान किया तथा उसे जीतकर दिल्ली सल्तनत में मिला लिया। लौटते समय सुल्तान ने मिथला पर आक्रमण किया और राजा हरिसिंह देव को अधीनता स्वीकार करने के लिए बाध्य किया।

- 1324 ई. में सुल्तान के पुत्र जौना खाँ ने उड़ीसा के जाजनगर पर आक्रमण किया और वहाँ के शासक भानुदेव द्वितीय को पराजित कर, उसे अपने साम्राज्य में मिला लिया।
- बंगाल के अभियान से लौटते समय स्वागत समारोह के लिए निर्मित लकड़ी के भवन (तुगलकाबाद के समीप अफगानपुर गाँव) के गिरने से 1325 ई. में उसकी मृत्यु हो गई। इतिहासकार इसके लिए जौना खाँ को दोषी ठहरा रहे थे।

मुहम्मद बिन तुगलक (1325-1351 ई.)

- ग्यासुद्दीन तुगलक की मृत्यु के पश्चात् उसका पुत्र जौना खाँ, मुहम्मद बिन तुगलक के नाम से (1325 ई.) सुल्तान बना।
- मुहम्मद बिन तुगलक के शासन की जानकारी इब्नबतूता के यात्रा वृत्तान्तों तथा जियाउद्दीन बरनी द्वारा लिखित पुस्तक तारीख-ए-फिरोजशाही से मिलती है।
- जौना खाँ, ग्यासुद्दीन तुगलक का ज्येष्ठ पुत्र था। उसका पालन-पोषण एक सैनिक के समान हुआ था।
- शाही घोड़े का मुख्य पदाधिकारी के रूप में उसकी नियुक्ति खुसरो शाह द्वारा की गई थी। खुसरो शाह उसका संरक्षक भी था, परन्तु आपसी संघर्ष में उसने खुसरो शाह को परास्त कर अपने पिता की सहायता की।
- 1320 ई. में पिता ग्यासुद्दीन तुगलक के सम्राट बन जाने के बाद राजकुमार जौना खाँ की उत्तराधिकारी के रूप में नियुक्ति हो गई और उसे उलुग खाँ की उपाधि दी गई।
- मुहम्मद बिन तुगलक ने झेलम नदी के तट पर मंगोलों को पराजित कर कलानौर पर अधिकार किया था। इसका वर्चस्व पेशावर तक विस्तृत था।
- इब्नबतूता के अनुसार, मुहम्मद बिन तुगलक के राज्यारोहण के समय दिल्ली सल्तनत कश्मीर से आधुनिक बलूचिस्तान तक विस्तृत थी, जो 23 प्रान्तों में बँटी हुई थी।

मुहम्मद बिन तुगलक की प्रमुख योजनाएँ

मुहम्मद बिन तुगलक की शासन सम्बन्धी योजनाओं को निम्नलिखित प्रकार से समझा जा सकता है

दोआब में कर वृद्धि (1325-27 ई.)

- दोआब में कर वृद्धि करके 50% कर दिया गया था। बरनी ने इस कर वृद्धि को 10 गुना तथा बदायूँनी ने इसे 10 से 20 गुना बताया था। जिस समय दोआब में कर वृद्धि की गई, उस समय दोआब में अकाल और सूखा पड़ रहा था।
- लगान अधिकारियों ने कठोरता से लगान वसूल किया, फलत: किसानों ने विद्रोह कर दिया। इस विद्रोह को कठोरतापूर्वक दबाने का प्रयास किया गया। बाद में इस संकटापन्न स्थिति में सुल्तान ने कृषकों की सहायता के लिए सोनधर या तकावी ऋण प्रदान किया, किसानों को बीज, बैल आदि दिए और सिंचाई के लिए कुएँ एवं नहरें खुदवाईं।
- बरनी के अनुसार, सुल्तान का खजाना खाली हो गया था, जिसकी पूर्ति हेतु कर वृद्धि की गई।

राजधानी परिवर्तन (1326-27 ई.)

- मुहम्मद बिन तुगलक ने अपनी राजधानी दिल्ली से देवगिरि स्थानान्तरित की और इसका नाम दौलताबाद रखा।
- इब्नबतूता के अनुसार, सुल्तान को दिल्ली के नागरिकों ने असम्मानपूर्ण पत्र लिखे थे, अतएव उन्हें दण्डित करने के लिए देवगिरि को राजधानी बनाने का निर्णय लिया गया।
- बरनी के अनुसार, देवगिरि को भौगोलिक महत्त्व के कारण राजधानी चुना गया था।
- इतिहासकार गार्डनर ब्राउन के अनुसार, यह राजधानी परिवर्तन मंगोलों के भय के कारण किया गया था, किन्तु मुहम्मद बिन तुगलक के गद्दी पर बैठने के पश्चात् मंगोल आक्रमण लगभग समाप्त हो गए।
- सुल्तान द्वारा राजधानी परिवर्तन में व्यावहारिक गलती होने के कारण वह असफल सिद्ध हुई।
- अत: मुहम्मद बिन तुगलक ने 1335 ई. में अपनी राजधानी को दोबारा दिल्ली परिवर्तित कर लिया।

सांकेतिक मुद्रा का प्रचलन

- मुहम्मद बिन तुगलक के मुद्रा सुधारों में सबसे महत्त्वपूर्ण कार्य ताँबे (बरनी के अनुसार) या काँसे (फरिश्ता के अनुसार) के सिक्कों का प्रचलन था। उसने यह आदेश दिया कि क्रय-विक्रय में सांकेतिक मुद्रा को सोने या चाँदी की मुद्रा के समान प्रचलित किया जाए।
- सांकेतिक मुद्रा के जारी करने में सुल्तान का उद्देश्य यह था कि वह अपनी विजय योजनाओं को पूर्ण करने के लिए एक विशाल सेना रखना चाहता था, जो अधिक आय से ही बनाई जा सकती थी। सुल्तान की प्रगतिशील सोच ने भी मुद्रा में परिवर्तन को प्रोत्साहन दिया था।
- मुहम्मद बिन तुगलक की यह योजना असफल रही, क्योंकि उसने नकली मुद्रा बाजार को नियन्त्रित करने के कठोर उपाय नहीं किए और जैसा कि बरनी मानता है कि प्रत्येक हिन्दू के घर में टकसालें स्थापित हो गई थीं, परन्तु प्रजा ने काँसे तथा ताँबे के सिक्कों को दबा लिया।

खुरासान अभियान (1330 ई.)

- यह योजना भी मुहमद बिन-तुगलक का एक दूरदर्शी कदम था। खुरासान और इराक की आन्तरिक स्थिति अच्छी नहीं थी। बादशाह और वजीर में शत्रुता थी तथा तरमाशरीन एवं मिस्र के शासक खुरासान पर आक्रमण करना चाहते थे।
- मध्य एशिया की अराजक स्थिति से तंग आकर बहुत से अमीर मुहम्मद बिन तुगलक के दरबार में आए और वे सुल्तान को खुरासान विजय के लिए प्रोत्साहित करने लगे।
- 1337 ई. में उसने इस विजय के लिए 3,70,000 सैनिकों की एक बड़ी सेना एकत्र की तथा उसे एक वर्ष का अग्रिम वेतन भी दे दिया गया, लेकिन यह योजना कार्यरूप में परिणत नहीं की जा सकी और सेना को भंग कर दिया गया।
- यह तरमाशरीन के साथ मैत्री का परिणाम था। कहा जाता है कि त्रिमैत्री संगठन (मुहम्मद बिन तुगलक, तरमाशरीन तथा मिस्र के सुल्तान) भी खुरासान के सुल्तान अबू सैयद के विरुद्ध बनाया गया था।
- इस अभियान के लिए सुल्तान की सेना जब तैयार हुई, तो ट्रान्स ऑक्सियाना में राजनीतिक परिवर्तन होने के कारण तरमाशरीन को शासक पद से हटा दिया गया। इस प्रकार यह अभियान कभी भी प्रारम्भ न हो सका।

कराचिल अभियान (1333 ई.)

- पहाड़ी क्षेत्र में किया गया अभियान. जो सम्भवत: कांगड़ा/कुमाऊँ जिले में किया गया था।
- कराचिल अभियान के दौरान एक विशाल सेना दुर्गम जंगली व पहाड़ी रास्तों में भटक गई व स्थानीय लोगों ने पत्थरों से ही सेना को खदेड़ दिया।
- इब्नबतूता के अनुसार इतनी विशाल सेना में से लगभग तीन सैनिक ही बच कर दिल्ली आ पाए थे।
- इस प्रकार सुल्तान की यह योजना भी असफल रही। इसका उद्देश्य गजनी और काबुल पर नियन्त्रण स्थापित कर मंगोल आक्रमणों से रक्षा करना था।

मुहम्मद बिन तुगलक द्वारा किए गए विभिन्न सुधार कार्य

- मुहम्मद बिन तुगलक ने कृषि की उन्नति के लिए एक नवीन विभाग दीवान-ए-अमीर-कोही का गठन किया। यह कृषि से जुड़ा विभाग था, जिसकी स्थापना मुहम्मद बिन तुगलक ने की थी। इस विभाग का उद्देश्य दोआब में खेती की स्थिति में सुधार करना था। इस विभाग के अधिकारी अमीर-ए-कोही कहलाते थे। ये अधिकारी किसानों को ऋण देते थे और उन्हें फसलें उगाने में सहायता करते थे।
- सर्वप्रथम इसने अकालग्रस्त लोगों के लिए अकाल संहिता तैयार करवाई। सिंचाई के लिए सैकड़ों कुएँ खुदवाए तथा अकालग्रस्त कृषकों को कृषि ऋण (तकावी) प्रदान किया गया। उसने किसानों को बहुत कम ब्याज दर पर ऋण (सोनधर) उपलब्ध कराया।
- सुल्तान ने उच्च तथा जकात करों को छोड़कर लगभग सभी करों की समाप्ति की घोषणा भी कर दी थी। इसके शासनकाल के दौरान छ: वर्ष का भयंकर अकाल पड़ा, जिस कारण यह ढाई वर्षों के लिए दिल्ली से 100 किमी दूर स्वर्णद्वारी नामक शिविर में रहने चला गया था।

धार्मिक नीति

- सुल्तान ने अपने नाम के बदले खुत्बा एवं सिक्कों पर अब्बासी खलीफा का नाम उत्कीर्ण कराया।
- मुहम्मद बिन तुगलक ने हिन्दुओं के होली के त्योहार में भाग लिया तथा अपने दरबार में जैन विद्वान जिनप्रभा सूरी और राजशेखर का स्वागत किया था। उसने सती प्रथा को समाप्त करने का कार्य भी किया था।

मुहम्मद बिन तुगलक के काल में हुए विद्रोह

- मुहम्मद बिन तुगलक के सबसे अधिक (चौंतीस, जिनमें मुख्यत: बंगाल, भाबर, वारंगल, कोपिली, पश्चिम बंगाल, अवध, गुजरात) विद्रोह हुए, जिसमें 27 विद्रोह केवल दक्षिण भारत में हुए।
- अवध, गुजरात और सिन्ध के विद्रोह को ही मुहम्मद बिन तुगलक शान्त कर सका। इसके दक्षिण भारत से वापस आने के पश्चात् विजयनगर तथा बहमनी साम्राज्य का उदय हुआ।
- अपने शासनकाल के अन्तिम समय में जब सुल्तान मुहम्मद तुगलक गुजरात में विद्रोह को कुचल कर सिन्ध की ओर बढ़ा, तो मार्ग में थट्टा के निकट गोण्डाल पहुँचकर वह गम्भीर रूप से बीमार हो गया और यहीं पर सुल्तान की 20 मार्च, 1351 को मृत्यु हो गई। इस पर अब्दुल कादिर बदायूँनी कहता है कि ''सुल्तान को उसकी प्रजा से और प्रजा को सुल्तान से मुक्ति मिल गई।''

फिरोजशाह तुगलक (1351-1388 ई.)

- फिरोज तुगलक ग्यासुद्दीन तुगलक के भाई मलिक रज्जब का पुत्र था। इसकी माता नैला या नाइला अबोहर के भट्टी राजपूत राणा रायमल की पुत्री थी। मुहम्मद बिन तुगलक की मृत्यु के समय फिरोज थट्टा में था।
- फिरोजशाह तुगलक का 22 मार्च, 1351 को थट्टा (सिन्ध) में तथा अगस्त, 1351 में दिल्ली में राज्याभिषेक हुआ था।

फिरोजशाह तुगलक द्वारा किए गए प्रमुख सुधार कार्य

फिरोजशाह तुगलक द्वारा किए गए प्रमुख सुधार कार्यों का वर्णन निम्न प्रकार है

राजस्व एवं कृषि सुधार

- फिरोजशाह तुगलक ने राजस्व एवं ग्रामीण व्यवस्था में सुधार के लिए व्यापार एवं उन्नति तथा जनता की आर्थिक कठिनाइयों को दूर करने के लिए विभिन्न कार्य किए थे।
- उसने मुहम्मद बिन तुगलक द्वारा प्रदत्त समस्त ऋणों (तकावी) को माफ कर दिया। दण्ड संहिता को संशोधित करके दण्डों को अधिक मानवीय बनाया तथा सुल्तान को भेंट देने की प्रथा को समाप्त कर दिया।
- फिरोज ने वित्तीय व्यवस्था को सुदृढ़ किया। उसने भी भूमि माप की प्रणाली को त्याग दिया। इसने जागीरदारी व्यवस्था को लागू किया।
- फिरोज ने 24 प्रकार के करों और अबवाबों को हटा दिया, क्योंकि ये गैर-इस्लामिक थे। इनके फलस्वरूप 4 प्रकार के कर निर्धारित किए गए, जो शरीयत के अनुकूल थे; जैसे—जजिया, जकात, खराज और खुम्स। फिरोजशाह तुगलक प्रथम सुल्तान था, जिसने जजिया को खराज से पृथक् कर दिया।
- नहर प्रणाली के निर्माण के बाद उसने उलेमा की स्वीकृति के पश्चात् हक-ए-शर्ब नामक सिंचाई कर भी लगाया, जो भूमि की उपज का 10% होता था।
- फिरोज तुगलक ने कुछ नए प्रकार के सिक्के चलाए। उसने शसगनी (चाँदी) नामक एक सिक्का चलाया, जो 6 जीतल के बराबर होता था। उसने अद्धा नामक एक सिक्का भी चलाया, वह मिश्रित धातु का (चाँदी व ताँबा) होता था, जो आधा जीतल के बराबर होता था। उसने बिख नामक एक सिक्का चलाया। वह भी मिश्रित धातु का होता था, जो 1/4 जीतल के बराबर होता था।
- फिरोजशाह तुगलक ने सैनिक के खुम्स (युद्ध सम्बन्धी कर) में वृद्धि करके, उसे 80% कर दिया था।

सिंचाई व्यवस्था

- फिरोज ने नहर सिंचाई का विकास किया। यद्यपि माना जाता है कि उसने पाँच नहरों का निर्माण करवाया था। इन नहरों में उलुगखानी तथा रजवाही सर्वाधिक प्रसिद्ध हैं।
- इसने 1200 फलों के बाग लगाए। इससे भी राजकीय आय में वृद्धि हुई, जिससे राजस्व में 1,80,000 टंका प्रतिवर्ष की वृद्धि हुइ थी।

फिरोजशाह तुगलक की सैन्य नीति

- मुहम्मद शाह के समय बंगाल स्वतन्त्र हो चुका था। इसे प्राप्त करने के लिए फिरोजशाह ने दो बार बंगाल पर आक्रमण किया, किन्तु वह असफल रहा।
- फिरोजशाह तुगलक ने द्वितीय बंगाल अभियान के दौरान 1360 ई. में जाजनगर का अभियान किया। आक्रमण का उद्देश्य जगन्नाथपुरी के मन्दिर को नष्ट करना था। इस अभियान के पश्चात् भी उसने उड़ीसा को अपने साम्राज्य में शामिल नहीं किया।
- फिरोजशाह तुगलक ने काँगड़ा का सफल अभियान 1365 ई. में किया था, जिसके अन्तर्गत ज्वालामुखी मन्दिर से अनेक संस्कृत रचनाओं को उसने चुराया था।
- फिरोजशाह तुगलक को थट्टा में भी दो वर्ष के अभियान (1362-64 ई.) के पश्चात् कोई सफलता नहीं मिली। यह उसका सबसे अन्तिम अभियान था।

साहित्यिक एवं सांस्कृतिक कार्य

- फिरोज ने अपनी आत्मकथा फतूहात-ए-फिरोजशाही की रचना की, जबकि सीरत-ए-फिरोजशाही की रचना किसी अज्ञात विद्वान द्वारा की गई।
- उसने हिन्दू एवं मुस्लिम दोनों सम्प्रदायों के लोगों के विचारों को समझने के लिए एक अनुवाद विभाग की भी स्थापना की।
- फिरोजपुर, हिसार, फतेहाबाद, जौनपुर (जौना खाँ यानी मुहम्मद बिन तुगलक की स्मृति में) और फिरोजाबाद नगर की स्थापना फिरोजशाह तुगलक ने करवाई थी। निर्माण कार्यों के लिए एक निर्माण विभाग स्थापित किया। दासों की देखभाल के लिए एक विभाग दीवान-ए-बन्दगान की स्थापना की गई थी।
- कुतुबमीनार की मरम्मत भी फिरोजशाह तुगलक द्वारा कराई गई थी। वह टोपरा और मेरठ से अशोक द्वारा निर्मित दो स्तम्भ अभिलेखों को दिल्ली लाया।
- फिरोजशाह तुगलक पहला तुगलक शासक था, जिसने हिन्दू धर्मग्रन्थों का फारसी में अनुवाद करवाया।

फिरोजशाह तुगलक के उत्तराधिकारी

- फिरोज की मृत्यु उपरान्त उसका पोता तुगलकशाह द्वितीय 1388 ई. में ग्यासुद्दीन तुगलक द्वितीय के नाम से सिंहासन पर बैठा। इसके पश्चात् अबूबक्र, नासिरुद्दीन मुहम्मदशाह और अलाउद्दीन सिकन्दर शाह शासक हुए।
- सिकन्दर शाह की मृत्यु के पश्चात् नासिरुद्दीन महमूद (1394-1412 ई.) दिल्ली सल्तनत का शासक बना।
- इसका वजीर मल्लू इकबाल था। इसी के समय 1398 ई. में तैमूर-लंग का आक्रमण हुआ, जिसमें नासिरुद्दीन महमूद पराजित हुआ तथा वह अपने वजीर मल्लू इकबाल के साथ गुजरात भाग गया। तैमूर इस आक्रमण के पश्चात् भारत से सोना, चाँदी, हीरे, जवाहरात लेकर गया।
- युद्ध के पश्चात् वह बहुत से कारीगर भी अपने साथ ले गया, जिसका उदाहरण समरकन्द की सुन्दर इमारतों में देखा जा सकता है। जौनपुर, गुजरात तथा मालवा नासिरुद्दीन महमूदशाह के शासनकाल में दिल्ली सल्तनत से स्वतन्त्र हो गए थे।

तुगलक वंश का पतन

तुगलक वंश सल्तनत काल में सबसे अधिक समय तक शासन करने वाला राजवंश था, परन्तु इसके अन्तिम उत्तराधिकारियों के अयोग्य होने के कारण इसका पतन शुरू हो गया। इस वंश के पतन होने के कारण निम्नलिखित हैं

- मुहम्मद तुगलक स्वयं तुगलक साम्राज्य के पतन के लिए आंशिक रूप से उत्तरदायी था। उसके द्वारा शुरू किए गए कार्यों में सफलता न मिलने के कारण उसने अमीरों तथा आम जनता को कठोर दण्ड दिए, जिनके विरुद्ध आम जनता और अमीरों ने विद्रोह किया, जो इस वंश के पतन होने का मुख्य कारण था।
- फिरोजशाह तुगलक द्वारा जागीरदारी प्रथा और दास प्रथा को प्रारम्भ करना तथा सरकारी तन्त्र में वंशानुगत नियुक्ति को प्रोत्साहन देना आदि कार्यों ने भी इस वंश को दुर्बल कर दिया था।
- जागीरदारी प्रथा मध्य काल के दौरान प्रचलित एक भू-राजस्व प्रणाली थी। इस प्रणाली के तहत सैन्य सहायता जैसी सेवाओं के बदले अमीरों या सैन्य अधिकारियों को जागीरें भूमि अनुदान प्रदान की जाती थीं।
- तैमूर के आक्रमण ने भी इस वंश की राजनैतिक कमजोरियों को सामने ला दिया था, जिसके कारण इस वंश का पतन होना सुनिश्चित हो गया।

सैयद वंश (1414-1451 ई.)

- तुगलक वंश के बाद दिल्ली पर सैयद वंश का शासन स्थापित हुआ। इस वंश का संस्थापक खिज्र खाँ था। सैयद वंश के 37 वर्ष के शासनकाल में कुल चार शासक हुए।
- सैयद वंश के विषय में जानकारी का एकमात्र स्रोत याहिया बिन अहमद सरहिन्दी की पुस्तक तारीख-ए-मुबारकशाही है।

खिज्र खाँ (1414-1421 ई.)

- खिज्र खाँ मुल्तान के गवर्नर मलिक सुलेमान का पुत्र था। पिता की मृत्यु के पश्चात् वह मुल्तान का गवर्नर बना। फिरोजशाह तुगलक की मृत्यु के पश्चात् सारंग खाँ ने इसे बन्दी बना लिया था।
- हालांकि कुछ समय पश्चात् खिज्र खाँ वहाँ से भागने में सफल रहा। 1398 ई. में वह तैमूर से मिल गया और जाते समय तैमूर ने उसे मुल्तान, लाहौर एवं दीपालपुर का सूबेदार नियुक्त कर दिया।
- 20 मई, 1421 में खिज्र खाँ की मृत्यु हो गई। उसने दिल्ली सल्तनत पर लगभग सात वर्ष तक शासन किया था।
- शासक बनने के उपरान्त खिज्र खाँ ने सुल्तान की उपाधि धारण नहीं की। वह रैयत-ए-आला की उपाधि से ही सन्तुष्ट रहा। उसने अपने सिक्कों पर तुगलक शासकों का ही नाम रहने दिया। नए सिक्कों पर उसने तैमूर तथा उसके पुत्र शाहरुख का नाम अंकित कराया।

मुबारकशाह (1421-1434 ई.)

- खिज्र खाँ के पश्चात् उसका पुत्र मुबारकशाह सुल्तान की उपाधि धारण कर शासक बना।
- उसने अपने नाम से खुतबा पढ़वाया और अपने नाम के सिक्के चलवाए। सिक्कों पर उसने अपना नाम मुईज-उद्-दीन मुबारक शाह उत्कीर्ण कराया।

- उसने याहिया बिन अहमद सरहिन्दी को संरक्षण प्रदान किया। उसके ग्रन्थ तारीख-ए-मुबारकशाही में मुबारकशाह के शासनकाल के विषय में जानकारी मिलती है।
- मुबारकाबाद नगर, जो यमुना नदी के किनारे अवस्थित है, मुबारकशाह द्वारा बसाया गया था।
- मुबारकाबाद के वजीर सखट-डल-मुल्क ने षड्यन्त्र द्वारा 19 फरवरी, 1434 को मुबारकशाह की हत्या।

मुहम्मदशाह (1434-1445 ई.)

- मुबारकशाह के बाद मुहम्मदशाह शासक बना। इसके काल में मालवा शासक महमूद खिलजी ने दिल्ली पर आक्रमण किया, किन्तु सरहिन्द के अफगान राज्यपाल बहलोल लोदी की सैन्य सहायता के कारण दिल्ली सल्तनत महमूद खिलजी के आक्रमण से बच गई।
- मुहम्मदशाह ने बहलोल लोदी का सम्मान किया और उसे पुत्र कहकर पुकारा तथा खान-ए-खाना की उपाधि से विभूषित किया और पंजाब के अधिकांश भाग पर बहलोल का स्वामित्व भी स्वीकार किया।
- 1445 ई. में मुहम्मदशाह की मृत्यु हो गई थी।

अलाउद्दीन आलमशाह (1445-1451 ई.)

- 1445 ई. में मुहम्मदशाह की मृत्यु के पश्चात् उसका पुत्र अलाउद्दीन गद्दी पर बैठा, जिसने आलमशाह की उपाधि धारण की।
- यह अपने प्रभुत्व को बढ़ाने में स्वयं को अयोग्य पाकर तथा अपने वजीर हमीद खाँ से झगड़कर बदायूँ चला गया और वहीं रहने लगा। यह सैयद वंश का अन्तिम शासक था। सरहिन्द के गवर्नर बहलोल ने हमीद खाँ की हत्या करवाकर शासन सूत्र अपने हाथों में ले लिया।
- बहलोल ने अलाउद्दीन आलमशाह को दिल्ली आने का निमन्त्रण दिया, लेकिन अलाउद्दीन आलमशाह ने अपनी दुर्बल स्थिति देखकर बदायूँ में ही रहना स्वीकार किया और अपनी मृत्यु तक (1476 ई.) बदायूँ पर शासन करता रहा।
- बहलोल लोदी ने उसकी आयोग्यता की स्थिति की लाभ उठाकर दिल्ली पर अधिकार कर लिया।

लोदी वंश (1451-1526 ई.)

यह दिल्ली की गद्दी पर अधिकार करने वाला पहला अफगान वंश था। यद्यपि लोदियों ने दिल्ली सल्तनत की प्रतिष्ठा और शक्ति को पुनर्स्थापित करने का प्रयास किया।

बहलोल लोदी (1451-1489 ई.)

- लोदी वंश की स्थापना बहलोल लोदी ने की थी। सुल्तान बनने से पूर्व यह सरहिन्द का सूबेदार था।
- बहलोल लोदी लोदियों की एक प्रमुख जनजाति शाहूखेल से सम्बन्धित था तथा उसने कबीलाई अफगानी शासन को बढ़ावा दिया।
- बहलोल लोदी ने सबसे पहला अभियान जौनपुर के शर्की शासक हुसैनशाह के विरुद्ध किया, जिसमें उसे सफलता प्राप्त हुई। इसके पश्चात् बहलोल लोदी ने अपने पुत्र बारबक लोदी को वहाँ का शासक नियुक्त किया।
- जौनपुर विजय के पश्चात् धौलपुर, कालपी व बाड़ी के सरदारों ने स्वयं ही बहलोल लोदी की अधीनता स्वीकार की। बहलोल ने बहलोली सिक्का चलाया, जो अकबर के समय तक विनिमय का माध्यम रहा।
- तारीख-ए-दाऊदी के अनुसार, बहलोल लोदी सम्मेलनों के अवसर पर कभी भी सिंहासन पर नहीं बैठा और न ही उसने अपने सरदारों को कभी खड़े रहने दिया। आम दरबार में भी वह सिंहासन पर न बैठकर एक गलीचे पर बैठता था।
- बहलोल लोदी का अन्तिम अभियान ग्वालियर के शासक राय कर्ण के विरुद्ध था। इसे इस अभियान में 80 लाख टंके की भेंट प्राप्त हुई। ग्वालियर से लौटते समय जुलाई, 1489 में बीमारी के कारण इसकी मृत्यु हो गई।

सिकन्दर लोदी (1489-1517 ई.)

- बहलोल लोदी की मृत्यु के पश्चात् उसका तीसरा पुत्र निजाम खाँ, सिकन्दर शाह के नाम से (1489 ई.) सुल्तान बना।
- सिकन्दर लोदी के सुल्तान बनने में कुछ अमीरों ने विरोध किया, क्योंकि सिकन्दर लोदी एक हिन्दू महिला का पुत्र था, परन्तु सिकन्दर लोदी ने हिन्दुओं के प्रति दमन की नीति अपनाकर अमीरों के विरोध को शान्त किया।

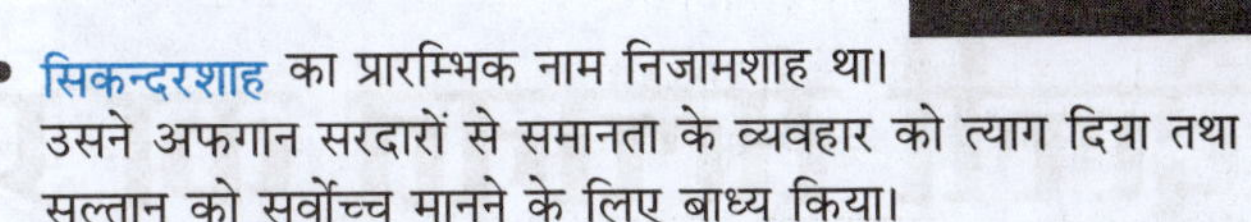

- सिकन्दरशाह का प्रारम्भिक नाम निजामशाह था। उसने अफगान सरदारों से समानता के व्यवहार को त्याग दिया तथा सुल्तान को सर्वोच्च मानने के लिए बाध्य किया।
- सिकन्दर लोदी ने हिन्दुओं पर पुनः जजिया कर लगा दिया। धार्मिक दृष्टि से वह असहिष्णु था।
- वह फारसी भाषा का जानकार था और फारसी में गुलरुखी उपनाम से कविताएँ लिखता था।
- सिकन्दर लोदी के स्वयं के आदेश से एक आयुर्वेदिक ग्रन्थ का फारसी में अनुवाद किया गया, जिसका नाम फरहंगे सिकन्दरी रखा गया। उसके समय में गान-विद्या के एक श्रेष्ठ ग्रन्थ लज्जत-ए-सिकन्दरशाही की रचना हुई, जो भारतीय संगीत पर पहला फारसी ग्रन्थ है।
- गले की बीमारी के कारण 1517 ई. में सिकन्दर लोदी की मृत्यु हो गई।

इब्राहिम लोदी (1517-1526 ई.)

- सिकन्दर लोदी की मृत्यु के पश्चात् उसका ज्येष्ठ पुत्र इब्राहिम लोदी 22 नवम्बर, 1517 को गद्दी पर बैठा। यह लोदी वंश का अन्तिम शासक था।
- इब्राहिम लोदी की सबसे बड़ी सफलता ग्वालियर विजय (1518 ई.) थी। इसी के समय ग्वालियर अन्तिम रूप से साम्राज्य में शामिल हुआ। इब्राहिम लोदी द्वारा ग्वालियर पर आक्रमण के समय वहाँ का शासक राजा मानसिंह का पुत्र विक्रमजीत था।
- 1518 ई. में मालवा को लेकर इब्राहिम लोदी तथा राणा सांगा के बीच खतौली का युद्ध हुआ, जिसमें राणा सांगा विजयी रहा। 1524 ई. में सांगा एवं इब्राहिम के बीच धौलपुर के निकट युद्ध हुआ, जिसमें लोदी पुनः पराजित हुआ।
- पानीपत का प्रथम युद्ध 21 अप्रैल, 1526 को इब्राहिम लोदी और बाबर के मध्य हुआ, जिसमें इब्राहिम लोदी की हार हुई। बाबर का भारत पर आक्रमण करना ही लोदी वंश के पतन का मुख्य कारण था।

"दिल्ली सल्तनत में एक प्रशासनिक व्यवस्था थी, जहाँ सुल्तान का स्थान शीर्ष था तथा अमीरों, मन्त्रियों, अधिकारियों और अन्य विभिन्न व्यक्तियों की सहायता से एक बड़े क्षेत्र पर शासन और प्रशासन करता था।

अध्याय सत्रह

दिल्ली सल्तनत का प्रशासन

सल्तनतकालीन शासन व्यवस्था

- अपने समकालीन इस्लामी राज्यों की भाँति दिल्ली सल्तनत भी एक धर्मतन्त्र थी। यह कुरान और शरीयत में दिए गए इस्लामी कानून पर आधारित थी, जिसकी व्याख्या न्यायविदों द्वारा की गई थी।
- जबकि राज्य का धार्मिक कानून पहले से ही था और नागरिक कानून बाद में बनाया गया था। कुरान और हदीस के अनुसार, इस्लामी राज्य का वास्तविक राजा ईश्वर है। विदेशी होने के कारण सरकार केवल दो प्रशासनिक कर्त्तव्यों राजस्व का संग्रह तथा कानून एवं व्यवस्था बनाए रखना तक ही सीमित थी। इसका जनता के कल्याण से बहुत कम लेना-देना था।
- गैर-मुसलमानों (विशेषकर हिन्दुओं) को ज़िम्मी कहा जाता था अर्थात् वे लोग जो गारण्टी या अनुबन्ध के तहत रहते थे, उन्हें जजिया कर और अक्सर तीर्थ यात्रा महसुल देने पड़ते थे, जो दिल्ली सल्तनत राजाओं के लिए राजस्व का एक प्रमुख स्रोत थे।

केन्द्रीय प्रशासन

- दिल्ली सल्तनत की प्रशासनिक व्यवस्था केन्द्रीकृत थी और इसका नेतृत्व सुल्तान करता था। इसके अतिरिक्त, कई विभागों का प्रशासन शक्तिशाली रईसों या शाही परिवार के सदस्यों द्वारा किया जाता था।

मन्त्रिपरिषद्

- सुल्तान की सहायता के लिए अनेक मन्त्री होते थे, जिनकी नियुक्ति वह स्वयं करता था। ये मन्त्री सुल्तान की इच्छानुसार पद पर रहते थे।
- इन मन्त्रियों की संख्या और उनकी शक्तियों और अधिकारों में समय-समय पर परिवर्तन आता रहता था।

दीवान-ए-विजारत

- इस विभाग का प्रभारी वजीर होता था,जो सुल्तान के बाद सबसे महत्त्वपूर्ण पद था। एक प्रकार से यह आधुनिक प्रधानमन्त्री और वित्त मन्त्री का संयुक्त रूप था। यह सुल्तान का प्रमुख सलाहकार होने के अतिरिक्त सभी विभागों की देख-रेख भी करता था।
- फिरोज तुगलक का वजीर खान-ए-जहाँ तेलंगानी था, जो धर्मान्तरित ब्राह्मण था। वजीर रूप में उसका 18 वर्ष का कार्यकाल सामान्यत: वजीर के प्रभाव का चरमोत्कर्ष माना जाता है।

दीवान-ए-अर्ज

- यह वजीर के बाद केन्द्रीय प्रशासन का दूसरा महत्त्वपूर्ण मन्त्रालय था। इस मन्त्रालय की स्थापना सैन्य संगठन की देख-रेख के लिए की गई थी। इस विभाग की कमान आरिज-ए-मुमालिक के हाथ में होती थी।

- मन्त्रालय शाही टुकड़ियों को बनाए रखने, सैनिकों की भर्ती करने, सेना के अनुशासन और योग्यता को सुनिश्चित करने, प्रत्येक सैनिक (हुलिया) का रिकॉर्ड रखने, घोड़ों की जाँच करने और उन्हें शाही प्रतीक चिह्न (दाग) से अंकित करने का प्रभारी था।
- युद्ध के दौरान यह सैन्य आपूर्ति, परिवहन और सैन्य प्रशासन का संचालन करता था। इसके अतिरिक्त युद्ध में हुई लूट का भी यह संरक्षक था।
- यह सेना का सिपहसालार नहीं होता था, क्योंकि सैन्यबलों की कमान स्वयं के हाथों में होती थी।
- भारत में एक पृथक् विभाग के रूप में इसका उल्लेख पहली बार बलबन के काल में हुआ था, जिसे बाद में अलाउद्दीन खिलजी ने महत्त्वपूर्ण बना दिया, क्योंकि उसके काल में सैन्य विभाग के कार्य विस्तृत हो गए थे।
- दिल्ली के सभी सुल्तानों में सबसे बड़ी स्थायी सेना अलाउद्दीन खिलजी के पास थी। उसने ही दाग (घोड़े पर दाग लगाना) और हुलिया (सैनिकों का हुलिया लिखना) प्रणाली और सैनिकों को नकद भुगतान करने की शुरुआत की। इसका उद्देश्य सेना पर अपना नियन्त्रण मजबूत करना और भ्रष्टाचार रोकना था। मुहम्मद तुगलक ने दाग़ प्रणाली को जारी रखा, हालाँकि फिरोज तुगलक ने इसे समाप्त कर दिया। सिकन्दर लोदी के शासनकाल में हुलिया को चेहरा कहा जाता था।
- नायब-उल-मुल्क आरिज का डिप्टी था और उसे उसके प्रशासनिक कार्यों में सहायता करनी होती थी। पदानुक्रम में अर्ज के बाद सिपहसालार का स्थान था।

केन्द्रीय प्रशासन के अन्य प्रमुख विभाग

विभाग का नाम	विवरण
दीवान-ए-रसालत	• यह कार्यालय न्यायिक और धार्मिक प्रशासन के लिए जिम्मेदार था, जिसका नेतृत्व सर्वोच्च स्तर का धार्मिक अधिकारी सद्र-उस-सुदूर करता था। • यह काजी-ए-मुमालिक भी होता है। यह विभिन्न स्तरों पर काजियों के चयन के लिए जिम्मेदार था और वक्फ, वजीफा, इदरार आदि की अनुमति देता था। इसे विदेशी मामलों से भी सम्बद्ध माना जाता था।
दीवान-ए-इंशा	• यह मन्त्रालय शाही निर्देश तैयार करने और पत्राचार का प्रभारी था। इससे सम्पूर्ण साम्राज्य के अधिकारियों से भी जानकारी प्राप्त होती थी। • इस विभाग का प्रभारी **दबीर-ए-खास** था, जो सुल्तान का गोपनीय सचिव भी था, जिसे फरमानों को लिखने का प्रभारी बनाया गया था।
बारिद-ए-मुमालिक	• यह समाचार और गुप्तचर विभाग का प्रमुख होता था।
दीवान-ए-रियासत	• अलाउद्दीन खिलजी के शासनकाल के दौरान यह मन्त्रालय प्रमुखता से उभरा। इसका मुख्य कर्त्तव्य सुल्तान के आर्थिक नियमों का पालन करना तथा बाजारों और कीमतों पर दृष्टि रखना था। • यह मन्त्रालय सभी वस्तुओं के वितरण पर दृष्टि रखता था और यह सुनिश्चित करता था कि बाज़ार मानदण्ड पूरे हों; जैसे-वजन और माप का निरीक्षण करना।
नायब-ए-रियासत	• यह बाजार विभाग का प्रभारी था। प्रत्येक विक्रेता को बाजार विभाग के साथ पंजीकरण कराना आवश्यक था।
दीवान-ए-मजालिम	• यह कादियों, कोतवाल (पुलिस) और मुहतासिब (कार्यकारी अधिकारी, जो सार्वजनिक नैतिकता और सार्वजनिक सुविधाओं की देख-रेख और कार्यान्वियन करते थे) का प्रभारी था। • यह सुल्तान की अनुपस्थिति में अमीर-ए-दाद द्वारा संचालित होता था।
दीवान-ए-खैरात	• यह दान विभाग था, जिसकी स्थापना फिरोज तुगलक ने गरीब मुसलमान कन्याओं के विवाह, विधवाओं और अनाथों की सहायता के लिए की थी।
दीवान-ए-इस्तिहाक	• यह पेंशन विभाग था, इसकी स्थापना भी फिरोज तुगलक ने की थी।
अन्य छोटे विभाग	• केन्द्र में छोटे विभाग थे, जो साम्राज्य के दैनिक प्रशासन में सहायता करते थे। सामान्यतः सुल्तान प्रमुख रूप से उनका प्रभारी होता था; जैसे- • शाही घराने (वकील-ए-दार द्वारा निर्देशित) • अदालत समारोह (अमीर-ए-हाजिब द्वारा प्रबन्धित) • शाही अंगरक्षक (सर-ए-जादार के तहत) • दीवान-ए-बन्दगान (फिरोज तुगलक द्वारा दासों के लिए निर्मित) • अमीर-ए-बहर (शाही नौकाओं का प्रमुख)

प्रान्तीय प्रशासन

दिल्ली सल्तनत में प्रान्तों को इक्ता कहा जाता था। इक्ता को रईसों को वितरित किया गया था। कालान्तर में ये इक्ताएँ सूबा या प्रान्त बन गए। मुहम्मद बिन तुगलक के समय में लगभग 24 प्रान्त थे।

इक्ता व्यवस्था

- यह एक अरबी शब्द है। निजामुल-मुल्क-तुसी के सियासतनामा में इक्ता को परिभाषित किया गया है। इक्ता एक ऐसा भू-क्षेत्र होता था, जो सैनिक व असैनिक अधिकारियों (मुख्य रूप से सैनिक) को उस क्षेत्र में शासन संचालन के लिए दिया जाता था। गोरी की विजय के बाद से ही भारत में इक्ता व्यवस्था के प्रमाण मिलते हैं।
- इक्ता व्यवस्था को भारत में व्यवस्थित करने का श्रेय इल्तुतमिश को जाता है।
- इक्ता के प्रशासक मुक्ति या वली अथवा मलिक कहलाते थे। ये सम्बन्धित क्षेत्र में भू-राजस्व का संग्रह करते थे और उस क्षेत्र का प्रशासन देखते थे।
- वह इक्ता की आय का आकलन करता था। अलाउद्दीन ने इक्तादारों के स्थानान्तरण पर बल दिया, ताकि निहित स्वार्थ उत्पन्न न हो सके। उसने इक्ता में नौकरशाही के हस्तक्षेप को बढ़ा दिया। इसके अतिरिक्त दीवान-ए-विजारत को यह अधिकार दिया कि वह प्रत्येक इक्ता की आय का निश्चित अनुमान लगाए।
- ग्यासुद्दीन तुगलक ने इक्ता के राजस्व में से इक्तादार की व्यक्तिगत आय तथा उसके अधीन रखे गए सैनिकों के वेतन में स्पष्ट विभाजन किया।

- इक्ता के आय-व्यय के निरीक्षण के लिए एक आमिल नामक अधिकारी नियुक्त होने लगा। मुहम्मद तुगलक ने इक्ता के सैनिकों का वेतन भी केन्द्रीय खजाने से देने का प्रावधान किया, ताकि भ्रष्टाचार को रोका जा सके।
- फिरोज तुगलक ने सैनिकों को वेतन के बदले गाँव प्रदान किए। ऐसे गाँव वजह कहलाते थे और वजह को धारण करने वाले को वजहदार कहा जाता था।
- सिकन्दर लोदी के समय में भूमि का वस्तु की भाँति उपयोग करने की फवाजिल प्रथा को समाप्त कर दिया गया। सिकन्दर लोदी ने भूमि को हस्तान्तरणीय बना दिया, जिस कारण यह प्रथा सामन्तवादी प्रक्रिया में बदल गई थी।

स्थानीय प्रशासन

- सल्तनतकाल में स्थानीय प्रशासन अस्पष्ट और अपरिभाषित था और मूल रूप से यह एक पारम्परिक प्रणाली थी। इस अवधि में प्रान्तों को शिकों में विभाजित किया गया था, जो शिकदार के अधीन होते थे।
- इसका मुख्य कार्य कानून और व्यवस्था बनाए रखना और जमींदारों के उत्पीड़न से लोगों की रक्षा करना था। इसके अतिरिक्त उन्हें सैन्य दायित्वों की पूर्ति भी करनी पड़ती थी। शिक को आगे परगना में विभाजित किया गया था। कई गाँवों को मिलाकर परगना बनाया जाता था।
- गाँव और परगना प्रशासन की स्वतन्त्र इकाइयाँ थीं और फिर भी वे परस्पर सम्बन्धित क्षेत्र थे, जिन पर अधिकारियों के पास प्रशासनिक शक्तियाँ होती थीं।

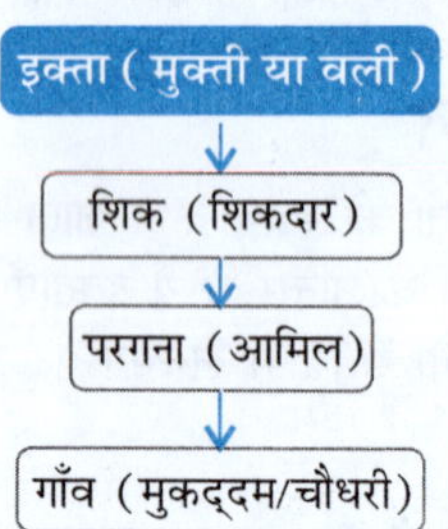

स्थानीय प्रशासन के प्रमुख अधिकारी

अधिकारी	कार्य
आमिल या मुतसर्रिफ	भूमि राजस्व और अन्य करों को एकत्रित करते थे
हजमदार	कोषाध्यक्ष, जो वित्त को नियन्त्रण में रखते थे
कोतवाल	शिकदार के अधीन पुलिस प्रमुख
फौजदार	किले और उसके आस-पास के क्षेत्रों का प्रभारी सैन्य अधिकारी
अमीन	भूमि को मापने और उनके उपयोग को आवण्टित करने के प्रभारी अधिकारी
कानूनगो	उपज और मूल्यांकन के पिछले रिकॉर्ड बनाए रखते थे
मुकद्दम/खूत	गाँव का मुखिया
चौधरी	भूमि राजस्व संग्रह के लिए सरकार के प्रति जवाबदेह सर्वोच्च स्थानीय ग्रामीण अधिकारी
पटवारी	गाँव का रिकॉर्ड रखने वाला

सैन्य व्यवस्था

- सल्तनतकालीन सैन्य संगठन मुख्यत: तुर्की और मंगोल पद्धति पर आधारित था। सल्तनतकालीन सैन्य व्यवस्था का शुभारम्भ इल्तुतमिश के शासनकाल से होता है। इसके काल में सल्तनत की सेना को हश्म-ए-कल्ब (केन्द्रीय सेना) या कल्ब-ए-सुल्तानी कहा जाता था।
- सल्तनतकालीन सुल्तानों में बलबन ने सैन्य विभाग की स्थापना की तथा अलाउद्दीन खिलजी को एक स्थायी सेना के गठन का श्रेय दिया जाता है।
- मंगोल सेना का यह वर्गीकरण दशमलव प्रणाली पर आधारित था और इसे सल्तनतकालीन सैन्य व्यवस्था में भी अपनाया गया। यह सैनिक वर्गीकरण पद सोपान सूचक होने के साथ-साथ सैन्य व्यवस्था के अत्यधिक केन्द्रीभूत होने का आभास करवाता है।
- दस सैनिकों का सेनानायक अमीर-ए-दह, दस अमीरों या सौ सैनिकों का सेनानायक अमीर-ए-सादा, एक हजार सैनिकों का सेनानायक अमीर-ए-हजारा तथा दस हजार सैनिकों का सेनानायक अमीर-ए-तुमन कहलाता था।
- इस काल में सैन्य व्यवस्था के अन्तर्गत 1 सुल्तान 10 खान के बराबर, 1 खान 10 मलिक के बराबर, 1 मलिक 10 अमीर के बराबर, 1 अमीर 10 सिपहसालार के बराबर, 1 सिपहसालार 10 सर-ए-खेल के बराबर तथा सर-ए-खेल अश्वरोही के बराबर होता था।
- अलाउद्दीन का काल सैन्य व्यवस्था के सुधार से सम्बन्धित था। उसने सैनिकों की सीधी भर्ती कर उन्हें सरकारी खजाने से वेतन देने का कार्य किया।
- ग्यासुद्दीन तुगलक ने न केवल अलाउद्दीन खिलजी की दाग तथा हुलिया की प्रथा का पालन किया, बल्कि सैनिकों के वेतन रजिस्टर (वसीलात-ए-दृश्य) की जाँच भी स्वयं ही करने लगा।
- मुहम्मद बिन तुगलक के काल में सेनाध्यक्ष तथा सैनिकों को क्रमश: इक्ता तथा नकद धनराशि के रूप में वेतन दिया जाता था। शाही खजाने से उन सैनिकों को भी वेतन दिया जाता था, जो सेनाध्यक्ष के अन्तर्गत आते थे।
- फिरोजशाह तुगलक के काल में सल्तनत का क्षेत्र कम हो जाने के कारण सेना का आकार भी कम हो गया था। फिरोजशाह तुगलक ने सैन्य व्यवस्था के अन्तर्गत हुलिया दाग प्रथा को तो बनाए रखा, परन्तु वह सैनिक अनुशासन को स्थिर न रख सका।
- लोदी काल में अफगानों की प्रजातन्त्रात्मक मनोवृत्ति के कारण सेना का स्वरूप बदल गया तथा वह जनजातीय लड़ाकू सेना हो गई।
- सल्तनत काल की सेना के मुख्य तीन भाग थे
  - घुड़सवार सेना
  - पैदल सेना
  - हस्ति सेना
- सल्तनत काल में पत्थर एवं आग फेंकने की मशीन को मगरिब तथा अर्रादा कहा जाता था। इस काल में बारूद, तोप, गोलों का आविष्कार/निर्माण नहीं हुआ था।
- इस काल में फलाखून (गुलेल) तथा चर्ख (शिला प्रक्षेपास्त्र) के प्रयोग के प्रमाण मिलते हैं।

सल्तनत काल के प्रमुख अधिकारी तथा उनके कार्य

अधिकारी का नाम	कार्य
आरिज-ए-मुमालिक	सैन्य विभाग (दीवान-ए-अर्ज) का प्रधान था। सैनिकों की भर्ती करना प्रमुख कार्य।
इंशा-ए-मुमालिक	पत्राचार विभाग का प्रधान।
रिसालत-ए-मुमालिक	विदेश विभाग का प्रधान।
वकील-ए-दर	शाही महल एवं सुल्तान की व्यक्तिगत सेवाओं का प्रबन्ध करता था।
अमीर-ए-हाजिब (बारबक्त)	दरबारी शिष्टाचार के नियमों को लागू करता था।
सर-ए-जहाँदार	सुल्तान के अंगरक्षकों का प्रधान था।
अमीर-ए-बहर	आन्तरिक नौकायन तथा जल मार्गों का नियन्त्रण करता था।
अमीर-ए-मजलिस	सभाओं एवं दावतों जैसे विशेष उत्सवों का प्रबन्ध करता था।
दीवान-ए-रियासत	बाजार पर नियन्त्रण रखने का कार्य था।
शहना-ए-मण्डी	बाजार मूल्य नियन्त्रण, बाट-माप की जाँच करता था।
मजमुआदार	आय-व्यय को ठीक करता (राजस्व) था।
मुहतसिब	लोगों के आचरण पर दृष्टि रखता था।
मतशर्रिफ	शाही कारखाने की देखभाल करता था।
बरीद-ए-मुमालिक	सूचनादाता एवं गुप्तचर विभाग का प्रमुख था।
सद्र-उस-सुदूर	धर्म सम्बन्धी कार्यों का प्रमुख था।
खाजिन	राजकीय आय को संगृहीत करता था।
काजी-उल-कुज्जात	न्याय विभाग का प्रमुख था।
मुफ्ती	धर्म की व्याख्या करता था।
अमीर-ए-दाद	बड़े नगरों का मजिस्ट्रेट था।
कोतवाल	शहरों में शान्ति व्यवस्था के लिए उत्तरदायी था।
आमिल	राजस्व वसूली का प्रभारी (अधिकारी) था। परगना स्तर पर यह एक महत्त्वपूर्ण अधिकारी था।
अमीर-ए-आखूर	अश्वशाला का प्रधान था।
कारकून	भूमि कर का हिसाब रखने वाला था।
सहना-ए-पील	हाथियों की सेना का प्रमुख था।
अमीर-ए-तुजुक	उत्सवों का आयोजन करता था।

सल्तनत काल की न्यायिक प्रणाली

- इस्लाम के अनुसार न्याय का आदर्श मध्य युग में सबसे उच्च आदर्शों में से एक था। पैगम्बर ने स्वयं ही इसके मानक तय किए थे।
- उन्होंने कुरान में कहा, "न्याय धरती पर ईश्वर का तराजू है, जिसमें तौलने पर चीजें एक कण भी कम या ज्यादा नहीं होतीं।" इस प्रकार मुस्लिम शासकों द्वारा न्याय का प्रशासन एक धार्मिक कर्त्तव्य माना जाता था।
- अलग-अलग सुल्तानों के पास न्याय के बहुत उच्च आदर्श थे। बरनी के अनुसार, "बलबन ने न्याय को सम्प्रभुता की आधारशिला माना, जिसमें उत्पीड़न को मिटाने के लिए सम्प्रभु की शक्ति निहित थी।"

सुल्तानों के अधीन न्यायिक प्रशासन

सुल्तान का न्यायालय

यह केन्द्र में उच्च न्यायालय था। सुल्तान इस न्यायालय का पीठासीन अधिकारी होता था। इस न्यायालय का अधिकार क्षेत्र सभी प्रकार के मामलों की सुनवाई करना था।

मुख्य काजी का न्यायालय

यह केन्द्र में एक और न्यायालय था। इसका नेतृत्व काजी-उल-कुजात करता था। इसका अधिकार क्षेत्र सुल्तान के न्यायालय के समान था।

दीवान-ए-मुजालिम

यह न्यायालय आपराधिक मामलों के सम्बन्ध में उच्च न्यायालय था। मामलों की सुनवाई करने के लिए इसे मूल आपराधिक अधिकार क्षेत्र प्राप्त था। यह आपराधिक अपील का सर्वोच्च न्यायालय था। इस न्यायालय का नेतृत्व सदर-ए-जहां (सद्र-उस-सुदूर) करता था।

दीवान-ए-रिसालत

यह न्यायालय दीवानी मामलों के सम्बन्ध में उच्च और उच्चतम अपील न्यायालय था। इसका अधिकार क्षेत्र केवल दीवानी मामलों तक ही सीमित था।

सदर-ए-जहाँ न्यायालय

अन्य सभी न्यायालयों के अतिरिक्त सदरे जहाँ न्यायालय भी था। यह विशेष रूप से धार्मिक मामलों से निपटता था। सदरे जहाँ इस न्यायालय में पीठासीन अधिकारी था।

दीवान-ए-सियासत

यह आपराधिक मुकदमों को मंजूरी देने के लिए अस्थायी न्यायालय था। यह केवल मुहम्मद तुगलक (1324-1351) के काल में था। वह इस न्यायालय का मुख्य अधिकारी था।

सल्तनतकालीन अर्थव्यवस्था

- भूमि को भी तीन श्रेणियों में वर्गीकृत किया गया था अर्थात् इक्ता भूमि, खालसा भूमि और इनाम भूमि।
- इक्ता भूमि वह भूमि थी, जो अधिकारियों को उनकी सेवाओं के भुगतान के बदले इक्ता के रूप में सौंपी जाती थी।
- दूसरी ओर खालसा भूमि सुल्तान के सीधे नियन्त्रण में थी। इससे एकत्र राजस्व शाही दरबार और शाही घराने के रख-रखाव के लिए खर्च किया जाता था।
- इनाम भूमि धार्मिक नेताओं या धार्मिक संस्थानों को सौंप या दे दी जाती थी।
- इस काल में भू-राजस्व, राजस्व की प्रमुख मद थी, जो मुख्यत: 1/5 थी, किन्तु अलाउद्दीन के समय यह दर 1/2 निर्धारित की गई थी।
- गल्ला-बक्शी या बटाई द्वारा भू-राजस्व का निर्धारण पिछले वर्ष के उत्पादन के आधार पर किया जाता था, जिसे गयासुद्दीन तुगलक द्वारा अपनाया गया था।
- अलाउद्दीन खिलजी द्वारा अपनाई गई पैमाइश मसाहत विधि में प्रति बीघा को उत्पादन का आधार माना जाता था।
- कनकूत या नस्क प्रणाली में राजस्व निर्धारण अनुमान के आधार पर किया जाता था। सल्तनत काल में अलाउद्दीन खिलजी तथा सिकन्दर लोदी ने राजस्व की प्राप्ति अनाज के रूप में की थी, जबकि अन्य शासकों ने नकद के रूप में राजस्व प्राप्त किया, जिसके आधार पर कहा जा सकता है कि सल्तनत काल में राजस्व नकद तथा अनाज दोनों रूपों में लिया जाता था।

- 13वीं तथा 14वीं शताब्दी में सिंचाई के अन्तर्गत नोरिया तकनीकी का उपयोग किया गया, जो सिंचाई की गियर प्रणाली से मिलती-जुलती थी। इस विधि से अधिक मात्रा में पानी की उपलब्धता को सुनिश्चित किया जा सकता था। नोरिया विधि रहट तथा अरघट प्रणाली से उत्तम थी।

नोट *सिंचाई की रहट प्रणाली का उपयोग पुराने समय में बैलों का उपयोग करके कुएँ से पानी निकालने के लिए किया जाता था।*

- दिल्ली सुल्तानों ने स्वयं सिंचाई के लिए नहरें खुदवाईं। नहरें बनाने वाला पहला सुल्तान ग्यासुद्दीन तुगलक (1320-25 ई.) को माना जाता है, लेकिन बाद में फिरोज तुगलक (1351-88) द्वारा बड़े पैमाने पर नहरें बनवाने का काम किया गया।
- सल्तनत काल में रेशम खम्भात क्षेत्र में, नमक साम्भर क्षेत्र में, ऊनी साल कश्मीर में, वस्त्र उत्पादन बंगाल व गुजरात में, पान के पत्ते धार (मालवा) में, नील बयाना भरतपुर, राजस्थान में व सरखेज, आगरा में उत्पादित होते थे।
- भारत ने रेशम उत्पादन 14वीं-15वीं शताब्दी में चीन से सीखा था। किरवास सूती वस्त्र को तथा गंगाजल व शबनम मलमल के कपड़ों को कहा जाता था। दिल्ली सूती वस्त्रों की रंगाई के लिए प्रसिद्ध था।

उद्योग व्यापार

- तुर्कों ने भारत में नगरीकरण की प्रवृत्ति को प्रोत्साहित किया। उनके द्वारा की गई प्रशासनिक तथा आर्थिक व्यवस्था ने नगरीकरण में सकारात्मक परिवर्तन किया। प्रो. हबीब इसे नगरीय क्रान्ति मानते हैं।
- बंगाल और गुजरात के नगर अपने उम्दा कपड़ों के लिए प्रसिद्ध थे। गुजरात खम्भात कपड़ों तथा सोने-चाँदी के लिए प्रसिद्ध था। बंगाल का सोनारगाँव अपने कच्चे रेशम और महीन सूती कपड़े (जिसे बाद में मलमल कहा गया) के लिए प्रसिद्ध था।
- कश्मीर से प्राप्त दमिश्की इस्पात सम्पूर्ण भारत में प्रसिद्ध था। इस काल में गारे-चूने के कारण स्थापत्य के अन्तर्गत भवन निर्माण सम्भव हुआ। दीवान-ए-इमारतखाना की स्थापना फिरोजशाह तुगलक द्वारा की गई थी।
- गैर-कृषि उत्पाद आधारित उद्योगों में चमड़ा, धातुएँ, पत्थर, नमक व तेल उद्योग प्रमुख थे।

सल्तनत काल में विलासी वस्तुओं के लिए शाही कारखानों की स्थापना की गई। फिरोजशाह तुगलक के समय इस प्रकार के 36 शाही कारखानों का निर्माण हुआ। **मुतसर्रिफ** इन कारखानों का निरीक्षण करता था।

राजकोषीय प्रशासन

- दिल्ली सल्तनत की राजस्व प्रणाली हनफी विचारधारा के कराधान सिद्धान्त पर आधारित थी, जो ज़कात, खराज, खम्स और जजिया जैसे करों के लगाने को विनियमित करती थी।

दिल्ली सल्तनत में वसूले जाने वाले प्रमुख कर निम्नलिखित हैं

- जजिया यह कर गैर-मुस्लिमों पर लगाया जाता था। इस्लामी सिद्धान्त के अनुसार, मुस्लिम शासक के राज्य में गैर-मुस्लिमों को रहने का कोई अधिकार नहीं था। जजिया कर देने के बाद ही वे लोग शासन एवं सुरक्षा प्राप्त कर सकते थे। फिरोज ने ब्राह्मणों पर भी जजिया कर लगाया था।
- सदका या जकात जकात या सदका धार्मिक कर को कहा जाता था। यह धनी मुस्लिमों से उनकी आय का 2.5% लिया जाता था। इस धन को केवल मुस्लिमों के हित के लिए व्यय किया जाता था।
- खुम्स युद्ध में लूटे हुए माल एवं भूमि में गड़े खजाने से प्राप्त सम्पत्ति में से 4/5 भाग सैनिकों को और 1/5 भाग राज्य को मिलता था, जबकि अलाउद्दीन ने इसके विपरीत सैनिकों का 1/5 भाग और राज्य का 4/5 भाग कर दिया। फिरोज तुगलक ने खिलजी के विपरीत इसे पूर्ववत् बना दिया। सिकन्दर लोदी ने गड़े हुए खजाने में से कोई धन नहीं लिया।
- खराज गैर-मुसलमानों से लिया जाने वाला भू-राजस्व। सामान्य रूप से इसकी दर 1/5 से 1/3 थी, जिसे अलाउद्दीन खिलजी ने 1/2 कर दिया था।
- उश्र यह कर मुस्लिमों की भूमि पर लगाया जाता था। जिस भूमि पर प्राकृतिक रूप से सिंचाई की सुविधा होती थी, उस पर इसकी दर कुल उत्पादन का 1/10 भाग होती थी, जहाँ राज्य के द्वारा सिंचाई की सुविधा प्रदान की जाती थी, वहाँ इसकी दर कुल उत्पादन का 1/5 भाग होती थी।
- हक-ए-शर्ब फिरोजशाह तुगलक ने शरीयत के मान्य करों के अतिरिक्त एक अन्य कर लगाया, जिसे हक-ए-शर्ब कहा गया। यह एक सिंचाई कर था।

लगान व्यवस्था

- बँटाई इसमें वास्तविक उपज में से राज्य के भाग का निर्धारण किया जाता था। इसको गल्ला बख्शी, किस्मत-ए-गल्ला, हासिल आदि भी कहा जाता था।
- बँटाई तीन प्रकार की होती थी
  - खेत बँटाई खड़ी फसल या फसल बोने के तुरन्त बाद करों को निर्धारित करना।
  - लंक बँटाई अनाज से भूसे को पृथक् किए बिना ही फसल का कृषक व सरकार के बीच बँटवारा।
  - रास बँटाई अनाज से भूसा पृथक् करने के बाद फसल का बँटवारा।
- मसाहत भूमि की पैमाइश पर आधारित व्यवस्था थी, जिसमें जोती या बोई गई जमीन की माप के आधार पर एक मानक भू-राजस्व देना पड़ता था।
- मुक्ताई यह लगान निर्धारण की एक मिश्रित प्रणाली थी। यही पद्धति मुगलकाल में कानकूत कहलाती थी।

सल्तनतकालीन मुद्रा प्रणाली

- व्यापार और वाणिज्य को बढ़ावा देने के लिए राज्य ने मानक सिक्के जारी किए। दिहली नामक सिक्के मुहम्मद गोरी द्वारा चलाए गए, जिसके एक ओर लक्ष्मी और घुड़सवार की आकृति, तो दूसरी ओर देवनागरी लिपि में उसका नाम मुहम्मद बिन साम उत्कीर्ण था।
- प्रारम्भिक दौर के दिहली सिक्के के स्थान पर इल्तुतमिश द्वारा पहली बार मानक सिक्के जारी किए गए। ये मानक सिक्के चाँदी का टंका एवं ताँबे के जीतल थे।
- इल्तुतमिश पहला तुर्क शासक था, जिसने शुद्ध अरबी के सिक्के चलाए। इस काल में दाम और दिरहम नामक सिक्के भी जारी किए गए।
- चाँदी के सिक्के बलबन द्वारा चलाए गए तथा सोने के सिक्के में वजन की वृद्धि ग्यासुद्दीन तुगलक ने की थी।

- 14वीं सदी में चाँदी की विश्वव्यापी कमी को देखते हुए मुहम्मद बिन तुगलक द्वारा काँसे/ताँबे का सांकेतिक सिक्का जारी किया गया, लेकिन उसका प्रयास शीघ्र ही असफल हो गया और उसे इस सांकेतिक मुद्रा को वापस लेना पड़ा।
- मोहम्मद बिन तुगलक द्वारा काँसे का अदली सिक्का भी चलाया गया, जिसे टोकन करेन्सी भी कहा जाता था। सिक्कों पर कलमा भी सर्वप्रथम मुहम्मद बिन तुगलक द्वारा खुदवाया गया। अधा एवं बिख नामक सिक्के फिरोजशाह तुगलक द्वारा चलाए गए।

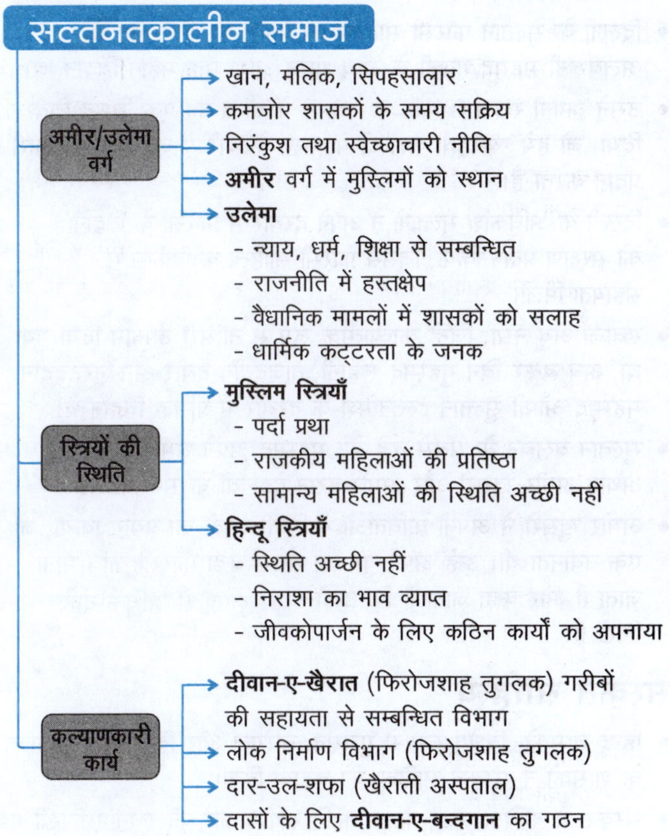

सल्तनतकालीन समाज

अमीर/उलेमा वर्ग
- खान, मलिक, सिपहसालार
- कमजोर शासकों के समय सक्रिय
- निरंकुश तथा स्वेच्छाचारी नीति
- **अमीर** वर्ग में मुस्लिमों को स्थान
- **उलेमा**
  - न्याय, धर्म, शिक्षा से सम्बन्धित
  - राजनीति में हस्तक्षेप
  - वैधानिक मामलों में शासकों को सलाह
  - धार्मिक कट्टरता के जनक

स्त्रियों की स्थिति
- **मुस्लिम स्त्रियाँ**
  - पर्दा प्रथा
  - राजकीय महिलाओं की प्रतिष्ठा
  - सामान्य महिलाओं की स्थिति अच्छी नहीं
- **हिन्दू स्त्रियाँ**
  - स्थिति अच्छी नहीं
  - निराशा का भाव व्याप्त
  - जीवकोपार्जन के लिए कठिन कार्यों को अपनाया

कल्याणकारी कार्य
- **दीवान-ए-खैरात** (फिरोजशाह तुगलक) गरीबों की सहायता से सम्बन्धित विभाग
- लोक निर्माण विभाग (फिरोजशाह तुगलक)
- दार-उल-शफा (खैराती अस्पताल)
- दासों के लिए **दीवान-ए-बन्दगान** का गठन

सल्तनतकालीन स्थापत्य

- इस काल में विकसित होने वाली स्थापत्य कला को इण्डो-इस्लामिक शैली कहा जाता है, क्योंकि यह दोनों कलाओं के समन्वय से विकसित हुई है। इस्लामी कला में सजीव चित्रण वर्जित था।
- हिन्दू स्थापत्य शहतीर व स्तम्भ पद्धति पर आधारित था, जिसे क्षैतिज विधि भी कहते हैं, जबकि इस्लामिक कला में मेहराब पद्धति महत्त्वपूर्ण थी।
- मेहराब और गुम्बद के उपयोग से भवन का सौन्दर्य बढ़ जाता था। गुम्बद एक मनमोहक गगनरेखा (स्काईलाइन) का काम करती थी।
- ये मेहराब त्रिकोणीय, समबाहु, गोल, घोड़े की नाल के आकार जैसी आदि अनेक प्रकार की हो सकती थीं।
- मेहराब और गुम्बद के लिए उत्तम चूने की आवश्यकता थी। इसके अभाव में पत्थरों को जोड़े नहीं रखा जा सकता था, इसलिए तुर्कों ने अपनी इमारतों में उत्तम किस्म के हल्के चूने का प्रयोग किया।

सल्तनतकालीन महत्त्वपूर्ण स्मारक

स्मारक	निर्माता	स्थान	विशेषताएँ
कुव्वत-उल-इस्लाम मस्जिद	कुतुबुद्दीन ऐबक	दिल्ली	इसके निर्माण में हिन्दू और जैन मन्दिरों की सामग्री का उपयोग किया गया था।
कुतुबमीनार	कुतुबुद्दीन ऐबक और इल्तुतमिश	दिल्ली	सूफी सन्त ख्वाजा कुतुबुद्दीन काकी को समर्पित, इसका निर्माण कुतुबुद्दीन ऐबक के काल में शुरू हुआ और इल्तुतमिश के काल में पूर्ण हुआ।
अढ़ाई दिन का झोपड़ा	कुतुबुद्दीन ऐबक	अजमेर	इसका निर्माण मूलत: सम्राट विग्रहराज बीसलदेव चतुर्थ द्वारा निर्मित संस्कृत विद्यालय को तोड़कर करवाया गया था।
सुल्तानगढ़ी का मकबरा	इल्तुतमिश	दिल्ली	इल्तुतमिश द्वारा यह मकबरा अपने बेटे नसीरुद्दीन महमूद की स्मृति में बनवाया गया था।
अतर्किन दरवाज़ा	इल्तुतमिश	नागोर	यह राजस्थान में स्थित एक प्रसिद्ध ऐतिहासिक वास्तुकला है।
इल्तुतमिश का मकबरा	रजिया	दिल्ली	इस मकबरे के निर्माण में लाल पत्थरों का उपयोग किया गया है।
लाल महल	बलबन	दिल्ली	दिल्ली का सुल्तान बनने से पहले ग्यासुद्दीन बलबन ने 1240 ई. में यह महल बनवाया था।
बलबन का मकबरा	बलबन	दिल्ली	बलबन का मकबरा स्वयं बलबन ने बनवाया था।
सिरी का किला	अलाउद्दीन खिलजी	दिल्ली	यह खिलजी वंश की एक प्रसिद्ध वास्तुकला है।
अलाई दरवाजा	अलाउद्दीन खिलजी	दिल्ली	इसके निर्माण में लाल पत्थरों का उपयोग किया गया है। यह कुतुबमीनार के पास स्थित है। इसे इस्लामी स्थापत्य का मोती कहा जाता है
हौज-ए-अलाई	अलाउद्दीन खिलजी	दिल्ली	हौज-ए-अलाई को **हौज खास** के नाम से भी जाना जाता है।
जमात खाना मस्जिद	अलाउद्दीन खिलजी	दिल्ली	पूर्णत: इस्लामी शैली से निर्मित यह सल्तनत काल की पहली मस्जिद थी।
हजार सितून पैलेस	अलाउद्दीन खिलजी	दिल्ली	इसे हजार खम्भों वाला महल भी कहा जाता है।
उखा मस्जिद	मुबारक खिलजी	भरतपुर (राजस्थान)	उखा मस्जिद राजस्थान में मुगल शासन के दौरान बनाई गई सबसे बड़ी ऐतिहासिक इमारतों में से एक है।
निजामुद्दीन औलिया दरगाह	खिज्र खान	दिल्ली	निजामुद्दीन औलिया दरगाह भारत की सबसे प्रसिद्ध सूफी दरगाहों में से एक है।
तुगलकाबाद किला	ग्यासुद्दीन तुगलक	दिल्ली	तुगलक वंश के संस्थापक ग्यासुद्दीन तुगलक ने 1321 ई. में इस किले का निर्माण करवाया था।
ग्यासुद्दीन तुगलक का मकबरा	मुहम्मद तुगलक	दिल्ली	यह मकबरा लाल पत्थरों से बना है।
आदिलाबाद किला	मुहम्मद तुगलक	दिल्ली	इस किले की स्थापना 1326-1327 ई. में मुहम्मद बिन तुगलक ने की थी।
जहाँपनाह नगर	मुहम्मद तुगलक	दिल्ली	इसे चौथी दिल्ली के नाम से भी जाना जाता था। मुहम्मद तुगलक ने यहाँ सतपुला नामक बाँध और बिजली नामक महल बनवाया था।

स्मारक	निर्माता	स्थान	विशेषताएँ
फिरोजाबाद नगर	फिरोज शाह तुगलक	दिल्ली	फिरोजाबाद शहर को पाँचवीं दिल्ली के नाम से भी जाना जाता था।
काली मस्जिद	जुन्नान शाह	जौनपुर	इस मस्जिद का निर्माण 1387 ई. में फिरोज शाह तुगलक के प्रधानमन्त्री खान-ए-जहाँ जुन्नान शाह के बेटे ने करवाया था।
खिड़की मस्जिद	जुनान शाह	जौनपुर	इसे खिड़कियों वाली मस्जिद के नाम से भी जाना जाता है।
मोठ मस्जिद	वजीर मियाँ भोइया	नई दिल्ली	इसका निर्माण 1505 ई. में सिकन्दर लोदी के शासनकाल में वजीर मियाँ भोइया ने करवाया था।
अटाला मस्जिद	इब्राहिम शाह शर्की	जौनपुर	इस मस्जिद का निर्माण 1408 ई. में हुआ था।
जामा मस्जिद	अहमदशाह	अहमदाबाद	यह मुगल काल की सबसे सुन्दर मस्जिदों में से एक है।
लाल दरवाजा मस्जिद	महमूद शाह	जौनपुर	इस मस्जिद का निर्माण 1447 ई. में रानी राजे बीबी ने करवाया था।
फिरोज शाह बहमनी का मकबरा	अहमदशाह बहमनी	गुलबर्गा	फिरोज शाह बहमनी 16 नवम्बर, 1397 से 22 सितम्बर, 1422 तक बहमनी सल्तनत का शासक था।
हिण्डोला महल	होशंग शाह	माण्डू	हिण्डोला महल का अर्थ है- **झूलता हुआ महल**। इसका निर्माण 1425 ई. में हुआ था।
जहाज महल	होशंग शाह	माण्डू	यह दो कृत्रिम झीलों के बीच स्थित है।
रूपमती और बाज बहादुर महल	होशंग शाह	माण्डू	बाज बहादुर खान मालवा सल्तनत के अन्तिम सुल्तान थे।
कीर्ति स्तम्भ	राणा कुम्भा	चित्तौड़	यह राजस्थान के चित्तौड़गढ़ शहर के चित्तौड़ किले में स्थित 12वीं शताब्दी का एक टावर है।
महमूद गवाँ का मकबरा	महमूद गवाँ	बीदर	महमूद गवाँ (1411-1481 ई.) बहमनी सल्तनत के प्रधानमन्त्री थे।
गोल गुम्बद	अली आदिल शाह	बीजापुर	यह मुहम्मद आदिलशाह का मकबरा है।
चाँद मीनार	अलाउद्दीन बहमनी	दौलताबाद	चाँद मीनार की अद्भुत संरचना 1435 ई. में अलाउद्दीन बहमनी द्वारा दौलताबाद किले पर विजय की याद में बनवाई गई थी।

भाषा एवं साहित्य का विकास

सल्तनत काल में भाषा एवं साहित्य

- **फारसी साहित्य**
  तुर्कों की राजभाषा फारसी थी, तुर्कों को सुल्तानों और शाही घरानों ने संरक्षण
- **संस्कृत साहित्य**
  हिन्दू शासकों, विशेष रूप से गुजरात, वारंगल और विजयनगर साम्राज्य के शासकों ने संस्कृत साहित्य को बढ़ावा दिया।
- **हिन्दी, उर्दू और अन्य क्षेत्रीय भाषाएँ**
  - हिन्दुस्तानी का विकास, आधुनिक हिन्दी और उर्दू के मिश्रण से
  - अन्य क्षेत्रीय भाषाएँ मराठी, गुजराती, बंगाली, मैथिली आदि का विकास

- सल्तनत काल में साहित्य की रचना न केवल फारसी और संस्कृत में हुई, बल्कि अन्य क्षेत्रीय भाषाओं में भी हुई। यह काल दो दृष्टिकोणों से उल्लेखनीय था।
- पहला यह कि इस काल में मुस्लिम दरबारी लेखकों के कारण ऐतिहासिक ग्रन्थ तैयार किए गए, जिन्हें हिन्दुओं द्वारा अधिकतर उपेक्षित किया गया और दूसरा, यह भारत में विभिन्न क्षेत्रीय भाषाओं के साहित्य की शुरुआत थी।

फारसी साहित्य

- दिल्ली के सुल्तान फारसी साहित्य की प्रगति में रुचि रखते थे, अलबरूनी महमूद गजनी के साथ भारत आया एक महान विद्वान था।
- उसने अपनी रचना किताब-उल-हिन्द में भारत का एक विशद विवरण दिया, जो हमें ग्यारहवीं शताब्दी में भारत के बारे में बहुमूल्य जानकारी प्रदान करता है।
- दिल्ली के अधिकांश सुल्तानों ने अपने दरबार में फ़ारसी के विद्वानों को संरक्षण प्रदान किया, जिससे फ़ारसी साहित्य के विकास में सहायता मिली।
- ख्वाजा अबू नस्र, जिन्हें काव्यात्मक रूप से नासिरी उपनाम दिया गया था, अबू बकर बिन मुहम्मद रूहानी, ताजुद्दीन दबीर और नूरउद्दीन मुहम्मद औफी सुल्तान इल्तुतमिश के दरबार में प्रसिद्ध विद्वान थे।
- सुल्तान बलबन के सबसे बड़े बेटे मुहम्मद अपने समय के विद्वानों अर्थात् अमीर खुसरो और अमीर हसन देहलवी के संरक्षक थे।
- अमीर खुसरो ने अपनी कविताओं में हिन्दी शब्दों का प्रयोग किया, जो एक नवीनता थी। उन्हें अपने युग का सबसे बड़ा फारसी कवि माना जाता है और कहा जाता है कि उन्होंने चार लाख से अधिक दोहे लिखे हैं।

संस्कृत साहित्य

- हिन्दू शासकों, विशेष रूप से गुजरात, वारंगल और विजयनगर साम्राज्य के शासकों ने संस्कृत साहित्य को बढ़ावा दिया।
- संस्कृत में कविता, गद्य, नाटक आदि सभी प्रकार की रचनाएँ लिखी गईं और विभिन्न विद्वानों द्वारा दर्शन और धार्मिक टिप्पणियों पर अच्छी रचनाएँ लिखी गईं।
- महान भक्ति सन्त रामानुज ने ब्रह्मसूत्र पर भाष्य लिखे, पार्थसारथी ने कर्म-मीमांसा पर अनेक पुस्तकें लिखीं। जयदेव ने अपना प्रसिद्ध ग्रन्थ गीत-गोविन्द लिखा, जय सिंह सूरी ने हम्मीर-मद-मर्दन लिखा और गंगाधर ने गंगादास प्रताप विलास लिखा। कश्मीर के प्रसिद्ध इतिहासकार कल्हण ने राजतरंगिणी, जिसे बाद में जोनराज और श्रीवर ने दूसरे और तीसरे चरण में राजतरंगिणी को पूर्ण किया।

> ब्रह्मसूत्र वेदान्त दर्शन का आधारभूत ग्रन्थ है। इसके रचयिता महर्षि बादरायण हैं। इसे वेदान्त सूत्र, उत्तर मीमांसा सूत्र, शारीरिक सूत्र और भिक्षु सूत्र आदि नामों से जाना जाता है।

- हिन्दू कानून पर सबसे प्रसिद्ध कार्यों में से एक, मिताक्षरा को विज्ञानेश्वर ने लिखा था और महान खगोलशास्त्री भास्कराचार्य भी इसी अवधि के दौरान फले-फूले।

सल्तनत काल के प्रमुख साहित्यकार एवं उनकी रचनाएँ

साहित्यकार	रचना/रचनाएँ	विशिष्ट तथ्य
हसन निजामी	ताज-उल-मासिरी	इसे कुतुबुद्दीन ऐबक ने संरक्षण दिया। गौरी के भारत आक्रमणों की जानकारी इसके लेखन से प्राप्त होती है।
मिनहाजुद्दीन सिराज	तबकात-ए-नासिरी	यह सुल्तान नासिरुद्दीन महमूद के संरक्षण में रहा और उसी को अपना ग्रन्थ समर्पित किया। इसमें गोरी से लेकर नासिरुद्दीन महमूद तक के इतिहास का वर्णन है।
अमीर हसन देहलवी	फवाद-उल-फवाद	बलबन के संरक्षण में रहा। इसे भारत का सादी कहा गया। यह निजामुद्दीन औलिया का शिष्य था।
जियाउद्दीन बरनी	तारीख-ए-फिरोजशाही, फतवा-ए-जहाँदारी, कुव्वत-उल-तवारीख, सना-ए-मुहम्मदी, हसरतनामा	यह 17 वर्षों तक मुहम्मद तुगलक के संरक्षण में रहा तारीख-ए-फिरोजशाही में इसने फिरोज तुगलक को आदर्श बताया है। इसमें बलबन से लेकर फिरोज तुगलक तक सभी सुल्तानों का वर्णन है।
शम्स-ए-सिराज अफीक	तारीख-ए-फिरोजशाही	फिरोजशाह तुगलक के संरक्षण में रहा और उसके शासन की प्रशंसा की। इसकी रचना वहाँ से प्रारम्भ होती है, जहाँ बरनी की तारीख-ए-फिरोजशाही समाप्त होती है।
आइन-उल-मुल्क मुल्तानी	इंशा-ए-माहरु (मुंशान-ए-महरुह)	यह अलाउद्दीन खिलजी, मुहम्मद तुगलक और फिरोज तुगलक के काल में विभिन्न उच्च पदों पर रहा।
याहिया बिन अहमद सरहिन्दी	तारीख-ए-मुबारकशाही	यह सैयद शासक मुबारकशाह के संरक्षण में रहा और उसी को यह रचना समर्पित की। सैयद वंश का इतिहास जानने का एकमात्र स्रोत फिरोजशाह की नहर प्रणाली का वर्णन है।
शेख जमालुद्दीन (जमाली कम्बू)	सियर-उल-आरफीन, मेहरुमाह	ये लोदी काल के सबसे प्रसिद्ध कवि थे और सिकन्दर लोदी के दरबारी कवि भी थे।
अबुल फजल मुहम्मद बिन हुसैन-अल-बैहाकी	तारीख-ए-मसूदी	महमूद गजनवी के दरबार इतिहास आदि का विवरण।
ख्वाजा इसामी	फुतूह-उस-सलातीन	महमूद गजनवी से मुहम्मद तुगलक तक का इतिहास/यह पुस्तक बहमनी वंश के प्रथम शासक अलाउद्दीन बहमनशाह को समर्पित है। चरखे का प्रथम उल्लेख।
फिरोज तुगलक	फुतुहात-ए-फिरोजशाही	फिरोज तुगलक की आत्मकथा व अध्यादेशों का संग्रह।
अज्ञात लेखक	सीरात-ए-फिरोजशाही	फिरोज तुगलक के बारे में वर्णन किया गया है।
अमीर खुसरो	किरान-उस-सादेन	बुगरा खाँ व उसके बेटे कैकुबाद के मिलन का वर्णन।
	मिफ्ताह-उल-फुतुह	जलालुद्दीन खिलजी के सैन्य अभियान व मलिक छज्जू के विद्रोह के दमन का वर्णन।
	नूह-सिपहर	भारत की सामाजिक-राजनीतिक स्थिति का वर्णन।
	तुगलकनामा, लैला-मजनू, शीरी-फरहाद,	अमीर खुसरो की अन्य उल्लेखनीय रचनाएँ।
इब्नबतूता	किताब-उल-रेहला	यात्रा वृत्तान्त।
फिरदौसी	शाहनामा	महमूद गजनवी के राज्य, शासन आदि से सम्बन्धित।
जिया नक्शवी	तूतीनामा	संस्कृत कहानी का फारसी में अनुवाद मुहम्मद बिन तुगलक के शासनकाल में लिखित।

सल्तनतकालीन संगीत

- सल्तनत काल में सबसे अधिक संगीत प्रेमी कैकुबाद था। बरनी के अनुसार, कैकुबाद के शासनकाल में सड़कें व गलियाँ गायकों से भरी रहती थीं। बुगरा खाँ, जो बलबन का पुत्र था, उसने गायकों तथा नर्तकों की संस्था का निर्माण किया था।
- राग दर्पण का फारसी अनुवाद फिरोजशाह तुगलक के काल में करवाया गया था।
- लज्जत-ए-सिकन्दरी संगीत की पुस्तक की रचना सिकन्दर लोदी के काल में हुई थी।
- जौनपुर शासक हुसैनशाह शर्की संगीत के क्षेत्र में उत्कृष्ट था। ख्याल गायकी की उत्पत्ति भी इनके शासनकाल में हुई। संगीत शिरोमणि का ग्रन्थ भी इन्हीं से सम्बन्धित है।
- संगीत के क्षेत्र में उनकी प्रसिद्धि निम्नलिखित को प्रारम्भ करने के लिए है

संगीत में अमीर खुसरो का योगदान

- कव्वाली का प्रयोग ग्रामीण क्षेत्रों में।
- कुछ आधुनिक रागों; जैसे-जिलाफ, सजगिरी और सरपदा को हिन्दुस्तानी और फारसी स्वरों के सम्मिश्रण से तैयार किया गया।
- ख्याल गायन को प्रारम्भ किया।
- पुरानी भारतीय वीणा और ईरानी तम्बूरा को मिलाकर एक नए वाद्य यन्त्र सितार की उत्पत्ति।
- पारम्परिक तालवाद्य मृदंग में परिवर्तन कर इसे दो हिस्सों में बाँट दिया और उसे तबले का नाम दिया।

सल्तनतकालीन महत्त्वपूर्ण शब्दावली

शब्द	अर्थ
जवाबित	राज्य का कानून
जहाँदारी	सुल्तान के बनाए कानून
उमरा	अमीर शब्द का बहुवचन, अमीर दिल्ली सल्तनत के कुलीन और शासक वर्ग से सम्बन्धित लोगों को कहा जाता था
दोआब	गंगा और यमुना नदी के बीच की भूमि
फतवा	सशगनी शरीयत या धार्मिक कानून के अनुसार एक फैसला
हश्म-ए-कल्ब	सुल्तान की सेना
हश्म-ए-अतरफ	प्रान्तीय सेना
खासखैल	शाही महल से सम्बन्धित सेना।
खजीन (खजांची)	कोषाध्यक्ष
बलाहार	साधारण कृषि मजदूर
वक्फ	धन, सम्पत्ति व भूमि, जिसे धार्मिक कार्यों हेतु सुरक्षित रखा जाता है।

"दिल्ली सल्तनत के कमजोर प्रशासनिक तथा सैन्य नियन्त्रण के बीच महत्त्वाकांक्षी सेनानायकों तथा प्रशासनिक अधिकारियों ने सल्तनत के विभिन्न भागों में अपनी स्वतन्त्र सत्ता स्थापित की। इन स्वतन्त्र प्रभागों को प्रान्तीय राज्य भी कहा जाता है।

अध्याय अट्ठारह

प्रान्तीय राज्यों का उदय

प्रान्तीय राज्य

- पन्द्रहवीं सदी में दिल्ली सल्तनत लगातार कमजोर हो रही थी और अपने पतन की ओर अग्रसर थी। 1398 ई. में दिल्ली पर तैमूर के भीषण हमले ने इसके खोखलेपन को उजागर कर दिया। इस कारण अनेक महत्त्वाकांक्षी सूबेदारों और स्वायत्त रजवाड़ों ने सही अवसर जान कर अपनी-अपनी स्वतन्त्रता की घोषणा कर दी।
- सबसे पहले दक्कन के सूबों और पूर्वी भाग में बंगाल तथा पश्चिम में सिन्ध और मुल्तान आदि ने दिल्ली से अपनी स्वतन्त्रता घोषित कर दी। इसके साथ ही गुजरात, मालवा और जौनपुर के सूबेदारों ने भी स्वयं को स्वतन्त्र घोषित कर दिया।
- अनेक राजपूत रजवाड़ों ने भी स्वयं को स्वतन्त्र कर लिया। पन्द्रहवीं सदी के लगभग मध्य में दिल्ली सल्तनत में लोदियों का उत्कर्ष हुआ और उत्तर भारत में वर्चस्व को स्थापित करने के क्रम में उनका इन प्रान्तीय राज्यों में से कुछ राज्यों के साथ अधिक संघर्ष भी हुआ।

जौनपुर

- जौनपुर नगर की स्थापना फिरोज तुगलक ने अपने चचेरे भाई जौना खाँ (मुहम्मद बिन तुगलक) की स्मृति में की, जो बाद में शर्की साम्राज्य की राजधानी बना। शर्की शासन में जौनपुर की सांस्कृतिक उन्नति के कारण इसे पूर्व का शिराज कहा जाता है।
- तैमूर के आक्रमण से दिल्ली में फैली हुई अस्थिरता का लाभ उठाकर 1398 ई. में फिरोज तुगलक के एक किन्नर सूबेदार मलिक हुसैन सरवर (ख्वाजा जहाँ) ने जौनपुर में एक स्वतन्त्र शर्की राज्य की स्थापना की।
- इसने अपनी सीमाओं का विस्तार सम्भल, मैनपुरी तथा अलीगढ़ तक किया था। इसकी मृत्यु 1399 ई. में हुई थी।
- सुल्तान नासिरुद्दीन महमूद तुगलक द्वितीय ने उसे मलिक-उश-शर्क (पूर्व का शिराज) तथा ख्वाजा-ए-जहाँ की उपाधि प्रदान की। मलिक-उश-शर्क की उपाधि के कारण ही यहाँ का राजवंश शर्की कहलाया।
- इसके उत्तराधिकारी मुबारकशाह शर्की (1399-1402 ई.) ने कोई महत्त्वपूर्ण कार्य नहीं किया, परन्तु इसके उत्तराधिकारी इब्राहिम शर्की (1401-1440 ई.) ने सशक्त राज्य का निर्माण किया। कन्नौज विजय (1406 ई. में) इब्राहिम शर्की की सबसे महत्त्वपूर्ण विजय थी, जहाँ मुहम्मदशाह तुगलक का शासन था।
- इब्राहिम शाह शर्की (1401-1440 ई.) सुसंस्कृत कला एवं साहित्य का प्रेमी था। इसके काल में जौनपुर (पूर्व का शिराज) मुस्लिम विद्या का एक महत्त्वपूर्ण केन्द्र बन गया। उसने सिराज-ए-हिन्द की उपाधि धारण की थी।
- प्रसिद्ध अटाला मस्जिद का निर्माण 1408 ई. में इब्राहिम शाह शर्की के काल में पूर्ण हुआ। यह जौनपुर में स्थित है। यह पूर्व में प्रसिद्ध अटाला देवी मन्दिर था, जिसे कन्नौज के शासक विजयचन्द्र ने बनवाया था।

- इब्राहिम शर्की के उत्तराधिकारी महमूदशाह शर्की (1440-57 ई.), मुहम्मद शर्की (1457-58 ई.) तथा हुसैनशाह शर्की (1458-1479 ई.) का लगातार दिल्ली सल्तनत के साथ संघर्ष जारी रहा। जौनपुर पर जब बहलोल लोदी ने आक्रमण किया, तो हुसैनशाह ने भागकर बिहार में शरण ली। बहलोल लोदी ने जौनपुर पर विजय प्राप्त करके यहाँ का शासक अपने पुत्र बारबकशाह को नियुक्त किया।
- जामा मस्जिद जौनपुर का निर्माण हुसैनशाह शर्की ने 1470 ई. में किया था। 1483-84 ई. में जौनपुर को दिल्ली सल्तनत में मिला लिया गया।

मलिक मुहम्मद जायसी ने **पद्मावत** की रचना की, ये जौनपुर के निवासी थे।

मालवा

- अपने समृद्ध एवं उपजाऊ क्षेत्रों और अनुकूल जलवायु के कारण मालवा पर अधिकार करना हमेशा बहुमूल्य उपलब्धि माना जाता था। 1305 ई. में इस क्षेत्र पर अलाउद्दीन खिलजी ने अधिकार कर लिया था।
- मालवा की स्वतन्त्र सल्तनत की स्थापना (1401 ई.) हुसैन खाँ गौरी ने की थी, जिसे फिरोज तुगलक ने दिलावर खाँ की उपाधि प्रदान की। इसने धार को अपनी राजधानी बनाया।
- 1405 ई. में दिलावर खाँ के बाद उसका पुत्र अल्प खाँ हुशंगशाह की उपाधि धारण कर शासक बना। उसने अपनी राजधानी माण्डू को बनाया। इसने सभी सम्प्रदायों के प्रति सहिष्णुता की उदार नीति अपनाई। सूफी सन्त शेख बुरहानुद्दीन हुशंगशाह के गुरु थे। होशंगाबाद नगर की स्थापना भी हुशंगशाह द्वारा की गई थी। जैनों को मालवा का संरक्षण इसी के काल में दिया गया था, जिससे इस काल में व्यापार में अधिक विस्तार हुआ।
- महमूदशाह खिलजी (1436-1469 ई.) ने मालवा में खिलजी वंश की नींव रखी। यह हुशंगशाह के बेटे की हत्या कर गद्दी पर बैठा। यह हुशंगशाह का मन्त्री तथा योग्य शासक था। मैदिनी राय इसका प्रधानमन्त्री था। वह गुजरात के शासक अहमदशाह तथा मेवाड़ के शासक राणा कुम्भा का समकालीन था, मिस्र के खलीफा ने इसे सुल्तान स्वीकार किया था।
- 1443 ई. में महमूद ने चित्तौड़ पर आक्रमण किया। वहाँ का तत्कालीन शासक राणा कुम्भा था। चित्तौड़ का युद्ध अनिर्णायक था, क्योंकि दोनों ही पक्षों द्वारा विजयी होने का दावा किया गया। इस युद्ध में विजयस्वरूप राणा कुम्भा ने चित्तौड़ में विजय स्तम्भ बनवाया, जबकि महमूद खिलजी ने भी युद्ध में विजयी होने का दावा करते हुए माण्डू में सात मंजिलों वाला स्तम्भ बनवाया।
- माण्डू में एक महाविद्यालय तथा चिकित्सालय का निर्माण भी महमूदशाह ने करवाया था। ग्यासुद्दीन, महमूद खिलजी का पुत्र था, इसकी मृत्यु के पश्चात् वह 1469 ई. में गद्दी पर बैठा। माण्डू स्थित जहाज महल का निर्माण ग्यासुद्दीन खिलजी के समय किया गया था।
- महमूद द्वितीय (1511-1531 ई.) बड़ी विषम परिस्थितियों में सुल्तान बना था। इसने मुस्लिम अमीरों के षड्यन्त्रों से अपनी रक्षा के लिए चन्देरी के राजपूत शासक मेदिनी राय को अपना वजीर नियुक्त किया। 1531 ई. में गुजरात के शासक बहादुरशाह ने महमूद को पराजित कर मालवा को गुजरात राज्य में मिला लिया।
- अब्दुल खाँ के नेतृत्व में 1561-62 ई. में मालवा मुगल साम्राज्य के अन्तर्गत आ गया था। मालवा का अन्तिम शासक बाजबहादुर था।

गुजरात

- 1297 ई. में अलाउद्दीन खिलजी ने गुजरात के राजा कर्ण सिंह को पराजित कर गुजरात को दिल्ली सल्तनत में मिला लिया और इसे एक सूबा (इक्ता) बना लिया। मुहम्मद तुगलक द्वारा नियुक्त किए गए यहाँ के सूबेदार जफर खाँ ने तैमूर के आक्रमण के कारण उपजी अव्यवस्था का लाभ उठाकर स्वयं को स्वतन्त्र शासक घोषित कर दिया तथा स्वतन्त्र गुजरात राज्य की स्थापना की और इसे एक सूबा इक्ता बना लिया। 1407 ई. में जफर खाँ ने सुल्तान मुजफ्फरशाह की उपाधि धारण की।
- 1411 ई. में मुजफ्फरशाह की मृत्यु के बाद उसका पौत्र अहमदशाह शासक बना।
- अहमदशाह प्रथम को ही गुजरात वंश का वास्तविक संस्थापक माना जाता है। इसने 1413 ई. में अहमदाबाद नामक नगर की स्थापना की। इस नगर की स्थापना असावल के प्राचीन नगर के स्थान पर की गई थी। अहमदाबाद में प्रसिद्ध जामा-मस्जिद का निर्माण करवाया गया।
- अहमदशाह प्रथम ने हिन्दू तीर्थस्थल सिद्धपुर पर आक्रमण किया तथा वहाँ के अनेक मन्दिरों को नष्ट कर दिया। इसके काल में गुजरात के हिन्दुओं पर जजिया कर इसी के काल में लगाया गया था।
- महमूद बेगड़ा (1459-1511 ई.) यह 1459 ई. में सिंहासन पर बैठा। यह गुजरात का महानतम शासक सिद्ध हुआ। इसका शासनकाल भारत में क्रोस और क्रेसेण्ट के युद्ध के लिए स्मरणीय है। इसने तुर्की, मिस्र, फारस आदि देशों से घनिष्ठ कूटनीतिक सम्बन्ध बनाए।
- उसने गिरिनार एवं चम्पानेर की पहाड़ियों को जीता तथा गिरिनार पहाड़ियों की तलहटी में मुस्तफाबाद नामक नगर की स्थापना की। चम्पानेर के निकट मुहम्मदाबाद नगर की स्थापना भी इसके द्वारा की गई। गिरनार एवं चम्पानेर पहाड़ियों को जीतने के कारण उसे बेगड़ा की उपाधि मिली।
- इसने पुर्तगालियों की नौसेना से संघर्ष के लिए मिस्र के शासक से मित्रता भी की। उसके दरबारी कवि उदयराज द्वारा सुल्तान की प्रशंसा में महमूद चरित्र नामक ग्रन्थ लिखा गया, जो उसकी प्रशंसा से सम्बन्धित था।
- महमूद बेगड़ा ने चम्पानेर के निकट एक विशाल बाग-ए-फिरदौस (स्वर्गिक उपवन) की स्थापना की। स्वर्ण दान देने के कारण उसे जरबख्श भी कहा जाता था।
- बहादुरशाह (1526-1537 ई.) के काल में गुजरात की शक्ति अपनी पराकाष्ठा पर पहुँच गई थी। इसने 1531 ई. में मालवा को जीतकर गुजरात में मिला लिया तथा चितौड़ को भी लूट लिया। इसने बाबर व हुमायूँ दोनों से ही युद्ध किए। हुमायूँ एक बार मालवा व गुजरात जीतने में सफल भी रहा, परन्तु बाद में बहादुरशाह पुनः स्वतन्त्र हो गया।
- 1531 ई. में पुर्तगाली गवर्नर नीनो-द-कुन्हा ने गुजरात के शासनाधीन द्वीप पर आक्रमण कर दिया। इस आक्रमण का बदला लेने के लिए बहादुरशाह ने तुर्की नौसेना की सहायता से पुर्तगाली नौसेना को दीव में पूर्ण रूप से पराजित किया और पुर्तगालियों को युद्ध की क्षतिपूर्ति करने के लिए बाध्य किया। अतः 1537 ई. में पुर्तगालियों ने धोखे से बहादुरशाह की हत्या कर दी। अन्ततः अकबर द्वारा 1573 ई. में गुजरात पर अन्तिम रूप से अधिकार किया गया।

मेवाड़

- गहलोत राजवंश के अन्तर्गत मेवाड़ एक बहुत प्राचीन राज्य था, जिसकी राजधानी नागदा थी। दिल्ली सुल्तानों के आक्रमण के पश्चात् नई राजधानी चित्तौड़ हो गई। 1303 ई. में अलाउद्दीन ने मेवाड़ पर अधिकार कर लिया, किन्तु खिलजी वंश के पतनोपरान्त राजनीतिक अव्यवस्था का लाभ उठाकर सिसोदिया वंशीय हम्मीर देव (1318-1378) ने चित्तौड़ पर अधिकार कर लिया और सिसोदिया वंश की नींव रखी।
- हम्मीर देव के पश्चात् उसका पुत्र क्षेत्र सिंह गद्दी पर बैठा और उसने 1378 ई. से 1405 ई. तक शासन किया।
- 1420 ई. में मोकल शासक बना। मोकल ने एकलिंग मन्दिर के चारों ओर परकोटे का निर्माण तथा अनेक मन्दिरों का जीर्णोद्धार किया था।
- मोकल के पश्चात् 1433 ई. में राणा कुम्भा शासक बना, जो मालवा के महमूद खिलजी के समकालीन था। मालवा विजय के उपलक्ष्य में 1448 ई. में उसने चित्तौड़ में कीर्ति स्तम्भ (चित्तौड़ के शासक राणा कुम्भा की सैन्य विजय एवं उसकी शक्ति का प्रतीक है। यह 37 मी (121 फीट) ऊँचा और पाँच मंजिला स्तम्भ है।) का निर्माण कराया, जिसे हिन्दू देवशास्त्र के चित्रित कोश के नाम से भी जाना जाता है।
- मेवाड़ के कुल 84 किलों में से 36 किलों का निर्माण राणा कुम्भा ने करवाया। इसकी मृत्यु 1468 ई. में हुई।
- कुम्भा एक कुशल वीणावादक तथा महान संगीतकार था। उसने संगीतराज, संगीत मीमांसा, संगीत रत्नाकर आदि प्रसिद्ध ग्रन्थों की रचना की है।
- वह ज्ञान की विभिन्न विधाओं; जैसे—गणित, तर्कशास्त्र, धर्मशास्त्र, साहित्य, संगीत में प्रवीण था। उसने जयदेव के गीत गोविन्द पर रसिक प्रिया नामक टीका लिखी। वह एकलिंग महात्म्य के अन्तिम अध्याय का भी रचयिता था।
- 1527 ई. में मुगल बादशाह बाबर द्वारा खानवा के युद्ध में राणा सांगा पराजित हुआ। 1528 ई. में एक षड्यन्त्रकारी ने जहर देकर उसकी हत्या कर दी। जहाँगीर के काल में मेवाड़ को मुगल साम्राज्य में मिला लिया गया था।

मारवाड़

- मारवाड़ पर राठौर वंश का शासन था। राठौर प्राचीन राष्ट्रकूट या कन्नौज के गहड़वाल वंश से सम्बन्धित थे।
- चुन्द (1394-1425 ई.) ने मुस्लिम शासकों तथा राजपूत शासकों से युद्ध करके मारवाड़ राज्य की स्थापना कर जोधपुर को अपनी राजधानी बनाया। इसके पश्चात् क्रमश: कान्हा तथा सता मारवाड़ के शासक बने।
- सता को पदच्युत करके रणमल ने मारवाड़ पर सत्ता स्थापित की। मेवाड़ के सरदार द्वारा रणमल की हत्या के पश्चात् मेवाड़ व मारवाड़ के मध्य शत्रुता आरम्भ हो गई थी।
- जोधा, रणमल का उत्तराधिकारी था। इसके समय में राठौरों की राजनीतिक शक्ति बढ़ गई, जिसके फलस्वरूप राणा कुम्भा को मेवाड़ तथा मारवाड़ की सीमा निश्चित करने के लिए सन्धि करनी पड़ी थी। जोधपुर के दुर्ग का निर्माण जोधा के द्वारा करवाया गया था।
- बीकानेर की स्थापना राव जोधा के पुत्र राव बीकाजी द्वारा की गई। जोधा के उत्तराधिकारियों ने सातल, बीकानेर, मेड़ता आदि राज्यों में अर्द्ध स्वतन्त्र राज्य की स्थापना की थी।
- मारवाड़ का सबसे महान शासक मालदेव (1532-1562 ई.) था, जिसके शासनकाल में राठौरों की शक्ति अपनी चरम सीमा पर थी। उसने शेरशाह से भी संघर्ष किया, तत्पश्चात् शान्ति स्थापित की। मारवाड़ को अकबर ने अपने साम्राज्य में मिला लिया था।
- सूर्यवंशी कछवाहों के शासनकाल में जयपुर की राजधानी आमेर थी। यहाँ के शासक भारमल ने अकबर की अधीनता 1561 ई. में स्वीकार कर ली थी। भट्टी वंश के शासक राव जैसल ने जैसलमेर की स्थापना की थी।

बंगाल

- दिल्ली से बंगाल की भौगोलिक स्थिति एवं प्राकृतिक विभिन्नता के कारण बंगाल ने सदैव दिल्ली से स्वतन्त्र होने का प्रयास किया।
- बंगाल में तुगरिल खाँ का विद्रोह बलबन के काल में हुआ था, जिसमें तुगरिल खाँ को बलबन के पुत्र बुगरा खाँ ने पराजित किया। इसके पश्चात् बुगरा खाँ को बंगाल का सूबेदार नियुक्त किया गया था।
- बुगरा खाँ ने बलबन की मृत्यु के पश्चात् वहाँ स्वतन्त्र साम्राज्य स्थापित कर नासिरुद्दीन की उपाधि धारण की थी।
- ग्यासुद्दीन तुगलक ने बंगाल पर अपना आधिपत्य बनाए रखने के लिए उसे तीन सम्भागों में विभाजित कर उस पर नियन्त्रण स्थापित किया, जिसका कुछ भाग नासिरुद्दीन को भी प्राप्त हुआ।
- मुहम्मद तुगलक के शासनकाल में 1340 ई. में फखरुद्दीन मुबारकशाह ने स्वयं को सुल्तान घोषित कर बंगाल को एक स्वतन्त्र राज्य बनाया। इलियास शाह नामक एक अमीर ने 1345 ई. में बंगाल पर कब्जा कर लिया। उसने अपने राज्य का विस्तार पश्चिम में तिरहुत से चम्पारण और गोरखपुर एवं अन्तत: बनारस तक किया।
- इलियास शाह ने कामरूप राज्य पर भी अधिकार कर लिया था। 1350 ई. में उसने नेपाल को जीत लिया। 1353 ई. में फिरोज तुगलक ने इलियास के विरुद्ध असफल अभियान किया, जिसके परिणामस्वरूप मैत्री सन्धि के द्वारा कोसी नदी पर दोनों राज्यों की सीमा निर्धारित हुई।
- इलियास खाँ की मृत्यु के पश्चात् उसका पुत्र सिकन्दर शाह गद्दी पर आसीन हुआ और उसने पण्डुआ में अदीना मस्जिद (यह मस्जिद भारत के पश्चिम बंगाल के मालदा जिले में स्थित है।) का निर्माण करवाया।
- चीन से व्यापार के कारण चटगाँव एक समृद्ध बन्दरगाह बन गया था। पण्डुआ और गौड राजधानियों की सुन्दर इमारतों को सजाने का कार्य बंगाल के सुल्तानों द्वारा किया गया।
- अलाउद्दीन हुसैनशाह (1493-1519 ई.) बंगाल के सुल्तानों में सर्वाधिक श्रेष्ठ था। इसने खलीफतुल्ला की उपाधि धारण की थी। इसने 24 वर्षों तक शासन किया। इसने गौड़ के स्थान पर इकदाला को अपनी राजधानी बनाया। यह चैतन्य महाप्रभु के समकालीन था।
- हिन्दुओं के प्रति विशेष उदारता के कारण उसे कृष्ण का अवतार, नृपति तिलक और जगत भूषण आदि उपाधियाँ प्रदान की गईं। इसके काल में बांग्ला भाषा का विकास सर्वाधिक हुआ। छोटा सोना मस्जिद का निर्माण अलाउद्दीन हुसैनशाह के कार्यकाल में हुआ था। सत्यवीर आन्दोलन भी इसी के काल में हुआ था।

- नुसरतशाह 1518 ई. में हुसैनशाह की मृत्यु के पश्चात् बंगाल की गद्दी पर बैठा था। इसके शासनकाल में कदम रसूल मस्जिद तथा सोना मस्जिद का निर्माण किया गया था।
- शेरशाह ने 1538 ई. में इस वंश के अन्तिम शासक ग्यासुद्दीन महमूदशाह को पराजित कर सम्पूर्ण बंगाल पर अपना अधिकार स्थापित किया था। बंगाल को मुगल साम्राज्य में मिलाने का कार्य अकबर ने किया था। असम और उत्तरी बंगाल में युद्ध के कारण बंगाल की पश्चिम सीमा कामाख्या तथा पूर्व सीमा अहोम निर्धारित की गई थी।

उड़ीसा

- उड़ीसा (ओडिशा) पर मध्यकाल में तीन महान वंशों का शासन रहा—पूर्वी गंगवंश, सूर्यवंशी गजपति वंश तथा माई वंश। गंग वंश का एक महत्त्वपूर्ण शासक अवन्तिवर्मन चोड़ गंग (1076-1148 ई.) था। इसने जगन्नाथपुरी का मन्दिर बनवाया। 13वीं सदी में इसका उत्तराधिकारी नरसिंह वर्मन प्रथम हुआ। इसने जगन्नाथपुरी के निर्माण कार्य को पूर्ण करवाया।
- इसने ही कोणार्क के प्रसिद्ध सूर्य मन्दिर (यह मन्दिर भारत के ओडिसा राज्य के पुरी जिले में स्थित है। इसे वर्ष 1984 में यूनेस्को द्वारा विश्व धरोहर स्थल घोषित किया गया।) का निर्माण करवाया था। इसके दरबार का महान कवि विद्याधर था।
- नरसिंह वर्मन प्रथम को हम्मीरमद मर्दन की उपाधि विद्याधर ने ही दी थी। अलंकार शास्त्र व एकाबली संस्कृत ग्रन्थ की रचना विद्याधर द्वारा की गई थी।

> सूर्यवंशी गजपति वंश का संस्थापक **कपिलेन्द्र** (1435-1467 ई.) था। उसका साम्राज्य उत्तर में हुगली तथा दक्षिण में कावेरी नदी के तट तक विस्तृत था, जिसने बंगाल के शासक नासिरुद्दीन को हराकर **गौड़ेश्वर** की उपाधि धारण की थी।

- बंगाल पर सल्तनत काल में प्रथम बार आक्रमण ग्यासुद्दीन तुगलक के काल में हुआ था। फिरोजशाह तुगलक ने 1360 ई. में उड़ीसा पर आक्रमण कर जगन्नाथ मन्दिर को भी क्षतिग्रस्त किया था।
- उड़ीसा पर बहमनी, जौनपुर, कोण्डाविडु एवं विजयनगर साम्राज्य ने भी आक्रमण किया। बाबर ने 1526 ई. में उड़ीसा पर आक्रमण कर इसे कमजोर कर दिया था। बंगाल के अफगान शासकों ने 1568 ई. तक इस पर शासन किया था।

कश्मीर

- 1015 ई. में मीर कासिम तथा 1021 ई. में महमूद दोनों ने कश्मीर पर आक्रमण कर इसे जीतने की कोशिश की, परन्तु असफल रहे। 1320 ई. में मंगोल आक्रमण के द्वारा कश्मीर में मध्यकाल की शुरुआत हुई।
- कश्मीर में हिन्दू राजवंश की स्थापना 1286 ई. में सिंह देव द्वारा की गई थी। 1301 ई. में सूहादेव ने कश्मीर में सुदृढ़ हिन्दू राजवंश की स्थापना की।
- 1339-40 ई. में मन्त्री शाह मिर्जा अथवा शाहमीर नामक स्वात के सहकर्मी ने कश्मीर के सिंहासन पर अधिकार कर लिया और वहाँ मुस्लिम वंश (शाहमीर वंश) की स्थापना की। वह कश्मीर का पहला मुस्लिम शासक था।
- शाहमीर का उत्तराधिकारी उसका भाई शिहाबुद्दीन हुआ। इसे शाहमीर वंश का वास्तविक संस्थापक माना जाता है। इसने 13 वर्षों तक शासन किया व अपनी राजधानी इन्द्रकोट से हटाकर वर्तमान श्रीनगर (अलाउद्दीनपुर) में स्थापित की।
- इसके पश्चात् 1398 ई. में सिकन्दर शाह (1389 से 1413 ई.) शासक बना। इसके काल में तैमूर का आक्रमण हुआ। सिकन्दर एक क्रूर शासक था, जिसके शासनकाल में बहुत से हिन्दुओं को मुस्लिम बनाया गया।
- इसी के शासनकाल में बहुत से हिन्दुओं को कश्मीर घाटी छोड़ने का आदेश दिया गया। इसके उत्तराधिकारी अलीशाह ने इसी की धर्मान्ध नीति को जारी रखा।
- सूफी सन्त सैयद अली हमदानी का पुत्र सैयद मुहम्मद हमदानी सिकन्दर शाह के काल में कश्मीर आया था, जिसके सम्मान में उसने शाह-ए-हमदान मस्जिद का निर्माण करवाया था।
- सुल्तान जैन-उल-आबिदीन (1420-1470 ई.) कश्मीर का सुप्रसिद्ध शासक था, जिसने कश्मीर में शान्ति निर्माण का कार्य किया।
- जैन-उल-आबिदीन को कश्मीर का अकबर एवं मूल्य नियन्त्रित व्यवस्था स्थापित करने के कारण कश्मीर का अलाउद्दीन खिलजी भी कहा जाता है। जैन-उल-आबिदीन ने जजिया कर समाप्त किया और गौ-हत्या को निषिद्ध कर दिया तथा हिन्दुओं की भावनाओं का आदर करते हुए सती प्रथा से भी प्रतिबन्ध हटा दिया।
- वह कश्मीरी, फारसी, संस्कृत और अरबी भाषा का विद्वान था। वह कुतुब उपनाम से फारसी में कविताएँ लिखता था।
- जैन-उल-आबिदीन के आदेश पर महाभारत एवं राजतरंगिणी का फारसी में अनुवाद किया गया। वह संगीत प्रेमी था।
- उसने वुलर झील में जैना लंका नामक द्वीप का निर्माण करवाया तथा शिकायतनामा ग्रन्थ की रचना की। उसके कल्याणकारी कार्यों हेतु उसे बडशाह (महान सुल्तान) कहा जाता है।

अहोम

- असम के उत्तरी-पूर्वी क्षेत्र में अहोम राज्य स्थापित था। अहोम मंगोलॉयड नस्ल के लोग थे, जो चीन की महान ताई जनजाति से सम्बन्धित थे। ये 1228 ई. में सुखाया के नेतृत्व में भारत आए।
- अहोमों का बंगाल के शासकों तथा कालान्तर में मुगलों से भी संघर्ष चलता रहा, किन्तु इनके राज्य का अस्तित्व बना रहा।
- सुहंगमंग (1497-1539 ई.) इस वंश का महानतम शासक था। इसके शासनकाल में वैष्णव सन्त शंकरदेव द्वारा प्रसारित वैष्णव धर्म का प्रभाव बढ़ रहा था, जिसके फलस्वरूप इसने वैष्णव धर्म अपना लिया और अपना नाम स्वर्गनारायण रख लिया।
- कामरूप अहोम राज्य के पश्चिम में स्थित था। इसे कामत नाम से भी जाना जाता है। यहाँ की राजधानी कामतापुर थी। यहाँ पर स्वेन वंश का शासन था, जिसका सर्वश्रेष्ठ शासक नीलाम्बर (1480-1498 ई.) था।

सल्तनत के पतन के पश्चात् दक्कन में उदित होने वाले दो महान साम्राज्य विजयनगर तथा बहमनी राज्य थे। इन राज्यों ने 200 वर्षों से अधिक समय तक दक्षिण भारत पर शासन किया। इन दोनों राज्यों के मध्य रायचूर दोआब को लेकर लम्बा संघर्ष हुआ।

अध्याय उन्नीस

विजयनगर और बहमनी साम्राज्य

विजयनगर साम्राज्य

- विजयनगर साम्राज्य की स्थापना चौदहवीं शताब्दी में की गई थी। यह अपने चरमोत्कर्ष पर उत्तर में कृष्णा नदी से लेकर प्रायद्वीप के सुदूर दक्षिण तक फैला हुआ था।
- वर्तमान समय में इसे हम्पी (कर्नाटक) नाम से जाना जाता है, जो यहाँ की स्थानीय मातृदेवी पम्पादेवी के नाम से व्युत्पन्न हुआ था, जो भगवान विरुपाक्ष (शिव) की पत्नी हैं।
- हम्पी के भग्नावशेष 1800 ई. में ईस्ट इण्डिया कम्पनी के अभियन्ता तथा पुराविद् कर्नल कॉलिन मैकेंजी द्वारा प्रकाश में लाए गए थे। उन्होंने इस स्थान का पहला सर्वेक्षण मानचित्र तैयार किया।

विजयनगर साम्राज्य

संगम वंश	सालुव वंश	तुलुव वंश	अराविडु
हरिहर प्रथम	नरसिंह सालुव	कृष्णदेव राय	तिरुमल राय
बुक्का प्रथम	इम्मादि नरसिंह	अच्युतदेव राय	वेंकट द्वितीय
हरिहर द्वितीय	वीर नरसिंह	सदाशिव राय	श्रीरंग तृतीय
देवराय प्रथम			
देवराय द्वितीय			

संगम वंश के शासक

संगम वंश के शासक निम्नलिखित हैं

हरिहर प्रथम (1336-1356 ई.)

- यह संगम वंश का प्रथम शासक था, जो 1336 ई. में विजयनगर साम्राज्य की गद्दी पर बैठा। इसने अपने शासन काल के सातवें वर्ष में अपनी राजधानी अनेगोण्डी से विजयनगर (हम्पी) स्थानान्तरित की। 1346 ई. तक होयसल का सम्पूर्ण प्रदेश विजयनगर में मिला लिया गया।
- इसके काल में 1347 ई. मे कदम्ब प्रदेश को विजयनगर साम्राज्य में मिला लिया गया। इसके कार्यकाल में विजयनगर साम्राज्य उत्तर में कृष्णा नदी से दक्षिण में कावेरी नदी तक विस्तृत था।
- इस प्रकार आरम्भ में विजयनगर राज्य व्यवस्था एक सहकारी राज्य व्यवस्था (को-ऑपरेटिव कॉमनवेल्थ) थी। हरिहर प्रथम ने इस साम्राज्य की स्थापना की और इसी ने अत्यधिक सीमा तक अपनी प्रशासनिक प्रणाली की रूपरेखा भी तैयार की।
- हरिहर प्रथम द्वारा महाराजाधिराज की उपाधि धारण नहीं की गई, क्योंकि इसका साम्राज्य चारों ओर से शत्रुओं से घिरा हुआ था।
- 1355 ई. में हरिहर प्रथम की मृत्यु हो गई।

बुक्का प्रथम (1356-1377 ई.)

- हरिहर प्रथम के बाद बुक्का प्रथम शासक बना। बुक्का प्रथम को राजसिंहासन का अवलम्ब कहा जाता है।
- इसके शासनकाल में विजयनगर साम्राज्य उत्तर में तुंगभद्रा घाटी से दक्षिण में तमिल और चोल साम्राज्य तक फैला हुआ था। इसने वेदमार्ग प्रतिष्ठापक की उपाधि ग्रहण की थी।
- बुक्का प्रथम के पुत्र कुमारकम्पन को मदुरा क्षेत्र की विजय के लिए भेजा गया था, जिसमें उसे सफलता मिली और मदुरा क्षेत्र को बुक्का प्रथम के समय में ही विजयनगर साम्राज्य में मिला लिया गया। इस विजय की चर्चा कुमारकम्पन की पत्नी गंगादेवी की कृति मदुरै विजयम में की गई है।
- 1367 ई. में बुक्का प्रथम ने विवादास्पद तुंगभद्रा दोआब में मुदकल किले पर आक्रमण कर वहाँ की रक्षावाहिनी के एक व्यक्ति को छोड़कर

शेष सभी को मौत के घाट उतार दिया। जब इसकी जानकारी बहमनी सुल्तान मुहम्मदशाह प्रथम को मिली, तो बहमनी सुल्तान ने विजयनगर साम्राज्य पर आक्रमण किया, जिसमें विजयनगर का राजा पराजित हुआ। इस युद्ध से हमें पहली बार दोनों ओर से तोपों के प्रयोग की जानकारी मिलती है।

- इसने भी महाराजा की उपाधि धारण नहीं की, हालाँकि साहित्यकारों ने इसे तीन समुद्रों का स्वामी कहा है। अपनी वैदेशिक नीति का विस्तार करने हेतु बुक्का प्रथम ने एक शिष्टमण्डल चीन भेजा था।

हरिहर द्वितीय (1377-1406 ई.)

- बुक्का प्रथम के मरणोपरान्त हरिहर द्वितीय 1377 ई. में संगम वंश का शासक बना। इसने प्रथम बार महाराजाधिराज तथा राजपरमेश्वर की उपाधियाँ धारण कीं।
- विरुपाक्ष का उपासक होने के पश्चात् भी इसने वैष्णव, जैनियों और शैवों को भी संरक्षण दिया। इसने श्रीलंका पर अधिकार कर वहाँ के राजा से राजस्व वसूल किया। इसकी एक बड़ी सफलता बहमनी राज्य से गोवा और बेलगाँव का क्षेत्र जीतना था।
- गोवा और बेलगाँव के अतिरिक्त इसने चोल एवं खरपट्टन पर भी अधिकार स्थापित कर लिया। हरिहर द्वितीय ने कनारा, मैसूर, त्रिचनापल्ली तथा काँची पर भी विजय प्राप्त की। साम्राज्य विस्तार की आकांक्षा में इसने श्रीलंका पर भी आक्रमण किया।
- माधव विद्यारण्य का भाई सायण हरिहर द्वितीय का प्रधानमन्त्री था। हरिहर द्वितीय ने माधव विद्यारण्य को सर्वोच्च प्रकाश का अवतार कहा है। इसके सेनापति इरूगपा ने नानर्थरत्नमाला की रचना की थी।
- हरिहर द्वितीय ने अपने भाइयों के बदले पुत्रों को गवर्नर बनाया, जो एक नई परम्परा की शुरुआत थी।
- सुदूर दक्षिण तक विजयनगर साम्राज्य के विस्तार का श्रेय हरिहर द्वितीय को ही जाता है।
- हरिहर द्वितीय की मृत्यु (1406 ई.) के पश्चात् उसके उत्तराधिकारियों की लड़ाई में देवराय प्रथम सफल रहा था।

देवराय प्रथम (1406-1422 ई.)

- हरिहर द्वितीय के पश्चात् देवराय प्रथम शासक हुआ। इसका बहमनी सुल्तान फिरोजशाह के साथ युद्ध हुआ, जिसमें देवराय प्रथम पराजित हुआ।
- पराजय के कारण उसे अपनी पुत्री का विवाह फिरोजशाह से करना पड़ा तथा दहेज के रूप में बाँकापुर भी बहमनी सुल्तान को देना पड़ा, इस युद्ध को सोनार की पुत्री के युद्ध के नाम से जाना जाता है।
- बाद में देवराय प्रथम ने वारंगल के शासक को खरेला का राज्य मिलकर बाँट लेने का प्रलोभन देकर अपने पक्ष में कर लिया। तत्पश्चात् देवराय प्रथम ने फिरोजशाह को पराजित कर दिया। इसके पश्चात् विजयनगर साम्राज्य में कृष्णा नदी के तट के रेड्डी क्षेत्र को शामिल किया गया था।
- तुर्की धनुर्धरों को अपनी सेना में शामिल करने वाला देवराय प्रथम पहला शासक था। 1410 ई. में देवराय प्रथम ने तुंगभद्रा नदी पर बाँध बनवाया तथा उससे नहरें निकलवाईं, जिसके फलस्वरूप राजधानी में जल का अभाव समाप्त हो गया।
- सिंचाई के प्रयोजनों से उसने हरिद्रा नदी पर भी एक बाँध बनवाया। देवराय प्रथम के दरबार को हरविलासम् के रचयिता प्रसिद्ध तेलुगू कवि श्रीनाथ सुशोभित करते थे।
- देवराय प्रथम के शासनकाल में प्रसिद्ध इतालवी (इटली का) यात्री निकोलो कोण्टी ने विजयनगर की यात्रा की।
- देवराय प्रथम की मृत्यु के पश्चात् वीर विजय एवं रामचन्द्र कुछ समय के लिए शासक बने। इसके बाद देवराय द्वितीय शासक बना।

देवराय द्वितीय (1422-1446 ई.)

- देवराय प्रथम के बाद देवराय द्वितीय शासक हुआ। इसने इम्मादि देवराय या महान देवराय की उपाधि धारण की। हिन्दू पौराणिक आख्यानों के अनुसार, सामान्य जन उसे इन्द्र का अवतार मानते थे। उसके अभिलेखों में उसके लिए गजबेटकर की उपाधि (हाथियों का शिकारी) का उल्लेख मिलता है।
- अपनी सेना को शक्तिशाली बनाने के लिए इसने सेना में मुस्लिमों की भर्ती की तथा उन्हें जागीरें प्रदान कीं, जिससे बहमनियों से बराबरी की जा सके।
- इसी के समय फारस (ईरान) का दूत अब्दुर्रज्जाक विजयनगर भ्रमण के लिए आया, जिसे ईरान के शासक मिर्जा शाहरुख ने अपने दूत के रूप में भेजा था।
- पुर्तगाली यात्री नूनिज के अनुसार, देवराय द्वितीय को श्रीलंका, क्विलोन, पुलीकट, पेगु, तेनसरीम आदि के राजाओं से कर मिलता था। यह स्वयं विद्वान था तथा विद्वानों का महान संरक्षक भी था। इसने दो संस्कृत ग्रन्थों महानाटक सुधानिधि एवं बादरायण के ब्रह्मसूत्र पर टीका लिखी।
- 1446 ई. में देवराय की मृत्यु के बाद संगम वंश का पतन आरम्भ हुआ। देवराय द्वितीय का उत्तराधिकारी मल्लिकार्जुन था।
- मल्लिकार्जुन प्रौढ़ देवराय के नाम से जाना जाता है। इसने भी गजबेटकर की उपाधि धारण की थी। इसके समय चीनी यात्री माहुआन (1451 ई.) विजयनगर आया था।
- विरुपाक्ष द्वितीय संगम वंश का अन्तिम शासक था। इसके पश्चात् चन्द्रगिरी के गवर्नर सालुव नरसिंह द्वारा सालुव वंश की स्थापना की गई थी।

सालुव वंश (1485-1505 ई.)

- संगम वंश के अन्तिम शासक विरुपाक्ष द्वितीय को पराजित करके नरसिंह सालुव राजसिंहासन पर बैठा। इस घटना को प्रथम बलापहार कहा जाता है। इसका शासनकाल 1485-90 ई. तक था।
- इसने विजयनगर राज्य के उन क्षेत्रों को पुन: प्राप्त कर लिया, जो संगम वंश के समय बहमनी और उड़ीसा द्वारा हड़प लिए गए थे।
- 1490 ई. में सालुव नरसिंह की मृत्यु के बाद उसका अल्पवयस्क पुत्र इम्मादि नरसिंह (1490-1505 ई.) शासक बना, जिसका संरक्षक नरसा नायक था।
- 1505 ई. में नरसा नायक के पुत्र वीर नरसिंह ने सालुव नरेश की हत्या करके स्वयं सिंहासन पर अधिकार कर लिया और तुलुव वंश की स्थापना की। इस घटना को द्वितीय बलापहार कहा जाता है।

तुलुव वंश (1505-1565 ई.)

- इस वंश के शासकों ने 60 वर्षों तक शासन किया। इसकी स्थापना वीर नरसिंह तुलुव द्वारा की गई थी।
- वीर नरसिंह द्वारा भुजबल की उपाधि धारण की गई। इसने विवाह कर को हटाकर एक उदारनीति आरम्भ की।

कृष्णदेव राय (1509-1529 ई.)

- वीर नरसिंह की मृत्यु के बाद उसका सौतेला भाई कृष्णदेव राय गद्दी पर बैठा।
- 1509 ई. में बहमनी के प्रमुख सरदार बीदर में एकत्र हुए और सुल्तान महमूद द्वितीय के साथ मिलकर कृष्णदेव राय के राज्य पर आक्रमण किया, परन्तु इन्हें वापस लौटना पड़ा। कृष्णदेव राय ने भागती हुई सेनाओं विशेषकर यूसुफ आदिलशाह की सेनाओं को पराजित किया। कोविलकोण के निकट आदिलशाह और कृष्णदेव राय में लड़ाई हुई, जिसमें आदिलशाह मारा गया।
- 1512 ई. में कृष्णदेव राय ने बीजापुर को पराजित करके सम्पूर्ण रायचूर दोआब पर अधिकार कर लिया। उसने बीजापुर शासक शाह इस्माइल को एदोनी के युद्ध में पराजित किया।
- कृष्णदेव राय ने 1513 ई. में उड़ीसा के शासक गजपति रुद्रदेव को पराजित कर दिया तथा उदयगिरि पर अधिकार कर लिया। गजपति शासक प्रताप रुद्रदेव ने अपनी पुत्री का विवाह कृष्णदेव राय के साथ किया था।
- कृष्णदेव राय ने 1520 ई. में गोलकुण्डा को पराजित कर वारंगल पर अधिकार कर लिया।
- कृष्णदेव राय ने पुर्तगालियों से मित्रतापूर्ण सम्बन्ध रखे थे। इसके प्रतिफल में पुर्तगालियों द्वारा समुद्री नौसेना का विकास कर गोवा को अपने क्षेत्र में शामिल किया।
- कृष्णदेव राय ने पुर्तगालियों को भटकल में किला बनाने की अनुमति दी थी और उनसे बन्दूकें व अरबी घोड़े भी लिए, रायपुर को जीतने के लिए पुर्तगाली तोपों का उपयोग किया।
- कृष्णदेव राय का शासनकाल तेलुगू साहित्य का स्वर्ण काल माना जाता है। उसने प्रसिद्ध तेलुगू ग्रन्थ अमुक्तमाल्यद (मोतियों की माला) की रचना की। इस ग्रन्थ में राजनीतिक विचारों एवं प्रशासनिक नीतियों का विवेचन किया गया है।
- कृष्णदेव राय ने संस्कृत भाषा में जाम्बवतीकल्याणम् नामक ग्रन्थ की रचना की थी। आन्ध्र पितामह एवं अभिनव भोज की उपाधि ग्रहण की। उसके दरबार में अष्टदिग्गज निवास करते थे।
- कृष्णदेव राय को उसकी सांस्कृतिक उपलब्धियों के कारण आन्ध्रभोज कहा जाता है।
- कृष्णदेव राय ने अपनी माता नांगला देवी के नाम पर नांगलापुर नामक नगर की स्थापना की थी। उसने अपनी पत्नी की याद में हास्पेट नामक नगर बसाया था।
- उसके समय पुर्तगाली यात्री बारबोसा तथा द्वितीय पुर्तगाली यात्री डोमिंगो पायस ने विजयनगर साम्राज्य की यात्रा की तथा कुछ समय तक कृष्णदेव राय के दरबार में ही रहे। डोमिंगो पायस ने कृष्णदेव राय को एक महान शासक और न्यायप्रिय राजा के नाम की उपाधि दी।
- बाबर ने अपनी आत्मकथा बाबरनामा में कृष्णदेव राय को भारत का सर्वाधिक शक्तिशाली शासक बताया है। कृष्णदेव राय ने विट्ठल स्वामी तथा हजारा मन्दिर का निर्माण कराया। 1529 ई. में कृष्णदेव राय की मृत्यु हो गई।

अच्युतदेव राय (1529-1542 ई.)

- कृष्णदेव राय की मृत्यु के पश्चात् उसका सौतेला भाई अच्युतदेव राय सिंहासन पर बैठा था। अच्युतदेव राय ने नायकों पर प्रभाव जमाने के लिए महामण्डलेश्वर नामक एक नए अधिकारी की नियुक्ति की।
- पुर्तगालियों ने तूतीकोरिन के मोती उत्पादन क्षेत्रों पर अधिकार इसी के काल में किया था। पुर्तगाली यात्री नूनिज (घोड़े का व्यापारी) इसी के काल में भारत आया था, जिसने अपनी पुस्तक क्रानिकल ऑफ नूनिज में विजयनगर का विस्तृत वर्णन किया है।

सदाशिव राय (1542-1570 ई.)

- यह 1543 ई. में गद्दी पर बैठा और 1567 ई. तक शासन किया।
- यह तुलुव वंश का अन्तिम शासक था। इसके शासनकाल में वास्तविक शक्ति इसके मन्त्री रामराय के हाथों में थी। रामराय ने बहमनी राज्य के खण्डों से बने हुए 5 मुस्लिम राज्यों–बीजापुर, गोलकुण्डा, अहमदनगर, बरार और बीदर में परस्पर फूट डालने तथा एक-दूसरे के विरुद्ध सहायता देने की नीति अपनाई, जिसके फलस्वरूप तालीकोटा का युद्ध हुआ, जिसमें विजयनगर की हार हुई और इस महान साम्राज्य के पतन का मार्ग प्रशस्त हुआ।

विजयनगर साम्राज्य का पतन

कृष्णदेव राय के शासनकाल के दौरान, राज्य अपने चरम पर पहुँच गया। 1529 ई. में कृष्णदेव राय का छोटा सौतेला भाई अच्युतदेव राय सिंहासन पर बैठा। 1542 ई. में उसके निधन के बाद, अच्युतराय के युवा भतीजे सदाशिव राय को राजा बनाया गया और कृष्णदेव राय का दामाद आलियाराम राय कार्यवाहक बन गया।

अराविडु वंश (1570-1652 ई.)

- इस वंश की स्थापना 1570 ई. के आस-पास तिरुमल ने पेनुकोण्डा में की थी। यह दक्षिण भारत के विजयनगर साम्राज्य का चौथा और अन्तिम वंश था। इसी वंश के वेंकट द्वितीय ने चन्द्रगिरि को अपना मुख्यालय बनाया।
- इस वंश का अन्तिम शासक श्रीरंग तृतीय था, जिसके शासनकाल में तंजौर, मैसूर तथा मदुरै राज्यों का स्वतन्त्र निर्माण हुआ। इसके बाद विजयनगर साम्राज्य भिन्न-भिन्न भागों में बँट गया।

तालीकोटा का युद्ध

- राम राय की सेना और गोलकुण्डा, बीदर, अहमदनगर और बीजापुर की चार दक्कन सल्तनतों के बीच 23 जनवरी, 1565 में एक भीषण युद्ध लड़ा गया था। इसे तालीकोटा का युद्ध या बन्नी हट्टी का युद्ध या राक्षस तंगड़ी के युद्ध के नाम से भी जाना जाता है।
- इस युद्ध में विजयनगर की भीषण हार हुई और राम राय मारा गया, हालाँकि विजयनगर साम्राज्य की राजशाही नष्ट नहीं हुई। राम राय के भाई तिरुमाला ने पेनुकोण्डा में सत्ता स्थापित की।

विजयनगर की शासन पद्धति

विजयनगर साम्राज्य अपनी शासन एवं प्रशासन विशिष्टता के लिए भी प्रसिद्ध था। इसके प्रशासन की मुख्य विशेषताओं का वर्णन निम्नलिखित है

केन्द्रीय प्रशासन

- विजयनगर में राजा (राय) का पद सर्वोच्च होता था। राजा सैनिक एवं असैनिक प्रशासन दोनों का प्रधान होता था। राजा के चयन में मन्त्रियों तथा सेनानायकों की महत्त्वपूर्ण भूमिका होती थी।
- इस काल में न्यायाधीश का कार्य भी राजा के द्वारा किया जाता था। न्यायिक व्यवस्था के अन्तर्गत धर्मनिरपेक्ष नीति को अपनाया जाता था।
- चोल नरेशों की भाँति विजयनगर के नरेश भी अपने जीवनकाल में ही युवराज नियुक्त कर देते थे। उनकी नियुक्ति के बाद उनका अभिषेक किया जाता था, जिसे युवराज पट्टाभिषेकम् कहते थे।
- कृष्णदेव राय द्वारा रचित अमुक्तमाल्यदा पुस्तक में राजा और प्रजा के सम्बन्धों में विस्तृत चर्चा की गई है।
- विजयनगर के केन्द्रीय प्रशासन में तीन प्रकार की उच्च स्तरीय परिषदें होती थीं—राजपरिषद्, सामान्य परिषद्, मन्त्रिपरिषद्।
- राजपरिषद् का मुख्य कार्य राजा को सलाह देना था। राजपरिषद् के सदस्यों में प्रान्तपति, अधीनस्थ सामन्त, नायक तथा व्यापारिक निगमों के प्रतिनिधि शामिल थे।
- राजपरिषद् के बाद केन्द्र में मन्त्रिपरिषद् होती थी। प्रधानमन्त्री, उपमन्त्री, विभागों के अध्यक्ष तथा राजा के कुछ निकट सम्बन्धी इसके सदस्य होते थे।
- मन्त्रिपरिषद के प्रमुख अधिकारी प्रधानी या महाप्रधानी कहलाते थे। इसके अध्यक्ष को सभानायक कहा जाता था।
- राजा की मन्त्रिपरिषद् में 20 सदस्य होते थे, इन मन्त्रियों की बैठक एक हॉल में होती थी, जिसे वेंकटविलासमानप कहा जाता था।
- प्रधानमन्त्री को प्रधानी एवं मन्त्रियों को दण्डनायक कहा जाता था। यद्यपि ब्राह्मणों को शासन में ऊँचे पद प्राप्त थे तथा उनका अधिक प्रभाव था। मन्त्री केवल उनके वर्ग से ही नहीं, बल्कि क्षत्रियों एवं वैश्यों के वर्गों से भी भर्ती किए जाते थे।
- मन्त्री का पद कभी-कभी वंशानुगत तथा कभी-कभी चुनाव पर निर्भर था। राजा परिषद् के परामर्श को मानने के लिए बाध्य नहीं था। कभी-कभी महत्त्वपूर्ण मन्त्रियों को भी दण्डित किया जाता था।

सचिवालय

- विदेशी यात्री अब्दुर्रज्जाक तथा नूनिज दोनों ही एक प्रकार के सचिवालय के अस्तित्व की ओर संकेत करते हैं, जिसमें रायसम (सचिव) एवं कर्णिम (लेखापाल) होते थे।
- रायसम नामक अधिकारी राजा के मौखिक आदेशों को अभिलेखित करता था। राज्य के अन्य अधिकारियों में प्रमुख कोषाध्यक्ष, जवाहरात के संरक्षक, राज्य के व्यापारिक हित की रक्षा करने वाला अधिकारी, पुलिस के अधिकारी, जिसका काम अपराधों को रोकना तथा नगर में व्यवस्था बनाए रखना था।
- अश्व का प्रमुख अध्यक्ष तथा अन्य छोटे अधिकारी; जैसे—राजा के स्तुति-गायक भाट, ताम्बूल-वाही अथवा राजा के व्यक्तिगत सेवक, दिनपत्री प्रस्तुत करने वाले, नक्काशी करने वाले, अभिलेखों के रचयिता आदि शामिल थे।

प्रान्तीय प्रशासन

- प्रशासनिक सुविधा की दृष्टि से विजयनगर साम्राज्य को प्रान्तों में विभाजित किया गया था। इनके विभाजन का क्रम था—राज्य या मण्डलम, कोट्टम या वलनाडु, नाडु, मेलाग्राम, उर या ग्राम। प्रान्तों की संख्या निरन्तर परिवर्तित होती रहती थी। कृष्णदेव राय के काल में प्रान्तों की संख्या सबसे अधिक थी।
- एच. कृष्ण शास्त्री के मतानुसार साम्राज्य छः प्रमुख प्रान्तों में विभक्त था। प्रत्येक प्रान्त एक राजप्रतिनिधि अथवा नायक के अधीन था, जो राजपरिवार का सदस्य अथवा राज्य का प्रभावशाली सरदार अथवा पुराने शासक परिवारों का कोई वंशज हो सकता था।
- प्रत्येक राजप्रतिनिधि अपने अधिकार क्षेत्र में नागरिक, सैनिक तथा न्याय-सम्बन्धी शक्तियों का उपयोग किया करता था, परन्तु उसे केन्द्रीय सरकार को अपने प्रान्त की आय तथा व्यय का नियमित हिसाब पेश करना पड़ता था तथा आवश्यकता पड़ने पर उसे (केन्द्रीय सरकार को) सैनिक सहायता भी देनी पड़ती थी।
- यदि राजप्रतिनिधि विश्वासघाती सिद्ध होता अथवा लोगों को परेशान करता था, तो राजा द्वारा कठोर दण्ड का भागी बनता था। यदि वह अपनी आय का तिहाई भाग राज्य (केन्द्र) के पास नहीं भेजता, तो राज्य (केन्द्र) उसकी सम्पत्ति जब्त कर सकता था।
- यद्यपि नायक साधारणतया लोगों से राजस्व इकट्ठा करने में कठोर होते थे, परन्तु वे खेती को प्रोत्साहन देने, नए गाँव स्थापित करने, धर्म की रक्षा करने तथा मन्दिर और अन्य भवन बनवाने जैसे परोपकारी कार्य करने में असावधान नहीं थे। जबकि दक्षिणी भारत में सत्रहवीं एवं अठारहवीं शताब्दी में विजयनगर की शक्ति सदैव के लिए गायब हो चुकी थी, जिसके कारण अव्यवस्था उत्पन्न हो गई, उसके लिए वे स्वयं उत्तरदायी थे।

नायंकर व्यवस्था

- विजयनगर साम्राज्य की विशिष्ट व्यवस्था नायंकर व्यवस्था थी। इस प्रणाली का वर्णन नायकट्टनम (तमिल), नायकटनम (कन्नड़) और नयनकरमु (तेलुगू) शिलालेखों में किया गया है।
- पुर्तगाली लेखक नूनिज और पायस ने नायंकर व्यवस्था का अध्ययन किया है। उनके विचार में नायक बड़े-बड़े सामन्त होते थे। इन नायकों को केन्द्र में दो प्रकार के सम्पर्क अधिकारी रखने पड़ते थे। इनमें से एक अधिकारी राजधानी में स्थित नायक की सेना का सेनापति होता था और दूसरा सम्बन्धित नायक का प्रशासनिक एजेण्ट होता था, जिसे स्थानापति कहा जाता था।
- इस व्यवस्था के अनुसार अधिकांश भूमि नायकों (भूमि स्वामियों) के बीच वितरित की गई थी। वे शान-शौकत से रहते थे और अपनी सुरक्षा के लिए किले बनवाते थे, छोटे सिक्के जारी करते थे, दरबार लगाते थे।
- उनका कोई निश्चित कार्यकाल नहीं होता था, उनका कार्यकाल उनकी योग्यता और शक्ति पर निर्भर करता था।

- नायकों ने राजस्व का आधा हिस्सा केन्द्रीय सरकार को दिया और शेष राशि का उपयोग वे प्रशासन, सैन्य और अन्य धर्मार्थ कार्यों के लिए करते थे।
- नायंकर व्यवस्था के कारण विजयनगर साम्राज्य कमजोर पड़ गया। नायकों पर नियन्त्रण के लिए महामण्डलेश्वर या विशेष कमिश्नरों की नियुक्ति की जाती थी। पहली बार इसकी नियुक्ति अच्युतदेव राय के समय हुई।
- विजयनगर साम्राज्य के अन्तिम चरण में और विजयनगर साम्राज्य के अन्त के बाद, वे नायक राज्य स्वतन्त्र राज्यों के रूप में उभरे।

अमर-नायक

- यह विजयनगर साम्राज्य का एक प्रमुख राजनीतिक नवाचार था। अमर-नायक या पोलिगर वे सैन्य कमाण्डर थे, जिन्हें राय द्वारा शासन करने के लिए क्षेत्र दिए गए थे। वे क्षेत्र के किसानों, शिल्पकारों और व्यापारियों से कर और अन्य शुल्क एकत्र करते थे।
- वे राजस्व का एक हिस्सा निजी उपयोग के लिए तथा घोड़ों और हाथियों की एक निर्धारित टुकड़ी के रख-रखाव के लिए रखते थे, जिससे राजाओं को एक प्रभावी लड़ाकू बल मिलता था। राजस्व का कुछ हिस्सा मन्दिरों के रख-रखाव और सिंचाई कार्यों के लिए उपयोग किया जाता था।

स्थानीय प्रशासन

- विजयनगर के शासकों ने अपने पूर्वगामियों से एक स्वस्थ एवं प्रबल स्थानीय शासन-प्रणाली प्राप्त की। हालाँकि इस काल में उसकी स्थिति नायंकर प्रणाली के कारण बहुत कमजोर हो गई थी। इस काल में स्थानीय प्रशासन में आयंगर व्यवस्था प्रभावी हो गई।

आयंगर व्यवस्था

- आयंगर व्यवस्था ग्रामीण प्रशासन से जुड़ी व्यवस्था है। गाँवों की वास्तविक शक्ति 12 ग्रामीण अधिकारियों के हाथों में चली गई। ये प्रशासनिक अधिकारी आयंगर कहलाते थे।
- इनका पद पैतृक या वंशानुगत होता था। इन अधिकारियों के पदों की खरीद-बिक्री भी होती थी। इनका वेतन भूमि के रूप में या कृषि की उपज के एक अंश के रूप में दिया जाता था। इस प्रकार आयंगर प्रशासनिक अधिकारियों का सामूहिक नाम था। इन अधिकारियों में निम्नलिखित प्रमुख थे

आयंगर अधिकारी

सेनतेओबा	गाँव का हिसाब रखने वाला (लेखाकार अर्थात कर्णिक)
तलर	गाँव का चौकीदार
वंगार निरीक्षक	बलपूर्वक परिश्रम का कार्य कराने वाला अधीक्षक
निरनिक्कर	जलापूर्ति करने वाला तथा सिंचाई व्यवस्था की देखभाल
महानायकाचार्य	राजा इस अधिकारी के माध्यम से गाँव के अधिकारियों से सम्पर्क बनाए रखता था और यह व्यवस्था ब्रिटिश काल तक चलती रही
सेनवोर	लिपिक
नट्टनायकार	नाडु का अध्यक्ष
प्रयत्यगार	क्षेत्र में राजा का प्रतिनिधि
अत्रिमार	ग्रामीण सभा की कार्यवाहियों को नियन्त्रित करता था
परुपत्यगार	किसी विशेष स्थान का राजा या गवर्नर का प्रतिनिधि

सैन्य प्रशासन

- विजयनगर राज्य में एक विशाल सेना थी, उसके लिए एक पृथक् विभाग था, जिसे कन्दाचार कहा जाता था।
- दण्डनायक अथवा सेन्यपति सैन्य अधिकारी था।
- सेना के चार अंग थे—पदाति, अश्वारोही, हस्तिसेना तथा तोपखाना। अश्वारोही सेना, सेना का सबसे शक्तिशाली अंग था।

न्याय प्रशासन

- राजा स्वयं सर्वोच्च न्यायालय था। मन्त्रियों तथा अधिकारियों द्वारा मुकदमों के निर्णय में राजा को सहायता दी जाती थी। निम्नस्तराय अदालतें सम्भवत: प्रान्तपतियों और उनके प्रतिनिधियों के अधीन थीं।
- चोरी, व्यभिचार एवं देश-द्रोह के लिए प्राणदण्ड की व्यवस्था थी। केवल ब्राह्मण इससे मुक्त था।

भूमि एवं भू-राजस्व व्यवस्था

विजयनगर साम्राज्य में कृषि प्रधान अर्थव्यवस्था होने के कारण लगान आय का प्रमुख साधन था। राज्य की भूमि को निम्न प्रकार से वर्गीकृत किया गया था

विजयनगर में भूमि के प्रकार

भण्डारवाद भूमि	यह भूमि राजकीय भूमि होती थी और इस प्रकार की भूमि कम थी। इसकी आय का प्रयोग दुर्गों को सुदृढ़ करने में किया जाता था।
समरन् भूमि	यह भूमि सैनिक सेवा के बदले अमरनायकों और पलाइगारो को दी जाती थी। इस प्रकार की भूमि कुल भूमि का 3/4 भाग थी, किन्तु यह भूमि वंशानुगत नहीं थी।
मान्या भूमि	यह भूमि ब्राह्मणों, मन्दिरों या मठों को दान में दी जाती थी।
उम्बलि	ग्राम में विशेष सेवाओं के बदले दी जाने वाली कर मुक्त भूमि की भू-धारण पद्धति उम्बलि थी।
रत्त (खत्त) कोड़गे	युद्ध में शौर्य का प्रदर्शन करने वाले या अनुचित रूप से युद्ध में मृत लोगों के परिवार को दी गई भूमि।
कुट्टगि	ब्राह्मण, मन्दिर एवं बड़े भू-स्वामी जो स्वयं खेती नहीं कर सकते थे, वे खेती के लिए किसानों को पट्टे पर भूमि देते थे। इस प्रकार पट्टे पर ली गई भूमि कुट्टगि कहलाती थी।
कुदि	वे कृषक मजदूर होते थे, जो भूमि के क्रय-विक्रय के साथ ही हस्तान्तरित हो जाते थे, परन्तु इन्हें इच्छापूर्वक कार्य से विलग नहीं किया जा सकता था।

भू-राजस्व एवं कर प्रणाली

- विजयनगर साम्राज्य द्वारा वसूल किए जाने वाले विविध करों के नाम थे- कदमाई, मगमाइ, कनिक्कई, कत्तनम, कणम, वरम, भोगम, वारिपत्तम, इराई और कत्तायम।
- शिष्ट नामक भूमिकर विजयनगर राज्य की आय का प्रमुख एवं सबसे बड़ा स्रोत था। राज्य उपज का 1/6 भाग कर के रूप में वसूल करता था।
- कृष्णदेव राय के शासन काल में भूमि का एक व्यापक सर्वेक्षण करवाया गया तथा भूमि की उर्वरता के अनुसार उपज का 1/3 या 1/6 भाग कर के रूप में निर्धारित किया गया।

- सिंचाई कर, आय का एक अन्य स्रोत था, जिसे तमिल प्रदेश में **दासावन्दा** एवं आन्ध्र प्रदेश व कर्नाटक में **कट्टकोडेज** कहा गया।
- यह कर उन व्यक्तियों से लिया जाता था, जो सिंचाई के साधनों का उपयोग करते थे। ब्राह्मणों के अधिकार वाली भूमि से उपज का 20वाँ भाग तथा मन्दिरों की भूमि से उपज का 30वाँ भाग लगान के रूप में वसूला जाता था।
- भू-स्वामी एवं पट्टेदार के बीच उपज की हिस्सेदारी को **वारम** कहा जाता था। कृषक मजदूर **कुदि** कहलाते थे। कभी-कभी खरीद बिक्री के साथ कृषक मजदूर भी हस्तान्तरित कर दिए जाते थे।

मुद्रा व्यवस्था

- विजयनगर साम्राज्य की मुद्रा प्रणाली भारत की सर्वाधिक प्रशंसनीय मुद्रा प्रणालियों में से एक थी। साम्राज्य में स्वर्ण सिक्कों का सर्वाधिक प्रचलन था।
- विजयनगर साम्राज्य में सिक्के बनाने के लिए तीन प्रकार की धातु प्रयुक्त होती थी- **सोना, चाँदी और ताँबा**। अब्दुर्रज्जाक भी शाही टकसाल का उल्लेख करता है। सोने के सिक्के बराह और पेरदा कहलाते थे, जबकि मिश्रित धातु (सोना और चाँदी) **परतब** (वराह का आधा), **फणम** (परतब का आधा हिस्सा) कहलाते थे।
- **बराह** विजयनगर का सबसे प्रसिद्ध सिक्का था, जो सम्पूर्ण भारत तथा विश्व के प्रमुख व्यापारिक नगरों में स्वीकार किया जाता था। इसका वजन 52 ग्रेन था, इसे **हूण, परदौस** या **पैगोडा** भी कहा जाता था।
- इन सभी सिक्कों में **फणम** सबसे अधिक उपयोगी था। चाँदी का सिक्का टार (फनम का छठा हिस्सा) और ताँबे का सिक्का **डिजटेल** कहलाता था।
- विदेशी व्यापार में वस्तु विनिमय की अपेक्षा मुद्रा की अधिक आवश्यकता थी। विजयनगर साम्राज्य में अनेक टकसालें थीं तथा प्रत्येक प्रान्तीय राजधानी की अपनी टकसाल होती थी।
- स्थानीय मुद्राओं के अतिरिक्त तटीय क्षेत्रों में विदेशी मुद्राएँ भी प्रचलित थीं; जैसे-पुर्तगाली मुद्रा कुज्रेडो, फारसी-दीनार, इटली का फ्लोरीन तथा दुकत।
- हरिहर प्रथम के सिक्कों पर हनुमान तथा गरुड़ की, तुलुव वंश के शासकों के सिक्कों पर सामान्यत: उमा माहेश्वर, वेंकटेश, बालकृष्ण की आकृतियाँ, सदाशिव राय के सिक्कों पर लक्ष्मी नारायण का अंकन मिलता है। अराविडु वंश के शासक के सिक्कों पर शंख एवं चक्र अंकित हैं।

विदेशी व्यापार

- विदेशी व्यापार उन्नत अवस्था में था, इसकी जानकारी हमें कृष्णदेव राय के आमुक्तमाल्यदा, डोमिंगो पायस और नूनिज़ के यात्रा वृत्तान्त से प्राप्त होती है। भारतीयों की भूमिका विदेशी व्यापार में न्यूनतम थी।
- अब्दुर्रज्जाक के अनुसार, सम्पूर्ण साम्राज्य में 300 बन्दरगाह थे। इसका हिन्द महासागर के द्वीपों, मलय द्वीपपुंज, बर्मा, चीन, अरब, फारस, दक्षिण अफ्रीका, अबिसीनिया एवं पुर्तगाल के साथ व्यापारिक सम्बन्ध था। घोड़ों के व्यापार में अरब और पुर्तगालियों का वर्चस्व था।
- निर्यात की मुख्य वस्तुएँ कपड़ा, चावल, शोरा, लोहा, चीनी एवं मसाले थे, जबकि आयात की मुख्य वस्तुएँ घोड़े, मुक्ता, ताँबा, मूँगा, पारा, चीनी, रेशम और मखमल थी।
- अब्दुर्रज्जाक के अनुसार, चुंगीघर के ऑफिसर व्यापारिक वस्तुओं की देख-रेख करते थे और बिक्री पर 40वाँ हिस्सा कर के रूप में लेते थे। मलक्का के साथ काली मिर्च का अच्छा व्यापार था।
- नूनिज़ वर्णन करता है कि इसकी हीरों की खानें विश्व में सबसे बड़ी खानें थीं। मुख्य खानें कृष्णा नदी के तट पर और कुरनूल तथा अनन्तपुर में थीं।

भाषा एवं साहित्य

- विजयनगर साम्राज्य ने कृष्णदेव राय के शासनकाल के दौरान अपनी साहित्यिक पराकाष्ठा प्राप्त की, विभिन्न राजाओं के शासनकाल में अनेक विद्वानों को संरक्षण मिला।
- विजयनगर को तेलुगू साहित्य का स्वर्ण युग माना जाता है, लेकिन तमिल, कन्नड़ और संस्कृत में भी कई रचनाएँ रची गईं।
- सम्राट संस्कृत, तेलुगू, तमिल एवं कन्नड़ सभी भाषाओं के संरक्षक होते थे तथा उनके प्रोत्साहन पूर्ण आश्रय में साहित्य की कुछ सर्वश्रेष्ठ कृतियों की रचना हुई।
- वेदों के प्रसिद्ध भाष्यकार सायण तथा उनके भाई माधव विजयनगर के शासन के प्रारम्भिक काल में प्रादुर्भूत हुए तथा राज्य से उनका घनिष्ठ सम्बन्ध था।
- कृष्णदेवराय ने अपनी सबसे महत्त्वपूर्ण कृति अमुक्तमाल्यद तेलुगू में लिखी, जिसकी भूमिका में, उसने संस्कृत में लिखी अपनी पाँच पुस्तकों की चर्चा की है। यह पुस्तक केवल धार्मिक महत्त्व की ही नहीं, बल्कि कृष्णदेव राय के राज्यकाल के लिए विशेष ऐतिहासिक महत्त्व की है। उसके दरबार में अष्टदिग्गज थे, जिन पर (तेलुगू) साहित्य का संसार टिका था।

अष्टदिग्गज और उनकी रचनाएँ

लेखक	रचना
अल्लसानि पेद्दाना (तेलुगू कविता के पितामह)	स्वारोचित-सम्भव या मनुचरित और हरिकथा सार
नन्दी तिम्मन	पारिजातहरण
भट्टूमूर्ति	नरसभूपालियम
धूर्जटि	कालहस्ति-महात्म्य
मादय्यगरि मल्लन	राजशेखरचरित
अच्चलराजु रामचन्द्र	सफलकथा सारसंग्रह, रामाभ्युदयम्
पिंगलीसूरन्न	राघव-पाण्डवीय
तेनालीरामकृष्ण	पाण्डुरंग महात्म्य

विजयनगर आने वाले विदेशी यात्री

विदेशी यात्री	विवरण
निकोलो डी कोण्टी	• निकोलो कोण्टी, एक वेनिस (इटली) का व्यापारी और खोजकर्ता था। वह 1420-1421 ई. के आसपास विजयनगर साम्राज्य पहुँचा और वहाँ उसने कई वर्ष बिताए। • उसने देवराय प्रथम और देवराय द्वितीय के शासनकाल को देखा। • उसके विस्तृत विवरण में विजयनगर की भव्यता का वर्णन है।

विदेशी यात्री	विवरण
अब्दुर्रज्जाक	• तैमूरी वंश के शासक शाहरुख द्वारा भेजा गया एक फारसी राजदूत अब्दुर्रज्जाक, ज़मोरिन के शासनकाल के दौरान 1442 ई. में कालीकट आया था। • अपने संस्मरण **द जर्नी ऑफ अब्दुर्रज्जाक** में उसने कालीकट के समृद्ध बन्दरगाह, भीड़भाड़ भरे बाजारों, जीवन्त मसाला और कपड़ा व्यापार तथा विदेशी व्यापारियों की उपस्थिति का विस्तृत वर्णन किया है।
अथानासियस निकितिन	• निकितिन एक रूसी व्यापारी था, जिसने 1470-1474 ई. में भारत का दौरा किया और अपने अनुभवों का वर्णन करते हुए प्रसिद्ध **द ट्रैवल्स ऑफ अथानासियस निकितिन** लिखी। • निकितिन के लेखन से 15वीं शताब्दी के दौरान भारत के विभिन्न भागों में प्रचलित राजनीतिक स्थितियों, व्यापारिक गतिविधियों, सामाजिक रीति-रिवाजों और धार्मिक प्रथाओं के बारे में जानकारी मिलती है।
डुआर्टे बारबोसा	• पुर्तगाली यात्री बारबोसा ने 15वीं शताब्दी के अन्त से 16वीं शताब्दी के प्रारम्भ तक भारत में मुख्यतः केरल और विजयनगर साम्राज्य के क्षेत्रों में लगभग **16 वर्ष** बिताए। • उसने समृद्ध विजयनगर साम्राज्य, कालीकट, कोचीन और गोवा के बारे में विस्तार से लिखा तथा उनके आर्थिक महत्त्व और सांस्कृतिक विविधता पर प्रकाश डाला।
डोमिंगो पायस	• डोमिंगो पायस एक पुर्तगाली यात्री था, जिसने कृष्णदेव राय के शासनकाल के दौरान 1520-1522 ई. के बीच विजयनगर साम्राज्य का दौरा किया था। • पायस के लेख में कृष्णदेव राय के अधीन विजयनगर साम्राज्य की भव्यता, धन और शक्ति का वर्णन किया गया है। • उन्होंने साम्राज्य के विशाल भू-भाग, कुशल प्रशासन, समृद्ध व्यापार और दुर्जेय सैन्य शक्ति पर आश्चर्य व्यक्त किया।
फर्नाओ नुनिज़	• फर्नाओ नूनिज़ एक पुर्तगाली यात्री और घोड़ा व्यापारी था, जो 16वीं शताब्दी के प्रारम्भ में, लगभग 1535-1537 ई. में, अच्युतदेवराय के शासनकाल के दौरान विजयनगर साम्राज्य के दौरे पर आया था। • उसके वृत्तान्तों से हिन्दू धार्मिक प्रथाओं, मन्दिरों, दीपावली और होली जैसे त्योहारों, जाति व्यवस्था और उस युग के सांस्कृतिक पहलुओं के बारे में बहुमूल्य जानकारी मिलती है। • उसने बताया कि ये महिलाएँ ज्योतिष, कुश्ती और भविष्यवाणी करने में विशेषज्ञ थीं।
इब्नबतूता	• यह एक मोरक्को यात्री था, जो मुहम्मद बिन तुगलक के शासनकाल के दौरान (1333-1347 ई.) भारत आया था और हरिहर प्रथम के शासनकाल के दौरान विजयनगर आया था।

विजयनगर वास्तुकला शैली

- अलंकृत शैली जिसमें दीवारों, खम्भों और छतों पर जटिल नक्काशी और मूर्तियाँ सजी हुई हैं।
- मन्दिर और महल इण्डो-इस्लामिक, हिन्दू और द्रविड़ शैलियों के मिश्रण से बनाए गए थे और अपने भव्य पैमाने और भव्यता के लिए प्रसिद्ध हैं।
- गोपुरम विजयनगर साम्राज्य में कई राजाओं के सम्मान में मन्दिर बनाए गए थे और उनके प्रवेश द्वारों को राया गोपुरम के नाम से जाने जाने वाले विशाल द्वारों से सजाया गया था।
- खुले मण्डप नक्काशीदार स्तम्भों द्वारा सजाए गए थे, इसके लिए घोड़े सबसे लोकप्रिय विषय थे।
- कल्याण मण्डप मन्दिरों में विस्तृत स्तम्भों से युक्त कल्याण मण्डप (विवाह हॉल) होते थे। जिस देवता को मन्दिर समर्पित किया गया था, उनकी प्रतिमा गर्भगृह में रखी जाती थी, जो मन्दिर का सबसे पवित्र कक्ष था।

विजयनगर साम्राज्य के दौरान निर्मित प्रसिद्ध स्मारक

स्मारक	स्थान	विवरण
कमल महल	हम्पी	दो मंजिला मण्डप जिसे आज **लोटस महल** के नाम से जाना जाता है, जिसमें इस्लामी वास्तुकला के पहलुओं को मन्दिर वास्तुकला (आधार, छत और कुछ प्लास्टर अलंकरण) के साथ जोड़ा गया है, सम्भवतः सम्राट और उनके सलाहकारों के लिए एक आयोजन स्थल या बैठक क्षेत्र के रूप में निर्मित किया गया था।
अच्युतराय मन्दिर	हम्पी	अच्युतराय मन्दिर का निर्माण 1534 ई. में अच्युतदेव राय ने करवाया था। इसे आरम्भ में तिरुवेंगलनाथ मन्दिर के नाम से जाना जाता था। यह मन्दिर भगवान तिरुवेंगलनाथ को समर्पित है, जो भगवान विष्णु के अवतार हैं।
पुष्करणी (जलाशय)	हम्पी	हम्पी में पुष्करणी पवित्र जल कुण्ड है, जो मन्दिरों से जुड़ा है। हम्पी के अधिकांश प्रमुख मन्दिरों के पास एक पुष्करणी बनी हुई है। पवित्र तालाब मन्दिरों और मन्दिरों के आस-पास के लोगों के विभिन्न अनुष्ठानों और कार्यात्मक पहलुओं से सम्बन्धित थे।
रानी का स्नानागार	हम्पी	यह स्नानागार बाहर से एक सरल आयताकार ढाँचा है, जिसका अलंकृत अन्तरंग बलुआ पत्थर के रंग में रंगा है। रानी का स्नानघर हम्पी में कलात्मक इण्डो-इस्लामिक वास्तुकला का सबसे अच्छा उदाहरण है। कथित रूप से यह राजाओं और रानियों के लिए बनाया गया था।
सोमेश्वर मन्दिर	कोलार	इस मन्दिर को चौदहवीं शताब्दी में बनाया गया था, भारत के पुरातत्त्व सर्वेक्षण के अनुसार इस मन्दिर का निर्माण प्रारम्भिक विजयनगर काल में किया गया था।
शिव मन्दिर	हेमकुटा पहाड़ी, हम्पी	प्रारम्भिक 14वीं सदी में निर्मित हेम कुटा मन्दिरों का समूह, यूनेस्को विश्व विरासत स्थल में शामिल है। यह पहाड़ी हम्पी के दक्षिणी किनारे पर है। भगवान शिव को समर्पित है।
विरुपाक्ष मन्दिर	हम्पी	इसका इतिहास 7वीं शताब्दी ई. का है। यह चालुक्य वंश के प्रारम्भिक शासकों द्वारा निर्मित है। मन्दिर का विस्तार विजयनगर साम्राज्य के देवराय द्वितीय (प्रौढ़ देवराय) के शासन के अन्तर्गत एक प्रमुख लक्कन दण्डेश द्वारा किया गया था। यह मन्दिर भगवान शिव को समर्पित है, जिन्हें स्थानीय रूप से विरुपाक्ष या पम्पा पथि के नाम से जाना जाता है और यह स्थानीय देवी पम्पादेवी से जुड़ा हुआ है।
महानवमी दिब्बा	हम्पी	दशहरा दिब्बा या महानवमी दिब्बा हम्पी के शाही परिसर में स्थित एक सुन्दर और विशाल 40 फुट ऊँचा पत्थर का मंच है। इसे विजयनगर साम्राज्य के दौरान राजा कृष्णदेव राय ने उदयगिरि पर अपनी विजय के उपलक्ष्य में बनवाया था।

स्मारक	स्थान	विवरण
हजारा राम मन्दिर	हम्पी	15वीं शताब्दी की शुरुआत में देवराय द्वितीय द्वारा निर्मित हजारा राम मन्दिर शुरू में एक साधारण संरचना थी। यह भगवान विष्णु को समर्पित हम्पी क्षेत्र के सबसे लोकप्रिय मन्दिरों में से एक है। **हजारा राम मन्दिर** हम्पी के राजा का निजी मन्दिर माना जाता है।
विजय विट्ठल मन्दिर	हम्पी	इसका निर्माण 15वीं शताब्दी में विजयनगर साम्राज्य के शासकों में से देवराय द्वितीय के शासनकाल में हुआ था। यह विट्ठल (भगवान विष्णु) को समर्पित है। इसमें पत्थर के रथ और 56 संगीतमय स्तम्भ जैसे उल्लेखनीय आकर्षण हैं, जिन्हें सारेगामा स्तम्भ भी कहा जाता है। इन स्तम्भों पर चोट मारने से संगीतमय स्वर उत्पन्न होता है।
चण्डिकेश्वर मन्दिर	हम्पी	यह हिन्दू देवता भगवान विष्णु को समर्पित है और कर्नाटक के प्रमुख मन्दिरों में से एक है। इस मन्दिर का निर्माण 1534 ई. में सम्राट अच्युतदेव राय के शासनकाल के समय किया गया था।
लेपाक्षी मन्दिर	अनन्तपुर (आन्ध्र प्रदेश)	लेपाक्षी मन्दिर का निर्माण 1530 ई. में विरुपना नायक और विरन्ना नाम के दो भाइयों ने करवाया था। इस मन्दिर को वीरभद्र मन्दिर के नाम से भी जाना जाता है। यह मन्दिर भगवान शिव के एक रूप वीरभद्र को समर्पित है। इसे **हैंगिंग पिलर टेंपल** भी कहा जाता है।
अखण्ड बैल (मोनोलिथ बैल)	हम्पी	येदुरु बसवना, जिसे हम्पी के अखण्ड बैल के रूप में भी जाना जाता है, विजयनगर साम्राज्य के समय का है। यह विशाल बैल कई शताब्दियों से हम्पी की रक्षा कर रहा है।
अलवार समूह	हम्पी	1556 ई. में निर्मित पाँच मन्दिरों को वैष्णव सन्त तिरुमांगाई, मुदल, नम्मलवार, तिरुमलाशिय और रामानुजा के लिए बनाया गया।

संगीत और नृत्य

- विजयनगर साम्राज्य के शासकों ने दरबारी और मन्दिर गायन को एक विशिष्ट कला के रूप में प्रोत्साहित किया तथा ईरानी प्रभाव को स्वीकार किए बिना दक्षिण के पारम्परिक संगीत को संरक्षित रखा।
- विजयनगर काल कर्नाटक संगीत की उत्पत्ति के लिए प्रसिद्ध है तथा पुरन्दर दास को रुद्रवीणा की उत्पत्ति के लिए जाना जाता है।
- सन्त पुरन्दरदास ने कर्नाटक संगीत की शिक्षा को भी व्यवस्थित किया। उन्हें कर्नाटक संगीत का पितामह माना जाता है।

नृत्य

- भरतनाट्यम, एक पारम्परिक भारतीय नृत्य शैली है, जिसका प्रचार और प्रसार विजयनगर साम्राज्य के दौरान हुआ।
- नृत्य नाटक यक्षगान लोकप्रिय था और मन्दिर की दीवारों से निकटता से जुड़ा हुआ था।
- संगीत और नृत्य ने विजयनगर साम्राज्य के सांस्कृतिक जीवन में महत्त्वपूर्ण भूमिका निभाई।

चित्रकला

- विजयनगर की चित्रकला के साक्ष्य लेपाक्षी मन्दिर में मिलते हैं। इसे लेपाक्षी शैली कहा जाता है, जो आन्ध्र प्रदेश के अनन्तपुर जिले में स्थित लेपाक्षी गाँव की भित्ति चित्रकला की शैली है।
- लेपाक्षी के वीरभद्र मन्दिर की दीवारों पर बने इन भित्ति चित्रों को 16वीं शताब्दी में बनाया गया था। इन चित्रों को विजयनगर शैली में बनाया गया है। ये चित्र रामायण, महाभारत और विष्णु के अवतारों से जुड़े धार्मिक विषयों को दर्शाते हैं। इन चित्रों को बनाने के लिए वनस्पति और खनिज रंगों का प्रयोग किया गया है।

बहमनी साम्राज्य

- दक्षिण भारत में तुगलक साम्राज्य से पृथक् होने वाला दूसरा बड़ा राज्य बहमनी राज्य था। मुहम्मद बिन तुगलक के शासनकाल में निरन्तर विद्रोह और अशान्ति की स्थिति ने दक्षिण भारत के तुर्क सरदारों को भी स्वतन्त्र सत्ता स्थापित करने की प्रेरणा दी थी।
- तुगलक साम्राज्य का प्रशासन चलाने के लिए पश्चिमी और दक्षिणी प्रान्तों में ऐसे सैनिक सरदारों की नियुक्ति की गई थी, जो **अमीर-ए-सादा** कहलाते थे।
- मुहम्मद बिन तुगलक ने **इस्माइल खाँ** को नासिरुद्दीन शाह की उपाधि प्रदान कर अपना शासक घोषित किया। इस्माइल खाँ ने अलाउद्दीन के पक्ष में **स्वेच्छा** से पद त्याग दिया, क्योंकि वह एक बूढ़ा एवं सरल स्वभाव का व्यक्ति था।
- अलाउद्दीन ने 1347 ई. में साम्राज्य का शासन अपने हाथ में ले लिया था।

अलाउद्दीन हसन बहमनशाह (1347-1358 ई.)

- बहमनी साम्राज्य की स्थापना मुहम्मद तुगलक के काल में अलाउद्दीन हसन बहमनशाह (हसन गंगू) ने 1347 ई. में की थी। दिल्ली सल्तनत के विघटन के परिणामस्वरूप स्थापित हुए मुस्लिम राज्यों में यह सर्वाधिक शक्तिशाली था।
- इसका मूल नाम **जफर खाँ** था तथा इसकी उपाधि अमीर-उल-उमरा और सिकन्दर द्वितीय थी। उसने गद्दी पर बैठने के उपरान्त गुलबर्गा को अपनी राजधानी बनाया और इसका नाम अहसानाबाद रखा।
- शासन को सुव्यवस्थित करने के लिए साम्राज्य को चार सूबों-गुलबर्गा, दौलताबाद, बरार और बीदर में बाँटा गया। वह पहला मुस्लिम शासक था, जिसने दक्कन में पहली बार हिन्दुओं से जजिया कर न लेने का आदेश दिया और राज्य में सभी कृषि उपज नि:शुल्क कर दी।

बहमनशाह ने 1358 ई. तक शासन किया, उसने समीपवर्ती क्षेत्रों-कोटगिरि, कल्याणी और बीदर को जीतकर अपने राज्य का विस्तार किया।

- उसकी मृत्यु तक उसका साम्राज्य उत्तर में वेनगंगा नदी तथा दक्षिण में कृष्णा नदी, पूर्व में भौगिरी तथा पश्चिम में दौलताबाद तक विस्तृत था।

मुहम्मदशाह प्रथम (1358-1375 ई.)

- यह बहमनशाह का पुत्र था। इसने अपने नाम से खुतवा पढ़वाया तथा खलीफा से मान-पत्र प्राप्त किया।
- मुहम्मदशाह के कार्यकाल में मद्यगृह को बन्द किया गया तथा साम्राज्य में शासन को चलाने के लिए कठोर प्रबन्ध किए गए थे।

- इसके काल में बारूद का प्रयोग पहली बार हुआ, जिससे रक्षा संगठन में नई क्रान्ति उत्पन्न हुई। 1375 ई. में मुहम्मदशाह की मृत्यु के पश्चात् क्रमशः अलाउद्दीन मुहम्मद दाउद, मुहम्मदशाह द्वितीय, ग्यासुद्दीन और शम्सुद्दीन दाउद ने शासन किया।

ताजुद्दीन फिरोजशाह (1397-1422 ई.)

- यह बहमनी वंश के सर्वाधिक विद्वान सुल्तानों में से एक था। विजयनगर का शासक नरसिंह राय, ताजुद्दीन फिरोजशाह से पराजित हुआ तथा अनेक भेंट सहित उसने अपनी पुत्री का विवाह फिरोजशाह से कर दिया।
- इसके बाद देवराय प्रथम भी सोनार के युद्ध में फिरोजशाह से हार गया और उसने भी अपनी बेटी का विवाह उसके साथ कर दिया तथा बकापुर दहेज में देकर सन्धि कर ली।
- ताजुद्दीन विद्वान, कवि एवं सुलेखक था। वह अनेक भाषाओं (अरबी, फारसी और तुर्की, तेलुगू, मराठी, मलयालम) का ज्ञाता था।
- उसने खगोलशास्त्र के अध्ययन को बढ़ावा देने के लिए दौलताबाद के निकट जन्तर-मन्तर की स्थापना की।

शिहाबुद्दीन अहमदशाह प्रथम (1422-1436 ई.)

- शिहाबुद्दीन अहमद प्रथम ने गुलबर्गा के स्थान पर बीदर को अपनी नई राजधानी बनाया तथा उसका नया नाम मुहम्मदाबाद रखा।
- शिहाबुद्दीन का शासन धर्म व न्याय के लिए प्रसिद्ध था। इसे इतिहास में सन्त अहमद या अहमदशाह वली के नाम से जाना जाता था।
- इसने अपने शासनकाल में तेलंगाना से 1425 ई. में, मादुर से 1426 ई. में तथा मालवा से 1429 ई. में युद्ध किया था।
- इसके समय में पहली बार प्रसिद्ध सन्त गेसूदराज का उल्लेख मिला, जिनके द्वारा मिराज-उल-आसिकिन की रचना की गई थी।

अलाउद्दीन अहमद द्वितीय (1436-1458 ई.)

- जफर खाँ, अलाउद्दीन अहमद द्वितीय के नाम से सिंहासनारूढ़ हुआ। अफाकियों का आगमन तीव्र हो गया। इसने संगमेश्वर के शासक के विरुद्ध सफलता प्राप्त की तथा उसकी बेटी से विवाह किया।
- विजयनगर शासक देवराय द्वितीय ने उसके समय में मुदकल पर अधिकार कर लिया तथा बीजापुर में लूटपाट की। बाद में देवराय द्वितीय पराजित हुआ और दोनों में समझौता हुआ।
- दोनों के साम्राज्य की सीमा तुंगभद्रा नदी मान ली गई। उसके समय में पहली बार महमूद गवाँ का उल्लेख मिला। उसने सार्वजनिक शिक्षालय व कल्याणकारी संस्थाएँ स्थापित कीं, जिसमें राजधानी बीदर में बना एक वैभवशाली चिकित्सालय महत्त्वपूर्ण है।

हुमायूँ शाह (1458-1461 ई.)

- यह अत्यन्त क्रूर शासक था। इसे जालिम तथा दक्कन का नीरो (उसके आलसी स्वभाव के कारण) आदि भी कहा जाता है।
- हुमायूँ ने महमूद गवाँ को अपना प्रधानमन्त्री बनाया, इसके समय तेलंगाना में दो विद्रोह हुए, जिसे इसने बड़ी क्रूरता से दबा दिया।

निजामुद्दीन अहमद तृतीय (1461-1463 ई.)

- निजामुद्दीन अहमद तृतीय (हुमायूँ का पुत्र) शासक बना। इसके समय में प्रधानमन्त्री महमूद गवाँ का नियन्त्रण सम्पूर्ण राज्य पर था।
- इसके शासनकाल में बहमनी साम्राज्य बंगाल की खाड़ी से लेकर अरब सागर तक विस्तृत था।

शम्सुद्दीन मुहम्मद तृतीय (1463-1482 ई.)

- यह बहमनी साम्राज्य का अन्तिम प्रमुख शासक था, उसके दरबार में दलगत राजनीति प्रारम्भ हो गई।
- इसके समय में ईरानी व्यापारी महमूद गवाँ ने बहमनी सुल्तान की कृपा प्राप्त कर ली तथा महमूद गवाँ को मलिक-ए-तुज्जार की उपाधि प्रदान की गई। 1482 ई. में शम्सुद्दीन मुहम्मद तृतीय ने महमूद गवाँ को राजद्रोह के आरोप में फाँसी दे दी।
- इस वंश के अन्तिम शासक सलीमउल्लाह (1526-1538 ई.) के काल में बहमनी राज्य का तीव्र पतन हुआ तथा बहमनी राज्य पाँच छोटे-छोटे राज्यों में बँट गया।

महमूद गवाँ

- महमूद गवाँ जन्म से **ईरानी** था, जो व्यापार करने के उद्देश्य से बहमनी राज्य में आया था। बहमनी राजाओं द्वारा उसे **मलिक-उज-तुज्जार** की उपाधि दी गई थी।
- वह बहमनी राज्य का योग्यतम प्रधानमन्त्री था, जिसने साम्राज्य का चहुँमुखी विकास किया।
- उसका सबसे बड़ा योगदान बहमनी साम्राज्य की समस्त राजनीतिक समस्याओं का निराकरण कर उसे उत्कर्ष की पराकाष्ठा तक पहुँचाना था।
- वह एक कुशल प्रशासक था। शासन को सुचारू तरीके से चलाने के लिए उसने चार प्रान्तों को आठ भागों में विभाजित किया। महमूद गवाँ ने **दामोल** एवं **गोवा** पर सैनिक अभियान कर उसे विजय किया था। उसने राज्य को समृद्धि के शिखर पर पहुँचा दिया, जिससे रुष्ट होकर गवाँ के विरोधियों ने सुल्तान के कान भर दिए और मुहम्मद तृतीय ने उसे मृत्युदण्ड दे दिया।

बहमनी साम्राज्य के उत्तराधिकारी राज्य

राज्य	स्थापना (ई.)	संस्थापक	राजवंश	राज्यों का विलय
बरार	1484	फतेहउल्लाह इमादशाह	इमादशाही	1574 ई. में अहमदनगर ने इसे अपने राज्य में मिलाया।
बीजापुर	1489	यूसुफ आदिल खान	आदिलशाही	1686 ई. में औरंगजेब ने मुगल साम्राज्य में मिलाया।
अहमदनगर	1490	मलिक अहमद	निजामशाही	1633 ई. में शाहजहाँ ने मुगल साम्राज्य में मिलाया।
गोलकुण्डा	1512	कुली कुतुबशाह	कुतुबशाही	1687 ई. में औरंगजेब ने मुगल साम्राज्य में मिलाया।
बीदर	1526	अमीर अली बरीद	बरीदशाही	1618 ई. में बीजापुर ने अपने राज्य में मिला लिया।

धार्मिक आन्दोलनों का उदय हिन्दू एवं इस्लाम धर्म के साझा (समन्वित) संस्कृतिकरण के परिणामस्वरूप हुआ। नयनार एवं अलवार भक्तों के माध्यम से भक्ति आन्दोलन का सूत्रपात दक्षिण भारतीय क्षेत्रों से होते हुए सम्पूर्ण भारतीय प्रदेशों में फैल गया, जबकि सूफी आन्दोलन, मुस्लिम आक्रान्ताओं के साथ आए; जैसे-चिश्ती, सुहरावर्दी।

अध्याय बीस

सूफी एवं भक्ति आन्दोलन

सूफी आन्दोलन

- सूफी शब्द की उत्पत्ति के सम्बन्ध में इतिहासकारों में मतभेद हैं। सूफी शब्द की उत्पत्ति अरबी भाषा के सफा शब्द से मानी जाती है, जिसका अर्थ है-पवित्रता। इसके अनुसार जो व्यक्ति आध्यात्मिक रूप से और आचार-विचार से पवित्र थे, वे ही सूफी थे।
- एक अन्य मत के अनुसार सूफी शब्द की उत्पत्ति यूनानी भाषा के सोफिया शब्द से हुई है, जिसका अर्थ है-ज्ञान। इस मत के अनुसार वे मुसलमान जो यूनानी विद्वानों एवं दार्शनिकों से प्रभावित थे, उन्हें सूफी कहा जाता था।

सूफी सिलसिले

- सूफी सिलसिला सूफी गुरुओं और उनके शिष्यों की वंशावली और शिक्षाओं से सम्बन्धित था। सिलसिले का शाब्दिक अर्थ है-शृंखला। सूफीवाद में गुरु से शिष्य तक की कड़ी को सिलसिला कहा जाता है।
- मध्यकाल में जब सूफीवाद भारत पहुँचा, तब तक यह अपने इतिहास के एक महत्त्वपूर्ण चरण में प्रवेश कर चुका था, इस काल में सिलसिले (आदेशों) का संगठन की परम्परा का विकास हुआ।
- भक्ति आन्दोलन के चरम पर होने के साथ, भौतिकवाद और सांसारिकता से दूर, सूफीवाद को भी उस समाज में स्थान मिला, जो पहले से स्थापित राजनीतिक केन्द्रों से दूर जा रहा था। राजनीति के प्रति घृणा ने सूफियों को राजनीतिक प्रभाव के केन्द्रों से दूर रहने और निम्न जाति के हिन्दुओं के क्षेत्रों में अपनी धर्मशाला (जमातखाना या खानकाह) स्थापित करने के लिए विवश किया।

सूफी सिलसिलों के प्रकार

बा-शरा

जो इस्लामी विधान (शरा) को मानते थे। बा-शरा सिलसिलों में से केवल दो ही उत्तर भारत में अधिक प्रचलित हुए। ये सिलसिले थे-चिश्ती सुहरावर्दी कादिरी और नक्शबन्दी।

बे-शरा

जो इस्लामी विधान (शरा) को नहीं मानते थे। बे-शरा अधिकतर घुमक्कड़ सूफी-सन्त होते थे।

सूफी सिलसिले

- चिश्ती सिलसिला — भारतीय संस्थापक ख्वाजा मुइनुद्दीन चिश्ती
  - दक्षिण भारत
    - बुरहान (हीन गरीब)
    - गेसूदराज
  - उत्तर भारत
    - बाबा फरीद
      - हजरत निजामुद्दीन औलिया (फरीद के शिष्य)
    - ख्वाजा बख्तियार काकी
    - नासिरुद्दीन चिराग-ए-देहलवी
    - हजरत अलाउद्दीन साबिर
- सुहरावर्दी सिलसिला — संस्थापक शिहाबुद्दीन सुहरावर्दी
- कादिरी सिलसिला — संस्थापक शेख अब्दुल कादिर जिलानी
- नक्शबन्दी सिलसिला — भारतीय प्रचारक ख्वाजा मुहम्मद बकी बिल्लाह बेरंग

चिश्ती सिलसिला

चिश्ती सिलसिला सूफी परम्परा का सबसे लोकप्रिय और उदार सिलसिला था। इस सिलसिले के सूफी सन्त सत्ता से दूर फकीरी में जीवन बिताते थे तथा संगीत के द्वारा ईश्वर की भक्ति करते थे।

शेख मुइनुद्दीन चिश्ती

- चिश्ती, भारत का प्राचीन सूफी सिलसिला है। ख्वाजा मुइनुद्दीन 1192 ई. (बारहवीं शताब्दी) में मुहम्मद गौरी की सेना के साथ भारत आए थे और बाद में इन्होंने चिश्ती परम्परा की नींव रखी। ये ख्वाजा उस्मान हारूनी के शिष्य थे।
- मुइनुद्दीन चिश्ती ने अजमेर में अपना निवास-स्थान बनाया। इनकी समाधि अजमेर में ख्वाजा साहब के नाम से प्रसिद्ध है। इनकी मृत्यु 1235 ई. में हुई थी।
- ख्वाजा मुइनुद्दीन चिश्ती के पश्चात् सूफी सन्तों का वर्णन निम्न है

कुतुबुद्दीन बख्तियार काकी (1186-1236 ई.)

- मुइनुद्दीन चिश्ती के शिष्यों में ख्वाजा कुतुबुद्दीन बख्तियार काकी एवं हमीदुद्दीन नागौरी प्रमुख थे।
- बख्तियार काकी का जन्म फरगना में 1186 ई. में हुआ था।
- ख्वाजा कुतुबुद्दीन बख्तियार काकी इल्तुतमिश के समकालीन थे, इसी की याद में कुतुबमीनार का निर्माण करवाया गया था।

हमीदुद्दीन नागौरी

- ये मुइनुद्दीन चिश्ती के प्रमुख शिष्य थे।
- मुइनुद्दीन चिश्ती ने इन्हें सुल्तान तारीकिन की उपाधि दी थी। इनकी गतिविधि का प्रमुख केन्द्र नागौर (राजस्थान) था।

शेख फरीदुद्दीन गंज-ए-शकर

- इनका उपनाम बाबा फरीद था। ये बख्तियार काकी के प्रमुख शिष्य थे। इनकी गतिविधियों के प्रमुख केन्द्र हांसी (हरियाणा) तथा अजोधन (पंजाब) थे।
- बाबा फरीद के कारण चिश्तिया सिलसिले को भारत में लोकप्रियता प्राप्त हुई। ये बलबन के दामाद थे। इनके कुछ पद गुरु ग्रन्थ साहिब में संकलित हैं। इनके उपदेशों में पंजाबी भाषा प्रयोग की गई थी।

निजामुद्दीन औलिया

- उत्तर भारत के अग्रणी सूफी सन्त शेख निजामुद्दीन औलिया थे। इनका जन्म बदाँयू में 1236 ई. में हुआ था। ये अविवाहित सूफी सन्त थे। इन्होंने सुल्तान अलाउद्दीन खिलजी तथा जलालुद्दीन खिलजी के मिलने के प्रस्ताव को अस्वीकार कर दिया था।
- ये तुगलक सुल्तान ग्यासुद्दीन तुगलक के समकालीन थे, जिसने औलिया की अतिशय लोकप्रियता से भयभीत होने के कारण उन्हें दिल्ली छोड़ने का आदेश दिया था।
- ग्यासुद्दीन तुगलक के बंगाल अभियान के पश्चात् इसने औलिया को पत्र लिखा, जिसके जवाब में औलिया ने कहा कि दिल्ली अभी दूर है। औलिया को योग की प्राणायाम पद्धति को अपनाने के कारण योगी सिद्ध कहा जाता था। इन्हें आदि पुरुष भी कहा जाता था।
- शेख निजामुद्दीन औलिया को महबूब-ए-इलाही (ईश्वर का प्रिय) एवं सुल्तान-उल-औलिया (सन्तों का राजा) भी कहा जाता है।

नासिरुद्दीन महमूद

- शेख नासिरुद्दीन महमूद, शेख निजामुद्दीन औलिया के उत्तराधिकारी थे। ये चिराग-ए-दिल्ली के नाम से लोकप्रिय हुए।
- इन्होंने तौहीद-ए वजूदी की रचना की थी। इनके कथनों का संग्रह खैर-उल मजलिस है।

> **शेख सलीम चिश्ती**
>
> चिश्ती सिलसिले के महत्त्वपूर्ण सन्त शेख सलीम चिश्ती थे। ये मुगल बादशाह अकबर के समकालीन थे। इन्हें शेख-उल-हिन्द की संज्ञा से विभूषित किया गया था। इन्होंने सीकरी में अपना खानकाह बनाया। यहीं पर अकबर ने फतेहपुर सीकरी की स्थापना की थी। इन्हीं के नाम पर अकबर ने अपने पुत्र का नाम सलीम रखा।

शेख बुरहानुद्दीन गरीब

- निजामुद्दीन औलिया के शिष्य शेख बुरहानुद्दीन गरीब को दक्षिण में चिश्ती सिलसिले के प्रसार के लिए प्रमुख माना जाता है।
- इन्होंने अपने प्रचार-प्रसार का केन्द्र दौलताबाद को बनाया था।

शेख सिराजुद्दीन उस्मानी

शेख सिराजुद्दीन उस्मानी, जिन्हें अखिसिराज भी कहा जाता था, औलिया द्वारा आइना-ए-हिन्द (भारत दर्पण) की उपाधि दी गई।

ख्वाजा सैयद मुहम्मद गेसूदराज

- ख्वाजा सैयद मुहम्मद गेसूदराज को गेसूदराज उनके बड़े बालों के कारण कहा जाता था। इन्हें बन्दा नवाज की उपाधि भी प्राप्त थी।
- इनके द्वारा कर्नाटक में गुलबर्गा को शिक्षा का स्थायी केन्द्र बनाया गया।

शेख अब्दुल कुद्दूस गंगोही

- शेख अब्दुल कुद्दूस गंगोही चिश्ती सिलसिले की शाखा चिश्ती शाबरी से सम्बन्धित थे।
- इनके द्वारा वहदत-उल-वजूद को मान्यता दी गई थी। इनके द्वारा लिखी गई पुस्तक रुश्दनामा है।

शेख निजामुद्दीन फारूकी

- चिश्ती सिलसिले के सन्त शेख निजामुद्दीन फारूकी थानेश्वरी को जहाँगीर ने अपने राज्य से निष्कासित कर दिया था, क्योंकि इन्होंने जहाँगीर के पुत्र खुसरो को आशीर्वाद दिया था।
- चिश्ती सन्त कलीमुल्लाह ने सुन्नी, शिया मुस्लिम और हिन्दुओं को एकसाथ रहने का उपदेश दिया।

सुहरावर्दी सिलसिला

- सुहरावर्दी सिलसिले के संस्थापक बगदाद के शिहाबुद्दीन सुहरावर्दी थे। भारत में सुहरावर्दी सिलसिले को संगठित, सुदृढ़ तथा लोकप्रिय बनाने का श्रेय शिहाबुद्दीन सुहरावर्दी के शिष्य बहाउद्दीन जकारिया को जाता है।

- सुहरावर्दी सिलसिले का मुख्यालय मुल्तान में था। इसके अतिरिक्त यह पंजाब एवं सिन्ध में भी लोकप्रिय था। बहाउद्दीन जकारिया ने कुबाचा के विरुद्ध इल्तुतमिश को सहायता दी थी। इसी कारण इल्तुतमिश ने इन्हें शेख-उल-इस्लाम की उपाधि दी।
- चिश्तियों के विपरीत सुहरावर्दी सन्त सामान्य जीवन में विश्वास न करके आराम का जीवन व्यतीत करते थे। वे प्रशासनिक पदों को भी ग्रहण करते थे तथा राजनीतिक सम्पर्क द्वारा अपने कार्यों को अधिक उचित ढंग से करना चाहते थे। कहा जाता है कि बहाउद्दीन जकारिया मध्ययुगीन भारत के सबसे धनी सन्त थे।
- शेख रुकनुद्दीन, शेख समाउद्दीन जमाली, मखदूमे जहाँनिया, सैयद जलालुद्दीन बुखारी आदि सुहरावर्दी सिलसिले के प्रमुख सन्त थे।

फिरदौसी सिलसिला

- यह सुहरावर्दी सिलसिले की एक शाखा थी। इस सिलसिले के संस्थापक समरकन्द के शेख बदरुद्दीन थे।
- इस सिलसिले के सबसे प्रसिद्ध सन्त शर्फुद्दीन याहया मनेरी थे। इनके पत्रों को मक्तूबात के नाम से जाना जाता है।
- शेख हुसैन बल्खी भी फिरदौसी के प्रमुख सन्तों में से एक थे, जिनका केन्द्र बिहार का क्षेत्र था।

कादरिया सिलसिला

- इसकी स्थापना शेख अब्दुल कादिर जिलानी ने 12वीं सदी में की थी। शेख अब्दुल कादिर ने सम्पूर्ण भारत में इस परम्परा का प्रचार किया। यह इस्लाम में प्रथम रहस्यवादी पन्थ था।
- दाराशिकोह, कादरिया सिलसिले का अनुयायी था और इसने लाहौर में मियाँ मीर से भेंट की थी। जब मियाँ मीर की मुत्यु हो गई, तो दाराशिकोह सुल्तान शाह बदख्शी नामक उसके उत्तराधिकारी का शिष्य बन गया। मियाँ मीर की जीवनी इसने शेखमा-तुल-औरिया नाम से लिखी।
- भारत में इस शाखा का सर्वप्रथम प्रचार शाह नियामत उल्लाह व मकदूम जिलानी ने 15वीं सदी में किया था। मकदूम जिलानी ने कच्छ को अपना शिक्षा का केन्द्र बनाया।
- कादरिया सिलसिला रूढ़िवादी इस्लाम का प्रचार करना चाहता था। इस सिलसिले में संगीत के लिए कोई स्थान नहीं था। इस सिलसिले का प्रभाव सिन्ध, पंजाब तथा दक्कन के क्षेत्रों में फैला हुआ था।

नक्शबन्दी सिलसिला

- ख्वाजा उबैदुल्ला या ख्वाजा बहाउद्दीन नक्शबन्द ने 13वीं सदी में नक्शबन्दी सिलसिले की स्थापना की थी। भारत में इसके संस्थापक ख्वाजा बकी बिल्लाह (1563-1603 ई.) थे, जो इस सम्प्रदाय के प्रणेता बहाउद्दीन नक्शबन्दी के सातवें उत्तराधिकारी थे।
- नक्शबन्दी सिलसिले के अनुयायी सनातन इस्लाम में आस्था रखते थे और पैगम्बर द्वारा प्रतिपादित नियमों का ही पालन करते थे। यह सम्प्रदाय धर्म में नवीन परिवर्तनों का पूर्ण रूप से विरोधी था।
- इस शाखा से जुड़े महत्त्वपूर्ण सन्त शेख अहमद सरहिन्दी थे, इन्हें मुजाहिद अर्थात् मुजद्दिद अलिफसानी के नाम से भी जाना जाता है।
- इनके शिष्य शेख आदमबनूरी को शाहजहाँ द्वारा साम्राज्य से बाहर किया गया था, जो कट्टरपन्थी इस्लाम के प्रबल समर्थक थे। ये अकबर तथा जहाँगीर के समकालीन थे। अकबर की उदारनीतियों का इनके द्वारा विरोध किया गया।
- मुगल सम्राट औरंगजेब नक्शबन्दी सिलसिले से ही सम्बन्धित था। सूफियों में यह सबसे अधिक कट्टरवादी सिलसिला था, इस सिलसिले के द्वारा संगीत तथा एकेश्वरवाद सिलसिले का विरोध किया गया था।

शत्तारी सिलसिला

- लोदी काल में शाह अब्दुल्ला ने शत्तारी सिलसिले की स्थापना की। इस शाखा के महत्त्वपूर्ण सन्त हजरत मुहम्मद गौस थे, जिनका केन्द्र ग्वालियर था। ये तानसेन के गुरु माने जाते हैं।
- हुमायूँ भी इनसे अत्यधिक प्रभावित था। मुहम्मद गौस ने अमृतकुण्ड नामक संस्कृत ग्रन्थ का फारसी में अनुवाद किया। इस सिलसिले का प्रसार जौनपुर, बंगाल और दक्कन के क्षेत्रों में था। यह सिलसिला हिन्दू तथा मुस्लिम की एकता पर बल देता था।
- निजामुद्दीन कलन्दर ने भारत में कलन्दरिया शाखा का प्रचार किया था, जो निजामुद्दीन औलिया के शिष्य भी थे।

सूफियों से सम्बन्धित शब्दावली

वस्ल	ईश्वर प्राप्ति को
वहादत-उल-बुजूद	सर्वेश्वरवाद (परमात्मा का एकत्व सिद्धान्त)
समा	संगीत एवं नृत्य
चिल्ला	लगातार चालीस दिनों तक साधना
हश्म-ए-दम	प्राणायाम
फना	ईश्वर प्रेम में विलीन होना
तवक्कुल	परमात्मा में विश्वास
खानकाह	यह मठ की तरह होता है
बदाहत-उल-सुहूद	प्रत्यक्षवाद (स्वामी और भक्त सम्बन्ध)
रिजा	आत्मसमर्पण
हकीकत	सत्य की स्थिति में परमात्मा को जानना
मारिफत	दैवीय ज्ञान प्राप्ति हेतु उन्मुख होना
इश्कमजाजी	लौकिक प्रेम
इश्कहकीकी	अलौकिक प्रेम
मसनवी	कविताओं के रूप में वर्णन
तजकिरा	सूफी सन्तों की जीवनी
मक्तुबात	सूफी सन्तों के पत्र
मुलफुजात	सूफी सन्तों की बातचीत
मुर्शिद	आध्यात्मिक गुरु

भक्ति आन्दोलन

भारत में शक्ति की जड़ें अत्यन्त गहरी तथा प्राचीन हैं। भारतीय धार्मिक परम्परा के प्रस्थापन बिन्दु अर्थात वैदिक काल से ही भक्ति के चिह्न दृष्टिगोचर होते हैं।

भक्ति आन्दोलन

उद्भव एवं विकास

7वीं-8वीं शताब्दी में दक्षिण भारत में अलवारों (वैष्णव) और नयनारों (शैव) ने कर्मकाण्ड से हटकर भक्ति आन्दोलन की नींव रखी। 14वीं शताब्दी में रामानन्द ने इसे उत्तर भारत में प्रसारित किया।

भक्ति आन्दोलन की धाराएँ

निर्गुण भक्ति शाखा
ईश्वर की भक्ति निराकार, सर्वव्यापक और एकेश्वरवाद के रूप में की। जाति-बन्धन का निषेध किया। गुरु नानक, कबीर दास मुख्य प्रस्तावक थे।
सगुण भक्ति शाखा
ईश्वर की भक्ति मानवीय स्वरूप में मूर्तिपूजा के द्वारा की तथा अवतारवाद को स्वीकार किया। इसी शाखा में वैष्णव आन्दोलन का विकास हुआ।

प्रमुख भक्ति सन्त

भक्ति आन्दोलन को स्थापित करने में शंकराचार्य से लेकर रामानुजाचार्य, रामानन्दाचार्य, कबीरदास, गुरुनानक देव, गोस्वामी तुलसीदास, सूरदास, मीरा बाई और वल्लभाचार्य जैसे सन्तों का अग्रणी योगदान है।

देश के विभिन्न भागों में भक्ति आन्दोलन

समस्त उत्तर भारत, महाराष्ट्र, पश्चिम बंगाल, उड़ीसा, कर्नाटक आदि में भक्ति आन्दोलन का प्रसार।

भक्ति आन्दोलन में महिलाओं का योगदान

भक्ति आन्दोलन केवल पुरुष प्रधान नहीं था, इसमें सन्त अण्डाल, मीराबाई, अक्का महादेवी, सक्कुबाई जैसी महिला सन्तों का अनन्य स्थान है।

अलवार सन्त

- अलवार विष्णु भक्त थे। अलवर सन्तों की संख्या 12 थी; जैसे—पोयगई, भूत्तार, पेयलवार, तिरूमलिराइ, नम्मालवार, मधुरकवि, कुलशेखर, पेरियालवार, अण्डाल, तोण्डरदिप्पोडि, तिरूप्पन तथा तिरूमंगई।
- नम्मालवार ने विष्णु की प्रशंसा में अत्यन्त भक्तिपूर्ण गीतों की रचना की। अलवार भक्ति आन्दोलन मूलतः भावनात्मक था, दार्शनिक नहीं।
- इसमें मोक्ष हेतु ज्ञान, व्रत या सामाजिक स्तर के बन्धन नहीं थे। इनके चार ग्रन्थ चतुर्वेद कहलाते हैं। मधुरकवि नम्मलवार के शिष्य थे। इन्होंने गुरु भक्ति को ईश्वर भक्ति के समान बताया। कुलशेखर पहले त्रावणकोर के राजा थे।
- तिरूप्पन निम्न कुल से सम्बन्धित थे। अण्डाल महिला सन्त थीं। तिरूमंगई शूद्र वर्ण से सम्बन्धित थे। इन सन्तों के गीत दिव्य प्रबन्धम् में संकलित हैं।

नयनार सन्त

- नयनार शिव भक्त सन्त थे, इनकी संख्या 63 थी। इन्होंने शिव भक्ति से सम्बन्धित गीतों की रचना की, जो तेवरम् नाम से संकलित हैं, जबकि भक्ति गीत तिरुपाडुयम या तिरुमुडै कहे जाते हैं।
- इन गीतों को नम्बिअण्डार नम्बि ने व्यवस्थित रूप दिया, जो चोल शासक राजराज प्रथम व राजेन्द्र प्रथम के समकालीन था। प्रारम्भिक नयनार सन्तों की भक्ति भावनात्मक थी।
- इनमें प्रमुख सन्त थे-सन्त अप्पार, तिरुनाबुक्करार, तिरुज्ञान सम्बन्दर, मणिक्कावाचगर, नान सम्बन्दर तथा सुन्दरमूर्ति। बाद में नयनार सन्तों ने शैवमत के दार्शनिक आधार का प्रतिपादन किया। इनको सन्तानाचार्य कहा गया है। इनमें भराई ज्ञान तथा उमापति शिवाचार्य के नाम उल्लेखनीय हैं।

भक्ति आन्दोलन की विचारधाराएँ

निर्गुण भक्ति शाखा

- इस धारा के सन्त परम सत्ता के अस्तित्व को स्वीकार तो करते हैं, लेकिन अवतार और लीला में विश्वास नहीं करते। उनका ईश्वर निर्गुण, निराकार, निरंजन, अरूप, अगम, अगोचर है।
- इन्होंने कर्मकाण्डों, अन्धविश्वासों, रूढ़ियों और सामाजिक भेदभाव की निन्दा की तथा ईश्वर की एकता और मानव की समानता पर बल दिया। इस मत के प्रमुख प्रस्तावक कबीरदास और गुरुनानक थे।

सगुण भक्ति शाखा

- शंकराचार्य के मायावाद या विवर्तवाद के विरुद्ध रामानुजाचार्य (11 वीं शताब्दी) ने विशिष्टाद्वैतवाद और बल्लभाचार्य (15वीं शती) ने शुद्धाद्वैतवाद द्वारा ईश्वर के सगुण साकार रूप की उपासना की।
- इनके इष्ट अवतार ग्रहण करते हैं, असुरों का नाश करते हैं, लीला के द्वारा लोकमंगल और लोकरंजन करते हैं।
- सगुण मत में विष्णु के अनेक अवतारों की उपासना की जाती है। इनमें सबसे अधिक लोकप्रिय राम और कृष्ण हैं।
- इस मत के प्रमुख प्रस्तावक रामानन्दाचार्य, गोस्वामी तुलसीदास, चैतन्य महाप्रभु, मीराबाई और अष्टछाप के सन्त कवि आदि हैं। इस मत के भक्ति सन्त जाति-धर्म की वर्णाश्रम व्यवस्था के समर्थक थे।

भक्ति आन्दोलन के प्रमुख सन्त

भक्ति आन्दोलन को लोकप्रिय एवं सफल बनाने में सन्तों का महत्त्वपूर्ण योगदान रहा है। इनका वर्णन निम्नलिखित है

शंकराचार्य

- शंकराचार्य का जन्म 8वीं सदी में केरल प्रान्त के कलादी ग्राम में हुआ था। ये भारत के महान् सन्त एवं दार्शनिक थे। इनका सिद्धान्त अद्वैतवाद के नाम से विख्यात है।
- शंकराचार्य ने स्मति सम्प्रदाय की स्थापना हिन्दू धर्म की सुव्यवस्थित व्याख्या करने के लिए की थी।
- बौद्ध धर्म की महायान शाखा से प्रभावित होने के कारण इन्हें प्रच्छन्न बौद्ध भी कहा जाता है।
- इन्होंने अद्वैत वेदान्त के मूल सिद्धान्तों पर विवेकचूड़ामणि, आत्मबोध, वाक्यवृत्ति और उपदेशसहस्री ग्रन्थों की रचना की।
- ब्रह्मसूत्र, भगवद्गीता और 12 प्रमुख उपनिषदों सहित प्रमुख धर्मग्रन्थों पर 18 टीकाएँ लिखीं।
- ब्रह्मसूत्र पर उनकी समीक्षा को ब्रह्मसूत्रभाष्य के नाम से जाना जाता है, और यह ब्रह्मसूत्र पर सबसे प्राचीन टिप्पणी है।

शंकराचार्य द्वारा स्थापित मठ

मठ	स्थल	राज्य
श्रृंगेरी मठ (शिव)	मैसूर	कर्नाटक
गोवर्धन मठ (बलभद्र व सुभद्रा)	पुरी	उड़ीसा
शारदा मठ (कृष्ण)	द्वारका	गुजरात
ज्योतिष मठ (विष्णु)	बद्रीनाथ	उत्तराखण्ड

- शंकराचार्य के निर्गुण ज्ञानवादी दर्शन का प्रभाव लोगों को अधिक प्रभावित नहीं कर सका, जिस कारण निम्नलिखित मतों का भी विकास हुआ

मत	संस्थापक	मत	संस्थापक
विशिष्टाद्वैतवाद	रामानुजाचार्य	शुद्धाद्वैतवाद	वल्लभाचार्य
द्वैतवाद	माध्वाचार्य	अचिन्त्यभेदाभेद	चैतन्य
द्वैताद्वैतवाद/भेदाभेद	निम्बार्काचार्य	—	—

रामानुजाचार्य

- भक्ति आन्दोलन के सर्वप्रथम प्रतिपादक रामानुजाचार्य का जन्म 1017 ई. में मद्रास के समीप श्रीपेरम्बुदुर में हुआ था। रामानुजाचार्य अलवार सन्तों की शिष्य परम्परा में तथा विशिष्टाद्वैत दर्शन के प्रवर्तक थे। ये एक वैष्णव सन्त थे। इन्होंने वेदान्त तथा वैष्णव धर्म के मध्य समन्वय स्थापित करने का प्रयास किया और भक्ति को दार्शनिक आधार प्रदान किया था।
- रामानुजाचार्य ने काँचीपुरम के यादव प्रकाश के संरक्षण में विद्या ग्रहण कर, रामानुज होयसल यादव, राजकुमार विष्णुवर्धन के भाई को वैष्णव धर्म अपनाने में सहायता की थी।
- रामानुजाचार्य द्वारा ब्रह्मसूत्र पर लिखी गई टीका श्रीभाष्य में कहा गया है कि ईश्वर की कृपा से शूद्र भी मोक्ष को प्राप्त कर सकता है। दक्षिण में रामानुजाचार्य को विष्णु का अवतार माना जाता है।
- इनकी प्रमुख रचनाओं में श्रीभाष्य वेदान्तदीप, गीताभाष्य तथा वेदान्तसार प्रमुख हैं।

निम्बार्काचार्य

- निम्बार्काचार्य का जन्म 12वीं सदी में मद्रास (आधुनिक कर्नाटक) के बेलारी जिले में निम्बापुर में एक ब्राह्मण परिवार में हुआ। निम्बार्काचार्य को सुदर्शन चक्र का अवतार माना जाता है। इनका मत द्वैताद्वैत कहलाता है। ये रामानुजाचार्य के समकालीन थे। इन्होंने द्वैताद्वैतवाद नामक दर्शन प्रतिपादित किया।
- इन्होंने मथुरा में शक्तिपीठ की स्थापना की। इन्होंने कृष्ण को ब्रह्म के रूप में देखा और राधा को उनकी शक्ति के रूप में बताया। निम्बार्काचार्य का सम्प्रदाय सनक अथवा सनकादि के नाम से विख्यात है।

माध्वाचार्य

- माध्वाचार्य का जन्म 1199 ई. में उडुप्पी (कर्नाटक) में हुआ था। इन्हें आनन्दतीर्थ व पूर्णप्रज्ञ के नाम से भी जाना जाता था। इन्होंने वेदान्त के निर्गुण ब्रह्म के स्थान पर विष्णु की प्रतिष्ठा की। ये भक्तिपूर्वक विष्णु की उपासना पर बल देते थे।
- इनका सम्प्रदाय ब्रह्म सम्प्रदाय था तथा इनका मत द्वैतवाद के नाम से जाना जाता है। वेदान्त दर्शन के तीन दार्शनिकों में माध्वाचार्य को रामानुजाचार्य एवं शंकराचार्य के समकक्ष माना गया है।

वल्लभाचार्य

- वल्लभाचार्य का जन्म वाराणसी में हुआ था तथा ये तेलुगू ब्राह्मण थे। इनके पिता तेलंगाना से वाराणसी तीर्थ करने के लिए आए थे।
- वाराणसी के बाद वल्लभाचार्य ने वृन्दावन को अपना केन्द्र बना लिया था। ये कृष्ण भक्ति शाखा के सन्त थे।
- ये कृष्ण की उपासना श्रीनाथ जी के रूप में करते थे। वल्लभाचार्य के व्यक्तित्व पर विष्णु स्वामी के रुद्र सम्प्रदाय का अत्यधिक प्रभाव पड़ा।
- इनकी भक्ति का दार्शनिक आधार पुष्टिमार्ग था। ये कहते थे कि पुष्टिमार्ग के द्वारा ही ईश्वर की प्राप्ति की जा सकती है। इन्होंने कहा कि "जीव उतना ही सत्य है, जितना की ब्रह्म, क्योंकि यह ब्रह्म का ही एक अंश है।" अत: इनका दर्शन या मत शुद्धाद्वैत कहलाया।

रामानन्द

- रामानन्द 14वीं सदी में उत्तरी भारत के महान भक्ति सन्त थे। इनका जन्म प्रयागराज में हुआ था। रामानन्द ने दक्षिण और उत्तर के बीच सेतु का कार्य किया तथा दक्षिण भारत के भक्ति आन्दोलन को उत्तर भारत में प्रसारित किया। इन्होंने विष्णु के स्थान पर राम की भक्ति आरम्भ की। रामानन्द के गुरु राघवानन्द थे।
- रामानन्द ने अपने उपदेशों का माध्यम भाषा के रूप में हिन्दी को अपनाया। महिलाओं को सन्त मठों में समान सम्मान देने वाले प्रथम भक्तिकालीन सन्त रामानन्द थे। इन्होंने पद्मावती और सुरसरी नामक महिला को अपनी शिष्य बनाया, इनके 12 शिष्यों में कुछ निचली जाति के लोग भी थे; जैसे—कबीर (जुलाहा), धन्ना (जाट), सेना (नाई), रैदास (मोची), सदना (कसाई) पीपा (राजपूत) आदि।

कबीर

- कबीर का जन्म 1398 ई. में माना जाता है। कबीर रामानन्द के प्रमुख शिष्यों में से एक थे, जो सिकन्दर लोदी के समकालीन माने जाते हैं।
- कबीर ने जाति-पाति, मूर्तिपूजा तथा अवतार सिद्धान्त को अस्वीकार किया। कबीर निर्गुण सन्त होकर भी शुद्ध गृहस्थ बने एवं शारीरिक श्रम की प्रतिष्ठा को महत्त्व दिया।
- कबीर की वाणी का संग्रह इनके शिष्यों ने किया, जोकि मुख्यत: तीन रूपों में मिलती है-साखी, सबद, रमैनी। इन्हीं तीनों का संग्रह बीजक कहलाता है।
- कबीरदास की भाषा को सधुक्कड़ी तथा पंचमेल खिचड़ी भी कहकर सम्बोधित किया गया है।

रैदास (रविदास)

- रैदास रामानन्द के अति प्रसिद्ध शिष्यों में से एक थे। इनका जन्म 1377 ई. में वाराणसी में हुआ था।
- सिखों के गुरु ग्रन्थ साहिब में सन्त रैदास के तीस से अधिक भजन संकलित हैं। ये पेशे से मोची थे। रैदास के अनुसार, मानव सेवा ही जीवन में धर्म की सर्वोत्कृष्ट अभिव्यक्ति का माध्यम है। कबीर ने इन्हें सन्तों का सन्त कहा है।

दादू दयाल

- दादू दयाल का जन्म 1544 ई. में अहमदाबाद में एक जुलाहा परिवार में हुआ था। इनकी मृत्यु 1603 ई. में राजस्थान के नरेना गाँव में हुई थी। दादू गृहस्थ थे तथा इनका विश्वास था कि गृहस्थ का सहज जीवन आध्यात्मिक अनुभूति के लिए अधिक उपयुक्त है।

- कबीर तथा नानक के साथ निर्गुण भक्ति की परम्परा में दादू का महत्त्वपूर्ण स्थान है। इन्होंने आध्यात्मिक अनुभूति के लिए गृहस्थ जीवन को बाधक नहीं माना था। इनके द्वारा स्थापित सम्प्रदाय को ब्रह्म सम्प्रदाय या पारब्रह्म सम्प्रदाय कहा गया है।
- दादू के अनेक शिष्यों में सुन्दरदास, रज्जब तथा सूरदास प्रमुख थे, इनकी रचनाओं को इनके शिष्य सन्तदास एवं जगनदास ने हरडेबानी नाम से संग्रहित किया। कालान्तर में इसका सम्पादन रज्जब ने अंगवधू के नाम किया गया।
- दादू दयाल ने रचनाओं में इस्लामी शब्दों को प्रमुखता से प्रयोग किया था। उनकी काव्य भाषा और ब्रजभाषा से राजस्थानी और खड़ीबोली के शब्दों का मिश्रण प्राप्त होता है।

रज्जब

ये दादू दयाल के शिष्य थे तथा रज्जब-बानी इनकी प्रमुख रचना थी। इनकी रचनाओं में उदाहरण शैली का प्रमुखता से प्रयोग किया गया था।

गुरुनानक

- गुरुनानक का जन्म 1469 ई. में तलवण्डी (आधुनिक ननकाना साहिब, पाकिस्तान) पंजाब में एक खत्री परिवार में हुआ था। एकेश्वरवाद तथा मानव मात्र की एकता गुरुनानक के मौलिक सिद्धान्त थे।
- नानक कबीर की भाँति मूर्तिपूजा, तीर्थयात्रा तथा धार्मिक आडम्बरों के कट्टर विरोधी थे, किन्तु ये कर्म एवं पुनर्जन्म में विश्वास रखते थे।
- गुरुनानक ने निराकार (आकार रहित) ईश्वर की कल्पना की और इस निराकार ईश्वर को इन्होंने अकाल पुरुष (अनन्त एवं अनादि ईश्वर) की संज्ञा दी।
- ये काव्य रचना करते थे और रबाब के संगीत के साथ गाया करते थे। उनका स्वामीभक्त शिष्य मरदाना सारंगी बजाया करता था। जपुजी, आसादीवार, रहिरास और सोहिला गुरुनानक की प्रमुख रचनाएँ हैं। हिन्दी, फारसी बहुल पंजाबी और पंजाबी भाषा गुरुनानक के काव्य की भाषाएँ थीं।

चैतन्य महाप्रभु

- चैतन्य महाप्रभु का जन्म 1486 ई. में नवद्वीप या नदिया (बंगाल) में हुआ था। चैतन्य का वास्तविक नाम विश्वम्भर था।
- बाल्यावस्था में इनका नाम निमाई था। ये सगुणोपासक तथा कृष्ण भक्ति शाखा से सम्बन्धित हैं।
- चैतन्य को बंगाल में आधुनिक वैष्णववाद का संस्थापक माना जाता है। ये गौरांग महाप्रभु के नाम से भी जाने जाते थे। चैतन्य ने भक्ति में कीर्तन को मुख्य स्थान दिया। इनके समय बंगाल का शासक अलाउद्दीन हुसैनशाह था।
- इन्होंने राधा कृष्ण की उपासना की। भक्त कवियों में चैतन्य एकमात्र ऐसे कवि थे, जिन्होंने मूर्तिपूजा का विरोध नहीं किया। इन्होंने अचिन्त्य भेदाभेद सम्प्रदाय की स्थापना की।

मीराबाई

- मीराबाई का जन्म 1498 ई. में हुआ था। ये मारवाड़ के राजा रत्नसिंह राठौर की इकलौती सन्तान थीं। इनका विवाह राणा सांगा के पुत्र भोजराज के साथ हुआ था।
- मीरा भगवान कृष्ण की भक्त थीं तथा इन्होंने राजस्थानी और ब्रजभाषा में गीतों की रचना की तथा जयदेव के गीत गोविन्द पर टीका लिखी। पदावली मीराबाई का भक्ति गीत है।
- मीराबाई ने अपने काव्य में कृष्ण को प्रेमी, सहचर और अपना पति मानकर चित्रित किया है।
- राग गोविन्द, गीत गोविन्द, टीका, नरसी जी रो मायरो, राग सोरठा इत्यादि इनकी प्रमुख रचनाएँ हैं।

तुलसीदास

- तुलसीदास मुगल शासक अकबर के समकालीन थे। इनका जन्म 1532 ई. में बाँदा जिले के राजापुर नामक ग्राम में हुआ था।
- इनके गुरु नरहरिदास थे। ये राम के भक्त थे। इन्होंने 1574-75 ई. में अवधी भाषा में रामचरितमानस् की रचना की। रामचरितमानस् में सर्वोच्च कोटि की धार्मिक भक्ति का विवरण है।
- इनकी अन्य रचनाएँ अवधी भाषा में रचित हैं। इनकी रचनाओं में गीतावली, दोहावली, कवितावली, रामलला नहछू, पार्वती मंगल, जानकी मंगल, रामाज्ञा प्रश्न, विनयपत्रिका आदि हैं।

सूरदास

- सूरदास का जन्म आगरा-मथुरा मार्ग पर रुनकता नामक ग्राम में 1478 ई. को हुआ था।
- इनके गुरु वल्लभाचार्य थे, जिनकी प्रेरणा से इन्होंने अपनी रचनाओं में कृष्णलीला को समाहित किया।
- ये अकबर एवं जहाँगीर के समकालीन थे। सूरदास भगवान कृष्ण और राधा के भक्त थे।
- इन्होंने ब्रजभाषा में तीन ग्रन्थों-सूरसारावली, सूरसागर एवं साहित्य लहरी की रचना की। इन ग्रन्थों में सूरसागर सबसे प्रसिद्ध है। सूरदास को पुष्टि मार्ग का जहाज भी कहा गया है।

शंकरदेव

- शंकरदेव का जन्म 1499 ई. में हुआ था। ये मध्यकालीन असम के महानतम् धार्मिक सुधारक थे। इनका सन्देश विष्णु या उनके अवतार कृष्ण के प्रति पूर्ण भक्ति पर केन्द्रित था।
- इनके द्वारा स्थापित सम्प्रदाय एकशरण सम्प्रदाय के रूप में प्रसिद्ध है।
- ये असम के चैतन्य नाम से भी प्रसिद्ध थे। अंकिया नामक नाटक शैली का विकास शंकरदेव के द्वारा किया गया था।

रसखान

- रसखान प्रसिद्ध मुस्लिम भक्ति सन्त थे। इनका मूल नाम **सैयद इब्राहिम** था। ये भगवान श्रीकृष्ण के परम भक्तों में से एक थे। इनका जन्म 1533 से 1558 ई. के मध्य हुआ था। माना जाता है कि इनकी मृत्यु 1628 ई. में वृन्दावन में हुई थी।
- रसखान ने भागवत का अनुवाद फ़ारसी और हिन्दी भाषा में किया था। सुजान रसखान, प्रेमवाटिका, दानलीला और अष्टयाम इनकी प्रमुख रचनाएँ हैं। इन्हें पीयूषवर्षी या **अमृत की वर्षा करने वाला कवि** भी कहा जाता है।

नरसी मेहता

गुजरात से सम्बन्धित नरसी मेहता के गीत सूरत संग्राम में संकलित हैं। इनका प्रसिद्ध भजन वैष्णव जन तो तेने कहिये, पीर पराई जाने रे था।

सन्त एवं उनके सम्प्रदाय

सन्त	सम्प्रदाय	सन्त	सम्प्रदाय
रामानुजाचार्य	श्री सम्प्रदाय	पुरन्दर दास	दासकूट सम्प्रदाय
माध्वाचार्य	ब्रह्म सम्प्रदाय	नित्यानन्द गोस्वामी	चैतन्य पन्थ
वल्लभाचार्य	रुद्र सम्प्रदाय	दादू दयाल	निपख सम्प्रदाय
सन्त लालदास	लाल पन्थ	हित हरिवंश	राधावल्लभ सम्प्रदाय
गोविन्द प्रभु	महानुभाव पन्थ	रामानन्द	रामावत सम्प्रदाय
निम्बार्काचार्य	सनक सम्प्रदाय	श्रीचन्द (गुरु नानक के पुत्र)	उदासी सम्प्रदाय
स्वामी हरिदास	सखी सम्प्रदाय	जयनाथ	बिश्नोई सम्प्रदाय
जगजीवन साहब	सतनामी सम्प्रदाय	निरंजन	निरंजनी सम्प्रदाय
चण्डीदास	बाऊल सम्प्रदाय	शंकरदेव	एक शरण सम्प्रदाय

महाराष्ट्र में धार्मिक आन्दोलन

- मध्यकालीन भक्तिकाल में वैष्णववादी भक्ति परम्परा से ही महाराष्ट्र धर्म का उदय हुआ। विठोवा इस धर्म के प्रमुख देवता थे। इस आन्दोलन को पण्ढरपुर आन्दोलन के नाम से भी प्रसिद्धि प्राप्त हुई थी।
- धरकरी और बरकरी इस आन्दोलन के अन्य दो भाग थे। इस धर्म के प्रमुख सन्त ज्ञानेश्वर, नामदेव, एकनाथ, तुकाराम और रामदास थे।

ज्ञानेश्वर

- सन्त ज्ञानेश्वर 13वीं सदी के महाराष्ट्र के एक प्रमुख सन्त थे। ज्ञानेश्वरी इनके द्वारा रचित प्रमुख संग्रह है।
- महाराष्ट्र के महान कवि ज्ञानेश्वर, नामदेव के समकालीन माने जाते हैं। अमृतानुभव तथा चंगप्रशस्ति की रचना ज्ञानेश्वर द्वारा की गई। ये गुरु गोरखनाथ की नाथ योगी शिष्य परम्परा से सम्बन्धित थे।

नामदेव

- डॉ. ताराचन्द ने परम्परा के आधार पर इनकी जन्म तिथि 1270 ई. बताई है। इनका जन्म एक दर्जी के परिवार में हुआ था। अपने प्रारम्भिक जीवन में ये डाकू थे। इन्हें सन्त शिरोमणि के नाम से भी जाना जाता है।
- बरकरी सम्प्रदाय के रूप में प्रसिद्ध विचारधारा की गौरवशाली परम्परा की स्थापना में इनकी मुख्य भूमिका रही।
- इनके कुछ गीतात्मक पद्य गुरु ग्रन्थ साहिब में संकलित हैं। नामदेव ने कहा था कि ''एक पत्थर की पूजा होती है, तो दूसरे को पैरों तले रौंदा जाता है। यदि एक भगवान है, तो दूसरा भी भगवान है।''

एकनाथ

- एकनाथ का जन्म 1538 ई. में पैठाण (छात्रपति संभाजी नगर) में हुआ था। इन्होंने जाति एवं धर्म में कोई भेदभाव नहीं किया। प्रतिदिन कीर्तन करना इनकी दिनचर्या थी। इनकी भगवद्गीता के चार श्लोकों पर लिखी गई टीकाएँ प्रसिद्ध हैं।
- एकनाथ के द्वारा रामायण पर टीकाओं की रचना भी की गई थी। रामायण शक्तिमणी, स्वयंवर, गौलना एवं भरुद इनकी प्रमुख पुस्तकें हैं।

समर्थ रामदास

- समर्थ रामदास का जन्म 1608 ई. में हुआ था। इनका पूरा नाम नारायण सूर्याजीपन्त कुलकर्णी था।
- इन्होंने परमार्थ सम्प्रदाय की स्थापना की और दासबोध आनन्द भुवन नामक पुस्तक की रचना की। ये छत्रपति शिवाजी के आध्यात्मिक गुरु थे।
- रामदास धरकरी सम्प्रदाय के प्रमुख सन्तों में से एक थे। गुरु ग्रन्थ साहिब में इनकी स्तुतियाँ संकलित की गई हैं।

तुकाराम

- तुकाराम का जन्म 1598 ई. में एक शूद्र परिवार में पूना के देही में हुआ था। इन्हें दक्षिण का कबीर कहा जाता है। इन्होंने शिवाजी द्वारा दिए गए विपुल उपहारों की भेंट लेने से इनकार कर दिया।
- ये भी बारकरी सम्प्रदाय से जुड़े हुए थे। इन्होंने अनेक अभंगों की रचना की। गुरु ग्रन्थ साहिब में इनकी स्तुतियाँ शामिल की गई हैं। इन्होंने हिन्दू-मुस्लिम एकता पर अधिक बल दिया।

कर्नाटक में भक्ति आन्दोलन

- कर्नाटक में कन्नड़ भाषी वीरशैवों का शैव भक्ति पंथ 12वीं और 13वीं शताब्दी के दौरान विकसित हुआ। वीरशैव आन्दोलन की शुरुआत बसवन्ना और उनके अल्लामा प्रभु एवं अक्कमहादेवी जैसे मित्रों ने की थी।
- ये सभी प्रकार के अनुष्ठान और मूर्तिपूजा के विरुद्ध थे। मन्दिरों को दान देना भी वर्जित था, क्योंकि वीरशैव धर्म का मानना था कि इस प्रकार के कार्य एक भक्त और दूसरे भक्त के बीच असमानता को बढ़ावा देते हैं।
- वीरशैव धर्म को लिंगायत धर्म के नाम से भी जाना जाने लगा, क्योंकि इस धर्म का सबसे महत्त्वपूर्ण घटक इष्टलिंग (शरीर पर धारण की जाने वाली शिव की लिंग प्रतिमा) था।
- इसमें केवल एक ईश्वर अर्थात् भगवान शिव की पूजा पर बल दिया गया।

भक्ति आन्दोलन की प्रसिद्ध महिलाएँ

- अण्डाल इन्हें नचियार के नाम से भी जाना जाता है। दक्षिण भारत की अलवार भक्ति परम्परा से सम्बन्धित 9वीं शताब्दी की तमिल कवि सन्त थीं। ये भगवान विष्णु के प्रति अपने भक्ति भजनों, विशेष रूप से थिरुप्पावई और नचियार थिरुमोझी के लिए जानी जाती हैं। अण्डाल की कविताओं में भगवान कृष्ण के प्रति उनका गहरा प्रेम और भक्ति व्यक्त होती है।
- सक्कुबाई ये 15वीं सदी की मराठी सन्त-कवयित्री थीं, इन्होंने भगवान कृष्ण के एक रूप भगवान विठोबा को समर्पित अभंग (भक्ति गीत) की रचना की थी। इनके भक्ति गीत आज भी विठोबा के भक्तों द्वारा गाए जाते हैं।
- बहिनाबाई चौधरी ये 17वीं सदी की मराठी सन्त-कवयित्री थीं, इन्होंने भगवान विठोबा के प्रति अपने प्रेम को व्यक्त करते हुए वरकरी परम्परा में भक्तिपूर्ण अभंगों की रचना की थी।
- लाल देद इन्हें लल्ला आरिफा के नाम से भी जाना जाता है। ये 14वीं सदी की कश्मीरी सन्त कवयित्री थीं। इन्होंने शैव परम्परा का पालन किया। और इनके वाक् (छन्द) आन्तरिक आध्यात्मिक यात्रा और भगवान शिव के साथ स्वयं की एकता पर बल देते हैं।
- करमेती बाई 17वीं सदी में जन्मी करमेती बाई भगवान कृष्ण की परम भक्त थीं। इनका विवाह सांगानेर (जयपुर) के जोशी परिवार में 12 वर्ष की उम्र में हो गया था। इन्होंने कहा कि इनके पति भगवान श्रीकृष्ण है, इसलिए ये घर त्याग कर वृन्दावन चली गईं।

"

भारत में मुगल वंश की स्थापना 1526 ई. में पानीपत के प्रथम युद्ध में दिल्ली सल्तनत के अन्तिम वंश (लोदी वंश) के सुल्तान इब्राहिम लोदी की बाबर के हाथों पराजय के साथ हुई। बाबर के द्वारा स्थापित इस साम्राज्य को अकबर ने सुदृढ़ता प्रदान की, जिस कारण इसे मुगल साम्राज्य का वास्तविक संस्थापक माना जाता है।

अध्याय इक्कीस

मुगल साम्राज्य

मुगलों का आगमन

- चौदहवीं सदी में तैमूर ने मध्य एशिया के क्षेत्र में एक विशाल साम्राज्य का निर्माण किया था, जो उसकी मृत्यु के पश्चात् छोटे-छोटे भागों में विभाजित हो गया था।
- बाबर भी तैमूर वंश से सम्बन्धित था, जो प्रारम्भ में फरगना का शासक था, परन्तु वहाँ उसे लगातार युद्धों का सामना करना पड़ा। अत: उसने अफगानिस्तान की ओर रुख किया, जहाँ उसने काबुल, कन्धार तथा समरकन्द के क्षेत्र जीते, परन्तु वह वहाँ अधिक समय तक शासन स्थापित नहीं कर सका और अन्तत: उसने दक्षिणी-पूर्वी एशिया अर्थात् भारत की ओर रुख किया।

मुगल वंश के शासक

↓
बाबर (1526-1530 ई.)
↓
हुमायूँ (1530-1540 ई., 1555-1556 ई.)
↓
अकबर (1556-1605 ई.)
↓
जहाँगीर (1605-1627 ई.)
↓
शाहजहाँ (1628-1658 ई.)
↓
औरंगजेब (1658-1707 ई.)

बाबर (1526-1530 ई.)

- भारत में मुगल वंश के संस्थापक बाबर का वास्तविक नाम जहीरुद्दीन मुहम्मद बाबर था। बाबर का जन्म 14 फरवरी, 1483 को ट्रान्स-ऑक्सियाना (मावराउन्नहर) की एक छोटी-सी रियासत फरगना में हुआ था।

- बाबर के पिता का नाम उमरशेख मिर्जा तथा माँ का नाम कुतलुगनिगार खानम था। तुर्की भाषा में बाबर का अर्थ बाघ से है। अत: जहीरुद्दीन मुहम्मद अपनी आक्रामकता तथा निर्भीकता के कारण बाबर कहलाया।
- बाबर पितृ पक्ष की ओर से तैमूर का पाँचवाँ वंशज तथा मातृ पक्ष की ओर से चंगेज खाँ का चौदहवाँ वंशज था। बाबर ने जिस नवीन राजवंश की नींव रखी, वह तुर्की नस्ल का चगताई वंश था, जिसका नाम चंगेख खाँ के द्वितीय पुत्र के नाम पर पड़ा था, जिसे बाद में मुगल वंश कहा गया।
- बाबर अपने पिता की मृत्यु के पश्चात् 11 वर्ष की अल्पायु में 1494 ई. में फरगना की गद्दी पर बैठा।
- 1504 ई. में काबुल विजय के उपरान्त बाबर का काबुल और गजनी पर अधिकार हो गया। 1507 ई. में उसने पादशाह (बादशाह) की उपाधि धारण की। पादशाह से पूर्व बाबर ने मिर्जा की पैतृक उपाधि धारण कर रखी थी।

बाबर का भारत पर आक्रमण एवं विजय

- बाबर का भारत पर आक्रमण करने का मुख्य कारण धन की आवश्यकता भी थी, क्योंकि काबुल की आमदनी से वह सैनिकों की आवश्यकताओं को पूर्ण नहीं कर पा रहा था।
- तत्कालीन भारत राजनैतिक रूप से अत्यधिक अस्थिर था। इब्राहिम लोदी के सरदार उसके विरोधी हो गए थे। पंजाब के सरदार दौलत खाँ लोदी ने अपने बेटे दिलावर खाँ को बाबर के पास भारत पर आक्रमण करने का निमन्त्रण देने के लिए भेजा। दूसरी ओर राणा सांगा ने भी बाबर को भारत पर आक्रमण के लिए प्रेरित किया।

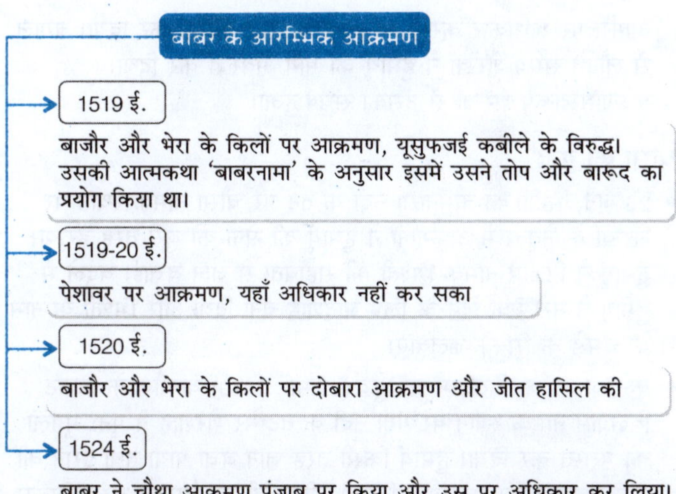

पानीपत का प्रथम युद्ध

- पानीपत का प्रथम युद्ध 21 अप्रैल, 1526 को बाबर और इब्राहिम लोदी के बीच हुआ तथा इस युद्ध में बाबर की विजय हुई। इस युद्ध में बाबर ने उज्बेकों की तुलुगमा युद्ध नीति तथा तोपों को सजाने की **उस्मानी विधि** (रूमी विधि) का प्रयोग किया था।
- बाबर ने तुलुगमा युद्ध नीति उज्बेकों से ग्रहण की थी। उस्ताद अली और मुस्तफा खाँ नामक दो योग्य तुर्की अधिकारियों ने पानीपत के प्रथम युद्ध में बाबर के तोपखाने का नेतृत्व किया।
- पानीपत के युद्ध में विजय के उपलक्ष्य में बाबर ने काबुल के प्रत्येक निवासी को एक-एक चाँदी का सिक्का दान में दिया था। अपनी उदारता के कारण बाबर को कलन्दर भी कहा जाता है।

तुलुगमा युद्ध पद्धति

तुलुगमा का तात्पर्य बेहतर गतिशीलता और लचीलेपन के लिए पारम्परिक डिवीजनों के भीतर एक छोटी सेना को अधीनस्थ डिवीजनों में विभाजित करना था। अत्यधिक गतिशील दाएँ और बाएँ डिवीजन मुख्य सेना से अलग होकर दुश्मन सेना को घेर लेते थे। मानक मध्य एशियाई युद्ध प्रणाली, जिसे **यासल** कहा जाता है, को चार बुनियादी भागों में विभाजित किया जाता था

- इराउल (हरावल) मुख्य रूप से हल्की घुड़सवार सेना और हल्की पैदल सेना से बना था।
- कोल या केन्द्र सबसे बड़ा घटक था और इसमें सेनापति और अंगरक्षक शामिल थे।
- चदावुल या पीछे का रक्षक
- जरगहर और बरंगहर बाएँ और दाएँ किनारे।

खानवा का युद्ध

- राजपूतों के विरुद्ध लड़े गए खानवा के युद्ध का मुख्य कारण बाबर का भारत में रहने का निश्चय था। दूसरा, बाबर ने राणा सांगा पर आरोप लगाया कि उसने उसे भारत आने का निमन्त्रण दिया था, परन्तु उसने इब्राहिम लोदी के विरुद्ध बाबर की सहायता नहीं की।
- राणा सांगा एवं बाबर के बीच शक्ति का प्रदर्शन आगरा से 40 किमी दूर खानवा नामक स्थान पर 16 मार्च, 1527 को हुआ। खानवा के युद्ध में राणा सांगा की ओर से हसन खाँ मेवाती, इब्राहिम लोदी का भाई महमूद लोदी, आलम खाँ लोदी तथा मेदिनी राय ने भाग लिया था।
- बाबर की आत्मकथा **बाबरनामा** में इस युद्ध की चर्चा मिलती है। बाबर ने खानवा युद्ध के समय अपने सैनिकों के मनोबल को बढ़ाने के लिए जिहाद (धर्म युद्ध) का नारा दिया।
- साथ ही मुस्लिमों पर से **तमगा** (एक प्रकार का सीमा कर) हटा दिया गया। इस युद्ध ने सैनिकों में उत्साह उत्पन्न कर दिया तथा इस युद्ध में बाबर विजयी हुआ। बाबर ने खानवा के युद्ध में विजय प्राप्ति के बाद गाजी की उपाधि धारण की।

चन्देरी का युद्ध

- बाबर ने जनवरी, 1528 में चन्देरी पर आक्रमण किया। इसके पूर्व बाबर ने मेदिनी राय को अपने पक्ष में करने एवं चन्देरी के बदले उन्हें शम्साबाद देने का प्रस्ताव रखा, परन्तु मेदिनी राय द्वारा प्रस्ताव ठुकराने के बाद उसने आक्रमण कर उसे पराजित कर दिया।
- इस युद्ध में राजपूत स्त्रियों ने **जौहर व्रत** का पालन किया।

घाघरा का युद्ध

- बाबर ने मई, 1529 में घाघरा के युद्ध में बिहार तथा बंगाल की संयुक्त अफगान सेना को पराजित किया, जिसका नेतृत्व महमूद लोदी कर रहा था।
- बाबर के साम्राज्य में काबुल, पंजाब व आधुनिक उत्तर प्रदेश का क्षेत्र शामिल था।

26 दिसम्बर, 1530 को बाबर ने हुमायूँ को अपना उत्तराधिकारी घोषित किया। 48 वर्ष की आयु में 26 दिसम्बर, 1530 को एक बीमारी से बाबर की मृत्यु हो गई। बाबर के शव को आगरा के **आराम बाग** में रखा गया तथा बाद में उसके शव को **काबुल** ले जाकर दफनाया गया, जहाँ बाद में उसका मकबरा बनाया गया।

बाबर का योगदान

- बाबर ने अपनी आत्मकथा **तुजुक-ए-बाबरी** तुर्की भाषा में लिखी। तुजुक-ए-बाबरी को **बाबरनामा** भी कहा जाता है। पायन्दा खाँ तथा अब्दुर्रहीम खान-खाना ने बाबर की आत्मकथा का फारसी में तथा ए. एस. बेवरिज ने अंग्रेजी में बाबरनामा का अनुवाद किया है।
- बाबर ने मुबइयान नामक एक पद्य शैली विकसित की थी। मुबइयान इस्लामी विधि की पुस्तक है।
- उसने अलंकार शास्त्र पर **रिसाल-ए-उसज** की रचना की और खत-ए-बाबरी नामक एक नई शैली प्रारम्भ की। साथ ही सड़कों को मापने के लिए **गज-ए-बाबरी** का प्रयोग किया। **शाहरुख** नामक चाँदी का सिक्का भी बाबर के द्वारा चलाया गया था।
- बाबर ने आगरा में ज्यामितीय विधि से एक बाग लगवाया, जिसे **नूर-ए-अफगान** कहा जाता था, परन्तु अब इसे आराम बाग कहा जाता है।
- **गंजीफा** (ताश का खेल) तथा **इश्कबाजी** (कबूतरों का खेल) नामक दो खेलों को बाबर द्वारा भारत लाया गया था।

हुमायूँ (1530-40, 1555-56 ई.)

- हुमायूँ का पूरा नाम नासिरुद्दीन मुहम्मद हुमायूँ था। उसका जन्म 1508 ई. में काबुल में हुआ था। बाबर के चार पुत्र थे-हुमायूँ, कामरान, अस्करी और हिन्दाल। हुमायूँ सबसे बड़ा था। हुमायूँ की माता माहम बेगम, जबकि कामरान एवं अस्करी की माता गुलरूख बेगम तथा हिन्दाल की माता दिलदार अगाची थी। गुलबदन बेगम बाबर की पुत्री थी।
- बाबर की मृत्यु के पश्चात् नासिरुद्दीन मुहम्मद हुमायूँ 23 वर्ष की आयु में 30 दिसम्बर, 1530 को हिन्दुस्तान के सिंहासन पर बैठा।
- उसने अपने साम्राज्य का विभाजन करते हुए भाई कामरान को काबुल एवं कन्धार, अस्करी को सम्भल तथा हिन्दाल को मेवात की जागीर दी।

हुमायूँ के सैन्य अभियान

हुमायूँ के सैन्य अभियानों का विवरण निम्नलिखित है

- कालिंजर अभियान (1531 ई.) हुमायूँ ने अपना पहला आक्रमण 1531 ई. में कालिंजर राज्य पर किया। कालिंजर के शासक प्रताप रुद्रदेव ने हुमायूँ की अधीनता स्वीकार कर ली, यद्यपि मुगलों ने इसे सीधे अपने नियन्त्रण में नहीं लिया, जिसे हुमायूँ की कमजोरी माना गया।
- दौरहा अथवा दौहरिया या दौरा का युद्ध (1532 ई.) इस युद्ध में जौनपुर के निकट गोमती नदी के तट पर हुमायूँ ने महमूद लोदी के नेतृत्व वाली अफगान सेना को हराकर जौनपुर क्षेत्र पर अधिकार कर लिया।
- चुनार का प्रथम घेरा (1532 ई.) चुनार के मजबूत किले पर शेरखाँ का अधिकार था। 4 माह के घेरे के पश्चात् एक समझौते के अन्तर्गत किला शेरखाँ के ही अधिकार में छोड़ दिया गया और बदले में शेरखाँ का पुत्र कुतुब खाँ एक सैन्य टुकड़ी के साथ हुमायूँ की सेवा में भेज दिया गया।
- गुजरात विजय गुजरात का शासक बहादुरशाह एक योग्य एवं महत्त्वाकांक्षी शासक था। उसने मालवा (1531 ई.) तथा रायसीन (1532 ई.) पर अधिकार कर लिया था, साथ ही उसने अजमेर भी जीत लिया और 1534 ई. में चित्तौड़ को सन्धि के लिए बाध्य कर दिया। अन्ततः मालवा एवं गुजरात के बड़े भागों (क्षेत्र) पर मुगलों का अधिकार हो गया।
- कुछ समय पश्चात् पुर्तगालियों की सहायता से बहादुरशाह ने गुजरात व मालवा पर अधिकार कर लिया था, परन्तु 1537 ई. में बहादुरशाह की आकस्मिक मृत्यु हो गई।
- चुनार का दूसरा घेरा (1537 ई.) हुमायूँ ने चुनार (पूर्व का द्वार) पर अधिकार पुनः कर लिया, यद्यपि शेरशाह के पुत्र कुतुब खाँ ने उसे योजनाबद्ध तरीके से लगभग छः महीने तक रोके रखा था, किन्तु बाद में हुमायूँ ने चुनार दुर्ग पर अधिकार कर लिया।
- बंगाल विजय (1538 ई.) जब हुमायूँ चुनार के घेरे में व्यस्त था, तब शेरखाँ ने बंगाल जीतकर वहाँ का खजाना लूट लिया और जब हुमायूँ बंगाल पहुँचा, तो शेरखाँ वहाँ से जा चुका था। हुमायूँ को गौड़ में विनाशलीला एवं शवों के ढेर दिखाई दिए। हुमायूँ ने गौड़ का पुनर्निर्माण करके उसका नाम जन्नताबाद रखा।
- बंगाल विजय के पश्चात् हुमायूँ आमोद-प्रमोद में व्यस्त हो गया। दूसरी ओर शेरखाँ मुगल क्षेत्रों को विजित करने में लगा रहा, उधर हिन्दाल ने आगरा पर अधिकार करके स्वयं को बादशाह घोषित कर दिया। बंगाल से लौटते समय शेरखाँ ने हुमायूँ का मार्ग अवरुद्ध कर दिया। परिणामस्वरूप शेरखाँ से उसका संघर्ष हुआ।

चौसा का युद्ध

- 26 जून, 1539 को कर्मनासा नदी के तट पर चौसा नामक स्थान पर शेरखाँ के नेतृत्व में अफगानों ने हुमायूँ की सेना को बुरी तरह हराया। हुमायूँ ने निजाम नामक भिश्ती की सहायता से जान बचाई। बदले में हुमायूँ ने उसे एक दिन के लिए बादशाह बना दिया और भिश्ती के नाम के चमड़े के सिक्के ढलवाए।
- कन्नौज अथवा बिलग्राम का युद्ध (17 मई, 1540) कन्नौज के निकट बिलग्राम नामक स्थान पर गंगा नदी के तट पर शेरशाह ने पुनः मुगलों को परास्त कर दिया। हुमायूँ किसी तरह जान बचा पाया तथा ईरान की ओर पलायन कर गया तथा दिल्ली की गद्दी पर शेरशाह का अधिकार हो गया।

हुमायूँ द्वारा पुनः राज्य प्राप्ति

- प्रारम्भ में हुमायूँ वर्षों तक सिन्ध, राजस्थान में भटकता रहा। 1543 ई. में वह ईरान गया और शिया बनने की शर्त पर ईरान के शाह से सैन्य सहायता प्राप्त की। 1545 ई. में हुमायूँ ने काबुल और कन्धार पर अधिकार कर लिया।
- शेरशाह के उत्तराधिकारी इस्लाम शाह की मृत्यु के पश्चात् उसने पुनः भारत विजय के लिए सोचा। हिन्दुस्तान पर पुनः अधिकार करने के लिए हुमायूँ ने 5 दिसम्बर, 1554 को पेशावर तथा लाहौर पर अधिकार कर लिया।
- 15 मई, 1555 में मच्छीवाड़ा नामक स्थान पर मुगलों एवं अफगान सरदार हैबत खाँ एवं तातार खाँ के मध्य हुए संघर्ष में हुमायूँ की विजय हुई। इस प्रकार सम्पूर्ण पंजाब पर मुगलों का अधिकार हो गया था।
- भारत विजय के अपने अगले प्रयास में हुमायूँ की सेना और अफगानों की सेना के बीच सरहिन्द नामक स्थान पर 22 जून, 1555 को युद्ध हुआ। इस युद्ध में अफगान सेना का नेतृत्व सुल्तान सिकन्दर शाह सूर एवं मुगल सेना का नेतृत्व बैरम खाँ ने किया। इस युद्ध में अफगानों की पराजय हुई।
- सरहिन्द विजय के पश्चात् 23 जुलाई, 1555 में हुमायूँ एक बार फिर से दिल्ली के तख्त पर बैठा।
- दिल्ली में दीनपनाह भवन में स्थित पुस्तकालय की सीढ़ियों से गिरकर जनवरी, 1556 में हुमायूँ की मृत्यु हो गई।

हुमायूँ के चरित्र का मूल्यांकन

- हुमायूँ की कब्र वास्तुकार मिर्जा गियास बेग द्वारा बनाई गई थी, जो ईरानी संस्कृति से प्रभावित थी। इसका निर्माण उसकी बेगम हमीदा बानो द्वारा कराया गया था। वर्तमान में यह मकबरा दिल्ली में स्थित है।
- हुमायूँ ज्योतिष पर अधिक विश्वास करता था तथा सप्ताह के सातों दिन अलग-अलग रंग के वस्त्र पहनता था। वह सोमवार को सफेद, शनिवार को काले तथा रविवार को पीले रंग के वस्त्र पहनता था। लेनपूल के अनुसार, "हुमायूँ जिन्दगी भर लुढ़कता रहा और अन्ततः लुढ़ककर ही मर गया।"

अफगानों का चरमोत्कर्ष (1540-55 ई.)

शेरशाह सूरी (1540-1545 ई.)

- शेरशाह का वास्तविक नाम फरीद था, इसका जन्म 1472 ई. (कुछ इतिहासकारों के अनुसार 1486 ई.) में नारनौल अथवा बजवाड़ा में हुआ था। इसका पिता हसन सूर सहसराम खवासपुर तथा टाण्डा का इक्तादार था। इन परगनों पर शासन करके शेरशाह ने 1497-1518 ई. तक प्रशासन एवं राजव्यवस्था का वास्तविक अनुभव प्राप्त किया।
- शेरशाह द्वारा एक शेर को मार डालने के कारण दक्षिण बिहार के सूबेदार बहार खाँ लोहानी ने उसे शेरखाँ की उपाधि दी थी।
- 1528 ई. में चन्देरी के युद्ध में वह बाबर की सेना में शामिल हुआ था, परन्तु 1529 ई. में शेरखाँ ने महमूद लोदी की ओर से मुगलों के विरुद्ध घाघरा के युद्ध में भाग लिया था।
- 1539 ई. में चौसा के युद्ध में हुमायूँ को पराजित करने के बाद शेरखाँ ने **शेरशाह सुल्तान-ए-आदिल** की उपाधि धारण की और अपने नाम का खुतबा पढ़वाया तथा अपने नाम के सिक्के भी जारी किए। 17 मई, 1540 को कन्नौज या बिलग्राम के युद्ध में हुमायूँ की पराजय हुई। शेरशाह ने अपने साम्राज्य का विस्तार पूर्व में बंगाल तक तथा पश्चिम में सिन्ध तक किया था।

शेरशाह के सैन्य अभियान

- गद्दी प्राप्त करने के पश्चात् शेरशाह ने सर्वप्रथम 1541 ई. में उत्तर-पश्चिम सीमा में गक्खरों पर आक्रमण किया, ताकि मुगलों को भारत में प्रवेश करने से रोका जा सके, परन्तु शेरशाह गक्खरों को पूर्णतः दबा नहीं सका।
- शेरशाह ने अपनी उत्तर-पश्चिम सीमा को सुरक्षित करने के लिए वहाँ पर टोडरमल के निर्देशन में **रोहतासगढ़** नामक किला बनवाया। 1542 ई. में शेरशाह ने मालवा पर आक्रमण कर उसे अपने साम्राज्य में सम्मिलित कर लिया था।
- शेरशाह ने 1543 ई. में रायसीन पर आक्रमण करके धोखे से वहाँ के शासक पूरणमल की हत्या कर दी, इसके पश्चात् राजपूत स्त्रियों ने जौहर कर लिया। इस घटना से लज्जित होकर शेरशाह के पुत्र कुतुब खाँ ने आत्महत्या कर ली।
- 1544 ई. में शेरशाह ने मारवाड़ पर आक्रमण किया तथा जाली पत्रों की कूटनीति के माध्यम से मारवाड़ के शासक मालदेव की सेना में फूट डाल दी, परिणामस्वरूप राजपूत थोड़े से सैनिकों के साथ लड़े और पराजित हुए। यह शेरशाह का सबसे कठिन अभियान था।
- मारवाड़ पर आक्रमण के दौरान **जैता** एवं **कुम्पा** की वीरता को देखकर शेरशाह ने कहा था कि "मुट्ठी भर बाजरे के लिए मैंने हिन्दुस्तान का साम्राज्य गँवा दिया होता।"
- 1545 ई. में शेरशाह ने कालिंजर पर अपना अन्तिम आक्रमण किया, जिसका शासक कीरत सिंह था। इस अभियान के दौरान जब वह उक्का नामक आग्नेयास्त्र चला रहा था, तो उसी दौरान किले की दीवार से टकराकर एक गोला रखकर बारूद के ढेर पर आ गिरा, जिसमें आग लग जाने से 22 मई, 1545 को उसकी मृत्यु हो गई, परन्तु कालिंजर पर उसका अधिकार हो गया।

शेरशाह सूरी का प्रशासन

- मध्यकालीन भारत के महानतम शासकों में शेरशाह सूरी की गणना की जाती है। इसका प्रमुख कारण शेरशाह की उत्तम शासन व्यवस्था थी। शेरशाह का मॉडल कुछ सीमा तक अलाउद्दीन खिलजी के मॉडल से प्रभावित था और इस मॉडल ने अकबर के मॉडल को प्रभावित किया था।
- शेरशाह के प्रशासन की विशेषता उसका अत्यधिक केन्द्रीकृत होना था। शेरशाह स्वयं प्रशासन की धुरी था और स्वयं ही सभी महत्त्वपूर्ण कार्य करता था।

शेरशाह का प्रशासन

↓

सुल्तान

→ **केन्द्रीय प्रशासन**

शेरशाह सूरी को निम्नलिखित महत्त्वपूर्ण मन्त्रियों द्वारा सहायता प्रदान की जाती थी—दीवान-ए-विजारत, जिसे वजीर भी कहा जाता है—राजस्व और वित्त का प्रभारी। दीवान-ए-आरिज-सेना का प्रभारी। दीवान-ए-रसालत-विदेश मन्त्री। दीवान-ए-इंशा-संचार मन्त्री, दीवान-एकजा-न्यायविभाग, दीवान-ए-बरीद-गुप्तचर विभाग, दीवान-ए-समन-शाही परिवार का प्रभारी

→ **प्रान्तीय/प्रशासन**

केन्द्र प्रान्तों में विभाजित था, जिसे सूबा कहा जाता था। यहाँ सूबेदार अथवा फौजदार की नियुक्ति होती थी।

→ **सरकार (शिक) प्रशासन**

शेरशाह ने शासन की सुविधा के लिए सम्पूर्ण साम्राज्य को 66 इकाइयों (सरकारों) में बाँटा था, जिसमें 19 सरकार बंगाल में ही थी। प्रत्येक सरकार में प्रशासन के प्रभारी दो अधिकारी शिकदार-ए-शिकदारान (कानून और व्यवस्था) और मुंसिफ-ए-मुंसुफान (न्यायाधीश) थे। बंगाल में एक असैनिक अधिकारी अमीर-ए-बंगाल भी नियुक्त होता था।

→ **परगना प्रशासन**

सरकार अनेक परगनों में विभाजित थी। शिकदार (सैन्य अधिकारी), अमीन (भू-राजस्व), फोतेदार (कोषाध्यक्ष) और कारकुन (लेखाकार) प्रत्येक परगना के प्रशासन के प्रभारी थे।

→ **ग्राम प्रशासन**

प्रत्येक परगना अनेक ग्रामों से मिलकर बनता था। गाँव शासन की सबसे छोटी इकाई थी। गाँव का प्रमुख अधिकारी मुकद्दम अथवा मुखिया कहलाता था, जो गाँव की शान्ति व्यवस्था के लिए उत्तरदायी था। गाँव का दूसरा प्रमुख अधिकारी पटवारी था, जो कृषकों, उनकी और भूमि एवं उपज का ब्यौरा रखता था।

सैन्य प्रशासन, गुप्तचर प्रणाली, न्याय व्यवस्था

सैन्य प्रशासन

- शेरशाह ने विशाल केन्द्रीय सेना रखी। वह स्वयं प्रधान सेनापति था और स्वयं सैनिकों की भर्ती करता था। इसके शासनकाल में दाग (घोड़ों को दागने की युक्ति) तथा हुलिया (सैनिक का हुलिया लिखना)

का सख्ती से पालन होता था। सैनिकों एवं सरदारों को मुख्यत: जागीर के माध्यम से वेतन दिया जाता था। वेतन का अधिकार सैन्य योग्यता थी। सैनिकों को वेतन जागीर के रूप में न देकर अधिकतर नकद रूप में देने की व्यवस्था की गई।

- शेरशाह ने सैनिकों को कठोर अनुशासन में रखा। यद्यपि सैनिकों की पदोन्नति भी शेरशाह स्वयं ही करता था। शेरशाह की सेना के चार अंग थे
  - घुड़सवार सैनिक, जिनकी संख्या 1,50,000 थी।
  - पदाति सैनिक, जिनकी संख्या 25,000 थी।
  - हस्ति सेना, जिसमें अब्बास खाँ के अनुसार, 5000 हाथी थे।
  - बन्दूकचियों की संख्या 50,000 बताई गई।

गुप्तचर प्रणाली

- शेरशाह की गुप्तचर प्रणाली अत्यन्त कुशल थी। उसने सभी प्रमुख नगरों तथा केन्द्रों में भी गुप्तचरों को नियुक्त किया था। इन गुप्तचरों ने भी शेरशाह को तुरन्त सूचना भेजने के लिए सरायों में डाक चौकियों की व्यवस्था की, जहाँ दो घोड़े हमेशा उपलब्ध रहते थे। शेरशाह के सकल प्रशासन में उसकी गुप्तचर प्रणाली का महत्त्वपूर्ण योगदान था।

न्याय व्यवस्था

- शेरशाह राज्य का सर्वोच्च न्यायाधीश था। वह प्रत्येक बुधवार को स्वयं न्याय के लिए बैठता था। इसके अतिरिक्त लगान सम्बन्धी मुकदमों का निर्णय, परगनों में मुन्सिफ तथा सरकारों में मुन्सिफ-ए-मुन्सिफान करते थे।
- फौजदारी मुकदमों की सुनवाई शिकदार-ए-शिकदारान द्वारा होती थी। इसके अतिरिक्त काजी तथा मीर अदल नामक अधिकारी भी न्यायिक कार्य करते थे।

भू-राजस्व प्रशासन

- शेरशाह के समय राज्य की आय का मुख्य स्रोत भूमिकर अथवा लगान था।
- भू-राजस्व प्रशासन में भी शेरशाह के मॉडल ने अकबर के मॉडल को प्रभावित किया। शेरशाह से पूर्व अलाउद्दीन खिलजी एवं सिकन्दर लोदी ने भूमि माप की प्रणाली अपनाई थी। शेरशाह के भू-राजस्व सुधार के निम्न उद्देश्य थे
  - उत्पादन में वृद्धि ◆ रैयतों की सुरक्षा ◆ राजकीय आय में वृद्धि
- शेरशाह ने इस सुधार की प्रक्रिया हेतु अहमद खाँ नामक अधिकारी को अधिकृत किया। अहमद खाँ ने हिन्दू ब्राह्मणों की सहायता से भूमि की माप कराई और कृषि भूमि का एक दस्तावेज तैयार किया। भूमि माप में शेरशाह ने माप की इकाई के रूप में गज-ए-सिकन्दरी का प्रयोग किया, जो 39 अंगुल या 32 इंच या 3/4 मी की सन की रस्सी होती थी।
- शेरशाह की भूमि माप की पद्धति जब्ती पद्धति कहलाती है। जब्ती पद्धति टोडरमल पद्धति के नाम से भी जानी जाती थी, क्योंकि टोडरमल को इस प्रणाली का जनक माना जाता है।
- प्रत्येक किसान को पट्टा दिया जाता था और उससे कबूलियत लिखवाई जाती थी। पट्टे में जमीन के स्वामी का नाम आदि स्पष्ट किए जाते थे। कबूलियत में यह बात स्पष्ट की जाती थी कि सम्बन्धित किसानों को कितना राजस्व प्रदान करना है।
- शेरशाह के समय में रैयतवाड़ी व्यवस्था के अन्तर्गत किसानों से सीधा लगान लिया जाता था।
- शेरशाह के समय भू-राजस्व की दर कुल उत्पादन का एक-तिहाई थी, किन्तु मुल्तान से उपज का $\frac{1}{4}$ भाग लगान के रूप में लिया जाता था।
- शेरशाह ने अनाजों की दर तालिका तैयार कराई, जिसे रय के नाम से जाना जाता है।
- दर निर्धारण के लिए आस-पास के क्षेत्रों के मूल्य को आधार बनाया जाता था। किसानों को यह विकल्प दिया गया था कि वे अनाज या नकद में भू-राजस्व अदा कर सकते हैं।
- भू-राजस्व के अतिरिक्त कुछ अन्य प्रकार के कर भी लिए जाते थे। भूमि माप के अधिकारी एवं भू-राजस्व वसूल करने वाले अधिकारी को वेतन देने के लिए जरीबाना और मुहासिलाना नामक कर भी लगाया जाता था। जरीबाना उत्पादन का 2.5% तथा मुहासिलाना उत्पादन का 5% होता था।

सार्वजनिक निर्माण कार्य

- शेरशाह ने अनेक सड़कों का निर्माण करवाया और पुरानी सड़कों की मरम्मत कराई।
  - बंगाल में सोनारगाँव से शुरू होकर दिल्ली, लाहौर होते हुए पंजाब में अटक तक पहली सड़क बनवाई। इस सड़क मार्ग को ही ग्राण्ड ट्रंक रोड कहा जाता है। यह नाम लॉर्ड ऑकलैण्ड के द्वारा सम्बोधित किया गया। इसी सड़क को सड़क-ए-आजम भी कहा जाता था।
  - आगरा से बुरहानपुर तक।
  - आगरा से जोधपुर होती हुई चित्तौड़ तक।
  - लाहौर से मुल्तान तक।
- शेरशाह ने शिकदारों के अधीन 1700 सरायों का निर्माण कराया गया, जिनमें हिन्दुओं और मुसलमानों के ठहरने की अलग-अलग व्यवस्था थी।
- शिकदार सराय की देखभाल का प्रमुख अधिकारी होता था। इतिहासकार तथा कानूनगों ने सरायों को साम्राज्य रूपी शरीर की धमनियाँ कहा है।

मुद्रा व्यवस्था

- शेरशाह ने चाँदी का रुपया, (180 ग्रेन) और ताँबे का दाम (380 ग्रेन) नामक सिक्के चलाए। चाँदी का रुपया सर्वप्रथम शेरशाह ने ही चलाया था।
- शेरशाह के शासनकाल में चाँदी के रुपये एवं ताँबे के दाम का अनुपात 1 : 64 था। इसके साम्राज्य में सिक्का ढालने की 23 टकसालें थीं। सिक्कों पर शेरशाह का नाम, पद और टकसाल का नाम अरबी एवं या नागरी लिपि में अंकित किया गया था।
- स्मिथ के अनुसार, ''यह रुपया वर्तमान ब्रिटिश मुद्रा प्रणाली का आधार है।''

शेरशाह सूरी द्वारा निर्मित भवन व इमारतें

- शेरशाह ने अपने साम्राज्य की उत्तर-पश्चिम सीमा को सुरक्षित रखने के लिए रोहतासगढ़ के किले का निर्माण करवाया। सासाराम का मकबरा शेरशाह ने अपने जीवनकाल में ही बनवाया था। यह एक झील के मध्य में स्थित है। कनिंघम ने शेरशाह के मकबरे को ताजमहल से भी सुन्दर माना है।
- उसने कन्नौज के पुराने नगर को नष्ट कर शेर सूर नामक नए नगर का निर्माण कराया। दिल्ली में उसने हुमायूँ द्वारा निर्मित दीनपनाह को तुड़वाकर उसके ध्वंसावशेषों पर पुराने किले का निर्माण कराया। इस किले के अन्दर किला-ए-कुहना नामक मस्जिद बनवाई गई।

शेरशाह सूरी का उत्तराधिकारी

- शेरशाह के पश्चात् उसका उत्तराधिकारी उसका पुत्र जलाल खाँ हुआ। जलाल खाँ ने इस्लामशाह के नाम से शासन किया।
- इस्लामशाह का उत्तराधिकारी फिरोज था, परन्तु उसके चाचा मुबारिज खाँ ने उसकी हत्या कर दी और स्वयं आदिलशाह सूर के नाम से शासक बन गया। इसी आदिलशाह के प्रधानमन्त्री हेमू को अकबर ने पानीपत के दूसरे युद्ध में हराया था।
- 1555-56 ई. तक हुमायूँ उत्तर भारत का एक बड़ा भाग (क्षेत्र) अफगानों से छीनकर दिल्ली में मुगल राजवंश को पुन: प्रतिष्ठित करने में सफल हो गया।

मुगल साम्राज्य का सुदृढ़ीकरण

अकबर का युग (1556-1605 ई.)

- जलालुद्दीन मुहम्मद अकबर का जन्म 15 अक्टूबर, 1542 को अमरकोट के शासक राणा वीरसाल के महल में हुआ था। उसकी माता का नाम हमीदा बानो बेगम था।
- 1551 ई. में नौ वर्ष की अवस्था में अकबर को गजनी की सूबेदारी दे दी गई। हुमायूँ ने हिन्दुस्तान की पुनर्विजय के समय मुनीम खाँ को अकबर का संरक्षक नियुक्त किया। सरहिन्द के युद्ध के बाद हुमायूँ ने अकबर को युवराज घोषित किया।
- दिल्ली पर अधिकार करने के बाद हुमायूँ ने अकबर को लाहौर का गवर्नर नियुक्त किया। साथ ही अकबर के संरक्षक मुनीम खाँ को अपने दूसरे पुत्र मिर्जा हकीम का संरक्षक नियुक्त कर बैरम खाँ को अकबर का संरक्षक नियुक्त किया।
- अकबर ने 14 फरवरी, 1556 को कलानौर में बैरम खाँ की देख-रेख में अपना राज्याभिषेक किया। बैरम खाँ को उसने वकील अर्थात् वजीर नियुक्त किया। हुमायूँ की मृत्यु के पश्चात् सूरवंशी आदिल खाँ के प्रधानमन्त्री हेमू ने दिल्ली और आगरा पर पुन: अधिकार कर लिया था।

पानीपत का द्वितीय युद्ध

- हेमू और अकबर की सेना के बीच 5 नवम्बर, 1556 को पानीपत का द्वितीय युद्ध लड़ा गया, जिसमें हेमू मारा गया। इसके पश्चात् अकबर आगरा और दिल्ली का शासक नियुक्त हुआ। हेमू उर्फ हेमचन्द्र मूलत: रेवाड़ी का एक बनिया था। सुल्तान आदिलशाह ने उसकी योग्यता से प्रभावित होकर उसे अपना वजीर और सेनापति नियुक्त किया। उसने अपने स्वामी आदिलशाह की ओर से 24 युद्धों में भाग लिया, जिनमें से 22 युद्धों में उसे सफलता मिली।
- हेमू ने तरदी बेग को पराजित करके कुछ समय के लिए दिल्ली पर अधिकार कर लिया और विक्रमादित्य की उपाधि धारण कर स्वतन्त्र शासक बन गया। विक्रमादित्य की उपाधि धारण करने वाला वह 14वाँ शासक था।

बैरम खाँ (1556-1560 ई.)

- हुमायूँ ने जब अकबर को पंजाब का सूबेदार बनाया था, तो उसी समय उसने अपने वफादार बैरम खाँ को अकबर का संरक्षक नियुक्त किया था।
- 1556 से 1560 ई. के बीच शासन सूत्र अधिकतम सीमा तक बैरम खाँ के हाथों में था। बैरम खाँ वकील के पद पर था और अधिकांश शक्तियाँ उसने अपने हाथों में रखी थीं।
- फारस के शिया सम्प्रदाय से सम्बन्धित बैरम खाँ को उसकी ईमानदारी के लिए खान-ए-खाना की उपाधि से सम्मानित किया गया था।
- बैरम खाँ के नेतृत्व में अकबर ने पानीपत, ग्वालियर, जौनपुर तथा चुनार आदि क्षेत्रों पर विजय प्राप्त की थी। अकबर के सुन्नी अधिकारियों का आरोप था कि बैरम खाँ अपने शिया सम्बन्धियों को बेहतर पद और जागीर बाँटता था। साथ ही राज्य पर स्वतन्त्रतापूर्वक शासन करना चाहता था।
- अकबर ने एक आदेश जारी कर बैरम खाँ को अपदस्थ कर दिया। मुगल सेना ने तिलवाड़ा के निकट युद्ध में उसे पराजित कर दिया, जिसमें बैरम खाँ ने आत्मसमर्पण कर दिया। अकबर ने उसके सामने तीन प्रस्ताव रखे
  - वह चाहे, तो काल्पी एवं चन्देरी का सूबेदार बन जाए।
  - वह बादशाह के व्यक्तिगत सलाहकार के रूप में दरबार में रहे।
  - वह मक्का चला जाए।
- बैरम खाँ ने मक्का जाने का निश्चय किया, परन्तु वह मक्का न पहुँच सका। गुजरात में अफगानों के दल ने उस पर आक्रमण कर दिया और मुबारक खाँ नामक व्यक्ति (जिसके पिता को बैरम खाँ ने मच्छीवाड़ा के युद्ध में मार दिया था) ने बैरम खाँ को मार डाला।
- बैरम खाँ की मृत्यु के पश्चात् उसकी विधवा सलीमा बेगम से अकबर ने निकाह किया तथा उसके पुत्र अब्दुर्रहीम को खान-ए-खाना की उपाधि से सम्मानित भी किया।

पेटीकोट शासन (1560-62 ई.)

अकबर के शासनकाल में 1560-62 ई. के समय उसकी धाय माँ माहम अनगा, उसका पुत्र अधम खाँ तथा उसकी पुत्री जीजी अनगा के द्वारा शासन कार्य में सर्वेसर्वा होने के कारण इतिहासकारों ने इस काल को अतकाखैल या पेटीकोट सरकार की संज्ञा दी है। अबुल फजल ने बैरम खाँ के पतन में सबसे अधिक उत्तरदायी अकबर की धाय माँ माहम अनगा को ही ठहराया है। मुगलों के द्वारा मालवा व गोण्डवाना पर अधिकार पेटीकोट शासन के अन्तर्गत किया गया था। इस गुट का प्रभाव 1564 ई. में ख्वाजा मुअज्जम को मृत्युदण्ड दिए जाने के पश्चात् समाप्त हो गया था।

अकबर का साम्राज्य विस्तार

साम्राज्य विस्तार के क्रम में अकबर ने अनेक सैन्य अभियान किए। इनके विवरण निम्न हैं

मालवा अभियान (1561-62 ई.)

- अकबर ने मालवा के अभियान पर अधम खाँ को भेजा। इस समय मालवा का शासक बाजबहादुर था। अधम खाँ ने मालवा को विजित किया।
- इसी समय बाज बहादुर के पक्ष में मालवा में विद्रोह हो गया, जिसमें परिस्थितियों का लाभ उठाकर अधम खाँ ने अकबर के वजीर अतगा खाँ की हत्या कर दी, जिससे क्रोधित होकर अकबर ने अधम खाँ को मृत्युदण्ड (छत से नीचे फेंककर) दिया। शीघ्र ही उसकी मृत्यु के शोक में उसकी माँ माहम अनगा की मृत्यु भी हो गई।
- 1562 ई. में अकबर ने मालवा को अन्तिम रूप से जीत लिया। अन्तत: बाजबहादुर ने अकबर के सामने समर्पण कर दिया। अकबर ने उसे क्षमा दान देकर अपने मनसबदारों (2000) में शामिल कर लिया।
- बाजबहादुर तथा रूपमति की समाधि उज्जैन में स्थित है।

आमेर अभियान (1562 ई.)

- अकबर मुइनुद्दीन चिश्ती की दरगाह के दर्शन के लिए जा रहा था। मार्ग में उसकी मुलाकात आमेर के शासक भारमल (बिहारीमल) से हुई। भारमल ने अपनी पुत्री के विवाह की इच्छा प्रकट की। तत्पश्चात् उसकी पुत्री हरखा बाई से अकबर का विवाह हुआ।
- भारमल के पुत्र भगवान दास को अकबर द्वारा उच्च मनसब प्रदान किया गया था।

मेड़ता अभियान (1562 ई.)

- मेड़ता, मेवाड़ के शासक उदय सिंह के जागीरदार जयमल के अधीन था।
- अकबर ने 1562 ई. में इस पर विजय प्राप्त की।

गढ़कटंगा या गोण्डवाना अभियान (1564 ई.)

- गोण्डवाना की राजधानी जबलपुर के निकट स्थित चौरागढ़ थी। इसकी शासिका महोबा की चन्देल राजकुमारी दुर्गावती थी, जो दलपत शाह की विधवा थी। गढ़कटंगा राज्य की स्थापना अमनदास द्वारा की गई थी।
- इलाहाबाद के गवर्नर आसफ खाँ ने 1564 ई. में गोण्डवाना पर चढ़ाई की। पराजित होने के बाद दुर्गावती ने आत्महत्या कर ली। तत्पश्चात् अकबर ने इसमें हस्तक्षेप किया और गोण्डवाना का राज्य वापस कर दिया।
- अकबर ने चन्द्रशाह को इस साम्राज्य का शासक नियुक्त किया था।

मेवाड़ अभियान (1567 ई.)

- 1567 ई. में अकबर ने चित्तौड़ पर घेरा डाला। वहाँ का शासक उदय सिंह सामन्तों की सलाह पर किले का भार जयमल और फत्ता (फतेह सिंह) के अधीन सौंपकर स्वयं जंगलों में छिप गया। जयमल और फत्ता (फतेह सिंह) युद्ध करते हुए वीरगति को प्राप्त हुए। अकबर ने जयमल और फत्ता से प्रभावित होकर दोनों की हाथी पर सवार प्रतिमा को आगरे के किले में मुख्य द्वार पर स्थापित कराया।
- उदय सिंह ने कालान्तर में यह युद्ध उदयपुर से मुगलों के विरुद्ध जारी रखा। इस युद्ध में अत्यधिक संघर्ष के कारण अकबर को जेहाद का नारा देना पड़ा था।

रणथम्भौर (1569 ई.)

- अकबर ने रणथम्भौर पर भी विजय भी प्राप्त की।
- यहाँ का शासक सुरजन राय हाड़ा राजपूत पराजित हुआ तथा अकबर ने मानसिंह को समझौते के लिए भेजा।

कालिंजर (1569 ई.)

- कालिंजर के राजा रामचन्द्र ने आत्मसमर्पण कर दिया।
- युद्ध के पश्चात् मजनू खाँ को यहाँ का राज्यपाल नियुक्त किया गया था।

जैसलमेर, बीकानेर, मारवाड़ (1570 ई.)

- जैसलमेर के शासक हरराय, बीकानेर के शासक कल्याणमल तथा मारवाड़ के शासक चन्द्रसेन ने अकबर की सर्वोच्चता को स्वीकार किया। अकबर ने चन्द्रशाह के विद्रोह के कारण मारवाड़ को कुछ समय के लिए मुगल साम्राज्य का भाग बना लिया था।
- 1570 ई. तक मेवाड़, बाँसवाड़ा, डूंगरपुर तथा प्रतापगढ़ आदि राज्यों ने अकबर के प्रभुत्व को स्वीकार नहीं किया था।

मेवाड़ अभियान (हल्दीघाटी का युद्ध, 1576 ई.)

- अकबर के द्वारा 1576 ई. में मेवाड़ के विरुद्ध अभियान दल मानसिंह के नेतृत्व में भेजा गया।
- महाराणा प्रताप की राजधानी कुम्भलगढ़ थी। 1576 ई. में हल्दीघाटी या गोगुन्दा के युद्ध में महाराणा प्रताप पराजित हुए, परन्तु उन्होंने आत्मसमर्पण नहीं किया।
- इस युद्ध में मुगल सैन्य नेतृत्व आसफ खाँ एवं मानसिंह द्वारा किया गया, जबकि राणा प्रताप की सेना का नेतृत्व हकीम सूर एवं भीलों की संयुक्त सेना ने किया।

गुजरात अभियान (1572-73 ई.)

- अकबर ने मध्य भारत तथा राजपूताना में अपनी स्थिति सुदृढ़ करने के पश्चात् 1572 ई. में गुजरात पर अपना ध्यान केन्द्रित किया। इस समय यहाँ कोई केन्द्रीय सत्ता नहीं थी।
- गुजरात पश्चिमी देशों से व्यापार का केन्द्र स्थल था। मक्का की यात्रा करने वाले मुस्लिमों को यहीं से जाना पड़ता था। इसी कारण सूरत को बाबुल-ए-मक्का कहा जाता था।
- यहाँ के शासक मुजफ्फर शाह तृतीय ने अकबर के विद्रोही सम्बन्धी मिर्जाओं को शरण दी थी।
- स्मिथ महोदय ने अकबर के इस अभियान को इतिहास का सबसे द्रुतगामी आक्रमण माना है।
- अकबर ने गुजरात विजय के उपलक्ष्य में फतेहपुर सीकरी में बुलन्द दरवाजा बनवाया था।

बिहार एवं बंगाल की विजय

- शेरशाह के शासन में सुलेमान किरानी बिहार का सूबेदार था। उसने 1564 ई. में अकबर की अधीनता स्वीकार कर ली।
- 1572 ई. में सुलेमान की मृत्यु हो गई और उसका पुत्र दाऊद खाँ बंगाल का शासक बना। उसने अपने पिता की नीति को बदल दिया और स्वयं को स्वतन्त्र घोषित कर दिया।
- अकबर ने जौनपुर के सूबेदार मुनीम खाँ को अफगानों पर आक्रमण करने का आदेश किया। दाऊद खाँ पराजित होकर बंगाल भाग गया।
- मुनीम खाँ ने तुकारोई के युद्ध (1575 ई.) में दाऊद खाँ पर निर्णायक विजय प्राप्त की। इस प्रकार बिहार, बंगाल, उड़ीसा पर मुगलों का आधिपत्य स्थापित हो गया।

पश्चिमोत्तर की विजय

पश्चिमोत्तर की विजय का वर्णन निम्न प्रकार है

काबुल (1581 ई.)

- अकबर के समय में काबुल पर हकीम मिर्जा का शासन था। अकबर ने हकीम मिर्जा को पराजित कर उसकी बहन बख्तुन्निशा बेगम को वहाँ का सूबेदार नियुक्त किया, परन्तु कुछ समय पश्चात् हकीम मिर्जा ने काबुल पर पुनः अधिकार कर लिया।
- हकीम मिर्जा की मृत्यु के पश्चात् काबुल मुगल साम्राज्य के अधीन हो गया, जहाँ मानसिंह को सूबेदार नियुक्त किया गया। अकबर के इस अभियान में पुर्तगाली विद्वान् मोन्सेरात भी उसके साथ था।

कश्मीर की विजय (1585-86 ई.)

- अकबर ने कश्मीर की विजय के लिए राजा भगवान दास और कासिम खाँ को भेजा था।
- इस युद्ध में कश्मीर का शासक यूसुफ खाँ पराजित हुआ और उसने मुगलों की अधीनता स्वीकार कर ली, किन्तु बाद में उसके पुत्र याकूब खाँ ने विद्रोह कर दिया, जिसे कुचलने के बाद कश्मीर को मुगल साम्राज्य में मिला लिया गया।

सिन्ध की विजय

- सिन्ध के शासकों ने प्रारम्भ में अकबर की अधीनता स्वीकार कर उसे धन और पत्र भेजे थे, लेकिन कालान्तर में यह स्थिति उलट गई।
- इससे रुष्ट होकर अकबर ने अब्दुर्रहीम खान-खाना को मुल्तान और सिन्ध का सूबेदार नियुक्त कर दिया तथा सिन्ध और बलूचियों पर आक्रमण करने की आज्ञा दे दी। तत्पश्चात् 1591 ई. में अब्दुर्रहीम खान-खाना ने सिन्ध पर विजय प्राप्त कर ली। इस समय यहाँ का शासक जानी बेग था।

दक्षिण भारत का अभियान

- मुगलकाल में सर्वप्रथम अकबर के समय दक्षिण भारत का अभियान किया गया। इस समय दक्षिण भारत में खानदेश, अहमदनगर, बीजापुर और गोलकुण्डा स्वतन्त्र राज्य थे। इनमें से खानदेश को छोड़कर अन्य सभी ने अकबर की अधीनता स्वीकार करने से मना कर दिया।
- 1595 ई. में अकबर ने अब्दुर्रहीम खान-खाना व राजकुमार मुराद के नेतृत्व में अहमदनगर के विरुद्ध एक सेना भेजी। चाँद बीबी 1596 ई. में मुगलों के साथ एक सन्धि करने हेतु विवश हुई।
- इस सन्धि के अनुसार अकबर को बरार का क्षेत्र मिला और अकबर ने बहादुरशाह को शासक मान लिया, परन्तु यह सन्धि अधिक समय तक नहीं रही। चाँद बीबी ने स्वयं को शासन से पृथक् कर लिया, तत्पश्चात् अन्य सरदारों ने सन्धि को ठुकराकर मुगलों से बरार को छीनने का प्रयास किया।
- अकबर ने खानखाना और मुराद को अहमदनगर पर पुन: आक्रमण करने के आदेश दिए, परन्तु दोनों के मतभेदों को देखते हुए खानखाना के स्थान पर अबुल फजल को भेजा गया। 1597 ई. में मुराद की मृत्यु हो गई और शहजादा दानियाल को पुन: खानखाना के साथ भेजा गया।
- 1599 ई. में दौलताबाद पर अधिकार कर लिया गया तथा 1600 ई. में अहमदनगर के किले को भी जीत लिया गया। अकबर के पुत्र दानियाल ने अहमदनगर से सन्धि कर ली और मुर्तजा निजामशाह को शासक मान लिया।
- असीरगढ़ तथा उसके आस-पास के क्षेत्रों को मुगल सेनाओं ने 1601 ई. तक जीत लिया था। विभिन्न इतिहासकारों के अनुसार, इस किले को सोने की चाबी से खोला गया था।
- मुगल साम्राज्य में अहमदनगर, बुरहानपुर, बरार तथा असीरगढ़ को शामिल कर लिया गया। अकबर द्वारा सम्राट की पदवी दक्षिण विजय के पश्चात् ग्रहण की गई थी।

अकबर की प्रशासनिक व्यवस्था

- मनसबदारी व्यवस्था मुगल प्रशासनिक व्यवस्था का एक ऐसा रूप है, जिसमें सैनिक एवं असैनिक दोनों रूप मिले हुए हैं। इस व्यवस्था को अकबर के शासनकाल के 19वें वर्ष में लागू किया गया था। दशमलव प्रणाली पर आधारित यह व्यवस्था सम्भवत: चंगेज खाँ से ली गई थी।
- 1592 ई. में मनसबदार व्यवस्था में जात और सवार को वर्गीकृत किया गया था। जात का सम्बन्ध मनसबदार की हैसियत से तथा सवार का सम्बन्ध घुड़सवारों की संख्या से होता है।
- अकबर ने मनसब के द्वारा सरकारी पदों को एकीकृत किया। अबुल फजल ने आइन-ए-अकबरी में मनसब के 66 वर्गों का उल्लेख किया है।

> आइन-ए-अकबरी का तात्पर्य है-'अकबर का प्रशासन'। 16वीं सदी का यह एक विस्तृत ग्रन्थ है, जिसमें सम्राट अकबर के अधीन मुगल साम्राज्य के प्रशासन का विवरण है। यह अबुल फजल के ग्रन्थ, अकबरनामा का अन्तिम भाग है, जो तीन खण्डों में है।

अकबर की राजपूत नीति

- राजपूत हिन्दू साम्राज्य की स्थापना के नाम पर अन्य हिन्दू शासकों को संगठित कर मुगल साम्राज्य की सुरक्षा को खतरे में डाल सकते थे।
- अत: सम्भावित खतरे को दूर करने के उद्देश्य से अकबर ने राजपूतों के साथ मित्रता, उदारता, सहयोग और वैवाहिक सम्बन्ध की नीति अपनाकर उन्हें शत्रु के बदले मित्र बनाने का निर्णय लिया।
- राजपूतों को मुगल सेना और प्रशासन में ऊँचे-ऊँचे पदों पर नियुक्ति का अवसर दिया गया। उनके साथ वैवाहिक सम्बन्ध स्थापित किए गए। उनको पूर्ण धार्मिक स्वतन्त्रता प्रदान की गई।
- इससे राजपूतों ने मुगलों के साथ कन्धे से कन्धा मिलाकर मुगल साम्राज्य के विस्तार में महत्त्वपूर्ण योगदान दिया। यहाँ तक कि वे अन्य राजपूतों और हिन्दू शासकों के विरुद्ध मुगलों के प्रति स्वामिभक्ति का प्रदर्शन करने लगे।

अकबर और राजपूतों के सम्बन्ध

- प्रथम श्रेणी में उन राजपूत राज्यों को रखा जा सकता है, जिन्होंने सरलता के साथ अकबर से समझौता कर लिया। ऐसे राज्यों में आमेर सर्वप्रमुख है, जहाँ से राजा मानसिंह और भगवानदास जैसे योग्य, वीर प्रशासक और सेनापति मुगल सेवा में आए।
- दूसरी श्रेणी में ऐसे राजपूत राज्य थे, जिन्होंने प्रारम्भ में सम्राट अकबर के साथ समझौता करने से इनकार कर दिया। ऐसे राज्यों में जोधपुर का नाम लिया जा सकता है। ऐसे राज्यों ने प्रारम्भ में अकबर द्वारा भेजे गए राजदूतों की शर्तों को अस्वीकार कर दिया और सैनिक प्रतिरोध की चेष्टा की, परन्तु शीघ्र ही उन्हें मुगलों की शक्ति का अन्दाजा लगा और उन्होंने समर्पण कर दिया।
- तीसरी श्रेणी में ऐसे राजपूत राज्य थे, जिन्होंने जीवनपर्यन्त संघर्ष किया, परन्तु अकबर से समझौता या अधीनता कभी स्वीकार नहीं की। ऐसे राज्यों में मेवाड़ और उसके शासक महाराणा प्रताप का नाम विशेष रूप से उल्लेखनीय है।

अकबर की धार्मिक नीति

- धार्मिक नीति के क्षेत्र में अकबर ने उल्लेखनीय योगदान दिया। अपनी उदार धार्मिक नीति से उसने सभी धर्मों और सम्प्रदायों के बीच एकता एवं समन्वय स्थापित करने का प्रयास किया।
- बायजीद, मुनीम खाँ, मीर अब्दुल लतीफ एवं मुल्ला पीर जैसे उदार शिक्षकों का प्रभाव अकबर पर पड़ा, इन्हीं से उसने सुलह-ए-कुल अर्थात् सार्वत्रिक भाईचारे का श्रेष्ठ सिद्धान्त सीखा।
- अकबर सूफियों की चिश्तिया शाखा के निकट था तथा शेख सलीम चिश्ती के प्रति उसके मन में अपार श्रद्धा थी।
- अकबर ने सामाजिक-धार्मिक उदारता के अन्तर्गत युद्ध बन्दियों को दास बनाए जाने पर प्रतिबन्ध लगाया (1562), तीर्थयात्रा कर की समाप्ति (1563) तथा जजिया कर पर रोक (1564) जैसे कार्य किए।

इबादतखाना (1575 ई.)

- इबादतखाने में प्रत्येक बृहस्पतिवार को संध्या के समय नियमित रूप से धार्मिक विचार-विमर्श हुआ करता था। प्रारम्भ में केवल यह मुसलमान शेख सैयदों और उलेमाओं तक सीमित था।
- इसमें शेख मुबारक, फैजी और अबुल फजल स्वतन्त्र विचारकों एवं उदार धर्मशास्त्रियों के दल का प्रतिनिधित्व करते थे, जबकि शेख मखदूम-उल-मुल्क और शेख अब्दुल नबी कट्टर सुन्नी दल के नेता थे। शीघ्र ही धर्मशास्त्रियों ने विचार-विमर्श के मध्य परस्पर असहिष्णुता का भाव दर्शाया, जिस कारण अकबर बहुत अप्रसन्न हुआ।
- फलत: 1578 ई. में इबादतखाने को सभी धर्मावलम्बियों के लिए खोल दिया गया। अब हिन्दू, जैन, पारसी व ईसाई आदि धर्मों के आचार्य भी इबादतखाने में भाग लेने लगे। इबादतखाने में भाग लेने वाले विभिन्न धर्मों के प्रमुख आचार्य निम्न थे

धर्म	गुरु
हिन्दू	पुरुषोत्तम तथा देवी
ईसाई	रूडोल्फ अकावीवा व एण्टोनी मॉनसेरॉट
पारसी	दस्तूर जी व मेहर जी राणा
जैन	हरविजय सूरी, विजयसेन सूरी, भानुचन्द उपाध्याय व जिनचन्द्र सूरी

- अकबर ने हरविजय सूरी को जगतगुरु तथा जिनचन्द्र सूरी को युग प्रधान की उपाधि प्रदान की।

महजर की घोषणा (1579 ई.)

- सितम्बर, 1579 में अकबर ने समस्त धार्मिक मामलों को अपने हाथ में लेने के लिए एक महजरनामा व घोषणा-पत्र जारी करवाया, जिसके अनुसार उलेमा के मतभेदों की दशा में अकबर को इमामे आदिल (प्रधान व्याख्याकार) के रूप में स्वीकार किया गया।
- इस दस्तावेज में उसे अमीर-उल-मोमिनीन कहा गया। इस घोषणा के द्वारा अकबर धार्मिक विषयों पर विवाद की स्थिति में सबसे बड़ा धार्मिक अधिकारी हो गया। उसका निर्णय अन्तिम होता था तथा उलेमा व मुस्लिम जनता इससे बद्ध होती थी।
- महजर-पत्र का प्रारूप शेख मुबारक ने तैयार किया था तथा उसे जारी करने की प्रेरणा स्वयं मुबारक तथा उसके दोनों पुत्र अबुल फजल एवं फैजी द्वारा दी गई थी।
- इस पर हस्ताक्षर करने वाले अन्य धार्मिक गुरु अखदुन-उल-मुल्क, काजी जलालुद्दीन मुल्तानी, शेख मुबारक आदि हैं।

दीन-ए-इलाही

- दीन-ए-इलाही (तौहीद-ए-इलाही) धर्म की स्थापना अकबर ने 1582 ई. में की थी। इसका उद्देश्य एक नए धर्म का प्रवर्तन नहीं, बल्कि सभी धर्मों में सामंजस्य स्थापित करना था।
- दीन-ए-इलाही वास्तव में, सूफी सर्वेश्वरवाद पर आधारित एक विचार पद्धति थी, जिसकी प्रेरणा मुख्यत: निजामुद्दीन औलिया के सुलहकुल या सार्वभौमिक सौहार्द से मिली थी। इस नवीन सम्प्रदाय का प्रधान पुरोहित अबुल फजल था।
- आइने अकबरी में कुल 18 लोगों का नाम मिलता है, जिन्होंने दीन-ए-इलाही को पूर्णत: स्वीकार किया था।
- हिन्दू धर्म में केवल बीरबल ने ही इस धर्म को स्वीकार किया था।
- स्मिथ के अनुसार, दीन-ए-इलाही अकबर की मूर्खता का स्मारक तथा उसके साम्राज्यवादी विचारों का पोषक था।
- अकबर के द्वारा हिन्दुओं का त्योहार में भाग लेना, तिलक लगाना, झरोखा दर्शन आदि कार्यों को सुचारू रूप से चालू रखा गया तथा इलाही सम्वत् को 1583 ई. में शुरू किया गया था।

सामाजिक सुधार

अकबर ने अनेक सामाजिक सुधार के कार्य भी किए, इनमें प्रमुख कार्यों का उल्लेख निम्नवत है

बाल विवाह का नियमन

- अकबर बाल विवाह का विरोधी था, जो उस काल में हिन्दू और मुस्लिम दोनों में सामान्य था। अकबर ने 12 वर्ष की आयु से पहले तथा चचेरे भाई-बहनों के बीच विवाह पर प्रतिबन्ध लगाने के आदेश जारी किए, जबकि मुस्लिम कानून के तहत ऐसे विवाह की अनुमति है।
- बाद में विवाह की न्यूनतम आयु लड़कों के लिए 16 वर्ष और लड़कियों के लिए 14 वर्ष कर दी गई।

सती प्रथा का विरोध

- अकबर के सबसे यादगार सुधारों में से एक अमानवीय सती प्रथा का विरोध था।
- यद्यपि अकबर ने सती प्रथा पर रोक लगाने का कोई औपचारिक आदेश जारी नहीं किया, फिर भी उसने इसे दृढ़तापूर्वक हतोत्साहित किया।

दास प्रथा

1562 ई. में अकबर ने युद्धबन्दियों को दास बनाने, उनकी पत्नियों और बच्चों को बेचने आदि सदियों पुरानी प्रथा को गैरकानूनी घोषित कर दिया।

शैक्षिक सुधार

कृषि, ज्यामिति, खगोल विज्ञान, तर्कशास्त्र और इतिहास पर बल दिया।

अकबर की वित्तीय व्यवस्था

मुद्रा व्यवस्था

- 1577 ई. में अकबर ने टकसाल गृहों में सुधार कर अब्दुल सिराजी को टकसाल का दारोगा बनाया। जो टकसाल का प्रमुख चौधरी कहलाता था। अकबर ने मुगल मुद्रा व्यवस्था को सुव्यवस्थित रूप दिया। उसने सोने, चाँदी और ताँबे की विभिन्न तोल एवं मूल्यों के सिक्के चलाए और उनका पारस्परिक अनुपात निश्चित कर दिया।
- उसके सिक्के पर एक ओर अल्ला-हू-अकबर तथा दूसरी ओर टकसाल का नाम अंकित होता था। चाँदी के एक सिक्के पर एक ओर धनुर्धारी राम तथा दूसरी ओर राम-सीता की प्रतिमाएँ अंकित होती थीं और देवनागरी में **रामसिया** शब्द अंकित होता था।
- अकबर ने असीरगढ़ विजय के उपलक्ष्य में सिक्कों पर बाज की आकृति अंकित करवाई। अधिकांश सिक्के गोल थे, किन्तु कुछ चौकोर भी होते थे। बादशाह के नाम पर टकसाल का नाम जारी किया गया था। वर्ष एवं कुरान की आयतें सिक्कों पर अंकित की जाती थीं।
- शंसब अकबर द्वारा चलाया गया सोने की मुहर का सबसे बड़ा सिक्का था, जो 101 तोला के लगभग था। सोने की मुहर मुगलकाल में सर्वाधिक प्रचलित थी।
- इलाही सोने का गोलाकार सिक्का था, जिसका मूल्य दस रुपये के बराबर था। इसके अतिरिक्त रहस, अत्याह, विन्सात, चगुल तथा लाल-ए-जलाली आदि भी सोने के सिक्के थे।
- अकबर द्वारा जारी चाँदी के सिक्के थे—**रुपया** (चौकोर) एवं **जलाली**। जलाली सिक्का चौकोर होता था। ताँबे के **दाम** एवं **जीतल** नामक सिक्के होते थे, जिनकी कीमत रुपये का 40वाँ भाग होती थी। यद्यपि एक दाम में 25 जीतल होते थे।

भू-राजस्व व्यवस्था

- अकबर के काल में भू-राजस्व व्यवस्था में जो सुधार हुए, उनका मुख्य उद्देश्य यह था कि मध्यस्थी अपना भार सामान्य किसानों पर न डाल पाएँ। साथ ही, कृषि के विस्तार एवं सुधार का प्रयास भी राज्य के प्रोत्साहन से चलता रहा।
- अकबर ने 1580 ई. से भू-राजस्व की **दहसाला प्रणाली** लागू की। इसे **टोडरमल बन्दोबस्त** भी कहते थे, क्योंकि टोडरमल का नाम इससे प्रमुख रूप से जुड़ा था। यद्यपि **शाह मंसूर** भी इसे तैयार करने में सहयोगी थे और इसे शाह मंसूर ने ही लागू किया था।

कृषि भूमि की कोटियाँ

- **पोलज** इसमें प्रतिवर्ष खेती का कार्य होता था। टोडरमल बन्दोबस्त के अन्तर्गत यह सर्वश्रेष्ठ भूमि मानी गई थी। इस पर पूर्ण भू-राजस्व वसूला जाता था।
- **परती** वह भूमि जिस पर वर्षभर से खेती नहीं हो रही हो, परती भूमि कहलाती थी। इस भूमि को कुछ समय के लिए उर्वरा शक्ति बढ़ाने के लिए छोड़ दिया जाता था। यहाँ पूर्ण भू-राजस्व लगता था।
- **चाचर** जो भूमि दो से चार वर्ष तक खेती के कार्य हेतु प्रयोग में नहीं लाई जाती थी, चाचर भूमि कहलाती थी। यहाँ खेती शुरू करने पर प्रारम्भ में कम तथा तीसरे वर्ष से पूर्ण भू-राजस्व वसूला जाता था।
- **बंजर** जो भूमि पाँच वर्ष या उससे अधिक समय तक खेती के कार्य हेतु प्रयोग में नहीं लाई जाती थी, उसे बंजर भूमि कहा जाता था। इस भूमि से पाँचवें वर्ष से पूर्ण भू-राजस्व वसूला जाता था, यदि इसमें खेती प्रारम्भ की जाती थी।

भू-राजस्व दर

- अकबर ने प्रारम्भ में शेरशाह की जब्ती एवं रथ व्यवस्था को ही अपनाया, परन्तु कालान्तर में उसने इस व्यवस्था में अनेक परिवर्तन किए। मुगलों ने खाली पड़ी जमीनों पर कम भू-राजस्व वसूलकर खेती के विस्तार को प्रोत्साहन दिया। भूमिकर (लगान) राज्य की आय का सबसे बड़ा साधन था।
- इसके अन्तर्गत 1574 ई. में स्थानीय कानूनगो को, जिसे स्थानीय भाषा में किरोड़ी कहा जाता था, आमिल या अमल गुजार भी कहा जाता था। एक करोड़ दाम वाली जमीनों की जिम्मेदारी किरोड़ी नामक अधिकारी को दी गई, जहाँ उसने जोते-बोए क्षेत्र की पैमाइश की और उत्पादकता का आकलन किया तथा साथ ही कृषि का विस्तार किया।
- इसी काल में जमीन की पैमाइश (माप) लाई गई, जिसमें बाँस के टुकड़े लोहे की जंजीरों से जुड़े होते थे।
- 1586-87 ई. में अकबर ने एक नई माप गज-ए-इलाही (33.5 इंच) का प्रयोग प्रारम्भ करवाया, जिसने गज-ए-सिकन्दरी (32 इंच) का स्थान लिया।
- यह नई सूची प्रत्येक परगने में पिछले दस वर्षों के जोते तथा बोए गए क्षेत्र, उत्पादकता तथा स्थानीय मूल्यों पर आधारित थी। जमीनों को देय मालगुजारी (भू-राजस्व) तथा हलकों (क्षेत्रों) में बाँट दिया गया।
- मालगुजारी सम्बन्धी ये नियम अथवा परम्पराएँ, सम्बन्धित क्षेत्र के **दस्तूर** कहे जाते थे। यह दस वर्षों का बन्दोबस्त नहीं था, बल्कि पिछले दस वर्षों पर आधारित बन्दोबस्त था, जिसमें भू-राजस्व की दर को 1/3 निर्धारित किया गया था।
- किसानों को भू-राजस्व अनाज के रूप में देने की छूट थी, परन्तु नकदी फसलों; जैसे—गन्ना, कपास, तम्बाकू इत्यादि का भू-राजस्व नकद ही देना होता था।
- अकबर के काल में किसानों को तकावी ऋण, अग्रिम ऋण के अन्तर्गत दिया जाता था। आपदा के समय कर की दर को कम किया जाता था, ताकि किसानों को दोहरे आर्थिक भार से बचाया जा सके। अकबर ने अपनी भू-राजस्व व्यवस्था के अन्तर्गत गल्ला-बक्शी तथा बँटाई व्यवस्था को भी अपनाया था, जिसे पूर्ववर्ती रिकॉर्डों के आधार पर तय किया जाता था।
- नक्श या कनकूत व्यवसाय में करों का निर्धारण मापन के बाद अनुमान पर निर्धारित किया जाता था। नक्श या कनकूत की व्यवस्था औरंगजेब के काल में सबसे अधिक प्रचलन में थी।

कृषकों का वर्गीकरण

- मुगलकाल में कृषकों को तीन वर्गों में विभाजित किया गया है
  (i) खुदकाश्त वे किसान, जो अपनी भूमि पर खेती करते थे। इनको मलिक-ए-जमीन के नाम से भी जाना जाता था।
  (ii) पाहीकाश्त जिनके पास अपने हल, बैल होते थे और वे दूसरे गाँव में जाकर खेती करते थे। इन्हें खुदकाश्त किसानों का स्तर प्राप्त था।
  (iii) मुजारियन इनकी स्थिति बँटाईदारों जैसी होती थी और ये प्राप्त इनाम की भूमि पर कार्य करते थे। इनको **मुजरा कृषक** भी कहा जाता था।

अकबर के दरबार में नवरत्न

- **अबुल फजल** यह अकबर का मुख्य सलाहकार एवं सचिव था। इसने अकबरनामा की रचना की तथा अकबर का राजत्व प्रतिपादित किया। यह शेख मुबारक का पुत्र था तथा कुछ विद्वान् इसे दीन-ए-इलाही का मुख्य पुरोहित मानते थे।
- **टोडरमल** यह प्रारम्भ में शेरशाह के अधीन कार्य करता था। अकबर के अधीन इसने दीवान के रूप में कार्य किया। यह भू-राजस्व व्यवस्था में सुधार हेतु विशेषकर दहसाला प्रणाली के लिए प्रसिद्ध है।
- **मानसिंह** यह आमेर के कछवाहा शासक भारमल का पौत्र था तथा इसने अनेक सैन्य अभियानों का नेतृत्व किया।
- **बीरबल** यह अकबर का साथी एवं मित्र था तथा अपनी बुद्धिमत्ता के लिए लोक प्रसिद्ध था। बीरबल का मूल नाम महेशदास था तथा यह कालपी का ब्राह्मण था। इसे अकबर ने कविराज एवं राजा की उपाधि दी थी। यह 1586 ई. में यूसुफजइयों के विद्रोह का दमन करते हुए मारा गया।
- **तानसेन** यह महान संगीतकार था। पहले यह ग्वालियर के राजा के दरबार में था। इसका मूल नाम रामतनु पाण्डेय था। कालान्तर में इसने इस्लाम धर्म स्वीकार कर लिया। अकबर ने इसे कण्ठाभरण वाणी विलास की उपाधि दी थी।
- **अब्दुर्रहीम खानखाना** यह बैरम खाँ का पुत्र था। अकबर ने इसका अपने पुत्र की भाँति पालन-पोषण किया। इसने बाबरनामा का फारसी अनुवाद किया तथा रहीम नाम से हिन्दी साहित्य में अप्रतिम योगदान दिया। यह एक कुशल योद्धा भी था तथा इसने अनेक सैन्य अभियानों का सफल नेतृत्व किया।
- **फैजी** यह अकबर के दरबार में राजकवि के पद पर आसीन था तथा इसी की अध्यक्षता में अनुवाद विभाग की स्थापना हुई। इसने लीलावती का फारसी भाषा में अनुवाद किया था।
- **मुल्ला दो प्याजा** अरबवासी मुल्ला दो प्याजा हुमायूँ के काल में भारत आया। इसे अकबर ने दो प्याजा की उपाधि दी थी। यह अकबर का सलाहकार था।
- **हकीम हुमाम** इसे सुलेखक, वैज्ञानिक, चिकित्सक और राजनयिक के रूप में ख्याति प्राप्त थी।

जहाँगीर (1605-1627 ई.)

- जहाँगीर का जन्म 30 अगस्त, 1569 को फतेहपुर सीकरी में शेख सलीम चिश्ती की कुटिया में हुआ। इन्हीं के नाम पर उसका नाम सलीम रखा गया। इसकी माता कछवाहा राजकुमारी मरियम उज्जमानी थी।
- 1605 ई. में अकबर की मृत्यु के पश्चात् उसका पुत्र जहाँगीर गद्दी पर बैठा। उसका राज्याभिषेक आगरा के किले में हुआ और उसने नूरुद्दीन मुहम्मद जहाँगीर बादशाह गाजी की उपाधि धारण की। गद्दी पर बैठते ही जहाँगीर को अपने पुत्र खुसरो के विद्रोह (1606 ई.) का सामना करना पड़ा।
- खुसरो के मामा मानसिंह तथा ससुर मिर्जा अजीज कोका के उकसाने पर खुसरो ने विद्रोह किया था। जहाँगीर ने उसे भैरोवाल (जालन्धर के निकट) युद्ध में (1606 ई.) हराकर कैद कर लिया तथा बाद में उसे अन्धा करवा दिया था।
- दक्षिण अभियान के अन्तर्गत 1622 ई. में शाहजहाँ ने खुसरो की हत्या कर दी। इसके शव को इलाहाबाद में दफनाया गया था।
- खुसरो के विद्रोह से गुरु अर्जन देव की घटना जुड़ी हुई है। माना जाता है कि अर्जन देव ने तरणतारण में खुसरो को शरण दी थी। अत: जहाँगीर ने गुरु को दण्डित कर हत्या कर दी और गुरु अर्जन देव के पुत्र हरगोविन्द को जेल में डाल दिया।
- जहाँगीर ने गद्दी पर बैठते ही आगरा के किले और यमुना के तट पर खड़े एक पत्थर के खम्भे के बीच शुद्ध सोने की न्याय की जंजीर लगवाई, ताकि जनता अपनी शिकायतों को सम्राट तक पहुँचा सके। जहाँगीर इस न्याय की जंजीर को जंजीर-ए-अदली कहता था।

नूरजहाँ

- नूरजहाँ, जहाँगीर की पत्नी थी। इसका वास्तविक नाम मेहरुन्निसा था। इसकी माता का नाम अस्मत बेगम तथा पिता का नाम मिर्जा ग्यास बेग था। इसका भाई आसफ खाँ दीवान था।
- अकबर ने मिर्जा ग्यास बैग को एत्मादुद्दौला की उपाधि दी तथा काबुल का दीवान बनाया। मेहरुन्निसा का विवाह अलीकुली खाँ (1594 ई.) से हुआ था।
- अकबर के काल में सलीम ने अलीकुली खाँ को शेर अफगान का खिताब (1599 ई.) दिया था। शेर अफगान की मृत्यु के बाद जहाँगीर ने आसक्त होकर नूरजहाँ से विवाह कर लिया तथा उसे नूरमहल एवं नूरजहाँ की उपाधि दी।
- नूरजहाँ एवं उसके समर्थकों ने एक गुट बना लिया, जिसे नूरजहाँ गुट अथवा जुण्टा (Junta) कहा गया। इसमें उसके अतिरिक्त एत्मादुद्दौला व उसका भाई आसफ खाँ और शहजादा खुर्रम भी शामिल था।
- खुर्रम के गद्दी के प्रमुख दावेदार के रूप में उभरने से तथा जहाँगीर के लगातार बीमार रहने से नूरजहाँ का प्रभाव घटता गया। नूरजहाँ की माता अस्मत बेगम को इत्र के आविष्कार का श्रेय दिया जाता है।
- आसफ खाँ की पुत्री अर्जुमन्द बानो बेगम का विवाह (1612 ई.) शाहजहाँ से हुआ। 1621 ई. में नूरजहाँ ने अपनी पुत्री लाडली बेगम का विवाह शहजादा शहरयार से किया। अत: वह बाद में शाहजहाँ के स्थान पर शहरयार का पक्ष लेने लगी।

- महावत खाँ के विद्रोह के दौरान नूरजहाँ ने अपनी बुद्धिमत्ता तथा कौशल से हारी हुई बाजी जीत ली थी। हालाँकि उसकी यह सफलता अधिक दिनों तक नहीं टिक सकी, क्योंकि 1627 ई. में जहाँगीर की मृत्यु हो गई।
- नूरजहाँ, जहाँगीर के साथ शिकार पर जाती थी। वह जहाँगीर के साथ झरोखा दर्शन में भी उपस्थित होती थी। जहाँगीर के साथ नूरजहाँ का नाम सिक्कों पर खुदवाया गया।

जहाँगीर के सैन्य अभियान मेवाड़ (1605-1615 ई.)

- जहाँगीर ने सर्वप्रथम मेवाड़ पर नियन्त्रण के लिए 1608 ई. में महावत खाँ, 1609 ई. में अब्दुल्ला खाँ तथा 1613 ई. में खुर्रम के नेतृत्व में अनेक अभियान मेवाड़ भेजे। फलस्वरूप 1615 ई. में राणा अमर सिंह एवं मुगलों के बीच एक सन्धि हो गई थी।
- राणा अमर सिंह और मुगलों के बीच सन्धि की निम्नलिखित शर्तें थीं
  - राणा अमर सिंह ने मुगल आधिपत्य स्वीकार कर लिया। जहाँगीर ने मेवाड़ का समस्त भू-क्षेत्र एवं चित्तौड़ का किला राणा को वापस कर दिया, किन्तु शर्त यह थी कि वह केवल चित्तौड़ के किले को सुदृढ़ नहीं करवाएगा।
  - राणा ने राजकुमार करण सिंह को मुगल दरबार में भेजा।
  - राणा से मुगलों ने वैवाहिक सम्बन्ध स्थापित करने के लिए नहीं कहा।
  - राणा अमर सिंह ने इस सन्धि के परिणामस्वरूप आत्म-ग्लानि के कारण अपना सिंहासन अपने पुत्र युवराज करण सिंह को सौंप दिया और नौ-चौकी नामक एकान्त स्थान पर जाकर अपना शेष जीवन व्यतीत किया।
  - जहाँगीर ने राणा अमर सिंह एवं उसके पुत्र करण सिंह की संगमरमर की दो मूर्तियाँ बनवाकर आगरा में अपने राजमहल के उद्यान में रखवाईं।

काँगड़ा विजय (1620 ई.)

1620 ई. में जहाँगीर के काल में शहजादा खुर्रम ने 4 महीने की किले की घेराबन्दी के बाद काँगड़ा दुर्ग पर विजय प्राप्त की थी।

दक्षिण विजय

- दक्षिण नीति के सम्बन्ध में जहाँगीर का उद्देश्य था कि अकबर द्वारा प्राप्त किए गए भू-भाग को सुरक्षित रखना।
- मुगलों की दक्षिण विजय के मार्ग में सबसे बड़ी बाधा मलिक अम्बर की उपस्थिति थी। वह अहमदनगर का वजीर था।
- 1610 ई. में मलिक अम्बर ने दक्षिण के मुगल गवर्नर अब्दुर्रहीम खानखाना को खदेड़ दिया। जब खानखाना असफल हो गया, तब जहाँगीर ने दक्षिण की मुहिम पर अपने योग्य पुत्र शहजादा खुर्रम को भेजा, किन्तु बीजापुर के शासक की मध्यस्थता के कारण अहमदनगर की पराजय के पश्चात् भी उनमें सन्धि हो गई।
- जहाँगीर ने इस सफल अभियान के फलस्वरूप खुर्रम को शाहजहाँ तथा बीजापुर के शासक इब्राहिम आदिलशाह द्वितीय को फर्जन्द (पुत्र) की उपाधि दी।
- 1621 ई. में ही जहाँगीर ने अपना दक्षिण अभियान समाप्त कर दिया, क्योंकि इसके बाद उसे 1623 ई. में शाहजहाँ के विद्रोह और 1626 ई. में महावत खाँ के विद्रोह के कारण दक्षिण की ओर ध्यान देने का अवसर प्राप्त ही नहीं हो सका। अन्ततः 1627 ई. में बीमार होने के कारण जहाँगीर की मृत्यु हो गई। उसे लाहौर के निकट शाहदरा में दफनाया गया।

कन्धार

- जहाँगीर ने फारसियों से भारत का सिंह द्वार कहे जाने वाले तथा व्यापार एवं सैनिक दृष्टि से महत्त्वपूर्ण प्रान्त कन्धार को 1606-07 ई. में जीत लिया, किन्तु शीघ्र ही वह स्वतन्त्र हो गया।
- 1622. ई. में शाहजहाँ के विद्रोह के समय फारस के शाह अब्बास ने कन्धार को मुगलों से पुनः छीन लिया, फलतः जहाँगीर के शासनकाल में ही कन्धार, ईरानियों के कब्जे में चला गया।

जहाँगीर की धार्मिक नीति

- जहाँगीर के शासनकाल में भी अकबर की सहिष्णुता की नीति का अनुसरण होते देखा गया। 1612 ई. में पहली बार रक्षाबन्धन का त्योहार मनाया गया तथा ब्राह्मणों और मन्दिरों को दान दिए गए। साथ ही अकबर द्वारा जारी गौ-हत्या निषेध की परम्परा को जारी रखा गया।
- यद्यपि कुछ अवसरों पर जहाँगीर द्वारा धार्मिक पक्षपात किया गया; जैसे–राजौरी के हिन्दुओं को मुस्लिम लड़कियों से विवाह करने पर दण्ड दिया गया तथा काँगड़ा विजय पर गाय कटवाकर जश्न मनाया गया। अजमेर के वाराह मन्दिर को तोड़ा गया तथा गुजरात के जैनियों को सजा दी गई।

जहाँगीर के शासनकाल में विदेशियों का भ्रमण

- जहाँगीर के शासनकाल में ही कम्पनी के प्रतिनिधि के रूप में कैप्टन हॉकिन्स (1608-11 ई.) और सर टॉमस रो (1615-19 ई.) भारत आए थे।
- कैप्टन हॉकिन्स इंग्लैण्ड के राजा जेम्स प्रथम के प्रतिनिधि के रूप में अकबर के लिए एक पत्र लाया था, परन्तु जब वह भारत पहुँचा, तो मुगल वंश का शासक जहाँगीर था। जहाँगीर ने कैप्टन हॉकिन्स के साथ आगरा के किले में बातचीत की। जहाँ हॉकिन्स ने जहाँगीर से फारसी में बात की। इसके पश्चात् जहाँगीर ने उसे इंग्लिश खान की उपाधि दी।
- सर टॉमस रो 1615 ई. में जेम्स प्रथम के दूत के रूप में भारत आया था। उसने जहाँगीर से सूरत में अंग्रेजों को व्यापार करने की छूट प्राप्त की।

शाहजहाँ (1628-1658 ई.)

- शाहजहाँ का जन्म लाहौर में 5 जनवरी, 1592 को मारवाड़ के मोटा राजा उदयसिंह की पुत्री जगत गोसाई (जोधाबाई) के गर्भ से हुआ था।
- शाहजहाँ का विवाह 1612 ई. में आसफ खाँ की पुत्री अर्जुमन्द बानो बेगम से हुआ था, जो इतिहास में मुमताज महल के नाम से विख्यात हुई। शाहजहाँ द्वारा इसे मल्लिका-ए-जमानी की उपाधि प्रदान की गई थी।
- 1627 ई. में जहाँगीर की मृत्यु के साथ ही मुगल दरबार में सत्ता के लिए उथल-पुथल प्रारम्भ हो गई। नूरजहाँ अपने दामाद शहरयार को शासक बनाना चाहती थी, किन्तु उसका भाई आसफ खाँ उसके विरुद्ध हो गया, जो अपने दामाद शाहजहाँ को शासक बनाना चाहता था। शाहजहाँ उस समय दक्षिण में था।
- अतः आसफ खाँ ने गद्दी को सुरक्षित रखने के लिए खुसरो के अल्पवयस्क पुत्र दावर बख्श को शासक बना दिया। इसके पश्चात् उसने शहरयार को एक युद्ध में पराजित करके बन्दी बना लिया और उसकी आँखें निकलवा लीं। तब तक शाहजहाँ आगरा पहुँच चुका था। 1628 ई. में शाहजहाँ का आगरा में सिंहासनारोहण हुआ।

- फरवरी, 1628 में अबुल मुजफ्फर शहाबुद्दीन मुहम्मद साहिब किरन-ए-सानी की उपाधि ग्रहण कर शाहजहाँ राजगद्दी पर बैठा था।

शाहजहाँ के काल के प्रमुख विद्रोह

शाहजहाँ के काल के प्रमुख विद्रोह निम्नलिखित हैं

बुन्देला राजपूतों का विद्रोह

- शाहजहाँ के शासनकाल में पहला विद्रोह 1628 ई. में जुझार सिंह बुन्देला द्वारा किया गया। जुझार सिंह बुन्देला, वीर सिंह बुन्देला का पुत्र था, जो जहाँगीर का विशेष पात्र रहा था, जिसने जहाँगीर के कहने पर अबुल फजल की हत्या कर दी थी।
- शाहजहाँ ने बुन्देलखण्ड पर आक्रमण करने का आदेश दिया तथा स्वयं इस अभियान का नेतृत्व किया। 1639 ई. में जुझार सिंह ने आत्मसमर्पण कर दिया तथा 5 वर्ष तक वफादरी के साथ मुगल बादशाह की सेवा की और दक्षिण के युद्धों में भाग लिया।
- 1634 ई. में जुझार सिंह अपनी राजधानी ओरछा चला गया। 1635 ई. में उसने गोण्डवाना पर आक्रमण कर उसकी राजधानी चौरागढ़ को जीत लिया तथा वहाँ के शासक प्रेमनारायण को मार दिया।
- एक अधीनस्थ शासक दूसरे अधीनस्थ शासक पर बिना बादशाह की आज्ञा के आक्रमण करे यह मुगल नीति के अनुसार अपराध था।
- अत: शाहजहाँ ने उसे गोण्डवाना के बराबर जागीर देने को कहा, जिसे मानने से जुझार सिंह ने मना कर दिया। अन्तत: मुगल सेना ने औरंगजेब के नेतृत्व में आक्रमण कर दिया। 1835 ई. में यह विद्रोह समाप्त हो गया।

खान-ए-जहाँ लोदी का विद्रोह

- शाहजहाँ के काल में अफगान सूबेदार खान-ए-जहाँ लोदी ने भी एक विद्रोह किया था।
- शाहजहाँ ने दक्षिण के राज्यों को नियन्त्रित करने के लिए दक्षिण के गवर्नर के पद पर खान-ए-जहाँ लोदी को नियुक्त किया, किन्तु खान-ए-जहाँ लोदी अहमदनगर के शासक मुर्तजा निजामशाह से मिल गया।
- मुर्तजा निजामशाह ने उसे मुगल क्षेत्र पर आक्रमण करने के लिए अधिकृत किया। शाहजहाँ इस बात से क्रुद्ध हो गया और उसने खान-ए-जहाँ लोदी को बन्दी बनाकर मृत्युदण्ड दे दिया।

पुर्तगालियों का विद्रोह

शाहजहाँ ने 1632 ई. के दौरान कासिम खाँ के नेतृत्व में सेना भेजकर हुगली पर आक्रमण किया, जिसमें बड़ी संख्या में पुर्तगाली मारे गए तथा जो बचे उन्हें मुसलमान बना दिया गया।

सिखों के विरुद्ध अभियान

- शाहजहाँ के काल में सिखों तथा मुगलों के मध्य सम्बन्ध कटुतापूर्ण थे। इसका पहला उदाहरण शाहजहाँ के बाज का उड़कर गुरु हरगोविन्द के पास चले जाने से सम्बन्धित था। हालाँकि मध्यस्थता के द्वारा इस विवाद को शान्त किया गया।
- गुरु हरगोविन्द द्वारा गोविन्दपुर नामक नगर बसाने को लेकर भी शाहजहाँ तथा गुरु हरगोविन्द के मध्य विवाद शुरू हो गया। इस विवाद में सिख गुरु हरगोविन्द द्वारा शाहजहाँ के फौजदार अब्दुल्लाह खाँ को पराजित किया गया।
- सिखों तथा मुगलों के मध्य युद्ध का एक कारण बीधीचन्द्र द्वारा मुगल घुड़शाल से घोड़े चुराकर गुरु हरगोविन्द को उपहार स्वरूप देना भी था। इस बार भी मुगल सेना को हार का मुँह देखना पड़ा।
- अन्त में गुरु हरगोविन्द ने कश्मीर की पहाड़ियों में कीरतपुर नामक स्थान पर रहना आरम्भ कर दिया और वहीं पर उनकी मृत्यु हुई।

शाहजहाँ की दक्षिण नीति

- शाहजहाँ ने महावत खाँ के नेतृत्व में अहमदनगर पर आक्रमण किया और 1633 ई. में उसे जीतकर अपने साम्राज्य में मिला लिया।
- इसके पश्चात् मुगलों ने गोलकुण्डा के शासक शेख अब्दुल्ला कुतुबशाह पर दबाव डालकर उसे सन्धि करने पर विवश किया। फलत: 1636 ई. में गोलकुण्डा के शासक शेख अब्दुल्ला कुतुबशाह ने मुगलों से सन्धि कर ली। इसके अन्तर्गत ईरान के शाह का नाम गोलकुण्डा के खुतबे से हटा दिया गया तथा शाहजहाँ का नाम खुतबे एवं सिक्कों पर लिखवा दिया।
- इसके पश्चात् शाहजहाँ ने औरंगजेब को दक्षिण का सूबेदार नियुक्त किया। शाहजहाँ को कोहिनूर हीरा गोलकुण्डा के वजीर मुहम्मद सईद ने ही उपहारस्वरूप दिया था।
- दक्षिण में अहमदनगर को प्राय: बीजापुर से सहायता प्राप्त होती रहती थी। इसके परिणामस्वरूप आसफ खाँ तथा बीजापुर के शाह के मध्य युद्ध हुआ। इस युद्ध में मराठों के आने से मुगलों को घेरा उठाना पड़ा।
- 1636 ई. में शाहजहाँ स्वयं बीजापुर के अभियान के अन्तर्गत दक्षिण भारत पहुँचा। इस समय बीजापुर के शासक मुहम्मद आदिलशाह का अपने सरदारों पर नियन्त्रण नहीं था, जिस कारण बीजापुर की हार हुई। इसी समय शाहजहाँ ने गोलकुण्डा से सन्धि की तथा शाहजी भोंसले को बीजापुर की सेवाएँ लेने के लिए अधिकृत किया।

कन्धार व मध्य एशिया

- जहाँगीर के समय में 1622 ई. में कन्धार मुगलों के अधिकार से निकल गया था, किन्तु शाहजहाँ के कूटनीतिक प्रयास से असन्तुष्ट किलेदार अली मर्दन खाँ ने 1639 ई. में यह किला मुगलों को सौंप दिया था।
- 1648-49 ई. में ईरान के शासक शाह अब्बास द्वितीय ने कन्धार पर आक्रमण किया, उस समय कन्धार का मुगल गवर्नर दौलत खाँ था। इससे पहले कि उसे कोई सहायता पहुँच पाती, उस पर शाह अब्बास ने अधिकार कर लिया। तत्पश्चात् मुगल फिर कभी कन्धार नहीं जीत पाए।
- शाहजहाँ मध्य एशिया की राजनीति से लाभ उठाना चाहता था, चूँकि अब उज्बेक की शक्ति कमजोर हो चुकी थी और उज्बेक साम्राज्य विभाजित हो चुका था। इस विभाजन के परिणामस्वरूप बल्ख और बुखारा का क्षेत्र नजर मुहम्मद को मिला, किन्तु नजर मुहम्मद के पुत्र अब्दुल अजीज ने उसके विरुद्ध विद्रोह कर दिया और नजर मुहम्मद से बुखारा का क्षेत्र अपने अधीन कर लिया था।

धार्मिक नीति तथा राजपूत नीति

- शाहजहाँ ने पहले से चली आ रही उदारता की नीति में परिवर्तन करते हुए मध्यम मार्ग अपनाया। उसने औपचारिक रूप से राज्य को इस्लामी राज्य घोषित कर दिया तथा शरीयत के प्रति आदर दिखाया।
- इसके अतिरिक्त उसने धर्मतत्त्वज्ञों को सिजदा एवं जमींबोस से मुक्त कर दिया तथा इसके स्थान पर चहार तस्लीम की प्रथा चलाई और इलाही सम्वत् के स्थान पर हिजरी सम्वत् चलाया तथा कुछ समय के लिए हिन्दुओं पर तीर्थ यात्रा कर भी लगाया गया। पगड़ी में बादशाह की तस्वीर पहनने पर रोक लगा दी गई।

- 1633 ई. में शाहजहाँ ने नए मन्दिर बनाने पर रोक लगाते हुए निर्माणाधीन मन्दिरों को तुड़वा दिया और गौ हत्या पर लगी पाबन्दी को हटा दिया। कश्मीर में हिन्दू लड़के से मुसलमान लड़की की शादी पर रोक लगा दी गई।
- चित्तौड़ के राजा जगत सिंह ने जब किले की मरम्मत करवाई, तो शाहजहाँ ने सन्धि तोड़ने के आरोप में चित्तौड़ पर आक्रमण कर दिया।
- शाहजहाँ ने राजा रघुनाथ (शाही दीवान) के अतिरिक्त किसी भी राजपूत को सूबेदार का पद नहीं दिया था।

उत्तराधिकार का युद्ध

- शाहजहाँ के चार पुत्र थे—दाराशिकोह, शाहशुजा, औरंगजेब तथा मुरादबख्श।
- 1657 ई. में शाहजहाँ बीमार हो गया। शाहजहाँ, दाराशिकोह को अपने साथ ही रखता था। यद्यपि औरंगजेब दक्षिण का, शुजा बंगाल का तथा मुराद गुजरात का गवर्नर था।
- शाहजहाँ ने अपनी बीमारी के समय अप्रत्यक्ष रूप से दारा शिकोह को अपना उत्तराधिकारी घोषित कर दिया। दाराशिकोह को शाहजहाँ ने वलीअहद घोषित कर दिया था। साथ ही उसकी जात रैंक को 40 हजार से बढ़ाकर 60 हजार कर दिया गया। अत: उसके अन्य पुत्रों को इस बात की आशंका हुई कि वे सत्ता से वंचित हो जाएँगे।
- सर्वप्रथम शुजा ने बंगाल में तथा मुराद ने गुजरात में स्वयं को स्वतन्त्र घोषित कर दिया, किन्तु औरंगजेब ने कूटनीतिक कारणों से अपनी स्वतन्त्रता की घोषणा नहीं की।
- उत्तराधिकार युद्ध में भाग लेने के लिए सर्वप्रथम शाहशुजा ने जनवरी, 1658 में राजधानी की ओर कूच किया। उत्तराधिकार युद्ध की शुरुआत शाहशुजा एवं शाही सेना (दारा के पुत्र सुलेमान शिकोह एवं जयसिंह के नेतृत्व में) के बीच बनारस से पाँच किमी दूर बहादुरपुर के युद्ध से हुई, जिसमें शुजा हारकर पूर्व की ओर भाग गया।
- 25 अप्रैल, 1658 को उज्जैन से 14 मील दूर धरमत नामक स्थान पर औरंगजेब और मुरादबख्श की सम्मिलित सेनाओं ने जसवन्त सिंह तथा कासिम खाँ के नेतृत्व वाली शाही सेना को पराजित किया।
- इसी बीच 29 मई, 1658 को सामूगढ़ का युद्ध हुआ और दारा शिकोह आगरा छोड़कर भाग गया। 8 जून, 1658 को औरंगजेब ने आगरा पर अधिकार कर लिया और शाहजहाँ को बन्दी बना लिया।
- दिसम्बर, 1658 में औरंगजेब ने खजवा के युद्ध में शुजा को पराजित किया और उसके पीछे उसने मीर जुमला को लगा दिया। मीर जुमला ने शुजा को खदेड़ते हुए अराकान की पहाड़ियों में पहुँचा दिया, जहाँ कुछ अराकानियों ने शुजा की हत्या कर दी।
- औरंगजेब ने मुरादबख्श को भी गिरफ्तार कर लिया तथा मुराद पर एक हत्या का मुकदमा चलाया और अन्त में उसे मृत्यु दण्ड दे दिया गया। मार्च, 1659 में देवराय के युद्ध में दाराशिकोह अन्तिम रूप से पराजित हुआ। 10 सितम्बर, 1659 को उसकी हत्या करवा दी गई।

विदेशी यात्री

- शाहजहाँ के शासनकाल में ज्याँ बैप्टिस्ट टैवर्नियर (फ्रांसीसी) भारत आया था। वह एक जौहरी था। वह इससे पहले भी छ: बार भारत आ चुका था। उसके द्वारा भारत के हीरों तथा उनकी खदानों की विस्तृत चर्चा की गई है।
- शाहजहाँ के काल में फ्रांसीसी चिकित्सक बर्नियर (चिकित्सक) भी भारत आया था। शाहजहाँ के काल में ही दो इतालवी यात्री पीटर मुण्डी और निकोलो मनूची भी भारत आए थे। निकोलो मनूची ने शाहजहाँ के काल में उत्तराधिकार के युद्ध को देखा। उसने अपने वृत्तान्त को स्टोरियो-डी-मोगोर में संरक्षित किया था।

शाहजहाँ की मृत्यु

शाहजहाँ की मृत्यु जनवरी, 1666 में आगरा किले के मुसम्मन बुर्ज में हुई। इसके पश्चात् इसे आगरा के ताजमहल में मुमताज महल के कक्ष के समीप दफनाया गया था।

उसने सूफी पन्थ से सम्बन्धित निम्न पुस्तकें लिखीं- सफीनत-उल-औलिया (सूफियों की जीवनी), सकीनत-उल-औलिया (भारत के कादरी सूफियों की जीवनी), हसनात-उल-आरफीन (सन्तों की वाणी का संकलन), तरीकत-उल-हकीकत (आध्यात्मिक मार्ग के विभिन्न चरण) तथा रिसाला-ए-हक -नुमा (सूफी प्रथाओं का वर्णन)।

दाराशिकोह

दारा ने वेद और बाइबिल का अध्ययन किया तथा उसकी मान्यता थी कि वेद, कुरान के अनुपूरक हो सकते हैं। वह सूफियों एवं भक्त सन्तों की संगत पसन्द करता था तथा कादरी सूफी मुल्लाशाह बदख्शी का अनुयायी था। दारा ने मज्म-उल-बहरीन (दो समुद्रों का संगम) नामक पुस्तक की रचना की, उसने वेदों को ईश्वरीय कृति मानते हुए उनका संकलन करवाया। उसने सिर्र-ए-अकबर नाम से बावन उपनिषदों का फारसी में अनुवाद भी करवाया। उसने श्रीमद्भगवद्गीता और योगवाशिष्ठ का भी फारसी भाषा में अनुवाद किया।

दाराशिकोह (1615-1659) शाहजहाँ का सबसे बड़ा पुत्र था। उसे पंजाब की सूबेदारी मिली तथा शाहजहाँ ने उसे शाहबुलन्द इकबाल की उपाधि भी दी। दारा अपनी साम्प्रदायिक उदारता के लिए प्रसिद्ध था। लेनपूल ने दारा को लघु अकबर भी कहा है।

जहाँआरा

जहाँआरा उत्तराधिकारी के युद्ध में दाराशिकोह के साथ थी। उसे भी औरंगजेब द्वारा गिरफ्तार करवाया गया, परन्तु उसकी मृत्यु आग से जलने से हुई। इसके द्वारा साहिबिया नामक पुस्तक सूफी सन्त मुल्लाशाह पर लिखी गई। औरंगजेब द्वारा उसे साम्राज्य की प्रथम महिला (सहिबात-उज-जमानी) की उपाधि दी गई।

औरंगजेब (1658-1707 ई.)

- औरंगजेब का जन्म 3 नवम्बर, 1618 को उज्जैन के निकट दोहद नामक स्थान पर हुआ था। 18 मई, 1637 को औरंगजेब का विवाह फारस राज घराने की राजकुमारी दिलरास बानो बेगम (राबिया बीबी) से हुआ था।
- उसका पहला सैन्य अभियान ओरछा शासक जुझार सिंह बुन्देला के विरुद्ध था। औरंगजेब दो बार दक्षिण का सूबेदार (1636-44 ई. व 1652-57 ई. तक) बना। उसके द्वारा मुर्शिद कुली खाँ की सहायता से दक्षिण की लगान व्यवस्था को सही किया गया, जो टोडरमल और मलिक अम्बर की रैयतवाड़ी व्यवस्था पर स्थापित थी।
- इसके पश्चात् उसे गुजरात की सूबेदारी मिली और बाद में वह बल्ख व कन्धार पर आक्रमण कर सेनापति नियुक्त हुआ। उत्तराधिकार के संघर्ष के समय औरंगजेब दक्षिण का सूबेदार था।

- सामूगढ़ की विजय के उपरान्त औरंगजेब ने आगरा पर अधिकार कर लिया तथा 31 जुलाई, 1658 को आगरा में पहला राज्याभिषेक करवाया।
- उसने अबुल मुजफ्फर मुहीउद्दीन मुहम्मद औरंगजेब बहादुर आलमगीर पादशाह गाजी की उपाधि धारण की। खजवा एवं देवराई के युद्धों में विजय के उपरान्त 15 जून, 1659 को दिल्ली में उसने दोबारा अपना राज्याभिषेक करवाया।

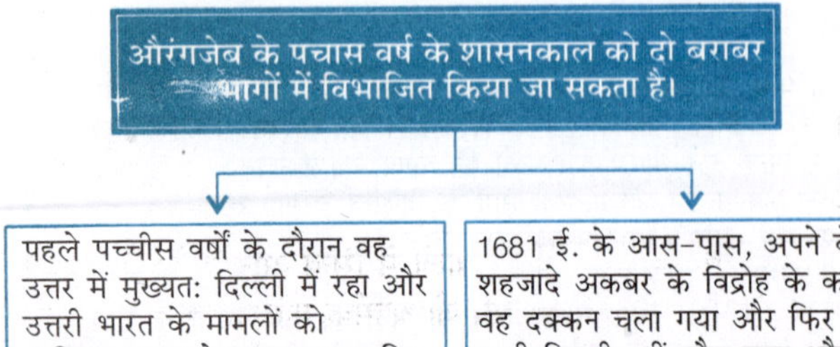

औरंगजेब की दक्षिण विजय

बीजापुर

- 1656 ई. की सन्धि के लागू न होने से औरंगजेब ने जयसिंह के नेतृत्व में एक सेना को बीजापुर पर आक्रमण करने के लिए भेजा, हालाँकि इस युद्ध में जयसिंह ने शिवाजी से समझौता (पुरन्दर की सन्धि) कर मुगलों की सहायता करने को कहा, परन्तु मराठों ने गोलकुण्डा की सहायता कर बीजापुर की जीत सुनिश्चित की। इसके पश्चात् जयसिंह को दक्षिण से वापस बुला लिया गया।
- सिकन्दर आदिलशाह के (1672-77 ई.) शासक बनने के पश्चात् दरबारी समूह दो भागों में बँट गया, जिसमें एक गुट का नेतृत्व रब्बास खाँ ने तथा दूसरे का नेतृत्व बहलोल खाँ द्वारा किया गया।
- इस परिस्थिति का लाभ उठाकर 1686 ई. में औरंगजेब ने स्वयं आक्रमण कर बीजापुर को जीत कर मुगल साम्राज्य में मिला लिया।

गोलकुण्डा

- गोलकुण्डा में अब्दुल्ला कुतुबशाह के शासन के पश्चात् अबुल हसन वहाँ का शासक बना, जिसके काल में प्रशासन की शक्तियाँ ब्राह्मण भाइयों मदन्ना और अखन्ना को दे दी गईं, जिनका शिवाजी से घनिष्ठ सम्बन्ध था।
- औरंगजेब ने 1685 ई. में मुअज्जम व खान-ए-जहाँ के नेतृत्व में तथा 1687 ई. में स्वयं के नेतृत्व में गोलकुण्डा पर आक्रमण कर उसे मुगल साम्राज्य में मिला लिया। इस काल में मुगल सूबों की संख्या 20 थी।

मराठा अभियान

- दक्कन में औरंगजेब की मुख्य समस्या मराठा थे। औरंगजेब मराठों पर नियन्त्रण करने के लिए दक्कनी सल्तनतों का सहयोग चाहता था, परन्तु दक्कनी रियासतें मराठों को मुगलों के विरुद्ध अपनी ढाल मानती थीं।
- यही कारण था कि कई वर्षों तक प्रयास करने के पश्चात् भी औरंगजेब न तो मराठों पर नियन्त्रण पा सका और न ही दक्कनी सल्तनतों को पूर्णत: अपने पक्ष में ला सका। यद्यपि इसके लिए उसने इस्लाम का सहारा भी लिया था।
- मुगलों से शिवाजी का पहला संघर्ष 1656 ई. में हुआ, जब शिवाजी ने अहमदनगर एवं जुन्नार के किले पर आक्रमण किया। 1663 ई. में शिवाजी ने दक्षिण के मुगल सूबेदार शाइस्ता खाँ को हराया।
- शिवाजी की बढ़ती शक्ति को कुचलने के लिए औरंगजेब ने जयसिंह को 1665 ई. में दक्षिण भेजा।
- जयसिंह एवं शिवाजी के मध्य जून, 1665 में पुरन्दर की सन्धि हुई, जिसके अन्तर्गत शिवाजी को अपने 35 दुर्गों में से 23 दुर्ग मुगलों को सौंप दिए, जिनकी वार्षिक आय 4 लाख हूण थी।
- बालाघाट क्षेत्र के बदले शिवाजी ने 40 लाख हूण देना स्वीकार किया तथा मुगलों की अधीनता स्वीकार कर ली।
- अपने ज्येष्ठ पुत्र शम्भा जी को 5000 घुड़सवारों के साथ मुगल सेना में भेजने पर सहमत हो गया। शिवाजी स्वयं मार्च, 1666 में आगरा के किले के दीवान-ए-आम में औरंगजेब के समक्ष प्रस्तुत हुए और यहीं से शिवाजी को कैद कर जयपुर भवन में रखा गया, जहाँ से शिवाजी फरार हो गए। 1666 ई. में आगरा में शिवाजी के साथ उसका व्यवहार तथा 1689 ई. में शम्भाजी की हत्या उसकी बहुत बड़ी गलतियाँ साबित हुईं।

अन्य विजय

- 1657 ई. में कूच बिहार के शासक प्रेम नारायण द्वारा मुगल क्षेत्रों पर अधिकार करने का प्रयास किया गया। 1658 ई. में अहोमों द्वारा गुवाहाटी और उसके आस-पास के क्षेत्रों को लूटा जाने लगा।
- 1660 ई. में औरंगजेब द्वारा मीर जुमला को बंगाल का सूबेदार नियुक्त किया गया।
- 1661 ई. में मीर जुमला द्वारा कूच बिहार पर आक्रमण कर उसे मुगल साम्राज्य में मिला लिया गया और कूच बिहार की राजधानी का नाम बदलकर आलमगीर नगर कर दिया गया।
- मीर जुमला की मृत्यु (अप्रैल, 1663) के पश्चात् शाइस्ता खाँ को (1663 ई.) बंगाल का सूबेदार बनाया गया। उसके समय में पुन: अहोमों में संघर्ष आरम्भ हुआ।
- अहोमों एवं कूच शासकों ने मुगलों की अधीनता स्वीकार कर ली तथा मुगलों का प्रभुत्व असम की घाटी में स्थायी रूप से स्थापित हो गया।
- बंगाल के सूबेदार शाइस्ता खाँ ने एक सुदृढ़ जल बेड़े का गठन कर बंगाल की खाड़ी में स्थित सोनद्वीप, जो डाकुओं की गतिविधियों का केन्द्र था, पर अधिकार कर लिया। इसके बाद चटगाँव पर आक्रमण कर उस पर भी अधिकार (1666 ई.) कर लिया गया।

औरंगजेबकालीन विद्रोह

जाट विद्रोह

- जाट आगरा, मथुरा, ग्वालियर और आस-पास के क्षेत्रों में निवास करते थे। 1669 ई. में जाटों ने तिलपत के जमींदार गोकुला जाट के नेतृत्व में विद्रोह किया। वस्तुत: जाट मुगल गवर्नर अब्दुल नबी की नीतियों से असन्तुष्ट थे।
- अब्दुल नबी ने केशवराय मन्दिर के एक भाग को गिरा दिया था, परन्तु इस विद्रोह का मौलिक कारण कृषकों का असन्तोष होना था। मुगल फौजदार हसन अली खाँ ने जाटों को परास्त किया और गोकुला को बन्दी बनाकर मार डाला।

- 1685 ई. में राजाराम के नेतृत्व में जाटों ने दूसरा विद्रोह किया। यह विद्रोह संगठित और उग्र था।
- राजाराम ने सिकन्दरा में स्थित अकबर के मकबरे को लूटा और मकबरे से अकबर की हड्डियों को निकालकर जला दिया था।
- 1688 ई. में राजाराम के मरणोपरान्त उसके भतीजे चूड़ामण ने जाट नेतृत्व की बागडोर सम्भाली।
- इसने जाटों को सैनिक शक्ति में बदल दिया। इसने एक पृथक् जाट राज्य (भरतपुर) की स्थापना भी की।

बुन्देला विद्रोह

- उत्तराधिकार के युद्ध में ओरछा के शासक चम्पतराय ने औरंगजेब का साथ दिया था।
- औरंगजेब ने उसे पंचहजारी मनसब प्रदान किया था, किन्तु 1661 ई. में चम्पतराय ने विद्रोह कर दिया। पराजित होने के बाद उसने मुगलों का आधिपत्य स्वीकार करने के स्थान पर आत्महत्या कर ली।

सतनामी विद्रोह

- सतनामी वैरागियों का एक धार्मिक पन्थ था। इस पन्थ की स्थापना 1657 ई. में नारनौल नामक स्थान पर हुई थी।
- 1672 ई. में एक मुगल सिपाही और सतनामी के बीच झड़प हो गई, तत्पश्चात् इसने एक विद्रोह का रूप ले लिया, किन्तु इस विद्रोह को दबा दिया गया।

अफगान विद्रोह

- मुगलों का अफगानों के साथ निरन्तर संघर्ष चलता रहा और अधिकांश मुगल सम्राटों ने अफगानों के साथ युद्ध किया।
- अकबर ने अफगानों के विरुद्ध लड़ाई लड़ी और युद्ध में अपने करीबी मित्र और बहुत बुद्धिमान और वफादार राजा बीरबल को खो दिया।

राजपूतों का विद्रोह

- राजपूतों के विद्रोह में जोधपुर या मारवाड़ का विद्रोह महत्त्वपूर्ण माना जाता है। मारवाड़ के शासक जसवन्त सिंह एक महत्त्वपूर्ण मनसबदार थे।
- 1678 ई. में उनकी मृत्यु हो गई। वे सन्तानहीन थे, किन्तु उनकी मृत्यु के शीघ्र बाद ही उनकी दो रानियों ने दो पुत्रों को जन्म दिया, जिसमें बड़ा पुत्र अजीत सिंह था।
- मारवाड़ के राठौरों ने अजीत सिंह को शासक बनाना चाहा, किन्तु औरंगजेब ने जसवन्त सिंह के बड़े भाई अमर सिंह के पौत्र इन्द्र सिंह को ₹ 30 लाख के बदले मारवाड़ का टीका दे दिया, किन्तु मारवाड़ के राठौरों ने अजीत सिंह को शासक बनाने के लिए दुर्गादास राठौर के नेतृत्व में विद्रोह कर दिया।
- इस अभियान के दौरान ही 1679 ई. में औरंगजेब ने हिन्दुओं पर जजिया कर लगाना प्रारम्भ कर दिया था।
- मेवाड़ के राणा राजसिंह भी राठौरों से जा मिले और दोनों ने मिलकर मुगल साम्राज्य के विरुद्ध गुरिल्ला युद्ध प्रारम्भ कर दिया।
- इसके पश्चात् राणा राजसिंह के उत्तराधिकारी जगत सिंह ने औरंगजेब के साथ समझौता कर लिया, किन्तु मारवाड़ अकेले संघर्ष करता रहा और यह संघर्ष तब तक चलता रहा, जब तक कि औरंगजेब के उत्तराधिकारी बहादुरशाह ने अजीत सिंह को शासक नहीं मान लिया।

शहजादा अकबर का विद्रोह

- औरंगजेब का पुत्र मुहम्मद अकबर उदार विचारों वाला व्यक्ति था। वह राजपूतों के विरुद्ध अन्यायपूर्ण और क्रूर युद्ध से सन्तुष्ट नहीं था, जिसने मुगल साम्राज्य की नींव को खतरे में डाल दिया था।
- महाराणा राज सिंह और दुर्गा दास ने उनसे प्रस्ताव रखा कि यदि वे स्वयं को सम्राट घोषित कर दें, तो मेवाड़ और मारवाड़ की संयुक्त सेना उनका समर्थन करेगी।
- राजपूतों के प्रस्ताव से प्रभावित होकर, राजकुमार अकबर ने 1 जनवरी, 1681 ई. में स्वयं को मुगलों का बादशाह घोषित कर दिया।

सिख विद्रोह

- औरंगजेब के विरुद्ध विद्रोह करने वालों में सिख अन्तिम थे। यह उसके काल का एकमात्र ऐसा विद्रोह था, जो धार्मिक कारणों से हुआ था। सिख विद्रोह मुख्यत: 1674 ई. में गुरु तेगबहादुर को प्राण दण्ड दिए जाने के पश्चात् प्रारम्भ हुआ।
- 1675 ई. में गुरु तेग बहादुर को उनके पाँच अनुयायियों के साथ गिरफ्तार कर दिल्ली लाया गया। उन पर अनेक आरोप लगाए गए और उनसे अपने धर्म को त्यागने के लिए कहा गया, जिसे उन्होंने अस्वीकार कर दिया। सजा के तौर पर उन्हें फाँसी पर चढ़ा दिया गया।
- गुरु तेग बहादुर की फाँसी ने सिखों को पंजाब की पहाड़ियों में वापस जाने के लिए विवश कर दिया। इससे सिख आन्दोलन धीरे-धीरे सैन्य भाईचारे में बदल गया।
- इस क्षेत्र में एक बड़ा योगदान गुरु गोविंद सिंह का था। उन्होंने काफी संगठनात्मक क्षमता दिखाई और 1699 ई. में सैन्य भाईचारे या खालसा की स्थापना की।
- 17वीं सदी के अन्त में गुरु गोविन्द सिंह बहुत शक्तिशाली हो गए थे। उन्होंने आनन्दपुर को अपना मुख्यालय बनाया।
- औरंगजेब की मृत्यु के पश्चात् उसके उत्तराधिकारी बहादुरशाह प्रथम ने गुरु गोविन्द के साथ सन्धि कर ली, तत्पश्चात् गुरु ने दक्षिण भारत के युद्धों में उसका साथ दिया।

औरंगजेब की धार्मिक नीति

- औरंगजेब एक कट्टर एवं रूढ़िवादी सुन्नी मुसलमान था। उसने कुरान (शरीयत) को अपने शासन का आधार बनाया। औरंगजेब बहुत पढ़ा-लिखा व्यक्ति था। वह हदीस एवं शरा का गहन अध्येता था।
- उसकी सेना में लगभग 33% अधिकारी हिन्दू थे तथा यह अनुपात महान मुगल शासकों में सर्वाधिक था, परन्तु उसके शक्की स्वभाव और शरीयत के पालन पर बल व कठोर दण्ड देने की उसकी नीति के कारण अनेक बार समस्याएँ उत्पन्न हुईं तथा इस्लाम को राजनीतिक लाभ के लिए प्रयोग करने हेतु उसके प्रयासों के भी नकारात्मक परिणाम सिद्ध हुए।
- औरंगजेब के कुछ कार्य स्पष्ट रूप से धार्मिक कट्टरता के परिचायक थे; जैसे—जजिया आरोपित करना एवं मन्दिरों को तुड़वाना तथा नए मन्दिरों के निर्माण पर रोक लगाना।
- उसने 1669 ई. में मुहतसिबों को हिन्दू मन्दिरों एवं पाठशालाओं को नष्ट करने के आदेश दिए।
- औरंगजेब ने अनेक मन्दिर नष्ट करवाए, जिनमें बनारस का काशी विश्वनाथ मन्दिर, मथुरा में वीरसिंह बुन्देला द्वारा निर्मित केशवराय मन्दिर तथा गुजरात का सोमनाथ मन्दिर प्रमुख हैं।

"मुगलों के द्वारा एक केन्द्रीकृत प्रशासनिक व्यवस्था स्थापित की गई थी। आर्थिक क्षेत्र में आन्तरिक एवं बाह्य व्यापार उन्नत स्थिति में था एवं उनकी धार्मिक व्यवस्था को समन्वित संस्कृति के सन्दर्भ में समझा जा सकता है।

अध्याय बाईस

मुगलकालीन शासन, अर्थव्यवस्था, समाज एवं संस्कृति

मुगलकालीन शासन व्यवस्था

मुगल शासकों ने भारत में एक विशाल साम्राज्य का निर्माण किया, जो मौर्य साम्राज्य के पश्चात् भारतीय इतिहास का सबसे विशाल साम्राज्य था। इस विशाल साम्राज्य को सुचारू रूप से संचालित करने के लिए उन्होंने एक शक्तिशाली, केन्द्रीयकृत और उपयोगी शासन प्रणाली का भी निर्माण किया। मुगल शासन प्रणाली का विवरण निम्न है

केन्द्रीय शासन

- मुगल शासन व्यवस्था में **बादशाह** प्रमुख होता था। वह प्रधान सेनापति तथा सर्वोच्च न्यायाधीश होता था।
- मुगल शासकों द्वारा अपने पूर्ववर्ती शासकों के विपरीत सुल्तान के अतिरिक्त बादशाह की उपाधि ग्रहण की गई। बादशाह के पास असीम शक्ति थी। वह राज्य में सर्वोच्च अधिकारी, शासन का प्रधान, राज्य की सेनाओं का अध्यक्ष, न्याय का स्रोत तथा प्रधान कानून-स्रष्टा था।
- मुगल साम्राज्य की विशालता के कारण प्रशासन के संचालन हेतु अनेक प्रशासनिक अधिकारियों की नियुक्ति की गई, जिनका वर्णन निम्न है

वकील (वकील-ए-मुतलक)

- मुगल प्रशासन में सम्राट के बाद शासन कार्यों को संचालित करने वाला सबसे महत्त्वपूर्ण अधिकारी वकील होता था।
- वकील के पास नागरिक और सैनिक दोनों शक्तियाँ थीं। वह केन्द्र में विभिन्न मन्त्रियों की नियुक्ति तथा उन्हें पदच्युत करता था, किन्तु बाद में यह प्रथा समाप्त हो गई।
- **सम्राट अकबर** ने अपने वकील **बैरम खाँ** के बाद वकील पद के महत्त्व को कम करने के लिए अपने शासनकाल के **8वें वर्ष** में एक नया पद **दीवान-ए-वजारत-ए-कुल** का गठन किया, जिसका प्रमुख कार्य राजस्व एवं वित्तीय मामलों का प्रबन्धन करना था।

दीवान/वजीर

- अबुल फजल के अनुसार, **आय-व्यय विभाग** का प्रमुख वजीर कहलाता था, जिसे दीवान भी कहते थे। अकबर के काल में सामान्यत: वजीर के लिए **दीवान** शब्द ही प्रचलित था।
- दीवान वित्तीय मामलों में बादशाह का प्रथम सहायक होता था। वह खजाने की निगरानी तथा हिसाब-किताब की जाँच करता था।
- अकबर ने सर्वप्रथम **मुजफ्फर खाँ तुरबती** को इस पद पर नियुक्त किया था। इसके बाद इस पद पर अनेक योग्य व्यक्ति आसीन हुए; जैसे—टोडरमल, ख्वाजा शाह मंसूर, एत्मादुद्दौला, असद खाँ आदि।

दीवान वज़ीर के सहायक अधिकारी

- दीवान-ए-खालसा – खालसा भूमि का निरीक्षण
- दीवान-ए-तन – नकद वेतन से सम्बन्धित
- दीवान-ए-जागीर – जागीर भूमि का निरीक्षण
- दीवान-ए-बयूतात – राजकीय कारखानों का निरीक्षण
- शाहीद-ए-तौजिन – सैनिक लेख का प्रभारी
- मुशरिफ-ए-खजाना – खजांची

मीर बख्शी

- मुगलकाल में दिल्ली सल्तनत के दीवान-ए-अर्ज का नाम बदलकर मीर बख्शी कर दिया गया। इस पद की शुरुआत अकबर के काल में हुई। यह सैन्य विभाग का पद होता था। इसके पास दीवान-ए-अर्ज के समस्त अधिकार होते थे।
- मनसबदारों की नियुक्ति एवं वेतन सम्बन्धी कागजात इसी के द्वारा अनुशंसित एवं अग्रसरित किए जाते थे। वह व्यक्तिगत रूप से दाग एवं चेहरे की जाँच करता था। निरीक्षण के आधार पर ही वेतन का निर्धारण किया जाता था तथा इसके बाद ही दीवान-ए-कुल उन्हें भुगतान करता था।
- मीर बख्शी सम्राट के समक्ष सैन्य विभाग सम्बन्धी सभी मामले रखता था। इसके द्वारा सरखत नामक पत्र पर हस्ताक्षर करने के बाद ही सेना का मासिक वेतन निर्धारित होता था।

मुख्य काजी

- यह काजी-उल-कुज्जात के नाम से जाना जाता था तथा यह न्याय विभाग का प्रधान होता था।
- इसका मुख्य कार्य दीवानी और फौजदारी दोनों मामलों में शरीयत को लागू करना था।

सद्र-उस-सुदूर (सद्र-ए-कुल)

- यह बादशाह का मुख्य धार्मिक परामर्शदाता होता था। इसे शेख-उल-इस्लाम भी कहा जाता था।
- इसका प्रमुख कार्य दान-पुण्य की व्यवस्था करना, धार्मिक शिक्षण की व्यवस्था करना, विद्वानों को कर मुक्त भूमि एवं वजीफा (मदद-ए-माश) प्रदान करना तथा इस्लामिक कानूनों के पालन की समुचित व्यवस्था करना था।

मुहतसिब

- इस पद का गठन औरंगजेब ने किया था।
- यह जनता के नैतिक आचरणों का निरीक्षण करता था और यह देखता था कि शरीयत के अनुसार कार्य हो रहा है या नहीं। साथ-ही-साथ वह माप-तौल का निरीक्षण, मूल्य नियन्त्रण आदि की भी देख-रेख करता था।

मीर-ए-समाँ

- मीर-ए-समाँ के पास साम्राज्य के अन्तर्गत आने वाले कारखानों के संगठन और प्रबन्धन का स्वतन्त्र प्रभार होता था। यह शाही महल, हरम तथा रसोई आदि का भी प्रबन्धक होता था।
- औरंगजेब के काल में इसे खान-ए-समाँ कहा जाने लगा।

प्रान्तीय प्रशासन

- सर्वप्रथम प्रान्तों का निर्माण अकबर के काल में हुआ। 1580 ई. में उसने अपने साम्राज्य का विभाजन 12 प्रान्तों में किया, जो अन्त तक 15 हो गए, क्योंकि इसमें बरार, खानदेश तथा अहमदनगर नामक प्रान्त जुड़ गए।
- जहाँगीर के समय सूबों की संख्या 17 थी। उसने काँगड़ा को जीतकर उसे लाहौर सूबे में मिला दिया। औरंगजेब के काल में इनकी संख्या बढ़कर 21 हो गई थी।
- मुगलों का प्रान्तीय शासन केन्द्रीय शासन का ही प्रतिरूप था। प्रशासन की दृष्टि से मुगल साम्राज्य को सूबों (प्रान्तों) में, सूबों को सरकारों (जिलों) में, सरकारों को परगनों (महालों) में तथा परगनों को गाँवों में बाँटा गया था।

सूबेदार

- सूबेदार, सूबे का प्रमुख होता था। इसकी स्वयं की सेना होती थी। यह सूबे में कर एकत्र एवं न्याय आदि के लिए उत्तरदायी होता था। सूबेदार को सूबे के सम्पूर्ण सैनिक एवं असैनिक अधिकार प्राप्त थे।
- 1586 ई. में अकबर ने सूबों में एक नया परिवर्तन करते हुए एक नया दीवान पद सृजित कर दिया, जो सूबेदारों की शक्ति पर नियन्त्रण रखता था।

प्रान्तीय दीवान

- दीवान, सूबे (प्रान्त) का वित्त अधिकारी होता था। यद्यपि वह ओहदे में सूबेदार (गवर्नर) से नीचे होता था, किन्तु वह सूबेदार (गवर्नर) का मातहत (अधीन) नहीं होता था।
- वह सीधे केन्द्रीय दीवान के प्रति उत्तरदायी होता था। इस प्रकार दीवान और सूबेदार एक-दूसरे पर नियन्त्रण रखते थे।

बख्शी

- बख्शी की नियुक्ति केन्द्रीय मीर बख्शी के अनुरोध पर शाही दरबार द्वारा की जाती थी। बख्शी का मुख्य कार्य सूबे की सेना की देखभाल करना था।
- प्रान्तीय बख्शी और केन्द्रीय मीर बख्शी में एक अन्तर था कि प्रान्तीय बख्शी सेना का वेतनाधिकारी होता था, जबकि केन्द्रीय मीर बख्शी सेना का वेतनाधिकारी नहीं होता था। केन्द्र में यह कार्य दीवान-ए-तन करता था।

प्रान्तीय सद्र

- प्रान्तीय सद्र एवं प्रान्तीय काजी का पद कभी-कभी एक ही व्यक्ति को दे दिया जाता था।
- सद्र की दृष्टि से वह प्रजा के नैतिक चरित्र एवं इस्लाम धर्म के कानूनों के पालन की व्यवस्था करता था और काजी की दृष्टि से न्याय करता था। उसे मीर-ए-अदल भी कहा जाता था।

कोतवाल

यह बड़े शहरों एवं राजधानी में आन्तरिक शान्ति एवं सुरक्षा हेतु तैनात किया जाता था तथा नगर की कानून व्यवस्था भी इसके अन्तर्गत थी। कोतवाल की नियुक्ति मीर आतिश की संस्तुति पर केन्द्र सरकार द्वारा की जाती थी।

सरकार (जिले) का प्रशासन

- प्रशासनिक सुविधा के लिए सूबों को सरकार (जिला) में विभाजित किया गया था। मुगलकाल में सरकार (जिलों) में फौजदार, अमलगुजार, खजानदार और वितिक्ची इत्यादि महत्त्वपूर्ण अधिकारी होते थे।
- मुगलकाल में सरकार (जिले) का मुख्य प्रशासक **फौजदार** होता था। इसका मुख्य कार्य सरकार (जिले) में कानून व्यवस्था बनाए रखना था
- **आमिल** या **अमलगुजार** सरकार (जिला) का वित्त अधिकारी होता था। उसका कार्य लगान वसूल करना तथा कृषि एवं किसान दोनों की देखभाल करना था।
- वह खालसा भूमि का राजस्व भी एकत्र करता था। उसे आय-व्यय की मासिक रिपोर्ट दरबार में भेजनी होती थी और वही जिले की आय को **शाही खजाने** में नियमित रूप से भेजता था।
- **वितिक्ची**, अमलगुजार का प्रमुख सहायक होता था। यह कृषि सम्बन्धी जरूरी आँकड़े व कागजात तैयार करता था।

परगने का प्रशासन

प्रत्येक सरकार (जिला) कई **परगनों** में बँटा होता था। परगने के प्रमुख अधिकारी शिकदार, आमिल, फोतदार, कानूनगो और कारकून होते थे। इनका विवरण निम्न प्रकार है

- **शिकदार** इसका मुख्य कार्य परगने में शान्ति व्यवस्था स्थापित करना तथा राजस्व वसूल कराने में आमिल की सहायता करना था।
- **आमिल** यह **परगने** का **वित्त अधिकारी** होता था। किसानों से लगान वसूल करना इसका मुख्य कार्य होता था। अकबर ने अपने शासनकाल के 18वें वर्ष प्रत्येक परगने (महाल) में, जिसकी मालगुजारी आय प्रतिवर्ष 1 करोड़ दाम (₹ 25,000) थी, एक आमिल नियुक्त किया, जिसे **करोड़ी** कहा जाता था।
- **कानूनगो** शाहजहां के शासनकाल में प्रत्येक परगने में मालगुजारी निर्धारण के लिए एक परगना अमीन की नियुक्ति की गई थी।
- **फोतदार** परगने के **खजांची** को **फोतदार** कहते थे।
- **कारकून** यह परगने के राजस्व का लेखा करने वाला क्लर्क होता था। परगने में पटवारियों का अफसर **कानूनगो** था, जो परगने की पैदावार, मालगुजारी आदि कागजों को तैयार कराने हेतु उत्तरदायी होता था।

ग्राम प्रशासन

- मुगल शासक गाँव को एक स्वायत्त संस्था मानते थे, इससे जुड़े अधिकारी **मुकद्दम** और **पटवारी** थे।

मुगलकाल में उच्चाधिकारी

उच्चाधिकारी	सम्बन्धित विभाग
मीर-आतिश	शाही तोपखाने का प्रधान था।
दीवान-ए-तन	वेतन और जागीरों से सम्बन्धित मामलों का निपटारा करता था।
दारोगा-ए-डाक चौकी	गुप्तचर विभाग का प्रमुख होता था। साथ ही पत्र-व्यवहार का भी प्रभारी होता था।
मीर-ए-अर्ज	बादशाह के पास भेजे जाने वाले आवेदन-पत्रों का प्रभारी होता था।
मीर-ए-बहर	जल सेना का प्रधान होता था।
मीर-ए-तोजक (मीर-ए-तुजुक)	धर्मानुष्ठान का अधिकारी, उत्सवों आदि का प्रबन्धक होता था।
मीर-ए-बर्र	वन विभाग का अधीक्षक था।
नाजिर-ए-बयूतात (दीवान-ए-बयूतात)	शाही कारखानों का अधीक्षक होता था।
वाकिया-नवीस	समाचार लेखक होता था, जो राज्य के सभी समाचारों से केन्द्र को अवगत कराता था।
खुफिया-नवीस	गुप्त पत्र-लेखक होते थे, जो गुप्त रूप से केन्द्र को महत्त्वपूर्ण खबरें उपलब्ध कराते थे।
हरकारा	ये जासूस और सन्देश वाहक दोनों होते थे।
वितिक्ची	दरबार की सभी घटनाओं एवं खबरों को लिखने के लिए नियुक्ति, प्रान्तों की भूमि एवं लगान सम्बन्धी कागजात भी तैयार करता था।
परवानची	ऐसी आज्ञाओं को लिखने वाला, जिस पर सम्राट की मुहर की आवश्यकता नहीं पड़ती थी।
मुशर्रिफ (लेखाधिकारी)	यह राज्य की आय-व्यय का लेखा-जोखा रखता था।
मुस्तौफी (लेखा परीक्षक)	यह मुशर्रिफ द्वारा तैयार आय-व्यय के लेखे-जोखे की जाँच करता था।
मुसद्दी	यह बन्दरगाहों के प्रशासन की देखभाल करता था।

मुगल सैन्य व्यवस्था

सैन्य प्रशासन

- मुगल सैन्य दल को चार श्रेणियों में विभाजित किया गया था
  - अधीनस्थ राजाओं की सेनाएँ
  - मनसबदारों की सैन्य टुकड़ियाँ
  - अहदी सैनिक
  - दाखिली सैनिक (पूरक सैनिक)
- **अहदी सैनिक** बादशाह के सैनिक होते थे। इनकी भर्ती, वेतन, वस्त्र एवं घोड़े सभी राज्य की ओर से दिए जाते थे तथा इन्हें एक पृथक् अमीर और बख्शी के अधीन रखा जाता था। **दाखिली** सैनिक मनसबदारों की सेवा में रखे जाते थे।

पैदल सेना

- पैदल सेना मुगल सेना की सबसे बड़ी शाखा थी। मुगलों की पैदल सेना में दो प्रकार के सैनिक होते थे
  - **अहशाम सैनिक** इसमें बन्दूकची, शमशीरबाज और तलवारबाज आदि शामिल थे, जो तीर-कमान, भाला, तलवार और कटार आदि हथियारों का प्रयोग करते थे।
  - **सेहबन्दी सैनिक** ये सैनिक बेकार (बेरोजगार) लोगों में से चुन लिए जाते थे, जो मालगुजारी वसूल करने में सहायता करते थे।

अश्वारोही सेना

- यह सेना मुगल सेना का प्राण मानी जाती थी। इसमें दो प्रकार के घुड़सवार सैनिक थे
  - **बरगीर** इन सैनिकों को सभी साज-सामान राज्य की ओर से दिया जाता था।

- सिलेदार इन्हें सभी साज-सामान (घोड़े और अस्त्र-शस्त्र) की व्यवस्था स्वयं करनी होती थी। इन्हें केवल युद्ध के अवसर पर ही नियुक्त किया जाता था। इनका वेतन बरगीर से अधिक होता था।

हाथी सेना

- मुगलकाल में अकबर ने इसके प्रबन्ध के लिए एक पृथक् विभाग संगठित किया, जिसे पीलखाना कहा जाता था।
- अकबर जिन हाथियों का प्रयोग अपनी सेना के लिए करता था, उन्हें खास कहा जाता था।

नौसेना

- मुगलकाल में नौसेना का कोई सुव्यवस्थित संगठन नहीं था, अकबर ने एक विभाग स्थापित किया, जिसे नवाड़ा कहा जाता था।
- इसका प्रमुख अधिकारी मीर-ए-बहर होता था।

तोपखाना

- मुगल तोपखाने का प्रयोग फारसी तोपची उस्ताद अली तथा मुस्तफा खाँ के नेतृत्व में बाबर के समय में हुआ था। **मीर-ए-आतिश** मुगल तोपखाने का प्रमुख अधिकारी होता था।
- मुगल तोपखाने को दो भागों में बाँटा गया था—**जिन्सी** एवं **दस्ती**। जिन्सी भारी तोपें होती थीं, जबकि दस्ती हल्की तोपें थीं।

मनसबदारी व्यवस्था

- मनसब का तात्पर्य पद से है। इससे अधिकारी का पद, वेतन तथा नियत संख्या में सेना, घोड़े व हथियारों का पता चलता है। यह व्यवस्था मध्य एशिया प्रशासनिक व्यवस्था से प्रेरित थी।
- मनसबदारी व्यवस्था की शुरुआत 1577 ई. में अकबर द्वारा की गई थी, जो पहले एकल व्यवस्था के रूप में थी। 1592 ई. में इसका द्विवर्गीकरण कर जात व सवार पद से युक्त कर दिया गया। जात व्यक्तिगत पद तथा वेतन से जुड़ा था, वहीं सवार से तात्पर्य घुड़सवारों की संख्या से था।
- यह व्यवस्था मंगोलों की दशमलव प्रणाली पर आधारित थी। इसमें 20,000 से 50,000 तक मनसब प्रदान किए जाते थे।
- आइन-ए-अकबरी में मनसब की 66 कोटियाँ मानी गई थीं, जबकि अबुल फजल ने 33 श्रेणियों का ही वर्णन किया है। 5,000 से अधिक का मनसब शाही परिवार के सदस्यों को ही मिलता था। यद्यपि **अजीज कोका** तथा **मानसिंह** को 7,000 के मनसब दिए गए थे।

मनसबदारों का वर्गीकरण

- मनसबदारों को तीन श्रेणियों में बाँटा गया

मनसबदारों की श्रेणियाँ

- **प्रथम श्रेणी**
  इनकी सवार संख्या जात के बराबर थी। उदाहरण के लिए 5,000/5,000
- **द्वितीय श्रेणी**
  इनकी सवार संख्या जात संख्या की आधी या उससे अधिक होती थी। उदाहरण के लिए 5,000/3,000
- **तृतीय श्रेणी**
  इनकी सवार संख्या जात के आधे से कम थी। उदाहरण के लिए 5,000/2,000

- किसी भी स्थिति में सवार रैंक जात रैंक से अधिक नहीं हो सकता। राजकुमारों को कभी-कभी बड़ी मनसबदारी भी दी जाती थी। उदाहरण के लिए, दाराशिकोह को 60 हजार रैंक की मनसबदारी दी गई थी।

I. 10 से 500 जात तक मनसबदार

II. 500 से 2500 जात तक-अमीर

III. 2500 से अधिक जात अमीर-उल-उमरा

मनसबदारों का वेतन

कुछ मनसबदारों को नकद में वेतन दिया जाता था और कुछ को जागीर में और कुछ को नकद एवं जागीर दोनों में वेतन दिया जाता था। जागीरों में अनुमानित आय को जमादामी कहा जाता था, क्योंकि इसका आकलन दाम के रूप में होता था। उस काल में एक रुपया 40 दाम के बराबर होता था।

जागीर के प्रकार

- **जागीर-ए-तनख्वाह**
  वेतन के रूप में दी गई यह जागीर वंशानुगत नहीं थी और जागीरदारों को एक जागीर पर लगभग 3 वर्षों के लिए नियुक्त किया जाता था।
- **मसरूत**
  किसी व्यक्ति को दी गई सशर्त जागीर।
- **वतन जागीर**
  यह जागीर राजपूतों को दी जाती थी अर्थात् उनका अपना क्षेत्र उन्हें जागीर के रूप में दे दिया जाता था। यह वंशानुगत थी।
- **अलतम्मागा जागीर**
  जहाँगीर ने अलतम्मागा जागीर लागू की। यह जागीर मुस्लिमों को उसी प्रकार दी जाती थी, जिस प्रकार वतन जागीर हिन्दुओं को दी जाती थी।
- **इनाम जागीर**
  यह जागीर पद एवं कार्य रहित होती थी और राज्य इसे किसी विशेष सेवा के बदले देता था।

मनसबदारी में परिवर्तन

- जहाँगीर ने मनसबदारी व्यवस्था में दु-अस्पा एवं सिंह-अस्पा दर्जे को लागू किया। ऐसा करके जात को बढ़ाए बिना ही सवारों की संख्या में वृद्धि सम्भव की गई। इसका अर्थ यह था कि इस दर्जे के धारक को अपने पास साधारण दर्जे के धारक की तुलना में दोगुने सवार रखने होंगे।
- शाहजहाँ ने मनसबदारी में मासिक व्यवस्था प्रारम्भ की और तिमाही, छमाही का नियम बनाया; जैसे—यदि किसी मनसबदार का 6 माह का वेतन निर्धारित किया गया, तो सैनिक कर्त्तव्यों में उसी अनुपात में कमी कर दी गई। केन्द्र से दूरी के आधार पर उसने सैन्य दायित्व निर्धारित किए और 1/2 भाग और 1/4 भाग का नियम लागू किया।
- दूसरी ओर शाहजहाँ ने जागीरदारों को निर्धारित संख्या से कम घुड़सवार रखने की छूट भी दे दी। अब जागीरदार एक-तिहाई अथवा एक-चौथाई घुड़सवार ही रखने के लिए स्वतन्त्र थे।
- शाहजहाँ ने शिशमाहा (जमा की 50% वसूली सम्भव) तथा सीमाहा (जमा की 25% वसूली सम्भव) नामक जागीरें प्रचलित कीं।
- औरंगजेब के काल में हिन्दू मनसबदारों की संख्या सर्वाधिक थी।

मुगलकालीन अर्थव्यवस्था

- मुगलकालीन अर्थव्यवस्था मूलतः कृषि पर आधारित थी। आय का प्रमुख स्रोत भू-राजस्व था।
- मुगलकाल में कृषि का विकास एवं विस्तार हुआ। मुगल शासकों में विशेषकर अकबर ने कृषि के विकास हेतु अनेक प्रकार के प्रोत्साहन दिए; जैसे-बंजर भूमि पर खेती हेतु भू-राजस्व में छूट अथवा किसानों को ऋण देना।
- आइन-ए-अकबरी से खरीफ की 25 और रबी की 16 फसलों तथा उनसे प्राप्त राजस्व की सूचना मिलती है।
- पेलसर्ट के विवरण के अनुसार, सर्वोत्तम नील की पैदावार बयाना (भरतपुर) तथा सरखेज (गुजरात) में होती है।
- जीन्स-ए-आला के अन्तर्गत नकदी फसलों को रखा जाता था, जिसमें गन्ना सर्वाधिक उत्पादित होता था। सबसे अच्छा गन्ना पश्चिम बंगाल में उत्पादित होता था।
- पूर्वी राजस्थान व महाराष्ट्र में 18वीं सदी से मक्का उत्पादन होने लगा, किन्तु आइन-ए अकबरी में मक्के की खेती का उल्लेख नहीं मिलता है।
- तम्बाकू 1604 ई. अथवा 1605 ई. में पुर्तगालियों द्वारा भारत लाया गया। आलू तथा मिर्च भी पुर्तगाली लाए थे। तम्बाकू की खेती जहाँगीर के समय में प्रारम्भ हुई, किन्तु जहाँगीर ने तम्बाकू पर प्रतिबन्ध लगा दिया था। यह मुगल दरबार में सर्वप्रथम अकबर के काल में पहुँचा था।
- इस काल में अफीम का उत्पादन बिहार व मालवा क्षेत्र में होता था, जिसका उपयोग औषधि के रूप में किया जाता था।

मुगलकालीन उद्योग

- इस काल में राजकीय नियन्त्रण के अन्तर्गत संचालित उद्योगों के द्वारा विभिन्न प्रकार की वस्तुओं का उत्पादन होता था।

खनिज तथा उद्योग

खनिज/अयस्क	क्षेत्र
सोना	कुमाऊँ पर्वत, पंजाब की नदियों, बिहार की नदियों
ताँबा	राजस्थान (खेतड़ी) व मध्य भारत
संगमरमर	मकराना
हीरा	गोलकुण्डा
लोहा	इलाहाबाद, बिहार, बंगाल, कश्मीर
नमक	साम्भर झील तथा पंजाब की पहाड़ियाँ

कपड़ा उद्योग

- भारत का सबसे बड़ा उद्योग सूती वस्त्र अथवा कपड़ा उद्योग था। इस काल में सूती, रेशमी व ऊनी सभी प्रकार के कपड़ों का उत्पादन किया जाता था।
- सूती वस्त्रों के प्रमुख केन्द्रों में बंगाल में सोनारगाँव, उत्तर प्रदेश में बनारस, आगरा, सिन्ध, पंजाब, लाहौर, मुल्तान, थट्टा, गुजरात, अहमदाबाद, पटना, बड़ौदा, भड़ौच और सूरत, बुरहानपुर तथा गोलकुण्डा प्रसिद्ध थे।
- कश्मीर, पंजाब व पहाड़ी क्षेत्रों में ऊनी वस्त्रों का उत्पादन किया जाता था।
- बंगाल मलमल के कपड़ों के लिए प्रसिद्ध था।
- राजस्थान के खेतड़ी में ताँबे की खान थी। टिन का उत्पादन न के बराबर होता था, अतः टिन पश्चिम एशिया से आयात किया जाता था।
- भारत के दक्षिण राज्य आन्ध्र प्रदेश में वुट्ज पद्धति द्वारा लोहा बनाने का कार्य किया जाता था, जिसे लोहा बनाने की अति प्राचीन विधि माना गया है।
- मुगलकाल में भवन का नक्शा बनाने की प्रथा थी, जिसे फारसी में खाका कहते थे। जहाँगीर के समय नूरजहाँ की माँ असमत बेगम ने गुलाब जल से इत्र बनाने का आविष्कार किया था।

व्यापार-वाणिज्य व्यापार

- मुगलकाल में थोक व्यापारियों को सेठ, बोहरा व मोदी कहा जाता था, जबकि खुदरा व्यापारियों को व्यापारी व वानिक कहा जाता था। दक्षिण भारत में चेट्टी व्यापारिक समुदाय के प्रमुख अंग थे।
- रेशमी कपड़ा विदेशों से मँगाया जाता था। इन कपड़ों को पटोला कहा जाता था। इत्र, सुगन्धित तेल तथा गुलाब जल जैसी वस्तुओं के उत्पादन में जौनपुर और गुजरात प्रसिद्ध थे।
- गोवा, भड़ौच, मछलीपट्टनम प्रमुख जहाज निर्माण केन्द्र थे। काष्ठ उद्योग के लिए कश्मीर विख्यात था। शाहजहाँ के काल में कश्मीर एवं लाहौर कालीन उद्योग के लिए प्रसिद्ध थे।
- मुगलकाल में हुण्डी प्रणाली विकसित अवस्था में थी। हुण्डी का प्रयोग रकम भेजने के अतिरिक्त अल्प समय के ऋण के लिए होता था। सर्राफ रुपये के लेन-देन का विशेषज्ञ होता था। यह हुण्डी का भी कार्य करता था।
- हुण्डी प्रणाली मध्यकाल में व्यापार और ऋण लेन-देन हेतु उपयोग होने वाला एक वित्तीय साधन था। हुण्डी एक प्रकार का आज्ञापत्र होता था, जिसमें लिखने वाला व्यक्ति किसी दूसरे व्यक्ति या संस्था को यह आदेश देता था कि वह हुण्डी में लिखी रकम नामोल्लेखित व्यक्ति को दे दें।
- मुगल बादशाह सभी आयातों एवं निर्यातों पर 3.5% चुंगी लेते थे। सोना-चाँदी पर 2% चुंगी लेते थे तथा सूरत के सभी मालों पर 3.5% चुंगी ली जाती थी।
- औरंगजेब के काल में हिन्दू व्यापारियों से वस्तु के मूल्य का 5% तथा मुस्लिम व्यापारियों से 2.5% लिया जाने लगा।
- इस समय भारत का बाह्य व्यापार फ्रांस, हॉलैण्ड, पुर्तगाल, इंग्लैण्ड, अरब, मिस्र, मध्य एशिया, फारस, श्रीलंका, बर्मा, चीन, दक्षिण-पूर्व एशिया द्वीप समूह आदि देशों से था। आन्तरिक व्यापार एवं बाह्य व्यापार, स्थल एवं जल दोनों मार्गों से होता था।
- निर्यात की वस्तुओं में चीनी, कपड़ा, अनाज, तेल, तिलहन, नील, शोरा, चन्दन की लकड़ी, नारियल, काली मिर्च, मोती तथा पशुओं की खाल आदि प्रमुख थे।
- आयात की वस्तुओं में सोना, चाँदी, ताँबा, अफीम, सिल्क, संगमरमर विलास आदि आयात की वस्तुएँ थीं, परन्तु आयातित वस्तुओं में घोड़ा प्रमुख था।
- सोने-चाँदी के आयात को देखकर ही बर्नियर ने कहा है कि "विश्व के प्रत्येक भाग से चक्कर लगाने के बाद सोना-चाँदी, अन्त में भारत में सोने-चाँदी का दलदल है, दफन हो जाता है।" तुर्की तथा अदन से उत्तम नस्लों के घोड़े मँगाए जाते थे। कालीन का आयात ईरान से बड़े पैमाने पर होता था।

मुगलकालीन कला एवं संस्कृति

मुगल शासन में भारत का उल्लेखनीय सांस्कृतिक विकास भी हुआ। कला की विभिन्न विधाओं ने इस काल में सुन्दरता की चरम स्थिति को प्राप्त किया। इस काल के सांस्कृतिक विकास के विभिन्न आयामों का अध्ययन निम्नलिखित शीर्षकों में किया जा सकता है

बाबर

बाबर के बड़े-बड़े भवन पूर्णत: लुप्त हो चुके हैं। तीन छोटे भवन शेष हैं। इनमें एक पानीपत के काबुली बाग में एक स्मारक मस्जिद (1526) है, दूसरा रोहिलखण्ड में **सम्भल** नामक स्थान पर **जामी मस्जिद** (1526) है तथा तीसरा, आगरे के पुराने लोदी किले के भीतर एक मस्जिद है।

अकबर

आगरा किला

- यह अकबर के शासनकाल के दौरान निर्मित सबसे प्रारम्भिक संरचनाओं में से एक थी।
- हालाँकि, किले के अन्दर की अधिकतर इमारतें शाहजहाँ के शासनकाल के दौरान बनाई गई थीं।
- शाहजहाँ द्वारा निर्मित मोती मस्जिद, दीवान-ए-आम (सार्वजनिक जनों के लिए हॉल) और दीवान-ए-खास (निजी जनों का हॉल), जहाँगीरी महल, शीश महल।

फतेहपुर सीकरी

- फतेहपुर सीकरी में अकबर द्वारा एक नए राजधानी शहर का निर्माण इण्डो-इस्लामिक वास्तुकला की मुख्य विशेषताओं में से एक है।
- यहाँ की संरचनाएँ हिन्दू और फारसी वास्तुकला का एक अनूठा संयोजन प्रदर्शित करती हैं।
- **बुलन्द दरवाजा** 40 मी ऊँचा लाल बलुआ पत्थर से बना भवन है, जिसे 1576 ई. में अकबर की गुजरात पर जीत का उत्सव मनाने के लिए बनवाया गया था। यह शहर की सबसे उल्लेखनीय इमारतों में से एक है। यह विश्व का सबसे ऊँचा दरवाजा है।
- **सलीम चिश्ती का मकबरा** 1581 ई. में बनाया गया था। इसमें सुन्दर सफेद संगमरमर की जालीदार कारीगरी, दीवारों पर अरबी डिजाइन और कुरानिक पाठों के शिलालेख हैं।
- **पंच महल** स्तम्भों से निर्मित पाँच मंजिला इमारत है, जो फारसी बदगीर अवधारणा (हवा संचालन) पर आधारित है।
- **जोधाबाई का महल** जिसे **मरियम उज-जमानी** के महल (युग की मैरी) के नाम से भी जाना जाता है, के आन्तरिक भाग को हिन्दू घण्टियों और पुष्पों से सजाया गया है।
- **इबादत खाना** वह स्थान है, जहाँ अकबर धार्मिक विद्वानों से मिलकर चर्चा करता था।
- वृन्दावन में अकबर ने **गोविन्द देव मन्दिर** का निर्माण भी करवाया था।

जहाँगीर

- अपने शासन के दौरान जहाँगीर ने कई उद्यान बनवाए, जिनमें कश्मीर और लाहौर में **शालीमार बाग** भी शामिल हैं। उसने मोती मस्जिद का भी निर्माण करवाया। जहाँगीर के शासनकाल के दौरान, उसकी पत्नी **नूरजहाँ** ने अपने पिता **एत्मादुद्दौला का मकबरा** बनवाया था। यह पहली मुगल संरचना थी, जो पूर्णरूप से सफेद संगमरमर से बनी थी।
- इसमें **पित्रा ड्यूरा** (दीवारों में कीमती रत्नों की जड़ावट) की कुछ सर्वोत्तम कृतियाँ भी हैं।
- **जहाँगीर का मकबरा** लाहौर में उसके बेटे शाहजहाँ ने बनवाया था।

शाहजहाँ

शाहजहाँ के शासनकाल में मुगल वास्तुकला अपने चरम पर पहुँच गई। उनकी कुछ सबसे महत्त्वपूर्ण कृतियाँ निम्नलिखित हैं

- **ताजमहल** मुगल वास्तुकला का सर्वोत्तम उदाहरण है, जो धन और वैभव की सम्पूर्ण शृंखला को प्रदर्शित करता है। इसका निर्माण शाहजहाँ ने अपनी पत्नी **अर्जुमन्द बानो बेगम**, जिन्हें **मुमताज महल** के नाम से भी जाना जाता है, की स्मृति में करवाया था।
- इसकी योजना का श्रेय **उस्ताद ईसा** को दिया जाता है, जबकि **उस्ताद अहमद लाहौरी** इसके प्रधान वास्तुकार थे।
- शाहजहाँ के शासनकाल की उल्लेखनीय मस्जिदों में आगरा में **मोती मस्जिद** (पूरी तरह से सफेद संगमरमर से निर्मित), आगरा में शीश महल और मुसम्मन बुर्ज, दिल्ली में लाल बलुआ पत्थर से निर्मित जामा मस्जिद शामिल है।
- दिल्ली में **लाल किला** और उसमें रंग महल, दीवान-ए-आम और दीवान-ए-खास इस काल के उल्लेखनीय निर्माण हैं।
- शाहजहाँ द्वारा मुगल साम्राज्य की नई राजधानी के रूप में **शाहजहाँनाबाद** को स्थापित किया, जो वर्तमान पुरानी दिल्ली कहलाता है।
- दिल्ली के लाल किले के दीवान-ए-खास में प्रसिद्ध मयूर सिंहासन (तख्त-ए-ताऊस) को शाहजहाँ के लिए बनवाया गया था।
- नादिरशाह इस सिंहासन को 1739 ई. में फारस ले गया, परन्तु दुर्भाग्यवश अब यह इस संसार में कहीं नहीं है।
- ताजमहल के अतिरिक्त, शाहजहाँ ने कई अन्य स्मारक, उद्यान और संरचनाएँ बनवाईं, जिनमें दिल्ली में **लाल किला**, दिल्ली में **जामा मस्जिद** और लाहौर में **शालीमार बाग** शामिल हैं।

औरंगजेब

- औरंगजेब ने अपनी पत्नी बेगम रबिया-उद-दौरानी के सम्मान में **बीबी का मकबरा** बनवाया। यह औरंगाबाद में स्थित है और इसे **ताजमहल की फूहड़** नकल कहा जाता है।
- दिल्ली के लाल किले में मोती मस्जिद का निर्माण भी औरंगजेब ने करवाया।

मुगलकालीन प्रमुख स्मारक

स्मारक	मुगल शासक	स्थान	विवरण
काबुली बाग मस्जिद	बाबर	पानीपत	इस मस्जिद का निर्माण मुगल बादशाह बाबर ने करवाया था। यह मुगल काल में बनी पहली मस्जिद थी।
जामा मस्जिद	बाबर	सम्भल	यह उत्तर प्रदेश में स्थित है।
बाग-ए-गुलफशान	बाबर	आगरा	इसका निर्माण चार बाग प्रणाली पर किया गया है।
दीन पनाह	हुमायूँ	दिल्ली	यह बादशाह हुमायूँ के शासनकाल में बनी पहली इमारत थी। यह एक पुस्तकालय था। हुमायूँ की मृत्यु दीनपनाह की सीढ़ियों से गिरकर हुई थी।
शेरशाह का मकबरा	शेरशाह	सासाराम	यह झील के बीच में स्थित सुन्दर स्मारक था।
हुमायूँ का मकबरा	हाजी बेगम	दिल्ली	1570 ई. में निर्मित इस मकबरे का विशेष सांस्कृतिक महत्त्व है, क्योंकि यह भारतीय उपमहाद्वीप का पहला उद्यान मकबरा था।
आगरा किला	अकबर	आगरा	बादशाह अकबर ने 1565 ई. में कासिम खान की देख-रेख में इसका निर्माण कार्य शुरू करवाया, इस किले की सरल रूपरेखा मानसिंह ने तैयार की थी। सिकन्दर लोदी के ईंटों से बने किले को आधार मानकर इसका निर्माण कार्य शुरू किया गया।
जहाँगीरी महल	अकबर	आगरा	अकबर ने इसे अपने बेटे सलीम के लिए बनवाया था।
फतेहपुर सीकरी	अकबर	फतेहपुर सीकरी (आगरा)	फतेहपुर सीकरी आगरा से 35 किमी की दूरी पर स्थित है। अकबर ने इसका नाम सूफी सन्त शेख सलीम चिश्ती के नाम पर फतेहपुर सीकरी रखा था।
पंच महल	अकबर	फतेहपुर सीकरी	इसकी वास्तुकला किसी बौद्ध मन्दिर से प्रेरित लगती है। इसके सामने अनूप नामक एक तालाब भी स्थित है।
तुर्की सुल्ताना	अकबर	फतेहपुर सीकरी	यह फतेहपुर सीकरी की सबसे अधिक अलंकृत इमारतों में से एक है।
जोधाबाई महल	अकबर	फतेहपुर सीकरी	इसका निर्माण मुगल सम्राट अकबर ने अपनी दूसरी पत्नी जोधाबाई के लिए करवाया था।
मरियम कॉटेज	अकबर	फतेहपुर सीकरी	यह महल अपनी शानदार सजावट और पैतृक वास्तुकला के लिए प्रसिद्ध है।
बीरबल महल	अकबर	फतेहपुर सीकरी	यह महल हिन्दू और मुगल वास्तुकला दोनों के प्रभाव के कारण अद्वितीय है।
शेख सलीम चिश्ती का मकबरा	अकबर	फतेहपुर सीकरी	प्रारम्भ में शेख सलीम चिश्ती का मकबरा लाल पत्थरों से बनाया गया था, बाद में मुगल शासकों ने इसे संगमरमर से बनवाया।
इस्लाम खान का मकबरा	अकबर	फतेहपुर सीकरी	इस्लाम खान का मकबरा सूफी सन्त शेख सलीम चिश्ती की दरगाह के पास स्थित है।

स्मारक	मुगल शासक	स्थान	विवरण
बुलन्द दरवाजा	अकबर	फतेहपुर सीकरी	यह भारत में स्थित सबसे ऊँचा दरवाजा है, चबूतरे सहित फतेहपुर सीकरी में निर्मित इसकी कुल ऊँचाई 311 फीट है। इसे अकबर ने गुजरात विजय की स्मृति में बनवाया था।
हिरन मीनार	अकबर	फतेहपुर सीकरी	बादशाह अकबर स्वयं इसके ऊपर बैठकर महल में हाथियों की लड़ाई देखा करते थे।
लाहौर किला	अकबर	लाहौर	वर्ष 1981 में यूनेस्को ने इसे विश्व धरोहर सूची में शामिल किया।
अटक किला	अकबर	अटक	यह पाकिस्तान में स्थित है। यहीं पर लड़ाई में बीरबल की मृत्यु हुई थी।
इलाहाबाद किला	अकबर	इलाहाबाद	सम्राट अकबर ने 1583 ई. में इलाहाबाद में गंगा-यमुना नदियों के संगम पर इस किले का निर्माण करवाया था।
अकबर का मकबरा	जहाँगीर	सिकन्दरा (आगरा)	अकबर ने स्वयं इस इमारत को बनवाने की योजना बनाई थी। इसका निर्माण चार बाग पद्धति से किया गया है। इसका आकार पिरामिड जैसा है। इस मकबरे के चारों ओर चार मीनारें हैं। यह मकबरा पाँच मंजिला है।
एत्मादुद्दौला का मकबरा	नूरजहाँ	आगरा	एत्मादुद्दौला नूरजहाँ के पिता थे। यह मकबरा चार बाग पैटर्न पर बना है। यह मकबरा पूर्ण रूप से सफेद संगमरमर से बना है।
जहाँगीर का मकबरा	नूरजहाँ	शाहदरा (लाहौर)	इस मकबरे के निर्माण की योजना जहाँगीर ने स्वयं बनाई थी, लेकिन इसका निर्माण नूरजहाँ ने करवाया।
दीवान-ए-खास	शाहजहाँ	आगरा किला	यह इमारत पूर्ण रूप से संगमरमर से बनी थी और बादशाह इसमें अपना दरबार लगाता था।
दीवान-ए-आम	शाहजहाँ	आगरा किला	यह इमारत पूर्ण रूप से लाल पत्थरों से बनी थी।
शाहजहाँनाबाद	शाहजहाँ	दिल्ली	इसकी स्थापना 1639 ई. में शाहजहाँनाबाद नामक एक दीवार वाले शहर के रूप में की गई थी।
शीश महल	शाहजहाँ	आगरा किला	शीश महल दीवान-ए-खास के अन्तर्गत बना है। इसमें शीशे का भरपूर प्रयोग किया गया है। इसमें नहाने के लिए कुण्ड बने हैं।
खास महल	शाहजहाँ	आगरा किला	यह पूरी रूप से संगमरमर से बनी इमारत है, जो दीवान-ए-खास के पास बनी है।
अंगूरी बाग	शाहजहाँ	आगरा किला	यह इमारत खास महल के पास बनी है। यह इमारत हरम की महिलाओं के लिए थी।
मुसम्मन बुर्ज	शाहजहाँ	आगरा किला	मुसम्मन बुर्ज को शाह बुर्ज भी कहा जाता था। यह सफेद संगमरमर से बना था।
झरोखा-ए-दर्शन	शाहजहाँ	आगरा किला	बादशाह झरोखा-ए-दर्शन के माध्यम से जनता को दर्शन देते थे। सफेद संगमरमर से बनी यह इमारत खास महल और मुसम्मन बुर्ज के बीच स्थित थी, जहाँ से बादशाह हाथियों की लड़ाई भी देखा करते थे।
शाही मस्जिद	शाहजहाँ	आगरा किला	यह उस विशेष महल के पास बना है, जिसमें शाहजहाँ नमाज पढ़ने जाया करते थे।

स्मारक	मुगल शासक	स्थान	विवरण
नगीना मस्जिद	शाहजहाँ	आगरा किला	इसका निर्माण हरम की महिलाओं के उपयोग के लिए किया गया था।
मोती मस्जिद	शाहजहाँ	आगरा किला	यह आगरा किले की सबसे सुन्दर इमारत है। यह दीवान-ए-खास के ऊपर स्थित है। यह पूर्ण रूप से संगमरमर से बनी है।
जामा मस्जिद	जहाँआरा	आगरा	यह आगरा किले के पास स्थित है।
लाल किला	शाहजहाँ	दिल्ली	यह यमुना नदी के तट पर स्थित है।
दीवान-ए-खास	शाहजहाँ	लाल किला (दिल्ली)	यह मुगल काल की सबसे अलंकृत इमारत है।
रंग महल	शाहजहाँ	लाल किला (दिल्ली)	यह शाही हरम का एक भाग था और इसे विशिष्ट महल के नाम से जाना जाता था।
नहर-ए-बहिश्त	शाहजहाँ	लाल किला (दिल्ली)	लाल किले को नहर-ए-बहिश्त के माध्यम से पानी की आपूर्ति की जाती थी।
जामा मस्जिद	शाहजहाँ	दिल्ली	यह भारत की सबसे बड़ी मस्जिदों में से एक है।
शालीमार बाग	जहाँगीर	श्रीनगर	शालीमार बाग का निर्माण मुगल बादशाह जहाँगीर ने 1619 ई. में करवाया था। उसने 1619 ई. में इस प्राचीन बाग को शाही बाग में बदल दिया और इसे फराह बख्श (सुखद) नाम दिया।
रबिया-उल-दुर्रानी का मकबरा	औरंगजेब	छत्रपति शंभाजी नगर (औरंगाबाद)	इसे औरंगजेब ने अपनी पत्नी के लिए बनवाया था। इसे दक्षिण का ताजमहल या दूसरा ताजमहल भी कहा जाता है।
बनारस मस्जिद	औरंगजेब	बनारस	इसका निर्माण औरंगजेब ने 1669 ई. में एक पुराने शिव मन्दिर को ध्वस्त करके करवाया था।
मथुरा मस्जिद	औरंगजेब	मथुरा	मथुरा में शाही ईदगाह मस्जिद का निर्माण सम्राट औरंगजेब के आदेश पर किया गया था।

मुगलकालीन चित्रकला

भारत में चित्रकला का विकास हुमायूँ के शासनकाल में प्रारम्भ हुआ।

हुमायूँ काल में मुगल चित्रकला

- हुमायूँ ने ईरान में अपने निर्वासन के दौरान मुगल चित्रकला की नींव रखी। फारस में ही हुमायूँ की मुलाकात मीर सैयद अली एवं ख्वाज़ा अब्दुस्समद से हुई, जिन्होंने मुगल चित्रकला का आरम्भ किया।
- मीर सैयद अली हेरात के प्रसिद्ध चित्रकार बिहजाद का शिष्य था।
- हुमायूँ ने इन दोनों को दास्ताने-अमीर-हम्जा (हम्जानामा) की चित्रकारी का कार्य सौंपा।
- हम्ज़ानामा मुगल चित्रशाला की प्रथम महत्त्वपूर्ण कृति है। इसमें कुल 1200 चित्रों का संग्रह है।

अकबर काल की चित्रकला

- अकबर के समय के प्रमुख चित्रकार मीर सैयद अली, दसवन्त, बसावन, ख्वाज़ा, अब्दुस्समद, मुकुन्द आदि थे। आइन-ए-अकबरी में कुल 17 चित्रकारों का उल्लेख है। इनमें से कुछ हैं- दसवन्त, बसावन, केशव लाल, मुकुन्द, मिशिकन, फारुख, कलमक, माधो, जगन, महेश, हेमकरन, तारा, साबल, हरिवंश, राम आदि।
- दसवन्त द्वारा बनाए गए चित्र रज्मनामा नामक पाण्डुलिपि में मिलते हैं। अब्दुस्समद के राजदरबारी पुत्र मोहम्मद शरीफ ने रज्मनामा के चित्रण कार्य का पर्यवेक्षण किया था। रज्मनामा पाण्डुलिपि को मुगल चित्रकला के इतिहास में एक मील का पत्थर माना जाता है। इसकी दो अन्य कृतियाँ हैं-खानदाने तैमुरिया एवं तूतीनामा।
- अकबर के समय में पहली बार भित्ति चित्रकारी की शुरुआत हुई। बसावन, अकबर के समय का सर्वोत्कृष्ट चित्रकार था। उसकी सर्वोत्कृष्ट कृति है- एक मृतकाय (दुबले-पतले) घोड़े के साथ एक मजनू का निर्जन क्षेत्र में भटकता हुआ चित्र।
- अकबर ने चित्रकार दसवन्त को साम्राज्य का अग्रणी कलाकार घोषित किया था।

जहाँगीर काल की चित्रकला

- मुगल सम्राट जहाँगीर के समय में चित्रकारी अपने चरमोत्कर्ष पर थी। उसने हेरात के आगारजा के नेतृत्व में आगरा में एक चित्रशाला की स्थापना की।
- जहाँगीर के समय के प्रमुख चित्रकारों में फारुख बेग, दौलत, मनोहर, बिसनदास, मंसूर एवं अबुल हसन सम्मिलित थे। फारुख बेग ने बीजापुर के शासक सुल्तान आदिल शाह का चित्र बनाया था।
- जहाँगीर चित्रकला का बड़ा कुशल पारखी था। जहाँगीर के समय को चित्रकला का स्वर्ण काल कहा जाता है।
- शिकार, युद्ध और राज दरबार के दृश्यों को चित्रित करने के अतिरिक्त जहाँगीर के काल में मनुष्यों तथा जानवरों के चित्र बनाने की कला में विशेष प्रगति हुई। इस क्षेत्र में मंसूर का नाम प्रसिद्ध था।
- सम्राट जहाँगीर ने अपने समय के अग्रणी चित्रकार बिसनदास को फारस के शाह, उसके अमीरों के तथा उसके परिजनों के यथारूप छवि-चित्र बनाकर लाने के लिए फारस भेजा था।
- अबुल हसन ने तुजुके-ए जहाँगीरी में मुख्य पृष्ठ के लिए चित्र बनाया था। उस्ताद मंसूर एवं अबुल हसन जहाँगीर के श्रेष्ठ कलाकारों में से थे। उन्हें बादशाह ने क्रमश: नादिर-उल-अस्र एवं नादिरुज्जमा की उपाधि प्रदान की थी।
- उस्ताद मंसूर की महत्त्वपूर्ण कृति साइबेरियन सारस एवं बंगाल का एक पुष्प है। उस्ताद मंसूर पक्षी चित्र विशेषज्ञ तथा अबुल हसन व्यक्ति चित्र विशेषज्ञ था। यूरोपीय प्रभाव वाले चित्रकारों में मिश्किन सर्वश्रेष्ठ था।

शाहजहाँ के काल में चित्रकला

- शाहजहाँ के समय में आकृति चित्रण और रंग सामंजस्य में कमी आ गई थी। उसके काल में रेखांकन और बॉर्डर बनाने की उन्नति हुई।
- अनूप, मीर हासिम, मुहम्मद फकीर उल्ला, हुनर मुहम्मद नादिर, चिन्तामणि आदि प्रमुख चित्रकार थे।

औरंगजेब कालीन चित्रकला

- औरंगजेब ने चित्रकला को इस्लाम के विरुद्ध मानकर बन्द करवा दिया था।
- औरंगजेब के बाद चित्रकार अन्यत्र जाकर बस गए, जहाँ अनेक क्षेत्रीय चित्रकला शैलियों का विकास हुआ।

राजपूत शैली

मुगलों के पतन के दौर में दरबारी चित्रकार बेरोजगार होने लगे तो उन्होंने क्षेत्रीय राजवंशों का रुख किया, इससे मुगल चित्रकला की क्षेत्रीय शैलियाँ विकसित हुईं, जिनमें राजपूत शैली उल्लेखनीय हैं।

राजपूत शैली की विशेषताएँ

- चित्रकला की यह शैली भारतीय परम्पराओं में गहराई से निहित है।
- वैष्णववाद, शैववाद और शक्तिवाद के पंथों ने इस स्कूल की चित्रात्मक कला पर अत्यधिक प्रभाव डाला।
- कृष्ण के विभिन्न पंथों ने चित्रकार को बहुत समृद्ध क्षेत्र प्रदान किया।
- राजस्थानी चित्रकला शैली की पहचान साहसिक चित्रण, सशक्त और विपरीत रंगों से है।
- आकृतियों का चित्रण स्पाट है तथा परिप्रेक्ष्य का प्राकृतिक तरीके से दिखाने का कोई प्रयास नहीं किया गया।
- इस चित्रकला शैली में कागज, हाथी दाँत और रेशम को कैनवास के रूप में उपयोग किया गया था।
- इस चित्रकला शैली की कई उपशैलियाँ थीं; जैसे-मेवाड़, बूँदी, कोटा, जयपुर, बीकानेर, किशनगढ़, जोधपुर (मारवाड़), मालवा, सिरोही आदि।

संगीत कला

- अबुल फजल के अनुसार अकबर के दरबार में 36 गायक थे, जिनमें सबसे प्रमुख तानसेन एवं बाजबहादुर थे। तानसेन ध्रुपद गायक था। उसके प्रारम्भिक गुरु मुहम्मद गौस थे। इसके पश्चात् उसने स्वामी हरिदास से संगीत की शिक्षा ग्रहण की थी।
- उसने रुद्रवीणा नामक वाद्ययन्त्र की खोज की। साथ ही उसने मियाँ की मल्हार, मियाँ की तोड़ी, दरबारी कन्हीर आदि रागों का आविष्कार किया।
- तानसेन का प्रारम्भिक नाम रामतनु पाण्डेय था। तानसेन के विषय में अबुल फजल ने लिखा है कि उसके समान गायक पिछले हजार वर्षों में भी भारत में नहीं हुआ।
- शाहजहाँ स्वयं एक अच्छा गायक था। इसके दरबार में तानसेन के दामाद लाल खाँ और तानसेन के पुत्र विलास खाँ रहते थे।
- उसके दरबार में सुख सेन और पण्डित जगन्नाथ भी रहते थे। शाहजहाँ ने लाल खाँ को गुणसमुद्र एवं पण्डित जगन्नाथ को महाकवि राय की उपाधि दी।

मुगलकालीन साहित्य

- मुगलकाल में साहित्य में फारसी, संस्कृत, उर्दू, हिन्दी एवं क्षेत्रीय भाषाओं; जैसे—बंगाली, मराठी, पंजाबी, गुजराती, राजस्थानी, उड़िया आदि में अनेक ग्रन्थों की रचनाएँ हुईं।
- मुगलों के समय में फारसी राजभाषा होने के कारण सर्वाधिक साहित्यिक ग्रन्थों की रचना इसी भाषा में हुई। इस भाषा में इतिहास, जीवन वृत्तान्त, काव्य संस्मरण लिखे गए एवं संस्कृत के प्रमुख ग्रन्थों का फारसी भाषा में अनुवाद हुआ।

बाबर

- बाबर ने स्वयं अपनी जीवनी तुजुक-ए-बाबरी तुर्की भाषा में लिखी। अब्दुर्रहीम खान-ए-खाना ने बाबरनामा के नाम से इसका अनुवाद फारसी में किया।
- उसके समय में मिर्जा हैदर ने तारीख-ए-रशीदी एवं सैय्यद मुकबर अली द्वारा तवारीख नामक ग्रन्थों की रचना की गई।

हुमायूँ

- हुमायूँ के समय में भी अनेक ग्रन्थ लिखे गए। उसकी बहन गुलबदन बेगम ने हुमायूँ की जीवनी हुमायूँनामा लिखी। इसमें बाबर को जहर दिए जाने का भी उल्लेख किया गया है।
- तारीख-ए-रशीदी इसकी रचना मिर्जा हैदर दुगलत द्वारा की गई।
- कानून-ए-हुमायूँनी इस पुस्तक के लेखक ख्वांदामीर हैं, जिन्हें अमीर-ए-अख्बार की उपाधि दी गई थी।

अकबर

- तोहफा-ए-अकबरशाही अकबर के आग्रह पर अब्बास खाँ शेरवानी द्वारा लिखी गई इस पुस्तक में शेरशाह तथा अकबर से सम्बन्धित तथ्यों को प्रस्तुत किया गया।
- तारीख-ए-शाही को अहमद यादगार द्वारा लिखा गया। इस पुस्तक का अन्य नाम तारीख-ए-सलातीन-ए-अफगाना भी है।
- नफाइस-उल-मासिर यह अकबर के शासनकाल पर रचित पहली रचना है, जो मीर अलाउद्दौला कजविनी द्वारा लिखी गई।
- तारीख-ए-अकबरी आरिफ कन्धारी द्वारा लिखित तारीख-ए-अकबरी में अकबर द्वारा किए गए विभिन्न सुधारों का वर्णन किया गया है।

अकबरनामा

अकबरनामा नामक पुस्तक अबुल फजल द्वारा 7 वर्षों में लिखी गई थी। यह पुस्तक तीन भागों में है। इस पुस्तक के प्रथम भाग में तैमूर से लेकर हुमायूँ काल तक तथा अकबर के प्रारम्भिक जीवन के बारे में चर्चा की गई है। इसके दूसरे भाग में अकबर के राज्याभिषेक से लेकर 46 वर्ष तक के काल के बारे में चर्चा मिलती है। **आइन-ए-अकबरी** नाम से प्रसिद्ध तीसरे भाग में मुगल साम्राज्य की प्रशासनिक व्यवस्था तथा सांख्यिकी विवरण को प्रस्तुत किया गया है। पाँच भागों में विभक्त **आइन-ए-अकबरी** के प्रथम तीन भागों में अकबर की शासन प्रणाली तथा चौथे भाग में प्राकृतिक सौन्दर्य व सामाजिक सांस्कृतिक स्थिति एवं जलवायु की चर्चा तथा अन्तिम भाग में अबुल फजल की जीवनी और अकबर एवं अबुल फजल की कुछ कहावतों का वर्णन किया गया है।

- तारीख-ए-अल्फी इस्लाम के हजार वर्ष पूर्ण होने के उपलक्ष्य में मुल्ला दाउद द्वारा लिखी गई। इसकी प्रस्तावना अबुल फजल द्वारा दी गई थी।
- तबकात-ए-अकबरी जिसे तारीख-ए निजामी के नाम से भी जाना जाता है, की रचना निजामुद्दीन अहमद द्वारा की गई।
- तजकिरा-ए-हुमायूँ व अकबरी बायजीद बयात द्वारा लिखित तजकिरा-ए-हुमायूँ व अकबरी पुस्तक में हुमायूँ व अकबर के साम्राज्य का तुलनात्मक अध्ययन किया गया है।
- मुन्तखब-उत-तवारीख बदायूँनी द्वारा लिखित इस पुस्तक में भारत के इतिहास का उल्लेख किया गया है।
- बदायूँनी अकबर को काफिर कहता था तथा उसकी नीतियों का विरोध करता था।

जहाँगीर

- तुजुक-ए-जहाँगीरी या जहाँगीरनामा यह जहाँगीर की आत्मकथा है, जो फारसी भाषा में है। इसमें 16 वर्षों का इतिहास जहाँगीर ने स्वयं लिखा, किन्तु इसे बाद में मौतमिद खाँ ने पूर्ण किया। जहाँगीरनामा के लेखन में मुहम्मद हादी का भी योगदान माना जाता है।
- इकबालनामा-ए-जहाँगीरी मौतमिद खाँ द्वारा लिखी गई, जिसमें जहाँगीर द्वारा मादक द्रव्यों के सेवन की चर्चा की गई है।

शाहजहाँ

- शाहजहाँ के समय भी अनेक इतिहासकार हुए; जैसे-अब्दुल हमीद लाहौरी एवं इनायत खाँ।
- अमीन फजलीनी ने शाहजहाँ के काल के प्रथम 10 वर्षों का वर्णन किया तथा अब्दुल हमीद लाहौरी ने इसके 20 वर्षों का वर्णन किया। मुहम्मद वारिस ने भी पादशाहनामा के एक भाग की रचना की, जिसमें शाहजहाँ के शासनकाल के बारे में बताया गया है।
- पादशाहनामा शीर्षक के अन्तर्गत शाहजहाँ के शासनकाल का वर्णन दो भागों में विभाजित किया गया है। इसे तीन इतिहासकारों द्वारा लिखा गया है।
- शाहजहाँनामा यह पुस्तक उसके एक अधिकारी इनायत खाँ द्वारा लिखी गई। दूसरी शाहजहाँनामा सादिक खाँ द्वारा लिखी गई।
- **चहार चमन** चन्द्रभान द्वारा लिखित चहार चमन में शाहजहाँ काल की शासन प्रणाली के बारे में चर्चा की गई है।

औरंगजेब

- औरंगजेब काल में लिखी गई आलमगीरनामा (आलमगिरी) के लेखक मुहम्मद काजिम शिराजी थे। यह औरंगजेब का आधिकारिक इतिहासकार भी था।
- औरंगजेब के काल में ही आलमगीरनामा नामक एक अन्य पुस्तक हातिम खाँ द्वारा लिखी गई थी।
- मआसिर-ए-आलमगिरी पुस्तक साकी मुस्तैद खाँ द्वारा लिखी गई।
- इस पुस्तक की रचना औरंगजेब की मृत्यु के पश्चात् की गई।
- इस पुस्तक में सतनामी विद्रोह का वर्णन मिलता है। इस पुस्तक को जदुनाथ सरकार ने मुगल साम्राज्य का गजेटियर भी कहा है।
- मुन्तखब-उल-लुवाब नामक पुस्तक खफी खाँ द्वारा गुप्त रूप से लिखी गई।
- फुतुहात-ए-आलमगिरी नामक पुस्तक ईश्वरदास नागर द्वारा लिखी गई।
- फतवा-ए-आलमगिरी मुस्लिम विधि के सबसे बड़े डाइजेस्ट फतवा-ए आलमगिरी की रचना शेख निजाम की अध्यक्षता में 6 विद्वानों द्वारा की गई। इस पुस्तक में इस्लामिक कानून व प्रशासनिक नियमों की चर्चा मिलती है।
- खुलासत-उत-तवारीख पुस्तक सुजान राय भण्डारी द्वारा लिखी गई।
- नुस्ख-ए-दिलकुशा नामक पुस्तक भीमसेन द्वारा लिखी गई, जिसमें मराठा-मुगलों के मध्य संघर्ष का वर्णन किया गया है।
- वाक्यात-ए-आलमगिरी नामक पुस्तक आकिल खाँ द्वारा लिखी गई। इसमें उत्तराधिकारियों से सम्बन्धित युद्धों तथा सिंहासन की लड़ाई के बारे में चर्चा की गई है।

मुगलकालीन साहित्य

साहित्य का नाम	लेखक का नाम	भाषा	शासक के कार्यकाल में
तुजुक-ए-बाबरी (बाबरनामा)	बाबर (स्वयं की आत्मकथा)	तुर्की	बाबर
रामायण का अनुवाद	बदायूँनी	फारसी	अकबर
भगवद्गीता का अनुवाद	दाराशिकोह	फारसी	शाहजहाँ
लीलावती (गणित की पुस्तक)	फैजी	फारसी	अकबर
कालिया दमन (यार-ए-दानिश)	अबुल फजल	फारसी	अकबर
अकबरनामा (आइन-ए-अकबरी)	अबुल फजल	फारसी	अकबर
हुमायूँनामा	गुलबदन बेगम	फारसी	अकबर
मुन्तखब-उल-तवारीख	अब्दुल कादिर बदायूँनी	फारसी	अकबर
तबकात-ए-अकबरी	निजामुद्दीन अहमद	फारसी	अकबर
अथर्ववेद	सरहिन्दी	फारसी	जहाँगीर
तुजुक-ए-जहाँगीरी (जहाँगीर की आत्मकथा)	जहाँगीर, मौ मोतमिद खाँ, मुहम्मद हादी	फारसी	जहाँगीर
इकबालनामा-ए-जहाँगीरी	मौतमिद खाँ बख्शी	फारसी	जहाँगीर
मुआसिरे-जहाँगीरी	ख्वाजा कामगार	फारसी	जहाँगीर
योग वशिष्ठ का अनुवाद	निजामुद्दीन पानीपति	फारसी	अकबर
बावन उपनिषद् (सिर्र-ए-अकबर)	दाराशिकोह	फारसी	शाहजहाँ
शाहजहाँनामा	इनायत खाँ	फारसी	शाहजहाँ
पादशाहनामा	मुहम्मद अमीन	फारसी	शाहजहाँ
नुस्खा-ए-दिलकुशा	भीमसेन	फारसी	औरंगजेब
आलमगीरनामा	मिर्जा मुहम्मद कासिम	फारसी	औरंगजेब
मुआसिर-ए-आलमगिरी	साकी मुस्तैद खाँ	फारसी	औरंगजेब
फतवा-ए-आलमगिरी	निजामुद्दीन अहमद	फारसी	औरंगजेब

"मराठा शक्ति का उत्कर्ष औरंगजेब के काल की प्रमुख घटना है। औरंगजेब की नीतियाँ, दक्कन की भौगोलिक परिस्थितियाँ तथा मराठों की स्वतन्त्रता की भावना एवं लड़ाकू प्रवृत्ति ने इसे एक प्रमुख शक्ति के रूप में उभरने में सहायता की।

अध्याय तेईस

मराठा शक्ति का उत्कर्ष

मराठा शक्ति के उत्कर्ष के कारण

- मुगल साम्राज्य के पतन के पश्चात् महाराष्ट्र में एक सशक्त क्षेत्रीय शक्ति के रूप में मराठों का उत्कर्ष हुआ था।
- बहमनी शासकों ने मराठों को प्रशासन और सेना में स्थान देकर आत्मविश्वास जाग्रत किया। मलिक अम्बर ने गुरिल्ला युद्ध का प्रयोग कर मराठा घुड़सवारों के आत्मविश्वास को बढ़ाया। मुगलों के विरुद्ध मराठे न केवल लड़े, बल्कि जीते भी। इससे मराठों को अत्यधिक आत्म-बल मिला।
- भक्ति आन्दोलन ने समाज को रूढ़ियों से मुक्त करने की दिशा में कार्य किया। तत्कालीन मराठा सन्तों एवं कवियों ने जनसामान्य में हिन्दू गौरव एवं एकता की भावना को जाग्रत किया। साथ ही मराठी भाषा के उपयोग ने सन्तों की शिक्षाओं से सभी को जोड़ा। फलत: अलग मराठा पहचान तथा मराठा राष्ट्रवाद का उदय हुआ।
- महाराष्ट्र की पठारी भूमि किलों के निर्माण तथा गुरिल्ला युद्ध के लिए उपयुक्त थी। मराठवाड़ा की भौगोलिक स्थिति मराठों के उदय में सहायक रही। शिवाजी के रूप में मराठों को एक चमत्कारिक नेता मिला।

शिवाजी

- शिवाजी के नेतृत्व में मराठा शक्ति का उदय होना तत्कालीन इतिहास की एक महत्त्वपूर्ण घटना है। मराठे शीघ्र ही सम्पूर्ण भारतीय पटल पर छा गए, यद्यपि कुछ समय बाद ही उनका पतन भी हो गया।
- शिवाजी का जन्म 19 फरवरी, 1630 को पुणे (महाराष्ट्र) के शिवनेर के किले में हुआ था।
- शिवाजी के पिता शाहजी भोंसले थे। वे पहले अहमदनगर की सेवा में थे, किन्तु 1633 ई. में शाहजहाँ द्वारा अहमदनगर को जीत लेने के बाद वे बीजापुर की सेवा में चले गए। बाद में उन्होंने अपने अधीन आने वाली पूना की जागीर को शिवाजी को सौंप दिया।

शिवाजी के सैन्य अभियान

तोरण अभियान, 1646
1646 ई. में शिवाजी ने तोरण के दुर्ग पर अधिकार कर लिया, जिससे पाँच मील पूर्व उन्होंने राजगढ़ का किला बनवाया। 1647 ई. में उन्होंने कोण्डाना किला भी हासिल किया। ये दोनों किले बीजापुर के आदिलशाह के अधीन थे।

जावली विजय, 1656
जनवरी, 1656 में शिवाजी ने जावली पर अधिकार कर लिया। इसी दौरान उनका अधिकार रायगढ़ किले पर भी हो गया। रायगढ़ किला 1674 ई. से 1818 ई. तक मराठा साम्राज्य की राजधानी रहा।

प्रतापगढ़ का युद्ध, 1659
यह युद्ध महाराष्ट्र के सतारा शहर के निकट प्रतापगढ़ में शिवाजी और आदिलशाही सेनापति अफजल खान की सेनाओं के बीच लड़ा गया था। इस युद्ध में शिवाजी की जीत हुई।

पवन खिण्ड की लड़ाई, 1660
यह युद्ध महाराष्ट्र के कोल्हापुर शहर के निकट विशालगढ़ किले के निकट एक पहाड़ी दर्रे पर मराठा सरदार बाजी प्रभु देशपाण्डे और आदिलशाही के सिद्दी मसूद के बीच लड़ा गया था। इस युद्ध में मराठों की जीत हुई।

पुरन्दर का युद्ध, 1665
यह युद्ध छत्रपति शिवाजी के नेतृत्व वाले मराठा साम्राज्य और जय सिंह के नेतृत्व वाली मुगल सेना के बीच लड़ा गया। इस युद्ध के बाद शिवाजी और मुगलों में पुरन्दर की सन्धि हुई।

सिंहगढ़ की लड़ाई, 1670
महाराष्ट्र के पुणे शहर के पास सिंहगढ़ किले पर शिवाजी के सेनापति तानाजी मालुसरे और मुगल सेना प्रमुख जय सिंह प्रथम के अधीन किलेदार उदयभान राठौड़ के बीच लड़ाई हुई, जिसमें मराठों की विजय हुई।

संगमनेर की लड़ाई, 1679
मुगल साम्राज्य और मराठा साम्राज्य के बीच लड़ा गया यह आखिरी युद्ध था, जिसमें मराठा राजा शिवाजी ने लड़ाई लड़ी थी।

कल्याण की लड़ाई, 1682-83
मुगल साम्राज्य के बहादुर खान ने मराठा सेना को हराया और कल्याण पर अधिकार कर लिया।

- शिवनेरी देवी के नाम पर इनको शिवाजी नाम दिया गया। इनकी माताजी ने प्रारम्भ से ही इनको राष्ट्र तथा धर्म की रक्षा हेतु प्रेरित किया। दादाजी कोण्डदेव शिवाजी के संरक्षक थे, जो पूना स्थित शाहजी की जागीर की देखभाल करते थे।
- शिवाजी पर धरकरी सम्प्रदाय से सम्बन्धित अपने गुरु समर्थ रामदास का अत्यधिक प्रभाव पड़ा। शिवाजी की पहली पत्नी साईबाई निम्बालकर थीं तथा दूसरी पत्नी पुतलाबाई थीं, जो सती हो गई थीं।

बीजापुर से संघर्ष

- शिवाजी की सफलताओं से उद्वेलित बीजापुर के शासक ने प्रख्यात सरदार अफजल खाँ को सितम्बर, 1659 में उनके विरुद्ध कार्यवाही करने हेतु भेजा।
- इसने अपने दूत कृष्णजी भास्कर को भेजकर प्रतापगढ़ के जंगल में मिलने की इच्छा जताई। यहीं शिवाजी को अफजल खाँ के षड्यन्त्र का पता चला।
- इन्होंने अफजल खाँ को उसी की भाषा में जवाब देने का निर्णय किया। इनके साथ दो अंगरक्षक जीवमहल तथा शम्भूजी कावजी थे। नेताजी पालकर तथा मोरो पिंगले के नेतृत्व में मराठा सेना प्रतापगढ़ के जंगल में तैयार खड़ी थी, अफजल खाँ के अंगरक्षकों में सैयद बन्दा प्रख्यात तलवारबाज था।

मुगलों से संघर्ष

- औरंगजेब ने 1663 ई. में अपने मामा शाइस्ता खाँ को दक्षिण का सूबेदार नियुक्त कर शिवाजी को समाप्त करने का आदेश दिया।
- इसने बीजापुर के साथ मिलकर कुछ युद्धों में मराठों के विरुद्ध सफलता भी पाई, परन्तु 15 अप्रैल, 1663 को रात्रि के समय शिवाजी ने दुस्साहसपूर्ण कार्य को अंजाम देते हुए शाइस्ता खाँ के पूना शिविर में घुसकर आक्रमण कर दिया, जिसमें शाइस्ता खाँ का अँगूठा कट गया, परन्तु वह भाग निकला। यद्यपि इसमें उसका पुत्र फतह खाँ मारा गया। आक्रमण से जहाँ शिवाजी की प्रतिष्ठा बढ़ी, वहीं मुगलों की प्रतिष्ठा गहरा आघात पहुँचा।
- क्रुद्ध औरंगजेब ने शाइस्ता खाँ को वापस बुला लिया और बंगाल भेज दिया।
- मराठों ने 1664 ई. में सूरत को प्रथम बार लूटा। इसका वर्णन जॉन ऑक्साइडन द्वारा मिलता है।

पुरन्दर की सन्धि (1665)

- औरंगजेब ने आमेर के कछवाहा सरदार जयसिंह को दक्षिण का सूबेदार नियुक्त किया। इसने शिवाजी को सन्धि के लिए बाध्य कर दिया, जो पुरन्दर की सन्धि (22 जून, 1665) के नाम से प्रसिद्ध हुई।
- इस सन्धि के अनुसार, शिवाजी को अपने 35 में से 23 किले मुगलों को देने पड़े, उनके पुत्र शम्भाजी को मुगल दरबार में 5,000 का मनसब दिया गया तथा शिवाजी ने मुगलों की ओर से बीजापुर के विरुद्ध युद्ध एवं सेवा करने का वचन दिया। इस सन्धि के समय मनूची भी उपस्थित था।
- इसी क्रम में शिवाजी औरंगजेब से मिलने (1666 ई.) आगरा पहुँचे, किन्तु वहाँ इनका औरंगजेब से विवाद हो गया। इसके पश्चात् इन्हें जयपुर महल में बन्दी बना लिया गया। रामसिंह (जयसिंह का पुत्र) ने इनकी सुरक्षा की जिम्मेदारी ली थी, परन्तु ये अपने हमशक्ल होरजी-फर्जन्द को अपने स्थान पर लिटाकर भाग निकले।
- सितम्बर, 1666 को रायगढ़ पहुँच कर इन्होंने दक्षिण के सूबेदार मुअज्जम के माध्यम से सन्धि प्रस्ताव रखा, जिसे औरंगजेब ने स्वीकार (1668 ई.) कर लिया। औरंगजेब ने इन्हें राजा की उपाधि दी और इनके पुत्र शम्भाजी को मनसब प्रदान किया तथा बरार में एक जागीर दी।
- शिवाजी ने फरवरी, 1670 में सिंहगढ़ (कोण्डाना) का किला जीता।

शिवाजी का राज्याभिषेक

- 16 जून, 1674 को रायगढ़ किले में शिवाजी का राज्याभिषेक काशी के प्रसिद्ध विद्वान विश्वेश्वर भट्ट अथवा गंगा भट्ट ने किया। इस अवसर पर शिवाजी ने छत्रपति की उपाधि धारण की तथा हिन्दू धर्म की रक्षा का प्रण लिया। उन्होंने हैन्दव धर्मोद्धारक व गौब्राह्मण प्रतिपालक की उपाधि भी धारण की।
- 1678 ई. में शिवाजी ने जिंजी का किला जीत लिया तथा इसे दक्षिणी क्षेत्रों की राजधानी बनाया। यह उनकी अन्तिम विजय थी। अपने पुत्र शम्भाजी के कारण वे अत्यन्त दु:खी थे, क्योंकि शम्भाजी मुगल सूबेदार दिलेर खाँ से जाकर मिल गया था।
- इसके वापस लौटने पर शिवाजी ने उसे कैद करवा दिया और शिवाजी की मृत्यु के समय (1680 ई.) वह पन्हाला के किले में ही कैद था।

कर्नाटक अभियान

- 1677-78 ई. में शिवाजी का ध्यान कर्नाटक की ओर गया। राज्याभिषेक के बाद शिवाजी का यह अन्तिम महत्त्वपूर्ण कर्नाटक का अभियान (1676 F&.) था। गोलकुण्डा के मदन्ना एवं अकन्ना के सहयोग से शिवाजी ने बीजापुर और कर्नाटक पर आक्रमण करना चाहा।
- आक्रमण के पूर्व ही शिवाजी एवं कुतुबशाह के बीच सन्धि सम्पन्न हुई, जिसकी शर्तें इस प्रकार थीं- शिवाजी को कुतुबशाह ने प्रति वर्ष एक लाख हूण देना स्वीकार किया।
- दोनों ने कर्नाटक की सम्पत्ति को आपस में बाँटने पर सहमति जताई।

शिवाजी के अन्तर्गत मराठा प्रशासनिक व्यवस्था

- शिवाजी का राजत्व प्राचीन हिन्दू आदर्शों पर आधारित था। उनका साम्राज्य वस्तुत: दो भागों में विभक्त था।
- प्रथम वह भाग, जो सीधे शिवाजी (मराठों) के अधीन था और स्वराज (मुल्क-ए-कदीम) कहलाता था तथा द्वितीय वह भाग, जो मुगलों अथवा बीजापुर के अधिकार में था, परन्तु शिवाजी (मराठे) वहाँ चौथ वसूलते थे।
- शिवाजी ने रघुनाथ पण्डित हनुमन्ते के निरीक्षण में राजव्यवहार कोश नाम से शासकीय शब्दावली का शब्दकोश तैयार करवाया।

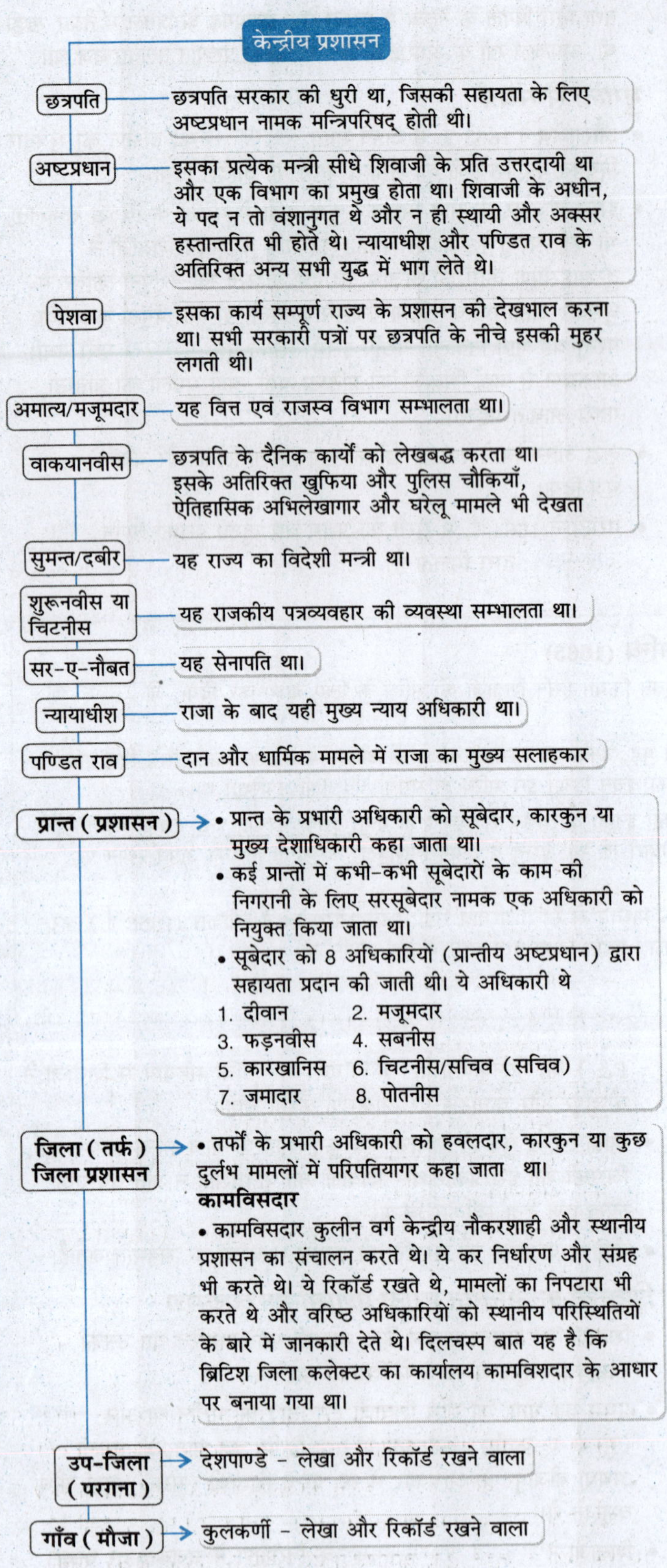

प्रान्तीय प्रशासन

- शिवाजी ने अपने मराठा राज्य को प्रशासन की दृष्टि से 5 भागों में बाँटा था। इसे प्रान्त या सरसूबा कहा जाता था। शिवाजी के समय में मराठा राज्य इस प्रकार बँटा हुआ था
  - उत्तरी प्रान्त इसमें सूरत से लेकर पूना तक का भाग सम्मिलित था। यह क्षेत्र पेशवा मोरो पिंगले के अधीन था।
  - दक्षिणी प्रान्त इसमें जिंजी और उसके आसपास का क्षेत्र सम्मिलित था। यह क्षेत्र पेशवा रघुनाथ पन्त हनुमन्ते के अधीन था।
  - दक्षिण-पूर्वी प्रान्त इस क्षेत्र में सतारा, सांगली, कोल्हापुर आदि क्षेत्र शामिल थे।
  - दक्षिण-पश्चिमी प्रान्त इस क्षेत्र में दक्षिणी कोंकण प्रदेश या समुद्री तट सम्मिलित था। यह क्षेत्र अन्नाजी दत्तो के अधीन था।

सैन्य प्रशासन

- शिवाजी के पास एक नियमित एवं स्थायी सेना थी। सेना का मुख्य भाग पैदल और घुड़सवार सेना थी।
- मराठा सेना का श्रेष्ठतम भाग अश्वारोही सेना थी। घुड़सवार सेना दो भागों में विभक्त थी
  - बरगीर ये वे घुड़सवार सैनिक थे, जिन्हें राज्य की ओर से घोड़े और शस्त्र दिए जाते थे। ये नियमित वेतन भी प्राप्त करते थे।
  - सिलेदार ये स्वतन्त्र सैनिक थे, जो अपने अस्त्र-शस्त्र स्वयं रखते थे। इन्हें लूट के माल में हिस्सा भी दिया जाता था।
- सर-ए-नौबत यह सम्पूर्ण घुड़सवार सेना का प्रधान होता था, जो मराठा तथा सबनीस ब्राह्मण होता था।

अश्वारोही सेना का पदक्रम

- 25 घुड़सवार एक हवलदार के अधीन होते थे।
- 5 हवलदार एक जुमलादार के अधीन होते थे।
- 10 जुमलादार एक हजारी के अधीन होते थे।
- 5 एक हजारी एक पंचहजारी के अधीन होते थे।
- सेना का सर्वोच्च अधिकारी सर-ए-नौबत होता था।

नौसेना

शिवाजी ने कोंकण के क्षेत्र पर नियन्त्रण स्थापित करने के लिए एक नौसेना का विकास किया था। कल्याण विजय के बाद यहाँ 1650 ई. में नौसैनिक अड्डा स्थापित किया था। बाद में कोलाबा नौसेना का प्रमुख केन्द्र बना।

न्याय प्रशासन

शिवाजी स्वयं सर्वोच्च न्यायालय के समान थे। वे न्यायाधीश एवं पण्डित राव की सहायता से निर्णय देते थे। शिवाजी का न्यायालय धर्म सभा या हुजूर-हाजिर-मजालिस कहा जाता था। शिवाजी के नीचे न्यायाधीश का न्यायालय होता था। प्रान्तीय एवं महाल स्तर पर न्याय के लिए मजलिस हुआ करती थी, जिसे सभा कहा जाता था।

धार्मिक नीति

शिवाजी धर्मसहिष्णु थे। इस्लाम के प्रति उनका व्यवहार बहुत उदार था। उन्होंने मुस्लिम स्त्रियों एवं बच्चों के प्रति सम्मानपूर्ण व्यवहार किया। इतिहासकार खाफी खाँ ने शिवाजी की धार्मिक नीति की प्रशंसा की है।

राजस्व प्रशासन

- शिवाजी ने 1679 ई. में अन्नाजी दत्तो द्वारा व्यापक स्तर पर का भूमि सर्वेक्षण करवाया।
- भू-राजस्व व्यवस्था मलिक अम्बर की व्यवस्था पर आधारित थी, जहाँ कृषकों से सीधे सम्बन्ध स्थापित करने का प्रयास किया गया। यह एक प्रकार से रैयतवाड़ी व्यवस्था के समान थी, परन्तु शिवाजी जमींदारी (देशमुखी) व्यवस्था समाप्त नहीं कर पाए।
- शिवाजी ने रस्सी द्वारा भूमि माप के स्थान पर काठी एवं मानक छड़ी (जरीब) के प्रयोग को प्रारम्भ किया। जरीब लम्बाई व दूरी मापने की एक इकाई है। 20 काठी के बराबर 1 बीघा तथा 1 चावर के बराबर 120 बीघा होती थी।
- शिवाजी ने भू-राजस्व को 33% से बढ़ाकर 40% कर दिया, लेकिन अन्य कर और चुंगी आदि को समाप्त कर दिया गया।

प्रमुख कर

- **चौथ** पड़ोसी राज्य की आय का एक-चौथाई (1/4) भाग होती थी। बदले में मराठा आक्रमण तथा लूटपाट से सुरक्षित रहने का आश्वासन मिलता था।
- **सरदेशमुखी** भी पड़ोसी राज्यों से वसूला जाता था। यह पड़ोसी राज्य की आय का 10% या दसवाँ भाग था। यह कर शिवाजी उस क्षेत्र के सबसे बड़े देशमुख (सरदेशमुख) होने के नाते लेते थे।
- **मोकासा** यह एक प्रकार की जागीर थी, जिसे प्रमुख मराठा सरदारों को दिया जाता था, किन्तु शेष को नकद वेतन देने की भी व्यवस्था थी।

मराठाकालीन अधिकारी

पद	सम्बन्धित तथ्य
मिरासदार	ऐसा वर्ग, जिसका भूमि पर वंशानुगत अधिकार होता था।
पाटिल या पटेल	ग्राम का मुखिया या मुख्य अधिकारी था, जो कर सम्बन्धी, न्यायिक तथा अन्य प्रशासनिक कार्य करता था।
कुलकर्णी (लेखपाल) चौगुले	भूमि का लेखा-जोखा रखता था। पटेल का सहायक तथा कुलकर्णी के लेखों की देखभाल करता था।
बारह वलूटे (शिल्पी)	ग्राम की औद्योगिक आवश्यकताओं की पूर्ति करते थे।
मामलतदार	ग्रामों में कर निर्धारण पटेल के परामर्श से करते थे। इसके अतिरिक्त ये जिले में पेशवा के प्रतिनिधि होते थे।
देशमुख	मामलतदार के ऊपर नियन्त्रण रखते थे।
देशपाण्डे (जिलाधिकारी)	इनकी पुष्टि के बिना कोई लेखा स्वीकार नहीं किया जाता था।
कामविसदार	चौथ वसूल करना।
कारखानाविस	अन्न भण्डार के प्रभारी होते थे।

शिवाजी के उत्तराधिकारी

1680 ई. में शिवाजी की मृत्यु के पश्चात् मराठा साम्राज्य में उत्तराधिकार का संघर्ष शुरू हुआ। इस संघर्ष में शम्भाजी राजा सिंहासनारूढ़ हुए।

शम्भाजी (1680-89 ई.)

- शिवाजी की मृत्यु के समय शम्भाजी पन्हाला के किले में कैद था। अत: शिवाजी का दूसरा पुत्र राजाराम गद्दी पर बैठा, लेकिन 20 जुलाई, 1680 को राजाराम को गद्दी से उतारकर शम्भाजी सेनापति हम्मीर मोहिते की सहायता से गद्दी पर बैठ गया।
- शम्भाजी ने मुगल सूबेदार दिलेर खाँ से समझौता कर लिया, जिसमें शम्भाजी को सात हजार का मनसब देना निश्चित हुआ।
- शम्भाजी का विश्वास मराठा सरदारों से उठ गया तथा उसने नीलोपन्त को अपना पेशवा तथा उत्तर भारतीय ब्राह्मण कवि कलश को मुख्य सलाहकार नियुक्त किया। शम्भाजी का पुर्तगालियों एवं सिद्दियों से भी संघर्ष हुआ।
- शम्भाजी ने औरंगजेब के विद्रोही पुत्र शहजादा अकबर को संरक्षण दिया, फलत: उसे औरंगजेब का कोपभाजन बनना पड़ा।
- मुगल सेनापति मुकर्रब खाँ ने 1689 ई. में संगमेश्वर के निकट नावड़ी गाँव से शम्भाजी एवं कवि कलश को पकड़ लिया और औरंगजेब ने कोड़ेगाँव में दोनों की हत्या करवा दी। इसके पश्चात् येसूबाई (शम्भाजी की पत्नी) ने विरोध जारी रखा, जिसे कुछ समय पश्चात् उसके पुत्र शाहू के साथ गिरफ्तार कर लिया गया।

राजाराम (1689-1700 ई.)

- शम्भाजी की हत्या के बाद राजाराम को मराठा मन्त्रिपरिषद् ने कैद से मुक्त करके शासक घोषित किया, क्योंकि शम्भाजी का पुत्र शाहू अल्पवयस्क था। राजाराम ने स्वयं को शाहू का प्रतिनिधि ही माना तथा कभी गद्दी पर नहीं बैठा।
- इस समय मराठे मुगलों से जूझ रहे थे तथा राजाराम ने सुरक्षा की दृष्टि से रायगढ़ के स्थान पर दक्षिणी क्षेत्र में स्थित जिंजी (कर्नाटक) को अपनी राजधानी बनाया।
- मराठों के एक बड़े क्षेत्र पर मुगलों का अधिकार हो गया था, जिसके विरुद्ध मराठों का स्वतन्त्रता संग्राम प्रारम्भ हुआ। इनमें अनेक योग्य मराठा सरदारों ने मुगलों के विरुद्ध संघर्ष किया तथा मुगलों का इस क्षेत्र में रहना असम्भव बना दिया।
- ऐसे सरदारों में सन्ताजी घोरपड़े, प्रहलाद नीराजी, रघुनाथपन्त हनुमन्ते, धनाजी जाधव, त्र्यम्बक राव मोरे आदि प्रमुख थे।
- प्रशासन में राजाराम ने एक नए पद प्रतिनिधि का सृजन किया, पहला प्रतिनिधि प्रहलाद नीराजी था। साथ ही उसने सरदारों को जागीरें प्रदान कीं और सरदारों को अपनी सेनाएँ रखने की छूट भी दी।
- इससे भविष्य में मराठा सरदारों की स्वायत्त सत्ता तथा अन्तत: मराठा संघ निर्माण का मार्ग प्रशस्त हुआ। 1700 ई. में राजाराम की मृत्यु हो गई।
- सरंजामी प्रथा को पुन: शुरू करने का कार्य राजाराम द्वारा किया गया था। यह प्रथा मराठा साम्राज्य के दौरान भू-राजस्व प्रशासन से जुड़ी थी।
- इस प्रथा के तहत सैन्य कमाण्डरों एवं अन्य अधिकारियों को उनकी सेवा के बदले जमीन दी जाती थी। इस जमीन को सरंजम कहा जाता था।

शिवाजी द्वितीय तथा ताराबाई (1700-1707 ई.)

- राजाराम की मृत्यु के पश्चात् इनके अल्पवयस्क पुत्र शिवाजी द्वितीय को गद्दी पर बैठाया गया तथा राजाराम की पत्नी ताराबाई उसकी संरक्षिका बनी। ताराबाई के काल में मराठों का पुन: उत्थान हुआ और मराठों ने सतारा, रायगढ़, सिंहगढ़ आदि पर अधिकार कर लिया।
- ताराबाई का प्रभाव दक्षिण भारत में बढ़ता चला गया। 1700-1707 ई. का काल मराठा स्वतन्त्रता संघर्ष के नाम से जाना जाता है। इतिहासकार खाफी खाँ ने ताराबाई की प्रशंसा की है।
- 1707 ई. में औरंगजेब की मृत्यु के बाद मुगल-मराठा सम्बन्धों में नए अध्याय की शुरुआत हुई।

शाहू (1707-1749 ई.)

- शाहू जब तक मुगलों के बन्दी के रूप में कैद था। उसे शम्भा जी के साथ ही औरंगजेब ने कैद करवा लिया था। औरंगजेब की मृत्यु के बाद उसे रिहाई मिली। जुल्फिकार खाँ के कहने पर बहादुरशाह प्रथम ने शाहू को बन्दी जीवन (18 वर्ष) से मुक्त कर दिया।
- नवम्बर, 1707 में शाहू ने खेड़ा के युद्ध में ताराबाई को पराजित कर दिया, तत्पश्चात् वह भागकर दक्षिण महाराष्ट्र चली गई, जहाँ पर कोल्हापुर में ताराबाई और उसके पुत्र का प्रभुत्व स्थापित हुआ, जबकि सतारा में शाहू का अधिकार हो गया।
- शाहू का राज्याभिषेक फरवरी, 1708 में सतारा में हुआ, जिसे उसने अपनी राजधानी बनाया था। दक्षिण में कोल्हापुर को आधार बनाकर ताराबाई शासन कर रही थीं।
- 1714 ई. में राजाराम की दूसरी पत्नी राजसबाई ने ताराबाई तथा उसके पुत्र शिवाजी द्वितीय को कैद करके कोल्हापुर पर अधिकार कर लिया और अपने पुत्र शम्भाजी द्वितीय को मराठा छत्रपति कोल्हापुर में घोषित किया।
- अन्तत: मराठों का आपसी संघर्ष 1731 ई. में वारना की सन्धि से समाप्त हुआ, जब शाहू तथा राजाराम की दूसरी पत्नी राजसबाई से उत्पन्न पुत्र शम्भाजी द्वितीय के मध्य समझौता हुआ कि उत्तरी क्षेत्र में सतारा को राजधानी बनाकर शाहू तथा दक्षिणी क्षेत्र में कोल्हापुर को राजधानी बनाकर शम्भाजी द्वितीय शासन करेंगे।
- 1708 ई. में शाहू ने बालाजी विश्वनाथ को सेनाकर्ते (सैन्य व्यवस्थापक) पद पर आसीन किया तथा 1713 ई. में उसे पेशवा बना दिया।
- बालाजी बाजीराव तथा राजाराम द्वितीय के मध्य संगोला की सन्धि (1750 ई.) से पेशवा मराठा संघ का वास्तविक प्रधान बन गया।

पेशवाओं के काल में मराठा शक्ति का उत्कर्ष

- शिवाजी के पश्चात् मराठा साम्राज्य का उत्कर्ष पेशवाओं के काल में हुआ। इस काल में मराठा शक्ति दक्कन के पठारी भाग से लेकर दिल्ली के तख्त तक फैल गई थी।
- शिवाजी के काल में पेशवा अत्यधिक शक्तिशाली पद था, जिसे उनके पोते शाहू द्वारा वंशानुगत बना दिया गया। पेशवा मराठा साम्राज्य के प्रधानमन्त्री या मुख्यमन्त्री होते थे। ये शिवाजी की अष्टप्रधान परिषद् के सबसे प्रमुख सदस्य होते थे।

बालाजी विश्वनाथ (1713-1720 ई.)

- कोंकण के चितपावन ब्राह्मण बालाजी विश्वनाथ छोटे राजस्व अधिकारी के रूप में प्रारम्भ किया था। उसे मराठा साम्राज्य का द्वितीय संस्थापक माना जाता है।
- बालाजी विश्वनाथ की सबसे महत्त्वपूर्ण उपलब्धि 1719 ई. में मुगल बादशाह की ओर से सैयद हुसैन अली द्वारा मराठों से की गई सन्धि थी। इस सन्धि के अनुसार, मुगल बादशाह रफी-उद्-दरजात ने शाहू को महाराष्ट्र और उसके द्वारा विजित प्रदेश का स्वामी मान लिया। दक्कन के मुगल सूबों तथा मैसूर, त्रिचनापल्ली व तंजौर में चौथ व सरदेशमुखी वसूल करने के अधिकार को मान्यता दी गई।
- इसके बदले में शाहू ने अवसर पड़ने पर मुगलों को 15,000 घुड़सवार सैनिकों की सहायता देने और मुगल बादशाह को प्रतिवर्ष ₹ 10 लाख देना स्वीकार किया।
- कान्हाजी आंगड़े से बालाजी विश्वनाथ के अच्छे सम्बन्ध होने के कारण मराठों को स्थायित्व प्राप्त हुआ था। रिचर्ड टेम्पल ने इस सन्धि को मराठों का मैग्नाकार्टा कहा है। 2 अप्रैल, 1720 को बालाजी विश्वनाथ का देहान्त हो गया।

बाजीराव प्रथम (1720-1740 ई.)

- शाहू ने बालाजी विश्वनाथ की मृत्यु के बाद उसके पुत्र बाजीराव प्रथम को पेशवा नियुक्त किया।
- उसके अधीन मराठा शक्ति अपने चरमोत्कर्ष पर पहुँच गई। उसने हिन्दू जाति की कीर्ति को विस्तृत करने के लिए ही हिन्दू पद पादशाही के आदर्श को फैलाने का प्रयत्न किया।
- मुगल साम्राज्य के प्रति अपनी नीति की घोषणा करते हुए बाजीराव प्रथम ने कहा कि ''हमें इस जर्जर वृक्ष के तने पर आक्रमण करना चाहिए, शाखाएँ तो स्वयं ही गिर जाएँगी।''
- शकूर खेड़ा युद्ध (1724 ई.) में निजाम-उल-मुल्क ने मुगल सूबेदार मुबारिज खाँ को परास्त किया था। इस युद्ध में बाजीराव ने इसकी सहायता की थी। बाजीराव ने 6 मार्च, 1728 को पालखेड़ के समीप निजाम को पराजित किया तथा उसने मुंगी-शेवगाँव की सन्धि की।
- इस सन्धि के अनुसार, निजाम ने शाहू को चौथ तथा सरदेशमुखी देना, शम्भाजी को सहायता न देना, विजित प्रदेश लौटाना तथा बन्दी छोड़ देना स्वीकार किया।
- 1731 ई. में वार्ना की सन्धि द्वारा शम्भाजी द्वितीय ने शाहू की अधीनता स्वीकार कर ली। 1737 ई. में मुगल बादशाह ने निजाम को मराठों के विरुद्ध भेजा, परन्तु बाजीराव ने उसे भोपाल के पास युद्ध में पराजित किया। बाजीराव ने 1737 ई. में मुगल बादशाह मुहम्मद शाह रंगीला पर आक्रमण कर उसे दिल्ली छोड़ने पर विवश कर दिया। इस प्रकार उसने गुजरात, मालवा तथा बुन्देलखण्ड में अपना प्रभुत्व स्थापित किया था।
- भोपाल युद्ध के परिणामस्वरूप 1738 ई. में दुरई-सराय की सन्धि हुई। इस सन्धि के अन्तर्गत निजाम ने सम्पूर्ण मालवा का प्रदेश तथा नर्मदा से चम्बल के क्षेत्र की पूर्ण सत्ता मराठों को सौंप दी। 1739 ई. में बसीन की विजय बाजीराव की महान सैन्य कुशलता एवं सूझ-बूझ का प्रतीक थी। इस युद्ध में बाजीराव ने पुर्तगालियों से सालसेट तथा बसीन छीन लिया। यूरोपीय शक्ति के विरुद्ध यह मराठों की महानतम विजय थी।

- बाजीराव, मस्तानी नाम की मुस्लिम स्त्री से प्रेम सम्बन्ध के कारण भी चर्चित रहा। 28 अप्रैल, 1740 को नर्मदा नदी के किनारे उसकी मृत्यु हो गई।

बालाजी बाजीराव (1740-1761 ई.)

- पेशवा बाजीराव की मृत्यु के बाद उसका पुत्र बालाजी बाजीराव (नाना साहेब के नाम से प्रसिद्ध) गद्दी पर बैठा।
- 1750 ई. में हुई संगोला सन्धि के बाद पेशवा के हाथ में सभी अधिकार सुरक्षित हो गए। अब छत्रपति नाममात्र का राजा रह गया। मराठा संगठन का वास्तविक नेता पेशवा (वंशानुगत) बन गया तथा मराठा राजनीति का केन्द्र अब पूना हो गया।
- इसके शासनकाल में मराठा साम्राज्य का अधिकतम विस्तार हुआ। इसने मालवा तथा बुन्देलखण्ड पर अधिकार को कायम रखते हुए तंजौर को भी विजित किया तथा राजपूत क्षेत्रों से भी चौथ वसूलने लगा। इसने हिन्दू पद पादशाही धर्म का उल्लंघन किया।
- हैदराबाद के निजाम को एक युद्ध में पराजित कर बालाजी ने 1752 ई. में झलकी की सन्धि की, जिसके अन्तर्गत निजाम ने बरार का आधा भाग मराठों को दे दिया। अलीवर्दी खाँ को बंगाल पर किए गए आक्रमण के परिणामस्वरूप उड़ीसा त्यागना पड़ा और बंगाल तथा बिहार से चौथ के रूप में ₹12 लाख वार्षिक देना स्वीकार करना पड़ा।
- उसने 1757 ई. में सिन्दरखेड़ के युद्ध में तथा 1760 ई. में उदगीर के युद्ध में निजाम को पराजित किया था। इसने वजीर बनाने में इमाद-उल-मुल्क की सहायता भी की थी।

पानीपत का तृतीय युद्ध (1761 ई.)

- मराठों और अफगानिस्तान के शासक अहमदशाह अब्दाली के मध्य हुए इस युद्ध में अहमदशाह अब्दाली विजयी हुआ और मराठा पराजित हुए।
- इस युद्ध में नजीबुद्दौला, अवध के नवाब शुजाउद्दौला, रूहेला सरदार हाफिज रहमत खाँ और सादुल्ला खाँ ने अब्दाली का समर्थन किया। इस युद्ध का तात्कालिक कारण मराठों द्वारा उसके पंजाब के वायसराय तैमूर शाह के निष्कासन का बदला लेना था।
- जाटों (सूरजमल), राजपूतों एवं सिखों ने भी मराठों का साथ नहीं दिया तथा मल्हार राव होल्कर युद्ध से भाग गया। इस युद्ध का नेतृत्व पेशवा बालाजी बाजीराव का चचेरा भाई सदाशिव राव भाऊ एवं पेशवा का पुत्र विश्वास राव कर रहा था।
- इस युद्ध में मराठा तोपखाने का नेतृत्व इब्राहिम गार्दी कर रहा था। इस युद्ध में पराजय को बालाजी सहन नहीं कर सका और 1761 ई. में उसकी मृत्यु हो गई।
- पेशवा को पराजय की सूचना एक व्यापारी द्वारा कूट सन्देश के रूप में पहुँचाई गई, जिसमें कहा गया कि "दो मोती विलीन हो गए, बाईस सोने की मुहरें लुप्त हो गईं और चाँदी तथा ताँबे की तो पूरी गणना ही नहीं की जा सकती।"

पानीपत का तृतीय युद्ध **काशीराज पण्डित** नामक इतिहासकार ने देखा था।

- इस युद्ध में मराठों की हार का प्रमुख कारण सदाशिव भाऊ का गलत व्यवहार, गुरिल्ला युद्ध के स्थान पर प्रत्यक्ष युद्ध, स्त्रियों को युद्ध में ले जाना तथा मराठों को किसी से सहायता प्राप्त न होना था।
- पानीपत के तृतीय युद्ध ने भारतीय राजनीति में एक निर्णायक मोड़ दिया। मराठे जो मुगलों के अवसान के दौर में सबसे प्रमुख भारतीय शक्ति बनकर उभरे थे, का पतन हो गया। अब मराठे सर्वप्रमुख भारतीय शक्ति न रहकर एक शक्ति मात्र बनकर रह गए।
- मराठा साम्राज्य में फितना का अर्थ आपसी मनमुटाव का लाभ उठाकर किया गया समझौता था। हजूर दफ्तर पूना में पेशवा का सचिवालय था। मराठा साम्राज्य के अन्तर्गत व्यक्ति को उसकी सेवा के बदले (भूमि अनुदान) वेतन दिया जाता था।

माधवराव प्रथम (1761-1772 ई.)

यह 17 वर्ष की आयु में 1761 ई. में पेशवा बना। इसके समय में बादशाह शाहआलम को मराठे अपने संरक्षण में इलाहाबाद से दिल्ली ले गए। इसकी क्षय रोग से मृत्यु हुई।

नारायण राव (1772-1773 ई.)

माधवराव की मृत्यु के बाद उसका छोटा भाई नारायण राव पेशवा बना, किन्तु 1773 ई. में उसके चाचा रघुनाथ राव ने उसकी हत्या कर दी।

माधवराव नारायण (1774-1795 ई.)

नारायण राव के पश्चात् उसका पुत्र माधवराय नारायण पेशवा बना। नाना फड़नवीस के नेतृत्व में मराठा सरदारों में मराठा राज्य की देखभाल के लिए बारा भाई कौंसिल की नियुक्ति की गई।

बाजीराव द्वितीय (1796-1818 ई.)

यह रघुनाथ राव का पुत्र था। नाना फड़नवीस की मृत्यु के पश्चात्, जिन मराठा नेताओं के हाथों में शक्ति रही, उनमें पेशवा बाजीराव द्वितीय, दौलतराव सिन्धिया तथा यशवन्त राव होल्कर प्रमुख थे।

इसी के काल में मराठों ने लॉर्ड वेलेजली की सहायक सन्धि स्वीकार की थी। इसके साथ ही 1818 ई. में तीसरे आंग्ल-मराठा युद्ध के परिणामस्वरूप मराठा पेशवाई का अन्त हो गया।

प्रमुख मराठा वंश तथा उनकी राजधानी

वंश	राजधानी	वंश	राजधानी
पेशवा	पुणे	गायकवाड़	बड़ौदा
सिन्धिया	ग्वालियर	छत्रपति	सतारा
भोंसले	नागपुर	होल्कर	इन्दौर

"

यूरोपीय शक्तियों का आगमन मध्यकालीन इतिहास की एक प्रमुख घटना थी। आरम्भ में इन शक्तियों का उद्देश्य भारत में व्यापार करना था, लेकिन उत्तर मुगलकालीन परिस्थितियों के कारण इनकी महत्त्वाकांक्षा अत्यधिक बढ़ गई, जिस कारण ये धीरे-धीरे राजनीतिक शक्ति बन गए। इस शक्ति विस्तार में अन्ततः ब्रिटिश सफल हुए।

अध्याय चौबीस

यूरोपीय शक्तियों का आगमन

यूरोपीय कम्पनियों का भारत में आगमन

- भारत में यूरोपीय कम्पनियों का आगमन कोई आकस्मिक घटना नहीं थी। यूरोप के साथ भारत के व्यापारिक सम्बन्ध अत्यन्त प्राचीनकाल (यूनानियों के समय) से ही थे।
- मध्यकाल में यूरोप और दक्षिणी-पूर्व एशिया के साथ भारत का व्यापार अनेक मार्गों से होता था। यह व्यापार मुख्यतः भारत के पश्चिमी समुद्र तट से लाल सागर और पश्चिमी एशिया के माध्यम से होता था, जो मुख्यतः मसालों तथा अन्य कीमती वस्तुओं के व्यापार से जुड़ा था।
- 1453 ई. में कुस्तुन्तुनिया (वर्तमान इस्ताम्बुल) के पतन के साथ ही यूरोप जाने वाले स्थल मार्ग पर तुर्कों का अधिकार हो गया। इसके कारण पश्चिमी यूरोप के राष्ट्रों ने नए व्यापारिक मार्गों की खोज प्रारम्भ की।
- भारत आने वाली यूरोपीय कम्पनियों में सर्वप्रथम पुर्तगाली थे। भारत में यूरोपीय कम्पनियों के आने का क्रम क्रमशः **पुर्तगीज, डच, अंग्रेज, डेनिश** और **फ्रांसीसी** है।
- अंग्रेज, डचों के बाद भारत आए थे, यद्यपि अंग्रेजी ईस्ट इण्डिया कम्पनी की स्थापना डच ईस्ट इण्डिया कम्पनी से पूर्व ही हो चुकी थी।

प्रमुख यूरोपीय कम्पनियाँ

कम्पनी	स्थापना
पुर्तगाली ईस्ट इण्डिया कम्पनी (एस्तादो द इण्डिया)	1498 ई.
अंग्रेजी ईस्ट इण्डिया कम्पनी (द गवर्नर एण्ड कम्पनी ऑफ मर्चेण्ट्स ऑफ लन्दन ट्रेडिंग इन टू द ईस्ट इण्डीज)	1600 ई.
डच ईस्ट इण्डिया कम्पनी (वेरिंगदे ओस्त इण्डसे कम्पनी)	1602 ई.
डेनिस ईस्ट इण्डिया कम्पनी	1616 ई.
फ्रेंच ईस्ट इण्डिया कम्पनी (कम्पनी देस इण्डेस ओरिएण्टलेस)	1664 ई.

पुर्तगाली (पुर्तगीज)

- 17 मई, 1498 में पुर्तगाली यात्री **वास्कोडिगामा** उत्तमाशा अन्तरीप (केप ऑफ गुड होप) से होते हुए भारत पहुँचने में सफल रहा। वह 90 दिन की समुद्री यात्रा के बाद **अब्दुल मजीद** नामक गुजराती पथ-प्रदर्शक की सहायता से कालीकट (भारत) के प्रसिद्ध बन्दरगाह **कप्पकडाबू** पहुँचा।
- कालीकट के समुद्र तटों पर व्यापार कर रहे अरब के व्यापारियों ने वास्कोडिगामा का विरोध किया, किन्तु कालीकट के हिन्दू राजा, जिसकी पैतृक उपाधि जमोरिन थी, ने उसका हार्दिक स्वागत किया और उसे मसाले एवं जड़ी-बूटियाँ इत्यादि ले जाने की आज्ञा दी।
- वास्कोडिगामा पुर्तगाल के शासक **डॉन हेनरीक** (प्रिन्स हेनरी द नेवीगेटर) के प्रतिनिधि के रूप में आया था। वास्कोडिगामा को इन वस्तुओं से यात्रा व्यय निकालने के बाद भी 60 गुना लाभ प्राप्त हुआ।
- **वास्कोडिगामा** को विश्व इतिहास में सामान्य रूप से एक नए युग का प्रवर्तक समझा गया, विशेष रूप से एशिया और यूरोप के सम्बन्धों में। हालाँकि एशिया व यूरोप के वाणिज्यिक सम्बन्ध प्राचीनकाल से ही थे, किन्तु समुद्री सम्बन्धों की वास्तविक शुरुआत इसी समय से हुई।
- 1500 ई. में **पेड्रो अल्वारेज कैब्राल** के नेतृत्व में द्वितीय पुर्तगाली अभियान कालीकट पहुँचा। कैब्राल ने अरबों को युद्ध में पराजित कर कोचीन और कन्नूर के शासकों से मित्रता स्थापित की।
- 1502 ई. में वास्कोडिगामा दूसरी बार भारत आया। 1503 ई. में पुर्तगालियों ने कोचीन में पहली फैक्ट्री बनाई, जबकि 1505 ई. में कन्नूर में दूसरी फैक्ट्री स्थापित की, क्योंकि वे काली मिर्च तथा मसालों पर एकाधिकार करना चाहते थे।
- पुर्तगालियों के दो प्रमुख उद्देश्य थे-अरबों और वेनिस के व्यापारियों का भारत से प्रभाव समाप्त करना तथा ईसाई धर्म का प्रचार करना। 1505 ई. में **फ्रांसिस्को-डी-अल्मीडा** को प्रथम पुर्तगाली वायसराय बनाकर भारत भेजा गया।

- वास्कोडिगामा कुल तीन बार भारत आया था और तीसरी बार 5 सितम्बर, 1524 को पुर्तगाली वायसराय के रूप में आया। भारत में ही दिसम्बर, 1524 में कोचीन में उसकी मृत्यु हो गई।

पुर्तगाली तथा स्पेनवासियों की खोज

- पुर्तगालियों और स्पेनवासियों ने भौगोलिक खोजों का युग आरम्भ किया। पुर्तगाल के राजकुमार **हेनरी नेवीगेटर** (डॉन हेनरी) के प्रयासों से ही भौगोलिक खोजों के प्रयास को बल मिला।
- पुर्तगाल के नाविक **वार्थोलोम्योडियाज** ने 1487 ई. में **उत्तमाशा अन्तरीप** की खोज की, जिसे उसने तूफानी अन्तरीप कहा।
- 1492 ई. में स्पेन के निवासी कोलम्बस ने भारत पहुँचने का मार्ग ढूँढते हुए अमेरिका की खोज की।

नोट *न्यूजीलैण्ड की खोज 1642 ई. में डच नाविक अबेल तस्मान (हॉलैण्ड) द्वारा की गई थी। ऑस्ट्रेलिया की खोज कैप्टन जेम्स कुक (ब्रिटेन) ने 1770 ई. में की थी।*

प्रमुख पुर्तगाली गवर्नर

प्रमुख पुर्तगाली गवर्नर का विवरण निम्नलिखित है

फ्रांसिस्को-डी-अल्मीडा (1505-09 ई.)

- भारत में प्रथम पुर्तगाली वायसराय एवं गवर्नर के रूप में फ्रांसिस्को-डी-अल्मीडा का आगमन हुआ। उसने ब्लू वाटर पॉलिसी अथवा शान्त जल की नीति अपनाई।
- बीजापुर व गुजरात के शासक पुर्तगालियों के दक्षिणी बन्दरगाहों से उत्तरी बन्दरगाहों तक की विस्तारवादी नीति से अधिक परेशान थे। परिणामस्वरूप मिस्र, तुर्की और गुजरात के शासकों ने पुर्तगालियों के विरुद्ध एक संयुक्त गठबन्धन बनाया।
- अल्मीडा का 1508 ई. में संयुक्त मुस्लिम नौसेनिक बेड़े (गुजरात, तुर्की और मिस्र) से चौल के समीप युद्ध हुआ, जिसमें वह पराजित हुआ।
- फरवरी, 1509 में दीव के युद्ध (द्वितीय चोल युद्ध) में उसने मुस्लिम नौसैनिक बेड़े को परास्त कर दिया। 16वीं शताब्दी में हिन्द महासागर पुर्तगाली सागर के रूप में परिवर्तित हो गया।

अल्फांसो-डी-अल्बुकर्क (1509-15 ई.)

- अल्फांसो-डी-अल्बुकर्क 1503 ई. में स्क्वैड्रन कमाण्डर के रूप में भारत आया था। 1509 ई. में उसे भारत में वायसराय नियुक्त कर दिया गया। उसे भारत में पुर्तगीज शक्ति का वास्तविक संस्थापक माना जाता है।
- उसने 1510 ई. में बीजापुर के शासक यूसुफ आदिलशाह से गोवा छीन लिया, जिसे कालान्तर में भारत में पुर्तगीज व्यापारिक केन्द्रों की राजधानी बनाया गया।
- 1510 ई. में ही अल्बुकर्क एवं विजयनगर के महाराजा कृष्ण देवराय के मध्य सन्धि हुई, जिसके तहत पुर्तगालियों को गोवा में व्यापार की अनुमति मिली। इसके बदले में उसे विजयनगर को सर्वोत्तम घोड़े उपलब्ध कराने थे।
- उसने 1511 ई. में दक्षिणी-पूर्वी एशिया की व्यापारिक मण्डी मलक्का और 1515 ई. में होर्मुज पर अधिकार कर लिया तथा अपनी सेना में भारतीयों की भी भर्ती की। उसने पुर्तगालियों को भारतीय महिलाओं से विवाह करने को प्रोत्साहित किया तथा सती प्रथा पर रोक लगा दी। 1515 ई. में उसकी मृत्यु हो गई। इस प्रकार वह राजा राममोहन राय का पूर्वगामी था।
- पुर्तगालियों के भारत में प्रथम दुर्ग, जो भारत में प्रथम यूरोपीय दुर्ग था, का निर्माण अल्बुकर्क ने 1503 ई. में कोचीन में कराया था।
- मुस्लिमों का अत्यन्त उत्पीड़न उसकी नीति का सबसे गम्भीर दोष माना जाता है। उसने ही गोवा की किलेबन्दी सुदृढ़ की।
- अल्बुकर्क ने पुर्तगाल के पूर्व गवर्नर अल्मीडा की ब्लू वाटर पॉलिसी को समाप्त कर दिया। उसने 1515 ई. में गोवा में प्रथम चर्च सेण्ट जेवियर का निर्माण करवाया था।

नीनो-डी-कुन्हा (1529-1538 ई.)

- नीनो-डी-कुन्हा अल्बुकर्क के बाद सबसे महत्त्वपूर्ण वायसराय था। उसने 1530 ई. में कोचीन के स्थान पर गोवा को अपनी राजधानी बनाया।
- इसने सेण्ट टोमे (मद्रास), हुगली (बंगाल) तथा दीव (काठियावाड़) में पुर्तगीज बस्तियों की स्थापना की।
- गुजरात के शासक बहादुरशाह ने मुगल बादशाह हुमायूँ से संघर्ष के दौरान पुर्तगालियों की मदद ली थी, इसके बदले में उन्हें बेसिन द्वीप सौंपा गया।
- हालाँकि हुमायूँ के गुजरात से चले जाने पर शहर में दीवार खड़ी करने के प्रश्न पर बहादुरशाह का पुर्तगालियों से विवाद हुआ। इसी विवाद को वार्ता के द्वारा सुलझाने के लिए बहादुरशाह को 1537 ई. में एक जहाज पर बुलाकर पुर्तगालियों ने उसकी हत्या कर दी।

जोवा-डी-कैस्ट्रो (1542-45 ई.)

- नीनो-डी-कुन्हा के बाद जोवा-डी-कैस्ट्रो पुर्तगाली गवर्नर बना। उसने गोवा पर आक्रमण करने वाली बीजापुर की सेनाओं को पराजित किया।
- पुर्तगालियों ने अकबर की अनुमति से हुगली में तथा शाहजहाँ की अनुमति से बुन्देल में कारखाने स्थापित किए। पुर्तगालियों ने हिन्द महासागर से होने वाले व्यापार पर एकाधिपत्य प्राप्त कर, यहाँ से गुजरने वाले अन्य जहाजों से कर की वसूली की।
- 1542 ई. में सेण्ट जेवियर गोवा आए, वे जेसुइट मिशन या सोसायटी ऑफ जीसस के संस्थापकों में से एक थे। उनकी स्मृति में गोवा में प्रतिवर्ष 3 दिसम्बर को फीस्ट ऑफ सेण्ट जेवियर मनाया जाता है।

कार्टेज पद्धति

- पुर्तगालियों ने कार्टेज-आर्मेडा काफिला पद्धति (Cartez Armeda Cofile System) के द्वारा भारतीय तथा अरबी जहाजों का कार्ट्ज या परमिट के बिना अरब सागर में प्रवेश वर्जित कर दिया।
- पुर्तगालियों ने हिन्द महासागर में होने वाले व्यापार पर एकाधिकार स्थापित कर लिया था। उन्होंने फारस की खाड़ी, होर्मुज आदि में चौकियाँ स्थापित कीं तथा जापान के साथ भी व्यापार शुरू किया।
- 1579 ई. के मुगल शाही फरमान से पुर्तगालियों का अधिकार हुगली नदी तट पर सीमित कर दिया गया। यहाँ उन्होंने व्यापारिक केन्द्र स्थापित किया, जिसका उपयोग वे डकैती, लूट व अवैध व्यापार के लिए भी करते थे।
- 1632 ई. में मुगल शासक शाहजहाँ ने पुर्तगालियों को बंगाल के हुगली से भगा दिया था। पुर्तगाली स्वयं को सागर का स्वामी कहते थे।

पुर्तगालियों का योगदान

- पुर्तगालियों के भारत में आगमन से भारत में **तम्बाकू, आलू, टमाटर** की खेती, जहाज निर्माण तथा **प्रिण्टिंग प्रेस** (1556 ई.) की शुरुआत हुई। इसके अतिरिक्त भारत में **गोथिक स्थापत्य कला** का आगमन हुआ।
- औषधीय वनस्पति से सम्बन्धित पूर्ण वैज्ञानिक ग्रन्थ का 1563 ई. में गोवा में प्रकाशन हुआ। पुर्तगीज मध्य अमेरिका से **तम्बाकू, आलू** और मक्का भारत लाए थे।
- इसी प्रकार **अनन्नास, पपीता, बादाम, मिर्च, काजू, मूँगफली, शकरकन्द, लीची, सन्तरा** आदि पुर्तगालियों की देन थी, जिन्हें उनके द्वारा अन्य देशों से लाया गया था।
- 1560 ई. में गोवा में **ईसाई धर्म के न्यायालय** की स्थापना की गई थी।

नोट *मध्यकालीन शासक कृष्णदेवराय ने पुर्तगालियों को भटकल में किला बनाने की अनुमति दी थी।*

डच

- पुर्तगालियों के पश्चात् डचों का आगमन हुआ। डच वर्तमान नीदरलैण्ड (हॉलैण्ड) के निवासी थे।
- 1596 ई. में केप ऑफ गुड होप होते हुए भारत के पूर्व में स्थित सुमात्रा तथा बाण्टम आने वाला प्रथम डच नागरिक कार्नेलियस हाउटमैन था। 1602 ई. में डच संसद के एक आदेश द्वारा डच ईस्ट इण्डिया कम्पनी (यूनाइटेड ईस्ट इण्डिया कम्पनी ऑफ नीदरलैण्ड) की स्थापना की गई। इस कम्पनी का मूल नाम वेरिंग्दे ओस्त इण्डसे कम्पनी (VoC) था।
- इस कम्पनी को 21 वर्षों के लिए डच संसद द्वारा भारत और पूरब के देशों के साथ व्यापार करने, आक्रमण और विजय प्राप्त करने के सम्बन्ध में अधिकार प्राप्त हुए।
- 1605 ई. में डचों ने पुर्तगालियों से अम्बायना ले लिया तथा धीरे-धीरे मालुकू द्वीप समूह (इण्डोनेशिया) में उन्हीं को हराकर अपना प्रभाव स्थापित कर लिया। तब से ये भारत के साथ सम्पर्क में आकर सूती वस्त्रों का व्यापार करने लगे अर्थात् इन्हें अत्यधिक लाभ की प्राप्ति हुई।
- डचों ने 1605 ई. में मसूलीपट्टनम में प्रथम कारखाने की स्थापना की, जहाँ वे सिक्के भी ढालते थे, किन्तु बाद में नागपट्टनम को मुख्यालय बना दिया गया। डचों ने जकार्ता जीतकर 1619 ई. में इसके खण्डहरों पर बैटविया नामक नगर बसाया।
- भारत में डच फैक्ट्रियों की सबसे बड़ी विशेषता यह थी कि पुलीकट स्थित गेल्ड्रिया दुर्ग के अतिरिक्त सभी डच बस्तियों में कोई भी किलेबन्दी नहीं थी। 1641 ई. में डचों ने मलक्का और 1658 ई. में सीलोन पर अधिकार कर लिया।
- डचों द्वारा भारत से नील, शोरा और सूती वस्त्र का निर्यात किया जाता था। ये वस्त्र कोरोमण्डल तट, बंगाल और गुजरात से निर्यात किए जाते थे। भारत से भारतीय वस्त्र को निर्यात की वस्तु बनाने का श्रेय डचों को जाता है।
- 1627 ई. में डचों ने बंगाल में प्रथम डच फैक्ट्री पीपली में स्थापित की थी, परन्तु शीघ्र ही पीपली का स्थान बालासोर ने ले लिया।
- 1658 ई. में डचों ने पुलीकट में अपने स्वर्ण निर्मित पैगोडा सिक्के (सोने के बने सिक्के थे, जिन्हें विभिन्न शासकों द्वारा ढाला गया।) का प्रचलन करवाया था और इसी समय डचों ने कासिम बाजार, पटना, बालासोर, नागपट्टनम आदि स्थलों पर अपनी फैक्ट्रियाँ स्थापित कीं।
- 1664 ई. में मुगल शासक औरंगजेब ने डचों को $3\frac{1}{2}$% वार्षिक चुंगी पर बंगाल, बिहार और उड़ीसा में व्यापार करने का अधिकार प्रदान किया।
- डचों ने कासिम बाजार में रेशम उद्योग स्थापित किया, जिसमें लगभग 3000 कारीगर थे। डचों की अधिकांश फैक्ट्रियाँ पूर्वी तट पर स्थित थीं, क्योंकि वे इण्डोनेशिया से भी जुड़े हुए थे। डच फैक्ट्रियों के प्रमुख को फैक्टर कहा जाता था।

बेदरा का युद्ध

डचों और अंग्रेजों के बीच 1759 ई. में लड़े गए **बेदरा के युद्ध** में भारत पर अंग्रेजी नौसेना की श्रेष्ठता सिद्ध हो गई। इस युद्ध के परिणामस्वरूप डच भारतीय व्यापार से बाहर हो गए।

भारत में डचों द्वारा स्थापित प्रमुख कारखाने

कारखाने	स्थापना वर्ष	कारखाने	स्थापना वर्ष
मसूलीपट्टनम	1605	कराईकल	1645
पुलीकट (फोर्ट गैल्ड्रिया)	1610	चिनसुरा	1653
सूरत	1616	कासिम बाजार, बालासोर	1658
अहमदाबाद	1617	नागपट्टनम	1659
पटना	1632	कोचीन	1663
बिमिलीपट्टनम	1641		

अंग्रेज़

- डचों के बाद भारत में अंग्रेज़ों का आगमन हुआ, यूरोपीय व्यापारिक कम्पनियाँ में जिन्होंने भारत में आकर अपनी व्यापारिक गतिविधियाँ आरम्भ कीं; उनमें अंग्रेज सर्वाधिक सफल रहे।
- 1599 ई. में जॉन मिल्डेनहाल नामक ब्रिटिश यात्री थल मार्ग से भारत आया।
- 1599 ई. में इंग्लैण्ड में मर्चेण्ट एडवेन्चर्स नामक दल ने अंग्रेज़ी ईस्ट इण्डिया कम्पनी अथवा द गवर्नर एण्ड कम्पनी ऑफ मर्चेण्ट्स ऑफ लन्दन ट्रेडिंग इन टू द ईस्ट इण्डीज की स्थापना की।
- इंग्लैण्ड की महारानी एलिजाबेथ प्रथम ने 31 दिसम्बर, 1600 को एक आज्ञा-पत्र द्वारा इसे 15 वर्षों के लिए पूर्वी देशों के साथ व्यापार करने का एकाधिकार प्रदान किया।
- भारत में इस समय मुगल सम्राट अकबर का शासन था। कम्पनी के प्रबन्ध के लिए एक समिति बनाई गई। इसमें एक निदेशक, एक उप-निदेशक और 24 सदस्य होते थे।
- कम्पनी का प्रारम्भिक उद्देश्य भू-भाग नहीं, बल्कि 'व्यापार' था। पन्द्रह वर्ष बीतने के बाद सम्राट जेम्स प्रथम ने कम्पनी के व्यापारिक अधिकार को अनिश्चित काल के लिए बढ़ा दिया।

जहाँगीर के काल में कम्पनी

- कैप्टन हॉकिन्स 1608 ई. में सूरत पहुँचा, जहाँ से वह मुगल सम्राट जहाँगीर से मिलने आगरा गया। हॉकिन्स फारसी भाषा का अच्छा ज्ञाता था। हॉकिन्स के व्यवहार से प्रसन्न होकर जहाँगीर ने उसे आगरा में बसने तथा 400 का मनसब एवं जागीर प्रदान की।

- इसने प्रारम्भ में जहाँगीर से सूरत में अंग्रेजी कम्पनी खोलने की अनुमति प्राप्त कर ली किन्तु बाद में पुर्तगाली प्रतिद्वंदिता के कारण इसे रद्द कर दिया गया। अन्तत: अंग्रेज़ों को 1613 ई. में सूरत में स्थायी कारखाना स्थापित करने की अनुमति दे दी गई।
- सर टॉमस रो 1615 ई. में जेम्स प्रथम के राजदूत के रूप में जहाँगीर के दरबार में आया तथा 1618 ई. के अन्त तक यहीं रहा और राज्य के विभिन्न भागों में कारखाना लगाने तथा व्यापार करने की अनुमति प्राप्त की।

दक्षिण भारत में ईस्ट इण्डिया कम्पनी

- ईस्ट इण्डिया कम्पनी ने दक्षिण में अपना पहला कारखाना 1611 ई. में **मसूलीपट्टनम** और **पेटापुली** में स्थापित किया। यहाँ से स्थानीय बुनकरों द्वारा निर्मित वस्त्रों को कम्पनी खरीदकर फारस और बैण्टम को निर्यात करती थी।
- 1632 ई. में अंग्रेज़ों ने गोलकुण्डा के सुल्तान से एक सुनहरा फरमान प्राप्त कर 500 पैगोडा वार्षिक कर अदा करने के बदले गोलकुण्डा राज्य में स्थित बन्दरगाहों से स्वतन्त्रतापूर्वक व्यापार करने की अनुमति प्राप्त की।
- 1639 ई. में **फ्रांसिस**-डे नामक अंग्रेज़ को चन्द्रगिरि के राजा से मद्रास पट्टे पर प्राप्त हुआ, जहाँ अंग्रेज़ों ने **फोर्टसेण्ट जॉर्ज** नामक किले की स्थापना की।
- 1641 ई. में कोरोमण्डल तट पर फोर्ट सेण्ट जॉर्ज कम्पनी का मुख्यालय बन गया।
- बम्बई का द्वीप 10 पौण्ड वार्षिक किराए पर चार्ल्स द्वितीय ने 1668 ई. में ईस्ट इण्डिया कम्पनी को दे दिया। 1687 ई. में सूरत की जगह बम्बई अंग्रेज़ों की मुख्य व्यापारिक बस्ती बन गई। **गेराल्ड औंगियर**, जो बम्बई का गवर्नर था, बम्बई का वास्तविक संस्थापक था।
- आधुनिक कोच्चि कभी भी ब्रिटिश उपनिवेश का हिस्सा नहीं रहा।
- भारत में **प्रथम नगर निगम** मद्रास में स्थापित किया गया था। रॉयल चार्टर-1687 के अन्तर्गत सितम्बर, 1688 में किंग जेम्स द्वितीय द्वारा इसकी स्थापना की गई।

शाहजहाँ के काल में कम्पनी

- शाहजहाँ ने पुर्तगालियों से नाराज होकर बंगाल में अंग्रेज़ों को सीमित क्षेत्र में बाजार की अनुमति प्रदान की, लेकिन अंग्रेज़ डॉक्टर गैब्रियल ब्रॉटन द्वारा शाहजहाँ की पुत्री का सफलतापूर्वक इलाज करने के कारण बंगाल के सूबेदार शाहशुजा ने ₹ 3,000 कर के बदले में कम्पनी को बंगाल, बिहार एवं उड़ीसा में मुफ्त व्यापार की अनुमति दी।
- बंगाल के हुगली नामक स्थान पर 1651 ई. में ब्रिजमैन के नेतृत्व में प्रथम अंग्रेज़ी कारखाने की स्थापना हुई। हुगली के बाद कासिम बाजार, पटना, राजमहल में भी अंग्रेज़ों द्वारा कारखाने खोले गए।
- 1658 ई. तक बंगाल, बिहार, उड़ीसा और कोरोमण्डल की समस्त अंग्रेज़ी फैक्ट्रियाँ फोर्ट सेण्ट जॉर्ज (मद्रास) के अधीन आ गईं। बंगाल का प्रथम अंग्रेज़ गवर्नर विलियम हेजेज था।

औरंगज़ेब के शासन काल में कम्पनी

- 1680 ई. में औरंगज़ेब ने एक फरमान जारी किया, जिसमें यह आदेश दिया गया था कि अंग्रेज़ों से 2% चुंगी के अतिरिक्त 1.5% जजिया के रूप में भी लिया जाएगा।
- कम्पनी ने अन्त में शक्ति के द्वारा अपनी रक्षा करने का निर्णय लिया। अक्टूबर, 1686 में अंग्रेज़ों ने हुगली को लूट लिया, इस घटना की प्रतिक्रिया में औरंगजेब ने अंग्रेज़ों के विरुद्ध कार्यवाही की। औरंगज़ेब द्वारा पराजित होने पर ये हुगली से भाग गए और फीवर आइलैण्ड (Fever Island) पर शरण ली। फरवरी, 1690 में कम्पनी के अधिकारियों (चॉरनाक के नेतृत्व में) और मुगल सरकार के बीच समझौता हो जाने पर जॉब चॉरनाक को बंगाल में कम्पनी के एजेण्ट के रूप में नियुक्त किया गया।
- 10 फरवरी, 1691 को जॉब चॉरनाक ने सूतानूती में अंग्रेज़ी फैक्ट्री की स्थापना की। 1698 ई. में बंगाल के सूबेदार अजीम-उस-शान ने अंग्रेज़ों को ₹ 1,200 में सूतानूती, गोविन्दपुर और कलकत्ता की जमींदारी प्रदान की। यहीं कालान्तर में कलकत्ता नगर बसा। 1700 ई. में स्थापित फ़ोर्ट विलियम का प्रथम गवर्नर सर चार्ल्स आयर को बनाया गया।
- इंग्लैण्ड के राजा विलियम तृतीय द्वारा विलियम नारिश को औरंगज़ेब के दरबार में भेजा गया। नारिश मिशन का उद्देश्य 'इंग्लिश कम्पनी ट्रेडिंग इन ईस्ट' के लिए विशेषाधिकार प्राप्त करना था।

ईस्ट इण्डिया कम्पनी

1688 ई की क्रान्ति के बाद ब्रिटेन में न्यू कम्पनी की स्थापना हुई। 1698 ई. में दो अन्य कम्पनियों की स्थापना हुई, ये थीं–'जनरल सोसायटी' तथा 'इंग्लिश कम्पनी ट्रेडिंग इन ईस्ट'। 1708 ई. में इन सभी का विलय 1599 ई में बनी मूल कम्पनी में हो गया तथा इस संयुक्त कम्पनी का नाम 'द यूनाइटेड कम्पनी ऑफ मर्चेण्ट्स ऑफ लन्दन ट्रेडिंग टू द ईस्ट इण्डीज' हो गया। 1833 ई. के चार्टर द्वारा इस कम्पनी का नाम ईस्ट इण्डिया कम्पनी कर दिया गया।

उत्तर मुगल काल में कम्पनी

- उत्तर मुगल काल में 1715 ई. में कम्पनी ने कलकत्ता से जॉन सरमन की अध्यक्षता में एक दूतमण्डल मुगल बादशाह फर्रुखसियर के दरबार में भेजा। इस दूतमण्डल में एडवर्ड स्टीफेन्सन, विलियम हेमिल्टन नामक सर्जन और ख्वाजा सेहूद नामक एक आर्मीनियन दुभाषिया थे।
- सर्जन हेमिल्टन ने बादशाह को एक भयानक बीमारी से मुक्ति दिलाई, जिससे प्रसन्न होकर 1717 ई. में फर्रुखसियर एक शाही फरमान जारी किया, जिसके अनुसार ₹ 3,000 वार्षिक कर के बदले बंगाल में अतिरिक्त चुंगी के बिना कम्पनी को व्यापार की अनुमति प्राप्त हुई। इस शाही फरमान को औंर्म महोदय ने कम्पनी का महाधिकार पत्र (मैग्नाकार्टा) कहा।
- फर्रुखसियर द्वारा 1717 ई. में अंग्रेज़ों को, जो अधिकार प्राप्त हुआ, उससे उनको बहुत लाभ हुआ और न केवल बंगाल में, बल्कि पूरे भारत में अपनी शक्ति बढ़ाने का अवसर प्राप्त हो गया।
- बंगाल के नवाब मुर्शीद कुली खाँ ने फर्रुखसियर द्वारा दिए गए फरमान के द्वारा बंगाल में स्वतन्त्र प्रयोग को नियन्त्रित करने का प्रयास किया। बम्बई में ढले सिक्कों को समूचे मुगल साम्राज्य में चलाने की छूट मिल गई। ₹ 10,000 वार्षिक कर देने के बदले में कम्पनी को सूरत में सभी करों से मुक्ति मिल गई। यद्यपि पश्चिमी तट पर मराठा सेनानायक आंगरिया ने अंग्रेज़ों की स्थिति को कमजोर कर दिया।

डेन (डेनिश)

- अंग्रेजों के बाद डेन 1616 ई. में भारत आए। 1620 ई. में उन्होंने ट्रैंक्यूबार (तमिलनाडु) में अपनी पहली फैक्ट्री स्थापित की।
- इसके बाद 1676 ई. में सेरामपुर (बंगाल) में उन्होंने अपनी दूसरी फैक्ट्री स्थापित की।
- सेरामपुर डेनिशों का प्रमुख व्यापारिक केन्द्र था। 1745 ई. में उन्होंने अपनी सभी भारतीय वाणिज्यिक कम्पनियों को अंग्रेजों को बेच दिया।
- अपने शुरुआती प्रयासों के बावजूद डेन्स को भारत में अपनी स्थिति मजबूत करने में कठिनाइयों का सामना करना पड़ा।
- डेनिश मिशनरियों ने 1799 ई. में सेरामपुर मिशन प्रेस की स्थापना की। भारत में उनकी मिशनरी गतिविधियाँ सुप्रसिद्ध हैं और शिक्षा एवं ईसाई साहित्य पर उनका महत्त्वपूर्ण प्रभाव पड़ा।

फ्रांसीसी

- फ्रांसीसी भारत आने वाली अन्तिम यूरोपीय शक्ति थी। 1664 ई. में सम्राट लुई चौदहवें के मन्त्री कोलबर्ट के प्रयासों से फ्रेंच ईस्ट इण्डिया कम्पनी का गठन हुआ था। कम्पनी का नाम कम्पनी देस इण्डेस ओरियण्टलेस रखा गया था।
- 1667 ई. में फ्रैंकोकैरो की अध्यक्षता में एक अभियान दल भारत पहुँचा। 1668 ई. में इस दल ने अपना पहला कारखाना सूरत (गुजरात) में स्थापित किया।
- 1669 ई. में फ्रांसीसियों ने दक्षिण भारत में मसूलीपट्टनम में अपना दूसरा कारखाना स्थापित किया।
- 1672 ई. में फ्रांसिस मार्टिन के नेतृत्व में फ्रांसीसियों ने मद्रास के निकट सेण्टटोमे को अधिकार में लेकर वहाँ एक फैक्ट्री की स्थापना की, लेकिन 1673 ई. में उसका नौसेना अध्यक्ष दी ला हे गोलकुण्डा के शासक व डचों की संयुक्त सेना से पराजित हुआ तथा सेण्ट टोमे डचों को मिल गया।
- 1673 ई. में कम्पनी के निदेशक फ्रैंको मार्टिन और एक गैर-पेशेवर सैनिक वेलांग द लेस्पिने ने वलिकोण्डापुरम के मुस्लिम सूबेदार शेर खाँ लोदी से एक गाँव प्राप्त कर फ्रांसीसी बस्ती का निर्माण किया तथा उसका नाम पॉण्डिचेरी रखा। यह पूर्ण रूप से किलाबन्द (फोर्टलुई) था।
- हालाँकि पॉण्डिचेरी में बसने वाले प्रथम यूरोपीय पुर्तगाली थे, जिन्होंने 16वीं सदी में यहाँ कारखाना स्थापित किया, लेकिन बाद में उन्हें यहाँ से स्थानीय शासकों ने खदेड़ दिया।
- 1674 ई. में स्थापित पॉण्डिचेरी को 1701 ई. में पूर्व की फ्रांसीसी बस्तियों का केन्द्र बनाया गया, इसलिए फ्रांसिस (फ्रैंको) मार्टिन को भारत में फ्रांसीसी बस्तियों का वास्तविक संस्थापक माना जाता है। अंग्रेज समर्थित डचों ने फ्रांसीसियों से 1693 ई. में पॉण्डिचेरी को अपने अधीन ले लिया, किन्तु 1697 ई. में रिजविक की सन्धि द्वारा इसे वापस लौटा दिया।
- 1674 ई. में फ्रांसीसियों ने बंगाल के सूबेदार शाइस्ता खाँ से एक स्थान प्राप्त किया तथा इसी स्थान पर 1690-1692 ई. में फ्रांसीसी कोठी चन्द्रनगर की स्थापना की। चन्द्रनगर स्थित किले को फोर्ट ओरलिएण्टस कहा जाता है।
- फ्रांसीसियों ने मॉरीशस (1721 ई.) मालाबार समुद्र तट पर माहे (1725 ई.) तथा कराईकल (1739 ई.) पर अधिकार कर लिया।
- फ्रांसीसी गवर्नर डूप्ले के काल में फ्रांसीसी प्रभुत्व सम्पन्न हुआ। डूप्ले ने भारतीय राज्यों में हस्तक्षेप किया तथा फ्रांसीसी शक्ति का विस्तार किया।
- 1742 ई. के बाद व्यापारिक हितपूर्ति हेतु फ्रांसीसियों ने राजनीतिक क्षेत्र में भी हस्तक्षेप शुरू किया, जिसकी परिणति आंग्ल-फ्रांसीसी युद्ध में सामने आई। अंग्रेजों व फ्रांसीसियों के मध्य तीन युद्ध हुए, जिसे कर्नाटक युद्ध कहा जाता है। इस युद्ध में अन्तत: अंग्रेजों की विजय हुई।

यूरोपीय व्यापारिक कम्पनी से सम्बद्ध व्यक्तित्व

वास्कोडिगामा	– भारत आने वाला प्रथम यूरोपीय यात्री
पेड्रो अल्ब्रेज कैब्राल	– भारत आने वाला द्वितीय पुर्तगाली
फ्रांसिस्को-डी-अल्मीडा	– भारत का प्रथम पुर्तगाली गवर्नर
जॉन मिल्डेन हाल	– भारत आने वाला प्रथम ब्रिटिश नागरिक
कैप्टन हॉकिन्स	– प्रथम अंग्रेज दूत, जिसने सम्राट जहाँगीर से भेंट की
गेराल्ड औंगियर	– बम्बई का वास्तविक संस्थापक
जॉब चॉरनाक	– कलकत्ता का संस्थापक
फ्रैंको मार्टिन	– पॉण्डिचेरी का प्रथम फ्रांसीसी गवर्नर

“

औरंगजेब की मृत्यु के पश्चात् मुगल साम्राज्य का विघटन तेजी से प्रारम्भ हुआ। इसके परिणामस्वरूप अनेक उत्तराधिकारी शक्तियों का उदय देखने को मिलता है और वास्तविक शक्तियाँ मुगल शासकों के हाथों से निकलकर ब्रिटिशों के हाथों में एकत्रित होने लगीं।

अध्याय पच्चीस

मुगल साम्राज्य का विघटन

मुगल साम्राज्य के विघटन की प्रक्रिया

- 1707 ई. में औरंगज़ेब की मृत्यु तथा मुगल साम्राज्य के विघटन की शुरुआत
- 1707-09 ई. में औरंगजेब के पुत्रों-मुअज्जम, आजम तथा कामबख्श में उत्तराधिकार का युद्ध, जिसमें मुअज्जम विजयी हुआ।
- 1712 ई. में बहादुरशाह प्रथम की मृत्यु तथा उसके पुत्रों में उत्तराधिकार का युद्ध।
- 1712-13 ई. में जहाँदारशाह प्रथम गद्दी पर बैठा।
- सैयद बन्धुओं की सहायता से जहाँदारशाह को अपदस्थ कर 1713-19 ई. में फर्रुखसियर गद्दी पर बैठा।
- फर्रुखसियर की हत्या, तत्पश्चात् रफी-उद्-दरजात और रफी उद्-दौला गद्दी पर बैठे।
- 1719-48 ई. में मुहम्मदशाह गद्दी पर बैठा। इसके समय हैदराबाद, बंगाल, भरतपुर, अवध राज्यों की स्थापना।
- 1738-39 ई. में नादिरशाह का आक्रमण।
- 1748-54 ई. में अहमदशाह गद्दी पर बैठा।
- 1748-67 ई. में अहमदशाह अब्दाली द्वारा लगातार आक्रमण।
- 1754-59 ई. में आलमगीर द्वितीय गद्दी पर बैठा।
- शाहआलम द्वितीय (1759-1806) मराठों के सहयोग से गद्दी पर बैठा।
- अकबर द्वितीय (1806-37) अंग्रेजों के संरक्षण में गद्दी पर बैठा।
- बहादुरशाह द्वितीय (1837-57), अन्तिम मुगल बादशाह, 1857 के विद्रोह के नेता, रंगून निर्वासित।

मुगलों के पतन के कारण

- आर्थिक कारक
  - व्यापार और वाणिज्य का पतन
  - राजकोष का ह्रास
  - व्यापार मार्गों पर नियन्त्रण की हानि
  - यूरोपीय व्यापारिक कम्पनियों का प्रभाव
- सामाजिक और सांस्कृतिक कारण
  - औरंगजेब की नीतियाँ
  - धार्मिक उद्धारकर्ता
- विदेशी प्रभाव
  - शक्ति असन्तुलन
  - बाहरी आक्रमण (नादिरशाह और अब्दाली)
- सैन्य कारक
  - यूरोपीय शक्तियों के पास उन्नत तकनीक
  - मुगल सैन्य प्रौद्योगिकी में तालमेल स्थापित नहीं कर पाए
- ईस्ट इण्डिया कम्पनी की भूमिका
  - राजनीतिक परिवर्तन
  - आर्थिक शोषण
  - सैन्य वर्चस्व
  - दिल्ली पर कब्जा

परवर्ती मुगल शासक

बहादुरशाह प्रथम (1707–1712 ई.)

- उसने शिवाजी के पौत्र साहू को, जो 1689 ई. से मुगलों की कैद में था, मुक्त कर दिया और महाराष्ट्र जाने की अनुमति दे दी। गुरु गोविन्द सिंह (सिखों के 10वें गुरु) को उसने 5000 का मनसब प्रदान किया।
- गुरु गोविन्द सिंह की मृत्यु के पश्चात् एक सिख नेता बन्दाबहादुर के नेतृत्व में सिखों ने पंजाब में बगावत कर दी। अत: बहादुरशाह ने सिखों के विरुद्ध कार्यवाही करने का निर्णय लिया तथा 1711 ई. में बन्दाबहादुर को लौहगढ़ के किले में पराजित किया। यद्यपि बन्दाबहादुर ने पुन: 1712 ई. में लौहगढ़ के किले पर अधिकार कर लिया। इसी युद्ध में बहादुरशाह प्रथम की मृत्यु हो गई थी।

- इतिहासकार खाफी खाँ के अनुसार, बहादुरशाह प्रथम के चरित्र में कोई दोष नहीं था, लेकिन देश के प्रशासन एवं सुरक्षा में उसने इतनी लापरवाही दिखाई कि यह शाह-ए-बेखबर नाम से जाना जाने लगा।
- बहादुरशाह प्रथम की मृत्यु के पश्चात् उसके चार पुत्रों (जहाँदारशाह, अजीम-उस-शान, जहानशाह तथा रफी-उस-शान) के बीच उत्तराधिकार की लड़ाई प्रारम्भ हुई।
- राज सिंहासन के दावेदार इतनी अधिक शीघ्रता में थे कि बादशाह के ज्येष्ठ पुत्र जहाँदारशाह के पक्ष में उत्तराधिकार के युद्ध के समापन तक मृत बादशाह बहादुरशाह का शव लगभग एक महीने तक बिना दफनाए हुए पड़ा रहा और उत्तराधिकार युद्ध के समापन के बाद ही उसे दिल्ली में दफनाया जा सका।

जहाँदारशाह (1712-1713 ई.)

- उत्तराधिकार के युद्ध में अपने तीनों भाइयों को पराजित कर 1712 ई. में जहाँदारशाह गद्दी पर बैठा।
- जहाँदारशाह ने गद्दी प्राप्त करने में तत्कालीन शक्तिशाली अमीर और ईरानी दल के नेता जुल्फिकार खाँ की सहायता ली थी। अत: कालान्तर में उसे वजीर तथा उसके पिता असद खाँ को वकील नियुक्त किया गया।
- जहाँदारशाह ने आमेर के राजा जयसिंह को मिर्जा की उपाधि के साथ मालवा का सूबेदार बनाया तथा मारवाड़ के अजीत सिंह को महाराजा की पदवी दी और गुजरात का सूबेदार बनाया।

मराठा शासक को दक्कन की **चौथ** और **सरदेशमुखी** इस शर्त पर दी गई कि उसकी वसूली मुगल अधिकारी करेंगे और उसके पश्चात् मराठा अधिकारियों को देंगे।

- उसने जजिया कर समाप्त कर दिया था। जागीरों और ओहदों की वृद्धि पर रोक लगाकर जुल्फिकार खाँ ने साम्राज्य की वित्तीय स्थिति को सुधारने की कोशिश की, परन्तु उसने एक गलत प्रवृत्ति इजारा प्रणाली को बढ़ावा दिया।
- इजारा प्रणाली मुगल काल में राजस्व संग्रह के लिए उपयोग की जाने वाली एक प्रणाली थी। इस प्रणाली में सबसे अधिक बोली लगाने वाले को एक निश्चित राशि के बदले में जमीन का पट्टा दिया जाता था। इस पट्टेदार को जमीन से कर वसूलना होता था।
- अजीम-उस-शान के पुत्र फर्रुखसियर (जहाँदारशाह का भतीजा) ने हिन्दुस्तानी गुट के अमीर सैयद बन्धुओं के सहयोग से जहाँदारशाह को आगरा के पास युद्ध में पराजित किया तथा सिंहासन से अपदस्थ कर 11 फरवरी, 1713 को उसकी हत्या करवा दी। जहाँदारशाह को लोग लम्पट मूर्ख भी कहते थे।

फर्रुखसियर (1713-1719 ई.)

- फर्रुखसियर को मुगल बादशाह की गद्दी सैयद बन्धुओं अब्दुल्ला खाँ और हुसैन अली खाँ के सहयोग से मिली। सैयद बन्धुओं ने फर्रुखसियर के गद्दी पर बैठते ही जजिया कर समाप्त कर दिया तथा तीर्थयात्रा कर की समाप्ति का आदेश भी पारित किया।
- अब्दुल्ला खाँ को वजीर का पद एवं कुतुब-उल-मुल्क की उपाधि तथा हुसैन अली को मीर बख्शी का पद तथा अमीर-उल-उमरा की उपाधि प्रदान की गई। फर्रुखसियर ने मुर्शिद कुली खाँ को बंगाल का सूबेदार नियुक्त किया, जो मुगलों द्वारा नियुक्त किया गया अन्तिम सूबेदार था।
- फर्रुखसियर के शासनकाल में ही सिख नेता बन्दाबहादुर गुरुदासपुर में पकड़ा गया और 19 जून, 1716 को उसकी हत्या कर दी गई।
- उसने 1717 ई. में ईस्ट इण्डिया कम्पनी को व्यापारिक छूट प्रदान की। इसे कम्पनी का मैग्नाकार्टा कहा जाता है।
- सैयद बन्धुओं ने मराठा शासक शाहू को स्वराज्य तथा दक्कन के प्रान्तों की चौथ और सरदेशमुखी वसूल करने के अधिकार देकर उसके साथ समझौता कर लिया।
- इसके बदले में शाहू उन्हें 15,000 घुड़सवारों के द्वारा दक्कन में समर्थन देने को तैयार हो गया। फर्रुखसियर ने जयसिंह को सवाई की उपाधि दी।
- 1719 ई. में सैयद बन्धुओं में से हुसैन अली खाँ ने तत्कालीन मराठा पेशवा बालाजी विश्वनाथ से दिल्ली की सन्धि की, जिसके अन्तर्गत मुगल साम्राज्य में प्रभुसत्ता के लिए हो रहे संघर्ष में मराठे मुगलों को सैन्य सहायता देंगे, इसके लिए उन्हें अनेक रियायतें (छूट) दी जाएँगी, ऐसे प्रावधान किए गए।

सैयद बन्धुओं के बढ़ते हस्तक्षेप से डरकर **फर्रुखसियर** इनके विरुद्ध षड्यन्त्र करने लगा, जिसकी जानकारी सैयद बन्धुओं को हो गई। अत: उन्होंने पेशवा **बालाजी विश्वनाथ** तथा मारवाड़ के **अजीत सिंह** के सहयोग से जून, 1719 में फर्रुखसियर को सिंहासन से अपदस्थ कर उसकी हत्या करवा दी।

- फर्रुखसियर की हत्या और मुहम्मदशाह के बादशाह बनने से पूर्व सैयद बन्धुओं ने रफी-उद्-दरजात (28 फरवरी, 1719 से 4 जून, 1719) तथा रफी-उद्-दौला (6 जून, 1719 से 17 सितम्बर, 1719) को मुगल बादशाह बनाया, किन्तु शीघ्र ही दोनों की मृत्यु हो गई।
- इसके उपरान्त रफी-उद्-दौला (शाहजहाँ द्वितीय) का पुत्र रोशन अख्तर (मुहम्मदशाह) बादशाह बना। उत्तर मुगलकाल में अमीरों के विभिन्न गुटों की शासन निर्माता के रूप में महत्त्वपूर्ण भूमिका थी।
- सैयद बन्धु (अब्दुल्ला खाँ एवं हुसैन अली खाँ) हिन्दुस्तानी गुट के अमीर थे, जिन्हें उत्तर मुगलकाल में शासक निर्माता (किंग मेकर) की उपाधि प्राप्त थी। ये मूलत: अरब के निवासी थे, परन्तु पीढ़ियों से भारत में बसे होने के कारण हिन्दुस्तानी माने जाते थे। इन्होंने फर्रुखसियर, रफी-उद्-दरजात, रफी-उद्-दौला, मुहम्मदशाह आदि को शासक बनाया था।

मुगल दरबार के विभिन्न गुट

- **तूरानी गुट** मध्य एशिया के सुन्नी मुसलमानों से सम्बन्धित था। सैयद बन्धुओं के पश्चात् मुगल दरबार में इनकी उपस्थिति देखी गई।
- **ईरानी गुट** शिया मुसलमान थे। जुल्फिकार खाँ, सआदत खाँ, अमीर खाँ, इस्हाक खाँ आदि इस गुट से सम्बन्धित थे।
- **अफगानी गुट** अली मुहम्मद खाँ एवं मुहम्मद बेगस अफगानी गुट से सम्बन्धित थे।

मुहम्मदशाह (1719-1748 ई.)

- रोशन अख्तर सैयद बन्धुओं के सहयोग से सितम्बर, 1719 को मुहम्मदशाह की उपाधि के साथ मुगल राजसिंहासन पर बैठा। अत्यधिक विलासितापूर्ण जीवन व्यतीत करने के कारण इसे रंगीला कहा गया।
- इसके काल में सैयद बन्धुओं का अन्त तूरानी दल के नेता चिनकिलिच खाँ ने किया। अत: मुहम्मदशाह ने चिनकिलिच खाँ को अपना वजीर नियुक्त किया।

- 1724 ई. में चिनकिलिच खाँ, निजामुलमुल्क ने दक्कन में स्वतन्त्र हैदराबाद राज्य की स्थापना की तथा मुहम्मदशाह ने उसकी स्वतन्त्रता को मान्यता देते हुए उसे आसफजाह की उपाधि प्रदान की।
- इसी के काल में मुर्शिद कुली खाँ ने बंगाल तथा चूड़ामन व बदन सिंह ने भरतपुर तथा सआदत खाँ ने अवध में अपनी स्वतन्त्र सत्ता की स्थापना की थी। इसके शासनकाल में मराठों ने 1737 ई. में दिल्ली पर चढ़ाई कर दी और उनका किसी ने प्रतिरोध नहीं किया। 1738 ई. में मुगल-मराठा सन्धि सिरौज में हुई, जिसके अन्तर्गत ₹ 50 लाख की आर्थिक सहायता के बदले शासक ने नर्मदा तक मराठा अधिकार को मान्यता दे दी।

नादिरशाह का आक्रमण (1739 ई.)

- मुहम्मदशाह के शासनकाल में फारस के नादिरशाह (ईरान का नेपोलियन) ने 1738-39 ई. के बीच भारत पर आक्रमण किया, जिसमें मुगल सेना बुरी तरह पराजित हुई। 57 दिनों तक दिल्ली में लूटपाट करने के बाद 1739 ई. में वह वापस चला गया।
- वापस लौटते समय वह मुगल राजसिंहासन तख्त-ए-ताऊस, कोहिनूर हीरा तथा मुहम्मदशाह द्वारा तैयार करवाई गई हिन्दू संगीत की प्रसिद्ध चित्रित फारसी पाण्डुलिपि को भी अपने साथ ले गया। 1747 ई. में उसकी मृत्यु हो गई।

अहमदशाह अब्दाली के आक्रमण (1748-1767 ई.)

- मुहम्मदशाह के शासनकाल में ही नादिरशाह के उत्तराधिकारी अहमदशाह अब्दाली ने 1748 ई. में भारत पर आक्रमण किया। अहमदशाह अब्दाली को दुर्रे-दुर्रानी (युग का मोती) कहा गया। नादिरशाह ने उसके बारे में कहा था कि "अब्दाली जैसे चरित्र का व्यक्ति सारे ईरान, तूरान और हिन्दुस्तान में नहीं देखा।" 1748-1767 ई. के दौरान उसने भारत पर सात बार आक्रमण किए। अब्दाली ने 1761 ई. में पानीपत की तीसरी लड़ाई में मराठों की सेना को पराजित किया।
- अहमदशाह का इस युद्ध में भाग लेने का तत्कालीन कारण मराठों द्वारा लाहौर से अपने वायसराय तैमूर शाह के निष्कासन का बदला लेना था। 1767 ई. में अब्दाली का अन्तिम आक्रमण सिखों के विरुद्ध हुआ।
- भारत से वापस जाने से पूर्व उसने स्वयं द्वारा विजित भारतीय प्रदेशों की सूबेदारी रुहेला सरदार नजीबुद्दौला (मुगल साम्राज्य का मीर बख्शी) को सौंप दी।

अहमदशाह (1748-1754 ई.)

- 26 अप्रैल, 1748 को मुहम्मदशाह की मृत्यु के पश्चात् अहमदशाह बहादुर दिल्ली के सिंहासन पर बैठा। इसके शासनकाल में अहमदशाह अब्दाली ने पाँच बार आक्रमण किए।
- इसके शासनकाल में राजकीय कामकाज का नेतृत्व राजमाता उधमबाई (उपाधि-किबला-ए-आलम) कर रही थीं। अहमदशाह ने हिजड़ों (किन्नरों) के सरदार जावेद खाँ को नवाब बहादुर की उपाधि प्रदान की।
- उसने सफदरजंग को अपना वजीर तथा कमरुद्दीन के पुत्र मुइन-उल-मुल्क को पंजाब का सूबेदार बनाया। सफदरजंग ने जब जावेद खाँ की हत्या करवा दी, तब अहमदशाह ने इमाद-उल-मुल्क (गाजीउद्दीन) को वजीर बनाया।
- इमाद-उल-मुल्क ने मराठों के सहयोग से अहमदशाह को अपदस्थ कर उसकी आँखें निकलवाकर उसे सलीमगढ़ की जेल में डाल दिया तथा अजीजुद्दीन को आलमगीर द्वितीय की उपाधि के साथ मुगल बादशाह बनाया।

आलमगीर द्वितीय (1754-1759 ई.)

- आलमगीर द्वितीय अपने वजीर इमाद-उल-मुल्क का कठपुतली शासक था। इसका वास्तविक नाम अजीजुद्दीन था।
- प्लासी के युद्ध (1757) के समय आलमगीर द्वितीय दिल्ली का शासक था। आलमगीर द्वितीय के बाद शाहआलम द्वितीय को मुगल बादशाह बनाया गया। गाजीउद्दीन ने मुगल बादशाह शाहआलम द्वितीय को दिल्ली में दाखिल नहीं होने दिया था।

शाहआलम द्वितीय (1759-1806 ई.)

- शाहआलम द्वितीय का नाम अलीगौहर था। यह आलमगीर द्वितीय का पुत्र था। उसने बिहार में शाहआलम द्वितीय के नाम से स्वयं को मुगल बादशाह घोषित किया। यद्यपि वह अनेक वर्षों तक दिल्ली नहीं आ सका।
- शाहआलम द्वितीय और उसके उत्तराधिकारी केवल नाममात्र के सम्राट थे तथा वे अपने अमीर, मराठों तथा अंग्रेजों के हाथों की कठपुतलियाँ थे।
- उसके समय पानीपत का तृतीय युद्ध (1761 ई. में) तथा बक्सर का युद्ध (1764 ई. में) हुआ। बक्सर के युद्ध में उसने बंगाल के अपदस्थ नवाब मीर कासिम का साथ दिया। इसी युद्ध में कासिम की ओर से अवध के नवाब शुजाउद्दौला ने भी हिस्सा लिया था।

बक्सर के युद्ध में पराजित होने के बाद शाहआलम द्वितीय को 1765 ई. में ईस्ट इण्डिया कम्पनी से **इलाहाबाद की सन्धि** करनी पड़ी। 12 अगस्त, 1765 को हुई इस सन्धि के द्वारा कम्पनी को बंगाल, बिहार एवं उड़ीसा की दीवानी एकत्र करने का अधिकार मिल गया, जिसके बाद उसे अनेक वर्षों तक इलाहाबाद में अंग्रेजों का पेंशनभोगी बनकर रहना पड़ा।

- 1772 ई. में मराठा सरदार महादजी सिन्धिया ने शाहआलम द्वितीय को पुन: दिल्ली के सिंहासन पर बैठाया।
- उसके समय (1803 ई.) में ही अंग्रेजों ने दिल्ली पर अधिकार कर लिया। रुहेला सरदार गुलाम कादिर ने शाहआलम द्वितीय को अन्धा बना दिया तथा 1806 ई. में शाहआलम द्वितीय की हत्या कर दी।

अकबर द्वितीय (1806-1837 ई.)

- शाहआलम द्वितीय की मृत्यु के पश्चात् उसका पुत्र अकबर द्वितीय मुगल बादशाह बना। यह भी अंग्रेजों का पेंशनभोगी बना रहा। अकबर द्वितीय अंग्रेजों के संरक्षण में बनने वाला प्रथम मुगल बादशाह था, इसके समय में बादशाहत मात्र लाल किले तक सिमट कर रह गई।
- अकबर द्वितीय ने राममोहन राय को राजा की उपाधि दी तथा उन्हें अपनी पैरवी के लिए इंग्लैण्ड भेजा था। 1833 ई. में इंग्लैण्ड में राजा राममोहन राय की मृत्यु हो गई।

बहादुरशाह द्वितीय (1837-1857 ई.)

- 1837 ई. में अकबर द्वितीय की मृत्यु के बाद उसका पुत्र बहादुरशाह द्वितीय अन्तिम मुगल बादशाह बना। बहादुरशाह द्वितीय जफर के नाम से कविता तथा शायरी लिखते थे, इसलिए वे बहादुरशाह जफर के नाम से प्रसिद्ध थे। वे बिना राज्य के बादशाह थे।
- इब्राहिम जोक तथा असद उल्ला खाँ गालिब उनके शायरी के शिक्षक थे, जबकि हसन अस्करी धार्मिक गुरु थे।
- 1857 के विद्रोह में विद्रोहियों का साथ देने के कारण अंग्रेज सरकार ने उन्हें गिरफ्तार कर रंगून निर्वासित कर दिया, जहाँ 1862 ई. में उनकी मृत्यु हो गई। वह मुगल साम्राज्य का अन्तिम शासक था। उसकी मृत्यु के पश्चात् भारत में मुगल साम्राज्य का औपचारिक रूप से अन्त हो गया।

"

मुगल साम्राज्य के पतन के कारण सत्ता शून्यता उत्पन्न हो गई, जिसके परिणामस्वरूप क्षेत्रीय राज्यों का उदय हुआ, क्योंकि स्थानीय शासकों ने अपनी स्वायत्तता का दावा किया और अपने क्षेत्र स्थापित किए।

अध्याय छब्बीस

क्षेत्रीय शक्तियों का उदय

प्रान्तीय स्वायत्त राज्य

मुगल साम्राज्य, जिसने अपनी विशेषताओं से सम्पूर्ण मध्ययुगीन भारत को प्रभावित किया, के उत्तरोत्तर शिथिल होते रहने पर एक प्रकार से राजनैतिक शून्यता की स्थिति उत्पन्न होती जा रही थी। इसी दौरान भारत के कुछ प्रमुख स्वतन्त्र प्रान्तीय स्वायत्त राज्यों का उदय हुआ। इन प्रान्तीय स्वायत्त राज्यों का वर्णन निम्न है

बंगाल

स्वतन्त्र बंगाल की नींव मुर्शिद कुली खाँ ने रखी।

मुर्शिद कुली खाँ (1717-27 ई.)

- औरंगजेब ने मुर्शिद कुली खाँ को 1700 ई. में बंगाल का दीवान बनाया। इस समय बंगाल का सूबेदार अजीम-उस-शान था, जो राजदरबार से सम्बन्धित था। यह प्राय: दिल्ली में ही रहता था।
- बंगाल की वास्तविक सत्ता मुर्शिद कुली खाँ के पास थी। मुगल सम्राट फर्रुखसियर ने 1717 ई. में मुर्शिद कुली खाँ को सूबेदार नियुक्त किया। इसे मोहम्मद हादी के नाम से भी जाना जाता है।
- मुर्शिद कुली खाँ ने आगे चलकर मुगल शासकों की कमजोरी का लाभ उठाकर स्वतन्त्र बंगाल राज्य की स्थापना की।
- इसके समय में जमींदारों के कुल तीन विद्रोह हुए, पहला विद्रोह सीताराम राय, उदय नारायण तथा गुलफाम मुहम्मद के द्वारा किया गया था। इसके बाद शुजात खाँ द्वारा तथा अन्तिम विद्रोह नजात खाँ के द्वारा किया गया।

बंगाल के नवाब

मुर्शिद कुली खाँ (1717-1727 ई.)
↓
शुजाउद्दीन (1727-1739 ई.)
↓
सरफराज खाँ (1739-1740 ई.)
↓
अलीवर्दी खाँ (1740-1756 ई.)
↓
सिराजुद्दौला (1756-1757 ई.)
↓
मीर जाफर (1757-1760 ई.)
↓
मीरकासिम (1760-1763 ई.)
↓
मीर जाफर (1763-1765 ई.)

- मुर्शिद कुली खाँ ने ढाका के स्थान पर मुर्शिदाबाद को अपनी राजधानी बनाया। मुर्शिद कुली खाँ ने भूमि बन्दोबस्त में इजारेदारी प्रथा का प्रारम्भ किया। इस प्रथा/व्यवस्था के अन्तर्गत भू-राजस्व वसूल करने का कार्य ठेके (टेण्डर) पर दिया जाता था।
- मुर्शिद कुली खाँ के द्वारा नई भू-राजस्व व्यवस्था के अन्तर्गत जागीर भूमि के एक बड़े भू-भाग को खालसा भूमि के रूप में परिवर्तित कर दिया गया। इसके द्वारा तकावी ऋण की भी व्यवस्था की गई। इसके अन्तर्गत गरीब खेतिहरों को अग्रिम (एडवांस) के रूप में धनराशि प्रदान की जाती थी।

शुजाउद्दीन (1727-39 ई.)

- मुर्शिद कुली खाँ के बाद इसका दामाद शुजाउद्दीन 1727 ई. में बंगाल का नवाब बना।
- इसके द्वारा अलीवर्दी खाँ को बिहार का नायब सूबेदार बनाया गया।

सरफराज खाँ (1739-40 ई.)

- 1739 ई. में शुजाउद्दीन का पुत्र सरफराज खाँ बंगाल का नवाब बना।
- इसके समय में बिहार के नायब सूबेदार अलीवर्दी खाँ के द्वारा विद्रोह कर दिया गया। गिरिया के युद्ध (1790 ई.) में सरफराज की मृत्यु हो गई तथा अलीवर्दी खाँ बंगाल का नवाब बना।

अलीवर्दी खाँ (1740-56 ई.)

- अलीवर्दी खाँ ने मुगल सम्राट को ₹ 2 करोड़ घूस (रिश्वत) देकर 1740 ई. में बंगाल के नवाब को प्राप्त किया था। यह नाममात्र के लिए मुगल सम्राट के अधीन था। इसके द्वारा केवल एक बार मुगल सम्राट को नजराना भेजा गया था।
- मराठों के हमलों से परेशान होकर अलवर्दी खाँ ने रघुजी से सन्धि की। इस सन्धि के अनुसार इसने 1751 ई. में उड़ीसा प्रान्त का बड़ा भाग तथा वार्षिक चौथ की धनराशि मराठों को देना स्वीकार किया।

अलीवर्दी खाँ ने यूरोपियों की तुलना **मधुमक्खियों** से की और कहा कि "यदि इन्हें न छेड़ा जाए, तो शहद देंगी और यदि छेड़ा जाए, तो काट-काट कर मार डालेंगी।"

- अलीवर्दी खाँ ने अंग्रेजों तथा फ्रांसीसियों पर पर्याप्त नियन्त्रण रखा तथा उन्हें क्रमश: कलकत्ता और चन्द्रनगर के किले की किलेबन्दी की अनुमति नहीं दी।
- 1756 ई. में अलीवर्दी खाँ की मृत्यु के बाद उसकी सबसे छोटी बेटी का पुत्र सिराजुद्दौला, जिसे अलीवर्दी खाँ ने अपना उत्तराधिकारी नियुक्त किया था, नवाब बना।

सिराजुद्दौला *(1756-57 ई.)*

- सिराजुद्दौला के प्रतिद्वन्द्वी और विरोधियों में पूर्णिया के नवाब शौकतजंग (चचेरा भाई), सिराज की मौसी घसीटी बेगम तथा उसका सेनापति मीरजाफर (अलीवर्दी का दामाद), जगत सेठ (बंगाल का सबसे बड़ा बैंकर), रायदुर्लभ, मानिक चन्द, अमीर चन्द, खादिम खाँ आदि प्रमुख थे।
- अपने विरोधियों के दमन के क्रम में सिराजुद्दौला ने मौसी घसीटी बेगम को बन्दी बना लिया तथा सेनापति मीरजाफर को हटाकर उसके स्थान पर मीरमदान को नियुक्त किया और नवाब शौकतजंग को अक्टूबर, 1756 में मनिहारी के युद्ध में पराजित कर, उसकी हत्या कर दी।
- कलकत्ता पर अधिकार (15 जून, 1756) करने हेतु नवाब ने स्वयं युद्ध का नेतृत्व किया, जिसमें कलकत्ता के गवर्नर ड्रेक को फुल्टा द्वीप में शरण लेनी पड़ी तथा मिस्टर हॉलवेल ने अपने कुछ सहयोगियों के साथ नवाब के समक्ष आत्मसमर्पण कर दिया।
- 20 जून को फोर्ट विलियम के पतन के बाद सिराज ने बन्दी बनाए गए 146 कैदियों को, जिनमें स्त्री और बच्चे भी थे, को एक घुटनयुक्त अँधेरे कमरे में बन्द कर दिया। 21 जून को प्रात:काल तक इस घुटनयुक्त अँधेरे कमरे में केवल 21 व्यक्ति ही जीवित बचे, जिनमें अंग्रेज अधिकारी हॉलवेल भी शामिल था। अंग्रेज इतिहासकारों ने 20-21 जून (1756) की इस घटना को काल कोठरी त्रासदी (Black Hole Tragedy) की संज्ञा दी।

प्लासी का युद्ध (23 जून, 1757)

शामिल पक्ष
- सिराजुद्दौला (बंगाल का नवाब)
- रॉबर्ट क्लाइव (ईस्ट इण्डिया कम्पनी का कमाण्डर)
- मीर जाफर (नवाब की सेना का सेनापति, इसने नवाब के साथ गद्दारी की)
- राय दुर्लभ (नवाब की सेना के कमाण्डरों में से एक नवाब के साथ गद्दारी कर कम्पनी से मिल गया)
- जगत सेठ (प्रभावशाली बैंकर, कम्पनी से मिलकर नवाब के साथ धोखा किया)
- अमी चन्द (बंगाल का व्यापारी साजिशकर्ता जो युद्ध से पहले रॉबर्ट क्लाइव द्वारा की गई सन्धि से जुड़ा था)
- मोहनलाल और मीर मदान (नवाब के वफादार सैन्य कमाण्डर, युद्ध में मारे गए)

परिणाम
- ब्रिटिश ईस्ट इण्डिया कम्पनी विजयी हुई, जिसने बंगाल पर अपना नियन्त्रण मजबूत किया और भारतीय उपमहाद्वीप में ब्रिटिश प्रभुत्व की शुरुआत की।
- मीर जाफर को कम्पनी ने बंगाल का नवाब बनाया, जो कम्पनी की कठपुतली था।
- बंगाल में अंग्रेज सर्वोच्च यूरोपीय शक्ति बन गए।
- बंगाल में अंग्रेजों की भीषण लूट का युग प्रारम्भ।

- अंग्रेजों ने रॉबर्ट क्लाइव के नेतृत्व में नवाब का सामना किया। क्लाइव ने 23 जून, 1757 को कलकत्ता पर कब्जा कर लिया। 1757 ई. में कम्पनी और नवाब के मध्य सम्पन्न अलीनगर की सन्धि के फलस्वरूप अंग्रेजों को सिक्का ढालने एवं कलकत्ता में किलेबन्दी का भी अधिकार मिल गया। 18 अगस्त, 1757 को अंग्रेजों ने कलकत्ता में अपनी टकसाल स्थापित की।

मीरजाफर *(1757-60 ई.)*

- 28 जून, 1757 को अंग्रेजों ने मीरजाफर को बंगाल का नवाब बना दिया।
- क्लाइव के प्रति कृतज्ञता व्यक्त करने हेतु मीरजाफर ने तत्कालीन मुगल बादशाह आलमगीर द्वितीय से क्लाइव को उमरा की उपाधि और चौबीस परगना की जमींदारी प्रदान करवाई। क्लाइव को ₹ 2 लाख 34 हजार की भेंट भी प्राप्त हुई, सेना तथा नाविकों के लिए ₹ 50 लाख प्रदान किए गए।
- क्लाइव को स्वर्ग से उत्पन्न सेनानायक कहा गया।

इतिहासकारों ने मीरजाफर को **क्लाइव के गीदड़** की पदवी दी। 27 सितम्बर, 1760 को **वेन्सिटार्ट** और **मीरकासिम** के बीच एक गुप्त सन्धि हुई, जिसके अन्तर्गत व्यवस्था की गई थी कि बर्दवान, मिदनापुर और चटगाँव की जमींदारी कम्पनी को सौंपकर मीरकासिम नायब सूबेदार के रूप में बंगाल की वास्तविक सत्ता का प्रयोग करे तथा मीरजाफर अपने पद पर बना रहे, परन्तु मीरजाफर को सन्धि के द्वारा दी गई व्यवस्था स्वीकार्य नहीं थी।

- मीरजाफर के कार्यकाल में ही ब्रिटिशों की फूट डालो एवं राज करो की नीति की शुरुआत हुई थी।

मीरकासिम *(1760-63 ई.)*

- अलीवर्दी खाँ के बाद बंगाल का दूसरा सबसे योग्य नवाब मीरकासिम था। इसे बंगाल के शासक के पद पर आसीन किए जाने की घटना को गवर्नर वैन्सिटार्ट ने 1760 की क्रान्ति की संज्ञा दी थी।
- वह अपनी राजधानी को स्थानान्तरित करके मुर्शिदाबाद से मुंगेर ले गया, क्योंकि वह षड्यन्त्रकारी दरबारियों एवं ब्रिटिश हस्तक्षेप से दूर रहना चाहता था।
- 1717 ई. में मुगल बादशाह द्वारा प्रदत्त व्यापारिक आदेश का बंगाल में दुरुपयोग देखकर नवाब मीरकासिम ने आन्तरिक व्यापार पर सभी प्रकार के शुल्कों की वसूली बन्द करवा दी। मुंगेर में मीरकासिम ने तोपों तथा तोड़ेदार बन्दूकों के निर्माण हेतु कारखानों की स्थापना की, ताकि उसकी सेना भी यूरोपीय मॉडल के अनुरूप सुदृढ़ हो पाए।

मीरजाफर *(1763-65 ई.)*

- जुलाई, 1763 में मीरकासिम को कम्पनी ने बर्खास्त कर मीरजाफर को पुन: बंगाल का नवाब बनाया।
- मुगल सम्राट शाहआलम द्वितीय, अवध के नवाब शुजाउद्दौला और मीरकासिम ने मिलकर अंग्रेजों के विरुद्ध एक सैन्य गठबन्धन का निर्माण किया।

बक्सर का युद्ध (22 अक्टूबर, 1764)

शामिल पक्ष

बंगाल के नवाब मीरकासिम, अवध के नवाब शुजा-उद्-दौला और मुगल सम्राट शाहआलम द्वितीय की संयुक्त सेना तथा ईस्ट इण्डिया कम्पनी के बीच।

परिणाम

संख्या में कम होने के बावजूद, मेजर हेक्टर मुनरो के नेतृत्व में कम्पनी की सेना ने बेहतर सैन्य रणनीति और हथियारों के माध्यम से जीत प्राप्त की। अब तक अंग्रेज न केवल अपने यूरोपीय प्रतिद्वन्द्वियों पर विजय प्राप्त कर चुके थे, बल्कि बंगाल में उन्होंने भारतीय शासकों को भी कुचल दिया था। बक्सर का युद्ध भारत में अंग्रेजों के आधिपत्य स्थापना की दृष्टि से महत्त्वपूर्ण समझा जाता था।

इलाहाबाद की पहली सन्धि (12 अगस्त, 1765)

- इस सन्धि के माध्यम से अंग्रेजों ने मुगल बादशाह शाहआलम द्वितीय से बंगाल, बिहार और उड़ीसा की दीवानी प्राप्त कर ली थी।
- कम्पनी इसके बदले मुगल बादशाह को प्रतिवर्ष ₹ 26 लाख देगी।
- कम्पनी ने अवध के नवाब से इलाहाबाद व कड़ा का क्षेत्र छीनकर मुगल बादशाह शाहआलम द्वितीय को सौंप दिया था।
- इसके अतिरिक्त, मुगल बादशाह शाहआलम द्वितीय ने नज्मुद्दौला को बंगाल का नया नवाब स्वीकार कर लिया था।

इलाहाबाद की दूसरी सन्धि (16 अगस्त, 1765)

- अंग्रेजों को इस सन्धि के तहत अवध के क्षेत्र में मुक्त व्यापार करने की अनुमति भी अवध के नवाब की ओर से दे दी गई थी।
- इस सन्धि के तहत अवध के नवाब शुजाउद्दौला को युद्ध क्षतिपूर्ति के रूप में कम्पनी को ₹ 50 लाख देने थे।
- यह राशि अवध के नवाब को दो किस्तों में चुकानी थी।
- इलाहाबाद की सन्धि के बाद रॉबर्ट क्लाइव ने मुहम्मद रजा खान को मुर्शिदाबाद का उप-दीवान बनाया था।
- 1765 ई. में दीवानी प्रदान किए जाने के बाद ब्रिटिश सबसे पहले खासी जनजाति के सम्पर्क में आए थे।

नज्मुद्दौला

- 1765 ई. मीरजाफर के अल्प वयस्क पुत्र नज्मुद्दौला को नवाब बनाया गया। बक्सर के युद्ध के पश्चात् क्लाइव पुनः ब्रिटिश गवर्नर बना।
- उसने बंगाल तथा अवध के नवाब और मुगल सम्राट से सन्धि की। इसी के समय बंगाल में द्वैत शासन की शुरुआत हुई। द्वैध शासन का जनक मियोनिस्क कर्टिस था।

अवध

- पश्चिम में कन्नौज से लेकर पूर्व में कर्मनाशा नदी तक फैला अवध का सूबा एक विस्तृत और समृद्धशाली क्षेत्र था।

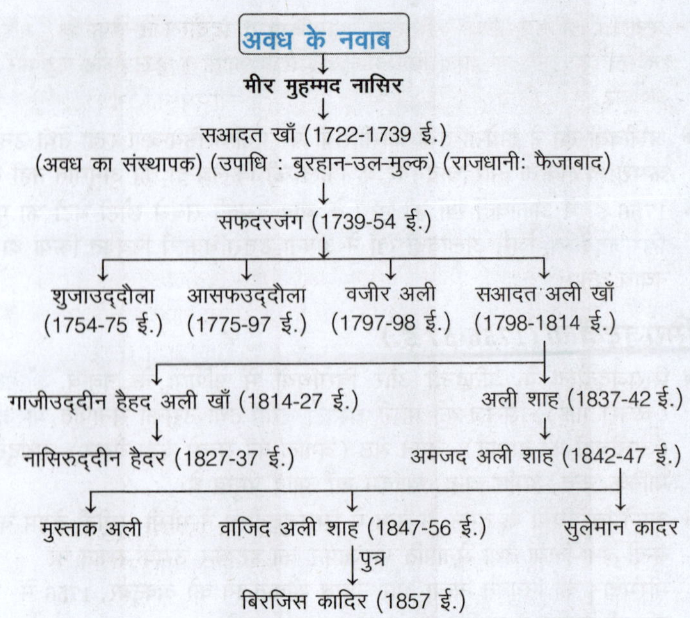

सआदत खाँ (1722-1739 ई.)

- ईरानी गुट के सआदत खाँ (बुरहान-उल-मुल्क) को मुगल बादशाह मुहम्मदशाह ने अवध का सूबेदार नियुक्त किया था, जिसने 1723 ई. में एक स्वायत्त राज्य की स्थापना की।
- 1723 ई. में सआदत खाँ ने राजस्व बन्दोबस्त व्यवस्था (किसी भूखण्ड से उगाहे जाने वाले राजस्व निर्धारण के तरीके से) को लागू किया, उसने उचित भू-लगान लगाकर किसानों की स्थिति को बेहतर बनाया तथा उन्हें जमींदारों से सुरक्षा प्रदान की। उसने हिन्दुओं और मुसलमानों के बीच कोई भेद नहीं किया तथा जागीरदारी प्रथा को जारी रखा। मुगल सम्राट मुहम्मदशाह ने सआदत खाँ को सात हजार का मनसब एवं बुरहान-उल-मुल्क की उपाधि प्रदान की थी।
- 1739 ई. में मुगल बादशाह मुहम्मद शाह ने उसे नादिरशाह के विरुद्ध लड़ने के लिए दिल्ली बुलाया। सआदत खाँ ने ही दिल्ली पर आक्रमण के लिए नादिरशाह को प्रेरित किया था।
- नादिरशाह ने सआदत खाँ से ₹ 20 करोड़ की माँग की थी, जिसे पूर्ण न कर पाने के कारण ही 1739 ई. में उसने विष खाकर आत्महत्या कर ली।

सफदरजंग (1739-1754 ई.)

- सआदत खाँ के बाद उसका भतीजा तथा दामाद सफदरजंग (अबुल मंसूर खाँ) अवध का नवाब बना। 1742 ई. में सफदरजंग ने कुछ समय के लिए पटना पर अधिकार कर लिया।
- 1748 ई. में मुहम्मदशाह ने सफदरजंग को अपना वजीर नियुक्त किया। इसलिए इसका अन्य नाम नवाब वजीर भी था। सफदरजंग ने फर्रूखाबाद के बंगश पठानों और जाटों के विरुद्ध सैन्य अभियान किए। 1753 ई. में बादशाह अहमदशाह ने सफदरजंग को वजीर के पद से बर्खास्त कर दिया तथा 1754 ई. में अवध में इसकी मृत्यु हो गई।

शुजाउद्दौला (1754-1775 ई.)

- 1754 ई. में सफदरजंग की मृत्यु के बाद उसका पुत्र शुजाउद्दौला अवध का नवाब और मुगल साम्राज्य का वजीर बना।

- 1761 ई. में हुए पानीपत के तृतीय युद्ध में शुजाउद्दौला ने अफगान शासक अहमदशाह अब्दाली का साथ दिया, जबकि 1764 ई. के बक्सर के युद्ध में इसने बंगाल के अपदस्थ नवाब मीरकासिम का साथ दिया था।
- इसने बक्सर युद्ध में हिस्सा लिया तथा 1774 ई. में रुहेला को परास्त कर रुहेलखण्ड पर अधिकार कर लिया। 1775 ई. में इसकी मृत्यु हो गई।

आसफउद्दौला (1775-1797 ई.)

- 1775 ई. में फैजाबाद की सन्धि के बाद आसफउद्दौला अवध का नवाब बना। यह सन्धि अंग्रेजों के साथ हुई थी। इसने अपनी राजधानी फैजाबाद से लखनऊ स्थानान्तरित की और लखनऊ में एक इमामबाड़ा बनवाया।
- इसके पश्चात् अवध का नवाब सआदत खाँ द्वितीय हुआ, जिसने अंग्रेजों से सहायक सन्धि कर ली थी।

वाजिद अली शाह (1847-1856 ई.)

वाजिद अली शाह अवध का अन्तिम नवाब था। इसे फरवरी, 1856 में लॉर्ड डलहौजी द्वारा कुशासन का आरोप लगाकर जेम्स आउट्रम की रिपोर्ट के आधार पर अवध पर अधिकार कर लेने के बाद कलकत्ता भेज दिया गया। इसे अख्तरपिया के नाम से भी जाना जाता है।

हैदराबाद

- हैदराबाद में स्वतन्त्र आसफजाही वंश की स्थापना मुगल बादशाह मुहम्मदशाह द्वारा दक्कन में नियुक्त सूबेदार चिनकिलिच खाँ (निजाम-उल-मुल्क) ने 1724 ई. में की। यह तूरानी गुट का सरदार था। सैयद बन्धुओं के पतन में इसकी महत्त्वपूर्ण भूमिका थी।
- मुहम्मदशाह ने 1722 ई. में चिनकिलिच खाँ को दक्कन के छः सूबों की सूबेदारी सौंपी थी, जिसका मुख्यालय औरंगाबाद में था। 1722 से 1724 ई. तक वह मुगल साम्राज्य का वजीर रहा, किन्तु सम्राट के व्यवहार से परेशान होकर वह दक्कन वापस चला गया और उसने स्वतन्त्र हैदराबाद राज्य की स्थापना की।
- निजाम-उल-मुल्क ने हिन्दुओं के प्रति उदार नीति अपनाते हुए पूरनचन्द को अपना दीवान नियुक्त किया। इसने जागीरदारी प्रथा को अपनाया।
- मुहम्मदशाह ने मुबारिज खाँ को आदेश दिया था कि वह निजाम को जीवित अथवा मृत पकड़े। 1724 ई. में शूकरखेड़ा के युद्ध में निजाम-उल-मुल्क (चिनकिलिच खाँ) ने मुबारिज खाँ को पराजित कर मार डाला।
- मुहम्मदशाह विवश ने होकर चिनकिलिच खाँ को दक्कन का वायसराय नियुक्त कर दिया तथा उसे आसफजाह की उपाधि प्रदान की। हैदराबाद भारतीय राज्यों में ऐसा प्रथम राज्य था, जिसने वेलेजली की सहायक सन्धि के अन्तर्गत एक आश्रित सेना रखना स्वीकार किया।
- 1748 ई. में निजाम-उल-मुल्क की मृत्यु के पश्चात् हैदराबाद आन्तरिक संघर्ष और कर्नाटक के प्रश्न पर अंग्रेजों एवं फ्रांसीसी की कूटनीति का शिकार हुआ।

कर्नाटक

- कर्नाटक, मुगल दरबार का एक सूबा था। कर्नाटक के नायब सूबेदार को कर्नाटक का नवाब कहा जाता था।
- सआदत उल्ला खाँ द्वारा 1720 ई. में कर्नाटक की एक स्वतन्त्र राज्य के रूप में स्थापना की गई, जिसकी राजधानी अर्काट में बनाई गई। कर्नाटक पहले दक्कन में मुगल साम्राज्य का एक प्रान्त था, जिसका प्रयोग अंग्रेजों और फ्रांसीसियों ने भारतीय युद्धों के दौरान मैदान के रूप में किया।
- सआदत उल्ला खाँ ने अपने भतीजे दोस्त अली को हैदराबाद के निजाम की अनुमति के बिना ही अपना उत्तराधिकारी घोषित कर दिया।

मराठों ने 1740 ई. में दोस्त अली की हत्या कर दी। दोस्त अली का उत्तराधिकारी **सफदर अली** बना। **लॉर्ड वेलेजली** ने **टीपू सुल्तान** के साथ गुप्त षड्यन्त्र रचने का आरोप लगाकर कर्नाटक के नवाब मुहम्मद अली और उनके उत्तराधिकारी **उमदत-उल-उमर** से राजगद्दी का अधिकार छीन लिया।

त्रावणकोर

- कालीकट, चिरक्कल, कोचीन तथा त्रावणकोर 18वीं सदी के आरम्भ में केरल के 4 प्रमुख राज्य थे। त्रावणकोर के राजा मार्तण्ड वर्मा ने डचों को पराजित किया था और उनकी सत्ता का अन्त किया।
- इसने अपनी सेना को यूरोपीय मॉडल के आधार पर संगठित कर अपने राज्य का विस्तार किया तथा सिंचाई हेतु नहरों का निर्माण भी करवाया।
- इसका उत्तराधिकारी कार्तिक तिरुनल राय वर्मा प्रसिद्ध विद्वान, कवि संगीतज्ञ तथा अभिनेता था। वह धाराप्रवाह अंग्रेजी बोलता था। त्रावणकोर राज्य की राजधानी त्रिवेन्द्रम संस्कृत विद्वानों का केन्द्र थी।

भरतपुर (जाट)

- दिल्ली, मथुरा तथा आगरा के समीपवर्ती क्षेत्रों में जाट जाति के लोगों का निवास था। ये मूलतः समीपवर्ती क्षेत्रों में कृषि कार्य करने वाले जमींदार थे।
- इन्होंने औरंगजेब की नीतियों के विरुद्ध विद्रोह किया था। प्रथम विद्रोह तिलुपत के जमींदार गोकुल ने 1669 ई. में किया। यह विद्रोह असफल रहा, परन्तु आगे चलकर चूड़ामन आदि जाट नेताओं ने जाटों को संगठित किया। भरतपुर के प्रमुख शासक निम्न हैं
  - चूड़ामन ने 1700 ई. में भरतपुर राज्य की नींव रखी। इसने थीन नामक स्थान पर एक सुदृढ़ दुर्ग बनाया तथा मुगलों की शक्ति को चुनौती दी। 1721 ई. में जयसिंह द्वितीय के अधीन मुगल सेना ने इसके विरुद्ध अभियान चलाया और दुर्ग जीत लिया। इसके पश्चात् चूड़ामन ने आत्महत्या कर ली।
  - बदन सिंह ने डींग, कुम्हेर, वैर तथा भरतपुर में चार दुर्ग बनाए। अहमदशाह अब्दाली ने बदन सिंह को राणा की उपाधि प्रदान की और इसके साथ महेन्द्र शब्द को भी जोड़ा।
  - सूरजमल बदन सिंह के पश्चात् इसने जाटों का नेतृत्व किया और इसने 1756 से 1763 ई. तक शासन किया। इसे जाटों का अफलातून भी कहा गया है। 1763 ई. में इसकी मृत्यु हुई।
  - जवाहर सिंह की मृत्यु के बाद क्रमशः रतन सिंह, केसरी सिंह, रणजीत सिंह तथा रणधीर सिंह शासक हुए। 1805 ई. में रणधीर सिंह ने अंग्रेजों की अधीनता स्वीकार कर ली थी।

रुहेलखण्ड

- वीर दाउद और उसके पुत्र अली मुहम्मद खाँ ने बरेली में एक छोटी-सी जागीर का विस्तार कर रुहेलखण्ड में एक स्वतन्त्र राज्य स्थापित किया, जो उत्तर में कुमाऊँ तथा दक्षिण में गंगा नदी तक विस्तृत था। इसकी पहली राजधानी आँवला (बरेली) थी, किन्तु बाद में रामपुर बनी।

- उत्तर प्रदेश में फर्रूखाबाद के आस-पास बंगश पठानों ने 1714 ई. में एक स्वतन्त्र राज्य की स्थापना की, जिसे मुहम्मद खाँ बंगश ने अपना नेतृत्व प्रदान किया और फर्रूखाबाद नगर की नींव रखी।

राजपूत राज्य

- 18वीं शताब्दी में मुगल साम्राज्य की दुर्बलता का लाभ उठाकर प्रमुख राजपूत राज्यों ने स्वयं को केन्द्रीय सत्ता से स्वतन्त्र कर लिया। बहादुरशाह प्रथम ने 1708 ई. में जोधपुर पर आक्रमण किया।
- अजीत सिंह ने अधीनता तो स्वीकार कर ली, परन्तु शीघ्र ही उसने जयसिंह द्वितीय तथा दुर्गादास राठौर के साथ मिलकर मुगलों के विरुद्ध एक गठजोड़ बना लिया। 1714 ई. में मुगल सेनापति हुसैन अली ने जोधपुर पर आक्रमण किया। इस युद्ध में पराजित होकर अजीत सिंह को अपनी पुत्री का विवाह मुगल सम्राट फर्रुखसियर से करना पड़ा।
- 18वीं शताब्दी के राजपूत शासकों में सवाई राजा मिर्जा जयसिंह का स्थान सर्वोपरि है। इन्होंने विज्ञान और कला के महान केन्द्र के रूप में जयपुर शहर की स्थापना की। जयसिंह एक महान खगोलशास्त्री भी थे। इन्होंने दिल्ली, जयपुर, वाराणसी, उज्जैन तथा मथुरा में सर्वोत्तम और आधुनिक उपकरणों से सुसज्जित पर्यवेक्षण शालाएँ (वेधशाला) बनवाईं।
- इन्होंने यूक्लिड के रेखागणित के तत्त्व का अनुवाद तथा त्रिकोणमिति की बहुत-सी कृतियों और लघुगणकों को बनाने एवं उनके प्रयोग सम्बन्धी नेपियर की रचना का अनुवाद संस्कृत में करवाया।

जयसिंह एक समाज सुधारक भी थे। उन्होंने एक ऐसा कानून बनाने की कोशिश की, जिसमें लड़की के विवाह में किसी राजपूत को अत्यधिक व्यय करने पर बाध्य न होना पड़े। दो **अश्वमेध यज्ञ** कराने का श्रेय भी जयसिंह को दिया जाता है।

सिख साम्राज्य

- मुगल सत्ता के साथ निरन्तर संघर्ष के चलते 18वीं सदी में सिखों का उदय एक राजनीतिक शक्ति में रूप में हुआ।
- सिखों के दसवें तथा अन्तिम गुरु, गुरु गोविन्द सिंह ने खालसा पन्थ की स्थापना की, जिसके कारण सिखों को विशिष्ट वेशभूषा, कंघा, कृपाण, कड़ा, केश, कच्छा आदि धारण करना होता था।
- गुरु गोविन्द सिंह की मृत्यु के बाद गुरु की परम्परा समाप्त हो गई। उनके शिष्य बन्दा बहादुर ने सिखों का नेतृत्व सम्भाला।

बन्दा बहादुर

- बन्दा बहादुर ने एक सैन्य बल इकट्ठा किया और मुगल साम्राज्य के खिलाफ संघर्ष शुरू किया।
- बाबा बन्दा बहादुर (मूल नाम **लक्ष्मण देव**) गुरु गोविन्द सिंह के एक समर्पित शिष्य थे, जिन्होंने उन्हें गुरबख्श सिंह नाम दिया। गुरु गोविन्द सिंह की मृत्यु के पश्चात् उन्होंने सिखों का नेतृत्व किया।
- 1709 ई. में उन्होंने समाना की लड़ाई में मुगलों पर जीत हासिल की। मुखलिसगढ़ में अपनी राजधानी भी स्थापित की तथा इसका नाम बदलकर लौहगढ़ रखा। उन्होंने **नानक शाही सिक्के** भी जारी किए।
- 1715 ई. में लाहौर के मुगल गवर्नर अब्दुलसम्मद खान ने उन्हें गिरफ्तार कर लिया। 1716 ई. में मुगल सम्राट फर्रुखसियर के शासनकाल में उनको फाँसी दे दी गई। उन्हें सच्चा बादशाह भी कहा जाता है।

- अब्दाली के वापस जाने के बाद सिखों ने पुनः पंजाब एवं जम्मू राज्य पर अधिकार कर लिया।

सिखों के 10 गुरु

क्र.सं.	सिख गुरु	सम्बन्धित अतिमहत्त्वपूर्ण तथ्य
1.	गुरु नानक	सिख धर्म के संस्थापक
2.	गुरु अंगद	सिख धर्म के प्रचार में विशेष योगदान, गुरुमुखी लिपि का आविष्कार
3.	गुरु अमरदास	लंगर प्रथा को स्थायी बनाया, मंझी प्रथा का विस्तार तथा सती प्रथा का विरोध
4.	गुरु रामदास	समकालीन अकबर के साथ मैत्री सम्बन्ध बनाए, अमृतसर शहर बसाया
5.	गुरु अर्जन देव	आदिग्रन्थ का संकलन, तरनतारन तथा करतारपुर नामक शहर बसाया, जहाँगीर द्वारा इनकी हत्या कराई गई
6.	गुरु हरगोविन्द	अमृतसर नगर में अकाल तख्त की स्थापना, सिखों को लड़ाकू जाति में बदला, कश्मीर में कीरतपुरा नगर बसाया
7.	गुरु हर राय	दाराशिकोह से अच्छे सम्बन्ध, शान्त एवं एकान्त जीवन व्यतीत किया
8.	गुरु हरकिशन	चेचक के कारण मृत्यु
9.	गुरु तेगबहादुर	आनन्दपुर साहिब की स्थापना, हिन्दू धर्म के प्रबल समर्थक, औरंगज़ेब द्वारा हत्या
10.	गुरु गोविन्द सिंह	**खालसा पन्थ** की स्थापना, सिखों में पाहुल प्रथा की शुरुआत, औरंगज़ेब से निरन्तर संघर्ष, सिखों के अन्तिम गुरु, ज़फ़रनामा (फारसी) की रचना

महाराजा रणजीत सिंह (1792-1839 ई.)

- 13 नवम्बर, 1780 को रणजीत सिंह का जन्म हुआ। ये सुकरचकिया मिसल के प्रमुख महासिंह के पुत्र थे। 1792 ई. में महासिंह की मृत्यु हो गई और 12 वर्ष की उम्र में ये सुकरचकिया मिसल के प्रमुख बने। रणजीत सिंह ने सभी मिसलों के एकीकरण द्वारा एक शक्तिशाली राज्य की स्थापना की।
- रणजीत सिंह ने 1799 ई. में लाहौर पर तथा 1802 ई. में अमृतसर पर अधिकार कर लिया। तत्पश्चात् लाहौर में अदालत-ए-आला की स्थापना की।
- जमान शाह ने उन्हें राजा की उपाधि दी और लाहौर का सूबेदार मान लिया।
- 1805 ई. में रणजीत सिंह ने अमृतसर को भंगी मिसल से छीन लिया। इस प्रकार पंजाब की राजनीतिक राजधानी लाहौर एवं धार्मिक राजधानी अमृतसर दोनों उसके अधीन हो गईं।
- 1805 ई. में ही अंग्रेजों से पराजित होकर जसवन्त राव होल्कर पंजाब पहुँचा। जनरल लेक इसका पीछा करता हुआ व्यास नदी तक आया और उसने रणजीत सिंह से होल्कर को शरण न देने के लिए कहा।
- दोनों के मध्य एक सहयोग समझौते के द्वारा होल्कर को अमृतसर छोड़ना पड़ा, जिसके फलस्वरूप अंग्रेजी सेना पंजाब से हटा ली गई।
- 1809 ई. में रूस और फ्रांस की सन्धि को देखते हुए लॉर्ड मिण्टो ने रूसी प्रभाव से सुरक्षा के उद्देश्य से चार्ल्स मेटकॉफ को रणजीत सिंह के पास भेजा और दोनों के मध्य अमृतसर की सन्धि हुई।

अमृतसर की सन्धि (1809 ई.)

अमृतसर की सन्धि पर **मेटकॉफ** और **रणजीत सिंह** ने अपने हस्ताक्षर किए। इस सन्धि के समय वायसराय लॉर्ड मिण्टो थे। इस सन्धि की प्रमुख शर्तें निम्नलिखित थीं

- सतलज नदी राज्यों की सीमा मान ली गई।
- लुधियाना में एक अंग्रेजी सेना रखी गई, जिससे रणजीत सिंह इस ओर आक्रमण न कर सके।
- सतलज के पूरब के राज्य अब अंग्रेजों के अधीन हो गए।

- 1809 ई. में अहमदशाह अब्दाली के पौत्र शाहशुजा को मुहम्मदशाह ने अपदस्थ कर दिया, किन्तु रणजीत सिंह की सहायता से शाहशुजा ने पुनः गद्दी प्राप्त कर ली।
- राजगद्दी प्राप्त करने के बाद शाहशुजा ने रणजीत सिंह को कोहिनूर हीरा (जो नादिरशाह ने भारत से लूटा था) भेंट किया।
- फ्रांसीसी यात्री विक्टर जाक्मा ने रणजीत सिंह की तुलना नेपोलियन बोनापार्ट से की है।
- रणजीत सिंह ने 1809 ई. में काँगड़ा पर अधिकार कर लिया। इन्होंने 1813 ई. में कश्मीर पर अब्दाली के उत्तराधिकारियों द्वारा नियुक्त गवर्नर जब्बार खाँ को अपदस्थ कर कश्मीर और श्रीनगर पर पूर्णतः नियन्त्रण कर दिया। इसी प्रकार इन्होंने 1818 ई. में मुल्तान पर अधिकार कर लिया।
- 1820-21 ई. में इन्होंने डेरा गाजी खाँ, डेरा इस्माइल खाँ तथा लेह को जीत लिया। 1834 ई. में पेशावर को सिख राज्य का अंग बन दिया गया।
- जब रणजीत सिंह ने सामरिक महत्त्व के क्षेत्र शिकारपुर (जिसे खुरासान का द्वार समझा जाता था) पर अधिकार कर लिया, तब अंग्रेजों ने उन्हें शिकारपुर छोड़ देने को कहा। सिख सैनिक लड़ना चाहते थे, लेकिन रणजीत सिंह ने अंग्रेजों की बात मान ली।
- 1835 ई. में लाहौर से 40 किमी दूर फिरोजपुर, जो कभी अंग्रेजों और रणजीत सिंह के बीच झगड़े का कारण था, को अंग्रेजों ने जीत लिया।

रणजीत सिंह के बाद पंजाब की स्थिति

- 1839 ई. में रणजीत सिंह की मृत्यु के बाद पंजाब में राजनीतिक अस्थिरता आ गई। रणजीत सिंह का पुत्र खड्गसिंह उसका उत्तराधिकारी बना। खड्गसिंह के प्रशासन में इसके वजीर ध्यानसिंह का भी हाथ था।
- 1840 ई. में खड्गसिंह की मृत्यु हो गई तथा उसी वर्ष उसके एक और पुत्र नौनिहाल सिंह (पुत्रों में सबसे योग्य) की भी मृत्यु हो गई।
- इसके पश्चात् खड्गसिंह की विधवा चाँदकौर और रणजीत सिंह के पुत्र शेरसिंह में संघर्ष हुआ। खालसा सेना के सहयोग से चाँदकौर का वध कर दिया गया। तत्पश्चात् 1840 ई. में शेरसिंह राजा बना।
- चाँदकौर के समर्थक अजीत सिंह ने 1843 ई. में शेर सिंह की हत्या कर दी। इस प्रकार रानी जिन्दन की संरक्षिता में दिलीप सिंह 1843 ई. में राजा बने। दिलीप सिंह के काल में दो आंग्ल-सिख युद्ध भी हुए थे।

मैसूर

- 1565 ई. में तालीकोटा का निर्णायक युद्ध हुआ, जिसने विजयनगर साम्राज्य का अन्त कर दिया, इसके अवशेषों पर जिन स्वतन्त्र राज्यों का जन्म हुआ, उनमें मैसूर एक प्रमुख राज्य था। इस समय यहाँ वाड्यार वंश का शासन था। चिक्का कृष्णराज यहाँ का नाममात्र का शासक था और शासन की वास्तविक शक्ति दो मन्त्रियों-नंजराज (नांजेप्प) एवं देवराज (दालवाई) के पास थी।
- 18वीं सदी में हैदर अली नामक एक योग्य सेनापति अपनी योग्यता के बल पर मैसूर राज्य का स्वामी बना।

हैदर अली के युद्ध कौशल से प्रभावित होकर **नंजराज** ने 1757 ई. में उसे डिण्डीगुल के किले का फौजदार नियुक्त किया। फ्रांसीसियों की सहायता से उन्होंने डिण्डीगुल में 1755 ई. में एक आधुनिक शस्त्रागार की स्थापना की।

हैदर अली (1761-82 ई.)

- 1761 ई. में हैदर ने मैसूर की सत्ता पर (नंजराज को हटाकर) नियन्त्रण कर लिया। 1763 ई. में उसने वेदनूर पर अधिकार कर लिया तथा अपनी राजधानी श्रीरंगपट्टनम (एरिंगापट्टनम) में स्थापित की।
- 1776 ई. में उसके द्वारा स्वयं को मैसूर का राजा घोषित कर दिया गया।
- पोर्टोनोवा के युद्ध में हैदर अली पराजित हुआ और दिसम्बर, 1782 में उसकी मृत्यु हो गई।

टीपू सुल्तान (1782-99 ई.)

वैयक्तिक विवरण

- जन्म 20 नवम्बर, 1750 को वर्तमान कर्नाटक के कोलार जिले में।
- अनेक भाषाओं का ज्ञाता था; जैसे-कन्नड़, अरबी, फारसी, उर्दू इत्यादि।
- फ्रांसीसी क्रान्ति से अत्यन्त प्रभावित था।

धार्मिक नीति

- सहिष्णुता की नीति अपनाई।
- उसके दरबार में हिन्दुओं को भी उच्च पदों पर नियुक्त किया गया।
- पूरनिया एवं कृष्णराव इसके दो प्रमुख हिन्दू मन्त्री थे।
- मैसूर में टीपू सुल्तान ने शृंगेरी के मन्दिर में देवी शारदा की मूर्ति के निर्माण के लिए धन दिया था।

राजनीतिक जीवन

- 1782 ई. में अपने पिता की मृत्यु के पश्चात् गद्दी पर बैठा।
- 1780 ई. के पोलिलूर के युद्ध में ब्रिटिश सेना को हराया।
- श्रीरंगपट्टनम को राजधानी बनाया।
- श्रीरंगपट्टनम में उसने स्वतन्त्रता का वृक्ष (फ्रांस-मैसूर मैत्री का प्रतीक) लगाया तथा यह एक जैकोबियन क्लब का सदस्य बन गया।
- अंग्रेजों के साथ श्रीरंगपट्टनम की सन्धि सीधा-सादा दैत्य
- एवं शेर-ए-मैसूर भी कहा जाता था।
- लॉर्ड कॉर्नवालिस के विरुद्ध त्रिपक्षीय गठजोड़ बनाया।
- 4 मई, 1799 को चतुर्थ आंग्ल-मैसूर युद्ध में

प्रशासनिक व्यवस्था

- टीपू ने रैयतवाड़ी व्यवस्था को अपनाया।
- पैदावार का एक-तिहाई भाग भू-राजस्व के रूप में लिया जाता था।

आधुनिक युग का अग्रदूत

- अंग्रेजों का मुकाबला करने के लिए टीपू ने 1796 ई. में एक आधुनिक नौसेना संगठित करने का प्रयास किया।
- सेना को यूरोपीय मॉडल पर संगठित किया।
- पोत निर्माण के लिए वाजिदाबाद, मोलीदाबाद तथा मंगलौर में डॉक-यार्ड की स्थापना भी की थी।
- टीपू सुल्तान ही प्रथम व्यक्ति था, जिसने युद्ध में रॉकेट का प्रयोग किया। विदेशों में आधुनिक पद्धति पर दूतावास स्थापित किए।

"

ब्रिटिश ईस्ट इण्डिया कम्पनी ने अपनी राजनीतिक शक्ति की स्थापना के क्रम में जहाँ एक ओर ब्रिटिश ईस्ट इण्डिया कम्पनी ने अन्य यूरोपीय कम्पनियों को युद्ध में पराजित किया, वहीं दूसरी ओर प्लासी और बक्सर के युद्धों में विजय प्राप्त करके उसने भारत में अपनी सत्ता स्थापित की।

अध्याय सत्ताईस

भारत में ब्रिटिश सत्ता की स्थापना एवं विस्तार

ब्रिटिश सत्ता के विस्तार की पृष्ठभूमि

- 16वीं तथा 17वीं शताब्दी का यूरोप वाणिज्यवाद की ओर अग्रसरित हुआ। यही वह काल है, जब वहाँ राजतन्त्र संगठित होना प्रारम्भ हुआ था। इन्हें अधिक-से-अधिक संसाधनों की आवश्यकता थी, जोकि इनके पास उपलब्ध नहीं थे। अत: इन्होंने साम्राज्यवाद की नीति का पालन करते हुए, संसाधनों से परिपूर्ण भारत को व्यापार से प्रारम्भ कर धीरे-धीरे अपने आधिपत्य में लेना प्रारम्भ कर दिया था।
- इस समय भारतीय शासक आपसी मतभेद में ही उलझे रहते थे, इनमें एकता का अभाव था, इसलिए मुगल शक्तियों का पतन हो रहा था, साथ ही इनमें केन्द्रीय शक्ति एवं सत्ता का भी अभाव था। ऐसी स्थिति में इन्होंने यूरोपीय व्यापारिक कम्पनियों का ध्यान व्यापार से राजनीति एवं प्रशासन की ओर आकर्षित कर दिया और इसी क्रम में इनके द्वारा ब्रिटिश साम्राज्य के आधिपत्य की नींव भारत में रखी गई।
- प्लासी के युद्ध ने भारत में ब्रिटिश शक्ति की सर्वोच्चता सिद्ध कर दी थी और बक्सर के युद्ध ने भारत में ब्रिटिश सत्ता की नींव रखी थी। इसके पश्चात् इस सत्ता के सुदृढ़ीकरण और विस्तार हेतु अंग्रेजों का अभियान प्रारम्भ हुआ।

आंग्ल-फ्रांसीसी संघर्ष

- फ्रांसीसियों और अंग्रेजों के बीच हुए संघर्ष को **कर्नाटक युद्ध** के नाम से भी जाना जाता है। इस युद्ध के होने का मूल कारण दक्षिण भारत के व्यापार पर इन दोनों ही कम्पनियों के द्वारा प्रभुत्व स्थापित करने का प्रयास था।
- लगभग 20 वर्षों तक चले इस संघर्ष के परिणामस्वरूप भारत में फ्रांसीसी शक्ति अन्तिम रूप से टूट गई। इस युद्ध ने यह सुनिश्चित कर दिया कि भारत पर अंग्रेजों का प्रभुत्व एवं शासन रहेगा।

प्रथम कर्नाटक युद्ध (1746-48 ई.)

- कर्नाटक के प्रथम युद्ध को यूरोप में फ्रांस एवं ब्रिटेन के मध्य चल रहे **ऑस्ट्रियाई उत्तराधिकार के युद्ध** (1740-48) का विस्तार माना जाता है। यह मुख्य रूप से मध्य यूरोप, ऑस्ट्रियाई नीदरलैण्ड, इटली, अटलाण्टिक महासागर और भूमध्य सागर में लड़ा गया था। यूरोप में फ्रांस एवं ब्रिटेन एक-दूसरे के विरोधी थे, जिसका प्रभाव भारत पर भी दिखाई देता है।
- प्रथम कर्नाटक युद्ध का कारण अंग्रेज **कैप्टन बर्नेट** के नेतृत्व में अंग्रेजी नौसेना द्वारा कुछ फ्रांसीसी जलपोतों पर अधिकार कर लेना था। परिणामस्वरूप **डूप्ले** ने मॉरिशस के फ्रांसीसी गवर्नर **ला बुर्डोने** से अंग्रेजों के विरुद्ध सहायता माँगी।
- ला बुर्डोने अपने 3,000 सैनिकों के बेड़े के साथ कोरोमण्डल के तट पर पहुँचा और मद्रास के गवर्नर मोर्स को आत्मसमर्पण करने के लिए विवश कर दिया।

सेण्ट थोमे का युद्ध

कर्नाटक के युद्ध में **सेण्ट थोमे** का युद्ध सर्वप्रमुख है। यह युद्ध फ्रांसीसी सेना एवं कर्नाटक के नवाब अनवरुद्दीन की सेना के मध्य लड़ा गया। कैप्टन पैराडाइज के नेतृत्व में छोटी-सी फ्रांसीसी सेना ने सेण्ट थोमे के युद्ध में नवाब की विशाल सेना को पराजित किया। इस जीत में मुख्य भूमिका फ्रांसीसी तोपखानों की रही। इसे किसी विदेशी सेना की पहली जीत के रूप में देखा जाता है।

एक्स-ला-शापेल की सन्धि (1748 ई.) से ऑस्ट्रिया के उत्तराधिकार का युद्ध समाप्त हो गया, जिसके कारण कर्नाटक का प्रथम युद्ध भी समाप्त हो गया। इस सन्धि से मद्रास अंग्रेजों को तथा अमेरिका में लुईसबर्ग फ्रांसीसियों को वापस मिल गया। इस प्रकार प्रथम युद्ध के प्रथम दौर में दोनों पक्ष बराबर रहे।

द्वितीय कर्नाटक युद्ध (1749-54 ई.)

- इस युद्ध के समय कर्नाटक के नवाब के पद को लेकर संघर्ष हुआ, क्योंकि हैदराबाद को एक स्वतन्त्र राज्य के रूप में स्थापित करने वाले निजाम-उल-मुल्क की मृत्यु 1748 ई. में हो जाने के बाद उसके पौत्र मुजफ्फरजंग तथा दूसरे पुत्र नासिरजंग के मध्य उत्तराधिकार के लिए संघर्ष आरम्भ हो गया।
- इसी समय कर्नाटक में भी इस प्रकार का संघर्ष कर्नाटक के तत्कालीन नवाब अनवरुद्दीन तथा भूतपूर्व नवाब दोस्त अली के दामाद चन्दा साहब के मध्य आरम्भ हो गया। फ्रांसीसियों ने चन्दा साहब तथा मुजफ्फरजंग का समर्थन किया, तो वहीं अंग्रेजों ने नासिरजंग तथा अनवरुद्दीन का साथ दिया। अत: एक बार पुन: अंग्रेज एवं फ्रांसीसी भारत में संघर्षरत् हो गए।
- 1749 ई. के अम्बूर के युद्ध में अनवरुद्दीन मारा गया। इसके पश्चात् उसके बेटे मुहम्मद अली ने त्रिचनापल्ली में शरण ली। 1750 ई. में हैदराबाद में नासिरजंग भी मारा गया तथा मुजफ्फरजंग नवाब बना।
- इससे प्रसन्न होकर मुजफ्फरजंग के द्वारा डूप्ले को कृष्णा नदी से कन्याकुमारी तक के क्षेत्र का गवर्नर बना दिया गया। साथ ही उसे मसूलीपट्टनम एवं पॉण्डिचेरी (पुदुचेरी) का क्षेत्र भी प्रदान कर दिया।
- मुजफ्फरजंग की मृत्यु के पश्चात् सलावतजंग ने फ्रांसीसियों को उत्तरी सरकार का क्षेत्र प्रदान किया।
- डूप्ले के द्वारा बुस्सी के नेतृत्व में एक फ्रांसीसी सैन्य टुकड़ी हैदराबाद में तैनात की गई, जिससे दक्षिण भारतीय क्षेत्रों के सुरक्षा तन्त्र को और भी मजबूत किया गया।
- चन्दा साहब ने अर्काट को अपनी राजधानी बनाकर शासन किया। इसने फ्रांसीसियों को पॉण्डिचेरी के समीप 80 गाँवों का अनुदान दिया।
- इस समय दक्षिण भारत में फ्रांसीसियों का प्रभाव चरम पर था। इसी बीच रॉबर्ट क्लाइव, जो इंग्लैण्ड से मद्रास एक क्लर्क के रूप में आया था, ने त्रिचनापल्ली पर दबाव कम करने के लिए अर्काट के किले को घेर लिया।
- इसी समय तंजौर के सेनापति ने धोखे से चन्दा साहब की हत्या कर दी और त्रिचनापल्ली पर फ्रांसीसियों ने आक्रमण किया, जिसमें वे अंग्रेजों से पराजित हुए।
- इसी समय फ्रांसीसी अधिकारियों ने डूप्ले की नीति की आलोचना करते हुए, उसे वापस बुला लिया। डूप्ले के बारे में जे. आर. मैरियट ने कहा कि "डूप्ले ने भारत की पूँजी मद्रास में तलाश कर भयानक भूल की, क्लाइव ने इसे बंगाल में खोज लिया।"
- डूप्ले के स्थान पर गोडेहू को 1 अगस्त, 1754 को पॉण्डिचेरी का गवर्नर बनाया गया। गोडेहू ने अंग्रेजों से 1754 ई. में पॉण्डिचेरी की सन्धि कर ली।
- इस सन्धि के द्वारा दोनों पक्ष युद्ध विराम पर सहमत हुए। दोनों कम्पनियों को अपने-अपने क्षेत्र वापस मिल गए।

तृतीय कर्नाटक युद्ध (1756-63 ई.)

- तृतीय कर्नाटक युद्ध इंग्लैण्ड तथा ऑस्ट्रिया के मध्य प्रशा में शुरू हुए सप्तवर्षीय युद्ध (1756-63 ई.) का ही विस्तार माना जाता है। यूरोप में फ्रांस, ऑस्ट्रिया को तथा इंग्लैण्ड, प्रशा को समर्थन दे रहा था। इसका प्रत्यक्ष प्रभाव भारत में उपस्थित दोनों शक्तियों के सम्बन्धों पर पड़ा।

> कर्नाटक के तृतीय युद्ध का वास्तविक आरम्भ तब हुआ, जब फ्रांसीसी सरकार ने **काउण्ट लाली** को भारत में स्थापित सम्पूर्ण फ्रांसीसी प्रदेशों के सैन्य एवं असैन्य अधिकारों से युक्त अधिकारी नियुक्त किया।

- 1758 ई. में काउण्ट लाली ने फोर्ट सेण्ट डेविड जीत लिया। इसके पश्चात् मद्रास को घेर लिया गया, लेकिन अंग्रेजी नौसेना आने के कारण उसे घेरा उठाना पड़ा। इसके बाद काउण्ट लाली ने बुस्सी को हैदराबाद से वापस बुलाने की एक गम्भीर भूल की, इससे हैदराबाद में फ्रांसीसियों की स्थिति कमजोर हो गई। कर्नाटक के तृतीय युद्ध का तात्कालिक कारण क्लाइव और वाटसन द्वारा बंगाल स्थित चन्द्रनगर पर अधिकार करना था।
- 22 जनवरी, 1760 को लड़े गए वाण्डिवाश के युद्ध में अंग्रेजी सेना को आयरकूट ने तथा फ्रांसीसी सेना को काउण्ट लाली ने नेतृत्व प्रदान किया।
- इस युद्ध में फ्रांसीसी पराजित हुए। इसके बाद फ्रांसीसी पॉण्डिचेरी वापस लौट गए। शीघ्र ही अंग्रेजों ने पॉण्डिचेरी, माहे तथा जिंजी के फ्रांसीसी प्रदेशों पर अधिकार कर लिया। तृतीय कर्नाटक युद्ध का समापन पेरिस की सन्धि से हुआ।

पेरिस की सन्धि

- फ्रांसीसियों और अंग्रेजों के मध्य 1763 ई. में पेरिस सन्धि पर हस्ताक्षर होने पर सप्तवर्षीय युद्ध समाप्त हो गया।
- इस सन्धि के द्वारा फ्रांसीसियों को भारत स्थित सभी कारखाने वापस कर दिए गए, लेकिन अब उनकी न तो किलेबन्दी की जा सकती थी और न ही सैनिक वहाँ डेरे डाल सकते थे। कारखाने (फैक्ट्रियाँ) अब केवल व्यापार केन्द्रों के रूप में ही कार्य कर सकते थे।

आंग्ल-मैसूर संघर्ष

- 1565 ई. में तालीकोटा का निर्णायक युद्ध हुआ, जिसने विजयनगर साम्राज्य का अन्त कर दिया, इसके अवशेषों पर जिन स्वतन्त्र राज्यों का उदय हुआ, उनमें मैसूर एक प्रमुख राज्य था। इस समय यहाँ वाड्यार वंश का शासन था तथा यहाँ का शासक चिक्का कृष्णराज था।
- 18वीं सदी में हैदर अली नामक एक योग्य सेनापति अपनी योग्यता के बल पर मैसूर राज्य का स्वामी बना। हैदर अली के युद्ध कौशल से प्रभावित होकर नंजराज ने 1757 ई. में उसे डिण्डीगुल के किले का फौजदार नियुक्त किया। फ्रांसीसियों की सहायता से उन्होंने डिण्डीगुल में 1755 ई. में एक आधुनिक शस्त्रागार की स्थापना की।

प्रथम आंग्ल–मैसूर युद्ध (1767-69 ई.)

- प्रथम आंग्ल-मैसूर युद्ध अंग्रेजों की आक्रामक नीति का परिणाम था। हैदर अली ने अंग्रेजों को करारा जवाब देने के उद्देश्य से मराठों तथा निजाम से सन्धि कर एक संयुक्त सैनिक मोर्चा बनाया। तत्पश्चात् उसने कर्नाटक पर आक्रमण किया, परन्तु 1767 ई. में हैदर और निजाम तिरूवन्नमलई संगम में पराजित हो गए।
- 1769 ई. में हैदर अली के द्वारा मंगलौर पर आक्रमण किया गया, जहाँ उसका युद्ध मंगलौर का साथ देने बम्बई से आई प्रशिक्षित ब्रिटिश सेना से हुआ, जिसमें हैदर अली ने अंग्रेजों को पराजित कर दिया और उन्हें मद्रास की सन्धि करने के लिए विवश किया।
- दक्कन क्षेत्र में ब्रिटिशों को पराजित करने वाला पहला भारतीय व्यक्ति हैदर अली था।

मद्रास की सन्धि (1769 ई.)

मद्रास की सन्धि 4 अप्रैल, 1769 को **हैदर अली** और **अंग्रेजों** के मध्य हुई। इस सन्धि में कैदियों की अदला-बदली तथा विजित स्थानों के आपसी बदलाव की व्यवस्था थी। अंग्रेजों की प्रतिष्ठा को इस सन्धि से भारी आघात पहुँचा, क्योंकि एक भारतीय शक्ति ने मद्रास के द्वार पर सन्धि की शर्तें निश्चित कीं। इस समय मद्रास का गवर्नर लॉर्ड वेरेलास्ट

द्वितीय आंग्ल-मैसूर युद्ध (1780-84 ई.)

- यह युद्ध हैदर अली और अंग्रेजों के मध्य हुआ था। इस युद्ध का प्रमुख कारण हैदर अली पर 1771 ई. में मराठों द्वारा आक्रमण व 1769 ई. की सन्धि के अनुसार अंग्रेजो द्वारा हैदर अली को सहायता नहीं देना था।
- अंग्रेजों द्वारा फ्रांसीसी नियन्त्रण वाले माहे पर अधिकार कर लेना, इस युद्ध का तात्कालिक कारण था, क्योंकि माहे मैसूर राज्य में स्थित था। हैदर अली ने अंग्रेजों से माहे खाली करने के लिए कहा, किन्तु उन्होंने इनकार कर दिया।

त्रिपक्षीय संघ का निर्माण

- हैदराबाद के निजाम तथा हैदर अली दोनों ही अंग्रेजों से रुष्ट थे। इधर मराठे पहले से ही अंग्रेजों से युद्ध कर रहे थे। इन परिस्थितियों में इन तीनों (**हैदर अली, मराठे और निजाम**) ने मिलकर अंग्रेजों के विरुद्ध एक संयुक्त मोर्चा बनाया।
- 1780 ई. में हैदर अली ने **अर्काट** (कर्नाटक) पर आक्रमण कर इस युद्ध की शुरुआत की और ब्रिटिश कर्नल जॉर्ज बेली को विजित कर अर्काट पर अधिकार कर लिया।
- 1781 ई. में हैदर अली एवं ब्रिटिश जनरल सर आयरकूट के मध्य **पोर्टोनोवा का युद्ध** हुआ, जिसमें हैदर अली पराजित होने के साथ-साथ घायल भी हो गया। इसी युद्ध में हैदर अली की मृत्यु 1782 ई. में हो गई। इनकी मृत्यु के बाद इस युद्ध को उसके पुत्र टीपू सुल्तान के द्वारा जारी रखा गया। तत्पश्चात् मार्च, 1784 ई. में टीपू सुल्तान और अंग्रेजों के मध्य **मंगलौर की सन्धि** के साथ यह युद्ध समाप्त हो गया।

मंगलौर की सन्धि (1784 ई.)

- यह सन्धि अंग्रेजों की ओर से गवर्नर **लॉर्ड मैकार्टनी** और **टीपू** के मध्य मार्च, 1784 में हुई। इस सन्धि के द्वारा दोनों पक्षों ने एक-दूसरे के जीते हुए प्रदेश लौटा दिए तथा बन्दियों को मुक्त कर दिया।
- द्वितीय आंग्ल मैसूर युद्ध के बाद हुई मंगलौर की सन्धि (1784 ई.) से असन्तुष्ट होकर **वारेन हेस्टिंग्स** ने कहा था कि **"यह मैकार्टनी कैसा आदमी है?** मैं अभी भी विश्वास करता हूँ कि वह सन्धि के बावजूद भी कर्नाटक को खो देगा।"

तृतीय आंग्ल-मैसूर युद्ध (1790-92 ई.)

- **लॉर्ड कॉर्नवालिस** ने जब निजाम तथा मराठों को अपने पक्ष में मिलाकर 1790 ई. में टीपू के विरुद्ध **त्रिदलीय संगठन** की रचना की, तब टीपू को युद्ध अवश्यम्भावी प्रतीत होने लगा। उसने अप्रैल, 1790 में त्रावणकोर पर आक्रमण कर दिया।
- अंग्रेजों ने त्रावणकोर के राजा का पक्ष लिया तथा **टीपू सुल्तान** के ऊपर यह आरोप लगाया गया कि उसने ब्रिटिशों के विरुद्ध फ्रांसीसियों से गुप्त समझौता किया। साथ ही त्रावणकोर पर आक्रमण भी किया और इसी को आधार बनाकर ब्रिटिशों के द्वारा युद्ध प्रारम्भ कर दिया गया। इसे तृतीय आंग्ल-मैसूर युद्ध कहा जाता है।
- कॉर्नवालिस ने 1790 ई. में सेना का नेतृत्व करते हुए वेल्लूर और बंगलौर पर अधिकार कर श्रीरंगपट्टनम पर आक्रमण किया।
- 1791 ई. में कॉर्नवालिस द्वारा अरिकेरा के स्थान पर टीपू पूर्णतया पराजित हुआ। कड़े प्रतिरोध के बाद टीपू को बाध्य होकर **श्रीरंगपट्टनम** की सन्धि (मार्च, 1792) करनी पड़ी।
- इस सन्धि के अनुसार उसे अपने देश का लगभग आधा भाग अंग्रेजों तथा उनके साथियों को देना पड़ा। टीपू को ₹3 करोड़ भी युद्ध क्षति के रूप में देने पड़े। इस सन्धि के द्वारा अंग्रेजों को बारामहल, डिण्डीगुल तथा मालाबार प्राप्त हुए।

तृतीय आंग्ल-मैसूर युद्ध के पश्चात् हुई **श्रीरंगपट्टनम की सन्धि** (1792 ई.) से उत्साहित होकर **लॉर्ड कॉर्नवालिस** ने डण्डस को पत्र में लिखा कि "हमने अपने मित्रों को शक्तिशाली बनाए बिना ही अपने शत्रुओं को कुचल दिया।"

चतुर्थ आंग्ल-मैसूर युद्ध (1799 ई.)

- टीपू सुल्तान ने चतुर्थ आंग्ल-मैसूर युद्ध में अंग्रेजों से मुकाबला करने के लिए अन्तर्राष्ट्रीय सहयोग लेने की दिशा में प्रयास किया। उसने **नेपोलियन** से भी पत्र व्यवहार किया।
- 4 मई, 1799 को टीपू संयुक्त अंग्रेजी सेना से बहादुरी के साथ लड़ता हुआ मारा गया।
- ब्रिटिशों की ओर से इस युद्ध में सेना का नेतृत्व वेलेजली, हैरिस तथा स्टुअर्ट ने किया था। मैसूर पर विजय प्राप्त कर लेने के उपलक्ष्य में वेलेजली को **मार्क्विस की उपाधि** प्रदान की गई।
- अंग्रेजों ने मैसूर पर नियन्त्रण स्थापित कर वाड्यार वंश के अल्पायु शासक **कृष्णराज द्वितीय** को सत्ता सौंपकर सहायक सन्धि कर ली।

आंग्ल-मराठा संघर्ष

18वीं सदी के पश्चात् तथा 19वीं शताब्दी के पूर्व अंग्रेजों और मराठों के मध्य राजनीतिक सर्वोच्चता हेतु संघर्ष हुआ, जिसका वर्णन निम्न है

प्रथम आंग्ल-मराठा युद्ध (1775-82 ई.)

- प्रथम आंग्ल-मराठा युद्ध का कारण मराठों के आपसी झगड़े तथा अंग्रेजो की महत्त्वाकांक्षाएँ थीं। 1775 ई. में **रघुनाथ राव** (राघोबा) तथा अंग्रेजो के मध्य **सूरत की सन्धि** हुई।
- इस सन्धि की प्रमुख शर्तें निम्न थीं
  - अंग्रेज रघुनाथ राव को पेशवा बनाने में सैनिक सहायता देंगे, जिसका व्यय रघुनाथ राव को वहन करना था।
  - सालसेट, बसीन और आस-पास के टापू अंग्रेजों को दे दिए जाएँगे। इसके अतिरिक्त सूरत तथा भड़ौच के जिलों की आय का कुछ भाग भी अंग्रेजों को मिलेगा।
  - यदि रघुनाथ राव ने पूना दरबार से कोई सन्धि की, तो उसमें अंग्रेजों को शामिल किया जाएगा।
- इस सन्धि के फलस्वरूप ही प्रथम आंग्ल-मराठा युद्ध हुआ। इस युद्ध में मराठों की हार हुई।

- पेशवा की संरक्षक परिषद् के प्रमुख नाना फड़नवीस ने अंग्रेज कैप्टन कर्नल ऑप्टन से मार्च, 1776 में पुरन्दर की सन्धि की। इसके अन्तर्गत यह व्यवस्था की गई कि कम्पनी रघुनाथ राव का समर्थन नहीं करेगी, परन्तु सालसेट एवं थाना पर कम्पनी का अधिकार बना रहेगा।

> बम्बई सरकार पुरन्दर की सन्धि को अस्वीकार करके राघोबा को संरक्षण प्रदान करती रही। दोनों पक्षों में **बड़गाँव** के स्थान पर युद्ध हुआ, जिसमें कम्पनी की सेना पराजित हुई। परिणामस्वरूप 1779 ई. में **बड़गाँव की सन्धि** हुई, जिसके अन्तर्गत अंग्रेजों ने 1773 ई. के बाद जीते गए मराठा क्षेत्रों को वापस करने का वचन दिया। बड़गाँव की अपमानजनक सन्धि को हेस्टिंग्स ने मानने से इनकार कर दिया तथा युद्ध को निरन्तर जारी रखा।

- 1780 ई. में अहमदाबाद, गुजरात एवं ग्वालियर को जीतने में कम्पनी की सेना को सफलता मिली। 1782 ई. में सालबाई की सन्धि (अंग्रेज तथा महादजी सिन्धिया के बीच) से प्रथम आंग्ल-मराठा युद्ध समाप्त हो गया तथा एक-दूसरे के विजित क्षेत्र लौटा दिए गए।
- इस सन्धि को मूर्त रूप देने में महादजी सिन्धिया ने पेशवा माधव नारायण राव एवं अंग्रेजों के बीच मध्यस्थता की थी। सन्धि का मुख्य उद्देश्य अंग्रेजों एवं मराठों के मध्य शान्ति स्थापित करना था।

नोट *भारत में अंग्रेजों का सर्वाधिक विरोध मराठों द्वारा किया गया।*

- माधव नारायण (माधवराव द्वितीय) की मृत्यु के पश्चात् राघोबा का पुत्र बाजीराव द्वितीय पेशवा बना। बाजीराव द्वितीय एक अयोग्य एवं स्वार्थी शासक था, जिसका उद्देश्य मराठा अधिकारियों को आपस में लड़ाकर अपना हित साधना था।
- पेशवा बाजीराव द्वितीय ने सिन्धिया की मदद करते हुए जसवन्त होल्कर के भाई की हत्या करवा दी। परिणामस्वरूप जसवन्त होल्कर ने दौलतराव सिन्धिया एवं पेशवा बाजीराव द्वितीय की संयुक्त सेना पर आक्रमण करते हुए उन्हें परास्त कर दिया।
- पेशवा बाजीराव द्वितीय ने भागकर बसीन में शरण ली तथा अंग्रेजों के साथ बसीन की सन्धि की।

> **बसीन की सन्धि**
>
> 31 दिसम्बर, 1802 को बसीन में अंग्रेजों के साथ **बसीन की सन्धि** की। सन्धि के परिणामस्वरूप पेशवा बाजीराव द्वितीय ने अंग्रेजों की संरक्षकता स्वीकार कर ली।

- सिन्धिया एवं भोंसले जैसे अन्य मराठा सरदारों ने बसीन की सन्धि का तीव्र प्रतिरोध किया तथा अंग्रेजों के साथ सन्धि समाप्त करने के लिए युद्ध का विकल्प चुना। फलत: अंग्रेजों एवं मराठों के मध्य द्वितीय आंग्ल-मराठा युद्ध की पृष्ठभूमि तैयार हुई।

द्वितीय आंग्ल-मराठा युद्ध (1803-06 ई.)

- बसीन की सन्धि का प्रतिरोध करते हुए भोंसले एवं सिन्धिया ने अंग्रेजों का विरोध किया। लॉर्ड लेक ने 1803 ई. में भोंसले को पराजित करके उसे देवगाँव की सन्धि (17 दिसम्बर, 1803) करने पर विवश कर दिया।
- भोंसले ने अंग्रेजों के साथ सन्धि करते हुए कटक एवं वर्धा नदी के पश्चिमी भाग अंग्रेजों को दे दिए। अंग्रेजों ने 1803 ई. में ही सिन्धिया को परास्त करके सुर्जी-अर्जन गाँव की सन्धि (30 दिसम्बर, 1803) की।
- इसके फलस्वरूप सिन्धिया ने गंगा तथा यमुना के क्षेत्र कम्पनी को सौंप दिए। अंग्रेजों ने द्वितीय मराठा युद्ध को आगे बढ़ाते हुए 1804 ई. में होल्कर के साथ युद्ध किया। सर जॉर्ज बार्लो ने होल्कर को पराजित करते हुए उसे राजपुर घाट की सन्धि करने पर विवश किया।
- द्वितीय आंग्ल-मराठा युद्ध के परिणामस्वरूप अंग्रेजों ने मराठा शक्ति पर अपनी श्रेष्ठता सिद्ध की तथा मराठा सरदारों को अपने अधीन कर लिया।

आंग्ल-मराठा युद्ध एक नजर में

युद्ध	वर्ष	गवर्नर-जनरल
प्रथम आंग्ल-मराठा युद्ध	1775-82 ई.	वॉरेन हेस्टिंग्स
द्वितीय आंग्ल-मराठा युद्ध	1803-06 ई.	लॉर्ड वेलेजली
तृतीय आंग्ल-मराठा युद्ध	1817-18 ई.	लॉर्ड हेस्टिंग्स

मराठों द्वारा की गई प्रमुख सन्धियाँ

सन्धि	ई./वर्ष	सन्धिकर्ता
पुरन्दर की सन्धि	जून, 1665	जयसिंह और शिवाजी
संगोला की सन्धि	1750	बालाजी बाजीराव और राजाराम द्वितीय
झलकी की सन्धि	1752	बालाजी और निजाम
सूरत की सन्धि	मार्च, 1775	रघुनाथ राव और ईस्ट इण्डिया कम्पनी
पुरन्दर की सन्धि	1776	माधवराव नारायण और ब्रिटिश
बड़गाँव की सन्धि	1779	माधवराव नारायण और ब्रिटिश
सालबाई की सन्धि	1782	माधवराव नारायण और ब्रिटिश
बसीन की सन्धि	31 दिसम्बर, 1802	बाजीराव द्वितीय और ब्रिटिश
देवगाँव की सन्धि	17 दिसम्बर, 1803	भोंसले और ब्रिटिश
सुर्जी अर्जन गाँव की सन्धि	30 दिसम्बर, 1803	सिन्धिया और ब्रिटिश
राजपुर घाट की सन्धि	1804	होल्कर और ब्रिटिश
पूना की सन्धि	13 जून, 1817	बाजीराव द्वितीय और अंग्रेज
मन्दसौर की सन्धि	6 जून, 1818	होल्कर और ब्रिटिश

तृतीय आंग्ल-मराठा युद्ध (1817-18 ई.)

- लॉर्ड हेस्टिंग्स ने भारत का गवर्नर-जनरल बनने के बाद मराठा शक्ति को समाप्त करके उन्हें अंग्रेजी राज्य में विलय करने के लिए प्रयास किए। इसके द्वारा तृतीय आंग्ल-मराठा युद्ध आरम्भ हुआ। हेस्टिंग्स ने पिण्डारियों के दमन के दौरान मराठों के प्रभुत्व वाले क्षेत्रों पर भी आक्रमण किए, जिससे मराठों एवं अंग्रेजों के बीच असन्तोष पनपा।
- लॉर्ड हेस्टिंग्स ने पिण्डारियों का दमन करने के लिए नवम्बर, 1817 में सिन्धिया के साथ ग्वालियर की सन्धि की, जिसके फलस्वरूप सिन्धिया को चम्बल नदी के दक्षिण-पश्चिम में स्थित राज्यों से अपना प्रभाव हटाना पड़ा।
- जून, 1817 में अंग्रेजों ने पेशवा को मराठा संघ का अध्यक्ष पद त्यागने को कहा। भोंसले इन सन्धियों से पूर्व 1816 ई. में ही अंग्रेजों के साथ नागपुर की सन्धि की शर्तों को स्वीकार चुका था।
- इन अपमानजनक सन्धियों के विरुद्ध विद्रोह करते हुए मराठा सरदारों ने अंग्रेजों के विरुद्ध भी विद्रोह किया, परन्तु अंग्रेजों ने भोंसले को सीताबर्डी के युद्ध में, होल्कर को महीदपुर के युद्ध में तथा पेशवा को किर्की, कोरेगाँव और अण्टी के युद्ध में बुरी तरह पराजित करके मराठा शक्ति को पूर्ण रूप से समाप्त कर दिया।

- मराठों ने पूना के अंग्रेज रेजिडेण्ट व अन्य शिविरों पर आक्रमण किए। इस युद्ध में पेशवा पराजित हुए। परिणामस्वरूप दोनों के बीच पूना की सन्धि हुई।

सन्धि के बाद 1818 ई. में पेशवा का पद समाप्त कर दिया गया और **बाजीराव द्वितीय** को पेंशन देकर बिठूर भेज दिया गया तथा पूना का अंग्रेजी शासन में विलय कर दिया गया। 1853 ई. में बिठूर में बाजीराव द्वितीय की मृत्यु के साथ ही मराठा साम्राज्य का पतन हो गया।

आंग्ल-सिख संघर्ष

1839 ई. में रणजीत सिंह की मृत्यु के 10 वर्षों के पश्चात् उसका राज्य समाप्त हो गया। सिख क्षेत्रों पर अधिकार को लेकर सिख तथा अंग्रेजों के मध्य संघर्ष हुआ, जिसे आंग्ल-सिख संघर्ष कहते हैं।

प्रथम आंग्ल-सिख युद्ध (1845-46 ई.)

- प्रथम आंग्ल-सिख युद्ध महारानी जिन्दन की महत्त्वाकांक्षा का परिणाम था।
- इस युद्ध के समय अंग्रेजी सेना ने लाहौर पर अधिकार कर लिया। लॉर्ड हॉर्डिंग (गवर्नर-जनरल) तथा लॉर्ड गॉफ इस युद्ध के समय भारत के प्रधान सेनापति थे।
- अंग्रेजी सेना ने सर ह्यूगफ के नेतृत्व में सितम्बर, 1845 को मुदकी नामक स्थान पर लालसिंह के नेतृत्व वाली सिख सेना को पराजित किया। सिख सेनाओं को क्रमशः मुदकी (18 सितम्बर, 1845), फिरोजशाह (21 दिसम्बर, 1845), बद्दोवाल एवं ओलीवाल (28 जनवरी, 1846), सबराओ (10 फरवरी, 1846) में पराजित होने के पश्चात् अंग्रेजों के साथ लाहौर की सन्धि करनी पड़ी।

लाहौर की सन्धि (9 मार्च, 1846)

- इस सन्धि की शर्तों के अनुसार, एक ब्रिटिश रेजिडेण्ट (सर हेनरी लॉरेन्स) को लाहौर में नियुक्त किया गया। सिखों ने सतलुज नदी के दक्षिणी ओर के सभी प्रदेशों को अंग्रेजों को सौंप दिया। लाहौर दरबार पर ₹ 1.5 करोड़ युद्ध का जुर्माना लगाया गया।
- सन्धि के बदले अंग्रेज़ों ने दिलीप सिंह को महाराजा और रानी जिन्दन को संरक्षिका तथा लालसिंह को वजीर के रूप में मान्यता प्रदान की। लाहौर का आकार सीमित करने के लिए अंग्रेज़ों ने कश्मीर को ₹ 50,000 में गुलाबसिंह को बेच दिया, जिस कारण सिखों ने लाल सिंह के नेतृत्व में पुनः विद्रोह कर दिया। आगे चलकर दिलीप सिंह से दिसम्बर, 1846 में भैरोवाल की सन्धि हुई।

भैरोवाल की सन्धि (22 दिसम्बर, 1846)

- दिसम्बर, 1846 में एक अन्य सन्धि भैरोवाल की सन्धि हुई। 22 दिसम्बर, 1846 को सम्पन्न भैरोवाल की सन्धि की शर्तों के अनुसार, दिलीप सिंह के वयस्क होने तक ब्रिटिश सेना का लाहौर प्रवास निश्चित कर दिया गया, साथ ही लाहौर का प्रशासन आठ सिख सरदारों की एक परिषद् को सौंपकर महारानी जिन्दन को ₹ 1.5 लाख की वार्षिक पेंशन पर शेखपुरा भेज दिया गया।

द्वितीय आंग्ल-सिख युद्ध (1848-49 ई.)

- लाहौर की सन्धि के अनुसार ब्रिटिश सेना को 1846 ई. के अन्त तक लौट जाना था, किन्तु महाराजा के अल्पवयस्क होने का बहाना लेकर अंग्रेजों ने सेना को यथावत् बनाए रखा।
- मुल्तान के गवर्नर मूलराज को ₹ 20 लाख और रावी नदी के उत्तर का क्षेत्र कम्पनी को सौंपने के लिए जब बाध्य किया गया, तब अंग्रेजों की माँग से खिन्न होकर मूलराज ने त्याग-पत्र दे दिया।
- मुल्तान के गवर्नर मूलराज के विद्रोह के कारण जनता एवं सिखों ने विद्रोह कर दिया, जिसका परिणाम यह हुआ कि लॉर्ड डलहौजी ने अक्टूबर, 1848 में विद्रोहियों के विरुद्ध युद्ध की घोषणा कर दी। द्वितीय आंग्ल-सिख युद्ध के दौरान तीन युद्ध लड़े गए थे। इनका वर्णन निम्न प्रकार है
    - रामनगर का युद्ध 22 नवम्बर, 1848 को जनरल गॉफ के नेतृत्व में अंग्रेजी सेना ने रावी नदी पार कर रामनगर नामक स्थान पर एक अनिर्णायक युद्ध लड़ा।
    - चिलियाँवाला का युद्ध 13 जनवरी, 1849 को लड़े गए चिलियाँवाला युद्ध में अंग्रेजी सेना का नेतृत्व लॉर्ड गॉफ ने किया, जबकि सिख सेना शेरसिंह के नेतृत्व में लड़ी, परन्तु यह युद्ध अनिर्णीत समाप्त हुआ।
    - गुजरात का युद्ध गुजरात के युद्ध (21 फरवरी, 1849) को तोपों के युद्ध के नाम से भी जाना जाता है। इस युद्ध को जीतने के बाद हेनरी लॉरेन्स, लॉर्ड एलनबरो की इच्छा के विरुद्ध डलहौजी ने 30 मार्च, 1849 को चार्ल्स नेपियर के नेतृत्व में पंजाब को अंग्रेजी राज्य में मिला लिया। दिलीप सिंह को अंग्रेजों ने ₹ 5 लाख की वार्षिक पेंशन पर रानी जिन्दन के साथ इंग्लैण्ड भेज दिया।

ब्रिटिश साम्राज्य की विस्तार नीतियाँ

अंग्रेजों ने केवल युद्ध से ही साम्राज्य का विस्तार नहीं किया, बल्कि अनेक कूटनीतिक प्रयासों तथा भारतीयों की फूट का लाभ उठाकर भी भारत में अपनी सत्ता को सुदृढ़ किया। उनकी प्रमुख साम्राज्य विस्तार नीतियाँ निम्न हैं

सहायक सन्धि प्रणाली

- भारत में फ्रांसीसियों (नेपोलियन) के भय को समाप्त करने तथा अंग्रेजी सत्ता की श्रेष्ठता स्थापित करने के उद्देश्य से वेलेजली ने भारत में सहायक सन्धि प्रणाली को प्रचलित किया।
- सहायक सन्धि स्वीकार करने वाले राज्यों का क्रम है-हैदराबाद (1798 ई.), मैसूर (1799 ई.), तंजौर (1799 ई.), अवध (1801 ई.), पेशवा (1802 ई.), भोंसले (1803 ई.), सिन्धिया (1804 ई.)।
- इन राज्यों के अतिरिक्त सहायक सन्धि स्वीकार करने वाले अन्य राज्य थे-जयपुर, जोधपुर, मच्छेड़ी, बूँदी तथा भरतपुर।

व्यपगत सिद्धान्त की नीति (1848-56 ई.)

- लॉर्ड डलहौजी ने साम्राज्य विस्तार हेतु विलय की नीति का सहारा लिया। इस नीति के अनुसार यदि किसी राज्य का शासक बिना उत्तराधिकारी के मृत्यु को प्राप्त हो, तो राज्य उसके दत्तक पुत्र को नहीं दिया जाएगा।
- इस नीति के अनुसार सतारा (1848 ई.), जैतपुर तथा सम्बलपुर (1849 ई.), बघाट (1850 ई.), उदयपुर (1852 ई.), नागपुर (1853 ई.) तथा झाँसी (1854 ई.) का अधिग्रहण किया गया। इस सिद्धान्त का अधिकार क्षेत्र कम्पनी द्वारा रक्षित हिन्दू राज्यों तक सीमित था। इसी कारण इन विषयों से इन राज्यों के राजाओं और अभिजात वर्ग में रोष उत्पन्न हो गया। यह सिद्धान्त 1857 की क्रान्ति के लिए उत्तरदायी है

पड़ोसी राज्यों से अंग्रेजों के सम्बन्ध

नेपाल
↓
आंग्ल-नेपाल युद्ध/गोरखा युद्ध (1814-1816)
↓
गोरखों की पराजय, कुमाऊँ, गढ़वाल समेत तराई पर कम्पनी का अधिकार।
सुगौली की सन्धि (1816) से भारत-नेपाल सीमा का निर्धारण।

बर्मा
↓
प्रथम आंग्ल-बर्मा युद्ध (1824-1826), याण्डबू की सन्धि (1826)
↓
द्वितीय आंग्ल-बर्मा युद्ध (1852), लोअर बर्मा पर अंग्रेजों का अधिकार
↓
तृतीय आंग्ल-बर्मा युद्ध (1885-1888), बर्मा पर अंग्रेजों का अधिकार हो गया।

अफगानिस्तान
↓
प्रथम आंग्ल-अफगान युद्ध (1839-1842), दोस्त मुहम्मद का समर्पण, शाह शुजा को गद्दी दिलवाई गई।
↓
द्वितीय आंग्ल-अफगान युद्ध (1878-1880), गण्डमक की सन्धि (1879)

सिन्ध
↓
1800 ई. में मीर फतह अली खाँ की मृत्यु के बाद उसके भाइयों, जिन्हें प्राय: 'चार यार' या 'चार मित्र' के नाम से जाना जाता था, ने सिन्ध को आपस में बाँट लिया।
इन अमीरों ने 1832 ई. में अंग्रेजों से सन्धि की।

तिब्बत
↓
यंग हस्बैण्ड अभियान (1903-04)
↓
आंग्ल-तिब्बत युद्ध (1904)
ल्हासा की सन्धि

सुगौली की सन्धि के प्रावधान

- ब्रिटिश-नेपाली युद्ध के बाद, नेपाल सरकार और ईस्ट इण्डिया कम्पनी के बीच शान्ति और मैत्री की एक सन्धि पर हस्ताक्षर किए गए।
- 2 दिसम्बर, 1815 को इस सन्धि पर नेपाल सरकार की ओर से राज गुरु गजराज मिश्रा जिनके सहायक चन्द्र शेखर उपाध्याय थे और कम्पनी की ओर से लेफ्टिनेण्ट कर्नल पेरिस ब्रेडशॉ द्वारा हस्ताक्षर किए गए।
- सन्धि में काली नदी (महाकाली नदी) को नेपाल की पश्चिमी सीमा निर्धारित किया गया।
- सन्धि द्वारा काली नदी के पूर्व की भूमि नेपाल के नियन्त्रण में आ गई, जबकि नदी के पश्चिम का क्षेत्र ब्रिटिश भारत (वर्तमान भारत) का हिस्सा बन गया।
- सन्धि के द्वारा, नेपाल ने तराई क्षेत्र पर सभी दावों को त्याग दिया और काली नदी के पश्चिम में तथा सतलुज नदी तक फैली अपनी विजय को छोड़ दिया।

आंग्ल-बर्मा युद्ध

- 1822 ई. में बर्मा के शासक द्वारा विजय अभियान चलाकर श्याम को अपने आधिपत्य में ले लिया गया, जोकि भारतीय सुरक्षा के दृष्टिकोण से ब्रिटिश ईस्ट इण्डिया कम्पनी के लिए सही नहीं था। अत: इनके द्वारा वहाँ हस्तक्षेप किया गया।
- 1823 ई. में बर्मा की सेना के द्वारा चटगाँव के समीप स्थित एक द्वीपीय क्षेत्र शाहपुरी पर आक्रमण कर उसे अपने आधिपत्य में लेने का प्रयास किया गया। तत्पश्चात् 24 फरवरी, 1824 को लॉर्ड एमहर्स्ट ने बर्मा के विरुद्ध युद्ध की घोषणा कर दी।

प्रथम आंग्ल-बर्मा युद्ध (1824-1826 ई.)

- ब्रिटिश ईस्ट इण्डिया कम्पनी के द्वारा दो ओर से अपनी सेनाएँ भेजकर बर्मा पर आक्रमण किया गया। सेनाओं के पहले दल ने उत्तर-पूर्व (असम के मार्ग) की ओर से प्रवेश किया, जबकि दूसरे दल ने कैम्पबेल के नेतृत्व में समुद्री मार्ग से आकर रंगून पर आक्रमण कर दिया।
- ब्रिटिश सेना ने 11 मई, 1824 को रंगून पर अधिकार करने में सफलता प्राप्त की और तत्पश्चात् यह सेना प्रोम की ओर आगे बढ़ गई। बर्मा का सेनापति बान्दुला अचानक हुए रॉकेट विस्फोट में मारा गया, जिसके पश्चात् ब्रिटिश सेना के द्वारा प्रोम पर अपना आधिपत्य स्थापित कर लिया गया। फलस्वरूप ब्रिटिश ईस्ट इण्डिया कम्पनी एवं बर्मा के शासक के मध्य याण्डबू की सन्धि सम्पन्न हुई।

याण्डबू की सन्धि (24 फरवरी, 1826)

- ब्रिटिशों को अराकान तथा तेनासीराम के क्षेत्र प्राप्त हुए।
- मणिपुर के स्वतन्त्र अस्तित्व को स्वीकारते हुए, उसे एक स्वतन्त्र राज्य बना दिया गया तथा गम्भीर सिंह को शासक के रूप में दोनों ने स्वीकार किया।
- बर्मा की राजधानी आवा में अब एक ब्रिटिश रेजिडेण्ट की नियुक्ति की जानी थी। कछार, असम तथा जयन्तिया से बर्मा ने अपना आधिपत्य वापस ले लिया।

द्वितीय आंग्ल-बर्मा युद्ध (1852 ई.)

- याण्डबू सन्धि के अन्तर्गत बहुत-से ब्रिटिश व्यापारी व्यापार करने के उद्देश्य से बर्मा के दक्षिणी तट एवं रंगून में बस गए, लेकिन कुछ समय पश्चात् ही इनके द्वारा बर्मा सरकार के नियमों एवं निर्देशों का उल्लंघन किया जाने लगा। दण्डस्वरूप बर्मा सरकार के द्वारा ब्रिटिश कप्तान शैपर्ड एवं लुईस पर भारी जुर्माना लगाया गया।
- बर्मा में कार्यरत् ब्रिटिश व्यापारियों के द्वारा सहायता माँगने से गवर्नर-जनरल डलहौजी को युद्ध के एक ऐसे अवसर की प्राप्ति हुई, जिसके माध्यम से इमारती लकड़ियों पर नियन्त्रण स्थापित किया जा सकता था। इसलिए उसने क्षतिपूर्ति के ऊपर बातचीत करने के उद्देश्य से कोमोडोर लेम्बर्ट को रंगून भेजा। यह फॉक्स नामक युद्धपोत का अफसर था।
- लेम्बर्ट के द्वारा बर्मा के राजा का एक जहाज पकड़ लिया गया। यही द्वितीय आंग्ल-बर्मा युद्ध का तत्कालीन कारण बना। इस युद्ध में बर्मा के शासक की हार हुई। तत्पश्चात् ब्रिटिशों के द्वारा 20 दिसम्बर, 1852 को उत्तरी बर्मा (लोअर बर्मा/पेगू) को ब्रिटिश आधिपत्य के अन्तर्गत शामिल कर लिया गया।

तृतीय आंग्ल–बर्मा युद्ध (1885-1888 ई.)

- यह युद्ध वायसराय लॉर्ड डफरिन के कार्यकाल में बर्मा सरकार द्वारा लट्ठ उद्योग पर भारी जुर्माना लगाने एवं फ्रांसीसियों के साथ अपने सम्बन्ध को अधिक बढ़ाने के कारण हुआ था। इस युद्ध में बर्मा सरकार की हार हुई एवं उसे पुन: ब्रिटिश साम्राज्य (आधिपत्य) के अन्तर्गत शामिल कर लिया गया।

भारत सरकार अधिनियम, 1935 के द्वारा बर्मा को भारत से पृथक् कर दिया गया। 4 जनवरी, 1948 को इसे एक स्वतन्त्र देश का दर्जा प्रदान कर दिया गया।

आंग्ल-अफगान युद्ध

प्रथम आंग्ल–अफगान युद्ध (1839-1842)

- इस युद्ध की शुरुआत गवर्नर-जनरल लॉर्ड ऑकलैण्ड के कार्यकाल में 1839 ई. में हुई।
- 1800 ई. में अहमदशाह अब्दाली का पौत्र शाहशुजा काबुल का शासक बना, लेकिन 1809 ई. में उसके भाई दोस्त मुहम्मद ने उसे गद्‌दी से उतारकर स्वयं को शासक घोषित कर दिया।
- वहीं दूसरी ओर रणजीत सिंह के द्वारा 1823 ई. में पेशावर को विजित किया गया, जिससे उसकी सीमा अफगान तक जा पहुँची। अफगानों के लिए सिख राज्य एक खतरे के रूप में उभरा था।
- शाहशुजा अपने खोए हुए राज्य को पुन: प्राप्त करना चाहता था। इसलिए उसने 1831 ई. में महाराजा रणजीत सिंह को कोहिनूर हीरा भेंट स्वरूप प्रदान कर, उनसे सहायता की माँग की।
- ऑकलैण्ड के द्वारा जब महाराजा रणजीत सिंह से दोस्त मुहम्मद को पेशावर नहीं दिलाया गया, तो दोस्त मुहम्मद ने रूस से सन्धि कर ली। वहीं दूसरी ओर ऑकलैण्ड ने जून, 1836 में त्रिगुट (ऑकलैण्ड, रणजीत सिंह एवं शाहशुजा) बनाया।
- इसी दौरान फारस ने 1837 ई. में रूस की सहायता से हेरात (अफगानिस्तान का सीमावर्ती शहर) पर अधिकार कर लिया। यह शहर सामरिक महत्त्व का भारत का प्रवेशद्वार था।
- ब्रिटिशों के द्वारा सितम्बर, 1937 में कैप्टन अलेक्जेण्डर बर्न्स को व्यापारिक यात्रा के नाम पर राजनीतिक परिवेश का आकलन करने हेतु काबुल भेजा गया, किन्तु असफल होकर वह 26 अप्रैल, 1938 को वापस भारत लौट आया।

ऑकलैण्ड ने 1840 ई. में शाहशुजा को काबुल की गद्‌दी पर बैठाया और साथ ही 10000 ब्रिटिश सैनिक उसकी सुरक्षा में लगाए गए। तत्पश्चात् दोस्त मुहम्मद के पुत्र अकबर खाँ के नेतृत्व में विद्रोह हो गया। ब्रिटिश पराजित हुए और मैकनाटन को अकबर खाँ के साथ अपमानजनक सन्धि करनी पड़ी। 1842 ई. तक समस्त ब्रिटिश सेना अफगान से वापस आ गई। इस युद्ध की समाप्ति 1842 ई. में गवर्नर-जनरल लॉर्ड एलनबरो के शासनकाल में हुई।

द्वितीय आंग्ल–अफगान युद्ध (1878-80 ई.)

- द्वितीय आंग्ल-अफगान युद्ध की शुरुआत लॉर्ड लिटन के कार्यकाल के दौरान हुई। लॉर्ड लिटन के द्वारा अफगान के सन्दर्भ में अग्रगामी नीति का पालन किया गया। इनके द्वारा नैविल चैम्बरलिन को राजदूत बनाकर अफगानिस्तान भेज दिया गया, लेकिन उसे अमीर शेर अली ने खैबर दर्रे से प्रवेश करने से मना कर दिया। फलस्वरूप लॉर्ड लिटन ने 21 नवम्बर, 1778 को युद्ध की घोषणा कर दी।
- लॉर्ड लिटन के द्वारा ब्रिटिश सेना को तीन ओर से आक्रमण करने के लिए अफगानिस्तान भेज दिया गया। तत्पश्चात् अमीर शेर अली काबुल से तुर्किस्तान की ओर पलायन कर गया और वहाँ पुन: ब्रिटिशों का आधिपत्य स्थापित हो गया। परिणामस्वरूप शेर अली के पुत्र याकूब खाँ के द्वारा ब्रिटिशों के साथ गण्डमक की सन्धि मई, 1879 में की गई।

गण्डमक की सन्धि (1879)

- याकूब खाँ के द्वारा काबुल में एक स्थायी ब्रिटिश रेजिडेण्ट रखने की बात स्वीकार कर ली गई। साथ ही हेरात तथा अन्य सीमावर्ती क्षेत्रों में एक ब्रिटिश प्रतिनिधि रखने की बात भी मान ली गई।
- उसके द्वारा यह भी स्वीकार किया गया कि उनके (ब्रिटिश भारत सरकार) परामर्श के बिना, वह किसी भी अन्य विदेशी शक्ति से विदेशी सम्बन्ध स्थापित नहीं करेगा।

अंग्रेजों का सिन्ध अभियान

- 1783 ई. में सिन्ध पर मीर फतहअली खाँ का प्रभुत्व स्थापित हुआ, परन्तु उसकी मृत्यु 1800 ई. में हो जाने के उपरान्त उसके भाइयों (चार यार/चार मित्र) के द्वारा सिन्ध को आपस में बाँट लिया गया। इन्हें सिन्ध के अमीर के नाम से जाना गया।
- लॉर्ड एलनबरो (गवर्नर-जनरल, 1942) ने अमीरों के साथ एक नई सन्धि कर उनसे अधिक प्रतिभूति (Security) एवं प्रदेश की माँग की। यह ऐसा समय था, जब वहाँ उत्तराधिकार के संघर्ष की शुरुआत हो चुकी थी।
- ब्रिटिशों के द्वारा मीर फतह के भाई अली मुराद का समर्थन उत्तराधिकारी के रूप में किया गया, न कि उसके पुत्रों का। यही विषम परिस्थिति आंग्ल-सिन्ध युद्ध के रूप में परिवर्तित हो गई और अन्तत: अगस्त, 1843 तक ब्रिटिशों के द्वारा सिन्ध प्रान्त के समस्त भू-भाग को अपने अधीन कर लिया गया।

आंग्ल-तिब्बत युद्ध (1904)

- तिब्बत एवं सिक्किम के मध्य सीमा विवाद को दूर करने एवं तिब्बत में रूस के बढ़ते प्रभाव को समाप्त करने के उद्देश्य से लॉर्ड कर्जन के द्वारा फ्रांसिस यंग हस्बैण्ड के नेतृत्व में एक सैन्य दल ल्हासा (तिब्बत की राजधानी) भेजा गया।
- तिब्बती एवं ब्रिटिश सेना के मध्य गुरु नामक स्थान पर युद्ध हुआ, जिसमें 700 तिब्बती सैनिक मारे गए। तत्पश्चात् इन दोनों के मध्य 7 सितम्बर, 1904 को ल्हासा की सन्धि हुई।

ल्हासा की सन्धि के प्रमुख प्रावधान

- क्षतिपूर्ति के रूप में तिब्बत के द्वारा ब्रिटिशों को ₹ 75 लाख देने की बात स्वीकार की गई। इस क्षतिपूर्ति राशि की जमानत के रूप में चुम्बी घाटी को ब्रिटिश आधिपत्य में रखने की बात स्वीकार की गई।
- तिब्बत के द्वारा किसी भी विदेशी प्रतिनिधि को तिब्बत में आने की अनुमति प्रदान नहीं की जाएगी। साथ ही वह उन्हें सड़कें, रेलवे, तार एवं खान स्थापित करने के सन्दर्भ में किसी भी प्रकार की न तो सुविधा और न ही रियायत प्रदान करेगा।

“

ब्रिटिश एवं भारतीय शोषणकारी वर्ग विशेषकर जमींदार, कुलीन एवं राजाओं की शोषणकारी नीतियों के विरुद्ध 18वीं सदी से ही किसानों, श्रमिकों एवं जनजातियों में विरोध का स्वर उभरा। जिससे बड़े स्तर पर आन्दोलन हुए।

अध्याय अट्ठाईस

कृषक, श्रमिक और जनजातीय आन्दोलन

किसान/कृषक आन्दोलन

- किसान आन्दोलन का मूल कारण ब्रिटिशों के द्वारा लाई गई **शोषणकारी भू-राजस्व** नीति रही।
- ब्रिटिश शासन की राजस्व व्यवस्था ने मध्यस्थों की एक नई श्रेणी विकसित की। बढ़ते हुए लगान के कारण किसान ऋण लेने को बाध्य हुए, जिससे साहूकारों के एक वर्ग का उदय हुआ।
- किसानों के द्वारा इन वर्गों के विरुद्ध विभिन्न विद्रोह किए गए, जिनका मुख्य उद्देश्य **सामन्तशाही बन्धनों को तोड़ना** अथवा **कमजोर करना** था। उन्होंने भूमि लगान बढ़ाने, बेदखली और साहूकारों की ब्याजखोरी के विरुद्ध विरोध प्रकट किया। प्रमुख कृषक विद्रोह निम्न हैं

मोपला विद्रोह *(1836-1922)*

- मोपला केरल के मालाबार क्षेत्र में लगभग 1000 वर्ष से अधिक समय से रह रहे **अरब** एवं **मलयाली मुसलमान** थे। ये अधिकतर छोटे किसान या व्यापारी थे। ब्रिटिश सरकार ने भू-स्वामियों के अधिकार का विस्तार करके उच्च जातीय हिन्दू नम्बूदरी एवं नायर भू-स्वामियों की शक्ति बढ़ा दी थी। इसके फलस्वरूप मोपलाओं ने विद्रोह किया।
- **पहला मोपला विद्रोह** 1836 ई. में हुआ। आरम्भ में यह केवल अमीर एवं गरीब के मध्य था, किन्तु बाद में इसे साम्प्रदायिक रंग दे दिया गया। 1836-54 ई. तक मालाबार में कुल 20 विद्रोह हुए।
- वर्ष 1921 में अली मुसलियार के नेतृत्व में पुनः इस आन्दोलन की शुरुआत हुई, जोकि **द्वितीय मोपला विद्रोह** के नाम से जाना जाता है। कृषकों में असन्तोष इस आन्दोलन का मूल कारण था, परन्तु कालान्तर में यह साम्प्रदायिक हो गया।

नम्बूदरी और नायर जैसे उच्च जाति के भू-स्वामियों को शासन, पुलिस और न्यायालय से संरक्षण प्राप्त था। मुसलमानों के धार्मिक गुरु तथा स्थानीय नेता **अली मुसलियार** को गिरफ्तार कराने के प्रयास में मस्जिदों पर छापे मारे गए, परिणामस्वरूप पुलिस को विद्रोहियों के आक्रामक व्यवहार का सामना करना पड़ा, जिसमें अनेक विद्रोही मारे गए।

- मोपला विद्रोह की उग्रता को देखते हुए सरकार ने धार्मिक गुरुओं तथा खिलाफत एवं कांग्रेस के नेता यू. गोपाल मेनन, के. माधवन नायर, याकूब हसन, पी. मोइद्दीन कोया इत्यादि को जेल में बन्द कर दिया। मोपला विद्रोह की उग्रता के कारण सरकार ने सैनिक शासन की घोषणा कर दी, परिणामस्वरूप वर्ष 1921 के अन्त तक मोपला विद्रोह को कुचल दिया गया।
- महात्मा गाँधी, अबुल कलाम आजाद और खिलाफत आन्दोलन के नेता शौकत अली ने मोपला विद्रोहियों का समर्थन किया।

नील विद्रोह (1859-60)

- बंगाल के वे काश्तकार, जो अपने खेतों में चावल की खेती करना चाहते थे, उन्हें यूरोपीय नील बागान मालिक नील की खेती करने के लिए विवश किया करते थे।
- नील विद्रोह की पहली घटना बंगाल के नदिया जिले में स्थित गोविन्दपुर गाँव में सितम्बर, 1859 में हुई।
- स्थानीय नेता दिगम्बर विश्वास और विष्णु विश्वास के नेतृत्व में किसानों ने नील की खेती बन्द कर दी। 1860 ई. तक नील आन्दोलन नदिया, पाबना, खुलना, ढाका, मालदा, दीनाजपुर आदि क्षेत्रों में फैल गया। किसानों की एकजुटता के कारण बंगाल में 1860 ई. तक नील के सभी कारखाने बन्द हो गए।

- 31 मार्च, 1860 में अंग्रेजों ने विवश होकर डब्ल्यू. एस. सीटोनकार के नेतृत्व में एक नील आयोग का गठन किया। इस आयोग ने सुझाव दिया कि किसी भी रैयत को नील की खेती के लिए बाध्य नहीं किया जाएगा और सभी विवादों का निपटारा कानूनी ढंग से होगा।
- नील विद्रोह को बंगाल के बुद्धिजीवियों, प्रेस, प्रचार माध्यमों, धर्म प्रचारकों (मिशनरियों) तथा कहीं-कहीं छोटे जमींदारों और महाजनों का भी सहयोग प्राप्त हुआ। इसमें हिन्दू पैट्रियाट के सम्पादक हरिश्चन्द्र मुखर्जी की विशेष भूमिका रही।
- नील बागान मालिकों के अत्याचार का खुला चित्रण दीनबन्धु मित्र ने अपने नाटक नील दर्पण में किया।

पाबना किसान विद्रोह (1873-76)

- यह विद्रोह 1873-76 ई. के मध्य बंगाल के पाबना जिले के यूसुफशाही परगने से शुरू हुआ।
- इस विद्रोह के दो मुख्य कारण थे, जिनमें प्रथम, जमींदारों द्वारा लगान की दरों को कानूनी सीमा से अधिक बढ़ा देना और दूसरा, 1859 के अधिनियम X के तहत काश्तकारों को जमीन पर मिले अधिकारों से जमींदारों द्वारा वंचित करना था। फलतः 1873 ई. में किसानों ने पाबना जिले के यूसुफशाही में किसान संघ की स्थापना की और किसानों को संगठित करना आरम्भ कर दिया।
- इस संघ ने किसानों को संगठित करने, लगान न देने, जमींदारों के विरुद्ध मुकदमे के खर्च के लिए चन्दा एकत्रित करने जैसे कार्य किए। इनके द्वारा साहूकारों एवं महाजनों के पास गिरवी के रूप में रखे गए ऋण-पत्रों एवं डिक्रियों को लूटकर आग में जला दिया गया।
- कानून के दायरे में इस आन्दोलन का विस्तार करना इसकी प्रमुख विशेषता थी। पाबना विद्रोह के प्रमुख नेता ईशानचन्द्र राय, केशवचन्द्र राय, शम्भूपाल इत्यादि थे। लेफ्टिनेण्ट गवर्नर कैम्पबेल ने भी पाबना विद्रोह का समर्थन किया था, क्योंकि यह विद्रोह अंग्रेजी शासन के विरुद्ध न होकर जमींदारों के विरुद्ध था। इस विद्रोह की प्रकृति अहिंसात्मक थी।
- पाबना विद्रोह में किसानों का नारा था "हम सिर्फ और सिर्फ महारानी की रैयत होना चाहते हैं।" इस विद्रोह की जाँच के लिए गठित आयोग की संस्तुति पर सरकार द्वारा बंगाल टेनेन्सी एक्ट, 1885 पारित किया गया।
- बंगाल टेनेन्सी एक्ट, 1885 बंगाल सरकार का एक अधिनियम था, जिसके माध्यम से जमींदारों और किरायेदारों के अधिकार को परिभाषित किया गया था। यह अधिनियम बंगाल, बिहार में कृषि भूमि के किरायेदारों को कुछ अधिकार देने हेतु लागू किया गया था।
- इस आन्दोलन की एक विशेषता यह भी थी कि हिन्दू और मुस्लिम एक साथ कन्धे-से-कन्धा मिलाकर आन्दोलनरत रहे, यह साम्प्रदायिक सौहार्द्र का एक अनूठा उदाहरण था।
- बंगाल के बुद्धिजीवी बंकिमचन्द्र चट्टोपाध्याय, सुरेन्द्रनाथ बनर्जी, द्वारकानाथ गांगुली, आनन्द मोहन बोस तथा आर. सी. दत्त ने पाबना आन्दोलन का समर्थन किया। पाबना विद्रोह पर मुजफ्फर हुसैन ने जमींदार दर्पण नामक नाटक लिखा।

दक्कन विद्रोह (1874-75)

- पश्चिमी भारत के दक्कन क्षेत्र में मुख्यतः महाराष्ट्र के पुणे एवं अहमदनगर जिलों में होने वाले कृषक विद्रोह का मुख्य कारण रैयतवाड़ी भू-राजस्व व्यवस्था थी। यहाँ के किसान करों के भारी बोझ के साथ-साथ साहूकारों के चंगुल में भी फँसे हुए थे।
- साथ ही 1864 ई. में अमेरिका में नागरिक युद्ध (Civil War) के समाप्त होते ही कपास की माँग में कमी आई, जिससे निर्यात में भी कमी आई, लेकिन इस स्थिति के विपरीत सरकार अब भी किसानों से भारी भू-कर वसूल कर रही थी।
- 1867 ई. में सरकार ने भू-राजस्व की दरों में 50% की वृद्धि कर दी, जिससे कृषक समस्याएँ चरम पर पहुँच गईं, इन्हीं परिस्थितियों में दक्कन में उपद्रव हुए। दक्कन साहूकारों में अधिकांश बाहरी मारवाड़ी तथा गुजराती थे। लगान अदायगी के लिए कृषक इनसे प्रायः कर्ज लिया करते थे।
- कर्ज देने के बदले साहूकार कृषकों की सम्पत्ति को अपने कब्जे में लेकर, उन्हें अपने चंगुल में फँसा लेते थे। यह विद्रोह पूना, शोलापुर तथा सतारा तक फैल गया। ऋण सम्बन्धी कागजात (कर्ज की प्रतियाँ) तथा करारनामे लूट लिए गए और उनको जलाया गया। सरकार ने आन्दोलनकारियों के प्रति दमनकारी नीतियाँ अपनाईं।
- इन दंगों की प्रकृति तथा कारणों की जाँच के लिए सरकार ने आयोग (दक्कन उपद्रव आयोग) भी नियुक्त किया। आयोग का एकमत से निष्कर्ष था कि गरीबी के परिणामस्वरूप किसानों की ऋणग्रस्तता दक्कन विद्रोह का एकमात्र कारण था।
- दक्कन कृषक राहत अधिनियम, 1879 पारित हुआ, जिसके द्वारा कृषकों को महाजनों के विरुद्ध संरक्षण प्राप्त हुआ। दीवानी विधि संहिता में संशोधन करते हुए ऋण की पुनर्अदायगी कर पाने में असमर्थ किसानों को अब जेल में बन्द नहीं रखा जा सकता था।

अवध किसान आन्दोलन (1918)

- अवध के क्षेत्र में सर्वप्रथम किसानों को जमींदारों और तालुकदारों के शोषण के विरुद्ध संगठित करने का प्रयास होमरूल लीग के कार्यकर्ताओं ने किया।
- गौरी शंकर मिश्र, इन्द्र नारायण द्विवेदी तथा मदन मोहन मालवीय के प्रयत्नों से फरवरी, 1918 में अवध में संयुक्त प्रान्त किसान सभा का गठन किया गया।
- इस किसान सभा को शक्तिशाली बनाने में बाबा रामचन्द्र, झिंगूरी लाल सिंह तथा दुर्गपाल की महत्त्वपूर्ण भूमिका थी। संयुक्त प्रान्त किसान सभा ने शीघ्र ही शोषण के विरुद्ध आन्दोलन शुरू कर दिया।
- प्रतापगढ़ के एक जिले में वर्ष 1919 में नाई-धोबी बन्द (जमींदारों, तालुकदारों का सामाजिक बहिष्कार) नामक आन्दोलन चलाया गया। इस आन्दोलन का प्रमुख केन्द्र प्रतापगढ़ जिले का रूर गाँव था।
- फैजाबाद, सुल्तानपुर एवं रायबरेली इन आन्दोलन के प्रमुख केन्द्र थे।
- वर्ष 1920 में बाबा रामचन्द्र के द्वारा अवध किसान सभा का गठन किया गया था। इस सभा के माध्यम से किसानों से अपील की गई कि वे जमींदारों के यहाँ बेगारी न करें एवं उनके खेतों में हल न चलाएँ। इस आन्दोलन का प्रमुख केन्द्र प्रतापगढ़ का रूर गाँव था।

एका आन्दोलन (1920-21)

- इस आन्दोलन का मुख्य कारण जमींदारों द्वारा की गई अत्यधिक लगान वृद्धि एवं गैर-कानूनी रूप से खेतों को छीना जाना था। साथ ही, जमींदारों के द्वारा किसानों से अतिरिक्त शुल्क, उपकर तथा भेंट आदि ली जाती थीं। उनसे बलपूर्वक बेगारी भी करवाई जाती थी।
- यह आन्दोलन अवध के **किसान आन्दोलन** का ही विस्तार था। इस आन्दोलन का क्षेत्र **हरदोई**, **बाराबंकी**, **बहराइच** एवं **सीतापुर** था। इस आन्दोलन का नेतृत्व पिछड़ी जातियों के मदारी पासी एवं सहदेव ने किया था। यह आन्दोलन किसानों के संगठित विद्रोह की पहली घटना थी।
- इस आन्दोलन में आन्दोलनकारियों की एक प्रमुख माँग यह थी कि "बढ़ती महँगाई के कारण लगान का नकद में रूपान्तरण किया जाए"।
- इस आन्दोलन का पुलिस ने बर्बरता से दमन (वर्ष 1922) कर दिया, क्योंकि इन आन्दोलनकारियों के द्वारा **अहिंसात्मक नीतियों** का पालन किया गया था। यह आन्दोलन अन्य किसान आन्दोलनों से इस मामले में भिन्न था कि इसमें काश्तकारों के साथ-साथ निम्न स्तर के जमींदार भी सम्मिलित थे।

बारदोली सत्याग्रह (1928)

- सूरत के बारदोली तालुका में वर्ष 1928 में किसानों द्वारा लगान वृद्धि के विरोध में यह आन्दोलन चलाया गया। गुजरात के किसान आन्दोलन में **कुनबी-पाटीदार** जातियों के भू-स्वामी किसानों ने ही नहीं, बल्कि **कालिपराज** (काले लोग) जनजाति के लोगों ने भी प्रतिभाग लिया। कालिपराज निम्न जाति के लोग थे, जिनकी स्थिति अत्यन्त दयनीय थी।
- उन्हें हाली पद्धति के अन्तर्गत उच्च जातियों के यहाँ पुश्तैनी मजदूर के रूप में कार्य करना होता था। वर्ष 1927 में गाँधीजी ने कालीपराजों को नया नाम **रानीपराज** दिया।
- वर्ष 1927 में भीम भाई नाइक और शिवदासानी के नेतृत्व में किसानों का एक प्रतिनिधि मण्डल बम्बई सरकार के राजस्व विभाग के प्रमुख से मिला। इसके पश्चात् फरवरी, 1928 में वल्लभभाई पटेल के नेतृत्व में वामलो गाँव में सभा हुई। जनमत संग्रह कराने के उद्देश्य से **बारदोली सत्याग्रह** नामक पत्रिका प्रकाशित की जाने लगी।
- वायसराय इरविन ने भी बम्बई के गवर्नर के. विल्सन के मामले को शीघ्र निपटाने का आदेश दिया था। कांग्रेस के नरमपन्थी गुट विशेषकर वल्लभभाई पटेल ने बढ़ी हुई लगान राशि के सन्दर्भ में **सर्वेण्ट ऑफ इण्डिया सोसायटी** के माध्यम से सरकार द्वारा किसानों की माँगों की जाँच करवाने का अनुरोध किया।
- सरकार ने **ब्रूम फील्ड** और **मैक्सवेल** को बारदोली मामले की जाँच का आदेश दिया। जाँच रिपोर्ट में बढ़ी हुई 30% लगान दर को अवैध करार दिया गया। सरकार ने लगान दर को घटाकर 6.03% कर दिया।
- बारदोली सत्याग्रह के समय ही यहाँ की महिलाओं की ओर से गाँधीजी ने **वल्लभभाई पटेल** को **सरदार** की उपाधि से विभूषित किया। वल्लभभाई पटेल के नेतृत्व में बारदोली का सफल किसान आन्दोलन सम्पन्न हुआ।

तेभागा आन्दोलन (1946)

- 20वीं सदी के पूर्वार्द्ध का यह किसान आन्दोलन बंगाल का सर्वाधिक सशक्त आन्दोलन था। इस आन्दोलन द्वारा किसानों ने जोतदारों को केवल एक-तिहाई हिस्सा देने की घोषणा की।
- यह जोतदारों के विरुद्ध बटाईदारों का आन्दोलन था, जिसे **कम्पाराम** और **भवन सिंह** जैसे नेताओं ने नेतृत्व प्रदान किया।
- बंगाल किसान सभा के नेतृत्व में सभाओं एवं प्रदर्शनियों का आयोजन किया गया तथा **तिभागा चाइ** (हमें 2/3 भाग चाहिए) एवं **इंकलाब जिन्दाबाद** जैसे नारे लगाए।
- बंगाल भू-राजस्व अथवा फ्लाउड कमीशन से प्रेरित यह आन्दोलन स्वतन्त्रता प्राप्ति तक चलता रहा। इस आन्दोलन का कार्यक्षेत्र त्रिपुरा के हसनाबाद से लेकर बंगाल के नोआखाली तक था।
- वर्ष 1949 में सरकार के द्वारा किसानों की अधिकांश माँगों को मानते हुए **बर्गाधार अधिनियम** बनाया गया।

प्रमुख आन्दोलनों का संक्षिप्त विवरण

आन्दोलन/ संगठन/विद्रोह	संस्थापक/ अध्यक्ष/नेता	वर्ष	विस्तार क्षेत्र
चम्पारण सत्याग्रह	महात्मा गाँधी	1917	बिहार
खेड़ा सत्याग्रह	महात्मा गाँधी	1918	गुजरात
उत्तर प्रदेश किसान सभा	गौरी शंकर मिश्र, इन्द्र नारायण द्विवेदी, मदन मोहन मालवीय	1918	उत्तर प्रदेश
अवध किसान सभा	बाबा रामचन्द्र	1920	उत्तर प्रदेश
एका आन्दोलन	मदारी पासी	1920-21	उत्तर प्रदेश
बारदोली सत्याग्रह	वल्लभभाई पटेल	1928	गुजरात
बिहार किसान संघ	स्वामी सहजानन्द सरस्वती	1929	बिहार
उत्कल प्रान्तीय किसान सभा	मालती चौधरी	20वीं सदी	ओडिशा
कृषक प्रजा पार्टी	अकरम खान, अब्दुर्रहीम खान, फजलुल हक	1929	बंगाल
प्रथम भारतीय किसान स्कूल	एन. जी. रंगा	1938	आन्ध्र प्रदेश
अखिल भारतीय किसान सभा	स्वामी सहजानन्द सरस्वती	1936	
तेभागा आन्दोलन	कम्पाराम, भवन सिंह	1946	त्रिपुरा, बंगाल
तेलंगाना आन्दोलन		1945-51	आन्ध्र प्रदेश

तेलंगाना आन्दोलन (1946-51)

- यह आन्दोलन तेलुगू भाषी किसानों के द्वारा उन पुलिस एवं गुण्डों के विरुद्ध किया गया, जो शोषणकारी जमींदारों का सहयोग एवं समर्थन किया करते थे। इस समय तेलंगाना हैदराबाद रियासत का भाग था।
- यह आन्दोलन तात्कालिक रूप से अति उग्र तब हो गया, जब **कुमारैया** की हत्या, वहाँ की स्थानीय पुलिस द्वारा कर दी गई।
- इस विद्रोह में नालगोण्डा के किसानों के द्वारा हिंसात्मक व्यवहार अपनाया गया था।
- यह युद्ध **गुरिल्ला पद्धति** के माध्यम से वर्ष 1951 तक चला, जिसमें कम्युनिस्ट पार्टी एवं आन्ध्र सभा का सहयोग मिला।

अखिल भारतीय किसान सभा (1936)

- सविनय अवज्ञा आन्दोलन की समाप्ति के बाद 11 अप्रैल, 1936 को **बिहार किसान सभा**, **आन्ध्र प्रान्तीय किसान सभा** एवं **किसान संघ** को सम्मिलित करते हुए लखनऊ में एक अखिल भारतीय किसान सभा की स्थापना की गई।

- अखिल भारतीय किसान सभा का पहला अधिवेशन अप्रैल, 1936 में लखनऊ में आयोजित किया गया। स्वामी सहजानन्द इसके पहले अध्यक्ष, जबकि एन. जी. रंगा को इसका पहला महासचिव नियुक्त किया गया।
- इसी सभा में निर्णय लिया गया कि 1 सितम्बर, 1936 को किसान दिवस के रूप में मनाया जाएगा। फैजपुर में कांग्रेस सम्मेलन के समय समानान्तर होने वाले अखिल भारतीय किसान आन्दोलन की अध्यक्षता भी एन. जी. रंगा ने की थी।
- अखिल भारतीय किसान सभा का मुख्य उद्देश्य जमींदार वर्ग द्वारा किए जा रहे आर्थिक शोषण से किसानों को बचाना था। साथ ही भू-राजस्व की समाप्ति, राजस्व लगान में कमी करना, मजदूरों को न्यूनतम मजदूरी प्रदान करना इत्यादि इनकी मुख्य माँगें थीं।

भारत में श्रमिक आन्दोलन

- मजदूरों अथवा श्रमिकों का आन्दोलन पहली बार 1877 ई. में सामने आया, जब उन्होंने नागपुर की एम्प्रेस मिल में अपने वेतन की दरों के विरुद्ध हड़ताल की। 1878 ई. में सोराबजी शपूरजी बंगाली ने बम्बई विधानपरिषद् में श्रमिकों के कार्य के घण्टे कम करने हेतु एक बिल रखने की कोशिश की।
- 1890 ई. में एन. एम. लोखण्डे ने बम्बई मिल हैण्ड्स एसोसिएशन की स्थापना की, जिसे आंशिक रूप से भारत का पहला मजदूर संघ माना जाता है।
- वर्ष 1918 में वी. पी. वाडिया द्वारा गठित मद्रास मजदूर संघ (MLU) भारत का पहला मजदूर संगठन था। वर्ष 1918 में गाँधीजी ने अहमदाबाद में टेक्सटाइल लेबर एसोसिएशन (ATLA) की स्थापना की, जो सम्भवत: उस समय की सबसे बड़ी ट्रेड यूनियन थी। इसकी संस्था के माध्यम से गाँधीजी ने अपने सुप्रसिद्ध ट्रस्टीशिप सिद्धान्त का प्रतिपादन किया था।
- भारत सरकार ने वर्ष 1919 के अन्तर्राष्ट्रीय श्रम संगठन (ILO) के वाशिंगटन सम्मेलन में बी. पी. वाडिया को भारत के मजदूरों का प्रतिनिधि बनाकर भेजा था।

एटक (AITUC) की स्थापना

- वर्ष 1920 में एन. एम. जोशी, जोसेफ बैप्टिस्ट तथा लाला लाजपत राय के प्रयासों से अखिल भारतीय ट्रेड यूनियन कांग्रेस (AITUC) की स्थापना हुई।
- इसका प्रथम अधिवेशन लाला लाजपत राय की अध्यक्षता में वर्ष 1920 में बम्बई में हुआ। इसके उपाध्यक्षों में तिलक, जोसेफ बैपटिस्ट, ऐनी बेसेण्ट, सी. एफ. एण्ड्रयूज एवं एस. ए. बरेलवी थे। दीवान चमन लाल इसके महामन्त्री बने। इसकी स्थापना में अनेक कांग्रेसी नेताओं का भी योगदान था। एक प्रकार से यह भारतीय राष्ट्रीय कांग्रेस की एक ट्रेड यूनियन इकाई बन गई।
- वर्ष 1929 के नागपुर अधिवेशन में जब पण्डित जवाहरलाल नेहरू ऑल इण्डिया ट्रेड यूनियन, कांग्रेस के अध्यक्ष थे, तो इसका प्रथम विभाजन हुआ तथा एन. एम. जोशी, वी. वी. गिरि एवं शिवराज के नेतृत्व में वर्ष 1929 में इण्डियन ट्रेड यूनियन फेडरेशन (ITUF) का गठन हुआ। इसका दो भागों में विभाजन हो गया। विभाजन का मुख्य मुद्दा था—एटक (AITUC) अंग्रेजों द्वारा नियुक्त रॉयल कमीशन ऑन लेबर का बहिष्कार करेगी या नहीं।
- वर्ष 1931 में एटक का द्वितीय विभाजन हुआ, जब रणदिबे और देशपाण्डे के नेतृत्व में रेड ट्रेड यूनियन कांग्रेस (RTUC) का गठन किया गया।
- वर्ष 1934 में AITUC (एटक) और RTUC का विलय हो गया।
- वर्ष 1938 में ITUF का भी AITUC में विलय हो गया। तदुपरान्त वर्ष 1938 में इनका पहला संयुक्त अधिवेशन नागपुर में हुआ।
- केन्द्रीय मजदूर संघ के संगठनों को एक करने के प्रयासों के परिणामस्वरूप वर्ष 1933 में नेशनल ट्रेड यूनियन फेडरेशन (National Trade Union Federation, NTUF) की स्थापना हुई।

इण्टक (INTUC)

- द्वितीय विश्वयुद्ध के पश्चात् एक बार पुन: AITUC में विभाजन हुआ। मई, 1947 में इण्डियन नेशनल ट्रेड यूनियन कांग्रेस (INTUC) का गठन वल्लभभाई पटेल एवं वी. वी. गिरि के नेतृत्व में हुआ, जिसके प्रथम अध्यक्ष वल्लभभाई पटेल थे।
- इसी समय समाजवादियों द्वारा वर्ष 1948 में हिन्द मजदूर सभा का गठन किया गया, जबकि मई, 1949 में प्रो. के. टी. शाह ने यूनाइटेड ट्रेड यूनियन कांग्रेस (UTUC) गठित की।

जन एवं जनजातीय आन्दोलन

- औपनिवेशिक काल में अंग्रेजों ने अपने साम्राज्य विस्तार के क्रम में कृषकों एवं आदिवासियों को उनकी जमीनों तथा क्षेत्रों से बेदखल किया, जिससे इन समुदायों में ब्रिटिश राज के प्रति तीव्र असन्तोष उत्पन्न हो गया।
- इस असन्तोष को तब और बढ़ा दिया गया, जब ईसाई मिशनरियों के द्वारा जनजातीय लोगों की संस्कृति में हस्तक्षेप किया गया एवं ब्रिटिशों के द्वारा उनके अधिकारों; जैसे-वन सम्पदा के प्रयोग से वंचित कर दिया गया तथा उनके ऊपर नमक एवं आबकारी कर को अधिरोपित कर दिया गया। परिणामस्वरूप समय-समय पर देश के विभिन्न भागों में जनजातीय विद्रोह हुए। जिनका वर्णन निम्न है

संन्यासी विद्रोह (1770-1820)

- इस आन्दोलन की शुरुआत 1770 ई. में बंगाल में हुई। इस आन्दोलन के प्रमुख कारण अत्यधिक शोषण, अकालों की बारम्बारता, अंग्रेजों की लूटपाट, आर्थिक मन्दी व राजनैतिक अशान्ति तथा अंग्रेजों द्वारा हिन्दू व मुस्लिम तीर्थस्थानों की यात्रा पर लगाया गया प्रतिबन्ध था।
- ढाका, रंगपुर तथा मैमनपुर इस विद्रोह से अधिक प्रभावित थे। इस आन्दोलन के प्रमुख नेतृत्वकर्ता द्विज नारायण झा, भवानी पाठक, चिराग अली, मूसा शाह तथा देवी चौधरानी आदि थे। इस विद्रोह की प्रमुख विशेषता हिन्दू-मुस्लिम एकता थी।
- बंकिमचन्द्र द्वारा रचित आनन्दमठ (1882 ई. में प्रकाशित) नामक उपन्यास में इस विद्रोह का वर्णन है। वॉरेन हेस्टिंग्स के द्वारा इस आन्दोलन को दबा दिया गया।
- भारत का राष्ट्रगीत वन्दे मातरम् आनन्दमठ से उद्धृत किया गया है।

चुआर विद्रोह (1768-1802)

- चुआर विद्रोह 1768 ई. में दुर्जन सिंह तथा जगन्नाथ के नेतृत्व में बंगाल के मिदनापुर जिले में हुआ था, इसे जंगलमहल भी कहा जाता था। इस विद्रोह के प्रमुख कारणों में चुआरों की भूमि पर ब्रिटिशों का अवैध कब्जा, उनके क्षेत्रों में बाहरी लोगों को बसाना, बढ़ा हुआ भूमि कर एवं अकाल के कारण उत्पन्न आर्थिक संकट आदि थे।
- इस विद्रोह के प्रमुख नेता जगन्नाथ पातर, रघुनाथ महतो, श्याम गंजम, मंगल सिंह एवं दुर्जन सिंह आदि थे।
- यह विद्रोह लगभग 30 वर्षों तक चला।

पाइक विद्रोह (1817-1825)

- यह विद्रोह 1817 ई. से 1825 ई. के बीच उड़ीसा के खुर्दा जिले की पाइक जनजाति ने शुरू किया। इसका नेतृत्व बख्शी जगबन्धु ने किया। इन्हें खुर्दा के राजा के द्वारा सैन्य कमाण्डर नियुक्त किया गया था।
- पाइक लगान मुक्त भूमि का उपयोग करने वाले सैनिकों के वंशज थे और ये लगान मुक्त भूमि सैन्य गतिविधियों के संचालन हेतु राजाओं के द्वारा पाइक जनजाति को दी जाती थीं।
- इसी के आवण्टन पर ब्रिटिशों के द्वारा रोक लगा दी गई थी, इसके पश्चात् पाइक विद्रोह की घटना घटित हुई।

रामोसी आन्दोलन (1822-41)

- रामोसी आन्दोलन महाराष्ट्र में विशेषकर पश्चिमी घाट में निवासित रामोसी जनजाति के द्वारा ब्रिटिशों की शोषणकारी नीतियों के परिणामस्वरूप उत्पन्न अकाल तथा भूख की समस्या के चलते प्रारम्भ हुआ था।
- चित्तर सिंह एवं नरसिंह पेतकर इसके प्रमुख नेता थे।

भील विद्रोह (1818-1846)

- इस विद्रोह का प्रारम्भ 1818 ई. में पश्चिमी घाट क्षेत्र में हुआ था। भीलों की आदिम जाति पश्चिमी तट के खानदेश जिले में रहती थी। अंग्रेजों ने खानदेश पर अपना अधिकार कर लिया, फलस्वरूप भीलों ने 1820 ई. में दशरथ के नेतृत्व में विद्रोह कर दिया, जिसे अंग्रेजी सेना ने दबा दिया।
- 1822 ई. में हिरिया ने भीलों का नेतृत्व किया था। इस विद्रोह का प्रमुख कारण कृषि सम्बन्धी परेशानियाँ थीं, जोकि अंग्रेजों द्वारा उत्पन्न की गई थीं। 1825 ई. में सेवाराम के नेतृत्व में भीलों ने पुनः विद्रोह किया।

खासी विद्रोह (1829-1833)

- 1824 ई. में ब्रह्मपुत्र नदी घाटी क्षेत्र पर ब्रिटिशों का आधिपत्य स्थापित हो गया। फलस्वरूप उत्तरी-पूर्वी भारत में अपना साम्राज्य विस्तारित करने के लिए जब इनके द्वारा खासी पहाड़ियों से सिलहट के बीच सड़क मार्ग बनाना शुरू किया गया, तो स्थानीय लोगों ने इसे (ब्रिटिश राज का) उनकी स्वतन्त्रता पर हस्तक्षेप मानते हुए विद्रोह कर दिया। स्थानीय खाम्पटी एवं सिंहपो लोगों ने राजा तीरत सिंह के नेतृत्व में विद्रोह किया।
- इस विद्रोह में वारमानिक एवं मुकुन्द सिंह ने भी विशेष योगदान दिया था। विद्रोह को 1833 ई. तक बर्बर सैन्य कार्यवाही के द्वारा दबा दिया गया।

अहोम विद्रोह (1828-1833)

- 1828 ई. में जब ब्रिटिश साम्राज्य ने असम के अहोम क्षेत्र को अंग्रेजी राज में मिलाने का प्रयास किया, तब गोमधर कुँवर के नेतृत्व में अहोम लोगों ने ब्रिटिश राज के विरुद्ध विद्रोह किया।
- विद्रोह को तत्कालीन समय में सैनिक कार्यवाही द्वारा दबा दिया गया, परन्तु 1830 ई. में कुमार रूपचन्द के नेतृत्व में पुनः विद्रोह की स्थिति को देखते हुए अंग्रेजों ने असम के महाराजा पुरन्दर सिंह को उत्तरी असम प्रदेश देकर विद्रोह का शान्तिपूर्वक समाधान किया।

कोल विद्रोह (1828-32)

- कोल विद्रोह 1831 ई. में छोटानागपुर क्षेत्र में सम्पन्न झारखण्ड का प्रथम सुसंगठित एवं व्यापक जनजातीय आन्दोलन था। इस विद्रोह का प्रमुख कारण कोल आदिवासियों की जमीन छीनकर मुस्लिम एवं सिख कृषकों को देना था।
- अन्य कारण; जैसे-लगान न चुका पाने की स्थिति में उनकी भूमि का मालिकाना अधिकार छीन लेना, बलपूर्वक अफीम की खेती करवाना, 1824 ई. में पतचुई नामक कर लाना, पड़हा पंचायत व्यवस्था के स्थान पर ब्रिटिश कानून को लागू करना इत्यादि थे।
- इस विद्रोह में सुर्गा एवं सिंगराय ने महत्त्वपूर्ण भूमिका निभाई थी। इस विद्रोह के प्रमुख नेता बुधु भगत थे। इनकी मृत्यु के पश्चात् 1832 ई. में इसका नेतृत्व गंगा नारायण ने किया।
- यह विद्रोह मुख्य रूप से राँची, मानभूम, हजारीबाग, पलामू एवं सिंहभूम क्षेत्रों में हुआ था। 1848 ई. के पश्चात् इस विद्रोह को दबा दिया गया।

खोण्ड एवं सवार विद्रोह (1837-1856)

- यह विद्रोह 1837 ई. से 1856 ई. के बीच तमिलनाडु, उड़ीसा, बंगाल एवं मध्य भारत में रहने वाली खोण्ड एवं सवार जनजातियों द्वारा ब्रिटिश सरकार के विरुद्ध किया गया था।
- खोण्ड विद्रोह के कारण सरकार द्वारा नरबलि पर रोक लगाना, नए कर लगाना एवं उनके क्षेत्रों में जमींदारों एवं साहूकारों का प्रवेश करना इत्यादि थे।
- इस विद्रोह का नेतृत्व चक्र बिसोई ने किया था, किन्तु 1855 ई. में इनके लापता हो जाने के बाद राधाकृष्णन दण्डसेन आदि ने भी इस विद्रोह में विशेष भूमिका निभाई थी।

सन्थाल विद्रोह (1855-1856)

- आदिवासी विद्रोहों में सन्थाल विद्रोह सबसे अधिक शक्तिशाली एवं महत्त्वपूर्ण माना जाता है। इसे हूल आन्दोलन के उपनाम से भी जाना जाता है।
- भागलपुर एवं राजमहल (दामन-ए-कोह) के सन्थाल आदिवासियों ने 1855 ई. में सिद्धू एवं कान्हू के नेतृत्व में जमींदारों, साहूकारों के अत्याचार (अत्यधिक ब्याज वसूली), अधिकारियों के भ्रष्टाचार, अदालतों के द्वारा त्वरित न्याय न मिलने, अपनी ही जमीनों से बेदखली इत्यादि के विरुद्ध विद्रोह किया। विद्रोहियों ने सन्थाल परगना गठित करने की माँग उठाई थी।

- अपनी सशक्त प्रकृति के कारण विद्रोह वीरभूमि, बांकुरा, सिंहभूम, मुंगेर, हजारीबाग एवं भागलपुर जिलों में फैल गया। ब्रिटिश सरकार ने सैन्य कार्यवाही द्वारा अगस्त, 1855 में सिद्धू को तथा फरवरी, 1856 में कान्हू को गिरफ्तार कर (कमिश्नर ब्राउन एवं मेजर जनरल लॉयड के नेतृत्व में) विद्रोह को दबा तो दिया, किन्तु क्षेत्र में शान्ति स्थापित करने के लिए सरकार को विद्रोहियों की पृथक् सन्थाल परगना गठित करने की माँग माननी पड़ी और सन्थाल परगना काश्तकारी अधिनियम बनाया गया।

नोट *सन्थाल परगना काश्तकारी अधिनियम, 1876 या एसपीटी एक्ट आदिवासी भूमि को गैर आदिवासियों को हस्तान्तरित करने पर रोक लगाता है। इस अधिनियम के तहत भूमि को विरासत में ही प्राप्त किया जा सकता है। इस अधिनियम के तहत खेतिहर जमीन की खरीद-बिक्री नहीं की जा सकती है।*

रम्पा विद्रोह (1879-1924)

- यह विद्रोह **आन्ध्र प्रदेश** के **गोदावरी जिले** के उत्तर में स्थित रम्पा क्षेत्र में 1879 ई. में हुआ था। आदिवासियों का यह विद्रोह साहूकारों के शोषण सूदखोरी, बेगारी तथा वन कानूनों के विरुद्ध हुआ।
- वर्ष 1922-24 के मध्य हुए रम्पा विद्रोह के नेता **अल्लूरी सीताराम** राजू थे, जो गैर-आदिवासी नेता थे, इन्हें गाँधीजी के असहयोग आन्दोलन से प्रेरणा प्राप्त हुई। वर्ष 1924 में इस आन्दोलन को कुचल दिया गया।

हो एवं मुण्डा विद्रोह (1899-1900)

- अंग्रेजों द्वारा छोटानागपुर तथा सिंहभूम जिलों से हो तथा मुण्डा आदिवासियों को बेदखल किए जाने के कारण ही जनजातियों ने 1820-22 ई. तथा 1831 ई. में अंग्रेजों का प्रतिरोध किया। बंगाल के पोरहाट के तत्कालीन राजा जगन्नाथ ने आदिवासियों की विद्रोह में सहायता की थी।
- मुण्डा विद्रोह 1874 ई. से प्रारम्भ हुआ तथा 1895 ई. में बिरसा मुण्डा (जन्म-15 नवम्बर, 1875) द्वारा नेतृत्व सम्भाले जाने पर यह प्रबल रूप में सामने आया, इन्होंने 1899 ई. में क्रिसमस की पूर्व संध्या पर विद्रोह की घोषणा की, जो वर्ष 1900 में सम्पूर्ण मुण्डा क्षेत्र में फैल गया।
- मुण्डों की पारम्परिक भूमि व्यवस्था खूँटकट्टी में परिवर्तन के विरुद्ध मुण्डा विद्रोह की शुरुआत हुई, लेकिन कालान्तर में बिरसा ने इसे धार्मिक राजनीतिक आन्दोलन का रूप प्रदान किया। इस विद्रोह को उल्गुलान विद्रोह (महा विद्रोह अथवा महान हलचल) के नाम से जाना गया।

नोट *बिरसा मुण्डा के गुरु आनन्द पाण्डे थे।*

- बिरसा को प्रारम्भिक प्रसिद्धि बीमारियों को ठीक करने की योग्यता के कारण प्राप्त हुई। बिरसा ने स्वयं को भगवान का दूत घोषित किया और कहा कि "दिकुओं (गैर-आदिवासी) से हमारी लड़ाई होगी और उनके खून से जमीन इस तरह लाल होगी जैसे लाल झण्डा।"
- हजारों लोग, जो इनके अनुयायी थे, उनसे सिंगा बोंगा की पूजा करने को कहा तथा 1899 ई. में इन्होंने दिकु (बाहरी महाजन, हाकिम, ठेकेदार) तथा ईसाइयों (अंग्रेजों) को भगाने का आह्वान किया। इस आन्दोलन के दौरान कटोंग बाबा कटोंग नामक गीत अधिक लोकप्रिय था।
- बिरसा मुण्डा ने घोषित किया कि कलयुग को समाप्त कर सतयुग लाएँगे। इनके आह्वान पर इनके अनुयायियों ने अंग्रेजों पर आक्रमण कर दिया। 3 फरवरी, 1900 को इन्हें सिंहभूम में गिरफ्तार कर लिया गया तथा राँची जेल में इनकी हैजे से मृत्यु हो गई।

नागा विद्रोह (1932)

- यह विद्रोह नागालैण्ड में रोंगमई जदोनांग के द्वारा प्रारम्भ किया गया था, लेकिन जब अगस्त, 1931 में इन्हें ब्रिटिशों के द्वारा फाँसी दे दी गई, तो इसका नेतृत्व रानी गौडिनल्यू के द्वारा किया गया। इस विद्रोह का मुख्य उद्देश्य सामाजिक एकता स्थापित करते हुए प्राचीन धर्म को पुनर्जीवित करना था।
- इन्होंने जदोनांग के विचारों से प्रेरित होकर होर्का पन्थ की स्थापना की थी। गौडिनल्यू के द्वारा इस विद्रोह को सविनय अवज्ञा आन्दोलन से जोड़ते हुए अप्रत्याशित कर वृद्धि का उल्लंघन करने का आदेश दिया गया।
- ब्रिटिश सरकार के द्वारा अक्टूबर, 1932 में इनकी गिरफ्तारी की गई, जिनकी रिहाई भारत की स्वतन्त्रता के उपरान्त हो पाई। इन्हें जवाहरलाल नेहरू ने रानी की उपाधि दी थी।

तानाभगत आन्दोलन (1914-1919)

- इस आन्दोलन की शुरुआत छोटानागपुर में 21 अप्रैल, 1914 को गुमला जिले में हुई थी। यह सम्पूर्ण रूप से (विशुद्ध रूप से) गाँधीवादी तरीके से लड़ा गया प्रथम आदिवासी अहिंसक आन्दोलन था।
- जतरा उराँव के नेतृत्व में इस आन्दोलन के लिए, जो संगठन नया पन्थ के रूप में विकसित हुआ, उसमें लगभग 26,000 सदस्य शामिल थे।
- इस आन्दोलन का प्रमुख उद्देश्य स्वशासन की स्थापना करना था। प्रारम्भ में यह कुरूख (उराँव) धरम आन्दोलन के नाम से जाना गया था।

नोट *जनजातीय लोगों के सन्दर्भ में आदिवासी शब्द का प्रयोग ठक्कर बापा ने किया था।*

अन्य क्षेत्रीय विद्रोह

फकीर विद्रोह (1776-1777)

- फकीर विद्रोह 1776 ई. में बंगाल में संन्यासी विद्रोह ब्रिटिशों के विरुद्ध हुआ था। इस विद्रोह का नेतृत्व बख्शी जगबन्धु ने किया था। यह मूलतः एक धार्मिक विद्रोह था, जिसमें घुमक्कड़ मुस्लिम फकीरों ने भाग लिया था, जिसका नेतृत्व मजनू शाह एवं चिराग अली शाह ने किया था।
- इस विद्रोह में देवी चौधरानी एवं भवानी पाठक ने विशेष योगदान दिया था। 19वीं सदी के प्रारम्भिक वर्षों तक अंग्रेजों ने इस विद्रोह को दबा दिया।

कच्छ विद्रोह (1816-1832)

- इस विद्रोह का प्रमुख कारण वहाँ के राजा भारमल को सत्ता से बेदखल कर उसके अल्पवयस्क पुत्र को गद्दी पर बैठाना था, जिसके विरोध में भारमल एवं उसके समर्थकों ने विद्रोह कर दिया।
- लम्बे संघर्ष के उपरान्त 1831 ई. में जब भारमल को पुनः गद्दी पर बैठाया गया, तभी यह विद्रोह शान्त हुआ।

किट्टूर विद्रोह (1824-29)

- इस विद्रोह (1824-29 ई.) का नेतृत्व किट्टूर (कर्नाटक) के स्थानीय शासक राजा शिवलिंग रुद्र की विधवा रानी चेन्नम्मा ने किया था। इस विद्रोह का प्रमुख कारण निःसन्तान राजा के दत्तक पुत्र को अंग्रेजों द्वारा मान्यता नहीं देना था।
- ब्रिटिश सरकार ने वर्ष 1929 में दमनात्मक कार्यवाही द्वारा इस विद्रोह को कुचल दिया और उन्हें कैद कर लिया गया।

पागलपन्थी विद्रोह (1825-33)

- उत्तर बंगाल में करमशाह ने एक अर्द्ध-धार्मिक सम्प्रदाय पागलपन्थी की स्थापना की थी, जिसमें सत्य, समानता एवं भाईचारे के सिद्धान्त को अपनाया जाना था।
- जमींदारों एवं साहूकारों के अत्याचारों के विरुद्ध करमशाह के पुत्र टीपू ने स्थानीय गारो लोगों के साथ मिलकर 1825 ई. में काश्तकारों के समर्थन में विद्रोह किया।
- 1850 ई. तक आते-आते विद्रोह सशक्त संगठन के अभाव में तथा एक दमनात्मक कार्यवाही के परिणामस्वरूप समाप्त हो गया।

फरायजी विद्रोह (1818-60)

- यह विद्रोह बंगाल के फरीदपुर स्थान से शुरू हुआ था। फरायजी सम्प्रदाय का अनुमोदन हाजी शरीयतुल्ला ने किया था। शरीयतुल्ला के पुत्र दादू मियाँ (मोहसिनुद्दीन अहमद) ने अंग्रेजों को बंगाल से बाहर निकालने के लिए तथा जमींदारों के अत्याचार को समाप्त करने के लिए 1838 ई. में विद्रोह किया।
- इस आन्दोलन का स्वरूप धार्मिक था। यह विद्रोह 1857 ई. तक चला।

कूका विद्रोह (1840-72)

- 1840 ई. में भगत जवाहरमल उर्फ सेन साहब ने पश्चिमी पंजाब में कूका विद्रोह की शुरुआत की थी। इस आन्दोलन की आरम्भिक प्रवृत्ति धार्मिक थी, परन्तु ब्रिटिशों के द्वारा जब पंजाब पर आधिपत्य स्थापित कर लिया गया, तो शीघ्र ही यह एक राजनीतिक आन्दोलन में बदल गया और इसके पश्चात् इन्होंने ब्रिटिश सत्ता को समाप्त करने पर बल दिया।
- 1871 ई. में कूका विद्रोह का प्रमुख उद्देश्य सिख धर्म की बुराइयों को दूर करना था। हजारा को विद्रोह का केन्द्र स्थल बनाते हुए जवाहरमल (सियान साहिब) ने बालक सिंह एवं उनके शिष्य रामसिंह कूका के सहयोग से विद्रोह किया था।
- बाबा रामसिंह कूका के द्वारा 12 अप्रैल, 1857 को नामधारी आन्दोलन भी चलाया गया था।
- 24 दिसम्बर, 2014 को इस आन्दोलन की स्मृति में संचार एवं सूचना प्रौद्योगिकी मन्त्रालय के द्वारा एक स्टाम्प टिकट जारी किया गया।

गड़करी विद्रोह (1844)

- यह विद्रोह महाराष्ट्र के कोल्हापुर में 1844 ई. में हुआ था। इस विद्रोह का मुख्य कारण गड़करी जाति के सैनिकों का विस्थापन था।
- ये मराठों के किले में वंशानुगत रूप से कार्य करने वाले सैनिक थे।

फड़के विद्रोह (1879)

- यह विद्रोह 1879 ई. में महाराष्ट्र में वासुदेव बलवन्त फड़के ने प्रारम्भ किया था।
- फड़के ने हिन्दू राज्य की स्थापना का नारा दिया। 1880 ई. में फड़के को गिरफ्तार कर लिया गया।

ब्रिटिश प्रशासन के विरुद्ध प्रमुख जनजातीय एवं अन्य विद्रोह

विद्रोह	अवधि ई./वर्ष	प्रभावित क्षेत्र	नेतृत्वकर्ता
संन्यासी विद्रोह	1770-1800	बिहार, बंगाल	भवानी पाठक, मजनू शाह
फकीर विद्रोह	1763-1800	बंगाल	मजनूशाह एवं चिराग अली
चुआर विद्रोह	1767-1800	बाकुड़ा (बंगाल)	दुर्जन सिंह
पॉलीगारों का विद्रोह	1799 एवं 1801-1805	तमिलनाडु	वीर पी. काट्टावाम्मान
वेलाटम्पी विद्रोह	1808-09	त्रावणकोर	वेलुथाम्पी
भील विद्रोह	1818-31	पश्चिमी घाट	भीमा नायक, सेवाराम
रामोसी विद्रोह	1822-29	पश्चिमी घाट	चित्तूर सिंह, उमाजी नाइक
पागलपन्थी विद्रोह	1825-33	बंगाल	टीपू, करम शाह
अहोम विद्रोह	1828-30	असम	गोमधर कुँवर
वहाबी आन्दोलन	1828-88	बिहार, उत्तर प्रदेश	सैयद अहमद बरेलवी
कोल आन्दोलन	1831-32	छोटानागपुर	बुधु भगत
खासी विद्रोह	1829-33	असम, सिलहर	तिरौत सिंह स्येम
फरायजी आन्दोलन	1818-60	बंगाल	शरीयतुल्ला, दादू मियाँ
नील विद्रोह	1859-60	बंगाल, बिहार	दिगम्बर विश्वास और विष्णु विश्वास
सन्थाल विद्रोह	1855-56	बंगाल, झारखण्ड	सिद्धू-कान्हू
मुण्डा विद्रोह	1899-1900	झारखण्ड	बिरसा मुण्डा
पाइक विद्रोह	1817-25	उड़ीसा (ओडिशा)	बख्शी जगबन्धु
पाबना विद्रोह	1873-76	पाबना (बंगाल)	ईशानचन्द्र राय
मोपला विद्रोह	1921-22	मालाबार (केरल)	कुंजहम्मद हाजी, अली मुसलियार
कूका आन्दोलन	1840-72	पंजाब	भगत जवाहर मल, गुरु राम सिंह
रम्पाओं का विद्रोह	1879-1924	आन्ध्र प्रदेश	अल्लूरी सीताराम राजू
तानाभगत आन्दोलन	1914	बिहार	जतरा भगत
तेभागा आन्दोलन	1946-47	बंगाल	कम्पाराम सिंह एवं भवन सिंह
खोण्ड एवं सवार विद्रोह	1837-56	उड़ीसा	चक्रबिसोई एवं राधाकृष्ण दण्डसेन
गड़करी विद्रोह	1844-45	कोल्हापुर (महाराष्ट्र)	बाबाजी अहिरेकर
बघेरा विद्रोह	1818-20	बघेरा, बड़ौदा (गुजरात)	बघेरा सरदार
कच्छ का विद्रोह	1816-32	कच्छ (गुजरात)	भारमल एवं झरेजा सरदार
छोटानागपुर विद्रोह (कोलारी विद्रोह)	1831-32	छोटानागपुर क्षेत्र	बुधु भगत
कूकी विद्रोह	1917-19	मणिपुर एवं त्रिपुरा	कूकी जनजाति द्वारा
भूमिज विद्रोह	1832-33	मानभूमि में	गंगा नारायण सिंह
चेंचू आन्दोलन	1921-22	गुण्टूर (आन्ध्र प्रदेश)	के हनुमन्तु
खैरवार आन्दोलन	1874	बिहार/झारखण्ड	भगीरथ मांझी
भील सेवा मण्डल	1922	सौराष्ट्र, गुजरात	अमृत लाल विट्ठलदास ठक्कर

"

1857 के विद्रोह को ब्रिटिश भारत के औपनिवेशिक इतिहास का महाविभाजक काल कहा जाता है। यह विद्रोह कम्पनी की शोषणपूर्ण नीति का परिणाम था।

अध्याय उनतीस

1857 का विद्रोह

भारत में ब्रिटिश शासन के बाद से अपनाई गई विभिन्न शोषणकारी नीतियों के कारण समाज के सभी वर्गों में असन्तोष उत्पन्न होने लगा था तथा इस असन्तोष का पहला व्यापक विस्फोट 1857 के महान विद्रोह के रूप में दिखाई देता है।

1857 का विद्रोह

- 1857 के विद्रोह का आरम्भ 10 मई, 1857 को मेरठ में कम्पनी के भारतीय सिपाहियों द्वारा हुआ, जो धीरे-धीरे कानपुर, बरेली, झाँसी, दिल्ली, अवध आदि क्षेत्रों में फैल गया।
- इसकी शुरुआत एक सैन्य विद्रोह के रूप में हुई, परन्तु कालान्तर में उसका स्वरूप बदलकर ब्रिटिश सत्ता के विरुद्ध एक जनव्यापी विद्रोह का हो गया।

1857 के विद्रोह के कारण

- 1857 का विद्रोह सिपाहियों के असन्तोष का परिणाम मात्र नहीं था। वास्तव में, यह औपनिवेशिक शासन के चरित्र, उसकी नीतियों तथा उसके कारण कम्पनी के शासन के प्रति जनता में संचित असन्तोष का परिणाम था।
- 1857 के विद्रोह को जन्म देने वाले राजनीतिक, सामाजिक, आर्थिक, धार्मिक आदि कारण थे, जो अग्र प्रकार हैं

1857 के विद्रोह के कारण

राजनीतिक कारण

- ब्रिटिश ईस्ट इण्डिया कम्पनी द्वारा मुगल शासक को संरक्षण
- लाल किला खाली करने की घोषणा
- डलहौजी की हड़प नीति
- देशी रियासतों में असन्तोष
- पेशवा की पेंशन रोकना
- अवध का अधिग्रहण (कुशासन के नाम पर)

सामाजिक-धार्मिक कारण

- ईसाई मिशनरियों द्वारा धर्म प्रचार पर बल
- कुरीतियों को समाप्त करने वाली नीतियों से आशंका
- विधवा पुनर्विवाह अधिनियम, 1856 का पारित होना
- नस्लीय भेदभाव की नीति

आर्थिक कारण

- भारत का आर्थिक शोषण
- बढ़ती निर्धनता
- हस्तशिल्पों का ह्रास
- भारतीय वस्त्र उद्योग का पतन
- किसानों पर लगान का भारी बोझ

तात्कालिक कारण

- चर्बीयुक्त कारतूसों का प्रयोग
- कारतूसों में गाय तथा सुअर की चर्बी के प्रयोग की अफवाह

सैन्य कारण

- भारत तथा अंग्रेजी सैनिकों का अनुपात
- भारतीय सैनिकों को निम्न स्तर तक रखा जाना
- 1856 ई. में सामान्य सेवा भर्ती अधिनियम पारित करना

1857 के विद्रोह का प्रारम्भ एवं क्षेत्र

- 24 अप्रैल, 1857 को मेरठ में तैनात देशी घुड़सवार सेना के 99 सिपाहियों ने चर्बी वाले कारतूस का प्रयोग करने से इनकार कर दिया। इनमें से 85 सैनिकों को 10 वर्ष की सजा सुनाई गई।
- इसके विरोध में 10 मई, 1857 को मेरठ के भारतीय सैनिकों ने विद्रोह कर अपने साथियों को छुड़ा लिया तथा दिल्ली की ओर कूच किया। इस समय मेरठ सैन्य छावनी के अधिकारी के रूप में जनरल डेविड नियुक्त थे।

1857 से पूर्व के सैनिक विद्रोह

सिपाहियों ने निम्न कारणों से पूर्व में कम्पनी के विरुद्ध विद्रोह किए थे

- **1806 ई.** वेल्लोर में विद्रोह।
- **1824 ई.** बैरकपुर छावनी में दोहरे भत्ते के बिना रंगून जाने के प्रश्न पर उपद्रव।
- **1824 ई.** में बैरकपुर 47वीं रेजिमेण्ट में बर्मा जाने के विरुद्ध।
- **1825 ई.** में असम स्थित तोपखाने में विद्रोह।
- **1830 ई.** में शोलापुर में वेतन भत्ते के लिए विद्रोह।
- **1849 ई.** में 22वें एन आई (नेशनल इन्फेण्ट्री) विद्रोह।
- **1850 ई.** में 66वें एन आई (नेशनल इन्फेण्ट्री) विद्रोह।
- **1852 ई.** में 38वें एन आई (नेशनल इन्फेण्ट्री) विद्रोह।

1857 के विद्रोह का प्रसार

- 1857 का विद्रोह मेरठ से प्रारम्भ होकर अन्य भागों में तेजी से फैल गया। शीघ्र ही विद्रोही अपने उच्चाधिकारियों की हत्या कर दिल्ली की ओर रवाना हो गए।
- 12 मई, 1857 को प्रात: विद्रोहियों ने दिल्ली पर अधिकार कर मुगल बादशाह बहादुरशाह द्वितीय (बहादुरशाह जफर) को पुन: भारत का सम्राट और विद्रोहियों का नेता घोषित कर दिया। दिल्ली में मुगल शासक बहादुरशाह द्वितीय को प्रतीकात्मक नेतृत्व दिया गया था, किन्तु वास्तविक नेतृत्व बख्त खाँ के पास था, जो बहादुरशाह का सेनापति था।
- ब्रिटिशों के द्वारा सितम्बर, 1857 में दिल्ली पर पुन: अधिकार कर लिया गया। इस विद्रोह को कुचलने के लिए हडसन, लॉरेन्स एवं जॉन निकोलसन नियुक्त किए गए, परन्तु इस दौरान निकोलसन की मृत्यु हो गई थी।
- हडसन के द्वारा बहादुरशाह द्वितीय के पुत्र मिर्जा मुगल एवं मिर्जा ख्वाजा सुल्तान तथा पोते मिर्जा अबुबक्र की गोली मारकर हत्या कर दी गई थी।
- प्रसिद्ध उर्दू शायर मिर्जा गालिब इस विद्रोह के प्रत्यक्षदर्शी थे।
- 1857 के स्वाधीनता संग्राम का प्रतीक चिह्न रोटी और कमल था।

1857 के विद्रोह के प्रमुख केन्द्र

1857 के विद्रोह के प्रमुख केन्द्र निम्नलिखित हैं

कानपुर

- कानपुर में 5 जून, 1857 को विद्रोह की शुरुआत हुई। यहाँ पर पेशवा बाजीराव द्वितीय के दत्तक पुत्र नाना साहब (धोंधू पन्त) ने विद्रोह को नेतृत्व प्रदान किया, जिसमें उनकी सहायता ताँत्या टोपे ने की।
- नाना साहब को ₹8 लाख वार्षिक पेंशन मिलती थी, किन्तु ब्रिटिशों के द्वारा इसे पेशवा का उत्तराधिकारी मानने से इनकार करते हुए, उनकी पेंशन बन्द कर दी गई।

ताँत्या टोपे

ताँत्या टोपे का वास्तविक नाम **रामचन्द्र पाण्डुरंग** था। वे महाराष्ट्र के येवला गाँव के निवासी थे। उनके पिता पेशवा बाजीराव द्वितीय की सेवा में थे। पेशवा के बिठूर निर्वासित होने पर वे भी अपने पिता के साथ बिठूर आ गए। पेशवा बाजीराव द्वितीय के पश्चात् उनके उत्तराधिकारी नाना साहेब ने उन्हें अपनी सेवा में नियुक्त किया।

- कानपुर में हैवलॉक के अधीन एक सेना भेजी गई। 20 जुलाई को जनरल नील भी कानपुर पहुँचा तथा कानपुर पर अधिकार कर लिया, परन्तु 27 नवम्बर को ग्वालियर की सेना ने पुन: कानपुर पर अधिकार कर लिया। अन्तत: 6 दिसम्बर, 1857 को कैम्पबेल ने कानपुर को अपने अधिकार में ले लिया।
- नाना साहब लगातार पराजयों को झेलते हुए अन्तत: नेपाल चले गए।

दिल्ली

- दिल्ली में 82 वर्षीय बहादुरशाह द्वितीय ने बख्त खाँ के सहयोग से विद्रोह का नेतृत्व किया।
- 20 सितम्बर, 1857 को बहादुरशाह द्वितीय ने हुमायूँ के मकबरे में अंग्रेज लेफ्टिनेण्ट डब्ल्यू. एस. आर. हडसन के समक्ष समर्पण कर दिया। तत्पश्चात् उन्हें निर्वासित कर रंगून भेज दिया, जहाँ 1862 ई. में उनकी मृत्यु हो गई।

लखनऊ

- लखनऊ में जून, 1857 में विद्रोह की शुरुआत हुई। बेगम हजरत महल (इन्हें महक परी के नाम से भी जाना जाता था।) ने 4 जून, 1857 को अपने अल्पायु पुत्र बिरजिस कादिर को नवाब घोषित किया तथा लखनऊ स्थित ब्रिटिश रेजीडेन्सी पर आक्रमण किया।
- इस दौरान चीफ कमिश्नर हेनरी लॉरेन्स लखनऊ में स्थित ब्रिटिश रेजिडेन्सी की रक्षा करते हुए मारा गया। अन्तत: इस विद्रोह को कैम्पबेल के द्वारा मार्च, 1858 में कुचलकर लखनऊ में पुन: नियन्त्रण स्थापित कर लिया गया।
- लखनऊ के बाद बेगम हजरत महल ने मौलवी अहमदुल्ला के साथ शाहजहाँपुर में भी विद्रोह का नेतृत्व किया। वे शीघ्र पराजित हो गईं और भागकर नेपाल चली गईं, जहाँ उनकी गुमनाम मौत हो गई।

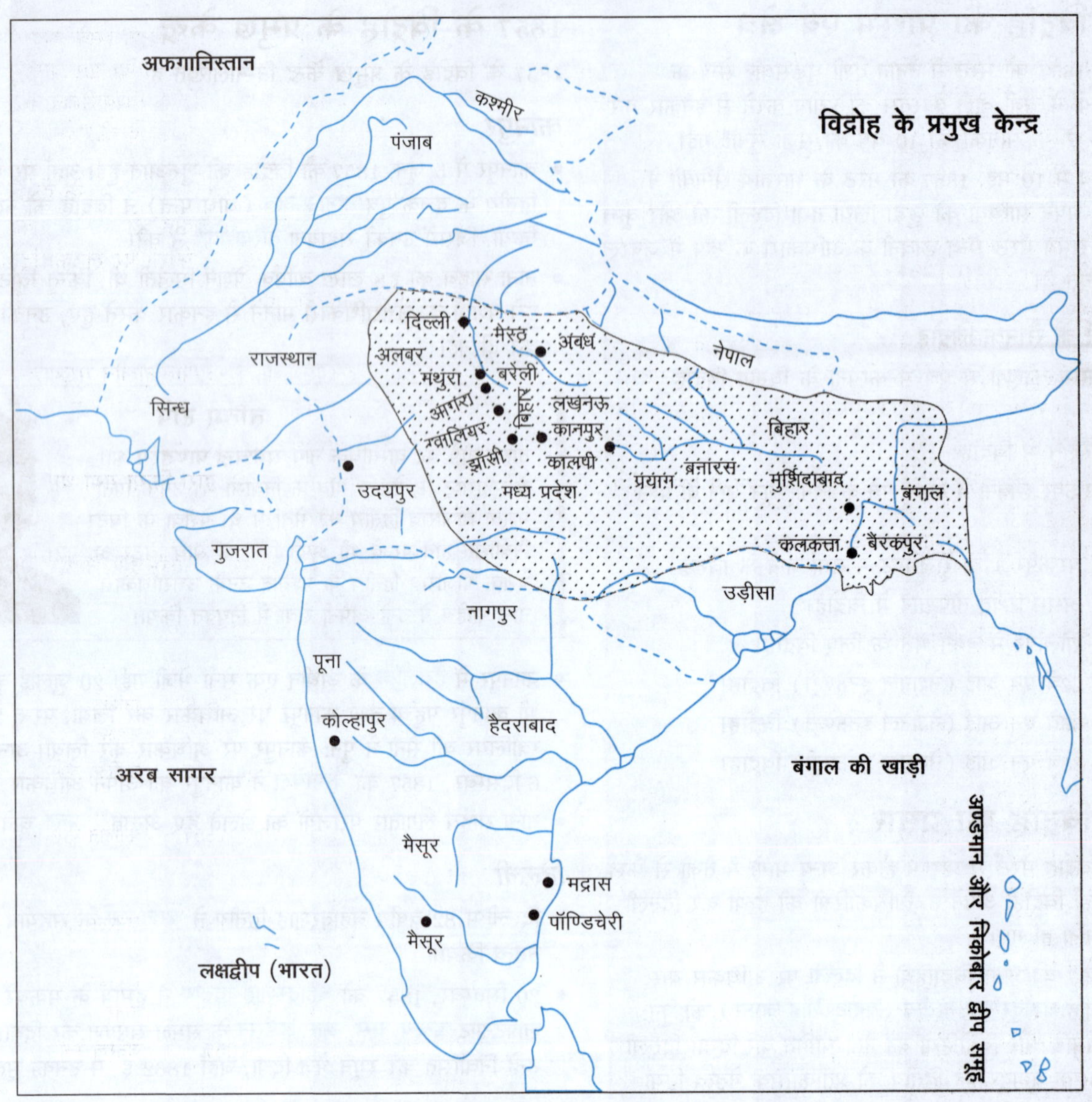

झाँसी

- झाँसी में 4 जून, 1857 को रानी लक्ष्मीबाई के नेतृत्व में विद्रोह की शुरुआत हुई, जिसमें रानी लक्ष्मीबाई ने अपने साहसी नेतृत्व में अंग्रेजों के साथ वीरतापूर्वक युद्ध किया, परन्तु झाँसी के पतन के बाद रानी लक्ष्मीबाई ग्वालियर की ओर प्रस्थान कर गईं, जहाँ पर ताँत्या टोपे झाँसी की रानी से मिले।
- ग्वालियर का सिन्धिया अंग्रेजों का समर्थक था, लेकिन उसकी सेना विद्रोहियों के साथ मिल गई, जिसकी सहायता से रानी लक्ष्मीबाई ने ग्वालियर पर अधिकार कर लिया, किन्तु 17 जून, 1858 में इन्हें ग्वालियर के किले में युद्ध करते हुए वीरगति की प्राप्ति हुई। ग्वालियर में ही उनकी समाधि स्थित है।

रानी लक्ष्मीबाई

रानी लक्ष्मीबाई का जन्म 19 नवम्बर, 1828 को वाराणसी में हुआ था। इनके बचपन का नाम **मणिकर्णिका** था। इनका विवाह झाँसी नरेश गंगाधर राव से हुआ था। **गंगाधर राव** की मृत्यु के पश्चात् इन्होंने दामोदर राव को गोद लिया। लॉर्ड डलहौजी ने गोद निषेध का लाभ उठाया और इनके साम्राज्य पर अधिकार कर लिया। रानी लक्ष्मीबाई की मृत्यु पर **जनरल ह्यूरोज** ने कहा कि "भारतीय क्रान्तिकारियों में यह सोई हुई औरत अकेली मर्द है।"

बिहार

- बिहार के जगदीशपुर (आरा) में वहाँ के प्रमुख जमींदार कुँवर सिंह ने 1857 के विद्रोह के समय विद्रोह का झण्डा फहराया। ये युद्ध में जख्मी हो जाने के कारण 26 अप्रैल, 1858 को मृत्यु को प्राप्त हो गए।
- तत्पश्चात् उनके भाई अमर सिंह ने विद्रोह का नेतृत्व किया। इस विद्रोह को विलियम टेलर एवं विंसेण्ट आयर के द्वारा दबा दिया गया। बिहार में सर्वप्रथम दानापुर नामक स्थान पर विद्रोह की शुरुआत हुई थी।

फैजाबाद

- फैजाबाद में 1857 के विद्रोह को मौलवी अहमदुल्लाह ने अपना नेतृत्व प्रदान किया। अहमदुल्लाह के बारे में अंग्रेजों ने कहा कि "अदम्य साहस के गुणों से परिपूर्ण दृढ़-संकल्प वाले व्यक्ति तथा विद्रोहियों में सर्वोत्तम सैनिक हैं।"
- अहमदुल्लाह की गतिविधियों से अंग्रेज इतने चिन्तित थे कि उन्होंने इन्हें पकड़ने के लिए ₹ 50,000 का नकद इनाम घोषित किया। 5 जून, 1858 को रुहेलखण्ड की सीमा पर पोवायाँ में इनकी गोली मारकर हत्या कर दी गई।

1857 के विद्रोह के अन्य केन्द्र

1857 के विद्रोह के अन्य केन्द्र निम्न हैं

- असम में 1857 के विद्रोह के समय वहाँ के दीवान मनीराम दत्त ने असम के अन्तिम राजा के पोते कन्दर्पेश्वर सिंह को राजा घोषित कर विद्रोह की शुरुआत की। शीघ्र ही विद्रोह विफल हुआ और मनीराम को कलकत्ता में फाँसी दे दी गई।
- उड़ीसा में सम्भलपुर के राजकुमार सुरेन्द्र साई तथा उज्ज्वल साई के द्वारा विद्रोह किया गया।
- गंजाम में साबरो ने राधाकृष्ण दण्डसेन के नेतृत्व में पराल की मेडी में विद्रोह किया।
- 1862 ई. में सुरेन्द्र साई ने आत्म-समर्पण कर दिया। अन्ततः इन्हें देश से निष्कासित कर दिया गया।
- कोटा (राजस्थान) में एक भारतीय सैन्य टुकड़ी ने विद्रोह कर ब्रिटिश एजेण्ट मेजर बर्टन की हत्या कर दी, जिसका नेतृत्व जयदयाल एवं हरदयाल ने किया, लेकिन विद्रोह को कुचल दिया गया।
- पंजाब जिसका अधिकांश भाग विद्रोह से अलग रहा, में 9वीं अनियमित सेना (घुड़सवार) के वजीर खाँ ने अजनाला में विद्रोह किया। कुल्लू में राणा प्रताप सिंह और वीर सिंह ने विद्रोह का नेतृत्व किया, लेकिन शीघ्र ही इन सभी को फाँसी दे दी गई।
- दक्षिण भारत जिसका अधिकांश भाग विद्रोह के समय शान्त था, के सतारा और कोल्हापुर में 1857 के विद्रोह का कुछ प्रभाव देखने को मिला।
- सतारा में रंगो बापूजी गुप्ते ने विद्रोह का नेतृत्व किया। बंगाल, पंजाब, राजपूताना, पटियाला, जीन्द, हैदराबाद, मद्रास आदि ऐसे क्षेत्र थे, जहाँ पर विद्रोह नहीं पनप सका।
- यद्यपि यहाँ के शासकों ने विद्रोह को कुचलने में अंग्रेजी सरकार की सहायता भी की।

जून 1858 में ताँत्या टोपे ने ग्वालियर छोड़ दिया। इसके बाद एक बार वे अंग्रेजों की पकड़ में आते-आते बचे। इसके बाद नर्मदा पार कर वे जंगल की ओर चले गए। यहाँ एक जमींदार मित्र मानसिंह के विश्वासघात के कारण पकड़े गए। 18 अप्रैल, 1859 को उन्हें शिवपुरी में फाँसी दे दी गई।

- बरेली में इस विद्रोह का नेतृत्व खान बहादुर खाँ के द्वारा स्वयं को नवाब घोषित करते हुए किया गया। इस विद्रोह को कैम्पबेल के द्वारा कुचल दिया गया एवं खान बहादुर खाँ को फाँसी पर लटका दिया गया।
- इलाहाबाद में विद्रोह का नेतृत्व मौलवी लियाकत अली के द्वारा किया गया था।
- विद्रोह के समय इसे ब्रिटिशों का आपातकालीन मुख्यालय गवर्नर-जनरल लॉर्ड कैनिंग के द्वारा बनाया गया था। यहाँ के विद्रोह को जनरल नील के द्वारा कुचल दिया गया था।
- बनारस में विद्रोह आम जनता के द्वारा किया गया था। इस विद्रोह को भी कर्नल नील के द्वारा दबा दिया गया था।

1857 के विद्रोह से सम्बन्धित महत्त्वपूर्ण केन्द्र एवं नेतृत्वकर्ता

केन्द्र	विद्रोही नेता	विद्रोह का दिन	विद्रोह कुचलने वाले सैन्य अधिकारी	समर्पण का दिन
दिल्ली	बहादुरशाह, बख्त खाँ	11 मई, 1857	निकल्सन, हडसन	20 सितम्बर, 1857
कानपुर	नाना साहब, तात्या टोपे	5 जून, 1857	कॉलिन कैम्पबेल	दिसम्बर, 1857
लखनऊ	बेगम हजरत महल, बिरजिस कादिर	4 जून, 1857	कॉलिन कैम्पबेल	31 मार्च, 1858
झाँसी, ग्वालियर	रानी लक्ष्मीबाई, तात्या टोपे	4 जून, 1857	जनरल ह्यूरोज	17 जून, 1858
जगदीशपुर	कुँवर सिंह, अमर सिंह	12 जून, 1857	मेजर विलियम टेलर	दिसम्बर, 1858
फैजाबाद (अयोध्या)	मौलवी अहमदुल्ला	जून, 1857	जनरल रेनॉर्ड	5 जून, 1858
इलाहाबाद (प्रयागराज)	लियाकत अली	जून, 1857	कर्नल नील	1858 ई.
बरेली	खान बहादुर खाँ	जून, 1857	विंसेण्ट आयर	1858 ई.

1857 के विद्रोह के सम्बन्ध में इतिहासकारों के मत

मत	इतिहासकार
यह पूर्णतया सिपाही विद्रोह था।	सर जॉन लॉरेन्स, सीले
यह एक सामन्तवादी प्रक्रिया थी।	मिस्टर के.
1857 का विद्रोह स्वतन्त्रता संग्राम नहीं था।	आर. सी. मजूमदार
यह स्वतन्त्रता संग्राम था।	डॉ. ईश्वरी प्रसाद
यह जनक्रान्ति थी।	डॉ. रामविलास शर्मा
यह राष्ट्रीय विद्रोह था।	बेंजामिन डिजरायली, अशोक मेहता
यह ईसाइयों के विरुद्ध एक धर्मयुद्ध था।	एल. आर. रीज
यह सभ्यता एवं बर्बरता का संघर्ष था।	टी. आर. होम्स

मत	इतिहासकार
यह सुनियोजित स्वतन्त्रता संग्राम था।	वी. डी. सावरकर और अशोक मेहता
यह अंग्रेजों के विरुद्ध हिन्दू व मुसलमानों का षड्यन्त्र था।	जेम्स आउट्रम व डब्ल्यू. टेलर
यह विद्रोह राष्ट्रीयता के अभाव में स्वतन्त्रता का संग्राम था।	डॉ. एस. एन. सेन (1857 के विद्रोह के सरकारी इतिहासकार)

1857 के विद्रोह की असफलता के कारण

1857 के विद्रोह की असफलता के प्रमुख कारण इस प्रकार थे

- 1857 के विद्रोह की प्रवृत्ति अनियोजित तथा असंगठित थी।
- विद्रोह के प्रमुख केन्द्रों के मध्य किसी प्रकार का समन्वय नहीं था। रोटी तथा कमल के प्रतीकों के साथ एकता के प्रयास हुए थे, किन्तु इसे सामान्य लोगों तक पहुँचाने का कोई विशिष्ट माध्यम नहीं था।
- 1857 के विद्रोह में केन्द्रीय संगठन का अभाव तथा भविष्य के लिए स्पष्ट योजना का न होना, उसके विस्तार में बाधक था।
- योग्य नेतृत्व का अभाव 1857 के विद्रोह में किसी योग्य नेतृत्व का न होना इसकी विफलता का एक महत्त्वपूर्ण कारण था।
- बहादुर शाह द्वितीय को प्रतीकात्मक रूप से नेतृत्व सौंपा गया, किन्तु उसमें निर्णय लेने और निर्णयों के क्रियान्वयन की कोई दक्षता नहीं थी। अधिकांश विद्रोही नेता अपने निजी स्वार्थ के लिए संघर्षरत् थे।
- सीमित क्षेत्र में विद्रोह 1857 का विद्रोह उत्तर भारत के कुछ क्षेत्रों में ही सक्रिय था। सम्पूर्ण दक्षिण भारत इससे अछूता ही रहा। उत्तर भारत के कई प्रान्त भी इससे पृथक् ही रहे।
- बंगाल, पंजाब, ओडिशा तथा कश्मीर में इस विद्रोह के प्रति किसी सक्रियता का प्रमाण नहीं मिलता।
- शिक्षित मध्य वर्ग की निष्क्रियता आधुनिक शिक्षा प्राप्त भारतीय शिक्षित मध्य वर्ग 1857 के विद्रोह से निष्क्रिय था। सैयद अहमद जैसे प्रबुद्ध लोगों ने विद्रोही भावना की निन्दा की।
- शिक्षित मध्य वर्ग के साथ भारतीय व्यापारी वर्ग तथा किसानों में भी विद्रोह के प्रति कोई सहानुभूति नहीं थी।
- ब्रिटिश सेना की कुशला अंग्रेजों के पेशेवर अधिकारी सटीक निर्णय लेने में सक्षम थे। 1857 के विद्रोह के समय निकोलस, आउट्रम, कैम्पबेल जैसे योग्य सैन्य अधिकारी विद्रोहो को दबाने में अपनी निर्णायक भूमिका में थे।
- सैन्य रणनीति की गतिशीलता के कारण अंग्रेजी सैन्य अधिकारियों ने विद्रोह केन्द्रों पर नियन्त्रण स्थापित किया।
- 1857 के विद्रोह की असफलता के बावजूद इसका प्रभाव विस्तृत रहा।
- विद्रोह के पश्चात् ईस्ट इण्डिया कम्पनी के शासन को समाप्त कर सत्ता ब्रिटिश क्राउन के अन्तर्गत निहित की गई।
- भारत शासन अधिनियम, 1858 पारित कर कम्पनी पर नियन्त्रण हेतु 15 सदस्यीय 'इण्डिया काउन्सिल' गठित की गई। ब्रिटिश क्राउन के प्रतिनिधि के रूप में भारत के राज्य सचिव को शासन का उत्तरदायित्व प्रदान किया गया।
- सैन्य व्यवस्था को प्रभावी बनाने के लिए पील आयोग का गठन हुआ, जिसकी रिपोर्ट के आधार पर यूरोपीय सैनिकों के अनुपात में वृद्धि की गई।
- भारत शासन अधिनियम-1858 द्वारा पिट्स इण्डिया एक्ट की व्यवस्था को समाप्त करते हुए बोर्ड ऑफ कण्ट्रोल तथा बोर्ड ऑफ डायरेक्टर्स को भंग कर दिया गया।
- 1857 के विद्रोह के उपरान्त देशी रियासतों के सन्दर्भ में नीतिगत परिवर्तन किया गया। अक्टूबर, 1858 में महारानी विक्टोरिया द्वारा जारी घोषण-पत्र में माना गया कि ब्रिटिश सरकार अब भारतीय रियासतों को ब्रिटिश साम्राज्य में शामिल नहीं करेगी तथा उनकी स्वायत्ता बनाए रखेगी।

1857 के विद्रोह से सम्बन्धित प्रमुख पुस्तकें एवं लेखक

पुस्तकें	लेखक
द इण्डियन वॉर आफ इण्डिपेण्डेन्स	वी. डी. सावरकर
1857 : द ग्रेट रिबेलियन	अशोक मेहता
सिपॉय म्यूटिनी एण्ड द रिवोल्ट ऑफ 1857	आर. सी. मजूमदार
हिस्ट्री ऑफ द इण्डियन म्यूटिनी	टी. आर. होम्स
सिविल रिबेलियन इन द इण्डियन म्युटनिज, 1857-1859	एस. बी. चौधरी
सिपॉय म्यूटिनी, 1857	एस. पी. चट्टोपाध्याय
असबाब-ए-बगावत-ए-हिन्द (भारतीय भाषा में विद्रोह की प्रथम पुस्तक)	सैयद अहमद खान
एट्टीन फिफ्टी सेवन	एस. एन. सेन

1857 के विद्रोह के परिणाम व महत्त्व

सत्ता परिवर्तन

- क्रान्ति के पश्चात् सत्ता क्राउन के हाथों में
- भारत शासन अधिनियम, 1858 पारित
- 15 सदस्यीय 'भारत परिषद्' का गठन—भारत सचिव (प्रमुख)
- भारत सचिव ब्रिटिश संसद के प्रति उत्तरदायी

प्रशासनिक परिवर्तन

- भारत परिषद् अधिनियम, 1861 के अनुसार भारतीयों को परिषद् में सदस्यता
- गवर्नर जनरल बना वायसराय, क्राउन का प्रतिनिधि
- भारत में उच्च न्यायालयों की स्थापना
- सेना के पुनर्गठन के लिए पील कमीशन

देशी रियासतों के सन्दर्भ में नीति

- अधीनस्थ स्थिति को मान्यता
- विक्टोरिया का घोषणा-पत्र 1858
- भारतीय रिसासतों के विलय की नीति के स्थान पर परम सत्ता की अवधारणा
- धार्मिक मामलों में अहस्तक्षेप की नीति
- पूर्ववर्ती समझौतों को मान्यता दी गई

"सामाजिक-धार्मिक सुधार आन्दोलन भारतीय इतिहास की एक महत्त्वपूर्ण घटना है। ब्रिटिश शासन की भेदभावपूर्ण नीतियों के फलस्वरूप भारत में सामाजिक-धार्मिक सुधार आन्दोलनों की शुरुआत हुई

अध्याय तीस

सामाजिक-धार्मिक सुधार आन्दोलन

आन्दोलन के प्रमुख कारण

- मुगल शासन के पतन से भारत की राजनीतिक एकता विनष्ट हो गई तथा क्षेत्रीय शक्तियों का उदय हुआ।
- केन्द्रीकृत सत्ता के कमजोर होने पर भारत में औपनिवेशिक शक्ति का उत्थान हुआ। भारत पर अंग्रेजों का प्रभुत्व बढ़ने के साथ आर्थिक शोषण की प्रवृत्तियों में तेजी आई।
- 1813 ई. में ईसाई पादरियों का भारत में आगमन हुआ। इन धर्म-प्रचारकों ने सामाजिक कुरीतियों पर प्रहार कर हिन्दू तथा इस्लाम धर्मों की मूल प्रवृत्ति पर आघात किया, जिसकी प्रतिक्रिया में भारतीय विचारकों ने हिन्दू तथा इस्लाम धर्म में फैली कुरीतियों को वैज्ञानिकता एवं तार्किकता के आधार पर दूर करने का प्रयास किया।
- ब्रिटिश इन सुधारों के माध्यम से भारतीय समाज का आधुनिकीकरण करने की बात नहीं सोच रहे थे, बल्कि वे भारतीयों में अपनी सभ्यता एवं संस्कृति के प्रति निकृष्टता का भाव उत्पन्न कर, उन्हें ब्रिटिश वस्तुओं का उपभोक्ता बनाना चाहते थे, ताकि भारत ब्रिटिश निर्मित वस्तुओं के लिए एक बाजार के रूप में उभरे। धर्मान्तरण की प्रवृत्ति में वृद्धि हुई, जिसकी प्रतिक्रिया भारतीय समाज में देखने को मिली।
- 19वीं सदी के धार्मिक एवं सामाजिक आन्दोलनों को भारतीय प्रेस ने भी अधिक प्रभावित किया। प्रेस की स्थापना से ऐसे समाचार-पत्र, पत्रिकाएँ प्रकाशित हुईं, जिनमें न केवल अंग्रेजों के दुर्व्यवहार की घटनाएँ छपती थीं, अपितु इसमें भारतीय राष्ट्रवादियों के विचार भी छपते थे। इस प्रकार के प्रयत्नों से भारतीयों ने अपने समाज एवं धर्म की रक्षा हेतु प्रयत्न प्रारम्भ किए।

> **सेण्ट फ्रांसिस जेवियर** जेसुइट संघ (ऑर्डर) के संस्थापक सदस्यों में से एक थे। गोवा में प्रतिवर्ष सेण्ट फ्रांसिस जेवियर के भोज का अनुष्ठान किया जाता है।

- इन आन्दोलनों के श्रीगणेश में अंग्रेजी भाषा की शिक्षा का विशिष्ट योगदान रहा।
- अंग्रेजी भाषा के माध्यम से पश्चिम के स्वतन्त्रता, समानता, लोकतन्त्र एवं राष्ट्रीयता के विचारों से भारतीय प्रभावित हुए। अत: उनमें भी इन तत्त्वों को अपनाने की रुचि बढ़ी।
- पश्चिम के वैज्ञानिक ज्ञान, बुद्धिवाद एवं मानवतावाद के सिद्धान्तों का भारतीय जनता पर प्रभाव पड़ा।
- आधुनिक चेतना के साथ अनेक सामाजिक वर्ग; जैसे-पूँजीवाद, श्रमजीवी तथा आधुनिक बुद्धिजीवी वर्ग सामने आए।
- ईस्ट इण्डिया कम्पनी के शासनकाल में अनेक उत्साही यूरोपीय विद्वानों एवं सिविल सेवकों के प्रयासों से प्राचीन भारतीय सभ्यता एवं संस्कृति का पुन: प्रकाशन प्रारम्भ हुआ, जैसे प्राचीन नगरीय सभ्यता के रूप में सिन्धु घाटी सभ्यता की खोज तथा अशोक के अभिलेख आदि से भारतीयों को अपनी महान सभ्यता का ज्ञान हुआ, जिससे नवीन चेतना फैली।

सामाजिक-धार्मिक सुधार संस्थाएँ

हिन्दू धर्म सुधार आन्दोलन

ब्रिटिश शासन के दौरान हिन्दू धर्म में अनेक बुराइयों का प्रवेश हो गया था, जिनमें सुधार की प्रबल आवश्यकता थी। अत: इस समय कई भारतीय बुद्धिजीवियों ने हिन्दू धर्म में सुधार हेतु प्रयास किए, जिनमें से कुछ प्रमुख प्रयास निम्न प्रकार हैं

ब्रह्म समाज

- 20 अगस्त, 1828 को राजा राममोहन राय ने ब्रह्म समाज की स्थापना कलकत्ता (कोलकाता) में की। धार्मिक सुधार से सम्बन्धित यह पहला महत्त्वपूर्ण संगठन था।
- राजा राममोहन राय अरबी, फारसी, संस्कृत के अतिरिक्त अंग्रेजी, फ्रांसीसी, लैटिन, यूनानी तथा हिब्रू आदि भाषाओं का ज्ञान रखते थे। इन भाषाओं के ज्ञान से उन्होंने पाश्चात्य दर्शन को आत्मसात् किया, जिसका प्रतिबिम्बन ब्रह्म समाज के रूप में सामने आया। ब्रह्म समाज का मुख्य उद्देश्य हिन्दू धर्म में व्याप्त बुराइयों को दूर करना था। ब्रह्म समाज ने मूर्तिपूजा का विरोध किया।

एकेश्वरवाद का समर्थन करते हुए ब्रह्म समाज ने धर्मों की आपसी एकता का सिद्धान्त दिया। इसके अतिरिक्त **तीर्थ यात्रा** तथा **कर्मकाण्ड** का विरोध किया और धार्मिक ग्रन्थों की व्याख्या के लिए पुरोहित वर्ग को अस्वीकार किया गया। ब्रह्म समाज का दृष्टिकोण तार्किक (विवेकशील) एवं वेद तथा उपनिषद् पर आधारित था।

- राजा राममोहन राय के प्रयासों से ही 1829 ई. में सती प्रथा निषेध कानून बनाया गया, जिसमें इन्हें तत्कालीन गवर्नर-जनरल विलियम बैंटिक का सहयोग प्राप्त हुआ। इनके द्वारा बहुपत्नी प्रथा का भी विरोध किया गया।
- राजा राममोहन राय ने बहु विवाह, बाल विवाह, पर्दा प्रथा, जाति प्रथा, छुआछूत आदि पर प्रहार किया तथा अन्तर्जातीय विवाह एवं स्त्री शिक्षा पर विशेष बल दिया।
- राजा राममोहन राय ने डेविड हेयर के सहयोग से 1817 ई. में कलकत्ता में हिन्दू कॉलेज तथा 1825 ई. में वेदान्त कॉलेज की स्थापना की।
- राजा राममोहन राय के बाद देवेन्द्रनाथ टैगोर ने 1843 ई. में ब्रह्म समाज को नेतृत्व प्रदान किया। उन्होंने 1839 ई. में तत्त्वबोधिनी सभा की स्थापना की।

ब्रह्म समाज में विभाजन

- ब्रह्म समाज के विचारों को लेकर 1865 ई. में केशवचन्द्र सेन तथा देवेन्द्रनाथ टैगोर में विवाद हुआ, जिसके बाद केशवचन्द्र सेन मूल ब्रह्म समाज से अलग हो गए तथा आदि ब्रह्म समाज का गठन किया। यही आगे चलकर भारतीय ब्रह्म समाज के रूप में प्रसिद्ध हुआ।
- उल्लेखनीय है कि केशवचन्द्र सेन को ब्रह्म समाज का प्रधान आचार्य देवेन्द्रनाथ ठाकुर ने नियुक्त किया था।
- केशवचन्द्र सेन ने टेबरनेकल ऑफ न्यू डिस्पेन्सेशन (1968) एवं इण्डियन रिफॉर्म एसोसिएशन (1870) की स्थापना भी की। इसी वर्ष वे हिन्दू पुनरुद्धार प्रवक्ता के रूप में इंग्लैण्ड की यात्रा पर भी गए।
- उन्होंने 1872 ई. में ब्रह्म विवाह अधिनियम को कानूनी रूप से पारित किया। 1878 ई. में आचार्य केशवचन्द्र सेन ने अपनी अल्पायु पुत्री का विवाह कूच विहार के राजा से कर दिया, जोकि ब्रह्म विवाह अधिनियम, 1872 का उल्लंघन था, क्योंकि इस अधिनियम में प्रावधान था कि 14 वर्ष से कम आयु की बालिकाओं एवं 18 वर्ष से कम आयु के बालकों का विवाह वर्जित होगा। अत: भारतीय ब्रह्म समाज में उनके प्रति असन्तोष उभरने लगा।
- केशवचन्द्र सेन के अनुयायियों में आनन्द मोहन बोस, द्वारकानाथ गांगुली एवं शिवनाथ शास्त्री ने भारतीय ब्रह्म समाज से पृथक् होकर 1878 ई. में साधारण ब्रह्म समाज का गठन किया। इनके द्वारा ही जाति प्रथा, मूर्तिपूजा का विरोध एवं नारी उत्थान का समर्थन किया गया।

राजा राममोहन राय

- राजा राममोहन राय का जन्म 22 मई, 1774 को हुगली (बंगाल) में हुआ था।
- उन्हें अनेक उपनामों से भी जाना जाता है; जैसे—नवप्रभात (भोर का तारा), आधुनिक भारत का पिता, नवजागरण का अग्रदूत, भारतीय पत्रकारिता का जनक इत्यादि। उन्होंने कुछ समय तक जॉन डिग्बी के दीवान के रूप में कम्पनी में कार्य किया था।
- उनका पहला ग्रन्थ फारसी भाषा में **तोहफत-उल-मुवाहिदीन** (एकेश्वरवादियों को उपहार गिफ्ट टू मोनोथिस्ट) 1809 ई. में प्रकाशित हुआ। 1815 ई. में राजा राममोहन राय ने अपने युवा समर्थकों के सहयोग से 1814 से 1815 ई. में **आत्मीय सभा** तथा 1816 ई. में **वेदान्त सोसायटी** की स्थापना की।
- राजा राममोहन राय ने 1821 ई. में बांग्ला भाषा में **संवाद कौमुदी** का प्रकाशन किया। 1820 ई. में उन्होंने **प्रीसेप्ट ऑफ जीसस** नामक पुस्तक लिखी। इस पुस्तक का प्रकाशन जॉन डिग्बी के प्रयासों से लन्दन में हुआ। 1821 ई. में उन्होंने **कलकत्ता यूनिटेरियन कमेटी** की स्थापना की।
- उनके द्वारा **जूरी अधिनियम**, 1826 का भी विरोध किया गया था, जोकि भारतीय (विशेषकर हिन्दू एवं मुस्लिम) के सन्दर्भ में भेदभाव पूर्ण न्यायिक व्यवस्था स्थापित कर रहा था।
- उन्होंने 1822 ई. में फारसी भाषा में **मिरात-उल-अखबार** तथा अंग्रेजी में **ब्रह्मनिकल मैगजीन** का प्रकाशन किया।
- राजा राममोहन राय को **भारतीय पुनर्जागरण का अग्रदूत** माना जाता है। सुभाषचन्द्र बोस ने इन्हें **युगदूत की उपाधि** से सम्मानित किया।
- राजा राममोहन राय को राजा की उपाधि मुगल शासक अकबर द्वितीय ने प्रदान कर तत्कालीन ब्रिटिश सम्राट विलियम चतुर्थ के दरबार में भेजा था। 27 सितम्बर, 1833 को ब्रिस्टल (इंग्लैण्ड) में मस्तिष्क ज्वर से इनकी मृत्यु हो गई।

प्रार्थना समाज

- ब्रह्म समाज के प्रभाव से महाराष्ट्र में 1867 ई. में प्रार्थना समाज की स्थापना हुई। इस संगठन का उद्देश्य हिन्दू धर्म तथा समाज में सुधार लाना था। प्रार्थना समाज ने जाति व्यवस्था तथा पुरोहितों के आधिपत्य की आलोचना की।
- प्रार्थना समाज की स्थापना डॉ. आत्माराम पाण्डुरंग ने की। बाद में आर. जी. भण्डारकर तथा महादेव गोविन्द रानाडे इस समाज में शामिल हुए। इस समाज को प्रसिद्धि दिलाने का श्रेय रानाडे को जाता है। प्रार्थना समाज की स्थापना के प्रेरणा स्रोत केशवचन्द्र सेन थे।
- महादेव गोविन्द रानाडे को पश्चिम भारत में सांस्कृतिक पुनर्जागरण का अग्रदूत कहा जाता है। 1870 ई. में रानाडे ने सार्वजनिक सभा की स्थापना की।
- महादेव गोविन्द रानाडे ने 1884 ई. में दक्कन एजुकेशनल सोसायटी तथा 1891 ई. में महाराष्ट्र में विडो रिमैरिज एसोसिएशन की स्थापना की थी।

दक्कन एजुकेशन सोसायटी के सदस्य विष्णु शास्त्री चिपलुंकर, महादेव बल्लाल, तिलक इत्यादि थे।

- पण्डिता रमाबाई ने महिलाओं के कल्याण के लिए आर्य महिला समाज की स्थापना की थी। गोपालकृष्ण गोखले के द्वारा वर्ष 1905 में सर्वेण्ट्स ऑफ इण्डिया सोसायटी की स्थापना की गई थी।
- आर्य समाज के एक अन्य अनुयायी प्रो. डी. के. कर्वे ने पूना में विडो होम तथा वर्ष 1906 में बम्बई में इण्डियन वुमेन्स यूनिवर्सिटी की स्थापना की थी।

परमहंस मण्डली (1849)

- इसकी स्थापना महाराष्ट्र में दादोबा पाण्डुरंग और मेहताजी दुर्गाराम ने की थी।
- यह हिन्दू धर्म और समाज में सुधार पर केन्द्रित एक गुप्त समाज के रूप में शुरू हुआ था।
- इसने जाति नियमों को तोड़ने की वकालत की, विधवा पुनर्विवाह को बढ़ावा दिया और महिला शिक्षा का समर्थन किया।

गोपाल हरि देशमुख (1823-92)

- गोपाल हरि देशमुख को लोकहितवादी के रूप में भी जाना जाता है।
- उन्होंने 1848-50 ई. में मराठी साप्ताहिक-पत्र प्रभाकर में अपने प्रसिद्ध शतपत्रेण (सौ पत्र) लिखे, जो महाराष्ट्र में आरम्भिक बौद्धिक प्रयासों में एक महत्त्वपूर्ण कदम सिद्ध हुआ।

आर्य समाज

- आर्य समाज की स्थापना 1875 ई. में बम्बई में स्वामी दयानन्द सरस्वती ने की। 1877 ई. में इसका मुख्यालय लाहौर को बनाया गया था।
- आर्य समाज की स्थापना का मुख्य उद्देश्य हिन्दू धर्म में व्याप्त दोषों को दूर करना, वैदिक धर्म की पुनः स्थापना तथा भारत को सामाजिक, धार्मिक व राजनीतिक रूप से एक सूत्र में बाँधना था।
- हिन्दू धर्म के दोषों को उजागर करने के साथ उन्होंने वेदों के अध्ययन पर बल दिया। स्वामी दयानन्द सरस्वती ने वेदों की ओर लौटो का नारा दिया।
- स्वामी दयानन्द सरस्वती ने गौ सेवा के लिए 1882 ई. में गौ रक्षिणी सभा की स्थापना की तथा गौ करुणानिधि नामक पुस्तक की रचना भी की थी। आर्य समाज का प्रसार पंजाब, पश्चिमी उत्तर प्रदेश, राजस्थान तथा महाराष्ट्र में अधिक हुआ था।
- दयानन्द सरस्वती ने हिन्दू धर्म छोड़कर अन्य धर्म अपनाने वालों के लिए शुद्धि आन्दोलन चलाया था। स्वामी दयानन्द सरस्वती ने 1863 ई. में आगरा में पाखण्ड-खण्डिनी पताका फहराई थी। इनके सहयोगी लाला हंसराज ने 1886 ई. में दयानन्द एंग्लो-वैदिक कॉलेज (लाहौर) तथा वर्ष 1902 में स्वामी श्रद्धानन्द ने गुरुकुल काँगड़ी विश्वविद्यालय (हरिद्वार) की स्थापना की थी।
- आर्य समाज के सन्दर्भ में वेलेण्टाइन शिरोल ने कहा था कि "यह भारतीय अशान्ति का जन्मदाता है।"
- भारतीय परतन्त्रता के सन्दर्भ में स्वामी दयानन्द सरस्वती का विचार था कि "बुरे से बुरा देशी राज्य अच्छे से अच्छे विदेशी राज्य से अच्छा है।"
- इन्होंने ही सर्वप्रथम नारा दिया था कि "भारत भारतवासियों के लिए है।"
- दयानन्द सरस्वती एक ऐसे समाज सुधारक थे, जिन्होंने सामाजिक एवं शैक्षणिक मामलों में स्त्री-पुरुष के समान अधिकारों की बात की। साथ ही शूद्रों एवं स्त्रियों को वेद पढ़ने, उच्च शिक्षा प्राप्त करने तथा यज्ञोपवीत धारण करने के पक्ष में आन्दोलन चलाने वाले वे प्रथम समाज सुधारक भी थे।
- आर्य समाज ने छुआछूत, जाति व्यवस्था आदि का विरोध किया, किन्तु वर्ण व्यवस्था का समर्थन किया।

स्वामी दयानन्द सरस्वती

- स्वामी दयानन्द सरस्वती का जन्म 1824 ई. में गुजरात के मौरवी नामक स्थान पर हुआ था। इनके बचपन का नाम **मूलशंकर** था। स्वामी पूर्णानन्द से इन्होंने 24 वर्ष की अवस्था में संन्यास की दीक्षा ली थी और इन्हीं के द्वारा इनका नाम स्वामी दयानन्द सरस्वती रखा गया।
- दयानन्द सरस्वती ने **सत्यार्थ प्रकाश** नामक पुस्तक की रचना की थी। इनकी अन्य प्रमुख पुस्तकें पाखण्ड खण्डन (1866), वेद भाष्य भूमिका (1876), ऋग्वेद भाष्य, अद्वैतमत का खण्डन (1873), पंचमहायज्ञ विधि (1875), वल्लभाचार्य मत का खण्डन (1875) आदि हैं।
- 1861 ई. में मथुरा के स्वामी बिरजानन्द से इन्होंने वेदों की गहन शिक्षा प्राप्त की। इन्होंने ही सर्वप्रथम स्वराज शब्द का प्रयोग किया तथा हिन्दी को राष्ट्रभाषा के रूप में **स्वीकार** किया था। इनकी मृत्यु 30 अक्टूबर, 1883 को अजमेर में हुई थी। इन्हें भारत का **मार्टिन लूथर** कहा जाता है।

रामकृष्ण मिशन

- रामकृष्ण मिशन की स्थापना स्वामी विवेकानन्द ने 1897 ई. में वेलूर (कलकत्ता) में की थी।
- मिशन के दो मठ बारानगर (कलकत्ता) एवं मायावती (वर्तमान चम्पावत उत्तराखण्ड) में स्थापित किए गए थे।
- स्वामी विवेकानन्द ने जाति प्रथा, छुआछूत तथा अन्य रूढ़िवादी कुरीतियों की निन्दा की। उनके द्वारा स्थापित रामकृष्ण मिशन का मुख्य लक्ष्य जन समुदाय के लिए सामाजिक सुविधाएँ जुटाना था। इसके तहत मिशन ने देश तथा विदेश में स्कूल, अस्पताल, अनाथालय, पुस्तकालयों की स्थापना की।
- स्वामी विवेकानन्द ने फरवरी, 1896 में न्यूयॉर्क में वेदान्त सोसायटी का गठन भारतीय धर्म एवं दर्शन के प्रचार के लिए किया था। स्वामी विवेकानन्द ने मूर्तिपूजा, बहुदेववाद आदि का समर्थन किया, क्योंकि इनका मानना था कि ईश्वर साकार एवं निराकार दोनों है।

स्वामी विवेकानन्द

- स्वामी विवेकानन्द (नरेन्द्र नाथ) का जन्म 1863 ई. में कलकत्ता में हुआ था। वे 1893 ई. में अमेरिका के शिकागो में आयोजित प्रथम विश्व धर्म सम्मेलन में भाग लेने के लिए गए।
- अमेरिका जाने से पहले खेतड़ी के राजा **कुँवर अजीत सिंह** के सुझाव पर नरेन्द्र नाथ ने अपना नाम **स्वामी विवेकानन्द** रख लिया।
- वर्ष 1900 में पेरिस में आयोजित द्वितीय विश्व धर्म सम्मेलन (शीर्षक-कांग्रेस ऑफ हिस्ट्री ऑफ रिलीजेन्स) में भी स्वामी विवेकानन्द ने भाग लिया था।
- मार्ग्रेट नोबल (सिस्टर निवेदिता) उनकी शिष्या थीं। स्वामी विवेकानन्द को 19वीं शताब्दी के **नव हिन्दू जागरण** का संस्थापक भी कहा जाता है। सुभाषचन्द्र बोस ने स्वामी विवेकानन्द को आधुनिक राष्ट्रीय आन्दोलन का आध्यात्मिक पिता कहा था।
- 1897 ई. में स्वामी विवेकानन्द ने **प्रबुद्ध भारत** (अंग्रेजी) एवं उद्‌बोधन (बंगाली) नामक पत्रिकाओं का प्रकाशन किया था। राजयोग, ज्ञानयोग, कर्मयोग एवं वेदान्त फिलॉसफी उनकी प्रसिद्ध पुस्तकें हैं। इनकी मृत्यु 4 जुलाई, 1902 में वेलूर में हुई थी।

नोट *विवेकानन्द को तूफानी भ्रमण करने वाला साधू कहा गया।*

थियोसोफिकल सोसायटी

- थियोसोफिकल सोसायटी की स्थापना 7 सितम्बर, 1875 में न्यूयॉर्क (अमेरिका) में मैडम हेलना ब्लावात्स्की तथा कर्नल हेनरी ऑल्काट ने की थी।
- 1882 ई. में मद्रास (चेन्नई) के निकट अड्यार नामक स्थान पर थियोसोफिकल सोसायटी का अन्तर्राष्ट्रीय कार्यालय खोला गया। 1893 ई. में आयरिश महिला ऐनी बेसेण्ट भारत आईं और उन्होंने थियोसोफिकल सोसायटी का कार्यभार सम्भाला। ऑल्काट की मृत्यु के पश्चात् वर्ष 1907 में ऐनी बेसेण्ट थियोसोफिकल सोसायटी की अध्यक्ष बनीं।
- ऐनी बेसेण्ट ने वर्ष 1915 में आयरलैण्ड के होमरूल लीग की तर्ज पर भारत में होमरूल लीग की स्थापना की।
- थियोसोफिकल सोसायटी की हिन्दू धर्म की व्याख्या पारम्परिक तथा रूढ़िवादी थी। यह पुनर्जन्म व कर्म के सिद्धान्त को मान्यता प्रदान करती है।

ऐनी बेसेण्ट

ऐनी बेसेण्ट ने 1898 ई. में बनारस में **सेण्ट्रल हिन्दू कॉलेज** की स्थापना की थी, जिसे वर्ष 1916 में **मदन मोहन मालवीय जी** ने बनारस हिन्दू विश्वविद्यालय के रूप में विकसित किया था। इनकी विचारधारा को **दैव विज्ञान** के नाम से भी जाना जाता था। वर्ष 1916 में इनके द्वारा भारत में **होमरूल लीग** की स्थापना की गई थी।

यंग बंगाल आन्दोलन

- यंग बंगाल आन्दोलन के प्रवर्तक हेनरी विवियन डेरोजियो (1809-31 ई.) थे। यंग बंगाल आन्दोलन का प्रमुख उद्देश्य प्रेस की स्वतन्त्रता, जमींदारों के अत्याचारों से रैयतों की सुरक्षा, सरकारी नौकरियों में उच्च पदों हेतु भारतीयों की नियुक्ति में लिए आवाज उठाना था।
- एंग्लो-इण्डियन हेनरी विवियन डेरोजियो फ्रांस की क्रान्ति से बहुत प्रभावित थे, उन्होंने हिन्दू कॉलेज में 1826 से 1831 ई. तक शिक्षण कार्य किया।
- डेरोजियो को सुरेन्द्र नाथ बनर्जी ने बंगाल में आधुनिक सभ्यता का अग्रदूत एवं अपनी (हमारी) जाति का पिता के रूप में मान्यता दी थी। इनके प्रमुख अनुयायी रामगोपाल घोष, कृष्ण मोहन बनर्जी तथा महेशचन्द्र घोष थे।
- हेनरी विवियन डेरोजियो ने एकेडमिक एसोसिएशन तथा सोसायटी फॉर द एक्वीजीशन ऑफ जनरल नॉलेज जैसे संगठनों की स्थापना की। डेरोजियो को आधुनिक भारत का प्रथम राष्ट्रवादी कवि माना जाता है। डेरोजियो की 22 वर्ष की आयु में हैजे के कारण मृत्यु हो गई।

मुस्लिम धर्म सुधार आन्दोलन

प्रमुख मुस्लिम सुधार आन्दोलनों का वर्णन निम्न है

अलीगढ़ आन्दोलन

- अलीगढ़ आन्दोलन का प्रवर्तन सर सैयद अहमद खाँ ने किया।
- इस आन्दोलन के समर्थकों की विचारधारा कुरान की व्याख्या पर आधारित थी। सर सैयद अहमद खाँ धार्मिक सहिष्णुता तथा सभी धर्मों में अन्तर्निहित एकता पर विश्वास करते थे। 1883 ई. में एक प्रसिद्ध लेख में इन्होंने हिन्दू तथा मुसलमान को भारत की दो आँखें कहा।
- इन्होंने राजभक्त मुसलमान पत्रिका का प्रकाशन किया तथा असबाब-ए-बगावत-ए-हिन्द नामक पुस्तक 1857 के विद्रोह पर लिखी।
- कांग्रेस की स्थापना (1885) के विरोधस्वरूप सर सैयद अहमद खाँ, ने बनारस के राजा शिव प्रसाद सिंह, जिन्हें सितारा-ए-हिन्द कहा जाता था, के साथ मिलकर यूनाइटेड इण्डियन पैट्रियाटिक एसोसिएशन (देशभक्त एसोसिएशन) की स्थापना की थी।
- 1864 ई. में सैयद अहमद ने साइण्टिफिक सोसायटी की स्थापना की, जो पहले अनुवाद समिति के नाम से जानी जाती था। इसका कार्यालय अलीगढ़ में था।
- 1875 ई. में अलीगढ़ में मोहम्मडन एंग्लो-ओरियण्टल स्कूल की स्थापना की गई। यह 1878 ई. में कॉलेज (शिलान्यास-लॉर्ड लिटन द्वारा) बना, जिसके प्रथम प्रिन्सिपल थियोडोर बैक थे। बाद में वर्ष 1920 में यह स्कूल अलीगढ़ मुस्लिम विश्वविद्यालय में परिवर्तित कर दिया गया।
- चिराग अली, अल्ताफ हुसैन अली, नजीर अहमद तथा मौलाना शिबली नोमानी अलीगढ़ आन्दोलन के प्रमुख नेता थे।

सर सैयद अहमद खाँ

सर सैयद अहमद खाँ का जन्म 1817 ई. में दिल्ली में हुआ था। 1857 के विद्रोह के समय सर सैयद अहमद खाँ कम्पनी की न्यायिक सेवा में कार्य करते हुए राजभक्त बने रहे। सर सैयद अहमद खाँ ने समकालीन वैज्ञानिक प्रकाश के परिप्रेक्ष्य में कुरान पर टीका लिखी थी। उन्होंने फारसी भाषा में **तहजीब उल अखलाक** (सभ्यता और नैतिकता) पत्रिका का प्रकाशन किया था।

अहमदिया आन्दोलन

- अहमदिया आन्दोलन की शुरुआत 1889 ई. में पंजाब के गुरुदासपुर जिले के कादियान नामक स्थान से मिर्जा गुलाम अहमद द्वारा की गई थी।
- कादियान नामक स्थान से आरम्भ होने के कारण इस आन्दोलन को कादियानी आन्दोलन भी कहा जाता है। यह एक उदारवादी आन्दोलन था, जिसने जिहाद का विरोध किया था।
- मिर्जा गुलाम अहमद ने अपने सिद्धान्तों की व्याख्या के लिए बहरीन-ए-अहमदिया नामक पुस्तक की रचना की। इन्होंने स्वयं को एक और पैगम्बर एवं कृष्ण के अवतार के रूप में प्रस्तुत किया।

देवबन्द आन्दोलन

- 1867 ई. में उत्तर प्रदेश के सहारनपुर जिले के देवबन्द स्थान पर कुरान तथा हदीस की शिक्षाओं के प्रसार एवं विदेशी शासन (सरकार) के विरुद्ध जिहाद की भावना को प्रसारित करने के लिए एक मदरसे की स्थापना की गई थी। इस मदरसे की स्थापना मुहम्मद कासिम, ननौत्वी एवं रशीद अहमद गंगोही के द्वारा की गई थी।
- यह आन्दोलन अलीगढ़ आन्दोलन का विरोधी होने के साथ-साथ अंग्रेजी शिक्षा एवं पाश्चात्य संस्कृति का भी विरोधी था।
- इस आन्दोलन के एक प्रमुख नेता शिबली नोमानी थे, जिन्होंने लखनऊ में नदवतुल उलमा मदरसा की स्थापना की थी।

वहाबी आन्दोलन

- यह आन्दोलन मूलतः एक इस्लामी धार्मिक पुनरुत्थानवादी आन्दोलन था, जिसके अन्तर्गत भारत को दार-उल-हर्ब (काफिरों का देश) के स्थान पर दार-उल-इस्लाम (मुस्लिम कानून/शरीयत के हिसाब से चलने वाला देश) के रूप में स्थापित करना था। यह आन्दोलन मूल इस्लाम में किसी भी प्रकार के परिवर्तन की निन्दा करता था।
- इस आन्दोलन की शुरुआत 1820 ई. में हुई थी। प्रारम्भ में यह आन्दोलन सिखों के विरुद्ध किया गया था, किन्तु जब 1849 ई. में अंग्रेजों के द्वारा पंजाब प्रान्त का विलय कर दिया गया, तो यह अंग्रेजों के विरुद्ध भी हो गया।
- वहाबी आन्दोलन का प्रमुख केन्द्र पटना था। 1860 के दशक के अन्त तक इस आन्दोलन को अंग्रेजों के द्वारा पूर्णतः शान्त कर दिया गया। भारत में इस आन्दोलन को लोकप्रिय बनाने का श्रेय रायबरेली (वर्तमान उत्तर प्रदेश) के सैयद अहमद को जाता है। ये अरब के अब्दुल वहाब एवं दिल्ली के सन्त शाह वलीउल्लाह से अत्यधिक प्रभावित थे।

अन्य धर्म सुधार आन्दोलन

अन्य धर्म सुधार आन्दोलन में पारसी सुधार आन्दोलन तथा सिख धर्म सुधार आन्दोलन प्रमुख हैं

पारसी धर्म सुधार आन्दोलन

- 1851 ई. में बम्बई में नौरोजी फरदोनजी, दादाभाई नौरोजी, के. आर. कामा, एस. एस. बंगाली तथा जे. वी. वाचा ने रहनुमाई मजदायसन सभा की स्थापना की। इस सभा ने अपने सन्देश को पारसियों तक पहुँचाने के लिए एक पत्रिका रास्त गोफ्तार (सत्यवादी) चलाई।
- इस सभा का उद्देश्य पारसियों की सामाजिक स्थिति का पुनरुद्धार तथा पारसी धर्म की प्राचीन पवित्रता को पुनर्स्थापित करना था।
- के. आर. कामा ने पारसियों में शिक्षा के प्रसार के सम्बन्ध में उल्लेखनीय विशेषकर बालिकाओं हेतु कार्य किए।
- बी. एम. मालाबारी ने बाल विवाह के विरुद्ध अभियान चलाकर एज ऑफ कन्सेण्ट एक्ट (1891) पारित करवाया।
- इस एक्ट के अन्तर्गत 12 वर्ष से कम आयु की लड़कियों के विवाह पर प्रतिबन्ध लगाया गया।

> भारत के पितामह (ग्रैण्ड ओल्ड मैन ऑफ इण्डिया) के रूप में दादाभाई नौरोजी को जाना जाता है। इनके द्वारा इंग्लैण्ड में **ईस्ट इण्डिया एसोसिएशन** की स्थापना 1860 ई. में की गई। इस संस्था के द्वारा **इण्डिया पत्रिका** का प्रकाशन किया गया था।

सिख धर्म सुधार आन्दोलन

- सिखों के धर्म सुधार आन्दोलन के अग्रदूत बाबा दयालदास थे। इन्होंने सिखों में प्रचलित हिन्दू रीति-रिवाजों के विरुद्ध उपदेश दिए और मूर्तिपूजा का विरोध किया। इन्होंने निरंकारी आन्दोलन चलाया था। अतः इनके अनुयायी निरंकारी कहलाए।
- 1815 ई. में रामसिंह के नेतृत्व में नामधारियों का सिख सुधार आन्दोलन शुरू हुआ, जिसे नामधारी आन्दोलन के रूप में जाना जाता है।
- सिंह सभा आन्दोलन की शुरुआत 1873 ई. में अमृतसर में हुई। इसके प्रथम अध्यक्ष ठाकुर सिंह सन्धावालिया तथा सचिव ज्ञानी ज्ञान सिंह थे।

अकाली आन्दोलन

- वर्ष 1920 में गुरुद्वारों के महन्तों के विरुद्ध अकाली आन्दोलन चलाया गया, जिसके परिणामस्वरूप नवम्बर, 1920 में गुरुद्वारों का नियन्त्रण शिरोमणि गुरुद्वारा प्रबन्ध कमेटी नामक निर्वाचित समिति के हाथों में आ गया।
- इस आन्दोलन का मुख्य उद्देश्य गुरुद्वारों के प्रबन्धन में सुधार करना था।
- वर्ष 1922 में सिख गुरुद्वारा अधिनियम बनाया गया, जिसके माध्यम से भ्रष्ट महन्तों को उनके कार्यों से निष्कासित किया जाने लगा। इसमें वर्ष 1925 में कुछ संशोधन भी किए गए।

दलित जातियों के आन्दोलन

दलित जातियों के आन्दोलनों का वर्णन निम्नलिखित है

सत्यशोधक समाज

- निम्न जाति आन्दोलन की शुरुआत सर्वप्रथम महाराष्ट्र में हुई और वहाँ पर इसका नेतृत्व ज्योतिबा फुले (ज्योतिराव गोविन्द फुले) ने किया। इन्होंने निम्न जातियों के कल्याण के लिए 1873 ई. में सत्यशोधक समाज की स्थापना की।
- महाराष्ट्र में सर्वप्रथम ज्योतिबा फुले ने ब्राह्मण विरोधी आन्दोलन शुरू किया। इन्हें महात्मा की पदवी दी गई।
- ज्योतिबा फुले ने 1872 ई. में एक पुस्तक **गुलामगिरी** लिखी, जिसमें इन्होंने निम्न जातियों को पाखण्डी ब्राह्मणों तथा उनके अवसरवादी धर्म ग्रन्थों से सुरक्षा दिलाने के सन्दर्भ में प्रकाश डाला। इनकी एक अन्य पुस्तक **सार्वजनिक सत्य धर्म** भी है।

डॉ. भीमराव अम्बेडकर

- **जन्म एवं जन्मस्थान** मध्य प्रदेश के महू जिले में एक निम्न जाति के महार परिवार में 14 अप्रैल, 1891 को।
- **मृत्यु** 6 दिसम्बर, 1956, नई दिल्ली
- **शिक्षा-दीक्षा** बॉम्बे विश्वविद्यालय से स्नातक, न्यूयॉर्क में कोलम्बिया विश्वविद्यालय एवं लन्दन स्कूल ऑफ इकोनॉमिक्स में उच्च शिक्षा

पत्रिकाएँ

- मूकनायक (1920)
- बहिष्कृत भारत (1927)
- समता (1929)
- जनता (1930)

पुस्तकें

- एनहिलिएशन ऑफ कास्ट
- थॉट्स ऑन पाकिस्तान
- बुद्ध और कार्ल मार्क्स
- द अनटचेबल: हू आर दे एण्ड व्हाय दे हैव बिकम अनटचेबल्स
- बुद्ध एण्ड हिज धम्म
- द राइज़ एण्ड फॉल ऑफ हिन्दू वुमेन

महत्त्वपूर्ण कार्य

वर्ष 1920 में **द ऑल इण्डिया डिप्रेस्ड क्लास फेडरेशन** की स्थापना।

- वर्ष 1924 में बम्बई में **बहिष्कृत हितकारिणी सभा** की स्थापना।
- वर्ष 1936 में उन्होंने दलित वर्गों के हितों की रक्षा हेतु इण्डिपेण्डेण्ट लेबर पार्टी।
- वर्ष 1942 में **अनुसूचित जाति संघ** की स्थापना।
- संविधान सभा की प्रारूप समिति की अध्यक्षता।
- भारतीय रिज़र्व बैंक (आरबीआई), अम्बेडकर के विचारों पर आधारित था, जो उन्होंने हिल्टन यंग कमीशन को प्रस्तुत किए थे।

गाँधीजी तथा निम्न जाति आन्दोलन

गाँधीजी अस्पृश्यता को मानवता के लिए अपराध मानते थे। उन्होंने वर्ष 1932 में **हरिजन सेवक संघ** की स्थापना की। उन्होंने एक पत्रिका **हरिजन** भी निकाली। गाँधीजी ने हरिजनोद्धार के लिए सम्पूर्ण देश का दौरा किया।

दक्षिण भारत में सुधार आन्दोलन

- 1864 ई. में ब्रह्म समाज की गतिविधियों के प्रभाव एवं ईसाई मिशनरियों की प्रक्रिया के परिणामस्वरूप मद्रास में वेद समाज की स्थापना की गई। श्री धरालू नायडू ने 1871 ई. में इसे पुनर्गठित किया। वेद समाज, ब्रह्म समाज ऑफ साउथ इण्डिया के नाम से भी जाना जाता है। इसके प्रमुख नेता एम. वी. पन्तुलू तथा आर वेंकटरत्लम थे।
- वीरेशलिंगम पन्तुलू ने 1878 ई. में राजमुन्दरी सोशल रिफॉर्म एसोसिएशन की स्थापना की। दक्षिण भारत के सुधार आन्दोलन जाति प्रथा के विरुद्ध थे।

आत्म-सम्मान आन्दोलन

- 1920 के दशक में रामास्वामी नायकर उर्फ पेरियार ने इस आन्दोलन को प्रारम्भ किया। इस आन्दोलन के माध्यम से ब्राह्मणवाद का विरोध करते हुए, उनकी सर्वोच्चता को चुनौती दी गई थी।
- आत्म-सम्मान आन्दोलन में बिना ब्राह्मण की सहायता के विवाह करने, मन्दिरों में जबरन प्रवेश करने तथा मनुस्मृति को जलाने आदि के लिए आन्दोलन किए गए। पेरियार द्वारा तमिल भाषा में रामायण की रचना की गई, जिसे सच्ची रामायण कहा जाता है।

वायकोम सत्याग्रह

- वायकोम सत्याग्रह एक प्रकार का गाँधीवादी आन्दोलन था, जो ब्राह्मणवाद के विरुद्ध तथा मन्दिरों में प्रवेश को लेकर चलाया गया था। केरल के त्रावणकोर के एक गाँव वायकोम से इस आन्दोलन की शुरुआत हुई।
- इस आन्दोलन में एझवा वर्ग के उत्थान की बात की गई थी। 19वीं सदी के अन्त में केरल में नारायण गुरु, एन कुमारन, टी.के. माधवन जैसे बुद्धिजीवियों ने छुआछूत के विरुद्ध आवाज उठाई। निम्न जातियों का मन्दिर में प्रवेश का समर्थन श्री नारायण धर्म परिपालन योगम संगठन (श्री नारायण गुरु के नेतृत्व में) ने किया।
- इस आन्दोलन का समर्थन सवर्णों के संगठन नायर सर्विस सोसायटी, नायर समाज व केरल हिन्दू सभा ने भी किया।
- योगक्षेम सभा (नम्बूदरीपाद उच्च ब्राह्मणों का संगठन) के द्वारा भी इस आन्दोलन का समर्थन किया गया था। 30 मार्च, 1924 को केरल कांग्रेस कमेटी ने हरिजनों का मन्दिर में प्रवेश कराया।

गुरुवायूर सत्याग्रह

- वर्ष 1924 के बाद भी निम्न वर्गों के सामाजिक तथा आर्थिक उत्थान व छुआछूत उन्मूलन के लिए संघर्ष चलता रहा। के. केलप्पण के प्रयासों से केरल प्रदेश कांग्रेस कमेटी ने वर्ष 1931 में मन्दिर प्रवेश का प्रश्न पुनः उठाया। केरल में अनेक जनसभाएँ आयोजित की गईं तथा 1 नवम्बर, 1931 को गुरुवायूर में मन्दिर प्रवेश सत्याग्रह करने का निर्णय लिया गया।
- 21 सितम्बर, 1932 को के केलप्पण के आमरण अनशन पर बैठने के कारण इस सत्याग्रह ने जुझारू रूप परिवर्तित कर लिया। नवम्बर, 1936 में त्रावणकोर के महाराजा ने एक आदेश जारी कर सरकार नियन्त्रित सभी मन्दिरों को हिन्दुओं की सभी जातियों के लिए खोल दिया।

19वीं सदी के प्रमुख सामाजिक सुधार

सामाजिक बुराई	उन्मूलन के प्रयास
सती प्रथा	• भारत में सती प्रथा का प्रथम उल्लेख 510 ई. के **एरण अभिलेख** में मिलता है। • सबसे पहले 15वीं शताब्दी में कश्मीर के शासक सिकन्दर ने इस प्रथा को बन्द करवाया था। पुर्तगाली वायसराय अल्बुकर्क ने 1510 ई. में गोवा में इस प्रथा को बन्द करवाया था। राजा राममोहन राय के प्रयासों के ही फलस्वरूप **लॉर्ड विलियम बैण्टिक** ने 1829 ई. के नियम-**17** द्वारा बंगाल में सती प्रथा पर रोक लगा दी। **1830 ई.** के मुम्बई एवं मद्रास सहित अन्य क्षेत्रों में भी सती प्रथा पर रोक लगा दी गई।
ठगी प्रथा	• ठगी प्रथा का उन्मूलन लॉर्ड विलियम बैण्टिक के द्वारा **कर्नल स्लीमैन** की सहायता से किया गया। 1837 ई. तक ठगों का दमन कर दिया गया था।
नरबलि प्रथा	• नरबलि प्रथा का उन्मूलन **लॉर्ड हार्डिंग** प्रथम के द्वारा कैम्पबेल की सहायता से किया गया। 1844-45 ई. तक इस प्रथा का दमन कर दिया गया।
बाल हत्या प्रथा	• लॉर्ड हार्डिंग (1844-48) ने सम्पूर्ण भारत में बालिका शिशु हत्या का निषेध किया।
दास प्रथा	• गवर्नर-जनरल लॉर्ड एलनबरो ने 1843 ई. के नियम-5 द्वारा दास प्रथा को समाप्त कर दिया था। • मध्यकाल में अकबर ने दास प्रथा पर प्रतिबन्ध लगा दिया था। आधुनिक काल में कॉर्नवालिस ने 1789 ई. में दासों के व्यापार को बन्द करवा दिया था।

सामाजिक बुराई	उन्मूलन के प्रयास
बाल विवाह	• अंग्रेजी सरकार ने बाल विवाह रोकने को हेतु तीन अधिनियम पारित किए **1. सिविल मैरिज एक्ट या नेटिव मैरिज एक्ट (1872)** इस अधिनियम के अन्तर्गत लड़कियों के विवाह की न्यूनतम आयु 14 वर्ष और लड़कों की आयु 18 वर्ष निर्धारित की गई। इस अधिनियम के द्वारा बहुपत्नी प्रथा को समाप्त कर दिया गया। • **2. ऐज ऑफ कन्सेण्ट एक्ट, 1892** बी. एम. मालाबारी के प्रयासों के फलस्वरूप 1891 ई. में ब्रिटिश सरकार ने **ऐज ऑफ कन्सेण्ट एक्ट** पारित किया, जिसमें 12 वर्ष से कम आयु की बालिकाओं के विवाह पर रोक लगा दी गई। **बाल गंगाधर तिलक** ने ऐज ऑफ कन्सेण्ट एक्ट का विदेशी हस्तक्षेप के आधार पर विरोध किया था। **3. शारदा अधिनियम 1929** वर्ष 1929 में बाल विवाह को रोकने के लिए समाज सुधारक **हरविलास शारदा** के प्रयासों से **शारदा अधिनियम** पारित किया गया, जिसमें विवाह की आयु बालिकाओं के लिए 14 वर्ष तथा बालकों के लिए 18 वर्ष निर्धारित की गई। स्वतन्त्रोत्तर भारत सरकार द्वारा बाल विवाह निरोधक अधिनियम में संशोधन करके बालकों की आयु न्यूनतम 21 वर्ष एवं बालिकाओं के लिए 18 वर्ष निर्धारित की गई।
विधवा विवाह	• विधवा पुनर्विवाह के क्षेत्र में सर्वाधिक योगदान कलकत्ता के संस्कृत कॉलेज के आचार्य **ईश्वरचन्द्र विद्यासागर** ने दिया, उन्होंने एक हजार हस्ताक्षरों से युक्त पत्र डलहौजी को भेजकर विधवा विवाह को कानूनी रूप देने का अनुरोध किया था। • ईश्वरचन्द्र विद्यासागर के प्रयासों के फलस्वरूप ब्रिटिश सरकार (लॉर्ड कैनिंग) ने 26 जुलाई, 1856 को हिन्दू विधवा पुनर्विवाह अधिनियम पारित किया, जिसमें विधवा पुनर्विवाह को कानूनी मान्यता दी गई। • प्रो. डी. के. कर्वे एवं **वीरेशलिंगम पन्तुलू** ने भी विधवा पुनर्विवाह के लिए कार्य किया। इन्होंने 1892 ई. में **विधवा आश्रम** की पूना में स्थापना की तथा स्वयं एक विधवा से विवाह भी किया था। अन्तत: लॉर्ड कैनिंग ने हिन्दू विधवा पुनर्विवाह अधिनियम, 1956 के द्वारा विधवा विवाह को वैध मान लिया।
स्त्री शिक्षा	• भारतीय समाज में स्त्रियों की दयनीय स्थिति को देखते हुए सर्वप्रथम ईसाई मिशनरियों ने 1819 ई. में कलकत्ता में **तरुण स्त्री सभा** की स्थापना की थी। • इसी क्रम में 1849 ई. में जे. डी. बेथुन शिक्षा परिषद् के अध्यक्ष ने कलकत्ता में एक बालिका विद्यालय की स्थापना की थी। • स्त्री शिक्षा के लिए सर्वाधिक प्रयास **ईश्वरचन्द्र विद्यासागर** ने किए, उन्होंने बंगाल में लगभग 35 बालिका विद्यालय स्थापित किए। इनके द्वारा **बहुविवाह** नामक पुस्तक भी लिखी गई। 1854 ई. में गठित शिक्षा आयोग चार्ल्स के **वुड डिस्पैच** में भी स्त्री शिक्षा पर बल दिया गया था। वर्ष 1926 में महिलाओं के उत्थान के लिए अखिल **भारतीय महिला संघ** की स्थापना की गई थी। • प्रो. कर्वे ने स्त्री शिक्षा को बढ़ावा देने के लिए वर्ष 1916 में पुणे में **भारतीय महिला विश्वविद्यालय** की स्थापना की थी।

सामाजिक सुधार अधिनियम

अधिनियम	स्थापना	गवर्नर-जनरल	विषय
नवजात कन्या हत्या कानून	1795	जॉन शोर	कन्याओं की हत्या पर प्रतिबन्ध।
शिशु वध प्रतिबन्ध	1802	वेलेजली	शिशु हत्या पर प्रतिबन्ध।
सती प्रथा प्रतिबन्ध	1829	लॉर्ड विलियम बैण्टिक	सती प्रथा पर पूर्ण प्रतिबन्ध (राजा राममोहन राय के प्रयास से)।
दास प्रथा प्रतिबन्ध	1843	एलनबरो	दासता पर प्रतिबन्ध।
हिन्दू विधवा पुनर्विवाह	1856	लॉर्ड कैनिंग	विधवा विवाह की अनुमति (विद्यासागर के प्रयास से)।
नैटिव मैरिज एक्ट	1872	नॉर्थब्रुक	अन्तर्जातीय विवाह (केशवचन्द्र सेन के प्रयास से)।
ऐज ऑफ कन्सेण्ट एक्ट	1891	लैन्सडाउन	विवाह की आयु 12 वर्ष लड़की के लिए निर्धारित (बेहरामजी मालाबारी के प्रयास से)।
शारदा एक्ट	1929	इरविन	विवाह की आयु 18 वर्ष लड़के के लिए निर्धारित (हरविलास शारदा के प्रयास से)।

कुछ अन्य हिन्दू धार्मिक-सामाजिक आन्दोलन

अन्य प्रमुख धार्मिक-सामाजिक आन्दोलन	स्थापना	स्थान	संस्थापक/प्रवर्तक	प्रमुख विशेषताएँ
इण्डियन नेशनल सोशल कॉन्फ्रेन्स	1887	बम्बई	एम. जी. रानाडे	भारतीय समाज में प्रचलित बुराइयों को दूर करके सोशल कॉन्फ्रेन्स करना।
देव समाज	1887	लाहौर	शिवनारायण अग्निहोत्री	यह ब्रह्म समाज की भाँति था, लेकिन इसके विपरीत इसके अनुयायी गुरु को पूजते थे।
निरंकारी	1840	पंजाब	दयाल दास सिंह, रतन चन्द	इसका उद्देश्य सिक्ख धर्म का शुद्धिकरण करना था।
नामधारी	1857	पंजाब	राम सिंह	सिक्ख धर्म सुधार हेतु।
भारत सेवक समाज (सर्वेण्ट्स ऑफ इण्डिया सोसायटी)	1905	बम्बई	गोपालकृष्ण गोखले	मातृभूमि की सेवा के लिए भारतीयों को विभिन्न क्षेत्रों में शिक्षित करना।
पूना सेवा सदन	1909	पूना	श्रीमती रमाबाई रानाडे	महिला कल्याण को बढ़ावा देना व उनका उत्थान करना।
सोशल सर्विस लीग	1911	मुम्बई (बम्बई)	एन. एम. जोशी	सामान्य नागरिकों के लिए जीवन में बेहतर कार्य करने का अवसर प्रदान करना।
सेवा समिति	1914	प्रयोगराज (इलाहाबाद)	हृदयनाथ कुंजरू	प्राकृतिक विपदाओं के समय समाज सेवा, शिक्षा, शारीरिक सफाई, संस्कृति आदि का विकास करना था।
राधास्वामी आन्दोलन	1861	आगरा	शिवदयाल खत्री या स्वामी जी महराज	शिवदयाल साहब या स्वामी जी महराज के नाम से प्रसिद्ध आगरा के साहुकार तुलसीराम ने राधास्वामी आन्दोलन का प्रवर्तन लिया
भील सेवा मण्डल	1922	बम्बई	ठक्कर बापा	ठक्कर बापा ने ही आदिवासियों को जनजातीय नाम दिया था।
जस्टिस आन्दोलन	1916-17	दक्षिण भारत	सी.एन. मुदालियार टी.एम. नायर पी.त्यागराज	यह आन्दोलन सरकारी सेवा, शिक्षा और राजनीति में ब्राह्मणों की श्रेष्ठ स्थिति का निन्दक था।

"

आधुनिक प्रेस के विकास ने शिक्षा के प्रचार-प्रसार में अधिक योगदान दिया। इसके माध्यम से सामाजिक समस्याओं को उठाया जाता था। स्वतन्त्रता, समानता जैसे नए विचारों ने हमारे समाज के कुछ वर्गों को आकर्षित किया और देश के विभिन्न भागों में शिक्षा प्रणाली के विकास को बढ़ावा दिया।

अध्याय इकत्तीस

भारत में प्रेस एवं शिक्षा का विकास

प्रेस तथा समाचार-पत्रों का विकास

- सर्वप्रथम पुर्तगालियों ने 1550 ई. में भारत में प्रिण्टिग प्रेस (मुद्रणालय) की स्थापना की। गोवा के पादरियों ने 1557 ई. में पहली पुस्तक भारत में छापी। 1684 ई. में ईस्ट इण्डिया कम्पनी ने भी बम्बई (मुम्बई) में एक प्रिण्टिंग प्रेस (मुद्रणालय) स्थापित की।
- कम्पनी के एक असन्तुष्ट कर्मचारी विलियम बोल्ट्स ने 1776 ई. में त्याग-पत्र देकर एक समाचार-पत्र प्रकाशित करने का प्रयास किया, किन्तु कम्पनी ने उसे इंग्लैण्ड वापस भेज दिया।

> **जेम्स ऑगस्टस हिक्की** ने 29 जनवरी, 1780 को भारत में पहला समाचार-पत्र प्रकाशित किया, जिसका नाम **द बंगाल गजट** अथवा **द कलकत्ता जनरल एडवरटाइजर** था। सरकार के प्रति आलोचनात्मक दृष्टिकोण अपनाने के बाद 2 मार्च, 1782 को इस पत्र के प्रकाशन को रोक दिया गया।

- किसी भारतीय द्वारा अंग्रेजी में प्रकाशित पहला समाचार-पत्र बंगाल गजट था, जिसे गंगाधर भट्टाचार्य ने 1818 ई. में निकालना आरम्भ किया। यह एक साप्ताहिक पत्र था। मार्शमैन ने 1818 ई. में दिग्दर्शन नामक मासिक पत्रिका बंगाली में निकाली। 1818 ई. में ही मार्शमैन ने अपना दूसरा पत्र समाचार दर्पण निकाला।
- राजा राममोहन राय ने 1821 ई. में बंगाली साप्ताहिक संवाद कौमुदी तथा 1822 ई. में फारसी में मिरात-उल-अखबार और अंग्रेजी में ब्रह्मनिकल मैगजीन का प्रकाशन किया। राजा राममोहन राय को राष्ट्रीय प्रेस की स्थापना का श्रेय दिया जाता है। उन्होंने तुहफत-उल-मुवाहिदीन नामक फारसी पुस्तक का भी प्रकाशन किया।
- 1829 ई. में बांग्ला भाषा में बंगदूत द्वारकानाथ टैगोर, प्रसन्न टैगोर एवं राजा राममोहन राय के प्रयास से कलकत्ता से प्रकाशित हुआ।
- राजा राममोहन राय के सामाजिक तथा धार्मिक विचारों का विरोध करने के लिए 1822 ई. में भवानीचरण बन्द्योपाध्याय द्वारा कलकत्ता से समाचार चन्द्रिका का प्रकाशन किया गया। पी.एम. मोतीवाला द्वारा 1831 ई. में गुजराती भाषा में जाम-ए-जमशेद बम्बई से प्रकाशित किया गया।
- 1851 ई. में रास्त गोफ्तार का सम्पादन दादाभाई नौरोजी ने गुजराती भाषा में बम्बई में किया। हिन्दू पैट्रियाट का प्रकाशन 1853 ई. में कलकत्ता से हुआ। इस पत्र के सम्पादक हरिश्चन्द्र मुखर्जी तथा गिरीशचन्द्र घोष थे।

प्रमुख समाचार पत्र अधिनियम

- समाचार-पत्रों का पत्रेक्षण (अभिवेचन) अधिनियम, 1799
- प्रेस अधिनियम, 1835
- अनुज्ञप्ति अधिनियम, 1857
- देशी भाषा समाचार-पत्र अधिनियम, 1858
- भारतीय समाचार-पत्र अधिनियम, 1910
- भारतीय समाचार-पत्र अधिनियम, 1931
- समाचार-पत्र अधिनियम, 1908
- पंजीकरण अधिनियम, 1867
- अनुज्ञप्ति अधिनियम, 1857
- अनुज्ञप्ति नियम, 1823

- एंग्लो-इण्डियन समाचार-पत्रों में मुख्यत: टाइम्स ऑफ इण्डिया (1862), स्टेट्समैन (1878) तथा इंग्लिशमैन (1861) नामक पत्रों का प्रकाशन कलकत्ता से होता था। इंग्लिश मैन सर्वाधिक रूढ़िवादी तथा प्रतिक्रियावादी समाचार-पत्र था।
- स्टेट्समैन एक उदारवादी पत्र था, जिसका सम्पादन रॉबर्ट नाइट ने किया।

- पायनियर का प्रकाशन इलाहाबाद (1865) से होता था। यह समाचार-पत्र सरकार का समर्थक था। पायनियर ने सिविल सर्विस का समर्थन किया था।

> ईश्वरचन्द्र विद्यासागर ने 1859 ई. में **सोमप्रकाश** नामक समाचार-पत्र बंगाली में प्रकाशित किया। लिटन ने इसे **वर्नाक्यूलर प्रेस एक्ट** (1878) के तहत प्रतिबन्धित कर दिया। कुछ समय पश्चात् क्रिस्टोफर दास पाल के हिन्दू पैट्रियाट का अधिग्रहण भी ईश्वरचन्द्र विद्यासागर ने कर लिया। क्रिस्टोफर दास पाल को **भारतीय पत्रकारिता का राजकुमार** कहा जाता है।

- 1861 ई. से प्रकाशित इण्डियन मिरर का सम्पादन देवेन्द्रनाथ टैगोर तथा मनमोहन घोष ने किया, यह किसी भी भारतीय द्वारा सम्पादित एकमात्र दैनिक समाचार-पत्र था। इसका प्रकाशन कलकत्ता से होता था।
- 1868 ई. में मोतीलाल घोष तथा शिशिर कुमार घोष ने अमृत बाजार पत्रिका का बंगाली साप्ताहिक के रूप में प्रकाशन प्रारम्भ किया। 1878 ई. में वर्नाक्यूलर प्रेस एक्ट से बचने के लिए यह रातों-रात अंग्रेजी भाषा में प्रकाशित होने लगी।
- वीर राघवाचारी ने 1878 ई. में अंग्रेजी भाषा में हिन्दू का प्रकाशन मद्रास से किया। 1889 ई. में यह दैनिक-पत्र बन गया तथा बंगवासी का प्रकाशन जोगिन्दर नाथ बोस ने किया।
- मराठा (अंग्रेजी भाषा) तथा केसरी (मराठी भाषा) का प्रकाशन 1881 ई. में बम्बई से हुआ। मराठा के सम्पादक आगरकर तथा केसरी के सम्पादक केलकर थे। बाद में बाल गंगाधर तिलक ने दोनों पत्रों का सम्पादन किया।
- 1862 ई. में रानाडे ने इन्दु प्रकाश तथा 1866 ई. में वी. एन माण्डलिक ने नेटिव ओपीनियन तथा 1879 ई. में सुरेन्द्रनाथ ने बंगाली (अंग्रेजी भाषा) का प्रकाशन किया।
- भारत का प्रथम हिन्दी समाचार-पत्र उदन्त मार्तण्ड (1826 ई.) था, जिसके सम्पादक जुगल किशोर थे। बालमुकुन्द गुप्त ने कलकत्ता से हिन्दी साप्ताहिक के रूप में भारत मित्र का प्रकाशन किया। भारतेन्दु हरिश्चन्द्र ने 1868 ई. में बनारस से कविवचन सुधा तथा 1872 ई. में हरिश्चन्द्र मैगजीन नामक मासिक पत्रिका का प्रकाशन प्रारम्भ किया। 1877 ई. में बालकृष्ण शर्मा नवीन ने प्रयागराज से हिन्दी प्रदीप का प्रकाशन किया।
- जी. ए. नटेशन ने वर्ष 1900 में द इण्डियन रिव्यू की स्थापना मद्रास में की।

ब्रिटिश सरकार की प्रतिक्रिया

प्रमुख समाचार-पत्र अधिनियम

समाचार-पत्रों का पत्रेक्षण (अभिवेचन) अधिनियम, 1799

- लॉर्ड वेलेजली ने 1799 ई. में समाचार-पत्रों का पत्रेक्षण अधिनियम या प्रेस सेन्सरशिप अधिनियम, 1799 पारित कर दिया और सभी समाचार-पत्रों पर सेन्सर लगा दिया। इसके अनुसार, समाचार-पत्र के सम्पादक, मुद्रक और स्वामी का नाम स्पष्ट रूप से छापना अनिवार्य कर दिया गया।
- प्रकाशक को प्रकाशित किए जाने वाले सभी तत्त्वों को सरकार के सचिव के सम्मुख पूर्व अभिवेचन के लिए भेजना होता था।
- पत्रेक्षण/अभिवेचन (Censorship) कथनों, चित्रों, जनसन्देशों या अन्य सूचनाओं को व्यक्तियों के बीच फैलने से रोकने के लिए उन्हें बलपूर्वक दबाने को पत्रेक्षण/अभिवेचन (Censorship) कहते हैं। यह प्रायः इस आधार पर किया जाता है कि दबाई जाने अभिव्यक्ति वाली हानिकारक, संवेदनशील, अश्लील या आपत्तिजनक होती है।

अनुज्ञप्ति नियम, 1823

- 1823 ई. में जॉन एडम्स ने कार्यवाहक गवर्नर-जनरल बनने पर भारतीय प्रेस पर पूर्ण पाबन्दी लगा दी।
- इस अधिनियम के अन्तर्गत यह प्रावधान किए गए कि अब मुद्रक तथा प्रकाशक को मुद्रणालय स्थापित करने के लिए अनिवार्य रूप से अनुज्ञप्ति (लाइसेन्स) लेनी होगी।
- यदि इसके अभाव में मुद्रण अथवा प्रकाशन कर दिया जाता, तो दण्डस्वरूप आर्थिक जुर्माना या कारावास हो सकता था। मजिस्ट्रेट को यह अधिकार प्रदान किया गया कि वे इस प्रकार के मुद्रणालय को जब्त भी कर सकते थे।
- इसके अन्तर्गत राजा राममोहन राय को मिरात-उल-अखबार पत्रिका को बन्द करना पड़ा था।

प्रेस अधिनियम, 1835

- लॉर्ड विलियम बैण्टिक ने समाचार-पत्रों के प्रति उदारवादी रुख अपनाया, परन्तु कार्यवाहक गवर्नर-जनरल चार्ल्स मैटकॉफ (1835-36 ई.) 1823 ई. के कुत्सित अनुज्ञप्ति (लाइसेन्स) नियमों को निरस्त करके भारतीय समाचार-पत्रों के मुक्तिदाता कहलाए।
- 1835 ई. में प्रेस अधिनियम बनाकर यह प्रावधान कर दिया गया कि अब केवल प्रकाशन के स्थान की सूचना देना अनिवार्य होगा। इसके उपरान्त मुद्रक अथवा प्रकाशक छपाई का कार्य कर सकते थे।

अनुज्ञप्ति अधिनियम, 1857

- 1857 के विद्रोह से उत्पन्न हुई आपातकालीन स्थिति से निपटने के लिए 1857 के अधिनियम, संख्या 15 के अनुसार, अनुज्ञप्ति (लाइसेन्स) व्यवस्था पुनः लागू कर दी गई।
- इसके अनुसार, बिना अनुज्ञप्ति के मुद्रणालय रखना और प्रयोग रोक दिया गया तथा सरकार को किसी भी समय अनुज्ञप्ति देने अथवा निरस्त करने का अधिकार था। यह अधिनियम 1 वर्ष तक लागू रहा।

पंजीकरण अधिनियम, 1867

- इस अधिनियम का मुख्य उद्देश्य समाचार-पत्रों अथवा मुद्रणालयों पर रोक लगाना नहीं था, अपितु केवल नियमित करना था।
- प्रत्येक मुद्रित पुस्तक तथा समाचार-पत्र पर मुद्रक, प्रकाशक और मुद्रण स्थान का नाम होना आवश्यक था। इसके अतिरिक्त प्रकाशन के एक माह के अन्दर पुस्तक की एक प्रति बिना मूल्य के स्थानीय सरकार को देनी होती थी।
- 1869-70 ई. के वहाबी विद्रोह के कारण सरकार ने राजद्रोही लेखों से निपटने के लिए भारतीय दण्ड संहिता की धारा 124 में 124 (A) जोड़कर आजीवन निर्वासन या कम अवधि के लिए निर्वासन अथवा जुर्माने का प्रावधान किया।

देशी भाषा समाचार-पत्र अधिनियम, 1878 (वर्नाक्यूलर प्रेस एक्ट)

- लॉर्ड लिटन भारतीय समाचार-पत्रों का आलोचक था। भारतीय भाषायी समाचार-पत्रों को राष्ट्रवादी विचारों के प्रसार से रोकने एवं सरकार की आलोचना को प्रतिबन्धित करने के लिए 1878 ई. में वर्नाक्यूलर प्रेस एक्ट लागू किया गया। यह एक्ट अंग्रेजी पत्रों पर लागू नहीं होता था।
- इस अधिनियम में यह प्रावधान था कि मजिस्ट्रेट भारतीय पत्रों के सम्पादकों से या तो बॉण्ड लिखा लें कि वे आपत्तिजनक सामग्री का प्रकाशन नही करेंगे या छपने से पूर्व निरीक्षण हेतु प्रस्तुत प्रमाण पेश करें।
- मजिस्ट्रेट का निर्णय अन्तिम होगा। उसके बाद अपील करने का कोई अधिकार नहीं होगा। इस अधिनियम को मुँह बन्द करने वाला अधिनियम कहा गया।
- सुरेन्द्रनाथ बनर्जी ने इस अधिनियम को आकाश से होने वाला वज्रपात कहा। अर्सकिन, जो भारतीय परिषद् के सदस्य थे, ने इसे "विपरीतगामी, असंगत तथा भारत की भावी प्रगति के घातक पग" बताया।

> **वर्नाक्यूलर प्रेस एक्ट** सरकार की भेदभावपूर्ण नीति का परिणाम था। इसके तहत **सोम प्रकाश** तथा **भारत मिहिर ढाका प्रकाश** तथा **सहचर** आदि समाचार-पत्रों के विरुद्ध मामले दर्ज किए गए। केवल पायनियर ने ही इस अधिनियम का समर्थन किया था। **लॉर्ड रिपन** के द्वारा 1882 ई. में वर्नाक्यूलर प्रेस एक्ट को निरस्त कर दिया गया।

समाचार-पत्र अधिनियम, 1908

- इसके अनुसार, जो समाचार-पत्र आपत्तिजनक सामग्री, जिससे लोगों को हिंसा अथवा हत्या की प्रेरणा मिले, प्रकाशित करेगा उसकी सम्पत्ति अथवा मुद्रणालय को जब्त किया जा सकता था।
- स्थानीय सरकार 1867 ई. के समाचार-पत्रों तथा पुस्तकों के पंजीकरण के अधिनियम के अधीन किसी मुद्रक अथवा प्रकाशक की दी गई घोषणा को निरस्त कर सकती थी।

भारतीय समाचार-पत्र अधिनियम, 1910

- इसके अनुसार, स्थानीय सरकार किसी मुद्रणालय के स्वामी अथवा समाचार-पत्र के प्रकाशक से पंजीकरण जमानत माँग सकती थी, जो कम-से-कम ₹ 500 तथा अधिक-से-अधिक ₹ 2000 होगी और सरकार को जमानतें जब्त करने तथा पंजीकरण निरस्त करने का अधिकार था।
- सरकार को पुन: पंजीकरण के लिए कम-से-कम ₹ 1000 और अधिक-से-अधिक ₹ 10,000 की जमानत माँगने का अधिकार था और यदि समाचार-पत्र पुन: आपत्तिजनक सामग्री प्रकाशित करें, तो नए पंजीकरण को भी निरस्त करने का अधिकार था।

> **प्रेस इंक्वायरी कमेटी, 1921**
>
> भारतीय समाचार-पत्रों के प्रति कठोर प्रेस कानूनों की समीक्षा के लिए वर्ष 1921 में विधि सदस्य **सर तेजबहादुर सप्रू** की अध्यक्षता में प्रेस इंक्वायरी कमेटी की नियुक्ति की गई। इस कमेटी की अनुशंसा पर वर्ष 1908 एवं 1910 के प्रेस अधिनियमों को निरस्त कर दिया गया।

भारतीय समाचार-पत्र (संकटकालीन शक्तियाँ) अधिनियम, 1931

- इस समय राजनीतिक आन्दोलन में आई गति तथा गाँधीजी द्वारा आरम्भ किए गए सविनय अवज्ञा आन्दोलन के कारण सरकार ने यह अधिनियम लागू किया था।
- इस अधिनियम की धारा 4(1) में शब्द, संकेत तथा आकृति के द्वारा किसी की हत्या के लिए कठोर दण्ड की व्यवस्था की गई।

राष्ट्रीय आन्दोलन में प्रेस की भूमिका

- 19वीं शताब्दी में भारत के राष्ट्रीय जागरण और सामाजिक सुधार आन्दोलनों में प्रेस का उदय एक शक्तिशाली शक्ति के रूप में हुआ।
- संवाद कौमुदी जैसे समाचार-पत्रों ने सामाजिक सुधार, शिक्षा और सशक्तिकरण की वकालत करने में महत्त्वपूर्ण भूमिका निभाई।
- राजा राममोहन राय जैसे प्रमुख समाज सुधारकों ने अपने विचारों के प्रचार के लिए समाचार-पत्रों का उपयोग किया।
- प्रेस विधवा पुनर्विवाह, महिला अधिकार और जाति व्यवस्था जैसे मुद्दों पर चर्चा का एक मंच बन गया, जिसने व्यापक सामाजिक और बौद्धिक उथल-पुथल में योगदान दिया।
- 1878 ई. में स्थापित द हिन्दू और 1868 ई. में अमृत बाजार पत्रिका जैसे प्रकाशनों ने उपनिवेशवाद विरोधी संघर्ष में महत्त्वपूर्ण योगदान दिया। गाँधीजी ने स्वयं अपने सिद्धान्तों का प्रसार करने और जनता का समर्थन जुटाने के लिए यंग इण्डिया जैसे समाचार-पत्रों का उपयोग किया।
- पण्डित जवाहरलाल नेहरू के नेशनल हेरॉल्ड और सुभाषचन्द्र बोस के फॉरवर्ड ब्लॉक जैसे समाचार-पत्रों में लिखे लेखों ने स्वतन्त्रता आन्दोलन के भीतर विचारों की विविधता को प्रदर्शित किया।

स्वतन्त्रता के पश्चात् प्रेस

स्वतन्त्रता के पश्चात् प्रेस का विकास एक नए युग में प्रवेश करता है। इस युग में प्रेस के विकास की आरम्भिक घटनाएँ निम्न थीं

समाचार-पत्र जाँच समिति, 1947

- संविधान सभा में स्पष्ट किए गए मौलिक अधिकारों के प्रकाश में समाचार-पत्रों के कानूनों की समीक्षा करने के लिए भारत सरकार ने वर्ष 1947 श्री गंगानाथ झा की अध्यक्षता में समाचार-पत्र जाँच समिति, 1947 का गठन किया था।
- इस समिति में 1931 के अधिनियम को रद्द करने, समाचार-पत्र और पुस्तकों के पंजीकरण अधिनियम में संशोधन करने, आई. पी. सी. की धारा 124 (A) व 153 (A) में परिवर्तन और 1931 के देशी राज्य (असन्तोष के विरुद्ध रक्षा) अधिनियम और 1934 के देशी राज्य (रक्षा) अधिनियम को रद्द करना शामिल था।

समाचार-पत्र, 1951 (आपत्तिजनक विषय अधिनियम)

- भारत सरकार ने वर्ष 1951 में ही संविधान के अनुच्छेद 19(2) में संशोधन किया और समाचार-पत्र (आपत्तिजनक विषय) अधिनियम पारित किया।

- इस प्रेस कानून से मुद्रणालयों की सुरक्षा राशि (जमानत राशि) जमा कराने तथा उसको जब्त करने का अधिकार सरकार को प्राप्त हो गया। वह पूर्णत: प्रेस को प्रतिबन्धित कर सकती थी अथवा कोई भी समाचार प्रकाशित करने से रोक सकती थी।
- इस अधिनियम का भारतीय कार्यकर्ता पत्रकार संघ एवं अखिल भारतीय समाचार-पत्र सम्पादक सम्मेलन द्वारा विरोध किया गया। इस अधिनियम की जाँच हेतु जी. एस. राजाध्यक्ष की अध्यक्षता में वर्ष 1954 में एक समाचार-पत्र आयोग का गठन किया गया था। आयोग ने अखिल भारतीय प्रेस परिषद् के गठन की सिफारिश की।
- यह अधिनियम वर्ष 1956 तक लागू रहा। इस अधिनियम में यह प्रावधान किया गया था कि कोई भी कार्रवाई करने से पहले सम्बन्धित व्यक्ति को अपना पक्ष रखने के पर्याप्त अवसरों को उपलब्ध कराया जाए।
- वर्ष 1965 में प्रेस परिषद् अधिनियम को पारित किया गया, ताकि भारतीय समाचार-पत्रों एवं पत्रकारों के सन्दर्भ में आन्तरिक विनियमन को स्थापित किया जा सके। इसमें यह भी व्यवस्था की गई कि यह परिषद् प्रेस के विकास हेतु कार्य करे। इस कानून को इन्दिरा गाँधी सरकार के समय लगे आपातकाल के दौरान निरसित (समाप्त) कर दिया गया।

ब्रिटिशकाल में स्थापित समाचार एजेन्सी

समाचार एजेन्सी	स्थापना वर्ष
रायटर	1860
ए पी आई (एसोसिएट प्रेस ऑफ इण्डिया)	1905
फ्री प्रेस न्यूज सर्विस	1927
यू पी आई (यूनाइटेड प्रेस ऑफ इण्डिया)	1934
प्रेस ट्रस्ट ऑफ इण्डिया	1947

नोट *ए पी आई (एसोसिएटेड प्रेस ऑफ इण्डिया) भारत की प्रथम राष्ट्रीय समाचार एजेन्सी थी।*

भारत में प्रकाशित प्रमुख समाचार-पत्र : संक्षिप्त अवलोकन

समाचार-पत्र	संस्थापक/सम्पादक	स्थापना	स्थान	भाषा
टाइम्स ऑफ इण्डिया	रॉबर्ट नाइट	1861	बम्बई	अंग्रेजी
स्टेट्स मैन	रॉबर्ट नाइट	1878	कलकत्ता	अंग्रेजी
इंग्लिश मैन	रॉबर्ट नाइट	1861	कलकत्ता	अंग्रेजी
मद्रास मेल	चार्ल्स लावसन	1928	मद्रास	अंग्रेजी
पायनियर	जॉर्ज एलेन	1865	इलाहाबाद	अंग्रेजी
बंगाल गजट	जेम्स ऑगस्ट्स हिक्की	1780	कलकत्ता	अंग्रेजी
अमृत बाजार पत्रिका	मोतीलाल घोष, शिशिर कुमार घोष	1868,1878	कलकत्ता	बांग्ला, अंग्रेजी
सोम प्रकाश	ईश्वरचन्द्र विद्यासागर	1859	कलकत्ता	बांग्ला
बंगवासी	जोगिन्दर नाथ बोस	1881	कलकत्ता	बांग्ला
संवाद कौमुदी	राजा राममोहन राय	1821	बंगाल	बंगाली
हिन्दू	एम. वीरराघवाचारियार	1878	मद्रास	अंग्रेजी
बॉम्बे क्रॉनिकल	फिरोजशाह मेहता	1912-13	मुम्बई	अंग्रेजी
वन्देमातरम्	लाला लाजपत राय	1920	लाहौर	उर्दू
मिरात-उल-अखबार	राजा राममोहन राय	1822	कलकत्ता	फारसी
बॉम्बे समाचार	फरदूनजी मुराजबान	1822	—	गुजराती
रास्त गोफ्तार	दादाभाई नौरोजी	1851	बम्बई	गुजराती
बंगदर्शन	बंकिमचन्द्र चट्टोपाध्याय	1872	—	—
अल्मोड़ा अखबार	बुद्धि वल्लभ पन्त/बद्रीदत्त पाण्डेय	1871	—	—
स्वदेश मित्रम्	जी. सुब्रह्मण्यम अय्यर	1882	मद्रास	तमिल
काल	शिवराम परांजपे	1897	—	—
सन्ध्या	ब्रह्मबांधव उपाध्याय	1904	—	—
युगान्तर	बारीन्द्र कुमार घोष	1906	कलकत्ता	—
केसरी, मराठा	तिलक (प्रारम्भ में आगरकर के सहयोग से)	1881	बम्बई	मराठी, अंग्रेजी
हिन्दू	रानाडे	1878, 1881	मद्रास	अंग्रेजी
नेटिव ओपिनियन	वी एन माण्डलिक	1864	बम्बई	अंग्रेजी
भारत मित्र	बालमुकुन्द गुप्त	1878	कलकत्ता	हिन्दी
हिन्दुस्तान	मदनमोहन मालवीय, प्रताप नारायण मिश्र	1924.	कालाकांकर (उत्तर प्रदेश)	हिन्दी
बम्बई दर्पण	बाल शास्त्री	1832	बम्बई	मराठी
कॉमन वील	ऐनी बेसेण्ट	1914	मद्रास	अंग्रेजी

भारत में प्रकाशित प्रमुख समाचार-पत्र : संक्षिप्त अवलोकन

समाचार-पत्र	संस्थापक/सम्पादक	स्थापना	स्थान	भाषा
कवि वचन सुधा	भारतेन्दु हरिश्चन्द्र	1867	उत्तर प्रदेश	हिन्दी
हरिश्चन्द्र मैगजीन	भारतेन्दु हरिश्चन्द्र	1872	उत्तर प्रदेश	हिन्दी
हिन्दुस्तान स्टैण्डर्ड	सच्चिदानन्द सिन्हा	1899	पटना	अंग्रेजी
ज्ञान प्रदायिनी	नवीनचन्द्र राय	1866	कलकत्ता	हिन्दी
हिन्दी प्रदीप	बालकृष्ण भट्ट	1877	उत्तर प्रदेश	हिन्दी
इण्डियन रिव्यू	जी ए नटेशन	1900	मद्रास	अंग्रेजी
मॉडर्न रिव्यू	रामानन्द चटर्जी	1907	कलकत्ता	अंग्रेजी
द हितवाद	गोपाल कृष्ण गोखले	1911	नागपुर	अंग्रेजी
सुधारक	गोपाल गणेश अगरकर तथा गोपाल कृष्ण गोखले	1888	पुणे	मराठी/अंग्रेजी
यंग इण्डिया	महात्मा गाँधी	8 अक्टूबर, 1919	अहमदाबाद	अंग्रेजी
नव जीवन	महात्मा गाँधी	7 अक्टूबर, 1919	अहमदाबाद	हिन्दी, गुजराती
हरिजन	महात्मा गाँधी	11 फरवरी, 1933	पूना	हिन्दी, गुजराती
इण्डिपेण्डेन्स	मोतीलाल नेहरू	1919	इलाहाबाद	अंग्रेजी
आज	शिव प्रसाद गुप्त	1920	वाराणसी	हिन्दी
फ्री हिन्दुस्तान	तारकनाथ दास	1908	न्यूयॉर्क (यूएसए)	अंग्रेजी
हिन्दुस्तान टाइम्स	के एम पणिक्कर	1920	दिल्ली	अंग्रेजी
नेशनल हेराल्ड	जवाहरलाल नेहरू	1938	दिल्ली	अंग्रेजी
उदन्त मार्तण्ड	जुगल किशोर	1826	कानपुर	हिन्दी (प्रथम)
इण्डियन ओपिनियन	महात्मा गाँधी	1903	दक्षिण अफ्रीका	अंग्रेजी
द ट्रिब्यून	सर दयाल सिंह मजीठिया	1877	चण्डीगढ़	अंग्रेजी
अल हिलाल	मौलाना अबुल कलाम आजाद	1912	कलकत्ता	उर्दू
अल बिलाग	मौलाना अबुल कलाम आजाद	1913	कलकत्ता	उर्दू
प्रताप पत्र	गणेश शंकर विद्यार्थी	1910	कानपुर	हिन्दी
वॉयस ऑफ इण्डिया	दादाभाई नौरोजी	1883	बम्बई (मुम्बई)	अंग्रेजी
गदर	गदर पार्टी	1913,1914	सैन फ्रांसिस्को	अंग्रेजी, पंजाबी
हिन्दू पैट्रियाट	हरिश्चन्द्र मुखर्जी	1955	कलकत्ता	अंग्रेजी
इण्डियन सोशियोलॉजिस्ट	श्यामजी कृष्ण वर्मा	1905	लन्दन	अंग्रेजी
बंगाली	गिरीश चन्द्र घोष	1862	कोलकाता	अंग्रेजी

19वीं सदी की प्रमुख भारतीय पत्रिकाएँ

पत्र/पत्रिकाएँ	सम्पादक	पत्र/पत्रिकाएँ	सम्पादक
तरुण भारत	रामवृक्ष बेनीपुरी	हिन्दी नवजीवन	हरिभाऊ उपाध्याय
हरिजन सेवक	वियोगी हरि	हिन्दी प्रदीप	बालकृष्ण भट्ट
चाँद	महादेवी वर्मा	मर्यादा	प्रेमचन्द
नागरी प्रचारिणी	आचार्य रामचन्द्र शुक्ल	ब्राह्मण	प्रताप नारायण मिश्र
माधुरी	दुलारेलाल भार्गव	इन्दु	अम्बिका प्रसाद गुप्त
सरस्वती	महावीर प्रसाद द्विवेदी	फ्री हिन्दुस्तान	तारकनाथ दास

आधुनिक पाश्चात्य शिक्षा का उद्भव

- भारत में आधुनिक पाश्चात्य शिक्षा का उद्भव औपनिवेशिक काल में हुआ। ईस्ट इण्डिया कम्पनी को जब अपना कार्य व्यवस्थित रूप से चलाने के लिए पढ़े-लिखे युवकों की आवश्यकता हुई, तो उसके बोर्ड ऑफ डायरेक्टर्स ने भारतीय युवकों को शिक्षित करने की योजनाएँ बनाईं।
- कम्पनी के इस कार्य में ईसाई मिशनरियों ने सर्वाधिक सहायता की। ईसाई मिशनरियों ने अपने धर्म प्रचार करने तथा धर्मान्तरण को बढ़ावा देने के लिए अंग्रेजी का प्रचार-प्रसार किया। इस प्रकार भारत में आधुनिक पाश्चात्य शिक्षा का प्रारम्भ हुआ।
- वॉरेन हेस्टिंग्स के समय में ही सर विलियम जोन्स ने 1784 ई. में कलकत्ता में एशियाटिक सोसायटी की स्थापना की। चार्ल्स विल्किन्स ने भगवद्गीता तथा हितोपदेश का अंग्रेजी में क्रमश: 1784 और 1787 ई. में अनुवाद किया। विलियम जोन्स ने 1789 ई. में कालिदास द्वारा रचित अभिज्ञानशाकुन्तलम् का अंग्रेजी में अनुवाद किया। मनुस्मृति का अनुवाद ए कोड ऑफ जेण्टूलॉज के नाम से 1794 ई. में प्रकाशित हुआ।
- आधुनिक काल में वॉरेन हेस्टिंग्स ने भारत में शिक्षा के प्रचार-प्रसार के लिए सर्वप्रथम प्रयास करते हुए 1781 ई. में फारसी एवं अरबी भाषा के अध्ययन के लिए कलकत्ता मदरसे की स्थापना की। इस मदरसे का मुख्य उद्देश्य इस्लामिक कानून एवं इससे सम्बन्धित विषयों की जानकारी उपलब्ध कराना था।
- इस क्रम में 1791 ई. में जोनाथन डंकन ने बनारस में संस्कृत विद्यालय खोला था, जिसमें हिन्दू कानून (विधि) एवं दर्शन का अध्ययन किया जाता था।
- 1800 ई. में लॉर्ड वेलेजली ने कम्पनी के असैनिक अधिकारियों के प्रशिक्षण के लिए फोर्ट विलियम कॉलेज की स्थापना कलकत्ता में (अब कोलकाता) की थी, लेकिन कुछ कारणों से 1802 ई. में यह कॉलेज बन्द कर दिया गया। इसके स्थान पर 1806 ई. में इंग्लैण्ड के हेलेबरी में एक प्रशिक्षण केन्द्र आरम्भ किया गया।
- डेविड हेयर तथा राजा राममोहन राय के प्रयत्नों से 1817 ई. में कलकत्ता में हिन्दू कॉलेज स्थापित हुआ। यह पाश्चात्य पद्धति (अंग्रेजी माध्यम) में उच्च शिक्षा प्रदान करने वाला प्रथम कॉलेज था।

नोट *मदन मोहन मालवीय ने भारतीय विश्व विद्यालयों में धार्मिक शिक्षा के लिए प्रमुख रूप से वकालत की थी।*

- ब्रिटिश सरकार ने सर्वप्रथम 1813 के चार्टर एक्ट (ब्रिटिश संसद द्वारा पारित एक अधिनियम था, जिसके द्वारा ईस्ट इण्डिया कम्पनी के चार्टर को नवीनीकृत किया जाता था।) में साहित्य के पुनरुद्धार, भारत में स्थानीय विद्वानों को प्रोत्साहित करने तथा भारतीय लोगों को विज्ञान एवं दर्शन की शिक्षा उपलब्ध कराने के लिए एक लाख रुपये देने का प्रावधान किया, लेकिन इस राशि को व्यय करने के प्रश्न पर विवाद होने के कारण 1823 ई. तक यह राशि उपलब्ध नहीं कराई गई।
- ब्रिटिशों द्वारा भारत में पाश्चात्य शिक्षा प्रदान करने अथवा अंग्रेजी शिक्षा को प्रोत्साहित करने का मुख्य उद्देश्य अपने कार्यालय हेतु भारतीय क्लर्क तैयार करना था, जो उनके छोटे प्रशासनिक पदों का कार्यभार सम्भाल सकें।

भारत में शिक्षा का विकास

- **आधुनिक पाश्चात्य शिक्षा का उद्भव**
  - आंग्ल-प्राच्य भाषा विवाद
- **शिक्षा का अधोमुखी निस्यन्दन सिद्धान्त**
  - चार्ल्स वुड डिस्पैच, 1854
- **शिक्षा से सम्बन्धित विभिन्न आयोग**
  - टॉमस रैले आयोग
  - हण्टर शिक्षा आयोग, 1882-83
  - सैडलर विश्वविद्यालय आयोग, 1917-19
  - भारतीय विश्वविद्यालय अधिनियम, 1904
  - हार्टोग समिति, 1929
  - द्वैध-शासन के अन्तर्गत शिक्षा
  - सार्जेण्ट योजना, 1944
- **तकनीकी शिक्षा का विकास**
- **औपचारिक शिक्षा का मूल्यांकन**
  - **स्वतन्त्रता के पश्चात् शिक्षा का विकास**
    - राधाकृष्ण आयोग, 1948-49
    - कोठारी शिक्षा आयोग, 1964
    - मुदालियर आयोग, 1952

आंग्ल-प्राच्य भाषा विवाद

- लोक शिक्षा के लिए गठित सामान्य समिति के 10 सदस्यों में, भारत में शिक्षा के विकास से सम्बन्धित दो दलों का उद्भव हुआ। एक दल प्राच्य शिक्षा पद्धति का समर्थक था, जो भारत में शिक्षा का प्रसार प्राच्य भाषा के माध्यम अर्थात् संस्कृत तथा अरबी से करना चाहता था, जबकि एक दूसरा दल भी था, जो आंग्ल शिक्षा पद्धति का समर्थक था।
- प्राच्य मत के प्रमुख समर्थक एच.टी. प्रिन्सेप, एच.एच. विल्सन आदि थे, जबकि आंग्ल शिक्षा पद्धति के समर्थक मुनरो, एल्फिन्स्टन एवं लॉर्ड मैकाले थे।
- प्राच्य पाश्चात्य विवाद को बढ़ता देखकर तत्कालीन ब्रिटिश गवर्नर जनरल लार्ड बैण्टिक ने अपनी काउन्सिल के विधि सदस्य लॉर्ड मैकाले को लोक शिक्षा समिति का प्रमुख नियुक्त कर उन्हें भाषा सम्बन्धी विवाद पर अपना विवरण-पत्र प्रस्तुत करने का आदेश दिया।
- विधि सदस्य मैकाले ने 2 फरवरी, 1835 को तत्कालीन गवर्नर-जनरल लॉर्ड विलियम बैण्टिक को पत्र लिखकर आंग्ल-भाषा से शिक्षा का प्रसार करने का अनुरोध किया।
- मैकाले ने अंग्रेजी भाषा साहित्य की प्रशंसा तथा भारतीय भाषा व साहित्य की आलोचना करते हुए कहा कि ''यूरोप के एक अच्छे पुस्तकालय की अलमारी का एक कक्ष भारत के एक अरब के समस्त साहित्य से अधिक मूल्यवान है।''
- इसे बैण्टिक ने 7 मार्च, 1835 को स्वीकार करते हुए कम्पनी को इस पर कार्य करने के लिए कहा और यह आदेश दिया कि कम्पनी यूरोपीय साहित्य को अंग्रेजी माध्यम में ही और अधिक समृद्ध करे तथा शिक्षा से सम्बन्धित सभी व्यय इसी के विकास में लगाए।
- इसके पश्चात् भारत में शिक्षा का मुख्य माध्यम अंग्रेजी बन गया। बड़े पैमाने पर अंग्रेजी माध्यम के स्कूलों की स्थापना की गई।

- 1835 ई. में ही विलियम बैण्टिक ने फारसी के स्थान पर अंग्रेजी को सरकार की आधिकारिक भाषा घोषित कर दिया। फलत: 1854 ई. से पूर्व मैकाले की यह नीति भारत में शिक्षा के विकास का प्रमुख आधार रही।

शिक्षा का अधोमुखी निस्यन्दन सिद्धान्त

- औपनिवेशिक युग में ब्रिटिश सरकार ने महसूस किया कि प्रत्येक भारतीय वर्ग तक शिक्षा को नहीं पहुँचाया जा सकता है, इसलिए उन्होंने शिक्षा के प्रसार का अधोमुखी निस्यन्दन सिद्धान्त (Infiltration theory) लागू किया।
- इस सिद्धान्त के अनुसार, भारतीय उच्च वर्गों को शिक्षित किया जाए, जिनसे छनकर शिक्षा का प्रसार निम्न वर्गों तक हो जाएगा।
- एक सरकारी नीति के रूप में इस सिद्धान्त को ऑकलैण्ड ने लागू किया था, परन्तु शीघ्र ही यह नीति असफल हो गई। इसका मुख्य कारण उच्च वर्गों का ब्रिटिश सरकार में प्रतिनिधित्व प्राप्त करने पर अन्य भारतीय वर्गों से पृथक् रहना था।
- जे. ई. डी. बेथुन द्वारा 1849 ई. में कलकत्ता में बेथुन स्कूल की स्थापना की गई। 1857 ई. में कलकत्ता, बॉम्बे तथा मद्रास में विश्वविद्यालय खोले गए तथा इसके बाद सभी प्रान्तों में शिक्षा विभाग का गठन भी कर दिया गया।

चार्ल्स वुड डिस्पैच, 1854

- 19 जुलाई, 1854 को गवर्नर-जनरल लॉर्ड डलहौजी के समय में बोर्ड ऑफ कण्ट्रोल के प्रधान सदस्य चार्ल्स वुड ने भारत की भावी शिक्षा के लिए एक योजना प्रस्तुत की, जिसे वुड्स डिस्पैच कहा गया। इसे भारतीय शिक्षा का मैग्नाकार्टा भी कहा जाता है।
- मैग्नाकार्टा जिसे लैटिन में महान चार्टर कहते हैं। यह एक दस्तावेज है, जिसमें राजाओं के साथ-साथ उनकी प्रजा पर भी लागू होने वाले कानूनों का विवरण होता है। मैग्नाकार्टा को मानवाधिकारों के लिए एक महत्त्वपूर्ण मोड़ माना जाता है।

भारत में शिक्षा का विकास

- **शिक्षा का उत्तरदायित्व** जनसाधारण की शिक्षा का उत्तरदायित्व सरकार का होना चाहिए।
- **शिक्षा में पदानुक्रम व्यवस्था** सबसे नीचे से ऊपर-गाँव स्तर पर देशी भाषाई प्राथमिक विद्यालय-जिला स्तर पर एंग्लो-वर्नाक्युलर हाई स्कूल तथा उच्च शिक्षा स्तर पर अंग्रेजी माध्यम में लन्दन विश्वविद्यालय की तर्ज पर बम्बई, मद्रास और कलकत्ता जैसे बड़े शहरों में विश्वविद्यालय स्थापित किए जाएँ।
- **शिक्षा का माध्यम** गाँव स्तर पर देशी भाषा, जिला स्तर पर देशी तथा अंग्रेजी और उच्च शिक्षा स्तर पर अंग्रेजी भाषा
- **महिला शिक्षा** सभी स्तरों पर महिला शिक्षा को बढ़ावा दिया गया
- **व्यावसायिक शिक्षा एवं शिक्षक शिक्षा** तकनीकी विद्यालयों एवं अध्यापक प्रशिक्षण संस्थाओं की स्थापना की सिफारिश
- **प्रान्तों में शिक्षा** कम्पनी के पाँचों प्रान्तों में निदेशक के अधीन लोक शिक्षा विभाग की स्थापना की गई।
- **शिक्षा नीति का उद्देश्य** पाश्चात्य शिक्षा का प्रसार

शिक्षा से सम्बन्धित विभिन्न आयोग

शिक्षा से सम्बन्धित विभिन्न आयोग निम्नलिखित हैं

हण्टर शिक्षा आयोग, 1882-83

- लॉर्ड रिपन ने 1882 ई. में डब्ल्यू. डब्ल्यू. हण्टर की अध्यक्षता में एक 20 सदस्यीय आयोग का गठन किया, जिसमें 8 सदस्य भारतीय थे। इस आयोग का उद्देश्य 1854 ई. के पश्चात् शिक्षा के क्षेत्र में हुई प्रगति का मूल्यांकन करना था।
- इस आयोग को प्राथमिक तथा माध्यमिक शिक्षा के प्रसार के लिए भी उपाय सुझाने थे। हण्टर शिक्षा आयोग ने निम्नलिखित सुझाव दिए थे
  - प्राथमिक शिक्षा के विकास और सुधार पर विशेष ध्यान दिया जाना चाहिए तथा यह स्थानीय भाषा अथवा मातृभाषा में होना चाहिए।
  - माध्यमिक शिक्षा दो प्रकार की होनी चाहिए, जिसमें एक साहित्यिक शिक्षा, जो उच्च स्तर या विश्वविद्यालय में प्रवेश के लिए हो तथा दूसरी, व्यावसायिक या व्यवसायपरक शिक्षा दी जाए।
  - स्थानीय भाषा में प्राथमिक शिक्षा के प्रचार-प्रसार के लिए सरकार को विशेष प्रयास करने चाहिए तथा इसके विकास हेतु इसे नवनिर्मित नगर एवं जिला बोर्डों को सौंप दिया जाना चाहिए।
  - निजी प्रयत्नों को शिक्षा के क्षेत्र में पूर्णरूपेण बढ़ावा देना चाहिए।
  - बम्बई, कलकत्ता एवं मद्रास के अतिरिक्त अन्य स्थानों पर महिला शिक्षा का विकास किया जाना चाहिए।
  - हण्टर शिक्षा आयोग की सिफारिशों के परिणामस्वरूप भारत में माध्यमिक एवं कॉलेज स्तर की शिक्षा का तीव्र विकास हुआ। 1882 ई. में पंजाब एवं 1887 ई. में इलाहाबाद विश्वविद्यालय की स्थापना की गई।

टॉमस रैले आयोग

- ब्रिटिश सरकार के प्रशासन को सुधारने के लिए गवर्नर-जनरल लॉर्ड कर्जन ने वर्ष 1901 में शिमला में एक सम्मेलन आयोजित किया, जिसमें भारतीय शिक्षा के विकास पर चर्चा की गई।
- इस सम्मेलन के फलस्वरूप वर्ष 1902 में सर टॉमस रैले की अध्यक्षता में एक आयोग स्थापित किया गया, जिसका कार्य विश्वविद्यालयी शिक्षा की समीक्षा करना था। सैयद हुसैन बिलग्रामी तथा गुरुदास बनर्जी, दो भारतीय इस आयोग में सदस्य के रूप में शामिल थे।

भारतीय विश्वविद्यालय अधिनियम, 1904

- इस आयोग की अनुशंसा पर वर्ष 1904 में भारतीय विश्वविद्यालय अधिनियम पारित किया गया। इसमें निम्न अनुशंसाएँ भी की गईं
  - विश्वविद्यालयों में 6 वर्ष तक के लिए उप-सदस्य नियुक्त किए जाने चाहिए, जिनकी संख्या कम-से-कम 50 या 100 होनी चाहिए। इन उप-सदस्यों का मनोनयन सरकार के द्वारा होना चाहिए।
  - गवर्नर-जनरल को विश्वविद्यालयों की सीमाएँ निश्चित करने का अधिकार दिया जाए तथा अशासकीय कॉलेजों पर नियन्त्रण कठोर किए जाएँ।
  - विश्वविद्यालयों को प्राध्यापकों, व्याख्याताओं एवं प्रयोगशालाओं का समुचित प्रबन्ध करना चाहिए।

- भारतीय विश्वविद्यालय अधिनियम, 1904 का राष्ट्रवादी तत्त्वों ने व्यापक विरोध किया, क्योंकि इसमें निजी कॉलेजों पर कठोर प्रतिबन्ध लगाए गए थे।

गोपालकृष्ण गोखले के द्वारा इस अधिनियम की यह कहकर आलोचना की गई कि "यह राष्ट्रीय शिक्षा को पीछे की ओर ले जाने वाला अधिनियम है।"

- यह अधिनियम अपने मूल रूप में लागू न हो सका, परन्तु इस अधिनियम का एक अच्छा प्रभाव यह हुआ कि शिक्षा पर ₹ 5 लाख का अनुदान प्रत्येक 5 वर्ष के लिए निश्चित किया गया। भारत में एक **शिक्षा महानिदेशक** (एच.डब्ल्यू. ऑरेन्ज) की नियुक्ति भी की गई।
- कर्जन के समय **कृषि विभाग** एवं **पुरातत्त्व विभाग** की स्थापना भी की गई। वर्ष 1905 में कार्लाइल परिपत्र जारी हुआ, जिसके अन्तर्गत राजनीतिक उद्देश्यों की प्राप्ति हेतु विद्यार्थियों के प्रयोग किए जाने की निन्दा की गई।

सैडलर विश्वविद्यालय आयोग, 1917-19

- कलकत्ता विश्वविद्यालय की शिक्षा नीतियों की समीक्षा करने के लिए वर्ष 1917 में **एम.ई. सैडलर** की अध्यक्षता में सैडलर विश्वविद्यालय आयोग की स्थापना की गई।
- इस आयोग के दो प्रमुख भारतीय सदस्य **आशुतोष मुखर्जी** एवं **जियाउद्दीन अहमद** थे। इस आयोग ने कलकत्ता विश्वविद्यालय की शिक्षा नीतियों की आलोचना करते हुए उसे शिक्षा के विकास में असफल बताया था। इस आयोग की प्रमुख अनुशंसाएँ निम्न थीं
  - **स्कूल की शिक्षा** 12 वर्ष की होनी चाहिए। हाईस्कूल की परीक्षा के पश्चात् विद्यार्थी 2 वर्ष तक इण्टरमीडिएट में शिक्षा प्राप्त करें। इस शिक्षा व्यवस्था हेतु प्रत्येक प्रान्त में हाईस्कूल बोर्ड व इण्टरमीडिएट बोर्ड की स्थापना की जाए।
  - **स्नातकीय शिक्षा** (Degree Course) अधिकतम 3 वर्ष की हो। बी.ए., साधारण (Pass) पाठ्यक्रम, ऑनर्स (Honours) पाठ्यक्रम अलग-2 होने चाहिए। विश्वविद्यालय के नियमों के बनाने में कठोरता होनी चाहिए।
  - महिलाओं के लिए शिक्षा का प्रचार-प्रसार होना चाहिए।
  - विश्वविद्यालयों के द्वारा व्यावसायिक शिक्षा प्रदान करने वाले कॉलेज भी खोले जाने चाहिए।
  - वर्ष 1916 और 1921 के मध्य 7 विश्वविद्यालयों की स्थापना की गई, जिसमें वर्ष 1916 में मैसूर एवं बनारस, वर्ष 1917 में पटना, वर्ष 1918 में उस्मानिया, वर्ष 1920 में अलीगढ़, वर्ष 1921 में लखनऊ तथा ढाका विश्वविद्यालयों की स्थापना की गई।

नोट *बनारस हिन्दू विश्वविद्यालय का शिलान्यास **लॉर्ड हार्डिंग** द्वारा किया गया था।*

द्वैध-शासन के अन्तर्गत शिक्षा

- वर्ष 1919 में मॉण्टेग्यू-चेम्सफोर्ड सुधारों के अनुसार, प्रान्तों में शिक्षा विभाग एक निर्वाचित मन्त्री के अधीन कर दिया गया। केन्द्र द्वारा मिलने वाला शिक्षा से सम्बन्धित अनुदान को बन्द कर दिया गया।
- केन्द्र की इस उपेक्षा के कारण शिक्षा के स्तर में गिरावट आ गई। प्रान्तीय सरकारें वित्तीय अभाव के कारण प्रभावी शिक्षा की व्यवस्था न कर सकीं। शिक्षा को प्रान्तीय सरकारों के अधीन कर दिया गया।

हार्टोग समिति, 1929

- इस समिति का गठन वर्ष 1929 में **सर फिलिप हार्टोग** के नेतृत्व में किया गया था।
- इस आयोग का गठन ब्रिटिश शासन के द्वारा शिक्षा की स्थिति की समीक्षा के लिए साइमन कमीशन द्वारा नियुक्त किया गया था।
- इस सहायक समिति का उद्देश्य शिक्षा के विकास पर रिपोर्ट देना था। हार्टोग समिति की सिफारिशें निम्नलिखित थीं
  - **प्राथमिक शिक्षा** के राष्ट्रीय महत्त्व पर बल।
  - **ग्रामीण संस्कृति** के छात्रों को मिडिल स्कूल (8वीं कक्षा) तक ही शिक्षा दी जाए, इसके पश्चात् उन्हें औद्योगिक तथा व्यावसायिक शिक्षा दी जाए।
  - **उच्च शिक्षा** प्राप्त करने योग्य छात्रों को ही उच्च शिक्षा प्राप्त करने की अनुमति दी जाए अर्थात् चयनात्मक प्रवेश प्रणाली की स्थापना की जाए।

नोट *हार्टोग समिति की सिफारिशों के आधार पर वर्ष 1935 में केन्द्रीय शिक्षा सलाहकार बोर्ड का पुनर्गठन किया गया।*

वर्धा योजना

- **महात्मा गाँधी** ने वर्ष 1937 में मौलिक शिक्षा के लिए **हरिजन** समाचार-पत्र में वर्धा योजना प्रकाशित की। गाँधीजी के परामर्श से इस योजना का अन्तिम रूप **जाकिर हुसैन** ने प्रदान किया।
- इसमें अध्यापकों के प्रशिक्षण, पर्यवेक्षण, परीक्षण के सुझाव दिए गए। योजना के अन्तर्गत विद्यार्थियों को 7 वर्ष तक अपनी मातृभाषा में अध्ययन करना आवश्यक था। उन्हें यह शिक्षा नि:शुल्क एवं अनिवार्य रूप से प्रदान की जानी थी।
- हस्त उत्पादक कार्य प्रणाली अपनाना इस योजना की मुख्य विशेषता थी, लेकिन द्वितीय विश्व युद्ध और मन्त्रिमण्डलों के त्याग-पत्र के कारण यह योजना लागू नहीं की गई, परन्तु वर्ष 1947 के बाद भारत सरकार द्वारा इस योजना को लागू किया गया।

सार्जेण्ट योजना, 1944

- वर्ष 1944 में भारत सरकार ने शिक्षा सलाहकार **सर जॉन सार्जेण्ट** के सुझाव पर एक राष्ट्रीय शिक्षा योजना तैयार की, इसे सार्जेण्ट योजना कहा गया। इसके प्रमुख प्रावधान निम्नलिखित थे
  - 6 से 11 वर्ष तक के बच्चों के लिए नि:शुल्क और अनिवार्य प्राथमिक शिक्षा का प्रबन्ध हो।
  - प्रारम्भिक एवं उच्च माध्यमिक विद्यालय स्थापित किए जाएँ।
  - 11 से 17 वर्ष तक के छात्रों के लिए 6 वर्ष की शिक्षा व्यवस्था की जाए। उत्तर माध्यमिक श्रेणी समाप्त की जाए।
  - 40 वर्ष तक देश में शिक्षा के पुनर्निर्माण का कार्य होना चाहिए। खेर समिति ने इसे घटाकर 16 वर्ष कर दिया था।
  - समिति के द्वारा विद्या विषयक तथा तकनीकी एवं व्यावसायिक शिक्षा हेतु उच्चतर विद्यालयों की स्थापना की बात कही गई।

तकनीकी शिक्षा का विकास

- रुड़की इंजीनियरिंग कॉलेज की स्थापना 1847 ई. में की गई थी।
- 1856 ई. में कलकत्ता कॉलेज ऑफ इंजीनियरिंग की स्थापना हुई।
- 1858 ई. में, पूना ओवरसियर्स स्कूल को पूना कॉलेज ऑफ इंजीनियरिंग का दर्जा दिया गया और इसे बॉम्बे विश्वविद्यालय से सम्बद्ध कर दिया गया।
- मद्रास विश्वविद्यालय से गिण्डी कॉलेज ऑफ इंजीनियरिंग जुड़ा था।
- चिकित्सा शिक्षा की शुरुआत 1835 ई. में कलकत्ता में एक मेडिकल कॉलेज की स्थापना के साथ प्रारम्भ हुई। लॉर्ड कर्जन ने चिकित्सा, कृषि इंजीनियरिंग और पशु चिकित्सा विज्ञान जैसे व्यावसायिक पाठ्यक्रमों के दायरे को व्यापक बनाने में महत्त्वपूर्ण योगदान दिया।
- उन्होंने, वर्ष 1904 में पूसा (बिहार) में एक कृषि महाविद्यालय की स्थापना की, जो अन्य क्षेत्रों में इसी तरह के महाविद्यालयों के लिए एक आदर्श के रूप में कार्य करता है।
- वर्ष 1906 में इम्पीरियल वन अनुसन्धान संस्थान, देहरादून की स्थापना की गई जो बाद में भारतीय वन अनुसन्धान संस्थान बन गया।
- इण्डियन इन्स्टीट्यूट ऑफ साइंस की स्थापना वर्ष 1909 में जमशेद जी टाटा द्वारा की गई थी।

औपनिवेशिक शिक्षा का मूल्यांकन

- भारत में चूँकि आधुनिक शिक्षा की शुरुआत औपनिवेशिक आवश्यकताओं को पूरा करने के लिए की गई थी, अतः इसकी प्रगति सीमित रही।
- प्रारम्भ से ही सरकार ने शहरों के उच्च और मध्य वर्गों को शिक्षित करने पर ही ध्यान केन्द्रित करने का निर्णय किया था, जिसके चलते जन शिक्षा की उपेक्षा हुई।
- शिक्षा व्यवस्था ऊपरी स्तर पर अत्यधिक भारी व असन्तुलित हो गई थी। अंग्रेजीराज के 100 वर्षों के बाद भी भारतीयों का 94% हिस्सा निरक्षर बना रहा (1919) और 1931 में यह आँकड़ा 92% था।
- स्वाधीनता प्राप्त होने के समय साक्षरता दर लगभग 15% थी। भारत को औपनिवेशिक विरासत में जो कमजोरियाँ मिली थीं, यह उनमें से सबसे प्रमुख थी। औपनिवेशिक काल की शिक्षा गुणात्मक तौर पर भी दोषपूर्ण थी। इसका झुकाव प्रधानतया साहित्य की ओर था।
- शिक्षा पर खर्च अत्यन्त कम था, जहाँ राज्य के कुल राजस्व का औसतन एक-तिहाई हिस्सा सेना पर खर्च होता था, शिक्षा को एक नगण्य राशि दी जाती थी और इस छोटी सी राशि में से भी उच्च शिक्षा पर अनुपात से अधिक पैसा खर्च किया जाता था।

स्वतन्त्रता के पश्चात् शिक्षा का विकास

स्वतन्त्रता के पश्चात् भारत में शिक्षा के विकास से सम्बन्धित निम्नलिखित महत्त्वपूर्ण गतिविधियाँ हुईं

राधाकृष्णन आयोग, 1948-49

- स्वतन्त्रता के पश्चात् राष्ट्रीय सरकार ने शिक्षा का विकास करने के लिए नवम्बर, 1948 में डॉ. एस. राधाकृष्णन की अध्यक्षता में एक आयोग गठित किया। इस आयोग ने अगस्त, 1949 में अपनी निम्नलिखित अनुशंसाएँ दी थीं
  - विश्वविद्यालय से पहले 12 वर्ष का अध्ययन अनिवार्य हो।
  - विश्वविद्यालय में कम-से-कम 11-11 सप्ताहों के तीन सत्रों में 180 दिन की पढ़ाई होनी चाहिए।
  - सामान्य शिक्षा, संस्कारी शिक्षा, व्यावसायिक शिक्षा, उच्च शिक्षा के तीन मुख्य उद्देश्य निर्धारित किए गए। इसमें सामान्य शिक्षा पर अधिक बल दिया गया।
  - प्रशासनिक सेवाओं के लिए विश्वविद्यालय की स्नातक उपाधि आवश्यक नहीं होनी चाहिए।
  - शिक्षा को समवर्ती सूची में शामिल किया जाए।
  - देश में विश्वविद्यालय शिक्षा की देख-रेख करने के लिए एक विश्वविद्यालय अनुदान आयोग (UGC) की स्थापना की जाए।

> **विश्वविद्यालय अनुदान आयोग**
>
> वर्ष 1949 में राधाकृष्णन आयोग की अनुशंसाओं के बाद **भारत सरकार** ने **वर्ष 1953** में विश्वविद्यालय अनुदान आयोग (UGC) गठित किया। इसका गठन एक स्वायत्ततापूर्ण संस्थान के रूप में किया गया। सरकार द्वारा मान्यता प्राप्त विश्वविद्यालयों एवं महाविद्यालयों को अनुदान प्रदान करना इसका मुख्य कार्य है। वर्तमान में यह आयोग विश्वविद्यालयों में शिक्षा, शोध, सुविधा और शिक्षा से सम्बद्ध अन्य विकास योजनाओं का पर्यवेक्षण एवं सम्पादन करता है। उल्लेखनीय है कि वर्ष 1947 में देश में जहाँ कुल 19 विश्वविद्यालय थे, वहीं वर्ष 2022 तक इनकी संख्या बढ़कर 1055 हो गई। यह विश्वविद्यालयों को मान्यता प्रदान करता है। इसका मुख्यालय **नई दिल्ली** में स्थित है।

मुदालियर आयोग, 1952

- वर्ष 1948 में केन्द्रीय शिक्षा सलाहकार बोर्ड ने भारत सरकार के सामने माध्यमिक शिक्षा की जाँच के लिए एक आयोग की नियुक्ति का विचार पेश किया था। इसके कारण 23 सितम्बर, 1952 को डॉ. लक्ष्मण स्वामी मुदालियर की अध्यक्षता में माध्यमिक शिक्षा आयोग की नियुक्ति की गई। इस आयोग को मुदालियर कमीशन के नाम से जाना जाता है।
- माध्यमिक शिक्षा आयोग ने 29 अगस्त, 1953 को अपना प्रतिवेदन पेश किया था, जिसमें निम्न सुझावों का उल्लेख किया गया है
  - प्रजातान्त्रिक राष्ट्र की आवश्यकताओं के अनुकूल माध्यमिक शिक्षा के उद्देश्य बताए। माध्यमिक शिक्षा की अवधि 7 वर्ष होनी चाहिए।
  - यह शिक्षा 17 वर्ष तक की आयु के बालक तथा बालिकाओं के लिए होनी चाहिए।
  - इण्टरमीडिएट कक्षा को समाप्त कर दिया जाए एवं उसका प्रथम वर्ष माध्यमिक शिक्षा एवं द्वितीय वर्ष स्नातक शिक्षा से सम्बन्धित कर दिया जाए।
  - बहुउद्देशीय विद्यालयों की स्थापना की जाए।
  - ग्रामीण क्षेत्रों के माध्यमिक विद्यालयों में कृषि, बागवानी, पशुपालन एवं कुटीर उद्योगों को प्रधानता प्रदान की जाए।
  - विकलांग बालकों हेतु शिक्षा के उचित प्रबन्ध किए जाएँ।

कोठारी शिक्षा आयोग, 1964

- भारत सरकार ने शिक्षा के सभी पक्षों एवं प्रक्रमों की समीक्षा करने के लिए वर्ष 1964 में डॉ. डी. एस. कोठारी की अध्यक्षता में एक आयोग का गठन किया। इस आयोग को यूनेस्को सचिवालय ने श्री. जे. एफ. मैकडूगल की सेवाएँ उपलब्ध कराई थीं, जो एक सलाहकार सचिव के रूप में आयोग को सहयोग करेगा।
- आयोग ने अपनी रिपोर्ट में निम्नलिखित तथ्यों को प्रकाशित किया था
  - सामाजिक उत्तरदायित्व तथा नैतिक शिक्षा की भावना को उत्पन्न करने वाली शिक्षा प्रणाली अपनाई जाए। समाज सेवा, कार्य अनुभव आदि को शिक्षा के सभी स्तरों पर लागू किया जाए।
  - माध्यमिक शिक्षा को व्यावसायिक एवं तकनीकीपूर्ण बनाया जाए।
  - विश्वविद्यालयों में अन्तर्राष्ट्रीय मानकों को स्थापित किया जाए।
  - शिक्षा के पुनर्निर्माण में कृषि, कृषि अनुसन्धान तथा इससे सम्बन्धित विज्ञानों को उच्च प्राथमिकता दी जानी चाहिए।
  - राष्ट्रीय आय का 6% शिक्षा पर व्यय होना चाहिए।

नोट *राष्ट्रीय शिक्षा नीति, 1968 कोठारी आयोग की सिफारिशों पर निर्मित की गई थी।*

प्रमुख शिक्षा आयोग : एक नजर में

आयोग/समिति (अध्यक्ष)	ई./वर्ष	प्रमुख तथ्य
वुड डिस्पैच (चार्ल्स वुड)	1854 (लॉर्ड डलहौजी)	1855 ई. में लोक शिक्षा विभाग की स्थापना तथा 1857 ई. में बम्बई, कलकत्ता तथा मद्रास विश्वविद्यालय की स्थापना
हण्टर शिक्षा आयोग (विलियम हण्टर)	1882-83 (लॉर्ड रिपन)	वुड डिस्पेच के कार्यान्वियन की जाँच
रैले कमीशन (टॉमस रैले)	1902 (लॉर्ड कर्जन)	वर्ष 1904 में भारतीय विश्वविद्यालय अधिनियम पारित
सैडलर कमीशन (माइकल सैडलर)	1917 (लॉर्ड चेम्सफोर्ड)	मैसूर, पटना, बनारस, अलीगढ़, ढाका, लखनऊ तथा उस्मानिया विश्वविद्यालय की स्थापना
हार्टोग समिति (फिलिप हार्टोग)	1929 (लॉर्ड इरविन)	साइमन कमीशन द्वारा नियुक्त
सार्जेण्ट योजना (जॉन सार्जेण्ट)	1944 (लॉर्ड वेवेल)	6-11 वर्ष तक के बच्चों के लिए नि:शुल्क एवं अनिवार्य शिक्षा का प्रबन्ध
राधाकृष्णन आयोग	1948-49 (लॉर्ड माउण्टबेटेन)	इसकी अनुशंसा पर वर्ष 1953 में यू जी सी का गठन
कोठारी शिक्षा आयोग (डी.एस. कोठारी)	1946-66	इसके आधार पर वर्ष 1968 में शिक्षा की राष्ट्रीय नीति की घोषणा
राममूर्ति समिति (आचार्य राममूर्ति)	1990	नवोदय विद्यालय को आदर्श विद्यालय के रूप में विकसित करना
यशपाल समिति (प्रो. यशपाल)	2008	राष्ट्रीय उच्च शिक्षा एवं अनुसन्धान आयोग के गठन का सुझाव तथा डीम्ड विश्वविद्यालय की मान्यता को समाप्त करने की अनुशंसा

“

भारत के विशाल साम्राज्य पर आधिपत्य के पश्चात् इस पर नियन्त्रण रखने और शासन चलाने हेतु ब्रिटिश सरकार द्वारा अनेक कानूनों के माध्यम से प्रशासनिक एवं आर्थिक ढाँचे का निर्माण किया गया।

अध्याय बत्तीस

ब्रिटिश साम्राज्य की प्रशासनिक और आर्थिक नीतियाँ

1857 का विद्रोह एक अप्रत्याशित विद्रोह था, जिसने अंग्रेजों को भयभीत कर दिया। इसलिए देश में प्रशासनिक, आर्थिक और सामाजिक ढाँचे में परिवर्तन अपरिहार्य हो गया था। इन परिवर्तनों की प्रकृति और उद्देश्य ब्रिटिश साम्राज्यवादी विचारधारा का समर्थन करना था, किन्तु अज्ञानता में उन्होंने भारत की राजनीतिक और प्रशासनिक प्रणाली में आधुनिक राज्य के तत्त्वों को शामिल कर दिया।

बंगाल में द्वैध-शासन (1765-72 ई.)

- बंगाल में द्वैध-शासन को समझने के लिए मुगलकाल से चली आ रही दीवानी और निजामत को समझना आवश्यक है। मुगलकाल में प्रान्तीय प्रशासन में दो प्रकार के अधिकारी होते थे, जिनमें सूबेदार, जिसे निजामत भी कहा जाता था, का कार्य सैनिक प्रतिरक्षा, पुलिस और न्याय प्रशासन से जुड़ा था। दूसरा प्रान्तीय स्तर पर श्रेष्ठ पद दीवान का था, जो राजस्व एवं वित्त व्यवस्था की देख-रेख करता था। ये दोनों अधिकारी एक-दूसरे पर दृष्टि रखते थे तथा मुगल बादशाह के प्रति उत्तरदायी होते थे।
- 1765 की इलाहाबाद की सन्धि के अनुसार, बंगाल में दोहरा शासन प्रबन्ध स्थापित हुआ। बंगाल के नवाब ने कम्पनी को निजामत तथा मुगल सम्राट शाहआलम ने बंगाल, बिहार तथा उड़ीसा की दीवानी दे दी, किन्तु कम्पनी दोनों दायित्वों को निभाने में असमर्थ थी, अत: क्लाइव ने निजामत (शान्ति और सुव्यवस्था) बंगाल के नवाब नज्मुद्दौला को सौंप दी तथा सैन्य सुरक्षा एवं मालगुजारी की वसूली अपने पास रख ली। इस प्रकार बंगाल में दो शक्तियों का शासन स्थापित हो गया, जिसे द्वैध-शासन कहते हैं।
- इलाहाबाद की सन्धि के बाद अंग्रेजों को ₹26 लाख वार्षिक देने के बदले दीवानी का अधिकार तथा ₹50 लाख बंगाल के नवाब को देने पर निजामत का अधिकार प्राप्त हुआ।
- दीवानी और निजामत दोनों अधिकार प्राप्त करने के पश्चात् ही कम्पनी ने बंगाल में द्वैध-शासन की शुरुआत की। द्वैध-शासन का जनक लियो कार्टिस को माना जाता है। रजा खाँ को बंगाल का, शिताब राय को बिहार का एवं राय दुर्लभ को उड़ीसा का दीवान बनाया गया।
- द्वैध-शासन के अन्तर्गत कम्पनी दीवानी और निजामत के कार्यों का निष्पादन भारतीयों के माध्यम से करती थी, लेकिन वास्तविक शक्ति कम्पनी के अधीन होती थी। इसका प्रचलन बंगाल में 1772 ई. तक रहा।

ब्रिटिश शासन के अन्तर्गत अधिनियम व संशोधन

1773 का रेग्यूलेटिंग एक्ट

- सरकार द्वारा कम्पनी के आर्थिक, प्रशासनिक एवं सैनिक कार्यों पर संसद के आंशिक नियन्त्रण के लिए यह एक्ट लाया गया। यह एक्ट भारत में कम्पनी के प्रशासन पर ब्रिटिश संसदीय नियन्त्रणों के प्रयास की शुरुआत थी।
- इस एक्ट के पश्चात् कम्पनी के डायरेक्टरों की संख्या 24 कर दी गई, जिनकी नियुक्ति 4 वर्ष के लिए होने लगी थी। इसके 1/4 सदस्य (6 सदस्य) प्रतिवर्ष अवकाश प्राप्त करते थे।
- इस एक्ट के अन्तर्गत मद्रास (चेन्नई) एवं बम्बई (मुम्बई) प्रेसीडेन्सियों को कलकत्ता (कोलकाता) प्रेसीडेन्सी के अधीन कर दिया गया, जिसका प्रमुख एक गवर्नर-जनरल होता था। यह भारत में प्रशासनिक एकीकरण की शुरुआत थी।

प्रेसीडेन्सी

प्रेसीडेन्सी ब्रिटिश शासनकाल में बने नगर होते हैं, जिनका प्रशासनिक नियन्त्रण सम्पूर्ण राज्य पर होता था। ये सीधे ब्रिटिश शासन के मुख्य अधिकारी से जुड़े होते थे।

- बंगाल के गवर्नर को अंग्रेजी क्षेत्रों के गवर्नर-जनरल का नाम दिया गया। बंगाल का प्रथम गवर्नर-जनरल वॉरेन हेस्टिंग्स बना। गवर्नर-जनरल की परिषद् में चार सदस्य थे। इन चारों सदस्यों के नाम फ्रांसिस, बारबेल, क्लेवरिंग तथा मॉनसन थे। गवर्नर-जनरल की परिषद् से सदस्यों का निर्वाचन 5 वर्ष के लिए होता था। इस परिषद् में बहुमत से निर्णय होते थे। मत बराबर होने की अवस्था में अध्यक्ष अपना मत देता था।
- रेग्यूलेटिंग एक्ट, 1773 के द्वारा कलकत्ता में एक सुप्रीम कोर्ट की स्थापना 1774 ई. में की गई। इसमें एक मुख्य न्यायाधीश तथा तीन अन्य न्यायाधीश होते थे। एलिजा इम्पे को इसका प्रथम मुख्य न्यायाधीश बनाया गया तथा अन्य न्यायाधीश के रूप में चैम्बर्स, लिमैस्टर एवं हाइड को नियुक्त किया गया था। यह एक अभिलेख न्यायालय था। इसके विरुद्ध लन्दन स्थित प्रिवी काउन्सिल में अपील की जा सकती थी।
- इस एक्ट के अनुसार, कम्पनी के निदेशकों को सैनिक, असैनिक और राजस्व सम्बन्धी विवरण ब्रिटिश सरकार के समक्ष प्रस्तुत करना अनिवार्य कर दिया गया। इस एक्ट के अनुसार, कम्पनी के अधिकारी (सैन्य/असैन्य) न तो निजी व्यापार कर सकते थे और न ही किसी भारतीय से उपहार अथवा दान ले सकते थे।

एक्ट ऑफ सेटलमेण्ट, 1781

यह एक्ट रेग्यूलेटिंग एक्ट, 1773 की त्रुटियों को समाप्त करने के लिए लाया गया था। इसके अनुसार, कम्पनी के पदाधिकारियों द्वारा अपने शासकीय रूप में किए गए कार्यों को उच्चतम न्यायालय के अधिकार क्षेत्र से बाहर रखा गया।

1784 का पिट्स इण्डिया एक्ट

- इस एक्ट को ब्रिटिश प्रधानमन्त्री यंगर पिट द्वारा प्रस्तुत किया गया था। इस एक्ट का उद्देश्य कम्पनी पर ब्रिटिश क्राउन का नियन्त्रण बढ़ाना था। अत: इसके लिए बोर्ड ऑफ कण्ट्रोल की स्थापना की गई।
- इसका अध्यक्ष ब्रिटिश मन्त्रिमण्डल के किसी सदस्य को बनाया जाता था। इसमें छ: सदस्य होते थे।
- बोर्ड ऑफ कण्ट्रोल की अनुमति मिलने पर ही गवर्नर-जनरल किसी भी भारतीय शासक से संघर्ष आरम्भ करने अथवा सहायता देने का आश्वासन दिला सकता था।
- पिट्स इण्डिया एक्ट के विवाद को लेकर ही लॉर्ड नॉर्थ तथा फॉक्स की मिली-जुली सरकार को त्याग-पत्र देना पड़ा। यह पहला और अन्तिम अवसर था, जब किसी भारतीय मामले पर ब्रिटिश सरकार गिर गई हो।
- गवर्नर-जनरल की परिषद् के सदस्यों की संख्या 4 से घटाकर 3 कर दी गई।

1786 का एक्ट

- पिट ने 1786 ई. में यह अधिनियम पारित करवाया, जिसका प्रमुख उद्देश्य कॉर्नवालिस को भारत के गवर्नर-जनरल के पद के लिए तैयार करना था। इस अधिनियम के अन्तर्गत मुख्य सेनापति की शक्तियाँ भी गवर्नर-जनरल में निहित कर दी गईं।
- गवर्नर-जनरल विशेष अवस्था में परिषद् के निर्णयों को रद्द कर सकता था तथा अपना निर्णय लागू कर सकता था। दूसरे शब्दों में कहा जाए, तो उन्हें वीटो की शक्ति प्राप्त हुई।

1793 का चार्टर एक्ट

- 1793 ई. में एक चार्टर एक्ट पारित किया गया, जिसके द्वारा कम्पनी के व्यापारिक अधिकारों को 20 वर्ष के लिए बढ़ा दिया गया। गवर्नर-जनरल के बम्बई (मुम्बई) तथा मद्रास (चेन्नई) प्रेसीडेन्सियों पर अधिकार स्पष्ट कर दिए गए। यदि गवर्नर-जनरल बंगाल के बाहर जाता था, तो उसे अपनी परिषद् के असैनिक सदस्यों में से किसी एक को उप-प्रधान नियुक्त करना होता था।
- इस एक्ट के द्वारा यह सुनिश्चित किया गया कि नियन्त्रण बोर्ड (Board of Control) के अधिकारियों का वेतन भारतीय कोष से दिया जाए। इस व्यवस्था को वर्ष 1919 तक लागू रखा गया। इस एक्ट के माध्यम से ही जिला अधिकारियों की न्यायिक शक्तियों को वापस ले लिया गया।
- 1793 ई. में ही एक विनियम के द्वारा जिला कलेक्टर को उसकी न्यायिक शक्तियों से वंचित कर दिया गया।

1813 का चार्टर एक्ट

- इस चार्टर एक्ट के अनुसार, भारत में ब्रिटिश कम्पनी का व्यापारिक एकाधिकार समाप्त हो गया। केवल चीन के साथ व्यापार एवं चाय का एकाधिकार पूर्ववत् बना रहा।
- इस एक्ट में शिक्षा के विकास के लिए ₹ 1 लाख वार्षिक दिया जाना निश्चित हुआ। ईसाई मिशनरी को लाइसेन्स लेकर धर्म प्रचार करने की अनुमति मिली।

1833 का चार्टर एक्ट

- 1833 के चार्टर एक्ट से भारत का प्रशासन 20 वर्षों के लिए कम्पनी के अधीन छोड़ दिया गया।
- इस चार्टर के अनुसार, कम्पनी का चीन के साथ व्यापार एवं चाय के व्यापार पर भी एकाधिकार समाप्त कर दिया गया।
- बम्बई एवं मद्रास प्रेसीडेन्सी को पूर्णत: बंगाल के अधीन कर दिया गया। इस तरह एक प्रकार का प्रशासनिक एकीकरण हुआ।
- बंगाल के गवर्नर को अब भारत का गवर्नर-जनरल बना दिया गया। लॉर्ड विलियम बैण्टिक भारत का प्रथम गवर्नर-जनरल बना। इस एक्ट के द्वारा एक विधि आयोग की स्थापना की गई, ताकि भारतीय कानूनों को संहिताबद्ध किया जा सके।
- दास प्रथा को प्रतिबन्धित करने के सन्दर्भ में आज्ञा-पत्र जारी किया गया, जिसे 1843 ई. में एलनबरो ने व्यावहारिक रूप दिया।
- कानून निर्मित करने हेतु गवर्नर-जनरल की तीन सदस्यीय कार्यकारिणी में एक अतिरिक्त कानूनी सदस्य को सम्मिलित किया गया।

- इस अधिनियम की धारा 87 के तहत जाति, वर्ग के आधार पर सरकारी चयन में भेदभाव को समाप्त कर दिया गया।

1853 का चार्टर एक्ट

- कोर्ट ऑफ डायरेक्टर से सिविल सर्वेण्ट की नियुक्ति का अधिकार वापस ले लिया गया। अब प्रतियोगिता परीक्षा को इस नियुक्ति हेतु आधार बनाया गया। कम्पनी के निदेशकों की संख्या घटाकर 24 से 18 कर दी गई।
- भारतवर्ष के लिए एक पृथक् विधानपरिषद् की स्थापना की गई, विधानपरिषद् में 12 सदस्य होते थे, जोकि विभिन्न प्रान्तों एवं क्षेत्रों से आते थे। यही कारण है कि पहली बार इस दौरान क्षेत्रीय प्रतिनिधित्व देखने को मिला।

> इस एक्ट के अनुसार गवर्नर-जनरल की परिषद् में **छः नए सदस्यों** में से चार सदस्य-बंगाल, आगरा, मुम्बई तथा मद्रास की प्रान्तीय सरकारों से चुने जाते थे।

- विधानपरिषद् द्वारा पारित विधेयकों को गवर्नर-जनरल वीटो कर सकता था। इसने ही सर्वप्रथम सम्पूर्ण भारत के लिए एक 12 सदस्यीय विधानमण्डल (All India Legislative Council) की स्थापना की। यह परिषद् सम्पूर्ण ब्रिटिश भारत के लिए विधि निर्माण करती थी।
- इस एक्ट के द्वारा विधि सदस्य को गवर्नर-जनरल की कार्यकारी परिषद् का पूर्ण सदस्य बना दिया गया।

1858 का भारत सरकार अधिनियम

- इस अधिनियम के अन्तर्गत कम्पनी की विस्तारवादी नीति पर रोक लगा दी गई तथा कम्पनी के शासन का अन्त कर भारत पर प्रशासन का अधिकार ब्रिटिश क्राउन (महारानी विक्टोरिया) ने अपने हाथ में ले लिया। इस अधिनियम का मुख्य उद्देश्य 1857 के विद्रोह जैसी घटना को दोबारा होने से रोकना था।
- इसके अन्तर्गत भारत सचिव के पद का सृजन किया गया। उसकी सहायता के लिए 15 सदस्यीय काउन्सिल बनाई गई। इसमें 7 सदस्यों की नियुक्ति कोर्ट ऑफ डायरेक्टर के द्वारा और 8 सदस्यों की नियुक्ति ब्रिटिश क्राउन के द्वारा की जानी थी। 15 सदस्यों में से आधे को भारत में 10 वर्ष की सेवा का अनुभव होना आवश्यक था।
- भारत सचिव ब्रिटिश कैबिनेट का मन्त्री होता था। भारत सचिव, ब्रिटिश भारतीय साम्राज्य के शासन के लिए जिम्मेदार होता था।
- होम चार्जेज की संकल्पना लाई गई, क्योंकि इनका वेतन भारतीय राजस्व पर ही भारित किया गया था।
- बोर्ड ऑफ कण्ट्रोल का अन्त कर दोहरे नियन्त्रण की व्यवस्था को समाप्त कर दिया गया। अब गवर्नर-जनरल को वायसराय कहा जाने लगा, क्योंकि वह क्राउन का सीधा प्रतिनिधि था। भारत का प्रथम वायसराय लॉर्ड कैनिंग था।
- इस अधिनियम के द्वारा प्रतिवर्ष भारत का लेखा तथा भारत से सम्बन्धित रिपोर्ट संसद में प्रस्तुत करना अनिवार्य बनाया गया।
- इस अधिनियम के अनुसार, अनुबन्धित जनपद सेवा में खुली प्रतियोगिता द्वारा नियुक्तियाँ की जाने लगीं।

> **महारानी का घोषणा पत्र** (1858 ई.)
>
> 1858 ई. में **महारानी विक्टोरिया** की उद्घोषणा जारी की गई, जिसके अन्तर्गत क्राउन द्वारा भारत का शासन हस्तगत करने, कम्पनी के शासन का अन्त करने तथा ब्रिटिश सरकार की विस्तारवादी नीति का त्याग करने आदि की घोषणाएँ की गईं। इसे इलाहाबाद में लॉर्ड कैनिंग ने पढ़ा।

1861 का भारतीय परिषद् अधिनियम

इस अधिनियम की प्रमुख विशेषताएँ निम्न हैं

- वायसराय की कार्यकारिणी परिषद् को कानून बनाने की शक्ति देने के साथ ही इसका विस्तार किया गया, जिसमें पाँचवें सदस्य के रूप में एक विधिवेत्ता को शामिल किया गया।
- 1861 के अधिनियम ने भारत में प्रतिनिधि संस्थाओं को जन्म दिया।
- वायसराय को इस बात के लिए अधिकृत किया गया कि वह प्रशासनिक व्यवस्था हेतु विधि बनाए। कैनिंग ने विभागीय व्यवस्था की शुरुआत की।
- कानून निर्माण के लिए वायसराय कार्यकारिणी की परिषद् में न्यूनतम 6 तथा अधिकतम 12 सदस्यों को मनोनीत कर सकता था। उनका कार्यकाल 2 वर्षों का होता था। इनमें से न्यूनतम आधे सदस्य गैर-सरकारी होते थे।
- लॉर्ड कैनिंग ने भिन्न-भिन्न सदस्यों को अलग-अलग विभाग सौंपकर एक प्रकार से मन्त्रिमण्डलीय व्यवस्था की नींव रखी।
- गवर्नर-जनरल को स्वविवेक से अध्यादेश जारी करने की शक्ति प्रदान की गई। इस अध्यादेश को अधिकतम 6 महीने तक ही जारी (लागू) रखा जा सकता था। अध्यादेश को संकटकालीन परिस्थितियों में ही जारी किया जा सकता था।

1892 का भारतीय परिषद् अधिनियम

- इस अधिनियम द्वारा परिषद् के भारतीय सदस्यों को वार्षिक बजट पर बहस करने तथा सरकार से प्रश्न पूछने का अधिकार दिया गया, किन्तु उन्हें मतदान करने या अनुपूरक प्रश्न पूछने का अधिकार नहीं था। केन्द्रीय तथा प्रान्तीय दोनों विधानमण्डलों के लिए यही व्यवस्था थी, परन्तु यदि प्रशासन आवश्यक समझे, तो बिना कारण बताए प्रश्नों का उत्तर देने से मना कर सकता था।
- सार्वजनिक हित से सम्बन्धित मुद्दे पर 6 दिन पूर्व की सूचना पर ही प्रश्न पूछा जा सकता था।
- इस अधिनियम का सबसे महत्त्वपूर्ण प्रावधान निर्वाचन पद्धति की शुरुआत करना था। इस अधिनियम में निर्वाचिन प्रणाली को स्वीकार तो किया गया था, परन्तु स्पष्ट रूप से नहीं।
- केन्द्रीय विधानमण्डलों के सदस्यों की अधिकतम संख्या 16 एवं न्यूनतम संख्या 10 निर्धारित की गई।
- गैर-सरकारी सदस्यों को बंगाल चैम्बर ऑफ कॉमर्स से तथा प्रान्तीय विधानपरिषदों द्वारा नामांकित किया जाता था।
- प्रान्तीय परिषदों के गैर-सरकारी सदस्य जिला बोर्ड, नगरपालिका और विश्वविद्यालयों द्वारा नामांकित होते थे।

1909 का भारत परिषद् अधिनियम

- मार्ले-मिण्टो सुधार द्वारा प्रतिनिधिक और निर्वाचित तत्त्व का समावेश करने का पहला प्रयास किया गया। प्रान्तीय परिषदों के आकार में वृद्धि की गई और निर्वाचित गैर-सरकारी सदस्य शामिल किए गए, इससे सरकारी सदस्यों का बहुमत समाप्त हो गया।
- केन्द्र की विधानपरिषद् में भी सदस्यों का चुनाव होने लगा, किन्तु यहाँ सरकारी सदस्यों का बहुमत बना रहा।
- इस अधिनियम का मुख्य उद्देश्य भारतीय राजनीति में बढ़ते हुए उग्रवाद तथा क्रान्तिकारी राष्ट्रवाद से उत्पन्न स्थिति का सामना करना था।
- मार्ले उस समय भारत सचिव तथा मिण्टो वायसराय था, इसलिए इस अधिनियम को 1909 का मार्ले-मिण्टो सुधार अधिनियम कहा जाता है।
- 1909 के एक्ट के तहत केन्द्रीय विधानपरिषद् की संरचना

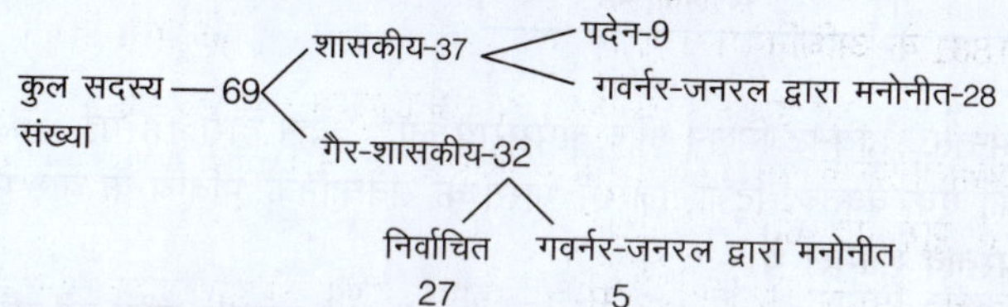

- इस अधिनियम के द्वारा मुस्लिमों के लिए पृथक् मताधिकार तथा पृथक् निर्वाचन क्षेत्रों की स्थापना की गई।
- यह इस एक्ट का सबसे बड़ा दोष था। यहीं से भारत में तीव्र साम्प्रदायिकता का विकास हुआ और अलगाववादी बीजारोपण हुआ, जिसकी परिणति अन्तत: विभाजन के रूप में हुई।

> लॉर्ड मिण्टो ने पृथक् निर्वाचन मण्डल स्थापित करके **लॉर्ड मार्ले** को लिखा था, "हम नाग के दाँत (Dragon's Teeth) बो रहे हैं और इसका फल भीषण होगा।"

- इस अधिनियम का लक्ष्य भारत के लोगों को उत्तरदायी सरकार प्रदान करना नहीं, बल्कि विधानपरिषदों को परामर्शदात्री संस्थाओं के रूप में विकसित करना था, मताधिकार केवल उन्हीं लोगों को दिया गया, जिनकी वार्षिक आय ₹ 15000 थी या ₹ 10000 लगान के रूप में देते थे। बंगाल में वे ही वोट दे सकते थे, जिन्हें नवाब या राजा की उपाधियाँ प्राप्त थीं।
- इसके अन्तर्गत बजट पर बहस करने के साथ-साथ इससे सम्बन्धित पूरक प्रश्न पूछने की भी व्यवस्था की गई। केन्द्रीय परिषद् के सदस्यों की संख्या को बढ़ाकर 16 से 60 कर दिया गया।
- इस अधिनियम द्वारा सर्वप्रथम भारत परिषद् तथा वायसराय की कार्यप्रणाली परिषद् में भारतीय सदस्यों को शामिल किया गया। दो भारतीय के. सी. गुप्ता तथा सैयद हुसैन बिलग्रामी को भारत परिषद् में तथा एस. पी. सिन्हा को वायसराय की कार्यकारी परिषद् में विधिक सदस्य के रूप में शामिल किया गया, जिन्हें बाद में लॉर्ड की उपाधि प्रदान की गई।

1919 का भारत सरकार अधिनियम (मॉण्टेग्यू-चेम्सफोर्ड सुधार)

- इस अधिनियम में सर्वप्रथम उत्तरदायी शासन शब्द का प्रयोग किया गया तथा भारत परिषद् के सदस्यों की संख्या न्यूनतम 8 तथा अधिकतम 12 निश्चित की गई।
- साम्प्रदायिक आधार पर निर्वाचन प्रणाली का विस्तार करते हुए इसे ईसाइयों, सिखों, आंग्ल-भारतीयों तथा यूरोपियों पर भी लागू कर दिया गया।
- इस अधिनियम द्वारा प्रान्तों में प्रत्यक्ष चुनाव प्रणाली की शुरुआत हुई, जिसमें साम्प्रदायिक आधार पर आरक्षण की व्यवस्था थी। मत देने का अधिकार सम्पत्ति सम्बन्धी योग्यता पर आधारित था। महिलाओं को भी मताधिकार प्रदान किया गया।
- इस अधिनियम के द्वारा सर्वप्रथम केन्द्रीय स्तर पर द्विसदनात्मक विधानमण्डल की स्थापना की गई। एक सदन को राज्य परिषद् (उच्च सदन) तथा दूसरे को विधानसभा (निम्न सदन) कहा गया।

राज्य परिषद् — कुल सदस्य - 60 < निर्वाचित-33, मनोनीत-27

विधानसभा — कुल सदस्य - 145 < निर्वाचित -104, मनोनीत -41

- दोनों की शक्तियाँ समान थीं, किन्तु बजट पर स्वीकृति प्रदान करने का अधिकार केवल विधानसभा को था।
- इस अधिनियम की एक प्रमुख विशेषता प्रान्तीय सरकारों के अधिकार क्षेत्र का परिसीमन थी। केन्द्रीय तथा प्रान्तीय सरकारों के बीच प्रशासन के विषयों को केन्द्रीय तथा प्रान्तीय दो वर्गों में विभक्त किया गया।
- आरक्षित विषयों का शासन गवर्नर अपनी परिषद् की सलाह से, जबकि हस्तान्तरित विषयों का शासन गवर्नर भारतीय मन्त्रियों की सलाह से करता था।

भारत सरकार अधिनियम, 1919

→ **केन्द्र व प्रान्तीय सरकारों में विषयों का बँटवारा**
- केन्द्रीय विषय-रक्षा, विदेशी सम्बन्ध, मुद्रा, संचार आदि
- प्रान्तीय विषय-स्थानीय स्वशासन, स्वास्थ्य, शिक्षा, कानून व्यवस्था, वन आदि

→ **केन्द्र में द्विसदनीय प्रणाली प्रारम्भ**
- उच्च सदन-राज्य परिषद्
- निम्न सदन- विधानसभा

→ **प्रान्तों में द्वैध-शासन**
- हस्तान्तरित विषय-शिक्षा, स्वास्थ्य, स्थानीय स्वशासन आदि
- आरक्षित विषय-राजस्व, न्याय, वित्त, पुलिस

- 1919 के अधिनियम के अन्तर्गत भारत सचिव के कार्यभार को कम करने के लिए हाई कमिश्नर की नियुक्ति की व्यवस्था की गई।
- इस अधिनियम की प्रमुख विशेषता प्रान्तों में द्वैध-शासन की स्थापना थी।
- 1 अप्रैल, 1921 से द्वैध-शासन बंगाल, मद्रास, मुम्बई, उत्तर प्रदेश, बिहार, उड़ीसा, पंजाब, मध्य प्रदेश और असम में प्रारम्भ किया गया।
- इस अधिनियम ने भारत में एक लोक सेवा आयोग के गठन का प्रावधान किया तथा भारत सचिव को भारत में महालेखा परीक्षा की नियुक्ति का अधिकार दिया। इस अधिनियम द्वारा सर्वप्रथम केन्द्रीय बजट को राज्य बजट से पृथक् कर दिया गया।

1935 का भारत सरकार अधिनियम

- भारत सरकार अधिनियम, 1935 के द्वारा भारत में अखिल भारतीय संघ की स्थापना की गई। इस संघ को 11 ब्रिटिश एवं भारतीय प्रान्तों, 6 कमिशनरियों तथा उन देशी रियासतों को मिलाकर बनाया गया था, जो इसमें स्वेच्छा से शामिल होना चाहती थीं।
- केन्द्रीय सरकार की कार्यकारिणी शक्ति को गवर्नर-जनरल में निहित कर दिया गया। इस अधिनियम द्वारा प्रान्तों की जगह पर केन्द्र में द्वैध-शासन लागू किया गया।

- संघीय प्रशासन के विषय को हस्तान्तरित तथा आरक्षित भागों में विभक्त कर दिया गया।
- आरक्षित विषयों में प्रतिरक्षा, विदेशी मामले, धार्मिक विषय और जनजातीय क्षेत्र शामिल थे। अन्य सभी विषय हस्तान्तरित विषयों की सूची में थे।

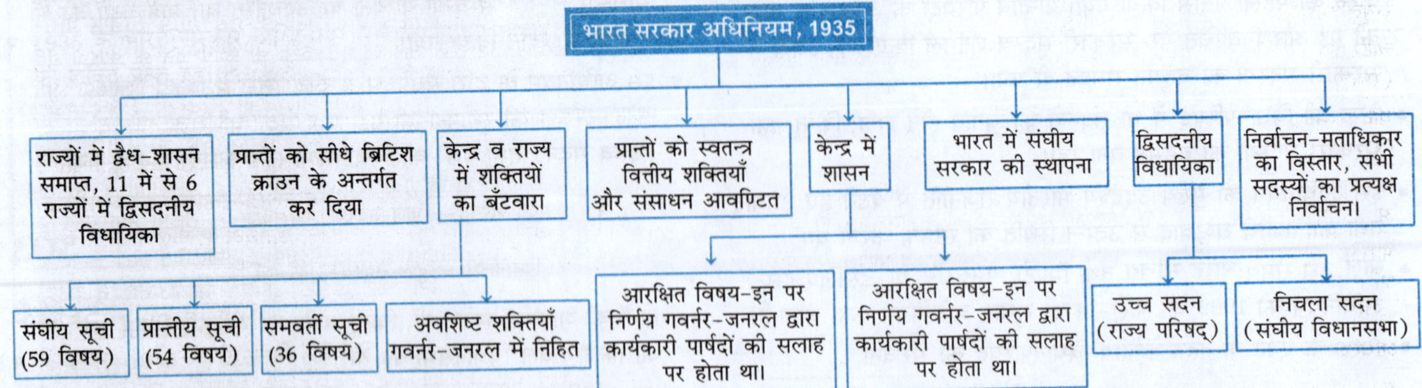

- इस अधिनियम द्वारा दिल्ली में एक संघीय न्यायालय की स्थापना की गई। इसमें 1 मुख्य न्यायाधीश तथा 6 अन्य न्यायाधीश हो सकते थे। इनकी नियुक्ति सम्राट द्वारा की जाती थी। उसके निर्णय के विरुद्ध अपील प्रिवी काउन्सिल में की जा सकती थी। 1 अक्टूबर, 1937 से यह न्यायालय कार्यरत् हो गया। इसके प्रथम न्यायाधीश सर मॉरिश ग्वेयर थे।
- भारत सरकार अधिनियम, 1935 के अन्तर्गत विधानमण्डल में महिलाओं के लिए आरक्षित स्थानों का प्रावधान किया गया, जिसमें महिलाएँ किसी भी सामान्य सीट से चुनाव लड़ सकती थीं।
- इस अधिनियम के आधार पर ही वर्ष 1937 में चुनाव सम्पन्न हुए थे। इस अधिनियम के द्वारा अखिल भारतीय संघ की स्थापना की गई।
- इसी अधिनियम के अन्तर्गत ही लोक सेवा आयोग एवं रिजर्व बैंक की स्थापना की गई थी।
- इस अधिनियम द्वारा वर्ष 1935 में बर्मा (म्यांमार) को भारत से अलग कर दिया गया तथा दो नए प्रान्त उड़ीसा तथा सिन्ध का निर्माण हुआ।
- 1935 के भारत सरकार अधिनियम से राष्ट्रपति को अध्यादेश जारी करने की शक्ति प्राप्त हुई।

> भारत शासन अधिनियम, 1935 के सन्दर्भ में पण्डित नेहरू ने कहा था कि "यह एक ऐसी कार है, जिसमें ब्रेक तो है, पर इंजन नहीं है।" इसे उन्होंने **दासता का अधिकार-पत्र** भी कहा है। जिन्ना ने इसे "पूर्णत: सड़ा एवं मूल रूप से बुरा' कहा।

कैबिनेट मिशन योजना

- सितम्बर, 1945 में, ब्रिटेन में नई चुनी गई लेबर सरकार ने भारत के लिए एक संविधान सभा बनाने की अपनी इच्छा व्यक्त की, जो भारत के संविधान का निर्माण करेगी, इसे पूरा करने के लिए मार्च, 1946 में कैबिनेट मिशन को भारत भेजा गया।
- कैबिनेट मिशन के सदस्य लॉर्ड पेन्थिक लॉरेन्स, सर स्टैफ़ोर्ड क्रिप्स और एवी अलेक्जेण्डर थे।
- इस मिशन ने भारत में भारतीय राजनीतिक दलों और प्रतिनिधियों से चर्चा कर भावी संविधान के लिए संविधान सभा के गठन की चर्चा की लेकिन कांग्रेस और मुस्लिम लीग में सहमति नहीं बन पाई।
- अन्तत: कैबिनेट मिशन और वायसराय लॉर्ड वेवेल द्वारा 16 मई, 1946 को एक वक्तव्य दिया, जिसमें भारत के संवैधानिक भविष्य के बारे में प्रस्ताव शामिल थे।
- इसके तहत पाकिस्तान के एक अलग राज्य की मुस्लिम लीग की माँग को खारिज कर दिया गया और इसके स्थान पर एक भारतीय संघ का प्रस्ताव किया, जिसमें ब्रिटिश प्रान्त और रियासतें शामिल थीं।
- एक संविधान निर्मात्री सभा के गठन का प्रस्ताव रखा गया था, जो अंशत: अप्रत्यक्ष रूप से निर्वाचित सदस्यों के द्वारा और अंशत: मनोनीत सदस्यों के द्वारा निर्मित की जानी थी।
- इसमें ब्रिटिश प्रान्तों के प्रतिनिधि प्रान्तीय विधानसभाओं के माध्यम से अप्रत्यक्ष रूप से निर्वाचित किए जाने तथा देशी रियासतों द्वारा अपने प्रतिनिधि मनोनीत किए जाने का प्रावधान किया गया था।
- इसके अन्तर्गत यह कहा गया था कि प्रत्येक प्रान्त को उसकी जनसंख्या के अनुपात में संविधान सभा में प्रतिनिधि भेजने होंगे। संविधान सभा में प्रति 10 लाख की जनसंख्या पर एक प्रतिनिधि भेजा जाएगा।
- यह निर्धारित किया गया कि संविधान सभा में कुल 389 सदस्य होंगे, जिनमें से 292 सदस्य ब्रिटिश भारतीय प्रान्तों से निर्वाचित होंगे, चार सदस्य मुख्य आयुक्तों के प्रान्त से आएँगे और शेष 93 सदस्य देशी रियासतों द्वारा मनोनीत किए जाएँगे।
- कैबिनेट मिशन योजना के आधार पर नवम्बर, 1946 में संविधान सभा का गठन हुआ, जिसमें स्वतन्त्र भारत के संविधान का निर्माण किया गया।

1947 का भारतीय स्वतन्त्रता अधिनियम

- 3 जून, 1947 को माउण्टबेटन योजना पर आधारित इस अधिनियम के अन्तर्गत ब्रिटिश शासन को समाप्त कर 15 अगस्त, 1947 को भारत को स्वतन्त्र एवं सम्प्रभु राष्ट्र घोषित कर दिया गया तथा दो स्वतन्त्र राष्ट्र भारत और पाकिस्तान अस्तित्व में आए।
- इसने वायसराय का पद समाप्त कर दिया और उसके स्थान पर दोनों डोमिनियन राज्यों के लिए गवर्नर-जनरल के पद का सृजन किया गया। स्वतन्त्र भारत के प्रथम व अन्तिम भारतीय गवर्नर-जनरल सी राजगोपालाचारी थे।

महत्त्वपूर्ण अधिनियम : एक नजर में

अधिनियम	स्थापना वर्ष	महत्त्वपूर्ण निर्णय
रेग्यूलेटिंग एक्ट	1773	बंगाल में सर्वोच्च न्यायालय की स्थापना।
चार्टर एक्ट (राजलेख)	1813	पहली बार भारतीयों की शिक्षा के लिए प्रतिवर्ष ₹ 1 लाख खर्च करने की व्यवस्था।
चार्टर एक्ट (राजलेख)	1833	कम्पनी का भारतीय व्यापार पर से एकाधिकार समाप्त।
भारतीय सरकार अधिनियम	1858	कम्पनी का शासन समाप्त, ब्रिटिश क्राउन का शासन प्रारम्भ, गवर्नर-जनरल, वायसराय बना।
भारतीय परिषद् अधिनियम	1861	विभागीय एवं मन्त्रिमण्डलीय प्रणाली का प्रारम्भ, लेजिस्लेटिव काउन्सिल की स्थापना
भारतीय परिषद् अधिनियम	1892	पहली बार विधानपरिषद् में बजट पर बहस करने का अधिकार मिला।
भारत परिषद् अधिनियम	1909	पृथक् निर्वाचन मण्डल।
भारत सरकार अधिनियम	1919	द्वि-सदनीय व्यवस्थापिका, प्रान्तों में द्वैध-शासन, सिखों को विशेष प्रतिनिधित्व।
भारत सरकार अधिनियम	1935	केन्द्र में द्वैध-शासन, प्रान्तीय स्वायत्तता, निर्वाचन का अधिकार हरिजनों, भारतीय ईसाइयों एवं एंग्लो-इण्डियन को भी दिया गया।
भारतीय स्वतन्त्रता अधिनियम	1947	भारत को पूर्ण स्वतन्त्रता मिली।

ब्रिटिश आर्थिक नीतियाँ

ब्रिटिश आर्थिक नीतियों को मुख्यत: तीन चरणों में विभाजित किया गया है, जो निम्नलिखित है

1. वाणिज्यिक पूँजीवाद (1757-1813 ई.)

- इस समय ईस्ट इण्डिया कम्पनी का एकाधिकार भारतीय व्यापार पर था और इस व्यापार पर एकाधिकार प्राप्त करने अथवा बनाए रखने के लिए ही यूरोपीय कम्पनियों (पुर्तगाली, डच तथा फ्रांसीसी) के द्वारा अनेक युद्ध लड़े गए।
- इस चरण में ब्रिटिशों का प्रमुख उद्देश्य कम लागत पर वस्तुएँ खरीदकर उसे अधिकतम लाभ पर यूरोप में बेचना था। इसके लिए वे पूँजी निवेश का भी सहारा लेते थे।
- कम्पनी के द्वारा विजित क्षेत्रों की जनता पर भी कर अधिरोपित किया जाता था। लगान से प्राप्त राशि को ब्रिटिशों के द्वारा वस्तु तथा कीमती धातु के रूप में अपने गृह राज्य भेज दिया जाता था।

> भारत के प्रसिद्ध इतिहासकार **के. एम. पणिक्कर** के द्वारा बंगाल के सन्दर्भ में 1765 से 1772 ई. तक के काल को **डाकू राज्य** कहा गया। ब्रिटिश इतिहासकार पर्सिवल स्पीयर ने बंगाल की इस लूट के सन्दर्भ में कहा कि "अब बंगाल में खुला तथा बेशर्म लूट का काल आरम्भ हुआ"।

- इस काल के ब्रिटिश शासन के परिणाम भारत के शिल्प उद्योग के लिए घातक सिद्ध हुए। बंगाल पर अधिकार के बाद कम्पनी ने शिल्पकारों को बाध्य किया कि वे केवल कम्पनी के लिए माल बनाएँ। इस प्रकार इस काल में भारतीय शिल्पकला उद्योगों का अत्यन्त ह्रास हुआ।

नोट *भारत में ब्रिटिश आयातों पर की गई रियायतों के लिए इम्पीरियल प्रेफरेन्स शब्द का प्रयोग किया जाता था।*

2. औद्योगिक पूँजीवाद (1813-1858 ई.)

- 1813 ई. के बाद औद्योगिक पूँजीवाद का दौर आरम्भ हुआ। ब्रिटेन की औद्योगिक क्रान्ति के साथ भारत एक बाजार में परिवर्तित हो गया। यही दौर था, जब भारत के परम्परागत उद्योगों का तेजी से विनाश हुआ।
- 1813 तथा 1833 के चार्टर एक्ट में ब्रिटिश ईस्ट इण्डिया कम्पनी के एकाधिकार के समाप्त होते ही भारत के आर्थिक शोषण की प्रक्रिया और तीव्र हो गई। भारत से कच्चे मालों का निर्यात ब्रिटेन को किया जाने लगा तथा निर्मित वस्तुएँ भारत में बेची जाने लगीं।
- मशीनों से निर्मित वस्त्र हाथों से बने कपड़ों की तुलना में सस्ते होते थे। अत: भारतीय निर्मित वस्त्रों की माँग घट गई, जिससे इनका पतन प्रारम्भ हो गया। इस दुर्दशा के सन्दर्भ में कार्ल मार्क्स का कथन था कि "विश्व के कपड़ों के घर को विदेशी कपड़ों से भर दिया गया।"
- इस सन्दर्भ में भारत के पहले गवर्नर-जनरल विलियम बैण्टिक का कथन था कि "बुनकरों की हड्डियों से भारत की भूमि सफेद हो गई।"
- औद्योगिक पूँजीवाद ने खाद्यान्न फसलों के स्थान पर वाणिज्यिक फसलों के उत्पादन पर अधिक बल दिया, जिससे अनाज में कमी होने के साथ खाद्यान्न के क्षेत्र में मुद्रास्फीति की स्थिति देखी गई।
- इस चरण में ही रेलवे का विकास अंग्रेजों ने अपने आर्थिक एवं सामरिक उद्देश्यों की पूर्ति हेतु किया। 1858 ई. तक भारत में औद्योगिक पूँजीवाद का दौर चरम पर था।

3. वित्तीय पूँजीवाद (1858-1947 ई.)

- इस चरण में भारत में रेलवे तथा संचार माध्यमों का विस्तार किया गया। ब्रिटिश व्यापारियों के हित में प्रारम्भ इन प्रवृत्तियों का लाभ भारतीय पूँजीपतियों ने भी उठाया और स्वदेशी पूँजी के माध्यम से देशी उद्यमों की स्थापना हुई। वित्तीय पूँजीवाद के इस दौर में भारत ब्रिटेन का उपनिवेश बन गया।
- दादाभाई नौरोजी को प्रति व्यक्ति आय का अनुमान लगाने वाला प्रथम राष्ट्रवादी नेता माना जाता है।
- बंगाल में दीवानी प्राप्त होने से पूर्व ईस्ट इण्डिया कम्पनी का भारत में व्यापार एकपक्षीय था। कम्पनी के पास भारत में बेचने के लिए कोई माल नहीं था, जबकि भारतीय माल को यूरोपीय देशों में बेचने से उसे अत्यधिक लाभ हो रहा था।
- कारखाना अधिनियम, 1891 लॉर्ड लैन्सडाउन के काल में लाया गया था। यह अधिनियम 50 श्रमिकों वाले कारखानों पर लागू हुआ था।

भारत में भू-राजस्व व्यवस्था

स्थायी बन्दोबस्त

- 1790 ई. में कॉर्नवालिस ने एक 10 वर्षीय भू-राजस्व व्यवस्था लागू की, जिसमें भूमि का स्वामी तथा लगान वसूली का उत्तरदायित्व जमींदारों को दिया गया। 1793 ई. में कॉर्नवालिस ने 10 वर्षीय व्यवस्था को परिवर्तित कर स्थायी कर दिया।

- स्थायी बन्दोबस्त बंगाल, बिहार, उड़ीसा, उत्तर प्रदेश के वाराणसी तथा गाजीपुर क्षेत्र और उत्तरी कर्नाटक के क्षेत्रों में लागू किया गया।

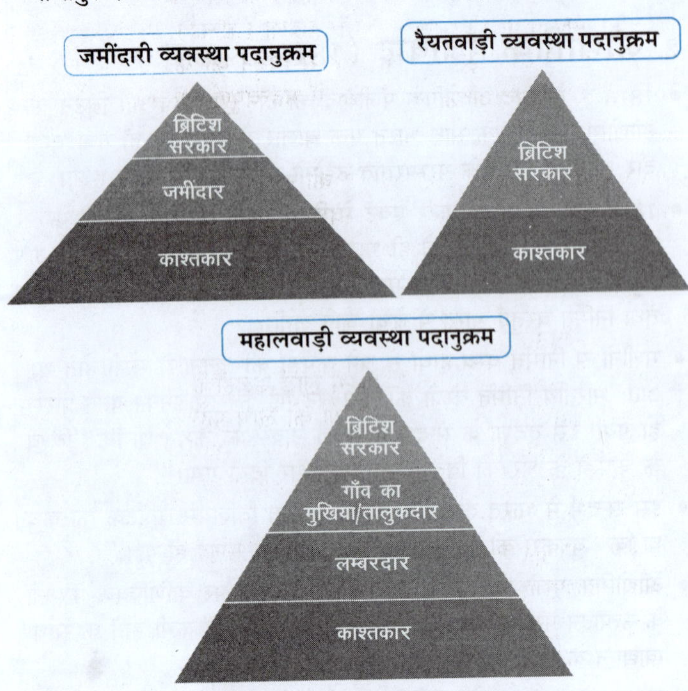

- स्थायी बन्दोबस्त को इस्तमरारी बन्दोबस्त अथवा जमींदारी प्रथा के रूप में भी जाना जाता है। इस प्रणाली के अनुसार जमींदारों को भू-स्वामी स्वीकार किया गया। सरकार भू-राजस्व के लिए जमींदारों को ही उत्तरदायी मानती थी।
- 1794 ई. में पारित सूर्यास्त नियम के अनुसार, निर्धारित तिथि को भू-राजस्व जमा नहीं करने वाले जमींदारों की भूमि जब्त कर ली जाती थी। यह कुल ब्रिटिश भारत के 19% भूमि पर लागू था।
- इस व्यवस्था में लगान का 10/11 भाग सरकार का तथा 1/11 भाग जमींदारों का निश्चित किया गया। भूमि पर जमींदारों का अधिकार पैतृक तथा हस्तान्तरणीय था।

रैयतवाड़ी बन्दोबस्त

- 1792 ई. में मद्रास प्रेसीडेन्सी में एक नई भू-राजस्व व्यवस्था लागू की गई, जिसे रैयतवाड़ी बन्दोबस्त (Ryotwari Settlement) कहा गया।
- इस प्रणाली के अन्तर्गत लगान के लिए कृषकों के साथ व्यक्तिगत रूप से समझौते किए गए।
- यह व्यवस्था मद्रास, बम्बई, पूर्वी बंगाल, असम और कुर्ग में 10 वर्षों के लिए लागू की गई थी। रैयतवाड़ी प्रणाली का जन्मदाता थॉमस मुनरो एवं कैप्टन रीड को माना जाता है, जिसने पुरानी भू-राजस्व व्यवस्था के स्थान पर इसे अधिक महत्त्वपूर्ण माना।
- ईस्ट इण्डिया कम्पनी द्वारा अधिकृत भारतीय भू-भाग के 51% क्षेत्र पर रैयतवाड़ी बन्दोबस्त लागू किया गया। 1792 ई. में कर्नल रीड ने तमिलनाडु के बारामहल जिले में सर्वप्रथम इस प्रणाली को लागू किया।
- 1820 ई. में यह व्यवस्था मद्रास में लागू की गई। यहाँ इस व्यवस्था को सुचारू रूप से चलाने के लिए मुनरो को मद्रास का प्रथम गवर्नर नियुक्त किया गया।
- 1825 ई. में यह व्यवस्था बम्बई में तथा 1858 ई. तक यह सम्पूर्ण दक्कन और अन्य क्षेत्रों में लागू हो गई।
- इसके अन्तर्गत किसानों से सीधे 33% भू-राजस्व वसूला जाता था, जो कृषक जितनी भूमि जोतता था, उसे उसका स्वामी मान लिया जाता था, बशर्ते वह समय पर भू-राजस्व भुगतान करता रहे। लगान जमा करने का दायित्व भी किसानों को ही सौंपा गया था, जो किसान मालगुजारी नहीं कर पाता था, उसकी जमीन बेच दी जाती थी।
- यह व्यवस्था 30 वर्षों के लिए लागू की गई और इसकी दर 1/3 निश्चित की गई।

महालवाड़ी बन्दोबस्त

- महाल शब्द का अर्थ है—जागीर अथवा गाँव। यह व्यवस्था प्रत्येक महाल के साथ स्थापित की गई, कृषक के साथ नहीं। इस व्यवस्था के जन्मदाता हाल्ट मैकेंजी थे।
- 1819 ई. के अपने प्रतिवेदन में मैकेंजी ने महालवाड़ी भूमि-व्यवस्था का सूत्रपात किया। 1822 ई. में इस व्यवस्था को कानूनी रूप दिया गया।
- 1833 ई. में मार्टिन बर्ड तथा जेम्स थॉमसन के बन्दोबस्त में यह व्यवस्था अपने सबसे बेहतर रूप में सामने आई। इस व्यवस्था में सुधारों के कारण मार्टिन बर्ड को उत्तरी भारत में भू-राजस्व व्यवस्था का जनक कहा गया है।
- इस व्यवस्था को मध्य प्रान्त, उत्तर प्रदेश एवं पंजाब में लागू किया गया था। यह बन्दोबस्त ईस्ट इण्डिया कम्पनी द्वारा अधिकृत क्षेत्रों के 30% भू-भाग पर लगाया गया। साथ ही यह निर्धारित किया गया कि ग्राम प्रधान अथवा लम्बरदार भू-राजस्व वसूली के लिए उत्तरदायी होगा। जहाँ जमींदार लगान वसूल करता था, वहीं लगान भूमि किराये का 30% था। जहाँ भूमि सामूहिक थी, वहाँ लगान भूमि किराये का 95% था।

ब्रिटिश भू-राजस्व व्यवस्था का प्रभाव

- अब भूमि एक वस्तु बन गई। अत्यधिक करों के कारण किसान खाद्यान्न फसलों के स्थान पर नकदी फसलें उगाने लगे। इससे खाद्य असुरक्षा और अकाल की स्थिति उत्पन्न हो गई।
- ब्रिटिश काल से पूर्व कृषि उपज पर कर मध्यम थे, किन्तु अंग्रेजों ने इन्हें बहुत अधिक बढ़ा दिया।
- नकद राजस्व भुगतान पर बल देने से किसानों पर कर्ज का बोझ बढ़ गया। समय के साथ साहूकार जमीन के मालिक बन गए।

ब्रिटिश शासन के तहत बैंकिंग प्रणाली

- भारत में बैंकिंग प्रणाली कोई नई घटना नहीं है। इसका प्रारम्भिक साक्ष्य वैदिक सभ्यता से प्राप्त किया जा सकता है।
- लेकिन आधुनिक बैंकिंग प्रणाली का उद्भव और विकास ब्रिटिश काल में देखा जा सकता है। भारत में स्थापित पहला आधुनिक बैंक बैंक ऑफ हिन्दुस्तान था, जिसकी स्थापना 1770 ई. में हुई थी।
- भारतीय बैंकिंग प्रणाली के विकास को दो चरणों में विभाजित किया जा सकता है

(i) स्वतन्त्रता पूर्व काल (1786-1947)
(ii) स्वतन्त्रता के बाद का काल (1947 के बाद)

स्वतन्त्रता पूर्व बैंकिंग प्रणाली (1786-1947)

- आधुनिक बैंकिंग प्रणाली की जड़ें बैंक ऑफ कलकत्ता की स्थापना में देखी जा सकती हैं। बाद में अंग्रेजों ने बॉम्बे, बंगाल और मद्रास प्रेसीडेन्सी में बैंकों की स्थापना की।
- बैंक ऑफ कलकत्ता की स्थापना 2 जून, 1806 को, बैंक ऑफ बॉम्बे की 15 अप्रैल, 1840 को तथा बैंक ऑफ मद्रास की 1 जुलाई, 1843 को की गई थी।
- वर्ष 1921 में इन तीनों बैंकों का विलय करके इम्पीरियल बैंक ऑफ इण्डिया नामक एक नया बैंक बनाया गया।
- बाद में वर्ष 1955 में इम्पीरियल बैंक ऑफ इण्डिया का सरकार द्वारा राष्ट्रीयकरण कर दिया गया और इसका नाम बदलकर स्टेट बैंक ऑफ इण्डिया कर दिया गया।
- 1855 ई. में स्थापित इलाहाबाद बैंक पहला भारतीय स्वामित्व वाला बैंक था। पंजाब नेशनल बैंक की स्थापना 1895 ई. में तथा बैंक ऑफ इण्डिया की स्थापना वर्ष 1906 में मुम्बई में हुई थी।
- वर्ष 1906 से 1913 के मध्य इण्डिया बैंक, सेण्ट्रल बैंक ऑफ इण्डिया, बैंक ऑफ मैसूर, केनरा बैंक और बैंक ऑफ बड़ौदा सहित कई वाणिज्यिक बैंक भारतीय स्वामित्व में स्थापित किए गए।
- भारतीय रिजर्व बैंक (RBI) की स्थापना वर्ष 1935 में ब्रिटिश सरकार द्वारा गठित हिल्टन यंग आयोग की सिफारिश पर की गई थी।
- आरबीआई ने देश के केन्द्रीय बैंक के रूप में कार्य करना शुरू किया। यह आरबीआई अधिनियम, 1934 द्वारा स्थापित एक वैधानिक निकाय है।

ब्रिटिश शासन के दौरान परिवहन एवं संचार प्रणाली

- 19वीं सदी के दौरान भारत में परिवहन के साधन पिछड़े हुए थे। वे बैलगाड़ी, ऊँट एवं घोड़े तक ही सीमित थे।
- ब्रिटिश शासन के दौरान रेलवे, बन्दरगाह, जल परिवहन, डाक और टेलीग्राफ जैसे क्षेत्रों में कुछ बुनियादी ढाँचागत विकास हुआ। यद्यपि इस विकास का उद्देश्य केवल ब्रिटिश सरकार के औपनिवेशिक हितों को बढ़ावा देना था। उन्हें भारतीय अर्थव्यवस्था के विकास में कभी कोई रुचि नहीं थी।

सड़क अवसंरचना का विकास

- कलकत्ता से दिल्ली तक ग्राण्ड ट्रंक रोड का कार्य 1839 ई. में शुरू हुआ और 1850 के दशक में पूर्ण हुआ। देश के प्रमुख शहरों, बन्दरगाहों और बाजारों को सड़क मार्ग से जोड़ने के भी प्रयास किए गए।
- जो सड़कें बनाई गईं, उनसे ब्रिटिश सेना को एकत्र होने में सुविधा हुई और ग्रामीण क्षेत्रों से कच्चे माल को निकटतम रेलवे स्टेशन तक तथा अन्ततः ब्रिटेन की ओर जाने वाले बन्दरगाह तक ले जाने में आसानी हुई।

सड़कें और पुल

अंग्रेजों ने विशेष रूप से सैन्य आवाजाही और प्रशासनिक नियन्त्रण को सुविधाजनक बनाने के लिए सड़कें और पुल भी बनवाए, यद्यपि अक्सर स्थानीय आबादी की व्यापक परिवहन आवश्यकताओं को पूरा करने के बजाय रणनीतिक संस्थानों को जोड़ने पर ध्यान केन्द्रित किया जाता था।

बन्दरगाह और शिपिंग

व्यापार और वाणिज्य को सुविधाजनक बनाने के लिए अंग्रेजों ने बॉम्बे (मुम्बई), कलकत्ता (कोलकाता) और मद्रास (चेन्नई) जैसे बन्दरगाह विकसित किए। इन बन्दरगाहों ने भारत से ब्रिटेन को कच्चे माल के निर्यात और निर्मित वस्तुओं के आयात में महत्त्वपूर्ण भूमिका निभाई।

नहरें

अंग्रेजों ने मुख्य रूप से कृषि उत्पादन को बढ़ावा देने के लिए सिंचाई के उद्देश्य से नहरों का निर्माण किया, विशेषतः पानी की कमी वाले क्षेत्रों में। हालाँकि इन नहरों ने निर्यात के लिए नकदी फसलों की खेती को बढ़ावा देकर औपनिवेशिक आर्थिक हितों की पूर्ति भी की।

रेलवे का विकास

- भारत में रेलवे के विकास का प्रारम्भ लॉर्ड डलहौजी के काल में हुआ। लॉर्ड डलहौजी ने यूरोपियन व्यापारियों को लाभ पहुँचाने के लिए भारत में रेलवे की स्थापना की। अंग्रेजों द्वारा भारत में रेल निर्माण का मुख्य उद्देश्य भारत के कच्चे माल को देश के अन्दर के क्षेत्रों से बन्दरगाह तक ले जाना था।
- रेल सेवा ने भारतीय व्यापार को तीव्र गति दी, लेकिन उसका अधिकांश लाभ यूरोपीय व्यापारी ले गए। भारतीयों को इससे कोई विशेष लाभ नहीं मिला, परन्तु आने वाले वर्षों में भारतीय व्यापारियों एवं आम जनता को परिवहन का एक बेहतर विकल्प उपलब्ध हुआ।

> कार्ल मार्क्स ने भारत में बिछाई गई रेलवे लाइन को **आधुनिक युग का अग्रदूत** कहा। भारत में रेलवे का सर्वाधिक विकास तथा रेलवे लाइन का सर्वाधिक विस्तार 1899-1905 के मध्य लॉर्ड कर्जन के कार्यकाल के दौरान हुआ।

- एकवर्थ समिति के सुझाव पर वर्ष 1924 में रेल बजट एवं सामान्य बजट का पृथक्करण कर दिया गया।

डाक और तार प्रणाली का विकास

- अंग्रेजों ने एक कुशल आधुनिक डाक प्रणाली के साथ-साथ टेलीग्राफ प्रणाली भी स्थापित की।
- कलकत्ता से आगरा तक पहली टेलीग्राफ लाइन 1853 ई. में स्थापित हुई।
- लॉर्ड डलहौजी ने डाक टिकट शुरू किए। पहले जब कोई पत्र भेजा जाता था, तो नकद भुगतान करना पड़ता था, लेकिन उसने डाक दरों में कटौती की और एक समान दर वसूल की।

> **लोक निर्माण विभाग**
>
> ब्रिटिश भारत में सार्वजनिक निर्माण के आरम्भिक दिनों में लोक निर्माण विभाग (PWD) **पी.डब्ल्यू.डी.** इमारतों और सड़कों तथा नहरों, बाँधों और जलाशयों आदि जैसी सिंचाई परियोजनाओं के निर्माण एवं रख-रखाव के लिए उत्तरदायी थी। इस अवधि के दौरान PWD का प्रबन्धन व्यवस्थित नहीं था और यह शाही सरकार के सैन्य बोर्ड के नियन्त्रण में था।

- लॉर्ड डलहौजी ने लोक निर्माण विभाग की स्थापना की, जिसके माध्यम से सड़कों, पुलों के निर्माण और सिंचाई परियोजनाओं के विस्तार सहित अन्य सार्वजनिक उपयोगिता जैसे कार्यक्रम चलाए गए।

भारत में ब्रिटिश आर्थिक नीतियों के प्रभाव

- भारतीय वस्तुएँ सस्ते दामों पर खरीदी जाती थी और इंग्लैण्ड में ऊँचे दामों पर बेची जाती थी। 1813 के चार्टर एक्ट के बाद सस्ते और मशीन से बने आयातित सामान भारतीय बाजार में आ गए, जिससे ब्रिटिश नागरिकों के लिए एकतरफा मुक्त व्यापार की अनुमति मिल गई। दूसरी ओर भारतीय उत्पादों के लिए यूरोपीय बाजारों में प्रवेश करना अत्यधिक कठिन हो गया।
- नए रेल नेटवर्क ने यूरोपीय उत्पादों को देश के सुदूर भागों तक पहुँचाने में सहायता की। इस प्रकार भारत निर्यातक से शुद्ध आयातक बन गया।
- 1815 ई. तक बंगाल की कुल भूमि का आधा हिस्सा नए हाथों (व्यापारियों और साहूकारों के हाथों में) में चला गया था। भुगतान किए जाने वाले बिचौलियों की संख्या में वृद्धि ने अनुपस्थित जमींदारी को जन्म दिया और किसानों पर बोझ बढ़ा दिया।
- किसानों के पास न तो साधन थे और न ही खेती में निवेश हेतु कोई प्रोत्साहन। जमींदारों की गाँवों में कोई जड़ें नहीं थी, जबकि सरकार कृषि, तकनीकी या जनशिक्षा पर बहुत कम खर्च करती थी। ये सभी उत्पादकता के निम्न स्तर के महत्त्वपूर्ण कारण थे।

कृषि का वाणिज्यीकरण

- भारतीय सामान खरीदने के लिए कम्पनी को बुलियन (बहुमूल्य धातु) का आयात करना पड़ता था। बुलियन को अधिक समय तक आयात न किया जाए, इसके लिए उसने भारतीय जनता से करों की वसूली की तथा इस योजना को क्रियान्वित करते हुए कृषि का वाणिज्यीकरण किया। कृषि के वाणिज्यीकरण के अन्तर्गत नील, कच्चा रेशम, कपास, अफीम तथा चाय पर विशेष रूप से ध्यान केन्द्रित किया गया।
- कृषि का वाणिज्यीकरण किसानों के लिए एक लाभप्रद प्रक्रिया थी, लेकिन ब्रिटिश कम्पनी ने इसका सम्पूर्ण लाभ स्वयं उठाया तथा किसान बर्बाद हो गए। किसानों के पास आधुनिक संयन्त्र नहीं थे, जिनसे वे उचित प्रकार से खेती करते। इस दशा में किसान ब्रिटिश व्यापारियों पर अधिक निर्भर होने लगे। ब्रिटिश व्यापारियों ने अपने लाभ के लिए कृषि उत्पादों के चयन पर बल दिया, जिसमें नील, कपास तथा चाय प्रमुख थे।
- भारत में पहला चाय बागान असम में 1835 ई. में लगाया गया। चाय बागानों में कार्य करने के लिए प्राय: छोटानागपुर तथा उसके आस-पास के क्षेत्रों से बँधुआ मजदूरों को लाया गया। कृषि के वाणिज्यीकरण का प्रभाव विभिन्न अकालों के रूप में देखने को मिला।
- राष्ट्रवादी नेताओं के संघर्ष तथा विभिन्न विद्रोहों के बाद 1880 ई. में दुर्भिक्ष आयोग (Famine Commission) गठित किया गया। वर्ष 1901 में कृषि महानिदेशक की नियुक्ति की गई और वर्ष 1905 में अखिल भारतीय कृषि बोर्ड का गठन हुआ। वर्ष 1906 में भारतीय कृषि सेवा गठित की गई और प्रान्तों में कृषि विभाग बनाया गया।
- 18वीं शताब्दी के मध्य तक ब्रिटिश ईस्ट इण्डिया कम्पनी द्वारा बंगाल से कपास, रेशम, शोरा, अफीम, चाय, नील इत्यादि का निर्यात किया जाता था।

ब्रिटिशकालीन कुछ प्रमुख कृषि पद्धतियाँ

तिनकठिया पद्धति (प्रथा)	दादनी प्रथा	दुबला-हाली प्रथा	कमियौटी प्रथा
इस प्रथा के अन्तर्गत किसानों को अपनी भूमि के लगभग 3/20 भाग पर अनिवार्य रूप से नील की खेती करनी पड़ती थी। ऐसा अंग्रेज बगान मालिकों के साथ किए गए अनुबन्ध के आधार पर किया जाता था। यह प्रथा बिहार के चम्पारण जिले में प्रचलित थी।	इस प्रथा के अन्तर्गत ब्रिटिश व्यापारी यहाँ के उत्पादकों, कारीगरों एवं शिल्पियों से अनुबन्ध करते थे कि भविष्य में निर्मित अन्तिम वस्तु को वे उन्हीं को बेचेंगे। इसके लिए वे कुछ राशि अग्रिम (Advance) के रूप में देते थे।	इसके अन्तर्गत भू-दास, जोकि दुबला तथा हाली कहलाते थे, ये अपनी सम्पत्ति एवं स्वयं का संरक्षक अपने मालिक को ही मानते थे। यह प्रथा सूरत में प्रचलित थी।	यह प्रथा उड़ीसा व बिहार में प्रचलित थी। इस प्रथा के अन्तर्गत कमिया जाति के लोग अपने मालिकों से लिए गए ऋण के ब्याज के बदले जीवनभर उनकी सेवा (गुलामी) किया करते थे।

औद्योगिक विकास पर प्रभाव

- 19वीं शताब्दी के उत्तरार्द्ध में ही भारत में आधुनिक मशीन आधारित उद्योग स्थापित होने लगे। 1853 ई. में बम्बई में कावस जी नानाभाई दावर द्वारा पहली सूती वस्त्र मिल स्थापित की गई।
- पहली जूट मिल 1855 ई. में रिशरा (पं. बंगाल) में स्थापित की गई। अधिकांश आधुनिक उद्योग विदेशी स्वामित्व वाले थे और ब्रिटिश प्रबन्धन एजेन्सियों द्वारा नियन्त्रित थे।
- निर्माताओं के वर्ग ने कम्पनी शासन के एकाधिकार पर हमला करना शुरू कर दिया। उन्होंने भारत से निर्माताओं के आयात को हतोत्साहित किया और भारत में अपने उत्पादों के निर्यात को प्रोत्साहित किया।
- 1793 से 1813 ई. के मध्य तक उन्होंने कम्पनी और उसके विशेषाधिकारों के विरुद्ध एक शक्तिशाली अभियान चलाया। 1813 ई. में उन्होंने अन्तत: भारतीय व्यापार पर इसके एकाधिकार को समाप्त कर दिया।
- भारत सरकार ने अब ब्रिटिश वस्तुओं के मुक्त व्यापार की नीति अपनाई। यद्यपि भारत पर लगाया गया वह मुक्त व्यापार एकतरफा था। भारतीय हस्तशिल्प ब्रिटेन के मशीन-निर्मित उत्पादों की असमान प्रतिस्पर्धा के सम्पर्क में थे और धीरे-धीरे विलुप्त होने के कगार पर थे।
- भारतीय हस्तनिर्मित सामान ब्रिटिश मिलों के बहुत सस्ते उत्पादों के साथ प्रतिस्पर्धा करने में असमर्थ थे। विनिर्मित उत्पादों के निर्यात के बजाय, भारत को अब कच्चे कपास और कच्चे रेशम जैसे कच्चे माल तथा नील, चाय या खाद्यान्न जैसे बागान उत्पादों का निर्यात करने के लिए विवश होना पड़ा, जिनकी ब्रिटेन में कमी थी।

ब्रिटिश प्रशासनिक नीतियाँ

सिविल और पुलिस सेवाओं में विकास और सुधार

प्रशासनिक सुधार

सिविल सेवा में

- कॉर्नवालिस के अधीन सुधार
- मैकाले के अधीन सुधार
- डफरिन के अधीन सुधार
- ली और इस्लिंगटन आयोग
- एचिंसन आयोग

पुलिस सेवा में

- 1861 का भारतीय परिषद् अधिनियम
- कॉर्नवालिस के अधीन सुधार
- 19वीं शताब्दी में सुधार
- सिन्ध मॉडल
- 1857 के बाद सुधार

न्यायिक सेवाओं में

- मेयर न्यायालय/कम्पनी न्यायालय
- वॉरेन हेस्टिंग्स के अधीन सुधार
- कॉर्नवालिस के अधीन सुधार
- विलियम बैंटिक के अधीन सुधार

कॉर्नवालिस के अधीन सुधार

- 1773 के रेग्यूलेटिंग एक्ट ने कम्पनी के प्रबन्धन को ब्रिटिश सरकार के नियन्त्रण में कर दिया। फरवरी, 1786 में भारत का गवर्नर-जनरल बनने के बाद लार्ड कॉर्नवालिस ने कई कानूनी और प्रशासनिक सुधार किए।
- कॉर्नवालिस ने भारत में ईस्ट इण्डिया कम्पनी के समग्र प्रशासन में सुधार के लिए 1793 ई. में कॉर्नवालिस कोड लागू किया तथा राजस्व प्रशासन को न्यायिक प्रशासन से पृथक् कर दिया।
- उन्हें भारत में सिविल सेवा का जनक कहा जाता है, क्योंकि उन्होंने कम्पनी के लिए प्रशासन में सुधार और पुनर्गठन किया। कम्पनी के कर्मचारियों में व्याप्त भ्रष्टाचार को रोकने के लिए कॉर्नवालिस ने सिविल सेवकों को उपहार, रिश्वत लेने से रोक दिया।

मैकाले के अधीन सुधार

- 1833 के चार्टर एक्ट ने मूल भारतीयों को ब्रिटिश-भारतीय प्रशासन में भाग लेने की अनुमति दी। लॉर्ड मैकाले की अध्यक्षता में भारत का पहला विधि आयोग स्थापित किया गया, जिसने दण्ड संहिता, दण्ड प्रक्रिया संहिता और अन्य कानूनी प्रावधानों के संहिताकरण की सिफारिश की।

डफरिन के अधीन सुधार

- 1885 ई. में भारतीय राष्ट्रीय कांग्रेस के गठन के बाद भारत और लन्दन में एक साथ परीक्षा आयोजित करने की माँग बढ़ने लगी, जिसमें ऊपरी आयु सीमा बढ़ाने की माँग शामिल थी।
- भारतीय राष्ट्रीय कांग्रेस के उदारवादी वर्ग की इन बढ़ती माँगों के आधार पर लॉर्ड डफरिन ने 1886 ई. में लोक सेवाओं पर एचिसन समिति की नियुक्ति की। इसका उद्देश्य भारत में सिविल सेवाओं की समस्याओं की जाँच करना था।

ली आयोग, 1923

- सिविल सेवाओं के प्रसार में अगला कदम रॉयल कमीशन की नियुक्ति थी। इसे लोकप्रिय रूप से **ली कमीशन** के रूप में जाना जाता था, जिसकी नियुक्ति ब्रिटिश सरकार द्वारा वर्ष 1923 में की गई थी।
- यह आयोग भारत सरकार की बेहतर भारतीय सार्वजनिक सेवाओं की जातीय संरचना पर विचार करने के लिए नियुक्त किया गया था। इसमें भारतीय और ब्रिटिश सदस्यों की संख्या बराबर थी।
- इससे पूर्व **इस्लिंगटन आयोग** ने अपनी 1917 की रिपोर्ट में सिफारिश की थी कि उच्च सरकारी पदों में 25% भारतीयों को मिलना चाहिए।

> इस्लिंगटन कमीशन की रिपोर्ट के आधार पर ली आयोग ने वर्ष 1924 में प्रस्ताव रखा था कि 20% उच्च पदों को प्रान्तीय सिविल सेवाओं से पदोन्नति द्वारा भरा जाना चाहिए। शेष 80% में से 40% ब्रिटिश और 40% सीधे भर्ती किए गए भारतीय होने चाहिए।

- ली आयोग ने वर्ष 1924 में अपनी रिपोर्ट में सिफारिश की कि भारत सरकार अधिनियम द्वारा परिकल्पित वैधानिक लोक सेवा आयोग की स्थापना अविलम्ब की जानी चाहिए। अतः 1 अक्टूबर, 1926 को पहली बार भारत में **लोक सेवा आयोग** की स्थापना की गई।

ब्रिटिश शासन के तहत पुलिस प्रणाली

1861 ई. के भारतीय परिषद् अधिनियम ने भारत में एक पेशेवर पुलिस नौकरशाही का निर्माण किया और यह विभिन्न गवर्नरों के अधीन अनेक वर्षों तक विकसित हुई।

कॉर्नवालिस के अधीन सुधार

- सर्वप्रथम कॉर्नवालिस ने कानून और व्यवस्था बनाए रखने के लिए एक नियमित पुलिस बल की स्थापना की और थानों की मध्ययुगीन प्रणाली का आधुनिकीकरण किया। ग्रामीण क्षेत्रों में जमींदारों के पुलिस सम्बन्धी अधिकार समाप्त कर दिए गए। जिलो को 400 वर्ग मील में बाँट दिया गया। पुलिस अधीक्षक (Superintendent of Police), जिले का सबसे बड़ा पुलिस अधिकारी था।
- प्रत्येक थाने में पुलिस कर्मियों को नियुक्त कर उसे एक दारोगा के अधीन रखा गया। दारोगा पुलिस अधीक्षक के अधीन होता था।

19वीं सदी में हुए परिवर्तन

- दारोगा प्रणाली को 1812 ई. में औपचारिक रूप से समाप्त कर दिया गया।
- 1807 ई. में ही तहसीलदारों को उनके पुलिस कर्त्तव्यों से वंचित कर दिया गया। जिला कलेक्टर को गाँव की पुलिस का प्रभारी बना दिया गया।
- इससे कलेक्टर के कार्यालय में शक्तियों का अत्यधिक संकेन्द्रण हो गया, क्योंकि वह राजस्व, पुलिस और मजिस्ट्रेट सम्बन्धी कार्यों के लिए जिम्मेदार था।

सिन्ध मॉडल

- मौजूदा प्रणाली सम्पूर्ण साम्राज्य में कानून और व्यवस्था बनाए रखने के मामले में शायद ही सन्तोषजनक परिणाम दे पाई। 1843 ई. में सर चार्ल्स नेपियर द्वारा सिन्ध पर विजय प्राप्त करने के बाद वहाँ एक नए मॉडल का प्रयोग किया गया।

- रॉयल आयरिश कांस्टेबुलरी की तर्ज पर अपने स्वयं के अधिकारियों के साथ एक अलग पुलिस विभाग स्थापित किया गया, जो औपनिवेशिक परिस्थितियों के लिए आदर्श माना गया। सिन्ध मॉडल को 1849 ई. में पंजाब, 1853 ई. में बम्बई तथा 1859 ई. में मद्रास तक विस्तारित किया गया।

1857 के बाद पुलिस सुधार

- 1857 के विद्रोह ने ब्रिटिश साम्राज्य की नींव हिला दी थी और उन्हें सूचना एकत्र करने तथा साम्राज्य के क्षेत्रों की पुलिसिंग के लिए एक प्रभावी तन्त्र की आवश्यकता के बारे में सचेत कर दिया था।
- 1860 ई. में नियुक्त पुलिस आयोग ने साम्राज्य के लिए आवश्यक पुलिस स्थापना के लिए एक बुनियादी ढाँचा प्रदान किया था। इसके परिणामस्वरूप 1861 का पुलिस अधिनियम पारित हुआ।
- जिला अधीक्षक ग्रामीण पुलिस के प्रभारी होंगे तथा दारोगा उपनिरीक्षक बनेंगे। नई प्रणाली ने ग्रामीण पुलिस को शाही ढाँचे में एकीकृत करने की समस्या का समाधान कर दिया था।

> वर्ष **1902** के **पुलिस आयोग** में शिक्षित भारतीयों को यूरोपीय अधिकारियों के नीचे के पद पर अधिकारी के रूप में नियुक्त करने का प्रावधान था।

ब्रिटिश शासन के अधीन न्यायिक नीतियाँ

ब्रिटिश काल में न्याय प्रणाली

वॉरेन हेस्टिंग्स के सुधार

- वॉरेन हेस्टिंग्स ने भारत में आधुनिक न्याय प्रणाली की शुरुआत की। सिविल विवादों के समाधान के लिए जिलों में जिला दीवानी अदालतें स्थापित की गईं।
- इन अदालतों को कलेक्टर के अधीन रखा गया था। साथ ही हिन्दुओं के लिए हिन्दू कानून और मुसलमानों के लिए मुस्लिम कानून लागू किए गए थे।
- जिला दीवानी अदालतों के विरुद्ध अपील, सदर दीवानी अदालतों में की जा सकती थी।
- जिला फौजदारी अदालतों को आपराधिक विवादों की सुनवाई के लिए स्थापित किया गया था, जिसे एक भारतीय अधिकारी के अधीन रखा गया था।
- 1773 ई. के विनियमन अधिनियम (रेग्यूलेटिंग एक्ट) के अन्तर्गत कलकत्ता में एक सुप्रीम कोर्ट की स्थापना की गई थी।

कॉर्नवालिस के सुधार

- जिला फौजदारी न्यायालयों को समाप्त कर दिया गया और इसके स्थान पर कलकत्ता, ढाका, मुर्शिदाबाद और पटना में चार सर्किट न्यायालय स्थापित किए गए थे।
- इन सर्किट अदालतों में यूरोपीय न्यायाधीश नियुक्त किए गए थे और उन्हें दीवानी और आपराधिक दोनों मामलों के लिए अपीलीय अदालत के रूप में कार्य करना था।
- सदर निजामत अदालत को कलकत्ता में स्थानान्तरित करके गवर्नर-जनरल और सर्वोच्च परिषद् के सदस्यों के अधीन कर दिया गया था।
- जिला दीवानी अदालत को अब डिस्ट्रिक्ट, सिटी या जिला कोर्ट के रूप में नामित किया गया और इसे एक जिला न्यायाधीश के अधीन रखा गया था।
- 5000 पाउण्ड या उससे अधिक की राशि के विवादों की अपील के लिए किंग इन काउन्सिल का गठन किया गया।
- कलेक्टर को मजिस्ट्रियल/न्यायिक कार्यों से मुक्त कर दिया गया।
- कलकत्ता में सदर दीवानी अदालत का गठन किया गया।

कॉर्नवालिस कोड

- कॉर्नवालिस ने अपने सुधारों को 1793 ई. में संहिताबद्ध किया, जिसे कॉर्नवालिस कोड कहा जाता है।
- राजस्व और न्याय प्रशासन को अलग कर दिया गया।
- सरकारी अधिकारी अपने आधिकारिक कार्यों के लिए सिविल अदालतों के प्रति जवाबदेह थे।

विलियम बैण्टिंक के अधीन सुधार

- विलियम बैण्टिंक के अधीन, सुप्रीम कोर्ट में फारसी की जगह अंग्रेजी भाषा को लाया गया।
- उन्होंने चार सर्किट न्यायालयों को समाप्त कर दिया और उनके कार्यों को राजस्व एवं सर्किट आयुक्त की देख-रेख में कलेक्टरों को सौंप दिया।
- ऊपरी प्रान्तों के लोगों की सुविधा के लिए इलाहाबाद में सदर दीवानी अदालत और सदर निजामत अदालत की स्थापना की गई।
- 1833 ई. में मैकाले के अधीन विधि आयोग ने भारतीय कानूनों के संहिताकरण का नेतृत्व किया और परिणामस्वरूप, सिविल प्रक्रिया संहिता (1859), भारतीय दण्ड संहिता (1860) और आपराधिक प्रक्रिया संहिता (1861) तैयार की गई।

परवर्ती काल में विकास

- 1860 ई. में यह प्रावधान किया गया कि यूरोपीय लोग आपराधिक मामलों को छोड़कर किसी अन्य मामले में विशेषाधिकार का दावा नहीं कर सकते तथा भारतीय मूल का कोई भी न्यायाधीश उन पर मुकदमा नहीं चला सकता।
- 1865 ई. में सुप्रीम कोर्ट और सदर अदालतों को कलकत्ता, बम्बई और मद्रास में तीन उच्च न्यायालयों में मिला दिया गया।

"भारत की ब्रिटिश शासन से मुक्ति एक कठिन संघर्ष का परिणाम था। यह संग्राम विभिन्न अवस्थाओं से गुजरने के पश्चात् पूर्ण हुआ। अंग्रेजी शासनकाल के अन्तर्गत विभिन्न कारणों से भारतीय जनता में राष्ट्रीयता की भावना का उदय हुआ, जो कालान्तर में स्वतन्त्रता के लिए राष्ट्रीय आन्दोलन के रूप में बदल गई।

अध्याय तैंतीस

भारतीय राष्ट्रीय आन्दोलन : प्रथम चरण (1885-1905)

भारत में राष्ट्रवाद का उद्भव

- 1857 के विद्रोह के पश्चात् भारत में धीरे-धीरे राष्ट्रवादी भावनाओं का विकास होने लगा। इस दौर में 1857 के विद्रोहियों ने भारतीय जनमानस में नायकों का स्थान प्राप्त किया।
- भारतीय लोगों ने इन नायकों से देश के लिए बलिदान देने की प्रेरणा प्राप्त की। इसके अतिरिक्त ब्रिटिश शासन की शोषणकारी व दमनकारी नीतियों और इस दौरान घटी ऐसी अनेक घटनाओं ने राष्ट्रीय भावना के विकास में योगदान दिया।
- राष्ट्रवाद यह एक विचारधारा है, जो किसी राष्ट्र या राज्य के प्रति वफादारी, समर्पण और निष्ठा को बढ़ावा देती है। राष्ट्रवाद में राष्ट्र से जुड़े दायित्व व्यक्तिगत या समूह हितों से अधिक अहम होते हैं।

कांग्रेस से पूर्व की राजनीतिक संस्थाएँ

- कांग्रेस की स्थापना (1885) से पूर्व भारत में अनेक राष्ट्रीय संगठनों की स्थापना हुई, जिनका उद्देश्य अपने-अपने निर्धारित क्षेत्र में भारतीय राजनीति को नई दिशा देना था।
- अधिकांशतः बंगाल, बम्बई व मद्रास में स्थापित इन संस्थानों ने अपने प्रयासों (अखबार, पत्र-पत्रिका व जनसभा आदि के माध्यम से) से भारतीयों को अपने-अपने अधिकारों के प्रति जागरूक किया।
- इस प्रकार इन राजनीतिक संस्थाओं ने भी राष्ट्रवाद के विकास में महत्त्वपूर्ण भूमिका निभाई। ये संस्थाएँ निम्नलिखित हैं

बंगाल में स्थापित राजनीतिक संस्थाएँ

- बंगभाषा प्रकाशक सभा इसकी स्थापना 1836 ई. में राजा राममोहन राय के सहयोगियों ने की थी। इसका उद्देश्य सरकारी कार्यों की समीक्षा कर उनमें सुधार हेतु प्रार्थना पत्र भेजना था।
- लैण्ड होल्डर्स सोसायटी/जमींदारी एसोसिएशन इसकी स्थापना द्वारिका नाथ टैगोर एवं उनके सहयोगियों के द्वारा 1838 ई. में कलकत्ता में की गई थी। यह भारत की प्रथम राजनीतिक संस्था थी। इसके भारतीय सचिव प्रसन्न कुमार ठाकुर तथा अंग्रेज सचिव विलियम काब्री थे। इस संस्था का प्रमुख उद्देश्य जमींदारों के हितों का संरक्षण करना था।
- बंगाल ब्रिटिश इण्डिया सोसायटी इसकी स्थापना 1843 ई. में जॉर्ज थॉमसन की अध्यक्षता में की गई थी, जिसके सचिव प्यारी चन्द्र मित्र थे। यह लैण्ड होल्डर्स सोसायटी की तरह भारतीयों तथा गैर-सरकारी अंग्रेजों का सम्मिलित संगठन था। इस संस्था का उद्देश्य अंग्रेज शासन के अधीन भारतीयों विशेष रूप से कृषकों की वास्तविक दशा का अध्ययन करना, उससे सभी को अवगत कराना और यथासम्भव उनके सुधार हेतु प्रयत्न करना था।
- ब्रिटिश इण्डियन एसोसिएशन इसकी स्थापना 31 अक्टूबर, 1851 को राधाकान्त देव की अध्यक्षता में पूर्व की दो राजनीतिक संस्थाओं-लैण्ड होल्डर्स सोसायटी व बंगाल ब्रिटिश इण्डिया सोसायटी की असफलताओं के कारण दोनों को मिलाकर की गई थी। जमींदारों के राजनीतिक संरक्षण के साथ जनमानस के हितों की माँग करना, इस संस्था का प्रमुख उद्देश्य था। इस सभा में जमींदारों के अतिरिक्त व्यापारी और नए बुद्धिजीवी लोग भी शामिल थे। इसके प्रमुख सदस्यों में देवेन्द्रनाथ टैगोर, राजेन्द्र लाल मित्र, हरिश्चन्द्र मुखर्जी, रामगोपाल घोष, प्यारी चन्द्र मित्र, कृष्णदास पाल आदि शामिल थे।

ब्रिटिश इण्डिया एसोसिएशन का मुख पत्र **हिन्दू पैट्रियाट** था। इसने अकाल पीड़ितों के लिए धन एकत्र किया व नील विद्रोह की जाँच हेतु एक आयोग के गठन किए जाने की भी माँग की थी।

- इण्डियन लीग इसकी स्थापना शिशिर कुमार घोष ने 25 सितम्बर, 1875 को कलकत्ता में की थी। इस लीग का प्रमुख उद्देश्य लोगों में राष्ट्रवाद की भावना का विकास करना और राजनीतिक शिक्षा को बढ़ावा देना था। शम्भू चन्द्र मुखर्जी इस संस्था के अस्थायी अध्यक्ष थे। बाद में इस संस्था का इण्डियन एसोसिएशन में विलय कर दिया गया।
- कलकत्ता स्टूडेण्ट्स एसोसिएशन इसकी स्थापना आनन्द मोहन बोस ने 1875 ई. में की थी। कुछ समय पश्चात् सुरेन्द्रनाथ बनर्जी भी इस एसोसिएशन में शामिल हो गए, जो छात्रों के एक बड़े नेता के रूप में प्रसिद्ध हुए। इसका उद्देश्य छात्रों के हितों का संरक्षण करना था।
- इण्डियन एसोसिएशन इसकी स्थापना सुरेन्द्रनाथ बनर्जी (संस्थापक) तथा आनन्द मोहन बोस (सचिव) ने 26 जुलाई, 1876 को कलकत्ता के अल्बर्ट हॉल में की थी। पहले इसे भारतीय राष्ट्रीय समिति के नाम से स्थापित किया गया था। इस संघ की स्थापना इण्डियन लीग के स्थान पर की गई। इसका उद्देश्य संघ में मध्यम वर्ग के साथ-साथ साधारण वर्ग को शामिल करना था।

बम्बई में स्थापित राजनीतिक संस्थाएँ

बम्बई में स्थापित प्रमुख राजनीतिक संस्थाएँ निम्नलिखित थीं

- बॉम्बे एसोसिएशन इसकी स्थापना दादाभाई नौरोजी द्वारा 26 अगस्त, 1852 को कलकत्ता के ब्रिटिश इण्डिया एसोसिएशन की तर्ज पर की गई थी। इन्हें ग्रैण्ड ओल्डमैन भी कहा जाता है। इस एसोसिएशन का मुख्य उद्देश्य ब्रिटिश सरकार को समय-समय पर ज्ञापन देना था, जिससे कि प्रतिकूल समझे जाने वाले नियमों व सरकारी नीतियों हेतु सुझाव दिया जा सके। यह बम्बई की प्रथम राजनीतिक संस्था थी।
- पूना सार्वजनिक सभा इसकी स्थापना 2 अप्रैल, 1870 (कहीं-कहीं 1867 ई.) को एम. जी. रानाडे और गणेश वासुदेव जोशी द्वारा की गई थी। इस सभा के सक्रिय सदस्यों में एस. एच. चिपलूणकर और एस. एच. साठे शामिल थे। इसका उद्देश्य जनता को सरकार की वास्तविकता से परिचित कराना तथा उन्हें अपने अधिकारों के प्रति सचेत करना था।
- बॉम्बे प्रेसीडेन्सी एसोसिएशन इसकी स्थापना 31 जनवरी, 1885 को फिरोजशाह मेहता, के. टी. तैलंग, बदरुद्दीन तैयब जी और काशीनाथ त्र्यम्बक द्वारा की गई थी। बम्बई प्रेसीडेन्सी एसोसिएशन को पूर्व में बॉम्बे एसोसिएशन के नाम से जाना जाता था। इसका उद्देश्य लोगों में राजनीतिक विचारों का प्रचार-प्रसार करना था।

मद्रास में स्थापित राजनीतिक संस्थाएँ

मद्रास में स्थापित राजनीतिक संस्थाओं का विवरण निम्न है

- मद्रास नेटिव एसोसिएशन इसकी स्थापना 26 फरवरी, 1852 को गजुलू लक्ष्मी नरसु चेट्टी ने की थी। इसकी स्थापना कलकत्ता के ब्रिटिश इण्डियन एसोसिएशन की एक शाखा के रूप में की गई थी, जिसका बाद में नाम परिवर्तित कर मद्रास नेटिव एसोसिएशन कर दिया गया। इसके अध्यक्ष सी. वाई. मुदालियर तथा सचिव वी. रामानुजाचारी थे।
- मद्रास महाजन सभा इसकी स्थापना 16 मई, 1884 को एम. वीर. राघवाचारी, जी. सुब्रह्मण्यम अय्यर तथा आनन्द चार्लू ने की थी। इस सभा के प्रथम सम्मेलन का आयोजन 29 दिसम्बर, 1884 से 2 जनवरी, 1885 के मध्य मद्रास में किया गया, जिसमें विधानपरिषदों में सुधार, कार्यपालिका से न्यायपालिका को पृथक् करने व खेतिहर समूहों की स्थिति पर विचार-विमर्श किया गया।
- इस संस्था का उद्देश्य स्थानीय संगठनों के कार्यों को समन्वित करना एवं महाजनों तथा किसानों के मध्य संघर्ष को रोकना था।

लन्दन में स्थापित राजनीतिक संस्थाएँ

19वीं शताब्दी के उत्तरार्द्ध में भारतीयों द्वारा तीन संगठन बनाए गए थे। इनका विवरण निम्न है

- लन्दन इण्डियन कमेटी इसकी स्थापना 1862 ई. में पुरुषोत्तम मुदालियर ने की थी। इसका उद्देश्य लन्दन में बसे भारतीयों को संगठित कर राष्ट्रहित में आवाज उठाना था।
- लन्दन इण्डिया सोसायटी इसकी स्थापना 24 मार्च, 1865 को दादाभाई नौरोजी के मार्गदर्शन में लन्दन में की गई थी। इस समूह में डब्ल्यू. सी. बनर्जी, मनमोहन घोष, फिरोजशाह मेहता व बदरुद्दीन तैयबजी शामिल थे। इस सोसायटी का गठन भारतीय छात्रों द्वारा राजनीतिक शिकायतों को उठाने के लिए एक मंच के रूप में किया गया था।
- ईस्ट इण्डिया एसोसिएशन इसकी स्थापना दादाभाई नौरोजी द्वारा 1 दिसम्बर, 1866 को लन्दन में गई थी। ईस्ट इण्डिया एसोसिएशन का उद्देश्य भारतीय विषयों के बारे में ब्रिटिश जनता तथा संसद को अवगत कराना था। इस एसोसिएशन को भारत में सर्वाधिक समर्थन बम्बई प्रेसीडेन्सी में प्राप्त हुआ। 1869 ई. में बम्बई में इसकी शाखा स्थापित की गई, जिसके अध्यक्ष जमशेदजी जीजीभॉय बने।

कांग्रेस की स्थापना (1885 ई.)

- भारतीय राष्ट्रीय कांग्रेस की स्थापना एक सेवानिवृत्त अंग्रेज सिविल सेवक ए.ओ.ह्यूम (एलेन ऑक्टेवियन ह्यूम) के द्वारा दिसम्बर, 1885 में की गई थी।
- इसका प्रथम अधिवेशन 28 दिसम्बर, 1885 को बम्बई स्थित गोकुलदास तेजपाल संस्कृत महाविद्यालय में आयोजित किया गया।
- प्रारम्भ में इसका नाम भारतीय राष्ट्रीय संघ रखा गया था, किन्तु बाद में सम्मेलन में दादाभाई नौरोजी के सुझाव पर इसका नाम बदलकर भारतीय राष्ट्रीय कांग्रेस कर दिया गया।
- उल्लेखनीय है कि यह सम्मेलन पहले पूना में आयोजित होना था, लेकिन वहाँ हैजा रोग (संक्रमण) फैल जाने के कारण इसका आयोजन बम्बई में किया गया। कांग्रेस की स्थापना के समय भारत का वायसराय लॉर्ड डफरिन था।
- ह्यूम 1885 से 1906 ई. तक कांग्रेस के महासचिव रहे। कलकत्ता के प्रमुख वकील व्योमेशचन्द्र बनर्जी कांग्रेस के प्रथम अधिवेशन के अध्यक्ष चुने गए।
- इसी अधिवेशन से इस परम्परा की स्थापना हुई कि अध्यक्ष का चुनाव सम्मेलन स्थल वाले प्रान्त के बाहर से होना चाहिए।

- कांग्रेस के प्रथम अधिवेशन में कुल 72 लोगों ने भाग लिया, जिनमें दादाभाई नौरोजी, फिरोजशाह मेहता, दिनशा वाचा, काशीनाथ तैलंग, वी. राघवाचारी, एन. जी. चन्द्रावरकर, एस. सुब्रह्मण्यम आदि प्रमुख थे। कांग्रेस के बम्बई अधिवेशन में बम्बई प्रान्त से सर्वाधिक 38 सदस्यों ने भाग लिया था।
- इण्डियन एसोसिएशन के इण्डियन नेशनल कॉन्फ्रेंस का आयोजन कलकत्ता में 25 दिसम्बर, 1885 को होने के कारण सुरेन्द्रनाथ बनर्जी भारतीय राष्ट्रीय कांग्रेस के स्थापना अधिवेशन में शामिल नहीं हो सकते थे।
- उल्लेखनीय है कि इण्डियन नेशनल कॉन्फ्रेन्स का 1886 ई. में (कांग्रेस के दूसरे अधिवेशन में) भारतीय राष्ट्रीय कांग्रेस में विलय हो गया।
- कांग्रेस के प्रथम अधिवेशन में जिन माँगों को पारित किया गया, उनमें प्रमुख माँगें थीं—केन्द्र तथा प्रान्तों में विधानपरिषदों का विस्तार, उच्च सरकारी नौकरियों में भारतीयों को भी पूर्ण अवसर, सैनिक खर्च में कटौती इत्यादि।
- सर सैयद अहमद खाँ ऐसे व्यक्ति थे, जो कभी भारतीय राष्ट्रीय कांग्रेस से सम्बद्ध नहीं रहे। उल्लेखनीय है कि बालगंगाधर तिलक कांग्रेस के सदस्य होते हुए भी कभी इसके अध्यक्ष नहीं चुने गए।

कांग्रेस की स्थापना से सम्बन्धित सिद्धान्त

- सुरक्षा वाल्व सिद्धान्त इस सिद्धान्त के अनुसार, ह्यूम ने कांग्रेस की स्थापना इस उम्मीद के साथ से की थी कि यह ब्रिटिश सरकार के विरुद्ध बढ़ते भारतीय असन्तोष से सुरक्षित निकालने के लिए सुरक्षा वाल्व के रूप में काम करेगी। इस धारणा का समर्थन लाला लाजपत राय सहित उग्रवादी नेताओं ने किया था।
- षड्यन्त्र सिद्धान्त रजनी पाम दत्त षड्यन्त्र सिद्धान्त के संस्थापक थे। षड्यन्त्र सिद्धान्त सुरक्षा वाल्व अवधारणा से उत्पन्न हुआ। आर.पी. दत्त के अनुसार, भारतीय राष्ट्रीय कांग्रेस का उदय भारत में एक लोकप्रिय विद्रोह को दबाने के षड्यन्त्र से हुआ था और इसमें बुर्जुआ (मध्यम वर्ग) नेता शामिल थे।
- तड़ित चालक सिद्धान्त गोपाल कृष्ण गोखले ने तड़ित चालक सिद्धान्त (लाइटनिंग कण्डक्टर थ्योरी) का प्रस्ताव रखा, जो यह मानता था कि राजनैतिक रूप से जागरूक भारतीय अपनी राजनीतिक और आर्थिक आकांक्षाओं को व्यक्त करने के लिए एक राष्ट्रीय संगठन स्थापित करना चाहते थे।

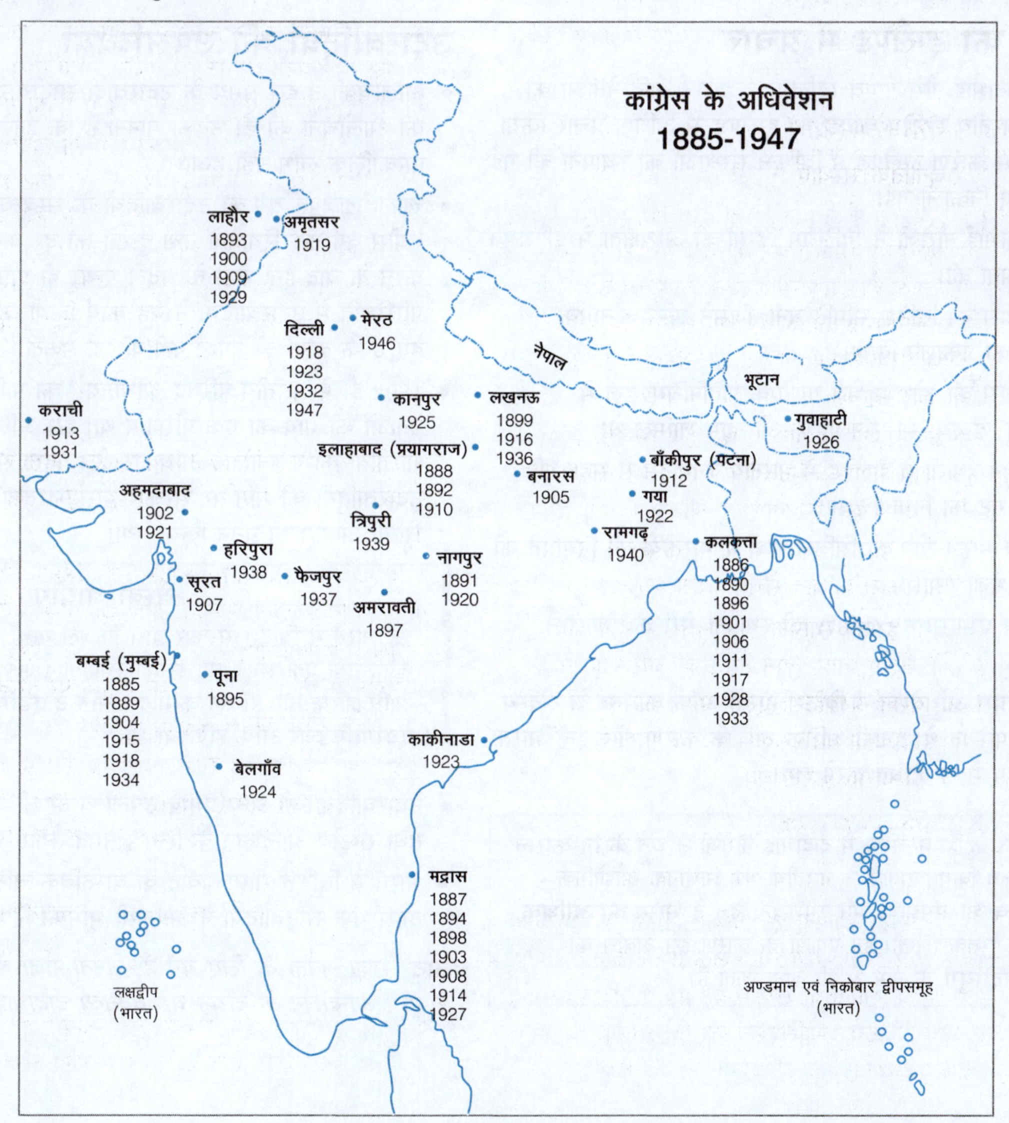

उदारवादी चरण (1885-1905)

- आरम्भिक 20 वर्षों (1885-1905) में भारतीय राष्ट्रीय कांग्रेस पर उदारवादी कहे जाने वाले नेताओं का वर्चस्व था।
- उदारवादी उन लोगों का समूह था, जो एक ऐसा राष्ट्र चाहते थे, जो सभी धर्मों को मानता हो। वे वंशवादी शासकों की अनियन्त्रित शक्ति का विरोध करते थे। वे सरकार के विरुद्ध व्यक्तियों के अधिकारों की रक्षा चाहते थे।
- इस समय कांग्रेस पर समृद्ध मध्य वर्ग के बुद्धिजीवियों, जिनमें वकील, इंजीनियर, डॉक्टर, पत्रकार एवं साहित्यकार आदि शामिल थे।
- इन्हें उदारवादी या नरमपन्थी इसलिए कहा जाता था, क्योंकि इनका लक्ष्य अनुनय-विनय प्रतिवेदनों, भाषणों, लेखों आदि के माध्यम से सरकार के सम्मुख अपनी माँगें प्रस्तुत करना था। अधिकतर परमपन्थी नेता शहरी क्षेत्र से थे।
- इन्हें ब्रिटिश सरकार की न्यायप्रियता में पूर्ण विश्वास था। दादाभाई नौरोजी, सुरेन्द्रनाथ बनर्जी, गोपालकृष्ण गोखले, फिरोजशाह मेहता, मदन मोहन मालवीय, दिनशा वाचा आदि प्रमुख उदारवादी नेता थे।

उदारवादियों का इंग्लैण्ड में प्रचार

- ए. ओ. ह्यूम, दादाभाई नौरोजी एवं विलियम वेडरबर्न आदि नेताओं का मानना था कि भारतीय राष्ट्रीय कांग्रेस का इंग्लैण्ड से अधिक प्रचार किया जा सकता है। इस कारण इंग्लैण्ड में विभिन्न संस्थाओं की स्थापना की गई एवं पत्र-पत्रिकाएँ निकाली गईं।
- 1888 ई. में दादाभाई नौरोजी ने विलियम डिग्बी की अध्यक्षता में इण्डियन एजेन्सी की स्थापना की।
- 1889 ई. में कांग्रेस की ब्रिटिश समिति बनी, जिसने इण्डिया नामक मासिक पत्रिका का प्रकाशन किया।
- 1890 ई. में कांग्रेस की ओर से भेजे गए एक प्रतिनिधिमण्डल में सुरेन्द्रनाथ बनर्जी, डब्ल्यू. सी. बनर्जी, ए. ओ. ह्यूम शामिल थे।
- उदारवादियों के इन प्रयासों से इंग्लैण्ड में भारतीय जनमानस से सहानुभूति रखने वाले एक गुट का निर्माण हुआ।
- 1879 ई. में लालमोहन घोष को सिविल सेवा में भारतीयों की नियुक्ति की माँग हेतु लन्दन भेजा गया।
- नेशनल इण्डियन एसोसिएशन (1867) की स्थापना मेरी कारपेण्टर ने लन्दन में की थी।
- 1889 ई. के कांग्रेस अधिवेशन में ब्रिटिश हाउस ऑफ कॉमन्स के सदस्य चार्ल्स ब्रैडला उपस्थित थे। इनकी अधिक रुचि के कारण लोग इन्हें भारत के सदस्य के रूप में सम्बोधित करने लगे।

राष्ट्रीय आन्दोलन के प्रथम चरण में दादाभाई नौरोजी ने **धन के निष्कासन** का सिद्धान्त प्रस्तुत किया। रानाडे ने भारतीयों को आधुनिक औद्योगिक विकास के महत्त्व को समझाया और रमेशचन्द्र दत्त ने **भारत का आर्थिक इतिहास** नामक पुस्तक लिखी। इन प्रयासों के कारण इस अवधि को **आर्थिक राष्ट्रवादी युग** के नाम से भी जाना जाता है।

उदारवादियों की माँगें

उदारवादियों की माँगों का विवरण निम्न है

- उदारवादी चरण में नेताओं ने ब्रिटिश सरकार से स्वतन्त्रता की माँग नहीं, बल्कि भारतीयों के लिए कुछ रियायतों (छूट) की माँग रखी।
- इसके अतिरिक्त विधानपरिषदों का विस्तार, उच्च सरकारी नौकरियों में अवसर, इंग्लैण्ड तथा भारत में आईएएस की परीक्षा आयोजित कर सिविल सेवा का भारतीयकरण, न्यायपालिका का कार्यपालिका से पृथक्करण, प्रेस एवं भाषण पर लगे प्रतिबन्धों को समाप्त करना, विदेशों में बसे भारतीयों की सुरक्षा, सैनिक खर्च में कटौती आदि माँगें की गई थीं।
- भारतीय प्रशासन की जाँच हेतु रॉयल कमीशन की नियुक्ति, नमक कर समाप्त करना, गृह प्रभार (Home Charges) में कमी, उत्पाद शुल्कों की समाप्ति, भारत में कुलियों के साथ दुर्व्यवहार की समाप्ति, वन कानून एवं प्रशासन द्वारा उत्पन्न किए गए कष्टों का निवारण, कारखानों में श्रमिकों की स्थिति सुधारना, देशी उद्योगों को बढ़ावा देना, आर्म्स एक्ट रद्द करने जैसी आदि माँगों को रखा गया।

उदारवादियों की उपलब्धियाँ

- आलोचकों ने इस समय के उदारवादी राष्ट्रीय नेताओं की उपलब्धियों की आलोचना की है। उनका मानना है कि इनके प्रयत्नों से कोई विशेष तात्कालिक लाभ नहीं हुआ।
- लाला लाजपत राय का उदारवादियों के सम्बन्ध में वक्तव्य है कि "बीस वर्ष तक रियायतों तथा दु:खों को दूर करने के असफल संघर्ष करने के बाद इन्हें रोटी के बदले पत्थर ही प्राप्त हुए हैं, लेकिन जिस परिस्थिति में उदारवादियों ने यह कार्य किया, उस युग को ध्यान में रखते हुए उनके कार्यों की उपेक्षा नहीं की जा सकती।"
- 1892 ई. में भारतीय परिषद् अधिनियम का पारित होना उदारवादी नेताओं की माँग का एक परिणाम था। इस अधिनियम के फलस्वरूप भारतीयों का राजनीतिक अधिकार क्षेत्र पहले से अधिक बढ़ गया। उदारवादियों की माँग पर सरकार द्वारा भारतीय व्यय की समीक्षा हेतु वेल्बी आयोग का गठन किया गया।

वेल्वी आयोग

यह भारत में ब्रिटिश सरकार द्वारा फिजूल खर्चों की जाँच के लिए गठित किया गया एक समूह था। इसकी स्थापना 1895 ई. में हुई थी। इसका आधिकारिक नाम **रॉयल कमीशन ऑन द एडमिनिस्ट्रेशन ऑफ एक्सपेण्डिचर ऑफ इण्डिया** था।

- उदारवादियों की अन्य प्रमुख उपलब्धि अपनी शक्ति को सुदृढ़ करना तथा राष्ट्रीय आन्दोलन के लिए जनमत तैयार करना था।
- भारत में ब्रिटिश साम्राज्यवाद के वास्तविक चरित्र को उजागर करने में आरम्भिक राष्ट्रवादियों ने अग्रगामी भूमिका निभाई।

नोट *'राजा जनता के लिए बने हैं, जनता राजा के लिए नहीं बनी है' राष्ट्रीय आन्दोलन के दौरान यह वक्तव्य दादाभाई नौरोजी ने दिया था।*

“ भारतीय राष्ट्रीय आन्दोलन के द्वितीय चरण में कांग्रेस अधिक परिपक्व हो गई थी और इसके लक्ष्य तथा उद्देश्य भी स्पष्ट थे। कांग्रेस के मंच से भारतीय लोगों के सामाजिक, आर्थिक, राजनीतिक व सांस्कृतिक विकास के लिए प्रयास प्रारम्भ किए गए।

अध्याय चौतीस

भारतीय राष्ट्रीय आन्दोलन : द्वितीय चरण (1905-1919)

उग्रवादी चरण (1905-1919)

- 19वीं शताब्दी के उत्तरार्द्ध से ही भारतीय जनता में राजनीतिक असन्तोष बढ़ता जा रहा था। उदारवादियों का प्रयास अधिक सफल नहीं हुआ, दूसरी ओर औपनिवेशिक शोषण भी जारी रहा।
- अन्ततः नरमपन्थी धीरे-धीरे अपनी लोकप्रियता खोने लगे। ऐसी स्थिति में एक नया नेतृत्व उभरा, जिनका रुख अधिक संघर्षशील और अधिक उग्र राष्ट्रवादी भावना में विश्वास रखता था। इस गुट को गरम दल के नाम से जाना जाता है।
- भारतीय राष्ट्रीय आन्दोलन में नव-राष्ट्रवाद का उदयकाल वर्ष 1905-1919 तक माना जाता है। इसी समय स्वदेशी तथा क्रान्तिकारी आन्दोलन की शुरुआत हुई थी।
- कांग्रेस के उग्रवादी तथा अतिवादी कहे जाने वाले नेताओं में लाला लाजपत राय (लाल), बाल गंगाधर तिलक (बाल) तथा बिपिनचन्द्र पाल (पाल), अरविन्द घोष का नाम प्रमुख रूप से लिया जाता है।

बंगाल विभाजन (1905)

- लॉर्ड कर्जन के विभिन्न प्रशासकीय कार्यों में सबसे अधिक विवादास्पद कार्य वर्ष 1905 में बंगाल का विभाजन था।
- इस समय बंगाल प्रेसीडेन्सी भारत का सबसे अधिक जनसंख्या वाला प्रान्त था।
- विभाजन के समय बंगाल की कुल जनसंख्या 7 करोड़ 85 लाख थी। इस समय बंगाल में बिहार, उड़ीसा (ओडिशा) एवं बांग्लादेश शामिल थे।
- बंगाल के विभाजन के लिए यह तर्क दिया गया कि इतने बड़े क्षेत्र पर सुव्यवस्थित ढंग से शासन करना सम्भव नहीं है अर्थात् इसका प्रमुख कारण प्रशासनिक असुविधा को बताया गया, किन्तु इसका वास्तविक कारण प्रशासनिक न होकर राजनीतिक था।
- इसकी पुष्टि तत्कालीन राज्य सचिव रिजले द्वारा वर्ष 1904 में कर्जन के लिखे गए उस पत्र से होती है, जिसमें यह लिखा था कि "संयुक्त बंगाल एक शक्ति है, विभाजित बंगाल की दिशाएँ अलग-अलग होंगी"।
- इस योजना के अनुसार अविभाजित बंगाल को बंगाल एवं पूर्वी बंगाल में विभाजित करना था।
- बंगाल प्रान्त में आधुनिक पश्चिम बंगाल के 11 जिले, दार्जिलिंग, बिहार तथा उड़ीसा शामिल थे। बंगाल विभाजन का असम के कमिश्नर हेनरी कॉटन ने विरोध किया था और नए लेफ्टिनेण्ट गवर्नर फ्यूलर के विरुद्ध मोर्चा निकाला था।
- कलकत्ता हाईकोर्ट के न्यायिक क्षेत्र के अन्तर्गत ही पूर्वी बंगाल एवं असम आता था। यद्यपि असम बंगाल प्रेसीडेन्सी से 1874 ई. में पृथक् हो गया था।

नोट : *बंगाल विभाजन के समय बंगाल के लेफ्टिनेण्ट गवर्नर सर एण्ड्यू फ्रेजर थे।*

बंगाल विभाजन के उद्देश्य

- विभाजन के पश्चात् बंगाल दो भाग, पूर्वी बंगाल एवं पश्चिमी बंगाल में बँट गया। पूर्वी बंगाल में असम एवं पूर्वी बंगाल के कुछ जिले राजशाही, ढाका एवं चटगाँव मिलाए गए।
- पूर्वी बंगाल की जनसंख्या कुल 3 करोड़ 10 लाख थी, जबकि क्षेत्रफल 106540 वर्गमील था। इसमें 1 करोड़ 80 लाख मुसलमान एवं 1 करोड़ 20 लाख हिन्दू थे। इस प्रान्त का मुख्यालय ढाका में था।

- पश्चिम बंगाल में बिहार एवं उड़ीसा (ओडिशा) शामिल थे। इसकी जनसंख्या 5 करोड़ 40 लाख थी, जिसमें 4 करोड़ 50 लाख हिन्दू और 90 लाख मुसलमान थे। इस प्रान्त का कुल क्षेत्रफल 1,41,580 वर्गमील था।
- ब्रिटिश सरकार का मुख्य उद्देश्य मूल बंगाल में बंगालियों की आबादी कम करके उन्हें अल्पसंख्यक बनाना था।
- बंगाल इस समय राष्ट्रीय चेतना का केन्द्र था और इस जुझारु चेतना पर आघात करने के उद्देश्य से ही बंगाल के बँटवारे का निर्णय किया गया था।

बंगाल विभाजन से सम्बन्धी घटनाक्रम

बंगाल के विभाजन से सम्बन्धित प्रमुख घटनाएँ निम्नलिखित हैं

- **दिसम्बर, 1903** में बंगाल विभाजन की पहली बार सार्वजनिक घोषणा की गई थी, किन्तु कुछ कारणों से इसे मूर्त रूप नहीं दिया जा सका।
- **19 जुलाई, 1905** को बंगाल विभाजन की रूपरेखा जनता के सामने रखी गई।
- **20 जुलाई, 1905** को बंगाल विभाजन के निर्णय की घोषणा की गई।
- **7 अगस्त, 1905** को कलकत्ता के टाउन हॉल की ऐतिहासिक बैठक में **स्वदेशी आन्दोलन** की विधिवत घोषणा की गई और बहिष्कार प्रस्ताव पारित हुआ।
- **16 अक्टूबर, 1905** में बंगाल के विभाजन की योजना प्रभावी हुई। इस दिन को सम्पूर्ण बंगाल में **शोक दिवस** के रूप में मनाया गया। रबीन्द्रनाथ टैगोर की अपील पर लोगों ने एक-दूसरे के हाथों में राखियाँ बाँधी।
- **वर्ष 1906** में **रबीन्द्रनाथ टैगोर** ने **आमार सोनार बांग्ला** गीत लिखा, जो वर्ष 1972 में बांग्लादेश का राष्ट्रगान बना।
- **वर्ष 1911** में बंगाल विभाजन रद्द हुआ। भाषा के आधार पर बिहार एवं उड़ीसा बंगाल से पृथक् हो गए। असम एक नया प्रान्त बनाया गया। भारत की राजधानी कलकत्ता से **दिल्ली** स्थानान्तरित की गई।

स्वदेशी एवं बहिष्कार आन्दोलन

- बंगाल विभाजन के विरोध में स्वदेशी और बहिष्कार आन्दोलन का जन्म हुआ। इसके लिए 7 अगस्त, 1905 को कलकत्ता में टाउन हॉल में एक ऐतिहासिक बैठक में स्वदेशी आन्दोलन की घोषणा की गई।
- स्वदेशी आन्दोलन का नेतृत्व दिल्ली में सैयद हैदर रजा एवं मद्रास में चिदम्बरम् पिल्लै ने किया था। कांग्रेस के बनारस अधिवेशन (1905) में स्वदेशी और बहिष्कार आन्दोलन का अनुमोदन किया गया। इस अधिवेशन के अध्यक्ष गोपालकृष्ण गोखले थे।
- तिलक ने बम्बई एवं पूना में, लाला लाजपत राय और अजीत सिंह ने पंजाब एवं उत्तर प्रदेश में, आन्दोलन का नेतृत्व किया।
- इस आन्दोलन में स्कूलों, अदालतों, उपाधियों तथा सरकारी नौकरियों का भी बहिष्कार किया गया।
- स्वदेशी आन्दोलन के समय लोगों का आन्दोलन के प्रति समर्थन एकत्र करने में अश्विनी कुमार दत्त द्वारा स्थापित स्वदेश बान्धव समिति की महत्त्वपूर्ण भूमिका थी। बांग्ला साहित्य के लिए यह काल स्वर्णकाल था।

नोट : *स्वदेश बान्धव समिति की स्थापना अश्विनी कुमार दत्त द्वारा की गई थी। इसका उद्देश्य स्वदेशी वस्तुओं की खपत को बढ़ावा देना तथा विदेशी वस्तुओं का बहिष्कार करना था।*

- 15 अगस्त, 1906 को सदगुरु दास बनर्जी ने राष्ट्रीय शिक्षा परिषद् की स्थापना की। आचार्य प्रफुल्लचन्द्र राय के द्वारा बंगाल कैमिकल्स एवं फार्मास्युटिकल्स की स्थापना की गई। कला के क्षेत्र में अवनीन्द्रनाथ टैगोर ने पाश्चात्य प्रभाव से पृथक् स्वदेशी पारम्परिक कला से प्रेरणा लेकर चित्रकारी शुरू की। इन्होंने वर्ष 1966 में इण्डियन सोसायटी ऑफ ओरिएण्टल आर्ट्स की स्थापना की थी।
- वर्ष 1906 के कलकत्ता अधिवेशन में अतिवादियों ने स्वदेशी, बहिष्कार, राष्ट्रीय शिक्षा और स्वशासन से जुड़े चार महत्त्वपूर्ण प्रस्ताव पारित किए। इस अधिवेशन में दादाभाई नौरोजी ने पहली बार स्वराज शब्द का उल्लेख किया था।
- स्वराज शब्द का अर्थ है—स्वशासन या अपना राज्य। भारत के राष्ट्रीय आन्दोलन के समय प्रचलित यह शब्द आत्म-निर्णय तथा स्वाधीनता की माँग पर बल देता था।
- स्वदेशी आन्दोलन की अन्य बड़ी विशेषता यह थी कि इसने आत्मनिर्भरता, आत्मशक्ति का नारा दिया। इसके अन्तर्गत सामाजिक सुधार तथा राष्ट्रीय शिक्षा स्वदेशी जैसे तत्त्वों का समावेश किया गया।
- टैगोर के शान्ति निकेतन की तर्ज पर 14 अगस्त, 1906 में बंगाल नेशनल कॉलेज की स्थापना की गई और अरविन्द घोष को इसका प्राचार्य बनाया गया।
- 15 अगस्त, 1906 को ही राष्ट्रीय शिक्षा परिषद् का गठन किया गया। इसका उद्देश्य राष्ट्रीय नियन्त्रण के अन्तर्गत जनता को इस प्रकार की साहित्यिक, वैज्ञानिक व तकनीकी शिक्षा देना था, जो राष्ट्रीय जीवनधारा से जुड़ी हो।
- इसके अतिरिक्त इस आन्दोलन की एक प्रमुख विशिष्टता महिलाओं का इसमें भाग लेना था। इस आन्दोलन में पहली बार महिलाएँ घर से बाहर निकलीं और प्रदर्शन में भाग लेने लगीं तथा धरने पर बैठने लगीं। जहाँ तक किसानों का प्रश्न है, बारीसाल के किसानों को छोड़कर अन्य किसानों का सहयोग इस आन्दोलन में नहीं मिल पाया।
- अंग्रेजों ने मुसलमानों का उपयोग साम्प्रदायिकता के जहर को घोलने में किया। ढाका के नवाब सलीमुल्लाह का उपयोग स्वदेशी आन्दोलन के विरोधी के रूप में किया गया।

स्वदेशी आन्दोलन को साम्प्रदायिकता के अतिरिक्त कुछ अन्य तरीकों से भी क्षति पहुँची; जैसे—आन्दोलन में ऐसे पारम्परिक रीति-रिवाजों, त्योहारों व संस्थाओं का सहारा लिया गया, जिनका चरित्र धार्मिक था। इसी कारण बंगाल के बहुसंख्यक मुस्लिम स्वदेशी आन्दोलन में शामिल नहीं हुए।

- स्वदेशी व बहिष्कार आन्दोलन यद्यपि अपने तत्कालीन उद्देश्यों की पूर्ति करने में असफल रहा, लेकिन इसके परिणामस्वरूप विदेशी वस्तुओं के आयात में कमी हुई और भारतीय उद्योगों को प्रोत्साहन मिला।

नोट *ब्रिटिश पत्रकार एच. डब्ल्यू. नेविन्सन स्वदेशी आन्दोलन से जुड़े थे।*

अन्य महत्त्वपूर्ण घटनाएँ

मुस्लिम लीग की स्थापना, 1906

- मुस्लिम लीग की स्थापना का मुख्य उद्देश्य ब्रिटिश सरकार के प्रति मुस्लिमों में निष्ठा बढ़ाना था और इनके राजनीतिक अधिकारों की रक्षा करना तथा कांग्रेस के प्रति मुस्लिमों में घृणा जाग्रत करना था।
- बंगाल विभाजन की घोषणा के बाद ही 1 अक्टूबर, 1906 को आगा खाँ के नेतृत्व में मुस्लिमों का एक शिष्टमण्डल तत्कालीन वायसराय लॉर्ड मिण्टो से शिमला में मिला।

- मिण्टो ने स्पष्ट आश्वासन दिया कि एक सम्प्रदाय के रूप में मुस्लिमों के राजनीतिक अधिकारों और हितों की रक्षा की जाएगी।
- इन गतिविधियों की पृष्ठभूमि में 30 दिसम्बर, 1906 को **ढाका** में एक बैठक आयोजित की गई, जिसकी अध्यक्षता **नवाब सलीमुल्लाह** ने की। इसमें मोहिसिन-उल-मुल्क, आगा खाँ तथा नवाब वकार-उल-मुल्क उपस्थित थे, जिसमें अखिल भारतीय मुस्लिम लीग नामक राजनीतिक संगठन की स्थापना करने का निर्णय लिया गया।
- मुस्लिम लीग के संस्थापक सलीमुल्लाह खाँ थे, जबकि आगा खाँ मुस्लिम लीग के प्रथम अध्यक्ष चुने गए थे। इस संगठन के मुख्य उद्देश्य ब्रिटिश सरकार के प्रति निष्ठा रखना, राजनीतिक अधिकारों की रक्षा एवं विस्तार करना तथा सम्प्रदायों की कटुता की भावना को रोकना था।
- वर्ष 1908 में आगा खाँ को मुस्लिम लीग का स्थायी अध्यक्ष बनाया गया। इस समय मुस्लिम लीग ने अपने अमृतसर अधिवेशन में मुस्लिमों के लिए पृथक् निर्वाचक मण्डल की माँग की, जो वर्ष 1909 के मार्ले-मिण्टो सुधारों के द्वारा प्रदान कर दी गई।

सूरत अधिवेशन, 1907

- बंगाल विभाजन के पश्चात् उत्पन्न परिस्थितियों के कारण कांग्रेस के नरमपन्थियों और गरमपन्थियों के बीच विवाद और तीव्र हो गया, जिसके परिणामस्वरूप वर्ष 1907 के सूरत अधिवेशन में कांग्रेस दो भागों में विभाजित हो गई। इस अधिवेशन में अध्यक्ष पद तथा स्वदेशी आन्दोलन को लेकर कांग्रेस के उग्रवादियों तथा उदारवादियों में मतभेद उत्पन्न हो गया।
- उग्रवादी लाला लाजपत राय को अध्यक्ष बनाना चाहते थे, किन्तु उदारवादियों के वर्चस्व के कारण रास बिहारी घोष अध्यक्ष बने।
- सूरत विभाजन का एक दूसरा कारण अधिवेशन के स्थान को लेकर भी था। जहाँ उग्रवादी 1907 का अधिवेशन नागपुर में आयोजित करने के पक्ष में थे, वहीं उदारवादी इसे सूरत में आयोजित कराना चाहते थे।
- सूरत विभाजन का एक अन्य कारण यह था कि उदारवादी, स्वदेशी व बहिष्कार आन्दोलन का प्रसार केवल बंगाल तक सीमित रखना चाहते थे, तो वहीं उग्रवादी इसे सम्पूर्ण भारत में फैलाना चाहते थे।
- इसके अतिरिक्त उग्रवादियों को सन्देह था कि उनके द्वारा प्रस्तुत किए जाने वाले स्वदेशी, बहिष्कार, राष्ट्रीय शिक्षा तथा स्वशासन सम्बन्धी प्रस्तावों को निरस्त किया जा सकता है, फलस्वरूप विवाद बढ़ गया तथा अशान्ति व उपद्रव के वातावरण में कांग्रेस गरम दल व नरम दल के रूप में विभाजित हो गई।
- इस विभाजन का मूल कारण अंग्रेजी सरकार के साथ उदारवादियों की वार्ता करने की क्षमता के बारे में उग्रवादियों (चरमपन्थियों) में अविश्वास का उत्पन्न होना था।
- कांग्रेस विभाजन का एक अन्य कारण 1905 के बनारस अधिवेशन में प्रिन्स ऑफ वेल्स का स्वागत प्रस्ताव था, जिसमें नरमपन्थी प्रिन्स ऑफ वेल्स का स्वागत करना चाहते थे, जबकि गरमपन्थियों ने इसका विरोध किया। कांग्रेस के विभाजन के पश्चात् नरमपन्थी स्वयं को भारतीय राष्ट्रीय कांग्रेस कहने लगे, जबकि गरमपन्थी स्वयं को नेशनलिस्ट पार्टी कहने लगे।
- कांग्रेस के विभाजन के पश्चात् कांग्रेसियों ने वर्ष 1908 में इलाहाबाद में एक सम्मेलन आयोजित किया। इस सम्मेलन में कांग्रेस के लिए नया संविधान और नियमावली बनाई गई, जिसे वर्ष 1908 के मद्रास अधिवेशन में अनुमोदित किया गया।

दिल्ली दरबार, 1911

- 12 दिसम्बर, 1911 में ब्रिटिश सम्राट जॉर्ज पंचम और महारानी मैरी के भारत आगमन पर उनके स्वागत हेतु दिल्ली में एक दरबार का आयोजन किया गया। दिल्ली दरबार में ही 12 दिसम्बर, 1911 को बंगाल विभाजन को रद्द करने की घोषणा की गई। यह घोषणा अरुण्डेल समिति की सिफारिश पर की गई थी। इसी समय (वर्ष 1911) कलकत्ता के स्थान पर दिल्ली को भारत की नई राजधानी बनाने की घोषणा की गई। इसके साथ ही 1 अप्रैल, 1912 को दिल्ली को कलकत्ता के स्थान पर भारत की नई राजधानी बना दिया गया।
- बंगाल विभाजन के रद्द होने के पश्चात् 22 मार्च, 1912 को उड़ीसा और बिहार को बंगाल से पृथक् कर दिया गया। असम को पुन: 1874 ई. की स्थिति में लाया गया, अब असम में सिलहट भी शामिल था।
- इस समय भारत का वायसराय लॉर्ड हार्डिंग था। वायसराय हार्डिंग जिस समय अपने परिवार तथा ब्रिटेन के शाही राजवंश के साथ एक लम्बे जुलूस में समारोहपूर्वक दिल्ली में प्रवेश कर रहे थे, उसी समय (23 दिसम्बर, 1912) उन पर बम फेंका गया, जिसमें लॉर्ड हार्डिंग घायल हो गए।
- यह कार्य बसन्त विश्वास, अमीर चन्द, अवध बिहारी एवं बालमुकुन्द ने किया था। बाद में इन पर दिल्ली षड्यन्त्र केस नामक मुकदमा चलाया गया तथा उन्हें फाँसी दे दी गई।

दिल्ली दरबार

प्रथम दिल्ली दरबार (1877 ई.)	द्वितीय दिल्ली दरबार (वर्ष 1903)	तृतीय दिल्ली दरबार (वर्ष 1911)
• प्रथम दिल्ली दरबार का आयोजन **लॉर्ड लिटन** के शासनकाल में हुआ। • इसमें इंग्लैण्ड की महारानी विक्टोरिया को भारत की साम्राज्ञी घोषित कर, कैसर-ए-हिन्द की उपाधि प्रदान की गई।	• इस दरबार का आयोजन **लॉर्ड कर्जन** ने करवाया था। • इस दरबार में पहले से अधिक धन का अपव्यय किया गया। • इसमें सम्राट **एडवर्ड सप्तम** की ताजपोशी की घोषणा की गई।	• इस दरबार का आयोजन **लॉर्ड हार्डिंग** ने करवाया था। • इस अवसर पर इंग्लैण्ड के सम्राट **जॉर्ज पंचम** और महारानी मैरी भारत आए थे और उनका दिल्ली में राज्याभिषेक किया गया था।

क्रान्तिकारी आन्दोलन

क्रान्तिकारी आन्दोलन 19वीं सदी के अन्त में और 20वीं शताब्दी के प्रारम्भ से शुरू हुआ था।

क्रान्तिकारी आन्दोलन का प्रसार

- क्रान्तिकारी आन्दोलन की शुरुआत महाराष्ट्र से हुई व्यायाम मण्डल प्रथम क्रान्तिकारी संगठन माना जाता है। इसकी स्थापना 1896-97 ई. में चापेकर बन्धुओं (दामोदर, बालकृष्णु चापेकर तथा वासुदेव बालकृष्ण चापेकर) ने की थी। 22 जून, 1897 को इन्होंने पूना के प्लेग अधिकारियों रैण्ड एवं आयर्स्ट की हत्या कर दी।
- वर्ष 1904 में विनायक दामोदर सावरकर और गणेश दामोदर सावरकर ने अभिनव भारत नामक गुप्त संस्था की स्थापना की। उल्लेखनीय है कि 1899 ई. में स्थापित मित्र मेला नामक संगठन अभिनव भारत में परिवर्तित हो गया।

- सावरकर द्वारा स्थापित अभिनव भारत का महाराष्ट्र में क्रान्तिकारी संगठनों में प्रथम स्थान था। यह मैजिनी के तरुण इटली के सदृश एक गुप्त सभा थी।

नासिक षड्यन्त्र केस

21 दिसम्बर, 1909 को गणेश सावरकर को सजा देने की प्रतिक्रिया स्वरूप नासिक के जिलाधिकारी जैक्सन की अनन्त लक्ष्मण कन्हारे द्वारा गोली मारकर हत्या कर दी गई। इस हत्या के अभियोग में अनन्त लक्ष्मण कन्हारे, कृष्णजी गोपाल कर्वे तथा विनायक देशपाण्डे को 19 अप्रैल, 1911 को फाँसी दे दी गई। इसी केस के सन्दर्भ में **वी. डी. सावरकर** सहित 37 अन्य व्यक्तियों पर नासिक षड्यन्त्र केस चलाया गया और सावरकर को आजीवन कारावास की सजा दी गई।

- अनुशीलन समिति भारत के स्वतन्त्रता संग्राम के समय बंगाल में बनी अंग्रेज विरोधी गुप्त क्रान्तिकारी संस्था थी। इसका उद्देश्य वन्देमातरम् के प्रणेता बंकिमचन्द्र चट्टोपाध्याय के बताए गए मार्ग का अनुशीलन करना था।
- इसका शुभारम्भ वर्ष 1902 में व्यायामशाला के रूप में हुआ। आरम्भ में इस समिति का नाम भारत अनुशीलन समिति था, जिसके अध्यक्ष प्रमथनाथ मित्र और उपाध्यक्ष चितरंजन दास एवं अरविन्द थे तथा कोषाध्यक्ष सुरेन्द्रनाथ ठाकुर, जबकि एकमात्र महिला सदस्य सिस्टर निवेदिता थीं।
- वर्ष 1907 में कलकत्ता में बारीन्द्र घोष और भूपेन्द्रनाथ दत्त द्वारा अनुशीलन समिति का पुनर्गठन किया गया, जिसका प्रमुख उद्देश्य खून के बदले खून था।
- बारीन्द्र घोष ने भवानी मन्दिर तथा वर्तमान रणनीति नामक पुस्तक की रचना की थी। बारीन्द्र गुट ने क्रान्ति के प्रचार के लिए युगान्तर (वर्ष 1906) नामक पत्र निकाला, जिसके सम्पादक भूपेन्द्रनाथ दत्त थे।
- ढाका अनुशीलन समिति कलकत्ता में अनुशीलन समिति की दूसरी शाखा ढाका की अनुशीलन समिति थी, जिसकी स्थापना अक्टूबर, 1906 में पुलिन बिहारी दास एवं पी. मित्रा द्वारा की गई थी।
- वर्ष 1908 में खुदीराम बोस एवं प्रफुल्ल चाकी ने मुजफ्फरपुर के जिला जज डी. ए. किंग्सफोर्ड को मारने का प्रयास किया, लेकिन दुर्भाग्य से इस प्रयास में राष्ट्रीय आन्दोलन के समर्थक मि. कैनेडी का परिवार मारा गया।
- प्रफुल्ल चाकी ने पुलिस से बचने के लिए आत्महत्या कर ली तथा खुदीराम बोस को गिरफ्तार कर फाँसी दे दी गई। इस घटना के बाद पुलिस ने मणिकतल्ला पर छापा मारकर 34 लोगों को गिरफ्तार किया, जिसमें बारीन्द्र और अरविन्द घोष भी शामिल थे। इन सब पर अलीपुर षड्यन्त्र केस के अन्तर्गत मुकदमा चलाया गया।
- अरविन्द घोष कालान्तर में क्रान्तिकारी क्रियाकलापों से अलग होकर संन्यासी हो गए तथा पॉण्डिचेरी में अपना आश्रम स्थापित कर लिया।

विदेशों में क्रान्तिकारी आन्दोलन

- भारत में हुई क्रान्तिकारी गतिविधियों का प्रभाव विदेशों में विशेषकर ब्रिटेन, संयुक्त राज्य अमेरिका, फ्रांस, जर्मनी में रह रहे भारतीयों पर पड़ा।
- सर्वप्रथम श्यामजी कृष्ण वर्मा ने वर्ष 1905 में इण्डिया होमरूल लीग की स्थापना की एवं इण्डियन सोशियोलॉजिस्ट नामक पत्र निकाला।
- इन्होंने वर्ष 1905 में लन्दन में भारतीयों के लिए इण्डिया हाउस की स्थापना की, जो क्रान्ति का केन्द्र बना। लन्दन में श्यामजी कृष्ण वर्मा का विरोध हुआ और वे वर्ष 1906 में पेरिस चले गए।
- श्यामजी कृष्ण वर्मा की पेरिस में सहयोगी मैडम भीकाजी कामा थीं। मैडम कामा ने भारतीय स्वतन्त्रता के लिए यूरोप एवं अमेरिका में प्रचार किया और पेरिस से अंग्रेजी में वन्देमातरम् पत्र का प्रकाशन किया।
- क्रान्ति प्रसूता, भारतीय राष्ट्रीयता की महान पुजारिन व मदर ऑफ इण्डियन रिवोल्यूशन जैसी उपमा से विभूषित मैडम भीकाजी का जन्म 1861 ई. में बम्बई के एक पारसी परिवार में हुआ था। वह भारतीय मूल की फ्रांसीसी नागरिक थीं।
- कामा ने ही वर्ष 1907 में स्टुटगार्ड (जर्मनी) में द्वितीय समाजवादी कांग्रेस में भारत का प्रतिनिधित्व किया और भारत का तिरंगा (हरा, पीला और लाल) फहराया। वर्ष 1909 में मदनलाल ढींगरा ने लन्दन में कर्जन वायली की हत्या कर दी।
- वर्ष 1907 में रामनाथ पुरी ने सर्कुलर-ए-आजादी तथा वैंकूवर से तारकनाथ दास ने फ्री हिन्दुस्तान का प्रकाशन किया। ये समाचार-पत्र राष्ट्रीय भावना से ओत-प्रोत थे।
- जीडी कुमार ने वैंकूवर में स्वदेश सेवक गृह (स्वदेश सेवक होम) की स्थापना की तथा स्वदेश सेवक पत्र निकाला, जो गुरुमुखी में प्रकाशित हुआ। सिएटल में वर्ष 1910 में यूनाइटेड इण्डिया हाउस की स्थापना जीडी कुमार तथा तारकनाथ दास ने की।
- संयुक्त राज्य अमेरिका में रह रहे भारतीय द्वारकानाथ दास ने वर्ष 1907 में कैलिफोर्निया में भारतीय स्वतन्त्रता लीग का गठन किया।
- बर्लिन (जर्मनी) इस समय भारतीय क्रान्तिकारियों का एक महत्त्वपूर्ण केन्द्र था। वीरेन्द्रनाथ चट्टोपाध्याय ने वर्ष 1909 के बाद बर्लिन से ही अपनी क्रान्तिकारी गतिविधियों को जारी रखा। प्रथम विश्व युद्ध आरम्भ होने के बाद लाला हरदयाल ने अपने साथियों के सहयोग से बर्लिन में भारतीय स्वतन्त्रता समिति का गठन किया।

गदर पार्टी आन्दोलन, 1913

- इसकी स्थापना 1 नवम्बर, 1913 को अमेरिका के सैन फ्रांसिस्को नगर में हुई थी। गदर पार्टी की स्थापना लाला हरदयाल ने की थी। सोहन सिंह भाकना इसके संस्थापक अध्यक्ष थे।
- युगान्तर आश्रम गदर पार्टी का मुख्यालय था, जो सैन फ्रांसिस्को में स्थापित हुआ।
- इस पार्टी के अन्य प्रमुख नेता-रामचन्द्र, बरकतउल्ला, रामदास पुरी, करतार सिंह सराभा, भाई परमानन्द तथा भगवान सिंह आदि थे।
- साप्ताहिक पत्रिका गदर इस पार्टी की मुख्य पत्रिका थी। इसका प्रथम अंक उर्दू में छपा था। बाद में यह गुरुमुखी में भी छपने लगा। कालान्तर में यह पत्रिका हिन्दी, अंग्रेजी, मराठी, पंजाबी एवं गुजराती में भी छपने लगी।
- राजा महेन्द्र प्रताप ने जर्मनी के सहयोग से अफगानिस्तान के काबुल में दिसम्बर, 1915 को भारत की प्रथम अस्थाई सरकार का गठन किया।
- इसमें राजा महेन्द्र प्रताप स्वयं राष्ट्रपति एवं बरकतउल्ला प्रधानमन्त्री बने। इस सरकार को जर्मनी एवं रूस ने मान्यता दी थी।

प्रथम विश्वयुद्ध, 1914

- **लॉर्ड हार्डिंग** (वायसराय) की बुद्धिमत्ता एवं सहानुभूतिपूर्ण व्यवहार के कारण प्रथम विश्वयुद्ध में ब्रिटेन को भारत का पूर्ण समर्थन मिला। प्रथम विश्वयुद्ध में ब्रिटेन सरकार द्वारा तुर्की (मुस्लिम) के विरुद्ध युद्ध की घोषणा से मुस्लिम लीग का सरकार के प्रति मोह भंग हो गया। अब मुस्लिम लीग कांग्रेसी नेताओं के अधिक समीप आने का प्रयास करने लगी।
- राष्ट्रवादी नेता तिलक और गाँधीजी ने युद्ध के समय सरकार की सहायता हेतु धन तथा सेना के लिए सिपाही की व्यवस्था करने के लिए गाँवों का दौरा किया।

कामागाटामारू प्रकरण, 1914

- कामागाटामारू प्रकरण कनाडा में भारतीयों के प्रवेश से सम्बन्धित एक विवाद था। कनाडा सरकार ने ऐसे भारतीयों का अपने यहाँ प्रवेश वर्जित कर दिया था, जो सीधे भारत से नहीं आए थे।
- भारतीय मूल के व्यापारी गुरुदत्त सिंह ने कामागाटामारू नामक एक जहाज को किराए पर लेकर दक्षिणी-पूर्वी एशिया के लगभग 376 यात्रियों को बैठाकर वैंकूवर की ओर प्रस्थान किया।
- वैंकूवर तट पर पहुँचे यात्री पुलिस की घेराबन्दी के कारण जहाज से नीचे नहीं उतर सके।
- यात्रियों के अधिकार की लड़ाई लड़ने हेतु हुसैन रहीम, बलवन्त सिंह, सोहनलाल पाठक की अगुवाई में शोर कमेटी का गठन हुआ, जिन्होंने चन्दा एकत्र कर यात्रियों के लिए कानूनी लड़ाई की योजना बनाई।
- अमेरिका में रह रहे भारतीय भगवान सिंह, बरकतुल्लाह, रामचन्द्र तथा सोहन सिंह ने भी यात्रियों के समर्थन में आन्दोलन चलाया। कनाडा सरकार के सख्त व्यवहार के कारण कामागाटामारू जहाज को वैंकूवर की जल सीमा को छोड़ना पड़ा तथा अंग्रेजों ने जहाज को कलकत्ता लाने का आदेश दिया।
- कामागाटामारू जहाज के बजबज (कलकत्ता) पहुँचने पर क्रुद्ध यात्रियों और पुलिस में संघर्ष हुआ, जिसमें कुछ यात्री मारे गए तथा शेष यात्रियों को जेल में डाल दिया गया।

लखनऊ पैक्ट, 1916

- वर्ष 1916 में अम्बिकाचरण मजूमदार की अध्यक्षता में लखनऊ में हुआ कांग्रेस का सम्मेलन दो घटनाओं को लेकर अधिक महत्त्वपूर्ण रहा। ये घटनाएँ थीं—अतिवादियों का नौ वर्ष पूर्व कांग्रेस से निष्कासित कांग्रेस में पुनः प्रवेश तथा कांग्रेस और मुस्लिम लीग के बीच ऐतिहासिक दूरगामी लखनऊ समझौता।
- यह समझौता कांग्रेस लीग योजना के नाम से भी प्रसिद्ध है।

कांग्रेस लीग समझौता

कांग्रेस और लीग के बीच समझौते के मुख्य बिन्दु निम्नलिखित थे

- कांग्रेस द्वारा उत्तरदायी शासन की माँग को लीग ने स्वीकार कर लिया।
- कांग्रेस ने मुस्लिम लीग के मुसलमानों के लिए पृथक् निर्वाचन व्यवस्था की माँग को स्वीकार किया, जबकि मदन मोहन मालवीय, सी. वाई. चिन्तामणि इस समझौते के विरुद्ध थे।
- प्रान्तीय व्यवस्थापिका सभाओं में निर्वाचित भारतीय सदस्यों की संख्या का एक निश्चित भाग मुस्लिमों के लिए आरक्षित किए जाने पर सहमति बनी।
- केन्द्रीय व्यवस्थापिका सभा में कुल निर्वाचित भारतीय सदस्यों का 1/9 भाग मुस्लिमों के लिए आरक्षित किए जाने पर सहमति बनी।
- यह निश्चित किया गया कि यदि किसी सभा में कोई प्रस्ताव किसी सम्प्रदाय के हितों के विरुद्ध हो तथा 3/4 सदस्य उस आधार पर उसका विरोध करें, तो उसे पास नहीं किया जाएगा।

होमरूल लीग आन्दोलन, 1916

- होमरूल आयरलैण्ड का शब्द है। सर्वप्रथम आयरलैण्ड में आयरिश नेता रेडमाण्ड के नेतृत्व में होमरूल लीग की स्थापना हुई।
- प्रथम विश्व युद्ध के समय भारतीय नेता बालगंगाधर तिलक और श्रीमती ऐनी बेसेण्ट ने आयरलैण्ड की तर्ज पर भारत में होमरूल आन्दोलन चलाने का निर्णय लिया। होमरूल लीग आन्दोलन का उद्देश्य आम लोगों में स्वशासन की अवधारणा को बढ़ावा देना था।
- तिलक ने अपने पत्र मराठा और केसरी में अपने होमरूल की अवधारणा को स्पष्ट करते हुए कहा कि स्वराज से तात्पर्य ब्रिटिश नौकरशाही के स्थान पर ब्रिटिश साम्राज्य के अन्तर्गत भारतीय जनता के प्रति उत्तरदायी शासन से है।
- इसी आन्दोलन के दौरान तिलक ने नारा दिया कि "स्वराज मेरा जन्म सिद्ध अधिकार है और मैं इसे लेकर रहूँगा।"

तिलक एवं ऐनी बेसेण्ट की होमरूल लीग

तिलक की होमरूल लीग

- **स्थापना** अप्रैल, 1916
- **पहली बैठक** बेलगाम
- **मुख्यालय** पूना (वर्तमान पुणे)
- **प्रथम अध्यक्ष** जोसेफ बैपटिस्टा,
- **सचिव** एनसी केलकर
- **विस्तार क्षेत्र** महाराष्ट्र (बॉम्बे शहर को छोड़कर), कर्नाटक, मध्य प्रान्त और बरार
- **प्रमुख माँगें** स्वराज, भाषाई राज्यों का निर्माण और स्थानीय भाषा में शिक्षा
- **मुख पत्र** मराठा और केसरी

ऐनी बेसेण्ट की होमरूल लीग

- **स्थापना** सितम्बर, 1916, मद्रास
- **विस्तार** बम्बई शहर सहित पूरे भारत में
- **कुल शाखाएँ** देशभर में 200 शाखाएँ
- **लीग के सचिव** जॉर्ज अरुण्डेल
- **मुख्य योगदानकर्ता** वीपी वाडिया और सीपी रामास्वामी अय्यर
- **प्रमुख सदस्य** मोतीलाल नेहरू, भूलाभाई देसाई, सीआर दास, टीबी सप्रू, मदन मोहन मालवीय, लाला लाजपत राय, एमए जिन्ना, जवाहरलाल नेहरू, बी चक्रवर्ती, जे बनर्जी आदि
- **मुख पत्र** कॉमनवील

> सामाजिक-धार्मिक सुधार आन्दोलन भारतीय इतिहास की एक महत्त्वपूर्ण घटना है। ब्रिटिश शासन की भेदभावपूर्ण नीतियों के फलस्वरूप भारत में सामाजिक-धार्मिक सुधार आन्दोलनों की शुरुआत हुई

अध्याय पैंतीस

भारतीय राष्ट्रीय आन्दोलन : तृतीय चरण (1919-1939)

गाँधीवादी युग

भारतीय राष्ट्रीय आन्दोलन की वर्ष 1919-1947 तक की अवधि को राष्ट्रीय आन्दोलन का तृतीय चरण अथवा गाँधीवादी युग के नाम से जाना जाता है। तृतीय चरण में महात्मा गाँधी राष्ट्रीय आन्दोलन के केन्द्र-बिन्दु रहे।

महात्मा गाँधी का भारत आगमन

- महात्मा गाँधी जनवरी, 1915 में दक्षिण अफ्रीका से भारत वापस लौटे। महात्मा गाँधी यहाँ गोपालकृष्ण गोखले के विचारों से सर्वाधिक प्रभावित हुए और उन्हें अपना राजनीतिक गुरु माना।
- गाँधीजी जब भारतीय राजनीति से सक्रिय रूप से जुड़े, तब प्रथम विश्वयुद्ध चल रहा था। प्रथम विश्वयुद्ध में भारतीयों ने ब्रिटिश सरकार को पूर्ण सहयोग दिया, क्योंकि उनका मानना था कि युद्ध की समाप्ति होने पर ब्रिटिश सरकार भारतीयों को सहयोग के बदले में स्वराज प्रदान करेगी। प्रथम विश्वयुद्ध में सहयोग के लिए ब्रिटिश सरकार द्वारा गाँधीजी को वर्ष 1915 में केसर-ए-हिन्द की उपाधि प्रदान की गई।
- युद्ध के दिनों में गाँधीजी ने भारतीय युवाओं को सेना में भर्ती होने के लिए प्रोत्साहित किया था, जिसके लिए उन्हें कुछ लोग सेना में भर्ती करने वाला सार्जेण्ट भी कहने लगे थे। इस प्रकार प्रथम विश्वयुद्ध में भारतीयों ने महत्त्वपूर्ण योगदान दिया।
- रचनात्मक कार्यों को प्रोत्साहित करने के उद्देश्य से गाँधीजी ने वर्ष 1916 में अहमदाबाद के निकट साबरमती नदी के किनारे साबरमती आश्रम की स्थापना की।
- महात्मा गाँधी को जिन विचारकों ने सर्वाधिक प्रभावित किया, उनमें जॉन रस्किन भी एक थे। उनकी कुछ गहरी धारणाएँ रस्किन की पुस्तक अनटू दिस लास्ट में प्रतिबिम्बित हुई थीं। इस पुस्तक के सन्देश 'सभी की भलाई में व्यक्ति की भलाई निहित है' ने उनका जीवन बदल दिया। यहाँ से गाँधीजी ने सर्वोदय और अन्त्योदय की प्रेरणा भी ली।

नोट *गाँधी जी द्वारा स्थापित आश्रमों में से सबसे पुराना फीनिक्स आश्रम (1904) था। दक्षिणी अफ्रीका के पीटरमारित्जबर्ग स्टेशन पर गाँधीजी को ट्रेन से फेंका गया था। भारतीय राष्ट्रीय कांग्रेस के कलकत्ता अधिवेशन (1901) में गाँधीजी ने प्रथम बार भाग लिया था। द अनार्किकल एण्ड रिवोल्यूशनरी क्राइम एक्ट 1919, को सामान्य बोलचाल की भाषा में रॉलेट एक्ट कहा जाता है।*

गाँधीजी के प्रारम्भिक सत्याग्रह

गाँधीजी ने अपने राजनीतिक गुरु गोपालकृष्ण गोखले की सलाह पर दो वर्षों (वर्ष 1915-16) तक सम्पूर्ण देश का भ्रमण किया। तत्पश्चात् इन्होंने वर्ष 1917 से 1918 के बीच तीन प्रारम्भिक आन्दोलन—चम्पारण सत्याग्रह, अहमदाबाद मजदूर आन्दोलन तथा खेड़ा कृषक आन्दोलन (1918) का सफल नेतृत्व किया। इसके पश्चात् वे भारतीय राजनीति में एक प्रमुख एवं प्रभावशाली नेता के रूप में प्रसिद्ध हो गए।

चम्पारण सत्याग्रह, 1917

- बिहार के चम्पारण जिले में गाँधीजी ने सत्याग्रह का पहला प्रयोग वर्ष 1917 में किया। चम्पारण में नील की खेती करने वाले किसानों पर यूरोपीय मालिक बहुत अधिक अत्याचार करते थे।

- यूरोपीय लोगों ने किसानों से एक अनुबन्ध करा लिया था कि वे अपनी भूमि के 3/20वें (कट्ठा) भाग पर अनिवार्य रूप से नील की खेती करें। यह व्यवस्था तिनकठिया के नाम से जानी जाती थी।
- 19वीं सदी में रासायनिक रंगों के आविष्कार ने नील को बाजार से बाहर कर दिया, इसलिए यूरोपियों को नील की खेती बन्द करनी पड़ी। अत: मालिकों ने किसानों को अनुबन्धन से मुक्त करने के लिए लगान व अन्य गैर-कानूनी करों; जैसे-शाहबेरी (बढ़ा हुआ लगान) और तावान (एकमुश्त मुआवजा) की दर को मनमाने तरीके से बढ़ा दिया तथा किसानों को अपनी तय की गई रकम पर माल बेचने के लिए बाध्य किया गया।
- वर्ष 1917 में चम्पारण के एक किसान राजकुमार शुक्ल ने गाँधीजी से लखनऊ में मुलाकात की (लखनऊ अधिवेशन के दौरान) तथा उन्हें चम्पारण की समस्याओं से अवगत कराया और चम्पारण आने का प्रस्ताव दिया।
- गाँधीजी के चम्पारण पहुँचते ही अधिकारियों द्वारा उन्हें वहाँ से वापस चले जाने का आदेश दिया गया।
- गाँधीजी ने इसे मानने से इनकार कर दिया। उन्होंने सरकार से समस्या का उचित समाधान करने के लिए कहा।
- सरकार ने मामले की जाँच के लिए एक आयोग का गठन किया तथा गाँधीजी को भी इसका सदस्य बनाया गया। इसके पश्चात् बागान मालिक (ठेकेदार) अवैध वसूली का 25% भाग लौटाने को तैयार हो गए। एक दशक के अन्दर बागान मालिकों ने चम्पारण छोड़ दिया।
- चम्पारण में गाँधीजी के निकट सहयोगियों में ब्रजकिशोर, राजेन्द्र प्रसाद, महादेव देसाई, नरहरि पारिख, जे. बी. कृपलानी, सी. एफ. एण्ड्रयूज, डॉ. अनुग्रह नारायण सिंह आदि थे।
- चम्पारण सत्याग्रह के दौरान गाँधीजी के कुशल नेतृत्व से प्रभावित होकर रबीन्द्रनाथ टैगोर ने उन्हें महात्मा की उपाधि प्रदान की।

गिरमिटिया प्रथा और गाँधीजी

ब्रिटिश शासकों द्वारा भारतीय मजदूरों को विदेशों में भेजकर उनसे अमानवीय दशाओं में कार्य कराया जाता था, इसे **गिरमिटिया प्रथा** कहा जाता था। **गिरमिटिया** शब्द अंग्रेजी के **एग्रीमेण्ट** शब्द का अपभ्रंश है। दस्तावेज पर अँगूठा लगाकर भेजे गए मजदूरों को गिरमिट मजदूर कहा जाता था। गाँधीजी ने इसके विरुद्ध सर्वप्रथम दक्षिण अफ्रीका में अभियान चलाया था। उनके प्रयासों से 12 मार्च, 1917 को ब्रिटिश सरकार ने इसे समाप्त कर दिया।

अहमदाबाद मिल मजदूर आन्दोलन, 1918

- चम्पारण में सफल होने के बाद गाँधीजी ने सत्याग्रह का अगला प्रयोग वर्ष 1918 में अहमदाबाद की एक सूती मिल में किया। यह आन्दोलन सरकारी तन्त्र के विरुद्ध न होकर भारतीय कपड़ा मिल मालिकों के विरुद्ध था। यहाँ पर मालिकों एवं मजदूरों में प्लेग बोनस को लेकर विवाद था। मिल मालिक प्लेग की समाप्ति होने पर बोनस को समाप्त करना चाहते थे, जिसका मजदूरों ने विरोध किया।
- मिल मालिकों के साथ समझौता वार्ता विफल हो जाने पर गाँधीजी ने मजदूरों को भूख हड़ताल पर जाने को कहा, इसके अतिरिक्त उन्होंने 35% बोनस की माँग रखने का प्रस्ताव दिया, क्योंकि प्रथम विश्वयुद्ध के कारण महँगाई अधिक बढ़ गई थी।
- मिल मालिकों ने केवल 20% बोनस देने की घोषणा की और यह कहा कि जो इसे स्वीकार नहीं करेगा, उसे नौकरी से बहिष्कृत कर दिया जाएगा। अन्तत: सम्पूर्ण मामले को एक न्यायाधिकरण (ट्रिब्यूनल) को सौंप दिया गया। न्यायाधिकरण ने भी 35% बोनस की माँग को सही ठहराया।
- इसमें मिल मालिकों में से एक अम्बालाल साराभाई की बहन अनुसुइया बेन ने उनका साथ दिया, जबकि उनके भाई अम्बालाल साराभाई गाँधीजी के मित्र होते हुए भी उनके विरोधी थे।
- इस आन्दोलन के दौरान गाँधीजी ने पहली बार भूख हड़ताल की।

खेड़ा सत्याग्रह, 1918

- गुजरात का खेड़ा जिला वर्ष 1918 में भीषण दुर्भिक्ष का शिकार हुआ तथा इस क्षेत्र की सम्पूर्ण फसल नष्ट हो गई। सरकार ने मालगुजारी वसूलने की प्रक्रिया को बन्द नहीं किया, बल्कि इसके अतिरिक्त 23% की वृद्धि भी कर दी, जबकि राजस्व संहिता के अनुसार, यदि फसल का उत्पादन कुल उत्पाद के एक-चौथाई से कम हो, तो किसानों का राजस्व पूर्ण रूप से माफ कर दिया जाना चाहिए।
- इसके लिए किसानों ने मोहनलाल पण्ड्या के नेतृत्व में आन्दोलन शुरू किया। इस आन्दोलन में गाँधीजी के साथ सर्वेण्ट्स ऑफ इण्डिया सोसायटी के सदस्य विट्ठलभाई पटेल के अतिरिक्त वल्लभभाई पटेल, इन्दुलाल याज्ञनिक आदि रहे।
- गुजरात सभा ने भी इस आन्दोलन में महत्त्वपूर्ण भूमिका निभाई। इसके अध्यक्ष गाँधीजी थे। गाँधीजी ने इस मुद्दे को उठाया। इन्होंने किसानों को राजस्व अदा न करने तथा दमनकारी नीतियों के प्रति संघर्ष करने की प्रेरणा दी।
- इस दौरान सरकार द्वारा यह आदेश दे दिया गया कि लगान केवल उन्हीं किसानों से वसूल किया जाए, जो वास्तव में, लगान देने में सक्षम हों। इस आदेश के पश्चात् गाँधीजी ने इस आन्दोलन को पूर्ण रूप से समाप्त कर दिया। यह गाँधीजी का प्रथम किसान आन्दोलन था।

रॉलेट सत्याग्रह, 1919

- देश में बढ़ रही क्रान्तिकारी गतिविधियों को समाप्त करने के लिए सरकार ने वर्ष 1917 में न्यायाधीश सिडनी रॉलेट की अध्यक्षता में एक समिति को नियुक्त किया, जिसका कार्य आतंकवाद को समाप्त करने के लिए एक प्रभावी योजना का निर्माण करना था।
- रॉलेट समिति के सुझावों के आधार पर फरवरी, 1919 को केन्द्रीय विधानपरिषद् में दो विधेयक पेश किए गए, जिसमें एक विधेयक परिषद् के भारतीय सदस्यों के विरोध के पश्चात् भी पारित हो गया।
- इस क्रान्तिकारी एवं अराजकतावादी अधिनियम को रॉलेट एक्ट या काला कानून के नाम से जाना जाता है, जिसे 18 मार्च, 1919 को तीन वर्ष की अवधि के लिए पारित किया गया था। रॉलेट एक्ट को भारतीय जनता ने काला कानून कहकर आलोचना की।
- मालवीय जी, जिन्ना तथा मजहरुल हक ने इस कानून के विरोध में केन्द्रीय व्यवस्थापिका सभा से इस्तीफा दे दिया।
- गाँधीजी ने इस एक्ट का विरोध किया एवं 6 अप्रैल को जनता से देशव्यापी आन्दोलन का आह्वान किया तथा सत्याग्रह सभा की स्थापना की।
- रॉलेट एक्ट के द्वारा अंग्रेजी सरकार, जिसको जब तक चाहे, बिना मुकदमा चलाए जेल में बन्द रख सकती थी, इसलिए इस कानून को बिना वकील, बिना अपील, बिना दलील का कानून कहा गया।

- सरकार ने इस विद्रोह को दबाने के लिए दमनचक्र चलाया। अनेक स्थानों पर पुलिस द्वारा निहत्थी भीड़ पर गोली चलाई गईं, जिसमें अनेक व्यक्ति मारे गए। इसमें सबसे भीषण स्थिति पंजाब में थी।
- इस घटना के पश्चात् गाँधीजी का पंजाब तथा दिल्ली में प्रवेश प्रतिबन्धित कर दिया गया था। 9 अप्रैल को गाँधीजी पलवल (हरियाणा) में प्रवेश के समय गिरफ्तार कर लिए गए।
- इससे देश में अधिक आक्रोश बढ़ गया, जिससे उन्हें बम्बई ले जाकर रिहा कर दिया गया।

जलियाँवाला बाग हत्याकाण्ड, 1919

- पंजाब के लोकप्रिय नेता डॉ. सैफुद्दीन किचलू और डॉ. सत्यपाल की गिरफ्तारी के विरोध प्रदर्शन हेतु 10 अप्रैल, 1919 को निकाले गए एक शान्तिपूर्ण जुलूस पर पुलिस ने गोली चलाकर कुछ निहत्थे आन्दोलनकारियों को मार दिया, जिससे स्थिति अनियन्त्रित हो गई, परिणामस्वरूप 12 अप्रैल, 1919 को सेना बुलाई गई।

> गोलीकाण्ड और कुछ नेताओं; जैसे–डॉ. सैफुद्दीन किचलू और डॉ. सत्यपाल की गिरफ्तारी के विरोध में **13 अप्रैल, 1919** को (बैशाखी के दिन) अमृतसर के जलियाँवाला बाग में एक शान्तिपूर्ण सभा का आयोजन किया गया था। यह सभा स्थल चारों ओर से ऊँची-ऊँची दीवारों से घिरा था।

- इस सभा स्थल पर अंग्रेज जनरल डायर ने बिना कोई पूर्व सूचना या चेतावनी के भीड़ पर गोली चलवा दी, जिसमें हजारों लोग मारे गए।

हत्याकाण्ड की प्रतिक्रिया

- सी. एफ. एण्ड्रयूज ने जलियाँवाला बाग हत्याकाण्ड को जान-बूझकर की गई हत्या की संज्ञा दी।
- हत्याकाण्ड के विरोध में रबीन्द्रनाथ टैगोर ने नाइटहुड की उपाधि वापस कर दी और वायसराय की कार्यकारिणी के सदस्य शंकरनायर ने भी कार्यकारिणी परिषद् से त्याग-पत्र दे दिया।

ब्रिटिश सरकार की प्रतिक्रिया

- डायर की प्रशंसा में हाउस ऑफ कॉमन एवं लॉर्ड में भाषण दिए गए। उसे ब्रिटिश साम्राज्य का शेर कहा गया तथा Sword of Honour (मान की तलवार) एवं 2,600 पौण्ड की धनराशि दी गई।
- जलियाँवाला बाग हत्याकाण्ड के समय पंजाब प्रान्त के लेफ्टिनेण्ट गवर्नर माइकल ओ डायर थे, जबकि अमृतसर शहर का प्रशासन सैन्य अधिकारी ब्रिगेडियर जनरल ओ डायर को सौंपा गया था।
- जलियाँवाला बाग हत्याकाण्ड के बाद पंजाब में लगे मॉर्शल लॉ के दौरान गुजराँवाला और उसके समीपवर्ती क्षेत्रों पर हवाई जहाज से आक्रमण किए गए।

> जलियाँवाला बाग हत्याकाण्ड के समय ही पंजाब में **चमनदीप** के नेतृत्व में एक **डण्डा फौज** अस्तित्व में आई, जो लाठियों और चिड़ियामार बन्दूकों से लैस होकर सड़कों पर गश्त लगाते और पोस्टर चिपकाते थे।

- चारों ओर से दबाव बढ़ने पर सरकार ने इस हत्याकाण्ड की जाँच हेतु लॉर्ड हण्टर की अध्यक्षता में हण्टर समिति की नियुक्ति की। इसके सदस्य जस्टिस रैस्किन, राइस, सर जॉर्जबरो, सर टॉमस स्मिथ, सर चिमनलाल सीतलवाड़, शाहबाज, सुल्तान अहमद तथा जगत नारायण थे।
- हण्टर कमीशन ने डायर पर कोई दण्डात्मक या अनुशासनात्मक कार्यवाही नहीं की, क्योंकि डायर के कार्यों को उसके विभिन्न वरिष्ठों द्वारा माफ कर दिया गया।
- हत्याकाण्ड के दोषी लोगों को बचाने के लिए सरकार ने हण्टर आयोग की रिपोर्ट आने से पूर्व इण्डेम्निटी बिल पास कर लिया तथा सजा के रूप में डायर को नौकरी से बर्खास्त किया गया, किन्तु ब्रिटेन में उसे ब्रिटिश साम्राज्य का शेर की उपाधि दी गई।
- हण्टर समिति की रिपोर्ट में कहा गया कि इस काण्ड में सरकार का कोई दोष नहीं था। गाँधीजी ने इस रिपोर्ट को पन्ने दर पन्ने सरकारी लीपापोती कहा।
- जलियाँवाला बाग हत्याकाण्ड की जाँच के लिए कांग्रेस द्वारा भी मदन मोहन मालवीय की अध्यक्षता में एक समिति का गठन किया गया।
- इसके सदस्य मोतीलाल नेहरू, गाँधीजी, सी आर दास, अब्बास तैयबजी तथा एम आर जयकर थे। इसे तहकीकात कमेटी भी कहा जाता है।
- उल्लेखनीय है कि वर्ष 2013 में तत्कालीन ब्रिटिश प्रधानमन्त्री डेविड कैमरून ने इस स्मारक की यात्रा की थी तथा उन्होंने इस घटना को ब्रिटिश इतिहास की एक शर्मनाक घटना बताया था।

खिलाफत आन्दोलन, 1919

- प्रथम विश्वयुद्ध के उपरान्त ब्रिटेन एवं तुर्की के मध्य होने वाली सेब्रे की सन्धि से तुर्की के सुल्तान के समस्त अधिकार छिन गए।
- विश्व के मुसलमान तुर्की के सुल्तान को अपना खलीफा मानते थे।
- प्रथम विश्वयुद्ध में भारतीय मुसलमानों ने तुर्की के विरुद्ध अंग्रेजों की इस शर्त पर सहायता की थी कि वे भारतीय मुसलमानों के धार्मिक मामलों में हस्तक्षेप न करें तथा साथ ही उनके धर्मस्थलों की रक्षा करें, परन्तु युद्ध में इंग्लैण्ड की विजय के बाद सरकार अपने वादे से पीछे हट गई।
- अत: भारतीय मुसलमान ब्रिटिश सरकार से ईर्ष्या करने लगे और ऐसे अवसर को हिन्दू-मुस्लिम एकता के लिए उपयुक्त माना गया।
- महात्मा गाँधी ने मुसलमानों के प्रति सहानुभूति व्यक्त की। 23 नवम्बर, 1919 को दिल्ली में अखिल भारतीय खिलाफत कमेटी का अधिवेशन हुआ और गाँधीजी को इसका अध्यक्ष चुना गया।
- गाँधीजी के सुझाव पर असहयोग एवं स्वदेशी की नीति अपनाई गई।
- वर्ष 1918-19 के मध्य भारत में खिलाफत आन्दोलन मौलाना मुहम्मद अली, शौकत अली, हकीम अफजल खाँ, हसरत मोहानी एवं अबुल कलाम आजाद के सहयोग से मजबूत हुआ।
- खिलाफत आन्दोलन वर्ष 1924 में उस समय समाप्त हो गया, जब कमाल पाशा के नेतृत्व में बनी तुर्की सरकार द्वारा खलीफा के पद को समाप्त कर दिया गया।

असहयोग आन्दोलन, 1920-22

- असहयोग आन्दोलन का प्रस्ताव गाँधीजी ने तैयार किया था, जबकि इसे सी आर दास ने पेश किया था।
- कलकत्ता में कांग्रेस के विशेष अधिवेशन (1920) में यह प्रस्ताव पारित हुआ।

- असहयोग आन्दोलन सम्बन्धी प्रस्ताव की दिसम्बर, 1920 में नागपुर में हुए कांग्रेस के वार्षिक अधिवेशन में पुष्टि कर दी गई।
- सितम्बर, 1920 में कलकत्ता कांग्रेस के विशेष अधिवेशन में गाँधीजी द्वारा प्रस्तुत असहयोग के प्रस्ताव का सी आर दास तथा लाला लाजपत राय ने विरोध किया था। इस समय भारतीय राष्ट्रीय कांग्रेस के संविधान में महत्त्वपूर्ण परिवर्तन किए गए।
- प्रथम भारतीय राष्ट्रीय कांग्रेस के संविधान का जो लक्ष्य ब्रिटिश साम्राज्य के अन्दर स्वशासन था, उसके स्थान पर अब स्वराज का लक्ष्य प्रस्तावित किया गया।
- दूसरा कांग्रेस संगठन में क्रान्तिकारी परिवर्तन किए गए तथा रचनात्मक कार्यक्रम तैयार किए गए। इसके प्रमुख कार्यक्रम थे
  - सभी वयस्कों को कांग्रेस की सदस्यता प्रदान करना।
  - कांग्रेस के रोजमर्रा के क्रिया-कलापों को देखने के लिए 15 सदस्यीय कार्यकारिणी समिति गठित की गई।
  - स्थानीय स्तर पर तथा भाषायी आधार पर प्रदेश कांग्रेस कमेटियों का गठन किया गया।
  - गाँवों एवं कस्बों में भी कांग्रेस समितियों का गठन किया गया।
  - सदस्यता फीस 25 पैसा (चार आना) वार्षिक कर दी गई। सभी वयस्कों को कांग्रेस की सदस्यता प्रदान करने का लक्ष्य रखा गया।
  - 300 सदस्यों वाली अखिल भारतीय कांग्रेस समिति का गठन किया गया।
  - स्वयं सेवकों का दल बनाना और इसमें 1.5 लाख स्वयं सेवकों की भर्ती करना।
- इन परिवर्तनों के अतिरिक्त स्वदेशी विशेषकर हाथ की कताई-बुनाई को प्रोत्साहन देना, हिन्दुओं में अस्पृश्यता का निवारण करना, हिन्दू-मुस्लिम एकता का संवर्द्धन तथा यथासम्भव हिन्दी के प्रयोग आदि को सम्मिलित किया गया।
- असहयोग आन्दोलन के प्रमुख कार्यक्रम दो रूपों-सकारात्मक एवं नकारात्मक में रहे।

> नागपुर अधिवेशन के बाद स्वराज के लक्ष्य तक पहुँचने के लिए कांग्रेस ने केवल संवैधानिक उपायों के स्थान पर सभी शान्तिमय और उचित उपाय, जिसमें केवल आवेदन और अपील भेजना ही शामिल नहीं था, अपितु सरकार को कर देने से मना करने जैसी सीधी कार्यवाही भी शामिल थी, को अपनाने पर बल दिया।

असहयोग आन्दोलन की प्रगति

- गाँधीजी द्वारा 1 अगस्त, 1920 को असहयोग आन्दोलन शुरू किया गया, जिसमें गाँधीजी ने अपने केसर-ए-हिन्द, जुलू युद्ध पदक और बोअर पदक वापस कर दिए।
- गाँधीजी का अनुसरण करते हुए अनेक लोगों ने अपनी पदवियों और उपाधियों को त्याग दिया; जैसे—जमनालाल बजाज ने अपनी राय बहादुर की उपाधि लौटा दी।
- इसके अतिरिक्त मोतीलाल नेहरू, चितरंजन दास, विट्ठलभाई पटेल, वल्लभभाई पटेल, जवाहरलाल नेहरू, राजेन्द्र प्रसाद, सैफुद्दीन किचलू, चक्रवर्ती राजगोपालाचारी, अरुणा आसफ अली ने अपनी वकालत छोड़ दी।
- असहयोग आन्दोलन की शुरुआत के समय ही कांग्रेस को तिलक की मृत्यु (1 अगस्त, 1920) का एक बड़ा आघात झेलना पड़ा। उनकी स्मृति में असहयोग आन्दोलन को आर्थिक सहायता प्रदान करने हेतु तिलक स्वराज फण्ड की स्थापना की गई। इसमें 6 माह के अन्दर ही ₹ 1 करोड़ एकत्रित हो गए। 28 जुलाई, 1921 को महात्मा गाँधी ने प्रिन्स ऑफ वेल्स के भारत आगमन का बहिष्कार करने का निर्णय लिया था।

असहयोग आन्दोलन का प्रसार

- पंजाब में लाला लाजपत राय की प्रेरणा से लाहौर में विद्यार्थियों द्वारा विद्यालयों का सफल बहिष्कार हुआ। यहाँ पर सशक्त अकाली विद्रोह उठा, जो आरम्भ में धार्मिक सुधारवादी आन्दोलन था, लेकिन थोड़े समय के लिए असहयोग आन्दोलन के साथ एकजुट हो गया।
- अकाली आन्दोलन का उद्देश्य भ्रष्ट महन्तों के प्रभुत्व से गुरुद्वारों को मुक्त कर प्रबन्ध अपने हाथ में लेना था।
- मद्रास में इस आन्दोलन के दौरान बर्मिंघम एवं कर्नाटक टेक्सटाइल मिल्स में चार माह तक हड़ताल हुई। इसमें थिरू वीका जैसे स्थानीय नेताओं का सहयोग मिला।
- सलेम के वकील राजगोपालाचारी ने वर्ष 1921 में वकालत छोड़ दी। यद्यपि सत्यमूर्ति, कस्तूरी रंगा अय्यर जैसे राष्ट्रवादी नेताओं ने इसे अनिच्छापूर्वक अपनाया।
- आन्ध्र मुहाना क्षेत्र में यह आन्दोलन सशक्त रहा। कोण्डा वेंकटप्पैया, ए कालेश्वर राव, टी प्रकाशम् और पट्टाभि सीतारमैया जैसे नेताओं का समर्थन मिला। यहाँ व्यापारी वर्ग का भी पर्याप्त समर्थन प्राप्त हुआ।
- उन्नाव लक्ष्मीनारायण के तेलुगू उपन्यास मालपल्ली (1922) में गाँधीवादी उपायों की चर्चा की गई है।
- गुण्टूर जिले के चिराल-पराल में डुगीराला गोपाल कृष्णैया के नेतृत्व में विरोध हुआ था।
- मालाबार क्षेत्र इरनाड़ और वल्लुवनाड़ ताल्लुकों में कई स्थानों तक पुलिस नियन्त्रण समाप्त रहा।
- असम सुरमा घाटी के चाय बागानों में चारगोला के कुलियों ने गाँधी महाराजा की जयकार लगाते हुए पारिश्रमिक में भारी वृद्धि की माँग करते हुए हड़ताल की। वर्ष 1921 की घटनाओं ने असमिया साहित्य पर गहरी छाप छोड़ी। असम केसरी अम्बिकागिरी रायचौधरी की कविताओं में इसे देखा जा सकता है। वैष्णव सम्प्रदाय के गीतों में गाँधीजी को कृष्ण का स्थानापन्न बना दिया गया। मिदनापुर के किसानों ने यूनियन बोर्ड को कर देने से इनकार कर दिया।
- अहमदाबाद अधिवेशन के पश्चात् गाँधीजी ने वायसराय को पत्र लिखा, जिसका सरकार पर कोई प्रभाव नहीं पड़ा तथा वह अपना दमन चक्र चलाती रही। 1 फरवरी, 1922 को गाँधीजी ने घोषणा की कि यदि सरकार राजनैतिक बन्दियों को रिहा करके नागरिक स्वतन्त्रता को बहाल नहीं करेगी तथा प्रेस से नियन्त्रण नहीं हटाएगी, तो वे देशव्यापी सविनय अवज्ञा आन्दोलन छेड़ने के लिए बाध्य हो जाएँगे, जिसमें गाँधीजी ने एक सप्ताह का समय दिया।

चौरी-चौरा काण्ड

- 5 फरवरी, 1922 को चौरी-चौरा (गोरखपुर, उत्तर प्रदेश) काण्ड हुआ। **भगवान अहीर** के नेतृत्व में होने वाले एक प्रदर्शन के दौरान स्थानीय लोगों ने पुलिस से झड़प के पश्चात् पुलिस चौकी में आग लगा दी, जिसके कारण 22 पुलिस वालों की मौत हो गई। इस घटना के पश्चात् गाँधीजी ने 12 फरवरी, 1922 को असहयोग आन्दोलन वापस ले लिया।
- गाँधीजी द्वारा असहयोग आन्दोलन को स्थगित किए जाने के निर्णय पर लाला लाजपत राय, सुभाषचन्द्र बोस, सी आर दास, मोतीलाल नेहरू, जवाहरलाल नेहरू आदि नेताओं ने आलोचना की।
- 10 मार्च, 1922 को गाँधीजी को गिरफ्तार कर लिया गया। 18 मार्च, 1922 को अहमदाबाद के सेशन जज **ब्रूमफील्ड** की अदालत में गाँधीजी पर मुकदमा चलाया गया और उन्हें 6 वर्ष की सजा दी गई, परन्तु फरवरी, 1924 को बीमारी के कारण गाँधीजी को समय से पूर्व ही छोड़ दिया गया।
- फरवरी, 1922 में बारदोली में कांग्रेस कार्य समिति की बैठक हुई। इसमें एक प्रस्ताव पारित कर ऐसी सभी गतिविधियों पर रोक लगा दी गई, जिनसे कानून का उल्लंघन होता है। इसके साथ ही कई रचनात्मक कार्यों को प्रारम्भ करने की घोषणा भी की गई, जो निम्नलिखित हैं
  – खादी को लोकप्रिय बनाना।
  – राष्ट्रीय स्कूलों की स्थापना।
  – शराबबन्दी के समर्थन में अभियान।
  – अस्पृश्यता उन्मूलन अभियान।
  – हिन्दू-मुस्लिम एकता।

राष्ट्रीय राजनीति, 1922-29 (स्वराज पार्टी)

- असहयोग आन्दोलन की समाप्ति और गाँधीजी की गिरफ्तारी के पश्चात् देश के राजनैतिक वातावरण में एक निराशा का वातावरण फैल गया था। इसी बीच भारत सरकार अधिनियम, 1919 के अन्तर्गत कराए जाने वाले वर्ष 1923 के चुनावों में भाग लेने के उद्देश्य से कांग्रेस में एक समूह का निर्माण हुआ।
- इसने भी कांग्रेस के आन्तरिक संकट को मुखर अभिव्यक्ति दी। कांग्रेस इस समय दो विचारधारा वाले समूहों में बँट गई। इसमें से एक परिवर्तनवादी थे, जो असहयोग आन्दोलन के बाद की लड़ाई को विधानपरिषद् में ले जाना चाहते थे। दूसरे वे थे, जो विधानपरिषदों में प्रवेश के विरोधी थे तथा गाँधीजी के रचनात्मक कार्यक्रम को आगे बढ़ाना चाहते थे।
- दिसम्बर, 1922 के गया अधिवेशन में सी आर दास ने अपने अध्यक्षीय भाषण में विधानपरिषद् में प्रवेश का प्रस्ताव रखा। **सी आर दास** की वकालत के पश्चात् भी गया अधिवेशन में यह प्रस्ताव 890 बनाम 1740 वोटों से हार गया। विपक्षी गुट का नेतृत्व सी राजगोपालाचारी ने किया था।
- प्रस्ताव पारित न होने पर सी आर दास और मोतीलाल नेहरू ने कांग्रेस से त्याग-पत्र दे दिया तथा मार्च, 1923 में इलाहाबाद में **स्वराज पार्टी** बनाई (पूर्व में इसका नाम कांग्रेस खिलाफत स्वराज पार्टी था)। स्वराज पार्टी के अध्यक्ष सी आर दास तथा महासचिव **मोतीलाल नेहरू** बने।
- इसके पश्चात् स्वराज पार्टी वालों को **परिवर्तन समर्थक** (प्रो-चेंजर्स) कहा जाने लगा। इसमें सी आर दास, मोतीलाल नेहरू, हकीम अजमल खाँ, कस्तूरी रंगा एवं विट्ठलभाई पटेल, श्री निवास आयंगर, मदन मोहन मालवीय तथा एम आर जयकर आदि शामिल थे तथा विरोधियों (कांग्रेस) को परिवर्तन विरोधी (नो-चेंजर्स) कहा जाने लगा, जिसमें सी राजगोपालाचारी, वल्लभभाई पटेल, डॉ. राजेन्द्र प्रसाद, एन जी रंगा, आयंगर, डॉ. एम ए अंसारी आदि नेता शामिल थे।
- ऐसे लोग जो लोग विधानपरिषदों के बहिष्कार को समाप्त करने की वकालत करते थे, उन्हें प्रो-चेंजर्स या स्वराजिस्ट के रूप में जाना जाता था और जो लोग परिषदों के बहिष्कार का समर्थन करते थे, उन्हें नो-चेंजर्स के रूप में जाना जाता था।
- केन्द्रीय विधानसभा में मुहम्मद अली जिन्ना ने स्वराज पार्टी का समर्थन किया था।
- सितम्बर, 1923 में मौलाना अबुल कलाम आजाद की अध्यक्षता में दिल्ली में कांग्रेस का एक विशेष अधिवेशन हुआ, जिसके अन्तर्गत स्वराज पार्टी के कार्यक्रमों को कांग्रेस के अन्तर्गत मान्यता दे दी गई।
- वर्ष 1923 के विधानमण्डल चुनावों में भाग लेते समय स्वराजियों ने घोषणा-पत्र में प्रतिज्ञा की कि वे केन्द्रीय विधानसभा व प्रान्तीय विधानसभाओं के कामकाज को बाधित करने के लिए सतत, सुसंगत व अविरल नीति का पालन करेंगे।
- यद्यपि स्वराजियों को चुनाव (नवम्बर, 1923) का बहुत कम समय मिला, लेकिन उन्हें बड़ी सफलता मिली। उन्हें केन्द्रीय विधानसभा की 101 निर्वाचित सीटों में से 42 सीटें मिलीं।
- इन्हें प्रान्तीय विधानपरिषद् में मध्य प्रान्त में स्पष्ट बहुमत मिला और ये बंगाल में सबसे बड़े दल के रूप में उभरे तथा इन्हें बम्बई एवं उत्तर प्रदेश में भी बेहतर सफलता मिली।
- मद्रास तथा पंजाब में जातिवाद एवं साम्प्रदायिकता के कारण बेहतर सफलता नहीं मिल पाई। सेण्ट्रल लेजिस्लेटिव असेम्बली में स्वराजियों ने साझा राजनीतिक मोर्चा बनाया।

गाँधी-दास पैक्ट, 1924

- 5 फरवरी, 1924 को गाँधीजी को रिहा कर दिया गया। गाँधीजी विधानपरिषद् का सदस्य बनने और उसकी कार्यवाही में बाधा पहुँचाने की नीति के विरोधी थे।
- 6 नवम्बर, 1924 को गाँधीजी, सी आर दास, मोतीलाल नेहरू ने एक संयुक्त बयान पर हस्ताक्षर किए, जिसमें कहा गया था कि स्वराजी नेता कांग्रेस के अभिन्न अंग के रूप में कांग्रेस के नेतृत्व में विधानमण्डल में अपना कार्य करते रहेंगे। इसे ही गाँधी-दास पैक्ट कहा गया।
- दूसरी ओर गाँधीजी को ऑल इण्डिया स्पिनर्स एसोसिएशन को संगठित करने तथा सम्पूर्ण देश में चरखे एवं करघे का प्रचार करने का कार्य सौंपा गया। दिसम्बर के बेलगाँव (पूना) अधिवेशन में इसकी अनुमति दे दी गई।

स्वराज पार्टी के प्रमुख कार्य/सफलताएँ

- पहले ही अधिवेशन में मोतीलाल नेहरू ने भारतीयों को सत्ता हस्तान्तरण के लिए नया संविधान बनाने की राष्ट्रीय माँग उठाई।
- सरकार की बजट माँगों के सवाल पर अनेक बार हार हुई, जिसके कारण वायसराय को बजट अपने विशेषाधिकार द्वारा पारित करना पड़ता था।

- स्वराज पार्टी के सदस्यों ने उत्तरदायी शासन की स्थापना हेतु गोलमेज सम्मेलन बुलाने के लिए सुझाव दिया।
- स्वराजवादियों की माँगों के कारण सरकार को 1919 के अधिनियम की समीक्षा करने के लिए वर्ष 1924 में मुण्डीमैन कमेटी का गठन करना पड़ा।
- मुण्डीमैन कमेटी ब्रिटिश और भारतीय सरकार की एक समिति थी। इसका गठन वर्ष 1924 में किया गया था। इसका उद्देश्य भारतीय नेताओं की माँगों को पूरा करना था, ये माँगें भारत की स्वराज पार्टी संकल्प, 1920 से जुड़ी थीं।
- स्थानीय निकायों तथा नगरपालिका के चुनाव हुए। नो-चेंजर्स ने भी इसमें भाग लिया। चुनाव में सी आर दास कलकत्ता के, विट्ठलभाई पटेल अहमदाबाद के, राजेन्द्र प्रसाद पटना के तथा जवाहरलाल नेहरू इलाहाबाद के मेयर चुने गए।
- मोतीलाल नेहरू वर्ष 1925 में सेना के भारतीयकरण हेतु नियुक्त स्क्रीन कमेटी के सदस्य बने।
- स्वराजवादियों की एक प्रमुख सफलता हेतु वर्ष 1925 में विट्ठलभाई पटेल को सेण्ट्रल लेजिस्लेटिव असेम्बली का अध्यक्ष चुना जाना था।
- 16 जून, 1924 को सी आर दास की मृत्यु हो गई। इससे स्वराजियों के लिए संकट की स्थिति आ गई, लेकिन अब तक स्वराजियों ने अपना कार्य कर दिया था तथा संवैधानिक सुधारों की पोल खोल दी थी।
- नवम्बर, 1926 में चुनाव में पार्टी को जैसा अनुमान था, वैसा समर्थन नहीं मिला, लेकिन इस बार भी उन्होंने अनेक अवसरों पर स्थगन प्रस्ताव लाने का कार्य किया; जैसे—वर्ष 1928 में सार्वजनिक सुरक्षा विधेयक (पब्लिक सेफ्टी बिल)। मोतीलाल नेहरू ने इसे भारतीय गुलामी विधेयक नं. 1 कहा।
- पूँजीवाद के दो कट्टर समर्थकों पुरुषोत्तमदास ठाकुर और जी डी बिड़ला ने भी इस विधेयक का विरोध किया।
- लाहौर कांग्रेस अधिवेशन में पारित प्रस्तावों और सविनय अवज्ञा आन्दोलन की शुरुआत होने के कारण वर्ष 1930 में स्वराजियों ने विधानमण्डल को छोड़ दिया और इस प्रकार स्वराज पार्टी का अन्त हो गया।

अन्य राजनीतिक दल

- **राष्ट्रीय उदारवादी लीग** इसकी स्थापना वर्ष 1918 में कांग्रेस से अलग होकर कुछ उदारवादी नेताओं ने की थी। इसे बाद में अखिल भारतीय संघ के नाम से जाना गया। इसने सरकार के साथ सहयोग की नीति अपनाई। इसके प्रमुख नेताओं में तेज बहादुर सप्रू, श्रीनिवास शास्त्री, बिपिनचन्द्र पाल आदि शामिल थे।
- **अखिल भारतीय मुस्लिम लीग** अखिल भारतीय खिलाफत समिति के निष्क्रिय हो जाने के पश्चात् वर्ष 1924 में अखिल भारतीय मुस्लिम लीग का पुनरुत्थान हुआ। मुहम्मद अली जिन्ना इस लीग के स्वयंभू नेता बने।
- **हिन्दू महासभा** इसकी स्थापना पण्डित मदन मोहन मालवीय द्वारा वर्ष 1915 में हरिद्वार के कुम्भ मेले में की गई थी। इसके प्रथम अधिवेशन का आयोजन वर्ष 1915 में कासिम बाजार के महाराजा की अध्यक्षता में किया गया। हिन्दू महासभा दिसम्बर, 1924 में मदन मोहन मालवीय के अध्यक्ष बनने के कारण अधिक प्रभावशाली हो गई।
- **यूनियनिस्ट पार्टी** इस पार्टी की स्थापना पंजाब में भू-स्वामी वर्गों के हितों की रक्षा हेतु की गई थी। इसने वर्ष 1937 के चुनाव में मुस्लिम लीग के साथ पंजाब में सरकार बनाई थी।

क्रान्तिकारी आन्दोलन का द्वितीय चरण

- वर्ष 1922 में गाँधीजी द्वारा अचानक असहयोग आन्दोलन वापस ले लेने से देश में युवाओं को निराशा हुई।
- रूस, चीन, आयरलैण्ड, तुर्की, मिस्र की क्रान्ति से प्रेरित होकर इन्होंने ब्रिटिश साम्राज्य को समाप्त करने का प्रयत्न किया। इसके लिए उन्होंने पुरानी संस्थाओं; जैसे—युगान्तर, अनुशीलन समिति आदि को पुनर्जीवित किया।
- नए क्रान्तिकारी आतंकवादी नेताओं ने कुछ नए क्रान्तिकारी संगठनों की स्थापना की।

पेशावर षड्यन्त्र केस, 1922-23

- मास्को की कम्युनिस्ट यूनिवर्सिटी में प्रशिक्षित 10 भारतीयों को भारत में कम्युनिस्ट आन्दोलन को संगठित करने के लिए भारत भेजा गया।
- ब्रिटिश सरकार ने उन्हें गिरफ्तार कर लिया एवं पेशावर में उन पर मुकदमा चला। यह मुकदमा वर्ष 1922-23 के पेशावर षड्यन्त्र केस के नाम से प्रसिद्ध है।

हिन्दुस्तान रिपब्लिकन एसोसिएशन (HRA), 1924

- अक्टूबर, 1924 में समस्त क्रान्तिकारी दलों का कानपुर में सम्मेलन बुलाया गया तथा हिन्दुस्तान रिपब्लिकन एसोसिएशन (HRA) नामक संगठन की स्थापना की गई।
- HRA की स्थापना शचीन्द्रनाथ सान्याल के नेतृत्व में हुई थी। रामप्रसाद बिस्मिल, योगेशचन्द्र चटर्जी तथा चन्द्रशेखर आजाद, अशफाक उल्ला खाँ, भगत सिंह, राजेन्द्र लाहिड़ी तथा रोशन सिंह आदि इस संगठन के सक्रिय सदस्य थे।
- इस संगठन ने वर्ष 1925 में रिवोल्यूशनरी नामक एक पर्चा निकाला था, जिसमें रूस की भाँति भारत में भी सशस्त्र क्रान्ति का आह्वान किया गया था।
- इस एसोसिएशन की शाखाएँ बंगाल, बिहार, उत्तर प्रदेश, दिल्ली, पंजाब और आन्ध्र प्रदेश आदि प्रान्तों में स्थापित की गई थीं।

कानपुर षड्यन्त्र केस, 1926

- वर्ष 1921 में नलिनी गुप्ता तथा अवनी मुखर्जी रूस से भारत लौटे। ये दोनों बंगाल क्रान्तिकारी दल के सदस्य थे। इन पर ब्रिटिश सरकार द्वारा 21 फरवरी, 1924 को कानपुर षड्यन्त्र केस के अन्तर्गत मुकदमा चलाया गया।
- सरकार ने इन पर आरोप लगाया कि ये लोग षड्यन्त्र रच रहे हैं, जिसका उद्देश्य भारत में क्रान्तिकारी संगठन की स्थापना करना है।
- एस ए डांगे, मुजफ्फर अहमद, शौकत उस्मानी तथा कई अन्य साम्यवादियों को कानपुर बोल्शेविक षड्यन्त्र केस में कारावास की सजा सुनाई गई।

मेरठ षड्यन्त्र केस, 1929-33

- कम्युनिस्टों के बढ़ते प्रभाव को रोकने के लिए ब्रिटिश सरकार ने वर्ष 1928-29 में जन-सुरक्षा कानून, ह्विटले कमीशन, ट्रेड डिस्प्यूट बिल तथा मेरठ षड्यन्त्र केस का सहारा लिया।

- वर्ष 1929 में मेरठ षड्यन्त्र केस में कुल 31 लोगों पर मुकदमा चला, जिनमें तीन अंग्रेज (फिलिप स्प्रेट, वेन ब्रैडल तथा लेस्टर हचिन्सन) भी थे। यह मुकदमा लगभग साढ़े तीन वर्ष चला।
- इस केस का फैसला 16 जनवरी, 1933 को सुनाया गया, जिसमें 27 अभियुक्तों को कड़ी सजा दी गई।
- मेरठ षड्यन्त्र केस के अभियुक्तों के समर्थन में आइन्स्टीन एच जी वेल्स, हेराल्ड लॉस्की तथा रूजवेल्ट ने सहानुभूति प्रकट की थी।

काकोरी काण्ड, 1925

- 9 अगस्त, 1925 को हिन्दुस्तान रिपब्लिकन एसोसिएशन (HRA) के क्रान्तिकारियों के द्वारा उत्तर रेलवे के लखनऊ-सहारनपुर सम्भाग के काकोरी नामक स्थान पर 8 डाउन पैसेन्जर ट्रेन पर डकैती डालकर सरकारी खजाने को लूट लिया गया।
- इसके पश्चात् 29 लोगों को गिरफ्तार करके उन पर काकोरी षड्यन्त्र काण्ड में मुकदमा चलाया गया। इस काण्ड में रामप्रसाद बिस्मिल (गोरखपुर), अशफाक उल्ला खाँ (फैजाबाद), रोशनलाल (इलाहाबाद) तथा राजेन्द्र लाहिड़ी (गोण्डा) को फाँसी दी गई।
- उल्लेखनीय है कि इस षड्यन्त्र काण्ड के एकमात्र बचे हुए फरार व्यक्ति चन्द्रशेखर आजाद थे।
- काकोरी काण्ड में शामिल क्रान्तिकारियों की पैरवी गोविन्द बल्लभ पन्त व चन्द्र भानु गुप्त जैसे कांग्रेसी वकीलों ने की थी।

हिन्दुस्तान सोशलिस्ट रिपब्लिकन एसोसिएशन (एचएसआरए)

- एचएसआरए की स्थापना चन्द्रशेखर आजाद के नेतृत्व में 10 सितम्बर, 1928 को दिल्ली के फिरोजशाह कोटला मैदान में हुई थी। उल्लेखनीय है कि काकोरी काण्ड के पश्चात् पुलिस के दमन के कारण हिन्दुस्तान रिपब्लिकन एसोसिएशन का क्रान्तिकारी संगठन के रूप में अस्तित्व कुछ समय के लिए लगभग समाप्त हो गया था।
- एचएसआरए का उद्देश्य भारत में समाजवादी गणतन्त्रवादी राज्य की स्थापना करना था। इसके प्रमुख नेताओं में भगत सिंह, भगवतीचरण वोहरा, सुखदेव, विजय कुमार सिन्हा, शिव वर्मा, जयदेव कपूर आदि थे।

साण्डर्स की हत्या, 1928

- लाहौर के सहायक पुलिस अधीक्षक साण्डर्स ने 30 अक्टूबर, 1928 को लाहौर में साइमन कमीशन विरोधी अभियान के दौरान लाला लाजपत राय पर लाठी चार्ज करवाकर उन्हें गम्भीर रूप से घायल कर दिया था। इसके कुछ समय पश्चात् 17 नवम्बर, 1928 को लाला लाजपत राय की मृत्यु हो गई।
- 17 दिसम्बर, 1928 को लाहौर रेलवे स्टेशन पर भगत सिंह, चन्द्रशेखर आजाद और राजगुरु ने साण्डर्स की हत्या कर दी। उल्लेखनीय है कि एचएसआरए का यह पहला क्रान्तिकारी कार्य था।

सेण्ट्रल लेजिस्लेटिव असेम्बली बम काण्ड, 1929

- एचएसआरए के दो सदस्यों भगत सिंह एवं बटुकेश्वर दत्त ने 8 अप्रैल, 1929 को केन्द्रीय विधानसभा में बम फेंके। इन्होंने पब्लिक सेफ्टी बिल तथा ट्रेड डिस्प्यूट बिल के विरोध में बम फेंका था, बम खाली स्थान पर फेंका गया था, जिसका उद्देश्य किसी को हानि पहुँचाना नहीं, बल्कि बहरे कानों तक अपनी आवाज पहुँचाना था।
- केन्द्रीय विधानसभा में बम फेंकते समय ही भगत सिंह ने पहली बार इन्कलाब जिन्दाबाद का नारा दिया था।

लाहौर षड्यन्त्र मुकदमा, 1929

- सेण्ट्रल लेजिस्लेटिव असेम्बली बम काण्ड में किसी की मृत्यु नहीं हुई थी, लेकिन भगत सिंह एवं बटुकेश्वर दत्त को गिरफ्तार कर पुलिस द्वारा 5 अप्रैल, 1929 को एचएसआरए की बम फैक्ट्री (लाहौर) में छापा डाला गया और किशोरी लाल, सुखदेव तथा जयगोपाल को गिरफ्तार कर लिया गया।
- भगत सिंह, बटुकेश्वर दत्त, राजगुरु आदि क्रान्तिकारियों द्वारा राजनीतिक कैदी का दर्जा देने तथा जेल की अव्यवस्था के कारण इन्होंने भूख हड़ताल शुरू कर दी। भूख हड़ताल 13 जुलाई, 1929 को शुरू हुई।
- जेल प्रशासन ने इस हड़ताल को दबाने की बहुत कोशिश की, लेकिन वे सफल नहीं हुए। 13 सितम्बर, 1929 को 64वें दिन जतिन दास की मृत्यु हो गई।
- 23 मार्च, 1931 को लाहौर षड्यन्त्र केस में भगत सिंह, सुखदेव एवं राजगुरु को फाँसी दे दी गई।
- एचएसआरए के एक सदस्य चन्द्रशेखर आजाद की 27 फरवरी, 1931 को इलाहाबाद में अल्फ्रेड पार्क में पुलिस मुठभेड़ में मृत्यु हो गई। इस प्रकार एचएसआरए की गतिविधियाँ समाप्त हो गईं।

चटगाँव आर्मरी रेड, 1930

- पूर्वी बंगाल में चटगाँव नामक बन्दरगाह पर प्रसिद्ध क्रान्तिकारी सूर्यसेन के नेतृत्व में वहाँ के क्रान्तिकारियों ने विद्रोह का प्रयत्न किया। सूर्यसेन ने इण्डियन रिपब्लिकन आर्मी (आईआरए) की स्थापना की तथा यह गाँधीजी के असहयोग आन्दोलन के समय बंगाल के प्रमुख नेता थे।
- सूर्यसेन चटगाँव में राष्ट्रीय विद्यालय में एक शिक्षक थे, लोग उन्हें प्यार से मास्टर दा कहते थे।
- इसके सदस्यों में अनन्त सिंह, अम्बिका चक्रवर्ती, लोकीनाथ बाउल, प्रीतिलता वाडेदार, गणेश घोष, कल्पना दत्त, आनन्द गुप्ता, मीर अहमद, फकीर अहमद, तुनु मियाँ आदि थे। सूर्यसेन ने भारतीय गणतन्त्र सेना (आईआरए) की ओर से एक घोषणा-पत्र जारी किया, जिसमें चटगाँव मैमन सिंह के सरकारी शस्त्रागारों पर एक ही समय आक्रमण करने की योजना थी।
- इसके लिए 18 अप्रैल, 1930 को सूर्यसेन के नेतृत्व में चटगाँव, बरीसाल तथा मैमन सिंह स्थित सरकारी शस्त्रागारों पर अधिकार कर लिया।
- शस्त्रागार पर अधिकार के पश्चात् 65 सदस्यीय क्रान्तिकारी दल के समक्ष सूर्यसेन ने इन्कलाब जिन्दाबाद का नारा लगाया और तिरंगा झण्डा फहराया तथा अस्थायी क्रान्तिकारी सरकार का गठन किया। सूर्यसेन इसके राष्ट्रपति बने। 22 मई, 1930 को ब्रिटिश सेना और आईआरए के मध्य संघर्ष हुआ। क्रान्तिकारी कारतूस लेना भूल गए थे। अनेक क्रान्तिकारी पकड़े गए और उन पर मुकदमा चलाया गया।
- सूर्यसेन 16 फरवरी, 1933 को गिरफ्तार कर लिए गए तथा 12 जनवरी, 1934 को उन्हें फाँसी दे दी गई।

- प्रीतिलता वाडेदार ने अंग्रेजों से बचने के लिए आत्महत्या कर ली थी। कल्पना दत्त को आजीवन कारावास की सजा मिली।

> दिसम्बर, 1931 में **सुनीति चौधरी** तथा **शान्ति घोष** ने गोली मारकर एक जिलाधिकारी (वी जी स्टीवेन्सन) की हत्या कर दी। फरवरी, 1932 में बीना दास ने दीक्षान्त समारोह के दौरान उपाधि ग्रहण करते समय गवर्नर (स्टैनले जैक्शन) को गोली मार दी।

साइमन कमीशन, 1927-28

- वर्ष 1919 के भारत शासन अधिनियम में कहा गया था कि अधिनियम के पारित होने के दस वर्ष बाद एक संवैधानिक आयोग की नियुक्ति की जाएगी, जो इसकी प्रगति की जाँच करेगा, लेकिन भारत में बढ़ते असन्तोष के कारण इसे निश्चित समय से दो वर्ष पूर्व ही गठित कर दिया गया। इसे राज्य सचिव लॉर्ड बर्केनहेड ने गठित किया था।
- सर जॉन साइमन की अध्यक्षता में गठित साइमन कमीशन में साइमन सहित कुल 7 सदस्य थे, जिसमें क्लीमेण्ट एटली, मि. वाथम, एडवर्ड कैडेगन, वेर्नोन, हार्टशोन, जॉर्ज लेन फाक्स, स्ट्रैथकोना आदि शामिल थे, चूँकि इसके सभी सदस्य अंग्रेज थे, इसलिए कांग्रेसियों ने इसे श्वेत कमीशन कहा।
- 11 दिसम्बर, 1927 को इलाहाबाद में हुए एक सर्वदलीय सम्मेलन के आयोग में एक भी भारतीय सदस्य को न नियुक्त किए जाने के कारण इसके बहिष्कार का निर्णय लिया गया।
- 8 नवम्बर, 1927 को साइमन कमीशन की नियुक्ति की घोषणा की गई तथा साइमन कमीशन की भारत में तीव्र प्रतिक्रिया हुई।
- 27 दिसम्बर, 1927 को मद्रास में हुए कांग्रेस के वार्षिक अधिवेशन, जिसकी अध्यक्षता एम ए अंसारी ने की थी, में साइमन कमीशन के पूर्ण बहिष्कार का निर्णय लिया गया।
- साइमन आयोग जहाँ भी गया, वहाँ साइमन गो बैक के नारे लगाए गए। 3 फरवरी, 1928 को साइमन कमीशन (बम्बई) भारत पहुँचा।
- तत्कालीन राजनीतिक दलों में लिबरल फेडरेशन (तेजबहादुर सप्रू), भारतीय औद्योगिक वाणिज्यिक कांग्रेस, हिन्दू महासभा, किसान मजदूर पार्टी, मुस्लिम लीग आदि ने आयोग के बहिष्कार का समर्थन किया।
- मुस्लिम लीग का मुहम्मद शफी गुट, जस्टिस पार्टी (मद्रास), यूनियनिस्ट पार्टी (पंजाब), डॉ. बी आर अम्बेडकर के नेतृत्व में संचालित डिप्रेस्ड क्लास एसोसिएशन और हरिजनों के कुछ संगठनों ने साइमन कमीशन का समर्थन किया।
- वर्ष 1928-29 के मध्य कमीशन ने भारत की दो बार यात्रा की। आयोग ने मई, 1930 में अपनी रिपोर्ट प्रस्तुत की। साइमन विरोधी इस आन्दोलन ने भारतीय स्वतन्त्रता संग्राम को निर्णय की ओर अग्रसरित किया।

नेहरू रिपोर्ट, 1928

- लॉर्ड बर्केनहेड (भारत सचिव) ने साइमन कमीशन की नियुक्ति करने के साथ ही राष्ट्रीय नेतृत्व को एक ऐसा संविधान बनाने की चुनौती भी दी, जो देश के सभी समुदायों और वर्गों को स्वीकार हो।
- कांग्रेस ने इस चुनौती को स्वीकार किया और 28 फरवरी, 1928 को दिल्ली में सर्वदलीय सम्मेलन बुलाया। इसमें कुल 29 संस्थाओं ने भाग लिया।
- 10 मई, 1928 को डॉ. अंसारी की अध्यक्षता में पुनः इसकी बैठक हुई, जहाँ पर भारत के संविधान का प्रारूप तैयार करने के लिए 9 व्यक्तियों की एक कमेटी नियुक्त की गई। प. मोती लाल नेहरू इस कमेटी के अध्यक्ष थे।

> अध्यक्ष के अतिरिक्त 9 सदस्यीय कमेटी के सदस्य थे—**वी वी सप्रू** (लिबरेशन फेडरेशन), **सुभाषचन्द्र बोस** (कांग्रेस), **जी पी प्रधान** (गैर-ब्राह्मण), **एन एम जोशी** (लेबर पार्टी), **एम एस अणे** (हिन्दू महासभा), **एम आर जयकर** (हिन्दू महासभा, किन्तु बाद में नाम वापस ले लिया), **अली इमाम** (मुस्लिम लीग), **शोएब कुरैशी** (मुस्लिम लीग), मंगल सिंह (सिख) इत्यादि शामिल थे।

- अन्ततः नेहरू समिति ने 28 अगस्त, 1928 को अपनी रिपोर्ट प्रस्तुत की। इसे लखनऊ में आयोजित सर्वदलीय सम्मेलन में स्वीकार कर लिया गया।

नेहरू रिपोर्ट की मुख्य सिफारिशें

- भारत को संसदीय शासन प्रणाली के साथ डोमिनियन का दर्जा, द्विसदनीय विधायिका-सीनेट और प्रतिनिधि सभा।
- गवर्नर-जनरल कार्यकारी परिषद् की सलाह पर काम करेगा, जो सामूहिक रूप से संसद के प्रति उत्तरदायी हो, प्रान्तीय परिषदों का कार्यकाल 5 वर्ष का होगा।
- भारत में संघीय सरकार होनी चाहिए, जिसमें अवशिष्ट शक्तियाँ केन्द्र में निहित हों।
- अल्पसंख्यकों के लिए कोई पृथक् निर्वाचन मण्डल नहीं, संयुक्त निर्वाचन मण्डल की शुरुआत की जानी चाहिए।

- कांग्रेस में सुभाषचन्द्र बोस, जे एल नेहरू, सत्यमूर्ति जैसे युवा नेता डोमिनियन स्टेट के स्थान पर पूर्ण स्वराज को कांग्रेस का लक्ष्य बनाना चाहते थे।
- अतः सुभाषचन्द्र बोस, जे एल नेहरू, सत्यमूर्ति आदि ने नेहरू रिपोर्ट का विरोध किया तथा पूर्ण स्वतन्त्रता की पुष्टि हेतु वर्ष 1928 में इन्होंने ऑल इण्डिया इण्डिपेण्डेन्स लीग का गठन किया।

नेहरू रिपोर्ट एवं मुस्लिम लीग

- मुस्लिम लीग के नेता एम ए जिन्ना ने नेहरू रिपोर्ट को इस आधार पर अस्वीकार कर दिया कि इसमें पृथक् निर्वाचन मण्डल का प्रावधान नहीं था।
- उल्लेखनीय है कि कांग्रेस मद्रास अधिवेशन वर्ष 1927 में हुई सहमति से पीछे हट गई थी।

जिन्ना की 14 सूत्री माँगें

जिन्ना की 14 सूत्रीय माँगों में से कुछ मुख्य हैं

- संविधान में अवशिष्ट शक्तियाँ प्रान्तों में निहित होने के साथ, इसका स्वरूप संघीय होना चाहिए।
- सभी प्रान्तों को समान स्वायत्तता दी जानी चाहिए।
- देश के सभी विधानमण्डलों तथा सभी प्रान्तों की अन्य निर्वाचित संस्थाओं में अल्पसंख्यकों को पर्याप्त प्रतिनिधित्व।
- साम्प्रदायिक समूहों का निर्वाचन, पृथक् निर्वाचन पद्धति से किया जाए।
- केन्द्रीय विधानमण्डल में मुस्लिमों का प्रतिनिधित्व 1/3 से कम न हो आदि।

कांग्रेस का लाहौर अधिवेशन, 1929

- दिसम्बर, 1929 में कांग्रेस का लाहौर अधिवेशन आयोजित हुआ, जिसकी अध्यक्षता जवाहरलाल नेहरू ने की थी।
- इस अधिवेशन में 31 दिसम्बर, 1929 की मध्यरात्रि को कांग्रेस अध्यक्ष जवाहरलाल नेहरू द्वारा रावी नदी के तट पर भारतीय स्वतन्त्रता के प्रतीक के रूप में झण्डा फहराया गया।
- कांग्रेस कार्य समिति की बैठक (जनवरी, 1930) में 26 जनवरी, 1930 को सम्पूर्ण राष्ट्र में प्रथम स्वतन्त्रता दिवस पूर्ण स्वाधीनता दिवस मनाने का निश्चय किया गया। उल्लेखनीय है कि इसी कारण 26 जनवरी को प्रत्येक वर्ष गणतन्त्र दिवस मनाया जाता है।

सविनय अवज्ञा आन्दोलन, 1930

- गाँधीजी ने लाहौर अधिवेशन के पश्चात् अपने अगले कदम के रूप में यंग इण्डिया में एक लेख प्रकाशित करके सरकार के समक्ष ग्यारह सूत्रीय माँगें पेश कीं तथा यह वादा किया कि यदि सरकार उन शर्तों को मान लेगी, तो सत्याग्रह की चर्चा बन्द कर दी जाएगी।
- इसके लिए गाँधीजी ने 31 जनवरी, 1930 तक का समय दिया।

गाँधीजी की 11 सूत्रीय माँगें

(i) रुपये की विनिमय दर घटाकर 1 शिलिंग 4 पेन्स की जाए।
(ii) लगान में 50% की कमी की जाए।
(iii) सिविल सर्विस का वेतन आधा किया जाए।
(iv) सैन्य खर्च 50% कम किया जाए।
(v) विदेशी कपड़ों का आयात नियन्त्रित किया जाए।
(vi) तटीय यातायात विधेयक पास किया जाए।
(vii) CID विभाग समाप्त किया जाए या उस पर सार्वजनिक नियन्त्रण हो।
(viii) भारतीयों को आत्मरक्षा के लिए शस्त्र रखने का लाइसेन्स दिया जाए।
(ix) नमक पर सरकारी इजारेदारी व नमक कर को समाप्त किया जाए।
(x) नशीली वस्तुओं का विक्रय प्रतिबन्धित किया जाए।
(xi) उन सब राजनैतिक कैदियों को छोड़ दिया जाए, जिन पर हत्या करने या हत्या के प्रयत्न का अभियोग नहीं है।

इनमें स्वराज का उल्लेख नहीं था, जोकि रणनीतिक योजना थी। ब्रिटिश सरकार को ये माँगें स्वीकार्य नहीं थीं। अत: आन्दोलन अनिवार्य हो गया।

- फरवरी, 1930 में साबरमती में कांग्रेस कार्य समिति की बैठक हुई। एक बार पुन: गाँधीजी को आन्दोलन का नेतृत्व करने का दायित्व सौंपा गया। अब सबसे बड़ा मुद्दा यह था कि आन्दोलन की शुरुआत कैसे हो। गाँधीजी ने रणनीतिक रूप से नमक के मुद्दे को चुना।
- सविनय अवज्ञा आन्दोलन के कार्यक्रमों में नमक कानून का उल्लंघन, करों का भुगतान न करना, विदेशी वस्तुओं का बहिष्कार आदि शामिल थे।

दाण्डी मार्च, 1930

- गाँधीजी ने 12 मार्च, 1930 को ऐतिहासिक नमक सत्याग्रह शुरू किया और साबरमती आश्रम से अपने 78 समर्थकों के साथ दाण्डी के लिए पदयात्रा प्रारम्भ की।
- 24 दिनों के पश्चात् यह पदयात्रा 240 मील (375 किमी) चलकर 5 अप्रैल को दाण्डी पहुँची। 6 अप्रैल को गाँधीजी ने नमक बनाकर कानून तोड़ा। इसके पश्चात् सम्पूर्ण देश में नमक सत्याग्रह और सविनय अवज्ञा आन्दोलन शुरू हो गया।

नमक सत्याग्रह के लिए मार्च

- इस मार्च में सभी उम्र और क्षेत्रों से आए लोग शामिल हुए। 16 वर्ष के विट्ठल लीलाधर ठक्कर सबसे कम उम्र के सत्याग्रही थे।
- इसे सफेद बहती नदी कहा गया, क्योंकि सभी सत्याग्रहियों ने सफेद खादी पहना था।

- सुभाषचन्द्र बोस ने गाँधीजी के दाण्डी मार्च की तुलना नेपोलियन के पेरिस मार्च तथा मुसोलिनी के रोम मार्च से की। ब्रिटिश सरकार ने अप्रैल, 1930 में विभिन्न प्रान्तीय कांग्रेस समिति के सदस्यों को गिरफ्तार किया तथा कांग्रेस को प्रतिबन्धित किया।

आन्दोलन की प्रगति

- सविनय अवज्ञा आन्दोलन के दौरान गुजरात का धरासना आन्दोलन का केन्द्र था। गाँधीजी ने नमक आन्दोलन में तेजी लाने के लिए धरासना में नमक बनाकर नमक कानून तोड़ने का निश्चय किया, किन्तु गाँधीजी को 5 मई, 1930 को गिरफ्तार कर यरवदा जेल भेज दिया गया।
- उनके स्थान पर अब्बास तैयब जी ने आन्दोलन का नेतृत्व सम्भाला। उनकी भी गिरफ्तारी के बाद 31 मई, 1930 को सरोजिनी नायडू, इमाम साहब और मणिलाल (गाँधीजी के पुत्र) के नेतृत्व में हजारों कांग्रेसी कार्यकर्ताओं ने धरासना नमक फैक्ट्री पर धावा बोल दिया।
- इस समय सरकार द्वारा लाठी चार्ज किया गया। इस लोमहर्षक घटना का वर्णन अमेरिकी पत्रकार वेब मिलर ने इस प्रकार किया है कि "धरासना जैसा भयानक दृश्य मैंने अपने जीवन में कभी नहीं देखा।"
- पश्चिमोत्तर सीमा प्रान्त में खान अब्दुल गफ्फार खाँ (उपाधि-बादशाहखान, सीमान्त गाँधी, फख्र-ए-अफगान) ने कांग्रेस तथा गाँधीजी के नेतृत्व को स्वीकार किया। इनका आन्दोलन लाल कुर्ती आन्दोलन (खुदाई खिदमतगार) के नाम से विख्यात हुआ। इन्होंने पख्तून नामक पत्रिका निकाली।
- पेशावर में तैनात गढ़वाल रेजिमेण्ट के सिपाही चन्द्रसिंह गढ़वाली ने निहत्थी भीड़ पर गोली चलाने से इनकार कर दिया। इसके लिए उन्हें कोर्ट मार्शल की सजा दी गई।
- मणिपुर में आन्दोलन का नेतृत्व नागा महिला गैडिनल्यू ने किया। गैडिनल्यू ने ब्रिटिश सेना के साथ संघर्ष किया, लेकिन वर्ष 1932 में उन्हें गिरफ्तार कर लिया गया और आजीवन कैद की सजा सुनाई गई। जवाहरलाल नेहरू ने इन्हें रानी की उपाधि से सम्मानित किया।
- बंगाल में चौकीदारी एवं यूनियन बोर्ड विरोधी आन्दोलन चलाया गया। महाराष्ट्र, मध्य प्रान्त एवं कर्नाटक में कड़े वन नियमों के विरुद्ध सत्याग्रह चलाया गया।
- तमिलनाडु के तंजौर तट पर सी राजगोपालाचारी ने त्रिचनापल्ली से वेदारण्यम तक की यात्रा की, मालाबार में के. कलप्पन ने कालीकट से पोयान्नूर की यात्रा की। आन्ध्र प्रदेश में महिलाओं के एक समूह ने मीलों चलकर नमक कानून को चुनौती दी तथा आन्ध्र प्रदेश में ही नमक सत्याग्रह के मुख्यालय के रूप में शिविर स्थापित किए गए।

- जून, 1930 को कांग्रेस और उससे सम्बद्ध संगठनों को गैर-कानूनी घोषित कर दिया गया।
- महात्मा गाँधी ने यरवदा जेल में सॉन्स फ्रॉम प्रिजन (जेल से गीत) उपनिषदों और अन्य संस्कृत भजनों एवं गीतों के संग्रह का संकलन किया।

प्रथम गोलमेज सम्मेलन, 1930

- सविनय अवज्ञा आन्दोलन के दौरान ही साइमन कमीशन की रिपोर्ट प्रकाशित हुई। इसकी सिफारिश पर विचार करने के लिए नवम्बर, 1930 में प्रथम गोलमेज सम्मेलन आयोजित किया गया। यह सम्मेलन 12 नवम्बर, 1930 से 19 जनवरी, 1931 तक चला।
- प्रथम गोलमेज सम्मेलन में कुल 89 प्रतिनिधियों ने भाग लिया था।
- लन्दन में सेण्ट जेम्स पैलेस में आयोजित इस सम्मेलन की अध्यक्षता तत्कालीन प्रधानमन्त्री रैम्जे मैक्डोनाल्ड ने की तथा इसका उद्घाटन ब्रिटिश सम्राट जॉर्ज पंचम ने किया।

प्रथम सम्मेलन में शामिल प्रतिनिधि

- **मुस्लिम लीग** आगा खाँ, मुहम्मद शफी, मुहम्मद इमाम, मुहम्मद अली जिन्ना, ए के फजलुल हक मुहम्मद जफरुल्ला खाँ, मुहम्मद अली जौहर
- **हिन्दू महासभा** एम आर जयकर, वी. एस. मुंजे
- **उदारवादी** तेज बहादुर सप्रू, सी. वाई. चिन्तामणि, श्रीनिवास शास्त्री
- **सिख सरदार** सम्पूर्ण सिंह, सरदार उज्ज्वल सिंह
- **एंग्लो-इण्डियन** के. टी. पॉल
- **दलित वर्ग** भीमराव अम्बेडकर

नोट *इस सम्मेलन में कांग्रेस ने भाग नहीं लिया था।*

- सम्मेलन में मुस्लिम लीग द्वारा पृथक् निर्वाचन मण्डल की माँग की गई तथा अम्बेडकर ने दलित वर्गों के लिए पृथक् निर्वाचन की माँग की।
- इस गोलमेज सम्मेलन में विचार-विमर्श हुआ, जो किसी के मन में विश्वास उत्पन्न न कर सका, क्योंकि इसमें प्रमुख राजनैतिक दल कांग्रेस सम्मिलित नहीं था। अन्ततः बिना किसी सार्थक परिणाम के इस सम्मेलन को अनिश्चित काल के लिए स्थगित कर दिया गया।

गाँधी-इरविन समझौता, 1931

- ब्रिटिश राजनीतिज्ञ अब गाँधीजी तथा कांग्रेस का सहयोग प्राप्त करने को उत्सुक थे, क्योंकि उन्होंने यह महसूस किया कि जब तक भारत के प्रमुख राजनीतिक दलों की सहमति प्राप्त नहीं होगी, तब तक संविधान सम्बन्धी सुधारों की कोई योजना सफल नहीं हो पाएगी। अतः सरकार ने उदारवादी नेता तेजबहादुर सप्रू, जयकर, श्रीनिवास शास्त्री के माध्यम से गाँधीजी को तत्कालीन वायसराय इरविन से बातचीत करने के लिए तैयार किया।
- 26 जनवरी, 1931 को गाँधीजी सहित सभी नेता जेल से रिहा कर दिए गए। गाँधीजी ने 19 फरवरी, 1931 को इरविन से बातचीत की। 15 दिन चली इस वार्ता के फलस्वरूप, 5 मार्च को एक समझौता हुआ, जिसे गाँधी-इरविन समझौता या दिल्ली समझौता कहा जाता है। इस समझौते ने कांग्रेस की स्थिति को सरकार के बराबर लाकर खड़ा कर दिया। समझौते की शर्तें निम्नलिखित थीं
- कांग्रेस की ओर से गाँधीजी सविनय अवज्ञा आन्दोलन स्थगित करने पर सहमत हो गए। कांग्रेस द्वितीय गोलमेज सम्मेलन में भाग लेने के लिए इस शर्त पर तैयार हुई कि प्रस्तावित संवैधानिक सुधारों का आधार संघीय व्यवस्था एवं उत्तरदायित्वपूर्ण शासन होगा।

गाँधी-इरविन पैक्ट की शर्तें

- हिंसात्मक अपराधियों के अतिरिक्त सभी राजनैतिक कैदी छोड़ दिए जाएँगे।
- अपहृत की गई सम्पत्ति वापस कर दी जाएगी।
- विभिन्न प्रकार के जुर्मानों की वसूली को स्थगित कर दिया जाएगा।
- सरकारी सेवाओं से त्याग-पत्र दे चुके भारतीयों के मामले पर पुनः सहानुभूतिपूर्वक विचार-विमर्श किया जाएगा।
- समुद्र तट की एक निश्चित सीमा के भीतर नमक तैयार करने की अनुमति प्रदान की जाएगी।
- मदिरा, अफीम, विदेशी वस्तुओं की दुकानों के सम्मुख शान्तिपूर्ण विरोध प्रदर्शन की आज्ञा दी जाएगी।
- आपातकालीन अध्यादेशों को वापस ले लिया जाएगा।

- वायसराय ने गाँधीजी के साथ पुलिस द्वारा की गई क्रूरता की जाँच और भगत सिंह तथा उनके साथियों की फाँसी की सजा माफ करने की माँग अस्वीकार कर दी।

कांग्रेस का कराची अधिवेशन, 1931

- गाँधी-इरविन समझौते को स्वीकृति देने के लिए कांग्रेस का अधिवेशन मार्च के अन्त में ही कराची में बुलाया गया। 29 मार्च, 1931 को हुए इस अधिवेशन की अध्यक्षता वल्लभभाई पटेल ने की थी।
- गाँधीजी ने इस समझौते को उचित ठहराया। उनके अनुसार इसका सबसे बड़ा लाभ यह था कि पहली बार अंग्रेज सरकार ने भारतीय नेताओं के साथ समानता के स्तर पर बातचीत की थी, लेकिन अधिकांश नेता इस समझौते से असन्तुष्ट थे।
- उल्लेखनीय है कि छः दिन पहले ही भगत सिंह, राजगुरु एवं सुखदेव को फाँसी दे दी गई थी, जिससे सभी में रोष व्याप्त था। उनका मानना था कि इसे समझौते की मुख्य शर्त के रूप में नहीं लिया गया। गाँधीजी को समझौते पर हस्ताक्षर नहीं करने चाहिए थे।
- गाँधीजी को अपनी कराची यात्रा के दौरान जनता के तीव्र रोष का भी सामना करना पड़ा। उन्हें काले झण्डे दिखाए गए। जवाहरलाल नेहरू तथा सुभाषचन्द्र बोस भी इससे सन्तुष्ट नहीं थे।
- इस अधिवेशन में मौलिक अधिकारों से सम्बन्धित प्रस्ताव पारित किया गया था, जिसमें प्रत्येक नागरिक को अभिव्यक्ति की स्वतन्त्रता, सभा करने की स्वतन्त्रता, सार्वभौमिक वयस्क मताधिकार तथा निःशुल्क और अनिवार्य प्राथमिक शिक्षा का उल्लेख किया गया था। यह प्रस्ताव प. जवाहर लाल नेहरू ने पेश किया था।

द्वितीय गोलमेज सम्मेलन, 1931

- 7 सितम्बर, 1931 से 1 दिसम्बर, 1931 तक चलने वाले इस सम्मेलन में गाँधीजी ने कांग्रेस के एकमात्र प्रतिनिधि के रूप में भाग लिया।
- गाँधीजी के साथ एस एस राजपूताना जहाज में महादेव देसाई, मदनमोहन मालवीय, देवदास गाँधी, घनश्यामदास बिड़ला, मीरा बेन भी थीं, परन्तु गाँधीजी के अतिरिक्त अन्य सभी सदस्य स्वयं के खर्च पर इस सम्मेलन में गए थे।
- द्वितीय गोलमेज सम्मेलन की शुरुआत के पहले इंग्लैण्ड का राजनैतिक वातावरण बदल चुका था। लेबर सरकार का पतन हो गया था।

- उसके स्थान पर रैम्जे मैक्डोनाल्ड के ही नेतृत्व में एक नई राष्ट्रीय सरकार का गठन हुआ, जिसमें कंजर्वेटिव तत्त्व अधिक प्रभावशाली थे।
- भारत में भी वायसराय इरविन के स्थान पर लॉर्ड विलिंग्टन की नियुक्ति हो चुकी थी। द्वितीय गोलमेज सम्मेलन सेण्ट पैलेस (लन्दन) में आयोजित किया गया था।
- द्वितीय गोलमेज सम्मेलन में सरोजिनी नायडू (महिला प्रतिनिधि), ऐनी बेसेण्ट, मदन मोहन मालवीय (हिन्दू महासभा), जी डी बिड़ला (व्यवसायी), तेज बहादुर सप्रू, सी वाई चिन्तामणि (उदारवादी), जिन्ना, अली इमाम, इकबाल (मुस्लिम लीग), एस के दत्ता (भारतीय ईसाई), डॉ. अम्बेडकर (अछूत फेडरेशन) आदि सदस्यों ने भाग लिया।
- इस सम्मेलन में अल्पसंख्यकों के मुद्दे को लेकर गतिरोध उत्पन्न हो गया। मुसलमानों के अतिरिक्त अन्य वर्ग भी पृथक् निर्वाचन की माँग करने लगे। दलित नेता भीमराव अम्बेडकर ने भी दलितों के लिए अलग पृथक् निर्वाचन मण्डल की सुविधा की माँग की, जिसे गाँधीजी ने अस्वीकार कर दिया।
- अन्ततः साम्प्रदायिक मुद्दे पर कोई निर्णय न होने के कारण द्वितीय गोलमेज सम्मेलन बिना किसी परिणाम के समाप्त हो गया।

> द्वितीय गोलमेज सम्मेलन के दौरान **फ्रैंक मॉरिस** ने कहा था कि "अर्द्ध नंगे फकीर के ब्रिटिश प्रधानमन्त्री से वार्ता हेतु सेण्ट पॉल पैलेस की सीढ़ियाँ चढ़ने का दृश्य अपने आप में अनोखा तथा दिव्य प्रभाव उत्पन्न कर रहा था।"

- इसी सम्मेलन के दौरान विंस्टन चर्चिल ने गाँधीजी को देशद्रोही फकीर कहा। द्वितीय गोलमेज सम्मेलन की असफलता के बाद गाँधीजी बेसण्टियाना नामक इटालियन पोत पर बैठकर 28 दिसम्बर, 1931 को बम्बई पहुँचे। यहाँ पहुँचकर उन्होंने अपने स्वागत के लिए एकत्र भीड़ को देखकर कहा कि "मैं खाली हाथ तो जरूर लौटा हूँ, पर अपने देश की साख को बट्टा नहीं लगने दिया।"
- उल्लेखनीय है कि गाँधीजी ने भारत लौटने के पश्चात् सविनय अवज्ञा आन्दोलन को पुनः प्रारम्भ करने की घोषणा की।

द्वितीय सविनय अवज्ञा आन्दोलन, 1932-1934

- कांग्रेस कार्य समिति ने 1 जनवरी, 1932 को सविनय अवज्ञा आन्दोलन को दोबारा शुरू करने का निर्णय लिया। आन्दोलन शुरू होने के पश्चात् शीर्ष नेता गाँधी, नेहरू, खान अब्दुल गफ्फार खान आदि को गिरफ्तार कर सरकार ने कांग्रेस को गैर-कानूनी संस्था घोषित कर दिया। इसके साथ ही कांग्रेस की सम्पत्ति को जब्त कर लिया गया।
- सविनय अवज्ञा आन्दोलन के इस चरण में दो भारतीय रियासतों कश्मीर एवं अलवर में तीव्र जनप्रतिक्रिया का उभरना आन्दोलन का एक महत्त्वपूर्ण पहलू था। इसी समय वर्ष 1932 में शेख अब्दुल्ला ने नेशनल कॉन्फ्रेन्स की स्थापना की। आन्ध्र प्रदेश के कृष्णा जिले में डुग्गाली कृष्णारैया कोइके जैसे आदिवासी नेताओं ने तथा मध्य प्रान्त के बैतुल में वन सत्याग्रह किया गया।
- आन्दोलन में व्यापक हिंसा के पश्चात् भी गाँधीजी ने इसे अचानक वापस नहीं लिया, बल्कि मई, 1933 में इसे स्थगित किया गया। अप्रैल, 1934 में पटना में कांग्रेस कार्यकारिणी की बैठक में सविनय अवज्ञा आन्दोलन को औपचारिक रूप से वापस ले लिया गया।

साम्प्रदायिक निर्णय, 1932

- भारतीय अल्पसंख्यकों की समस्या आपसी समझौते से हल न कर सकने के कारण ब्रिटिश प्रधानमन्त्री रैम्जे मैक्डोनाल्ड ने 16 अगस्त, 1932 में साम्प्रदायिक अधिनिर्णय (कम्युनल अवार्ड) की घोषणा की, साम्प्रदायिक निर्णय अंग्रेजों की फूट डालो और राज करो की नीति का एक और प्रमाण था।
- साम्प्रदायिक पंचाट के अन्तर्गत पृथक् निर्वाचक पद्धति को मुसलमानों, भारतीय ईसाइयों, यूरोपियनों, एंग्लो-इण्डियन और सिखों के अतिरिक्त हरिजनों पर भी लागू कर दिया गया।
- महात्मा गाँधी ने इस साम्प्रदायिक अधिनिर्णय का विरोध करते हुए माँग की थी कि दलित वर्ग के प्रतिनिधियों का चुनाव वयस्क मताधिकार के आधार पर आम निर्वाचक मण्डल के माध्यम से होना चाहिए।
- अपनी माँगें मनवाने के लिए गाँधीजी ने 20 सितम्बर, 1932 से आमरण अनशन प्रारम्भ कर दिया।
- इस समय वे पुणे की यरवदा जेल में थे। इस अनशन में उनका साथ एन जी रंगा ने दिया था।

> **पूना समझौता**
>
> - गाँधीजी के अस्वस्थ होने के कारण 26 सितम्बर, 1932 को **मदन मोहन मालवीय, सी राजगोपालाचारी, राजेन्द्र प्रसाद** तथा **पुरुषोत्तम दास** के प्रयत्नों से गाँधीजी व दलित नेता डॉ. अम्बेडकर के मध्य एक समझौता हुआ, जिसे **पूना पैक्ट** या **पूना समझौता** कहा गया।
> - इस समझौते के अन्तर्गत दलित वर्ग के लिए पृथक् निर्वाचक मण्डल समाप्त कर दिया गया।
> - प्रान्तीय विधानमण्डल में दलितों के लिए सुरक्षित सीटों की संख्या 71 से बढ़ाकर 147 कर दी गई तथा केन्द्रीय विधानमण्डल में सुरक्षित सीटों की संख्या में 18% की वृद्धि की गई। सरकार ने पूना समझौते को साम्प्रदायिक समझौते का संशोधित रूप मानकर स्वीकार कर लिया।

तृतीय गोलमेज सम्मेलन, 1932

- 17 नवम्बर, 1932 से 24 दिसम्बर, 1932 तक लन्दन में तृतीय गोलमेज सम्मेलन का आयोजन किया गया। इसमें 46 प्रतिनिधियों ने भाग लिया।
- कांग्रेस ने इस सम्मेलन का बहिष्कार किया। सम्मेलन में भारत सरकार अधिनियम, 1935 हेतु ठोस योजना के अन्तरिम स्वरूप को पेश किया गया। तीनों गोलमेज सम्मेलनों में भाग लेने वाले एकमात्र भारतीय भीमराव अम्बेडकर थे।
- सम्मेलन की समाप्ति के पश्चात् एक श्वेत-पत्र जारी किया गया। इस श्वेत-पत्र पर विचार करने हेतु लॉर्ड लिनलिथगो की अध्यक्षता में एक संयुक्त समिति का गठन किया गया। इस समिति ने 22 नवम्बर, 1934 को अपनी रिपोर्ट प्रस्तुत की थी।
- इस समिति की रिपोर्ट के आधार पर सैमुअल होर द्वारा दिसम्बर, 1934 में ब्रिटिश संसद में भारत शासन विधेयक पेश किया गया। इसके पश्चात् 3 अगस्त, 1935 को ब्रिटिश सम्राट ने उस पर अपनी सहमति दे दी। इस प्रकार यह विधेयक भारत शासन अधिनियम, 1935 के नाम से प्रसिद्ध हुआ।

गाँधीजी का हरिजन उत्थान

- साम्प्रदायिक निर्णय के द्वारा भारतीयों को विशेषकर हिन्दू समाज को विभाजित करने की व्यवस्था ने गाँधीजी को बुरी तरह आहत किया। दलित वर्गों को हरिजन नाम महात्मा गाँधी द्वारा दिया गया था।
- पूना पैक्ट के पश्चात् गाँधीजी की रुचि अस्पृश्यता विरोधी आन्दोलन के प्रति अधिक हो गई। इसी समय उनके द्वारा हरिजन सेवक संघ की स्थापना की गई।
- गाँधीजी अन्य कार्य छोड़कर पूर्णरूपेण अस्पृश्यता निवारण अभियान में जुट गए। यरवदा जेल में ही उन्होंने सितम्बर, 1932 में अखिल भारतीय अस्पृश्यता विरोधी लीग की स्थापना की।
- जनवरी, 1933 में उन्होंने हरिजन नामक पत्रिका का प्रकाशन किया। वर्ष 1930 में साबरमती आश्रम छोड़ने से पहले गाँधीजी ने प्रतिज्ञा ली थी कि वे आश्रम तभी लौटेंगे, जब स्वराज मिल जाएगाद्ध इसलिए जेल से छूटने के बाद गाँधीजी सत्याग्रह आश्रम वर्धा चले गए, जहाँ से उन्होंने 7 नवम्बर, 1933 को अपनी हरिजन यात्रा आरम्भ की।
- 25 जून, 1934 को पूना में गाँधीजी की कार पर बम फेंका गया। 15 जनवरी, 1934 को बिहार के भूकम्प पर गाँधीजी ने कहा, "यह सवर्ण हिन्दुओं के पापों का दैवीय दण्ड है।"

कांग्रेस समाजवादी पार्टी, 1934

- वर्ष 1934 में कांग्रेस के बहुत बड़े भाग ने कांग्रेस के अन्दर समाजवादी विचारधारा का प्रचार-प्रसार करने के लिए एक पृथक् दल के गठन पर बल दिया। इसी उद्देश्य से जयप्रकाश नारायण, आचार्य नरेन्द्र देव, अच्युत पटवर्धन तथा मीनू मसानी ने मिलकर वर्ष 1934 में बम्बई में कांग्रेस समाजवादी दल की स्थापना की।
- इसका पहला अखिल भारतीय सम्मेलन 21 अक्टूबर, 1934 को बम्बई में हुआ। इसकी अध्यक्षता आचार्य नरेन्द्र देव ने की। राममनोहर लोहिया, कमलादेवी चट्टोपाध्याय, अशोक मेहता, गंगाशरण सिंह, यूसुफ मेहराले आदि इससे जुड़े अन्य प्रमुख नेता थे।

प्रान्तीय चुनाव, 1937

- वर्ष 1935 के भारत शासन के आधार पर फरवरी, 1937 में चुनाव हुए, जिसमें कांग्रेस को बड़ी सफलता मिली। 11 प्रान्तों—मद्रास, मध्य प्रान्त, बिहार, उड़ीसा, संयुक्त प्रान्त, बम्बई, असम, उत्तर-पश्चिम सीमा प्रान्त, बंगाल, पंजाब एवं सिन्ध में चुनाव हुए।
- जुलाई, 1937 में कांग्रेस ने मद्रास, संयुक्त प्रान्त, मध्य प्रान्त, बिहार, उड़ीसा तथा बम्बई में अपनी सरकारें गठित कीं। बाद में असम, उत्तर-पश्चिमी सीमा प्रान्त में भी कांग्रेस ने मत्रिमण्डल बनाए। केवल बंगाल, पंजाब तथा सिन्ध में ही कांग्रेस बहुमत से वंचित रह गई।
- पंजाब में मुस्लिम लीग तथा यूनियनिस्ट पार्टी ने संयुक्त सरकार बनाई। बंगाल में कृषक प्रजा पार्टी तथा मुस्लिम लीग ने संयुक्त सरकार बनाई। कांग्रेस यहाँ सबसे बड़ी पार्टी थी। सिन्ध में सिन्ध यूनाइटेड पार्टी के अधीन संयुक्त सरकार का गठन हुआ।

कांग्रेस मन्त्रिमण्डलों का कार्यकाल, 1937-39

- वर्ष 1937 के चुनाव में कांग्रेस ने कुल 8 राज्यों (संयुक्त मध्य प्रान्त, बिहार, उड़ीसा, मद्रास, बम्बई, असम तथा पश्चिमोत्तर सीमा प्रान्त) में सरकार बनाई।
- इनका शासनकाल मात्र 28 महीने रहा। प्रशासन को सुचारू रूप से चलाने के लिए एक केन्द्रीय नियन्त्रण परिषद् गठित की गई, इसे संसदीय उपसमिति नाम दिया गया। इसके सदस्य वल्लभभाई पटेल, अबुल कलाम आजाद, डॉ. राजेन्द्र प्रसाद थे। इस समय प्रान्तों के प्रमुखों को (मुख्यमन्त्री को) प्रधानमन्त्री के नाम से जाना जाता था।

विभिन्न प्रान्तों में बनी सरकार

प्रान्त	दल	नेतृत्व (प्रधानमन्त्री)
बंगाल	कृषक प्रजा पार्टी/मुस्लिम लीग	फजलुल-हक
पंजाब	यूनियनिस्ट पार्टी/मुस्लिम लीग	सिकन्दर हयात खाँ
सिन्ध	सिन्ध यूनाइटेड पार्टी	गुलाम हुसैन हिदायतुल्ला एवं अल्लाबख्श सूमरो
बिहार	भारतीय राष्ट्रीय कांग्रेस	श्रीकृष्ण सिंह
संयुक्त प्रान्त	भारतीय राष्ट्रीय कांग्रेस	गोविन्द वल्लभ पन्त
बम्बई	भारतीय राष्ट्रीय कांग्रेस	बी जी खेर
केन्द्रीय प्रान्त	भारतीय राष्ट्रीय कांग्रेस	नारायण भास्कर खरे
उत्तर-पश्चिम प्रान्त	भारतीय राष्ट्रीय कांग्रेस	डॉ. खान साहब
असम	भारतीय राष्ट्रीय कांग्रेस	गोपीनाथ बारदोलोई (सादुल्लाह के इस्तीफे के बाद)
मद्रास	भारतीय राष्ट्रीय कांग्रेस	सी राजगोपालाचारी
उड़ीसा	भारतीय राष्ट्रीय कांग्रेस	विश्वनाथदास

कांग्रेस का त्रिपुरी संकट, 1939

- वर्ष 1938 में सुभाषचन्द्र बोस हरिपुरा अधिवेशन के अध्यक्ष चुने गए। वर्ष 1938 में उन्होंने जवाहरलाल नेहरू की अध्यक्षता में एक राष्ट्रीय योजना समिति गठित की।
- वर्ष 1939 में त्रिपुरी में प्रस्तावित अधिवेशन के निर्वाचन में उन्होंने पुन: भाग लेने का निर्णय लिया। सरदार पटेल, राजेन्द्र प्रसाद, आचार्य कृपलानी आदि ने उनके निर्णय का विरोध किया तथा पट्टाभि सीतारमैया को अपना उम्मीदवार घोषित किया। सीतारमैया को गाँधीजी का भी समर्थन प्राप्त था।
- चुनाव में बोस ने 1377 के मुकाबले 1580 मत लेकर जीत दर्ज की। उनकी इस जीत पर गाँधीजी ने कहा कि "यह सीतारमैया से अधिक मेरी हार है।" बोस के अध्यक्ष बनने पर कांग्रेस का कलह (द्वेष) सतह पर आ गया।
- वर्किंग कमेटी के 15 में से 13 सदस्यों ने त्याग-पत्र दे दिया। अन्तत: बोस ने अध्यक्ष पद से त्याग-पत्र देकर फॉरवर्ड ब्लॉक की स्थापना की। कांग्रेस ने सुभाषचन्द्र बोस के स्थान पर राजेन्द्र प्रसाद को अध्यक्ष मनोनीत किया।

द्वितीय विश्वयुद्ध तथा कांग्रेस की स्थिति

- द्वितीय विश्वयुद्ध 3 सितम्बर, 1939 को आरम्भ हुआ। तत्कालीन वायसराय लॉर्ड लिनलिथगो ने भारतीय जनता से विचार-विमर्श किए बिना ही भारत को जर्मनी के विरुद्ध युद्धरत् राष्ट्र घोषित कर दिया।
- इस पर विरोध स्वरूप कांग्रेस मन्त्रिमण्डलों ने त्याग-पत्र दे दिया। कांग्रेस युद्ध के समय अपना सहयोग एवं समर्थन देना चाहती थी, लेकिन इसके लिए उसने दो शर्तें रखीं—प्रथम, युद्ध के पश्चात् संविधान सभा की बैठक आहूत की जानी चाहिए और यह संविधान सभा स्वतन्त्र भारत की राजनैतिक संरचना पर विचार करेगी तथा दूसरी, अतिशीघ्र केन्द्र में किसी प्रकार की वास्तविक एवं उत्तरदायी सरकार की स्थापना की जाए। वायसराय लिनलिथगो ने इस प्रस्ताव को अस्वीकार कर दिया।

"

भारतीय स्वतन्त्रता तथा संविधान निर्माण की प्रक्रिया के समानान्तर मुस्लिम लीग की साम्प्रदायिक राजनीति धर्म के आधार पर द्वि-राष्ट्र सिद्धान्त को प्रोत्साहित कर रही थी, जिसका परिणाम भारत-विभाजन के रूप में सामने आया।

अध्याय छत्तीस

स्वतन्त्रता एवं भारत का विभाजन

पृष्ठभूमि

- 1940 के दशक में भारत की स्वतन्त्रता की माँग तीव्र हो चुकी थी। द्वितीय विश्वयुद्ध (1939-45) के दौरान ब्रिटेन ने भारत के समर्थन के लिए युद्धोपरान्त स्वशासन की माँग को स्वीकार कर लिया था।
- क्रिप्स मिशन (1942) तथा कैबिनेट मिशन (1946) ने देश में संवैधानिक सुधारों के मार्ग को प्रशस्त किया।
- संविधान निर्माण के लिए संविधान निर्मात्री सभा का गठन कैबिनेट मिशन के प्रस्तावों पर आधारित था।

मुस्लिम लीग एवं पाकिस्तान की माँग

- मुसलमानों के लिए पृथक् राष्ट्र के विचार का प्रवर्तक कवि एवं राजनीतिक चिन्तक मुहम्मद इकबाल को माना जाता है।
- इस्लाम की भावना से प्रेरित होकर मुहम्मद इकबाल ने वर्ष 1930 में मुस्लिम लीग के इलाहाबाद अधिवेशन में द्वि-राष्ट्र सिद्धान्त का प्रतिपादन किया।
- वर्ष 1933-35 के मध्य कैम्ब्रिज विश्वविद्यालय के एक मुस्लिम छात्र रहमत अली ने पाकिस्तान शब्द को गढ़ा। इसके द्वारा परिकल्पित पाकिस्तान में पंजाब, अफगान प्रान्त, कश्मीर, सिन्ध तथा बलूचिस्तान को शामिल किया जाना था।
- इस प्रस्ताव की रूपरेखा तैयार करने में सिकन्दर हयात खान तथा फजल-उल-हक ने महत्त्वपूर्ण भूमिका निभाई।

23 मार्च, 1940 को मुस्लिम लीग का वार्षिक अधिवेशन लाहौर में हुआ। इस अधिवेशन में पाकिस्तान का प्रस्ताव औपचारिक रूप से पारित किया गया। **जिन्ना** द्वारा इस अधिवेशन की अध्यक्षता की गई थी। 23 मार्च, 1943 को मुस्लिम लीग द्वारा **पाकिस्तान दिवस** मनाया गया था।

अगस्त प्रस्ताव, 1940

- कांग्रेस मन्त्रिमण्डलों के त्याग-पत्र के पश्चात् कांग्रेस का वार्षिक अधिवेशन मार्च, 1940 में मौलाना अबुल कलाम आजाद की अध्यक्षता में रामगढ़ में हुआ। इसमें यह प्रस्ताव रखा गया कि केन्द्र में अन्तरिम राष्ट्रीय सरकार गठित की जाए।
- कांग्रेस के इस प्रस्ताव के प्रत्युत्तर में वायसराय लॉर्ड लिनलिथगो ने कांग्रेस का सहयोग प्राप्त करने के लिए उनके समक्ष एक प्रस्ताव रखा, जिसे अगस्त प्रस्ताव कहा जाता है। इसमें अन्तरिम सरकार के गठन की माँग को खारिज कर दिया गया।
- अगस्त प्रस्ताव के मुख्य बिन्दु निम्न थे
  - युद्ध के बाद प्रतिनिधि मूलक संविधान निर्मात्री संस्था का गठन।
  - वर्तमान में वायसराय की कार्यकारिणी की सदस्य संख्या में अतिशीघ्र वृद्धि।
  - एक युद्ध सलाहकार परिषद् का गठन।
  - अल्पसंख्यकों को बिना विश्वास में लिए किसी भी संवैधानिक परिवर्तन को लागू नहीं किया जाएगा।
  - भारत के लिए डोमिनियन स्टेट्स मुख्य लक्ष्य।
- कांग्रेस ने इन प्रस्तावों को अस्वीकार कर दिया। जवाहरलाल नेहरू ने डोमिनियन स्टेट के दर्जे की बात पर कहा ''यह दरवाजे में जड़ी जंग लगी कील की तरह है।''

व्यक्तिगत सत्याग्रह, 1940-41

- अगस्त प्रस्ताव को अस्वीकार करने के पश्चात् कांग्रेस ने व्यक्तिगत सत्याग्रह शुरू करने का निर्णय लिया। इसका उद्देश्य युद्ध के विरुद्ध प्रचार करना था।
- व्यक्तिगत सत्याग्रह वर्धा के निकट पवनार आश्रम से 17 अक्टूबर, 1940 को प्रारम्भ हुआ। इसमें पहले सत्याग्रही विनोबा भावे, दूसरे जवाहरलाल नेहरू तथा तीसरे सरदार पटेल थे।

- इस सत्याग्रह के दौरान अधिकतर सत्याग्रहियों को गिरफ्तार कर लिया गया, जिन सत्याग्रहियों को गिरफ्तार नहीं किया गया, वे गाँवों की ओर चल देते और अपना सन्देश फैलाते हुए दिल्ली की ओर बढ़ने की कोशिश करते थे। इसी कारण इस आन्दोलन को दिल्ली चलो आन्दोलन भी कहा गया है।

क्रिप्स मिशन, 1942

- भारत के राजनैतिक गतिरोध को दूर करने के उद्देश्य से ब्रिटिश प्रधानमन्त्री चर्चिल ने ब्रिटिश संसद सदस्य तथा मजदूर नेता सर स्टैफोर्ड क्रिप्स के नेतृत्व में 11 मार्च, 1942 को एक मिशन भारत भेजने की घोषणा की और 23 मार्च, 1942 को यह मिशन भारत पहुँचा।
- कांग्रेस ने पण्डित जवाहरलाल नेहरू व मौलाना आजाद को इस मिशन के साथ वार्ता हेतु अपना आधिकारिक वार्ताकार नियुक्त किया।

क्रिप्स मिशन के प्रस्ताव

- युद्ध के बाद डोमिनियन स्टेट्स के साथ एक नया भारतीय संघ बनाया जाएगा, जो ब्रिटेन और अन्य डोमिनियनों के साथ सम्बद्ध होगा तथा हर मामले में समान होगा; जैसे- घरेलू और बाहरी मामलों में भी।
- युद्ध के बाद भारत के लिए एक संविधान-निर्माण निकाय की स्थापना की जाएगी, जिसके सदस्य प्रान्तीय विधानसभाओं द्वारा चुने जाएँगे और रियासतों के मामले में शासकों द्वारा मनोनीत किए जाएँगे।
- इस संविधान को स्वीकार करने के लिए अनिच्छुक किसी भी ब्रिटिश भारतीय प्रान्त के लिए या तो अपनी वर्तमान संवैधानिक स्थिति बनाए रखने या अपना स्वयं का संविधान बनाने का प्रावधान होगा।
- जो भी प्रान्त नए संविधान का पालन करने से इनकार करेगा, वह अपना संघ और संविधान बना सकेगा।

क्रिप्स प्रस्ताव पर कांग्रेस की प्रतिक्रिया

- कांग्रेस तथा मुस्लिम लीग दोनों ने क्रिप्स प्रस्ताव को स्वीकार नहीं किया।
- गाँधीजी ने क्रिप्स प्रस्ताव को उत्तर-तिथीय चेक (Post-Dated Cheque) कहा।
- जवाहरलाल नेहरू ने इसके आगे ऐसा बैंक जो टूट रहा है (दिवालिया बैंक) जोड़ दिया।

> मुस्लिम लीग ने दो आधारों पर इसे अस्वीकार किया। **पहला**, पृथक् निर्वाचनमण्डल को मान्यता नहीं दी गई थी तथा **दूसरा**, भारत विभाजन की माँग को स्वीकार नहीं किया गया था।

भारत छोड़ो आन्दोलन, 1942

- गाँधीजी ने हरिजन पत्रिका में लिखा "भारत को भगवान के भरोसे छोड़ दो और यदि यह असम्भव हो, तो अराजकता के भँवर में छोड़ दो।" 7 जून, 1942 को गाँधीजी ने कहा, "हमें अपनी आजादी के लिए लड़ना होगा, आजादी आकाश से नहीं टपकेगी।"
- गाँधीजी ने कांग्रेस को चुनौती दी कि यदि उसने संघर्ष का उनका प्रस्ताव स्वीकार नहीं किया, तो वे देश की बालू से ही कांग्रेस से भी बड़ा आन्दोलन कर देंगे। परिणामस्वरूप 14 जुलाई, 1942 को वर्धा में आयोजित कांग्रेस कार्यसमिति की बैठक में भारत छोड़ो आन्दोलन का प्रस्ताव पारित किया गया।
- 7 अगस्त, 1942 को मौलाना अबुल कलाम आजाद की अध्यक्षता में बम्बई के ऐतिहासिक ग्वालिया टैंक में अखिल भारतीय कांग्रेस की एक बैठक हुई, जिसमें वर्धा प्रस्ताव की पुष्टि कर दी गई।
- गाँधीजी ने इस अवसर पर अपने ऐतिहासिक सम्बोधन में कहा, "मैं आपको एक मन्त्र देता हूँ—करो या मरो (Do or Die)," जिसका अर्थ था कि हम भारत को आजाद कराएँगे या इस प्रयास में अपनी जान दे देंगे। भारत छोड़ो प्रस्ताव को नेहरू जी ने पेश किया, जिसे कुछ संशोधनों के साथ 8 अगस्त, 1942 को स्वीकार कर लिया गया।
- भारत छोड़ो आन्दोलन में राजनीतिक रणनीति संघर्ष-विराम-संघर्ष अथवा S-T-S के रूप में आन्दोलन के नारे से प्रख्यात हुई।

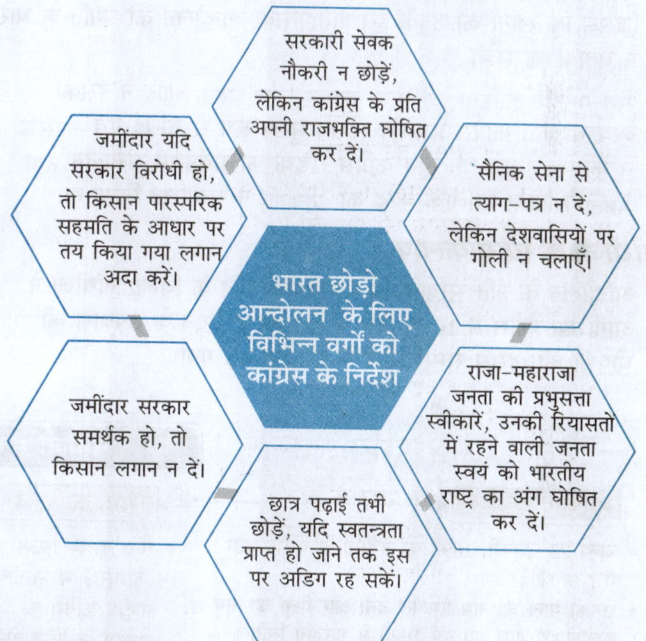

भारत छोड़ो आन्दोलन का प्रारम्भ एवं प्रसार

- 9 अगस्त, 1942 को आन्दोलन शुरू होते ही ऑपरेशन जीरो ऑवर के अन्तर्गत गाँधीजी, मौलाना आजाद सहित कांग्रेस के सभी प्रमुख नेताओं को गिरफ्तार कर लिया गया। गिरफ्तार करने के बाद गाँधीजी तथा सरोजिनी नायडू को आगा खाँ पैलेस में रखा गया।

> यह भारत छोड़ो आन्दोलन के दौरान ब्रिटिश सरकार द्वारा चलाया गया एक ऑपरेशन था। इस ऑपरेशन के तहत ब्रिटिश सरकार ने रात 12 बजे कांग्रेस के सभी बड़े नेताओं को गिरफ्तार कर लिया था।

- जवाहरलाल नेहरू, गोविन्द वल्लभ पन्त, डॉ. प्रफुल्लचन्द्र घोष, डॉ. पट्टाभि सीतारमैया, डॉ. सैय्यद महमूद तथा आचार्य कृपलानी को अहमदनगर जेल में कैद रखा गया।

- राजेन्द्र प्रसाद को बांकीपुर (पटना जेल) में तथा जयप्रकाश नारायण को हजारीबाग जेल में बन्द कर दिया गया। बाद में जयप्रकाश नारायण जेल से भाग गए तथा आजाद दस्ता (भूमिगत कार्रवाई) का गठन किया।
- कांग्रेसी नेता 15 जून, 1945 तक बन्दीगृह में रहे। इसके साथ ही अंग्रेजी सरकार ने अखिल भारतीय कांग्रेस समिति, कांग्रेस कार्यकारिणी तथा प्रान्तीय कांग्रेस समिति को भी गैर-कानूनी घोषित कर दिया, जो कांग्रेसी नेता गिरफ्तार नहीं हो सके (राम मनोहर लोहिया, अरुणा आसफ अली आदि), उन्होंने गुप्त रूप से जनता का नेतृत्व किया। जनता ने स्वयं नेतृत्व सँभालकर जुलूस निकाला। भारत छोड़ो आन्दोलन का सर्वाधिक प्रभाव बंगाल, बिहार, बम्बई, उत्तर प्रदेश, मद्रास में रहा।
- ब्रिटिश सरकार के दमन चक्र के कारण यह आन्दोलन भूमिगत हो गया। इसका नेतृत्व अच्युत पटवर्धन, अरुणा आसफ अली, राम मनोहर लोहिया, सुचेता कृपलानी, छोटू भाई पुराणिक, बीजू पटनायक, आर.पी. गोयनका तथा जयप्रकाश नारायण ने किया।
- 9 अगस्त, 1942 को कांग्रेसी नेताओं के बन्दी बनाए जाने के तुरन्त बाद पहली बार कांग्रेस-रेडियो स्थापित करने का मत व्यक्त किया गया, जिससे कि लोगों को उनके इस ऐतिहासिक आन्दोलन की प्रगति के बारे में बताया जा सके।
- राम मनोहर लोहिया, वी. एम. खाकर, उषा मेहता आदि ने इसकी व्यवस्था की। कांग्रेस प्रसारण स्टेशन मुख्य रूप से बम्बई एवं नासिक से कार्य कर रहा था। गुप्त कांग्रेस रेडियो का सर्वप्रथम संचालन उषा मेहता ने किया था। एक केन्द्र को बाबूभाई ने संचालित किया था।

गाँधीजी के क्रियाकलाप

- आन्दोलन के प्रति सरकार की दमनात्मक नीति के विरुद्ध गाँधीजी ने आगा खाँ पैलेस में 10 फरवरी, 1943 को 21 दिन के उपवास की घोषणा की। इससे सम्पूर्ण देश में आक्रोश बढ़ गया।
- गाँधीजी की रिहाई की माँग करते हुए वायसराय की कार्यपरिषद् के तीन सदस्यों एम एस अणे, एन आर सरकार, एच पी मोदी ने त्याग-पत्र दे दिया। इसी बीच सरकार को चकमा देते हुए गाँधीजी ने 7 मार्च, 1943 को उपवास तोड़ दिया।
- खराब स्वास्थ्य के कारण 9 मई, 1943 को उन्हें रिहा कर दिया गया। गाँधीजी की जेल से रिहाई के पूर्व ही उनकी पत्नी कस्तूरबा गाँधी और निजी सचिव महादेव देसाई की मृत्यु हो चुकी थी।
- गाँधीजी की रिहाई के विरोध में ब्रिटिश प्रधानमन्त्री विंस्टन चर्चिल ने कहा था "जब दुनिया में हम हर कहीं जीत रहे हैं, ऐसे समय में हम एक कमबख्त बुड्ढे के सामने कैसे झुक सकते हैं, जो हमेशा से हमारा शत्रु रहा है।"

भारत छोड़ो आन्दोलन के दौरान बनी समानान्तर सरकारें

बलिया

- नेतृत्व चित्तू पाण्डेय, अगस्त, 1942।
- स्थानीय जिलाधिकारी से शासन के सभी अधिकार छीन लिए तथा जेल में बन्द सभी कांग्रेसी नेताओं को रिहा कर दिया।

तामलुक (मिदनापुर, बंगाल)

- **अवधि** दिसम्बर, 1942 से सितम्बर, 1944 तक।
- **नेतृत्व** सतीश सामन्त, किसान विधवा मातंगी-हजारा की महत्त्वपूर्ण भूमिका।
- जातीय सरकार ने तूफान पीड़ितों की सहायता के लिए कार्यक्रम प्रारम्भ किया।
- सशस्त्र **विद्युत वाहिनी** का गठन किया।

सतारा (महाराष्ट्र)

- **अवधि** अगस्त, 1943 से मई, 1946 तक।
- **नेतृत्व** क्रान्ति सिंह, नाना पाटिल, वाई वी चह्वाण।
- सबसे अधिक समय तक रहने वाली सरकार।
- प्रति सरकार जन अदालत का गठन।

नेताजी सुभाषचन्द्र बोस

व्यक्तिगत जीवन

- **जन्म** 23 जनवरी, 1897 को उड़ीसा के कटक शहर में हुआ था।
- उनकी माता का नाम प्रभावती देवी और पिता का नाम जानकीनाथ बोस था। वर्ष 1920 में भारतीय सिविल सेवा (ICS) में चयन, वर्ष 1921 में त्यागपत्र।
- स्वामी विवेकानन्द आध्यात्मिक गुरु, चितरंजन दास उनके राजनीतिक गुरु थे।
- ऑस्ट्रियाई महिला एमिली शेंकल से विवाह किया और उनकी एक बेटी थी, जिसका नाम अनीता बोस फाफ है।
- 18 अगस्त, 1945 को जापान शासित फॉर्मोसा (वर्तमान ताइवान) में एक विमान दुर्घटना में उनकी रहस्यमय मृत्यु हो गई।

कांग्रेस का नेतृत्व

- बोस ने वर्ष 1938 (हरिपुरा) में भारतीय राष्ट्रीय कांग्रेस का अध्यक्ष निर्वाचित होने के बाद राष्ट्रीय योजना आयोग का गठन किया। वर्ष 1939 में त्रिपुरी में उन्होंने गाँधी जी के उम्मीदवार पट्टाभि सीतारमैय्या के खिलाफ अध्यक्ष पद का चुनाव जीता।
- गाँधी जी के साथ वैचारिक मतभेद के कारण बोस ने कांग्रेस के अध्यक्ष पद से त्याग-पत्र दे दिया और कांग्रेस के भीतर ऑल इण्डिया फॉरवर्ड ब्लॉक का गठन किया।

सार्वजनिक जीवन

- वर्ष 1921 में चितरंजन दास की स्वराज पार्टी द्वारा प्रकाशित समाचार-पत्र 'फॉरवर्ड' के सम्पादन का कार्यभार सम्भाला। वर्ष 1923 में अखिल भारतीय युवा कांग्रेस का अध्यक्ष और साथ ही बंगाल राज्य कांग्रेस का सचिव चुना गया। वर्ष 1925 में क्रान्तिकारी आन्दोलनों से सम्बन्धित होने के कारण उन्हें माण्डले (Mandalay) कारागार में भेज दिया गया।
- 1930 के दशक के मध्य यूरोप की यात्रा की।
- द इण्डियन स्ट्रगल पुस्तक लिखी।
- **सी.आर. दास के साथ सम्बन्ध** वे सी. आर. दास (Chittaranjan Das) के साथ राजनीतिक गतिविधियों में संलग्न थे और उनके साथ वर्ष 1924 में सी.आर. दास को कलकत्ता को-ऑपरेशन का मेयर चुना गया, तो उन्होंने बोस को मुख्य कार्यकारी नामित किया था।
- वर्ष 1930 में उन्हें कलकत्ता का मेयर चुना गया, उसी वर्ष उन्हें अखिल भारतीय ट्रेड यूनियन कांग्रेस (AITUC) का अध्यक्ष भी चुना गया।

स्वतन्त्रता संग्राम में योगदान

- वर्ष 1941 में द्वितीय विश्वयुद्ध के दौरान बोस को उनकी ब्रिटिश विरोधी गतिविधियों के कारण अधिकारियों द्वारा नजरबन्द कर दिया गया था।
- निगरानी के बावजूद, बोस 16 जनवरी, 1941 की रात्रि को कलकत्ता (वर्तमान कोलकाता) स्थित अपने निवास से भागने में सफल रहे।
- अप्रैल, 1941 में अफगानिस्तान होते हुए जर्मनी पहुँचे और जर्मन अधिकारियों से सम्पर्क स्थापित किया। जर्मनी में बोस ने आज़ाद हिन्द रेडियो और प्रवासियों की मदद जुटाने को फ्री इण्डिया सेण्टर की भी स्थापना की।
- वर्ष 1941 में जर्मनी में उन्होंने फ्री इण्डियन लीजन नामक भारतीय स्वयंसेवकों द्वारा बनाई गई एक रेजिमेण्ट का गठन किया, इसे टाइगर लीजन के नाम से भी जाना जाता था। रासबिहारी बोस द्वारा अप्रैल, 1942 में आजाद हिन्द फौज (आईएनए) की स्थापना की गई थी, जिसकी कमान नेताजी को सौंप दी गई।

आजाद हिन्द फौज

- आजाद हिन्द फौज का गठन कैप्टन मोहन सिंह ने उन 40000 भारतीय सैनिकों से किया था, जिन्होंने द्वितीय विश्वयुद्ध के दौरान अंग्रेजों की ओर से लड़ते हुए सिंगापुर के पतन के पश्चात् जापान के समक्ष आत्म-समर्पण कर दिया था। 1 सितम्बर, 1942 को आजाद हिन्द फौज की पहली डिवीजन का गठन किया गया।
- 21 जुलाई, 1943 को रास बिहारी बोस व कैप्टन मोहन सिंह की पहल पर नेताजी सुभाषचन्द्र बोस को इस सेना का सर्वोच्च सेनापति बना दिया गया।
- 21 अक्टूबर, 1943 को सुभाषचन्द्र बोस ने सिंगापुर में स्वतन्त्र भारत की अस्थायी सरकार का गठन किया, जिसके मन्त्रियों में एच. सी. चटर्जी (वित्त), एम. ए. अय्यर (प्रचार) तथा लक्ष्मी सहगल (स्त्रियों के विभाग) आदि शामिल थे। सुभाषचन्द्र बोस ने अस्थायी सरकार का मुख्यालय रंगून को बनाया। जर्मनी तथा जापान ने अस्थायी सरकार का समर्थन किया।
- सुभाषचन्द्र बोस ने रानी झाँसी रेजिमेण्ट महिलाओं के लिए स्थापित की। आजाद हिन्द फौज की तीन और ब्रिगेड का नाम क्रमश: सुभाष ब्रिगेड, नेहरू ब्रिगेड व गाँधी ब्रिगेड रखा गया।
- सैनिकों का आह्वान करते हुए सुभाषचन्द्र बोस ने कहा कि हमने बहुत त्याग किया है, किन्तु अभी प्राणों की आहुति देना शेष है, "तुम मुझे खून दो, मैं तुम्हें आजादी दूँगा।" 6 नवम्बर, 1943 को जापानी सेना ने आजाद हिन्द फौज को अण्डमान और निकोबार द्वीप सौंप दिए। बोस ने अण्डमान एवं निकोबार का नाम शहीद और स्वराज द्वीप रखा।
- 18 मार्च, 1944 को आजाद हिन्द फौज की तीनों ब्रिगेड ने जापानी सेना के नेतृत्व में भारत को आजाद कराने के उद्देश्य से बर्मा (म्यांमार) की सीमाओं को पार कर उत्तर-पूर्वी भारत के क्षेत्र कोहिमा और नागालैण्ड पर घेरा डाल दिया। यह घेरा लगभग एक वर्ष तक चला।
- पहली बार सुभाषचन्द्र बोस द्वारा ही गाँधीजी के लिए राष्ट्रपिता शब्द का प्रयोग किया गया। अप्रैल, 1944 में भारतीय राष्ट्रीय झण्डा मोइरांग में फहराया गया। मई, 1945 में ब्रिटिश सेना द्वारा रंगून पर पुन: अधिकार कर लिए जाने के बाद आजाद हिन्द के सिपाहियों को जापानी सेना के साथ आत्मसमर्पण करना पड़ा।

आजाद हिन्द फौज पर मुकदमा (लाल किला मुकदमा, नवम्बर, 1945)

- वर्ष 1945 में आजाद हिन्द फौज के सिपाहियों द्वारा समर्पण के बाद सरकार ने उन पर निष्ठा की शपथ (सरकार के प्रति) तोड़ने के आरोप में लाल किले में मुकदमा चलाने का निर्णय लिया। कांग्रेस ने आजाद हिन्द फौज के सिपाहियों को बचाने के लिए आजाद हिन्द बचाव समिति की स्थापना की।
- बचाव पक्ष के वकीलों में भूलाभाई देसाई प्रमुख थे। उनका सहयोग करने के लिए तेजबहादुर सप्रू, जवाहरलाल नेहरू, अरुणा आसफ अली तथा कैलाशनाथ काटजू ने भी अदालत में बहस की। आजाद हिन्द फौज के सिपाही सरदार गुरुबख्श सिंह, प्रेम सहगल, शाहनवाज पर मुकदमा चलाया गया, जिसमें इन्हें फाँसी की सजा सुनाई गई, किन्तु भारी विरोध के कारण वायसराय को अपने विशेषाधिकार का प्रयोग कर तीनों की फाँसी माफ करने को विवश होना पड़ा।

सी आर फॉर्मूला (10 जुलाई, 1944)

- राजगोपालाचारी, कांग्रेस तथा मुस्लिम लीग के समझौते के पूर्ण पक्षधर थे। 10 जुलाई, 1944 को उन्होंने कांग्रेस तथा मुस्लिम लीग के समझौते की एक योजना प्रस्तुत की, जिसके मुख्य बिन्दु निम्नलिखित हैं
  - मुस्लिम लीग भारतीय स्वतन्त्रता की माँग का समर्थन करे तथा अस्थायी सरकार गठन में कांग्रेस के साथ सहयोगी की भूमिका अदा करे।
  - द्वितीय विश्वयुद्ध के समाप्त होने पर भारत के उत्तर-पश्चिम व पूर्वी भागों में स्थित मुस्लिम बहुसंख्यक क्षेत्रों की सीमा का निर्धारण करने के लिए एक कमीशन नियुक्त किया जाए, तत्पश्चात् वयस्क मताधिकार प्रणाली के आधार पर इन क्षेत्रों के निवासियों की मतगणना करके भारत से उनके सम्बन्ध-विच्छेद के प्रश्न का निर्णय लिया जाए।
  - मतगणना के पूर्व सभी राजनीतिक दलों को अपने दृष्टिकोण के प्रचार की पूर्ण स्वतन्त्रता हो।
  - देश विभाजन की स्थिति में व्यापार, रक्षा, संचार एवं दूसरे आवश्यक विषयों के सम्बन्ध में आपसी समझौते की व्यवस्था की जाए।
  - यह योजना तभी मानी जा सकती है, जब ब्रिटेन, भारत को पूर्ण रूप से स्वतन्त्रता प्रदान करे। उल्लेखनीय है कि जिन्ना ने इस फॉर्मूले को अस्वीकार कर दिया।

वेवेल योजना, 1945

- → अक्टूबर 1943 में लिनलिथिगो के स्थान पर वेवेल वायसराय बने।
- → शान्ति के उद्देश्य से 14 जून, 1945 को वेवेल ने एक योजना रखी।
- → वायसराय की कार्यकारी परिषद् का तत्काल पुनर्गठन किया जाएगा।
- → परिषद् में उच्च वर्ग के हिन्दुओं और मुसलमानों को समान प्रतिनिधित्व मिलेगा।
- → निम्न जाति के हिन्दुओं, सिखों और शूद्रों के अतिरिक्त, अन्य अल्पसंख्यकों का भी परिषद् में प्रतिनिधित्व होगा।
- → वायसराय और कमाण्डर-इन-चीफ को छोड़कर परिषद् के सभी सदस्य भारतीय होंगे।
- → विदेश मामलों की परिषद् के सदस्यों में एक भारतीय भी होगा।
- → व्यापार से सम्बन्धित मामलों से निपटने के लिए एक अंग्रेजी आयुक्त नियुक्त किया जाएगा।
- → भारत को सत्ता हस्तान्तरण होने तक, भारत की रक्षा का कार्य ब्रिटिश प्राधिकारी द्वारा किया जाना था।
- → कांग्रेस और मुस्लिम लीग के भारतीय राजनेता वायसराय के नेतृत्व में नई परिषद् के सदस्यों को नामित करने के लिए एकत्रित होंगे।
- → यदि संघीय सरकार इस योजना को मंजूरी दे देती है, तो प्रत्येक प्रान्त में राजनीतिक नेताओं से मिलकर बने समान लोकप्रिय मन्त्रालय होंगे।

शिमला सम्मेलन

- वायसराय वेवेल ने 25 जून, 1945 को वेवेल योजना पर विचार करने के लिए शिमला में एक सम्मेलन बुलाया। इसमें 21 भारतीय राजनीतिज्ञों ने भाग लिया। इस सम्मेलन में भाग लेने वाले प्रमुख नेता थे—जवाहर लाल नेहरू, एम.ए. जिन्ना, अबुल कलाम आजाद, सरदार पटेल, खान अब्दुल गफ्फार खान तथा तारा सिंह आदि। इस सम्मेलन में कांग्रेस प्रतिनिधिमण्डल का नेतृत्व मौलाना अबुल कलाम आजाद ने किया था।

- वायसराय ने अपनी कार्यकारिणी में 14 सदस्य रखने का निर्णय लिया, जिनमें 5 सदस्य कांग्रेस से, 5 सदस्य मुस्लिम लीग से तथा 4 अन्य सदस्य थे। कांग्रेस द्वारा मौलाना अबुल कलाम को भी चुना गया, लेकिन जिन्ना ने कांग्रेस द्वारा मुस्लिम सदस्य चुनने का विरोध किया।
- प्रस्ताव के अनुसार, वायसराय की कार्यकारिणी में सेना प्रमुख (वायसराय) के अतिरिक्त वार मेम्बर सहित सभी पद भारतीयों द्वारा धारण किए जाने थे।
- सम्मेलन में जिन्ना द्वारा प्रस्ताव प्रस्तुत किया गया कि वायसराय की कार्यकारिणी के सभी मुस्लिम सदस्य, मुस्लिम लीग से ही लिए जाएँ, क्योंकि मुस्लिम लीग मुसलमानों की एकमात्र प्रतिनिधि संस्था है। यही सम्मेलन की विफलता का कारण बना।

नोट *सम्मेलन के समय गाँधीजी शिमला में ही थे, किन्तु उन्होंने सम्मेलन में भाग नहीं लिया था।*

भारत में आम चुनाव, 1945

- ब्रिटेन में विंस्टन चर्चिल की कंजर्वेटिव पार्टी की पराजय के बाद लेबर पार्टी के नेता क्लीमेण्ट एटली ब्रिटेन के प्रधानमन्त्री बने। उन्होंने सर पैथिक लॉरेन्स को भारत सचिव नियुक्त किया। एटली ने अपनी पहली कार्यवाही के अन्तर्गत भारत में आम चुनाव करवाया। दिसम्बर, 1945 में चुनाव परिणाम घोषित किए गए।
- वर्ष 1945-46 में सामान्य स्थानों पर कांग्रेस को और मुसलमानों के लिए आरक्षित स्थानों पर लीग को सफलता मिली। दिसम्बर, 1946 में विधानसभा चुनाव के परिणामों में 1,585 सीटों में से कांग्रेस को 923 तथा लीग को 425 सीटें प्राप्त हुईं, जबकि केन्द्रीय विधानमण्डल की 102 सीटों में से कांग्रेस को 59, लीग को 30, अकाली दल को 2, स्वतन्त्र (निर्दल) को 3 और यूरोपियन को 8 सीटें प्राप्त हुईं।
- 11 प्रान्तों में से 8 (बम्बई, संयुक्त प्रान्त, मध्य प्रान्त, बिहार, उड़ीसा, असम, उत्तर-पश्चिमी सीमा प्रान्त तथा मद्रास) प्रान्तों में कांग्रेस की सरकार बनी तथा बंगाल और सिन्ध में लीग की सरकार बनी, जबकि पंजाब में हयात खाँ के नेतृत्व में कांग्रेस तथा अकाली दल की सहायता से यूनियनिस्ट की सरकार बनी।

नौसैनिक विद्रोह, 1946

- आजाद हिन्द फौज तथा भारत छोड़ो आन्दोलन की घटनाओं ने ब्रिटिश सरकार के भारतीय सैनिकों को भी प्रभावित किया। 18 फरवरी, 1946 को रॉयल इण्डियन नेवी के गैर-कमीशण्ड अधिकारियों एवं सैनिकों, जिन्हें रेटिंग्स कहा जाता था, ने नस्लीय भेदभाव तथा खराब भोजन के प्रतिवाद में हड़ताल कर दी।
- यह विद्रोह बम्बई के नौसैनिक प्रशिक्षण पोत एचएमआईएस तलवार पर किया गया था। हड़ताली नाविकों ने एक नौसेना केन्द्रीय हड़ताल समिति का चुनाव किया, जिसके प्रमुख एम एस खान थे।
- विद्रोही सैनिक बी. सी. दत्त की रिहाई की भी माँग कर रहे थे, जिन्हें जहाज पर भारत छोड़ो लिखने के कारण गिरफ्तार कर लिया गया था। शीघ्र ही यह विद्रोह अन्य स्थलों-कराची, मद्रास तथा कलकत्ता तक फैल गया।
- विद्रोहियों ने जहाजों से ब्रिटिश यूनियन जैक को उतारकर उसके स्थान पर कांग्रेस, लीग तथा कम्युनिस्ट पार्टी के प्रतीक वाले तिरंगे, चाँद तथा हंसिया-हथौड़ा के निशान वाले ध्वज फहराए।
- नौसेना विद्रोह के समर्थन में 22 फरवरी, 1946 को बम्बई में अभूतपूर्व हड़ताल का आयोजन हुआ। इसमें 20 लाख मजदूरों ने भाग लिया। विद्रोहियों के दमन के लिए सरकार ने एडमिरल गॉडफ्रे को भेजा। सरकार के इस रुख को देखते हुए वल्लभभाई पटेल ने इस मामले में हस्तक्षेप किया।
- सरदार पटेल और एम.ए. जिन्ना ने इन्हें आत्मसमर्पण करने के लिए कहा। 24 फरवरी, 1946 को विद्रोहियों ने यह कहते हुए आत्मसमर्पण किया कि "हम भारत के सामने आत्मसमर्पण कर रहे हैं, ब्रिटेन के सामने नहीं।"

कैबिनेट मिशन योजना, 1946

- फरवरी, 1946 में ब्रिटेन के प्रधानमन्त्री एटली ने भारत में एक तीन सदस्यीय उच्चस्तरीय शिष्टमण्डल भेजने की घोषणा की। इसके सदस्यों में पैथिक लॉरेन्स (भारत सचिव), सर स्टैफोर्ड क्रिप्स (व्यापार बोर्ड के अध्यक्ष), ए. वी. अलेक्जेण्डर (नौसेना मन्त्री) आदि शामिल थे।
- ये तीनों सदस्य 24 मार्च, 1946 को भारत पहुँचे तथा भारत के विभिन्न दलों व नेताओं से विचार-विमर्श किया।
- 16 मई, 1946 को कैबिनेट मिशन द्वारा भारत में तत्काल एवं अन्तरिम सरकार की स्थापना, संविधान सभा का गठन और संविधान निर्माण हेतु एक योजना प्रस्तुत की गई।

कैबिनेट मिशन योजना के प्रस्ताव

- पाकिस्तान की माँग को खारिज कर दिया गया।
- संघीय शक्तियों के अतिरिक्त अन्य सभी शक्तियाँ और अवशिष्ट शक्तियाँ ब्रिटिश भारत के प्रान्तों को प्रदान की गईं।
- एक संविधान निर्मात्री निकाय या संविधान सभा का चुनाव किया जाए, जिसमें सभी राज्यों को उनकी जनसंख्या के अनुपात में निश्चित सीटें प्रदान की जाएँ।
- प्रस्तावित संविधान सभा में 292 सदस्यों को ब्रिटिश भारत से और 93 सदस्यों को रियासतों से शामिल करने का प्रस्ताव रखा।
- केन्द्र में तत्काल अन्तरिम सरकार के गठन को प्रस्तावित किया, जिससे सभी राजनीतिक दलों का समर्थन प्राप्त हो और जिसके सभी विभाग भारतीय के पास हों।
- 6 जून, 1946 को लीग तथा 24 जून को कांग्रेस ने कैबिनेट मिशन की दीर्घकालिक योजना को स्वीकार कर लिया। जुलाई, 1946 में कैबिनेट मिशन के अनुसार संविधान सभा का निर्वाचन हुआ। निर्वाचन में कांग्रेस को बहुमत प्राप्त हुआ। कैबिनेट मिशन के तहत वायसराय ने नेहरू को अगस्त, 1946 में अन्तरिम सरकार बनाने के लिए आमन्त्रित किया, जिसे नेहरू ने स्वीकार कर लिया।
- मुस्लिम लीग ने जिन्ना के नेतृत्व में इसके विरोध में पाकिस्तान को प्राप्त करने हेतु प्रत्यक्ष कार्यवाही की धमकी दी और 16 अगस्त, 1946 को प्रत्यक्ष कार्यवाही दिवस मनाया।

- संविधान सभा के गठन के सम्बन्ध में कैबिनेट मिशन ने वयस्क मताधिकार पर आधारित निर्वाचन व्यवस्था को अस्वीकार करते हुए प्रति 10 लाख जनसंख्या पर एक सदस्य के अप्रत्यक्ष निर्वाचन की व्यवस्था को स्वीकार किया।
- संविधान सभा में ऐसे सदस्य शामिल थे, जो आंशिक रूप से निर्वाचित और मनोनीत थे।
- निर्वाचित सदस्यों को प्रान्तीय विधानसभा के सदस्यों द्वारा सीमित मताधिकार पर अप्रत्यक्ष रूप से चुना जाता था।

संविधान सभा की संरचना

संविधान सभा की कुल सदस्य संख्या -389	
ब्रिटिश भारत -296 **नोट** : मुस्लिम लीग के वे सदस्य जो मूलरूप से पाकिस्तानी क्षेत्र से थे, भारतीय संविधान सभा से हट गए। परिणामस्वरूप सदस्यों की संख्या 296 से घटकर 229 हो गई।	रियासतें -93 **नोट** : जब मुस्लिम लीग के सदस्य संविधान सभा से हट गए, तो रियासतों की संख्या 93 से घटकर 70 हो गई।
11 गवर्नर्स प्रान्तों से (292)	चारों मुख्य आयुक्त प्रान्तों से, प्रत्येक से एक (4)
प्रत्येक ब्रिटिश प्रान्त को आवण्टित सीटें तीन प्रमुख समुदायों (मुस्लिम, सिख और सामान्य) के बीच उनकी जनसंख्या के अनुपात में विभाजित की गईं।	रियासतों के प्रतिनिधियों को उनके सम्बन्धित प्रमुखों द्वारा नामित किया जाना था।
प्रत्येक समुदाय के प्रतिनिधियों का चुनाव प्रान्तीय विधानसभा में उस समुदाय के सदस्यों द्वारा किया जाता था।	
मतदान एकल हस्तान्तरणीय मत के माध्यम से आनुपातिक प्रतिनिधित्व के आधार पर होता था।	

ब्रेकडाउन प्लान

ब्रेकडाउन प्लान **लॉर्ड वेवेल** और उनके निकटतम सलाहकारों द्वारा भारत में तेजी से विकसित हो रही राजनीतिक परिस्थितियों से निपटने के लिए मई, 1946 में तैयार किया गया था। यह प्लान मुख्य लक्ष्यों को ध्यान में रखकर तैयार किया गया था। पहला, भारत से अंग्रेजों की सुरक्षित वापसी दूसरा, भारत को एक भौगोलिक इकाई के रूप में बनाए रखने का प्रयास करके विभाजन से बचना।

अन्तरिम सरकार का गठन, 1946

- मुस्लिम लीग द्वारा अन्तरिम सरकार में सम्मिलित होने से इनकार करने के बाद वेवेल द्वारा 6 अगस्त, 1946 को नेहरू को अन्तरिम सरकार बनाने के लिए आमन्त्रित किया गया।
- 24 अगस्त, 1946 को पण्डित नेहरू के नेतृत्व में भारत की पहली अन्तरिम राष्ट्रीय सरकार की घोषणा की गई, जिसमें मुस्लिम लीग की भागीदारी नहीं थी। 2 सितम्बर, 1946 को अन्तरिम सरकार का गठन किया गया। पण्डित जवाहरलाल नेहरू ने 12 सदस्यीय मन्त्रिमण्डल के साथ अपने पद की शपथ ली, किन्तु तीन नेताओं (शरद चन्द्र बोस, सरफराज अहमद खाँ तथा सैयद अली जहीन) ने त्याग-पत्र दे दिया था।
- अन्तरिम सरकार में जवाहरलाल नेहरू, वल्लभभाई पटेल, डॉ. राजेन्द्र प्रसाद, आसफ अली, सी राजगोपालाचारी, जगजीवन राम, जॉन मथाई, सरदार बलदेव सिंह और डॉ. सी. एच. भाभा आदि थे।
- ये सदस्य औपचारिक रूप से वायसराय की कार्यकारिणी परिषद् के सदस्य थे, जिसके अध्यक्ष वायसराय तथा उपाध्यक्ष नेहरू थे। 26 अक्टूबर, 1946 को अन्तरिम सरकार में मुस्लिम लीग के पाँच प्रतिनिधि शामिल हो गए।

नोट *प्रायः स्थायी सरकारों के बीच काम करने वाली अस्थायी सरकार है। अन्तरिम सरकार तब तक अस्तित्व में रहती है, जब तक कि स्थायी सरकार पर सहमति नहीं बन जाती है।*

- 20 नवम्बर, 1946 को लॉर्ड वेवेल ने संविधान सभा की प्रथम बैठक के सदस्यों को आमन्त्रित किया। 9 दिसम्बर, 1946 को संविधान सभा की प्रथम बैठक हुई, जिसमें डॉ. सच्चिदानन्द सिन्हा को अस्थायी अध्यक्ष चुना गया।
- 11 दिसम्बर, 1946 को डॉ. राजेन्द्र प्रसाद को संविधान का स्थायी अध्यक्ष चुना गया। 13 दिसम्बर, 1946 को नेहरू ने उद्देश्य प्रस्ताव पेश किया।

अन्तरिम सरकार

सदस्य	विभाग
जवाहरलाल नेहरू	कार्यकारी परिषद के उपाध्यक्ष, राष्ट्मण्डल सम्बन्ध तथा विदेशी मामले
सरदार वल्लभभाई पटेल	गृह सूचना एवं प्रसारण
बलदेव सिंह	रक्षा
डॉ. राजेन्द्र प्रसाद	खाद्य एवं कृषि
आसफ अली	रेलवे एवं परिवहन
जॉन मथाई	उद्योग एवं नागरिक आपूर्ति
जगजीवन राम	श्रम
सी. एच. भाभा	निर्माण, खनन तथा ऊर्जा
सी राजगोपालाचारी	शिक्षा एवं कला
लीग के सदस्य	**विभाग**
लियाकत अली खाँ	वित्त
गजफर अली	स्वास्थ्य
जोगेन्द्रनाथ मण्डल	विधि
अब्दुल-रब-नश्तर	संचार
आई चुन्दरीगर	वाणिज्य

एटली की घोषणा

- 20 फरवरी, 1947 को ब्रिटिश प्रधानमन्त्री एटली ने हाउस ऑफ कॉमन्स के समक्ष बयान दिया कि जून, 1948 तक भारतीयों को सत्ता सौंपकर अंग्रेज भारत छोड़ देंगे।
- इसके साथ यह भी कहा गया कि यदि तब तक एक संविधान का निर्णय न किया गया, तो अंग्रेजों को अधिकार होगा कि वे जिसे चाहें उसे शक्ति सौंप दें। इसके साथ ही वेवेल के स्थान पर माउण्टबेटन (22 मार्च, 1947) को वायसराय बनाकर भेजा गया।

माउण्टबेटन योजना

- 3 जून, 1947 को माउण्टबेटन ने भारत के विभाजन के साथ सत्ता हस्तान्तरण की योजना प्रस्तुत की। स्वतन्त्रता एवं विभाजन से सम्बन्धित इस योजना को बाल्कन प्लान और 3 जून की योजना के नाम से भी जाना जाता है।

- माउण्टबेटन योजना के मुख्य बिन्दु निम्नलिखित हैं
    - पंजाब और बंगाल में हिन्दू तथा मुस्लिम बहुसंख्यक जिलों के प्रान्तीय विधानसभा के सदस्यों द्वारा निर्णय लिया जाएगा कि वे विभाजन चाहते हैं या नहीं।
    - विभाजन की दशा में दो डोमिनियन तथा उनके लिए दो संविधान सभाओं का निर्माण किया जाएगा।
    - सिन्ध इस सम्बन्ध में अपना निर्णय स्वयं लेगा।
    - उत्तर-पश्चिमी सीमान्त प्रान्त तथा असम के सिलहट जिले में जनमत संग्रह द्वारा निर्णय लिया जाएगा कि भारत व पाकिस्तान में से किसमें शामिल होना चाहते हैं।
    - भारतीय रजवाड़ों को स्वतन्त्र रहने का विकल्प नहीं दिया जाएगा, उन्हें भारत या पाकिस्तान में से किसी एक में सम्मिलित होना होगा।
    - बंगाल को स्वतन्त्रता देने से मना कर दिया गया।
    - हैदराबाद की पाकिस्तान में सम्मिलित होने की माँग अस्वीकृत कर दी गई।
    - 15 अगस्त, 1947 को भारत और पाकिस्तान की डोमिनियन स्टेट्स के आधार पर सत्ता का हस्तान्तरण हो जाएगा।
    - विभाजन में गतिरोध उत्पन्न होने पर एक सीमा आयोग का गठन किया जाएगा।
    - माउण्टबेटन योजना को कांग्रेस तथा मुस्लिम लीग दोनों ने स्वीकार कर लिया तथा भारत का दो डोमिनियनों-भारत एवं पाकिस्तान में विभाजन कर दिया गया।

भारतीय स्वतन्त्रता अधिनियम, 1947

- माउण्टबेटन योजना के आधार पर 4 जुलाई, 1947 को ब्रिटिश संसद में भारतीय स्वतन्त्रता विधेयक पेश किया गया, जिसे 18 जुलाई, 1947 को स्वीकृति मिल गई। इस अधिनियम में निम्नलिखित प्रमुख विशेषताएँ थीं
    - 15 अगस्त, 1947 को देश को दो डोमिनियनों भारत और पाकिस्तान नामक दो भागों में विभाजित कर दिया जाएगा।
    - दोनों अधिराज्यों के लिए प्रत्येक में एक गवर्नर-जनरल होगा, जिसकी नियुक्ति इंग्लैण्ड के सम्राट द्वारा की जाएगी।
    - संविधान का निर्माण होने तक दोनों अधिराज्यों का प्रशासन भारत शासन अधिनियम, 1935 के द्वारा संचालित किया जाएगा।
    - देशी रियासतों को यह स्वतन्त्रता दी गई कि वे चाहें तो भारत अथवा पाकिस्तान के साथ मिल सकते हैं अथवा वे स्वतन्त्र भी रह सकते हैं।
- इस अधिनियम के आधार पर 14 अगस्त को पाकिस्तान तथा 15 अगस्त को भारत स्वतन्त्र हो गया।
- मुहम्मद अली जिन्ना पाकिस्तान के गवर्नर-जनरल तथा लियाकत अली खाँ प्रधानमन्त्री बने। स्वतन्त्र भारत में लॉर्ड माउण्टबेटन प्रथम गवर्नर-जनरल तथा पण्डित जवाहरलाल नेहरू प्रथम प्रधानमन्त्री बने।

सीमा आयोग का गठन

- जून 1947 में, ब्रिटिश वकील सर सिरिल जॉन रैडक्लिफ को पंजाब और बंगाल के दो सीमा आयोगों का अध्यक्ष बनाया गया और उन्हें भारत और पाकिस्तान की नई सीमाओं को निर्धारित करने का कार्य सौंपा गया। उन्हें यह कार्य पूरा करने के लिए पाँच सप्ताह का समय दिया गया और वे जुलाई, 1947 में भारत पहुँचे।
- पंजाब और बंगाल के सीमा आयोगों में क्रमशः भारतीय राष्ट्रीय कांग्रेस और मुस्लिम लीग के दो-दो नामित सदस्य भी शामिल थे ।
- पंजाब आयोग में न्यायमूर्ति मेहर चन्द महाजन, न्यायमूर्ति तेजा सिंह, दीन मोहम्मद और मुहम्मद मुनीर सदस्य थे।
- बंगाल आयोग में न्यायमूर्ति सी.सी. बिस्वास, बी. के. मुखर्जी, अबू सलेह अकरम और एस.ए. रहमान शामिल थे।
- सीमा आयोग का निर्णय 17 अगस्त, 1947 को सार्वजनिक किया गया, इसी के आधार पर भारत और पाकिस्तान की सीमा निर्धारित की गई थी। उनके नाम पर ही विभाजन रेखा को रेडक्लिफ रेखा कहा जाता है।

“

15 अगस्त, 1947 को भारत स्वतन्त्र हुआ। स्वतन्त्रता के साथ ही भारत के समक्ष अनेक चुनौतियाँ तथा समस्याएँ उत्पन्न हुईं। रियासतों का एकीकरण तथा भारत-विभाजन के बीच भारत को वैदेशिक नीतियों पर भी तीव्रता से कार्य करना था।

अध्याय सैंतीस

स्वतन्त्रता के पश्चात् भारत

स्वतन्त्रता के पश्चात् प्रथम सरकार का गठन

- स्वतन्त्रता के पश्चात् पण्डित जवाहरलाल नेहरू ने 15 अगस्त, 1947 को देश के प्रथम प्रधानमन्त्री के रूप में शपथ ग्रहण की थी, उनके साथ 15 मन्त्रियों ने भी शपथ ग्रहण की थी।
- सरदार वल्लभभाई पटेल अपनी मृत्यु (दिसम्बर, 1950) तक देश के प्रथम उप-प्रधानमन्त्री रहे।
- लॉर्ड माउण्टबेटन स्वतन्त्र भारत के प्रथम गवर्नर-जनरल बने और 21 जून, 1948 तक इस पद पर रहे। इसके पश्चात् सी. राजगोपालाचारी ने 26 जनवरी, 1950 तक गवर्नर-जनरल के रूप में सेवाएँ प्रदान कीं। वर्ष 1950 में स्वतन्त्र भारत का संविधान लागू हुआ और देश गणतन्त्र बन गया, जिसके प्रथम राष्ट्रपति डॉ. राजेन्द्र प्रसाद बने।

स्वतन्त्र भारत की प्रथम मन्त्रिपरिषद्

क्र.सं.	नाम	मन्त्रालय/विभाग
1.	पण्डित जवाहरलाल नेहरू (प्रधानमन्त्री)	विदेश मामले एवं कॉमनवेल्थ, वैज्ञानिक अनुसन्धान
2.	सरदार वल्लभभाई पटेल (उप-प्रधानमन्त्री)	गृह, सूचना एवं प्रसारण मन्त्री
3.	मौलाना अबुल कलाम आजाद	शिक्षा मन्त्री
4.	जॉन मथाई	रेल एवं परिवहन मन्त्री
5.	सरदार बलदेव सिंह	रक्षा मन्त्री (पंथी पार्टी)
6.	जयरामदास दौलतराम	खाद्य एवं कृषि मन्त्री
7.	जगजीवन राम	श्रम मन्त्री
8.	सी.एच. भाभा	वाणिज्य मन्त्री
9.	राजकुमारी अमृत कौर	स्वास्थ्य मन्त्री
10.	रफी अहमद किदवई	संचार मन्त्री
11.	नरहर विष्णु गाडगिल	निर्माण, खान एवं ऊर्जा मन्त्री
12.	आर. के. षणमुखम चेट्टी	वित्त मन्त्री
13.	के.सी. नियोगी	राहत एवं पुनर्वास मन्त्री
14.	बी. आर. अम्बेडकर	विधि मन्त्री (अनुसूचित जाति संघ से सम्बन्धित, 1951 में त्याग-पत्र)
15.	श्यामा प्रसाद मुखर्जी	उद्योग एवं आपूर्ति मन्त्री (हिन्दू महासभा)
16.	गोपालस्वामी आयंगर	बिना विभाग के मन्त्री, संघ सरकार और पूर्वी पंजाब सरकार के मन्त्रिमण्डल के बीच एक सम्पर्क सूत्र के रूप में कार्य करने का कार्य सौंपा गया।
17.	मोहनलाल सक्सेना	बिना विभाग के मन्त्री

स्वतन्त्रता के पश्चात् भारत के समक्ष चुनौतियाँ

- एक नवोदित राष्ट्र के रूप में भारत के समक्ष, जो सबसे गम्भीर चुनौतियाँ उत्पन्न हुई थीं, उनका संक्षिप्त विवरण इस प्रकार है

साम्प्रदायिक दंगे और हिंसा

- वर्ष 1947 में ब्रिटिश भारत के भारत और पाकिस्तान में विभाजन के पश्चात् हिन्दुओं और मुसलमानों के बीच साम्प्रदायिक तनाव और हिंसा भड़क उठी थी।

- विभाजन के समय साम्प्रदायिक दंगों और हिंसा में लगभग 2 मिलियन लोगों की जानें चली गईं। इसके अतिरिक्त लगभग 25 मिलियन (अर्थात् विश्व की आबादी का 1%) लोग विस्थापित हो गए, जिनके पास रहने और आश्रय पाने के लिए कोई जगह नहीं थी।
- सबसे भयानक अत्याचार पंजाब में हुए। 55,000 जवानों वाली पंजाब बाउण्ड्री फोर्स के प्रयासों के अतिरिक्त 2,00,000 से अधिक लोगों की हत्या कर दी गई।
- इन भीषण दंगों से निपटना तथा देश में शान्ति और व्यवस्था स्थापित करना नवोदित भारत सरकार के लिए बड़ी चुनौती थी।

नेहरू-लियाकत समझौता (1950)

- नेहरू-लियाकत समझौते को दिल्ली समझौता या अनाक्रमण समझौता भी कहा जाता है।
- यह भारत और पाकिस्तान के बीच हस्ताक्षरित एक द्विपक्षीय समझौता था, जिसका उद्देश्य दोनों देशों में अल्पसंख्यकों के साथ व्यवहार हेतु एक रूपरेखा प्रदान करना था।
- इस समझौते पर 8 अप्रैल, 1950 को भारत के प्रधानमन्त्री जवाहरलाल नेहरू और पाकिस्तान के प्रधानमन्त्री लियाकत अली खान के बीच हस्ताक्षर हुए थे।
- इस समझौते के विरोध में नेहरू मन्त्रिमण्डल के सदस्य और हिन्दू महासभा के नेता श्यामा प्रसाद मुखर्जी ने अप्रैल, 1950 में इस्तीफा दे दिया था।

समझौते के प्रावधान

- दोनों सरकारें अल्पसंख्यक समुदायों के लिए नागरिकता की समानता सुनिश्चित करेंगी, सार्वजनिक सेवाओं में अवसरों की पूर्ण समानता प्रदान करेंगी और उनकी संस्कृति, भाषा और धर्म की सुरक्षा करेंगी।
- शरणार्थियों को अपनी सम्पत्ति का निपटान करने के लिए वापस लौटने का अधिकार दिया गया, अपहृत महिलाओं और लूटी गई सम्पत्ति को वापस किया जाना था।
- जबरन धर्मान्तरण को मान्यता नहीं दी गई।

महात्मा गाँधी : वन मैन आर्मी

15 अगस्त, 1947 को जब भारत को आजादी मिली थी, तब महात्मा गाँधी इस समारोह में नहीं थे। इस समय वे बंगाल के **नोआखली** और **कलकत्ता** में थे, जहाँ वे हिन्दुओं और मुस्लिमों के बीच हो रही साम्प्रदायिक हिंसा को रोकने के लिए अनशन कर रहे थे। उनके उपवास का तुरन्त प्रभाव हुआ और कलकत्ता में आश्चर्यजनक रूप से लड़ाई-दंगे रुक गए। हिन्दुओं और मुसलमानों ने मिलकर शहर में **शान्ति मार्च** निकाला। इस पर लॉर्ड माउण्टबेटन ने महात्मा गाँधी को पत्र लिखकर कहा, ''पंजाब में हमारे पास 55,000 सैनिक हैं, तब भी वहाँ दंगे जारी हैं, बंगाल में हमारे पास केवल एक शख्स है, आप और वहाँ दंगे पूरी तरह से रुक गए हैं।''

रियासतों का एकीकरण

- भारतीय स्वतन्त्रता अधिनियम, 1947 के अनुसार, रियासतों के सन्दर्भ में ब्रिटिश सर्वोपरिता का अन्त कर दिया गया तथा उन्हें इस अधिनियम द्वारा निर्मित दो अधिराज्यों भारत एवं पाकिस्तान में से किसी एक में शामिल होने की या अपने भावी सम्बन्धों के निर्धारण की स्वतन्त्रता प्रदान की गई।
- रियासतों के मामले को सुलझाने के उद्देश्य से 5 जुलाई, 1947 को भारतीय रियासत विभाग की स्थापना की गई, जिसका कार्यभार तत्कालीन गृहमन्त्री सरदार वल्लभभाई पटेल को सौंपा गया। इस कार्य में भारतीय सिविल सेवा के वरिष्ठ अधिकारी वी.पी. मेनन ने उनकी सहायता की थी।
- सरदार पटेल के प्रयत्नों के फलस्वरूप भारत के स्वतन्त्र होने से पूर्व लगभग सभी राज्यों (रियासतों) का भारत में विलय हो चुका था, किन्तु 15 अगस्त, 1947 तक जम्मू-कश्मीर, हैदराबाद एवं जूनागढ़ आदि रियासतें अपना स्वतन्त्र अस्तित्व बनाए हुए थीं।

जूनागढ़

- जूनागढ़ रियासत की जनसंख्या लगभग 7 लाख थी, जिसमें 80% हिन्दू थे। यहाँ का नवाब महावत खान (बाबी राजवंश) था।
- नवाब ने मुस्लिम लीग के नेता सर शाहनवाज भुट्टो को अपना दीवान बनाया। राज्य का कार्यभार सम्भालते ही भुट्टो ने नवाब को पाकिस्तान में शामिल होने के लिए दबाव बनाना शुरू कर दिया, किन्तु जूनागढ़ के नवाब का व्यवहार जिन्ना के द्वि-राष्ट्र सिद्धान्त के विरुद्ध था।
- भारतीय नेताओं ने जूनागढ़ को आर्थिक रूप से कमजोर कर दिया। नवाब भयभीत होकर पाकिस्तान पलायन कर गया।
- सरदार पटेल ने पाकिस्तान से जूनागढ़ में जनमत संग्रह कराने की माँग की। अन्ततः 20 फरवरी, 1948 को जूनागढ़ में जनमत संग्रह कराया गया और 91% लोगों ने भारत में शामिल होने की इच्छा प्रकट की। इस प्रकार जूनागढ़ का भारत में विलय हो गया।

हैदराबाद

- हैदराबाद भारत की सबसे बड़ी रियासत थी। यह चारों ओर से भारतीय भू-भाग से घिरी हुई थी। यहाँ का निजाम मीर उस्मान अली खाँ था। नवाब का झुकाव पाकिस्तान की ओर था, जबकि रियासत की बहुसंख्यक जनता हिन्दू थी।
- 29 नवम्बर, 1947 को भारत सरकार एवं हैदराबाद रियासत के मध्य 1 वर्ष की अवधि के लिए यथास्थिति समझौता सम्पन्न हुआ, जिससे कि 15 अगस्त, 1947 के पूर्व की स्थिति बनी रहे।
- निजाम ने समझौते का पालन नहीं किया, वह भारत के साथ विलय को लेकर सकारात्मक नहीं था, उसने अपनी सैन्य क्षमता में वृद्धि के साथ ही हैदराबाद की जनता का दमन करना भी आरम्भ कर दिया था।
- निर्दोष लोगों की रक्षा हेतु भारत सरकार ने हैदराबाद में ऑपरेशन पोलो के अन्तर्गत सैन्य कार्यवाही की।
- ऑपरेशन पोलो के अन्तर्गत 13 सितम्बर, 1948 को भारतीय सेना ने मेजर जे. एन. चौधरी के नेतृत्व में हैदराबाद में प्रवेश किया और तीन दिनों बाद अर्थात् 17 सितम्बर, 1948 को निजाम ने समर्पण कर दिया। इस प्रकार नवम्बर, 1948 में हैदराबाद का भारतीय संघ में विलय हो गया।

कश्मीर

- कश्मीर की समस्या शेष दो रियासतों से भिन्न थी। इस राज्य की सीमा भारत और पाकिस्तान दोनों से मिलती थी। यहाँ की बहुसंख्यक जनता मुस्लिम थी, जबकि यहाँ का शासक हिन्दू था।

- कश्मीर अपनी स्वतन्त्र स्थिति बनाए रखने के पक्ष में था, जबकि पाकिस्तान इसे अपने राज्य में मिलाना चाहता था। 22 अक्टूबर, 1947 को पाकिस्तानी सैनिकों ने कबाइली जनता के रूप में कश्मीर पर आक्रमण कर दिया।
- राज्य की रक्षा के लिए 24 अक्टूबर, 1947 को महाराजा हरिसिंह ने भारत सरकार से सैन्य सहायता की माँग की, किन्तु अन्तर्राष्ट्रीय कानूनों के तहत भारत तभी अपनी सेना कश्मीर में भेज सकता था, जब राज्य का औपचारिक विलय भारत में हो चुका हो।
- महाराजा हरिसिंह ने 26 अक्टूबर, 1947 को भारत में विलय सम्बन्धी प्रस्ताव पर हस्ताक्षर किए तथा 27 अक्टूबर, 1947 को लॉर्ड माउण्टबेटन ने इसे स्वीकृति प्रदान कर दी। उसी दिन भारतीय सेना ने श्रीनगर सहित कश्मीर के बड़े भाग से पाकिस्तानी सेना को बाहर खदेड़ दिया। यद्यपि राज्य के कुछ हिस्सों पर उनका नियन्त्रण बना रहा।
- 31 अक्टूबर, 1947 को अस्थायी संकटकालीन शासन का निर्माण किया गया और शेख अब्दुल्ला को इसका प्रधान नियुक्त किया गया।
- जनवरी, 1948 में भारत सरकार ने संयुक्त राष्ट्र सुरक्षा परिषद् में पाकिस्तानी कबाइलियों के कश्मीर पर आक्रमण करने की सूचना दी, दूसरी ओर पाकिस्तान ने इस विलय को अवैध बताया।
- संयुक्त राष्ट्र सुरक्षा परिषद् ने वर्ष 1948 में इस समस्या के समाधान हेतु अन्तर्राष्ट्रीय आयोग की नियुक्ति की। जनवरी, 1949 को भारत व पाकिस्तान युद्ध विराम के लिए इस शर्त पर मान गए कि कश्मीर में संयुक्त राष्ट्र संघ के निरीक्षण में जनमत संग्रह होगा।
- वर्ष 1951 में जम्मू-कश्मीर विधानसभा की बैठक प्रारम्भ हुई तथा वर्ष 1954 में राज्य की संविधान सभा ने जम्मू-कश्मीर के भारतीय संघ में विलय की पुष्टि कर दी।

यूरोपीय उपनिवेशों का एकीकरण

- स्वतन्त्रता के बाद भी भारत में पुर्तगाल और फ्रांस के उपनिवेश बने हुए थे। पुर्तगाली उपनिवेशों में गोवा, दमन और दीव तथा दादरा एवं नगर हवेली था, जबकि फ्रांसीसी उपनिवेशों में पॉण्डिचेरी, कराइकल, यनम, माहे और चन्द्रनगर शामिल थे।
- वर्ष 1954 में भारत और फ्रांस के मध्य हुए एक समझौते के माध्यम से फ्रांस ने अपने सभी भारतीय उपनिवेशों को भारत को लौटा दिया।
- गोवा में कांग्रेसी नेता त्रिस्ताओ ब्रगांजा कुन्हा ने गोवा को पुर्तगाल से स्वतन्त्रता दिलाने के लिए संघर्ष किया, अन्ततः भारतीय सेना की सहायता से गोवा वर्ष 1961 में भारत का अंग बन गया।

भाषाई समस्या एवं राज्यों का पुनर्गठन

- स्वतन्त्रता के पश्चात् देश की राष्ट्रीय राजभाषा की समस्या एक प्रमुख समस्या के रूप में उत्पन्न हुई। बी. जी. खेर की अध्यक्षता में एक सरकारी भाषा समिति का गठन किया गया। दक्षिण के राज्य हिन्दी भाषा का विरोध कर रहे थे।
- वर्ष 1948 में संविधान सभा में न्यायाधीश एस. के. धर के अधीन एक भाषाई प्रान्त आयोग गठित किया गया। इस आयोग ने राष्ट्रीय एकता एवं प्रशासनिक सुविधा दोनों ही दृष्टियों से भाषाई आधार पर प्रान्तों के गठन का प्रस्ताव रद्द कर दिया।
- दिसम्बर, 1948 में एक आयोग गठित किया गया, जिसमें नेहरू, पटेल एवं पट्टाभि सीतारमैया शामिल थे। इसे जे. वी. पी. आयोग भी कहा जाता है। इस आयोग ने भी भाषाई आधार पर प्रान्तों के गठन के प्रस्ताव को अस्वीकार कर दिया।
- मद्रास प्रेसीडेन्सी के तेलुगू भाषी क्षेत्रों के लोगों ने गाँधीवादी नेता पोट्टी श्री रामूलु के नेतृत्व में आन्दोलन आरम्भ कर दिया। इनकी माँग एक नए आन्ध्र प्रदेश का गठन करने की थी। 58 दिनों के लम्बे अनशन के बाद 15 दिसम्बर, 1952 को श्री रामूलु की मृत्यु हो गई, जिसके कारण हिंसा विस्तृत हो गई, अतः वर्ष 1953 में आन्ध्र प्रदेश को राज्य का दर्जा प्राप्त हो गया और आन्ध्र प्रदेश भाषाई आधार पर गठित होने वाला पहला राज्य बना।
- इस आन्दोलन की सफलता के पश्चात् देश के अन्य भागों में भी भाषा के आधार पर राज्य गठन की माँग तीव्र हो गई।
- वर्ष 1953 में फजल अली की अध्यक्षता में राज्य पुनर्गठन आयोग का गठन किया गया। के. एम. पणिक्कर एवं हृदयनाथ कुंजरु इस आयोग के सदस्य थे। इस आयोग ने वर्ष 1956 में अपनी रिपोर्ट सौंपी तथा भाषाई आधार पर प्रान्तों के गठन की सिफारिश की।

फजल अली आयोग की रिपोर्ट के आधार पर वर्ष 1960 में बम्बई प्रान्त का विभाजन मराठी क्षेत्रों के लिए महाराष्ट्र तथा गुजराती भाषा के लिए गुजरात राज्य में कर दिया गया। इस आयोग ने 16 राज्यों और 3 केन्द्र शासित प्रदेशों के निर्माण का सुझाव दिया था।

- वर्ष 1966 में पंजाब प्रान्त का भी विभाजन भाषा के आधार पर दो राज्यों में कर दिया गया। पंजाबी भाषी क्षेत्रों को मिलाकर पंजाब तथा हिन्दी क्षेत्रों को मिलाकर हरियाणा बनाया गया।

प्रथम आम चुनाव

- स्वतन्त्र भारत का प्रथम आम चुनाव 25 अक्टूबर, 1951 से 21 फरवरी, 1952 के मध्य हुआ था। यह एक वृहद् प्रक्रिया थी, जिसमें विश्व की जनसंख्या का छठा भाग मतदान करने जा रहा था, जिससे यह उस समय विश्व में आयोजित होने वाला सबसे बड़ा चुनाव बन गया।

कानूनी ढाँचे का निर्माण

संसद ने मतदाता योग्यता, निर्वाचन मशीनरी और अन्य निर्वाचन प्रक्रियाओं के लिए आधार तैयार करते हुए लोक प्रतिनिधित्व अधिनियम, 1950 और 1951 को अधिनियमित किया गया। भारतीय निर्वाचन आयोग (ECI) की स्थापना 25 जनवरी, 1950 में की गई थी, जिसमें सुकुमार सेन पहले मुख्य निर्वाचन आयुक्त के रूप में नियुक्त हुए थे।

चुनाव परिणाम

- जवाहरलाल नेहरू के नेतृत्व में भारतीय राष्ट्रीय कांग्रेस प्रमुख राजनीतिक दल के रूप में उभरी, जिसने 489 लोकसभा सीटों में से 364 सीटें प्राप्त कीं और सत्तारूढ़ दल के रूप में अपनी स्थिति मजबूत की।
- प्रथम लोकसभा चुनाव में भारतीय कम्युनिस्ट पार्टी (CPI) 23 सीटों के साथ उपविजेता बनकर उभरी, उसके पश्चात् सोशलिस्ट पार्टी और अन्य राजनीतिक दल रहे।

- डॉ. अम्बेडकर बॉम्बे (नॉर्थ सेण्ट्रल) से चुनाव हार गए, इसके पश्चात् वह राज्यसभा के लिए चुने गए।
- राज्यों की विधानसभा के लिए हुए चुनावों में भी कांग्रेस की एकतरफा जीत हुई, कांग्रेस ने सभी राज्यों में सरकार बनाई। हालाँकि चार राज्यों मद्रास, त्रावणकोर एवं कोचीन, उड़ीसा एवं पेप्सू (पटियाला एण्ड ईस्ट पंजाब स्टेट्स यूनियन) में उसे पूर्ण बहुमत नहीं मिला।

प्रथम लोकसभा का गठन

- पहली लोकसभा 17 अप्रैल, 1952 को अस्तित्व में आई थी। इसकी पहली बैठक 13 मई, 1952 को आयोजित की गई थी।
- गणेश वासुदेव मावलंकर पहली लोकसभा के अध्यक्ष थे, वे 15 मई, 1952 से 27 फरवरी, 1956 तक इस पद पर रहे।
- पहली लोकसभा के उपाध्यक्ष एम. अनन्तशयनम आयंगर थे, उनका कार्यकाल 30 मई, 1952 से 7 मार्च, 1956 तक था।

आर्थिक प्रगति की रूपरेखा

- स्वतन्त्रता के पूर्व भी आर्थिक आयोजन के प्रयास किए गए थे। वर्ष 1938 में नेहरू की प्रेरणा से राष्ट्रीय योजना समिति का गठन हुआ। मुम्बई के 8 उद्योगपतियों द्वारा वर्ष 1944 में आर्देशिर दलाल की देख-रेख में आर्थिक विकास के लिए एक योजना बनाई, जिसे बॉम्बे प्लान के नाम से जाना जाता है।
- इससे पूर्व वर्ष 1943 में ही श्रीमन नारायण ने गाँधीवादी योजना तथा वर्ष 1945 में एम. एन. राय ने पीपुल्स प्लान बनाया तथा 30 जनवरी, 1950 को जे. पी नारायण द्वारा सर्वोदय योजना प्रस्तुत की गई।
- यह योजना गाँधीवादी सिद्धान्तों पर आधारित है। के. सी. नियोगी समिति की संस्तुति पर 15 मार्च, 1950 को संविधानेत्तर संस्था के रूप में योजना आयोग का गठन किया गया।
- 1 जनवरी, 2015 से योजना आयोग के स्थान पर नीति आयोग का गठन किया गया। इसका अध्यक्ष प्रधानमन्त्री होता है।
- योजना आयोग द्वारा बनाई गई कार्य योजनाओं का मूल्यांकन करने हेतु 6 अगस्त, 1952 को एक संविधानेत्तर संस्था राष्ट्रीय विकास परिषद् का गठन किया गया। योजना आयोग एवं राष्ट्रीय विकास परिषद् ने मिलकर पंचवर्षीय योजनाओं को मूर्त रूप दिया।
- भारत में प्रथम पंचवर्षीय योजना वर्ष 1951 (1 अप्रैल) में आरम्भ हुई। इस योजना में कृषि क्षेत्र को प्राथमिकता दी गई। प्रथम पंचवर्षीय योजनाकाल में ही भाँखड़ा नांगल, दामोदर घाटी तथा हीराकुड जैसी बहुउद्देशीय परियोजनाओं को आरम्भ किया गया था।
- भारत की द्वितीय पंचवर्षीय योजना में आधारभूत उद्योगों के विकास को प्राथमिकता दी गई थी। इसका मुख्य कारण आधारभूत एवं भारी उद्योगों पर विशेष बल के साथ तीव्र औद्योगीकरण करना था। इस योजना का काल वर्ष 1956 से 1961 तक था।
- तृतीय पंचवर्षीय योजना वर्ष 1961-1966 तक थी। इस योजना का प्रमुख लक्ष्य कृषि एवं उद्योगों का तीव्र विकास करके भारतीय अर्थव्यवस्था को आत्मनिर्भर बनाना था।
- तृतीय पंचवर्षीय योजना चीन एवं पाकिस्तान के आक्रमण विदेशी विनिमय संकट एवं प्रतिकूल व्यापार शेष के कारण अपने लक्ष्यों को प्राप्त नहीं कर सकी। इसी योजनावधि में प्रथम बार भारतीय रुपये का अवमूल्यन हुआ।

पंचवर्षीय योजनाएँ : एक नजर में

पंचवर्षीय योजना	समयावधि (वर्ष)	प्रमुख बिन्दु	मॉडल	औसत वृद्धि (GDP)
प्रथम	1951-56	कृषि विकास पर बल	हैरॉड-डोमर मॉडल	3.5 (2.1)
द्वितीय	1956-61	आधारभूत एवं भारी उद्योगों पर बल	महालनोबिस मॉडल	4.21(4.5)
तृतीय	1961-66	आत्मनिर्भर व स्वत: स्फूर्त अर्थव्यवस्था	जे. सैण्डी, सुखमय चक्रवर्ती एवं महालनोबिस मॉडल का प्रभाव	2.72 (5.6)
चतुर्थ	1969-74	स्थिरता के साथ आत्मनिर्भरता	डी. आर. गाडगिल मॉडल	3.2 (5.7)

बैंकिंग क्षेत्र में सुधार

- योजनावधि में भारत सरकार ने कृषि एवं उद्योगों के विकास के साथ-साथ बैंकिंग क्षेत्र में भी महत्त्वपूर्ण कार्य किया।
- 1 अप्रैल, 1935 को स्थापित किए गए भारतीय रिजर्व बैंक (RBI) का 1 अप्रैल, 1949 को राष्ट्रीयकरण किया गया तथा उसे भारत के केन्द्रीय बैंक का दर्जा दिया गया।
- इसी क्रम में 1 जुलाई, 1955 को गोरेवाला समिति की अनुशंसाओं पर इम्पीरियल बैंक का राष्ट्रीयकरण करके उसे स्टेट बैंक ऑफ इण्डिया नाम दिया गया। वर्तमान में स्टेट बैंक भारत का सबसे बड़ा व्यावसायिक बैंक है।
- इम्पीरियल बैंक भारतीय उपमहाद्वीप का सबसे बड़ा और प्राचीन वाणिज्यिक बैंक था, जिसे वर्ष 1955 में परिवर्तित कर भारतीय स्टेट बैंक बना दिया गया।
- 30 अप्रैल, 1950 को नई औद्योगिक नीति घोषित की गई, जिसमें सरकार ने समाजवादी समाज की स्थापना को अपना लक्ष्य निर्धारित किया। इस औद्योगिक नीति को भारत का आर्थिक संविधान कहा जाता है।
- वर्ष 1953 में एयर इण्डिया का राष्ट्रीयकरण किया गया। इसके पश्चात् वर्ष 1956 में जीवन बीमा का राष्ट्रीयकरण किया गया और भारतीय जीवन बीमा निगम (LIC) की स्थापना की गई।

जमींदारी उन्मूलन

- काश्तकारों के सुधारों के लिए लगान का नियमन एवं भूमि पर स्वामित्व दिया गया। जमींदारी उन्मूलन एवं भूमि सुधार अधिनियम, 1950 सर्वप्रथम उत्तर प्रदेश में पारित किया गया, बाद में यह सभी राज्यों में पारित हो गया।
- कृषि कानून का पुनर्गठन करते हुए खेतों की सीमाबन्दी एवं चकबन्दी की गई तथा जमींदारों या प्रतिव्यक्ति अधिकतम जमीन रखने की उच्चतम सीमा सभी राज्यों में निश्चित की गई।
- 60 के दशक में खाद्यान्न संकट उत्पन्न होने के पश्चात् भारत में 70 के दशक में हरित क्रान्ति लाने के विशेष प्रयास किए गए, परिणामस्वरूप भारत खाद्यान्न में आत्मनिर्भर बना।

सामुदायिक विकास कार्यक्रम

- गाँधीजी की विचारधारा के अनुरूप ग्रामीण क्षेत्रों को सामाजिक, आर्थिक एवं राजनीतिक रूप से सशक्त बनाने हेतु 2 अक्टूबर, 1952 से सामुदायिक विकास कार्यक्रम आरम्भ किया गया।

- इस कार्यक्रम का उद्देश्य ग्रामीण समाज में एकीकृत विकास लाना था। यह कार्यक्रम सामाजिक सामंजस्य, आर्थिक विकास और समुदायों के विकास को बढ़ावा देता है।
- वर्ष 1953 में राष्ट्रीय विकास योजना को प्रारम्भ किया गया। वर्ष 1957 में बलवन्त राय मेहता की अध्यक्षता में ग्रामोद्धार समिति का गठन किया गया। मेहता समिति ने त्रिस्तरीय पंचायती राज व्यवस्था की सिफारिश की। इसके तीन स्तर हैं—ग्राम पंचायत, खण्ड पंचायत तथा जिला पंचायत।
- 1 अप्रैल, 1959 को सरकार ने मेहता समिति की सिफारिशें स्वीकार कर लीं तथा 2 अक्टूबर, 1959 को राजस्थान के नागौर जिले से पंचायती राज की शुरुआत जवाहरलाल नेहरू द्वारा की गई।

विधायी सुधार कार्य

- वर्ष 1951 में खान अधिनियम बनाया गया, जिसके द्वारा स्त्रियों का खान में कार्य करना वर्जित कर दिया गया तथा गृह सेवा कानून ने स्त्रियों हेतु कार्य के 8 घण्टे निर्धारित किए।
- वर्ष 1955 में हिन्दू विवाह कानून बनाया गया, जिसके द्वारा बहु-विवाह को गैर-कानूनी बनाया गया। वर्ष 1956 में अस्पृश्यता सम्बन्धी कानून पारित किया गया, जिसके अन्तर्गत अस्पृश्यता को गैर-कानूनी संज्ञेय अपराध बना दिया गया।
- वर्ष 1961 में दहेज विरोधी अधिनियम पारित किया गया तथा वर्ष 1960 में भारत के मुख्य न्यायाधीश पी. एन. भगवती द्वारा गुजरात में सर्वप्रथम लोक अदालत की स्थापना की गई।

प्रेस/शिक्षा एवं वैज्ञानिक प्रगति

- स्वतन्त्रता प्राप्ति के पश्चात् भारत में प्रेस एवं शिक्षा के क्षेत्र में अनेक महत्त्वपूर्ण कदम उठाए गए।
- सरकार द्वारा समाचार-पत्रों के कानूनों की समीक्षा करने के लिए वर्ष 1947 में श्री गंगानाथ झा की अध्यक्षता में समाचार-पत्र जाँच समिति नियुक्त की गई। इस समिति ने भारतीय दण्ड संहिता की धारा 124 (A) एवं 153 (A) में संशोधन करने की सिफारिशें की थीं।

समाचार-पत्र अधिनियम, 1951

- भारत सरकार ने वर्ष 1951 में समाचार-पत्र (आपत्तिजनक विषय) प्रकाशित करने पर जमानत माँगने तथा जब्त करने का प्रावधान किया।
- भारत सरकार ने समाचार-पत्र आयोग की अनुशंसा पर वर्ष 1951 में समाचार-पत्र अधिनियम को वर्ष 1956 में निरस्त करके 1956 का संसद कार्यवाही अधिनियम पारित किया, जिससे भारतीय प्रेस के विकास को एक नई दिशा मिली।

समाचार-पत्र आयोग

वर्ष 1951 के समाचार-पत्र अधिनियम के विरोध के परिणामस्वरूप भारत सरकार ने भारतीय समाचार-पत्रों के कार्य की समीक्षा करने के लिए न्यायाधीश जी एस. राजाध्यक्ष की अध्यक्षता में समाचार-पत्र आयोग की नियुक्ति की, जिसने वर्ष 1954 में अपनी रिपोर्ट पेश की।

शिक्षा के क्षेत्र में प्रगति

शिक्षा के क्षेत्र में निम्न आयोगों द्वारा प्रगति की गई, जो निम्न प्रकार है

राधाकृष्णन आयोग (1948-49)

- स्वतन्त्रता के पश्चात् राष्ट्रीय सरकार ने शिक्षा की दिशा में विकास हेतु वर्ष 1948 में सर्वपल्ली राधाकृष्णन की अध्यक्षता में एक आयोग का गठन किया। आयोग द्वारा वर्ष 1949 में निम्नलिखित अनुशंसाएँ की गईं
  - विश्वविद्यालय से पूर्व 12 वर्ष का अध्ययन अनिवार्य हो।
  - विश्वविद्यालय में कम-से-कम 180 दिन की पढ़ाई अनिवार्य हो।
  - शिक्षा को समवर्ती सूची में शामिल किया जाए। विश्वविद्यालय की स्नातक उपाधि प्रशासनिक सेवाओं के लिए आवश्यक हो।
  - कृषि, वाणिज्य, इंजीनियरिंग तथा टेक्नोलॉजी विधि और आयुर्विज्ञान पर अधिक बल दिया जाए।

विश्वविद्यालय अनुदान आयोग (1953)

- वर्ष 1949 में डॉ. राधाकृष्णन आयोग की अनुशंसाओं के पश्चात् भारत सरकार ने वर्ष 1953 में विश्वविद्यालय अनुदान आयोग का गठन किया।
- यह एक स्वायत्ततापूर्ण संस्थान है, इसे शिक्षा स्तरों को निश्चित एवं समन्वित करने का अधिकार दिया गया है।

कोठारी शिक्षा आयोग (1964)

- भारत सरकार ने शिक्षा के सभी पक्षों एवं प्रक्रमों की समीक्षा के लिए वर्ष 1964 में डॉ. डी. एस. कोठारी की अध्यक्षता में एक आयोग का गठन किया गया। आयोग द्वारा की गई प्रमुख अनुशंसाएँ निम्न हैं
  - माध्यमिक शिक्षा को व्यावसायिक बनाया जाए।
  - विश्वविद्यालय में अन्तर्राष्ट्रीय मानकों को स्थापित किया जाए।
  - कृषि अनुसन्धान तथा वैज्ञानिक शिक्षा को उच्च प्राथमिकता दी जाए।
  - सामाजिक उत्तरदायित्व तथा नैतिकता की भावना को उत्पन्न करने वाली शिक्षा प्रणाली अपनाई जाए।

वैज्ञानिक प्रगति

- भारत ने स्वतन्त्रता के बाद परमाणु ऊर्जा के शान्तिपूर्ण उपयोग को प्राथमिकता दी तथा इस उद्देश्य से वर्ष 1948 में परमाणु ऊर्जा आयोग की स्थापना की गई। परमाणु ऊर्जा आयोग के पहले अध्यक्ष होमी जहाँगीर भाभा थे।
- यह आयोग भारत सरकार के परमाणु ऊर्जा विभाग के अन्तर्गत एक महत्त्वपूर्ण शासी निकाय है। इसका प्रभार सीधे प्रधानमन्त्री के पास होता है। इसकी स्थापना वर्ष 1948 में की गई थी।
- वर्ष 1954 में परमाणु ऊर्जा विभाग की स्थापना की गई। भाभा ने वर्ष 1954 में विचारकीय दीर्घकालीन नाभिकीय ऊर्जा का कार्यक्रम बनाया। इस कार्यक्रम का प्रमुख उद्देश्य यूरेनियम एवं थोरियम के प्राकृतिक संसाधनों का शान्तिपूर्ण कार्यों के लिए उपयोग करना था।
- भारत ने नाभिकीय ऊर्जा के अनुसन्धान हेतु देश का पहला परमाणु अनुसन्धान रिएक्टर अप्सरा 4 अगस्त, 1956 को बम्बई में स्थापित किया।
- वर्ष 1960 में कनाडा के सहयोग से साइरस नामक अनुसन्धान रिएक्टर की स्थापना की गई तथा वर्ष 1962 में नांगल (पंजाब) में प्रथम गुरु जल संयन्त्र की स्थापना की गई। वर्ष 1963 में तिरुवनन्तपुरम के समीप थुम्बा में प्रथम साउण्डिंग रॉकेट का प्रक्षेपण किया गया।
- वर्ष 1969 में भारतीय राष्ट्रीय अन्तरिम अनुसन्धान समिति का पुनर्गठन करके भारतीय अन्तरिम अनुसन्धान संगठन (इसरो) की स्थापना की गई।

स्वतन्त्र भारत की विदेश नीति का निर्धारण

- स्वतन्त्रता के पश्चात् भारत की स्वतन्त्र विदेश नीति निर्धारित हुई। इस नीति में देश के प्रथम प्रधानमन्त्री पण्डित जवाहरलाल नेहरू का दृष्टिकोण स्पष्ट दिखाई देता है।

पंचशील व शान्तिपूर्ण सह-अस्तित्व का सिद्धान्त

- भारत ने अहिंसा के सिद्धान्त को व्यावहारिक रूप देने के लिए अपनी विदेश नीति में पंचशील और शान्तिपूर्ण सह-अस्तित्व के सिद्धान्त को प्रमुखता दी है।
- इस सिद्धान्त की उत्पत्ति सर्वप्रथम 29 अप्रैल, 1954 को तिब्बत के सम्बन्ध में भारत और चीन के मध्य हुए समझौते से होती है। इस समझौते को पंचशील समझौता भी कहा जाता है।
- इस पर भारत की ओर से पण्डित नेहरू और चीन की ओर से चाऊ एन लाई ने हस्ताक्षर किए थे।
- नेहरू जी ने वर्ष 1954 में पंचशील सिद्धान्त को भारत की विदेश नीति का महत्त्वपूर्ण सिद्धान्त घोषित किया था। भारत आज भी उसी सिद्धान्त का पालन करता है।

पंचशील
- → परस्पर प्रादेशिक अखण्डता व स्वतन्त्रता का सम्मान करना
- → शान्तिपूर्ण सह-अस्तित्व
- → एक-दूसरे पर आक्रमण न करना
- → एक-दूसरे के आन्तरिक मामलों में हस्तक्षेप न करना
- → समानता के आधार पर एक-दूसरे को लाभ पहुँचाना

गुटनिरपेक्षता

- भारतीय स्वतन्त्रता के समय अन्तर्राष्ट्रीय राजनीति में दो ध्रुवीय गुट उपस्थित थे, पहला साम्यवादी गुट था, जिसका नेतृत्व सोवियत संघ कर रहा था, जबकि दूसरा पूँजीवादी गुट था, जिसका नेतृत्व अमेरिका कर रहा था।
- स्वतन्त्रता के पश्चात् भारत ने किसी भी गुट में शामिल न होकर गुट निरपेक्षता की नीति अपनाई। इस नीति का पालन करने से भारत दोनों गुटों के प्रति तटस्थ रहकर अपना सामाजिक-आर्थिक विकास कर सकता था।
- गुटनिरपेक्ष आन्दोलन की उत्पत्ति 18 से 24 अप्रैल, 1955 को आयोजित पहले एफ्रो-एशियाई सम्मेलन से हुई।
- इसका आयोजन इण्डोनेशिया के बाण्डुंग शहर में किया गया था, इसलिए इसे बाण्डुंग सम्मेलन भी कहा जाता है। इसमें 29 सरकारों के प्रतिनिधि शामिल हुए।
- इस सम्मेलन के आयोजन का उद्देश्य विकासशील देशों को शीतयुद्ध के पूर्व-पश्चिम वैचारिक टकराव में शामिल न होने के लिए प्रेरित करना था।
- 20 सितम्बर, 1961 को भारत के प्रधानमन्त्री जवाहरलाल नेहरू, मिस्र के राष्ट्रपति कर्नल नासिर तथा यूगोस्लाविया के राष्ट्रपति मार्शल टीटो ने मिलकर बेलग्रेड में गुटनिरपेक्ष आन्दोलन की शुरुआत की।
- गुटनिरपेक्ष देशों का द्वितीय तथा तृतीय शिखर सम्मेलन क्रमश: काहिरा एवं लुसाका (जाम्बिया) में आयोजित किया गया था।

एशियाई नीति

पड़ोसी देशों एवं एशियाई देशों के साथ मित्रवत् सम्बन्ध बनाने तथा आपसी सद्भाव में वृद्धि हेतु भारत ने अनेक प्रयास किए हैं, जो निम्न हैं

- प्रथम एशियाई सम्मेलन (मार्च, 1947) यह सम्मेलन वैश्विक मामलों की भारतीय परिषद् के तत्वावधान में नई दिल्ली में आयोजित किया गया। इसका उद्देश्य एशियाई राष्ट्रों के मध्य मैत्री व सहयोग को प्रोत्साहित करना तथा एशियाई जनता की प्रगति व हितों में वृद्धि करना था।
- द्वितीय एशियाई सम्मेलन (जनवरी, 1949) इण्डोनेशिया की समस्या पर विचार करने के लिए नई दिल्ली में 19 देशों के प्रतिनिधियों का एक सम्मेलन हुआ, जिसमें इण्डोनेशिया पर अधिग्रहण की निन्दा की गई तथा डच पुलिस एवं सैनिकों को अविलम्ब इण्डोनेशिया छोड़ने के लिए कहा गया और जनवरी, 1950 तक इण्डोनेशिया को स्वतन्त्र किए जाने की माँग की गई।

स्वेज नहर संकट (1956)

- अमेरिका एवं ब्रिटेन द्वारा मिस्र पर गुट-निरपेक्षता की नीति छोड़ने का दबाव बनाया तथा नील नदी पर आस्वान बाँध (डैम) बनाने के लिए कहा गया। वित्तीय सहायता का वादा तोड़ दिया, प्रतिक्रिया स्वरूप मिस्र ने स्वेज नहर का राष्ट्रीयकरण कर दिया। इससे नहर का उपयोग करने वाले देशों ने नहर के अन्तर्राष्ट्रीयकरण की माँग शुरू कर दी।
- मिस्र द्वारा की गई कार्यवाही के प्रतिक्रियास्वरूप ब्रिटेन, फ्रांस तथा इजराइल ने स्वेज क्षेत्र में सैन्य कार्यवाही हेतु अपनी सेनाएँ भेजीं, तो नेहरू ने इसे खुला आक्रमण बताया, क्योंकि कस्तुनतुनिया सन्धि, 1889 के अनुसार इसे मिस्र का अभिन्न भाग माना गया था।
- भारत के प्रयास और संयुक्त राष्ट्र संघ के दबाव के कारण इस संकट का समाधान हुआ और वर्ष 1969 में स्वेज नहर का राष्ट्रीयकरण हो गया।

पी. एल. 480 समझौता

- वर्ष 1959 में अमेरिकी राष्ट्रपति आइजनहावर ने अपनी भारत यात्रा से प्रभावित होकर स्वदेश वापसी के पश्चात् मई, 1960 में दोनों देशों के मध्य 4 वर्ष की अवधि के लिए पी. एल. 480 नामक एक समझौता किया, जिसके अन्तर्गत अमेरिका ने भारत को पर्याप्त मात्रा में खाद्यान्न भेजने का आश्वासन दिया।
- 7 दिसम्बर, 1964 को प्रधानमन्त्री लाल बहादुर शास्त्री के समय में भारत और अमेरिका के मध्य नई दिल्ली में एक समझौता हुआ, जिसके अन्तर्गत अमेरिका ने भारत को तारापुर में परमाणु संयन्त्र स्थापित करने के लिए $ 8 करोड़ दिए तथा इसके लिए ईंधन देने का भी आश्वासन दिया। वर्ष 1964 में भारत में उत्पन्न खाद्यान्न संकट के समय अमेरिका ने पी. एल. 480 के अन्तर्गत भारत को बड़ी मात्रा में खाद्यान्नों की आपूर्ति की।
- वर्ष 1965 में भारत-पाक युद्ध के समय अमेरिका ने दोनों देशों पर युद्ध न बन्द करने तक आर्थिक प्रतिबन्ध लगा दिए तथा भारतीयों को दी जाने वाली खाद्यान्न सामग्री की आपूर्ति रोक दी।
- युद्ध के समय पाकिस्तान द्वारा भारतीयों पर उन्हीं युद्धास्त्रों का प्रयोग किया गया, जो अमेरिका ने उसे प्रदान किए थे, परन्तु अमेरिका ने इस पर पाकिस्तान के विरुद्ध कोई आपत्ति नहीं की। स्पष्ट है कि अमेरिका इस काल में भारत के प्रति अधिकांशत: नकारात्मक दृष्टिकोण ही दर्शाता रहा।

"

ब्रिटिश साम्राज्य के भारत में विस्तार के दौरान गवर्नर, गवर्नर-जनरल और वायसराय की भूमिका अत्यन्त महत्त्वपूर्ण रही। प्रारम्भ में ईस्ट इण्डिया कम्पनी ने गवर्नरों के माध्यम से शासन किया। इन अधिकारियों ने ब्रिटिश हितों की रक्षा में सामाजिक, आर्थिक और राजनीतिक हस्तक्षेप का कार्य किया।

अध्याय अड़तीस

गवर्नर, गवर्नर-जनरल एवं वायसराय

बंगाल के गवर्नर

जब ईस्ट इण्डिया कम्पनी भारत आई, तब उसने बंगाल के गवर्नर नामक पद के माध्यम से बंगाल को नियन्त्रित किया।

लॉर्ड क्लाइव (1757-60 से 1765-67 ई.)

- प्लासी की विजय (1757) के बाद लॉर्ड क्लाइव को बंगाल का गवर्नर बनाया गया।
- इसके द्वारा बंगाल में मुहम्मद रजा खाँ, बिहार में राजा सिताबराय एवं उड़ीसा में रायदुर्लभ को उप-दीवान नियुक्त किया गया।
- इसने बक्सर के युद्ध (1764) में सफलता के बाद 1765 ई. में बंगाल में द्वैध-शासन लागू किया, जो 1772 ई. तक चलता रहा।
- इसने मुगल सम्राट शाहआलम द्वितीय एवं अवध के नवाब शुजाउद्दौला से 1765 ई. में इलाहाबाद की सन्धियाँ कीं। इसी के कार्यकाल में श्वेत विद्रोह हुआ था।
- इसके द्वारा व्यापार समिति की स्थापना की गई एवं कर्मचारियों द्वारा उपहार लेने को प्रतिबन्धित कर दिया गया था।
- आलमगीर द्वारा इसे उमरा की उपाधि दी गई थी। वर्क ने क्लाइव को बड़ी-बड़ी नींवे रखने वाला कहा था।

क्लाइव के बाद बंगाल के गवर्नर

क्लाइव के बाद बंगाल के निम्नलिखित गवर्नर थे

- हॉलवेल (1760) ने ही ब्लैक होल की घटना का वर्णन किया था।
- वेन्सिटार्ट (1760-65) बक्सर के युद्ध के समय बंगाल का गवर्नर था।
- वेरेलस्ट (1767-69) द्वैध-शासन के समय बंगाल का गवर्नर था।
- कर्टियर (1769-72) काल में ही 1770 ई. में बंगाल में आधुनिक भारत का प्रथम अकाल पड़ा।

बंगाल के गवर्नर-जनरल

- रेग्युलेटिंग एक्ट 1773 के पारित होने के बाद, बंगाल के गवर्नर का पद बंगाल के गवर्नर-जनरल में परिवर्तित हो गया था।
- इस अधिनियम के माध्यम से बॉम्बे और मद्रास के गवर्नर बंगाल के गवर्नर-जनरल के अधीन कार्य करते थे।
- बंगाल के गवर्नर-जनरल निम्न थे

लॉर्ड वॉरेन हेस्टिंग्स (1772-85 ई.)

- वॉरेन हेस्टिंग्स को रेग्युलेटिंग एक्ट, 1773 के अन्तर्गत बंगाल का प्रथम गवर्नर-जनरल बनाया गया। इसके द्वारा 1772 ई. में प्रत्येक जिले में एक-एक फौजदारी व दीवानी न्यायालय एवं 1774 ई. में कलकत्ता जनरल पोस्ट ऑफिस (GPO) की स्थापना की गई।
- इसी के कार्यकाल में सर विलियम जॉन्स ने 1784 ई. में द एशियाटिक सोसायटी ऑफ बंगाल की स्थापना की। 1772 ई. में उसने बंगाल में द्वैध-शासन को समाप्त कर दिया एवं इसी वर्ष पाँच वर्षीय तथा 1777 ई. में एक वर्षीय भू-राजस्व बन्दोबस्त लागू किया।
- इसके द्वारा बोर्ड ऑफ रेवेन्यू की स्थापना की गई एवं दस्तक के प्रयोग को प्रतिबन्धित किया गया।

वॉरेन हेस्टिंग्स को भारत में **न्यायिक सेवा का जन्मदाता** माना जाता है। इसी के काल में **1774** ई. में **कलकत्ता** में एक **सुप्रीम कोर्ट** की स्थापना की गई। इसका प्रधान न्यायाधीश **एलिजा इम्पे** था। तीन अन्य न्यायाधीश चैम्बर्स, लिमेंस्टर तथा हाइड थे।

- इसके काल में बनारस की सन्धि (1773), फैजाबाद की सन्धि (1775), रोहिल्ला युद्ध (1774), प्रथम आंग्ल-मराठा युद्ध (1775-82) तथा सालबाई की सन्धि (1782), द्वितीय आंग्ल-मैसूर युद्ध एवं मंगलौर की सन्धि (1780-84), नन्द कुमार पर अभियोग (1775) तथा मुगल सम्राट को प्रदान किए जाने वाले ₹ 26 लाख की पेंशन को बन्द कर

दिया जाना जैसी प्रमुख घटनाएँ घटीं। इसे रियासतों के साथ होने वाली रिंग ऑफ फेन्स (घेरे की नीति) का जनक माना जाता है।

- इसके कार्यकाल के दौरान चार्ल्स विलकिन्स द्वारा गीता व हितोपदेश का अंग्रेजी में अनुवाद तथा अभिज्ञानशाकुन्तलम् का भी अंग्रेजी में अनुवाद तथा हिन्दू एवं मुस्लिम विधि को संहिताबद्ध किया गया और इजारेदारी व्यवस्था की शुरुआत की गई।
- हेस्टिंग्स बंगाल का एकमात्र ऐसा गवर्नर-जनरल था, जिस पर बर्क ने महाभियोग का मुकदमा दायर किया था, लेकिन 1795 ई. में इसे निर्दोष साबित (करार) करते हुए आरोप मुक्त कर दिया गया।
- कलकत्ता में 1781 ई. में मुस्लिम शिक्षा सुधार हेतु प्रथम मदरसे की स्थापना की गई।

लॉर्ड कॉर्नवालिस (1786-93 ई.)

- लॉर्ड कॉर्नवालिस को 1786 ई. के संशोधन अधिनियम द्वारा कमाण्डर इन चीफ बनाया गया। इसने 1789 ई. में दासों के व्यापार पर रोक लगा दी। भारत में कॉन्ट्रैक्चुअल सिविल सेवा (संविदा सिविल सेवा) की शुरुआत की गई।
- भारत में कॉर्नवालिस को सिविल सेवा तथा पुलिस सेवा का जन्मदाता माना जाता है। इसने 1793 ई. में बंगाल में स्थायी बन्दोबस्त व्यवस्था लागू की।
- इसके कार्यकाल में ही तृतीय आंग्ल-मैसूर युद्ध (1790-92) एवं श्रीरंगपट्टनम की सन्धि (1792) हुई थी।
- इसने 1793 ई. में कॉर्नवालिस कोड का निर्माण किया तथा शक्ति के पृथक्करण का सिद्धान्त लागू किया। न्यायिक विभाग को राजस्व विभाग से पृथक् किया और अब कलेक्टर के पास केवल भू-राजस्व वसूली का अधिकार था और दीवानी अधिकार वापस ले लिए गए।
- 1805 ई. में कॉर्नवालिस पुनः भारत का गवर्नर-जनरल बनकर आया। इसी दौरान उसकी मृत्यु हो गई। कॉर्नवालिस एकमात्र गवर्नर-जनरल था, जिसकी कब्र भारत में उत्तर प्रदेश के गाजीपुर में स्थित है।

सर जॉन शोर (1793-98 ई.)

- सर जॉन शोर ने मैसूर के प्रति अहस्तक्षेप की नीति का पालन किया तथा इसने ही जमींदारों को भूमि का वास्तविक स्वामी माना था।

लॉर्ड वेलेजली (1798-1805 ई.)

- लॉर्ड वेलेजली 37 वर्ष की आयु में भारत का गवर्नर-जनरल बना, इसे बंगाल टाइगर के नाम से भी जाना जाता है। इसने भारत में सहायक सन्धि प्रणाली को प्रारम्भ किया।
- सहायक सन्धि मूल रूप से ब्रिटिश ईस्ट इण्डिया कम्पनी और भारतीय रियासतों के बीच एक सन्धि थी, जिसके आधार पर भारतीय राज्यों ने अंग्रेजों के हाथों अपनी सम्प्रभुता खो दी।
- इस व्यवस्था के अन्तर्गत हैदराबाद के निजाम (1799 एवं 1800), मैसूर (1799), तंजौर (1799), अवध (1801), पेशवा (1802), भोंसले (1803), सिन्धिया (1804), होल्कर (1818) जयपुर, जोधपुर, बूँदी, मच्छेरी तथा भरतपुर राज्यों से सन्धि हुई।
- इसके द्वारा 1802 ई. में बसीन की सन्धि सम्पन्न की गई। फ्रांसीसी गवर्नर डूप्ले ने भारत में सहायक सन्धि की नींव रखी, किन्तु इसे व्यावहारिक रूप वेलेजली ने ही दिया था।
- 1799 ई. में वेलेजली ने प्रेस पर प्रतिबन्ध लगाया, जो भारतीय प्रेस पर प्रतिबन्ध लगाने की पहली घटना मानी जाती है।
- इसी के काल में चौथा आंग्ल-मैसूर युद्ध (1799) लड़ा गया, जिसमें टीपू सुल्तान वीरगति को प्राप्त हुआ। द्वितीय आंग्ल-मराठा युद्ध (1802-03) भी इसी के काल की घटना है।

सर जॉर्ज बार्लो (1805-07 ई.)

इसने देशी राज्यों के प्रति अहस्तक्षेप की नीति का पालन किया। इसी के काल में वेल्लोर का सिपाही विद्रोह (1806) हुआ।

लॉर्ड मिण्टो प्रथम (1807-13 ई.)

- गवर्नर-जनरल के रूप में भारत आने से पूर्व लॉर्ड मिण्टो नियन्त्रण मण्डल (बोर्ड ऑफ कण्ट्रोल) का अध्यक्ष था। 1809 ई. में लॉर्ड मिण्टो महाराजा रणजीत सिंह के साथ अमृतसर की सन्धि में सम्मिलित हुआ। सन्धि पर अंग्रेजों की ओर से चार्ल्स मेटकॉफ ने हस्ताक्षर किया।

> 1813 का चार्टर अधिनियम इसी के समय पारित हुआ, जिसमें शिक्षा के विकास के लिए ₹ 1 लाख की व्यवस्था की गई। मिण्टो ने विदेशी सम्बन्धों की स्थापना के लिए मैल्कम को ईरान तथा एल्फिन्सटन को काबुल भेजा।

लॉर्ड हेस्टिंग्स (1813-23 ई.)

- इसके समय में अहस्तक्षेप की नीति का परित्याग कर दिया गया। भारत में ब्रिटिश प्रभुसत्ता इसी के समय स्थापित हुई। इसके काल में आंग्ल-नेपाल युद्ध (1814-16) हुआ तथा नेपाल के साथ 1816 ई. में सुगौली की सन्धि की गई, जिसके कारण उसे मार्क्विस ऑफ हेस्टिंग्स की उपाधि दी गई। मराठा संघ का अन्त (1817) एवं बम्बई प्रेसीडेन्सी की स्थापना (1818) इसी के काल में हुई थी।
- इसी के कार्यकाल में डेविड हेयर के द्वारा 1817 ई. में कलकत्ता में हिन्दू कॉलेज की स्थापना की गई।
- हेस्टिंग्स को पिण्डारियों के दमन का भी श्रेय प्राप्त है। करीम खाँ, अमीर खाँ चीतू आदि इनके कुछ प्रमुख नेता थे।
- तृतीय आंग्ल-मराठा युद्ध (1817-18) में मराठों की हार के पश्चात् पेशवा के पद की समाप्ति की घोषणा की गई।

लॉर्ड एमहर्स्ट (1823-28 ई.)

- इसके समय में प्रथम आंग्ल-बर्मा युद्ध (1824-26) लड़ा गया, जो याण्डाबू की सन्धि (1826) से समाप्त हुआ।

भारत के गवर्नर-जनरल

लॉर्ड विलियम बैण्टिक (1828-35 ई.)

- लॉर्ड विलियम बैण्टिक जुलाई, 1828 में बंगाल का गवर्नर-जनरल बनकर आया। तत्पश्चात् 1833 के चार्टर अधिनियम के द्वारा इसे भारत का प्रथम गवर्नर-जनरल बना दिया गया।

- बैण्टिक ने सती प्रथा के विरुद्ध कानून बनाकर दिसम्बर, 1829 में धारा-17 द्वारा विधवाओं के सती होने को अवैध घोषित किया।
- प्रारम्भ में यह कानून केवल बंगाल प्रेसीडेन्सी में लागू किया गया था, परन्तु 1830 ई. में इसे बम्बई एवं मद्रास प्रेसीडेन्सियों में भी लागू किया गया। ठगी प्रथा की समाप्ति के लिए बैण्टिक ने कर्नल स्लीमन की नियुक्ति की। 1830 ई. तक ठगी प्रथा का अन्त हो गया।
- इसी के काल में (1835) मैकाले की अनुशंसा पर अंग्रेजी शिक्षा पद्धति लागू कर दी गई तथा इसमें इनफिल्टरेशन पद्धति को अपनाया गया।
- 1833 ई. में कलकत्ता में प्रथम मेडिकल कॉलेज की स्थापना की गई तथा इसी के कार्यकाल में विधि आयोग गठित किया गया था।

सर चार्ल्स मैटकॉफ (1835-36 ई.)

चार्ल्स मैटकॉफ को समाचार-पत्रों के मुक्तिदाता के रूप में जाना जाता है।

लॉर्ड ऑकलैण्ड (1836-42 ई.)

- ऑकलैण्ड के समय में प्रथम आंग्ल-अफगान युद्ध (1838-42) हुआ।
- इसी के काल में शेरशाह सूरी मार्ग का नाम बदलकर जी टी रोड (ग्राण्ट ट्रंक रोड) रख दिया गया।

लॉर्ड एलनबरो (1842-44 ई.)

- एलनबरो के काल में ही प्रथम आंग्ल-अफगान युद्ध की समाप्ति हुई।
- इसी के समय में चार्ल्स नेपियर के द्वारा 1843 ई. में सिन्ध का विलय किया गया। एलनबरो ने 1843 ई. के अधिनियम-V द्वारा दास प्रथा पर प्रतिबन्ध लगा दिया। इसके काल को कुशल अकर्मण्यता की नीति का काल कहा गया है।

लॉर्ड हार्डिंग (1844-48 ई.)

इसी के कार्यकाल में प्रथम आंग्ल-सिख युद्ध (1846-48) लड़ा गया तथा लाहौर की सन्धि (1846) की गई। इसने उड़ीसा में खोण्ड जनजातियों के बीच प्रचलित नरबलि प्रथा को समाप्त कर दिया, जिसके कारण खोण्ड विद्रोह हुआ। इसी के काल में बालिका शिशु हत्या पर भी रोक लगाई गई।

लॉर्ड डलहौजी (1848-1856 ई.)

- 12 जनवरी, 1848 को 36 वर्ष की आयु में डलहौजी भारत का गवर्नर-जनरल बनकर आया। इतिहास में इसकी नीति को विलय नीति या हड़प नीति (Doctrine of Lapse) के नाम से जाना जाता है। इसने 1852 ई. में पंजाब पर अधिकार कर लिया। द्वितीय आंग्ल-बर्मा युद्ध में इसने लोअर बर्मा तथा पीगू का विलय कर लिया। डलहौजी ने 1850 ई. में सिक्किम राज्य के कुछ दूरवर्ती प्रदेशों, जिनमें दार्जिलिंग आदि शामिल थे, भारत में मिला लिए।
- द्वितीय आंग्ल-सिख युद्ध (1848) में सिखों को पराजित कर पंजाब को ब्रिटिश साम्राज्य में मिला लिया गया।
- डलहौजी का शासनकाल व्यपगत सिद्धान्त के कई मामलों को लागू करने के लिए प्रसिद्ध है। डलहौजी ने 1848 ई. में सतारा, 1849 ई. में जैतपुर तथा सम्भलपुर, 1850 ई. में बघाट, 1852 ई. में उदयपुर, 1853 ई. में झाँसी, 1854 ई. में नागपुर तथा 1855 ई. में करौली को अंग्रेजी राज्य में मिला लिया, लेकिन बोर्ड ऑफ कण्ट्रोल से इसे मान्यता नहीं मिलने के कारण पुनः लौटा दिया गया। 1856 ई. में आउट्रम की रिपोर्ट के आधार पर अवध को कुशासन के आरोप में विलय कर लिया गया।
- डलहौजी ने तार तथा रेल विभाग को अत्यन्त महत्त्व दिया। इसके काल में भारत में 1853 ई. में प्रथम रेलवे लाइन बम्बई से थाणे व दूसरी रेलवे लाइन 1854 ई. में कलकत्ता से रानीगंज के मध्य बिछाई गई (ब्रिटेन में 1825 ई. से ही रेलवे लाइनें बिछाई जा रही थीं)।
- 1852 ई. में भूमि कर रहित जागीरों का पता लगाने हेतु इनाम कमीशन का गठन किया गया। 1854 ई. का चार्ल्स वुड का डिस्पैच जो विश्वविद्यालयी शिक्षा से सम्बन्धित था, डलहौजी के समय में पारित हुआ। इसे भारतीय शिक्षा का मैग्नाकार्टा की संज्ञा दी गई है।
- डलहौजी ने डाक विभाग में सुधार करते हुए 1854 ई. में नया डाकघर अधिनियम (पोस्ट ऑफिस एक्ट) पास किया।
- डलहौजी ने पहली बार एक सार्वजनिक निर्माण विभाग (पी.डब्ल्यू.डी) बनाया। इसने गंग नहर का निर्माण कर 8 अप्रैल, 1854 को उसे सिंचाई के लिए खोल दिया गया।
- डलहौजी ने जी टी रोड का निर्माण कार्य भी पुनः शुरू करवाया और पंजाब में बारी दोआब नहर का निर्माण कार्य आरम्भ किया गया। सन्थाल विद्रोह (1855-56) तथा विधवा पुनर्विवाह अधिनियम (1856) का मसौदा तैयार करना आदि इसके काल की महत्त्वपूर्ण घटनाएँ हैं।
- इसके काल में 1853 का चार्टर अधिनियम पारित किया गया। सिविल सेवा के लिए प्रतियोगी परीक्षा की आयु सीमा 18-23 वर्ष रखी गई।
- डलहौजी के द्वारा शिमला में एक सैन्य मुख्यालय स्थापित करते हुए, उसे अपनी ग्रीष्मकालीन राजधानी बना दिया गया। इसके काल में सिक्किम का ब्रिटिश भारत में विलय हुआ।

भारत के वायसराय

लॉर्ड कैनिंग (1856-62 ई.)

- लॉर्ड कैनिंग अंग्रेजी ईस्ट इण्डिया कम्पनी का अन्तिम गवर्नर-जनरल तथा सम्राट के अधीन प्रथम वायसराय था। इसके समय में ही 1857 का महत्त्वपूर्ण विद्रोह हुआ।
- कैनिंग के ही काल में 1858 ई. में महारानी विक्टोरिया की उद्घोषणा द्वारा भारत में ईस्ट इण्डिया कम्पनी के शासन की समाप्ति की गई।
- 1854 ई. के वुड द्वारा प्रेषित-पत्र की सिफारिशों के अनुसार, लन्दन विश्वविद्यालय के आधार पर कलकत्ता, बम्बई तथा मद्रास में विश्वविद्यालय स्थापित किए गए। कैनिंग ने सैनिक तथा असैनिक व्यय में कमी कर दी तथा नोट (रुपये) का प्रचलन किया।
- कैनिंग के समय में ही विधवा पुनर्विवाह अधिनियम, 1856 की धारा-15 से 26 जुलाई, 1856 को विधवा विवाह को कानूनी मान्यता दी गई।
- इसी के कार्यकाल में 1859 ई. में नागरिक विधि संहिता एवं 1860 ई. में भारतीय दण्ड संहिता तथा 1861 ई. में फौजदारी विधि संहिता निर्मित की गई।
- भारतीय दण्ड संहिता की स्थापना 1861 ई. में कैनिंग के समय में ही हुई थी तथा कोड ऑफ क्रिमिनल प्रोसीजर (Crpc) पारित किया गया था।
- 1861 ई. में प्रसिद्ध भारतीय परिषद् (काउन्सिल) अधिनियम स्वीकृत हुआ। इसी के काल में 1861 ई. में ही कलकत्ता, मद्रास व बम्बई में हाइकोर्ट की स्थापना की गई।
- बजट प्रणाली की शुरुआत भी इसी के काल में 1860 ई. में हुई थी।

लॉर्ड एल्गिन प्रथम (1862-63 ई.)

- एल्गिन के कार्यकाल में वहाबियों का विद्रोह हुआ, जिसे इसने दबा दिया।
- इसकी मृत्यु 1863 ई. में धर्मशाला (तत्कालीन पंजाब) में हुई।

सर जॉन लॉरेन्स (1864-69 ई.)

- सर जॉन लोरेन्स को अंग्रेजों ने भारत का रक्षक तथा विजय का संचालक कहा है। इसे घेरे की नीति का प्रतिपादक माना जाता है।
- अफगानिस्तान के सन्दर्भ में इसने अहस्तक्षेप की नीति का पालन किया, जिसे शानदार निष्क्रियता (Masterly Inactivity) के नाम से जाना जाता था।
- इसके कार्यकाल में 1865 ई. में भारत तथा यूरोप के बीच प्रथम समुद्री टेलीग्राफ सेवा शुरू हुई।

> 1866 ई. में उड़ीसा में तथा 1868-69 ई. में राजपुताना एवं बुन्देलखण्ड में भीषण अकाल पड़ा, फलत: चेम्बरलिन हेनरी कैम्पबेल के नेतृत्व में **अकाल आयोग** का गठन किया गया।

लॉर्ड मेयो (1869-72 ई.)

- लॉर्ड मेयो ने भारत में वित्त के विकेन्द्रीकरण के क्रम को आरम्भ किया। 1870 ई. में लाल सागर होकर तार व्यवस्था का प्रारम्भ तथा अखिल भारतीय जनगणना का पहला प्रयास (1872) इसी के काल में किया गया।
- इसने भारतीय राजकुमारों के अध्ययन के लिए अजमेर में मेयो कॉलेज की स्थापना की। अण्डमान द्वीप (पोर्ट ब्लेयर) में 1872 ई. में इसकी हत्या एक अफगानी (शेर अली) द्वारा चाकू मारकर कर दी गई।
- लॉर्ड मेयो के द्वारा पंजाब में हुए कूका विद्रोह को 1872 ई. में दबा दिया गया।

लॉर्ड नॉर्थब्रुक (1872-76 ई.)

- 1874 ई. में इसके कार्यकाल में बिहार में अकाल पड़ा।
- नॉर्थब्रुक की सहायता से 1875 ई. में अलीगढ़ में सैयद अहमद खाँ द्वारा मोहम्मडन एंग्लो-ओरियण्टल कॉलेज की स्थापना की गई। इसी के समय में ही 1875-76 ई. में प्रिन्स ऑफ वेल्स (किंग एडवर्ड सप्तम) भारत आया।

लॉर्ड लिटन (1876-80 ई.)

- लॉर्ड लिटन साहित्य जगत में ओवन मैरिडिथ के नाम से प्रसिद्ध था। 1876-78 ई. के मध्य लगभग समस्त भारत में विशेषकर दक्कन में भीषण अकाल पड़ा। इसकी जाँच के लिए जॉन रिचर्ड स्ट्रैची की अध्यक्षता में 1878 ई. में एक अकाल आयोग का गठन किया गया।
- इसके समय में 1 जनवरी, 1877 में दिल्ली दरबार (प्रथम) का आयोजन किया गया तथा रानी विक्टोरिया को केसर-ए-हिन्द की उपाधि दी गई।
- इसी के कार्यकाल में राजकीय उपाधि अधिनियम (1876) पारित किया गया था। इसी समय द्वितीय आंग्ल-अफगान युद्ध (1878-80) हुआ था। इसने अफगानिस्तान के प्रति उत्साही फॉरवर्ड नीति अपनाई थी।
- इसने सिविल सेवा परीक्षाओं में प्रवेश की अधिकतम आयु 21 वर्ष से घटाकर 19 वर्ष कर दी।
- लॉर्ड लिटन के कार्यकाल में 1878 के अधिनियम-IX के द्वारा देशी प्रेस अधिनियम (वर्नाकुलर प्रेस एक्ट) पारित किया गया, जिसमें मजिस्ट्रेट को यह अधिकार था कि वह किसी भी देशी भाषा के समाचार-पत्र के प्रकाशन को रोक सकता है।

लॉर्ड रिपन (1880-1884 ई.)

- 1872 ई. में प्रथम जनगणना मेयो के शासनकाल में शुरू हुई थी, किन्तु प्रथम वास्तविक जनगणना रिपन के काल में (1881 ई. में) हुई और तब से नियमित जनगणना की शुरुआत हो गई। प्रथम फैक्ट्री अधिनियम लॉर्ड रिपन के समय में 1881 ई. में पारित हुआ, जिसमें 7 से 12 वर्ष से कम आयु के बच्चों के कार्य करने के 9 घण्टे निर्धारित किए गए।
- इसने 1882 ई. में वर्नाक्यूलर प्रेस अधिनियम को समाप्त कर दिया।
- रिपन के सुधार कार्यों में सर्वाधिक महत्त्वपूर्ण कार्य 1882 ई. में स्थानीय स्वशासन की शुरुआत थी। इसने 1882 ई. में ही हण्टर कमीशन का गठन किया, जो प्राथमिक शिक्षा से सम्बन्धित था।
- इल्बर्ट बिल विवाद 1884 ई. में रिपन के समय में प्रारम्भ हुआ। इल्बर्ट बिल विवाद के ही कारण रिपन ने कार्यकाल समाप्त होने से पूर्व त्याग-पत्र दे दिया। इल्बर्ट बिल में भारतीय न्यायाधीशों को यूरोपियों के मुकदमे सुनने का अधिकार दिया गया था, जिस पर यूरोपियों ने कड़ी प्रतिक्रिया की। 1883 ई. की अकाल संहिता रिपन के काल में बनी थी।
- इसने सिविल सेवा में प्रवेश की आयु को, जो लिटन ने कम कर दी थी, बढ़ाकर 19 से 21 वर्ष कर दिया। अंग्रेजों ने रिपन को भारत में ब्रिटिश राज्य के शत्रु की उपमा दी।

लॉर्ड डफरिन (1884-1888 ई.)

- डफरिन के काल की महत्त्वपूर्ण घटना तृतीय आंग्ल-बर्मा युद्ध (1885-88) था। इस युद्ध में बर्मा पराजित हुआ एवं अन्ततः उसे ब्रिटिश भारतीय राज्य में मिला लिया गया।
- 1887 ई. में इलाहाबाद विश्वविद्यालय की स्थापना की गई।
- इसी के काल में 28 दिसम्बर, 1885 में ए ओ. ह्यूम ने भारतीय राष्ट्रीय कांग्रेस की स्थापना की गई। उस समय भारतीय सचिव लॉर्ड क्रॉस थे।
- इसी के काल में नागरिक सेवा में प्रगति एवं विस्तार हेतु एचिसन आयोग भारत आया था।

लॉर्ड लेन्सडाउन (1888-94 ई.)

- लॉर्ड लेन्सडाउन के काल में प्रिन्स ऑफ वेल्स का दूसरी बार भारत आगमन हुआ।
- इसी के काल में 1891 ई. में दूसरा फैक्ट्री अधिनियम तथा सम्मत आयु विवाह अधिनियम पारित हुआ। इस विवाह अधिनियम में लड़कियों के विवाह की न्यूनतम आयु 10 से बढ़ाकर 12 वर्ष कर दी गई।

> लॉर्ड लेन्सडाउन के काल में 1892 का **भारतीय परिषद् अधिनियम** (इण्डियन काउन्सिल एक्ट) पारित किया गया, जिसके द्वारा भारत में निर्वाचन सिद्धान्त का प्रारम्भ हुआ। लॉर्ड लेन्सडाउन के काल में ही 1893 ई. में **डूरण्ड आयोग** द्वारा भारत एवं अफगानिस्तान के मध्य डूरण्ड लाइन खींची गई थी।

लॉर्ड एल्गिन द्वितीय (1894-99 ई.)

- स्वामी विवेकानन्द द्वारा वेल्लूर में रामकृष्ण मिशन की स्थापना एवं इण्डियन एजुकेशन सोसायटी की स्थापना इत्यादि इसके समय की प्रमुख घटनाएँ थीं। लार्ड एल्गिन द्वितीय एक अर्थशास्त्री भी था।
- 1895 ई. में भारतीय व्यय के निरीक्षण हेतु **वेल्बी आयोग** स्थापित किया गया था।
- छोटानागपुर में मुण्डाओं का विद्रोह इसी के काल में हुआ था।
- **एल्गिन द्वितीय** के द्वारा घोषणा की गई कि "हमने भारत को तलवार के बल पर जीता है और तलवार के बल पर ही इसे अधीन रखेंगे।"

लॉर्ड कर्जन (1899-1905 ई.)

- 1899-1900 ई. के बीच अकाल पड़ा। इस अकाल के लिए कर्जन ने सर एण्टोनी मैक्डोनाल्ड की अध्यक्षता में एक अकाल आयोग का गठन किया।
- इसी के काल में वर्ष 1901 में सर कालिन स्काट मानक्रीफ की अध्यक्षता में एक सिंचाई आयोग को नियुक्त किया गया। वर्ष 1901 में ही सर्वप्रथम जातिगत आधार पर जनगणना प्रारम्भ की गई थी। साथ ही वर्ष 1902 में **सर एण्ड्रयूज फ्रेजर** की अध्यक्षता में एक पुलिस आयोग गठित किया गया तथा कागज के नोटों का प्रचलन आरम्भ किया गया था।
- इसी के काल में सर थॉमस रैले की अध्यक्षता में वर्ष 1902 में **विश्वविद्यालय आयोग** गठित किया गया, जिसके दो भारतीय सदस्य सैयद हुसैन बिलग्रामी तथा गुरदास बनर्जी थे। वर्ष 1904 में उसके आधार पर भारतीय विश्वविद्यालय अधिनियम पारित किया गया। कर्जन ने वर्ष 1904 में एक सहकारी उदार समिति अधिनियम पारित किया।
- इसी के काल में वर्ष 1903 में CID अर्थात् Criminal Investigation Department की स्थापना की गई। लॉर्ड कर्जन को भारत में **सहकारिता का जनक** कहा जाता है। इन्होंने एक नए प्रान्त उत्तर-पश्चिम सीमा प्रान्त का गठन किया।
- कर्जन ने प्राचीन स्मारकों की रक्षा हेतु वर्ष 1904 में एक अधिनियम पारित कर, भारतीय पुरातत्त्व सर्वेक्षण विभाग की स्थापना की और भारत में प्राचीन स्मारकों की मरम्मत के लिए 50 हजार पौण्ड निश्चित किए। कर्जन ने वर्ष 1904 में तिब्बत में **यंग हस्बैण्ड का अभियान** भेजा। यह वर्ष 1903 में भारत के वायसराय लॉर्ड कर्जन द्वारा तिब्बत भेजा गया एक सैन्य अभियान था। इसका उद्देश्य रूसी घुसपैठ का विरोध करना तथा तिब्बत और सिक्किम के बीच सीमा विवाद हल करना था।
- व्यंग्यात्मक रूप में कांग्रेस के सन्दर्भ में लॉर्ड कर्जन ने कहा कि "कांग्रेस अब मरणशील है और मेरी इच्छा है कि मैं इसकी शान्तिपूर्ण मृत्यु में सहयोग कर सकूँ।" कलकत्ता नगरपालिका के सन्दर्भ में इन्होंने कहा कि "मैं वायसराय के बाद कलकत्ता का महापौर बनूँगा।"
- वर्ष 1905 में बंगाल को दो भागों में बाँट दिया।

लॉर्ड मिण्टो द्वितीय (वर्ष 1905-10)

- लॉर्ड मिण्टो के काल में ही वर्ष 1906 में ढाका में **मुस्लिम लीग** की स्थापना हुई। कांग्रेस के कलकत्ता अधिवेशन में वर्ष 1906 में **स्वराज** का लक्ष्य घोषित किया गया।
- अन्य प्रमुख घटनाओं में वर्ष 1907 में सूरत कांग्रेस अधिवेशन तथा कांग्रेस का विभाजन और प्रेस अधिनियम, 1908 तथा मार्ले-मिण्टो सुधार अधिनियम, 1909 का पारित होना आदि मुख्य रूप से शामिल हैं।

लॉर्ड हार्डिंग द्वितीय (वर्ष 1910-16)

- लॉर्ड हार्डिंग द्वितीय वर्ष 1910 में भारत का वायसराय बना। वर्ष 1910 में गद्दी पर बैठने के पश्चात् जॉर्ज पंचम एवं रानी मैरी ने वर्ष 1911 में भारत की यात्रा की।
- दिल्ली में एक भव्य दरबार (तृतीय दिल्ली दरबार) का आयोजन 12 दिसम्बर, 1911 को हुआ। इस अवसर पर बंगाल विभाजन को रद्द करने की घोषणा हुई।
- वर्ष 1912 में दिल्ली में प्रवेश करते समय हार्डिंग पर बम फेंका गया। इस केस में बसन्त विश्वास, बाल मुकुन्द, अवध बिहारी और मास्टर अमीर चन्द को फाँसी दी गई थी।
- इसी के काल में वर्ष 1911 में सर्वप्रथम हवाई डाक सेवा का आरम्भ इलाहाबाद से नैनी के मध्य किया गया।
- इसी के कार्यकाल में प्रथम विश्वयुद्ध की शुरुआत वर्ष 1914 में हुई थी।

> लॉर्ड हार्डिंग द्वितीय के कार्यकाल में मदन मोहन मालवीय के द्वारा **अखिल भारतीय हिन्दू महासभा** एवं वर्ष 1916 में **बनारस हिन्दू विश्वविद्यालय** की स्थापना की गई तथा हार्डिंग को इस विश्वविद्यालय का कुलाधिपति बनाया गया।

लॉर्ड चेम्सफोर्ड (वर्ष 1916-21)

- इसके काल में वर्ष 1919 का **मॉण्टेग्यू चेम्सफोर्ड अधिनियम** लागू किया गया, जिसके अन्तर्गत प्रान्तों में द्वैध-शासन लागू हुआ और मोहम्मडन एंग्लो-ओरिएण्टल कॉलेज का नाम अलीगढ़ विश्वविद्यालय कर दिया गया। इसके कार्यकाल में डी. के. कर्वे द्वारा वर्ष 1916 में बम्बई में महिला विश्वविद्यालय की स्थापना की गई।
- वर्ष 1917 में सैडलर आयोग भारत आया, जिसने प्राथमिक शिक्षा से विश्वविद्यालय शिक्षा पर बल दिया और महिला शिक्षा के लिए स्वायत्त संस्थाओं के प्रोत्साहन की बात कही।
- लॉर्ड चेम्सफोर्ड के शासनकाल में अराजकता और क्रान्तिकारी अपराध अधिनियम **(रॉलेट एक्ट)** पारित हुआ, जिसके विरोध की परिणति वर्ष 1919 के जलियाँवाला बाग हत्याकाण्ड के रूप में हुई। वर्ष 1919 में भारत सरकार अधिनियम, 1919 लाया गया तथा खिलाफत व असहयोग आन्दोलनों की शुरुआत हुई। इन्हीं के कार्यकाल में 1 अगस्त, 1920 को बाल गंगाधर तिलक की मृत्यु हुई।

लॉर्ड रीडिंग (वर्ष 1921-26)

- भारत में आने वाला यह एक मात्र **यहूदी वायसराय** था। इनके द्वारा वर्ष 1910 के प्रेस अधिनियम एवं रॉलेट अधिनियम (काला कानून) को वापस ले लिया गया। एकवर्थ कमीशन की अनुशंसा पर रेल बजट को आम बजट से अलग कर दिया गया।
- लॉर्ड रीडिंग के कार्यकाल में वर्ष 1924 में लोक सेवा के लिए **ली आयोग** का गठन हुआ और इसी की अनुशंसा पर भारत में लोक सेवा आयोग का गठन किया गया। वर्ष 1923 से **सिविल सर्विसेज** परीक्षा **इंग्लैण्ड** के साथ-साथ **भारत** (दिल्ली) में भी होने लगी।
- इसी के कार्यकाल में 5 फरवरी, 1922 को चौरी-चौरा काण्ड हुआ, जिसके कारण गाँधीजी के द्वारा असहयोग आन्दोलन को वापस ले लिया गया था।
- इसी के काल में वर्ष 1925 में केशव बलिराम हेडगेवार द्वारा राष्ट्रीय स्वयं सेवक संघ (RSS) की स्थापना की गई।

लॉर्ड इरविन (वर्ष 1926-31)

- इरविन वर्ष 1926 में भारत का वायसराय बनकर आया। वर्ष 1926 में इन्हीं के कार्यकाल में प्रथम ट्रेड अधिनियम पारित करते हुए हड़ताल की गतिविधि को वैध स्वीकार किया गया।
- 8 नवम्बर, 1927 को ब्रिटेन में साइमन आयोग की नियुक्ति हुई। इसके कार्यकाल में वर्ष 1928 में साइमन कमीशन भारत आया। भारतीयों द्वारा इस संगठन का विरोध किया गया, क्योंकि इसके सभी सदस्य अंग्रेज थे।

इरविन के काल की अन्य प्रमुख घटनाएँ

- वर्ष 1927 में भारतीय जल सेना अधिनियम पारित।
- वर्ष 1928 में कृषि के सन्दर्भ में रॉयल कमीशन की नियुक्ति।
- वर्ष 1929 में इम्पीरियल काउन्सिल ऑफ एग्रीकल्चरल रिसर्च की स्थापना।
- 12 मार्च, 1930 को गाँधी द्वारा सविनय अवज्ञा आन्दोलन का प्रारम्भ एवं दाण्डी मार्च की शुरुआत।
- प्रथम गोलमेज सम्मेलन (1930) के आयोजन का कांग्रेस द्वारा विरोध व द्वितीय गोलमेज सम्मेलन में भाग लेने का निर्णय।
- गाँधी-इरविन समझौता (1931) आदि।

लॉर्ड विलिंगटन (वर्ष 1931-36)

- इसके कार्यकाल में वर्ष 1931 के द्वितीय गोलमेज सम्मेलन का आयोजन लन्दन में हुआ। इस सम्मेलन में गाँधीजी ने कांग्रेस का प्रतिनिधित्व किया, परन्तु साम्प्रदायिक समस्या के बारे में कोई समझौता न हो सका।
- अगस्त, 1932 में रैम्जे मैक्डोनाल्ड ने प्रसिद्ध साम्प्रदायिक निर्णय की घोषणा कर दी। पूना समझौता (गाँधीजी एवं अम्बेडकर के बीच) इसी के काल में हुआ था।

विलिंगटन के काल की महत्त्वपूर्ण घटनाएँ

- वर्ष 1932 में इण्डियन मिलिट्री अकादमी, देहरादून की स्थापना।
- वर्ष 1934 में आचार्य नरेन्द्र देव एवं जयप्रकाश नारायण द्वारा कांग्रेस समाजवादी पार्टी की स्थापना।
- वर्ष 1935 में भारत सरकार अधिनियम पारित करना।
- बर्मा को भारत से पृथक् किया गया।
- वर्ष 1936 में सम्पूर्ण भारत किसान सभा की स्थापना।

लॉर्ड लिनलिथगो (वर्ष 1936-44)

- लॉर्ड लिनलिथगो वर्ष 1936 में भारत का वायसराय बना। 1935 के अधिनियम के अन्तर्गत पहला आम चुनाव (प्रान्तीय चुनाव) वर्ष 1936-37 में हुआ, जिसमें कांग्रेस पार्टी को 11 में से 8 प्रान्तों में जीत प्राप्त हुई और वहाँ अपनी सरकार बनाई। वर्ष 1939 में सुभाषचन्द्र बोस के द्वारा कांग्रेस से इस्तीफा दे दिया गया एवं फॉरवर्ड ब्लॉक की स्थापना की गई। वर्ष 1939 में कांग्रेस की प्रान्तीय सरकारों ने त्याग-पत्र दे दिया। 22 दिसम्बर, 1939 को मुस्लिम लीग ने इसे 'मुक्ति दिवस' के रूप में मनाया।
- 1 सितम्बर, 1939 को द्वितीय विश्वयुद्ध का प्रारम्भ हुआ। इस युद्ध में भारतीयों का सक्रिय सहयोग प्राप्त करने के उद्देश्य से लॉर्ड लिनलिथगो ने भारतीय नेताओं के समक्ष अगस्त प्रस्ताव (8 अगस्त, 1940) रखा।
- वर्ष 1940 में मुस्लिम लीग के द्वारा लाहौर अधिवेशन में पृथक् पाकिस्तान की माँग रखी गई। वर्ष 1940 में ही गाँधीजी के द्वारा व्यक्तिगत सत्याग्रह की शुरुआत की गई।
- इसी के कार्यकाल में वर्ष 1942 में क्रिप्स मिशन भारत आया। वर्ष 1942 में भारत छोड़ो आन्दोलन की शुरुआत हुई। वर्ष 1943 में आजाद हिन्द फौज की स्थापना की गई।

लॉर्ड वेवेल (वर्ष 1944-47)

- द्वितीय विश्वयुद्ध लॉर्ड वेवेल के काल में समाप्त हुआ। शिमला सम्मेलन 25 जून, 1945 को वेवेल द्वारा बुलाया गया।
- लॉर्ड वेवेल के काल की प्रमुख घटनाओं में द्वितीय विश्वयुद्ध की समाप्ति (1945), आजाद हिन्द फौज के सैनिकों पर मुकदमा (1945), नौसैनिकों का विद्रोह (1946), अन्तरिम सरकार का गठन (1946), प्रत्यक्ष कार्यवाही दिवस (16 अगस्त, 1946)।
- इसी के काल में 24 मार्च, 1946 को कैबिनेट मिशन भारत आया।

लॉर्ड माउण्टबेटन (वर्ष 1947-48)

- लॉर्ड माउण्टबेटन ने मार्च, 1947 में लॉर्ड वेवेल के स्थान पर कार्यभार सम्भाला। 3 जून, 1947 को माउण्टबेटन प्लान की घोषणा की गई, जिसमें भारत विभाजन की योजना थी।
- 4 जुलाई, 1947 को एटली द्वारा भारतीय स्वतन्त्रता विधेयक ब्रिटिश संसद में प्रस्तुत किया गया तथा 18 जुलाई, 1947 को ब्रिटिश संसद द्वारा पारित कर दिया गया। विधेयक के अनुसार, भारत और पाकिस्तान नामक दो स्वतन्त्र राष्ट्रों के निर्माण की घोषणा की गई।
- 14 अगस्त को पाकिस्तान और 15 अगस्त को भारत स्वतन्त्र हुआ। लॉर्ड माउण्टबेटन स्वतन्त्र भारत के प्रथम गवर्नर-जनरल और अन्तिम अंग्रेज गवर्नर-जनरल थे।

चक्रवर्ती राजगोपालाचारी (वर्ष 1948-50)

चक्रवर्ती राजगोपालाचारी 21 जून, 1948 से 26 जनवरी, 1950 तक स्वतन्त्र भारत के प्रथम और अन्तिम भारतीय गवर्नर-जनरल थे। जनवरी, 1950 में डॉ. राजेन्द्र प्रसाद भारत के प्रथम राष्ट्रपति निर्वाचित हुए। 26 जनवरी, 1950 के दिन ही भारत गणतन्त्र घोषित हुआ।

परिशिष्ट को पढ़ने के लिए QR कोड स्कैन करें

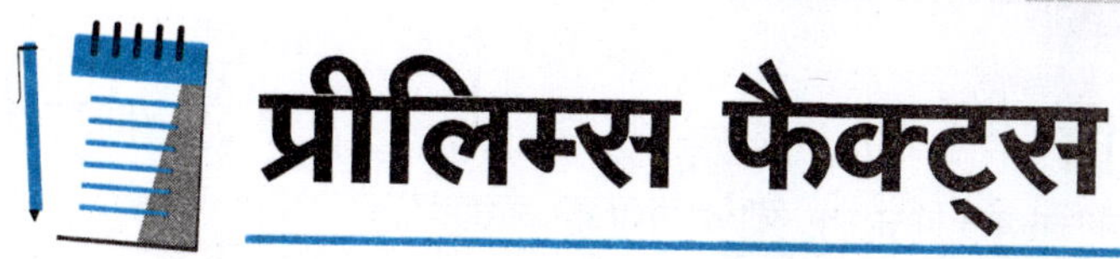

प्रीलिम्स फैक्ट्स

1. प्राचीन भारतीय इतिहास के स्रोत

- धान्यकटक किस क्षेत्र में स्थित था, जो महासंघिकों के सन्दर्भ में जानकारी प्रदान करता है — *आन्ध्र क्षेत्र से* [UPSC (Pre) 2023]
- नाटककार भास की रचना का नाम क्या है? — *मध्यम व्यायोग* [UPSC (Pre) 2024]
- कुमारगुप्त के किस शैली के सिक्कों से अश्वमेध यज्ञ की जानकारी प्राप्त होती है? — *अश्वमेध शैली* [HPSC (Pre) 2024]
- नर्मदा नदी का साहित्यिक सन्दर्भ सर्वप्रथम कहाँ से प्राप्त होता है? — *शतपथ ब्राह्मण* [MPPSC (Pre) 2024]
- 'पुरुष सूक्त', जिसमें वर्ण व्यवस्था के सन्दर्भ में जानकारी मिलती है, किस वेद में अन्तर्निहित है? — *ऋग्वेद* [UPPSC (Pre) 2012]
- 'सत्यकाम जबाला' की कथा किस वैदिक ग्रन्थ में वर्णित है? — *छान्दोग्य उपनिषद्* [RAS/RTS (Pre) 2016]
- दूसरी शताब्दी के आस-पास रचित संस्कृत के शिलालेख के अनुसार सुदर्शन झील, एक कृत्रिम जलाशय की मरम्मत किसने कराई थी? — *रुद्रदामन I* [BPSC (Pre) 2023]
- अलेक्जेण्डर री., ए. एच. लॉगहर्स्ट, रॉबर्ट स्वेल, जेम्स बर्गेस और वाल्टर इलियट का सम्बन्ध किससे है? — *भारतीय इतिहास से पुरातात्विक उत्खनन से* [IAS (Pre) 2023]
- मिलिन्दपन्हो में महाराज मिलिन्द के प्रश्नों को किस भाषा में लिखा गया है? — *पालि भाषा* [UKPSC (Pre) 2024]
- कौन-सा अभिलेख धार्मिक समन्वय के विषय में है? — *12वाँ अभिलेख* [UPPSC (Pre) 2022]

2. पाषाण काल एवं प्रागैतिहासिक काल

- किस ताम्रपाषाण कालीन स्थल को वराहमिहिर का जन्मस्थल भी माना जाता है —*कायथा* [MPPSC (Pre) 2024]
- भारतीय उपमहाद्वीप में लोहे का प्रयोग कब आरम्भ हुआ? — *1300 ई. पू.* [BPSC (Pre) 2023]
- जुलाई, 2019 में विशेषज्ञों ने बिहार के किस स्थान से महापाषाणिक स्थल के अवशेष को चिह्नित किया है? — *कैमूर* [BPSC (Pre) 2019]
- कौन-सा स्थल प्रागैतिहासिक चित्रकला के लिए प्रसिद्ध है? — *भीमबेटका* [UPPSC (Mains) 2011]
- किस स्थान पर मध्यपाषाण काल में पशुपालन के प्रमाण मिलते हैं? — *बागौर* [UPPSC (Pre) 2018]
- विन्ध्य क्षेत्र के किस शिलाश्रय से सर्वाधिक मानव कंकाल प्राप्त हुए हैं? — *लेखहिया* [UPPSC (Pre) 2016]
- किस स्थान से एक ही कब्र से तीन कंकाल प्राप्त हुए हैं? — *दमदमा से* [UPPSC (Pre) 2016]
- किस स्थल से हड्डी के उपकरण प्राप्त हुए हैं? — *महदहा से* [UPPSC (Mains) 2010]
- किस नवपाषाण स्थल से गर्त आवास के साक्ष्य प्राप्त हुए हैं? — *बुर्जहोम से* [UPPSC (Mains) 2011]
- भारतीय उपमहाद्वीप में कृषि के प्राचीनतम साक्ष्य कहाँ से प्राप्त हुए हैं? — *मेहरगढ़* [BPSC (Pre) 2018]
- अतिरमपक्कम, भीमबेटका, पिक्लीहल तथा बुर्जहोम नामक पुरातात्विक स्थलों में से कौन-सा उत्तर से दक्षिण उनके स्थानों का सही क्रम है? — *उत्तर से दक्षिण क्रम है-बुर्जहोम-भीमबेटका-पिक्लीहल-अतिरमपक्कम* [HPSC (Pre) 2021]
- चन्द्रकेतुगढ़ किस कला के लिए प्रसिद्ध है? — *टेराकोटा कला* [IAS (Pre) 2021]
- गणेश्वर किस धातु की कलाकृतियों के लिए विख्यात है? — *ताम्र कलाकृतियों के लिए* [IAS (Pre) 2021]
- मानव इतिहास की कहानी दर्शाने वाला देश का सबसे बड़ा संग्रहालय, इन्दिरा गाँधी संग्रहालय कहाँ है? — *भोपाल* [MPPSC (Pre) 2024]

3. हड़प्पा सभ्यता

- सिन्धु सभ्यता से प्राप्त मुहरों पर कौन-सी वृक्ष आकृति मिलती है? — *पीपल* [MPPSC (Pre) 2022]
- हड़प्पा स्थल का उत्खनन करने वाले प्रथम पुरातत्वविद्, जो इसके महत्त्व को नहीं समझ पाए थे, हैं — *ए. कनिंघम* [MPPSC (Pre) 2017]
- कौन-सा प्राचीन नगर अपनी उन्नत जल संचयन और प्रबन्धन प्रणाली के लिए प्रसिद्ध है, जहाँ बाँधों की श्रृंखला का निर्माण किया गया था और सम्बद्ध जलाशयों में नहर के माध्यम से जल को प्रवाहित किया जाता था? — *धौलावीरा* [UPPSC (Mains) 2010, BPSC (Pre) 2014]
- सिन्धु घाटी सभ्यता के किस स्थल से द्वि-शव संस्कार (डबल बरियल) के प्रमाण प्राप्त हुए हैं? — *लोथल* [UPPSC (Mains) 2016]
- बनावली किस नदी घाटी में अवस्थित है? — *घग्घर और उसकी सहायक नदियों की घाटी में* [RAS/RTS (Pre) 2010]
- हड़प्पा सभ्यता में पक्की मिट्टी का हल कहाँ पाया गया है? — *बनावली से* [BPSC (Pre) 2017]
- हड़प्पा सभ्यता का स्थल 'माण्डी' भारत के किस राज्य में स्थित है? — *उत्तर प्रदेश* [UPPSC (Pre) 2021]
- भारत में हड़प्पा का वृहत् स्थल है — *राखीगढ़ी* [JPSC (Pre) 2016]
- किस हड़प्पा नगर से जुते हुए खेत के प्रमाण प्राप्त हुए हैं? — *कालीबंगा* [BPSC (Pre) 2020]
- चन्हूदड़ो का उत्खनन किसके निर्देशन में हुआ था? — *जे. एच. मैके* [UP Lower (Pre) 2015]
- स्वतन्त्रता प्राप्ति के बाद भारत में उत्खनित प्रथम सैन्धव स्थल —*रोपड़* [UPPSC (Pre) 2015]
- हाथी दाँत का पैमाना कहाँ से प्राप्त हुआ? —*लोथल* [UP RO/ARO (Pre) 2014]
- किस सिन्धु सभ्यता स्थल से हल की खोज सम्बन्धी टेराकोटा की प्रतिकृति मिली? — *बनावली* [JPSC (Pre) 2024]
- किसके द्वारा सुरकोटदा नामक हड़प्पा संस्कृति स्थल की खोज की गई? —*जगपति जोशी* [RPSC (Pre) 2024]

4. वैदिक संस्कृति

- वैदिक नदी आस्किनी की पहचान किस एक नदी के साथ की जाती है?
  – चिनाब नदी *[UPPSC (Pre) 2010]*
- उल्लिखित नदियों आस्किनी, पुरुष्णी, कुभा, क्रुमु, विपाशा तथा शतुद्रि आदि में से किस/किन नदियों का उल्लेख अफगानिस्तान के साथ आर्यों के सम्बन्ध का सूचक है/हैं? ***– कुभा तथा क्रुम*** *[UPPSC (Pre) 2010]*
- ऋग्वेद के सर्वाधिक मन्त्र किस वैदिक देवता को समर्पित हैं?
  – इन्द्र को *[UKPSC (Pre) 2022]*
- ऐतरेय, तैत्तिरीय, गोपथ तथा शतपथ आदि ब्राह्मण ग्रन्थों में किसका सम्बन्ध ऋग्वेद से है? ***– ऐतरेय ब्राह्मण*** *[MPPSC (Pre) 2017]*
- चारों वेदों में से किस एक में जादुई माया और वशीकरण का वर्णन है?
  – अथर्ववेद *[IAS (Pre) 2014]*
- ऋग्वेद में किसे युद्ध का देवता माना जाता है?
  – इन्द्र को *[UPPSC (Mains) 2011]*
- ऋग्वैदिक जनसभा, जो न्यायिक कार्यों से सम्बन्धित थी, क्या कहलाती थी? ***– सभा*** *[JPSC (Pre) 2016]*
- किसे वैदिक देवताओं का पुरोहित माना जाता था?
  – बृहस्पति को *[UPPSC (Mains) 2013]*
- दशराज्ञ युद्ध किस नदी के किनारे पर लड़ा गया था?
  – पुरुष्णी (रावी) *[UPPSC (Pre) 2022]*
- गायत्री मन्त्र का सर्वप्रथम उल्लेख किस ग्रन्थ से मिलता है?
  –ऋग्वेद *[UPPSC (Pre) 2013]*
- क्षत्रिय के उपनयन संस्कार में किस मन्त्र के सम्पादन का प्रावधान था?
  –गायत्री मन्त्र *[MPPSC (Pre) 2024]*
- उपनिषदों की रचना कब हुई थी? ***–पुराणों से पहले*** *[UPPSC (Pre) 2024]*
- ऋग्वेद है ***–स्रोत का संकलन*** *[UP RO/ARO (Pre) 2016]*
- किस वेद में सभा और समिति को पृथक् संस्थाओं के रूप में घोषित किया गया है? ***–अथर्ववेद में*** *[MPPSC (Pre) 2024]*
- विश्व की वैदिक घड़ी कहाँ पर स्थापित है? ***–उज्जैन*** *[RPSC (Pre) 2024]*

5. जैन एवं बौद्ध धर्म (छठी सदी ई. पू. के धार्मिक आन्दोलन)

- 'प्रथम जैन परिषद्' का आयोजन किस स्थान पर हुआ था?
  – पाटलिपुत्र *[UKPSC (Pre) 2022]*
- भगवान बुद्ध के महापरिनिर्वाण के बाद पहली बौद्ध संगीति हुई थी?
  – राजगृह में *[BPSC (Pre) 2018]*
- किस बौद्ध साहित्य में महात्मा बुद्ध के नैतिक एवं सिद्धान्त सम्बन्धित प्रवचन संकलित हैं? ***– सुत्तपिटक में*** *[MPPSC (Pre) 2014, 2015]*
- शिव की दक्षिण मूर्ति प्रतिमा उन्हें किस रूप में प्रदर्शित करती है?
  – शिक्षक के रूप में *[UPPSC (Pre) 2016]*
- किसने जैन धर्म में 'ब्रह्मचर्य' का सिद्धान्त जोड़ा?
  – महावीर *[UP RO/ARO 2015]*
- कौन–सा जैन ग्रन्थ जैन भिक्षुओं के नियमों का वर्णन करता है?
  –आचारांग सूत्र *[UPPSC (Pre) 2018]*
- बौद्ध साहित्य में थेरीगाथा किस निकाय से सम्बन्धित है?
  –खुद्दक निकाय *[UPPSC (Pre) 2022]*
- बुद्ध ने अपना अन्तिम उपदेश किसे दिया?
  – सुभद्र *[UPPSC (Pre) 2010, 2013, 2011, UP RO/ARO (Pre) 2016]*
- जैन दर्शन किन दो सिद्धान्तों के चारों ओर घूमता है?
  –स्याद्वाद और अनेकान्तवाद *[CGPSC (Pre) 2024]*
- अनेकान्तवाद के अनुसार प्रत्येक प्राणी के अन्दर अनेक गुण होते हैं, वह गुण किसी वस्तु की प्रकृति का निर्माण करता है, यह गुण क्या कहलाता है?
  – स्थाई गुण *[CGPSC (Pre) 2024]*
- प्राचीन भारत के सन्दर्भ में गौतम बुद्ध को किस नाम से जाना जाता था? ***– तथागत और शाक्यमुनि*** *[UPSC (Pre) 2024]*
- बौद्ध दर्शन का बीज कहाँ प्राप्त होता है?
  – बुद्ध की शिक्षा में *[CGPSC (Pre) 2024]*
- आजीवक सम्प्रदाय की स्थापना किसने की?
  – मक्खलि गोशाल *[UKPSC (Pre) 2024]*

6. महाजनपद का उदय

- किन ग्रन्थों में भारत के सोलह महाजनपदों (षोडश महाजनपद) की सूची मिलती है? ***– बौद्ध ग्रन्थ अंगुत्तर निकाय तथा जैन ग्रन्थ भगवती सूत्र में*** *[RAS/RTS (Pre) 2016]*
- सोलह महाजनपदों के युग में मथुरा किसकी राजधानी थी?
  – शूरसेन *[JPSC (Pre) 2013]*
- प्राचीन श्रावस्ती का नगर विन्यास किस आकृति का है?
  – अर्द्धचन्द्राकार *[UPPSC (Pre) 2010]*
- छठी शताब्दी ई.पू. का मत्स्य महाजनपद कहाँ स्थित था?
  – राजस्थान में *[UPPSC (Pre) 2017]*
- चण्ड प्रद्योत किस प्राचीन गणराज्य के राजा थे?
  – अवन्ति *[MPPSC (Pre) 2019]*
- छठी शताब्दी ई.पू. में शुक्तिमती कहाँ की राजधानी थी?
  – चेदि की *[UPPSC (Mains) 2011]*
- अवन्ति, गान्धार, कोसल तथा मगध राज्यों में से किनका सम्बन्ध बुद्ध के जीवन से था? ***– कोसल तथा मगध*** *[IAS (Pre) 2015]*

7. मगध का उत्कर्ष

- मगध की प्रारम्भिक राजधानी कौन–सी थी?
  – राजगृह (गिरिव्रज) *[BPSC (Pre) 2014, 2015]*
- कौशाम्बी, पाटलिपुत्र, राजगृह तथा गिरिव्रज में से कौन–सा एक मगध साम्राज्य की राजधानी नहीं था? ***– कौशाम्बी*** *[CGPSC (Pre) 2011]*
- अजातशत्रु के वंश का नाम क्या था? ***– हर्यंक वंश*** *[BPSC (Pre) 2011]*
- किसने मगध साम्राज्य में वज्जि गणसंघ को हराकर आत्मसात किया?
  – अजातशत्रु *[JPSC (Pre) 2016]*
- मगध के किस प्रारम्भिक शासक ने राज्यारोहण के लिए अपने पिता की हत्या की तथा स्वयं इसी कारणवश अपने पुत्र द्वारा मारा गया?
  – अजातशत्रु *[UPPSC (Pre) 2007, 2011]*
- मगध में नन्दवंश का संस्थापक कौन था?
  – महापद्मनन्द *[UKPSC (Pre) 2016]*

9. मौर्य साम्राज्य

- राजा नन्द का उल्लेख करने वाला अभिलेखीय प्रमाण है
  - खारवेल का हाथीगुम्फा अभिलेख *[UPPSC (Pre) 2016]*
- कौटिल्य के अर्थशास्त्र में किस पहलू पर प्रकाश डाला गया है?
  - राजनीतिक नीतियाँ *[UPPSC (Pre) 2012]*
- अपने शिलालेखों में अशोक सामान्यतः किस नाम से जाने जाते थे?
  - प्रियदर्शी *[MPPSC (Pre) 2019]*
- अशोक का समकालीन तुरमय कहाँ का राजा था?
  - मिस्र का *[UPPSC (Pre) 2012]*
- अशोक के धम्म का मूल सन्देश क्या था?
  - शान्ति एवं अहिंसा *[BPSC (Pre) 2017]*
- किस उभारदार मूर्तिशिल्प शिलालेख में अशोक के प्रस्तर रूपचित्र के साथ राण्यों अशोक (राजा अशोक) उल्लिखित है? ***- कंगनहल्ली*** *[IAS (Pre) 2019]*
- मौर्य साम्राज्य के पेशावर के निकट उत्तर-पश्चिम भाग में अशोक के शिलालेख किस लिपि में लिखे गए थे? ***- खरोष्ठी लिपि में*** *[JPSC (Pre) 2021]*
- मौर्यकाल में 'एग्रोनोमोई अधिकारी' किस क्षेत्र से सम्बन्धित था?
  - मार्ग निर्माण से *[UPPSC (Pre) 2020]*
- मौर्यकाल में सीता से तात्पर्य था
  - राजकीय भूमि से प्राप्त आय *[UPPSC (Pre) 2013]*
- मौर्यकाल में प्रणयम था ***- आपातकालीन कर*** *[UPPSC (Pre) 2022]*
- मौर्यकाल में कर को छिपाने (चोरी) के लिए कौन-सा दण्ड दिया जाता था?
  - मृत्युदण्ड *[JPSC (Pre) 2013]*

10. मौर्योत्तर काल

- प्राचीन भारत की किस एक पुस्तक में शुंग राजवंश के संस्थापक के पुत्र की प्रेम कहानी वर्णित है?
  - मालविकाग्निमित्रम् *[IAS (Pre) 2016]*
- सातवाहन काल में किस भाषा को राजभाषा के रूप में प्रयोग किया जाता था?
  - प्राकृत भाषा *[HPSC (Pre) 2021]*
- किस सातवाहन शासक को वर्ण व्यवस्था का रक्षक कहा जाता है?
  - गौतमीपुत्र शातकर्णी *[CGPSC (Pre) 2013]*
- किस वंश के शासक मातृनामों (माता के नाम से प्राप्त किए गए नाम) से पहचाने जाते थे?
  - सातवाहन *[HPSC (Pre) 2012]*
- किस वंश के शासकों को पुराणों में 'श्रीपर्वतीय' कहा गया है?
  - इक्ष्वाकु वंश *[UPPSC (Pre) 2020]*
- कलिंग नरेश खारवेल किस वंश से सम्बन्धित था?
  - चेदि राजवंश *[UPPSC (Mains) 2015]*
- किस शासक के सिक्कों पर संकर्षण एवं वासुदेव दोनों अंकित हैं?
  - अगाथोक्लीज *[UPPSC (Mains) 2017]*
- किस हिन्द-यवन शासक ने सीसे के सिक्के जारी किए थे?
  - स्ट्रैटो द्वितीय *[UPPSC (Pre) 2014]*
- बिना बेगार के किसने सुदर्शन झील का जीर्णोद्धार कराया था?
  - रुद्रदामन-प्रथम *[UPPSC (Pre) 2014]*
- किस अभिलेख में रुद्रदामन प्रथम की विभिन्न उपलब्धियाँ वर्णित हैं?
  - जूनागढ़ *[BPSC (Pre) 2011]*
- काव्य शैली का प्राचीनतम नमूना किस शासक के अभिलेख में मिलता है?
  - काठियावाड़ के रुद्रदामन के *[UPPSC (Pre) 2017]*
- शक-क्षत्रप काल में सोने-चाँदी के सिक्कों का अनुपात क्या था?
  - 1:35 *[UPPSC (Pre) 2022]*
- भारत में पार्थियन साम्राज्य का वास्तविक संस्थापक कौन था?
  - मिथ्रेडेट्स *[MPPSC (Pre) 2014]*
- शक सम्वत् पर आधारित राष्ट्रीय पंचांग (कैलेण्डर) का 1 चैत्र, ग्रिगेरियन कैलेण्डर पर आधारित 365 दिन के सामान्य वर्ष की तिथियों में से किस एक के तद्नुरूप है? ***- 22 मार्च (अथवा 21 मार्च)*** *[IAS (Pre) 2014]*
- कनिष्क के सारनाथ बौद्ध प्रतिमा अभिलेख की तिथि क्या है?
  - 81 ई. *[UPPSC (Pre) 2014]*
- श्रावस्ती, कौशाम्बी, पाटलिपुत्र तथा चम्पा नगरों में से किसका उल्लेख कनिष्क के अब तक के अभिलेख में नहीं है?
  - श्रावस्ती का *[MPPSC (Pre) 2010]*
- भागवत धर्म का ज्ञात सर्वप्रथम अभिलेखीय साक्ष्य कौन-सा है?
  - बेसनगर का गरुड़ स्तम्भ *[UKPSC (Pre) 2014]*
- शुंगों के पूर्वज मूलतः किस स्थान से थे? ***- उज्जैन*** *[MPPSC (Pre) 2018]*
- भरहुत का स्तूप किस राजवंश की कला का सुन्दर उदाहरण है?
  - शुंगकालीन स्थापत्य *[RAS/RTS (Pre) 2024]*
- चरक संहिता कितने अध्यायों और खण्डों में विभाजित है?
  - 120 अध्याय और 8 खण्ड *[UPPSC (Pre) 2023]*
- शक सम्वत् कब प्रारम्भ किया गया?
  - 78 ई. *[UPPSC (Pre) 1990, UP RO/ARO (Mains) 2021]*

11. संगम काल (दक्षिण भारत)

- उदियनजेरल किस वंश से सम्बन्धित था?
  - चेर वंश *[UKPSC (Pre) 2022, 2023]*
- किसकी प्रशासनिक प्रणाली की अद्वितीय विशेषता ग्राम स्वायत्तता का विकास थी?
  - चोल *[MPPSC (Pre) 2022]*
- रोमन साम्राज्य से व्यापारिक सम्बन्ध किसने स्थापित किए?
  - चेर *[BPSC (Pre) 2022]*
- प्राचीन दक्षिण भारत के सन्दर्भ में कोरकई, पूमपुहार और मुशिरी किस रूप में सुविख्यात थे?
  - पत्तन *[IAS (Pre) 2023]*
- किसे लघुवेद की संज्ञा दी गई है? ***- कुरल*** *[UP RO/ARO (Pre) 2013]*
- ईसा की प्रारम्भिक शताब्दियों में भारत तथा रोम के बीच घनिष्ठ व्यापारिक सम्बन्धों की सूचना किस पुरास्थल की खुदाइयों से प्राप्त होती है?
  - अरिकामेडु *[JPSC (Pre) 2021]*
- संगम साहित्य में 'तोलकाप्पियम' किस विषय पर आधारित ग्रन्थ है?
  - तमिल व्याकरण का *[UPPSC (Pre) 2014]*
- संगम साहित्य में कोन, को एवं मन्नन किसके लिए प्रयुक्त होते थे?
  - राजा *[RAS/RTS (Pre) 2010]*
- संगम साहित्य दक्षिण भारत के इतिहास की पुनर्संरचना के लिए महत्त्वपूर्ण स्रोत बना। यह किस भाषा में लिखा गया? ***- तमिल*** *[RAS/RTS (Pre) 2016]*
- शैव सन्तों के लेखन संग्रह को पाँचवाँ वेद भी समझा जाता है। इस संग्रह का नाम क्या है?
  - तिरुमुराय *[JPSC (Pre) 2021]*
- महाभारत का तेलुगू भाषा में अनुवाद किसने किया था?
  - नन्नय और टिक्कन ने *[UPPSC (Pre) 2012]*

12. गुप्तकाल (गुप्त वंश)

- प्रथम गुप्त शासक जिसने 'परमभागवत' की उपाधि धारण की थी? **– चन्द्रगुप्त द्वितीय** [UPPSC (Pre) 2009, 2015]
- प्रसिद्ध चीनी यात्री फाह्यान ने किसके शासनकाल में भारत की यात्रा की थी? **– चन्द्रगुप्त द्वितीय** [BPSC (Pre) 2017]
- किस एकमात्र गुप्त शासक के सिक्कों पर कार्तिकेय का अंकन मिलता है? **– कुमारगुप्त प्रथम** [UPPSC (Pre) 2011]
- पुण्ड्रवर्द्धन भुक्ति कहाँ अवस्थित था? **– उत्तर बंगाल में** [UPPSC (Pre) 2012]
- गुप्तकाल में गुजरात, बंगाल एवं तमिल राष्ट्र में स्थित केन्द्र किससे सम्बन्धित थे? **– वस्त्र उत्पादन से** [RAS/RTS (Pre) 2010]
- गुप्त साम्राज्य में किसे कर रहित कृषि भूमि प्रदान की जाती थी? **– ब्राह्मणों को** [MPPSC (Pre) 2014, 2015]
- गुप्तकाल में बिना जोती हुई जंगली भूमि को किस नाम से जाना जाता था? **– अप्रहत** [BPSC (Pre) 2017]
- भारतीय इतिहास के सन्दर्भ में 'कुल्यवाप' तथा 'द्रोणवाप' शब्द क्या निर्दिष्ट करते हैं? **– भू-माप** [IAS (Pre) 2020]
- लीलावती का लेखक भास्कर द्वितीय था, एक **– गणितज्ञ** [UKPSC (Pre) 2022]
- सर्वप्रथम किसने यह व्याख्या की थी कि पृथ्वी के अपनी धुरी पर घूमने के कारण प्रतिदिन सूर्योदय एवं सूर्यास्त होता है? **– आर्यभट्ट** [BPSC (Pre) 2018]
- गुप्त प्रशासनिक विभाजन का सही अनुक्रम है? **– भुक्ति-विषय-वीथि-ग्राम** [UP RO/ARO, (Pre) 2024]
- चन्द्रगुप्त द्वितीय ने अपनी पुत्री प्रभावती का विवाह किस राजवंश में अपनी स्थिति सुदृढ़ करने के लिए किया था? **– वाकाटक** [RAS/RTS, (Pre) 2023]

13. गुप्तोत्तर काल

- भवभूति, हस्तिमल्ल तथा क्षेमेश्वर क्यों प्रसिद्ध थे? **– नाटककार के रूप में** [IAS (Pre) 2021]
- पाल वंश का संस्थापक कौन था? **– गोपाल** [UPPSC (Pre) 2013]
- उज्जैन, वाराणसी, विक्रमशिला तथा गिरनार में से कौन-सा बौद्ध शिक्षा का केन्द्र है? **– विक्रमशिला** [MPPSC (Pre) 2012]
- विक्रमशिला विश्वविद्यालय का संस्थापक कौन था? **– धर्मपाल** [JPSC (Pre) 2013]
- नालन्दा, विक्रमशिला, तक्षशिला तथा ओदन्तपुरी में से कौन-सा स्थान पूर्वमध्यकाल में शिक्षा का केन्द्र नहीं था? **– तक्षशिला** [UKPSC (Pre) 2016]
- सुवर्ण भूमि का वह राजा कौन था, जिसने नालन्दा में एक बौद्ध विहार की स्थापना की तथा उसके रख-रखाव हेतु अपने दूत द्वारा देवपाल से पाँच गाँव दान में देने की प्रार्थना की? **– बालपुत्र देव** [BPSC (Pre) 2018]
- किस राष्ट्रकूट शासक ने प्रतिहार शासक नागभट्ट द्वितीय को हराया था? **– गोविन्द तृतीय** [UPPSC (Pre) 2022]
- किस राष्ट्रकूट शासक ने एलोरा के कैलाश मन्दिर का निर्माण कराया था? **– कृष्ण प्रथम** [UKPSC (Pre) 2022]
- नागभट्ट द्वितीय, महिपाल, महेन्द्रपाल तथा वत्सराज का कालक्रमानुसार संयोजन है **– वत्सराज, नागभट्ट द्वितीय, महेन्द्रपाल, महिपाल** [UPPSC (Mains) 2017]
- किस राजपूत राजवंश ने 8वीं शताब्दी में, दिल्लिका (देहली) शहर की स्थापना की थी? **– तोमर वंश** [MPPSC (Pre) 2014]
- किस चन्देल राजा ने महमूद गजनवी का सामना किया था? **– विद्याधर** [MPPSC (Pre) 2022]
- चित्तौड़ के त्रिभुवन नारायण मन्दिर को किसने बनवाया था? **– परमार राजा भोज ने** [MPPSC (Pre) 2019]
- कर्नाट वंश का संस्थापक कौन था? **– नान्यदेव** [BPSC (Pre) 2016]
- कर्नाट वंश का अन्तिम शासक कौन था? **– हरिसिंह** [BPSC (Pre) 2016]
- गौडवहो के रचयिता थे **– वाक्पति** [UPPSC (Pre) 2014]
- कुरुसपाल शिलालेख से किस शासक के सम्बन्ध में जानकारी मिलती है? **– सोमेश्वर प्रथम** [CGPSC (Pre) 2020]
- 'आर्यक-स्तम्भ' वाले मंच की विशेषताएँ किस स्तूप में मिलती हैं? **– अमरावती** [UPPSC (Pre) 2022]

14. दक्षिण भारत के राजवंश

- चालुक्य शासक पुलकेशिन ने हर्ष को कब पराजित किया था? **– 634 ई. में** [JPSC (Pre) 2016]
- महिला शासिका रुद्रमादेवी किस राजवंश से सम्बन्धित हैं? **– काकतीय** [UKPSC (Pre) 2022]
- परमेश्वरवर्मन प्रथम, नरसिंहवर्मन प्रथम, नन्दिवर्मन द्वितीय तथा महेन्द्रवर्मन प्रथम का सही कालक्रम क्या है? **– महेन्द्रवर्मन प्रथम, नरसिंहवर्मन प्रथम, परमेश्वरवर्मन प्रथम, नन्दिवर्मन द्वितीय** [UPPSC (Pre) 2013]
- किस शासक ने सिंहल द्वीप के विरुद्ध 642 ई. में दो समुद्री अभियान भेजे थे? **– नरसिंह वर्मन प्रथम** [UP RO/ARO (Mains) 2016]
- 9वीं सदी में चोल साम्राज्य की नींव रखी गई थी **– विजयालय द्वारा** [RAS/RTS (Pre) 2016]
- किस चोल शासक को चोलमंगलम् नामक वृहद् कृत्रिम झील बनवाने का श्रेय दिया जाता हैं? **– राजेन्द्र प्रथम** [UPPSC (Mains) 2016]
- चोल राजाओं में से किस एक ने सीलोन पर विजय प्राप्त की थी? **– राजेन्द्र प्रथम** [IAS (Pre) 2016]
- श्रेणी, नगरम, नानादेशि तथा मणिग्राम में से कौन-सी संस्था विदेशी व्यापार से सम्बन्धित थी? **– नानादेशि** [UPPSC (Pre) 2018]
- वह चोल राजा कौन था, जिसने श्रीलंका को स्वतन्त्रता दी और सिंहल राजकुमार के साथ पुत्री का विवाह कर दिया था? **–कुलोत्तुंग प्रथम** [UPPSC (Pre) 2012]
- संस्कृत के कवि और नाटककार कालिदास का उल्लेख हुआ है **– पुलकेशिन द्वितीय के एहोल अभिलेख में** [UPPSC (Pre) 2013]

16. भारत में अरब-तुर्क आक्रमण

- चचनामा के अनुसार, छठी और सातवीं शताब्दी में सिन्धु देश की राजधानी क्या थी? **– अरोड़** [MPPSC (Pre) 2021]
- महमूद गजनवी के हमले के बाद किसने सोमनाथ मन्दिर का पुनर्निर्माण करवाया था? **– भीमदेव** [JKPSC (Mains) 2016]
- गजनवी के आक्रमण के समय आधुनिक हरियाणा के क्षेत्र में किस वंश का शासन था? **– तोमर राजवंश का** [HPSC (Pre) 2021]
- किस अरब लेखक ने कल्चुरि शासक गांगेयदेव और उसकी राजधानी त्रिपुरी का विवरण दिया था? **– अलबरूनी** [MPPSC (Pre) 2023]
- शाहनामा ग्रन्थ का लेखक कौन था? **– फिरदौसी** [MPPSC (Pre) 2015]

- महमूद गजनवी के साथ भारत आने वाला मुस्लिम विद्वान कौन था?
  - अलबरूनी [UKPSC (Pre) 2019]
- 'किताब-उल-हिन्द' या 'तहकीक-ए-हिन्द' की रचना किसने की?
  - अलबरूनी [RAS/RTS (Pre) 2010, MPPSC (Pre) 2023]
- मुहम्मद गोरी के किस दास ने बंगाल एवं बिहार पर विजय प्राप्त की?
  - बख्तियार खिलजी [BPSC (Pre) 2016]
- भारत पर तुर्की आक्रमण की सफलता का एक प्रमुख कारण था
  - उत्तरी भारत में राजनीतिक एकता का अभाव [UPPSC (Pre) 2018]

17. दिल्ली सल्तनत

- दिल्ली में कुव्वत-उल-इस्लाम मस्जिद का निर्माण किसने कराया था?
  - कुतुबुद्दीन ऐबक [HPSC (Pre) 2023]
- गुलामों का गुलाम किसे कहा गया था? *- इल्तुतमिश* [UPPSC (Pre) 2016]
- किस शासक ने दिल्ली को सल्तनत की राजधानी के रूप में स्थापित किया था?
  - इल्तुतमिश [UPPSC (Mains) 2004, 2012]
- दिल्ली सल्तनत के किस वंश ने सबसे कम समय तक शासन किया?
  - खिलजी (1290-1320 ई. तक) [MPPSC (Pre) 2017]
- हजार दीनारी के नाम से किसे जाना जाता था?
  - मलिक काफूर [UKPSC (Pre) 2022]
- दिल्ली सल्तनत का सर्वाधिक विद्वान शासक जो खगोलशास्त्र, गणित एवं आयुर्विज्ञान सहित अनेक विधाओं में निपुण था
  - मुहम्मद बिन तुगलक [UPPSC (Mains) 2012]
- भारतीय इतिहास के सन्दर्भ में सैयद, कलंदर, फारसी, खुशनवीस तथा अरब व्यापारियों में से किसे 'कुलह-दारन' कहा जाता है?
  - सैयद को [IAS (Pre) 2022]
- मध्यकालीन भारत में शब्द 'फणम' किसे निर्दिष्ट करता था?
  - सिक्कों को [IAS (Pre) 2022]
- सल्तनत काल में सार्वजनिक वितरण प्रणाली किस शासक ने आरम्भ की थी?
  - अलाउद्दीन खिलजी ने [BPSC (Pre) 2020]
- कृषि को समुन्नत करने के लिए नहर खुदवाने के सन्दर्भ में 13वीं शताब्दी का पहला शासक होने का श्रेय किसे प्रदान किया जाता है?
  - ग्यासुद्दीन तुगलक [UPPSC (Mains) 2017]
- सैय्यद वंश के सुल्तानों का सही कालानुक्रम क्या है?
  - खिज्र खाँ, मुबारक शाह, मुहम्मद शाह, अलाउद्दीन आलमशाह [UP RO/ARO (Pre) 2024]
- अमीर-ए-दाद, तुर्कान-ए-चहलगामी और बरीद-ए-मुमालिक का सम्बन्ध किससे है? *- क्रमशः विधिक अधिकारी जो जजों के निर्णयों को निष्पादित करता था, चालीसा का समूह तथा गुप्तचर विभाग का प्रमुख* [HPSC (Pre) 2024]

18. दिल्ली सल्तनत का प्रशासन

- 13वीं, 14वीं सदी में भारतीय किसान गेहूँ, चावल, जौ तथा मक्का में से किस फसल की खेती नहीं करते थे? *- मक्का की* [UPPSC (Pre) 2011]
- उलेमा, खान, मलिक तथा सूफी सन्त में से कौन 'दस्तार-बन्दान' कहलाते थे?
  - उलेमा [UPPSC (Pre) 2014]
- घोड़े के नाल के आकार की मेहराब सर्वप्रथम किस इमारत में प्रयोग में लाई गई थी? *- अलाई दरवाजा में* [UKPSC (Pre) 2016]
- हिन्दी खड़ीबोली का जनक किसे माना जाता है?
  - अमीर खुसरो [UPPSC (Mains) 2002, 2012]
- 'तारीख-ए-फिरोजशाही' का रचनाकार कौन है?
  - जियाउद्दीन बरनी [MPPSC (Pre) 2019]
- 'गुलरुखी' उपनाम से कविताओं की रचना किस शासक ने की थी?
  - सिकन्दर लोदी [UPPSC (Mains) 2015]
- तुगलकनामा किसकी प्रसिद्ध रचना है? *- अमीर खुसरो* [UPPSC (Pre) 2019]
- फतवा-ए-जहाँदारी किसकी रचना है?
  - जियाउद्दीन बरनी [UKPSC (Pre) 2024]
- दार-उल-अदल, बलाहार, मलिकुत तुज्जार क्रमशः क्या थे?
  - न्याय का स्थान, निम्न श्रेणी का कृषि मजदूर, व्यापारियों का प्रधान [MPPSC (Pre) 2024]
- नूह सिपिहर, रियाजुल इंशा और बुरहान-ए-मासिर के रचनाकार क्रमशः हैं
  - अमीर खुसरो, महमूद गवाँ, सैयद अली तबातबा [HPSC (Pre) 2024]
- मध्ययुगीन भारत के सन्दर्भ में 'SARAIS' शब्द का अर्थ क्या है?
  - एक स्थान जिसका उद्देश्य भारतीयों और विदेशी यात्रियों, तीर्थयात्रियों, व्यापारियों आदि को अस्थायी आवास प्रदान करना है। [CGPSC (Pre) 2024]

19. प्रान्तीय राज्यों का उदय

- शर्की वंश के किस शासक के शासनकाल में जौनपुर को दिल्ली सल्तनत में मिला लिया गया था? *- हुसैनशाह शर्की* [UPPSC (Pre) 2017]
- कौन 'कश्मीर का अकबर' के नाम से प्रसिद्ध सुल्तान था?
  - सुल्तान जैन-उल-आबिदीन [BPSC (Pre) 2018]
- माण्डू में स्थित 'जहाज महल' का निर्माण किस शासक ने करवाया था?
  - ग्यासुद्दीन खिलजी [MPPSC (Pre) 2017]
- ''माण्डू विजय, दक्षिण विजय की कुंजी थी।'' यह किसने कहा था?
  - अमीर खुसरो [MPPSC (Pre) 2020]
- मेवाड़ के किस शासक ने कीर्ति स्तम्भ का निर्माण करवाया था?
  - राणा कुम्भा ने [UKPSC (Pre) 2011]
- होयसल स्मारक किस स्थान पर पाए जाते हैं?
  - हलेबिड और बेलूर में [IAS (Pre) 2011]
- दक्षिण भारत के पोलिगर कौन थे?
  - क्षेत्रीय, प्रशासकीय एवं सैन्य नियन्त्रक [UPPSC (Pre) 2015]

20. विजयनगर और बहमनी साम्राज्य

- विजयनगर साम्राज्य की स्थापना किस वर्ष हुई थी?
  - 1336 ई. में [MPPSC (Pre) 2023]
- प्रमुख तेलुगू कवि श्रीनाथ किसके दरबार में थे?
  - देवराय प्रथम [CGPSC (Pre) 2019]
- विजयनगर साम्राज्य के किस शासक की उपाधि 'आन्ध्र भोज' की थी?
  - कृष्णदेव राय [JPSC (Pre) 2013]
- कृष्णदेव राय ने किस प्रसिद्ध नगर की स्थापना की थी?
  - नागलापुर [UPPSC (Pre) 2016]
- विजयनगर का प्रसिद्ध हजारा राम मन्दिर किस शासक के शासनकाल में निर्मित हुआ था? *- कृष्णदेव राय* [MPPSC (Pre) 2014]
- किसके राज्यकाल में 'कल्याण मण्डपम' की रचना मन्दिर निर्माण का एक विशिष्ट अभिलक्षण था? *- विजयनगर* [IAS (Pre) 2019]

- विजयनगर काल में दक्षिण भारत की किस नृत्य परम्परा का पहली बार विकास हुआ? *– यक्षगान* [UKPSC (Pre) 2022]
- फारसी यात्री अब्दुर्रज्जाक भारत में किस राजा के शासनकाल में आया था? *– देवराय द्वितीय* [BPSC (Pre) 2017]
- निकोलो कोण्टी कौन था? *– एक इतालवी यात्री था, जिसने विजयनगर की यात्रा की।* [MPPSC (Pre) 2016]
- 'किताब–ए–नौरस' पुस्तक का लेखक कौन था? *– इब्राहिम आदिलशाह द्वितीय* [UPPSC (Pre) 2020]
- कृष्णदेव राय ने किस कवि को 'आन्ध्र कविता का पितामह' की उपाधि दी थी? *– अल्लासानि पेद्दाना* [RPSC (Pre) 2023, 2024]
- 1336 ई. में विजयनगर साम्राज्य की स्थापना किसने की थी? *– हरिहर तथा बुक्का* [UKPSC (Pre) 2024]
- विजयनगर साम्राज्य की राजधानी किस नदी के तट पर स्थित थी? *– तुंगभद्रा* [JPSC (Pre) 2024]
- शासक राजवंश संगम, सालुव, तुलुव किससे सम्बन्धित थे? *– विजयनगर* [CGPSC (Pre) 2024]
- मध्यकालीन भारत के शासकों में से किसने पुर्तगालियों को भटकल में एक किला बनाने की अनुमति प्रदान की थी? *– कृष्णदेव राय* [IAS (Pre) 2024]

21. सूफी एवं भक्ति आन्दोलन

- महाप्रभु वल्लभाचार्य की जन्म स्थली कहाँ है? *– चम्पारण* [CGPSC (Pre) 2016]
- ''कोई व्यक्ति किसी व्यक्ति से उसका धर्म–सम्प्रदाय या जाति न पूछे'' यह कथन है *– रामानन्द* [UPPSC (Pre) 2019]
- सुप्रसिद्ध मध्यकालीन सन्त शंकरदेव किस सम्प्रदाय से सम्बन्धित थे? *– वैष्णव सम्प्रदाय* [UPPSC (Pre) 2015]
- असम एवं कूच बिहार में वैष्णव धर्म का प्रवर्तन किसने किया? *– शंकरदेव ने* [UPPSC (Mains) 2016]
- नागार्जुन, तुकाराम, त्यागराज तथा वल्लभाचार्य में से कौन भक्ति आन्दोलन का प्रस्तावक नहीं था? *– नागार्जुन* [IAS (Pre) 2010]
- 'ईश्वर केवल मनुष्य के सद्गुण को पहचानता है तथा उसकी जाति नहीं पूछता; आगामी दुनिया में कोई जाति नहीं होगी।' यह सिद्धान्त किस भक्ति सन्त का है? *– गुरु नानक* [RAS/RTS (Pre) 2010]
- कबीर, मीराबाई, चैतन्य तथा गुरुनानक में से भक्ति सन्तों का सही तैथिक (कालानुक्रम) अनुक्रम क्या है? *– कबीर (1398-1495 ई), गुरुनानक (1469-1538 ई), चैतन्य (1486-1533 ई.), मीराबाई (1498-1546 ई.)* [UPPSC (Mains) 2014]
- ''पोथी पढ़–पढ़ जग मुआ पण्डित भया न कोय, ढाई आखर प्रेम का, पढ़े सों पण्डित होय।'' *– कबीरदास* [MPPSC (Pre) 2023]
- दिल्ली सल्तनत के किस सुल्तान से निजामुद्दीन औलिया ने भेंट करने से इनकार कर दिया था? *– अलाउद्दीन खिलजी* [UPPSC (Pre) 2021]
- सूफी सन्तों में से कौन कृष्ण को औलिया के अन्तर्गत मानता था? *– शाह मुहम्मद गौस* [UPPSC (Mains) 2012]
- चिश्ती, सुहरावर्दी, नक्शबन्दी तथा कादिरी में से कौन अति कट्टर सूफी सम्प्रदाय था? *– नक्शबन्दी* [JPSC (Pre) 2016]
- उलेमा, खानकाह, शेख तथा समा में से किसका सम्बन्ध सूफीवाद से नहीं था? *– उलेमा* [UPPSC (Pre) 2014]
- अब्दुर्रहीम खानखाना का मकबरा कहाँ स्थित है? *– दिल्ली में* [UPPSC (Pre) 2010]
- दाराशिकोह किस सूफी सिलसिले से सम्बन्धित था? *– कादिरी* [UPPSC (Mains) 2013]
- सूरदास, शंकरदेव और सन्त तुकाराम का सम्बन्ध क्रमशः है *– सूरसागर, कीर्तन घोष और अभंग* [HPSC (Pre) 2024]
- किस सिलसिले का प्रसार मुख्यतः सिन्ध, पंजाब तक सीमित था? *– सुहरावर्दी सिलसिला* [RPSC (Pre) 2024]
- सूफी सन्तों की बातचीत, सूफी सन्तों की जीवनी और लिखे गए पत्रों के संकलन को क्या कहा जाता है? *– क्रमशः मुलफुजात, तजकिरा, मुक्तुबात* [HPSC (Pre) 2024]

22. मुगल साम्राज्य

- रानी दुर्गावती और चाँद बीबी का सम्बन्ध क्रमश: किन राज्यों से था? *– गोण्डवाना, अहमदनगर* [HPSC (Pre) 2024]
- अकबर ने किस क्षेत्र की विजय को यादगार बनाने के लिए बुलन्द दरवाजे का निर्माण किया? *– गुजरात* [UKPSC (Pre) 2024]
- शाहजहाँ ने अपने किस पुत्र को शाह बुलन्द इकबाल की उपाधि से नवाजा था? *– दाराशिकोह* [UKPSC (Pre) 2024]
- किस मुगल शासक के समय में सर थॉमस रो भारत आया था? *– जहाँगीर* [BPSC (Pre) 2022]
- जहाँगीर ने थॉमस रो को कहाँ मिलने का अवसर दिया था? *– अजमेर* [BPSC (Pre) 2022]
- सर्वप्रथम किस मुगल शासक ने ब्रिटिश के विरुद्ध संघर्ष किया था? *– औरंगजेब* [BPSC (Pre)] 2022]
- तबकात–ए–अकबरी किसने लिखी थी? *– निजामुद्दीन अहमद* [BPSC (Pre) 2023]
- शेरशाह को अपनी वीरता से प्रभावित करने वाले जयता और कुमपा किस स्थान से सम्बन्धित थे? *– मारवाड़* [UPPSC (Pre) 2022]
- सर–ए–पूल के युद्ध में बाबर को किसने पराजित किया था? *– शैबानी खाँ* [UP (Lower) 2015]
- 1687 ई. में जब औरंगजेब ने गोलकुण्डा किले पर अधिकार किया, उस समय गोलकुण्डा का शासक कौन था? *– अबुल हसन कुतुबशाह* [UPPSC (Pre) 2020]
- किस मुगल शासक ने बनारस के संस्कृत और हिन्दी के महान विद्वान कविन्द्र आचार्य सरस्वती को राजकीय संरक्षण प्रदान किया था? *– शाहजहाँ* [UPPSC (Pre) 2022]
- किसने हुमायूँ को यह प्रस्ताव दिया था कि यदि उसे बंगाल पर अधिकार करने दिया गया, तो वह बिहार को समर्पित कर देगा और 10 लाख दीनार का वार्षिक कर/नजराना प्रदान करेगा? *– शेरखाँ* [BPSC (Pre) 2023]

23. मुगल शासन, अर्थव्यवस्था, समाज एवं संस्कृति

- मध्यकालीन भारत के ऐतिहासिक स्रोतों में उल्लिखित 'चकला' शब्द का आशय क्या है? *– यह सूक्ष्म और परगना के बीच की क्षेत्रीय इकाई थी* [UPPSC (Pre) 2018]
- मुगल मनसबदारी व्यवस्था के सुचारू संचालन के लिए कौन उत्तरदायी होता था? *– मीर बख्शी* [JPSC (Pre) 2024]

- अकबर के काल में भू-राजस्व व्यवस्था की एक प्रसिद्ध नीति 'आइन-ए-दहसाला' पद्धति किसके द्वारा निर्मित की गई थी? *- टोडरमल [JPSC (Pre) 2013]*
- जब्ती, दहसाला, बँटाई तथा कनकूत में से किस कर व्यवस्था को बन्दोबस्त व्यवस्था के नाम से भी जाना जाता है? *- दहसाला [UPPSC (Pre) 2013]*
- मुगल काल के दौरान, पिछले शासन के दौरान ढाले गए सिक्कों को कहा जाता है *- खजाना [JPSC (Pre) 2024]*
- मंसूर, मनोहर, अब्दुस्समद तथा अबुल हसन में से कौन जहाँगीर के समय का चित्रकार नहीं है? *- ख्वाजा अब्दुस्समद [JPSC (Pre) 2024]*
- दिल्ली सल्तनत के पराभव के उपरान्त किस शासक द्वारा स्वर्णमुद्रा का सर्वप्रथम प्रचलन किया गया था? *- शेरशाह [UKPSC (Pre) 2014]*
- शुद्ध चाँदी के रुपये का आविष्कार किस मध्यकालीन शासक ने किया था? *- शेरशाह [IAS (Pre) 2016]*
- दिल्ली के पुराने किले के वर्तमान स्वरूप का निर्माण किसने करवाया था? *- शेरशाह सूरी ने [UPPSC (Pre) 2016]*
- कौन-सा मकबरा 'द्वितीय ताजमहल' के नाम से जाना जाता है? *- राबिया-उद-दुर्रानी का मकबरा [UPPSC (Pre) 2013]*
- 'दसवन्त और बसावन' प्रसिद्ध चित्रकार किस मुगल सम्राट के राजदरबारी थे? *- अकबर [BPSC (Pre) 2017]*
- अकबर के आदेश के अन्तर्गत 'हम्जानामा' के प्रसिद्ध चित्रकार कौन थे? *- मीर सैयद अली और अब्दुस्समद [HPSC (Pre) 2021]*
- अबुल फजल द्वारा अकबरनामा को कितने वर्षों में पूरा किया गया था? *- सात वर्षों में [UPPSC (Pre) 2014]*
- अकबर के काल में महाभारत का फारसी में अनुवाद जिसके निर्देशन में हुआ, वह है *- फैजी [RAS/RTS (Pre) 2016]*
- शाहजहाँ के शासनकाल का राजकवि कौन था? *- कलीम [UPPSC (Mains) 2015]*
- जहाँगीर काल के प्रमुख चित्रकार कौन थे? *- मंसूर, मनोहर और अब्दुल हसन [JPSC (Pre) 2024]*
- बसावन, मीर सैयद अली, दसवन्त चित्रकारों से सम्बन्धित शासक कौन था? *- अकबर [HPSC (Pre) 2023]*
- अकबर द्वारा फतेहपुर सीकरी में निर्मित किस इमारत में बौद्ध स्थापत्य कला का अनुसरण किया गया था? *- पंचमहल [RAS/RTS (Pre) 2024]*
- अकबर ने किस क्षेत्र की विजय को यादगार बनाने के लिए 'बुलन्द दरवाजा' का निर्माण किया? *- गुजरात [UKPSC (Pre) 2024]*

24. मराठा शक्ति का उत्कर्ष

- शिवाजी का जन्म कब हुआ तथा उन्होंने छत्रपति की उपाधि कब धारण की? *- क्रमश: – 1630 ई., 1674 ई., [UPPSC (Pre) 2015]*
- शिवाजी के गुरु का क्या नाम था? *- रामदास [MPPSC (Pre) 2016]*
- किस मुगल सेनानायक के साथ शिवाजी ने पुरन्दर की सन्धि (1665 ई.) पर हस्ताक्षर किए थे? *- जयसिंह [UPPSC (Mains) 2011]*
- शिवाजी के शासनकाल में विदेश मन्त्री को क्या कहा जाता था? *- सुमन्त [MPPSC (Pre) 2014]*
- शिवाजी के समय 'सरनोबत' का पद किससे सम्बन्धित था? *- सैन्य प्रशासन से [UPPSC (Pre) 2014]*
- सुरक्षा के लिए मराठों के राजस्व के दावों को किस नाम से जाना जाता था? *- चौथ [UPPSC (Pre) 2018]*
- पानीपत का तीसरा युद्ध कब हुआ था? *- 1761 ई. [CGPSC (Pre) 2024]*
- औरंगजेब की मृत्यु के समय मराठा नेतृत्व किसके हाथ में था? *- ताराबाई [UPPSC (Pre) 2012]*
- पेशवाई को कब समाप्त किया गया था? *- 1818 ई. में [UPPSC (Mains) 2017]*

25. यूरोपीय शक्तियों का आगमन

- पुर्तगाली उपनिवेश का प्रथम वायसराय भारत में कौन था? *- अल्मीडा [BPSC (Pre) 2020]*
- बंगाल की खाड़ी में समुद्री डकैती हेतु हुगली का उपयोग कौन-सी यूरोपीय शक्ति करती थी? *- पुर्तगाली [BPSC (Pre) 2019]*
- ईस्ट इण्डिया कम्पनी के निर्माण के समय इंग्लैण्ड का शासक कौन था? *- एलिजाबेथ प्रथम [UPPSC (Mains) 2010]*
- लन्दन में ब्रिटिश ईस्ट इण्डिया कम्पनी के गठन के समय भारत का बादशाह कौन था? *- अकबर [UPPSC (Pre) 2012]*
- ब्रिटिश ईस्ट इण्डिया कम्पनी ने बम्बई किससे प्राप्त किया था? *- पुर्तगालियों से [UKPSC (Pre) 2010]*
- फ्रांसीसी ईस्ट इण्डिया कम्पनी की स्थापना हुई थी *- लुई चौदहवें के शासनकाल में [UPPSC (Mains) 2014]*
- मध्यकालीन भारत के किस शासक ने भटकल में पुर्तगालियों को किला बनाने की अनुमति दी थी? *- कृष्णदेव राय [IAS (Pre) 2024]*

26. मुगल साम्राज्य का विघटन

- औरंगजेब की मृत्यु 1707 ई. में होने के पश्चात् किस मुगल शासक ने सत्ता सम्भाली? *- बहादुरशाह प्रथम [UPPSC (Mains) 2012]*
- किस मुगल सम्राट ने अंग्रेजों को बंगाल में शुल्क मुक्त व्यापार की सुविधा प्रदान की थी? *- फर्रुखशियर ने [UPPSC (Pre) 2010]*
- किस मुगल बादशाह को 'रंगीला' के नाम से जाना जाता है? *- मुहम्मदशाह को [MPPSC (Pre) 2014]*
- मुहम्मदशाह, जहाँदारशाह, आलमगीर द्वितीय तथा अहमदशाह का सही कालक्रम क्या है? *- जहाँदारशाह (1712-13 ई.), मुहम्मदशाह (1719-48 ई.) अहमदशाह (1748-54 ई.), आलमगीर द्वितीय (1754-59 ई.)* [UPPSC (Pre) 2018]
- पानीपत का तीसरा युद्ध कब हुआ? *- 1761 ई. में [CGPSC (Pre) 2023]*

27. क्षेत्रीय शक्तियों का उदय

- ब्रिटिश साम्राज्य में अवध का विलय कब हुआ था? *- 1856 ई. में [UPPSC (Mains) 2010]*
- महाराजा रणजीत सिंह ने किस स्थान पर अदालत-ए-आला की स्थापना की थी? *- लाहौर [UPPSC (Pre) 2021]*
- अमृतसर की सन्धि महाराजा रणजीत सिंह और किसके मध्य हुई थी? *- लॉर्ड मिण्टो [JPSC (Pre) 2024]*
- महाराजा रणजीत सिंह का उत्तराधिकारी कौन था? *- खड्गसिंह [JPSC (Pre) 2013]*

- सिख साम्राज्य का अन्तिम शासक कौन था?
- दलीप सिंह [UPPSC (Mains) 2010]
- नंजराज, हैदरअली, देवराज तथा चिक्का कृष्णराज में से किसने 1755 ई. में डिण्डीगुल (मैसूर) में एक आधुनिक शस्त्रागार की स्थापना की थी?
- हैदरअली [UPPSC (Pre) 2020]
- द्वैध शासन का जनक किसे माना जाता है?
- लॉर्ड क्लाइव को [BPSC (Pre) 2017]

28. भारत में ब्रिटिश सत्ता की स्थापना एवं विस्तार

- अंग्रेजो एवं फ्रांसीसियों के बीच पहले कर्नाटक युद्ध का मूल कारण क्या था?
- ऑस्ट्रियाई राज्य प्राप्ति का युद्ध, जिसके कारण ब्रिटेन एवं फ्रांस विश्व के सभी भागों में एक-दूसरे के शत्रु बन गए थे [BPSC (Pre) 2011]
- कर्नाटक के तृतीय युद्ध (1756-63 ई.) का समापन किस सन्धि के साथ हुआ था?
- पेरिस की सन्धि [UPPSC (Pre) 2016]
- 1760 ई. का वाण्डीवाश का युद्ध अंग्रेजो द्वारा किसके विरुद्ध लड़ा गया था?
- फ्रांसीसी [BPSC (Pre) 2020]
- प्रथम कर्नाटक युद्ध की समाप्ति और अंग्रेजो का मद्रास पर पुनः अधिकार किस सन्धि से हुआ?
- 1748 ई. की एक्स-ला-शापेल सन्धि [UPPSC (Pre) 2020]
- अफगानिस्तान के प्रति आक्रामक नीति किस वायसराय ने अपनाई थी?
- लॉर्ड लिटन [BPSC (Pre) 2019]
- प्रथम आंग्ल-मैसूर युद्ध में कौन विजयी हुआ?
- हैदर अली [UPPSC (Mains) 2015]
- वाण्डीवाश के युद्ध में कौन विजयी हुआ?
- अंग्रेज फ्रांसीसियों को हराकर जीते [UPPSC (Mains) 2015]

29. कृषक, श्रमिक और जनजातीय आन्दोलन

- बघेरा विद्रोह कहाँ हुआ था?
- बड़ौदा में [BPSC (Pre) 2015]
- रामोसी विद्रोह किस भौगोलिक क्षेत्र में हुआ था?
- पश्चिमी घाट [HPSC (Pre) 2021]
- कच्छ, सिंहभूम, पश्चिमी घाट तथा सतारा में से किस एक क्षेत्र में 1831 ई. में बुधु भगत के नेतृत्व में कोल विद्रोह हुआ था?
- सिंहभूम [BPSC (Pre) 2020]
- भूमिज विद्रोह का नेता कौन था?
- गंगा नारायण [JPSC (Pre) 2021]
- किस स्थान पर सन्थालों ने 1855-56 ई. में अपनी सरकार की घोषणा कर दी थी?
- भागलपुर-राजमहल [BPSC (Pre) 2017]
- वर्ष 1922 में भील सेवा मण्डल की स्थापना किसने की थी?
- अमृतलाल विट्ठल दास ठक्कर ने [CGPSC (Pre) 2015]
- वेलूथम्पी ने अंग्रेजो के विरुद्ध आन्दोलन का नेतृत्व किस स्थान पर किया था?
- त्रावणकोर [UPPSC (Pre) 2017]
- गाँधीजी के विचारों से प्रभावित होने वाले प्रथम आदिवासी नेता कौन थे?
- जदोनांग [JKPSC (Pre) 2013]
- सन्थाल विद्रोह के मुख्य नेता कौन थे?
- सिद्धू [MPPSC (Pre) 2023]
- दुर्गेशनन्दिनी के लेखक का क्या नाम है?
- बंकिमचन्द्र चटर्जी [MPPSC (Pre) 2024]
- नील दर्पण नाटक के लेखक कौन थे?
- दीनबन्धु मित्र [HPPSC (Pre) 2024]
- प्रसिद्ध राष्ट्रवादी गीत किसमें अन्तर्विष्ट है?
आनन्दमठ [HPPSC (Pre) 2024]
- प्रसिद्ध नाटक 'नील दर्पण' जिसमें नील की खेती करने वाले किसानों के दमन का चित्रण किया गया, की रचना किसने की?
- दीनबन्धु मित्र ने [BPSC (Pre) 2020]
- अखिल भारतीय किसान कांग्रेस का गठन कब किया गया था?
- वर्ष 1936 में [BPSC (Pre) 2016]
- 'पागल पन्थ' की स्थापना किसने की थी?
- करम शाह ने [BPSC (Pre) 2015]
- हाली पद्धति किससे सम्बन्धित थी?
- बन्धुआ मजदूरी से [UPPSC (Pre) 2015]
- भारत सरकार द्वारा वर्ष 1919 में आई.एल.ओ. के वाशिंगटन सम्मेलन में मजदूरों का प्रतिनिधि बनाकर किसे भेजा गया था?
- एन.एम. जोशी [UPPSC (Pre) 2020]

30. 1857 का विद्रोह

- ''तथाकथित प्रथम राष्ट्रीय स्वतन्त्रता संग्राम न प्रथम, न राष्ट्रीय और न ही स्वतन्त्रता संग्राम था।'' यह कथन किससे सम्बन्धित है?
- आर. सी. मजूमदार से [UPPSC (Mains) 2010]
- 1857 के संग्राम को 'प्रथम स्वतन्त्रता संग्राम' का नाम किसके द्वारा दिया गया था?
- वी. डी. सावरकर [UPPSC (Mains) 2015]
- ''19वीं शताब्दी के मध्य में भारतीय राष्ट्रवाद भ्रूणावस्था में था।'' इस तथ्य को मानने वाले इतिहासकार थे
- डॉ. आर. सी. मजूमदार और डॉ. एस. एन. सेन [MPPSC (Pre) 2021]
- 1857 के स्वाधीनता संग्राम की वीरांगना महारानी लक्ष्मीबाई की जन्मस्थली कहाँ है?
- वाराणसी [BPSC (Pre) 2016]
- महारानी लक्ष्मीबाई की समाधि कहाँ स्थित है?
- ग्वालियर [MPPSC (Pre) 2013]
- बिहार में 1857 के विद्रोह का नेतृत्व किसने किया था?
- कुँवर सिंह ने [BPSC (Pre) 2020]
- अजीमुल्ला खाँ किसके सलाहकार थे?
- नाना साहब के [UKPSC (Pre) 2014]
- कौन इलाहाबाद में 1857 के स्वतन्त्रता संग्राम के नेता थे?
- मौलवी लियाकत अली [UPPSC (Mains) 2015]
- 1857 का विद्रोह लखनऊ में किसके नेतृत्व में आगे बढ़ा?
- बेगम ऑफ अवध (हजरत महल) [UPPSC (Pre) 2015]
- 1857 की क्रान्ति में अंग्रेजो व जोधपुर की संयुक्त सेना को किसने पराजित किया था?
- आउवा के ठाकुर कुशल सिंह [RAS/RTS (Pre) 2014]
- 1857 की क्रान्ति में दिल्ली का नेतृत्व किसने किया था?
- बख्त खाँ ने [CGPSC (Pre) 2015]
- 1857 के स्वतन्त्रता संग्राम में किस राजवंश ने अंग्रेजो की सर्वाधिक सहायता की थी?
- ग्वालियर के सिन्धिया [MPPSC (Pre) 2010]
- 1857 के स्वतन्त्रता संग्राम के केन्द्रों में से सबसे पहले अंग्रेजो ने किसे पुनः अधिकृत किया था?
- दिल्ली को [UPPSC (Mains) 2015]
- 1857 के विद्रोह के समय बैरकपुर का ब्रिटिश कमाण्डिंग ऑफिसर कौन था?
- हैरसे [UPPSC (Pre) 2014]

31. सामाजिक-धार्मिक सुधार आन्दोलन

- राजा राममोहन राय की प्रसिद्ध कृति 'गिफ्ट टू मोनोथीस्ट' किस भाषा में लिखी गई थी? *– फारसी भाषा* [UKPSC (Pre) 2022]
- मुम्बई में दादोबा पाण्डुरंग एवं आत्माराम पाण्डुरंग द्वारा किस सामाजिक सुधार संस्थान की स्थापना की गई, जो एम. जी. रानाडे के संस्थान से जुड़ने के पश्चात् यह लोकप्रिय हुआ? *– प्रार्थना समाज* [HPSC (Pre) 2021]
- आर्य समाज, ब्रह्म समाज, देव समाज तथा प्रार्थना समाज में से किसने शुद्धि आन्दोलन का समर्थन किया? *– आर्य समाज* [UPPSC (Pre) 2010]
- रामकृष्ण मिशन की स्थापना किसने की? *– 1897 ई. में स्वामी विवेकानन्द ने* [BPSC (Pre) 2024]
- धर्मसभा की स्थापना किसने की थी? *– राधाकान्त देव ने* [UPPSC (Pre) 2021]
- किसने कहा था ''भारत भारतीयों के लिए है''? *– दयानन्द सरस्वती* [CGPSC (Pre) 2023]
- थॉट्स ऑन पाकिस्तान, एनहिलिएशन ऑफ कास्ट, द प्रॉब्लम ऑफ रूपी : इट्स ऑरिजिन एण्ड इट्स सॉल्यूशन, पुस्तकें किसने लिखी हैं? *– डॉ. बी. आर अम्बेडकर* [UPPSC (Pre) 2024]
- भारतीय राष्ट्रीय सामाजिक सम्मेलन की स्थापना किसने की थी? *– महादेव गोविन्द रानाडे और रघुनाथ राव* [HPPSC (Pre) 2024]
- वेद समाज की स्थापना कहाँ की गई थी? *– मद्रास (1864)* [HPPSC (Pre) 2024]
- ईस्ट इण्डिया एसोसिएशन, कलकत्ता इण्डिया लीग, सत्य शोधक समाज तथा बिहार साइण्टिफिक सोसायटी की स्थापना का सही क्रम क्या है? *– ईस्ट इण्डिया एसोसिएशन (1866), बिहार साइण्टिफिक सोसायटी (1868), सत्य शोधक समाज (1873), इण्डिया लीग (1875)* [HPPSC (Pre) 2024]
- दयानन्द सरस्वती ने 1867 ई. में पाखण्ड खण्डिनी पताका कहाँ फहराई? *– हरिद्वार* [HPPSC (Pre) 2024]
- प्रथम सिंह सभा की स्थापना कब हुई? *– 1873, अमृतसर* [HPPSC (Pre) 2024]
- खालसा कॉलेज अमृतसर की स्थापना कब हुई? *– 1892 ई.* [HPPSC (Pre) 2024]
- अछूतों के मन्दिर प्रवेश के लिए वर्ष 1924 में केरल में वायकोम सत्याग्रह किसने चलाया? *– टी.के. माधवन, केशव मेनन, के केलप्पन* [HPPSC (Pre) 2024]
- अलीगढ़ आन्दोलन का आरम्भिक लक्ष्य क्या था? *– पश्चिमी वैज्ञानिक शिक्षा को भारत के मुसलमानों के बीच प्रश्रय देना* [UKPSC (Pre) 2024]
- बनारस का सेण्ट्रल हिन्दू कॉलेज जो बाद में बनारस हिन्दू विश्वविद्यालय बना, की स्थापना किसने की? *– ऐनी बेसेण्ट* [UKPSC (Pre) 2024]
- राजा राममोहन राय के विचारों को प्रचारित करने के लिए 'तत्त्वबोधिनी सभा' की स्थापना 1839 ई. में किसने की? *– देवेन्द्र नाथ टैगोर* [UKPSC (Pre) 2024]
- केशवचन्द्र सेन को ब्रह्म समाज का प्रधान आचार्य किसने नियुक्त किया था? *– देवेन्द्रनाथ ठाकुर* [MPPSC (Pre) 2024]
- गोपाल कृष्ण गोखले ने भारत सेवक समाज (सर्वेण्ट्स ऑफ इण्डिया सोसायटी) की स्थापना किस वर्ष की थी? *– वर्ष 1905* [RPSC (Pre) 2023]
- धर्मसभा की स्थापना किसने की थी? *– राधाकान्त देव ने* [UPPSC (Pre) 2021]
- प्रार्थना समाज की स्थापना कहाँ हुई थी? *– महाराष्ट्र* [MPPSC (Pre) 2023]
- सत्यशोधक समाज के संस्थापक कौन थे? जिनका प्राथमिक जोर सत्य की खोज पर था? *– ज्योतिबा फुले* [UPPSC (Pre) 2022]
- नव बौद्धवाद के प्रतिपादक कौन हैं? *– डॉ. भीमराव अम्बेडकर* [CGPSC (Pre) 2020]
- फराजी आन्दोलन की शुरुआत किसने की थी? *– हाजी शरीयतुल्लाह* [BPSC (Pre) 2018, BPSC (Pre) 2024]
- देवबन्द आन्दोलन यू. पी. (संयुक्त प्रान्त) में किस वर्ष प्रारम्भ हुआ? *– 1866 ई. में* [UPPSC (Pre) 2016]
- 'द एज ऑफ कन्सेण्ट एक्ट' किस वर्ष पारित हुआ था? *– 1891 ई.* [UPPSC (Pre) 2013]
- एशियाटिक सोसायटी ऑफ बंगाल का संस्थापक कौन था? *– विलियम जोन्स* [UPPSC (Pre) 2021]
- परमहंस मण्डली की स्थापना किस राज्य में हुई थी? *– महाराष्ट्र* [MPPSC (Pre) 2023]

32. भारत में प्रेस का विकास

- भारत में प्रिण्टिंग प्रेस किसने और कब शुरू की थी? *– पुर्तगालियों ने 1550 ई. में* [JPSC (Pre) 2021]
- हिन्दी का पहला समाचार-पत्र उदन्त मार्तण्ड (30 मई, 1826) कहाँ से प्रकाशित हुआ था? *– कोलकाता से* [UPPSC (Mains) 2014]
- इण्डियन ओपिनियन पत्रिका के प्रथम सम्पादक कौन थे? *– मनसुखलाल नजर* [UPPSC (Pre) 2014]
- 'कौमी आवाज' पत्र का आरम्भ किसने किया था? *– जवाहरलाल नेहरू* [UPPSC (Mains) 2013]
- कौन-सी एम.एन. राय की उत्प्रवासी साम्यवादी पत्रिका थी? *– वैनगार्ड* [UPPSC (Mains) 2017]
- दशरोजा पत्रिका राष्ट्रीय आन्दोलन के दौरान किसने प्रारम्भ की थी? *– अब्दुल गफ्फार खाँ* [CGPSC (Pre) 2018]
- यंग इण्डिया, हरिजन, इण्डियन ओपिनियन से सम्बन्धित थे *– महात्मा गाँधी* [JPSC (Pre) 2024]

33. भारत में शिक्षा का विकास

- भारत में अंग्रेजी शिक्षा का मैग्नाकार्टा किसे कहा जाता है? *– चार्ल्स वुड डिस्पैच* [UKPSC (Pre) 2024]
- सर चार्ल्स वुड का आदेश-पत्र किससे सम्बन्धित था? *– शिक्षा से* [MPPSC (Pre) 2016]
- वर्ष 1902 में लॉर्ड कर्जन ने दो भारतीय सदस्यों को सम्मिलित करते हुए एक विश्वविद्यालय आयोग गठित किया। वे कौन थे? *– सैयद हुसैन बिलग्रामी तथा न्यायमूर्ति गुरुदास बनर्जी* [BPSC (Pre) 2020]
- किस गवर्नर जनरल के शासनकाल में भारत में अंग्रेजी शिक्षा आरम्भ की गई थी? *– लॉर्ड विलियम बैण्टिक* [UPPSC (Mains) 2010]
- वेलेजली ने कलकत्ता में फोर्ट विलियम कॉलेज की स्थापना किस उद्देश्य से की थी? *– ब्रिटिश नागरिकों को भारत में प्रशासन हेतु प्रशिक्षित करने के लिए।* [IAS (Pre) 2020]
- भारत में प्रथम तीन विश्वविद्यालयों (कलकत्ता, मद्रास, बम्बई) की स्थापना किस वर्ष हुई थी? *– 1857 ई.* [RAS/RTS (Pre) 2010]

- इण्डियन इन्स्टीट्यूट ऑफ साइंस की स्थापना बंगलुरु में कब और किसके प्रयासों से हुई थी? *- वर्ष 1909 में, जमशेद जी टाटा [RAS/RTS (Pre) 2021]*

34. ब्रिटिश साम्राज्य की प्रशासनिक और आर्थिक नीतियाँ

- किस अधिनियम में कलकत्ता में सर्वोच्च न्यायालय की स्थापना का प्रावधान किया गया? *- रेग्यूलेटिंग एक्ट, 1773 [UPPSC (Mains) 2010]*
- किस अधिनियम ने भारतवासियों को अपने देश के प्रशासन में कुछ हिस्सा लेना सम्भव बनाया? *- चार्टर एक्ट, 1833 [IAS (Pre) 2010]*
- अखिल भारतीय महासंघ स्थापित करने का प्रावधान किस अधिनियम में शामिल किया गया था? *- भारत सरकार अधिनियम, 1935 [UPPSC (Mains) 2012]*
- भारत के संविधान में केन्द्र और राज्यों के बीच किया गया शक्ति विभाजन किस योजना पर आधारित था? *- भारत सरकार अधिनियम, 1935 [IAS (Pre) 2012]*
- किस एक अधिनियम द्वारा भारत में संघीय न्यायालय की स्थापना की गई थी? *- भारत सरकार अधिनियम, 1935 में [UPPSC (Pre) 2014]*
- किस अधिनियम के फलस्वरूप बर्मा भारत से अलग हुआ? *- गवर्नमेण्ट ऑफ इण्डिया एक्ट, 1935 [UPPSC (Mains) 2011]*
- 'स्थायी बन्दोबस्त' किसके साथ किया गया था? *- जमींदारों के साथ [BPSC (Pre) 2011]*
- ब्रिटिश द्वारा रैयतवाड़ी प्रथा कहाँ लागू की गई थी? *- बम्बई एवं मद्रास प्रेसीडेन्सी में [JPSC (Pre) 2017]*
- वह प्रथा, जिसके अन्तर्गत किसान स्वयं भूमि का मालिक होता है और सरकार को भू-राजस्व के भुगतान के लिए जिम्मेदार माना जाता है, कौन-सी है? *- रैयतवाड़ी प्रथा [BPSC (Pre) 2019]*
- ब्रिटिश व्यवस्था में रैयतवाड़ी भू-राजस्व संग्रह भारत के किस क्षेत्र में प्रचलित था? *- दक्षिण भारत में [UPPSC (Pre) 2014]*
- किस वर्ष बंगाल और बिहार में भूमि पर किरायेदारों के अधिकारों को बंगाल किरायेदारी अधिनियम द्वारा दिया गया था? *- 1885 ई. [BPSC (Pre) 2015]*
- 'पॉवर्टी एण्ड अनब्रिटिश रूल इन इण्डिया' नामक पुस्तक किसने लिखी है? *- दादाभाई नौरोजी [UPPSC (Mains) 2016]*
- भारत में उपनिवेशवाद का/के आर्थिक आलोचक था/थे *- दादाभाई नौरोजी, जी. सुब्रह्मण्यम अय्यर तथा आर. सी. दत्त [IAS (Pre) 2015]*
- किसने कहा था ''रैयतवाड़ी एक ऐसी व्यवस्था है, जो भारत में हमेशा से प्रचलित रही है?'' *- थॉमस मुनरो [HPPSC (Pre) 2024]*
- किसने यह लिखा था कि ''यदि उत्पादकों को अपंग बनाया जाए, किसानों पर करों का बोझ लाद दिया जाए, तो विश्व का कोई भी देश स्थायी तौर पर दरिद्र हो जाएगा और उसे अकाल का बार-बार सामना करना पड़ेगा? *- रमेशचन्द्र दत्त [HPPSC (Pre) 2024]*

35. भारतीय राष्ट्रीय आन्दोलन : प्रथम चरण (1885-1905)

- 'ब्रिटिश इण्डियन एसोसिएशन' के प्रथम अध्यक्ष कौन थे? *- राधाकान्त देव [CGPSC (Pre) 2021]*
- भारत संघ (इण्डियन एसोसिएशन) के संस्थापक कौन थे? *- सुरेन्द्रनाथ बनर्जी [BPSC (Pre) 2021]*
- गोपाल कृष्ण गोखले ने किस वर्ष में भारत सेवक मण्डल (सर्वेण्ट्स ऑफ इण्डिया सोसायटी) की स्थापना की? *- वर्ष 1905 [RAS/RTS (Pre) 2024]*
- भारतीय राष्ट्रीय कांग्रेस की स्थापना के समय भारत का वायसराय कौन था? *- लॉर्ड डफरिन [UPPSC (Mains) 2012]*
- किसने कांग्रेस सम्मेलनों को 'शिक्षित भारतीयों का वार्षिक राष्ट्रीय मेला' कहा था? *- लाला लाजपत राय ने [MPPSC (Pre) 2022]*
- भारतीय राष्ट्रीय कांग्रेस का सर्वप्रथम मुस्लिम अध्यक्ष कौन था? *- बदरुद्दीन तैयब जी [HPSC (Pre) 2013]*
- भारतीय राष्ट्रीय कांग्रेस का प्रथम निर्वाचित यूरोपीय अध्यक्ष कौन था? *- जॉर्ज यूले [UPPSC (Pre) 2013]*
- फिरोजशाह मेहता, दादाभाई नौरोजी, गोपालकृष्ण गोखले तथा लाला लाजपत राय में से कौन भारतीय राष्ट्रीय कांग्रेस में उदारवादियों से जुड़ा नहीं था? *- लाला लाजपत राय [UPPSC (Mains) 2011]*

36. भारतीय राष्ट्रीय आन्दोलन : द्वितीय चरण (1905-1919)

- बाल गंगाधर तिलक को 'लोकमान्य तिलक' के नाम से कब से जाना जाने लगा? *- जब सरकार ने उन्हें 'रैण्ड मर्डर केस' में अभियुक्त बनाया [BPSC (Pre) 2018]*
- किसने कहा था कि बाल गंगाधर तिलक भारतीय अशान्ति के जनक हैं? *- वी. शिरोल [UPPSC (Pre) 2013]*
- बाल गंगाधर तिलक, दादाभाई नौरोजी, एम.जी. रानाडे तथा गोपालकृष्ण गोखले में से किसे नरम दलीय के तौर पर नहीं जाना जाता था? *- बाल गंगाधर तिलक [UPPSC (Pre) 2010]*
- बंगाल विभाजन के समय बंगाल का लेफ्टिनेण्ट गवर्नर कौन था? *- सर एण्ड्रूज फ्रेजर [UPPSC (Pre) 2015]*
- 'स्वदेशी और बहिष्कार' पहली बार किस घटना के दौरान संघर्ष की विधि के रूप में अपनाए गए थे? *- बंगाल विभाजन के विरुद्ध आन्दोलन [IAS (Pre) 2016]*
- बंगाल विभाजन के प्रत्याघात के रूप में कौन-सा आन्दोलन शुरू हुआ था? *- स्वदेशी आन्दोलन [MPPSC (Pre) 2020]*
- ब्रिटिश पत्रकार एच.डब्ल्यू. नेविन्सन किस आन्दोलन से जुड़े थे? *- स्वदेशी आन्दोलन से [UPPSC (Pre) 2014]*
- बंगाल में ब्रिटेन की वस्तुओं के बहिष्कार का सुझाव सर्वप्रथम किसने दिया था? *- कृष्ण कुमार मित्र ने [UPPSC (Mains) 2010]*
- बंगाल विभाजन (1905) के विरोध में हुए आन्दोलन का नेतृत्व किसने किया था? *- सुरेन्द्रनाथ बनर्जी [UPPSC (Pre) 2011]*
- दिल्ली में स्वदेशी आन्दोलन का नेतृत्व किसने किया था? *- सैयद हैदर रजा खाँ ने [UPPSC (Pre) 2011]*
- बॉयकॉट, स्वदेशी, असहयोग तथा राष्ट्रीय शिक्षा में से कौन-सा कार्यक्रम राष्ट्रवादियों द्वारा बंगाल विभाजन के समय प्रारम्भ किया गया था? *- बॉयकॉट, स्वदेशी तथा राष्ट्रीय शिक्षा [CGPSC (Pre) 2015]*
- मुस्लिम लीग का प्रथम अध्यक्ष कौन था? *- आगा खाँ [CGPSC (Pre) 2015]*
- किस आन्दोलन के कारण भारतीय राष्ट्रीय कांग्रेस का विभाजन हुआ, जिसके परिणामस्वरूप 'नरम दल' और 'गरम दल' का उद्भव हुआ? *- स्वदेशी आन्दोलन [IAS (Pre) 2015]*

- क्रान्तिकारी संगठन 'अभिनव भारत' को किसने संगठित किया था? *- वी.डी. सावरकर ने* [MPPSC (Pre) 2013]
- बंगाल विभाजन वर्ष 1905 में लॉर्ड कर्जन द्वारा किया गया था, किस वर्ष यह विभाजन रद्द किया गया? *- वर्ष 1911* [UKPSC (Pre) 2024]
- कर्जन वाइली की हत्या के आरोप में किसे मृत्युदण्ड दिया गया? *- मदन लाल धींगरा* [BPSC (Pre) 2017]
- किस महिला ने भारतीय तिरंगा सबसे पहले फहराया था? *- भीकाजी रुस्तम कामा ने* [IAS (Mains) 2010]
- बाल गंगाधर तिलक को सजा के पश्चात् किसने दया की वकालत की थी और कहा था ''संस्कृत के एक विद्वान के रूप में तिलक में मेरी दिलचस्पी है?'' *- मैक्समूलर* [UPPSC (Pre) 2014]
- भारतीय राष्ट्रीय कांग्रेस का वह अन्तिम अधिवेशन कौन-सा था, जिसमें बाल गंगाधर तिलक ने भाग लिया था? *- अमृतसर अधिवेशन, 1919* [UPPSC (Pre) 2014]
- वर्ष 1906 में आयोजित भारतीय राष्ट्रीय कांग्रेस (NIC) के कलकत्ता अधिवेशन में भारत के लिए स्वराज का झण्डा किसके द्वारा फहराया गया था? *- दादाभाई नौरोजी* [BPSC (Pre) 2023]

37. भारतीय राष्ट्रीय आन्दोलन : तृतीय चरण (1919-1939)

- दक्षिण अफ्रीका के किस रेलवे स्टेशन पर गाँधीजी को ट्रेन से फेंका गया था? *- पीटरमारित्जबर्ग* [UPPSC (Mains) 2015]
- महात्मा गाँधी से सम्बद्ध आश्रमों-साबरमती, फीनिक्स, वर्धा तथा सदाकत में कौन-सा सबसे पुराना है? *- फीनिक्स आश्रम (वर्ष 1904)* [UKPSC (Pre) 2014]
- भारत में गाँधीजी का प्रथम सत्याग्रह आन्दोलन कौन-सा था, जिसमें उन्होंने सविनय अवज्ञा का प्रयोग किया था? *- चम्पारण सत्याग्रह* [BPSC (Pre) 2018]
- किस आन्दोलन में महात्मा गाँधी ने पहली बार भूख हड़ताल का प्रयोग हथियार के रूप में किया था? *- अहमदाबाद की हड़ताल* [UPPSC (Pre) 2010]
- जलियाँवाला बाग हत्याकाण्ड के विरोध में वायसराय की कार्यकारिणी परिषद् की सदस्यता से किसने इस्तीफा दे दिया था? *- शंकरन नायर ने* [UPPSC (Mains) 2013]
- खिलाफत आन्दोलन के प्रमुख नेता कौन थे? *- मौलाना मोहम्मद अली और शौकत अली* [UPPSC (Pre) 2016]
- किसने महात्मा गाँधी के खिलाफत आन्दोलन में भागीदारी की भर्त्सना की थी? *- मोहम्मद अली जिन्ना ने* [UPPSC (Mains) 2010]
- साइमन कमीशन का कौन-सा एक सदस्य उदारवादी दल का था? *- सर जॉन साइमन* [UPPSC (Pre) 2013]
- मुस्लिम लीग के किस अधिवेशन में मोहम्मद अली जिन्ना ने अपना 14 सूत्रीय प्रस्ताव रखा था? *- वर्ष 1929* [UPPSC (Mains) 2015]
- महात्मा गाँधी ने दाण्डी मार्च कहाँ से प्रारम्भ किया था? *- साबरमती आश्रम से* [MPPSC (Pre) 2022]
- गाँधीजी के दाण्डी मार्च के समय, भारत का वायसराय कौन था? *- लॉर्ड इरविन* [BPSC (Pre) 2020]
- किसने गाँधी-इरविन समझौता में महात्मा गाँधी के लाभ को 'सांत्वना पुरस्कार' कहा था? *- ऐलन कैम्पवेल जॉनसन* [UPPSC (Pre) 2014]
- खुदाई खिदमतगार (खुदा के बन्दे) को किसके द्वारा स्थापित किया गया था? *- खान अब्दुल गफ्फार खान* [UKPSC (Pre) 2024]
- भारतीय राष्ट्रीय कांग्रेस का सितम्बर, 1920 में कलकत्ता में जो विशेष अधिवेशन आयोजित किया गया और जिसमें असहयोग आन्दोलन का प्रस्ताव पारित किया गया, उसके अध्यक्ष कौन थे? *- लाला लाजपत राय* [RPSC (Pre) 2024]
- वर्ष 1937 के पश्चात् मध्य प्रान्त एवं बरार की विधानसभा के प्रथम मन्त्रिमण्डल में पं. रविशंकर शुक्ल किस पद पर थे? *- शिक्षा मन्त्री* [CGPSC (Pre) 2024]
- गाँधीजी ने किस आन्दोलन के समय वेल्स के राजकुमार के बहिष्कार का आह्वान किया था? *- असहयोग आन्दोलन* [MPPSC (Pre) 2024]
- वर्ष 1931 में कांग्रेस के किस अधिवेशन में मौलिक अधिकारों का प्रस्ताव पारित हुआ? *- कराची अधिवेशन* [JPSC Pre 2024]

38. स्वतन्त्रता एवं भारत का विभाजन

- मुस्लिम लीग ने पृथक् पाकिस्तान की माँग सर्वप्रथम कब की थी? *- वर्ष 1940 में* [UPPSC (Mains) 2012]
- पाकिस्तान प्रस्ताव की रूपरेखा किसने तैयार की थी? *- सिकन्दर हयात खान ने* [JPSC (Pre) 2010]
- व्यक्तिगत सत्याग्रह आन्दोलन में प्रधान सत्याग्रही कौन थे? *- विनोबा भावे* [BPSC (Pre) 2019]
- क्रिप्स मिशन के साथ कांग्रेस के आधिकारिक वार्ताकार कौन थे? *- पण्डित जवाहरलाल नेहरू एवं मौलाना आजाद* [IAS (Pre) 2010]
- सर स्टैफोर्ड क्रिप्स की योजना में यह परिकल्पना थी कि द्वितीय विश्व युद्ध के बाद *- भारत को डोमिनियन स्टेट्स दे देना चाहिए।* [IAS (Pre) 2016]
- क्रिप्स प्रस्ताव रद्द कर दिया गया, क्योंकि *- इसने भारतीयों को प्रभावी शक्ति देने से इनकार कर दिया।* [HPSC (Pre) 2012]
- भारत छोड़ो आन्दोलन किसकी प्रतिक्रिया में आरम्भ किया गया था? *- क्रिप्स मिशन की* [IAS (Pre) 2013]
- भारत छोड़ो आन्दोलन किस तिथि को शुरू हुआ था? *- 9 अगस्त, 1942* [UPPSC (Pre) 2023]
- भारत छोड़ो आन्दोलन के समय भारत का प्रधान सेनापति कौन था? *- लॉर्ड वेवेल* [UPPSC (Pre) 2013]
- किस आन्दोलन में महिलाओं की भागीदारी सर्वाधिक मानी जाती है? *- भारत छोड़ो आन्दोलन* [UPPSC (Pre) 2016]
- भारत छोड़ो आन्दोलन के दौरान किसने जेल से फरार होकर भूमिगत गतिविधियों को संचालित किया था? *- जयप्रकाश नारायण ने* [UPPSC (Pre) 2011]
- महात्मा गाँधी के जीवनीकार लुई फिशर किस आन्दोलन से सम्बद्ध थे? *- भारत छोड़ो आन्दोलन* [UPPSC (Pre) 2013]
- भारत छोड़ो आन्दोलन के सन्दर्भ में महात्मा गाँधी को कहाँ बन्दी बनाया गया था? *- बम्बई में* [UPPSC (Pre) 2012]
- उत्तर प्रदेश के किस एक जनपद में भारत छोड़ो आन्दोलन के दौरान समानान्तर सरकार की स्थापना की गई थी? *- बलिया में* [UPPSC (Pre) 2013]
- आजाद हिन्द फौज के अधिकारियों पर लाल किले में चल रहे मुकदमे में उनके पक्ष में किसने वकालत की थी? *- भूलाभाई देसाई, टी.बी सप्रू, कैलाश नाथ काटजू, जवाहरलाल नेहरू तथा अरुणा आसफ अली ने* [UPPSC (Pre) 2013]

- मुस्लिम लीग और भारतीय राष्ट्रीय कांग्रेस के बीच राजनीतिक गतिरोध दूर करने के लिए CR फॉर्मूला किसने बनाया था? *– चितरंजन दास ने [UPPSC (Pre) 2019]*
- जवाहरलाल नेहरू के अधीन एक अन्तरिम सरकार का गठन कब हुआ था? *– सितम्बर, 1946 में [UPPSC (Pre) 2016]*
- अन्तरिम राष्ट्रीय सरकार में रियासतों का विभाग किसे दिया गया था? *– सरदार पटेल को [MPPSC (Pre) 2022]*
- भारत छोड़ो आन्दोलन ...... वर्ष में शुरू किया गया था। *– वर्ष 1942 [CGPSC (Pre) 2024]*
- आई.एन.ए. की स्थापना कहाँ हुई थी? *– सिंगापुर में [UKPSC (Pre) 2024]*
- भारत विभाजन से सम्बन्धित 'माउण्टबेटन योजना' की सरकारी तौर पर घोषणा कब हुई थी? *– 3 जून, 1947 [MPPSC (Pre) 2015]*
- भारतीय स्वाधीनता विधेयक को राजकीय स्वीकृति कब प्राप्त हुई थी? *– 18 जुलाई, 1947 को [UPPSC (Pre) 2014]*
- किस ब्रिटिश प्रधानमन्त्री ने घोषणा की थी कि 30 जून, 1948 तक भारत को स्वतन्त्रता प्रदान कर दी जाएगी? *– क्लीमेण्ट एटली [UPPSC (Pre) 2014]*
- भारत विभाजन के सन्दर्भ में वर्ष 1947 में नियुक्त सीमा आयोग की अध्यक्षता किसने की थी? *– रेडक्लिफ ने [UPPSC (Pre) 2015]*

39. स्वतन्त्रता के पश्चात् भारत

- 15 अगस्त, 1947 के बाद भारत का कौन-सा भाग पुर्तगाल के अधीन बना रहा? *– गोवा [MPPSC (Pre) 2010]*
- भारतीय रियासतों के शासकों के विशेष अधिकारों और प्रिवी पर्स की समाप्ति कब की गई? *– वर्ष 1971 [MPPSC (Pre) 2021]*
- वर्ष 1948 में हिन्द मजदूर सभा के संस्थापक कौन थे? *– अशोक मेहता, जी.जी. मेहता तथा टी.एस. रामानुजम [IAS (Pre) 2018]*
- 'ऑपरेशन पोलो' किससे जुड़ा है? *– हैदराबाद में सैनिक कार्यवाही से [UPPSC (Pre) 2013]*
- केरल में प्रथम साम्यवादी सरकार का गठन कब किया गया था? *– वर्ष 1957 में [CGPSC (Pre) 2014]*
- पं. जवाहरलाल नेहरू का जीवनीकार कौन था? *– फ्रन्क मॉरिश [UPPSC (Pre) 2014]*
- 'हिन्दुस्तान समाजवादी प्रजातन्त्र संघ' के संस्थापक थे *– यतीन्द्रनाथ, अजय घोष, फणीन्द्रनाथ घोष [UPPSC (Pre) 2022]*
- किसने रबीन्द्रनाथ टैगोर को महान प्रहरी कहा था? *– महात्मा गाँधी ने [UPPSC (Pre) 2010]*
- भारतीय राष्ट्रीय कांग्रेस का वह कौन-सा अधिवेशन था, जिसको महात्मा गाँधी द्वारा सम्बोधित किया गया था? *– बेलगाँव अधिवेशन (1924) [UPPSC (Pre) 2011]*
- 15 अगस्त, 1947 को भारतीय राष्ट्रीय कांग्रेस का अध्यक्ष कौन था? *– जे.बी. कृपलानी [UPPSC (Pre) 2015]*
- गीतांजलि का अंग्रेजी संस्करण कब प्रकाशित हुआ था? *– वर्ष 1912 में [UPPSC (Pre) 2014]*
- 'इण्डियाज स्ट्रगल फॉर इण्डिपेण्डेन्स' पुस्तक के लेखक कौन हैं? *– बिपिन चन्द्र [UPPSC (Pre) 2010]*
- 'गोल्डन थ्रेसहेल्ड' नामक कविता-संग्रह की रचयिता कौन हैं? *– सरोजिनी नायडू [IAS (Pre) 2009]*
- 8 अगस्त, 1953 में भारत सरकार द्वारा गठित किए गए राज्य पुनर्गठन आयोग के सदस्य कौन थे? *–जस्टिस फजल अली, के.एम. पणिक्कर, हृदयनाथ कुंजरू [UPPSC (Pre) 2024]*

40. गवर्नर, गवर्नर-जनरल एवं वायसराय

- बंगाल के गवर्नर-जनरलों में से कौन तृतीय आंग्ल मैसूर युद्ध से सम्बन्धित है? *– लॉर्ड कॉर्नवालिस [UPPSC (Mains) 2013]*
- आंग्ल-नेपाल युद्ध किस गवर्नर-जनरल के काल में हुआ था? *– लॉर्ड हेस्टिंग्स [IAS (Mains) 2010]*
- भारत का कौन-सा गवर्नर-जनरल ठगों के दमन से सम्बद्ध था? *– लॉर्ड विलियम बैंटिक [BPSC (Pre) 2019]*
- जेम्स एण्ड्रूज रैम्जे भारत के किस गवर्नर-जनरल का वास्तविक नाम था? *– लॉर्ड डलहौजी [UKPSC (Pre) 2016]*
- लॉर्ड डलहौजी की 'विलय नीति' का प्रथम शिकार कौन-सा राज्य हुआ था? *– सतारा [MPPSC (Pre) 2022]*
- किस गवर्नर-जनरल ने सिक्किम का भारत में विलय किया? *– लॉर्ड डलहौजी [UPPSC (Pre) 2020]*
- जब अवध का ब्रिटिश साम्राज्य में विलय हुआ उस समय अवध का ब्रिटिश रेजीडेण्ट कौन था? *– जेम्स आउट्रम [UPPSC (Pre) 2011]*
- जब 1857 की क्रान्ति प्रारम्भ हुई, उस समय गवर्नर-जनरल कौन था? *– लॉर्ड कैनिंग [UPPSC (Mains) 2012]*
- किस वायसराय ने भारत में वित्तीय विकेन्द्रीकरण की प्रक्रिया प्रारम्भ की थी? *– लॉर्ड मेयो [UKPSC (Pre) 2022]*
- किस वायसराय ने अफगानिस्तान के प्रति आक्रामक नीति अपनाई थी? *– लॉर्ड लिटन ने [BPSC (Pre) 2019]*
- किस गवर्नर-जनरल के समय भारतीय भाषा प्रसार अधिनियम समाप्त किया गया? *– लॉर्ड रिपन [UPPSC (Pre) 2010]*
- भारतीय राष्ट्रीय कांग्रेस की स्थापना के समय भारत का वायसराय कौन था? *– लॉर्ड डफरिन [UPPSC (Mains) 2012]*
- इम्पीरियल कैडेट कॉर्प्स की स्थापना किस वायसराय ने की थी? *– लॉर्ड कर्जन [BPSC (Pre) 2017]*
- जब भारत में माण्टेग्यू-चेम्सफोर्ड अधिनियम पास हुआ था, तब इंग्लैण्ड का प्रधानमन्त्री कौन था? *– लॉयड जार्ज [BPSC (Pre) 2017]*
- कौन भारत का एकमात्र यहूदी वायसराय था? *– लॉर्ड रीडिंग [UPPSC (Pre) 2014]*
- अबुल कलाम आजाद, जवाहरलाल नेहरू, सरदार पटेल तथा राजेन्द्र प्रसाद में से कौन-सा/से ने लॉर्ड माउण्टबेटन की अध्यक्षता में बनी विभाजन परिषद् में भारतीय राष्ट्रीय कांग्रेस का प्रतिनिधित्व किया था? *– जवाहरलाल नेहरू तथा सरदार पटेल ने [BPSC (Pre) 2011]*
- थॉमस मुनरो किन वर्षों में मद्रास के गवर्नर रहे थे? *– 1820-1827 ई. तक [UPPSC (Pre) 2016]*

प्रीलिम्स अभ्यास

1. प्राचीन भारतीय इतिहास के स्रोत

1. प्राचीन काल में निम्नलिखित में से किसके द्वारा भारतवर्ष के लिए 'इण्डिया' शब्द का प्रयोग किया गया है? **BPSC (Pre) 2017**

(a) मध्यकालीन लेखकों (b) यूनानियों
(c) चीनियों (d) ईरानियों

2. निम्नलिखित युग्मों में से कौन-सा/से युग्म सही सुमेलित है/हैं? **CGPSC (Pre) 2006**

1. सर्वप्रथम स्वर्ण मुद्रा — हिन्द यवन
2. सर्वाधिक स्वर्ण मुद्रा — गुप्त शासक
3. सीसे की मुद्रा — कुषाण शासक

कूट

(a) केवल 1 (b) 2 और 3
(c) 1 और 2 (d) 1, 2 और 3

3. निम्नलिखित में से किस भारतीय पुरातत्ववेत्ता ने पहली बार 'भीमबेटका गुफा' को देखा और उसके शैलचित्रों के प्रागैतिहासिक महत्त्व को खोजा? **UPPSC (Pre) 2020**

(a) माधो स्वरूप वत्स (b) एच डी सांकलिया
(c) वी एस वाकणकर (d) वी एन मिश्रा

4. सुमेलित कीजिए **JPSC (Pre) 2016**

सूची I (अभिलेख स्तम्भ लेख)	सूची II (सम्बन्धित शासक)
A. हाथी गुम्फा अभिलेख	1. स्कन्दगुप्त
B. देवपाड़ा अभिलेख	2. खारवेल
C. गरुड़ स्तम्भ लेख (बेसनगर)	3. विजयसेन
D. भितरी स्तम्भ लेख	4. हेलियोडोरस

कूट

	A	B	C	D		A	B	C	D
(a)	1	2	3	4	(b)	2	3	4	1
(c)	2	1	4	3	(d)	3	2	1	4

5. निम्नलिखित युग्मों पर विचार कीजिए **IAS (Pre) 2023**

स्थल		जिसके लिए जाना जाता है।
1. बेसनगर	—	शैव गुफा मन्दिर
2. भाजा	—	बौद्ध गुफा मन्दिर
3. सित्तनवासल	—	जैन गुफा मन्दिर

उपरोक्त में से कितने युग्म सही सुमेलित हैं?

(a) केवल एक
(b) केवल दो
(c) सभी तीन
(d) इनमें से कोई नहीं

6. 'मिलिन्दपन्हो' महाराज मिलिन्द के प्रश्नों पर आधारित है। यह किस भाषा में लिखा गया है? **UKPSC (Pre) 2024**

(a) संस्कृत (b) हिन्दी
(c) पालि (d) अरबी

7. भारतीय इतिहास के सन्दर्भ में अलेक्जेण्डर री, ए एच लॉन्गहर्स्ट, रॉबर्ट स्वेल, जेम्स बर्गेस और वाल्टर इलियट किस गतिविधि से जुड़े थे? **IAS (Pre) 2023**

(a) पुरातात्विक उत्खनन
(b) औपनिवेशिक भारत में अंग्रेजी प्रेस की स्थापना
(c) देशी रजवाड़ों में गिरजाघरों की स्थापना
(d) औपनिवेशिक भारत में रेल का निर्माण

8. निम्नलिखित में से अशोक का कौन-सा शिलालेख धार्मिक संश्लेषण (समन्वय) के बारे में कहता है? **UPPSC (Pre) 2022**

(a) द्वितीय शिलालेख
(b) 12वाँ शिलालेख
(c) 13वाँ शिलालेख
(d) 11वाँ शिलालेख

9. 'बेसनगर अभिलेख' का हेलियोडोरस कहाँ का निवासी था? **UPPSC (Pre) 2018**

(a) पुष्कलावती (b) तक्षशिला
(c) साकल (d) मथुरा

10. निम्नलिखित में से कौन-सा एक लकुलीश पाशुपत सम्प्रदाय पर प्रकाश डालता है? **HPSC (Pre) 2023**

1. हुविष्क की मुद्रा
2. चन्द्रगुप्त द्वितीय का मथुरा अभिलेख
3. भवभूति का मालतीमाधव
4. पाणिनि की अष्टाध्यायी
5. बाणभट्ट की कादम्बरी

नीचे दिए गए विकल्पों में से सही उत्तर का चयन कीजिए

(a) 1, 3 और 4
(b) 2, 3 और 4
(c) 1, 2 और 5
(d) 1, 2, 4 और 5

11. पुराणों के सन्दर्भ में निम्नलिखित कथनों में से कौन-सा सही है? **UPPSC (Pre) 2023**

1. विष्णु पुराण में मौर्य वंश की जानकारी मिलती है।
2. वायु पुराण गुप्त वंश की शासन व्यवस्था पर प्रकाश डालता है।

कूट

(a) केवल 1
(b) केवल 2
(c) 1 और 2 दोनों
(d) न तो 1 और न ही 2

2. पाषाण काल एवं प्रागैतिहासिक काल

12. भारत में मानव का सर्वप्रथम साक्ष्य कहाँ मिलता है? **UKPSC (Pre) 2006, BPSC (Pre) 2020**

(a) शिवालिक पहाड़ियाँ
(b) नल्लामला पहाड़ियाँ
(c) नर्मदा घाटी
(d) नीलगिरि पहाड़ियाँ

13. सूची I का सूची II से सही मिलान करें **CGPSC (Pre) 2023**

सूची I	सूची II
A. पुरापाषाण काल	1. भीमबेटका गुफा
B. मध्यपाषाण काल	2. बुर्जहोम
C. नवपाषाण काल	3. बनास घाटी
D. ताम्रपाषाण काल	4. सोहन/सोन नदी घाटी

कूट

	A	B	C	D
(a)	1	2	4	3
(b)	4	1	2	3
(c)	4	2	1	3
(d)	1	4	3	2

14. उत्तर प्रदेश की सांस्कृतिक विरासत के सन्दर्भ में, निम्नलिखित कथनों में से कौन-सा/से कथन सही है/हैं? **UP RO/ARO (Pre) 2021**

1. इस प्रदेश के अनेक उत्खनित पुरास्थलों से वैश्विक सन्दर्भ में कृषि के प्राचीनतम प्रमाण प्राप्त हुए हैं।
2. प्राचीनतम प्राप्त कृषि अन्न जौ और धान हैं।

नीचे दिए गए कूट का प्रयोग करके सही उत्तर का चयन कीजिए

(a) केवल 1
(b) केवल 2
(c) 1 और 2 दोनों
(d) न तो 1 और न ही 2

15. डॉ. विष्णु श्रीधर वाकणकर ने भीमबेटका के शैलाश्रयों की खोज कब की? **MPPSC (Pre) 2025**

(a) 1951-1952
(b) 1954-1955
(c) 1960-1961
(d) 1957-1958

16. निम्नलिखित युग्मों पर विचार कीजिए **IAS (Pre) 2021**

ऐतिहासिक स्थान		ख्याति का कारण
1. बुर्जहोम	–	शैलकृत देव मन्दिर
2. चन्द्रकेतुगढ़	–	टेराकोटा कला
3. गणेश्वर	–	ताम्र कलाकृतियाँ

उपरोक्त युग्मों में से कौन-सा/से युग्म सही सुमेलित है/हैं?

(a) केवल 1 (b) 1 और 2
(c) केवल 3 (d) 2 और 3

17. नीचे भारत के चार पुरातात्विक स्थल दिए गए हैं, निम्नलिखित में से कौन उत्तर से दक्षिण तक उनके स्थानों का सही क्रम प्रस्तुत करता है? **HPSC (Pre) 2021, 2012**

1. अतिरमपक्कम्
2. भीमबेटका
3. पिक्लीहल
4. बुर्जहोम

कूट

(a) 4, 2, 1, 3 (b) 2, 3, 1, 4
(c) 2, 4, 1, 3 (d) 4, 2, 3, 1

18. निम्नलिखित सूचना पर विचार कीजिए **IAS (Pre) 2024**

पुरातात्विक स्थल	राज्य	विवरण
1. चन्द्रकेतुगढ़	ओडिशा	व्यापार बन्दरगाह शहर
2. इनामगाँव	महाराष्ट्र	ताम्रपाषाण स्थल
3. मंगडु	केरल	महापाषाण स्थल
4. सालिहुण्डम	आन्ध्र प्रदेश	शैलकृत गुफा मन्दिर

उपरोक्त में से कौन-सी पंक्तियों में दी गई सूचना सही सुमेलित है?

(a) 1 और 2 (b) 2 और 3
(c) 3 और 4 (d) 1 और 4

3. हड़प्पा सभ्यता

19. निम्नलिखित में से कौन-सा प्राचीन नगर अपनी उन्नत जल संचयन और प्रबन्धन प्रणाली के लिए सुप्रसिद्ध है, जहाँ बाँधों की श्रृंखला का निर्माण किया गया था और सम्बद्ध जलाशयों में नहर के माध्यम से जल को प्रवाहित किया जाता था? **UPPSC (Mains) 2010, BPSC (Pre) 2014**

(a) धौलावीरा (b) कालीबंगा
(c) राखीगढ़ी (d) रोपड़

20. मोहनजोदड़ो से प्राप्त 'नाचती हुई लड़की (डांसिग गर्ल)' नामक प्रख्यात नारी लघुमूर्ति किस पदार्थ की बनी है? **IAS (Pre) 2025**

(a) इन्द्रगोप मणि (कार्नीलियन)
(b) मृत्तिका (क्ले)
(c) कांस्य
(d) स्वर्ण

21. निम्न में से सिन्धु सभ्यता से सम्बन्धित कौन-से केन्द्र उत्तर प्रदेश में स्थित हैं? **UPPSC (Pre) 2018**

1. कालीबंगा 2. लोथल
3. आलमगीरपुर 4. हुलास

कूट

(a) 1, 2, 3 और 4 (b) 1 और 2
(c) 2 और 3 (d) 3 और 4

22. हड़प्पा सभ्यता की खुदाई में मिले अवशेषों के आधार पर कौन-से कथन सही नहीं हैं? **CGPSC (Pre) 2023**

1. सभी तरह के निर्माण कार्यों के लिए एक आकार की ईंट का उपयोग किया जाता था।
2. मुख्यतः सभी घर एक मंजिला ही बनाए जाते थे।
3. मुख्य सड़कें औसतन 10 मी चौड़ी होती थीं।

कूट

(a) 1 और 2 (b) 2 और 3
(c) 1 और 3 (d) 1, 2 और 3

23. सूची I का सूची II से मिलान कीजिए **HPSC (Pre) 2024**

सूची I	सूची II
A. दिलमुन	1. सिन्ध प्रदेश
B. मकन या मगन	2. मेसोपोटामिया में स्थित बन्दरगाह
C. मेलुहा	3. बहरीन द्वीप
D उर	4. मकरान तट (बलूचिस्तान)

कूट

	A	B	C	D
(a)	2	3	4	1
(b)	4	1	3	2
(c)	2	3	1	4
(d)	3	4	1	2

24. सूची I को सूची II से सुमेलित कीजिए तथा सूचियों के नीचे दिए गए कूट से सही उत्तर चुनिए **UPPSC (Pre) 2020**

सूची I (हड़प्पा पुरास्थल)	सूची II (भारत के राज्य/ संघ राज्य क्षेत्र)
A. बालू	1. उत्तर प्रदेश
B. माण्डा	2. जम्मू-कश्मीर
C. पाडरी	3. हरियाणा
D. हुलास	4. गुजरात

कूट

	A	B	C	D
(a)	3	2	1	4
(b)	2	3	4	1
(c)	2	4	3	1
(d)	3	2	4	1

25. सूची I को सूची II से सुमेलित कीजिए तथा नीचे दिए गए कूट से सही उत्तर चुनिए **UPPSC (Pre) 2023**

सूची I (पुरातात्विक स्थल)	सूची II (वर्तमान स्थान)
A. नेवासा	1. राजस्थान
B. ईसमपुर	2. तमिलनाडु
C. डीडवाना	3. महाराष्ट्र
D. गुडियाम गुफा	4. कर्नाटक

कूट

	A	B	C	D
(a)	3	4	2	1
(b)	3	2	4	1
(c)	3	4	1	2
(d)	4	3	1	2

4. वैदिक संस्कृति

26. बोगजकोई महत्त्वपूर्ण है, क्योंकि **UPPSC (Pre) 2018**

(a) यह मध्य एशिया एवं तिब्बत के मध्य एक महत्त्वपूर्ण व्यापारिक केन्द्र था
(b) यहाँ से प्राप्त अभिलेखों में वैदिक देवी एवं देवताओं के नाम का उल्लेख प्राप्त होता है
(c) वेद के मूल ग्रन्थों की रचना यहाँ हुई थी
(d) उपरोक्त में से कोई नहीं

27. प्रत्येक वेद के लिए अलग-अलग ब्राह्मण ग्रन्थ लिखे गए। यजुर्वेद से सम्बन्धित ब्राह्मण ग्रन्थ है **MPPSC (Pre) 2025**

(a) गोपथ (b) पञ्चविंश तथा जैमिनीय
(c) ऐतरेय तथा कौषीतकी (d) तैत्तिरीय तथा शतपथ

28. निम्नलिखित में से कौन-सा युग्म (दर्शन-प्रचारक) सही सुमेलित है? **UPPSC (Pre) 2023**

(a) वैशेषिक-पतंजलि (b) उत्तर मीमांसा-कपिल
(c) मीमांसा-कण्व (कणाद) (d) न्याय-गौतम

29. किस वेद में सभा और समिति को पृथक् संस्थाओं के रूप में घोषित किया गया है? MPPSC (Pre) 2024

(a) ऋग्वेद (b) सामवेद
(c) यजुर्वेद (d) अथर्ववेद

30. ऋग्वैदिक कालीन आर्यों और सिन्धु घाटी के लोगों की संस्कृति के बीच अन्तर के सम्बन्ध में, निम्नलिखित कथनों में से कौन-सा/से सत्य है/हैं? IAS (Pre) 2017

1. ऋग्वैदिक कालीन आर्य कवच और शिरस्त्राण (हेलमेट) का उपयोग करते थे, जबकि सिन्धु घाटी सभ्यता के लोगों में इनके उपयोग का कोई साक्ष्य नहीं मिलता।
2. ऋग्वैदिक कालीन आर्यों को स्वर्ण, चाँदी और ताम्र का ज्ञान था, जबकि सिन्धु घाटी के लोगों को केवल ताम्र और लोहे का ज्ञान था।
3. ऋग्वैदिक कालीन आर्यों ने घोड़े को पालतू बना लिया था, जबकि इस बात का कोई साक्ष्य नहीं है कि सिन्धु घाटी के लोग इस पशु को जानते थे।

कूट
(a) केवल 1
(b) 2 और 3
(c) 1 और 3
(d) 1, 2 और 3

31. वैदिक देवता इन्द्र के विषय में निम्नलिखित कथनों पर विचार कीजिए तथा नीचे दिए गए कूट से सही उत्तर चुनिए UPPSC (Pre) 2017

1. झंझावात के देवता थे।
2. पापियों को दण्ड देते थे।
3. नैतिक व्यवस्था के संरक्षक थे।
4. वर्षा के देवता थे।

कूट
(a) 1 और 2
(b) 1 और 3
(c) 2 और 4
(d) 1 और 4

32. किस उपनिषद् में याज्ञवल्क्य और गार्गी का प्रसिद्ध संवाद मिलता है? MPPSC (Pre) 2025

(a) बृहदारण्यक उपनिषद्
(b) तैत्तिरीय उपनिषद्
(c) ऐतरेय उपनिषद्
(d) प्रश्नोपनिषद्

33. किस आश्रम में रहते हुए, मनुष्य को पंच-महायज्ञों का अनुष्ठान करना पड़ता था? MPPSC (Pre) 2025

(a) ब्रह्मचर्य आश्रम (b) गृहस्थ आश्रम
(c) वानप्रस्थ आश्रम (d) संन्यास आश्रम

5. जैन एवं बौद्ध धर्म (छठी सदी ई. पू. के धार्मिक आन्दोलन)

34. "आत्मा केवल जन्तु और पादप जीवन की सम्पदा नहीं है, बल्कि शिलाओं, प्रवाहित जलधाराओं और अन्य अनेक प्राकृतिक वस्तुओं की भी है, जिन्हें अन्य धार्मिक सम्प्रदाय जीवित नहीं मानते।" UPSC (Pre) 2023

उपरोक्त कथन प्राचीन भारत के निम्नलिखित में से किस एक धार्मिक सम्प्रदाय के एक मूलभूत विश्वास को प्रतिबिम्बित करता है?

(a) बौद्ध परम्परा
(b) जैन परम्परा
(c) शैव परम्परा
(d) वैष्णव परम्परा

35. जैन साहित्य से सम्बन्धित निम्नलिखित कथनों को पढ़िए तथा कूट की सहायता से सही उत्तर चुनिए CGPSC (Pre) 2020

कथन 1 श्वेताम्बर धर्मसूत्र में 12 अंग शामिल हैं।
कथन 2 श्वेताम्बर परम्परा के अनुसार इन अंगों का संकलन वल्लभी में आयोजित एक धर्मसभा में किया गया था।

कूट
(a) कथन 1 और कथन 2 दोनों ही सही हैं
(b) कथन 1 गलत है, परन्तु कथन 2 सही है
(c) कथन 1 और कथन 2 दोनों ही गलत हैं
(d) कथन 1 सही है, परन्तु कथन 2 गलत है

36. निम्नलिखित में से कौन-से सिद्धान्त जैन धर्म से सम्बन्धित हैं? RAS/RTS (Pre) 2021

1. अनेकान्तवाद 2. सर्वास्तिवाद
3. शून्यवाद 4. स्याद्वाद

कूट
(a) 1 और 4 (b) 2 और 4
(c) 1, 2 और 3 (d) 2 और 3

37. जैन दर्शन के सम्बन्ध में निम्नलिखित कथनों पर विचार करें CGPSC (Pre) 2024

1. जैन दर्शन दो मुख्य सिद्धान्तों के चारों ओर घूमता है अर्थात् अनेकान्तवाद और स्यादवाद।
2. अनेकान्तवाद के अनुसार प्रत्येक प्राणी में अनेक गुण होते हैं। वह गुण, जो किसी वस्तु की प्रकृति का निर्माण करता है, स्थायी गुण कहलाता है।

उपरोक्त में से कौन-सा/से कथन सही है/हैं?

(a) केवल 1
(b) केवल 2
(c) 1 और 2 दोनों
(d) इनमें से कोई नहीं

38. जैन साहित्य के बारे में निम्नलिखित कथनों पर विचार कीजिए IAS (Pre) 2022

1. जैनों के पवित्र ग्रन्थ सिद्धान्त या आगम के रूप में जाने जाते थे।
2. अद्यतन जैन ग्रन्थों की भाषा पालि की एक पूर्वी बोली है, जिसे अर्द्धमागधी कहते हैं।

उपरोक्त कथनों में से कौन-सा/से कथन सही है/हैं?

(a) केवल 1
(b) केवल 2
(c) 1 और 2 दोनों
(d) न तो 1 और न ही 2

39. सूची I एवं सूची II को सुमेलित कीजिए तथा नीचे दिए गए कूट से सही उत्तर चुनिए RAS/RTS (Pre) 2021

सूची I (तीर्थंकर)	**सूची** II (प्रतीक चिह्न)
A. पार्श्वनाथ	1. वृषभ
B. आदिनाथ	2. सिंह
C. महावीर	3. सर्प
D. शान्तिनाथ	4. हिरण

कूट

	A	B	C	D		A	B	C	D
(a)	2	3	4	1	(b)	4	3	2	1
(c)	1	2	3	4	(d)	3	1	2	4

40. धान्यकटक, जो महासंघिकों के अधीन एक प्रमुख बौद्ध केन्द्र के रूप में समृद्ध हुआ, निम्नलिखित में से किस एक क्षेत्र में अवस्थित था? UPSC (Pre) 2023

(a) आन्ध्र (b) गान्धार
(c) कलिंग (d) मगध

41. भगवान बुद्ध की प्रतिमा कभी-कभी एक हस्त मुद्रा युक्त दिखाई गई है, जिसे 'भूमिस्पर्श मुद्रा' कहा जाता है। यह किसका प्रतीक है? IAS (Pre) 2013

(a) मार पर दृष्टि रखने एवं अपने ध्यान में विघ्न डालने से मार को रोकने के लिए बुद्ध का धरती आह्वान
(b) मार के प्रलोभनों के बावजूद अपनी शुचिता और शुद्धता का साक्षी होने के लिए बुद्ध का धरती आह्वान
(c) इस सन्दर्भ में दोनों ही कथन (a) और (b) दोनों सही हैं
(d) बुद्ध का अपने अनुयायियों को स्मरण कराना कि वे सभी धरती से उत्पन्न होते हैं और अन्तत: धरती में विलीन हो जाते हैं, अत: जीवन संक्रमणशील है

42. भारत के सांस्कृतिक इतिहास के सन्दर्भ में, 'पारमित' शब्द का सही विवरण निम्नलिखित में से कौन-सा है? IAS (Pre) 2020

(a) सूत्र पद्धति में लिखे गए प्राचीनतम धर्मशास्त्र पाठ
(b) वेदों के प्राधिकार को अस्वीकार करने वाले दार्शनिक सम्प्रदाय
(c) परिपूर्णताएँ जिनकी प्राप्ति से बोधिसत्व पथ प्रशस्त हुआ
(d) आरम्भिक मध्यकालीन दक्षिण भारत की शक्तिशाली व्यापारी श्रेणियाँ

43. भारत के धार्मिक इतिहास के सन्दर्भ में निम्नलिखित कथनों पर विचार कीजिए IAS (Pre) 2020

1. स्थविरवादी महायान बौद्ध धर्म से सम्बद्ध हैं।
2. लोकोत्तरवादी सम्प्रदाय बौद्ध धर्म के महासंघिक सम्प्रदाय की एक शाखा थी।
3. महासंघिकों द्वारा बुद्ध के देवत्वारोपण ने महायान बौद्ध धर्म को प्रोत्साहित किया।

उपरोक्त कथनों में से कौन-सा/से कथन सही है/हैं?

(a) 1 और 2 (b) 2 और 3
(c) केवल 3 (d) 1, 2 और 3

44. प्राचीन भारत के सन्दर्भ में, गौतम बुद्ध को सामान्यत: निम्नलिखित में से किन उपनामों से जाना जाता था? IAS (Pre) 2024

1. नायपुत्त 2. शाक्यमुनि
3. तथागत

नीचे दिए गए कूट का प्रयोग कर सही उत्तर चुनिए

(a) केवल 1
(b) 2 और 3
(c) 1, 2 और 3
(d) इनमें से कोई भी गौतम बुद्ध के उपनाम नहीं हैं

45. प्राचीन भारत के सन्दर्भ में निम्नलिखित कथनों पर विचार कीजिए IAS (Pre) 2023

1. स्तूप की संकल्पना मूलत: बौद्ध संकल्पना है।
2. स्तूप आमतौर पर अवशेषों का निक्षेपागार होता था।
3. बौद्ध परम्परा में स्तूप एक संकल्प-अर्पित या स्मारक संरचना होती थी।

उपरोक्त में से कितने कथन सही हैं?

(a) केवल 1 (b) केवल 2
(c) सभी 3 (d) इनमें से कोई भी नहीं

46. भारत के सांस्कृतिक इतिहास के सन्दर्भ में निम्नलिखित युग्मों में से कौन-सा युग्म सही है? IAS (Pre) 2020

1. परिव्राजक — परित्यागी व भ्रमणकारी
2. श्रमण — उच्च पद प्राप्त पुजारी
3. उपासक — बौद्ध धर्म का साधारण अनुगामी

उपरोक्त युग्मों में से कौन-से युग्म सही सुमेलित हैं?

(a) 1 और 2 (b) 1 और 3
(c) 2 और 3 (d) 1, 2 और 3

47. निम्नलिखित राज्यों में किनका सम्बन्ध बुद्ध के जीवन से था? IAS (Pre) 2014, 2015

1. अवन्ति 2. गान्धार
3. कोसल 4. मगध

कूट

(a) 1, 2 और 3 (b) 2 और 4
(c) 3 और 4 (d) 1, 3 और 4

48. प्रथम बौद्ध संगीति के सम्बन्ध में कौन-सा कथन सत्य है? HPSC (Pre) 2012

1. आनन्द एवं उपाली द्वारा क्रमश: सुत्तपिटक एवं विनयपिटक की रचना की गई थी।
2. इसकी भाषा संस्कृत है।
3. यह बुद्ध के जीवनकाल में हुई थी।
4. इसका उद्देश्य बुद्ध की शिक्षाओं की शुद्धता को बनाए रखना था।

कूट

(a) 1 और 4 (b) 2 और 3
(c) 1 और 2 (d) 2, 3 और 4

6. महाजनपद का उदय

49. सोलह महाजनपदों के युग में मथुरा इनमें से किसकी राजधानी थी? JPSC (Pre) 2013

(a) वज्जि (b) वत्स
(c) काशी (d) शूरसेन

50. महाजनपद युग के 16 जनपदों के नाम बौद्ध साहित्य में प्राय: उल्लेखित मिलते हैं। RAS/RTS (Pre) 2013

निम्नलिखित में से किन जनपदों के नाम पाणिनि की अष्टाध्यायी में उल्लेखित हैं?

1. मगध 2. अश्मक 3. कम्बोज
4. चेदि 5. वत्स

कूट

(a) 1, 2 और 3 (b) 4 और 5
(c) 3, 4 और 5 (d) ये सभी

51. राजा महापद्म नन्द का उल्लेख करने वाला अभिलेखीय प्रमाण है UPPSC (Pre) 2016

(a) खारवेल का हाथीगुम्फा अभिलेख
(b) रुम्मिनदेई स्तम्भ अभिलेख
(c) रुद्रदामन का जूनागढ़ अभिलेख
(d) धनदेव का अयोध्या अभिलेख

52. निम्नलिखित में से किन ग्रन्थों में प्राचीन भारत के सोलह महाजनपदों (षोडश महाजनपद) की सूची मिलती है? RAS/RTS (Pre) 2016

1. अर्थशास्त्र 2. अंगुत्तर निकाय
3. दीघनिकाय 4. भगवती सूत्र

कूट

(a) 1 और 2 (b) 2 और 4
(c) 1, 2 और 3 (d) 2, 3 और 4

53. सूची I को II सूची से सुमेलित कीजिए UPPSC (Pre) 2020

	सूची I (महाजनपद)		सूची II (राजधानी)
A.	मत्स्य	1.	मथुरा
B.	कुरू	2.	पोतन
C.	शूरसेन	3.	विराटनगर
D.	अश्मक	4.	इन्द्रप्रस्थ

कूट

	A	B	C	D		A	B	C	D
(a)	4	2	1	3	(b)	3	1	4	2
(c)	3	4	1	2	(d)	2	3	4	1

7. मगध का उत्कर्ष

54. निम्नलिखित में से कौन-से युग्म सही सुमेलित हैं?

राज्य		राजधानी
1. मल्ल	—	कुशीनारा
2. अवन्ति	—	वैशाली
3. वत्स	—	कौशाम्बी
4. कोलिय	—	श्रावस्ती

कूट

(a) 1 और 2 (b) 2 और 3
(c) 1 और 3 (d) 1, 2 और 3

55. अभिलेखिक साक्ष्य से प्रकट होता है कि एक नन्द राजा के आदेश से एक नहर खोदी गई थी UPPSC (Pre) 1999

(a) अंग में (b) बंग में
(c) कलिंग में (d) मगध में

56. मगध साम्राज्य की राजधानी पाटलिपुत्र के बारे में निम्नलिखित में से कौन-सा कथन सत्य है? CGPSC (Pre) 2020

(a) पाटलिपुत्र पूरब में गंगा नदी से एवं उत्तर में चम्पा नदी से घिरा हुआ था
(b) पाटलिपुत्र उत्तर में गंगा नदी से एवं पश्चिम में सोन नदी से घिरा हुआ था
(c) पाटलिपुत्र दक्षिण में विन्ध्य पर्वत से एवं पूरब में गंगा नदी से घिरा हुआ था
(d) पाटलिपुत्र दक्षिण में विन्ध्य पर्वत से एवं पश्चिम में चम्पा नदी से घिरा हुआ था

57. निम्नलिखित मगध राजवंशों को कालक्रमानुसार व्यवस्थित कीजिए

1. नन्द वंश 2. शुंग वंश
3. मौर्य वंश 4. हर्यंक वंश

कूट

(a) 2, 1, 4, 3 (b) 4, 1, 3, 2
(c) 3, 2, 1, 4 (d) 1, 3, 4, 2

58. नीचे दो वक्तव्य दिए गए हैं एक को अभिकथन (A) और दूसरे को कारण (R) कहा गया है

अभिकथन (A) ऐसा माना जाता है कि अजातशत्रु ने 493 ई.पू. में अपने पिता की हत्या की। उसने कोसल को अपने राज्य में मिला लिया।

कारण (R) मगध के बिम्बिसार का पुत्र अजातशत्रु मगध का शासक बनने के लिए आतुर था और उसने अन्य क्षेत्रों को अपने राज्य में मिलाया।

उपरोक्त दोनों वक्तव्यों के सन्दर्भ में क्या सही है?

(a) A और R दोनों सही हैं तथा R, A की सही व्याख्या है
(b) A और R दोनों सही हैं, परन्तु R, A की सही व्याख्या नहीं है
(c) A सही है, किन्तु R गलत है
(d) A गलत है, किन्तु R सही है

8. विदेशी आक्रमण (ईरानी तथा यूनानी)

59. सिकन्दर के आक्रमण के समय उत्तर भारत पर निम्नलिखित राजवंशों में से किस एक का शासन था? IAS (Pre) 2000

(a) नन्द (b) मौर्य
(c) शुंग (d) कण्व

60. निम्नलिखित में से कौन सिकन्दर के साथ भारत में नहीं आया था? UPPSC (Pre) 2015

(a) नियार्कस (b) आनेसिक्रिटस
(c) डायमेकस (d) आरिस्टोबुलस

61. सिकन्दर की भारत में सफलता के निम्न कारण थे UPPSC (Pre) 2003

1. भारत में तब कोई केन्द्रीय सत्ता नहीं थी।
2. उसकी सेना श्रेष्ठ प्रकार की थी।
3. उसको देशद्रोही भारतीय शासकों का सहयोग मिला।
4. वह एक अच्छा प्रशासक था।

कूट

(a) 1 और 2
(b) 1, 2 और 3
(c) 2, 3 और 4
(d) ये सभी

62. निम्नलिखित कथनों पर विचार कीजिए

1. ईरानी आक्रमण के दौरान भारत में मुख्यत: उत्तर-पश्चिमी सीमा पर राजनीतिक एकता को चिह्नित किया गया था।
2. यूनानी स्रोतों से भारत में सती प्रथा के बारे में जानकारी मिलती है।

कूट

(a) केवल 1
(b) केवल 2
(c) 1 और 2 दोनों
(d) न तो 1 और न ही 2

63. सिकन्दर के आक्रमण के सम्बन्ध में निम्नलिखित में से कौन-सा कथन सही है?

(a) सिकन्दर ने दारा द्वितीय को हरा कर अर्बेला के युद्ध में विजय प्राप्त की।
(b) कला के क्षेत्र में भारत की मथुरा शैली पर यूनानी कला का प्रभाव दृष्टिगोचर होता है।
(c) तक्षशिला के शासक पोरस तथा आम्भी की सेना ने संयुक्त रूप से सिकन्दर से लड़ाई की।
(d) सिकन्दर के आक्रमण ने मौर्य शासक के आधीन उत्तर भारत के राजनीतिक एकीकरण को प्रोत्साहित किया।

9. मौर्य साम्राज्य

64. बिन्दुसार के शासनकाल में अशोक ने अवन्ति महाजनपद जीतकर मौर्य साम्राज्य में मिला लिया था। इसका उल्लेख किस ग्रन्थ में मिलता है? MPPSC (Pre) 2021

(a) बुद्धघोष की समन्त पासादिका
(b) कौटिल्य का अर्थशास्त्र
(c) पाणिनि की अष्टाध्यायी
(d) पतंजलि का महाभाष्य

65. जैसा कि अशोक के अभिलेखों से ज्ञात होता है 'प्रादेशिक', 'राजुक' और 'युक्त' किस स्तर पर महत्त्वपूर्ण अधिकारी थे? IAS (Pre) 2025

(a) ग्राम-स्तरीय प्रशासन
(b) जिला-स्तरीय प्रशासन
(c) प्रान्तीय प्रशासन
(d) केन्द्रीय प्रशासन स्तर

66. निम्नलिखित में से किस स्तूप के तोरण द्वार पर अशोक एवं उसकी दो रानियों के साथ बोधिवृक्ष तीर्थयात्रा का अंकन मिलता है? MPPSC (Pre) 2023

(a) भरहुत (b) साँची (c) सोनारी (d) सतधारा

67. बराबर पहाड़ी की गुफाओं के विषय में निम्न में से कौन एक सही नहीं है? UPPSC (Pre) 2017

(a) बराबर पहाड़ी पर कुल चार गुफाएँ हैं
(b) तीन गुफाओं की दीवार पर अशोक के अभिलेख उत्कीर्ण हैं
(c) ये अभिलेख इन गुफाओं को आजीवकों को समर्पित होने का उल्लेख करते हैं
(d) ये अभिलेख ईसा पूर्व छठी शताब्दी के हैं

68. भारत के सांस्कृतिक इतिहास के सन्दर्भ में इतिवृत्तों, राजवंशीय इतिहासों तथा वीरगाथाओं को कण्ठस्थ करना निम्न में से किसका व्यवसाय था? IAS (Pre) 2016

(a) श्रमण (b) परिव्राजक (c) अग्रहारिक (d) मागध

69. निम्नलिखित में से कौन-सी प्रशासनिक संरचना, आरोही क्रम में सही है? JPSC (Pre) 2024

(a) द्रोणमुख, स्थानीय, संग्रहण, कर-वाटिका
(b) स्थानीय, कर-वाटिका, द्रोणमुख, संग्रहण
(c) स्थानीय, द्रोणमुख, कर-वाटिका, संग्रहण
(d) स्थानीय, द्रोणमुख, संग्रहण, कर-वाटिका

70. कौटिल्य के अर्थशास्त्र के अनुसार, मौर्यकालीन न्याय व्यवस्था में निम्नलिखित न्यायालय अस्तित्व में थे CGPSC (Pre) 2015

1. धर्ममहामात्र 2. धर्मस्थीय
3. रज्जुक 4. कण्टकशोधन

कूट

(a) 1 और 2 (b) 2 और 3
(c) 1 और 3 (d) 2 और 4

71. कौटिल्य अर्थशास्त्र के अनुसार निम्नलिखित में कौन-से कथन सही हैं? IAS (Pre) 2022

1. न्यायिक दण्ड के परिणामस्वरूप कोई व्यक्ति दास हो सकता था।
2. स्त्री दास अपने मालिक के संसर्ग से पुत्र जनन कर कानूनी रूप से मुक्त हो जाती थी।
3. यदि स्त्री दास का मालिक उस स्त्री से पैदा हुए पुत्र का पिता हो, तो उस पुत्र को मालिक का पुत्र होने का कानूनी हक मिलता था।

कूट

(a) 1 और 2 (b) 2 और 3
(c) 1 और 3 (d) 1, 2 और 3

72. कथन (A) अशोक ने कलिंग को मौर्य साम्राज्य में मिला लिया। IAS (Pre) 2000

कारण (R) कलिंग दक्षिण भारत से आने वाले स्थलीय एवं समुद्री मार्गों को नियन्त्रित करता था।

कूट

(a) A और R दोनों सही हैं तथा R, A की सही व्याख्या है
(b) A और R दोनों सही हैं, परन्तु R, A की सही व्याख्या नहीं है
(c) A सही है, किन्तु R गलत है
(d) A गलत है, किन्तु R सही है

73. निम्नलिखित कथनों पर विचार कीजिए IAS (Pre) 2003

1. अन्तिम मौर्य शासक बृहद्रथ की हत्या उसके प्रधान सेनापति पुष्यमित्र शुंग ने की थी।

2. अन्तिम शुंग राजा देवभूति की हत्या उसके ब्राह्मण मन्त्री वासुदेव कण्व ने की और उसने राजसिंहासन हथिया लिया।
3. आन्ध्र ने कण्व राजवंश के अन्तिम शासक को पद से वंचित किया था।

उपरोक्त कथनों में से कौन-सा/से कथन सही है/हैं?

(a) 1 और 2 (b) केवल 2
(c) केवल 3 (d) 1, 2 और 3

74. नीचे दो कथन दिए गए हैं **HPSC (Pre) 2023**

कथन I 'धम्म' संस्कृत शब्द 'धर्म' का प्राकृत रूप है, जिसके सन्दर्भ में अर्थ बताते हुए, सार्वजनिक नियम या धर्म परायणता या सामाजिक विस्तार एवं धार्मिक क्रम हिन्दू समाज में पाया जाता है।

कथन II अशोक द्वारा बौद्ध धर्म के लिए 'धम्म' शब्द का प्रचार किया गया था, जब उसने उसे लागू किया और इसका प्रचार करना प्रारम्भ किया।

उपरोक्त कथनों के प्रकाश में नीचे दिए गए विकल्पों में से सही उत्तर का चयन कीजिए

(a) कथन I और II दोनों सही हैं
(b) कथन I और II दोनों गलत हैं
(c) कथन I सही है, किन्तु कथन II गलत है
(d) कथन I गलत है, किन्तु कथन II सही है

75. निम्नलिखित युग्मों पर विचार कीजिए **IAS (Pre) 2022**

अशोक के प्रमुख शिलालेखों के स्थान		वह स्थान जिस राज्य में हैं
1. धौली	–	ओडिशा
2. एर्रगुड़ी	–	आन्ध्र प्रदेश
3. जौगड़	–	मध्य प्रदेश
4. कालसी	–	कर्नाटक

उपरोक्त युग्मों में से कितने युग्म सही सुमेलित हैं?

(a) केवल 1 (b) 1 और 2
(c) 1, 2 और 3 (d) ये सभी

10. मौर्योत्तर काल

76. प्राचीन भारत की निम्नलिखित पुस्तकों में से किस एक में शुंग राजवंश के संस्थापक के पुत्र की प्रेम कहानी है? **IAS (Pre) 2016**

(a) स्वप्नवासवदत्ता (b) मालविकाग्निमित्रम्
(c) मेघदूत (d) रत्नावली

77. प्राचीनकाल में भारत पर आक्रमणों के सम्बन्ध में निम्नलिखित में से कौन-सा एक सही कालानुक्रम है? **UPPSC (Pre) 2023, IAS (Pre) 2006**

(a) यूनानी, शक, कुषाण (b) यूनानी, कुषाण, शक
(c) शक, यूनानी, कुषाण (d) शक, कुषाण, यूनानी

78. दूसरी शताब्दी के आस-पास रचित संस्कृत के शिलालेख के अनुसार, सुदर्शन झील, एक कृत्रिम जलाशय की मरम्मत किसने की थी? **BPSC (Pre) 2023**

(a) हर्ष
(b) कनिष्क
(c) रुद्रदामन
(d) इनमें से एक से अधिक

79. शक सम्वत् पर आधारित राष्ट्रीय पंचांग (कैलेण्डर) का 1 चैत्र, ग्रिगेरियन कैलेण्डर पर आधारित 365 दिन के सामान्य वर्ष की निम्नलिखित तिथियों में से किस एक के तदनुरूप है? **IAS (Pre) 2014**

(a) 22 मार्च अथवा 21 मार्च
(b) 15 मार्च अथवा 16 मई
(c) 31 मार्च अथवा 30 मार्च
(d) 21 मार्च अथवा 20 अप्रैल

80. भरहुत का स्तूप किस राजवंश की कला का सुन्दर उदाहरण है? **RAS/RTS (Pre) 2024**

(a) चोल स्थापत्य (b) कुषाणयुगीन स्थापत्य
(c) गुप्तकाल के स्थापत्य (d) शुंगकालीन स्थापत्य

81. निम्नलिखित में से कौन-सा/से कथन सही है/हैं? **CGPSC (Pre) 2021**

1. सातवाहन वंश की शक्ति क्षीण होने के बाद वाकटक वंश ने अपना राज्य स्थापित किया।
2. वाकटक वंश का पहला राजा प्रवरसेन (प्रथम) हुआ।
3. विन्ध्य शक्ति प्रवरसेन का पुत्र था।

कूट

(a) 1, 2 और 3 (b) 1 और 2
(c) केवल 1 (d) इनमें से कोई नहीं

82. नीचे दो कथन दिए गए हैं **HPSC (Pre) 2016**

कथन I कनिष्क ने पेशावर में एक स्तूप और विहार बनवाया।

कथन II पेशावर के स्तूप और विहार की खुदाई में बुद्ध और कनिष्क की मूर्तियाँ मिली हैं न कि इन्द्र और ब्रह्मा की।

उपरोक्त कथनों के आलोक में नीचे दिए गए विकल्पों में से सही उत्तर का चयन कीजिए

(a) कथन I और II दोनों सत्य हैं
(b) कथन I और II दोनों असत्य हैं
(c) कथन I सत्य है, लेकिन कथन II असत्य है
(d) कथन I असत्य है, लेकिन कथन II सत्य है

83. निम्नलिखित कथनों पर विचार कीजिए **HPSC (Pre) 2024**

1. पुराणों में सातवाहनों को 'आन्ध्रभृत्य' तथा 'आन्ध्रजात्य' कहते हैं।
2. सातवाहनों का इतिहास विष्णु एवं भागवत पुराण में विशेष रूप से मिलता है।
3. पुराणों में सातवाहनों के सौ से अधिक राजाओं के नाम मिलते हैं।

उपरोक्त कथनों में से कितने कथन सही हैं?

(a) केवल एक कथन सही है
(b) केवल दो कथन सही हैं
(c) सभी तीनों कथन सही हैं
(d) कोई भी कथन सही नहीं है

84. सातवाहन शासकों के सन्दर्भ में निम्नलिखित कथनों में से कौन-सा/से कथन सत्य है/हैं? **UPPSC (Pre) 2021**

1. सातवाहन नरेश प्राकृत भाषा के पोषक थे।
2. सातवाहन काल में कला के लोक पक्ष को अधिक प्रोत्साहन मिला।

कूट

(a) केवल 1 (b) 1 और 2 दोनों
(c) केवल 2 (d) न तो 1 और न ही 2

85. सूची I का सूची II से मिलान कीजिए **HPSC (Pre) 2024**

	सूची I	सूची II
A.	जोगलथम्पी	1. नासिक (महाराष्ट्र)
B.	देवबर्नाक	2. बीजापुर (कर्नाटक)
C.	देवराष्ट्र	3. विशाखापत्तनम (आन्ध्र प्रदेश)
D.	पट्टडकल	4. शाहाबाद (बिहार)

कूट

	A	B	C	D		A	B	C	D
(a)	2	3	4	1	(b)	4	1	3	2
(c)	2	3	1	4	(d)	1	4	3	2

11. संगम काल (दक्षिण भारत)

86. किसकी प्रशासनिक प्रणाली की अद्वितीय विशेषता ग्राम स्वायत्तता का विकास थी? **MPPSC (Pre) 2022**

(a) चेर (b) चोल
(c) पाण्ड्य (d) पल्लव

87. निम्नलिखित में से कौन-सा एक संगम कविताओं में यथावर्णित 'वटकिरुतल' की प्रथा को स्पष्ट करता है? **IAS (Pre) 2023**

(a) राजाओं द्वारा महिला अंगरक्षिकाओं को नियुक्त करना
(b) राजदरबारों में विद्वानों का धर्म और दर्शन से जुड़े विषयों पर विचार-विमर्श करने हेतु एकत्र होना
(c) किशोरियों द्वारा कृषि-क्षेत्रों की निगरानी करना और चिड़ियों तथा पशुओं को भगाना
(d) युद्ध में पराजित राजा का आमरण अनशन कर आनुष्ठानिक मृत्युवरण करना

88. प्राचीन दक्षिण भारत में संगम साहित्य के बारे में निम्नलिखित कथनों में कौन-सा कथन सही है? **IAS (Pre) 2022**

(a) संगम कविताओं में भौतिक संस्कृति का कोई सन्दर्भ नहीं है

(b) वर्ण का सामाजिक वर्गीकरण संगम कवियों को ज्ञात था
(c) संगम कविताओं में समर शौर्य का कोई सन्दर्भ नहीं है
(d) संगम साहित्य में जादुई शक्तियों को असंगत बताया गया है

89. पूर्वी भारत में प्रमुख भारतीय-रोमन व्यापारिक स्थान था **JPSC (Pre) 2021**

(a) राजगीर (b) अरिकामेडु
(c) भाग्रपीर (d) तामलुक

90. सूची I को सूची II से सुमेलित कीजिए और सूचियों के नीचे दिए गए कूट का प्रयोग कर सही उत्तर चुनिए **UPPSC (Pre) 2014**

सूची I	सूची II
A. तिरुक्कुरल	1. प्रेम कथा
B. तोलकाप्पियम्	2. दर्शन
C. शिलप्पादिकारम्	3. वणिक कथा
D. मणिमेखलै	4. व्याकरण

कूट

	A	B	C	D		A	B	C	D
(a)	1	2	4	3	(b)	2	3	4	1
(c)	4	2	3	1	(d)	2	4	1	3

91. रोमन साम्राज्य से व्यापारिक सम्बन्ध किसने स्थापित किए? **UPPSC (Pre) 2022**

(a) कुषाण (b) चेर
(c) पश्चिमी शक (d) ये सभी

12. गुप्तकाल (गुप्त वंश)

92. गुप्तकाल के दौरान भारत में बलात् श्रम (विष्टि) के सन्दर्भ में निम्नलिखित में से कौन-सा कथन सही है? **IAS (Pre) 2019**

(a) इसे राज्य के लिए आय का एक स्रोत, जनता द्वारा दिया जाने वाला एक प्रकार का कर माना जाता था
(b) यह गुप्तकाल साम्राज्य के मध्य प्रदेश तथा काठियावाड़ क्षेत्रों में पूर्णतः अविद्यमान था
(c) बलात् श्रमिक साप्ताहिक मजदूरी का हकदार होता था
(d) मजदूर के ज्येष्ठ पुत्र को बलात् श्रमिक के रूप में भेज दिया जाता था

93. चीनी स्रोत के अनुसार, श्रीलंका के शासक मेघवर्मन ने गया में बौद्ध मन्दिर बनाने की अनुमति के लिए निम्नलिखित में से किस गुप्त राजा के पास एक मिशनरी भेजा था? **BPSC (Pre) 2023**

(a) चन्द्रगुप्त प्रथम (b) समुद्रगुप्त
(c) चन्द्रगुप्त द्वितीय (d) इनमें से कोई नहीं

94. कुमारगुप्त और बन्धुवर्मन के दशपुर अभिलेख के सम्बन्ध में कौन-सा कथन गलत है? **MPPSC (Pre) 2024**

(a) इस अभिलेख में रेशम बुनकरों की श्रेणी द्वारा सूर्य मन्दिर के निर्माण का उल्लेख है
(b) यह भारत में विज्ञापन परम्परा का प्राचीनतम उदाहरण है
(c) इस अभिलेख में दशपुर को पश्चिमपुर भी कहा गया है
(d) इस अभिलेख की रचना भवभूति ने की थी

95. निम्न में से कौन गुप्तकालीन प्रशासनिक विभाजन का सही अनुक्रम है? **UP RO/ARO (Pre) 2024**

(a) भुक्ति → विषय → वीथि → ग्राम
(b) विषय → भुक्ति → वीथि → ग्राम
(c) वीथि → भुक्ति → विषय → ग्राम
(d) उपरोक्त में से कोई नहीं

96. निम्नलिखित कथनों पर विचार कीजिए **UPPSC (Pre) 2023**

1. गुप्त सम्राट स्वयं के लिए दैवीय अधिकारों का दावा करते थे।
2. उनका प्रशासन नितान्त केन्द्रीयकृत था।
3. इन्होंने भूमिदान की परम्परा को विस्तारित किया।

उपरोक्त में से कौन-से कथन सही हैं?

(a) 1, 2 और 3 (b) 1 और 2
(c) 1 और 3 (d) 2 और 3

97. प्राचीन भारत में देश की अर्थव्यवस्था में अत्यन्त महत्त्वपूर्ण भूमिका निभाने वाले 'श्रेणी' संगठन के सन्दर्भ में निम्नलिखित में से कौन-सा/से कथन सही है/हैं? **IAS (Pre) 2012**

1. प्रत्येक 'श्रेणी' राज्य की एक केन्द्रीय प्राधिकरण के साथ पंजीकृत होती थी और प्रशासनिक स्तर पर राजा उनका प्रमुख होता था।
2. 'श्रेणी' ही वेतन, कार्य करने के नियमों, मानकों और कीमतों को सुनिश्चित करती थी।
3. 'श्रेणी' का अपने सदस्यों पर न्यायिक अधिकार होता था।

कूट

(a) 1 और 2 (b) केवल 3
(c) 2 और 3 (d) 1, 2 और 3

98. निम्नलिखित कथनों पर विचार कीजिए **CGPSC (Pre) 2018**

1. हरिषेण समुद्रगुप्त के दरबार का प्रसिद्ध कवि था।
2. उसने 'देवीचन्द्रगुप्तम्' की रचना की।
3. वह 'प्रयाग-प्रशस्ति' का भी रचयिता था।

उपरोक्त कथनों में से कौन-सा/से कथन सही है/हैं?

(a) केवल 1 (b) 1 और 2
(c) 1, 2 और 3 (d) 1 और 3

99. भारत के इतिहास के सन्दर्भ में निम्नलिखित युग्मों पर विचार कीजिए **IAS (Pre) 2020**

प्रसिद्ध स्थल		वर्तमान राज्य
1. भीलसा	—	मध्य प्रदेश
2. द्वारसमुद्र	—	महाराष्ट्र
3. गिरिनगर	—	गुजरात
4. स्थानेश्वर	—	उत्तर प्रदेश

उपरोक्त युग्मों में से कौन-से सही सुमेलित हैं?

(a) 1 और 3 (b) 1 और 4
(c) 2 और 3 (d) 2 और 4

100. निम्नलिखित कथनों पर विचार कीजिए **HPSC (Pre) 2024**

1. समुद्रगुप्त की 'व्याघ्रशैली' मुद्राओं से उसकी पश्चिम विजय का पता चलता है।
2. अशोक युग के सिक्कों से उसकी शासन पद्धति का हमें ज्ञान होता है।
3. सातवाहन नरेश शातकर्णी की एक मुद्रा पर जलपोत का चित्र उत्कीर्ण है, जो उसकी समुद्र विजय का प्रतीक है।
4. कुमारगुप्त की अश्वमेध शैली के सिक्कों से अश्वमेध यज्ञ की सूचना मिलती है।

उपरोक्त कथनों में से कौन-से कथन सही हैं?

(a) 1 और 2 (b) 2 और 3
(c) 3 और 4 (d) 1, 2 और 4

101. सूची I को सूची II से सुमेलित कीजिए **UPPSC (Pre) 2018**

सूची I (समुद्रगुप्त के दक्षिण भारत के समकालीन राजा)	सूची II (राज्य)
A. धनंजय	1. अवमुक्त
B. नीलराज	2. कांची
C. उग्रसेन	3. कुस्तलपुर
D. विष्णुगोप	4. पालक्का

कूट

	A	B	C	D		A	B	C	D
(a)	1	2	3	4	(b)	2	1	4	3
(c)	3	1	4	2	(d)	4	3	2	1

13. गुप्तोत्तर काल

102. निम्नलिखित में से कौन-सी पुस्तक राजशेखर द्वारा नहीं लिखी गई है? **MPPSC (Pre) 2025**

(a) काव्यमीमांसा (b) कर्पूरमंजरी
(c) प्रबन्धचिन्तामणि (d) विद्धशालभञ्जिका

103. 'आल्हाखण्ड' के लेखक कौन हैं? **MPPSC (Pre) 2025**

(a) चन्दबरदाई (b) राजशेखर
(c) परमार्दिदेव (d) जगनिक

104. सिंचाई में काम आने वाला 'अरघट्टा' नामक उपकरण क्या था? **IAS (Pre) 2025**

(a) एक घिरनी (पुली) से खींचा जाने वाला चमड़े का बना पानी का थैला
(b) एक बड़ा चक्का, जिसकी अराओं (स्पोक्स) के बाहरी छोरों पर मिट्टी के पात्र बँधे हों
(c) बैलों के द्वारा खींचा जाने वाला मिट्टी का एक अधिक बड़ा पात्र
(d) सीधे हाथों से ही रस्सी द्वारा खींचा जाने वाला बड़ा जल-डोल (वॉटर बकेट)

105. निम्नलिखित साम्राज्यों पर विचार कीजिए **UPSC (Pre) 2023**

1. होयसल 2. गहड़वाल
3. काकतीय 4. यादव

उपरोक्त में से कितने साम्राज्यों ने अपने राज्य आठवीं शताब्दी ईस्वी में स्थापित किए?

(a) केवल एक (b) केवल दो
(c) केवल तीन (d) किसी ने नहीं

106. भारत के इतिहास में निम्नलिखित घटनाओं पर विचार कीजिए **IAS (Pre) 2020**

1. राजाभोज के अधीन प्रतिहारों का उदय।
2. महेन्द्रवर्मन प्रथम के अधीन पल्लव सत्ता की स्थापना।
3. परान्तक प्रथम द्वारा चोल सत्ता की स्थापना।
4. गोपाल द्वारा पाल राजवंश की स्थापना।

उपरोक्त घटनाओं का प्राचीन काल से आरम्भ कर सही कालानुक्रम क्या है?

(a) 2, 1, 4, 3 (b) 3, 1, 4, 2
(c) 2, 4, 1, 3 (d) 3, 4, 1, 2

107. गुप्त वंश के पतन से लेकर आरम्भिक सातवीं शताब्दी में हर्षवर्धन के उत्थान तक उत्तर भारत में निम्नलिखित में से किन राज्यों का शासन था? **IAS (Pre) 2021**

1. मगध के गुप्त 2. मालवा के परमार
3. थानेश्वर के पुष्यभूति 4. कन्नौज के मौखरि
5. देवगिरी के यादव 6. वल्लभी के मैत्रक

कूट

(a) 1, 2 और 5 (b) 1, 3, 4 और 6
(c) 2, 3 और 4 (d) 5 और 6

108. भारतीय इतिहास के सन्दर्भ में निम्नलिखित में से कौन-सा/से सामन्ती अवस्था का/के अनिवार्य तत्त्व है/हैं? **IAS (Pre) 2015**

1. अत्यन्त सशक्त केन्द्रीय राजनीतिक सत्ता और अत्यन्त दुर्बल प्रान्तीय अथवा स्थानीय राजनीतिक सत्ता।
2. भूमि के नियन्त्रण तथा स्वामित्व पर आधारित प्रशासनिक संरचना का उदय।
3. सामन्त तथा उसके अधिपति के मध्य स्वामी-दास सम्बन्ध का बनना।

कूट

(a) 1 और 2 (b) 2 और 3
(c) केवल 3 (d) 1, 2 और 3

109. भारत की यात्रा करने वाले चीनी यात्री युआन च्वांग (ह्वेनसांग) ने तत्कालीन भारत की सामान्य दशाओं और संस्कृति का वर्णन किया है। इस सन्दर्भ में निम्नलिखित में से कौन-सा/से कथन सही है/हैं? **IAS (Pre) 2013**

1. सड़क और नदी मार्ग लूटमार से पूरी तरह सुरक्षित थे।
2. जहाँ तक अपराधों के लिए दण्ड का प्रश्न है, अग्नि, जल व विष द्वारा सत्य परीक्षण किया जाना ही किसी भी व्यक्ति की निर्दोषता अथवा दोष के निर्णय के साधन थे।
3. व्यापारियों को नौ घाटों और नावों पर शुल्क देना पड़ता था।

कूट

(a) केवल 1 (b) 2 और 3
(c) 1 और 3 (d) 1, 2 और 3

110. निम्नलिखित युग्मों पर विचार कीजिए **IAS (Pre) 2022**

	राजा		राजवंश
1.	नन्नुक	—	चन्देल
2.	जयशक्ति	—	परमार
3.	नागभट्ट द्वितीय	—	गुर्जर-प्रतिहार
4.	भोज	—	राष्ट्रकूट

उपरोक्त युग्मों में से कौन-सा/से युग्म सही सुमेलित है/हैं?

(a) केवल 1 (b) 1 और 3
(c) केवल 3 (d) ये सभी

14. दक्षिण भारत के राजवंश

111. उत्तर भारत पर किस राजवंश ने शासन नहीं किया? **UKPSC (Pre) 2010**

(a) चालुक्य (b) राजपूत
(c) गुप्त (d) मौर्य

112. निम्नलिखित में से किस राष्ट्रकूट शासक ने प्रतिहार शासक नागभट्ट द्वितीय को हराया था? **UPPSC (Pre) 2022**

(a) ध्रुव (b) गोविन्द तृतीय
(c) इन्द्र तृतीय (d) कृष्ण तृतीय

113. एलोरा एवं एलिफेण्टा के स्थल किस काल से सम्बन्धित हैं? **MPPSC (Pre) 2022**

(a) प्रतिहार (b) चालुक्य
(c) राष्ट्रकूट (d) होयसल

114. संस्कृत के कवि और नाटककार कालिदास का उल्लेख हुआ है? **IAS (Pre) 1999, UPPSC (Pre) 2013**

(a) पुलकेशिन द्वितीय के ऐहोल अभिलेख में
(b) मिहिरभोज के ग्वालियर अभिलेख में
(c) कुमारगुप्त प्रथम के करमदण्डा शिवलिंग अभिलेख में
(d) चन्द्रगुप्त द्वितीय के मथुरा स्तम्भ लेख में

115. दक्षिण भारत की वणिक श्रेणियों के बारे में निम्नलिखित कथनों पर विचार कीजिए **IAS (Pre) 2016**

1. अयोघोल वणिक श्रेणी मूलत: ऐहोल में स्थापित हुई थी।
2. 13वीं शताब्दी में अंजुवनम वणिक श्रेणी के अधीनस्थ मणिग्रामन वणिक श्रेणी बनाई गई थी।

उपरोक्त कथनों में से कौन-सा/से कथन सही है/हैं?

(a) केवल 1
(b) केवल 2
(c) 1 और 2 दोनों
(d) न तो 1 और न ही 2

116. भारत के इतिहास के सन्दर्भ में निम्नलिखित युग्मों पर विचार कीजिए **UPPSC (Pre) 2020**

	शब्द		विवरण
1.	एरिपत्ति	—	वह भूमि, जिससे मिलने वाला राजस्व अलग से ग्राम जलाशय के रख-रखाव के लिए निर्धारित कर दिया जाता था।
2.	तनियूर	—	एक अकेले ब्राह्मण अथवा एक ब्राह्मण समूह को दान में दिए गए ग्राम।
3.	घटिका	—	प्राय: मन्दिरों के साथ सम्बद्ध विद्यालय।

उपरोक्त युग्मों में से कौन-सा/से युग्म सही सुमेलित है/हैं?

(a) 1 और 2 (b) केवल 3
(c) 2 और 3 (d) 1 और 3

117. कथन (A) हमें चोलों के विषय में उनके पूर्ववर्ती राजवंशों की अपेक्षा अधिक जानकारी मिलती है।

कारण (R) चोल शासकों ने मन्दिरों की दीवारों पर अभिलेख उत्कीर्ण करने का चलन प्रारम्भ किया, जिनमें उनकी विजयों के ऐतिहासिक विवरण दिए जाते थे। **UKPSC (Pre) 2022, UPPSC (Pre) 2020**

कूट

(a) A और R दोनों सही हैं तथा R, A की सही व्याख्या करता है
(b) A और R दोनों सही हैं, परन्तु R, A की सही व्याख्या नहीं करता है
(c) A सही है, किन्तु R गलत है
(d) A गलत है, किन्तु R सही है

118. नीचे दो कथन दिए गए हैं HPSC (Pre) 2023

कथन I काँची दक्षिण भारत का प्रसिद्ध नगर, शिक्षा का केन्द्र एवं पल्लवों की राजधानी थी।

कथन II काँची के प्रसिद्ध विद्वान- मयूरवर्मा, वात्स्यायन, दिंगनाग एवं ह्वेनसांग थे।

उपरोक्त कथनों के आलोक में नीचे दिए गए विकल्पों में सही उत्तर का चयन कीजिए

(a) कथन I और II दोनों सत्य हैं
(b) कथन I और II दोनों असत्य हैं
(c) कथन I सत्य है, लेकिन कथन II असत्य है
(d) कथन I असत्य है, लेकिन कथन II सत्य है

119. सूची I और सूची II को सुमेलित कीजिए और सूचियों के नीचे दिए हुए कूट का प्रयोग करते हुए सही उत्तर का चयन कीजिए IAS (Pre) 1997

सूची I	सूची II
A. गुप्त	1. बादामी
B. चन्देल	2. पनमलै
C. चालुक्य	3. खजुराहो
D. पल्लव	4. देवगढ़

कूट

	A	B	C	D		A	B	C	D
(a)	4	3	1	2	(b)	4	2	3	1
(c)	2	3	4	1	(d)	3	4	1	2

15. प्राचीन भारत के विविध पहलू

120. काँची का कैलासनाथर मन्दिर किस शैली में बना है? MPPSC (Pre) 2025

(a) राजसिम्हा शैली (b) मामल्ल शैली
(c) महेन्द्र शैली (d) नन्दी वर्मन शैली

121. प्राचीनकालीन भारत में हुई वैज्ञानिक प्रगति के सन्दर्भ में निम्नलिखित में से कौन-से कथन सही हैं? IAS (Pre) 2012

1. प्रथम सदी ई. में विभिन्न प्रकार के विशिष्ट शिल्प औजारों का उपयोग सामान्य था।
2. तीसरी सदी ई. के आरम्भ में मानव शरीर के आन्तरिक अंगों का प्रत्यारोपण शुरू हो चुका था।
3. पाँचवी सदी ई. में कोण के ज्या का सिद्धान्त ज्ञात था।
4. सातवीं सदी ई. में चक्रीय चतुर्भुज का सिद्धान्त ज्ञात था।

कूट

(a) 1 और 2 (b) 3 और 4
(c) 1, 3 और 4 (d) ये सभी

122. निम्नलिखित युग्मों में से कौन-सा युग्म सही सुमेलित नहीं है?

1. सूर्य — राशि व लग्न से सम्बन्धी ज्योतिष विद्या।
2. पैतामह — सूर्य और चन्द्रमा सम्बन्धी ज्योतिष विद्या।
3. पोलिश — यूनानी सिद्धान्तों की गणना।

कूट

(a) केवल 1 (b) केवल 2
(c) 2 और 3 (d) 1 और 3

123. निम्नलिखित कथनों पर विचार कीजिए UPPSC (Pre) 2011

1. विक्रम सम्वत् 57 ई. पू. से आरम्भ हुआ।
2. शक सम्वत् 78 ई. से आरम्भ हुआ।
3. गुप्त काल 319 ई. से आरम्भ हआ।
4. भारत में मुस्लिम शासन का युग 1192 ई. से शुरू हुआ।

उपरोक्त कथनों में कौन-से कथन सही हैं?

(a) 1 और 2 (b) 3 और 2
(c) 1, 2 और 3 (d) ये सभी

124. सूची I और सूची II को सुमेलित कीजिए और सूचियों के नीचे दिए कूट से सही उत्तर का चयन कीजिए IAS (Pre) 1995, BPSC (Pre) 2023

सूची I	सूची II
A. विशाखदत्त	1. चिकित्सा
B. वराहमिहिर	2. नाटक
C. चरक	3. खगोल विज्ञान
D. ब्रह्मगुप्त	4. गणित

कूट

	A	B	C	D
(a)	1	3	4	2
(b)	2	1	3	4
(c)	2	3	1	4
(d)	3	4	1	2

16. भारत में अरब-तुर्क आक्रमण

125. चचनामा के अनुसार, छठी और सातवीं शताब्दी में सिन्ध देश की राजधानी क्या थी? MPPSC (Pre) 2021

(a) देवल (b) अरोड़
(c) लोदवा (d) बाड़मेर

126. 'चचनामा' का फारसी में अनुवाद किसने किया था? BPSC (Pre) 2024

(a) नूरुद्दीन मुहम्मद औफी
(b) शम्स-ए-शिराज
(c) मुहम्मद अली बिन अबू बफर कूफी
(d) उपरोक्त में से एक अधिक अधिक

127. निम्नलिखित कथनों में से कौन अलबरूनी के सम्बन्ध में सही नहीं है? UPPSC (Pre) 2014

(a) वह एक धर्मनिरपेक्ष लेखक था।
(b) उसका ग्रन्थ उस समय के जीवन्त भारत से प्रभावित था।
(c) वह संस्कृत का विद्वान था।
(d) वह त्रिकोणमिति का विशेषज्ञ था।

128. मुहम्मद गोरी के किस दास ने बंगाल एवं बिहार पर विजय प्राप्त की? BPSC (Pre) 2016

अथवा बिहार का प्रथम मुस्लिम विजेता कौन था?

(a) कुतुबुद्दीन ऐबक (b) इल्तुतमिश
(c) बख्तियार खिलजी (d) यल्दौज

129. निम्नलिखित नामों को कालानुक्रम में व्यवस्थित करें व नीचे दिए गए कूट से सही उत्तर चुनें

1. चंगेज खाँ 2. महमूद गजनवी
3. मुहम्मद गोरी 4. तैमूर

कूट

(a) 1, 2, 3, 4 (b) 2, 3, 1, 4
(c) 3, 4, 1, 2 (d) 4, 1, 2, 3

17. दिल्ली सल्तनत

130. आइन-उल-मुल्क मुल्तानी ने इनमें से किस शासक के अधीन सेवा नहीं की थी? MPPSC (Pre) 2017

(a) अलाउद्दीन खिलजी (b) मुहम्मद बिन तुगलक
(c) फिरोजशाह तुगलक (d) इल्तुतमिश

131. निम्नलिखित में से किसने फिरोज तुगलक के नागरकोट अभियान के दौरान संग्रहित 300 संस्कृत पुस्तकों का अनुवाद किया? UPPSC (Pre) 2023

(a) मुल्ला अब्दुल बाकी (b) अजीजुद्दीन खान
(c) मिर्जा मुहम्मद अली (d) तालिब अमूली

132. अलाउद्दीन खिलजी की निम्नलिखित विजयों को कालक्रमानुसार व्यवस्थित कीजिए UPPSC (Pre) 2022

1. रणथम्भौर 2. गुजरात
3. वारंगल 4. चित्तौड़

कूट

(a) 4, 2, 3, 1 (b) 3, 4, 1, 2
(c) 2, 1, 4, 3 (d) 1, 3, 2, 4

133. भारतीय इतिहास के सन्दर्भ में निम्नलिखित कथनों पर विचार कीजिए IAS (Pre) 2022

1. भारत पर पहला मंगोल आक्रमण जलालुद्दीन खिलजी के राज्यकाल में हुआ।
2. अलाउद्दीन खिलजी के राज्यकाल में एक मंगोल आक्रमणकारी दिल्ली तक आ पहुँचा और उसने शहर पर घेरा डाल दिया।

3. मुहम्मद बिन तुगलक मंगोलों से अपने राज्य के कुछ उत्तरी-पश्चिमी भाग अस्थायी रूप से हार गया था।

उपरोक्त कथनों में से कौन-सा/से कथन सही है/हैं?

(a) 1 और 2 (b) केवल 2
(c) 1 और 3 (d) केवल 3

134. भारत भ्रमण पर आए यात्रियों के विषय में निम्नलिखित कथनों पर विचार कीजिए JPSC (Pre) 2020

1. हेरात के अब्दुर्रज्जाक समरकन्दी ने दिल्ली तथा दौलताबाद का भ्रमण किया।
2. इब्नबतूता दिल्ली तथा दौलताबाद दोनों का विस्तृत लेखा उपलब्ध कराता है।
3. फ्रांस्वा बर्नियर के अनुसार, मुगल भारत में भूमि कोई निजी सम्पत्ति नहीं थी।

उपरोक्त कथनों में से कौन-सा/से कथन सही है/हैं?

(a) केवल 1 (b) 1, 2 और 3
(c) 1 और 3 (d) 2 और 3

135. निम्नलिखित शासकों को उनके सही क्रमानुसार लगाएँ

1. नासिरुद्दीन महमूद 2. क्यूमर्स
3. कैकूबाद 4. कुतुबुद्दीन ऐबक

कूट

(a) 1, 2, 3, 4 (b) 2, 1, 3, 4
(c) 4, 1, 3, 2 (d) 1, 4, 3, 2

136. मध्यकालीन इतिहास की घटनाओं के बारे में निम्नलिखित कथनों पर विचार कीजिए

1. दिल्ली प्रथम बार दिल्ली सल्तनत साम्राज्य के अधीन राज्य की राजधानी बनी।
2. रजिया सुल्तान 1236 ई में दिल्ली की पहली महिला शासक बनीं।
3. रजिया सुल्तान के राज्याभिषेक की सूचना मिन्हाज-ए-सिराज पुस्तक में मिलती है।

उपरोक्त कथनों में से कितने सही हैं?

(a) केवल एक (b) केवल दो
(c) सभी तीन (d) इनमें से कोई नहीं

137. निम्नलिखित में से कौन-सा युग्म सुमेलित नहीं है?

(a) सम्प्रभु राजत्व का सिद्धान्त — बलबन
(b) अहस्तक्षेप की नीति — जलालुद्दीन खिलजी
(c) नवप्रवर्तनों का नायक — मुहम्मद बिन तुगलक
(d) धर्मनिरपेक्ष शासन का दर्शन — फिरोज शाह तुगलक

138. सैयद वंश के सुल्तानों का सही कालानुक्रम क्या है? UP RO/ARO (Pre) 2024

1. खिज्र खाँ 2. मुहम्मद शाह
3. मुबारक शाह 4. अलाउद्दीन आलम शाह

नीचे दिए गए कूट का प्रयोग कर सही उत्तर का चयन कीजिए

(a) 1, 3, 2, 4 (b) 1, 3, 4, 2
(c) 1, 2, 3, 4 (d) 1, 4, 2, 3

139. निम्नलिखित युग्मों पर विचार कीजिए HPSC (Pre) 2024

1. आमिर-ए-दाद-विधिक अधिकारी जो जजों के निर्णय को निष्पादित करता था।
2. तुरकान-ए-चहलगानी-चालीस का समूह
3. बारीद-ए-मामलिक सूचना और गुप्तचर विभाग प्रमुख

उपरोक्त युग्मों में से कितने युग्म सही सुमेलित हैं?

(a) केवल एक युग्म
(b) केवल दो युग्म
(c) तीनों युग्म
(d) इनमें से कोई युग्म नहीं

18. दिल्ली सल्तनत का प्रशासन

140. निम्नलिखित युग्मों में से कौन-सा युग्म सही सुमेलित नहीं है? BPSC (Pre) 2013

(a) दीवान-ए-मुस्तखराज — अलाउद्दीन खिलजी
(b) दीवान-ए-अमीर — मुहम्मद बिन तुगलक
(c) दीवान-ए-खैरात — फिरोजशाह तुगलक
(d) दीवान-ए-रियासत — बलबन

141. निम्नलिखित में से कौन-सा कथन सही नहीं है? IAS (Pre) 2015

(a) शरफ काई अलाउद्दीन खिलजी का एक मन्त्री था।
(b) गयासुद्दीन तुगलक के अधीन मुक्तिसों (मुक्तियों) को यह चेतावनी दी गई थी कि वे अपने किसी भी अधिकारी के साथ उसके वेतन से अधिक और ऊपर ली गई छोटी राशि के लिए दुर्व्यवहार न करें।
(c) अरबी कृति मसालिक-इ-अब्सार में मुहम्मद बिन तुगलक के अधीन इक्ता प्रणाली की कार्य-पद्धति का वर्णन है।
(d) मार्को पोलो ने दक्षिण भारत में तूतीकोरिन की मुक्ता मात्स्यिकी (पर्ल फिशरी) के बारे में व्यापक उल्लेख नहीं किया है।

142. निम्नलिखित कथनों पर विचार कीजिए IAS (Pre) 2019

1. दिल्ली सल्तनत के राजस्व प्रशासन में राजस्व वसूली के प्रभारी को आमिल कहा जाता था।
2. दिल्ली के सुल्तानों की इक्ता प्रणाली एक प्राचीन देशी संस्था थी।
3. 'मीर बख्शी' का पद दिल्ली के खिलजी सुल्तानों के शासनकाल में अस्तित्व में आया।

उपरोक्त कथनों में से कौन-सा/से कथन सही है/हैं?

(a) केवल 1 (b) 1 और 2
(c) केवल 3 (d) 1, 2 और 3

143. सूची I व सूची II को सुमेलित कीजिए तथा सूचियों के नीचे दिए गए कूट से सही उत्तर चुनिए UPPSC (Pre) 2022

सूची I (भवन)	सूची II (निर्माणकर्ता)
A. सुल्तानगढ़ी	1. अलाउद्दीन खिलजी
B. लाल महल	2. कुतुबुद्दीन ऐबक
C. जमातखाना मस्जिद	3. इल्तुतमिश
D. अढ़ाई दिन का झोपड़ा	4. बलबन

कूट

	A	B	C	D		A	B	C	D
(a)	4	3	2	1	(b)	3	4	2	1
(c)	4	3	1	2	(d)	3	4	1	2

144. सूची I व सूची II को सुमेलित कीजिए तथा सूचियों के नीचे दिए गए कूट से सही उत्तर चुनिए UPPSC (Pre) 2013

सूची I (रचना)	सूची II (लेखक)
A. तबकात-ए-अकबरी	1. अल उत्बी
B. तबकात-ए-नासिरी	2. मिन्हाज-उस-सिराज
C. तारीख-ए-फिरोजशाही	3. निजामुद्दीन
D. तारीख-ए-यामिनी	4. जियाउद्दीन बरनी

कूट

	A	B	C	D		A	B	C	D
(a)	3	2	4	1	(b)	2	1	4	3
(c)	1	3	2	4	(d)	3	4	1	2

145. मध्य भारत की मीनारों के बारे में निम्नलिखित पर विचार करें CGPSC (Pre) 2024

1. तेरहवीं शताब्दी में निर्मित कुतुबमीनार 180 फीट ऊँची पतली मीनार है, जो पाँच मंजिलों में विभाजित है।
2. पन्द्रहवीं शताब्दी में निर्मित चाँद मीनार 210 फीट ऊँची एक पतली मीनार है, जो चार मंजिलों में विभाजित है।

उपरोक्त में से कौन-सा/से कथन सही है/हैं?

(a) केवल 1 (b) केवल 2
(c) 1 और 2 दोनों (d) न तो 1 और न ही 2

146. निम्नलिखित युग्मों पर विचार कीजिए HPSC (Pre) 2024

1. दार-उल-अदल — न्याय का स्थान
2. बलाहार — निम्न श्रेणी का कृषि मजदूर
3. मलिकुत-तुज्जार — व्यापारियों का प्रधान

उपरोक्त युग्मों में से कितने युग्म सही सुमेलित हैं?

(a) केवल एक युग्म (b) केवल दो युग्म
(c) सभी तीनों युग्म (d) इनमें से कोई नहीं

147. निम्नलिखित युग्मों पर विचार कीजिए
HPSC (Pre) 2024

1. नू सिपिहर — अमीर खुसरो
2. रियाजुल इंशा — महमूद गवाँ
3. बुरहान-ए-मासिर — रफीउद्दीन शिराजी

उपरोक्त युग्मों में से कितने युग्म सही सुमेलित हैं?
(a) केवल एक युग्म (b) केवल दो युग्म
(c) सभी तीनों युग्म (d) इनमें से कोई नहीं

148. मध्यकालीन भारत के सन्दर्भ में 'SARAIS' (सराय) शब्द का अर्थ है CGPSC (Pre) 2024
(a) धार्मिक स्थानों को दी गई भूमि जो कर मुक्त थी
(b) किसानों पर लगाए गए कर का प्रकार
(c) एक स्थान जिसका उद्देश्य भारतीयों और विदेशी यात्रियों, तीर्थयात्रियों, व्यापारियों आदि को अस्थाई आवास प्रदान करना है।
(d) उपरोक्त में से कोई नहीं

149. **कथन** (A) तुगलकों ने अपनी इमारतों में सामान्यतः कीमती लाल बलुआ पत्थरों का उपयोग नहीं किया, बल्कि उन्होंने सस्ते और अधिक आसानी से उपलब्ध धूसर पत्थरों का उपयोग किया।
कारण (R) तुगलकों की इमारतों में साज-सज्जा बहुत कम है।
कूट
(a) A और R दोनों सत्य हैं तथा R, A की सही व्याख्या है
(b) A और R दोनों सत्य हैं, परन्तु R, A की सही व्याख्या नहीं है
(c) A सत्य हैं, किन्तु R असत्य है
(d) A असत्य है, किन्तु R सत्य हैं

19. प्रान्तीय राज्यों का उदय

150. महमूद बेगड़ा के सम्बन्ध में, निम्नलिखित कथनों पर विचार कीजिए UPPSC (Pre) 2011
1. उसने पुर्तगाली सेना को पराजित किया था।
2. उसने 'बाग-ए-फिरदौस' की स्थापना की थी।
3. 'उदयराज' उसका दरबारी कवि था।

उपरोक्त कथनों में से कौन-सा/से कथन सत्य है/हैं?
(a) केवल 1 (b) केवल 2
(c) 1, 2 और 3 (d) 2 और 3

151. मेवाड़ के किस शासक ने कीर्ति स्तम्भ का निर्माण करवाया था? UKPSC (Pre) 2011
(a) राणा सांगा (b) राणा कुम्भा
(c) मोकल (d) महाराणा प्रताप

152. निम्नलिखित में से कश्मीर के किस शासक ने जजिया और गौ हत्या को समाप्त किया?
UPPSC (Pre) 2023
(a) शम्सुद्दीन शाह (b) हैदर शाह
(c) सिकन्दर शाह (d) जैन-उल-आबिदीन

153. निम्नलिखित युग्मों में से कौन-सा युग्म सही सुमेलित नहीं है? UPPSC (Pre) 2021

शासक		राज्य
(a) राणा हमीर	—	मेवाड़
(b) राणा चुण्डा	—	मारवाड़
(c) मलिक राजा फारूकी	—	खानदेश
(d) मलिक सरवर ख्वाजा	—	मालवा

154. नीचे दो कथन दिए गए हैं, जिनमें एक को अभिकथन (A) और दूसरे को कारण (R) कहा गया है। UP RO/ARO (Pre) 2024
अभिकथन (A) जौनपुर को सिराज-ए-हिन्द के नाम से जाना जाता है।
कारण (R) जौनपुर शर्की के काल में शिक्षा के महान केन्द्र के रूप में था।
नीचे दिए गए कूट की सहायता से सही उत्तर चुनिए
(a) A गलत है, किन्तु R सही है
(b) A और R दोनों सही हैं, परन्तु R, A की सही व्याख्या नहीं करता है
(c) A और R दोनों सही हैं तथा R, A की सही व्याख्या करता है
(d) A सही है, किन्तु R गलत है

20. विजयनगर और बहमनी साम्राज्य

155. निम्न में से किसने कृष्णा नदी के दक्षिणी तट पर एक नए नगर की स्थापना की और उस देवता के प्रतिनिधि के रूप में अपने इस नए राज्य पर शासन करने का दायित्व लिया, जिसके बारे में माना जाता था कि कृष्णा नदी से दक्षिण की समस्त भूमि उस देवता की है? IAS (Pre) 2015
(a) अमोघवर्ष प्रथम (b) बल्लाल द्वितीय
(c) हरिहर प्रथम (d) प्रतापरुद्र द्वितीय

156. निम्नलिखित में से कौन महाभारत के तेलुगू अनुवादों के लिए विख्यात हैं? UPPSC (Pre) 2012
1. कम्बन 2. कुहन
3. नन्नय 4. टिक्कन
कूट
(a) 1 और 2 (b) 2 और 3
(c) 3 और 4 (d) 4 और 1

157. निम्नलिखित कथनों पर विचार कीजिए
RAS/RTS (Pre) 2021
1. विजयनगर के शासक कृष्णदेव राय ने अमुक्तमाल्यद ग्रन्थ की रचना की।
2. कृष्णदेव राय को आन्ध्र भोज के नाम से भी जाना जाता है।
3. उनके दरबार को अल्सानी पेद्दना नामक राजकवि सुशोभित करता था, जो संस्कृत एवं तमिल दोनों भाषाओं का ज्ञाता था।

उपरोक्त कथनों में से कौन-सा/से कथन सही है/हैं?
(a) केवल 1 (b) केवल 2
(c) 1 और 2 (d) ये सभी

158. विजयनगर साम्राज्य के निम्न में से किस एक शासक ने तुंगभद्रा नदी पर एक विशाल बाँध निर्मित कराया और नदी से राजधानी नगर तक कई किलोमीटर लम्बी एक नहर और कुल्या का निर्माण कराया? UPSC (Pre) 2023
(a) देवराय प्रथम (b) बुक्का प्रथम
(c) वीर विजय (d) विरुपाक्ष

159. निम्न कथनों पर विचार कीजिए और नीचे दिए गए कूटों की सहायता से सही उत्तर चुनिए
IAS (Pre) 2003
कथन (A) सालुव नरसिंह ने प्राचीन राजवंश को समाप्त कर राजवंशी पदवीं ग्रहण की।
कारण (R) वे राज्य को और अधिक पतन तथा विघटन से बचाना चाहते थे।
कूट
(a) A और R दोनों सही हैं तथा R, A की सही व्याख्या करता है
(b) A और R दोनों सही हैं, परन्तु R, A की सही व्याख्या नहीं करता है
(c) A सही है, किन्तु R गलत है
(d) A गलत है, किन्तु R सही है

160. निम्नलिखित युग्मों में से कौन-सा युग्म सही सुमेलित नहीं है? UPPSC (Pre) 2004

(a) बाजबहादुर	—	मालवा
(b) कुतुबशाह	—	गोलकुण्डा
(c) सुल्तान मुजफ्फरशाह	—	गुजरात
(d) यूसुफ आदिलशाह	—	अहमदनगर

161. निम्नलिखित कथनों पर विचार कीजिए
HPSC (Pre) 2024
1. विजयनगर स्थान का चयन विरुपाक्ष मन्दिर के अस्तित्व से प्रेरित था।
2. पम्पादेवी मन्दिर के पास विजयनगर को बसाया गया था।
3. विजयनगर के सिक्कों पर श्री पम्पाय नमः अभिलेख मिला है।

उपरोक्त कथनों में से कितने कथन सही हैं?
(a) केवल एक कथन सही है
(b) केवल दो कथन सही हैं
(c) सभी तीनों कथन सही हैं
(d) उपरोक्त में से कोई नहीं

162. निम्नलिखित कथनों पर विचार कीजिए
HPSC (Pre) 2024
कथन I विरुपाक्ष मन्दिर का निर्माण सोलहवीं शताब्दी में हुआ था।
कथन II विरुपाक्ष मन्दिर के सामने बने मण्डप का निर्माण कृष्णदेव राय के समय में हुआ था।

उपरोक्त कथनों को ध्यान में रखते हुए, नीचे दिए गए विकल्पों में से सही उत्तर का चयन कीजिए।
(a) कथन I और कथन II दोनों सही हैं
(b) कथन I और कथन II दोनों गलत हैं
(c) कथन I सही है, लेकिन कथन II गलत हैं
(d) कथन I गलत है, लेकिन कथन II सही हैं

21. सूफी एवं भक्ति आन्दोलन

163. 'फवायदुल फवाद' नामक पुस्तक शेख निजामुद्दीन औलिया की बातचीत का विवरण है, इसका संकलन किया था UPPSC (Pre) 2021
(a) अमीर हसन सिज्जी ने
(b) अमीर खुसरो ने
(c) जियाउद्दीन बरनी ने
(d) अमीर हसन निजामी ने

164. सूफी सन्तों को काल क्रमानुसार लगाएँ HPSC (Pre) 2021
1. नासिरुद्दीन चिराग-ए-दिल्ली
2. शेख मुइनुद्दीन सिज्जी
3. बाबा फरीद
4. निजामुद्दीन औलिया

कूट
(a) 2, 4, 3, 1 (b) 2, 3, 4, 1
(c) 1, 3, 4, 2 (d) 1, 2, 3, 4

165. तमिलनाडु में वैष्णव धर्म का प्रचार अलवार सन्तों द्वारा किया गया। अलवार सन्तों में एकमात्र महिला साध्वी कौन थी? MPPSC (Pre) 2025
(a) नाम्मालवार (b) पोयगई
(c) थिरूमंगई (d) अण्डाल

166. निम्नलिखित युग्मों पर विचार कीजिए HPSC (Pre) 2024
1. सूरदास — सूरसागर
2. शंकरदेव — कीर्तन घोष
3. सन्त तुकाराम — अभंग

उपरोक्त युग्मों में से कितने युग्म सही सुमेलित हैं?
(a) केवल एक युग्म
(b) केवल दो युग्म
(c) सभी तीनों युग्म
(d) उपरोक्त में से कोई भी युग्म नहीं

167. निम्नलिखित युग्मों पर विचार कीजिए HPSC (Pre) 2024
1. मुलफुजात — सूफी सन्तों की बातचीत
2. मक्तुबाज — सूफी सन्तों की जीवनियों का स्मरण
3. तजकिरा — लिखे हुए पत्रों का संकलन

उपरोक्त युग्मों में से कितने युग्म सही सुमेलित हैं?
(a) केवल एक युग्म
(b) केवल दो युग्म
(c) सभी तीनों युग्म
(d) इनमें से कोई भी युग्म नहीं

168. मध्यकालीन भारत के धार्मिक इतिहास के सन्दर्भ में, सूफी रहस्यवादियों को निम्नलिखित में से किस प्रथा का पालन करने के लिए जाना जाता था? IAS (Pre) 2012
1. ध्यान और सांस पर नियन्त्रण
2. एकान्त स्थान पर कठोर तप का अभ्यास
3. श्रोताओं में परमानन्द की स्थिति उत्पन्न करने के लिए पवित्र गीतों का पाठ

नीचे दिए गए कूट का उपयोग करके सही उत्तर चुनें
(a) 1 और 2
(b) 2 और 3
(c) केवल 3
(d) 1, 2 और 3

169. रामानुज की बैठी हुई मुद्रा में दुनिया की दूसरी सबसे ऊँची प्रतिमा का उद्घाटन हाल ही में भारत के प्रधानमन्त्री ने हैदराबाद में किया। निम्नलिखित में से कौन-सा कथन रामानुज की शिक्षाओं को सही ढंग से दर्शाता है? IAS (Pre) 2022
(a) मोक्ष का सर्वोत्तम साधन भक्ति है।
(b) वेद शाश्वत, स्वयंभू तथा पूर्णत: प्रामाणिक हैं।
(c) तार्किक तर्क सर्वोच्च आनन्द के लिए थे।
(d) मोक्ष ध्यान के माध्यम से प्राप्त किया जाना था।

170. निम्नलिखित कथनों पर विचार कीजिए HPSC (Pre) 2024
1. कबीर ग्रन्थावली का सम्बन्ध राजस्थान के दादुपन्थियों से है।
2. मीरा के गुरु रैदास जुलाहा थे।
3. मलिक मोहम्मद जायसी ने नामघर जैसे प्रार्थनगृह की स्थापना को बढ़ावा दिया।

उपरोक्त कथनों में से कितने कथन सही हैं?
(a) केवल एक कथन सही है
(b) केवल दो कथन सही हैं
(c) सभी तीनों कथन सही हैं
(d) उपरोक्त में से कोई भी कथन सही नहीं है

171. निम्नलिखित कथनों पर विचार कीजिए HPSC (Pre) 2024
कथन I भक्ति सन्त शंकरदेव ने 'वैष्णव धर्म' को 'भगवती धर्म' कहकर सम्बोधित किया।
कथन II शंकरदेव की प्रमुख रचना कीर्तनघोष है।
उपरोक्त कथनों को ध्यान में रखते हुए, नीचे दिए गए विकल्पों में से सही उत्तर का चयन कीजिए
(a) कथन I और कथन II दोनों सही हैं
(b) कथन I और कथन II दोनों गलत हैं
(c) कथन I सही है, लेकिन कथन II गलत है
(d) कथन I गलत है, लेकिन कथन II सही है

22. मुगल साम्राज्य

172. निम्नलिखित पर विचार कीजिए बाबर के भारत में आने के फलस्वरूप IAS (Pre) 2015
1. उपमहाद्वीप में बारूद के उपयोग की शुरुआत हुई।
2. इस क्षेत्र में स्थापत्य कला में मेहराब और गुम्बद बनने की शुरुआत हुई।
3. इस क्षेत्र में तैमूरी (तिमूरिद) राजवंश स्थापित हुआ।

उपरोक्त कथनों में से कौन-सा/से कथन सही है/हैं?
(a) 1 और 2
(b) केवल 3
(c) 1 और 3
(d) 1, 2 और 3

173. बाबर के साम्राज्य में सम्मिलित थे UKPSC (Pre) 2003
1. काबुल का क्षेत्र
2. पंजाब का क्षेत्र
3. आधुनिक उत्तर प्रदेश का क्षेत्र
4. आधुनिक राजस्थान का क्षेत्र

कूट
(a) 1 और 2
(b) 2 और 3
(c) 1, 2 और 3
(d) 2, 3 और 4

174. कथन (A) सम्राट अकबर ने 1581 ई. में विशाल सेना सहित अफगानिस्तान की ओर कूच किया। IAS (Pre) 2023
कारण (R) वे मध्य एशिया में अपने पैतृक देश फरगना को वापस प्राप्त करने के लिए अग्रसर थे।

कूट
(a) A और R दोनों सही हैं तथा R, A की सही व्याख्या है
(b) A और R दोनों सही हैं, परन्तु R, A की सही व्याख्या नहीं है
(c) A सही है, किन्तु R गलत है
(d) A गलत है, किन्तु R सही है

175. मुगल सम्राट अकबर से सम्बन्धित निम्नलिखित कथनों पर विचार कीजिए तथा सही उत्तर चुनिए CGPSC (Pre) 2021
1. 'तानसेन' रामबली पाण्डेय को मुगल सम्राट अकबर द्वारा प्रदान की गई पदवी थी।
2. अकबर का विवाह राजा मानसिंह की बहन के साथ हुआ था।
3. अबुल फजल 'आइन-ए-अकबरी' के लेखक थे।
4. राजा टोडरमल अकबर की सेना के प्रधान सेनापति थे।

कूट
(a) 1 और 2 (b) 3 और 4
(c) केवल 3 (d) केवल 4

176. सूची I को सूची II से सुमेलित कीजिए तथा सूचियों के नीचे दिए गए कूट से सही उत्तर चुनिए UPPSC (Pre) 2023

सूची I (पुस्तक)	सूची II (विषय)
A. मिरात-ए-सिकन्दरी	1. बंगाल का इतिहास
B. बुरहान-ए-माशिर	2. बहमनी के अहमदनगर का इतिहास
C. रियाज-उस-सलातिन	3. महमूद गवाँ के पत्रों का संग्रह
D. रियाज़-उल-इंशा	4. गुजरात विजय

कूट

	A	B	C	D		A	B	C	D
(a)	4	2	1	3	(b)	2	4	1	3
(c)	1	2	4	3	(d)	4	2	3	1

177. औरंगजेब के शासनकाल की निम्नलिखित घटनाओं पर विचार कीजिए और उनको कालक्रमानुसार व्यवस्थित कीजिए UPPSC (Pre) 2022

1. देवराई की लड़ाई
2. बनारस के पास शुजा की पराजय
3. सामूगढ़ की लड़ाई
4. धरमत में विजय

कूट

(a) 4, 2, 1, 3 (b) 1, 3, 4, 2
(c) 3, 4, 2, 1 (d) 2, 4, 3, 1

178. निम्नलिखित युद्धों को कालानुक्रम में व्यवस्थित कीजिए और नीचे दिए गए कूट में से सही उत्तर चुनिए UPPSC (Pre) 2019

1. सर्नाल का युद्ध
2. बिलग्राम का युद्ध
3. धरमत का युद्ध
4. जाजऊ का युद्ध

कूट

(a) 2, 1, 3, 4 (b) 2, 3, 4, 1
(c) 3, 2, 1, 4 (d) 3, 1, 2, 4

179. नीचे दिए गए बाबर के युद्धों को कालक्रमानुसार व्यवस्थित करें UKPSC (Pre) 2024

I. घाघरा का युद्ध
II. पानीपत का प्रथम युद्ध
III. चन्देरी का युद्ध
IV. खानवा का युद्ध

कूट

(a) IV, II, I, III (b) II, IV, III, I
(c) III, I, II, IV (d) I, IV, III, II

23. मुगल शासन, अर्थव्यवस्था, समाज एवं संस्कृति

180. शब्द और अर्थ के निम्नलिखित युग्मों में से कौन-सा एक युग्म सही सुमेलित नहीं है?

(a) खालसा – वे गाँव, जहाँ की आय सीधे राजकोष में जाती थी
(b) मौजा – विद्रोही राज्यक्षेत्र
(c) इनाम – विद्वान तथा धार्मिक व्यक्तियों को आवण्टित भूमि
(d) जागीर – मनसबदारों को उनके वेतन के बदले में दिया गया राज्य क्षेत्रीय आवण्टन

181. 'दु-अस्पा' तथा 'सिंह-अस्पा' प्रथा किसने शुरू की थी? BPSC (Pre) 1994

(a) अकबर (b) जहाँगीर
(c) शाहजहाँ (d) औरंगजेब

182. निम्नलिखित युग्मों पर विचार कीजिए HPSC (Pre) 2024

1. बसावन – अकबर
2. मीर सैयद अली – हुमायूँ
3. दसवन्त – जहाँगीर

उपरोक्त युग्मों में से कितने युग्म सही सुमेलित हैं?

(a) केवल एक युग्म
(b) केवल दो युग्म
(c) सभी तीनों युग्म
(d) इनमें से कोई भी युग्म नहीं

183. निम्नलिखित में कौन जहाँगीर के समय का चित्रकार नहीं है? JPSC (Pre) 2024

(a) मंसूर (b) मनोहर
(c) ख्वाजा अब्दुस्समद (d) अबुल हसन

184. अकबर ने किस क्षेत्र की विजय को यादगार बनाने के लिए 'बुलन्द दरवाजा' का निर्माण किया? UKPSC (Pre) 2024

(a) सिन्ध (b) मुल्तान
(c) उड़ीसा (d) गुजरात

185. अकबर द्वारा फतेहपुर सीकरी में निर्मित किस इमारत में बौद्ध स्थापत्य कला का अनुसरण किया गया था? RAS/RTS (Pre) 2024

(a) शेख सलीम चिश्ती का मकबरा
(b) बुलन्द दरवाजा
(c) पंचमहल
(d) तुर्की सुल्ताना का महल

186. मुगल काल में, पिछले शासन के दौरान ढाले गए सिक्कों को कहा जाता है JPSC (Pre) 2024

(a) खजाना (b) चाल्नी
(c) मुहर (d) बिस्वा

24. मराठा शक्ति का उत्कर्ष

187. निम्नलिखित पेशवाओं के शासनकाल पर विचार कीजिए तथा उन्हें कालक्रमानुसार व्यवस्थित कीजिए UPPSC (Pre) 2023

1. बालाजी विश्वनाथ 2. बाजीराव
3. नारायण राव 4. माधव राव

नीचे दिए गए कूट से सही उत्तर चुनिए

(a) 1, 2, 4, 3 (b) 1, 3, 2, 4
(c) 2, 1, 4, 3 (d) 1, 2, 3, 4

188. शिवाजी के 'अष्टप्रधान' में निम्नलिखित अधिकारी थे CGPSC (Pre) 2018

1. मजूमदार 2. दबीर
3. वाकियानवीस 4. सुरनवीस

कूट

(a) 1, 2 और 3 (b) 2, 3 और 4
(c) 1, 2 और 4 (d) 1, 2, 3 और 4

189. **कथन** (A) मुगल शासन के ह्रास के पश्चात् भारत में मराठे सर्वाधिक समर्थ देशीय शक्ति के रूप में उभरकर सामने आए।

कारण (R) संयुक्त भारत देश की स्पष्ट संकल्पना सर्वप्रथम मराठों ने ही की थी। IAS (Pre) 2003

कूट

(a) A और R दोनों सही हैं तथा R, A की सही व्याख्या है
(b) A और R दोनों सही हैं, परन्तु R, A की सही व्याख्या नहीं है
(c) A सही है, किन्तु R गलत है
(d) A गलत है, किन्तु R सही है

190. मराठा शासकों की अष्टप्रधान प्रणाली के सन्दर्भ में निम्नलिखित का मिलान करें BPSC (Pre) 2024

अधिकारी	विभाग
A. सचिव	1. प्रधानमन्त्री
B. पेशवा	2. पत्राचार प्रभारी
C. सामन्त	3. वित्तमन्त्री
D. अमात्य	4. विदेश मन्त्री

कूट

(a) A-2, B-1, C-4, D-3
(b) A-1, B-2, C-3, D-4
(c) A-3, B-4, C-1, D-2
(d) A-4, B-2, C-1, D-3

191. निम्नलिखित कथनों पर विचार कीजिए HPSC (Pre) 2024

1. 1676 ई. में शिवाजी राजगढ़ में औपचारिक रूप से सम्राट बने।

2. कर्नाटक अभियान शिवाजी द्वारा अन्तिम बड़ा अभियान था।
3. 1678 ई. में शिवाजी ने कर्नाटक के विरुद्ध अभियान चलाया और कुतुबशाह को एक लाख हूण की सब्सिडी भुगतान करने के लिए विवश किया।

उपरोक्त कथनों में से कितने कथन सही हैं?
(a) केवल एक कथन सही है
(b) केवल दो कथन सही हैं
(c) सभी तीनों कथन सही हैं
(d) कोई भी कथन सही नहीं है

25. यूरोपीय शक्तियों का आगमन

192. बंगाल की खाड़ी में समुद्री डकैती हेतु हुगली का उपयोग कौन करता था? **BPSC (Pre) 2019**
(a) डच (b) फ्रांसीसी
(c) पुर्तगाली (d) अंग्रेज

193. वास्कोडिगामा के सम्बन्ध में कौन-सा/से कथन सही है/हैं? **CGPSC (Pre) 2023**
1. वास्कोडिगामा की 1498 ई. में भारत यात्रा के समय कालीकट का शासक जमोरिन (समुथिरी) था।
2. प्रथम यात्रा में वास्कोडिगामा लगभग एक वर्ष तक भारत में रहा।
3. वास्कोडिगामा ने पुनः 1502 ई. में भारत की यात्रा की।

कूट
(a) 1, 2 और 3 (b) 1 और 2
(c) 1 और 3 (d) केवल 1

194. निम्नलिखित ब्रिटिश कम्पनियों में से किसे भारत में व्यापार करने का पहला अधिकार-पत्र प्राप्त हुआ था? **UPPSC (Pre) 2014**
(a) लीवेण्ट कम्पनी
(b) ईस्ट इण्डिया कम्पनी
(c) द इंग्लिश कम्पनी ट्रेडिंग टू ईस्ट इण्डीज
(d) ओस्टेड कम्पनी

195. पॉण्डिचेरी (वर्तमान पुदुचेरी) के सन्दर्भ में निम्नलिखित कथनों पर विचार कीजिए **IAS (Pre) 2010**
1. पॉण्डिचेरी पर अधिकार करने वाली पहली यूरोपीय शक्ति पुर्तगाली थे।
2. पॉण्डिचेरी पर अधिकार करने वाली दूसरी यूरोपीय शक्ति फ्रांसीसी थे।
3. अंग्रेजों ने कभी पॉण्डिचेरी पर अधिकार नहीं किया।

उपरोक्त कथनों में से कौन-सा/से कथन सही है/हैं?
(a) केवल 1 (b) केवल 3
(c) 2 और 3 (d) 1, 2 और 3

196. निम्नलिखित कथनों पर विचार कीजिए **IAS (Pre) 2021**
1. सेण्ट फ्रांसिस जेवियर, जेसुइट संघ (ऑर्डर) के संस्थापक सदस्यों में से एक थे।
2. सेण्ट फ्रांसिस जेवियर की मृत्यु गोवा में हुई तथा यहाँ उन्हें समर्पित एक गिरजाघर है।
3. गोवा में प्रतिवर्ष सेण्ट फ्रांसिस जेवियर के भोज का अनुष्ठान किया जाता है।

उपरोक्त कथनों में से कौन-से कथन सही हैं?
(a) 1 और 2 (b) 2 और 3
(c) 1 और 3 (d) 1, 2 और 3

197. भारतीय इतिहास के सन्दर्भ में निम्नलिखित कथनों पर विचार कीजिए **IAS (Pre) 2022**
1. डच लोगों ने पूर्वी क्षेत्रों में गजपति शासकों द्वारा प्रदान की गई जमीनों पर अपनी फैक्ट्रियाँ/गोदाम स्थापित किए।
2. अल्फांसो-डी-अल्बुकर्क ने बीजापुर सल्तनत से गोवा को छीन लिया था।
3. अंग्रेजी ईस्ट इण्डिया कम्पनी ने मद्रास में विजयनगर साम्राज्य के एक प्रतिनिधि से पट्टे पर ली गई जमीन के एक प्लॉट पर फैक्ट्री स्थापित की थी।

उपरोक्त कथनों में से कौन-से कथन सही हैं?
(a) 1 और 2
(b) 2 और 3
(c) 1 और 3
(d) 1, 2 और 3

198. मध्यकालीन भारत के निम्नलिखित शासकों में से किसने पुर्तगालियों को भटकल में किला बनाने की अनुमति दी थी? **IAS (Pre) 2024**
(a) कृष्णदेव राय
(b) नरसिम्हा सालुव
(c) मुहम्मद शाह तृतीय
(d) यूसुफ आदिल शाह

199. निम्न डच कारखानों का उनके स्थापना वर्ष के साथ मिलान करें **CGPSC (Pre) 2023**

	सूची I (डच कारखाना)	सूची II (स्थापना वर्ष)
A.	बिमिलीपट्नम	1. 1653
B.	कराईकल	2. 1645
C.	कोचीन	3. 1641
D.	चिनसुरा	4. 1663

कूट

	A	B	C	D		A	B	C	D
(a)	1	2	4	3	(b)	3	2	4	1
(c)	3	4	2	1	(d)	1	2	3	4

26. मुगल साम्राज्य का विघटन

200. मुगल सम्राट जहाँदारशाह के शासन का समय से पूर्व अन्त कैसे हुआ? **IAS (Pre) 2003**
(a) उनके वजीर ने उन्हें गद्दी से उतार दिया
(b) सीढ़ी से उतरते समय फिसलने के कारण उनकी मृत्यु हो गई
(c) एक युद्ध में वे अपने भतीजे द्वारा पराजित हुए
(d) मदिरा के अत्यधिक सेवन के फलस्वरूप रोग के कारणवश उनकी मृत्यु हुई

201. निम्नलिखित में से किस मुगल बादशाह ने अंग्रेजों को उनके व्यापार में सहायता करने के लिए एक महत्त्वपूर्ण फरमान दिया? **BPSC (Pre) 2002**
(a) बहादुरशाह प्रथम (b) फर्रुखसियर
(c) शाहआलम द्वितीय (d) बहादुरशाह द्वितीय

202. सम्राट शाहआलम द्वितीय ने ईस्ट इण्डिया कम्पनी को बंगाल, बिहार तथा ओडिशा की दीवानी प्रदान की **UPPSC (Pre) 2004, BPSC (Pre) 2008**
(a) 12 अगस्त, 1765 (b) 18 अगस्त, 1765
(c) 29 अगस्त, 1765 (d) 21 अगस्त, 1765

203. कथन (A) शाहआलम द्वितीय ने साम्राज्य में प्रारम्भिक वर्ष अपनी राजधानी से दूर व्यतीत किए।
कारण (R) उन्हें उत्तर-पश्चिम सीमान्त से विदेशी आक्रमण का भय लगा रहता था। **IAS (Pre) 2003**

कूट
(a) A और R दोनों सही हैं तथा R, A की सही व्याख्या है
(b) A और R दोनों सही हैं, परन्तु R, A की सही व्याख्या नहीं है
(c) A सही है, किन्तु R गलत है
(d) A गलत है, किन्तु R सही है

204. निम्नलिखित कथनों पर विचार कीजिए
1. शाहआलम द्वितीय मराठों के संरक्षण में दिल्ली के तख्त पर बैठा।
2. अकबर द्वितीय अंग्रेजों के संरक्षण में बादशाह बना।

उपरोक्त में से कौन-सा/से कथन सही है/हैं?
(a) केवल 1
(b) केवल 2
(c) 1 और 2 दोनों
(d) न तो 1 और न ही 2

205. निम्नलिखित मुगल शासकों पर विचार कीजिए तथा उनको कालक्रमानुसार व्यवस्थित कीजिए **UP RO/ARO (Pre) 2024**
1. फर्रुखसियर 2. जहाँदारशाह
3. बहादुरशाह 4. मुहम्मदशाह

नीचे दिए गए कूट का प्रयोग कर सही उत्तर चुनिए
(a) 4, 2, 1, 3 (b) 1, 3, 4, 2
(c) 1, 4, 2, 3 (d) 3, 2, 1, 4

27. क्षेत्रीय शक्तियों का उदय

206. निम्न में किसने अपनी राजधानी मुर्शिदाबाद से मुंगेर स्थानान्तरित की? UP Lower (Pre) 2003, IAS (Pre) 2005

(a) अलीवर्दी खाँ (b) सिराजुद्दौला
(c) मीरजाफर (d) मीरकासिम

207. निम्नलिखित में से किसने 1755 ई. में डिण्डीगुल (मैसूर) में एक आधुनिक शस्त्रागार की स्थापना की थी? UPPSC (Pre) 2020

(a) नंजराज (b) हैदरअली
(c) देवराज (d) चिक्का कृष्णराज

208. अमृतसर की सन्धि महाराजा रणजीत सिंह और किसके मध्य हुई थी? JPSC (Pre) 2024

(a) लॉर्ड कॉर्नवालिस (b) लॉर्ड डलहौजी
(c) लॉर्ड हेस्टिंग्ज (d) लॉर्ड मिण्टो

209. निम्नलिखित में से कौन-सा/से युग्म सुमेलित है/हैं?

1. सरफराज खाँ — अवध
2. नसीरुद्दीन हैदर — बंगाल
3. दोस्त अली — कर्नाटक

कूट

(a) 1 और 2 (b) 2 और 3
(c) केवल 3 (d) ये सभी

210. निम्नलिखित में से कौन-से स्थानों पर महाराज जयसिंह ने वेधशालाएँ स्थापित करवाई थीं?

1. दिल्ली 2. जयपुर
3. ग्वालियर 4. उज्जैन

कूट

(a) 1 और 2 (b) 2 और 3
(c) 1, 2 और 3 (d) 1, 2 और 4

211. निम्नलिखित कार्यों पर विचार कीजिए

1. यूरोपीय प्रणाली पर सेना का संगठन
2. नए कैलेण्डर तथा सिक्का ढलाई प्रणाली का प्रारम्भ
3. विदेशों में आधुनिक दूतावासों की स्थापना
4. युद्ध में सर्वप्रथम रॉकेट का प्रयोग

उपरोक्त में से कौन-सा/से कार्य टीपू सुल्तान से सम्बन्धित है/हैं?

(a) 1 और 2 (b) 2 और 3
(c) 1, 2 और 3 (d) ये सभी

212. निम्नलिखित कथनों पर विचार कीजिए

1. हैदरअली ने 1757 ई. में डिण्डीगुल में एक आधुनिक शस्त्रागार की स्थापना की।
2. हैदरअली की मृत्यु 1783 ई. में हुई।
3. टीपू सुल्तान ने श्रीरंगपट्टनम में एक स्वतन्त्रता का वृक्ष लगाया था।
4. टीपू सुल्तान जैकोबियन क्लब का एक सदस्य था।

उपरोक्त कथनों में से कौन-से कथन सही हैं?

(a) 3 और 4 (b) 1 और 4
(c) 2 और 3 (d) 2 और 4

28. भारत में ब्रिटिश सत्ता की स्थापना एवं विस्तार

213. सूची I को सूची II के साथ सुमेलित कीजिए और सूचियों के नीचे दिए गए कूट के उपयोग से सही उत्तर चुनिए UPPSC (Pre) 2016

सूची I	सूची II
A. प्रथम कर्नाटक युद्ध	1. पेरिस की सन्धि से अन्त
B. द्वितीय कर्नाटक युद्ध	2. निर्णायक युद्ध
C. तृतीय कर्नाटक युद्ध	3. ब्रिटिश की हार
D. प्रथम मैसूर युद्ध	4. एक्स-ला-शापेल की सन्धि से अन्त

कूट

	A	B	C	D		A	B	C	D
(a)	1	3	4	2	(b)	2	4	1	3
(c)	4	3	1	2	(d)	3	1	4	2

214. निम्नलिखित में से कौन-सा एक अंग्रेजों एवं फ्रांसीसियों के मध्य प्रथम कर्नाटक युद्ध का मूल कारण था? BPSC (Pre) 2016

(a) कर्नाटक की मूल राजनीति में अंग्रेजों तथा फ्रांसीसियों की भागीदारी
(b) अंग्रेजों को दक्षिण से बाहर निकालने की डूप्ले की महत्त्वाकांक्षा
(c) अंग्रेजों एवं फ्रांसीसियों के मध्य व्यापार प्रतिस्पर्द्धा
(d) ऑस्ट्रियाई राज्य प्राप्ति का युद्ध, जिसके कारण ब्रिटेन एवं फ्रांस विश्व के सभी भागों में एक-दूसरे के शत्रु बन गए

215. एक्स-ला-शापेल, 1748 की सन्धि के सन्दर्भ में निम्नलिखित कथनों में से कौन-सा/से कथन सही है/हैं? UPPSC (Pre) 2020

1. प्रथम कर्नाटक युद्ध की समाप्ति।
2. अंग्रेजों को मद्रास पुनः प्राप्त हुआ।

कूट

(a) केवल 1 (b) केवल 2
(c) 1 और 2 दोनों (d) न तो 1 और न ही 2

216. सूची I को सूची II से सुमेलित कीजिए UPPSC (Pre) 2019

सूची I	सूची II
A. इलाहाबाद की सन्धि	1. 1782 ई.
B. मंगलौर की सन्धि	2. 1784 ई.
C. सालबाई की सन्धि	3. 1769 ई.
D. मद्रास की सन्धि	4. 1765 ई.

कूट

	A	B	C	D		A	B	C	D
(a)	4	2	3	1	(b)	2	4	3	1
(c)	4	2	1	3	(d)	2	4	1	3

217. अफगानिस्तान के प्रति आक्रामक नीति किस वायसराय ने अपनाई थी? BPSC (Pre) 2019

(a) लॉर्ड मेयो (b) लॉर्ड लिटन
(c) लॉर्ड डफरिन (d) लॉर्ड कैनिंग

218. सूची I का सूची II से मिलान करें CGPSC (Pre) 2023

सूची I	सूची II
A. अल्फांसो-डी-अल्बुकर्क	1. पुर्तगाली हेडक्वार्टर का कोचीन से गोवा बदला जाना
B. नीनू-डी-कुन्हा	2. सितम्बर, 1500 में भारत आगमन
C. पेड्रो अल्वारेस काबराल	3. ब्लू वाटर पॉलिसी
D. फ्रांसिस्को-डी-अल्मीडा	4. 1510 ई. में गोवा पर आधिपत्य

कूट

	A	B	C	D		A	B	C	D
(a)	1	2	4	3	(b)	4	1	2	3
(c)	1	4	2	3	(d)	4	1	3	2

219. सालबाई की सन्धि ईस्ट इण्डिया कम्पनी और मराठा पेशवा के मध्य किसके प्रयासों से हुई थी?

(a) नाना फड़नवीस (b) महादजी सिन्धिया
(c) मल्हार राव होल्कर
(d) सयाजी गायकवाड़

29. कृषक, श्रमिक और जनजातीय आन्दोलन

220. निम्नलिखित में से कौन-सा युग्म सुमेलित नहीं है? UPPSC (Pre) 2015

(a) मोपला विद्रोह — केरल
(b) कूका विद्रोह — पंजाब
(c) कोल विद्रोह — गुजरात
(d) चुआर विद्रोह — मध्य प्रदेश

221. स्वामी सहजानन्द सरस्वती ने 'भूमि और जलमार्ग के राष्ट्रीयकरण' की माँग के साथ अखिल भारतीय संयुक्त किसान सभा का गठन किया BPSC (Pre) 2015

(a) उनकी मृत्यु से ठीक पहले
(b) बहुत कम आयु में
(c) 1930 के दशक में
(d) 1920 के दशक में

222. बंगाल के तेभागा किसान आन्दोलन की क्या माँग थी? IAS (Pre) 2013

(a) जमींदारों की भागीदारी को फसल के आधे भाग से कम करके एक-तिहाई करना

(b) भूमि का वास्तविक खेतिहर होने के नाते, भू-स्वामित्व कृषकों को प्रदान करना
(c) जमींदारी प्रथा का उन्मूलन तथा कृषि दासता का अन्त करना
(d) कृषकों के समस्त ऋणों को रद्द करना

223. भूमिज विद्रोह का नेता कौन था? **JPSC (Pre) 2021**
(a) भागीरथ (b) दुबिया गोसाई
(c) जतरा भगत (d) गंगानारायण

224. भारत में 19वीं शताब्दी के जनजातीय विद्रोह के लिए निम्नलिखित में से कौन-से तत्त्व ने साझा कारण मुहैया किया? **IAS (Pre) 2011**
(a) भू-राजस्व की नई प्रणाली का लागू होना और जनजातीय उत्पादों पर कर का लगाया जाना
(b) जनजातीय क्षेत्रों में विदेशी धर्म प्रचारकों का प्रभाव
(c) जनजातीय क्षेत्रों में मध्यस्थों के रूप में बड़ी संख्या में महाजनों, व्यापारियों और लगान के ठेकेदारों का बढ़ना
(d) जनजातीय समुदायों की प्राचीन भूमि सम्बन्धी व्यवस्था का सम्पूर्ण विदारण

225. "एक संन्यासी, जो फिजी में एक गिरमिटिया मजदूर के रूप में कार्य करने के बाद उस जिले में अपनी पीठ पर तुलसीदास रामायण की एक प्रति लेकर आया था, जिससे वह ग्रामीण श्रोताओं को छन्द सुनाता था।" यहाँ जिस किसान नेता का वर्णन है, वह है **BPSC (Pre) 2023**
(a) बाबा रामचन्द्र (b) झिंगुरी सिंह
(c) यदुनन्दन शर्मा (d) इनमें से एक से अधिक

30. 1857 का विद्रोह

226. निम्न में से कौन-सा ईस्ट इण्डिया कम्पनी के सिपाहियों को विद्रोही बनाने का कारण नहीं था? **BPSC (Pre) 2018**
(a) ईसाई धर्म फैलाने के लिए कम्पनी के अधिकारियों के प्रयास
(b) जहाज पर यात्रा करने के लिए सिपाहियों को आदेश
(c) भत्ते की रोकथाम
(d) अधिकारियों की अक्षमता

227. निम्नलिखित में से कौन एक (1857 के विद्रोह का स्थान—विद्रोह का आरम्भ) सही सुमेलित नहीं है? **UPPSC (Pre) 2023**
(a) झाँसी — 11 मई, 1857
(b) बैरकपुर — 29 मार्च, 1857
(c) लखनऊ — 4 जून, 1857
(d) मेरठ — 10 मई, 1857

228. सूची I को सूची II से सुमेलित कीजिए तथा सही उत्तर का चयन सूचियों के नीचे दिए गए कूट से कीजिए **UPPSC (Pre) 2010**

सूची I	सूची II
A. झाँसी	1. मौलवी अहमदशाह
B. लखनऊ	2. अजीमुल्लाह खाँ
C. कानपुर	3. बेगम हजरत महल
D. फैजाबाद	4. रानी लक्ष्मीबाई

कूट

	A	B	C	D		A	B	C	D
(a)	4	3	2	1	(b)	4	2	3	1
(c)	2	4	1	3	(d)	1	2	3	4

229. सूची I को सूची II से सुमेलित कीजिए तथा सही उत्तर का चयन सूचियों के नीचे दिए गए कूट से कीजिए **CGPSC (Pre) 2015**

सूची I	सूची II
A. बख्त खाँ	1. अवध
B. मौलवी अहमदुल्लाह	2. कानपुर
C. कुँवर सिंह	3. आरा
D. नाना साहेब	4. दिल्ली

कूट

	A	B	C	D		A	B	C	D
(a)	3	1	2	4	(b)	3	2	4	1
(c)	4	1	3	2	(d)	4	3	1	2

230. 1857 के विद्रोह के समय बैरकपुर में कौन ब्रिटिश कमाण्डिंग ऑफिसर था? **UPPSC (Pre) 2014**
(a) हेनरी लॉरेन्स (b) कर्नल फिनिस
(c) हैरसे (d) सर. वी. व्हीलर

231. महारानी विक्टोरिया की उद्घोषणा (1858) का उद्देश्य क्या था? **IAS (Pre) 2014**
1. भारतीय राज्यों को ब्रिटिश साम्राज्य में मिलाने के किसी भी विचार का परित्याग करना।
2. भारतीय प्रशासन को ब्रिटिश क्राउन के अन्तर्गत रखना।
3. भारत के साथ ईस्ट इण्डिया कम्पनी के व्यापार का नियमन करना।

कूट
(a) 1 और 2 (b) केवल 2
(c) 1 और 3 (d) 1, 2 और 3

232. निम्नलिखित स्वतन्त्रता सेनानियों को उनके क्रान्ति क्षेत्र से सुमेलित कीजिए **MPPSC (Pre) 2024**

सूची I	सूची II
A. राजा मर्दन सिंह	1. नेमावर
B. राजा दौलत सिंह	2. भानपुर
C. राजा बख्तवली	3. शाहगढ़
D. मुराद अली	4. महू

कूट

	A	B	C	D		A	B	C	D
(a)	2	1	3	4	(b)	1	2	3	4
(c)	3	4	1	2	(d)	4	3	1	2

233. 1857 के विद्रोह की विफलता के निम्नलिखित में से कौन-से कारण थे? **BPSC (Pre) 2023**
1. अंग्रेजों की सैन्य श्रेष्ठता।
2. विद्रोहियों के पास कोई एकीकृत कार्यक्रम एवं विचारधारा नहीं थी।
3. समाज के सभी वर्गों से समर्थन का अभाव था।

नीचे दिए गए कूट का प्रयोग कर सही उत्तर चुनिए
(a) 1 और 2 (b) 2 और 3
(c) उपरोक्त सभी (d) इनमें से कोई नहीं

31. सामाजिक-धार्मिक सुधार आन्दोलन

234. राजा राममोहन राय के बारे में, निम्नलिखित कथनों पर विचार कीजिए : **IAS (Pre) 2025**
I. उनमें प्राच्य विश्व के पारम्परिक दार्शनिक सिद्धांतों के प्रति अत्यंत अनुराग और समादर था।
II. उनकी कामना थी कि उनके देशवासी तर्कसंगत और वैज्ञानिक दृष्टिकोण तथा सभी पुरुषों और महिलाओं की मानवीय गरिमा और सामाजिक समता के सिद्धांत को मानें।

उपर्युक्त कथनों में से कौन-सा/कौन-से सही है/हैं?
(a) केवल I (b) केवल II
(c) I और II दोनों (d) न तो I और न ही II

235. इनमें से कौन सेक्रेटरी के रूप में हिन्दू फीमेल स्कूल से सम्बद्ध थे, जो बाद में बेथ्यून फीमेल स्कूल के नाम से जाना जाता था? **IAS (Pre) 2021**
(a) ऐनी बेसेण्ट (b) देवेन्द्रनाथ टैगोर
(c) ईश्वरचन्द्र विद्यासागर (d) सरोजिनी नायडू

236. प्रार्थना समाज, यंग इण्डिया, लोकहितवादी, सत्यशोधक समाज, रहनुमाई मजदयासन सभा के लिए निम्न विकल्पों में से सही संयोजन पहचानिए **BPSC (Pre) 2018**
(a) गोपाल हरि देशमुख, आत्माराम पाण्डुरंग, मोहनदास करमचन्द गाँधी, ज्योतिबा फुले, नौरोजी फुरदोनजी
(b) आत्माराम पाण्डुरंग, मोहनदास करमचन्द गाँधी, गोपाल हरि देशमुख, ज्योतिबा फुले, नौरोजी फुरदोनजी
(c) आत्माराम पाण्डुरंग, ज्योतिबा फुले, मोहनदास करमचन्द गाँधी, गोपाल हरि देशमुख, नौरोजी फुरदोनजी
(d) नौरोजी फुरदोनजी, आत्माराम पाण्डुरंग, मोहनदास करमचन्द गाँधी, गोपाल हरि देशमुख, ज्योतिबा फुले

237. भारतीय इतिहास से जुड़ी इन घटनाओं को क्रमानुसार व्यवस्थित कीजिए **HPPSC (Pre) 2024**
1. लन्दन में ईस्ट इण्डिया एसोसिएशन का गठन
2. कलकत्ता में इण्डिया लीग का गठन

3. सत्यशोधक समाज का गठन
4. बिहार साइण्टिफिक सोसायटी की स्थापना

नीचे दिए गए विकल्पों में से सही उत्तर का चुनाव कीजिए
(a) 4, 2, 1, 3 (b) 1, 4, 3, 2
(c) 1, 4, 2, 3 (d) 4, 1, 3, 2

238. निम्नलिखित कथनों पर विचार कीजिए HPPSC (Pre) 2024

1. प्रथम सिंह सभा की स्थापना 1873 ई. में अमृतसर में हुई थी।
2. ज्ञान सिंह, सिंह सभा के पहले अध्यक्ष थे।
3. ठाकुर सिंह सन्धावालिया सभा के पहले अध्यक्ष थे।
4. खालसा कॉलेज, अमृतसर की स्थापना 1892 ई. में हुई थी।

नीचे दिए गए विकल्पों में से सही उत्तर का चुनाव कीजिए
(a) 1 और 2 (b) 1 और 3
(c) 1 और 4 (d) 2 और 4

239. नीचे दो कथन दिए गए हैं HPPSC (Pre) 2024

कथन I अछूतों के मन्दिर में प्रवेश हेतु बी.आर. अम्बेडकर ने वर्ष 1924 में बायकोम सत्याग्रह प्रारम्भ किया।

कथन II ज्योतिबा फुले रिपब्लिकन पार्टी से सम्बन्धित नहीं थे।

दिए गए कथनों के आधार पर नीचे दिए गए विकल्पों में से सही उत्तर का चुनाव कीजिए
(a) कथन I और कथन II दोनों सही हैं
(b) कथन I और कथन II दोनों गलत हैं
(c) कथन I सही और कथन II गलत है
(d) कथन I गलत और कथन II सही है

240. नीचे दो कथन दिए गए हैं HPPSC (Pre) 2024

कथन I 'भारतीय राष्ट्रीय सामाजिक सम्मेलन' की स्थापना स्वामी दयानन्द सरस्वती ने 1883 ई. में की थी।

कथन II 'वेद समाज' की स्थापना कर्नाटक में 1867 ई. में हुई थी।

दिए गए कथनों के आधार पर नीचे दिए गए विकल्पों में से सही उत्तर का चुनाव कीजिए
(a) कथन I और कथन II दोनों सही हैं
(b) कथन I और कथन II दोनों गलत हैं
(c) कथन I सही और कथन II गलत है
(d) कथन I गलत और कथन II सही है

241. 'अलीगढ़ आन्दोलन' का शुरुआती लक्ष्य क्या था? UKPSC (Pre) 2024
(a) परम्परागत मुस्लिम शिक्षा में सुधार का प्रश्रय देना।
(b) भारत में धार्मिक आधार पर मुस्लिम राज्य की स्थापना करना।
(c) पश्चिमी वैज्ञानिक शिक्षा को भारत के मुस्लिमों के बीच प्रश्रय देना।
(d) अंग्रेजों के विरुद्ध हिन्दू-मुस्लिम एकता को बढ़ावा देना।

242. निम्नलिखित कथनों पर विचार कीजिए

1. समाज के लिए सामाजिक सुविधाएँ जुटाना रामकृष्ण मिशन का उद्देश्य था।
2. आर्य समाज एक पुनरुत्थानवादी आन्दोलन था।
3. थियोसोफिकल सोसायटी की हिन्दू धर्म की व्याख्या उदारवादी तथा आधुनिक थी।

उपरोक्त में से कौन-सा/से कथन सही है/हैं?
(a) 1 और 2 (b) केवल 1
(c) 1 और 3 (d) ये सभी

32. भारत में प्रेस का विकास

243. 1857 ई. में लन्दन से प्रकाशित होने वाले समाचार-पत्र 'टाइम्स' के संवाददाता कौन थे, जिन्होंने लिखा था 'उत्तरी भारत में गोरे आदमी की गाड़ी को कोई भी मित्रतापूर्ण दृष्टि से नहीं देखता था'? MPPSC (Pre) 2021
(a) डब्ल्यू एच रसेल (b) रॉबर्ट पील
(c) ग्लेडस्टोन (d) पामर्स्टन

244. निम्नलिखित को सुमेलित करके सही उत्तर का चयन कीजिए BPSC (Pre) 2024

सूची I (समाचार-पत्र)	सूची II (भाषा)
A. फ्री हिन्दुस्तान	1. महात्मा गाँधी
B. इण्डियन ओपिनियन	2. दादाभाई नौरोजी
C. वॉयस ऑफ इण्डिया	3. सुरेन्द्रनाथ बनर्जी
D. बंगाली	4. तारकनाथ दास

कूट

	A	B	C	D		A	B	C	D
(a)	3	4	1	2	(b)	4	1	2	3
(c)	3	1	4	2	(d)	4	3	2	1

245. नीचे दिए गए विकल्पों में से राष्ट्रवादी समाचार-पत्रों द हिन्दू, केसरी, बंगाली, हिन्दुस्तानी, सुधारक के सम्पादकों के नामों का संयोजन ज्ञात कीजिए BPSC (Pre) 2018
(a) सुरेन्द्रनाथ बनर्जी, जी. सुब्रह्मण्यम अय्यर, बाल गंगाधर तिलक, गंगा प्रसाद वर्मा, गोपालकृष्ण गोखले
(b) बाल गंगाधर तिलक, जी. सुब्रह्मण्यम अय्यर, सुरेन्द्रनाथ बनर्जी, गंगा प्रसाद वर्मा, गोपालकृष्ण गोखले
(c) जी. सुब्रह्मण्यम अय्यर, बाल गंगाधर तिलक, गंगा प्रसाद वर्मा, गोपालकृष्ण गोखले, सुरेन्द्रनाथ बनर्जी
(d) जी. सुब्रह्मण्यम अय्यर, बाल गंगाधर तिलक, सुरेन्द्रनाथ बनर्जी, गंगा प्रसाद वर्मा, गोपालकृष्ण गोखले

246. निम्नलिखित को सही कालानुक्रम में व्यवस्थित कीजिए और नीचे दिए गए कूट की सहायता से सही उत्तर चुनिए UPPSC (Pre) 2016

1. ड्रैमेटिक परफॉर्मेन्स 2. वर्नाक्यूलर प्रेस एक्ट
3. नॉर्थ वेस्टर्न प्रोविन्सेज एण्ड अवध एक्ट
4. बंगाल टेनेन्सी एक्ट

कूट
(a) 1, 2, 4, 3 (b) 4, 2, 1, 3
(c) 1, 2, 3, 4 (d) 2, 3, 4, 1

247. सूची I को सूची II से सुमेलित कीजिए तथा सूचियों के नीचे दिए हुए कूट का प्रयोग करते हुए सही उत्तर चुनिए UPPSC (Pre) 2012

सूची I (समाचार-पत्र)	सूची II (भाषा)
A. भारत मित्र	1. बंगाली
B. राष्ट्रमत	2. गुजराती
C. प्रजामित्र	3. हिन्दी
D. नायक	4. मराठी

कूट

	A	B	C	D		A	B	C	D
(a)	1	2	4	3	(b)	2	3	1	4
(c)	3	4	2	1	(d)	4	1	3	2

248. सूची I का सूची II से मिलान कीजिए HPPSC (Pre) 2024

सूची I (समाचार-पत्र/पत्रिका)	सूची II (प्रकाशन वर्ष)
A. अमृत बाजार पत्रिका	1. 1913
B. हरिश्चन्द्र मैगजीन	2. 1878
C. बॉम्बे क्रॉनिकल	3. 1868
D. भारत मित्र	4. 1872

कूट

	A	B	C	D		A	B	C	D
(a)	3	4	1	2	(b)	4	3	2	1
(c)	4	3	1	2	(d)	3	2	1	4

249. वर्नाक्यूलर प्रेस एक्ट के बारे में निम्नलिखित में से कौन-सा/से कथन सही है/हैं? BPSC (Pre) 2023

1. इसे लॉर्ड लिटन द्वारा अधिनियमित किया गया था।
2. इसे गैगिंग अधिनियम के रूप में जाना जाने लगा।
3. इस अधिनियम को लॉर्ड रिपन ने निरस्त कर दिया था।

नीचे दिए गए कूट का प्रयोग कर सही उत्तर चुनिए
(a) 1 और 2 (b) 2 और 3
(c) केवल 1 (d) 1, 2 और 3

33. भारत में शिक्षा का विकास

250. वर्ष 1902 में लॉर्ड कर्जन ने दो भारतीय सदस्यों को सम्मिलित करते हुए एक विश्वविद्यालय आयोग गठित किया। वे कौन थे? BPSC (Pre) 2020

(a) बाल गंगाधर तिलक और सुरेन्द्रनाथ बनर्जी
(b) गोपालकृष्ण गोखले ओर रासबिहारी बोस
(c) सैयद हुसैन बिलग्रामी और न्यायमूर्ति गुरुदास बनर्जी
(d) सैयद हुसैन बिलग्रामी और सुरेन्द्रनाथ बनर्जी

251. कथन (A) बंगाल की एशियाटिक सोसायटी की स्थापना वॉरेन हेस्टिंग्स के काल में हुई थी और उसने सर विलियम जोन्स के पक्ष में उक्त विद्वत संस्था की अध्यक्षता का प्रस्ताव अस्वीकार किया था।
कारण (R) वॉरेन हेस्टिंग्स स्वयं एक उद्भट विद्वान तथा प्राच्य विद्या का प्रखर समर्थक था, जो संस्कृति, फारसी तथा अरबी के अध्ययन को प्रोत्साहित करता था। UPPSC (Pre) 2019

कूट
(a) A और R दोनों सही हैं तथा R, A की सही व्याख्या है
(b) A और R दोनों सही हैं, परन्तु R, A की सही व्याख्या नहीं है
(c) A सही है, किन्तु R गलत है
(d) A गलत है, किन्तु R सही है

252. भारत में आधुनिक शिक्षा के विकास में महत्त्वपूर्ण निम्नलिखित घटनाओं को उनके सही कालक्रमानुसार लगाइए

1. टॉमस रैले आयोग 2. सैडलर आयोग
3. चार्ल्स वुड डिस्पैच 4. हण्टर आयोग
5. हार्टोग समिति

कूट
(a) 3, 4, 2, 1, 5 (b) 3, 5, 1, 2, 4
(c) 3, 4, 1, 2, 5 (d) 4, 3, 1, 2, 5

253. भारत में अंग्रेजी शिक्षा व्यवस्था का मैगनाकार्टा किसे कहा जाता है? UKPSC (Pre) 2024

(a) मैकाले का स्मरण-पत्र, 1835
(b) शिक्षा पर वुड डिस्पैच, 1854
(c) हण्टर शिक्षा आयोग, 1882-83
(d) हर्टोग समिति, 1929

254. सार्जेण्ट योजना ने निम्नलिखित में से कौन-सी सिफारिश की थी?

(a) 6 से 11 वर्ष तक के छात्रों के लिए निःशुल्क और अनिवार्य शिक्षा
(b) 11 से 17 वर्ष तक के छात्रों के लिए 6 वर्ष की शिक्षा व्यवस्था की जाए
(c) प्रारम्भिक एवं उच्च माध्यमिक विद्यालय स्थापित किए जाएँ
(d) उपरोक्त सभी

34. ब्रिटिश साम्राज्य की प्रशासनिक और आर्थिक नीतियाँ

255. भारत सरकार अधिनियम, 1935 के सन्दर्भ में निम्नलिखित कथनों पर विचार कीजिए IAS (Pre) 2024

1. इसमें ब्रिटिश भारतीय प्रान्तों और देशी रियासतों को मिलाकर एक अखिल भारतीय परिसंघ (फेडरेशन) की स्थापना का प्रावधान किया गया।
2. रक्षा और विदेश सम्बन्धी मामलों को परिसंघीय विधानमण्डल के नियन्त्रण के अधीन रखा गया।

उपरोक्त कथनों में से कौन-सा/से कथन सही है/हैं?
(a) केवल 1 (b) केवल 2
(c) 1 और 2 दोनों (d) न तो 1 और न ही 2

256. 'चार्टर एक्ट, 1813' के सम्बन्ध में निम्नलिखित कथनों पर विचार कीजिए IAS (Pre) 2018

1. इसने भारत में ईस्ट इण्डिया कम्पनी के व्यापार एकाधिपत्य को चाय के व्यापार तथा चीन के साथ व्यापार को छोड़कर समाप्त कर दिया।
2. इसने कम्पनी द्वारा अधिकार में लिए गए भारतीय राज्य क्षेत्रों पर ब्रिटिश राज (क्राउन) की सम्प्रभुता को सुदृढ़ कर दिया।
3. भारत का राजस्व अब ब्रिटिश संसद के नियन्त्रण में आ गया था।

उपरोक्त कथनों में से कौन-से कथन सही हैं?
(a) 1 और 2 (b) 2 और 3
(c) 1 और 3 (d) 1, 2 और 3

257. महारानी विक्टोरिया की उद्घोषणा (1858) का उद्देश्य क्या था? IAS (Pre) 2014

1. भारतीय राज्यों को ब्रिटिश साम्राज्य में मिलाने के किसी भी विचार का परित्याग करना।
2. भारतीय प्रशासन को ब्रिटिश क्राउन के अन्तर्गत रखना।
3. भारत के साथ ईस्ट इण्डिया कम्पनी के व्यापार का नियमन करना।

कूट
(a) 1 और 2 (b) केवल 2
(c) 1 और 3 (d) ये सभी

258. निम्नलिखित में से किस एक एक्ट द्वारा बंगाल के गवर्नर-जनरल को भारत के गवर्नर-जनरल के रूप में अभिहित किया गया था? IAS (Pre) 2023

(a) रेग्यूलेटिंग एक्ट (b) पिट्स इण्डिया एक्ट
(c) 1793 का चार्टर एक्ट (d) 1833 का चार्टर एक्ट

259. औपनिवेशिक भारत के भूमि राजस्व बन्दोबस्त के सन्दर्भ में निम्नलिखित में से कौन-सा कथन सही नहीं है? HPSC (Pre) 2021

(a) 1790 ई. में लॉर्ड वेलेजली ने बंगाल प्रान्त में स्थायी बन्दोबस्त लागू किया।
(b) इसमें जमींदारों को अपनी जमींदारी में सम्पूर्ण जमीन के लिए मालिक के रूप में मान्यता प्राप्त हो गई।
(c) इसने भूमि स्वामित्व को वंशानुगत बनाया।
(d) जमींदारों को जमीन बेचने का अधिकार दिया गया।

260. नीचे दो कथन दिए गए हैं, जिनमें से एक को कथन (A) और दूसरे को कारण (R) कहा गया है UPPSC (Pre) 2020

कथन (A) ब्रिटिश सरकार ने भारत के अलग-अलग भागों में भू-राजस्व की अलग-अलग व्यवस्था लागू की थी।
कारण (R) इससे भारतीय किसानों में अलग-अलग वर्ग बन गए।

कूट
(a) A और R दोनों सही हैं तथा R, A की सही व्याख्या है
(b) A और R दोनों सही हैं, परन्तु R, A की सही व्याख्या नहीं है
(c) A सही है, किन्तु R गलत है
(d) A गलत है, किन्तु R सही है

261. निम्नलिखित में से कौन-सा/से युग्म सही सुमेलित है/हैं? IAS (Pre) 2010

1. स्थायी बन्दोबस्त — लॉर्ड कॉर्नवालिस
2. रैयतवाड़ी बन्दोबस्त — थॉमस मुनरो
3. महालवाड़ी बन्दोबस्त — हॉल्ट मैकेंजी

कूट
(a) केवल 1 (b) 1 और 2
(c) 2 और 3 (d) 1, 2 और 3

262. निम्न में से किसने बंगाल में महालवाड़ी बन्दोबस्त प्रणाली की शुरुआत की? BPSC (Pre) 2023

(a) लॉर्ड हेस्टिंग्स (b) लॉर्ड कॉर्नवालिस
(c) हॉल्ट मैकैंजी (d) इनमें से कोई नहीं

263. यह किसने लिखा कि "यदि उत्पादकों को अपंग बनाया जाए, किसानों पर करों का बोझ लाद दिया जाए, तो विश्व का कोई भी देश स्थायी तौर पर दरिद्र हो जाएगा और उसे अकाल का बार-बार सामना करना पड़ेगा।" HPPSC (Pre) 2024

(a) दादाभाई नौरोजी (b) रमेशचन्द्र दत्त
(c) गोपालकृष्ण गोखले (d) आनन्द मोहन बोस

264. कॉर्नवालिस द्वारा राजस्व संग्रहण के सन्दर्भ में निम्नलिखित कथनों पर विचार कीजिए IAS (Pre) 2024

1. राजस्व संग्रहण के रैयतवाड़ी बन्दोबस्त के अधीन किसानों की फसल खराब होने या

प्राकृतिक आपदाओं की स्थिति में राजस्व भुगतान से छूट दी गई थी।

2. बंगाल स्थायी बन्दोबस्त के अधीन यदि जमींदार नियत तिथि पर या उससे पहले राज्य को राजस्व का भुगतान करने में विफल रहता है, तो उसे उसकी जमींदारी से हटा दिया जाता।

उपरोक्त कथनों में से कौन-सा/से कथन सही है/हैं?

(a) केवल 1 (b) केवल 2
(c) 1 और 2 दोनों (d) न तो 1 और न ही 2

35. भारतीय राष्ट्रीय आन्दोलन : प्रथम चरण (1885-1905)

265. निम्नलिखित संस्थाओं पर विचार कीजिए

1. बंगभाषा प्रकाशिका सभा
2. लैण्ड होल्डर्स सोसायटी
3. बंगाल ब्रिटिश इण्डिया सोसायटी
4. इण्डियन लीग

उपरोक्त संस्थाओं के स्थापना वर्ष के सही कालानुक्रम को निम्नलिखित कूट से चुनिए

(a) 1, 2, 3, 4 (b) 1, 3, 2, 4
(c) 2, 1, 3, 4 (d) 2, 3, 4, 1

266. निम्नलिखित में से किस एक ने 1875 ई. में हाउस ऑफ कॉमन्स में एक याचिका प्रस्तुत करते हुए ब्रिटिश संसद में भारत के प्रत्यक्ष प्रतिनिधित्व की माँग की? **IAS (Pre) 2002**

(a) द दक्कन एसोसिएशन
(b) द इण्डियन एसोसिएशन
(c) द मद्रास महाजन सभा
(d) द पूना सार्वजनिक सभा

267. निम्नलिखित युग्मों पर विचार कीजिए **IAS (Pre) 2017**

1. राधाकान्त देव – ब्रिटिश इण्डियन एसोसिएशन के प्रथम अध्यक्ष
2. गजुलु लक्ष्मी नरसुचेट्टी – मद्रास महाजन सभा के संस्थापक
3. सुरेन्द्रनाथ बनर्जी – इण्डियन एसोसिएशन के संस्थापक

उपरोक्त युग्मों में से कौन-सा/से युग्म सही सुमेलित है/हैं?

(a) केवल 1 (b) 1 और 3
(c) 2 और 3 (d) 1, 2 और 3

268. निम्नलिखित संगठनों को उनके क्रम के आधार पर दर्शाइए **IAS (Pre) 2003**

1. बॉम्बे एसोसिएशन 2. मद्रास महाजन सभा
3. इण्डियन एसोसिएशन 4. इण्डियन लीग

कूट

(a) 1, 2, 3, 4 (b) 2, 3, 1, 4
(c) 3, 4, 2, 1 (d) 1, 4, 3, 2

269. भारतीय राष्ट्रीय कांग्रेस (INC) की स्थापना के बारे में निम्नलिखित में से कौन-सा/से कथन सही है/हैं? **CGPSC (Pre) 2024**

1. भारतीय राष्ट्रीय कांग्रेस (INC) का गठन 1885 ई. में हुआ था।
2. भारतीय राष्ट्रीय कांग्रेस (INC) के पहले अध्यक्ष व्योमेश चन्द्र बनर्जी थे।

नीचे दिए गए विकल्पों में से सही उत्तर चुनें

(a) केवल 1 (b) केवल 2
(c) 1 और 2 दोनों (d) न तो 1 और न ही 2

270. निम्नलिखित कथनों पर विचार कीजिए **HPPSC (Pre) 2024**

1. परमहंस मण्डली की स्थापना मद्रास में हुई थी।
2. अल्फ्रेड वेब, भारतीय राष्ट्रीय कांग्रेस के अध्यक्ष बनने वाले पहले अंग्रेज थे।
3. बदरुद्दीन तैयब जी भारतीय राष्ट्रीय कांग्रेस के अध्यक्ष बनने वाले पहले मुस्लिम थे।
4. भारतीय राष्ट्रीय कांग्रेस ने लन्दन में आयोजित तीसरे गोलमेज सम्मेलन में भाग नहीं लिया था।

नीचे दिए गए विकल्पों में से सही उत्तर का चुनाव कीजिए

(a) 1 और 3 (b) 2 और 3
(c) 3 और 4 (d) 1 और 4

271. निम्नलिखित कथनों पर विचार कीजिए **HPSC (Pre) 2024**

1. भारतीय राष्ट्रीय कांग्रेस के इलाहाबाद अधिवेशन में पहली बार 'जन गण मन' गाया गया था।
2. स्वामी दयानन्द सरस्वती ने 'पाखण्ड खण्डिनी पताका' 1867 ई. में इलाहाबाद में फहराई थी।
3. अन्तिम अधिनियम ईस्ट इण्डिया कम्पनी के लिए 1853 का चार्टर अधिनियम था।
4. आधुनिक शिक्षित भारतीयों ने भी 1857 के विद्रोह का समर्थन नहीं किया।

नीचे दिए गए विकल्पों में से सही उत्तर का चुनाव कीजिए

(a) 1 और 2 (b) 3 और 4
(c) 2 और 3 (d) 1 और 4

36. भारतीय राष्ट्रीय आन्दोलन : द्वितीय चरण (1905-1919)

272. निम्नलिखित में से कौन-सा संगठन दिल्ली में वायसराय लॉर्ड हार्डिंग पर बम फेंकने के लिए उत्तरदायी था? **UPPSC (Pre) 2023**

(a) अखिल भारतीय मजदूर संघ
(b) युगान्तर
(c) यूनाइटेड पैट्रियॉटिक संघ
(d) अनुशीलन समिति

273. भारत के स्वतन्त्रता आन्दोलन के प्रारम्भिक दौर में उग्रवादी विचारधारा को निम्नलिखित में से कौन-सा कथन निरूपित करता है? **IAS (Pre) 1998**

(a) आयातित वस्तुओं पर देशज वस्तुओं को प्रश्रय देकर देशज वस्तुओं के उत्पादन को बढ़ावा देना
(b) सांविधानिक साधनों एवं याचिकाओं के स्थान पर आक्रामक साधनों से स्वशासन प्राप्त करना
(c) देश को आवश्यकतानुसार राष्ट्रीय शिक्षा प्रदान करना
(d) सैनिक विद्रोह द्वारा ब्रिटिश साम्राज्य के विरुद्ध बलात् राजपरिवर्तन

274. 'स्वदेशी' और 'बहिष्कार' पहली बार किस घटना के दौरान संघर्ष की विधि के रूप में अपनाए गए थे? **IAS (Pre) 2016, BPSC (Pre) 2023**

(a) बंगाल विभाजन के विरुद्ध आन्दोलन
(b) होमरूल आन्दोलन
(c) असहयोग आन्दोलन
(d) साइमन कमीशन की भारत यात्रा

275. गदर क्या था? **IAS (Pre) 2014**

(a) भारतीयों का एक क्रान्तिकारी संघ था, जिसका प्रधान कार्यालय सैन फ्रांसिस्को में था
(b) एक राष्ट्रवादी संगठन, जो सिंगापुर से संचालित होता था
(c) एक उग्रवादी संगठन, जिसका प्रधान कार्यालय बर्लिन में था
(d) भारत की स्वतन्त्रता के लिए एक कम्युनिस्ट आन्दोलन, जिसका प्रधान कार्यालय ताशकन्द में था

276. निम्नलिखित स्वतन्त्रता सेनानियों पर विचार कीजिए **IAS (Pre) 2022**

1. बारीन्द्र कुमार घोष
2. जोगेश चन्द्र चटर्जी
3. रास बिहारी बोस

उपरोक्त में से कौन गदर पार्टी के साथ सक्रिय रूप से जुड़ा था/जुड़े थे?

(a) 1 और 2 (b) केवल 2
(c) 1 और 3 (d) केवल 3

277. आधुनिक भारत के इतिहास की निम्नलिखित घटनाओं को काल क्रमानुसार व्यवस्थित कीजिए **JPSC (Pre) 2021**

1. स्वदेशी आन्दोलन 2. लखनऊ समझौता
3. मॉर्ले-मिण्टो सुधार
4. अखिल भारतीय मुस्लिम लीग की स्थापना

कूट

(a) 1, 3, 4, 2 (b) 1, 2, 3, 4
(c) 4, 3, 2, 1 (d) 1, 4, 3, 2

278. निम्नलिखित में से कौन वर्ष 1916 के लखनऊ के कांग्रेस अधिवेशन के विषय में असत्य है? **UPPSC (Pre) 2010**

(a) अम्बिकाचरण मजूमदार ने इसकी अध्यक्षता नहीं की थी

(b) इस अधिवेशन में उदारवादियों और उग्रवादियों के बीच पुन: मेल स्थापित हुआ था
(c) महात्मा गाँधी को पहली बार चम्पारण के किसानों की समस्याओं से अवगत कराया गया
(d) उपरोक्त में से कोई नहीं

279. सूची I को सूची II से सुमेलित करके सही उत्तर का चयन कीजिए
BPSC (Pre) 2024

सूची I (संगठन)	सूची II (मुख्यालय)
A. स्वदेशी सेवक होम	1. वैंकूवर
B. यूनाइटेड इण्डिया हाउस	2. सिएटल
C. युगान्तर आश्रम	3. सैन फ्रांसिस्को
D. INA या आजाद हिन्द फौज	4. रंगून

कूट

	A	B	C	D		A	B	C	D
(a)	4	3	1	2	(b)	4	3	2	1
(c)	3	4	1	2	(d)	1	2	3	4

280. ऐनी बेसेण्ट
IAS (Pre) 2013

1. होमरूल आन्दोलन प्रारम्भ करने के लिए उत्तरदायी थीं।
2. थियोसोफिकल सोसायटी की संस्थापिका थीं।
3. इण्डियन नेशनल कांग्रेस की एक बार अध्यक्ष थीं।

उपरोक्त कथनों में से कौन-सा/से कथन सही है/हैं?
(a) केवल 1
(b) 2 और 3
(c) 1 और 3
(d) 1, 2 और 3

37. भारतीय राष्ट्रीय आन्दोलन : तृतीय चरण (1919-1939)

281. ई.वी. रामास्वामी नायकर के सन्दर्भ में, निम्नलिखित कथनों में से कौन-सा/से कथन सही है/हैं?
UPPSC (Pre) 2023

1. उन्होंने असहयोग आन्दोलन में हिस्सा लिया।
2. उन्होंने वर्ष 1925 में कांग्रेस छोड़ दी।

नीचे दिए गए कूट का प्रयोग करके सही उत्तर चुनिए
(a) केवल 1 (b) केवल 2
(c) न तो 1 और न ही 2 (d) 1 और 2 दोनों

282. नीचे दो कथन दिए गए हैं, जिनमें से एक को अभिकथन (A) तथा दूसरे को कारण (R) कहा गया है।
UP RO/ARO (Pre) 2024

अभिकथन (A) दक्षिण अफ्रीका के संघर्षों ने गाँधीजी को राष्ट्रीय आन्दोलन के नेतृत्व के लिए तैयार किया।

कारण (R) दक्षिण अफ्रीका में भारतीय के जुझारुपन को देखकर गाँधीजी को यह विश्वास हो गया था कि भारतीय जनता किसी उद्देश्य के लिए जुझारु संघर्ष और बलिदान के लिए तैयार हो जाएगी।

नीचे दिए गए कूट से सही उत्तर का चयन कीजिए
(a) A गलत है, किन्तु R सही है
(b) A सही है, किन्तु R गलत है
(c) A और R दोनों सही हैं, परन्तु R, A की सही व्याख्या नहीं करता है
(d) A और R दोनों सही हैं तथा R, A की सही व्याख्या करता है

283. निम्नलिखित में से कौन-सा एक चम्पारण सत्याग्रह का अति महत्त्वपूर्ण पहलू है?
UPPSC (Pre) 2018

(a) राष्ट्रीय आन्दोलन में अखिल भारतीय स्तर पर अधिवक्ताओं, विद्यार्थियों और महिलाओं की सक्रिय सहभागिता
(b) राष्ट्रीय आन्दोलन में भारत के दलित और आदिवासी समुदायों की सक्रिय भागीदारी
(c) भारत के राष्ट्रीय आन्दोलन में किसानों का सम्मिलित होना
(d) रोपण फसलों तथा वाणिज्यिक फसलों की खेती में भारी गिरावट

284. रॉलेट सत्याग्रह के बारे में निम्नलिखित कथनों पर विचार करें
CGPSC (Pre) 2024

1. रॉलेट सत्याग्रह ब्रिटिश सरकार के खिलाफ पहला अखिल भारतीय संघर्ष साबित हुआ, हालाँकि यह काफी हद तक शहरों तक ही सीमित था।
2. रॉलेट एक्ट ने अभिव्यक्ति की स्वतन्त्रता जैसे मौलिक अधिकारों पर अंकुश लगाया और पुलिस की शक्तियों को मजबूत किया।

नीचे दिए गए विकल्पों में से सही उत्तर का चयन करें
(a) कथन 1 और 2 दोनों सही हैं
(b) केवल कथन 1 सही है
(c) केवल कथन 2 सही है
(d) उपरोक्त में से कोई नहीं

285. भारतीय राष्ट्रीय कांग्रेस का लाहौर अधिवेशन (1929) इतिहास में इसलिए बहुत प्रसिद्ध है, क्योंकि
IAS (Pre) 2012

1. कांग्रेस ने पूर्ण स्वराज की माँग का एक संकल्प पारित किया।
2. इस अधिवेशन में उग्रवादियों एवं उदारवादियों के बीच झगड़े को सुलझा लिया गया।
3. इस अधिवेशन में दो राष्ट्रों की माँग के सिद्धान्त को अस्वीकार करते हुए एक संकल्प पारित किया गया।

उपरोक्त कथनों में से कौन-सा/से कथन सही है/हैं?
(a) केवल 1
(b) 2 और 3
(c) 1 और 3
(d) उपरोक्त में से कोई नहीं

286. गाँधीजी ने किस आन्दोलन के समय वेल्स के राजकुमार का बहिष्कार करने का आह्वान किया?
MPPSC (Pre) 2024

(a) खिलाफत आन्दोलन
(b) असहयोग आन्दोलन
(c) सविनय अवज्ञा आन्दोलन
(d) भारत छोड़ो आन्दोलन

287. नीचे दो कथन दिए गए हैं
HPSC (Pre) 2023

I. रॉलेट कानून असहयोग आन्दोलन के दौरान लागू हुआ, जो भारतीय आन्दोलनों में भाग लेते उनके विरुद्ध कार्यवाही करने के लिए इसकी डिजाइन की गई थी।
II. रॉलेट बिल ने जूरीज के बिना राजनीतिक मामले सुलझाने की न्यायाधीशों को अनुमति दी और प्रान्तीय सरकारों को विशेष में केन्द्र को बिना ट्रायल के दफन का अधिकार दिया। इसका 'न अपील', 'न दलील', 'न वकील' के रूप में सामान्यतया वर्णन किया।

उपरोक्त कथनों के प्रकाश में नीचे दिए गए विकल्पों में से सही उत्तर का चुनाव कीजिए
(a) कथन I और II दोनों सही हैं
(b) कथन I और II दोनों गलत हैं
(c) कथन I सही है, किन्तु कथन II गलत है
(d) कथन I गलत है, किन्तु कथन II सही है

288. महात्मा गाँधी ने वर्ष 1932 में आमरण अनशन किया, मुख्यत: इसलिए
IAS (Pre) 2012

(a) गोलमेज सम्मेलन भारतीय राजनीतिक आकांक्षाओं को सन्तुष्ट करने में विफल रहा
(b) कांग्रेस और मुस्लिम लीग में मतभेद थे
(c) रैम्जे मैक्डोनाल्ड ने साम्प्रदायिक निर्णय की घोषणा की
(d) उपरोक्त में से कोई नहीं

289. महात्मा गाँधी ने कहा कि ''उनकी कुछ गहरी धारणाएँ 'अनटू दिस लास्ट' नामक पुस्तक में प्रतिबिम्बित हुई थीं और इस पुस्तक ने उनके जीवन को बदल दिया''। पुस्तक का वह सन्देश क्या था, जिसने महात्मा गाँधी को बदल दिया?
IAS (Pre) 201

(a) शोषितों और गरीबों का उत्थान एक शिक्षित व्यक्ति की नैतिक जिम्मेदारी है
(b) सभी की भलाई में ही व्यक्ति की भलाई निहित है
(c) ब्रह्मचर्य और आध्यात्मिक साधना का जीवन उत्तम जीवन के लिए आवश्यक है
(d) उपरोक्त सभी

290. निम्नलिखित को सुमेलित करके सही कूटों का चयन कीजिए BPSC (Pre) 2024

सूची I (संगठन)	सूची II (संस्थापक)
A. खाकसार	1. सुभाषचन्द्र बोस
B. सोशलिस्ट पार्टी	2. इनायतुल्लाह मशरिकी
C. इण्डिपेण्डेण्ट लेबर पार्टी	3. जयप्रकाश नारायण
D. फारवर्ड ब्लॉक	4. बी. आर. अम्बेडकर

कूट

	A	B	C	D		A	B	C	D
(a)	2	4	1	3	(b)	2	3	4	1
(c)	3	4	1	2	(d)	4	3	2	1

291. निम्नलिखित में से कौन-सा विकल्प आधुनिक भारतीय इतिहास में घटनाओं के सही कालानुक्रमिक क्रम को इंगित करता है? CGPSC (Pre) 2024

(a) मार्ले-मिण्टो सुधार, गाँधी-इरविन समझौता, अगस्त प्रस्ताव, जलियाँवाला बाग त्रासदी
(b) अगस्त प्रस्ताव, मार्ले-मिण्टो सुधार, जलियाँवाला बाग त्रासदी, गाँधी-इरविन समझौता
(c) मार्ले-मिण्टो सुधार, जलियाँवाला बाग त्रासदी, गाँधी-इरविन समझौता, अगस्त प्रस्ताव
(d) जलियाँवाला बाग त्रासदी, गाँधी-इरविन समझौता, अगस्त प्रस्ताव, मार्ले-मिण्टो सुधार

38. स्वतन्त्रता एवं भारत का विभाजन

292. सर स्टैफोर्ड क्रिप्स की योजना में यह परिकल्पना थी कि द्वितीय विश्वयुद्ध के बाद IAS (Pre) 2016

(a) भारत को पूर्ण स्वतन्त्रता प्रदान की जानी चाहिए
(b) स्वतन्त्रता प्रदान करने के पहले भारत को दो भागों में विभाजित कर देना चाहिए
(c) भारत को इस शर्त के साथ गणतन्त्र बना देना चाहिए कि वह राष्ट्रमण्डल में शामिल होगा
(d) भारत को डोमिनियन स्टेट्स दे देना चाहिए

293. क्रिप्स मिशन के प्रस्तावों के सन्दर्भ में, निम्नलिखित कथनों पर विचार कीजिए IAS (Pre) 2022

1. संविधान सभा में प्रान्तीय विधानसभाओं और साथ ही भारतीय रियासतों द्वारा नामित सदस्य होंगे।
2. नया संविधान स्वीकार करने के लिए जो भी प्रान्त तैयार होगा, उसे यह अधिकार होगा कि अपनी भावी स्थिति के बारे में ब्रिटेन के साथ अलग सन्धि पर हस्ताक्षर करे।

उपरोक्त कथनों में से कौन-सा/से कथन सही है/हैं?

(a) केवल 1 (b) केवल 2
(c) 1 और 2 (d) न तो 1 और न ही 2

294. **कथन** I संविधान सभा की पहली बैठक 9 दिसम्बर, 1946 को नई दिल्ली में हुई थी।
कथन II जवाहरलाल नेहरू को संविधान सभा में आमन्त्रित नहीं किया गया था। MPPSC (Pre) 2025
निम्नलिखित में से कौन-सा विकल्प सही है?

(a) कथन I और कथन II दोनों सही हैं।
(b) कथन I और कथन II दोनों गलत हैं।
(c) कथन I सही है, लेकिन कथन II गलत है।
(d) कथन I गलत है, लेकिन कथन II सही है।

295. नीचे दो कथन दिए गए हैं IAS (Pre) 2023

कथन I 1937-39 जिन्ना के विरोध के बावजूद कांग्रेस ने विधान परिषदों में वन्दे मातरम् का गायन नहीं छोड़ा।
कारण II सर सैयद अहमद खाँ ने कहा था कि "पहले वह कांग्रेस के लिए लड़े थे, अब वह भारत की एकता के विरुद्ध लड़ेंगे।
उपरोक्त कथनों के आलोक में नीचे दिए गए विकल्पों में से सबसे उपयुक्त उत्तर का चयन कीजिए

(a) कथन I और कथन II दोनों सत्य हैं
(b) कथन I और कथन II दोनों असत्य हैं
(c) कथन I सत्य, लेकिन कथन II असत्य है
(d) कथन I असत्य, लेकिन कथन II सत्य है

296. निम्नलिखित में से किसका/किन लोगों का स्वतन्त्र भारत के प्रथम मन्त्रिमण्डल (1947) का पोर्टफोलियो उनके अन्तरिम सरकार (1946) के पोर्टफोलियो से भिन्न था? CGPSC (Pre) 2021

1. जगजीवन राम 2. डॉ. राजेन्द्र प्रसाद
3. सी.एच. भाभा 4. सरदार बलदेव सिंह

कूट

(a) 1 और 2 (b) 3 और 4
(c) 1 और 3 (d) केवल 3

297. मुस्लिम लीग ने 'प्रत्यक्ष कार्यवाही दिवस' कब मनाया? BPSC (Pre) 2024

(a) 14 अगस्त, 1946
(b) 15 अगस्त, 1947
(c) 16 अगस्त, 1946
(d) इनमें से एक से अधिक

298. मुस्लिम लीग ने 'सीधी कार्यवाही' करने की घोषणा कब की? MPPSC (Pre) 2025

(a) 22 जून, 1946
(b) 16 अगस्त, 1946
(c) 22 अक्टूबर, 1946
(d) 22 अगस्त, 1946

299. भारतीय इतिहास में 8 अगस्त, 1942 के सन्दर्भ में, निम्नलिखित में से कौन-सा कथन सही है? IAS (Pre) 2021

(a) भारत छोड़ो प्रस्ताव अखिल भारतीय कांग्रेस कमेटी द्वारा अपनाया गया।
(b) अधिक भारतीयों को शामिल करने के लिए वायसराय की कार्यकारी परिषद् का विस्तार किया गया।
(c) सात प्रान्तों में कांग्रेस मन्त्रिमण्डलों ने इस्तीफा दे दिया।
(d) क्रिप्स ने द्वितीय विश्व युद्ध समाप्त होने के बाद पूर्ण डोमिनियन दर्जे के साथ एक भारतीय संघ का प्रस्ताव रखा।

39. स्वतन्त्रता के पश्चात् भारत

300. निम्नलिखित देशी राज्यों में से कौन 'यथावत (Stand-Still) समझौते' का पक्षधर था? UPPSC (Pre) 1997

(a) हैदराबाद (b) जम्मू एवं कश्मीर
(c) जूनागढ़ (d) मैसूर

301. निम्नलिखित में से कौन वर्ष 1948 में स्थापित 'हिन्द मजदूर सभा' के संस्थापक थे? IAS (Pre) 2018

(a) बी. कृष्ण पिल्लई, ई. एम. एस. नम्बूदरीपाद और के. सी. जॉर्ज
(b) जयप्रकाश नारायण, दीनदयाल उपाध्याय और एम. एन. रॉय
(c) सी. पी. रामास्वामी अय्यर, के. कामराज और वीरेशलिंगम पन्तुलु
(d) अशोक मेहता, टी. एस. रामानुजम और जी. जी. मेहता

302. निम्नलिखित घटनाओं पर विचार करें IAS (Pre) 2018

1. भारत में किसी राज्य में पहली लोकतान्त्रिक रूप से निर्वाचित कम्युनिस्ट पार्टी की सरकार बनी।
2. भारत के तत्कालीन सबसे बड़े बैंक 'इम्पीरियल बैंक ऑफ इण्डिया' का नाम बदलकर 'स्टेट बैंक ऑफ इण्डिया' कर दिया गया।
3. एयर इण्डिया का राष्ट्रीयकरण कर दिया गया और वह राष्ट्रीय विमानन कम्पनी बन गई।
4. गोवा स्वतन्त्र भारत का हिस्सा बन गया।

निम्नलिखित में से कौन-सा उपरोक्त घटनाओं का सही कालानुक्रमिक क्रम है?

(a) 4, 1, 2, 3 (b) 3, 2, 1, 4
(c) 4, 2, 1, 3 (d) 3, 1, 2, 4

303. राष्ट्रीय अन्तरिम सरकार में रियासतों का विभाग किसे दिया गया था? MPPSC (Pre) 2020

(a) वी. पी. मेनन
(b) सरदार वल्लभभाई पटेल
(c) कृष्णा शाही
(d) सी. राजगोपालाचारी

304. अगस्त, 1953 में भारत सरकार द्वारा गठित किए गए राज्य पुनर्गठन आयोग के निम्नलिखित में से कौन सदस्य थे? UPPSC (Pre) 2024

1. सर तेज बहादुर सप्रू
2. जस्टिस फजल अली
3. के. एम. पणिक्कर
4. हृदयनाथ कुंजरू

नीचे दिए गए कूट का प्रयोग करके सही उत्तर का चयन कीजिए

(a) 1 और 2 (b) 1 और 4
(c) 2, 3 और 4 (d) 1, 2, 3 और 4

40. गवर्नर, गवर्नर-जनरल एवं वायसराय

305. निम्नलिखित में से कौन-सा युग्म सही सुमेलित नहीं है? UPPSC (Pre) 2017

(a) हेक्टर मुनरो — बक्सर का युद्ध
(b) लॉर्ड हेस्टिंग्स — आंग्ल-नेपाल युद्ध
(c) लॉर्ड वेलेजली — चतुर्थ आंग्ल-मैसूर युद्ध
(d) लॉर्ड कॉर्नवालिस — तृतीय आंग्ल-मराठा युद्ध

306. लॉर्ड वेलेजली द्वारा लागू की गई सहायक सन्धि व्यवस्था के बारे में निम्नलिखित में से कौन-सा कथन लागू नहीं होता? IAS (Pre) 2018

(a) दूसरों के खर्च पर एक बड़ी सेना बनाए रखना
(b) भारत को नेपोलियन के खतरे से सुरक्षित रखना
(c) कम्पनी के लिए एक नियत आय का प्रबन्ध रखना
(d) भारतीय रियासतों के ऊपर ब्रिटिश सर्वोच्चता स्थापित करना

307. वेलेजली ने कोलकाता में फोर्ट विलियम कॉलेज की स्थापना किसलिए की थी? IAS (Pre) 2020

(a) उसे लन्दन में स्थित बोर्ड ऑफ डायरेक्टर्स ने ऐसा करने के लिए कहा था
(b) वह भारत में प्राच्य ज्ञान के प्रति अभिरुचि पुनः जाग्रत करना चाहता था
(c) वह विलियम कैरी तथा उसके सहयोगियों को रोजगार प्रदान करना चाहता था
(d) वह ब्रिटिश नागरिकों को भारत में प्रशासन हेतु प्रशिक्षित करना चाहता था

308. निम्नलिखित कथनों पर विचार कीजिए HPSC (Pre) 2024

1. जेम्स मिल भारतीय धर्म और संस्कृति के प्रति अति आलोचनात्मक थे।
2. 1835 ई. में विलियम बैण्टिंक ने घोषणा की कि फारसी को दरबार की भाषा के रूप में हटाया जाए एवं उसका स्थान अंग्रेजी को दिया जाए।
3. कलकत्ता, बम्बई और दिल्ली के विश्वविद्यालयों की स्थापना वुड्स डिस्पैच के कारण हुई।

दिए गए उपरोक्त कथनों में से कितने कथन सही हैं?

(a) केवल एक कथन सही है
(b) केवल दो कथन सही है
(c) सभी तीनों कथन सही हैं
(d) उपरोक्त में से कोई भी कथन सही नहीं है

309. पंजाब के विलय के सन्दर्भ में निम्न में से कौन-सा कथन सही नहीं है? UP RO/ARO (Pre) 2024

(a) 29 मार्च, 1849 को गवर्नर-जनरल की ओर से घोषणा हुई कि पंजाब राज्य समाप्त हो गया है।
(b) महाराजा दिलीप सिंह के सभी प्रदेश भारतीय ब्रिटिश साम्राज्य का हिस्सा बन गए हैं।
(c) दिलीप सिंह को 2,50,000 वार्षिक पेंशन दे दी गई।
(d) उपरोक्त में से कोई नहीं

310. सूची I को सूची II से सुमेलित कीजिए HPSC (Pre) 2024

सूची I (गवर्नर जनरल/वायसराय)	**सूची II** (मुख्य घटना)
A. लॉर्ड लैन्सडाउन	1. कलकत्ता, बम्बई, मद्रास में उच्च न्यायालय की स्थापना
B. लॉर्ड नॉर्थब्रुक	2. इण्डियन काउन्सिल एक्ट ऑफ, 1892
C. लॉर्ड डफरिन	3. तृतीय आंग्ल-बर्मा युद्ध
D. जॉन लॉरेन्स	4. पंजाब में कूका आन्दोलन

नीचे दिए गए विकल्पों में से सही उत्तर का चुनाव कीजिए

	A	B	C	D
(a)	2	3	1	4
(b)	3	2	1	4
(c)	3	4	2	1
(d)	2	4	3	1

311. नीचे दो कथन दिए गए हैं, प्रथम अभिकथन (A) के रूप में और अन्य कारण (R) के रूप में है। HPSC (Pre) 2023

अभिकथन (A) गवर्नर-जनरल डलहौजी ने 'पतन के सिद्धान्त' को गद्दी के उत्तराधिकारी के अधिकार की अवहेलना द्वारा प्रतिपादित किया। ब्रिटिश शासन का अपने आप पतन होगा, यदि शासक की कोई पारिवारिक उत्तराधिकारी के बिना मृत्यु होती है।

कारण (R) भारतीय शासकों एवं राजकुमारों द्वारा वैकल्पिक शासकों की सत्ता को रद्द करते हुए, सख्त नियन्त्रण के अन्तर्गत पतन का सिद्धान्त एकीकृत भारत को लाने का डलहौजी योजना का एक भाग था।

उपरोक्त कथनों के प्रकाश में नीचे दिए गए विकल्पों से सही उत्तर का चयन कीजिए

(a) A और R दोनों सत्य हैं तथा R, A की सही व्याख्या है
(b) A और R दोनों सत्य हैं, परन्तु R, A की सही व्याख्या नहीं है
(c) A सत्य है, किन्तु R असत्य है
(d) A असत्य है, किन्तु R सत्य है

312. लॉर्ड कर्जन के सम्बन्ध में कौन-सा/से कथन सही है/हैं? UP RO/ARO (Pre) 2024

1. अंग्रेजी साम्राज्य को ग्रेनाइट की चट्टान पर स्थापित करना।
2. कलकत्ता निगम अधिनियम की घोषणा।

नीचे दिए गए कूट का प्रयोग करके सही उत्तर का चयन कीजिए।

(a) केवल 1
(b) केवल 2
(c) 1 और 2 दोनों
(d) न तो 1 और न ही 2

313. लॉर्ड मेयो के 1870 के संकल्प के बारे में, निम्नलिखित में से कौन-से कथन सही हैं? BPSC (Pre) 2023

1. केन्द्रीय और प्रान्तीय वित्त को विभाजित करने वाला यह पहला कदम था।
2. प्रान्तीय सरकारों को कुछ सेवाएँ प्रशासित करने का अधिकार दिया गया।
3. इसने मौजूदा असमानता को सुधारने का प्रयास किया।
4. इसने प्रान्तों की वास्तविक आवश्यकताओं पर ध्यान केन्द्रित किया।

नीचे दिए गए कूट का प्रयोग कर सही उत्तर चुनिए

(a) 1 और 2 (b) 1, 3 और 4
(c) 2, 3 और 4 (d) 1, 2, 3 और 4

उत्तरमाला

1. (b) 2. (c) 3. (c) 4. (b) 5. (b) 6. (c) 7. (a) 8. (b) 9. (b) 10. (c)
11. (c) 12. (c) 13. (b) 14. (c) 15. (d) 16. (d) 17. (d) 18. (b) 19. (a) 20. (c)
21. (d) 22. (a) 23. (d) 24. (d) 25. (c) 26. (b) 27. (d) 28. (d) 29. (d) 30. (a)
31. (d) 32. (a) 33. (b) 34. (b) 35. (c) 36. (a) 37. (c) 38. (a) 39. (d) 40. (a)
41. (d) 42. (c) 43. (b) 44. (b) 45. (b) 46. (b) 47. (c) 48. (a) 49. (d) 50. (a)
51. (a) 52. (b) 53. (c) 54. (c) 55. (c) 56. (b) 57. (b) 58. (a) 59. (a) 60. (c)
61. (b) 62. (b) 63. (d) 64. (a) 65. (b) 66. (b) 67. (d) 68. (d) 69. (c) 70. (d)
71. (d) 72. (a) 73. (d) 74. (c) 75. (b) 76. (b) 77. (a) 78. (c) 79. (a) 80. (d)
81. (c) 82. (a) 83. (a) 84. (b) 85. (d) 86. (b) 87. (d) 88. (b) 89. (b) 90. (d)
91. (b) 92. (a) 93. (b) 94. (d) 95. (a) 96. (c) 97. (c) 98. (d) 99. (a) 100. (c)
101. (c) 102. (c) 103. (d) 104. (b) 105. (d) 106. (c) 107. (b) 108. (b) 109. (b) 110. (b)
111. (a) 112. (b) 113. (c) 114. (a) 115. (a) 116. (d) 117. (c) 118. (a) 119. (a) 120. (a)
121. (a) 122. (c) 123. (d) 124. (c) 125. (b) 126. (c) 127. (a) 128. (c) 129. (b) 130. (d)
131. (b) 132. (c) 133. (b) 134. (d) 135. (c) 136. (b) 137. (d) 138. (a) 139. (c) 140. (d)
141. (d) 142. (a) 143. (d) 144. (a) 145. (b) 146. (b) 147. (b) 148. (c) 149. (c) 150. (c)
151. (b) 152. (d) 153. (d) 154. (c) 155. (c) 156. (c) 157. (c) 158. (a) 159. (a) 160. (d)
161. (b) 162. (d) 163. (a) 164. (b) 165. (d) 166. (c) 167. (a) 168. (d) 169. (a) 170. (d)
171. (a) 172. (b) 173. (c) 174. (c) 175. (c) 176. (a) 177. (d) 178. (a) 179. (b) 180. (b)
181. (b) 182. (b) 183. (c) 184. (d) 185. (c) 186. (a) 187. (a) 188. (d) 189. (c) 190. (a)
191. (a) 192. (c) 193. (c) 194. (a) 195. (a) 196. (c) 197. (b) 198. (a) 199. (b) 200. (c)
201. (b) 202. (a) 203. (b) 204. (c) 205. (d) 206. (d) 207. (b) 208. (d) 209. (c) 210. (d)
211. (d) 212. (a) 213. (c) 214. (d) 215. (c) 216. (c) 217. (b) 218. (b) 219. (b) 220. (d)
221. (c) 222. (a) 223. (d) 224. (d) 225. (a) 226. (d) 227. (a) 228. (a) 229. (c) 230. (c)
231. (a) 232. (a) 233. (c) 234. (c) 235. (c) 236. (b) 237. (b) 238. (c) 239. (d) 240. (b)
241. (c) 242. (a) 243. (a) 244. (b) 245. (d) 246. (a) 247. (c) 248. (a) 249. (d) 250. (c)
251. (a) 252. (c) 253. (b) 254. (d) 255. (c) 256. (a) 257. (a) 258. (d) 259. (a) 260. (a)
261. (d) 262. (c) 263. (b) 264. (b) 265. (a) 266. (d) 267. (b) 268. (d) 269. (c) 270. (c)
271. (b) 272. (d) 273. (b) 274. (a) 275. (a) 276. (d) 277. (d) 278. (a) 279. (d) 280. (c)
281. (d) 282. (d) 283. (c) 284. (a) 285. (a) 286. (b) 287. (d) 288. (c) 289. (b) 290. (b)
291. (c) 292. (d) 293. (b) 294. (c) 295. (a) 296. (d) 297. (c) 298. (b) 299. (a) 300. (a)
301. (d) 302. (b) 303. (b) 304. (c) 305. (d) 306. (c) 307. (d) 308. (c) 309. (c) 310. (d)
311. (a) 312. (c) 313. (d)

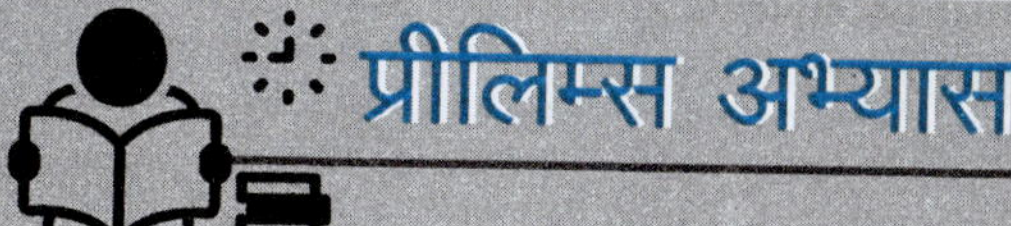

अधिक प्रैक्टिस के लिए
दिया गया QR कोड स्कैन करें

UPSC मुख्य परीक्षा के प्रश्न
(2024-2015)

भारतीय संस्कृति में प्राचीनकाल से आधुनिक काल तक के कला के रूप, साहित्य और वास्तुकला के मुख्य पहलू शामिल हैं

1. ऋग्वैदिक से उत्तर वैदिक काल तक सामाजिक और आर्थिक क्षेत्र में घटित परिवर्तनों को रेखांकित कीजिए। *UPSC 2024 (150 शब्द; 10 अंक)*
2. दक्षिण भारत में कला व साहित्य के विकास में काँची के पल्लवों के योगदान का मूल्यांकन कीजिए। *UPSC 2024 (150 शब्द; 10 अंक)*
3. हालाँकि महान चोल शासक अभी मौजूद नहीं हैं, लेकिन उनकी कला व वास्तुकला के क्षेत्र में उत्कृष्ट उपलब्धियों के कारण अभी भी उन्हें बहुत गर्व से याद किया जाता है। टिप्पणी कीजिए। *UPSC 2024 (250 शब्द; 15 अंक)*
4. प्राचीन भारत के विकास की दिशा में भौगोलिक कारकों की भूमिका को स्पष्ट कीजिए। *UPSC 2023 (150 शब्द; 10 अंक)*
5. वैदिक समाज और धर्म की मुख्य विशेषताएँ क्या हैं? क्या आप सोचते हैं कि उनमें से कुछ विशेषताएँ भारतीय समाज में अभी भी प्रचलित हैं? *UPSC 2023 (250 शब्द; 15 अंक)*
6. सल्तनत काल के दौरान किए गए बड़े तकनीकी बदलाव क्या थे? उन तकनीकी बदलावों ने भारतीय समाज को कैसे प्रभावित किया था? *UPSC 2023 (250 शब्द; 15 अंक)*
7. स्पष्ट करें कि मध्यकालीन भारतीय मन्दिरों की मूर्तिकला उस दौर के सामाजिक जीवन का प्रतिनिधित्व करती है। *UPSC 2022 (150 शब्द; 10 अंक)*
8. भारतीय परम्परा और संस्कृति में गुप्त काल और चोल काल के योगदान पर चर्चा करें। *UPSC 2022 (250 शब्द; 15 अंक)*
9. भारतीय मिथक, कला और वास्तुकला में सिंह एवं वृषभ की आकृतियों के महत्त्व पर विचार करें। *UPSC 2022 (250 शब्द; 15 अंक)*
10. भक्ति साहित्य की प्रकृति का मूल्यांकन करते हुए भारतीय संस्कृति में इसके योगदान का निर्धारण कीजिए। *UPSC 2021 (150 शब्द; 10 अंक)*
11. मध्यकालीन भारत के फ़ारसी साहित्यिक स्रोत उस काल के युगबोध का प्रतिबिम्ब हैं। टिप्पणी कीजिए। *UPSC 2020 (250 शब्द; 15 अंक)*
12. भारतीय दर्शन एवं परम्परा ने भारतीय स्मारकों की कल्पना और आकार देने एवं उनकी कला में महत्त्वपूर्ण भूमिका निभाई है। विवेचना कीजिए। *UPSC 2020 (250 शब्द; 15 अंक)*
13. शैलकृत स्थापत्य प्रारम्भिक भारतीय कला एवं इतिहास के ज्ञान के अति महत्त्वपूर्ण स्रोतों में से एक का प्रतिनिधित्व करता है। विवेचना कीजिए। *UPSC 2020 (150 शब्द; 10 अंक)*
14. भारत में बौद्ध धर्म के इतिहास में पाल काल अति महत्त्वपूर्ण चरण है। विश्लेषण कीजिए। *UPSC 2020 (150 शब्द; 10 अंक)*
15. गान्धाराई कला में मध्य एशियाई एवं यूनानी-बैक्ट्रियाई तत्त्वों को उजागर कीजिए। *UPSC 2019 (150 शब्द; 10 अंक)*
16. भारतीय कला विरासत का संरक्षण वर्तमान समय की आवश्यकता है। चर्चा कीजिए। *UPSC 2018 (150 शब्द; 10 अंक)*
17. भारत के इतिहास की पुनर्रचना में चीनी और अरबी यात्रियों के वृत्तान्तों के महत्त्व का आकलन कीजिए। *UPSC 2018 (150 शब्द; 10 अंक)*
18. आप इस विचार को, कि गुप्तकालीन सिक्काशास्त्रीय कला की उत्कृष्टता का स्तर बाद के समय में नितान्त दर्शनीय नहीं है, किस प्रकार सही सिद्ध करेंगे? *UPSC 2017 (150 शब्द; 10 अंक)*
19. विजयनगर नरेश कृष्णदेव राय न केवल स्वयं एक कुशल विद्वान् थे, अपितु विधा एवं साहित्य के महान् संरक्षक भी थे। विवेचना कीजिए। *UPSC 2016 (200 शब्द; 12½ अंक)*
20. प्रारम्भिक बौद्ध स्तूप-कला, लोक वर्ण्य-विषयों एवं कथानकों को चित्रित करते हुए बौद्ध आदर्शों की सफलतापूर्वक व्याख्या करती है। विशदीकरण कीजिए। *UPSC 2016 (200 शब्द; 12½ अंक)*
21. "भारत की प्राचीन सभ्यता, मिस्र, मेसोपोटामिया और ग्रीस की सभ्यताओं से, इस बात में भिन्न है कि भारतीय उपमहाद्वीप की परम्पराएँ आज तक भंग हुए बिना परिरक्षित की गई हैं।" टिप्पणी कीजिए। *UPSC 2015 (200 शब्द; 12½ अंक)*
22. 'भारत की मध्यपाषाण शिला-कला न केवल उस काल के सांस्कृतिक जीवन को, बल्कि आधुनिक चित्रकला से तुलनीय परिष्कृत सौन्दर्य-बोध को भी प्रतिबिम्बित करती है।' इस टिप्पणी का समालोचनात्मक मूल्यांकन कीजिए। *UPSC 2015 (200 शब्द; 12½ अंक)*

18वीं सदी के लगभग मध्य से लेकर वर्तमान समय तक का आधुनिक भारतीय इतिहास-महत्त्वपूर्ण घटनाएँ व्यक्तित्व, विषय (मुद्दे)

1. वे कौन-सी घटनाएँ थीं, जिनके कारण भारत छोड़ो आन्दोलन शुरू हुआ? इसके परिणामों को स्पष्ट कीजिए। *UPSC 2024 (150 शब्द; 10 अंक)*
2. महात्मा गाँधी और रबीन्द्रनाथ टैगोर में शिक्षा और राष्ट्रवाद के प्रति सोच में क्या अन्तर था? *UPSC 2023 (150 शब्द; 10 अंक)*

3. भारत में औपनिवेशिक शासन ने आदिवासियों को कैसे प्रभावित किया और औपनिवेशिक उत्पीड़न के प्रति आदिवासी प्रतिक्रिया क्या थी? *UPSC 2023 (250 शब्द; 15 अंक)*

4. औपनिवेशिक भारत की अठारहवीं शताब्दी के मध्य से क्यों अकाल पड़ने में अचानक वृद्धि देखने को मिलती है? कारण बताएँ। *UPSC 2022 (150 शब्द; 10 अंक)*

5. असहयोग आन्दोलन एवं सविनय अवज्ञा आन्दोलन के दौरान महात्मा गाँधी के रचनात्मक कार्यक्रमों को स्पष्ट कीजिए। *UPSC 2021 (250 शब्द; 15 अंक)*

6. 1920 के दशक से राष्ट्रीय आन्दोलन ने कई वैचारिक धाराओं को ग्रहण किया और अपना सामाजिक आधार बढ़ाया। विवेचना कीजिए। *UPSC 2020 (250 शब्द; 15 अंक)*

7. लॉर्ड कर्जन की नीतियों एवं राष्ट्रीय आन्दोलन पर उनके दूरगामी प्रभावों का मूल्यांकन कीजिए। *UPSC 2020 (150 शब्द; 10 अंक)*

8. उन्नीसवीं शताब्दी के 'भारतीय पुनर्जागरण' और राष्ट्रीय पहचान के उद्भव के मध्य सहलग्नताओं का परीक्षण कीजिए। *UPSC 2019 (150 शब्द; 10 अंक)*

9. 1940 के दशक के दौरान सत्ता हस्तान्तरण की प्रक्रिया को जटिल बनाने में ब्रिटिश साम्राज्यिक सत्ता की भूमिका का आकलन कीजिए। *UPSC 2019 (250 शब्द; 15 अंक)*

10. वर्तमान समय में महात्मा गाँधी के विचारों के महत्त्व पर प्रकाश डालिए। *UPSC 2018 (150 शब्द; 10 अंक)*

11. पिछली शताब्दी के तीसरे दशक से भारतीय स्वतन्त्रता की स्वप्न दृष्टि के साथ सम्बद्ध हो गए नए उद्देश्यों के महत्त्व को उजागर कीजिए। *UPSC 2017 (250 शब्द; 15 अंक)*

12. परीक्षण कीजिए कि औपनिवेशिक भारत में पारम्परिक कारीगरी उद्योग के पतन ने किस प्रकार ग्रामीण अर्थव्यवस्था को अपंग बना दिया? *UPSC 2017 (250 शब्द; 15 अंक)*

13. क्या कारण था कि उन्नीसवीं शताब्दी के अन्त तक आते-आते 'नरमदलीय' अपनी घोषित विचारधारा एवं राजनीतिक लक्ष्यों के प्रति राष्ट्र के विश्वास को जगाने में असफल हो गए थे? *UPSC 2017 (150 शब्द; 10 अंक)*

14. सुस्पष्ट कीजिए कि मध्य-अठारहवीं शताब्दी का भारत विखण्डित राज्यतन्त्र की छाया से किस प्रकार ग्रसित था? *UPSC 2017 (150 शब्द; 10 अंक)*

15. यह स्पष्ट कीजिए कि 1857 का विप्लव किस प्रकार औपनिवेशिक भारत के प्रति ब्रिटिश नीतियों के विकासक्रम में एक महत्त्वपूर्ण ऐतिहासिक मोड़ है? *UPSC 2016 (200 शब्द; 12½ अंक)*

16. अपसारी उपागमों और रणनीतियों के होने के बावजूद, महात्मा गाँधी और डॉ. बी. आर. अम्बेडकर का दलितों की बेहतरी का एक समान लक्ष्य था। स्पष्ट कीजिए। *UPSC 2015 (200 शब्द; 12½ अंक)*

17. महात्मा गाँधी के बिना भारत की स्वतन्त्रता की उपलब्धि कितनी भिन्न हुई होती? चर्चा कीजिए। *UPSC 2015 (200 शब्द; 12½ अंक)*

स्वतन्त्रता संग्राम- इसके विभिन्न चरण और देश के विभिन्न भागों से इसमें अपना योगदान देने वाले महत्त्वपूर्ण व्यक्ति एवं उनका योगदान

1. अधिकांश भारतीय सिपाहियों वाली ईस्ट इण्डिया की सेना क्यों तत्कालीन भारतीय शासकों की संख्या बल में अधिक और बेहतर सुसज्जित सेना से लगातार जीतती रही? कारण बताएँ। *UPSC 2022 (150 शब्द; 10 अंक)*

2. नरमपन्थियों की भूमिका ने किस सीमा तक व्यापक स्वतन्त्रता आन्दोलन का आधार तैयार किया? टिप्पणी कीजिए। *UPSC 2021 (250 शब्द; 15 अंक)*

3. यंग बंगाल एवं ब्रह्म समाज के विशेष सन्दर्भ में सामाजिक-धार्मिक सुधार आन्दोलनों के उत्थान तथा विकास को रेखांकित कीजिए। *UPSC 2021 (150 शब्द; 10 अंक)*

4. 1857 का विप्लव ब्रिटिश शासन के पूर्ववर्ती सौ वर्षों में बार-बार घटित छोटे एवं बड़े स्थानीय विद्रोहों का चरमोत्कर्ष था। सुस्पष्ट कीजिए। *UPSC 2019 (150 शब्द; 10 अंक)*

5. गाँधीवादी प्रावस्था के दौरान विभिन्न स्वरों ने राष्ट्रवादी आन्दोलन को सुदृढ़ एवं समृद्ध बनाया था। विस्तारपूर्वक स्पष्ट कीजिए। *UPSC 2019 (250 शब्द; 15 अंक)*

6. स्वतन्त्रता के लिए संघर्ष में सुभाषचन्द्र बोस एवं महात्मा गाँधी के मध्य दृष्टिकोण की भिन्नताओं पर प्रकाश डालिए। *UPSC 2016 (200 शब्द; 12½ अंक)*

7. स्वतन्त्रता संग्राम में, विशेष रूप से गाँधीवादी चरण के दौरान महिलाओं की भूमिका का विवेचन कीजिए। *UPSC 2016 (200 शब्द; 12½ अंक)*

स्वतन्त्रता के पश्चात् देश के अन्दर एकीकरण और पुनर्गठन

1. राज्यों एवं प्रदेशों का राजनीतिक और प्रशासनिक पुनर्गठन उन्नीसवीं शताब्दी के मध्य से निरन्तर चल रही एक प्रक्रिया है। उदाहरण सहित विचार करें। *UPSC 2022 (250 शब्द; 15 अंक)*

2. भारतीय रियासतों के एकीकरण की प्रक्रिया में मुख्य प्रशासनिक मुद्दों एवं सामाजिक-सांस्कृतिक समस्याओं का आकलन कीजिए। *UPSC 2021 (150 शब्द; 10 अंक)*

3. चर्चा करें कि क्या हाल के समय में नए राज्यों का निर्माण, भारत की अर्थव्यवस्था के लिए लाभप्रद है या नहीं है? *UPSC 2018 (250 शब्द; 15 अंक)*

4. स्वतन्त्रता के बाद अनुसूचित जनजातियों (एस.टी.) के प्रति भेदभाव को दूर करने के लिए, राज्य द्वारा की गई दो मुख्य विधिक पहलें क्या हैं? *UPSC 2017 (150 शब्द; 10 अंक)*

5. क्या भाषाई राज्यों के गठन ने भारतीय एकता के उद्देश्य को मजबूती प्रदान की है? *UPSC 2016 (200 शब्द; 12½ अंक)*

6. स्वतन्त्र भारत के लिए संविधान का मसौदा केवल तीन वर्ष में तैयार करने के ऐतिहासिक कार्य को पूर्ण करना संविधान सभा के लिए कठिन होता, यदि उनके पास भारत सरकार अधिनियम, 1935 से प्राप्त अनुभव नहीं होता। चर्चा कीजिए। *UPSC 2015 (200 शब्द; 12½ अंक)*

विश्व के इतिहास में 18वीं सदी तथा बाद की घटनाएँ; जैसे– औद्योगिक क्रान्ति, विश्व युद्ध, राष्ट्रीय सीमाओं का पुन: सीमांकन, उपनिवेशवाद, विऔपनिवेशवाद (उपनिवेशवाद की समाप्ति), राजनीतिक दर्शन जैसे साम्यवाद, पूँजीवाद, समाजवाद आदि शामिल होंगे, उनके रूप और समाज पर प्रभाव

1. यह कहना कहाँ तक उचित है कि प्रथम विश्वयुद्ध मूलतः शक्ति सन्तुलन को बनाए रखने के लिए लड़ा गया था? *UPSC 2024 (250 शब्द; 15 अंक)*
2. भारत में हस्तशिल्प और कुटीर उद्योगों के ह्रास के लिए इंग्लैण्ड की औद्योगिक क्रान्ति कहाँ तक उत्तरदायी थी? *UPSC 2024 (250 शब्द; 15 अंक)*
3. विश्व के विभिन्न देशों में रेलवे के आगमन से होने वाले सामाजिक-आर्थिक प्रभावों को उजागर कीजिए। *UPSC 2023 (150 शब्द; 10 अंक)*
4. ''दोनों विश्व युद्धों के बीच लोकतन्त्रीय राज्य प्रणाली के लिए एक गम्भीर चुनौती उत्पन्न हुई।'' इस कथन का मूल्यांकन कीजिए। *UPSC 2021 (250 शब्द; 15 अंक)*
5. स्पष्ट कीजिए कि अमेरिकी एवं फ्रांसीसी क्रान्तियों ने आधुनिक विश्व की आधारशिलाएँ किस प्रकार निर्मित की थीं? *UPSC 2019 (250 शब्द; 15 अंक)*
6. अंग्रेज किस कारण भारत से करारबद्ध श्रमिक अन्य उपनिवेशों में ले गए थे? क्या वे वहाँ पर अपनी सांस्कृतिक पहचान को परिरक्षित रखने में सफल रहे हैं? *UPSC 2018 (250 शब्द; 15 अंक)*
7. मलय प्रायद्वीप में उपनिवेशन उन्मूलन प्रक्रम में सन्निहित क्या-क्या समस्याएँ थीं? *UPSC 2017 (150 शब्द; 10 अंक)*
8. पश्चिमी अफ्रीका में उपनिवेश-विरोधी संघर्षों को पाश्चात्य-शिक्षित अफ्रीकियों के नव संभ्रान्त वर्ग के द्वारा नेतृत्व प्रदान किया गया था। परीक्षण कीजिए। *UPSC 2016 (200 शब्द; 12½ अंक)*
9. क्या कारण था कि औद्योगिक क्रान्ति सर्वप्रथम इंग्लैण्ड में घटी थी? औद्योगीकरण के दौरान वहाँ के लोगों की जीवन-गुणता पर चर्चा कीजिए। भारत में वर्तमान में जीवन-गुणता के साथ वह किस प्रकार तुलनीय है? *UPSC 2015 (200 शब्द; 12½ अंक)*
10. किस सीमा तक जर्मनी को दो विश्व युद्धों का कारण बनने का जिम्मेदार ठहराया जा सकता है? समालोचनात्मक चर्चा कीजिए। *UPSC 2015 (200 शब्द; 12½ अंक)*